汉文藏族文献设计史料汇注

朱和平 邓昶 主编

中州古籍出版社

图书在版编目(CIP)数据

汉文藏族文献设计史料汇注／朱和平，邓昶主编. — 郑州：中州古籍出版社，2016.9
ISBN 978-7-5348-4720-2

Ⅰ．①汉… Ⅱ．①朱… ②邓… Ⅲ．①藏族-民族历史-文献资料-中国 Ⅳ．①K281.4

中国版本图书馆CIP数据核字(2014)第052385号

责任编辑：米　敏
责任校对：孙惠茹
出　版　社：中州古籍出版社
　　　　　　（地址：郑州市经五路66号　　邮政编码：450002）
发行单位：新华书店
承印单位：洛阳市天彩印刷有限公司
开　　本：889mm×1194mm　1/16　　印张：39.75
字　　数：803千字　　　　　　　　印数：1—1000册
版　　次：2016年9月第1版　　　　印次：2016年9月第1次印刷

定价：158.00元

本书如有印装质量问题，由承印厂负责调换。

《汉文藏族文献设计史料汇注》编委会

主　　编　朱和平　邓　昶

副 主 编　贺佳贝　汪　静

编　　委　王　松　　漆丽红　　宁　婉
　　　　　唐　莎　　赵　蓉　　何青萍
　　　　　彭立林　　孙光晨　　文娅茜
　　　　　张　郁　　钟　湘　　彭筱婷
　　　　　袁　哲　　刘连依

前 言

一

藏族早在远古时代就聚居在中国西南边陲的青藏高原地区，是我国境内具有悠久历史的民族之一，现主要分布在我国的西藏自治区、青海、云南、四川、甘肃等省。在历史长河中，藏族历代先民们创造了丰富多彩的民族文化，形成了别具一格的雪域高原文化。在我国多元一体的中华民族文化中，藏族文化不仅占有极为重要的地位，同时也是传承和保护最为系统、完整的少数民族文化之一。

藏族文化是藏族人民在其历史发展过程中，为适应和改进高原生产环境和生活条件而创造的，是一种典型的高原文化。藏式造物艺术作为藏族文化的组成部分，它是藏族人民在改善周围环境、满足生活诉求、服务自身文化过程中的一种物质性表达，具有强烈的民族文化属性和文化寓意。因此，展开对藏族传统设计艺术的研究，将有助于人们揭示一种设计样式的产生与发展的历史过程，并由此来进一步探索生成这种文化的思想根源，揭示民族最深层的精神内涵及其审美心态。然而，随着时代的变迁，与藏民族历史上曾使用的设计艺术发生联系的人的生活和艺术传统已然伴随历史而沉寂。遗留下来的藏族设计实物、壁画图像和古籍文献的记载，就成为人们透过设计表象深入到厚重的帷幕之内，认识和了解藏族先民们造物思想的关键。换言之，对与藏族设计艺术相关的实物史料、图像史料以及文献史料的发掘和掌握是人们深入研究藏族传统设计的基础与关键。正如梁启超在《中国历史研究法》中所言："史料为史之组织细胞，史料不具或不确，则无复史之可言。"

一般而言，史料存在形式有实物史料、文献史料、图像史料和口碑传说史料四类。从设计史学的角度来说，实物史料是核心，而文献史料则是关键。然而，截至目前，学术界对我国藏族传统设计艺术的研究，更多地停留在对实物史料、图像史料的利用和研究上，尚未充分运用文献史料，这不仅容易造成研究成果缺乏思想深度，如同其他民族的设计史一样，有关藏族传统设计史研究这一领域的长足发展。关涉到藏族传统设计的文献史料，多散见于藏传佛教典籍、藏族史籍文献以及汉地史籍文献等历史文献中，并没有系统的设计理论，不但难以寻觅，而且运用起来极为不便。基于此，从藏地和汉地等浩如烟海的古籍中爬梳出相关的设计史料加以整理和注释无疑是具有深远现实意义的。

二

从历史发展来看，藏民族在我国统一多民族国家形成和历史发展的过程中，起着十分关键的作用，不仅曾建立有以青藏高原为疆域的少数民族政权，而且通过政治、经济、军事、文化等方面的交流与祖国内地紧密联系。特别是自7世纪吐蕃政权建立后，藏族与祖国内地的交流更为频繁且一度依附于中原王朝。至12世纪末至13世纪初，元王朝统一了西藏，藏族居住的青藏高原地区正式被纳入到了中国的疆域版图，藏族成了中国统一多民族国家中的一个主要少数民族。在与祖国内地的交流过程中，藏族创造了灿烂辉煌的文化，特别是松赞干布创建藏文之后，藏族人民还撰写了大量的文献典籍。只是在9世纪的朗达玛灭佛事件的出现和紧接而来的王朝分裂之后的近一个世纪的战争纷争，使得吐蕃王朝时期出现的诸多重要历史文献和佛教经典遭到极为严重的破坏。到了11世纪至14世纪之间，藏族人民开始陆续发现吐蕃时期的文献手稿残卷①。如《松赞干布遗训》、《拔协》、《五部遗教》、《莲花生大师传》等。

伴随着"后弘期"在西藏地区的开始，佛教完全取代苯教在藏族地区的地位，并汲取苯教的某些教义，形成与汉地佛教有所不同的藏传佛教体系。这段时期内，藏族地区一方面涌现出一批藏族史学家撰写的与本民族发展有关的历史文献，可谓是藏族史学发展的成熟时期。有名的文献主要有布顿大师的《善逝教法史》（1321）、蔡巴司徒·贡噶多杰的《红史》（成书于1346）、释迦仁钦德的《雅隆尊者教法史》（1376）、索南坚赞的《西藏王统记》（1388）、大司徒·绛求坚赞的《朗氏家族史》（14世纪）等。这些文献涉及了藏族地区的古代早期、吐蕃和藏地区域的历史。

到15世纪，随着格鲁派的兴起和发展，使得藏传佛教完全渗入人们的生产、生活中，影响着人们生活的各个方面。这之后出现了不少关于西藏历史的著作。如桑杰坚赞的《米拉日巴传》（15世纪末）、廓诺·迅鲁伯的《青史》（1564）、巴卧·祖拉陈哇的《贤者喜宴》（1564）、阿旺贡噶索南的《萨迦世系史》（1629）以及第五世达赖喇嘛阿旺罗桑嘉措的《西藏王臣记》等。这些著作当中，涉及了藏族过去的传说和历史，只是这种历史叙述是掺杂了很多宗教的内容。从历史学的角度而言，书写历史应该实事求是而不应以宣传宗教为目的，因为带有宗教目的的史书写作会使得历史失实。不过，在藏族这样一个普遍信仰佛教的地方，不涉及宗教的历史文献是难以保存下来的。正如藏学家刘立千先生所言："在这个宗教信仰很普遍的地方，只是记录世俗政治的历史，不谈宗教，这种历史在藏族学术界看来是没有存在的价值的。"② 在上述这些历史文献中，尽管大面积的涉及宗

---

① 索南坚赞. 西藏王统记［M］. 刘立千译注，北京：民族出版社，2001：1.
② 索南坚赞. 西藏王统记［M］. 刘立千，译注. 北京：民族出版社，2001：3.

教内容，但是值得一提的是巴卧·祖拉陈哇的《贤者喜宴》，此书相比之下历史性记述更多，收集的历史资料也相对丰富，书中详细记述了文成公主入藏后的相关情况，涉及到的与设计相关的史料也颇多。

自宗喀巴大师在15世纪创立藏传佛教格鲁派之后，到16世纪中，此派寺院几乎遍及藏族分布的各个地区，成为后期藏传佛教中的最具影响力的教派。到17世纪，格鲁派的达赖与班禅两个转世系均由清政府扶持并确认。藏族地区也在祖国内地的管辖和扶持之下得到了进一步发展。格鲁派成为藏传佛教第一大教派之后，特别是从五世达赖喇嘛开始出现有关达赖喇嘛的传记文献。这些传记文献尽管宗教性宣传较多，但历史性记述也较强，涉及与器物艺术有关的内容极为丰富，史料价值较大。主要有第五世达赖喇嘛阿旺罗桑嘉措的《一世—四世达赖喇嘛传》、《五世达赖喇嘛传》，章嘉·若贝多杰的《七世达赖喇嘛传》，第穆·图丹晋美嘉措的《八世达赖喇嘛传》和《九世达赖喇嘛传》等。

藏人对藏传佛教的信仰和认同不仅影响了他们对历史的看法，而且一旦这种文化观念、宗教信仰深入他们的内心之后，以一种物化的形式呈现了出来。现在遗留下来的藏式建筑、宗教器物以及藏族生活日用器物等造物艺术风格的形成就无不是受到这种文化和宗教信仰的影响。不仅如此，在设计风格的呈现上还体现出趋同性的特点，这固然受到地域环境、气候特点、生活方式的影响，但归根到底是与藏族民众对佛教的敬仰和普遍认同有关。因为宗教在传播上具有不变性和严肃性，在历史进程中宗教教义尽管会略有改变，但不会有太大的变化，加之藏民对佛教的虔诚信仰就造就了物化形态在风格上的趋同性。关于这一些，不仅从设计形态上可以感知得到，而且在诸多的藏地和汉地的古籍文献中有所体现。

从历史来看，包括造物艺术在内的藏族手工业的巨大发展与接受外来影响有关，其中主要是学习祖国内地的先进工艺和技术。早在唐王朝时期，文成公主和金城公主出嫁吐蕃，就带去了大批工匠和有关工艺技术的专门书籍，这些工匠积极参与藏民族手工业技术的改进与发展，无疑推动了藏族造物艺术的发展。此后，不论是吐蕃王朝，还是后来的元明清三代治下的藏族，都通过各种方式强化与祖国内地的文化艺术交流，在造物艺术上的交流主要是通过贡赐和经济贸易的关系来实现。祖国内地的造物技术往往通过茶叶、瓷器、造纸、丝绸等产品的传入而影响着藏民族造物艺术的发展。伴随着汉藏两地文化交流的规模扩大、程度加深，内地的造物艺术对藏民族传统造物艺术影响相应也就更大。藏族造物艺术在这种不断汲取、融合外来文化艺术的同时，完成了自身的本土化，形成了有别于其他民族的风格特色。关于汉藏造物艺术的交流，不仅在藏族文献中诸如《贤者喜宴》、《西藏王统记》以及历代达赖喇嘛传记等文献中有所记载以外，在汉地的正史、野史、文集等历史文献中也有诸多体现。如《旧唐书》、《新唐书》中专设有《吐蕃传》，宋代的《资治通鉴》、《册府元龟》保留了大量的吐蕃史料；此外，在《宋史》、《元史》、《明实录》、《明史》、《清实录》

等文献中也保存了诸多关于西藏政治、军事、经济形势的内容[①]。这些历史文献中所记载的藏区上贡器物和汉地赏赐器物等事实，充分反映了汉藏之间在造物艺术上的频繁交流。

三

本书名为《汉文藏族文献设计史料汇注》，在史料收录的时间上主要是1912年以前的文献史料，不涉及民国以后的文献资料。选取的文献主要以现有的已译成汉文出版的西藏古籍文献和内地自汉以来的古籍汉文献等为主，暂不涉及域外的文献和未经翻译的藏文文献。主要包括三个方面的史料内容：一是指藏地本民族至清末期间所形成的文字性史料；二是自汉代以来至清末内地史书中有关西藏民族的文献记载；三是与青海、四川阿坝等地藏民族有关的文献史料。

鉴于藏文化的特殊性，特别是其文化中宗教内容的全面渗透性，本书对史料的收录坚持以下五个原则：1. 所录史料力求符合设计史学的研究范畴，将法器和带有宗教性质的有明显设计倾向的器物也纳入收录范围。2. 史料内容中必须要有特定的设计描述对象。3. 史料中只是简要地出现了"法器"、"服饰"、"船"，或者某个建筑物的名称，而并没有相关设计内容的表述，则不予以收录。但是记载某人修建某寺的史料则保留。4. 史料必须是与西藏或者藏族有关，那些专门记述内地王朝官员服饰、枪炮的一类文字则不予收录。如清代阿桂平定大小金川时，清代皇帝赐予阿桂的系列物品与官服、军事辎重等内容均不收入。5. 清代古文献中出现的如鸟枪、大炮等不录入本书。

由于史料过于庞杂，涉及内容很多，为了更好地利用史料，本书一方面对收录史料中一些关键性的人名、专业术语、地名、书名、字义、字音、制度等加以注释；另一方面结合设计史学的研究需要和藏文化的特点，将史料分成了四大类：法器类、建筑类、服饰类、器用与工具类。史料在内容表述上有明确归属性的划入相应类别（如法器、建筑、服饰），如果没有则划入器用与工具类。每一大类下又设置若干小类，其中有"总类"一门以收录大类中难以划入某一小类的史料。法器又称之为佛器、佛具、法具。本书所指为与藏传佛教用具或具有宗教性特征的一类器物，具体分为总类、称赞法器、供养法器、持验法器四类。藏族文献中涉及的建筑内容很多，尤其是各式各样的寺庙建筑史料，如不加以分类则利用起来极为麻烦。为此，我们将建筑内容划分总类、外观与装饰、选址与布局、修建与技术、室内与装潢五类。服饰涵括内容包括纺织物、服装、饰品、靴子、服饰材料等。我们根据服饰设计的特点，将服饰类划分为总类、服装款式、服装材料、服装饰品、服装制作五类。器用与工具类则划分为总类、生活用具、生产工具、交通工具、音乐器具等几类。

本书由朱和平、邓昶担任主编，贺佳贝、汪静担任副主编，王松、漆丽红、宁婉、赵蓉、唐

---

① 吕桂珍. 藏学文献史述略[J]. 西藏研究，1999，(04).

前言

莎、何青萍、彭立林、孙光晨、文娅茜、张郁、钟湘、彭筱婷、袁哲、刘连依等人先后参与整理工作，耗时四年有余。此外，孙庆慧、刘翠莲、龙婷、路秋子、孙惠茹、刘俊澧六名硕士研究生参与了最后的文字排版和注释校对工作，在此一并对他们表示感谢。

本书征引文献43部，书目附于书末。这个搜集范围固然有所局限，还有很多域外文献、藏文文献和佛教经典文献中的史料尚未收录。另外，由于疏忽而出现的遗漏也在所难免。这些都只能有待日后查缺补漏。不足之处，敬请广大同仁、读者批评指正。

朱和平　邓昶

2015年12月

凡 例

一、本书所收录的文献史料，包括中国内地古代各历史时期涉及藏民族内容的正史文献和藏民族本有的历史文献。

二、本书征引的史籍文献在时间上主要是清代以前的，不包括民国及民国以后出现的近现代文献。

三、本书收录的藏族历史文献为已出版的汉译本，不涵括未经翻译的藏文内容。

四、本书收录的藏族文献设计史料原则上以收与藏民族有关的设计内容为限，涉及其他民族或与藏族传统设计关系不大的一般不收，如唐卡、枪炮等。但个别重要的佛像史料，由于记载细致，仍酌予收录。

五、本书收录史料根据内容划分为法器、服饰、建筑、器用与工具四个部分，各部分又按小类予以编排，以便于读者查阅检索。

六、凡史料篇幅冗长且内容价值不高的，根据史料内容的文义予以省略，省略部分以"……"表示。史料前标有"［］"、"（）"或者史料中标有"（）"都旨在交代时间、地点、人物，确保史料内容文意的完整性。

七、同一部书中的同一条史料不重复征引。

八、本书以汉文简体字排印。人名、书名、地名按征引文献中的说法保留不变，对与现在通行说法存在出入的名称，以注释的方式予以说明。所有注释均只出现一次。

九、本书对凡属关键性的和必要的人名、专业术语、地名、书名、字义、字音、制度等予以注释。

十、编制书目索引，附于书后，供检索之用。

目 录

前 言
凡 例
第一编 法器 ……………………………………………………………………（1）
    总 类 ……………………………………………………………………（3）
    称 赞 ……………………………………………………………………（106）
    供 养 ……………………………………………………………………（114）
    持 验 ……………………………………………………………………（136）
第二编 建筑 ……………………………………………………………………（161）
    总 类 ……………………………………………………………………（163）
    外观与装饰 ……………………………………………………………（222）
    选址与布局 ……………………………………………………………（248）
    修建与技术 ……………………………………………………………（264）
    室内与装潢 ……………………………………………………………（288）
第三编 服饰 ……………………………………………………………………（315）
    总 类 ……………………………………………………………………（317）
    款 式 ……………………………………………………………………（357）
    材 料 ……………………………………………………………………（401）
    饰 品 ……………………………………………………………………（450）
    制 作 ……………………………………………………………………（480）
第四编 器物与工具 ……………………………………………………………（483）
    总 类 ……………………………………………………………………（485）
    生活用具 ………………………………………………………………（544）
    生产工具 ………………………………………………………………（594）
    交通工具 ………………………………………………………………（597）
    音乐器具 ………………………………………………………………（615）
参考文献 …………………………………………………………………………（618）
书目索引 …………………………………………………………………………（620）

第一编 法器

总类
称赞
供养
持验

第一编 法器

总 类

阿底峡尊者①说:"方才大悲观世音菩萨在我面前现身迎迓赞曰:'班智达②亲临吐蕃,善哉!'我见之急趋其后,但未能赶上,一瞬间他已隐入五位天成一体像③中去了。我问你看见那白衣人了吗,你说没看见。那位现身在我面前的白衣人转眼间便隐入五位天成一体像。这尊五位天成一体神像正是大悲观世音菩萨的真如之体。"

(选自《柱间史》,第五页)

注释

① 阿底峡尊者:古印度僧人、佛学家、藏传佛教噶当派祖师。汉名无极自在,本名达哇宁波,意为"月藏",法名迪班噶罗室利扎那,藏译贝玛尔梅泽益西,意为"燃灯吉祥智"。藏史通称觉卧杰阿底峡,意为"佛王阿底峡",简称"觉卧杰"。

② 班智达:班智达的称号来源于印度,意思是学识渊博的大学者,所以班智达在印度并不是佛教的名词,而泛指不受宗教局限的博学者。在佛教中能够被称为班智达,代表他精通五种学问,也就是五明(工巧明、医方明、声明、因明、内明)。

③ 五位天成一体像:传说现供奉在拉萨大昭寺的十一面大悲观音像系五位天成一体,即松赞干布造像时此像竟自然形成(此为本体);此像内装有一尊天然形成的蛇心旃檀观音像;松赞干布和他头顶上的阿弥陀佛以及文成公主、赤尊公主在他去世时同时神奇地纳入此像之内,故名。

世尊释迦牟尼三转法轮①,即在贝拿勒斯②鹿野苑初转四谛③法轮;在王舍城中转无相法轮;在广严城和莲华城三转了义与不了义法轮。最后世尊在拘尸那城④为了劝勉那些受世间恶行困扰,而于善行懈惰不乐之徒信奉善法,意欲以身示灭。

(选自《柱间史》,第一十八页)

注释

① 法轮:佛教名词,对佛法的喻称。有两说:一是佛法能摧破众生烦恼邪恶,如转轮王转动"轮宝"(战车的神化)摧破山岳岩石一样,故名;二是佛之说法,如车轮辗转不停,故名。

② 贝拿勒斯:即今瓦拉纳西,印度北方邦东南部城市,在恒河中游新月形曲流段左岸,著名的印度教圣地。

③ 四谛:又作四圣谛。谛,意为真理或实在。四谛即苦谛、集谛、灭谛和道谛。

④ 拘尸那城:即拘尸那迦,印度四大佛教圣地之一,又译俱尸那等,意为释迦牟尼涅槃处。

(释迦牟尼命弥勒慈尊造立化身之像,大梵天①造立报身之像,罗睺罗尊者造立法身之像)不一会儿,罗睺罗尊者②已将帝青宝石、碧玉、水晶和金银珠玉等天界与凡间的无数珍宝拿来堆放在工巧天毗首羯摩③的面前。工巧天用这些造像材料熔造立了一个瓶状宝塔④,以示世尊的法身面向四面八方。随后又将它移上天空,以示世尊的法身一如苍穹之广大。此塔中柱长约大梵天的庹⑤,塔身色泽湛蓝,光彩夺目,功德妙胜,只要围绕它行走七昼夜,便可获得殊胜悉地果位⑥。此塔后来被空行佛母⑦迎请到马仗那呐噜迦国，作为那里的非人积聚资粮之所依；此塔被称之为"无触圣塔"。

没多大工夫，大梵天也拿来了数不胜数的赛迷日、装饰品和水晶石等奇珍异宝堆放在工巧天的面前。工巧天又用这些造像材料熔造了一尊高约八十由旬的浅蓝色圆满报身佛像。此像也有其殊异功德，只要向它供奉祷祝，它便能使你在十二日之内到达"广果天"。……世人称之为"调优外道像"。

时隔不久，弥勒慈尊也将无以数计的珍宝拿来堆放在工巧天的面前。其中有因陀罗尼、因陀罗嘎巴、帝青宝（译注：以上三种均属蓝宝石）、子母绿、红莲宝石等五种天神之宝，还有珊瑚、青金石⑧、珍珠等凡人之宝以及介于神宝和人宝之间的五十五中碱砆⑨。要为世尊释迦牟尼造像，那么他的身高该是多少呢？色界众神说应是人的三十六肘，欲界众神说应为人的十六肘，欲界众神说应为人的三十六肘，而波斯匿王等人则说世尊与其弟子阿难不相上下。

工巧天见诸说不一，便说"那就让我量一下世尊的身高吧。"于是他当着释迦牟尼的面，把一条宝绳系在世尊的足趾上，打算从脚往顶髻丈量一下。可不知怎的，工巧天使尽浑身解数，一连往上拉了七次宝绳也没能量到世尊的头顶。其实这时他已量到了一个叫做"喜梵住"的佛国清净世界。

（选自《柱间史》，第二十七页）

注释

① 大梵天：梵天是印度教的创造之神，与毗湿奴、湿婆并称三主神。他的坐骑为孔雀（或天鹅），配偶为智慧女神辩才天女，故梵天也常被认为是智慧之神。

② 罗睺罗尊者：即罗侯罗尊者，是佛陀做太子时和妻子耶输陀罗所生，为佛陀亲子。

③ 毗首羯摩：即毗首羯摩天，是佛教中的人物。他是帝释天的大臣，原为印度之神祇，居住在三十三天中。毗首羯摩天是能工巧匠，能制作工巧之物，掌管着天上建筑雕刻的工作，为宇宙的建造者，被奉为工艺之神。

④ 宝塔：佛徒建塔，饰以佛家七宝，故称。

⑤ 庹：tuǒ，中国一种约略计算长度的单位，以成人两臂左右伸直的长度为标准，约合五市尺。

⑥ 殊胜悉地果位：指至高无上的成就，即佛位或佛果。

⑦ 空行佛母：即空行母，意为在空中行走之人。空行母是一种女性神祇，她有大力，可于空中飞行，故名。在藏传佛教的密宗中，空行母是代表智慧与慈悲的女神。

⑧ 青金石：在中国古代称为璆琳、金精、瑾瑜、青黛等。佛教称为吠努离或璧琉璃。

⑨ 碱砆：wǔ fū，似玉之石。

这两尊造像（编者注：一尊释迦牟尼八岁时等身像和一尊十二岁时等身像），目光环视徒众，手执登地法印①，足踩八辐金轮②，头戴珠宝顶冠，浑身流光溢彩。座基上雕饰着一百单八只雄狮像和一百零八尊度母像；宝座的靠背上镂刻着《广大游戏经》和《十二行状图》；在光环的四周和颈窝后精雕细镂着三十五尊佛像和甘露漩王像；靠背的左右两侧是舍利子③、目犍连④、阿难陀⑤和须菩提⑥等四大声闻弟子的雕像；靠背的后面镂刻着四庄严、七政宝⑦和八瑞相⑧图。佛像头戴五种珍宝的五佛冠，身穿百莲图案的织锦缎。

（选自《柱间史》，第三十页）

第一编 法器

注释

① 法印：亦译"法本末"、"法本"、"相"、"忧檀邪"。佛教名词。法指佛法；印是印记，标帜。意谓证明是真正佛法的标准。

② 金轮：即金色法轮，是众多佛教神灵的器物，也是白色中央佛如来部怙主（大日如来佛）的器物。金色法轮的八大轮辐代表佛陀的"八正道"。作为手持器物。

③ 舍利子：是印度人死后身体的总称。在佛教中，僧人死后所遗留的头发、骨骼、骨灰等，均称为舍利；在火化后，所产生的结晶体，则称为舍利子或坚固子。

④ 目犍连：也称"大目犍连"、又译作目犍莲，没特伽罗。简称为"目连"、"目莲"。婆罗门姓，本名拘律陀佛陀，佛陀十大弟子之一，有"神通第一"的称号。

⑤ 阿难陀：王舍城人，佛陀的堂弟，也是他的侍者。是佛陀释迦牟尼十大弟子中的一位，被称为多闻第一。

⑥ 须菩提：须菩提出生婆罗门教家庭。古印度拘萨罗国舍卫城长者鸠留之子，佛陀十大弟子之一，以"恒乐安定、善解空义、志在空寂"著称，号称"解空第一"。

⑦ 七政宝：即金轮宝、神珠宝、玉女宝、主藏臣宝、白象宝、绀马宝和将军宝。

⑧ 八瑞相：吉祥结、妙莲、宝伞、右旋海螺、金轮、胜利幢、宝瓶和金鱼。又作：镜、酪、长寿茅草、木瓜、右旋海螺、牛黄和白芥子等八吉祥物。

释迦牟尼的十二岁等身像，最初被帝释天①连同座基、靠背、顶冠及华盖②一并迎至兜率天界五百年后，被乌仗那③的空行佛母等迎请到乌仗那地方益利众生又五百年。兜率天界只留下了华盖。

（选自《柱间史》，第三十二页）

注释

① 帝释天：本为印度教之神，于古印度时，称因陀罗。据诸经论所载，帝释天原为摩伽陀国之婆罗门，由于修布施等福德，遂生忉利天，且成为三十三天之天主。

② 华盖：又称宝盖。塔顶相轮上的圆盘形冠饰，多为金属制作，四周常悬有风铎、珠玉等。

③ 乌仗那：乌仗那国（即今之斯瓦特，巴基斯坦）印度天竺的北方国土。

当王统传至赤妥吉妥赞①时，此王与年茂贡曼王后生有一子，名叫"拉妥妥日年谢"。据说，其名冠之以"拉"，是因为他原本是沃赛拉②（光音天）的后裔；吐蕃的君主称"妥妥巴"，父王想让他将来继位当吐蕃的君主，所以就取名"妥妥日"；另有一说，说他发佛法之端倪，受善法之加持，故名"妥妥日"。所谓"年"，一说因系母后年茂贡曼所生而得名，另一说吐蕃臣民皆俯首听命于他（译音"年"，意为听从），故名。至于"谢"的意思，一说国王的辅臣名叫什么什么"谢"，另一说因他曾得到一个四层水晶宝塔，故名。

（选自《柱间史》，第八十七页）

注释

① 赤妥吉妥赞：吐蕃赞普名，或作赤妥吉赞，或作妥吉妥赞。

② 沃赛拉：即光音天，佛教语，色界诸天之一，二禅天之第三天。此天绝音声，以光为语言，即是说此界众生不使用语言，仅以定心发出光明来互通心意，所以称之为光音天。亦泛指二禅天。

国王（摩揭陀①国王）"匝"依言照办之后，忽然间金刚菩萨凌空而至，随即一卷卷佛经便从空中降下。国王将其中的数卷佛经连同四层水晶宝塔一起，装入一宝匣悬挂在宝幢②上，大事供奉了一番之后，当他正准备开光之际，突然众空行与空行母鼓起一阵强劲的"智风"，将那只装着佛经与水晶宝塔的宝匣一风吹走了。

（选自《柱间史》，第九十页）

注释

① 摩揭陀：梵名 Ma＝gadha。古印度国名，又作摩羯陀国、摩诃陀国等。意译无害国、不恶处国、善胜国。为佛陀释迦牟尼住世时印度十六大国之一。

② 宝幢：又称法幢。即庄严佛菩萨之旗帜，常以诸宝严饰。

赞普（松赞干布）对尼泊尔神变工匠说："你造立的这尊本尊像实在是太妙了。你是否将天成蛇心旃檀佛像①及三藏升如来三佛的舍利和菩提树中柱本，都安放进了造像内？"

（选自《柱间史》，第二百二十三页）

注释

① 旃檀佛像：身着无领通肩式的袈裟，袈裟像经水湿了一样的贴在身上，衣纹在胸前呈"U"字形。右手在胸前施无畏印，意为解济终生痛苦，左手下垂施与愿印，满足终生的愿望，旃檀佛像尤以铜鎏金者居多，铸造十分精细，反映了信徒的虔诚。

赞普（松赞干布）仰面南天，见手执十二指铁斛，集天下美女华饰于一身的吉祥天母①现身叩礼，请求给她造像并承诺护佑神殿免遭水灾之害。赞普回首北望，又见手持紫檀梃杖和宝剑的持梃护法神现身揖礼并献上各种资粮，承诺护佑神殿不受鬼女侵扰，并请求赞普为他造像。

（选自《柱间史》，第二百三十九页）

注释

① 吉祥天母：又称吉祥天女，藏语称"班达拉姆"，是藏密中一个重要女性护法神。她是古印度神话中的人物，传说是天神和仇敌阿修罗搅动乳海时诞生的。后来婆罗门教和印度教把她塑造成女神，为她取名"功德天女"（又称吉祥天女），说她是毗湿奴的妃子，财神毗沙门之妹，主司命运和财富。

松赞干布依照"在家道德规范十六款"，制定并颁行了"十善法①"。随后他心想：如今在我域内可崇佛矣！而崇佛则须有本尊。若用土石造立本尊像未免太差次，用木料造像又易干裂，用珍宝造像又恐人心叵测，终将毁之于一旦……

（选自《柱间史》，第一百一十一页）

注释

① 十善法："十善"即以不净观离贪欲，以慈悲观离嗔恚，以因缘观离愚痴，以诚实语离妄语，以和合语离两舌，以爱语离恶口，以质直语离绮语，以救生离杀生，以布施离偷盗，以净行离邪淫。

尼王（尼泊尔王）为女儿备好嫁妆后亲自为她送行。公主（赤尊）骑着大象，手秉旃檀度母像，随行携带着不动金刚像①、弥勒法轮像和《白莲华经》等各种佛经以及五部陀罗尼②，还有众多的工匠、仆从和七头大象满载的财货珍宝。

（选自《柱间史》，第一百四十一页）

注释

① 不动金刚像：不动金刚据言为大日如来的忿怒显化，以降伏魔障，护持佛法。其造型为右手上举，握持长剑横于脑后，左手竖食指、小指，屈中指结期克手印持套索，弓步立姿。

② 陀罗尼：意译为总持、能持、能遮。指能令善法不散失，令恶法不起的作用。后世则多指长咒而言。按梵语，系依具"持"义的语根所形成的名词。意为能总摄忆持。

杂兰达热巴派遣他（阿阇黎黑行者）带着骨饰去邬仗那请求空行母加持，空行母加持后捎给杂兰达热巴结印，黑行者向喇嘛献骨饰之前，结印已经毁坏而未得到好的，但因为是大持明咒师，上师和空行授赐，摄受各类弟子，给与各种成就，有三十五名瑜伽弟子和三十七名瑜伽母弟子。

（选自《觉囊派教法史》，第四十五页）

有一天，上师塔波拉杰骑邀请者的马出行，遇到疯狗，他（达玛旺秋）比其他随从僧人更不顾身命地保护，将他背着的上师的手杖、竹笔，如绳索绞合，捆住疯狗脖子，投入水中后，由于上师的慈悲，使疯狗恢复了理智，这样的希奇故事很多。

（选自《觉囊派教法史》，第四十九页）

（7世纪左右）大梵天王为造世尊法身像，以因陀罗宝一大聚，诸金质溶液一大聚，纯净水晶一大聚，作为塑造资具，置于天匠毗首羯摩之前。于是天匠毗首羯摩将诸宝物，冶炼成范，铸成世尊法身所依处，作梵塔状。其大小量如大梵天两臂之度，其色如烟。

（选自《西藏王统记》，第七页）

（7世纪左右）那罗延天为造世尊报身像，以因陀罗宝一大聚，翡翠宝石一大聚，纯净水晶一大聚，作为塑造资具，置于天匠毗首羯摩之前。于是天匠毗首羯摩将诸宝物，冶炼成范，铸成世尊报身所依处。其暗藏不现之广度约八十由旬。此身形相为岗坚措杰，两手结定印，身色天蓝，头顶肉髻，约一水晶瓶大。

（选自《西藏王统记》，第八页）

（7世纪左右）帝释天王为造世尊化身圣像，以天界五宝、因陀罗宝、因陀罗孤哇宝、绿色宝、大绿色宝、妙严宝等；又人间五宝：金、银、珍珠、蓝宝石、珊瑚等，并采集其它众宝，作为塑造资具，欲造本师十二岁时之身量。

（选自《西藏王统记》，第八页）

（帝释天王造世尊化身圣像，现于大昭寺）于是天匠毗首羯摩将诸宝物，锻炼成范，铸造世尊世寿十二岁身量化身之像①。色如熟金色，两手中一手作结定印，一手压地印，相好庄严。

（选自《西藏王统记》，第八页）

注释

① 世尊世寿十二岁身量化身之像：按此像即现在大昭寺所供奉最有名的释迦牟尼佛像。《红史》说此像是佛十二岁身量的化身鎏金铜像，为文成公主携带入藏的。1409年宗喀巴又给佛像献了五佛冠，成为报身形象。西藏宗教徒最信仰和最崇拜此像，把它作为最大的精神支柱。称此像为觉阿仁布齐。"觉阿"意为至尊，"仁布齐"意为珍宝，即师尊大宝之意。

（7世纪左右，摩诃波罗之子）幼子当于金刚座寺修建神殿。彼欲建一外似精舍，内如殿堂，其中并造佛世尊三十岁时身量之像。方以旃檀作造像质,研磨为粉,成为泥团。

(选自《西藏王统记》,第十页)

(观世音菩萨)此身即变为如来舍利,四百零四种病患不能侵犯,水、火、毒物,刀兵器械,以及上下魔厉皆无能为害。此六字大明咒(唵、嘛、呢、叭、咪、吽),或书于珍宝,或布,或纸,或木片,最下如土石等上,则与书写八万四千法门相等,现世受用安乐,今生即身获得佛果,对此切勿生起疑念犹豫。

(选自《西藏王统记》,第二十页)

(吐蕃王朝前期)某次,王(拉托托日聂协)坐于不建自成之雍布郎卡宫堡顶层时,果如昔薄伽梵在竹林精舍所授记,为佛教将显扬于藏地,预示缘起,则由天下降《宝箧经》①、六字大明心咒、《诸佛菩萨名称经》、一肘量黄金宝塔、旃陀嘛哩印模②、母札手印③等,伴同日光降于王宫顶首。并从空中授记云:"汝五世后,将出一王,能了斯义"(原注:此指松赞干布)。王于此等宝物,虽生希有之心,然究属何义,未能晓达,遂名为"宁布桑瓦"④,供祀于宝台之上,仗此功德,使王复转童颜,寿增至一百二十岁。世谓其一身而获两世之寿焉。正法建立,自此王始。

……

拉托托日聂协之子赤聂汝赞。赤聂亦由供祀"宁布桑瓦"之故,而获得邦固民安也。

(选自《西藏王统记》,第三十六页)

注释

①《宝箧经》:全称《大方广宝箧经》,又称《文殊师利现宝藏经》,佛教典籍,载《大正新修大藏经·经集部》,共三卷,为刘宋求那跋陀罗译。该经讲述佛陀到祇园说法,文殊菩萨后来与须菩提应答,而使之默,舍利弗、目犍连等各述文殊的智慧与辩才。

② 旃陀嘛哩印模:是十一面如意宝观音菩萨的陀罗尼咒印模。

③ 母札手印:母扎意为智慧佛母。手印,是代表各种佛教意义之法器。据说此约一肘高,类似珍珠一样的一块宝石,上面有自然出现的六字大明咒。

④ 宁布桑瓦:意为"玄密神物",即不可理解的灵异之物。

(7世纪左右,吐蕃王朝前期,化身比丘)遂将树干截为四分,其中现一圣观自在菩萨如意宝像,具有十面,三文面七武面,能成息、增、怀、诛四种悉檀①。其上复有阿弥陀佛,根本十手具足印契手相,光明白毫,照射十方。将此旃檀断为百零八分,造百零八尊佛像,迎住于百零八座佛庙中。

(选自《西藏王统记》,第五十一页)

注释

① 悉檀:即普遍施舍。《翻译名义集·众善行法》:"南岳师以悉檀例大涅槃,华梵兼称,悉是华言,檀是梵语;悉之言徧,檀翻为施。佛以四法遍施众生,故名悉檀。"

(吐蕃王朝前期,迎请法王之本尊佛像)于是,化身比丘将圣罗格肖热①像,即现供奉于布达拉山顶之喀萨巴哩,佛像迎请来至藏地,献于赞普松赞干布。

(选自《西藏王统记》,第五十二页)

注释

① 罗格肖热:是观音菩萨的梵语名,此像为旃檀观音四昆仲像之一,现供奉在布达拉宫的帕巴

拉康，即旃檀观音殿内，像高三尺，系站像。

（吐蕃王朝时期，尼泊尔公主嫁往吐蕃前对其父所言）
不动佛像请赐我。能仁补处[①]弥勒宝，
相好状严利乐源，弥勒法轮像赐我。
旃檀度母[②]大悲心，能除违难请赐我。
达夏提瓦、热达纳，能除藏贫请赐我。
出生财物享受宝，取用饮食如甘露，
此琉璃钵请赐我。

（选自《西藏王统记》，第五十六页）

注释

① 能仁补处：能仁指佛，补处即一生补处，谓只要再投生一次即可正式成佛，此指弥勒菩萨。其像系由尼泊尔公主携带入藏的。弥勒，梵语，译言慈氏。像名慈氏法轮像，仍供在大昭寺内。

② 旃檀度母：此像是尼泊尔公主携带入藏的，像的全名自然生成旃檀度母像。也供在大昭寺内。

（吐蕃王朝时期，大昭寺，十一面圣像）自阿弥陀佛以下，像高与王身量相等。又法身根本十手之手相印契者：前二手合掌当心，右第二手执念珠，第三手执轮，第四作胜施印，第五持无量光佛像。左第二手执白莲花，第三军荼利，第四宝，第五弓箭（原注：诸变化手，系塑匠所造，佛像自然出现时，仅有根本十手。）。其次圆满报身支分三十八手者：右方十九手。如其次第，第一执宝，第二绢索，第三钵盂，第四宝剑，第五金刚杵，第六火晶，第七水晶，第八宝弓，第九杨枝，第十白拂，十一盾，十二宝瓶，十三斧，十四念珠，十五青莲花，十六净瓶，十七日轮，十八白莲花，十九稻穗。左方十九手，如其次第，第一执白云，第二军持，第三莲花，第四宝剑，第五海螺，第六天灵盖，第七念珠，第八宝丸，第九金刚杵，第十钩，十一锡杖，十二佛化身像，十三神龛，十四经典，十五轮，十六佛身像，十七果实，十八莲花花蕊，十九宝。又次变化身小支共一千手，极其妙严。每一手心中有一慧眼。手与足上，悉有黄金钏镯，蛇为严饰。诸忿怒面，各有三眼。头发灰黄，旋卷上竖，佛身上下，悉以诸宝严饰。白毫光明，放射十方。上身遮以野兽之皮，至左乳旁。此相好庄严之身，自光明中而来。赞普（即松赞干布）一见，发大欢喜。

（选自《西藏王统记》，第八十二页）

（吐蕃王朝时期，大昭寺）尼塑工师，尚造有菩萨眷属像，如世间自在，喀萨巴哩，怒纹母，度母，具光母，妙音母，甘露漩，吉祥马头等尊。斯时祥瑞之兆，遍诸方处，地亦起六种震动。

（选自《西藏王统记》，第八十三页）

（松赞干布至布达拉山顶瞻视殿堂）：
……
殿门右侧秘密主，色如蓝天杵挥空。
殿左秽迹怒明王，色如珊瑚除秽印。
左殿供有慈氏尊[①]，手结转大法轮印[②]。
色如红花相好严，内外供女绕成阵，

美妙无比娇媚姿,莲月座上半跌坐。
净香堂南不动佛,相好严饰压地印③。

(选自《西藏王统记》,第八十九页)

注释
① 慈氏尊:即弥勒菩萨。
② 法轮印:一手上台做说法状。
③ 压地印:右手掌朝地下垂,作镇压大地之状。

复次,汉妃(文成公主)亦迎王来绕木齐瞻视(拉萨两寺庙)殿堂,并陈设供品,皆大欢喜。尔时王(松赞干布)作思维,将为神变殿与绕木齐殿作迎神开光仪式。遂开庆筵,仪极庄隆,广设供品,难以细表。并高张伞盖幢幡,演奏金鼓管弦诸种乐器。此时王遂登上曼陀罗坛城,手持鲜花合掌作礼……

(选自《西藏王统记》,第九十一页)

(松赞干布来至自成十一面木尊之前,对圣者作赞曰:)
……
能动诸佛大慈悲,即此之前诚顶礼。
右方四手依次第,念珠、轮宝、法施印,
与及三世佛弥陀,微妙握持诚顶礼。
左方四手依次第,莲花与及军持宝,
便慧双运弓与箭,微妙执持诚顶礼。
右分肢手十有九,执宝、绢索、钵盂、剑,
金刚、水晶、大晶弓,及杨枝等诚顶礼。
执妙拂盾及妙瓶,斧、钺、鬘珠、青莲花。

(选自《西藏王统记》,第一百零八页)

(朗氏大证果者拉思绛求多吉)前往前藏拉萨时,众空行母来迎接,当智慧空行母用一个外白内红的颅器给他(绛求多吉)呈献悉地时,彭域人达玛旺秋说道:"您是不讲究清洁的瑜伽师①,这些麻风病患者断了炊,便宰食拉萨所有的死尸,颅器盛过人血,所以呈红色,不能以这些人充任眷属。"(达玛旺秋)说了这些话遭到智慧空行母的惩罚,鼻子流血,死在北方。

(选自《朗氏家族史》,第三十一页)

注释
① 瑜伽师:中国佛学传统称瑜伽行派为有宗。因强调瑜伽的修行方法而得名。从事这派修持的人被称为瑜伽师。

(关于金刚红堡、琪地区年波扎团地方)他(即绛求浙桂)在分配家产和封授土地时,说道:"索那、索噶和雪那地方,谁若善守境,彼就会有赞普(此指地方首领)的世系。"说罢,赏赐敦尊以天母佛像、孔雀幢、颅骨鼓、布秋寺的全人皮、罗刹之花剑、洁白的哈达①、花绵羊、法庭的白银号和无数财物。赏给砣巴以马、茶、金子各三份、《般若八千颂》②、物品、土地、银白薄氆氇、《历史宝炬》、《朗氏灵犀宝卷》③、克敌的刑场黑旗、白橡木、猛利的法鼓、锋利的宝剑,无数的财物和宇、郑、赛三地。授给颇尼雅果赤以黑色避雷大氅、小匹黑绸、长腰刀、灌顶的金法器、《支撑宗教的大象》……

（选自《朗氏家族史》，第五十页）

注释

① 哈达：西藏佛教礼敬用品。系一种长条状的丝织品。长度从三四尺至丈余不等，有白、黄、蓝、红等颜色。在西藏，凡婚庆及一般亲友间的往来，或晋见达赖及高级大喇嘛，皆呈现哈达以示敬意。

② 《般若八千颂》：全称《般若波罗蜜多心经·八千颂》，亦称《般若八千颂》。佛经《大般若经》的略本。《般若经》有《十万颂》、《二万五千颂》和《八千颂》3种。此经是释迦牟尼在灵鹫山、王舍城等处采用与舍利子、须菩提、帝释天等互相问答的形式，对诸菩萨僧众演说甚深。

③ 《朗氏灵犀宝卷》：即《朗氏家族史》。

他（阿阇黎坝贡）运用大手印吹气加持索芒赞王，幻境散后全现智境……；及前往恭波措仲去的康区人等，他以秘密教授吹气加持后，人畜身躯全无余留而去。棉衣苦行僧修用虎旗、卜卦巾、汉布、风幡等经他秘诀吹气加持，也就能发热生起火焰。

（选自《青史》，第一百零九页）

（克什米罗）有一名无忧的具足威力的转轮王出世，王（转轮王）对佛的教法生起不退的信仰，名称尊者作他的善知识（即上师），由此他对诸佛塔，及艰苦的声闻诸人，都各别供献金饰。他对菩提树王（佛坐于其下而成道）特生敬信和钦仰，以金、银、琉璃、水晶等各种宝瓶满盛香水，而洗沐树王。从他来到圣地（克什米罗）五年的时间中，对三十万比丘作斋僧大会，初次对圣僧众供献广大饮食和财物，及幢幡等；二次对有学诸人（未证佛果，尚有须学的）作供养；三次对初业修善诸人（尚未得果位的），供献三衣等物。经若干时间渐次供出九十六俱胝①的大量金宝；对于克什米罗的诸僧伽，也供献了这些金宝。

（选自《青史》，第一十五页）

注释

① 俱胝：是古印度数字系统内最大的数字，意译千万，有时泛指不确切的庞大数字。

（拉·洛卓峨二十七岁为季布寺座主时被授予了很多物品）此师（伯巴敦迅）之后为拉·洛卓峨（智光）：父为安达·扎巴仁清（名称宝），母名拉吉多杰。他系长子于乙酉年诞生。……年届二十七岁时，即被推任为季布寺座主。树康巴也就将右旋螺、舍利、舍利子（释迦牟尼的大弟子之一）的钵，那若巴所用骨饰、阿底峡所用的金刚杵和铃，及博垛等寺的钥匙交付给他。他总共住持寺座四十年之久，在他住持的时期中，直工哇的乱事已平息，季布寺也出现安乐美满的景象。他享寿六十六岁于庚寅年逝世。遗体荼毗①时出现许多奇异加持物。

（选自《青史》，第一百七十页）

注释

① 荼毗：火葬。尤其指僧人死后的火葬，称之为荼毗。

［明朝皇帝赐喀厥旺波的转世活佛法王却伯耶协（法机箱智）物品］［喀厥旺波的转世活佛法王却伯耶协（法机箱智）］年届八岁时，在公波与前藏交界处邦垛地方他和法王德新协巴相会后，

给他传授优婆塞戒,并对他说了许多赞语。继后在达哲由法王作亲教师,洛卓绛称伯让波作阿阇黎①而给他传授出家戒。他在法王座前听受了无量的灌顶②、经教诵授和导释等。大明皇帝也赐他以金刚持佛像、铃杵和坛板等物。

(选自《青史》,第三百二十五页)

注释

① 阿阇黎:意译为轨范师、正行、悦众、应可行、应供养、教授、智贤、传授。意即教授弟子,使之行为端正合宜,而自身又堪为弟子楷模之师,故又称导师。

② 灌顶:有"驱散"及"注入"之含意,也可以翻译为"授权"。在修行密法时,首先要有一位具足实证资格的上师,设立本尊坛城,以使密法的修行者,能够了解此种本尊的实修方法。

(楚普寺中的大宝上师肖像的塑造过程)在此间(如是所出诸弟子传承次第大者)略说"邓萨楚普"(楚普寺):在草盖茅篷中奉安的大宝上师肖像:系大宝上师逝世后,完全由弟子们用药物、珍宝、绫绸等糅和粘土及灵骨灰而塑造的。此像有极大加持,而且多次说过话。肖像的座角之土被鼠掘成洞窟时,肖像对香灯师道出此情后,即刻将鼠所损害痕迹补好。鼠所掘出土末也藏起来而塑造出许多(小)肖像称作"栖萨玛"(意为外泥像)。当塑像时,像身各肢所剪切下来的多余泥土复用来塑造出许多(小)肖像称作"乍萨玛"(意为剪泥像)。

(选自《青史》,第三百三十七页)

[姑耶·仁钦贡(大宝怙主)]年届十三岁时前往前藏时,(姑隆区的杠漾雪隆巴)乡人们都来送一短程……他在朗里那山口和从达隆来迎接的人相会见,从那条路而来到邬汝隆的那一天,达隆汤巴大师吩咐道:"用一面白旗插路中作路引,以一幡旗插在后面,山腰上先扬起一面小幡旗,诸僧众去到雅塘迎接吧!"继以缎子一匹作见大师礼品,他和大师相见即问安好。

(选自《青史》,第三百六十九页)

[播冻仁波且·仁钦哲谟(宝顶)建造了播冻仁哲的时轮佛母大像]又有梁细九子之一的播冻仁波且·仁清哲谟(宝顶)也在上师色谟伽哇座前求得《时轮》续释和一切教授的传授后,建造了著名的播冻仁哲的时轮佛母大像。此师于一座间能圆满念修,而其所烧护摩发现吉祥结和"卍"字等形火焰吉祥瑞相。由于讲演《时轮》,以此出有许多弟子,其中出有殊胜的竖伞(大法师座后竖伞盖)盖十八顶弟子;并由于传播修法指导,以此也出有大成就者。播冻仁波伽享寿五十一岁逝世往生香拔拉。

(选自《青史》,第四百六十九页)

忽必烈皇帝大福大德,不可思议。彼有如来之犬齿与四天王天所献之钵盂。彼为施主,将不同版图划为十三省。推崇佛教,敬重佛教之友师尊八思巴,供奉无为复如,尊上师八思巴为根本轨范师①,商讨永世之业,治国安邦。敕谕曰:"朕后裔世世代代,皆以上师八思巴之后裔为轨范师,吉祥永照。"

(选自《雅隆尊者教法史》,第五十二页)

注释

① 轨范师:佛寺中传授佛法者的职位称号。音译为阿阇黎。

[土狗（戊戌）年，帝师衮噶坚赞贝桑波圆寂]鞑靼官员反叛，火焚上都皇宫。如来之犬齿与钵盂，据云不知去向。

(选自《雅隆尊者教法史》，第五十三页)

（崔呈杰瓦）至阿底峡大尊者前，献上内有拉喇嘛所赠大金像之金曼荼罗及其他大堆珍宝，呈述吐蕃诸法王之历史，乃至朗达玛①灭佛之情况，拉喇嘛叔侄之苦行等，并恳请道："今再勿说去年之言，务请前往。"大尊者言道："吐蕃祖孙三代法王皆是菩萨化身。尊者拉喇嘛叔侄亦是大菩萨，菩萨之旨意自不可违忤。吾实愧对该王，彼施恩于吾，虚耗大量财宝。可怜吐蕃众生，吾当考虑。"是夜，启请至尊度母，得授记："若至吐蕃，于佛教有益，菩萨王之心愿圆满。"于是启程来到吐蕃，抵托定寺。谒见拉喇嘛·绛曲沃，顿释心中疑团。

(选自《雅隆尊者教法史》，第五十八页)

注释

① 朗达玛：(？~842)，原名"达玛"，又叫"朗达日玛"，吐蕃末代赞普（838年至842年在位）。

昆·若喜饶崔呈之弟昆·恭却杰波，诞生于木狗（甲戌）年，彼被迎为卓氏之终生上师。接连两天，举行种种游艺活动。时有咒师披戴二十八尊自在母之面具、佩饰等，各执法器，摇鼓起舞。在如此盛大之游艺场上，彼极引人注目。返回后，上师禀之兄长。兄长（昆·若喜饶崔呈）曰："此乃密法失坏之相，吐蕃未有旧密大德矣。我等所有一切，皆归我等掌握。老祖宗之书籍、佛像、密乘①法器，皆藏库内。我已年迈，汝尚年轻。新译密宗，妙意深奥。芒卡有学者卓弥译师，可从彼修学。"言毕，将书籍佛像等，一一藏于库内。从护法神神变中，取出各种金刚橛法门、朵马仪轨、紫檀金刚橛十只，妙音天女亲自向昆·若喜饶崔呈示范之朵马仪轨等，全都交付小弟，作为家族世世代代定期朵马之用。

(选自《雅隆尊者教法史》，第八十四页)

注释

① 密乘：佛陀所教导的种种法门，被称为"八万四千之多的法门"，但可被归纳为大、小二乘教法体系。其中大乘又分为显乘及密乘两种修持。显乘修持需经三大阿僧祇劫之久的时间，来积聚成佛所需具备的福德及智慧资粮；密乘则有即身成佛之殊胜不共方法。

[乙卯年季冬月柳宿当日（即十二月十四日），米拉日巴①八十四岁，至尊无上的尊者便示现了把色身融归法界之相]诸天神和空行等会聚的情景真是盛况空前，在清澄的天空中，现出似乎可以触摸得到的虹霓，交织成棋盘一样网状格子，在格子的中央，现出各种颜色的八瓣莲花。其中的四个花瓣的颜色各异，标明四方的景色。莲花的上面有很多画成的或构想出来的曼荼罗。就是能工巧匠也制造不出这样奇异和精美的图案来。虚空中现出五色虹霓云彩的幡、幢、伞盖、帘幕、顶帐、天衣缨络、旌旗彩缯等不可胜计的供养器物。从天降下种种形状和颜色的花雨，群蜂顶上现出了五色彩云的宝塔，那些宝塔头顶都朝向曲洼地方。

(选自《米拉日巴传》，第二百一十四页)

注释

① 米拉日巴：(1040~1123)，藏传佛教噶举派第二代祖师，著名高僧、密宗修行大师。

（米拉日巴葬礼之上，热穹巴向空行女祷求空行女受众宝塔所唱之歌）

师父啊，为了利他您变化为人相，
你是具备圆满报身的瑜伽士，
您遍于一切不显的法界中。
向主尊您的大法身启请：
请把空行女手中那宝塔，
赐给我等弟子们！
主尊您和众得道者会聚时，
如那珍贵的黄金宝箧，
您是无价之宝的瑜伽士。
向您这调练清净者启请：
请把空行女手中那宝塔，
赐给我等弟子们！
主尊在侍奉上师时，
如那白色的羔羊毛，
您是利益大众的瑜伽士。
向您这悲悯者启请：
请把空行女手中那宝塔，
赐给我等弟子们！
主尊在抛弃了尘世事务时，
如那持明的大金仙，
您是坚定不移的瑜伽士。
向您这大雄无畏者启请：
请把空行女手中那宝塔，
赐给我等弟子们！
主尊在修习上师教授时，
如那老虎吃人肉，
您是毫不犹豫的瑜伽士。
向您这坚韧者启请：
请把空行女手中那宝塔，
赐给我等弟子们！
主尊您云游无人的空寂处时，
如那无缝隙的铁样坚硬的磐石，
您是秉性坚定的瑜伽士。
向您这断除虚伪者启请：
请把空行女手中那宝塔，
赐给我等弟子们！
主尊在显示验相及神通时，

如那大象和白狮，
您是无所畏惧的瑜伽士。
向您这无畏者启请：
请把空行女手中那金塔。
赐给我等弟子们！
主尊在生起证力和暖相时，
如望日夜空那满盈的月亮，
您是光照南瞻部洲[①]的瑜伽士。
向您这无所眷顾者启请：
请把空行女手中那宝塔，
赐给我等弟子们！
主尊在抚育有缘弟子时，
如阳光照着聚光镜，
您是得道的瑜伽士。
向您这宏恩浩德者启请：
请把空行女手中那宝塔，
赐给我等弟子们！
主尊在遇到财货利益时，
如像水银堕于地，
您是一尘不染的瑜伽士。
向您这毫无过失者启请：
请把空行女手中那宝塔，
赐给我等弟子们！
主尊在培育很多法众时，
如那阳光普照大地，
您是扫除黑暗的瑜伽士。
向您这智深悲切者启请：
请把空行女手中那宝塔，
赐给我等弟子们！
主尊啊，世间人来谒见您时，
如那赤子见到母亲，
您是对世人爱护的瑜伽士。
向您这慈爱者启请：
请把空行女手中那宝塔，
赐给我等弟子们！
主尊在归往空行刹土时，
如那悉地的宝藏瓶，

您是能随欲施舍的瑜伽士。
向您这罕有的奇异者启请：
请把空行女手中那宝塔，
赐给我等弟子们！
主尊在说预言和现神通时，
如得之于心而行之于手一般，
您是毫无差错的瑜伽士。
向您这了知三世者启请：
请把空行女手中那宝塔，
赐给我等弟子们！
主尊在尽快地赐给悉地②时，
如父亲传授家业给儿子，
您是毫不吝啬的瑜伽士。
向您这具有悲德者启请：
请把空行女手中那宝塔，
赐给我等诸弟子们！

（选自《米拉日巴传》，第二百三十三页）

注释

① 南瞻部洲：为佛教传说中四大部洲（另包括东胜神洲，西牛贺洲和北俱芦洲）之一。
② 悉地：意译作成就、妙成就，所谓成就，即修法时心有所求，皆能满吾人所愿而如意现前。

（米拉日巴作歌）
主尊三世如来，有情的怙主，
加持弟子我和你一样，
不受世间八法①玷污。
特向马尔巴②译师膝前俯首。
被今生贪欲困惑的白达妹呀，
且听愚兄为你唱一曲：
一是上面有放光的伞盖金顶，
二是下面有绫罗的伞帷，
三是中间有孔雀彩屏一样的伞肋，
四是有红苏木的伞柄。
要受用这四种排场，愚兄非不可能，
因属八法障蔽，故兄弃而不问。
抛弃八法，快活之日才会来临。
白达妹子呀，快把八法抛尽！
舍了八法，投奔山林，
我们兄妹同往拉齐雪山行。

第一编 法器

一是有白色海螺声声，

二是有善吹螺号的巧舌之人，

三是有绫罗的结子装饰，

四是有随侍左右的众多沙门。

要受用这四种排场，愚兄非不可能，

因属八法障蔽；故兄弃而不问。

抛弃八法，快乐之日才会来临。

白达妹子呀，快把八法抛尽！

舍了八法，投奔山林，

我们兄妹同往拉齐雪山行。

一是有世间村头的别致小庙，

二是有口若悬河的新的法师，

三是有煎汉地香茗的炉灶，

四是有活泼伶俐的仆役小僧。

("要受用这四种排场"……以下六句同前。)

一是占卜、禳解③等法事流行，

二是男女会首善于钻营，

三是为饱口福而兴办集轮会供，

四是女弟子会唱欺骗信徒的动听歌声。

("要受用这四种排场"……以下六句同前。)

一是有宽敞豪华的邸宅可住，

二是有肥美的良田可耕，

三是有用悭吝④积攒的财物享用，

四是有前呼后拥的仆人一大群，

("要受用这四种排场"……以下六句同前。)

一是有高头大马，

二是有珠宝镶嵌的华丽雕鞍，

三是有武士造罪用的腰刀和弓箭，

四是有御敌卫己的业绩惊人。

若不真心抛弃八法，

去列那拉齐雪山岭，

而被亲人的感情束傅，

这今生的虚名将把善功葬送干净。

(选自《米拉日巴传》，第一百六十八页)

注释

① 世间八法：毁与誉，得与失，苦与乐，讥与称。

② 马尔巴：(1012～1097)，本名却吉罗珠，西藏后弘期重要的译经家，他将噶举传承传入西

藏，是噶举派在西藏第一位上师。

③ 禳解：向神祈求解除灾祸。

④ 悭吝：吝啬，小气。

（米拉日巴融归法界，空行们于其灵堂上所唱之歌）
对主尊如意宝珠的圆寂，
有的哀号，有的悲泣。
在这悲痛欲绝地悼念时，
这自然火自己燃起，
火焰的光化成八瓣莲花，
呈现八吉祥①、七王宝②，
以及种种如意供品的标记。
火焰的声音如螺号长鸣，
又像琵琶、笙箫、碰铃、小鼓、手鼓等合奏曲。
火星如天空的流星，
变成内、外、密的供养天女，
把种种精美的供养献出。
青烟升腾布成虹光的云供，
化为伞盖、宝幢③和彩缯，
现出吉祥结和卍字形体。

（选自《米拉日巴传》，第二百二十六页）

注释

① 八吉祥：又称佛教八宝，象征佛教威力的八种物象。八吉祥简称轮、螺、伞、盖、花、罐、鱼、长。

② 七王宝：是藏传佛教中珍贵的七种宝物。分别为金轮宝、主藏宝、大臣宝、玉女宝、白象宝、胜马宝、将军宝。

③ 宝幢：又称法幢。即庄严佛菩萨之旗帜，常以诸宝严饰。据大日经疏卷五载，幢上置如意珠，故称宝幢。

（米拉日巴融归法界后，热穹巴悲歌祷求米拉日巴舍利子）热穹巴这样如泣如诉地祷告以后，只见从空行女手中那光束中，放出一颗舍利，闪烁着五彩光芒，约有鸡蛋大，亮晶晶地落在灵堂房顶上。诸大弟子纷纷动手去接，争着说："是我的！是我的！"一起迎上前去。只见那舍利又回到空中，融合在空行手中的光束中去了。那光束分成两股：一股变为狮子宝座，有莲花、日、月等坐垫，一股变为放在那宝座上的白色水晶宝塔，光明剔透，高约一肘，放射五色光华，周围有一千另二十二佛围绕。塔的各层，依次住着亮晶晶的密宗四本续中诸天众。其中有尊者像，约五寸许。诸空行皆向他顶礼供养，为守护宝塔，有二空行女作为香灯师。

（选自《米拉日巴传》，第二百三十页）

（热穹巴悲歌祷求米拉日巴舍利子，二空行女作香灯师回歌）歌罢，众空行女把宝塔举到大弟子们头上的空中，宝塔中放射出一道一道的光华，照射在每个大弟子的头上，为他们灌顶。这时，在场的人大都亲眼看见尊者的身影从宝塔里闪出来，立在虚空之中。于是，有些人看见空中聚集了喜金刚①、胜乐轮、密集以及有无数天神天女围绕的佛母曼荼罗，接着，都融归于不同本尊心间，而那曼荼罗在空中化为一片光明，最后径直往东方而去。诸空行便用各种彩缯天衣供在宝塔上，把宝塔放在宝箱内，供陈无数供品，吹奏音乐，迎往东方去了。有些人又看见尊者着圆满报身的装束，骑在饰着各种装饰品的狮子上面，四类空行女高举着狮子的四肢，金刚亥母牵着笼头在前引路，无数勇士空行擎着幡、幢、伞盖等供品和吹奏各种乐器，围绕护持着向东方而去。而那宝塔是由一白色空行女用一白绫肩舆迎请而去的……总之，所出现的种种奇异兆相是不可思议的。

（选自《米拉日巴传》，第二百四十一页）

注释

① 喜金刚：是萨迦派最重要的本尊，亦即以喜金刚为本尊所修的生圆二次第的"道果"法。

［洪武七年二月戊戌（1374年3月15日）］故元和林国师朵儿只怯烈失思巴藏卜，遣其讲主汝奴汪叔来朝进表，献铜佛一、舍利一、白哈丹布一及元所授玉印一、玉图书一、银印四、铜印五、金字牌三。诏礼部，佛像、舍利送佛寺，赐汝奴汪叔文绮、禅衣、帽靴等物。

（选自《明实录藏族史料》，第二十六页）

［洪武七年五月庚辰（1374年6月25日）］和林国师朵儿只怯烈失思巴藏卜及甘肃平章汪文殊奴等至京师。国师献佛像、舍利及马二匹。诏以佛像、舍利送钟山寺，赐国师文绮、禅衣，汪文殊奴等氁丝袭衣、房舍、供具诸物，及赐从者衣服等物有差。

（选自《明实录藏族史料》，第二十八页）

［洪武二十年十二月庚午（1388年2月2日）］西天尼八剌国王马达纳啰摩、乌思藏、朵甘二都指挥使司都指挥挪干尔坚藏等，各遣使阿迦耶等来朝，上表，贡方物、马匹镔铁剑及金塔、佛经之属，贺明年正旦。

（选自《明实录藏族史料》，第七十六页）

［永乐五年正月甲戌（1407年2月26日）］赐尚师哈立麻仪仗牙仗①二、瓜二、骨朵②二、幡幢二十四对、香合儿、拂子③二、手炉三对、红纱灯笼二、鲩（鯱）灯④二、伞一、银交椅一、银脚踏一、银水罐一、银盆一、诞马⑤四、鞍马二、银杭（杌）一、青圆扇一、红圆扇一、帐房一、红绉丝拜褥一。

（选自《明实录藏族史料》，第一百三十页）

注释

① 牙仗：即仪仗。
② 骨朵：一种用铁或硬木制成的古代兵器，像长棍子，顶端瓜形。
③ 拂子：用以拂除蚊虫的用具。即在柄上扎束兽毛、棉、麻等而成者，功用与尘尾同，而形状各异。
④ 鮀鯱灯：鮀鯱，tuó shěn，用鱼脑骨架制成的灯。
⑤ 诞马：即但马。仪仗队中不施鞍辔的备用马。

[永乐四年十二月庚戌（1407年2月2日）] 宴尚师哈立麻于华盖殿，赐金百两、银千两、钞二万贯、彩币四十五表里及法器、筒（茵）褥、鞍马、香果、米、茶等物，并赐其徒众白金、彩币等物有差。

（选自《明实录藏族史料》，第一百三十页）

[永乐十一年五月辛巳（1413年6月1日）] 命尚师昆泽思巴为万竹（行）圆融妙法最胜真如慧智弘慈广济护国宣教正觉大乘法王西天上善金刚普应大光明佛，领天下释教。赐诰、印并袈裟、幡幢、鞍马、伞盖、法器等物。

（选自《明实录藏族史料》，第一百五十四页）

[永乐十二年正月壬午（1414年1月28日）] 正觉大乘法王昆泽思巴陛辞。赐图书及佛像、佛经、法器、衣服、文绮、仪仗、鞍马、金银器皿等物，命中官护送。

（选自《明实录藏族史料》，第一百五十五页）

[永乐十四年五月辛丑（1416年6月5日）] 妙觉圆通慧慈辅（普）应辅国显教灌顶弘善西天佛子大国师释迦地（也）失辞归。御制赞赐之，并赐佛像、佛经、法器、衣服、文绮、金银器皿。

（选自《明实录藏族史料》，第一百六十页）

[永乐十七年十月癸未（1419年10月30日）] 遣中官杨三保等赍敕①往赐乌思藏正觉大乘法王昆泽思巴、帕木竹巴灌顶国师阐化王吉刺思巴监藏巴里藏卜、必力工瓦阐教王领真巴儿吉（监）藏、思（达藏）辅教王喃渴烈思巴、灵藏灌顶国师赞善王著思巴儿监藏、灌顶弘善西天佛子大国师释迦也矢（失）等佛像、法器、袈裟、禅衣及绒锦、彩币表里有差。盖答其遣使朝贡之诚也。

（选自《明实录藏族史料》，第一百六十七页）

注释

① 赍敕：jī chì，携持诏书。

[正统五年六月乙未（1440年7月23日）] 四川长河西、鱼通、宁远宣慰司剌麻绰吉坚参遣温卜三竺监参并乌思藏剌麻远丹监措、工加祝（税）六等俱来朝，贡马并佛像、舍利、硼砂等物。赐彩币、袭衣、钞、绢有差。

（选自《明实录藏族史料》，第三百九十四页）

[正统十年四月辛亥（1445年5月14日）] 乌思藏大宝法王遣刺麻锁南屯祝等贡舍利、氆氇等物。赐彩币等物有差。

（选自《明实录藏族史料》，第四百五十七页）

[正统十年六月庚申（1445年7月22日）] 敕谕灵藏灌顶国师赞善王喃葛监藏巴藏卜侄班丹监挫曰："尔灵藏……封尔班丹监挫为灵藏灌顶国师赞善王，代尔叔掌管印章，抚治番人。并颁赐尔锦段表里、僧帽、袈裟、法器等件……尔惟钦哉。"

（选自《明实录藏族史料》，第四百六十二页）

[正统十一年正月庚辰（1446年2月7日）] 瓦剌太师也先（奏）："所遣朝贡灌顶国师剌麻禅全精通释教，乞大赐封号并银印、金襕袈裟，及索佛教中合用五方佛①画像、铃杵②、铙鼓、缨

络③、海螺、咒施法食诸品（器）物。……"

（选自《明实录藏族史料》，第四百六十八页）

注释

① 五方佛：在佛教密宗里，供奉的主尊佛是"五方佛"。五尊佛中，正中者是法身佛毗卢遮那佛，接下来是南方欢喜世界宝相佛、东方香积世界阿閦佛、西方极乐世界阿弥陀佛、北方莲花世界微妙声佛。这五尊佛代表中、南、东、西、北正方。

② 铃杵：《名物大典》中释："亦称'金刚铃杵'。原为佛众法器，后僧徒亦用作捣药、敲击铃磬之具。以其柄为金刚杵之形，故得'金刚铃杵'名。有独股乃至五股多种。"

③ 缨络：同"璎珞"，原为古代佛像的颈间的一种装饰，由众宝所成，《维摩诘经讲经文》中有"整日宝之头饰，动八珍之璎珞"。《妙法莲华经》载用"金、银、琉璃、砗磲、玛瑙、珍珠、玫瑰七宝合成众华璎珞"。佛教中所说的璎珞有"无量光明"的内涵。

［正统十一年六月癸丑（1446年7月10日）］乌思藏等处不来朴等寺番僧剌麻亦失藏并奉使乌思藏回剌麻锁南监赞等，各贡佛像及方物。赐宴并彩币、袭衣。

（选自《明实录藏族史料》，第四百七十四页）

［正统十三年五月戊子（1448年6月4日）］乌思藏等处剌麻锁南巴绰尔甲等贡马、驼、玉石、氆氇、佛像、舍利等物。赐宴并彩币、钞锭有差。

（选自《明实录藏族史料》，第四百九十九页）

［正统十三年五月癸巳（1448年6月9日）］金川演化禅师雍仲监粲遣番僧什纳监藏并招出格梵等寺向化番僧朵儿思加、岷州卫法藏寺剌麻舍劳藏卜……等贡铁甲并马、氆氇、佛像等物。赐钞锭，彩币有差。

（选自《明实录藏族史料》，第四百九十九页）

［正统十三年五月丁未（1448年6月23日）］妙胜禅师锁南藏卜及剌麻札失班丹出使灵藏等处地面还，以灵藏赞善王班丹坚刬所遣南嘉寺剌麻桑儿结巴等朝见，贡马及氆氇、佛像等物。诏陞锁南藏卜为国师，札失班丹为都纲①，给诰命、敕谕、银印，赐宴并钞、彩段表里、僧衣、靴袜有差。以桑儿结巴为本寺都纲，给敕谕、印信。从赞善王班丹坚刬奏请也。

（选自《明实录藏族史料》，第五百页）

注释

① 都纲：佛学大词典条目中云："由政府任命，统领全国寺院僧尼以维持教法之官职。"

［正统十三年十二月庚辰（1449年1月22日）］安定等卫安定王领占斡些儿遣使臣监奔福余等……乌思藏①剌麻喃结藏卜、四川思南柯等寨招出向化生番班撒儿等来朝，贡马、驼、黄鹰、铁甲、刀剑、貂鹿皮、佛像、舍利等物。赐宴并彩币表里、袭衣、钞有差。

（选自《明实录藏族史料》，第五百一十页）

注释

① 乌思藏：中国元代设在今西藏地区的政区。乌思（清以后译作卫）指前藏，藏指后藏。

［景泰元年三月甲子（1450年5月1日）］四川董卜韩胡宣慰司官先是奏："抚治松潘①副都御

史寇深索松潘诸卫金银几数千两,及受反羌并杂谷等塞(寨)诸夷人金银、金释迦佛、大西天毛狗、红白铁刀(力)麻诸物货尤众。"

(选自《明实录藏族史料》,第五百二十六页)

注释

① 松潘:位于四川省阿坝藏族羌族自治州东北部,东接平武县,南依茂县,东南与北川县相邻,西及西南紧靠红原县、黑水县,北与九寨沟县、若尔盖县接壤。

[景泰元年四月戊戌(1450年6月4日)]乌思藏贡堂川阔宁等寺番僧都纲(剌)麻阿立押革、番僧桑亚的古罗古罗等贡氆氇、(铁)甲、佛像、舍利子。赐宴,并赐彩币等物。

(选自《明实录藏族史料》,第五百二十七页)

[景泰四年九月己未(1453年10月7日)]董卜韩胡宣慰司都纲剌麻阿儿夜吒等贡马及氆氇、舍利等物。赐宴并彩币表里有差。

(选自《明实录藏族史料》,第五百五十四页)

[景泰七年六月癸丑(1456年7月17日)]封答苍地面王子喃噶坚粲巴藏卜袭为辅教王,赐诰敕、金印、彩币、僧帽、袈裟、法器等物。命番僧葛藏为灌顶广善慈济国师,烈藏为静觉持正国师……奏请也。

(选自《明实录藏族史料》,第五百七十页)

[天顺元年九月辛巳(1457年10月8日)]遣正使灌顶国师葛藏、副使右觉义桑加巴等,赍敕诰并彩币、僧俗衣帽、铃杵等物,封答苍喃葛坚粲巴藏卜袭为辅教王。以其父喃葛列思巴罗竹坚粲巴藏卜奏年老不能视事故也。仍命葛藏等顺赍敕并彩币、宝石、伞幢等物……不许下人生事阻滞。

(选自《明实录藏族史料》,第五百八十二页)

[天顺六年正月丁巳(1462年2月20日)]四川盐井等卫土官剌马贤等、董卜韩胡宣慰司①等处竹龙寺剌麻番僧远丹言千等、陕西岷州②卫大崇教等寺国师剌麻番僧锁南领占等贡马及氆氇、佛像等物。赐宴及彩币表里等物有差。

(选自《明实录藏族史料》,第六百零九页)

注释

① 董卜韩胡宣慰司:永乐十五年(1417)董卜韩胡宣慰使司被设置。是明朝在青藏高原东部的军事管辖区朵甘行都指挥使司下辖的一个宣慰使司。

② 岷州:岷州是今天甘肃省定西市岷县在1913年以前的名称,南北朝时期,"岷州"成为今天岷县的称谓首次出现,直至1913年不再使用。

[天顺七年十二月己酉(1464年2月2日)]乌思藏剌麻闰内伯、陕西大崇教寺番僧监的札失……等来朝,贡马及佛像、貂鼠皮、氆氇、香。赐彩币等物。

(选自《明实录藏族史料》,第六百二十一页)

[成化二年二月庚寅(1466年3月4日)]陕西临洮卫正觉等寺番僧巴什端竹等、岷州等卫朝定等寺番僧锁南藏卜等、剌答等簇番人相竹等、葛偏等簇番僧簇头官卓汪秀等各来朝,贡马并佛像等物。赐衣服、彩段等物有差。

(选自《明实录藏族史料》,第六百三十六页)

[成化二年十一月辛卯（1466年12月30日）]陕西岷州卫大崇教寺剌麻番僧边爵撒节等、栗中簇簇头番人朵只乱（叱）等各来朝，贡马及佛像等物。赐彩段表里等物有差。

（选自《明实录藏族史料》，第六百四十六页）

[成化二年十二月丙辰（1467年1月24日）]陕西洮州①卫上院大崇教寺番僧三竹赤什等、岷州卫大崇教寺番僧班卓坚参等、多纳簇簇头番人柴古等各来朝，贡马并佛像等物。赐彩段表里等物有差。

（选自《明实录藏族史料》，第六百四十七页）

注释

① 洮州：临潭，古称洮州，明代属陕西都指挥使司管辖，地处中国内陆青藏高原东北边缘，甘肃省南部，今属甘南藏族自治州。

[成化三年正月辛未（1467年2月8日）]乌思藏灵藏赞善王遣番僧桑节藏卜等、陕西洮州等卫大崇教等寺板藏等簇番僧领占汪等、岷州等卫瓦隆等寺古尔占等簇簇番僧领占干则等、洮州著落等簇番僧三竹、秦州等卫簇头番人札石威阿崖等各来朝，贡马并佛像、铁甲等物。赐衣服、彩段等物有差。

（选自《明实录藏族史料》，第六百四十八页）

[成化三年二月壬戌（1467年3月31日）]陕西岷州卫西宁沟簇头番人星吉乱等、灵藏地方番僧乐瓦藏卜等、四川松潘、叠溪守御所番僧江粲（杰）等各来朝，贡马并佛像等物。赐彩段等物有差。

（选自《明实录藏族史料》，第六百五十页）

[成化三年八月庚申（1467年9月25日）]四川长河西、鱼通、宁远等处军民宣慰使司①杂道长官司穿云等寺（寨）番僧畜吉星宜等、董卜韩胡宣慰使司领占令等寺寨番僧札思巴等、感藏等寺寨番僧绰思吉言千等、陕西岷州卫圆觉等寺番僧班丹札石等、著呷等簇簇头番人坚东肖等、巴藏等簇簇头番人捏捏等各来朝，贡马及佛像、氆氇、铁甲等物。赐宴，并赐彩段表里等物有差。

（选自《明实录藏族史料》，第六百五十八页）

注释

① 宣慰使司：明朝时期，为治理边境少数民族，在当地设立宣慰使司，它是一种民族自治机构。设立宣慰使司目的是利用当地人治理少数民族。

[成化四年三月乙亥（1468年4月7日）]礼部奏："西宁游僧板尖恭尼麻、绰失吉藏卜等，赍敕往乌思藏阐教王等处开谕回还，宜赐番僧衣、彩段、靴袜，以酬其劳……例给赐。"丛之。

乌思藏阐教王遣番僧楚芹坚剉等、阐化等王遣番僧领占把藏等各来朝，贡马及氆氇、佛像、舍利等物。赐衣服、彩段等物有差。

（选自《明实录藏族史料》，第六百六十一页）

[成化四年四月乙未（1468年4月27日）]乌思藏番僧三竹藏卜等、陕西河州弘化寺番僧工哥端竹等、洮州藏撒寺下番僧板著等、岷州添郭等簇簇头番人撒剌等各来朝，贡马及氆氇、佛像、明甲等物。赐彩段、钞锭等物有差。

（选自《明实录藏族史料》，第六百六十二页）

［成化六年二月甲戌（1470年3月27日）］乌思藏把尔丹撒失地面番僧锁南监卒等、洮州卫牙杓等簇番僧锁南札等、岷州卫剌节等簇头（目）番人柴答节等各来朝，贡马并佛像、氆氇、盔甲等物。赐彩段表里等物有差。

(选自《明实录藏族史料》，第六百八十六页)

［成化七年正月庚子（1471年2月16日）］陕西西宁卫丹德寺番僧领占竹等、岷州卫朝定等寺番僧乩丹等、西固城千户所栗中等簇簇头番人怕剌肖等各来朝，贡马并佛像等物。赐彩段、宝钞等物有差。

(选自《明实录藏族史料》，第六百九十三页)

［成化七年四月戊辰（1471年5月15日）］陕西你被、麻谷等簇番人革革等、熬儿等簇番人阿由等、上笆篱等簇番僧番人汪吉节等，俱以招抚来朝，各贡马及铜佛等物。赐宴并彩段、绢、钞有差。

(选自《明实录藏族史料》，第六百九十六页)

［成化十年十月戊申（1474年12月5日）］陕西洮州卫札失官寺禅师桑节藏卜等来朝，贡马及佛像等物。赐衣服、彩段等物有差。

(选自《明实录藏族史料》，第七百一十六页)

［成化十年十一月壬申（1474年12月29日）］陕西显庆、弘化、舍藏等寺番僧汪束藏卜等、四川乌思藏大乘法王遣番僧都纲剌瓦藏卜等各来朝，贡马及佛像等物。赐宴并彩段等物有差。

(选自《明实录藏族史料》，第七百一十七页)

［成化十一年七月甲寅（1475年8月8日）］岷州卫柴笼等簇簇头番人卜都等、憨班等簇簇头番人官巴等、罗家等簇簇头番人戎巴僧革等、洮州卫哈谷等簇簇头番人喃着等、鹊中等簇簇头番人郭由等、四川威州金川等寺剌麻番僧阿结藏卜等各来朝，贡马及氆氇、佛像等物。赐彩段、钞、绢有差。

(选自《明实录藏族史料》，第七百二十一页)

［成化十六年十月戊辰（1480年11月23日）］四川松潘恰列等寺剌麻多惹等、长河西、鱼通、宁远等处杂道长官司甘藏等寺寨净条（修）禅师头目舍剌星吉等各来朝，贡佛像、氆氇等物。赐宴并彩段等物有差。

(选自《明实录藏族史料》，第七百五十四页)

［成化二十年五月丙午（1484年6月13日）］陕西岷州大崇教寺番僧失劳尖卒等、多杓等簇簇头番人卜肖等、河州洪（弘）化寺番僧喃葛札失等、洮州札纳等簇番人你卜秀等各来朝，贡佛像、(马)、驼、盔甲等物。赐彩段、绢、钞有差。

(选自《明实录藏族史料》，第七百七十八页)

［成化二十年六月庚辰（1484年7月17日）］西宁靖宁寺妙胜慧济灌顶大国师锁南领占遣僧徒锁南奔（领）等，赍敕往谕灵藏赞善王。至是，复命，及贡铜佛、橐驼等物。赐衣服、彩段等物有差。

(选自《明实录藏族史料》，第七百七十九页)

［成化二十一年二月甲寅（1485年2月16日）］陕西岷州外夷憨班等簇簇头番人亦麻窝斜等、千官等簇簇头番人札古肖等、撒藏寺番僧札挂速南等、拱卜寺番僧瓦剌藏卜等各来朝，贡马并佛像、盔甲等物。赐彩段、绢、钞有差。

(选自《明实录藏族史料》，第七百八十四页)

［成化二十一年三月甲午（1485年3月28日）］陕西洮州灵藏赞善王遣番僧展洋札巴等、尖占等簇簇头番人喃剌盼等各来朝，贡马及铜佛像、盔甲等物。赐晏（宴）并彩段、绢、钞有差。

(选自《明实录藏族史料》，第七百八十五页)

［成化二十一年闰四月壬寅（1485年6月4日）］陕西岷州撒藏寺番僧锁南班丹等、河州弘化寺番僧星吉札失等各来朝，贡马及氆氇、佛像等物。赐彩段、钞绽有差。

(选自《明实录藏族史料》，第七百八十六页)

［成化二十一年十二月戊子（1486年1月16日）］京城外有军民叶屺、靳鸾等发人墓，取骷髅及顶骨，以为葛巴剌碗并数珠，假以为西番所产，乘时市利，愚民竞趋之，所发墓甚众。

(选自《明实录藏族史料》，第七百八十九页)

［成化二十二年四月癸卯（1486年5月31日）］陕西土番麦鹅等簇番僧朵只尖藏、哈者等簇生番玉巴等、四川长河西宣杂等寨寨官头目温目等各来朝，贡马及佛像、氆氇等物。赐彩段、绢、钞有差。

(选自《明实录藏族史料》，第七百九十二页)

［成化二十三年三月癸卯（1487年3月27日）］陕西岷州弘济寺番僧端竹尖昝等、河州普纲寺番僧汪束（东）班丹等、洮州哈尔占等簇番人陆节秀等各来朝，贡马及佛像、盔甲等物。赐宴并彩段、绢、钞有差。

(选自《明实录藏族史料》，第七百九十八页)

［成化二十三年四月壬午（1487年5月5日）］陕西岷州大隆善护国寺①国师番僧绰肖藏卜等、陕西拱卜寺番僧乩六等各来朝，贡马及佛像、舍得等物。赐彩段、绢、钞有差。

(选自《明实录藏族史料》，第七百九十九页)

注释

① 大隆善护国寺：护国寺建于元，其址一说原为元脱克脱故宅。初名崇国寺（此为北寺，尚有南寺，已迷其踪）。明宣德四年（1429）更名大隆善寺。成化八年（1472）赐名大隆善护国寺。清康熙六十一年（1722）蒙古王公贝勒为康熙帝祝寿而修缮此寺，称护国寺。

［成化二十三年九月丁未（1487年9月27日）］礼科等科给事中韩重等上疏曰："……玉食锦衣，坐受尚方之赐；棕舆御仗，僭用王者之仪。献顶骨数珠，进枯髅法碗①，以秽污之物，冒陞赏之荣。……"

监察御史陈毅等亦上疏曰："……领占竹扎巴坚参等以妖髡而受法王之名；释迦哑儿答、著乩领占等以胡丑而窃佛子之号。锦衣玉食，后拥前呵。斫枯髅以为法盎②，行净至宫，穿朽骨而作念珠③，登坛授戒。遂使术误金丹，斫枯髅以为法盎，行净至宫，穿朽骨而作念珠，登坛授戒。……"

(选自《明实录藏族史料》，第八百零一页)

注释

① 枯髅法碗：即骷髅法碗。骷髅碗也称人头器，它是密宗修法者举行灌顶仪式时，在灌顶壶内盛圣水，头器内盛酒，师傅将圣水洒在修行者头上，并让其喝酒，然后授予密法。

② 盌：同"碗"。

③ 念珠：《名物大典》中释："亦称'木患子'、'无患托钵'、'念佛珠'。佛徒念佛时用来计算诵念次数之珠串。"

[弘治元年正月癸卯（1488年1月21日）] 乌思藏西天桑加瓦如来大乘法王①遣禅师蛇纳藏并各寺寨番僧、瞿云（昙）寺②西天佛子大国师班卓儿藏卜遣禅师桑尔加端竹等、灵藏赞善王遣番僧远丹陆竹等来朝谢恩，并贡佛像、马、驼、方物。赐衣服、彩段、钞锭有差，仍命领赐法王、佛子彩段归给之。

（选自《明实录藏族史料》，第八百零五页）

注释

① 大乘法王：大乘法王者，乌斯藏僧昆泽思巴也，其徒亦称为尚师。

② 瞿云（昙）寺：瞿昙寺创建于明洪二十五年（1392），开创者三罗喇嘛桑杰扎西，明朝受封西宁僧纲司都纲，是西宁卫的宗教首领。位于青海省乐都县曲坛乡所在地，南距县城约17公里。

[弘治二年正月辛巳（1489年2月22日）] 陕西外夷各卜等族番人亦希藏等、草坡等族番僧百麻坚藏等、驼笼、也尔古的、卜哈等族番人扳麻节（郎）等来朝，各贡佛像、盔甲、马匹等物。赐宴并衣服、彩段有差。

（选自《明实录藏族史料》，第八百一十三页）

[弘治三年十一月甲辰（1491年1月6日）] 灵藏赞善王遣番僧领占等、金川等寺演化禅师班丹藏卜差剌麻番僧锁郎监藏等贡佛像、方物。赐宴并彩段、衣服等物有差。

（选自《明实录藏族史料》，第八百二十二页）

[弘治四年七月丁亥（1491年8月17日）] 陕西岷州卫大崇教事（寺）下院天竺寺番僧都纲锁南朵儿只等、四川乌思藏番僧荖雄坚参等来朝，贡佛像、马匹。赐宴并衣服、彩段等物有差。

（选自《明实录藏族史料》，第八百二十五页）

[弘治五年四月癸卯（1492年4月29日）] 西宁卫静宁寺番僧完卜锁南巴藏等、外夷好地平等族番人南哥容中等来朝，贡佛像、方物。赐宴并衣服、彩段等物有差。

（选自《明实录藏族史料》，第八百二十六页）

[弘治六年九月戊午（1493年11月5日）] 礼部左给事中夏昂等劾奏："四川国师领占竹，先因献顶骨数珠，骷髅法盌叨冒①升赏②，皇上御极之初，已革职遣回原寺，远近称快……"

（选自《明实录藏族史料》，第八百三十一页）

注释

① 叨冒：贪婪；贪图。

② 升赏：提职受奖。

第一编 法器

[正德三年二月戊子（1508年3月11日）]静宁等寺番僧族岑星吉等、加石等族番人南仲肖等各来朝，贡佛像、驼、马。赐宴并彩段、缯、钞有差。

（选自《明实录藏族史料》，第八百九十六页）

[正德三年七月辛亥（1508年8月11日）]乌思藏阐教王①遣番僧头目坚昝札挂等并王子遣番僧你麻藏卜等各贡马及佛像等物。赏彩段、衣服有差。

（选自《明实录藏族史料》，第八百九十七页）

注释

① 阐教王：明永乐十一年（1413），封西藏止贡寺座主领真巴儿吉监藏为阐教王。封爵世袭，明嘉靖时（1522～1566）仍有使臣到北京。

[正德五年十二月戊戌（1511年1月15日）]永宁等寺剌麻番僧札石烟丹等来朝，贡马并佛像、方物。赐晏（宴），赏彩段、衣服、绢帛有差。

（选自《明实录藏族史料》，第九百一十页）

[正德十年十一月己酉（1515年12月31日）]命司设监①太监刘允往乌思藏赍送番供等物……以珠琲②为旛幢③，黄金为七供④，赐法王金印、袈裟及其徒馈赐以巨万计，内库黄金为之一匮。

（选自《明实录藏族史料》，第九百三十页）

注释

① 司设监：专责管理卤簿、仪仗、雨具、大伞等，设掌印太监一员。司设监事繁且杂，又无实权。清初废司设监。

② 珠琲：珠串。多形容形似珠串的水珠等。

③ 旛幢：旧时佛、道所用旌旗之范称。

④ 七供：西藏佛教用语。指七种供养物品，即洗脸水、洗脚水、花、香、灯、涂、果。

[正德十一年三月丙申（1516年4月16日）]陕西岷州法藏等寺番僧班刺著秀等、阶州阿木等族番人安巴等来贡画佛、舍利、腰刀等物。赐宴，并赏彩段、钞、绢有差。

（选自《明实录藏族史料》，第九百三十八页）

[正德十五年四月甲戌（1520年5月3日）]陕西竹林及巴咂等旋（族）番人南哈尖藏等贡马及佛像等物。赏彩币、缯、钞如例。

（选自《明实录藏族史料》，第九百五十一页）

[万历元年十一月癸未（1573年11月30日）]给虏酋①顺义王俺答②佛像、番经。赏前传经番僧二人禅衣、坐具、纻丝番僧衣并靴袜。授在房番僧九人官，仍给禅衣、坐具、僧帽，及给其番官四人彩段二表里、木棉布四匹。礼部复王崇古清也。

（选自《明实录藏族史料》，第一千零八十二页）

注释

① 虏酋：虏，胡虏，古代贬称非中原的异族。酋，古代贬称敌方的首领。

② 俺答：俺答即阿勒坦汗。即俺答汗（1507～1582），阿拉坦是其名字，意思为"金子"。16世纪后期蒙古土默特部重要首领，孛儿只斤氏，成吉思汗黄金家族后裔，达延汗孙。

[正当他（昆·官却杰布）希求新译密法之时，卓垅地方召开大法会]他（官却杰布）看了各

种表演，其中看到许多咒师头戴二十八种自在母之面具，各自手中拿一道具，有一长辫天女边击舞边跳神，场面及声势之大使整个大街被阻塞。

（选自《萨迦世系史》，第十四页）

（贡噶宁波前往萨迦，闭关修行至）黎明时，（贡噶宁波）见瑜伽自在者比热瓦巴双足结跏趺而坐，做一法轮之手印；右方东方摩诃伽罗双足结跏趺①而坐，右手持羊角号，左手持满瓶甘露；左方喀雅哈热身穿盘旋白衣，铃杵互相交叉于胸间；后方郭里巴跪着，手持白伞；前方必那萨底纳措巴合掌敬献甘露。主仆五人皆为白靠背。

（选自《萨迦世系史》，第三十二页）

注释

① 跏趺：佛教中修禅者的坐法：两足交叉置于左右股上，称"全跏坐"，又称"吉祥坐"。

（赞颂官却杰布和喇钦宁波任萨迦主持后的具吉祥萨迦寺之诗）

具有许多蜂蜜的好地方，

像是善趣众生之福地，

乃由八吉祥徽①装饰之，

金光闪闪普照大地。

（选自《萨迦世系史》，第四十四页）

注释

① 八吉祥徽：又称"吉祥八清静"，"八祥瑞"、"藏八宝"等，亦即俗称的八宝图案，与七珍宝并称"七珍八宝"，藏语称之为"扎西达杰"。

（索南孜摩之弟，至尊仁波且）扎巴坚赞建造了一尊龙王祖那仁钦①像，用各种珍宝装饰之龙头面向萨迦，龙尾朝向汉地，特意为具吉祥萨迦安排无边富足之吉兆。

（选自《萨迦世系史》，第六十页）

注释

① 祖那仁钦：意为"顶上宝"（此名来自于龙头上佩戴的一个法宝），此龙号为藏区四大山四大湖之主。

［羊年（1247）三月］（西夏王）住于此地时，查阅前世国王对僧人们之考卷，不禁赞叹道："昔日考试规模真大啊！"此后国王边看边说，这尊释迦牟尼像是金的？是木的？还是石的？遂用錾刀割掉释迦牟尼之足。其后众神鬼说："现在此王福泽衰败，大难临头。"

（选自《萨迦世系史》，第九十六页）

在此，简述第二次灌顶时所奉献的大白法螺之历史。《赞颂吉祥萨迦派之诗集》中说：

因龙种人主之善缘而来，

那具足梵音①之大白法螺。

乃是世尊②转动法轮之时，

帝释天神敬向佛陀奉献。

照此诗所述，这善逝③佛陀转动法轮之际闪耀无误护持法力之法螺，在从汉地传入萨迦派手中之前，其传入汉地的历史如下所述：印度国王达玛帕拉与汉地国王第哇热扎结为未曾会面的朋友。印度国王达玛帕拉在位之时，外道军队摧毁了室利那烂陀寺④，毁灭佛法。当（印度国王达玛帕拉）写信向汉地国王第哇热礼请求派遣援军之时，汉地国王回答说："我的军队不能前来助战，寄上宝物一件作为礼品，依靠它可以制伏外敌，振兴佛法。"此礼品即为一件用薄锦纹缎做成的无缝大氅，兵器及斧凿都不能破入，胸前织有吉祥结。同时以此为主寄送了两次珍宝，并附有计谋及教诲之言。由于此物之法力及机运，印度国王打败了外道的军队，使佛教又如太阳一般闪射光明。印度王臣都很欢喜，致信给汉地国王说："使佛法如此兴盛，全靠你汉地国王的慈悲教诲和历次送来的礼物的力量。你的恩德至大，你愿得到什么回礼，请即告诉。"汉地国王说："你真有此心，可将佛陀八岁身量之像、佛陀之法螺、河边所述经、庄严经、毗奈耶经、宝箧经等四部经籍以及四位持律比丘送来。"达玛帕拉王说："我虽从未想过将我的本尊释迦牟尼像等送人，但你的恩德至大，迎去你处对众生大有利益。"于是献大供养，隆重迎送，将释迦牟尼像及法螺等迎请到汉地。此后又如前所述，由薛禅汗⑤奉献给法王八思巴，从此这法螺从汉地传入萨迦，这是普遍的说法。另一种说法是，大白法螺是由汗王阔端⑥献给法主萨迦班智达的，此后由萨迦班智达⑦传给八思巴。还有一种说法是，总之，此法螺亦是萨迦班智达的，是蒙古地方各个语言不同的地区弘扬佛法之时的法螺。此善逝佛陀之殊胜法螺，是众生怙主法王八思巴从汉地返回萨迦时带来的，并亲自祝愿它成为众人之救护。此法螺之巨大功德，难以详述。简略言之，具有根器⑧之人看见它之时，其人即具有十善根器及无数自在殊胜。如闻此法螺之声，即能清除无数劫中所积累之违碍恶业，关闭堕入恶趣之门，得转生善趣及解脱之福。此外，当有情众生的福乐之源犹如庄稼被具八恶之冰雹摧残之时，如闻此法螺之声，即能瞬间平息，犹如庄稼复得大地之精华，众生得幸福完满。其后，在持咒法王阿旺贡噶仁钦之世，当教法之敌拉萨宗巴等恶魔幻化劫走萨迦大殿无数供物及此法螺时，此法螺因其恶行之地非居留之处，愿回受瑜伽自在尊者护持之福地，故法螺内长满虫子。彼等将法螺列入供器之中，虽无人吹奏。但此法螺自己放出不祥之声。因其显示这数种不祥之兆，故彼等立即将法螺送回萨迦大殿，以示忏悔。此法螺与满足善愿之如意宝贝毫无差别。人立于法螺跟前之时，所祈愿的最终成就之果皆会得到如愿的赐福，而得以成就。

（选自《萨迦世系史》，第一百二十一页）

注释

① 梵音：指佛的声音，佛的声音有五种清净相，即正直、和雅、清彻、深满、周遍远闻，为佛三十二相之一。

② 世尊：佛陀释迦牟尼的尊称。

③ 善逝：佛教语。又译"好去"。诸佛十号之一。十号之第一曰如来，第五曰善逝。善逝有如实去彼岸，不再退没生死海之义。

④ 那烂陀寺：在古摩揭陀国王舍城附近，今印度比哈尔邦中部都会巴特那东南90公里。那烂陀寺始建于5世纪，规模宏大，有藏书900多万卷，为古代中印度佛教最高学府和学术中心。

⑤ 薛禅汗：即孛儿只斤·忽必烈。孛儿只斤·忽必烈（1215～1294），蒙古族，元朝的创建者，监国托雷第四子，宪宗蒙哥之弟，蒙古尊号"薛禅汗"。

⑥ 阔端：孛儿只斤·阔端（1206～1251），又作扩端、库腾。蒙古汗国宗王、大将。成吉思汗孙，元太宗孛儿只斤·窝阔台次子。

⑦萨迦班智达：于藏历第三绕回水虎年出生在后藏。自幼从至尊扎巴坚赞处学习并掌握了显密二宗精要。23岁去印度留学，拜卡却班禅为师，刻苦学习，精通了大小五明，获得班智达学位，成为西藏第一位班智达。

⑧根器：佛教教义名词，指先天具有接受佛教之可能性。"根"比喻先天的品行，"器"比喻能接受佛教的容量。

（萨加法座）夏尔巴绛漾钦波为加固萨迦大殿之配殿，下令自瑜伽部以下俱修建坛城。喇嘛罗钦和努益希坚赞遵照旨令，修建大坛城一百四十八个，各种类型的坛城共计六百三十九个。

（选自《萨迦世系史》，第一百九十一页）

［木兔年（1375）四月二十九日之时］法主（喇嘛丹巴）对格西甲桑说："前天夜里，有许多着天神的服饰的人带着伞盖幡幢及各种供养物品、抬着一个宝座前来，说是迎请上师到兜率天去，显得很是神气。昨天又出现了这一景象，稍有不同的是有无数动听的器乐之声，其中还有百十来件尼泊尔的乐器之声，使人不能近听，直到现在其声还清楚听见。"

（选自《萨迦世系史》，第二百二十四页）

有一次，当洛追坚赞①前往乃萨巴之林卡仁钦岗之时，当他们向孜官的天女奉献酬补灵器②之时，他（洛追坚赞）说："你们的天女要一再奉献酬补灵器，未免太过分。"天女有些不悦。

（选自《萨迦世系史》，第二百四十三页）

注释

①洛追坚赞：为萨迦大自在者用噶·喜饶坚赞之弟，其父为绎阳钦波；于阳水鼠年（1444）在吐蕃三个却喀之一的卫藏地方出生，属萨加派仁钦岗拉章的世系。

②酬补灵器：佛教仪式的酬补仪轨中用彩线绕成器物献给鬼神的象征性生活资具。

一次（噶扎西坚赞贝桑波）在觉囊①地方修供红色大威德②仪轨时，亲见红色大威德坛城③，在进行内供加持时，在其尊前内供之颅器内燃起火焰，众人皆见，非常惊异。（噶扎西坚赞贝桑波）大师曾说："此乃圣智之火。"听说出现过无数的这种殊胜之幻象。

（选自《萨迦世系史》，第二百六十五页）

注释

①觉囊：全名觉摩囊，位于拉孜县彭措林寺东，雅鲁藏布江南岸。

②大威德：大威德金刚又称大威德怖畏金刚，是密宗本尊之一。密宗典籍中说："有伏恶之势，谓之大威；有护善之功，谓之大德。"

③坛城：梵文叫作曼荼罗，在古代印度，原指国家的领土和祭祀的祭坛。但是现在一般而言，是指将佛菩萨等尊像，或种子字、三昧耶形等，依一定方式加以配列的图样。

大师（俄强喇嘛阿旺贡噶仁钦）来到夏布格顶之地进行谨严的闭关修习时，弃信背盟之徒拉萨宗巴和乃巴果加娃二人勾结，由乃巴谋杀俄强钦布，由拉萨宗巴毁坏（萨迦大寺）大经堂。俄强以其本人具有的威德，使这些凶恶行为未能得逞。但后来他们（拉萨宗巴和乃巴果加娃）提前一天行动，将大经堂毁坏，杀害代理人显密经师贡噶次旦，并将一幅黑幡和声传一闻距的白色海螺带走。

（选自《萨迦世系史》，第三百二十八页）

（俄强大师）修缮了（萨加大寺的）无数之经堂，使其犹如新建。以后又在大经堂和三所依处，在每尊佛像前供献了一般众生难以想象的最为美好的七个供水碗、金刚铃、乐器、坐垫、顶帘和哈达等难以计数之物品，使变为众人瞩目的著名圣地。另外还修建了奇异稀有的、美丽迷人的伦珠颇章等等。（俄强喇嘛）在修缮（萨加大寺的）大经堂和修缮原有建筑时，出现了无数奇异之征兆。特别是在修缮普唐钦莫时，有一天工人们正在吃饭时，公宅边上的一座大墙突然倒塌，虽尽一切办法，均无法补救。因俄强之恩典，所有工人均未受伤害。后来大自在者来此观察，从土石缝中捡到一块刻有不规则的模模糊糊的藏文正楷字的木牌。洗净后上面显出"痛苦者乃为大黑天"的字样。仆从们将此内容向大自在者作了呈报，大自在者哈哈一笑说："这可能是对我而言。"另外，在修缮果如佛殿，会飞的黑漆面具出现在俄强身前，出现了这不可思议之征兆。

（选自《萨迦世系史》，第三百三十二页）

当时伏藏师喜饶沃色与大自在者（俄强大师）一起，又自桑耶寺之白塔内迎请出一尊铁制九股金刚橛①和七生丹一包。据传，当时这柄铁制九股金刚橛成为大自在者的金刚橛灌顶之法器；胜乐金刚之头盖骨成为给纳若空行母②等本尊举行加持时的法器。直至现在还供奉在萨迦大寺③内。

（选自《萨迦世系史》，第三百三十六页）

注释

① 金刚橛：藏传佛教的法器，它含有降伏的意思。修法时在坛场的四角树立，意思是使道场范围内坚固如金刚，各种魔障不能来危害。

② 纳若空行母：又译为那若空行母，别名金刚瑜伽母，是藏传佛教中最具智慧与力量的女性修行者，也是噶举派、萨迦派及格鲁派共修的女性本尊。

③ 萨迦大寺：迦寺坐落于西藏自治区萨迦县奔波山上，是藏传佛教萨迦派的主寺。

（俄强喇嘛在者因在果如、囊索、吉拉等护法神前，作了严厉的吩咐和委派之后）在（萨迦大寺）吉拉护法神殿，在对护法神进行吩咐时，从岩石中央发出了鼗鼓①、铃铛和胫骨骨笛等乐器的细微声音。特别是小銮铃②发出的叮当清脆的声音，使在场的所有随从都清楚听到。此后，在龙王殿之处，埋藏了诸宝，抛施水食子、祭龙食子和聚宝瓶③等等。为了众生之无上利乐，对龙王作了广泛之委托。

（选自《萨迦世系史》，第三百四十七页）

注释

① 鼗鼓：长柄，鼓身两旁缀灵活小耳，执柄摇动时，两耳双面击鼓作响。俗称"拨浪鼓"。

② 銮铃：人君所乘车之铃。

③ 聚宝瓶：藏语称"苯巴"，是三摩地修炼成的咒物——宝藏之瓶，其性质为用之不竭的珍宝，这个瓶作为吉祥清净之意是净瓶，同时也是密宗修法灌顶时的法器之一。

（达尼钦布）在诵持①喜金刚②咒语后，他（达尼钦布）紧接着修习诵持宝帐怙主③七天，在黎明时分他（达尼钦布）又在梦中长时间清楚地看见从萨迦寺的后山本波日山到冬那之间的天空中布满乌云，乌云中宝帐怙主一手执剑、一手执头盖骨，宝帐怙主的上方有三只大鹏，右面有三只黑鸟，左面有三条黑狗，后面有三只狼，前面有三个黑色人，乌云的缝隙中火焰喷出，构成一幅美妙图案。再高明的工匠也无法仿制出来，火焰还伴随着呼呼的声音熊熊燃烧。

(选自《萨迦世系史》，第三百八十九页)

注释

① 诵持：谓诵念经文并持守之。
② 喜金刚：萨迦派最重要的本尊，亦即以喜金刚为本尊所修的生圆二次第的"道果"法。
③ 宝帐怙主：是大日如来佛（也称明照佛、普明佛）的化身，主要为萨迦派所依止的不共护法，法力巨大。

当他（达尼钦布）诵持四面吉祥依怙的咒语时，在得到如今被称为护方杖的特殊的蒙古锡杖①的前一天夜里，他（达尼钦布）梦见一位胖大的黑色人背着用布缠裹的锡杖从东方前来，后面有许多戴着黄色盘帽的俗人和充满山沟的小沙弥追随前来，此时突然出现了两个形象可怖的黑色游方僧②，不准那些俗人和小沙弥越过山谷，将彼等驱赶回去。

(选自《萨迦世系史》，第三百九十页)

注释

① 锡杖：为比丘行路时所应携带的道具，属比丘十八物。
② 游方僧：四方云游的和尚。

尊者（达钦贡噶德勒扎西札巴坚赞贝桑波）五岁阴木猪年之夏天，迎请尊者贡却贝丹到孜东……大师九岁己卯（土兔）年和父亲一起前往额旺寺，藏历十月（昂宿月）上旬初七日，房宿善遇（即水星会房宿）之上午时分，在亲教师①雍增贡却贝丹、羯磨师②勒罗班钦朗噶贝桑，日圭师穆钦朗噶贝桑，领诵师翁则贡波扎西，以及五位比丘之面前出家受戒，起法名贡噶索朗伦珠扎西扎巴坚赞贝桑波。……大师他在胜者遍主大金刚持的狮子宝座上面画上脚爪，于有百余人参加的僧伽集会上做红黄身色的文殊菩萨之随许，最后大师说："我和人们需要所谓的《佛说大般若经十万颂》③。九岁那年在鄂寺的大集会上做了文殊菩萨之随许。"

(选自《萨迦世系史续编》，第八页)

注释

① 亲教师：通常指受戒时之师，亦称戒和上。在印度指一般师父而言。此外，西藏喇嘛教四种阶位中最上之第四位，称亲教师，权力仅次于达赖喇嘛、班禅喇嘛。
② 羯磨师：为受戒三师之一。即于戒场为受戒者指示作礼乞戒等规矩仪式之阿阇梨。
③《佛说大般若经十万颂》：般若经，为大乘空宗主要依靠的一系列经典，般若经十万颂是般若经最大篇幅的版本。

[木羊年（1595）]藏历九月十日为祭土日，在居者和行者以及僧伽会海之中央，善说狮子绒顿释迦坚赞从法座上退位，向法王继承人抛撒了授权之花朵。寺庙和施主奉献了一般的和特殊的礼物以及多种供品和布施，各自的愿望得以满足。……（尊者达钦贡噶德勒扎西札巴坚赞贝桑波）前往古寺那天，在事先所布置的僧众仪仗列队欢迎的同时，传说在隆顶的护法神殿各种乐器自动发出长时间的演奏声。此乃护法神确实存在的明显标志。贡恰索朗森格快要去世时得一梦，说是有一匹备好鞍鞯的马，驮来三位乘者，一是从萨迦来的大怙主，一是依怙协，一是扑鸟的红矛多闻子①。在他们旁边有从萨迦来的三个人，请求到了很多护身结。如同所说，殊胜的大水晶印放在孜东后裔

之手中。

（选自《萨迦世系史续编》，第十四页）

注释

① 多闻子：藏文"多闻子"是梵文的意译，汉传佛教音译作"毗沙门"。因多作为天王之一，又常意译为"毗沙门天王"或"多闻天王"。

铁牛年（1601）动身去卫藏时，岭堆却吉页嘎炯乃得一梦：说是在桑达地方出现许多弥勒菩萨的大喇嘛仓。大约两个月过后，在此处架起大师的行幕云。在前去那烂陀寺的哲普地方时，有一个疯婆请求加持，其他人问："你到哪里去了？"（疯婆）答："我请求弥勒佛加持去了。"到达那烂陀寺后加央勒孜旺曲的及门弟子曲吉桑结仁青，长久凝视着大师的自在瑜伽骨质六饰①，到寝宫之后又观看现身。在那烂陀寺传授了《宝训》和《金刚鬘》②，然后返回孜东。

（选自《萨迦世系史续编》，第十五页）

注释

① 骨质六饰：佛教密宗修行者佩带的用人骨制造的项链、钗环、耳环、冠冕、络腋带和涂于身上的骨灰等六种饰件。

②《金刚鬘》：全名《大修习本续现言吉祥金刚鬘诸续心藏妙分密意本续》，或《大瑜伽续吉祥金刚鬘现说一切续秘密心要分别》，全文共六十八品，由印度堪布苏阐纳室利阐涅那妙吉祥慧和拉喇嘛寂光在托林寺初译成藏文，是《集密》方面比较重要的一部经典，全面系统地讲述《集密》的基本思想，修行规则。

兔年（1603）正月里，喜金刚供修和上师供继续进行。十八日收敛（班钦朗嘎贝桑）尸骨，献沐浴，并用骨灰做了大批的泥塑小佛像。超度大法会开始由后继者们将其逐渐迎请到大殿。……为了对新建的班钦昌迪巴之银塔进行开光，额旺寺发出邀请，在抵达时受到集会的僧众仪仗列队和夏钦在石板地上进行的迎接及供养。首先，在后殿由尊者、夏钦、素切巴、色松规范师等少部分师徒为本钦之银塔进行开光。仲钦索朗喜饶献上丰盛的供品，又在大会上举行圆满的庆典。

（选自《萨迦世系史续编》，第十五页）

尊者仁波（即达钦贡噶德勒扎西札巴坚赞贝桑波）切做称赞功德海《呼诵文殊菩萨名号》、《救度心经》及各种《般若》的念诵。尊者（仁波切）之父亲去世时，建造了《道果》传承画像十七幅，佛本生传三十四幅，《十地》及各持明师承之多种画像，《甘珠尔》以及银塔。温仲古熏去世时，修建无量寿佛①之金身，并按照温仲古熏之指令制作了金刚橛法会精制之会鼓三十余面。

（选自《萨迦世系史续编》，第二十六页）

注释

① 无量寿佛：阿弥陀，意译为无量寿、无量光，故阿弥陀佛亦称为无量寿佛、无量光佛。

尊者（仁波切，即达钦贡噶德勒扎西杞巴坚赞贝桑波）六十七岁火牛年藏历九月（娄宿月）十一日前往日喀则①……

十三日举行破土仪轨，并且要表演节目等，特别请求以《金刚橛》的形式进行。按照所说立即从孜东取来了跳神服装，师徒二十余人于十三日土星会毕宿日举行破土仪轨②。……

又于正月（马月）十二日，师徒近四十人做《金刚橛》圆满破土仪轨，下达指令时，伞被折断,大师甚是不悦,破土仪轨结束后,脸立刻黑了下来,返回寝宫,将帽子扔到座位上,垂足端坐地说:"第司的寿元虽不会中断,但肯定运气不好。"从此第司对大师不做重大布置,精心致力于新建事项,即主要所依药师佛③金像,龙树④、无着等印度的众多大成就者之大石像,尊者扎巴坚赞的等高身量像,各种大小不等的香泥佛像,并为之开光。誓愿如同从白色朵玛中不断流出的蔗糖水或地味水一般不断得以满足。

(选自《萨迦世系史续编》,第二十八页)

注释

① 日喀则:日喀则市地处西藏西南部、雅鲁藏布江及其主要支流年楚河的汇流处。日喀则,藏语意为"最好的庄园"。日喀则是历史上后藏的政治、宗教、文化中心,是历代班禅的驻锡之地。

② 破土仪轨:寺庙动工破土举行的仪规。

③ 药师佛:又作药师如来、药师琉璃光王如来、南无琉璃世界光王如来、大医王佛、医王善逝、十二愿王。为东方净琉璃世界之教主。

④ 龙树:印度古代佛教哲学家、逻辑学家,印度大乘佛教中观派(空宗)的奠基人。

当年(土虎年)三月(角宿月)二十三日,(尊者)加央贡噶索朗伦珠长侄温仲索朗罗追旺曲去世。仲侄温中强巴索朗伦珠吩咐做逝世祭。第司从俄地制作了缎制佛像,新建上下作坊和内藏塔一百多个及三赤大佛像等,并对这些以剑峰轮进行驱魔开光安神。初冬到孜东探视亲友。十一月(觜宿月)前往日喀则,顺便应色朵金寺堪钦多吉伦珠之迎请前去为寺庙开光。彼在班达地方设灶郊迎,亲教师、规范师四人也乘坐骑到该地迎接,寺庙内的缎制佛像开启,集会的僧众仪仗列队欢迎。

(选自《萨迦世系史续编》,第二十八页)

达钦彼娶玉董巴之女罗布普次为妻。于土兔年十月(昴宿月)二十九日,水星会房宿之时,其子江贡丹增旺波于阳光普照之孜东毗沙门龙顶寝宫,在(罗布普次)母亲毫无痛苦的情况下降生。尊者住胎时母亲身体轻快,心地纳入佛法。(罗布普次)母亲在梦幻中觉得怀内装满了用先师之"冬查"作成的佛像和涂金泥塑小佛像。一尊无量寿佛入了胎中。

(选自《萨迦世系史续编》,第四十七页)

从五月(心宿月)十九日开始塑造莲花生八号①之香泥佛像。在此之前旱象十分严重,然而当天晚上下起雨来。昔日佛像原料和涂料缺乏,而现在像自动冒出的一般,金、银、珠、绿石等或献或买唾手可得。崩查松巴手中保存的舍利子也迅速放了布施,此为往日所罕见。虽然如此,眼下正逢转动法轮之季节,举行祈祷时有人来吗?当祭祀和祈祷的规模小如芥子般地进行期间,由于自己的慈悲,结果参加祭祀的人数,比预料的有了增加。每尊佛像上献一件上师宝的丝绸披风,为充满四种舍利的一切所依进行油漆彩绘。当时晴空万里,于闰月的后一个月圆满完成。在初七日,尊者(江贡丹增旺波)师徒八人为此做了开光,犹如架起的彩云宝帐,参加为各所依供养衣服法会的个别侍从见到了各主要所依昔日容光焕发之仪表。发给塑像师的报酬是:马三匹、茶叶、绸缎、松耳石和靴子等,价值一千八百多章喀,人人皆大欢喜。而后做酬谢、供施、酬补仪轨等。按照母亲的遗愿,自本年年底及木蛇年全年至火马年年初,每月初十日的供修等事务照例进行。

(选自《萨迦世系史续编》,第五十四页)

第一编 法器

注释

① 莲花生八号：莲花生大师，因应化度不同之众生，示现八种变化之身，各具尊形及法号。即释迦狮子、莲花生、日光、狮子吼、忿怒金刚、莲花金刚、莲花王、爱慧。

龙年正月（马月）里（江贡丹增旺波）在那烂陀寺建立《宝训》。三月（角宿月）二十一日收到初三日母亲在孜东去世的消息。然而鉴于母子情深，佣人们不敢讲出此事。个别上师和某些师父作了禀报，听到噩耗痛不欲生。……正是如此，在附近的各座寺庙大景发放布施大批的日常回向礼。在桑耶寺献决坦哈达和敬神哈达及神馐等两驮善财。

（选自《萨迦世系史续编》，第五十四页）

（隆孜修建寺庙破土仪式）金猴年二月（翼月）二十三日（江贡丹增旺波）抵达格热地方……二十三日上午进行熏烟和飘幡。……[四日（氐宿月）]二十三日熏烟等如上……二十四日土石工程开工，月内完成。……二十六日总管申康等，依照从殊胜庄严钊手中接受的案卷次第做奉献，当时赐予家族昆季成套的衣服、半月形大氅、《道果》经函、护法经卷、乐器、铙钹、铃杵、马鞍、五种二十一件物质奖品，并向佛堂、护法神殿等赠送了许多公基积金。

（选自《萨迦世系史续编》，第六十七页）

（上师白玛）尊者将大寺的护持管理委托于侄儿，并在大会上布施斋僧茶。于八月（望宿月）里起程，于十日抵达规范师的修行圣地寿陇山谷。对僧尼们进行布施和会供曼荼罗。……从动身巡礼，幡等供物祭品甚是丰富，在此居住期间，得到了三种为一组的礼品一份，而将一方丝绸献做敬神哈达。

（选自《萨迦世系史续编》，第六十八页）

九月（娄宿月）初五日尊者（江贡丹增旺波）之侍寝官札西冲麦祈请赐予以辖区为主的陀杰、萨朗春和香囊林门的近万名僧俗大众《三根本合修》之师法。于是第二天赐予以胞弟金却仁波切为首的尊卑约五百人《三根本合修之法》。侍寝官献九个一组的礼品二份，七个一组的礼品一份。尊者赏给碰铃、皮袄、余供、布匹、绸缎等数件。"如此不做以后何处奉献"说，要严肃认真地接受。随供献碰铃和皮袄，又献布匹和绸缎。

（选自《萨迦世系史续编》，第七十一页）

（水马年七月）二十七日（江贡丹增旺波的）护法急速来为格西念经祝寿。八月（望宿月）十七日念经祝寿之仪轨和熏烟驱秽由本昌巴进行。金却仁波切从无量寿的金身开始以坐垫为起首部分，护法从铺设的坐垫前面在吉祥哈达上画了交杵金刚和八吉祥徽。献了以白度母如意轮像为首的某部分。

（选自《萨迦世系史续编》，第七十二页）

（水羊年五月）初五日开始由伏藏大师口授教法，（江贡丹增旺波）当天奉献了尼德哈达、白度母①银像、羊脂玉盘子、整匹绸缎等九个一组的上等礼品计三组。

（选自《萨迦世系史续编》，第七十三页）

注释

① 白度母：藏音译卓玛嘎尔姆，又称为增寿救度佛母，是观世音菩萨的化身。

（贡嘎才旺仁增）于初三日黎明时得一梦，在邬金坎着林空行英雄集会之中心，赤钦彼坐在高广宝座之上，另外还有一个空位置，于是赤钦彼说："现在侄儿您到我的身边来，住在孜东终生不会幸福。"正说其间从梦中醒来，随咏悲歌一首：

顶礼南无

福德智慧二资粮实为大海之宝藏，

佛教大师之顶饰如意大宝戴头上。

众生殊胜之怙主乃是灌顶之国王，

手持仁慈吉祥佛法胜利幢。

西南阿油小岛铜色山，

具有无数法相之宝藏。

三根本坛城如云朵密布四方，

醉香山彩虹花朵到处飘香。

似彼福贵圆满数不尽，

无别莲花金刚人头项鬘力。

对惟一无二根本上师彼，

做不退三门虔诚之祈祷。

成为我等芸芸众生之资粮，

您居住在如此神圣沃土上。

愿得到永不改变之地位，

吃的是精美如意果，

饮的是甘露常流水，

穿戴着清净戒律袍。

受用着如此不尽之宝藏，

请多保佑时刻不离去。

（选自《萨迦世系史续编》，第八十六页）

（第司桑日瓦拉萨宗巴）有一次在孜东福寿大法会跳神的时候，从布杂面具之口中流出了血滴。在为吹胫骨号人们的面颊上进行化装的轨范仪则时，而那种颜料好像十分坚实，号手们闭不上嘴，因而胫骨号也无法吹。

（选自《萨迦世系史续编》，第八十九页）

[仓央嘉措（达赖六世）时期藏地内乱]因此在这个阶段不但孜东、其他人也抛朵玛或者烧施以抵制等，对危害毁灭佛教的残暴的邪魔怨敌采取制伏措施，即对结色登增旺结和王妃曲吉进行制伏云。如果手持禅杖和乞钵的人，热衷于盗匪的行径，那么，对此无疑只有进行征伐。

（选自《萨迦世系史续编》，第九十页）

木鸡年九月十九日黎明，台吉①的军队占领了拉章，恰过金占领了培吉，估计由额格温波的军队攻下了寺庙。总管贡顿投降归顺。虽然决定孜东原封不动，那个时期除能保住自己的生命以外，顾不上饶益他人。蒙古军队和附近地区的藏军以及孜东本身的奴仆歹徒，被魔鬼唆使对古寺内外大肆破坏，总管贡顿被杀，寺庙被毁。七天之后，军队撤离，又去巴索吉康打搅麻烦达钦，当时由于住在此处的僧人们誓死捍卫，生命才免遭危险。此乃托扎什伦布寺②巴索吉康之宏福。当时散落遗失的用具物品有：如意漆卷轴画一驮、誉满南瞻部洲的铙钹、八思巴法王仁波切的宝座——"耶胡"、镶有水晶把柄的全部素色铃杵、汉地金宝印、八思巴仁波切的名为"尼德玛"之帽子（传说是用空行母琪娃之秀发所做成）以及碰铃等。

……军人们带走所谓的《陀罗尼集》③、长角号宗嘎、具有悦耳妙音的铙钹，传说的尊者斯塘玛之卷轴画像，华盖以及乐器、布札④、弦子等，用于建设那曲的一座（编者注：原译为"个"，按汉语用法改为"座"）寺庙。

（选自《萨迦世系史续编》，第九十一页）

注释

① 台吉：清对蒙古贵族封爵名。位次辅国公，分四等，自一等台吉至四等台吉，相当于一品官至四品官。唯土默特左翼旗及喀喇沁三旗称塔布囊。

② 扎什伦布寺：意为"吉祥须弥寺"，全名为"扎什伦布白吉德钦曲唐结勒南巴杰瓦林"，意为"吉祥须弥聚福殊胜诸方州"。位于西藏日喀则的尼色日山下。是该地区最大的寺庙，后藏格鲁派最大的寺庙，在日喀则郊区，明正统十二年（1447）丁卯第一世达赖喇嘛所建。自班禅罗桑却坚以后，即为历代班禅驻锡之所。

③《陀罗尼集》：《陀罗尼集经》，十二卷。唐·阿地瞿多译。收于《大正藏》第十八册。系《金刚大道场经》（大明咒藏分）中的一部分。

④ 布札：藏语恶鬼。

（木鸡年）班禅一切智对各位官员指示，同意（贡嘎才旺仁增）的父亲本人住在孜东，因此于阳铁虎年到达仁岗，住在萨迦译师的寝宫里，食其薪俸。其贵重的资具物品，胜过响雷的乐器，如同雁鸣之妙音，以及滚银似的沐浴瓶玛洽等，没有散落在外，而是做了寺庙的公积基金。

（选自《萨迦世系史续编》，第九十三页）

正当仿照黄教寺院建立薪俸茶之际（在女官曲吉和屯尔金二人主持管理的十五年期间），有一位比丘是屯尔金之师父，彼从隆孜分别将重要的所依运走大约三驮。另外，火鸡年准噶尔撤退期间，由孜东巴将著名的隆孜白玛轨范师的大银像拆毁，以无量寿佛代之，现在仍安放在所依之列。从莲花生八号之佛像行列，除释迦狮子佛像外，将其余的全部搬走扔到普措湖中。释迦狮子佛像现仍供奉在隆孜。其余佛像、佛经和佛塔大部分扔进上述湖中，造成严重损失。……夏仲本人前去朝拜加措四部，并赠送了维修宗喀巴大师的塔尔寺①汉式屋顶的礼品。

（选自《萨迦世系史续编》，第九十五页）

注释

① 塔尔寺：位于青海省西宁市西南25公里处的湟中县城鲁沙尔镇。塔尔寺又名塔儿寺。得名于大金瓦寺内为纪念黄教创始人宗喀巴而建的大银塔，藏语称为"衮本贤巴林"，意思是"十万狮子吼佛像的弥勒寺"。

（塔尔寺的夏仲活佛隐入佛界之后，在选送灵童的事上，卫藏陷入不可调和的战乱之中，骚动之后）人王大臣本身收到了（忽必烈皇帝）第十七子的口头指示，按照昔日的布置完成了维修，特别是对朗孜的身着报身服饰的如来佛像维修后进行开光时，胸坎系着白色彩带。从东却迎请仲日尊者到自己的居处。

(选自《萨迦世系史续编》，第九十七页)

（以贡噶才旺仁增大师和活佛为首，为香客、俗人进行灌顶）铁羊年进行建立金刚橛修行的同时，将护法神殿的五个重要的牦牛犄角及一些有加持力的依怙像，迎请到新的护法神殿。佛法在余烬之上得以复燃。在上行的途中抵达鄂寺时将被誉为宝帐怙主神悦降魔雷的汉钹，以十七两银子顺利买到了手，事后的吉兆瑞应等直至今日经久不衰。

(选自《萨迦世系史续编》，第九十七页)

（土托旺曲杞巴坚赞的生平事迹开篇唱词）
吉祥二资粮圆满功德之顶峰。
断证通达自在地位之顶峰。
众生导师圣善救护之顶峰。
生死轮回神圣种姓之顶峰。
五翎贤哲历代王，
佛教狮子吼声响，
具有利爪獠牙的威德狮子，
就是远近闻名的孜东巴。
特别是人王朗嘎札西，
新建了佛像、佛经及佛塔，
讲修部权威的萨迦大译师，
珠旺桑竹修和加贝夹，
贡嘎索朗伦珠众生之怙主，
名符其实的索朗丹增王，
具智悲力的罗布坚赞等，
护持佛教建奇功。
想起彼等而起敬。
在此之际唱此颂。

(选自《萨迦世系史续编》，第一百零二页)

（土托旺曲札巴坚赞）来到古寺附近的札西拉康佛塔的根本长田的时候，……大师看到的是古寺本身的上师天神亲自予以迎接，并清楚地看见在正对着旧式大殿的虹光之中央供奉着文殊菩萨主仆五尊，右边是白衣三祖①，左边是大咒师加央索朗旺波和木钦桑结坚赞。大细脱拉章的上首处供奉着先祖札巴洛追、右边供奉着阿旺村坚，左边供奉着大佛母等。见此种种，（土托旺曲札巴坚赞）心里甚是高兴，随发出金刚的腔调和姿态。然后在细脱拉章和弟兄们愉快地会见，举行庆祝宴会，随后在彭措林②下榻，并将与一间房面积等同的华益及发出雷鸣般梵音的铙钹赠予拉康钦莫。另外又向所有经堂赠送了锦缎经幡和众多的宝盖。

(选自《萨迦世系史续编》，第一百一十六页)

注释

① 白衣三祖：根据藏文史料，萨迦五祖中的前三祖称为白衣三祖，因为他们都没有正式出家受

比丘戒，而是身着士身份自居，故称白衣三祖。

② 彭措林：是不丹王国西南部的一座城市，也是楚卡宗的最大城市。位于不丹与印度的边界附近。

（土托旺曲札巴坚赞）三十八岁木牛年十一月初三日，在角楼上举行了隆重的烟祭，大护法前来献上了从当年（木牛年）至下一轮牛年之间的可靠授记。①……当年因为某些渝盟者的挑拨行为曾一度引起了暴乱。因为各所依处遭受了不同程度的冒渎晦气，大护法讲述了在供养"经藏"的基础上，对诸佛像要进行沐浴之道理，以及东北角楼上昔日大咒师所献的红牛毛幢需要进行修补之道理。如是对各所依处隆重地献了沐浴，并竖起新的红牛毛幢②，使佛法昌盛，保佑圆满。

（选自《萨迦世系史续编》，第一百一十七页）

注释

① 授记：佛对发心之众生授予当来必当作佛之记别也。

② 红牛毛幢：插在寺庙正殿屋顶上用红色牛毛绳结成的幢。

（土托旺曲札巴坚赞）于四十一岁土龙年吉日良辰，在护法集会上酬谢神灵时，进行还愿和许愿，并奉献新年祈求供养，讲授"热穹长寿灌顶市场法"。那时文殊怙主阿麦修进行古寺巡礼朝圣，因此于藏历正月的吉日良辰起程，在空嘎进行斋僧茶供养，在市场集会上做长寿灌顶，在大殿上进行法施和善业①回向②，在金刚座者（释迦牟尼）之银塔前献上铙钹和珊瑚之佛手。

（选自《萨迦世系史续编》，第一百二十页）

注释

① 善业：佛教把身、口、意三方面的活动称为"三业"这些"业"又分为善、不善、非善非不善三种能引起善恶等报应。善业指五戒十善等善事之作业。

② 回向：所谓"回向"是将自己所修的功德，不愿自己独享，而将之"回"转归"向"与法界众生同享，以拓开自己的心胸，并且使功德有明确的方向而不致散失。

（嘎贡寺）第司为在庄园建立僧团，招集了铸造大锅之工匠，随后禀报大师防止发生意外。临近铸造时，天昏地暗，乌云笼罩，狂风四起，电闪雷鸣，霹雳不断。因此，立即吹响长号，摇动佛巾，向神灵祈求。正式铸造时，夜晚天空晴朗，星斗满天。大锅奇迹般的铸成，并为之开光。

（选自《萨迦世系史续编》，第一百二十二页）

在藏历九月四日的供养日，（上托旺曲札巴坚赞）为喜金刚进行为期三天的开光。边地首领却图向桑耶寺经堂奉献了金银曼荼罗，并进行开光和祝福，所奉献的供品多不胜收。

（选自《萨迦世系史续编》，第一百二十九页）

大师（一切智阿旺贡嘎索朗扎巴坚赞）在一次梦幻中，看见在西切居拉章结尊钦波的法台上坐着威严的师尊牟巴钦波，手持用人的胫骨做成的笛萧正在演奏，并说"吹响这个可以看见护法"。大师接过胫骨笛吹奏时，吹的声音不太响，而且也未看见护法。而这时在这位上师的面前突然冒出了大水。大师机智地筑起了一道堤防，形成了一个大的水池，这时太阳也好像要落山了。梦醒后大师想这是什么预兆？后来的说法是：胫骨笛声音不响是除个别的护法外牟钦没有让护法听，冒水时筑了堤是预示闻听胜乐、喜金刚、密集等深奥佛法没有边际。

（选自《萨迦世系史续编》，第一百四十七页）

在火龙年的一天（一切智阿旺贡嘎索朗札巴坚赞的）父亲亲自讲："今夜经忏①修持暂时停止，请到我跟前来。"于是（一切智阿旺贡嘎索朗札巴坚赞）来到父亲身边，父亲赏赐了一条吉祥哈达，外加上等柳黄绸缎一匹、瓷碗一个。

（选自《萨迦世系史续编》，第一百五十二页）

注释

① 经忏：指佛教经文和忏悔文。也指请僧人或道士念经拜忏、祈福超生的仪式。

（一切智阿旺贡嘎索朗札巴坚赞）大师一行抵达拉萨，向释迦二尊和天然十一面观音①像等一切主要所依处献哈达、点供灯、献上圆满的供养。……在当晚，梦见有四位美女从四方各自展开一面织锦，上面放有坐垫，并说"请就座"大师（一切智阿旺贡嘎索朗札巴坚赞）欲入座，但是却到不了织锦上面。

（选自《萨迦世系史续编》，第一百六十页）

注释

① 十一面观音：六观音之一，主救济阿修罗道，给众生以除病、灭罪、增福之现世利益。总之为除恶导善，引众生入佛道之菩萨。

（一切智阿旺贡嘎索朗札巴坚赞）大师再次接到来自班角绕丹土官朗嘎卓玛的邀请。大师来到札塘，朝拜了夏鲁大译师的金塔和其本尊神的时轮塑像以及由班钦强巴岭巴修建的大灵塔与弥勒佛像等。在其班角绕丹的隆重迎接下，到达目的地。（一切智阿旺贡嘎索朗札巴坚赞）对以大官为首的集体或个人，共同地或者个别地传授了各种师法，尤其是受到土官母子的郑重祈请，又当面传授了一些深法。在大师亲自进行随许时，有一修法女子遇到了一位手持皮口袋，留着长胡须的游方僧。他和所有的上师怙主没有区别。因此生起了智慧的信解。

（选自《萨迦世系史续编》，第一百六十二页）

（一切智阿旺贡嘎索朗札巴坚赞）大师二十六岁水狗年时，被大王噶玛丹炯旺波迎请到日喀则王宫。大师考虑到这次下榻大王（噶玛丹炯旺波）的王府，系初次建立法缘关系。为了表示庆祝，（一切智阿旺贡嘎索朗札巴坚赞）大师奉献了稀有的铜镀金"轮王七宝①"等厚礼。师徒五十余人，又用彩色细砂进行金刚橛习修。为大王（噶玛丹炯旺波）和随从以及正在进行福寿法事的百余名僧众，传授了金刚橛之火，又赐予法王及眷属长寿灌顶和授记等如意法，并奉献了人们难以想象的盘龙咒士衣等大批礼品。在返回的途中到达坦隆后进行圆满的酬补仪轨。（一切智阿旺贡嘎索朗札巴坚赞）大师回到古寺后，进行了常年金刚橛念修。

（选自《萨迦世系史续编》，第一百六十四页）

注释

① 轮王七宝：是指轮宝、象宝、马宝、珠宝、玉女宝、主藏宝、典兵宝等。

在（一切智阿旺贡嘎索朗札巴坚赞）大师二十九岁木牛年之夏，对拉康钦莫和大殿里保存的残缺不全的《甘珠尔》经，进行了修补。中心神殿的夏业劝告，常年念诵《甘珠尔》经，献函头标签五堆，以及上部宝盖等礼品。往日每年诵《甘珠尔》经一遍，大师建立了每年诵三遍的制度，另外，向拉康钦莫的后院走廊和金刚撅殿，献了华盖和道果上师传承画像，以及装饰桎柳女墙的一百个最新样式的风铃等。

(选自《萨迦世系史续编》，第一百六十六页)

接着于三月二十日，(一切智阿旺贡嘎索朗札巴坚赞)遗体进行火化，正如前面所讲，当时天下起了吉祥的雨夹雪。一些小沙弥集聚在大殿上，做了许多小纸包，供在灵塔之周围，并在所有供杯中，斟满饮料，作为祭品。另外，灵堂上供奉了大体完整的头盖骨、胜乐本尊、金刚瑜伽母、宝帐怙主、诸位瑜伽自在的画像和字母等，极为醒目。各种舍利子以及后来生齿的螺贝等，摆放齐整，灵塔庄严无比，其余的灵骨如同透明的水晶，并涂抹了香料。

(选自《萨迦世系史续编》，第一百九十六页)

一切佛教之主宰，文殊①怙主本身种姓和佛法的惟一心传弟子加贝央阿旺索朗旺曲札巴坚赞贝桑波，名震三界，十分明显其本身当初变化之所依或者真性，乃是一切佛的金刚语主宰无量光佛。除本身无穷尽的智慧神变及游戏外，为了宣扬未来果的妙乘近道，离开三密光音信度河及大海，其光辉形象永不消失。修行持明时手持飞行颅骨念珠，住在邬仗那之吉祥山，身为雪域化机之怙主。

(选自《萨迦世系史续编》，第二百零二页)

注释

① 文殊：即文殊菩萨。音译作文殊师利、曼殊室利、满祖室哩，意译为妙德、妙吉祥、妙乐、法王子。又称文殊师利童真、孺童文殊菩萨。为我国佛教四大菩萨之一。

(正月)二十二日，桑耶寺的神和人，以长长的欢迎队列迎接大师，按照预先的安排前往上殿。二十三日，在阁楼顶端进行熏烟驱秽。护法和大小官员前来欢迎，高呼："愿善神得胜！"一如既往。(加贝央阿旺索朗旺曲札巴坚赞贝桑波)大师又馈赠了哈达、茶新、荐新饮料、供神的礼酒、头箍、胸甲、座垫、木碗剜刀(制作木碗的工具)、礼品、铠甲和头盔、手绢、绞索、虎豹等的头形十三副、铜镀金宝幢十三副、悬于四角的铃铛、曼札、神马、鞍具等大批供品。

(选自《萨迦世系史续编》，第二百二十六页)

丁波青的活佛阿旺年札桑波，也前来奉献大量贡品，并请求法缘。彼心地正直，(加贝央阿旺索朗旺曲札巴坚赞贝桑波)十分高兴地授予彼《离四耽著》之正文。在大众集会上进行灌顶传承，修行部虚空藏①的二十五名格西，前来请求释难，因此，口授一些教法，向大轨范师(原译为"规范师"，按通行译法改为"轨范师")献了茶新，传授了经文传承。在东彭新建的道果佛堂，进行大众灌顶，使愿望得以满足。护法在吉雄惹瓦麦安排了欢迎仪式，在僧众仪仗队列之后，摆放着铜镜五副、具有十种瓶口装饰的宝瓶五个、宝剑五把、绞索五条、彩箭五把、宝幢五顶、甲胄矛幡五副、豹皮五张、乐器五件。护法本人来到僧众仪仗队列之中，敬献了哈达，大师回敬了哈达，然后一同前往。当时大护法说："扰乱众生公共利乐的渝盟者，被厉鬼所驱逐，将落入格西的视野。"大师言道："你们诸位护法是保护佛法和佛教大师的卫士，情况很好，而且你们具有三世无障无蔽之慧眼，应迅速消灭佛教之敌。"此后，稍停片刻护法言道："阁楼门的左边铺了一张虎皮，自屋顶放下一条张开口的绞索，次日来到时，已被绞索套住。一个秘密的敌人死去，而且，未来做回向礼，所以对此有看法。"关于这个问题，护法盼咐进行详细的研讨，并安排了广泛地庆祝。在僧俗的大众集会上，广

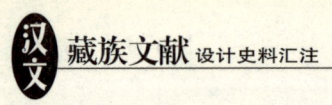

泛赐予灌顶传承和加持之恩。

(选自《萨迦世系史续编》，第二百二十八页)

注释

① 虚空藏：佛教八大菩萨之一，与代表大地的地藏菩萨相辅相成。虚空藏菩萨在众多菩萨中专主智慧、功德和财富。因其智慧、功德、财富如虚空一样广阔无边，并能如愿满足世人的需求，使众生获得无穷利益，故有此名。

(加贝央阿旺索朗旺曲札巴坚赞贝桑波) 四十三岁时，迎请法王强巴阿旺典巴绕结，听彼详细讲解《宝训三现分》。临近建密宗道时，师徒们前往切居地方，又顺利地完成了《三续》的聆听。秋冬时节，以咒师后嗣加贝央为首集合了众多善知识①，不断地转动法轮，并着手制作了供奉在吉黑的圣主昌苏的塑像，和主尊三世诸佛的彩缎镶边的大卷轴画像。

(选自《萨迦世系史续编》，第二百三十页)

注释

① 善知识：指正直而有德行，能教导正道之人。

(搜寻索朗贡波转世) 护法的奴仆不顺，于是采取了惩治和护持分别对待的形式，但冬那敏卓瓦和寺庙庄园距离很近，因此出现互不理睬的恶习。然而以古寺为首，让二者联合在一起，他们的帐篷搭设在放牧种马，水草茂盛的拉彩地方，并可听到东嘎寺①里胫骨号筒的回声，此后，未过许久双方就全然和解了。

(选自《萨迦世系史续编》，第二百三十二页)

注释

① 东嘎寺：建于16世纪初，至今有500多年的历史，是扎什伦布寺的分寺，位于上亚东乡西边山坡处，距县城13公里，以东嘎山命名，是亚东规模、影响最大的一座格鲁派寺庙之一，而且是西藏现代史上一座具有重要意义的寺庙。

(阿旺贡噶扎西札巴坚赞) 大师从降生起，就受到文殊怙主阿麦修贡嘎索朗的亲自洗礼和长寿灌顶，并授予了大部分《轻金刚橛祖法》、《宝训支分》以及无数的有关护法等。当时虽然只有六七岁，但是，对聆听佛法教诲表现出了浓厚的兴趣，金刚橛的法会程序已全部牢记，轨范仪则，曲调乐器和跳神等，也不费吹灰之力便全部掌握。八岁时，亲手制作了红黑布札之面具，此时，住在额旺和旺康普地方，当年又和父亲仁波切一起修行金刚橛。

(选自《萨迦世系史续编》，第二百四十三页)

有关旦萨腾寺西边的本钦释迦桑波之金塔和萨拉旺曲札的经堂，内外已破旧不堪。修缮首先从阿噶仪轨开始，萨拉瓦之内塔灵庙两处的伞蛇图以上也需进行修补，并要建一座新的灵庙。除个别塑像之外，所有壁画要重新绘制，前所未有的铜镀金塑像，新旧佛塔凡装藏合格者要圆满地进行开光，并精心设计华盖、地面和例供等。大法台前的石板地面，以及围墙等不够整洁。因此，年年需要进行整修。从墙脚附近竖起的台阶坚实而平稳，柽柳女墙和盖屋的石板等均已出色地完成。(阿旺贡噶扎西札巴坚赞) 已嘱托了布札兄妹，故河道沿岸无需担心。

(选自《萨迦世系史续编》，第二百五十三页)

六月里，赐予以南北寺为主的许多寺庙密集大灌顶之恩时，一天晚上得一梦：清楚地见到了先父，(阿旺贡噶扎西札巴坚赞先父)问："目前阁下在做什么？"(阿旺贡噶扎西札巴坚赞)大师回答："我目前在进行密集灌顶。"(阿旺贡噶扎西札巴坚赞先父)"这很好，但是昔日修此法时灾难很大，然而，你受到措结多吉上师的保佑，不脱离五部空行，会防止灾难，不出差错，另外，说法时要认真讲解。"(阿旺贡噶扎西札巴坚赞先父)随后给了一个用绿缎子包裹的油漆皮箱，里面放着一个漂亮的宝瓶，从装饰的瓶口里汩汩地向外溢着甘露。(阿旺贡噶扎西札巴坚赞)品尝一口甘露，甜滋滋的，心想此乃获得了共和不共悉地，心中充满了无限喜悦。

(选自《萨迦世系史续编》，第二百六十二页)

(到阿旺贡嘎索朗仁青十三岁火鸡年时，地区出现了困恼，在百姓中流传着各种议论。)一些人来到此地，言称要进行朝拜，然而，前来晋谒①时，却配带着腰刀，而且也不顶礼②。但是，当这些人谒见之后，随即改变了原来的想法，马上退了出去，解掉了腰刀，手中捧着哈达等赟见礼前来叩拜，并请求摩顶③。顿时，呈现出一派虔诚的场面。并且说："倘若红帽上师不来的话，见不到比其更为智慧者。"随着献上了财物礼品，以纯净的身、语、意，再次请求朝拜，而且，其余的侍从没有厌倦。能够按照一切智五世达赖喇嘛等所颁发的各级卷帙文书的精神执行。

(选自《萨迦世系史续编》，第二百九十二页)

注释

① 晋谒：进见；谒见。晋谒多用于先贤的陵墓。
② 顶礼：顶礼指跪下，两手伏地，以头顶着所尊敬的人的脚，是佛教徒最高的敬礼。
③ 摩顶：《法华经》谓："释迦牟尼佛，以大法付嘱大菩萨时，用右手摩其顶。"

就在当年(阿旺贡嘎索朗仁青在二十六岁铁狗年)，猛利善巧大法台四周围墙，东西的两座大门年久失修，破烂不堪，于是，对其进行了美观坚固的修缮。在定期灵器恭楷金刚杵之上，惠赐咒士衣、黑色帽、漆布帽、小鼓手的舞具、金鼓、盔甲、刀箭袋、缎子制作的女袋，以及缎子的正厅围梁布套和结子，政府僧俗官员宝，赐予了稀奇的缎子帷幕，非同一般宝帐八尊的兵器等全套的恭楷季节灵器。

(选自《萨迦世系史续编》，第三百一十五页)

九月初九，(阿旺贡嘎索朗仁青)大师也将起程前往日喀则，佛王父子和大王又按照惯例施恩供养。但是由于积劳成疾，邪气侵袭，身体虚弱患了麻疹，因此未能成行。一些熟悉的福田施主又前来朝拜。互换了哈达和座垫等心爱敬物，并按照惯例赞颂了功德威望，双方互赠礼品，形同打开了如意宝库之大门。特别是最高首领从噶尔坦尔前来，向郭茹、纳索、吉拉、桑岭等一些护法神殿敬献了前所未见的稀有的五种内库哈达①，各种精致的玻璃器皿和大量的优质茶叶等礼品。另外在宴席上摆满了各种美味佳肴。当进行大供奉时，身旁坐着格鲁派康钦大师。大师身着美服，宴席间自始至终热情洋溢。

(选自《萨迦世系史续编》，第三百二十二页)

注释

① 内库哈达：即从皇家内库拿出来的特等哈达。这种哈达宽又长，而且质地优良。这种哈达边沿织纹为长城图案，面上织纹为八大祥徽和祝福词。

(关于贡嘎索朗图托旺曲出生的传说)传说一个自然修黄色的女鬼请求加持，随后落下了两颗舍利子，一颗进行了供养，另一颗收藏了起来。梦幻中在名为袈裟的山谷里，真正有如同盘石的铃铛，供奉有观音菩萨像和历代收藏的珍宝。在以前梦幻中一再出现的夫人白玛曲贝，被视为自家人，（白玛曲贝）她后来奉献了一件如同海贝蚧壳似的大氅外套，说是穿上它可以防患一切邪气。

（选自《萨迦世系史续编》，第三百五十一页）

一度坦孜金刚持来到萨迦。大家当场聆听了"消灾"。在进行长寿灌顶时，赐予（贡嘎索朗图托旺曲的）父亲白度母，赐给我妙音佛母，赐给弟弟修行时的依怙像。我和弟弟俩人的唐卡上没有上下天地。因此镶天地时用了龙纹图案突出的上等绸缎，认为是该护法全面开始完成功业之征兆。

（选自《萨迦世系史续编》，第三百五十二页）

当总管和切措巴到达后，直奔拉康孜①。（贡嘎索朗图托旺曲）在祈祷的基础上稳妥地进行授记，好像是放咒的奇迹，已有可能依照文殊怙主贝丹护法之卦相发展，最后什么显著的损益也没有。这时，又在一小囊袋中装上铁錾锅、金索和各种精美食品，并做枪矛及一两个箭垛。将上面这些物品摆放在脚下踩过之后，再用绳索捆好。压上一两个小石头，再在这个上面压上有加持力的佛塔。然而从虚空中看来，只见在十字路口上建起了落神佛塔，在主要寝宫的东南方竖起了放射光芒的白色宝幢。"此并非生命之灾难，务必请配合。"然而没有回答，因此消失了，说"为什么呢？"虽如此这般做了敬事，但对布置囊袋之事不了解，好像是朋友们将白色宝幢竖在我在森夏时所住的主要寝宫的东南角上，寻思未过许久又被俗人拿去做了衣服。并且佛塔建在打禾场上，正因为如此，落神也没有来。切措护法的授记好像很清楚是为世系的生长考虑。

（选自《萨迦世系史续编》，第三百六十六页）

注释

① 拉康孜：扎桑寺共三组建筑，分别建在略呈东西走向的山脊之顶部、腰部和山下，山顶建筑为拉康孜（意为"上拉康"）。

在札西曲德寺①乃萨大金刚持亲自诵回向文，简单的致送成双的帽子、衣服、靴子、装饰念珠、根瘤碗、金刚橛、铃杵、鏒鼓、内供、坦口容器、青稞供杯、手摇鼓、鞍具八套三种。

（选自《萨迦世系史续编》，第三百七十二页）

注释

① 曲德寺：在日喀则地区吉隆县境内，位于县驻地以南，海拔4050米。曲德寺，亦称"曲丹伦布习寺"、"沃日仲觉·甘丹培觉林寺"。始奉宁玛派，17世纪第五世达赖（阿旺·罗桑嘉措）时期改宗格鲁派。

在庆祝宴会上公私分别领取奖赏，（贡嘎索朗图托旺曲）赐予工人的赏品是工具、民歌和息灭①护摩②。对属民布施了吃食，对已完成的所依进行了供养和祭祀，为多吉强金身穿上绸子的衣服，从佛塔伞蛇图下面垂吊着铃铛，以各种颜色的上等绸缎十八匹作为佛像之遮蔽物，用镶花缎制作了华盖、金箔，供案上摆放着大乘根智，亡者的传统谏海根喀尔、银凳、承接器、献新小碗、式样好的桌子、蓝水晶钵盂等各种玻璃器皿、染料、长柄秤等二十种，石钟十二个，银的鹅项壶、酥油茶筒一对、钢瓶一对、项巾、瓶口花等，银子五十两及悦目的长坎肩十一件。此外，在室内室外和背后寺院保管着供物和盛乳器皿。虔诚的施主们奉献的财物有瓷碗和钵盂一个，大小不同、颜色各异的优质花瓶二十八个，各种短柄的大小瓷碗五十三个，景泰蓝的巴尔普十二个，白狮犬等十五个，鹦鹉模型十个，汉人、猴子、青蛙模型等十二个以及用各种材料制作的花束等。

（选自《萨迦世系史续编》，第三百八十二页）

注释

① 息灭：熄灭；绝灭。
② 护摩：为密教大法。

在当年（土猴年）冬季十二月里，在珠莫顶建立军旗和武装仪轨时，据说需要米酒，虽然在往日从来没有酿造过，按照酒官所说的方法进行试制，后来在酿造过程中青稞酒出现了花朵的香味。又在当月的梦幻中来到了夏鲁寺①的金空护法神殿，有一女子前来献上了一个盛麦子用的高脚盘子，里面放有一把小螺号，一串由一百颗象牙穿成的念珠，衬托着铃铛和銮铃以及全套骨质六饰。

（选自《萨迦世系史续编》，第三百九十一页）

注释

① 夏鲁寺：在西藏日喀则地区，距日喀则约30多公里，位于从日喀则到江孜的公路一侧山口内。根据寺史记载，夏鲁寺始建于宋朝哲宗元祐二年（1087）。建寺的创始人名杰尊嘉饶穷涅。

（热·隆纳浦曲隆寺，殿内所依殊胜）桑结蕴等协鄂的内供佛像、下竹巴噶举派①教主洛热巴佛的内供像——它是由怙主咱日热钦建造和开光的，有上竹巴噶举派教主郭仓巴的内供圣像——它是由邬坚巴建造和开光，龙树大师的本尊勇健护法神石像——它是由具德桂译师迎请来的，白玛噶波用纯银打造的四臂智慧勇健护法神像——圣像身着镶嵌松耳石的纯金服饰，佛座背光达五拃高。如斯等等不胜枚举的宝像如芝麻荚果一般充盈经堂的上下部。

（选自《后藏志》，第十页）

注释

① 下竹巴噶举派：藏传佛教帕竹噶举派支派竹巴噶举派创始人林热·白玛多吉的弟子藏巴甲热·意希多吉遵师遗命，在拉萨河下游南木地方（今曲水县境内）建竹寺，形成竹巴噶举派。该派分为上、中、下竹巴三支，此外还有南竹巴，流传于不丹。

（热隆寺）现在供奉圣像的神龛是用象牙、珍珠等七种珍宝制作的，由白莲比丘我捐资建成。其形状如吉祥无触塔，殊胜之至，光材料一项就约值三千钱黄金。

（选自《后藏志》，第十二页）

喀莫寺下方阁希地方有勇于保护法的天成道场。此地呈立体三角形相状，即地为三角形，天为三角形，河流为三角形，象征天然道场坚固不变的外部标志：南山清晰地呈现宝帐怙主的身像，西山状似八吉祥徽，北山仿佛是菩提塔，东山宛若朵玛虎子上的酥油装饰品，桥旁山弯好像是持刀的屠夫。考虑到以上地形地貌，通甲宗的护法神殿里有达钦洛追坚赞贝桑波称作"食子本体瑞相"的朵玛机构、举办四业宗教活动之所依的宝帐怙主的画像和达钦宝师本人的身像、卷轴画、所用全套木碗，他使用的卧具和手鼓等用具成套地收藏在此护法神殿。

（选自《后藏志》，第十八页）

注释

①《本生经》：印度的一部佛教寓言故事集，大约产生于公元前3世纪。它是用古印度的一种方言——巴利语撰写的，主要讲述佛陀释迦牟尼前生的故事。

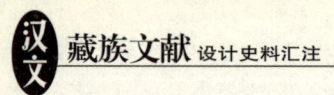

"自性圆满三部①"中浓缩以上经籍中各自肯綮②的法类有异门分和更迭派两种。异门分有耳传和释续两类。释续即明点命中各自肯綮的法门，有"外法类"、"内法类"、"秘密法类"和"无上秘密法类"。上四异门分仅存印度。

外法类、内法类和秘密法类更迭派的经文译为藏文的一为"白木籍外法类"，二为"紫色漆革皮箱内法类"，三为"有八卦图案小银盒秘密法类"。"白木箱外法类"等分枝繁多。

（选自《后藏志》，第一百一十三页）

注释

① 自性圆满三部：大圆满法的修行分三部，即心部、界部、要门部。
② 肯綮：比喻要害或最重要的关键。

琵琶弦上奏出之吉祥赞颂曲调①。藉以赞颂妙智之甘露，无尽之源泉，宝箧②自在之君王③。王之殊胜心间，秘密宝藏，复以吉祥纹结而为庄严。

（选自《西藏王臣记》，第三页）

注释

① 吉祥赞颂曲调：特指原书上文中的赞颂诗，其句子为字数固定的韵文体赞辞。
② 宝箧：即藏珍宝之盒，比喻佛的法门包罗一切。
③ 自在之君王：即自由掌握之王者。

（五世达赖行文之间所作诗句）
极大恶业遮山岗，
纯白善业法律光，
酪骨杵摧诸黑暗，
光照福德海洋上。

（选自《西藏王臣记》，第十七页）

（松赞干布为大、小昭寺举行开光庆会，此诗为五世达赖行文之间所作）
众水汇合冈底斯，
涤净轮回无明垢。
若问净治者为谁，
逻娑法王①摩尼珠②。

（选自《西藏王臣记》，第二十九页）

注释

① 逻娑法王：指松赞干布。
② 摩尼珠：摩尼，梵语，通译如意宝珠。此珠出自摩羯鱼脑中。传说人若得此珠，凡有所求，皆自珠生，所求如意，故名如意宝珠。

（吐蕃王朝时期，赤德祖赞）乃遣使臣，携带聘礼，前往唐都，请婚唐主亚姜李赤显朗玛①之女金城公主。主（金城公主）有宝镜，能预示休咎②。取而观之，见雅砻土地，具墙德，小王俊美，有如天神，遂即来藏。

（选自《西藏王臣记》，第三十三页）

第一编 法器

注释

① 亚姜李赤朗玛：即唐中宗李显。
② 休咎：吉凶；善恶。

（吐蕃王朝时期，西藏山南地区桑耶寺附近）白色舍利塔内供有自摩羯陀国宫门宝瓶中所取出之如来舍利，尚有吐蕃先祖之"玄密神物"、《五部经藏》等。传说此塔有大加持力。

（选自《西藏王臣记》，第三十九页）

（吐蕃王朝分裂时期亚泽王系）纳格德瓦子赞却德往亚泽①。彼子扎西德。扎子扎赞德。赞德子扎巴德，曾以七升金粉塑造文殊菩萨像，一万二千两白银塑造弥勒像，诸如是等所塑造之佛像、佛经、宝塔三密所依法宝，为数甚多。扎巴德子阿所德，于印度大菩提寺建立常期供养。阿所子孜达美、阿伦美二人。阿伦美曾供金书"甘珠尔"大藏经。阿伦美子日鲁美，曾用白银四十锭铸造药师八像；于拉萨大昭寺供造黄金殿顶。

（选自《西藏王臣记》，第五十七页）

注释

① 亚泽：地名，大概位于尼泊尔的西北部与阿里地区普兰县和杞达县接壤之处。吐蕃分裂时期王裔曾退居于亚泽为王，其五六代后的王名，都有一个"美"字。

（吐蕃王朝分裂时期亚泽王系）纳格德瓦子赞却德往亚泽①。彼子扎西德。扎子扎赞德。赞德子扎巴德，曾以七升金粉塑造文殊菩萨像，一万二千两白银塑造弥勒像，诸如是等所塑造之佛像、佛经、宝塔三密所依法宝，为数甚多。扎巴德子阿所德，于印度大菩提寺建立常期供养。阿所子孜达美、阿伦美二人。阿伦美曾供金书"甘珠尔"大藏经。阿伦美子日鲁美，曾用白银四十锭铸造药师八像；于拉萨大昭寺供造黄金殿顶。

（选自《西藏王臣记》，第五十七页）

注释

① 亚泽：地名，大概位于尼泊尔的西北部与阿里地区普兰县和杞达县接壤之处。吐蕃分裂时期王裔曾退居于亚泽为王，其五六代后的王名，都有一个"美"字。

（萨迦政权时期）法主萨班之弟桑察·索南坚赞有子女八人。其大妇衮噶吉生八思巴①及恰那多吉二人。八思巴传为大译师噶瓦白孜②之最后转世。彼方年幼，即善闻思经救义理。赴霍尔时，先在前藏出家。法名洛朱坚赞·白桑布。及法主萨班和皇子阔端，施（主）受（供）二者皆入灭后，薛禅大王即皇帝位，时八思巴大师年届十九。则尊为帝师。授以灌顶国师玉印，供缕金珍珠袈裟，珍宝所缀氅衣、宝冠、金伞、金椅等多种精工巧制物品。此外尚赐升金升银、马匹骆驼、茶叶彩缯等，一切珍玩受享，莫不优赐有加。

（选自《西藏王臣记》，第六十三页）

注释

① 八思巴：藏传佛教喇萨迦派第五代祖师，吐蕃萨斯迦（今西藏萨迦）人。元朝第一代帝师，本名罗古罗斯坚藏，八思巴（意为"圣者"）是尊称，出生于款氏贵族之家。从伯父学习佛典。
② 噶瓦白孜：噶为姓氏，白孜为名。八世纪中赤松德赞王时有噶、觉、白三大著名评师，其中之一的"噶"即噶瓦白孜。

（帕木竹巴政权时期）朗宁子芒布齐卓喀，卓喀子达布齐达白，达白在玛旁玉湖畔延工塑造释迦金身像，以放光绿松石作为酬礼，复献吉祥光焰珊瑚作为供品，延请成道大德僧格举行开光法事等。

(选自《西藏王臣记》，第八十页)

[火虎年（1626）中的一天]我（五世达赖喇嘛）正在诵习南库巴所著的《护法神赞》时，举眼睨视，只见右髋骨边有个婆罗门形体的人左足盘腿，右足置于座上，拿着胫骨号筒的右手放在膝盖上，左手作禅定状，拿着天灵盖，身呈蓝色，长约一肘半。我感到害怕，霍地站起身来，拔腿就跑。

(选自《五世达赖喇嘛传》上册，第六十页)

[铁马年（1630）七月]（在日沃甘丹寺甘丹赤巴的居室中居住期间）多次瞻礼大银塔（宗喀巴的灵塔）、历辈甘丹赤巴①的银塔、俄·绛曲迥乃等后弘期的许多大善知识的本尊神佛龛、桑珠佛殿的主供像弥勒佛像（此像原在印度）等。此后，还仔细参观了经堂、依怙殿等上下的殿堂。扎什伦布寺照顾情面送给绛孜的内供圣物被盖印封闭，未能看到。在外围巡礼道上曾经发掘出舍利弗多罗（释迦牟尼座前十大声闻弟子之一）所埋藏的佛陀的法螺，此处还有神奇的天然手印足迹。对这些遗迹我（五世达赖喇嘛）也仔细进行巡礼。

(选自《五世达赖喇嘛传》上册，第七十四页)

注释

① 甘丹赤巴：格鲁派核心甘丹寺等三大寺的领袖，所以其实就是格鲁派的领袖。

[铁龙年（1640）在后藏记事]传说鲁顶森穷的光明寝室后面供有三十万大师的灵骨，那座灵塔在数年前与鲁顶一同被毁，灵骨可能还存在那里。协敖便去察看，原来那只是一种传闻，或者已经散失，那座灵塔内除了一个黄铜盒子以外，一无所有。为了避免招致非议，协敖将那个铜盒子重新放进建造的银塔之内，移供于大经堂中，并且为之装藏，举行开光仪轨。

(选自《五世达赖喇嘛传》上册，第一百二十一页)

[土猴年（1668）]（修缮银塔寺庙）给日沃德钦寺敬献了一幅五层楼高的缎制弥勒佛像，给扎西德钦寺敬献了密集妙金刚缎像，给日沃曲林寺敬献了五部佛像缎像和屋脊宝瓶①。

(选自《五世达赖喇嘛传》下册，第八页)

注释

① 屋脊宝瓶：佛教建筑装饰。安于寺庙等建筑物顶上和屋脊上的金瓶，为装饰物之一。

[土猴年（1668）]（藏康钦莫的精美内殿被新供物遮挡，于是对周围进行了修改）在德钦天窗处新挂了上品大金灯，其左右各挂一付松耳石和青金石制成的带飘带金刚和一只金刚橛，它们的这边各有一盏上品金灯，旁边分别有一只金刚撅。

(选自《五世达赖喇嘛传》下册，第九页)

[铁狗年（1670）五月]（因大昭寺北后殿法力猛恶，所以很少有人修缮它的镏金殿顶。）此次动工，曲顶热绛巴布施了顺缘，桑耶大护法和螺顶大梵天也做了不产生意外的劝慰，使我们放下心来。此汉式屋顶南北宽三十六大卡又一小卡……（修缮大昭寺北殿汉式屋顶上的三尊屋脊宝瓶，其用料）茜草九藏克半，还有镇风铃①架的铁索和三十五个风铃等物。此项工程的铜匠有以尼泊尔阿

玛拉僧哈、铜匠大师傅南色勒坚和奴珠为首的三十五人；负责者为达云；木匠有以扎本、扎萨瓦为首的三十人，负责者为格洛阿达，日松巴、甲喀哇，金匠为琼结热绛巴、扎西孜蕭、达东蕭，大部分的工薪物品由强林桑珠杰布负担，工价薪俸伙食等折合粮食为官秤一万一千三百藏克。

(选自《五世达赖喇嘛传》下册，第四十二页)

注释

① 风铃：佛殿、宝塔等檐下悬挂的铃，风吹时摇动发出声音。在佛教意涵上有惊觉、欢喜、说法三义，常见于佛教的法器、乐器及塔寺檐角建筑中。

[铁猪年（1671）] 在小昭寺的顶层佛堂中供奉十六尊者像，中层佛殿内供奉药师佛像。在十六尊者殿内供献了大小敬神哈达总共二百三十条、蓝底白花绢六幅，由第巴指导宁巴京巴在扎西康萨铸造的大锅、大缎幡八面、小幡四十六面，用彩缎、四相缎、深蓝色铜钱花纹缎制成的华盖五顶；在药师佛殿内供献了大小敬神哈达一百三十余条，铜锅，大旗幡八面，小幡四十二面，各种上好缎子华盖七顶；向不动金刚佛像供献缎五匹、白绫一匹，以织有昼夜吉祥字样的内库哈达为主的哈达二十八条、绸子四匹、供灯六盏、绫罗袈裟、绫罗穗子和瓶座连接在一起的华盖；向宗喀巴大师身像呈献织有昼夜吉祥字样的内库哈达十四条，给众近侍弟子呈献哈达和面子薄绫共计二百余条；在经堂中呈献了用四条新瓶坐垫和四条普通瓶坐垫、各种缎子做成的华盖十一顶、大小旗幡三十二面、绣有铜钱形花纹的大香囊两个、各种缎质香囊十二个、用绸子和白绫缝制的法幢两对，天窗檐上悬挂的牛毛帘子等。每年用于百供的面和粮食是三百六十三藏克、酥油一千八百藏克、熏香三百六十把、四种衣服十二套；献于药师佛和四部僧伽的供水杯五百个、供灯二百盏、蒙古钹、圆鼓、白螺、沐浴瓶、线香炉各一个、铜锅、铜罐、铜壶各一对、铜盘和三脚铁灶各一个、三层供架等，由拉加官尼格贵扎巴嘉措预备上述供品。

(选自《五世达赖喇嘛传》下册，第六十三页)

[水鼠年（1672）] 这一年的祈愿大会规模盛大，给接近法座的每名僧人各赐给三藏两茶叶。呈献的施舍礼品有：通人冠二十二顶、尖帽十五顶、法衣三十五件、掩腋衣三十四件、禅裙二十八件、比丘裙三件、长坎肩二十一件、坎肩二件、围腰四条、敷具十副、缎披风九件、夹坎肩四件、夹衣五件、长毛里子披风四件、饰有珠宝的汉靴六双、蒙古靴和藏靴各四双、靠垫、红坐褥、缎褥三条、新衣两套、金鞍八副、合金鞍八副、银鞍六副、银镶红鞍七副、新备鞍的小马二匹、赛马二十九匹、瓷碗、银茶托、六事庄严（衣）。器皿、香炉、华盖两顶、缎幔和罗幔各一面，以及别人手中赎买回来的物品、饰有晶石的胺绶、钏镯、蒙古铃、颅鼓、备有鞍鞴的三岁小马等。在拉萨大昭寺呈献了锦缎华盖，这面华盖的顶部是写有许多梵文六字真言的云纹青缎，四角绣有莲花，周边是虚空藏图纹青缎、彩帷由红黄绿三色绫罗织成，面子是云纹红缎。还献了四面龙纹青缎幡以及各种金缎幡、中间缀饰丝线流苏和銮铃的幡三对。向释迦牟尼佛像、不动金刚佛像、五位一体十一面观音像、弥勒法轮像、宗喀巴大师像、护贝龙王像呈献了题词敬神哈达。虽然说起过要在释迦牟尼面前呈献一具很大的银质曼荼罗的话题，但在不久以前造成供奉释迦牟尼像的佛殿、佛像靠背等，为佛像靠背做成而举行药师经忏仪轨，天神大众会聚一堂。初八日成立了制造佛殿顶上的金瓦屋的作坊。

(选自《五世达赖喇嘛传》下册，第一百零六页)

[水牛年（1673）六月] 十四日，吉祥桑浦内邬托寺的两位曲杰、仲钦、央列巴等师徒四十余

人携带曼荼罗等物前来举行与加行七支有关的祝寿仪轨。

(选自《五世达赖喇嘛传》下册,第一百一十九页)

[水牛年(1673)九月(达赖喇嘛在贡噶曲德寺)] 当寻找顺缘举办供养时,在文献条例中受到启发。具吉祥尊胜上师的旧金刚橛法曼荼罗完全符合佛说经典的内容,即便是调换本尊也是可以的,就怕会作一些过甚的类推。

(选自《五世达赖喇嘛传》下册,第一百二十四页)

[木兔年(1675)] 藏历六月初八日,我(五世达赖喇嘛)派强钦巴罗桑群则前去向螺顶大梵天求授预言,呈献了诗体书信、会供曼荼罗、供品、敬神哈达等令人动心的物品。

(选自《五世达赖喇嘛传》下册,第一百九十页)

[木兔年(1675)闰六月] (多杰扎日增等活佛)修习威猛喇嘛、阎罗、金刚橛、罗只等,历时七天,尔后举行烧施仪轨,将妖魔鬼怪付之一炬,出现许多非常奇异的迹象,一股焚尸的气味随处可闻,令人信服。

(选自《五世达赖喇嘛传》下册,第一百九十二页)

[木兔年(1675)九月] 日增活佛仁波且从多杰扎寺前来相见,他说他需要一个像捶打自己身体的念修金刚橛那样的东西,是不是曲加江巴的伏藏法器值得怀疑,但是日增阿格旺布将它长期当作念修金刚橛,便送给了阿强贡桑旺布。此后,根本上师将它长期携带在身,后又赐给我,约有二十余年将它当作念修的金刚橛。呈献金刚橛与在寝宫中修习金刚橛法时机巧合,使他高兴极了。我想,将它当作主要的金刚橛,这是战胜四魔①的好兆头。

(选自《五世达赖喇嘛传》下册,第二百零一页)

注释

① 四魔:指夺取人之身命及慧命之四种魔。即蕴魔、烦恼魔、死魔、天子魔。

[火蛇年(1677)十月] (更换朵溪卡神殿柱梁后)举行酬补仪轨一百次,并在寺院中斋僧布施,迎神就位,举行玛摩女神血垛灵器供,给地方神祇献供养、敬神哈达、箭袋、铠甲兵器等供品。

(选自《五世达赖喇嘛传》下册,第二百六十三页)

[土马年(1678)八月] 向孜拉岗、孜谷丁、贡噶扎仓拨给年收入粮食六十九藏克、耕地四块,作为举行金刚橛修供仪轨的费用。

(选自《五世达赖喇嘛传》下册,第三百零三页)

[土羊年(1679)五月十一日] 我接待了果芒扎仓卸任堪布、本阿旺丹增等百余客人,为他们诵传了《慈氏愿》①经文。向本阿旺丹增授予"卓里克图岱青"的称号,并颁给印信、衣物、护身结、氆氇等丰厚的礼品。

(选自《五世达赖喇嘛传》下册,第三百三十一页)

注释

①《慈氏愿》:慈氏即弥勒菩萨,《慈氏愿》即《弥勒菩萨愿》。藏文原译名为《圣弥勒菩萨大愿王》。汉译文未译开头一段和结尾咒语及回向。

第一编 法器

（五世达赖喇嘛）赐给改宗格鲁派的扎则托寺属于杰曲拉康的三所依供品、房田，全部作为公基金，提供金、响铜制作的佛、菩萨像十四尊，以及药泥像、灵塔、佛经、卷轴画和法器多件，年收粮三千九百三十克的土地。

（选自《格鲁派教法史》，第三百四十七页）

（五世达赖喇嘛）为大悲观世音菩萨五位天成一体像制作头饰、飘带、耳饰，共用黄金三百余钱、绿松石千颗、珍珠约九十颗。制造慈氏法轮像头饰、飘带、耳饰等，共用去纯金近五百钱、黄琉璃两指半高、松耳石约七百颗、珍珠近百颗。用五两黄金装饰大悲观世音菩萨原来的头饰，赐给昌珠寺①觉姆②。为吉祥护贝龙王像制造头饰、飘带、耳饰，共用黄金五十钱、松耳石近三百颗、珍珠约四百颗、水晶石七十余颗。

为释迦如意宝像制造了头饰天冠，用去黄金六十八钱、松耳石一百四十颗，用一千八百七十钱黄金制成的盾牌三块、圆盾十七个、瑜伽士的饰件一件、蒙古式耳饰一副、蒙古式鏾一件、金器一件、圆玉一块、髻钩十四、顶璁一颗、各种混合玉十五颗、用优质玉石饰的圆统长坎肩、蚕豆大珍珠五百二十七颗、用四十一两白银制成的飘带、耳饰，六百两白银和二百五十钱黄金制成须弥山坛城，用纯金六百四十三钱制造的右旋净海天人妙欲曼荼罗，用白银三千八百八十二两，银水四百八十三两、铜一百八十三克和铅、楗椎③、蓝宝石等镶饰。

（选自《格鲁派教法史》，第三百五十三页）

注释

① 昌珠寺：位于山南雅砻河东岸的贡布日山南麓，距乃东县约2公里，属格鲁派寺院。建于松赞干布时期，相传文成公主曾在该寺驻足修行。

② 觉姆：甘南藏区人们称尼姑为"觉姆"，其意为"佛母"，她们被视为人世间之"卓玛"。

③ 楗椎：亦作"楗槌"。钟鼓；铃铎。唐义净《南海寄归内法传·灌沐尊仪章》卷四载："西国诸寺，灌沐尊仪，每于禺中之时，授事便鸣楗椎，寺庭张施宝盖，殿侧罗列香瓶……"可见"楗椎"应是佛教礼仪的一类法物。

（第悉桑结嘉措）在妙音佛殿泥塑十三尊妙音摄种像，陈设供品，祈求六世达赖喇嘛早已转世。在长寿佛殿塑造无量寿佛九尊药泥像，供献灯笼、战器、天盖①和敬神哈达。

根据宿住随念明镜所载，在小昭寺雕塑了十一尊圣观世音菩萨药泥像，供献祭品。根据经典记载，在法王殿二层雕制了莲花生金铜坐像，高五十四指。

（选自《格鲁派教法史》，第三百六十九页）

注释

① 天盖：又称悬盖。佛殿的庄严具之一。即悬垂于佛像上空的盖状物。

（第悉桑结嘉措侍奉三宝等发展佛教的事迹）关于供宝或献供的次第，在妙吉祥怙主宗喀巴大师的教法源地日沃甘丹寺设立百供（用香、花、灯、水、神馐等五种供品各满一百者——译者注），供祭宗喀巴的银质灵塔。三名供奉者的供养，全年费用折合粮食八千七百八十二藏克多。

水狗年，至尊上师遍知阿旺洛桑嘉措法身入灭不久，我（桑结嘉措）昼夜向大昭寺、玛尔嘉、小昭寺、桑耶、昌珠及四方镇魔寺等各大圣地，以及莲花生大师修行洞、甘丹寺宗喀巴银制灵塔等敬献佛灯、敬神哈达、金水、供器、花盖等，价值折合粮食一百万零五千一百四十一藏克。

（选自《格鲁派教法史》，第三百七十七页）

（1663年，第一世嘉木样大师十五岁时，由持律大法师齐乔·益西坚措受沙弥戒出家为僧，取法名洛桑坚赞）从此洛桑坚赞在尊师座前聆习显密教义，启请并得到一大威德本尊的准许，闭关修念不辍。当他念诵"雅嘛热杂"根本密咒满一千遍时，于定中见一法师，自然是热译师，授以毗底跋罗法器，并嘱咐道："此物乃御魔'十三姊妹'，汝诵密咒已足俱胝，不必再诵。"尽管如此，大师仍念诵不休。于是又出现前番入定时的情形，热译师又一次劝他不必再诵，日后可修习"广大羯摩密法"。此事可见《根本秘传》记述："神祇现身授法器，'玛热纳咒'攻可御；十三姊妹持在手，'牟啦密咒'不重复；'那杂巴多'昭信守，而今当修莫迟误。"

（选自《拉卜楞寺志》，第十二页）

（第二世嘉木样大师）在拉卜楞寺设因明摄类学科，当日置身于众大学者群中宣称："释量之要，集于'集场'（即摄类学一名称），次第习之，如初学拼读法，或由白而红，由浅入深，似吹法螺，若立宝幢，逐渐深化。"为求吉祥，（第二世嘉木样）大师出示白螺为色标，令以立论，互为辩驳。

（选自《拉卜楞寺志》，第四十八页）

大师（第二世嘉木样大师）言出必行，平时阅读，夜以继日，不得空闲。他叔父曲杰·阿旺环觉看在眼里，劝他诵经祈祷，但他回答说："手不离念珠而成道者，牧羊人有之，我则手无念珠而求成道。"

（选自《拉卜楞寺志》，第五十六页）

藏历水猴年（1812）正月五日，（第三世）嘉木样大师再度赴藏，在佛教主宰（第九世）班禅大师座前受清净近圆戒，成为圣者唯一称赞的传承弟子。此后在（第九世）达赖喇嘛座前听各种经法，并接受了赐予的伞盖、乘骑、缎卷、净街鞭等堪布仪仗用具，而这样的厚赐礼遇是少见的。

（选自《拉卜楞寺志》，第九十页）

（第四世嘉木样大师）四岁时，由其父护送前来拉卜楞寺，摄政霍尔藏仓和各法台及众多僧俗人等前往迎接，请至桑曲河畔的凤顶源行宫安歇，德哇仓活佛向大师敬献了彩绫装裹的白法螺，并即席献吉祥颂诗。当时当地有十三眼泉突然泉水冒涌，奇相频生，僧俗共睹，人人欢喜。

（选自《拉卜楞寺志》，第九十八页）

南部地区（安多地域）的绝大部分圣地寺庙坐落在拉卜楞寺的周围地方，曾被龙王玛珠巴献给佛祖的海螺，在短时间内，被僧侣用作法螺，后来将其藏匿于宗喀巴大师的住锡圣地——卓山上。拉卜楞寺有与此相似之处，玛吉拉仲①曾莅临拉卜楞地方，赐予福德。

（选自《拉卜楞寺志》，第一百三十八页）

注释

① 玛吉拉仲：玛吉拉吉卓玛，简称玛吉拉仲（1049～1144），是藏族历史上著名的女密宗师。她是西藏叶拉地方人，父名曲洛，母名拉莫本。传说是益西措甲的转世化身。

土狗年春（1718），大师（第一世嘉木样）专程去了埋有伏藏的地方。

第一编 法器

大师到达目的地后，因一时记不清埋有伏藏的准确位置，没有马上找到，……大师他们循柏枝投放点而去，很容易就找到伏藏的正口，起出伏藏并行迎迁之礼，在其穴内又埋下乘龙财神的坛藏。当大师返回拉卜楞寺时，僧众夹道欢迎，他按照大家的请求，手持从伏藏中取来的无量光佛像和宝瓶，为僧俗大众摸顶。

(选自《拉卜楞寺志》，第一百四十页)

[土牛年（1709）]八月初，横渡长江，迤逦而行，在索洛湖或称嘎尔玛唐的地方，与王府派来的先遣迎使旦巴改隆主仆相遇。过了索洛湖三天后，大师（第一世嘉木样大师）于途中遇会到赶来迎接的嘎丹额德尼济农王（即察罕丹津）及其王子东珠旺杰、官员南杰才旦和三百余护卫骑士。大师为他们一一摸顶祝福，这时王府向大师敬献了伞盖、唢呐、长号等物品。为此，大师对亲王说：“我乃出家人，归隐度日，本不该收取诸物，只为化机事业圆满起见，领收馈赠如蒙佛祖所赐，老衲收下了。”从此开始出现了大喇嘛的鸣号作息等惯例。

(选自《拉卜楞寺志》，第一百四十七页)

[土牛年（1709）]"五供节"那天，亲王府迎请（第一世嘉木样大师）大师到密咒兴盛寺参加法会，居首席，亲王献上金曼荼罗为主的珍品、用具、绸缎丝锦和牛马各五百头（匹）、羊四千只等作为祈福之礼。从这天起，各地前来拜谒大师的人成千上万，敬献的物品就像大雨降下似的。

(选自《拉卜楞寺志》，第一百四十八页)

在拉卜楞寺，于建寺的第二年，即藏历第十二绕回的铁兔年（1711），寺主（第一世）嘉木样大师亲自操备了供品，主持祈祷法会，善始善终。……麻尼巴上师在转经途中对《贤愚经》的讲解和在僧俗群中领诵的"六子真言"，以及下午由两所密宗学院举行的四方投施仪轨和对缎锦大佛的供奉，均按照扎什伦布寺的仪轨执行。例如：法会设僧侣跳神舞、投掷铁棒、海母神馐、弥勒转经等项。另外，还有虎舞、狮舞、野牛舞等系列舞。祈祷法会还根据宗喀巴大师的指令，举行神奇的十八种供奉、二十一种供奉、二十五种供奉，以及法器的十供奉等，展示金冠及其飘带、三件法衣、仙人皿器、伞、宝幢、大鼓、右旋海螺、七政宝、五妙欲①、吉祥八宝等多种珍贵物品。法会期间，用五百两银子铸造具有四大洲坛城的曼荼罗，并施以锦缎刺绣等供品，凡法会陈设所需一应齐备。本寺将既定之仪轨已沿用至今，而且远远超过了拉萨的祈祷大法会的规模。

(选自《拉卜楞寺志》，第二百七十四页)

注释

① 五妙欲：妙欲有色、声、香、味、触五者。此指密宗坛场所设的各种美食供品。

有一次（第一世嘉木样）大师说："你们给我拿念珠过来，这回我要砸碎地狱锅。"于是手持念珠以默诵的样子持续片刻，那僧侣是善良而有见识之士，所以很容易得到了解脱。

(选自《拉卜楞寺志》，第二百九十九页)

有一次，他（第二任大法台阿旺扎西）得了重病，人们认为难易康复，便派人来到哲蚌寺甘培岭，禀报于（第一世）嘉木样大师。大师当即赐给净瓶水和护结。当派员回来时，他只剩下一口气。在此紧要关头，他被移动席铺，系上护结，喝了净水，他马上就苏醒过来，又开始了生命的运动。

(选自《拉卜楞寺志》，第三百零三页)

旦增嘉益玛在为阿旺扎西法台所写的《传记》末尾有这样一首诗，曰：怙主语出如惊天霹雳，百股金刚杵——掷地，把我执之魔碎成齑粉，难以见闻却有大德说。

(选自《拉卜楞寺志》，第三百一十二页)

无论是为了佛法，还是为了个人的禳灾①祈福，他（阿旺扎西大师）总以《铁壁》、《修施》、《阐论》等教法行施仪轨。特别是在寺院里，为了延续常规而举行的《铁壁》、《修施》仪轨，至少向第一世嘉木样大师请示四五次。据年长的僧人说："那时修施如遇寒，则看成是一种凶兆。"因此，在举行禳灾仪轨和全修仪轨时，留神注意宝瓶的温度，一旦失温，那就认为触上邪气，必须立刻洗涤干净。

(选自《拉卜楞寺志》，第三百一十五页)

注释

① 禳灾：指行使法术解除面临的灾难。

（第二任大法台阿旺扎西）在（拉卜楞寺）护法神殿中，根据哲蚌寺①密宗院的模样，塑了大威德本尊神像，置办了鼓、钹、铃铛、鼗鼓、颅器等法器和施器。

在弥勒佛殿里，塑造了八大随佛子、宗喀巴大师、燃灯佛的泥塑像，塑像的高度有两层楼房那么高，还铸造了能容下一桶水的供灯七盏，以及其它法具。

（第二任大法台阿旺扎西）在灵塔殿里，他为蒙古吉囊亲王的遗骨上拓印了文殊的佛像后，修造了舍利塔，又以三百两银子修造了天降塔，在第一世嘉木样活佛的灵塔前，购置了一千个灯盏、通宵灯二百盏。在大经堂里，购置了鼓、钹、大号角、胫骨号筒、铙钹等法具。为三座内殿购置了价格昂贵的顶幔，为经堂购置了能遮盖三十根柱子空间的锦缎来做顶帘。

(选自《拉卜楞寺志》，第三百一十六页)

注释

① 哲蚌寺：黄教六大寺庙之一，原名是吉祥永恒十方尊胜州，藏语意为"堆米寺"或"积米寺"，藏文全称意为"吉祥积米十方尊胜州"。

有一回，被常设在护法殿的四名酬仪员看见泥塑的法王像似乎渐渐地躬下了身子，这使目及者恐惧不堪，尽快将此情报告给（德赤仁博琪）大师。大师回答说："我即刻赶来。"便前来向法王像献上一条洁白如玉的哈达，并且叫来一名名叫释迦的铁匠，令他立刻打一条铁索和一根铁橛，对其长短和粗细，详作叮咛。铁匠按照要求打好后很快交了上来，德赤仁博琪让僧众对法王像以阴阳鬘的形式进行腋绶束缚，将铁橛钉在墙壁上，用铁索将佛像拴在铁橛上，尔后念了一遍《阎王经》。

(选自《拉卜楞寺志》，第三百三十四页)

第四任大法台邓增钦布·阿旺旦增，于藏历第十二绕迥火鼠年（1696），生于今四川阿坝境内，俗姓桌慈，他从小曾多次声称自己是卡加地方江绕活佛的化身，但人们未予重视。一次，有个叫温宝赞布玛的管家去卡加方向时，他托那管家给他捎过信，江绕活佛——红帐金顶者的管家闻讯后携前世江绕活佛的一些用具，让其辨认，他随手挑出几串念珠说："这不是我的。"众见其只认前世活佛之信物，且灵异非常，深信其为灵童无疑。

(选自《拉卜楞寺志》，第三百四十一页)

第一编 法器

他（第四任大法台阿旺旦增）精通显密二宗，品行端正，温和待人，深受僧众的崇敬和爱戴，亲王夫妇对他也非常崇拜和恭敬。有一回，他和染坚巴·南卡桑盖一同拾到怙主（第一世）嘉木样大师的白珊瑚念珠后，及时还给嘉木样，嘉木样说："你们俩分就是了。"他们将那念珠和一装饰品放在一块儿，以抽签的形式分物。正巧，彼大师得了念珠，他高兴万分，视为莫大的良缘吉兆。他守持戒律，心不外鹜，品德流芳，远近闻名。

(选自《拉卜楞寺志》，第三百四十二页)

他（第五任大法台阿旺丹拜坚赞）拜第一世嘉木样大师为至高无上的师长，言行一致地进行供奉，并极力令其满意。嘉木样师徒曾在释迦牟尼佛像前同发誓愿要赴安多宏扬佛法，当嘉木样大师起謦东返安多时，彼师向他敬献了一个洁白如雪的海螺并祈祷说："在您以善说广开讲席的地方，愿我也能吹响法螺。"后来他果然如愿以偿。

(选自《拉卜楞寺志》，第三百四十七页)

（1761）这时他（第十六任大法台晋美朗仁嘉措）忽然看到寝室右方一角有团光亮一闪而过，依稀见是一个独眼放光的怪物，那怪物直立起来拿出前世德赤的袈裟，如呼法号，刹那间满室光亮，一九头护法迎面而来。他暗想，莫非见了金刚大威德不成，定眼看去，见其像是"无角九头"之首的鸦头蛇尾神，其右手持金刚杵直抵前面的柱子，伸长的左手紧握着绳索和弯刀，一动不动地站着。

(选自《拉卜楞寺志》，第三百九十二页)

他（第十八任大法台热旦嘉措）掌握了各种护轮（密宗所说以药物、咒语、观想等构成而且能防灾祛魔的保护圈）的配制仪法，并使之广为传播，还研习了伏魔铁堡、修施、开光、火供，以及食子（朵麻）的制作法，绘制各种密宗坛城、八大佛塔、腹行（梵音译作摩罗伽、牟呼洛迦。一种魔鬼名）的尺度。

(选自《拉卜楞寺志》，第四百零三页)

第十三绕迥铁鼠年（1780），（第十八任大法台热旦嘉措）尊者返回拉卜楞寺，迎请嘉木样大师至僧众大会上席，敬献了千两白银，为大经堂敬献了高约一尺的第一世嘉木样佛鎏金铜像，同时为闻思学院献了万两白银。借此机会，为万事如意，祈祷祝福，作大方便。嗣后曾一度出任过隆务扎西曲宗寺的法台。

(选自《拉卜楞寺志》，第四百零四页)

（第二十任大法台晋美茹贝森格）在授灌顶仪轨时，（第二十任大法台晋美茹贝森格）尊者将刺绣上装放在身前，每日登坛都能见此法衣。那时他把从设坛修法到灌顶布供等方式方法都写在一卷纸上，传诸于众。在传"胜日海顶"那天，他说："今日讲明作法程序，首先要求每名学僧在进入灌顶坛场之前，都要支好净水瓶托，可由一僧为主操作，从大法台的落座到老幼僧侣坛外沐浴，均应按仪轨去做。接着要佩戴起金刚持本尊所用的骨质饰品，逐一献上灌顶供品。"尊者亲自为大家作示范，并个别进行纠正。在众目睽睽下，他的金刚手牵着金刚持的右手，像领着走路似的转了三圈，虽说众人敬神，真见了也毛骨悚然。

(选自《拉卜楞寺志》，第四百一十八页)

（第二十三任大法台嘉堪钦·哲华坚赞）每日晨起静修大威德自入加持法，正午时分刻意背诵几页《甘珠尔》大藏经，夜间则研习《第四品摄颂》。自建十万佛龛，供奉嘉木样大师[①]、摩诃阿閦佛、无量寿佛、白度母等佛像各十万余尊、然道喇嘛像一亿余尊、刻有观音菩萨、文殊师利和度母的陶制"擦擦[②]"一百三十余万尊，时常环绕礼拜，事佛不已。

（选自《拉卜楞寺志》，第四百四十一页）

注释

① 嘉木样大师：驻锡拉卜楞寺，藏传佛教格鲁派拉卜楞寺最大的活佛系统。清朝时期获封呼图克图，称嘉木样呼图克图；中华民国袭用清朝称号，续封呼图克图；中华人民共和国时期称嘉木样活佛。嘉木样协巴为文殊菩萨的化身，自1720年开始传承，至今共六世。

② 擦擦：指一种模制的泥佛或泥塔。

（第二十三任大法台嘉堪钦·哲华坚赞）尊者托去给各大寺、"三所依"及僧众敬献的许多供品和布施。先后为本寺续部下院营造胜乐自入坛城捐银五十两，为德塘寺兴建二世嘉木样[①]法主寝宫和灵塔捐助了基金，为恩布塘寺捐资设置四种鬘茶罗和宝盖、供器等物。

（选自《拉卜楞寺志》，第四百四十二页）

注释

① 二世嘉木样：第二世嘉木样贡却久美旺布，于1728年生于今青海省同仁县囊阿地区。

（丹贝卓美大师1795年）对于大会辩经等仪轨，是在保持原有法度的基础上进行修订，完善了诸项仪轨；强调为众服务，常供斋饭，并为此献银百两，规定所献银子以两为计算单位；奉献精制的法王锦缎像、乃迥护法神大型金铸像各一尊；献出可遮盖九间房屋的锦缎华盖一个，优质锦缎的柱面幡（嘎盘）八面；用五百两银造鬘茶罗，在其面上铸有祈祷的诗文（三宝慈悲的真谛，促入密勒的法门，闻思讲修的明灯，愿驱世间的黑暗）……

（选自《拉卜楞寺志》，第四百三十页）

（拉卜楞寺）西内殿内，供奉着鎏金铜铸的弥勒佛像，其高度有一层楼房那么高，系第一世嘉木样大师由尼泊尔请来的工匠所造。当弥勒佛像的主体部分竣工后，其余部分由第一世赛仓活佛承大师遗业而完成。在佛像的心房内藏有从亚日莫合龙发掘的伏藏宝瓶。

（选自《拉卜楞寺志》，第五百四十一页）

（拉卜楞寺西内殿）当弥勒佛像的主体部分竣工后，其余部分由第一世赛仓活佛承大师遗业而完成。在佛像的心房内藏有从亚日莫合龙发掘的伏藏宝瓶。这是听专攻修念的大法师洛桑克确讲的，彼师自五十岁至八十岁长期静修，密行圆明。西内殿置有经轮，这是第一世嘉木样大师[①]曾于盖培修行时深悟禅机哲理，吸引僧侣剧增的标志物。

（选自《拉卜楞寺志》，第五百四十一页）

注释

① 一世嘉木样大师：嘉木样·华秀·俄旺宗哲（1648～1721），是甘肃拉卜楞寺的第一世活佛，该寺的奠基人。

[郡王颇罗鼐（1689～1747）为促进安多佛教的兴盛]当即下令从尼泊尔请来最好的工匠铸造

释迦牟尼佛像,当时按照(五世)班禅大师的指点和设计要求,并以小昭寺的佛像为楷模,经过两个月的时间铸成,后迎至拉卜楞大寺。在这尊佛像体内奉安有:佛祖无诤舍利骨七块、法王班禅·额尔德尼·罗桑却吉坚赞(即四世班禅)的遗牙、五世达赖喇嘛的法衣一套、由布达拉宫佛像的内藏中分移出的装有五世达赖喇嘛少许骨灰的小佛塔、宗喀巴的月髦的少部分,班禅·洛桑益西的全套法衣、喇嘛三华钦布的木碗、念诵过十一亿遍六字真言的"灵丹"(即对舍利、圣物诵经授予加持之物),以及由印度和藏区众多大德经过加持的内藏。

(选自《拉卜楞寺志》,第五百四十二页)

(拉卜楞寺大经堂)位于释迦佛像左边的是至尊觉沃洛格肖热像,该像以红铜、黄铜混铸鎏金而成,工艺极为精湛,是由昂格尔夏仲迎来供于本寺的,系明朝永乐年间仁宗皇帝下旨塑造的一百零八尊释迦牟尼佛像之一。

大经堂内右侧的弥勒金铜像,是亲王阿旺达尔吉以白银三千两从汉地购迎来的,佛像体内藏有亲王本人由西藏那塘迎来的一套《甘珠尔》大藏经,曾特邀第二世嘉木样大师为之举行了灌顶和开光仪式。

(选自《拉卜楞寺志》,第五百四十四页)

(拉卜楞寺大经堂)在檀香木佛像左边是泥塑的第一世嘉木样大师像,大师曾为坚贡赤仁博琪授予一百零八遍灌顶,故名为"一百零八"。据坚贡赤仁博琪讲,因他多次自言自语,故称"自语者",后来赤钦索南旺杰(为拉卜楞寺第十任大法台)在任期间,所有大小不等的供灯,都燃得昼夜通明,故称"持火者"。

(拉卜楞寺)大经堂内左侧有檀香木雕刻的千手千眼观世音佛像,约一箭之长,是卫斯巴特尔迪羌从汉地迎回本寺的。

另外,有一人高的鎏金铜制的第一世嘉木样大师像,以及同样规格的第二世嘉木样大师像,是由赤钦热旦嘉措和时轮师长·阿旺彭措先后从汉地迎请来的。

在大经堂内室有一人高的释迦牟尼佛像及其二大弟子(亦称二胜:舍利子、目犍子)的雕像、宗喀巴大师塑像(约一人高)、弥勒佛立身塑像(约一人高)、千手千眼观世音塑像、嘉木样法王的塑像(一箭之高)、第二世嘉木样大师的佛像(一箭之高),均为南木欧久图·染坚巴·洛桑次成出资修造。

(选自《拉卜楞寺志》,第五百四十五页)

(拉卜楞寺大经堂)该殿里还有泥塑释迦牟尼佛像、鎏金铜制的释迦牟尼佛像、鎏金铜制的燃灯佛像、宗喀巴大师的闪光像等三种不同造型的塑像和五世班禅曾亲自用过的《本尊百句经》等,以及从印度东、西两面和汉地引进的铜佛像、金佛像、鎏金铜佛像百余尊,还有金银等贵重原料制成并以各种珍品珠宝装饰和点缀的上师本尊像,均是蒙古河南亲王吉囊及第二代亲王旦增旺旭夫妇出资敬献的。后来,亲王卫斯巴特尔迪羌执政时期,亲王个人出资新建了释迦牟尼佛殿。释迦牟尼佛殿的正殿供有释迦牟尼佛像,其右殿供有阿里人达尔汗曲杰捐资修造的雄狮吼佛像;左殿供有亲王捐助修造的现见解脱弥勒佛像,后来将所有金佛、铜佛像迁请于该殿阁楼上,故称之为"铜佛殿"。

(选自《拉卜楞寺志》,第五百四十九页)

(拉卜楞寺大经堂)有亲王阿旺达吉由卫藏迎来的许多金佛、铜佛等珍贵佛像,还供有第五世班禅·洛桑益西的一肘高的金像,是河南亲王妃南杰卓玛为自己将复生于雄猛持轮者(密乘一本尊)之境地而祈请于五世班禅时,根据大师"本人之像能以纯金制造,再好不过"的愿望。铸造完毕后又请大师本人进行了灌顶仪式,因此,该像的加持度是无法用语言形容的。该金像还穿戴着有点油垢的高耸僧帽及袈裟。正因为该像是以五百两黄金制成,被撒拉方面的一帮强盗得知后,手持斧头,潜入该金佛殿行窃,管理人员尽管发现盗贼,却不敢出言制止,只是在默默地祈祷保佑。盗贼先摸到一尊银制佛像时,它却变成了木制的东西,当他们又摸到班禅的金像时,先掂了掂其重量,窃笑着准备盗走时,金像却又变成了比木制品还轻的东西,这无疑是护法神之神奇通变,所有这些情景被当时的佛殿管理员让娄亲眼看到。

(选自《拉卜楞寺志》,第五百四十九页)

(拉卜楞寺大经堂内室西侧的佛殿)有第一世嘉木样的念珠、第二世嘉木样的衲衣、玛吉拉仲的前额颅骨,有由第二世达赖喇嘛更敦嘉措承第巴拉嘉日瓦相传之法用于修念本尊的宗喀巴塑像及其题记。

(选自《拉卜楞寺志》,第五百五十一页)

(拉卜楞寺)在护法殿内,供有高出一人的大威德鎏金铜身像。还有内藏饮光佛的舍利骨、三种密咒各十万咒语之精藏本的怙主鎏金铜像,我们动手印制的十万尊怙主小像也装入其内,以作伏藏,用金铜合制的法王像装藏了其身咒十万余。这三尊神像均由苏尼·嘎居扎西南吉出资建造。

(选自《拉卜楞寺志》,第五百五十二页)

乾隆四十九年(甲辰)三月丙戌(1784年3月21日)

又谕:"朕以本年八月十三日仲巴呼图克图等迎请(七世)班禅额尔德尼之呼毕勒罕入扎什伦布寺,因赏呼毕勒罕法衣、铃、杵、如意、数珠①、缎匹、玻璃磁器等物,派出乾清门侍卫伊噜勒图同果莽呼图克图赴藏赍送②。并赏(八世)达赖喇嘛如意、数珠、缎匹、玻璃磁器等物,锡以册宝,俱著伊噜勒图等赍往,各宣谕赏给……"

(选自《清实录藏族史料》,第三千零二十七页)

注释

① 数珠:佛教徒诵经时用以计算诵经次数的串珠。也称"念珠"、"佛珠"。
② 赍送:持送;遣送。

乾隆五十五年(庚戌)二月癸亥(1790年3月27日)

又谕:"……前世章嘉呼图克图久居京师,广阐黄教,现今呼毕勒罕出世,闻其秉质聪敏,但以未经出痘,不能来京,深为悬念。兹闻出痘妥顺,朕心欣悦。特派乾清门侍卫佛尔卿额驰驿前赴西宁,赉①朕常佩护身吉祥佛一尊并御用珍珠记念琥珀数珠一串、表一枚、大荷包一对、小荷包四个,赏给呼毕勒罕作为贺仪。……"

(选自《清实录藏族史料》,第三千二百二十七页)

注释

① 赉:意思是拿东西给人,送给。

乾隆五十七年(壬子)八月癸巳(1792年10月12日)

谕军机大臣：……此呼毕勒罕不真及族属传袭之流弊也。嗣后①应令拉穆吹忠四人认真作法降神，指出实在根基呼毕勒罕若干，将生年月日各书一签，贮金奔巴瓶内，令（八世）达赖喇嘛等会同驻藏大臣对众拈定，作为呼毕勒罕。不得仍前妄指，私相传袭。

（选自《清实录藏族史料》，第三千四百六十四页）

注释

① 嗣后：继承，接续。

乾隆五十七年（壬子）十一月壬子（1792年12月30日）

谕军机大臣曰："福康安等奏称：'行抵前藏，将善后章程大意告知达赖喇嘛，察看达赖喇嘛感戴出于至诚，一切惟命是听，断不敢稍形格碍'等语。……嗣后出呼毕勒罕，竟可禁止吹忠降神，将所生年只相仿数人之名，专用金奔巴瓶，令达赖喇嘛掣签指定，以昭公允。再，此次福康安统兵进剿廓尔喀，如能立抵阳布，将拉特纳巴都尔、巴都尔萨野悉数生擒，解京献俘①，其土宇分给附近各部落，克奏朕功，该处系边外荒彻（徼）非如金川等可比，福康安果能捣穴擒渠，厥功甚大……"

（选自《清实录藏族史料》，第三千四百九十九页）

注释

① 献俘：古代一种军礼。凯旋时以所获俘虏献于宗庙，显示战功。

乾隆五十八年（癸丑）二月丁卯（1793年3月15日）

谕军机大臣等："前因吹忠从前所指呼毕勒罕虽不止一人，但人人向其嘱托，总有一人指得，与吏部掣签堂吏指缺撞骗相等，是以发给金奔巴瓶，令将吹忠认出之呼毕勒罕总以入瓶签掣为准。……"

（选自《清实录藏族史料》，第三千五百三十二页）

乾隆五十八年（癸丑）三月戊申（1793年4月25日）

谕曰："达赖喇嘛、班禅额尔德尼系宗喀巴大弟子，世为黄教宗主，众蒙古番民素相崇奉。……朕护卫黄教，欲整饬①流弊，因制一金奔巴瓶②，派员赍往，设于前藏大昭，仍从其俗，俟将来藏内或出达赖喇嘛、班禅额尔德尼及大呼图克图等呼毕勒罕时，将报出幼孩内择选数名，将其生年月日、名姓，各写一签，入于瓶内，交达赖喇嘛念经，会同驻藏大臣，在众前签掣，以昭公当。"

（选自《清实录藏族史料》，第三千五百三十九页）

注释

① 整饬：整顿使有条理，整饬纪律，整齐；有条理，服装整饬。
② 金奔巴瓶：即金瓶，珍藏于西藏拉萨大昭寺；为清代乾隆五十七年（1792）所赐，通高34厘米，通体以莲瓣纹、如意头纹、缠枝纹等图案组成。

道光三年（壬午）闰三月巳卯（1822年4月25日）

又谕达赖喇嘛之呼毕勒罕："朕抚驭天下，惟期万方各安生业，振兴道学。……择于二月十二日释迦牟尼佛传教吉期，在布达拉等庙令呼图克图等念经七日，并在班禅额尔德尼前念经祷祝后，诣高宗纯皇帝圣容前行礼毕，由金奔巴瓶内将尔名掣出。……"

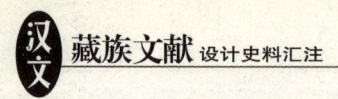

（选自《清实录藏族史料》，第三千八百四十五页）

道光二年（壬午）七月癸酉（1822年8月17日）

谕内阁："松廷奏请将访出幼孩二名咨行西藏，入瓶掣签①，拟定栋廊尔呼图克图之呼毕勒罕请旨一折。著照松廷所奏，栋廊尔呼图克图之徒弟商卓特巴喇嘛楚图木吹木丕勒等访出番族达什车凌之子名济尔噶勒、民人王志之子名桑济扎布，咨行驻藏大臣，眼同（十世）达赖喇嘛入于大昭所供之金奔巴瓶内掣出一人，作为栋廊尔呼图克图之呼毕勒罕。"

（选自《清实录藏族史料》，第三千八百五十八页）

注释

① 掣签：即抽签。削竹为签，配以标志或词语，抽取其中一根或若干根，用以决定先后次序或占吉凶。特指明代后期沿袭至清的吏部选授迁除官吏的方法。

道光三年（癸未）六月己亥（1823年7月9日）

又谕（内阁）："向来各处访寻呼图克图①之呼毕勒罕俱由蒙古、番子等幼孩内访查，将名送至西藏，入于金奔巴瓶内掣签。……除将此次掣出民人王志之子不准作为呼必勒罕外，嗣后务照旧断章不准在民人幼孩内寻访。"

（选自《清实录藏族史料》，第三千八百八十八页）

注释

① 呼图克图：清朝授予蒙古、西藏地区喇嘛教上层大活佛的封号。"呼图克"为蒙古语音译，其意为"寿"，"图"为"有"，合为"有寿之人"，即长生不老之意。原是藏语"朱必古"之蒙古语音译，意为"化身"。

道光十六年（丙申）十二月丙子（1837年2月2日）

谕内阁："……番子确锡锡勇之子桑济阿勒巴图、额尔克完布之子班第既经那噶克噶布藏等访出，著将伊等名送藏，归入金奔巴瓶内掣定一名作为呼毕勒罕。"

（选自《清实录藏族史料》，第三千九百七十七页）

道光二十三年（癸卯）十一月戊寅（1843年12月30日）

谕内阁："孟保等奏西藏所属地方访获哲布尊丹巴呼图克图之呼必勒罕总（聪）慧幼孩，请旨入于金奔巴瓶内掣一折。……著照所请，班禅额尔德尼著赴前藏，会同驻藏大臣、达赖喇嘛及伊徒达喇嘛罗布桑楚勒特木等，将此幼孩三名入于金奔巴瓶内，唪经敬谨签掣，拟定呼毕勒罕名号。"

（选自《清实录藏族史料》，第四千零四十一页）

道光三十年（庚戌）十二月丙戌（1851年1月30日）

谕内阁："……朕以必有大呼图克图呼毕勒罕出世，甚为欣慰。兹由理藩院将现在雍和宫唪经之三子，其名归入金瓶，将端噜布所生之子桑哈色特迪掣定。且端噜布之子桑哈色特迪识认前代章嘉呼图克图曾用物件，即铃杆、素珠、木碗三项应手认出，则是章嘉呼图克图呼毕勒罕无疑矣。朕心何胜欢悦，著将朕素日常用念珠一串赏给该呼毕勒罕，交哈勒吉那敬领，转交该呼毕勒罕收领。……"

（选自《清实录藏族史料》，第四千一百五十八页）

咸丰十一年（辛酉）十二月壬戌（1862年1月8日）

又谕（内阁）："……颁赏（十二世）达赖喇嘛珊瑚念珠一串、椰子念珠一串、大荷包一对、小荷包四个。颁赏（八世）班禅额尔德尼玻璃小朝珠①一串、菩提念珠一串、大荷包一对、小荷包四个。颁赏慧能呼征阿齐图呼图克图玻璃念珠一串、大荷包一对、小荷包四个。……"

(选自《清实录藏族史料》，第四千二百八十九页)

注释

① 朝珠：清代朝服上佩带的珠串。朝珠是清朝礼服的一种佩挂物，挂在颈项垂于胸前。朝珠共108颗，每27颗间穿入1粒大珠，大珠共4颗，称分珠，根据官品大小和地位高低，用珠和绦色都有区别。

同治三年（甲子）七月癸亥（1864年8月26日）

又谕（内阁）："满庆等奏（十二世）达赖喇嘛从伊正师傅罗布藏青饶汪曲受格隆小戒，呈进佛尊、哈达等物一折。本年四月十三日达赖喇嘛从伊正师傅受格隆小戒……实有吉祥之事，朕心甚为喜悦。达赖喇嘛嗣后尤应专习经咒，谨守黄教①，永受朕恩。著加恩赏给达赖喇嘛黄哈达一个、椰子念珠一串、玉盌一个、大荷包一对、小荷包二对，著满庆接奉此旨，谕知达赖喇嘛照数祗领。再，达赖喇嘛仍将照例应进贡物，交班禅额尔德尼班堪布来京呈进。"

(选自《清实录藏族史料》，第四千三百四十四页)

注释

① 黄教：即格鲁派。格鲁派是中国藏传佛教宗派。藏语格鲁意即善律，该派强调严守戒律，故名。该派僧人戴黄色僧帽，故又称黄教。创教人宗喀巴，原为噶当派僧人，故该派又被称为新噶当派。

同治十二年（癸酉）二月乙卯（1873年3月4日）

又谕（军机大臣等）："……现在藏地清平，（十二世）达赖喇嘛拟于本年二月间下山，率领众僧亲赴大招，攒招唪经①，为国祈福，具见出于至诚，洵堪嘉尚。即著恩麟等前往布达拉山妥为照料，并发去黄哈达一个、银曼达一个、铃杵一分、菩提念珠一串、玉盌一个、玉碟一个、小卷五丝缎二卷，传谕该达赖喇嘛令其祗领，用昭恩赉。将此各谕令知之。"

(选自《清实录藏族史料》，第四千三百九十七页)

注释

① 唪经：诵经。

光绪元年（乙亥）十一月己酉（1875年12月13日）

予章嘉呼图克图祭葬加等，并赏给佛一尊、珊瑚念珠一串、曼达一个、大哈达一块、小哈达一百块、红黄粗细藏香一百束、黄妆缎五匹、黄五丝缎五匹、陀罗经被①，大藏香二十支，派贝勒那尔苏往奠。

(选自《清实录藏族史料》，第四千四百零八页)

注释

① 陀罗经被：又作陀罗尼经被，一种织有金梵字经文的随葬物。清代皇帝，后妃（贵人以上）可用陀罗经被，被以白绫制成，上印藏文佛经，字作金色，称为陀罗经被。王公大臣死后，奏上遗疏，亦可由皇帝御赏"陀罗经被"。

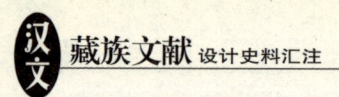

光绪二十年（申午）十一月丁丑（1894年12月1日）

又谕（军机大臣等）："……朕览大呼图克图之呼毕勒罕出世，甚属嘉悦。兹据理藩院奏称：'在雍和宫唪经，将此二童子之名装入金瓶，掣定嘎拉穆楞亲之子桑吉札布。桑吉札布认识前世章嘉呼图克图所用念珠、铃杆等物，实为章嘉呼图克图呼毕勒罕。'……奎顺接奉此旨，著一并晓谕章嘉呼图克图徒众。"

（选自《清实录藏族史料》，第四千五百五十三页）

［木羊年（1715）藏历三月］这天，罗桑丹迥等万余名僧俗前来迎请喇嘛（幼年七世达赖喇嘛），献祈寿礼品时，天空升起白云，状若如意宝树，树叶上清晰地显出八吉祥图案，众人皆亲眼看到。喇嘛向经堂的佛像、佛经、佛塔献供、沐浴、祈祷。

（选自《七世达赖喇嘛传》，第二十页）

［火鸡年（1717）藏历十一月十八日］噶丹额尔德尼济农启程去北京，喇嘛为之送行，赐佛牙、金盒，作为信仰神物，嘱告他常诵无缘大悲及文殊菩萨明咒，自有好处。同时，向千余名僧俗授随许等法。二十九日，由南杰扎仓做年终法事，供施食品，投掷镇魔武器等，征兆良好。

（选自《七世达赖喇嘛传》，第三十三页）

［土猴年（1728）新春正月，七世达赖喇嘛连续讲法祈愿。正月十四日］为中边一切众生息灭争斗、疫病、灾荒，享受幸福吉祥，向释迦牟尼佛像敬献以右旋白螺、红蓝宝石、古松尔石等珍宝镶嵌之纯金项饰，虔诚祈愿。

（选自《七世达赖喇嘛传》，第九十二页）

［火龙年（1736）］（七世达赖）喇嘛为拉萨新塑弥勒佛像赠金二百五十两和珍珠、琥珀、珊瑚、松尔石①等大批装饰品，向住在拉鲁园的二姐妹和贝勒颇罗鼐之弟多杰扎德同赐大批赏物。

（选自《七世达赖喇嘛传》，第一百四十七页）

注释

① 松尔石：亦作"松耳石"。一种绿色的宝石。米双耀《投资》："绿如松尔石般的草原上，布满了成群的牛羊。"如：我只有一块松耳石，这是我最珍爱的宝石。

［火龙年（1736）藏历三月十五日，七世达赖喇嘛］为消除本年的战争瘟疫，命南卓林和琬曲定二寺向吉祥天女作奉献灵器的补酬仪轨，各寺诵念《甘珠尔》和《丹珠尔》经，大做佛事。

（选自《七世达赖喇嘛传》，第一百五十页）

［火龙年（1736）］（七世达赖喇嘛向雪古曼僧人教诫）"……长住人世，你我还会相见，到时再谈佛法"，（七世达赖喇嘛）并赐给他（顿悦克珠）前辈喇嘛的本尊小型手工织成的绒毯大威德金刚像一尊。

（选自《七世达赖喇嘛传》，第一百五十四页）

［火龙年（1736）］（七世达赖喇嘛向笔者赠礼）绘制的五世达赖喇嘛卷轴画、宗喀巴大师的全套著作、喇嘛的头发、铃鼓等全套灌顶器械、舍利等灵物、尖顶通人冠等全套堪布器具、仁钦日如药丸及其他薰香、氆氇等大批赏赐，并对以扎萨克阿齐图曲结为首的其他同伴亦按地位各赐佛像赏品，作许多于暂久皆利之教诲。

（选自《七世达赖喇嘛传》，第一百五十四页）

第一编 法器

[水猪年（1743）氐宿月]萨迦仲尼前来拜夏，照常例接送，赐赠法事资金、哈达、供品等。哲蚌寺新做缎制佛像，派遣插香师阿旺罗萨去管理。

(选自《七世达赖喇嘛传》，第二百二十六页)

[木牛年（1745）]如明月出离罗睺之网，七世达赖喇嘛完全康复，一切众生又与怙主在一起了。塘萨克噶丹群科寺二僧献物祈寿，却藏活佛、南杰扎仓僧、堆垅定卡寺僧、绛曲林寺僧、三大寺上师执事等为（七世达赖）喇嘛康复献礼。（七世达赖喇嘛）为曼殊室利①诺们汗送别，赐名号、印章、马旗、海螺、马鞭等大批赏物以及佛像、灵物、堪布器具等。

(选自《七世达赖喇嘛传》，第二百四十三页)

注释

① 曼殊室利：曼殊室利即文殊菩萨。又称文殊师利童真、孺童文殊菩萨。为我国佛教四大菩萨之一。

[火兔年（1747）二月]达察活佛启程去喀木，（七世达赖喇嘛）喇嘛赠佛陀像等信仰所依及灵物、全套堪布器具和薰香、氆氇等大批物资以及适合于上层喇嘛的马旗、喇叭、唢呐等。

(选自《七世达赖喇嘛传》，第二百五十七页)

[土龙年（1748）]后于氐宿月（四月）法会，（七世达赖喇嘛）向两尊觉卧释迦佛、帕巴仁波且等诸所依广献供云，向各寺分发布施供养，为尽快平息痘症，向卫藏一切寺院熬茶，酬谢祷告众护法，于琬曲邓寺以上供灵器补酬吉祥天女，特别撰写《夏妃祷告文》于南杰扎仓诵念。

(选自《七世达赖喇嘛传》，第二百六十四页)

[土龙年（1748）四月法会]却藏活佛①将返回安多②，（却藏活佛）赐赠佛菩萨响铜像之类多种、全套堪布器具、伞盖、马旗、喇叭、唢呐、马鞭等上人用器，授给"阐教大圣阿齐图诺们汗"名号，并赐印章，对彼慈爱教诲道："尔之前辈持金刚罗桑丹贝坚赞贝桑布谙熟菩提，教证功德广大，系大益佛教众生，特别对吾具大恩德之上师，活佛尔亦智慧圆满，闻思佛法，尚望修证经论教诫，每到一地宏扬文殊怙主上师之讲修圣教，于一切尊卑众生，效法前辈大德，各按根器授暂久皆益之法，至为重要，吾将为实现尔愿，祈祷三宝，祷告空行护法。"

(选自《七世达赖喇嘛传》，第二百六十四页)

注释

① 却藏活佛：却藏寺、夏琼寺寺主，也是塔尔寺、佑宁寺活佛（佑宁寺五大囊活佛之一），原为清朝呼图克图。却藏活佛至今已传十二世，其中前六世系追认。

② 安多：安多县地处西藏北部，著名的唐古拉山脉南北两侧，东与青海省治多县、扎多县、西藏聂荣县为邻，交通发达，是西藏的北大门。

[土龙年（1748）九月]（七世达赖喇嘛向圣地杂日扎之金刚亥母献白银曼遮、宝鉴、盛有食物）的颅器，向被称做"玖加玛保"的刹土神奉献供品、哈达。此后，向赤钦大持金刚陈列吉祥胜乐轮会供，献新制的骨质六饰、天杖①、颅器及勇士舞具等。上师持金刚心怀喜悦，身着上述献物，作空乐入定，虔诚祈愿大密金刚乘教法宏扬。

(选自《七世达赖喇嘛传》，第二百六十六页)

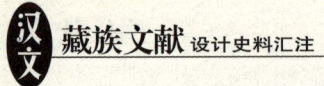

注释
① 天杖：是藏传佛教常用的一种降伏法器。

[铁马年（1750）四月法会] 师徒二人（根据上下文，此处所指应是赤钦大持金刚与七世达赖喇嘛）与众侍从助手七天内制神龙宝瓶五百，为养护卫藏、阿里、达布、工布、朵麦等地地力埋藏宝瓶，并向四大雪山为主的各世间神祇、卓钦科都和纳木措秀毛为主的各大湖泊、墨竹司坚为主的各蛟龙、土地神的住地等献各种药物、珍宝、绸缎等顺缘，诵念咒语，具结手印，善作加持，向各寺院分发布施。

（选自《七世达赖喇嘛传》，第二百八十二页）

[铁马年（1750）四月法会，七世达赖喇嘛听赤钦持金刚经文教诫] 此时，（七世达赖喇嘛）向帕巴洛格夏惹观音献蒙古缎华盖，镶珠宝轮及羊脂玉佛珠，诵念利乐雨降赞词，颂词义奥，多示诸未来事，（七世达赖喇嘛）喇嘛亲往虔诚颂扬时，一粒白色青稞自身前空中落入怀中，在场侍从皆显见称奇。

（选自《七世达赖喇嘛传》，第二百八十二页）

[铁羊年（1751）藏历九月，七世达赖喇嘛] 详细视察甘丹寺和哲蚌寺俄康中的立体坛场，参照阿瓷楼陀尊者和舍利佛所请神像尺寸以及《续部律仪生起释》中的尺寸，由（七世达赖）喇嘛亲自部署，多次视察冶炼，所用原料系真正无量宫纯金，神像用金银等铸成，饰以钻石、红莲宝石、帝青宝、绿玉、猫眼水晶、猫眼石、苏甘德石、碧垩、珍珠、红白瑪玉、珊瑚、琥珀等珍宝。

（选自《七世达赖喇嘛传》，第二百九十八页）

[铁羊年（1751）藏历九月，七世达赖喇嘛] 与赤巴仁波且和第穆活佛为首的扎仓僧众一起做吉祥胜乐和大威德金刚自入会供曼茶罗仪轨，向宗喀巴大师灵塔做千份五供，献用二十两黄金做成的供灯和六十两白银做成的莲台，上刻有喇嘛所写愿词，并献点灯资金；献用五百两白银做成的曼遮，上有晶石须弥山，各山峰皆用各种珍宝做成，刻有所写愿词，上面堆放黄金、松尔石、珍珠、白银等各种珍宝和粮食；献长幅五色哈达和方形晶石，皆以所写愿词庄严，石柄用旃檀木吉祥物雕成。

（选自《七世达赖喇嘛传》，第三百二十七页）

[木狗年（1754）七世达赖喇嘛] 向布达拉群迥殿上下的怙主、法王、姐妹等护法亦献五色哈达、各种手执器械、铠甲等多种供品供物，祈祷嘱托。此后（七世达赖喇嘛）向司巴蔡殿的吉祥怙面护法献题词五色哈达、银曼遮、颅骨、净瓶、白旃檀木人头双垂璎珞、人腿喇叭、盛物的蓝晶石碗、矛、三尖刀、剑、铁钩等武器及全套铠甲，另向宝帐护法和四大明妃等献哈达和数种手执器械。

（选自《七世达赖喇嘛传》，第三百三十二页）

[木猪年（1755）氐宿月十五日，不丹第悉所派索本主仆] 所献礼物有：至尊文殊金身像、法王松赞干布全集一函、救苦铁橛、鱼脑中所出右旋螺形骨头、大力泥龙的箭镞、映红蛇宝等罕见宝物和珊瑚座、可为护法供物的玉翎珊瑚笸①金箭和银箭、以玉和珊瑚为饰的金银合金弓、金扳指、黄金和珊瑚念珠、岗波巴派的衣服用具类、金银章喀以及印度和南方地区产的稀有用器、马鞍、绸缎布匹、褐子、粮食等，供物丰厚，价值无量。彼等供养南杰扎仓五十僧，为喇嘛诵经祈寿。

（选自《七世达赖喇嘛传》，第三百五十二页）

第一编 法器

注释

① 笴：箭尾，即射箭时搭在弓弦上的部分。

这位（大金刚）胜王成为众部之共主，成为高于众佛和菩萨的曼荼罗之主尊。其身为蔚蓝色，犹如无垢吠琉璃①，并具相好瑞德；其面白如月色，双手持握金刚铃杵，交叉于胸前；其足结金刚跏趺，以示虽享用入世出世福德，但不住生死涅槃；其发髻垂悬着骨饰宝，左右摇晃，以其威力解除众生之烦恼苦痛；其语如大海上密云，化作无与伦比的具有五决定的了义甘霖，普降轮回世界。以其殊胜身语意，在刹那间正确赐示佛法。

（选自《直贡法嗣》，第三页）

注释

① 吠琉璃：佛教七宝之一，同时亦为青金石的别称。

[火牛年（1217）直贡觉巴·仁钦白世逝后的］遗体的头颅尚未坏失，脑浆液中凸出胜乐金刚六十二尊曼荼罗，以及所依和能依，远远胜过能工巧匠所绘制的曼荼罗。曼荼罗的缝隙处有灵骨装饰。灵识不坏，色如金黄。因为是正等觉佛之化身，所以有与此相应的灵骨和佛骨混合的舍利八升。如此，黄昏时节圆寂，翌日凌晨前往多得不可思议的佛土。

（选自《直贡法嗣》，第八十一页）

（直贡第十三任主持仁钦白桑）让能工巧匠乃乌琼巴·索朗杰以七宝塑造与人身等量的遍主金刚持像，于鼠年夏日两个月内完成。同时，用宝物和药粉、绫罗塑造了佛陀及十六尊者像，并使之坐落于金殿前厅，至尊带领卫地眷众比丘按本续部传规进行开光。之后，莅临伦珠林寺，某日开大喜筵，至尊坐在筵会中间的狮子法座上，显出惊讶的样子，把旁边的盛满水的瓷碗用力掷到墙壁上，结果水未洒一滴，瓷碗也完好无损。

（选自《直贡法嗣》，第一百三十一页）

翌年（1781），（直贡二十六任主持贡觉丹增珠堆）用数匹上等绸缎，请乌坚扎西等五名我寺僧人，制作了佛祖的具备靠座等十三金刚法的缎制巨像，上有燃灯佛①、弥勒佛、声闻二胜、心性安息的观世音、静相金刚手、梵天、帝释天等诸像。于水虎年（1782）四月完成，依胜乐给予开光并启开。

（选自《直贡法嗣》，第二百六十三页）

注释

① 燃灯佛：提洹竭，提和竭罗，瑞应经译曰锭光，大智度论译曰燃灯。因其出生时身边一切光明如灯，故称为燃灯佛或称为锭光佛。

巴勒布，藏之西南，计程两月，有巴勒布部落，俗名别蚌子。其地时气和暖，产稻谷、孔雀。其民分为三部：一曰布颜罕，一曰叶楞罕，一曰库库木罕。于雍正十年（1732）间，遣使来藏。经驻藏大臣具奏，蒙圣恩允准内附，赏颁敕封三道，赐蟒缎、玻璃、瓷器等物。次年（1733）八月，派员赍送至藏转颁。十二年（1734）正月，布颜罕等遣使来藏，请赴京进贡谢恩。又经具奏，奉旨准其来京，沿途供应。四月二十日，至藏起程，共三部。奏章贡物，译出汉文附载。

布颜罕奏书曰：大主（雍正皇帝）明鉴。微末布颜罕杂杂噶麻尔合掌谨奏，大主圣体冲和。微末布颜罕不胜庆幸。蒙大主仁恩,赏给敕书、缎匹、玻璃及瓷器等项。瞻仰圣明,易胜欣庆。向闻大主仁化,即欲遣使请安。拉藏不为转奏,计无所出。今蒙贝勒奏请,得沾大主天恩,又得遣使奏事。伏愿恩旨时颁,边鄙小罕,普沾天惠矣。鉴之鉴之。奏书微仪哈达一个、珊瑚树一株、珊瑚一串五十五个、小珊瑚一串一百零八个、琥珀一串四十一个、金丝织成卡契带三条、金丝织成卡契小带五条、各色卡契缎三匹、白卡契布四匹、犀角一个、孔雀尾扇一柄、孔雀尾一束、黑香一包、各色药一包。癸丑年(1733)十二月二十八日奏。

库库木罕奏书:大主(雍正皇帝)明鉴。微末库库木罕合掌谨奏,大主圣体安和。不胜庆幸,库库木罕以宝心感戴大主仁恩,蒙赐敕书、缎匹、玻璃、瓷器等物。向闻大主天恩仁惠,至于天恩温旨如此沛降,实出望外。今贝勒转奏蒙赐敕书,无涯天恩,爱我生灵,如同父母,曷胜欣庆。特差巴瓦尼桑格尔恭谢天恩,伏思库库木罕边鄙小罕。惟赖大主仁恩,以安其生。仰乞温旨不时下降。奏书微仪哈达一个、大珊瑚二个、珊瑚六个、小珊瑚一串一百零八个、金丝织成各色卡契带十条、金丝织成卡契缎一匹、银丝织成卡契缎一匹、孔雀尾管子椀一个、各色卡契布二十一匹、百卡契布五十九匹、各色药六包、厄纳特克巴勒布等处图一张。癸丑年(1733)十二月十七日奏。

叶楞罕奏书曰:大主明鉴。微末叶楞罕合掌谨奏,大主圣体安和,不胜幸甚,向因额勒特罕不将大主天威仁化晓谕我等。今幸贝勒宣传,我等方知处诚恭顺。遂赏赐敕书、缎匹、玻璃、瓷器等项。如我亲瞻天颜,不胜欣幸之至。边鄙小罕,惟乞大主怜爱。鉴之鉴之。奏书微议哈达一个、大小金钱两个、林亲中内佛一尊、珊瑚一串一百一十八个、小珊瑚一串一百三十六个、香盒一个、孔雀尾管子椀一个、孔雀尾扇一柄、金丝织成卡契缎一匹、银丝织成卡契缎一匹、各色药一包、巴勒布带一条、白卡契布三匹、各色卡契布十匹、卡契缎三匹、巴勒花布四匹、星滚一包、黑香一包、阿鲁拉三包。癸丑年十一月二十九日奏。

(选自《卫藏通志》,第三百九十九页)

(1759年)用熔化的水晶制成不动金刚之三密(身语意),喜悦的慈悲伏藏大师重又如愿真实复现。

(选自《八世达赖喇嘛传》,第十二页)

[1759年藏历七月十二日(班禅大师,卓尼尔格隆,索本札巴塔耶)]翌日,(噶丹绕结林寺)代表三人来到佛爷(八世达赖喇嘛)住处仔细考察。……他(八世达赖喇嘛)对卓尼尔格隆很信赖,再被叫到怀里,便非常乐意。他每天拜见(六世)班禅大师,心中有着无限的慈悲怜怀。当星曜合和的吉日,班禅大师让他辨认前世喇嘛(七世达赖)的上衣、水晶念珠、法帽、袈裟、喇嘛下衣、铃杵、瓷碗、净瓶等真假遗物。他因统治佛法王政因缘齐备。之后,他对索本札巴塔耶作出甚为珍重的样子,将前世的金身佛像等遗物名字正确地一一说出,并念诵曼荼罗和供礼经。

(选自《八世达赖喇嘛传》,第十三页)

[铁蛇年(1761)正月]十一日,星曜合和吉日,给佛爷传授出家之戒。虽然他还未到出家年岁,但他已经安然步入佛门,因此怙主(六世)班禅大师为他削剃深蓝生发。……同时让他穿上了象征佛教弘扬标志和三世菩萨神仙装束的袈裟法幢,并取法名为"至尊洛桑丹巴旺秋绛白嘉措贝桑布"。……师徒二尊(即指六世班禅和八世达赖)一起进入措钦大殿,参加(噶厦)政府招待的隆重宴会。……(噶厦政府)向师徒二尊佛土庄严分别献上佛像、佛经、佛塔、全套随身用具、黄金

五两、银十一大藏升、上品衣服、货物小包等丰厚礼品。

(选自《八世达赖喇嘛传》,第十六页)

[铁蛇年(1761)藏历六月](乾隆皇帝颁下汉藏文圣旨,将八世达赖喇嘛宣晓天下)"奉天承运皇帝敕谕达拉喇嘛之呼毕勒罕:顷据遵旨往迎尔呼毕勒罕之驻藏大臣集福奏称,尔明慧超群,朕心甚悦。先世达赖喇嘛(莲花手七世达赖喇嘛)德才超人,且仰承朕意,广衍黄教,利乐卫藏众生,朕甚予嘉奖。不意圆寂,朕甚怜念。今已三载,呼毕勒罕之身即已明现,甚慰朕怀。尔呼毕勒罕扶持黄教,多闻勤思,苦修不懈。仰副朕怜爱之至意,嗣后仍享朕无穷之恩庇,望勤谨勿怠。兹为庆贺呼毕勒罕①明现之喜,特赏上等哈达、无量寿金佛、释迦牟尼玉佛、宝石念珠,愿呼毕勒罕延年益寿,黄教兴隆。特敕。乾隆二十六年(1761)四月十二日。"

(选自《八世达赖喇嘛传》,第十九页)

注释

① 呼毕勒罕:蒙藏佛教对修行有成就、能够根据自己的意愿而转世的人称为"朱毕古"(藏语)或"呼毕勒罕"(蒙语)。这个字的意义就是"转世者"或叫"化身"。

[水马年(1672)][来自不同地方操着不同方言的人们都共同喜庆,久远的祈祷此时实现业果圆满。祈祝"玛瓦顿月"(达赖喇嘛)足莲永固,世间有多少尘粒就作多少次双手合十的朝拜。]这样,佛爷(八世达赖喇嘛)在布达拉宫登上狮子金宝座之时,以及他接受出家之行和学经之时,至于下面佛爷在做这些事迹(出家和学经等)的过程中,向佛爷奉上珠宝、金银、衣物绸缎等的献礼人员以及礼品的数量等内容已在传记笔记中记载较多。但因上师尊者的传记不能用(写)得过多,因而在此只能简略地而不详细去写。然而,我(洛桑图丹晋麦嘉措)想……藏民僧俗各部。佛爷都依次接受他们的献礼,并给他们摩顶赐福……(佛爷)向布达拉宫的各佛像、佛塔奉献优质绸缎的法衣、曼荼罗、千供,向拉萨大昭寺各神殿献上敬神哈达及千供等。

(选自《八世达赖喇嘛传》,第二十六页)

[水羊年(1763)]九月二十二日,星曜交合吉日,(八世达赖喇嘛)佛爷将前往拉萨大昭寺朝拜。此日,当东边山尖映出太阳的四分之一笑脸时。佛爷出行前往大昭寺。前面是庄严铺道,并由经旗、焚香、宝伞、胜幢、飞幡以及统驾政教的七宝在前开道,摄政第穆活佛、两位驻藏大臣、噶伦等贵贱的上层僧俗官员簇拥着佛爷而行。如同往昔大梵天和三十三天①神、龙、人簇拥着薄伽梵(即释迦牟尼)一样,佛爷神采奕奕,好像日轮耀光万道,威然而来。右边是僧侣仪仗队,左边是技艺歌舞队,他们夹道恭迎佛爷而来。

(选自《八世达赖喇嘛传》,第二十八页)

注释

① 三十三天:即忉利天。是梵文的音译,佛教宇宙观用语。根据佛教理论,忉利天处在须弥山顶,中央为帝释天所居,四面各有八天,总共三十三天。

[水羊年(1763)九月二十二日]佛爷(八世达赖喇嘛)听完谕旨,恭然接住。并为第穆诺门罕①、驻藏大臣等汉藏大人摩顶赐福。(南杰)扎仓扎巴(僧伽)举行诵经仪轨时,献上珠宝庄严②的吉祥礼物。……接着,佛爷向释迦牟尼佛像、五位天成佛像(大昭寺十一面观音像)、杰阿像、强巴佛像、无量光佛像等本献千供、上等绸缎、金银珠宝,向各神殿献上敬神哈达和欢喜供云。向

吉祥天母献上顺缘法物。供礼后，各个佛像光彩耀人，缘起之门善佳。……佛爷还向小昭寺不动金刚释迦牟尼像奉献千供、曼荼罗、法衣、供品等，并深深地祈愿佛教众生安泰。

(选自《八世达赖喇嘛传》，第二十八页)

注释

① 诺门罕：即额尔德尼。
② 庄严：装饰排列。即布列众宝、宝盖、幢幡、璎珞等物，以装饰严净道场或国土。

[木鸡年（1765）]六月初一日，星曜交合圆满吉日，众生怙主①班禅大师将抵达拉萨，（八世达赖喇嘛）派人到隆定迎请，排好僧人仪仗队和歌舞队夹道迎接。……首先奉设供云②庄严，献上黄色僧衣（祖衣）、僧钵等物，并向三大寺等一切寺院散发布施，进行供养。之后由极乐世界无量光佛——他从前在比丘法源的菩提莲花法界，后以佛化身到雪域圣地……佛爷绛白嘉措向班禅大师奉献了曼荼罗庄严、斋金、衣服用具等无量礼品……

(选自《八世达赖喇嘛传》，第三十七页)

注释

① 怙主：即八世达赖喇嘛。
② 供云：比喻加持一供养物，即为加持无量之供养物。

[木鸡年（1765）六月]师徒二尊（八世达赖喇嘛和六世班禅）又来到小昭寺进行千供和内外普贤供佛拈香，其为欢喜。之后第二普陀布达拉宫悬挂上吉祥彩幔，吹响了各种乐器。在南杰扎仓僧队的引迎下，师徒二尊回到布达拉宫。随即为佛爷授沙弥戒奉献贺礼。在措钦大殿为师徒二尊举行盛大庆宴，并以二尊为佛土庄严，献上佛像、佛经、佛塔三依，以及"萨达塔帕"（似黄金）马蹄银锭一百二十五个等厚重礼物。

(选自《八世达赖喇嘛传》，第三十八页)

[木鸡年（1765）六月]十日，（六世）班禅大师为（八世）佛爷讲授《菩提道次第广论》①和《发菩提心礼供》，此外还讲授了经论的开头。在噶当其巴寝殿当着师徒二尊在一起，作为圆满授戒的酬谢，以吉祥大威德金刚的方式举行息、增、怀三业火供仪轨和护法神总的酬补仪轨，并向布达拉宫圣宝观音像和金灵塔等依缘主供奉上金物等丰厚供养。……佛爷听授后，向班禅大师献上曼荼罗等大量酬谢礼物。此后，班禅大师暂时返回扎什伦布寺。

(选自《八世达赖喇嘛传》，第三十八页)

注释

①《菩提道次第广论》：为宗喀巴大师所造。

[土鼠年（1768）正月]初九日，星曜合和吉日。上午，（八世达赖喇嘛）佛爷在高举象征政教事业的胜幢等法器的开道下，僧部俗部一切上层人士在前夹道迎接。……在盛大迎请下，佛爷来到拉萨大昭寺"厄旺"措钦大殿……两位驻藏大臣向佛爷展献佛土庄严、佛像、佛经、佛塔、衣服、用具、汉银大升为主的上等缎子等丰厚礼品。随后举行盛大喜宴。

(选自《八世达赖喇嘛传》，第四十二页)

[土鼠年（1768）正月]十一日，无量光佛遍知（七世）班禅大师特派卓尼尔绕丹为代表延请

三界众生导师佛王世间大自在（即八世达赖）至万名僧众法会座首，献上曼荼罗、身语[①]意"三依"、衣服、生活用具为主的财礼供云。

（选自《八世达赖喇嘛传》，第四十二页）

注释

① 身语：意三依，即佛像、佛经、佛塔。

［土鼠年（1768）正月］十二日，公班智达和色科夏鲁活佛延请（八世达赖喇嘛）佛爷到法会座首，各自举献佛土庄严、佛像、佛经、佛塔、全套用具，多仁（即班智达）府献供云并以四百六十人作供养，色科活佛以一百三十人作供养，接着，杜沛台吉楚臣以二十五人作供养、土默特咱朗喂衮等五人依次向佛爷献上供养，佛爷给他们传授了裨益的回向文。随后，施主各自广发布施。

（选自《八世达赖喇嘛传》，第四十三页）

［土鼠年（1768）正月］十四日，主持政教的摄政诺门罕仁波切（第穆活佛）迎请（八世达赖喇嘛）佛爷到法会座首，然后由强佐（总管）、司寝为首的大中小侍从近百人以佛土庄严、身语意"三依"、衣服、用器等奉礼以及三百五十人作供养，并念诵真言祈请佛爷在未做完引领天下一切众生进入利乐善道之前，四神足毫不动摇，莲足永固。

（选自《八世达赖喇嘛传》，第四十三页）

［土鼠年（1768）正月十五日］桑珠颇章公噶伦[①]贡噶丹增父子迎请（八世达赖喇嘛）佛爷到法会座首，然后与随从四人一起由前世达赖喇嘛的兄弟公噶伦献上佛土庄严、佛经、佛像、佛塔、衣服用具等普贤礼品及三百供养者的供养，并诵念真言祈请达赖喇嘛足莲永固、法轮常转。

（选自《八世达赖喇嘛传》，第四十四页）

注释

① 噶伦：官名。总办西藏行政事务，受驻藏大臣及达赖喇嘛管辖。民国与新中国成立初期继续存在。新中国成立初期，地方政府又增设助理噶伦、代理噶伦。1959年废。

［土鼠年（1768）正月］二十四日，（八世达赖喇嘛）佛爷起驾返回布达拉宫。前面是象征政教的崇高供器开道，在清朝黑白乐队、僧侣仪仗队、载歌载舞的供云礼队，以及朝拜佛容的数万僧俗民众的恭迎下，佛爷驾临小昭寺，向释迦牟尼佛像奉上内库五色高级敬神哈达、上等绸缎的袈裟、念珠、五十一两银质曼荼罗、玻璃钵盂、银质吉祥八瑞、银镀金法轮、如意、盛满了甘露酥油的二十五两银质供灯器、玻璃用器一对、白螺。向衮布色栋哇献上五色敬神哈达、利剑"毕永"、带圆环的链子铁钩、神通火枪一对、水晶器。向玉卓玛献上五色敬神哈达，此外向内外依缘众神献上同样的敬神哈达，并依次发愿祈祷。

（选自《八世达赖喇嘛传》，第四十七页）

［土鼠年（1768）七月］最后一日，哲蚌寺的众僧，在准许的夏坐解制后出游时，来为（八世达赖喇嘛）佛爷作念经祈寿，并献上由护法师乃穷做法降神过的金刚旗绳。

（选自《八世达赖喇嘛传》，第五十一页）

［铁虎年（1770）八月］二十五日，以经师甘丹寺赤仁波切为代表的喇嘛、执事、持戒僧一百一十五人向佛爷（八世达赖喇嘛）供献佛土庄严、身语意"三依"、财礼供云，念诵真言，祈请足

莲像金刚须弥山那样坚固。

（选自《八世达赖喇嘛传》，第六十页）

[金兔年（1771）二月于措钦大殿]（八世达赖喇嘛）佛爷跟从（仁波切）经师学习了以下一些经文传承：七世达赖洛桑格桑嘉措的完整文集、二世达赖根敦嘉措的全套文集、一世达赖根敦珠……《密宗章节》等的经文传承。佛爷听授这些经文传承后，作为酬谢，向经师仁波切奉上哈达、曼荼罗、身语意"三依"、黄金五网、马蹄银锭一个、章喀五十两及内库缎子，并以头顶礼经师双足。

（选自《八世达赖喇嘛传》，第六十三页）

[金兔年（1771）二月，八世达赖喇嘛]按照桑耶寺护法神的授记，诏令广做利乐佛教众生的祈福法事。在顷科杰祖拉康新铸镀金铜胜幢，向弥勒佛（强巴像）为主的诸佛像呈献法衣、敬神哈达、金液、供云。为福禄和权势圆满，竭力全知修念，举行无限威严法会。赐随欲母（欲帝明王母）等三护法的各神殿及魂海圣湖供魂法物并作酬补和请托法事，同时奉献祭供铠甲等武器，向地祇灵庙献上飞幡。

（选自《八世达赖喇嘛传》，第六十四页）

[火猴年（1776）]三月初八日，应哲蚌寺僧众的多次祈请，佛爷（八世达赖喇嘛）将前往由历代达赖喇嘛加持过的这一古寺。佛爷尊者也非常乐意去哲蚌大寺。按照传统风俗，在马队迎送下，两位驻藏大臣、摄政第穆活佛陪同佛爷从布达拉宫出发。哲蚌寺众僧数千人穿着僧人盛装，执举佛伞①、胜幢等无量供具，排着仪仗列队来迎。

（选自《八世达赖喇嘛传》，第七十页）

注释

① 佛伞：佛寺举行重大典礼时，常用伞盖张于佛像之上，谓之"佛伞"。

[火鸡年（1777）三月初七日（八世达赖喇嘛）在接到皇帝谕旨后]令向大小寺院广放布施，同时下令向雪域的神殿、佛像、佛塔等所依能依进行供礼。所献供品有佛伞、胜幢、佛幔、华盖、僧用肩帔、贴身下衣、金银珠宝的曼荼罗、水晶用具等，此外所供普贤供云数不胜数。这种盛大供云如同以前薄伽梵（释迦牟尼）的神变所置，胜过祖孙法王时情形。四处装点一新，净土的天神们也随之喜悦，降下甘露般的细雨，润湿了大地，味香的雷鼓响彻世间。

（选自《八世达赖喇嘛传》，第七十三页）

[土狗年（1778）八月]二十九日，（八世达赖喇嘛）驾离桑耶寺。当日于吉莫雄搭帐宿营，为送行者们摩顶。向郭喀（鹫堡）山顶供献佛冠、煨桑①和神饮，同时请托神灵保佑佛教众生以利乐……之后，转向前藏驾临拉萨金刚座（大昭寺），向释迦牟尼佛像和观世音菩萨为主的大昭寺楼上楼下诸像所依能依献上珠宝庄严的曼荼罗水晶用具、敬神哈达等供物，并作发愿祈祷。

（选自《八世达赖喇嘛传》，第八十二页）

注释

① 煨桑：就是用松柏枝焚起的霭霭烟雾，是藏族祭天地诸神的仪式。

[土猪年（1779）七月初八]佛爷（八世达赖喇嘛）向觉沃降贝多吉、大小乌云玛等诸尊佛像作供施，献上敬神哈达，祈祷佛教弘扬。赐热振寺僧团三百二十名僧人熬茶五十道，布施每僧各

(一份)"索达"哈达、三个银章喀；赐其分寺桑旦林尼姑一百二十人，以及朗仁曲盆和孜娘衮等三寺分别熬茶十道，同时űßߎ每人一个章喀。佛爷朝瞻了觉沃降贝多吉佛为主的仲（敦巴）的修行寝洞等所有圣迹，向诸尊佛像奉上描金、敬神哈达、衣服、银曼荼罗、供神灯、镶宝各种水晶等用器，以及胜幢、香囊、柱面幡等各类供物，并献上千个五供。……在结布登巴丹巴和古夏那的尊前举行以黑白龙、恶鬼的三守门神为主的诵念真言祈祷，祈祷大地雨水充足，然后向具玉长流水泉龙等守护神分别献上珠宝的养地伏瓶、神幡（即风旗或经旗）及敬神哈达，并祈祷五谷丰登、牛羊肥壮，众生安乐。……接着向西、南玛哈噶拉为代表的新旧护法神殿，守护门神觉沃钦嘎等依次献上顺缘法物、祭供物、灵物、哈达，并作政教权势更加扩展的请托仪式。

（选自《八世达赖喇嘛传》，第九十三页）

[铁鼠年（1780）正月]初十五日上午，佛爷（八世达赖喇嘛）莅临祈愿大法会，给众僧讲授《长净经》。……下午，来到大昭寺法会，与全体僧侣一起行法，念诵《丹帕玛》和祈祷平安的吉祥颂文，以弘扬三界法王至尊上师（宗喀巴）之教义。然后向大昭寺释迦牟尼佛、十一面五体自成观世音像、强巴怙主为代表的诸尊佛像奉上衣服、曼荼罗、神灯、供物、各种用器、敬神哈达，以及无量供云，并作供施祈祷，发心祈愿世间幸福圆满。同时向吉祥天母献上灵物、祭祀酬补物和敬神哈达，然后举行四业的托请祭祀会供曼荼罗法事。之后，在摄政诺门罕仁波切为代表的公、噶伦、扎萨克等高层人员，以及堪德僧俗仲科尔等办事人员的引导下，在吹打鼓号声和盛大的供云礼迎下，驾临八廓街①菩提转经道加持众多供物。十方净土的佛子为这无漏空乐的盛供而欢喜不已。

（选自《八世达赖喇嘛传》，第一百零一页）

注释

① 八廓街：位于今西藏拉萨市的八廓街原街道只是单一围绕大昭寺的转经道，藏族人称为"圣路"。现逐渐扩展为围绕大昭寺周围的大片旧式街区。

阴铁牛年（1781）藏历新年正月初一凌晨，向三界欲母松郡玛为主的诸尊护法神祭供食子，献上敬神哈达。向布达拉宫顶的欲界母祭供食子。初一、初二在措钦大殿举行的新年喜宴上，继承古代良风，举行增强政治权势的占卜仪轨。……在噶厦政府摆设的盛大招待宴会上，佛爷（八世达赖喇嘛）赐哲布尊丹巴①转世活佛内库哈达、银曼荼罗、身语意三依、僧帽、坎肩、白螺法号、铙钹和汉钹各一对、佛手杖、汉马蹄形银三个、章喀两秤、茶叶十一包、水果四包、粮食一包，以及有绸缎在内的九类二十五件套礼。

（选自《八世达赖喇嘛传》，第一百零四页）

注释

① 哲布尊丹巴：即哲布尊丹巴呼图克图。简称为哲布尊丹巴（一作折卜尊丹巴），是内蒙古国藏传佛教最大的活佛世系，属格鲁派，于17世纪初形成，与内蒙古的章嘉呼图克图并称为蒙古两大活佛。

[阴铁牛年（1871）六月初一日]由（本尊）神界化身，利乐众生行为的佛爷八世达赖喇嘛三界怙主登上德希平措堆瓦措钦大殿吉祥妙善相饰的宝座。

（选自《八世达赖喇嘛传》，第一百零九页）

[水虎年（1782）]五月以内，却科尔央孜的喇嘛和执事、僧伽一百七十五人、觉让活佛、扎仓诵

经僧二十三名、僧俗仆从等施供者四十人；尼木结切喇嘛、执事、僧伽二百人、供养者二十人；桑耶觉巴堪布、领经师、僧伽二十三人等分别举行经忏法事，供奉礼物。当觉巴堪布念经祈寿时，佛教护法神诺金钦布附于身上，于是奉献哈达、顺缘①法物、动物祭品、灵物等诸种器皿，并念诵真言，祈请佛教护法协助四业的成就。对此，护法高兴应允，同时还说出许多内外秘密的授记。

(选自《八世达赖喇嘛传》，第一百一十六页)

注释

① 顺缘：佛学术语，为"逆缘"之对称。一般谓以供养佛、赞叹法等信顺之善事为缘，蒙化益而向善趣入佛之教法者为顺缘；反之，以毁谤佛法等恶事为入道之事缘，则称逆缘（违缘）。

[水虎年（1782）五月]佛爷（八世达赖喇嘛）高兴地告诉他（达擦仁波切）：达擦活佛世代以来都是达赖喇嘛的弟子。并对他说了许多嘉言，要他保重身体，问他年龄多大等。席间，用水果、奶茶、油炸面点等款待，顺便还接见了他的亲生父母。……在由哲夏郭喇嘛举行的"日札"施供法会上，达擦仁波切延请哲蚌寺郭芒领经师等三十名持戒①僧人作为助手，以带签佛土庄严、佛像、佛经、佛塔、袈裟、用品等财物供云，并以僧俗二百五十九人进行施奉供养，同时念诵《三宝上师神的圣谛法力经文》，祈祝（八世）达赖喇嘛像日月明灯照亮南瞻部洲大地，永驻金刚须弥山，引导众生成熟解脱。

(选自《八世达赖喇嘛传》，第一百一十六页)

注释

① 持戒：戒亦称为解脱，如好好持戒亦能解脱。入菩萨道，三无漏学为根本。学佛千万不要被虚妄的名闻利养迷着。

[木龙年（1784）八月]二十四日，噶厦政府为七世班禅即将坐床举行大宴。同时敬献吉祥哈达、佛土庄严、佛像、佛经、佛塔、僧伽法衣、近身用具等成套礼物，以及银法轮、汉鼓等各种各样乐器、每三两装的黄金五座银元宝一百零七、上乘绸缎布匹等无数件礼品。……佛爷（八世达赖喇嘛）给扎什伦布寺僧团赐斋僧茶一百零三道，布施每位僧人阿喜哈达一方、银一两，布施每四名僧人茶叶一包。后藏地方的各派寺院、宗溪、所有大小头人官员者都献上大量实礼。师徒次第为他们摩顶加持①。遍见班禅活佛的父亲献上一匹枣骝坐骑，佛爷给它赐名叫"瞻林姜波"（即"瞻部洲枣骝马"）。定钦哇献上镶有金铜法轮的"达比加"鞍具。许多领马头人和献马人都受到恩赏。

(选自《八世达赖喇嘛传》，第一百三十二页)

注释

① 加持：加附佛力于软弱之众生，而任持其众生也。又佛所加之三密力，于众生之三业任持也。又祈祷者，为加附佛力于信者，使信者受授其佛力，故祈祷直日加持。

[木龙年（1784）]九月初十日星曜交合吉日，在意嘎却增寝殿，由八世达赖喇嘛给班禅灵童剃度削发，授予比丘戒律，起法名为"杰尊罗桑贝德丹巴尼玛确勒朗杰白桑布"（即第七世班禅额尔德尼）。名字在红色汉纸上用金粉写了三张。同时，将内库哈达一条、释迦牟尼佛像一尊、宗喀巴大师丝绣佛像一帧作为礼物赠给班禅灵童①。并教诲他："要作为佛教众生的依托处，保重身体如金刚须弥山般坚固。同时努力学习，勤奋精进，以遍知历代班禅大师为榜样，做到方识精湛、德行

谨严、心地善良。"七世班禅聆听后向达赖喇嘛敬献了大量礼物。在格桑拉康殿前面，由噶厦政府设宴庆祝、演奏宫乐。此时，又赠送七世班禅佛土庄严、佛像、佛经、佛塔、衣服及用具为主的大量善财礼物。

（选自《八世达赖喇嘛传》，第一百三十三页）

注释

① 灵童：即活佛转世继承人。活佛转世是藏传佛教特有的传承方式，13世纪，噶玛噶举派的黑帽系首领圆寂后，该派推举一幼童为转世继承人，从而创立了活佛转世的办法，此后各教派先后效法。

[木龙年（1784）十月] 十一日，（八世达赖喇嘛）到达参尼林卡，在此受到哲蚌寺的设灶郊迎。乃穷护法神做法降神来迎。他献上哈达和莲花神物，显得异常兴奋。随后，（八世）达赖喇嘛被迎往哲蚌大寺。持明和解脱两具备的圣僧们举着佛伞、胜幢，以及各种各样具喜供器和乐器，排着仪仗队恭迎达赖喇嘛驾到。燃烧的梵香烟雾缕缕飘动，弥漫于寺院上空，招人心动的一串串经旗，如同百道彩虹挂满整座寺院。达赖喇嘛来到甘丹颇章①宫寝殿。这时宫殿的涅巴（管家）献上开光的油炸面点等素食，然后由哲蚌寺基索在经堂大殿摆设盛宴迎请达赖喇嘛出席。并按良好遗风，请达赖喇嘛为哲蚌寺喇嘛、执事、僧人摩顶加持。

（选自《八世达赖喇嘛传》，第一百三十五页）

注释

① 甘丹颇章：该殿是达赖喇嘛在哲蚌寺的寝宫。在重建布达拉宫以前，五世达赖喇嘛一直住在这里，并在那一时期执掌了西藏的政教大权，甘丹颇章也就成了西藏地方政府的同义语，史学界故称其为"甘丹颇章政权"。

[水兔年（1783）十月] 二十一日，佛爷（八世达赖喇嘛）一行从哲蚌寺返回布达拉宫，在吉蔡鲁定受到以清朝驻藏官员为首的各僧部俗部的迎接。……达赖喇嘛又回到了布达拉宫，莲足登上了日光寝殿的狮子宝座。

（选自《八世达赖喇嘛传》，第一百三十五页）

[木蛇年（1785）] 三月，（八世）达赖喇嘛莅临措钦大殿，接受赤诺门罕为代表的甘丹寺喇嘛、执事、僧众举行的常规佛事，接见下密院①堪布和喇嘛翁则两人。四臂怙主（多绰旺波）初八期供食子节日，照例举行换服庆祝喜宴，加持时轮坛城开光供物。经由经师班智达请求，噶厦政府补给木鹿寺茶、米和酥油。在达赖喇嘛发心供施时，按例赠给经师仁波切善礼哈达、曼荼罗、佛像、佛经和佛塔为主的实礼。

（选自《八世达赖喇嘛传》，第一百三十七页）

注释

① 密院：西藏拉萨三大寺系统中专修密宗之学院。又称举巴。有上下两院，每院以500人为量，上密院又称居堆，下密院又称居麦。

[木蛇年（1785）八月初五]（八世）达赖佛爷想去格盆地方作闭关坐静，于是朗玛近侍、侍读格西、孜雪的仲科尔僧俗、哲蚌寺喇嘛、执事等送行到唯曲却宗瓦之地。佛爷赐予贵族官员们赏品和安慰。同时加持朝拜他的一万名僧侣。佛爷的叔父等朗玛近侍、噶伦、勒参巴以及驮着马旗和

乐器的牦牛骑队一同前往。莅临格盆时见身穿三衣比丘的僧侣们手持燃烧的梵香，执举各种供器，排着仪仗队迎请达赖佛爷驾到杜康大殿之中。随后他们向达赖喇嘛献上开光的油炸面点素食以及佛土庄严、佛像、佛经、佛塔及各种实物。

（选自《八世达赖喇嘛传》，第一百三十九页）

[木蛇年（1785）]十月时，佛爷（八世达赖喇嘛）入定解禁后，先给随他住在格盆的朗玛近侍、勒参巴、仲科尔、尼恰、朗生等人员摩顶，并作本尊火供仪轨。……在格盆杜康殿里，（八世）达赖佛爷为格盆本寺的九十名僧侣、丹玛神师、附近牧民五十人摩顶加持，并传授《圣道三要》的经文传承。另外赠给杜康殿柱面幡、胜幢、香囊、佛像法衣等各种供物，赠给护法神全套衣服用具、祭祀供物、顺缘法物、酬补法物等众多礼物，同时加上了对赏物的发愿祈祷。

（选自《八世达赖喇嘛传》，第一百四十页）

[火马年（1786）四月]"萨嘎达瓦"（四月十五日）时节，照例举行佛事典礼活动。这时，赤诺门罕将前往北京皇宫。他在西藏的近十年间，通过政教合一的方式，尽心效力和侍奉于甘丹颇章的政教名誉，发无上菩提之心，恪守清净律仪①，所做一切事业都符合达赖佛爷的思想主张。……赤诺门罕向（八世）达赖喇嘛拜别，献上辞别的坛城、佛像、佛经、佛塔的供云礼物。佛爷（特指八世达赖喇嘛）也给赤诺门罕本人以及那烂扎寺堪布楚臣达吉、局哇相哲、森克珠、涅金巴楚臣、前往通天河为诺门罕送行的噶伦噶细哇等人摩顶加持。……与此同时，向诺门罕仁波切赠送护结、内库哈达、佛像、念珠等诸多灵物。

（选自《八世达赖喇嘛传》，第一百四十六页）

注释

① 律仪：僧侣遵守的戒律和立身的仪则。

[土鸡年（1789）]四月十五"萨嘎达瓦"时节，给三大寺为主的各寺院、各座静修山庙施放斋僧茶，布施衣物，按传统瞻礼供施。……向三大寺为主的拉萨附近所有寺院熬茶各十遍，同时修念《白伞盖母禳解法》和《般若波罗蜜多心经禳解法》。这时巴大臣自边界而来。他向（八世）达赖喇嘛呈报西藏与廓尔喀之间达成协议的情况。达赖喇嘛赠给他祝贺赏礼。在向经师格西听受《文殊言教经论》时，正值喇嘛上师会供曼荼罗发心礼供之时，于是向经师仁波切献上酬谢礼物带签曼荼罗、佛经、佛像、佛塔、衣服、日常用器等世间大量财物，同时向做会供曼荼罗的僧众发放布施。

（选自《八世达赖喇嘛传》，第一百六十四页）

[土鸡年（1789）]六月初四日殊胜节日。这天在无比释迦牟尼佛前，由三世佛的共同化身（八世）达赖喇嘛兼任亲教堪布，经师格西等围聚一堂，在尊贵僧众诵经声中，达赖喇嘛亲自给七世班禅授予出家之戒，教诫他持以袈裟执举佛教胜幢的无上教言。作为酬谢，七世班禅向达赖喇嘛献上带签曼荼罗、佛经、佛像、佛塔为主的供云礼物，向聚集在场的僧侣们散发功德礼品。达赖喇嘛回赠七世班禅曼荼罗、佛经、佛像、佛塔、法螺号、大升银、上等锦缎。

（选自《八世达赖喇嘛传》，第一百六十四页）

[土鸡年（1789）]第二天（即六月五日），师徒二尊（八世达赖喇嘛和七世班禅）一起坐于大

围廊。扎什伦布寺专门举行献礼法会。他们献上曼荼罗、佛像、佛经、佛塔、衣服、用器等供云之礼，并以供养者四百人作供养。接着献上供云之礼进行供养的有：司膳（索本）、扎萨克喇嘛、供养者十人；讲说佛教之圣地哲蚌寺的喇嘛、现任和卸任法台、大小执事；色拉寺的喇嘛、现任和卸任法台、执事；甘丹寺赤巴的代表、喇嘛、执事；密乘续部的主宰上下密宗院的堪布、喇嘛、诵经师、执事们等。凡上层人物和所有寺院都呈献了供云礼物。噶厦政府专为七世班禅摆设大宴，与此同时向他敬神曼遮①、佛像、佛经、佛塔、衣服、随身用器等物，并以三百人供养者进行供养。向七世班禅的母亲、司膳扎萨克②等上中下三等仆从分别赠送服装为主的赏物。

(选自《八世达赖喇嘛传》，第一百六十五页)

注释

① 曼遮：又称曼陀罗，系梵文音译，为佛教密宗修法时的一种坛城。

② 扎萨克：清代将蒙古族住区分设为若干旗，每旗旗长称为扎萨克，由蒙古的王、贝勒、贝子、公、台吉等贵族充任，管理一旗的军事、行政和司法，受理藩院和将军、都统监督。

[铁猪年（1791）三月]十三日，（八世）达赖喇嘛用过茶后，来到（措钦新大殿）扎康僧房内室的护法神殿，向诸神像献上敬神哈达，作发心祈愿。之后登上宝座，接受南杰扎仓众执事和全体噶伦敬献哈达祝福。接着他们又献上酥油、麦面、油炸面果和银曼荼罗，此外还献上佛像、佛经、佛塔、衣服、用器、金银、绸缎布匹、茶包等大量财礼，并念经祈祷。……随后达赖喇嘛到扎康僧房顶层的时轮殿用午膳。用膳之后，为时轮仪轨全体僧人摩顶。然后光临扎康底层，在扎仓基巴康向法座作授权仪式后，基索献上茶等素食。……其后莅临法王角楼，向变幻的大法王像献上内库五色敬神哈达，顺缘法物、全套手器、精妙的水晶用器。

(选自《八世达赖喇嘛传》，第一百七十五页)

[铁猪年（1791）三月]十九日，堪布洛桑格堆、司膳、司寝等少数近侍来到赤钦诺门罕跟前，向他陈设银曼荼罗，并献上内库哈达、无量寿佛像为主的身语意三依、金五两，银元宝锭三个、上等锦缎三大匹等物，然后念诵真言，为他祈寿。之后，（八世）达赖喇嘛坐在法座上，用喝两碗茶的时间与赤钦诺门罕详细讲论。赤钦诺门罕感动地说："非常感谢。"他向达赖喇嘛献上内库哈达、银曼荼罗、银元宝锭五个、数匹锦缎。同时郑重祈请道："怙主达赖喇嘛要足莲永固，事业有所图展，来世要收赤钦我为弟子。"达赖喇嘛高兴地收下所献曼荼罗身语意三依，答应他的所有祈愿定会实现，并将银和大匹锦缎作为回赠礼赐予他。

(选自《八世达赖喇嘛传》，第一百七十六页)

[铁猪年（1791）三月]二十六日，班禅仁波切来到布达拉宫。按照惯例贵族和侍从们等人士在吉采鲁顶迎接，从达嘉起由大小堪德、侍读喇嘛迎请到布达拉宫日光寝殿，在此举行油炸面点素食的欢迎宴会。师徒二尊会面，互致敬礼。班禅七世活佛向（八世）达赖喇嘛献上银质曼荼罗、佛像、佛经、佛塔、金银、绸缎等无数见面礼物。经师仁波切、佛母、司膳官、扎萨克堪布也都献上厚重礼物。达赖喇嘛及七世班禅为参加宴会的全体人员摩顶。

(选自《八世达赖喇嘛传》，第一百八十一页)

[铁猪年（1791）九月二十五日后的]一连三日，中堂大人（福康安）做施主，在大昭寺围廊向以哲蚌寺的喇嘛、大小活佛为代表的三千僧侣发放布施，然后又在布达拉宫措钦萨巴大殿为色拉

寺的喇嘛、活佛、僧人及五百比丘僧进行布施供养，同时在此三日内为（乾隆）大皇帝祝寿。那天在用午膳茶时，（八世）达赖、（七世）班禅师徒二尊亦一同光临。中堂大人亲自以正确的施主福田地位，对他们景仰无限，特别是向达赖喇嘛献上内库哈达、带签银曼荼罗、佛像、佛经、佛塔、能满足人们一切愿望的玉如意的妙欲器皿、银元宝锭二十个、锦缎一百匹等礼品；同时亦向班禅活佛献上丰厚礼物；向各喇嘛、大活佛每人赠送银元宝锭两个、锦缎四匹；向翁则①（领诵师）、铁棒喇嘛等布施银两和锦缎；向每名比丘僧人布施银一两；向孜布达拉和拉萨僧团同样布施。随后达赖喇嘛为他们讲授善事圆满的回向经文。

（选自《八世达赖喇嘛传》，第一百八十五页）

注释

① 翁则：意为领经师。乃西藏佛教寺院之僧职名称。为僧众集体诵经时之起首者，有磋钦翁则、札仓翁则之别。磋钦翁则即寺院大法会中诵经之先导，札仓翁则为一札仓（指学院）之大众会合诵经时之先导。

[水牛年（1793）二月]十九日，该堪布（仲译奇瓦格桑吉美嘉措）献上曼荼罗、佛像、佛经、佛塔、优质锦缎二匹等礼物，请求拜谒。于是佛爷（八世达赖喇嘛）在衮康寝殿中高兴地接见了他，并告诫他要勤谨职责，办好事务。

（选自《八世达赖喇嘛传》，第一百八十八页）

[水牛年（1793）二月]中堂大人（福康安）也说："现在要离开（八世）达赖喇嘛，心里甚感煎熬，然而奉（乾隆）皇帝谕旨须于[水鼠年（1792年二月）]二十五日起身。现在拜会达赖喇嘛，可以瞻仰佛容。我与达赖喇嘛拜会后，若还不知祈请三宝的话，则是自己福分低浅，因此从现在起我应祈请何种本尊神和依止何种护法神为好，请赐教。"达赖喇嘛说："你乃大皇帝心腹大臣，因此，特别要祈请至尊文殊菩萨，这样便可获得有效的加持。同时，也要祈请观世音菩萨，它是怙主（护法）如意宝，这样可使事业尽快获得成就，这样就圆满了。"达赖喇嘛于是从自己的本尊神像中拿出文殊菩萨和大白护法的唐卡像以及由香泥制成的以狮子为坐骑的文殊菩萨金卡乌（即护身盒）、大小一样的十六罗汉唐卡像、长寿三尊响铜佛像、装饰精美的念珠等作为离别馈礼赠与中堂大人。赠送中堂大人侍从海蓝察、总管官员、巴都尔索隆等每人佛像一尊和哈达的礼品，教诫他们尽力服侍，多作善业。

（选自《八世达赖喇嘛传》，第一百八十九页）

[水牛年（1793）]三月初十日……（八世达赖喇嘛）为前来供献大象的锡金军官仁增拜辞饯行。晋封孜仲查夏为仲译之官阶、孜涅昂然巴为卓尼尔之官阶。为此，他们分别献上哈达、佛像、锦缎各一，佛爷（八世达赖喇嘛）也高兴地收下了。依据原来的祈请，此日在噶丹央孜寝殿给总管堪布主仆、拉鲁公等众多僧俗人士传授《降派五佛的长寿灌顶口诀》。当时向达赖喇嘛献银曼荼罗、佛像、佛经、佛塔、金圆宝锭、银元宝锭等厚礼。

（选自《八世达赖喇嘛传》，第一百九十页）

[水牛年（1793）三月]十五日，午食时，（八世达赖喇嘛）来到时轮仪轨僧院的法会中间，为全体僧侣摩顶。这时，比丘僧人沛琼嘉措献上有锦缎配套的轮王七宝的供物，请求依于此物法力，保佑来世能转生于北方香巴拉之地，同时献银曼荼罗、身语意三依。佛爷（特指八世达赖喇

嘛）高兴地收下礼物后答应为他实现这一愿望。达赖喇嘛在仪轨僧院法会上，赏给僧院僧侣所依本尊香巴拉的地形图和路线图的三幅唐卡，给每位僧侣赐外库哈达和银章喀两个。

（选自《八世达赖喇嘛传》，第一百九十一页）

［水牛年（1793）四月］十四日，（八世）达赖喇嘛为噶丹侏雅活佛主仆和扎仓三名僧人授了比丘戒①。翌日，堪布意希穹乃因晋升为司供官职而献礼，并做《十六罗汉的供奉仪轨》。经师仁波切以如上诵经仪轨方式念经祈寿。同时，此日司供和其父第巴多吉两人献上哈达、曼荼罗、身语意三依、优质锦缎、金银、绫绸三匹等丰厚实礼。经师管家献上哈达、曼荼罗、身语意三依、金银、锦缎三匹等财礼，并向喇嘛们散发了三份斋金。

（选自《八世达赖喇嘛传》，第一百九十二页）

注释

① 比丘戒：音译邬波三钵那。意译近圆，有亲近涅槃之义。又作近圆戒、近具戒、大戒。略称具戒。指比丘、比丘尼所应受持之戒律；因与沙弥、沙弥尼所受十戒相比，戒品具足，故称具足戒。

［水牛年（1793）］五月初一日，为学经僧五十人传授比丘戒。……初二日，佛爷（八世达赖喇嘛）高兴地接受了所献的有金刚图文装饰的白卡垫等大量实物，以及达钦本人专门差遣作修念的护身法轮等物。

（选自《八世达赖喇嘛传》，第一百九十三页）

［水牛年（1793）五月］二十八日，策（却）林寺在噶钦洛桑却朗尊前举行本尊祈请回向，献带签银质曼荼罗、内库哈达、黄金一两、马蹄银锭、绸缎两匹。同时献上祈请佛爷（特指八世达赖喇嘛）撰写其灵童尽快转世的缘起礼物：内库哈达、带签曼荼罗、黄金整两等。在护法寝殿佛爷收下礼品并答应此事。

（选自《八世达赖喇嘛传》，第一百九十四页）

［水牛年（1793）］九月初四日，扎什伦布寺使者堪布膜拜（八世达赖喇嘛）时，当面呈上（乾隆）大皇帝所赐的常规礼物。其中有该年出家者们所奉持的用器奇特僧钵赐品一件，以示对佛教未来之关注。

（选自《八世达赖喇嘛传》，第一百九十六页）

［水牛年（1793）］十月初七日，土尔扈特①王部各贵族派信使来向（八世）达赖喇嘛膜拜和请安。他们叩拜时都献上了礼品和哈达，特别是土尔扈特王信使巴根夏格隆献上土尔扈特王的请安哈达和一件时钟法轮的礼物。达赖喇嘛向他们详细询问了众生的信仰情况，并给予安慰。

（选自《八世达赖喇嘛传》，第一百九十七页）

注释

① 土尔扈特：土尔扈特部落是蒙古族的一部分，他们自古就生息在我国北部西部的森林和草原，是一个勤劳、勇敢，有着光荣历史的部落。

［水牛年（1793）十一月］（西藏地方政府上中下官员）又遵照大怙主达赖喇嘛的意旨，要在丹玛角楼塑造供佛灵器（即供施代替品）。于是，先由乃穷仲译和扎央林八名僧人做出供佛灵器的

模型给达赖喇嘛察看，八世达赖喇嘛看后说："你们做的符合经典上的要求，做得很精致。"遂高兴地作了开光，并向他们颁发了哈达奖赏。嘱咐道："你们还要认认真真地修念佛法。"然后佛爷（八世达赖喇嘛）为用于制作灵器的供物作了祈祷加持。这些供物是金银、珊瑚、玉珍珠等，各种珠宝尽其所有。还有金刚钻石等财宝、和珅中堂捐献的羊脂玉质的国王耳饰、羊脂制成的舍罗婆（即兽王八脚狮子）、鹅颈壶、彩虹白玻璃制成的玻璃瓶、镶有彩虹玻璃碎点的糌粑灯碗、用银线饰有神像的器皿一对等稀奇漂亮的物品。

（选自《八世达赖喇嘛传》，第一百九十九页）

[水牛年（1793）]十二月初三日，多吉扎活佛与护法神进行凶恶火焰降神附体时，一再强调，请求佛爷（八世达赖喇嘛）不要错过长寿及其缘起。按照此情，在日光寝殿里接见此活佛和护法神两人。他们献上曼荼罗，据说是伏藏的佛经、佛像、佛塔，以及有莲花生手印的石头一块，然后由多吉扎活佛给佛爷讲述长寿善嘉缘起齐备的情况。达赖喇嘛也赏给护法神五色敬神哈达等顺缘神物，同时赏给活佛和神师礼品。

（选自《八世达赖喇嘛传》，第二百页）

[木虎年（1794）正月]初九日，孜恰素巴侏窝塔克向大昭祈愿大法会发放布施，延请（八世）达赖喇嘛到法会座首献了供养。佛爷回到寝殿后，南杰扎仓五十名僧人齐诵显宗①仪轨经文。洛林堪布赤勒桑布献以曼荼罗，祈请达赖喇嘛健康长寿。施主自己期望永世跟随达赖喇嘛，请求保佑。献上的礼物各有：曼荼罗、佛像、佛经、佛塔、全套衣服、吉祥八瑞物、眼镜、镜子、银一百秤、绸缎五匹、白面粉包等丰厚财礼。这时，珠巴汤阶庆巴献以曼荼罗、佛像、佛经、佛塔为主的金银等大量礼物，并由此活佛本人念经祈请长寿。

（选自《八世达赖喇嘛传》，第二百零一页）

注释

① 显宗：佛教的宗派之一，亦可以教称为"显教"，其中字义微有差别，于今日则即一词。

[木虎年（1794）正月]十二日，（七世）班禅大师派来卓加巴为佛爷（即八世达赖喇嘛）作祈寿供养。他延请南杰扎仓三十五名僧侣念做显宗诵经仪式，代表班禅大师献上带签银质曼荼罗、佛像、佛经、佛塔、全套衣服、吉祥八瑞、法轮、法螺、铙钹、响锣、金银、绸缎等大量礼物。遵照班禅大师口信交代，卓尼尔诵经祈福，祈请长寿。在做尊胜佛母诵经仪式时，因师徒二尊（即达赖、班禅）历辈互为师徒关系，誓言修证①，内外征兆显示善佳，达赖喇嘛亦甚为高兴，满口答应班禅的祝愿。

（选自《八世达赖喇嘛传》，第二百零二页）

注释

① 修证：佛教称修行证理为修证。证理，证悟真理。

[木虎年（1794）正月]十五日，经师班智达逝世。策默林全天为祈愿大法会发放布施，不分内外地向每名僧伽各布施银章喀三个。为敬献财礼，延请（八世）达赖喇嘛到会座中间，由策默林僧团献上礼供上座的祈寿礼物：曼荼罗、佛像、佛经、佛塔、法轮、法螺、金刚铃杵、锣及锣棒、金二十两、银元宝锭十五个、汉银十五秤、库缎①十匹、四相缎腰纹布匹等九类二十一大件之礼，并由管家（恰佐）念经祈祷。

（选自《八世达赖喇嘛传》，第二百零二页）

第一编 法器

注释

① 库缎：又名"花缎"，或者"摹本缎"。库缎原是清代御用"贡品"，以织成后输入内务府的"缎匹库"而得名。库缎包括：起本色花库缎、地花两色库缎、妆金库缎、金银点库缎和妆彩库缎几种。

［木虎年（1794）三月］十一日，布达拉宫索塔巴（厨房膳食官）意希格桑和拉涅杰哇噶久丹增却札牢记（八世）达赖喇嘛的恩德，请求达赖喇嘛三十七岁本命年不要遭受魔难，保重身体，健康长寿。他们用一整天供养诵念仪轨的近侍喇嘛、大小堪布、侍读喇嘛和南杰扎仓僧团。向尊圣法王内外密、欲界大梵天母以四时天母转经，献上与优质锦缎相连的飘幡阿喜五色敬神哈达。同时，事先广设供品朵玛（食子），请求怙主达赖喇嘛和上述诵经仪轨高僧向护法神海祭祀，广做会供曼荼罗，以求获得实效，并呈上珠宝曼荼罗为牵头的丰厚财物供器；然后作了隆重的虔诚坚信的祈祷。下午，诵经仪式结束，向诵经师们颁发功德份子：曼荼罗、银元宝锭两个、朱红色库缎大匹；向宫内侍读及近侍喇嘛、扎仓僧团颁发份子哈达、银等礼品。怙主达赖喇嘛赐予他们世袭执照、护身结、上衣、银、茶等赏品。

（选自《八世达赖喇嘛传》，第二百零四页）

［木虎年（1794）四月］初六日，多吉扎喇嘛及僧俗通过长寿三身佛殿来向（八世）达赖喇嘛祈寿献礼。多吉扎活佛献以曼荼罗颂赞经文。为佛教众生之泰安，特别是为断除病根，新制在漆布上绘成的叶衣佛母和摧破金刚两尊佛像，并对陀罗尼（执持）各种修供仪轨法物加持。达赖喇嘛亲口诵啤诗文相间的尽快断除病瘟的祈祷文，其内外迹象甚好，病势也一时断除。这时，达赖喇嘛的两眼稍带病害，需要举行长寿经忏法事。于是由策曲林喇嘛翁则洛桑群觉、喇嘛格顿图多、格顿阿旺、乃丹桑布于三天内修供摧破金刚宝瓶，每日为达赖喇嘛洗身，每次用三个香粉团擦洗，等洗除干净时，眼睛也明亮了。

（选自《八世达赖喇嘛传》，第二百零六页）

［木虎年（1794）五月］二十七日，是经师班智达的祭供日。由策曲林具资，（八世）达赖佛爷在近侍扎仓时轮仪轨僧们的诵经声中，为时轮坛城举行了开光典礼。先行做内外密三供，然后达赖佛爷念诵一座经文，作了自我灌顶等仪式，接着他对坛城发愿祈祷，并在坛城跟前写完了（班智达的）传记。策曲林为达赖佛爷写完传记，而献上善礼：内库哈达、曼荼罗、佛像、佛经、佛塔、金一两、马蹄银锭一个、章喀五十两、锦缎三匹、锦幡、水果四包。向参加诵经的僧侣们也赠送了"索达"哈达和每人银三钱的酬谢布施。

（选自《八世达赖喇嘛传》，第二百零八页）

［木虎年（1794）］六月初二日，按照昔例，扎仓僧侣进行夏坐休沐期的素食供奉。这日（八世）达赖佛爷施恩眷顾，赐命侍卫森噶阿旺顿珠为身前大堪布，同时委任扎仓诵经师坚赞顿珠为堪布。他向达赖佛爷膜拜时，献了哈达、曼荼罗、身语意三依、银五十两为主的财礼。侍卫阿旺顿珠亦献了哈达、曼荼罗、身语意三依、茶包等财礼，达赖佛爷高兴地收下了。

（选自《八世达赖喇嘛传》，第二百零九页）

［木兔年（1795）六月初四日，司供意希琼乃在金灵塔前作千供时，迎请佛爷（即八世达赖喇嘛）到扎仓僧团礼供的法会中间，向佛爷献上大量财物，向贵贱侍从、扎仓僧众发放布施。这日，佛爷向布达拉宫各神殿作了瞻仰和朝拜，献了祈愿的敬神哈达。施主也献了大批敬神哈达。为

供有司膳格勒坚赞的《广中略三种般若经》的主供祖师像作了开光,奉上应在佛像前献供的一个银法轮。次日,经十一面怙主（观世音）之门,与侍读喇嘛们举行温静火摩仪轨。接见从后藏返回的驻藏松大臣,赠送礼物。

(选自《八世达赖喇嘛传》,第二百一十六页)

[木兔年（1795）六月]十五日,请来桑耶护法神。护法神以达赖喇嘛为五佛之本身,四种业力之永恒不变象征,而献与佛爷（即八世达赖喇嘛）五色见面哈达。佛爷按例回赠他顺缘法物,同时还赠与如意、手镯。随后护法神告知了成就事业的预言。

(选自《八世达赖喇嘛传》,第二百一十七页)

[火龙年（1796）正月]二十五日,在拉萨大昭寺举行千供,向坛城中心陈设布置供品施食①。(八世)达赖喇嘛站在文殊佛凶猛王身像前,广做大昭寺所依和能依开光仪轨,于是智慧者再次降临。……这时,在两位驻藏大臣敬献厚礼时,佛爷（八世达赖喇嘛）高兴地接受了他们的叩拜,并向各位大臣赏赠哈达、佛像等物。另外,噶伦们献上了曼荼罗、佛像、佛经、佛塔三所依、金银、绸缎等的礼品,并给诵经师们颁发丰厚的功德礼品。此后进行朝佛瞻礼,向释迦牟尼佛献上祖衣②,向诸自然神像和灵验神像献上成套衣服,向所有神殿广献敬神哈达。

(选自《八世达赖喇嘛传》,第二百二十一页)

注释

① 施食：将饮食布施给他人的意思。施食有许多功德,如《佛为首迦长者说业报差别经》载,奉施饮食得10种功德：得命；得色；得力；得安稳无碍辩；得无所畏；无诸懈怠,为众敬仰；众人爱乐；具大福报；命终生天；速证涅槃。此外,以饿鬼为对象的施食仪式,称为施饿鬼、施食会。

② 祖衣：佛教语。指僧人的礼服。

[火龙年（1796）]二月初一日起闭关坐静,专志修持显密二乘次第。……结束授课时（八世达赖喇嘛）向热振赤钦献上了内库哈达、曼荼罗、三所依、黄金八两、银一升、各色库藏金丝缎等教法功德酬金。

(选自《八世达赖喇嘛传》,第二百二十二页)

[火龙年（1796）三月]十三日……（扎仓僧人四名）对将于龙王殿中心供奉的伏藏宝瓶加以擦拭,然后装满了伏藏物品,即僧部俗部的圆满财礼,胜过天界宝库。此外,伏藏宝瓶和箱楼中装满许多珠宝、五彩哈达、各种锦缎、各种食物、六种良药等物。同时将美丽的布面佛像画和八龙宫布面画用金丝绸缎绣制,可见重叠的层次。另外,还派侍读塔布喇嘛前去一并献上五色敬神哈达。并嘱咐他说："宗赞巴这样的神是菩萨也朝拜的神力无边的主宰,而且又是雨水之主神,因此,将此神像供奉于龙王殿,就会祈得雨水,其因缘特殊而广大。"桑耶护法神授记道："以前在桑耶寺的佛塔前塑立铁骑'底比加',应派人交托它的鞍和辔,向奇妙石的五佛塔献上供品。"根据这些迹象,派遣索塔巴仲译再去做经忏法事。这样护法神也显得非常高兴。

(选自《八世达赖喇嘛传》,第二百二十三页)

[火龙年（1796）五月]初五日,佛爷（八世达赖喇嘛）与上述随从诵经仪轨高僧加上扎仓僧团一起通过大威德金刚威傲之门,广作开光仪轨。誓言本尊显现真实智慧。其现见的征兆是天空布满彩云,神雨蒙蒙而下。当作三圣地加持之时,光虹浸进了慈尊强巴佛的心间,众生亲眼目

第一编 法器

睹。此乃是智慧身招引心之铁钩的依缘境所出。对于这尊佛像，出现了从慈尊强巴佛的一个酥油灯火焰分成了两个火焰的情况。这是在我们雪域藏人福地确实降临了慈尊强巴佛"成所作智"的两尊化身。这时作为自然的巧合，驻藏松大臣派管家来传报说："现在大皇帝（清乾隆）赐给（八世）达赖喇嘛羊脂玉所制的九尊无量寿佛、黑狐皮等大量赏品以及嘉言谕旨。明日驻藏大臣将专程来颁赐谕旨。"第二天松大臣前来拜会并颁赐谕旨，递交皇上所赐礼品。达赖喇嘛迎见驻藏大臣并回赠礼品。

（选自《八世达赖喇嘛传》，第二百二十四页）

［火龙年（1796）七月十二日］大皇帝（乾隆）颁赐谕旨曰："至于喇嘛之转世活佛认定事宜，由于出现一些人贪图地位、族属姻娅串通一气，进行作假流弊严重，致使活佛转世徇私图利、争端渐起，名不副实，毫无公正可言，每多附会。今后，大皇帝洞烛其情，设立金奔巴瓶。将拟选喇嘛的数名转世幼童生年月日名字俱各写一签入于瓶内，然后诵念《兜率上师瑜伽母》和《缘悲颂》经文，在宗喀巴佛像前用心祈请，达赖喇嘛率众喇嘛用心祈祷，然后摇动金奔巴瓶，掣出一签，验明名字，即为所认定的转世灵童。这样，既不会出现差错，也不会引起争端，为此，今后需按此举行。"尊奉这道谕旨，为了认定昌都帕巴拉的转世灵童，将金奔巴瓶迎请至萨松南杰寝殿，然后由我和色拉寺、哲蚌寺的四位喇嘛以及南杰扎仓的十六名僧人一起对金奔巴瓶念经。到八月初一日，佛爷（八世）和阁下达擦仁波切驾临会场，同时两位驻藏大臣也亲临现场。按照谕旨所示，将疑为其转世的所选三个幼童的生年月日名字分别写于金牌名签之上，放入瓶中，然后在宗喀巴大师像前诵经祈请，并向前世帕巴拉的护法神念诵真言，进行托请。随后摇动金奔巴瓶，掣出的一签。签牌所示正是昌都所有贵贱人士最认为是其转世的灵童，也是各护法神授记所指认的理塘出生的幼童。总之，这真是三宝的真言，特别是大皇帝为活佛转世事宜不再出现争端弊窦而所做的一件好事。它受到了知情人的称颂，当事人更是敬信不已，无上崇拜。昌都来的人们都甚为喜悦，向达赖佛爷和摄政王献上曼荼罗为主的财礼，向两位驻藏大臣献上藏香、氆氇，向诵经的僧侣们献上酬礼，向佛像献了敬神哈达。

（选自《八世达赖喇嘛传》，第二百二十六页）

［火龙年（1796）］十月初四日……佛爷（特指八世达赖喇嘛）指示喀多活佛："为尽快平息病势遗症，在拉萨四方建造摧毁瘟神的法轮。"这时，颁发赏赐，设常规宴席款待侍读喇嘛们，赏每人银五两、茶一包、阿喜哈达一条。此外，今年又额外赏赐每人一条氆氇。

（选自《八世达赖喇嘛传》，第二百二十八页）

［火龙年（1796）］十二月初三日，扎什伦布寺总管、扎萨克堪布遵以往旨意铸造度母像。此像现在塑成，即遣孜仲来献，于是接受他初拜敬礼和所献请安书函。此后，佛爷（特指八世达赖喇嘛）为送来的这尊度母像和拉鲁塑造的几尊像亲手装藏。公（拉鲁）表示谢恩，向佛爷献上曼荼罗、佛像、佛经、佛塔、银五十章喀、锦缎，同时向近侍们布施酬礼。

（选自《八世达赖喇嘛传》，第二百二十九页）

［土马年（1798）八月］初三日，诵经随从、大小堪德、侍读喇嘛、南杰扎仓僧团在德丹庆巴殿为（八世）达赖佛爷定例举行一个七天的上师供奉仪轨。佛爷每日亲临法会座首。公家提供法会所用的沐浴祭祀铜镜、银的洗瓶、浴盆、优质绸缎的佛像遮幕。文殊大皇帝（乾隆）眷顾西藏更加

幸福，特别是为了按照汉藏所有上层人士的风俗拜谒佛像，此前特遣人送来所赐穿前比丘金刚服的皇帝他本人的佛像。因要特殊供奉，但侍从中有人有所不悦。于是达赖佛爷教诫说："此大皇帝是众佛之父至尊文殊菩萨，为统治者所依赖者，是神和世间众人之顶礼对象。他对整个雪域藏人，特别是对持黄金佛帽教派恩重如山。他信仰且顶礼黄教，因而现今宗喀巴大师的佛教得到弘扬。这是大皇帝赐给我们的恩德。我们对他的任何画像都须圆满崇敬供奉。"说完责成噶伦协扎和孜恰格桑却札两人负责供奉。于是，供奉地选在萨松南杰殿中，挂在二楼的佛堂里。

（选自《八世达赖喇嘛传》，第二百四十一页）

[铁猴年（1800）] 八月初十日，（八世达赖喇嘛）为司膳格勒坚赞在坛城台上塑供的强巴佛①开光前去抛撒花朵。为吉祥如意，从大威德金刚②之门举行有预备、正式和结束的完整开光仪式。作为酬谢恩德的曼荼罗奉礼次第，第一组献礼包括内库哈达、一肘高的白度母身像、直径一肘长的镀金银法轮、佛冠、披风；第二组献礼包括曼荼罗、身语意三所依、金银、大匹锦缎、茶、小包物品；第三组献礼包括曼荼罗、身语意三所依、全套衣服、金银绸缎、头等氆氇等总计备献之礼品三百六十件。

（选自《八世达赖喇嘛传》，第二百四十七页）

注释

① 强巴佛：即汉地佛教的弥勒佛，是藏传佛教三世佛中的未来佛。三世佛即过去佛燃灯古佛、现在佛释迦牟尼佛和未来佛弥勒佛。

② 大威德金刚：是格鲁派密宗所修本尊之一，因其能降服恶魔，故称大威，又有护善之功，故又称大德。梵名"阎魔德迦"，藏语为"多吉久谢"，意为"怖畏金刚"，汉译大威德明王。也叫阎曼德迦、怖畏金刚、牛头明王。

[铁猴年（1800）八月] 二十七日上午，（八世）达赖佛爷一行在返回布达拉宫的途中，顺便朝拜小昭寺，供礼祈祷。……布达拉宫挂满整齐的吉祥彩幔等一排排旗幡。达赖喇嘛重回日光寝殿，登上他的宝座。……当时，接到（嘉庆）皇帝敕谕曰："萨玛底巴根夏诺门罕因尽力办理西藏事务等甚符父皇旨意，又倾心为皇上服务，故先皇（乾隆）谕旨：'诺门罕圆寂之后，赐其肉身灵塔天灵盖之毂鼓和念珠等物，并可认定其转世灵童。'遵此圣旨，寻访到被怀疑是诺门罕转世的出自卓尼的幼孩和出自理塘的幼童。根据例制，经在北京举行金瓶掣签仪式，选出卓尼幼童为其转世活佛。现今该转世活佛的经师强巴多丹即在西藏，因此可派人前往该活佛家乡将他迎去。"

（选自《八世达赖喇嘛传》，第二百四十七页）

[铁猴年（1800）] 十月初二日，（八世）达赖佛爷就经师班智达尊者的转世一事与驻藏大臣作了商议，于是就此事向（咸丰）大皇帝递呈奏折。作为献礼，策曲林在潘德拉康殿举行的诵经酬谢法会上，向达赖喇嘛献上哈达、曼荼罗身语意三所依、珊瑚念珠；向诵经仪轨僧们献以酬礼。

（选自《八世达赖喇嘛传》，第二百四十八页）

[铁猴年（1800）] 十二月初四日，两位驻藏大臣递上敕谕。（嘉庆）皇帝谕曰："达赖喇嘛认定班智达尊者的转世灵童甚为合时，朕对此事亦满心赞许，殊加眷顾。当经师尊者转世何去，争持未决时，应将其幼童名字各写于名签，置入金瓶之中摇动。掣出一签名者，即被掣定为经师班智达意希坚赞的转世，可迎往他的寺院策曲林精心供养。此乃于黄教的眼饰（门面）裨益之所需，朕亦

以弘扬黄帽教派为出发,对此事甚加重视。"佛爷接过谕旨,向两位驻藏大臣赠送哈达、妙香、氆氇等礼品。策曲林也向佛爷献上哈达、曼荼罗、身语意三所依、银圆宝锭、绸缎三匹的礼品。

(选自《八世达赖喇嘛传》,第二百四十八页)

[铁鸡年(1801)三月]二十八日上午,除司膳、司寝、司供三位近侍在佛爷(八世达赖喇嘛)身边外,其他所有侍从和勒参巴都去吉采鲁顶迎接(七世)班禅活佛一行。……班禅活佛向达赖佛爷献上曼荼罗、佛经、佛像、佛塔、金银、绸缎五匹,随后同时登上宝座。此后,接受扎寺总管扎萨克堪布洛桑克确献上哈达、曼荼罗、佛经、佛像、佛塔、金银、锦缎布匹等礼物,并给他摩顶加持。……师徒二尊(八世达赖喇嘛和七世班禅活佛)为众人摩顶之后,仆人们便摆上头道酥油茶。……班禅活佛随即向无量寿主尊佛献上敬神哈达和镶饰美丽系有五彩哈达的银曼荼罗以及一对库藏的优质景泰蓝宝瓶。此外又向所有佛像广献题有祈愿词的敬神哈达,并说:"达赖佛爷做佛教众生的广大事业。这些佛像的塑造,正是佛爷努力成就神圣事业的一种行为。"班禅管家、经师、上中近侍们都沉浸在难以言传之崇信之中,达赖喇嘛的事迹受到了广泛赞赏。随后,师徒二尊一同来到甘珠尔神殿和五世达赖、七世达赖的灵塔殿等佛殿。达赖佛爷向班禅活佛介绍新塑主尊(强巴)银佛像和八大近侍像,以及新刻《甘珠尔》大藏经的情况。

(选自《八世达赖喇嘛传》,第二百五十页)

[铁鸡年(1801)四月]十五日星曜合和圆满日。早上用餐之前,师徒二尊(八世达赖与七世班禅)及随从人员来到释迦牟尼佛前的菩提拜垫台上向释迦牟尼叩拜。……仪轨完毕,师徒二尊又一同用茶。之后……(八世)达赖佛爷从无罪圆满之门向(七世)班禅活佛传授仪律之比丘戒。……当时,班禅活佛向达赖喇嘛献上了感恩哈达、系有五彩哈达的金质佛国大海、金十五两、银五大升、优质绸缎三十五匹及九件三套大礼等。接着,由噶厦向师徒二尊广献厚礼。其中明目(抢眼)的礼物是赤金质的常佩释迦牟尼佛像宫殿。……班禅大师将祖衣及珊瑚项饰等连同祈愿敬神哈达献给释迦牟尼佛像。……这日,堪布洛钦向小昭寺的释迦牟尼像献上镀银金纹玉庄严佛冠等珠宝。……佛爷高兴地赞道:"献出庄严佛冠,是广积善资粮之表现。"同时赠给他回礼和珍贵赏品。

(选自《八世达赖喇嘛传》,第二百五十三页)

[铁鸡年(1801)四月]十六日,扎什伦布寺摆设大宴。扎寺强佐堪布以妙香束迎引师徒二尊(八世达赖喇嘛和七世班禅活佛)及其随员到围廊宝座就位。……唪经间歇,献上祈请曼荼罗。这时班禅大师亲自念诵曼荼罗祈请的经文,祈求佛爷(八世达赖喇嘛)健康长寿,等佛爷愉快答应后,班禅大师无比虔诚而崇敬地向达赖喇嘛献上此曼荼罗、佛像、佛经、佛塔、八瑞相、八瑞物、法轮、白螺等。献礼毕,班禅活佛复于宝座就位。接着强佐堪布依次献礼。所献礼物丰厚,包括黄金、汉银、藏银总计一百余秤,以绸缎为主的九件礼近一百套又二分之一件。扎什伦布寺所属僧部俗部、全体仲科尔也都广献礼物。……庆贺宴会上举行了热烈的辩经、浓重的噶尔宫廷乐舞表演等所有庆典的仪式。最后的诵经酬补仪式结束后,凡到场人员都领到了赏品。达赖佛爷还赐与扎寺强佐、经师雍增巴为代表的全体人员护身结的赏品。

(选自《八世达赖喇嘛传》,第二百五十四页)

[铁鸡年(1801)四月]二十八日,(八世达赖喇嘛)讲授胜观精深要理。讲授之后,(七世)班禅大师向(八世)达赖佛爷献上哈达、曼荼罗、佛像、佛经、佛塔、金银、绸缎,扎寺强佐和经

师也献哈达和丰厚礼品。

(选自《八世达赖喇嘛传》，第二百五十六页)

[铁鸡年（1801）]五月初一日，师徒二尊（八世达赖喇嘛和七世班禅活佛）与随从一行莅临宗角龙宫殿。一到此殿，师徒二尊和诵经者侍读喇嘛僧团以一顿饭的功夫作了祭龙仪轨宝瓶修著法事，然后师徒二尊绕湖一周，将祭龙宝瓶献置湖中。

(选自《八世达赖喇嘛传》，第二百五十六页)

[铁鸡年（1801）五月]十六日，（八世达赖喇嘛）为辞别的公、拉莫曲杰、近侍洛桑孙巴、拉赛平措云杰、噶伦协扎的公子、卓尼尔察绒等摩顶钱行。这日，策曲林来向司徒二位佛爷献策曲林活佛的坐床礼品。在日光殿策曲林转世活佛和比丘僧团举行长寿仪轨之后，向二位佛爷分别献上曼荼罗、佛像、佛经、佛塔，以及金一两、银两秤、绸缎、茶、粮面整袋等物。噶厦颁给此活佛和比丘们优厚奖品。此后喝过三道茶后来到萨松南杰寝殿，在此班禅活佛献上哈达、曼荼罗、身语意三所依、银五秤、绸缎五匹。强佐堪布、经师和上中随从都献上哈达请求保佑。接着强佐献上一条哈达，然后将记有施供物品的清册献到寝殿顶台。

(选自《八世达赖喇嘛传》，第二百五十八页)

[铁鸡年（1801）]九月初一日，主尊强巴佛像在齐惹夏的作坊中塑造而成，（八世达赖）遂指示侄子公和大司膳备好香束迎请。南杰扎仓五十名僧伽仪仗队从达嘉渐次迎请而来。至达朗廓莫之地，司供堪布和近侍格桑维色两人持香束迎接。达赖喇嘛从措钦大殿上面作为迎接僧仗队的标志，他摇动铙钹，等迎请至噶丹平措庆巴殿以后，为各类工匠们摩顶，赏赐哈达。此后，供放强巴主佛。其右边供放银制长寿三身佛，左边供放地藏、成事度母、不动金刚，其前面供放天女光母像等。对佛教装藏次第遵循续部理论。使其序列有条不紊，内藏供物也准备得正确无误。最胜义至尊强巴怙主佛的内供有化身慈尊的头盖骨为主的无数灵物。装藏献供的预备、正式和结束等全部仪式由（八世）达赖佛爷亲手主持实施。强巴佛像的后面展挂一幅用上乘绸缎缝制的至尊白度母新制唐卡画像。用优质锦缎旧料为强巴佛像制作的法衣、项珠等物被穿戴于佛像身上。佛像前面还摆设了金银的曼荼罗、银器、羊脂玉器、皇上所赐库藏景泰蓝用器、用金四十两所制的带台金供灯、金铜千辐法轮，以及其它供水铜杯、供神灯等大量供物，此外前面摆满各种水果。达赖喇嘛为这座供有强巴佛像的供殿起名为"噶丹平措庆巴殿"。达赖喇嘛、侍读喇嘛为此殿举行盛大开光仪式，抛撒吉祥花朵。

(选自《八世达赖喇嘛传》，第二百六十一页)

[铁鸡年（1801）]十月初之星曜合和圆满吉日，即为噶丹平措庆巴殿的所依能依举行开光的仪轨日，（八世）达赖喇嘛经妙善大海之降门，站于坛城中心，以达擦仁波切为首的内侍、大小堪德、南杰扎仓僧团一起举行齐麦德丹庆巴殿预备、正式和结束三阶段齐全的开光仪式。达擦仁波切献上妙善哈达、曼荼罗、身语意三所依、金银、绸缎、茶、货物小包等财礼，向诸佛像献上题有祈愿词的敬神哈达，向诵经仪轨僧伽们恩赏功德份子。……这时，智慧勇识真正进入至尊强巴佛像之中。其标记是天空出现了各色各样的彩云相状，如魔术般摇动飘移，出现了花雨八瑞相的形状。所有的僧俗都看到了眼里。当时，还向负责抄写《丹珠尔》大藏经的管事、塑像的管事、画匠、工匠等有功人员颁发了竣工的奖品，发放了工资报酬，给予他们列座入宴的待遇，并赏摩顶，赐给护结

和衣物布施。管事和工匠们都心满意足。

（选自《八世达赖喇嘛传》，第二百六十二页）

［水狗年（1802）正月］二十日，长寿灌顶十万遍圆满结束。（清嘉庆）为酬谢功德。献予内库顶尖哈达、曼荼罗、身语意三依、黄金整两、汉式马蹄形银锭、优质锦缎两匹。

（选自《八世达赖喇嘛传》，第二百六十八页）

［水猪年（1803）四月］二十日上午，（八世）达赖佛爷与诵经佛事司供、塔布堪布、侍读喇嘛六人进行作身装藏经咒仪轨。同时于萨松南杰殿新制供施朵玛的德央堪布勒托巴格桑洛绰和乃穷仲译两人进行神魂石命轮的修供仪轨。神魂石命轮制成后，由达赖佛爷亲自主持，在德央堪布、乃穷仲译、塔布堪布、洛桑仓央、洛桑尊珠的配合下，有条不紊地加以装藏。将灵物、佛像、神魂石命轮等装入后，将衣装穿戴上去，然后用新制供施朵玛，在以达赖佛爷为中心的上述诵经佛事僧协作下，加上侍读扎仓翁则、洛桑衮布、德央格顿平措等举行开光总略仪式。即在护法神的模拟像前摆置好开光的供施朵玛用品，请本尊马头金刚自生神主持公道，进行五世达赖所作金刚橛的开光，意念护法神的酬补、请托和会供①曼荼罗仪式。……开光结束时，达赖佛爷把乃穷仲译叫到身前说道："现在这尊模拟像外身非常灵验，光彩照人的身像装饰也出现了忿怒姿态，内供的神魂石、命树等很合格，无舍利身像和灵物等重要无比。现在正合我们的欲愿，不能与护法神真身相分离了。前会见护法神面西看着，但刚才一看见他已转向西北了。"仲译回答道："堪德们都如佛爷所说，见到护法神转动了。"达赖佛爷听了非常高兴。这时，拉鲁公身体处于危险之中，达赖佛爷传旨道："让拉鲁盛装到这尊护法神像前，我睁开双眼清楚地自作顶礼，但虽然睁着眼可什么也看不到，这是善恶征兆不清，现在虽向护法神托请但尚无具体办法，有所阻碍罢了。"又说在第二天晚上做的梦中梦见称那是一个护法神的供施代替品，稍有一些颓败和紊乱不好……乃穷神的供施代替品在这里有这种毛病从未听说过，也许会有，但心中没有任何感觉。但是在那天晚上，突然想起在衮康护法神殿中的朵玛箱（盛供食子箱）里，有一个乃穷神的小小供施代替品，不知它有无毛病。经仔细察看，发现它已被老鼠咬坏，而且所有佛像都翻倒了。于是达赖佛爷说道："原来昨晚梦见的就是这个。明日请德央堪布、乃穷仲译、助手兑塔协巴来见。"第二天他们两人一来，就按佛爷指令对护法神寝殿中的护法神供施代替品（灵物）进行很好的修理，然后将它供置于衮色意噶却增寝殿的护法神像的右边，并由达赖佛爷为它进行开光。达赖佛爷又对仲译说："现在我们可以给护法神穿上新制盛装了。我与政府心心相印、志同道合，护法神的身像能做得这样神圣，所有一切都显得很好。同时，这尊供施代替品一同供置于护法神像旁，不过还需将本尊神和外依内依密依诸像供塑齐全。仲译应以续部顺缘口诀为据新塑一尊饰像。"说后赐给他用品。

（选自《八世达赖喇嘛传》，第二百七十六页）

注释

① 会供：在清净的佛堂及坛城前，摆设食子、水果、鲜花等供品，经由具德上师等僧众修法加持，转换成殊胜圆满之无量五妙欲供品，迎请净土和圣地之众传承持明上师，及寂静、忿怒本尊（佛）、勇父空行（菩萨）、护法众降临聚会坛城上，纳受享用供品。

［木鼠年（1804）二月］初十日……佛爷（八世达赖喇嘛）接受了由乃穷仲译代献的闭关神魂

石命轮和本尊神柱两份供品。献上加持后，从乃穷护法神像的身上渗出不同色彩的许多甘露水珠。对于赤钦多吉钦波，达赖佛爷高兴无比地向他敬礼，然后高兴地向他献上内库长哈达、曼荼罗、身语意三依、金银绸缎等大量财礼。

（选自《八世达赖喇嘛传》，第二百八十四页）

[木鼠年（1804）三月]十七日，（八世）达赖佛爷来到时轮法会，照例登上宝座，哲布尊丹巴向他献上哈达、曼荼罗、身语意三依，银和绸缎的实礼，佛爷满意收下。杰赛仁波切向达赖佛爷献上哈达、曼荼罗、身语意三依、金整两、绸缎等礼物。达赖佛爷接受献礼后，为所有时轮仪轨僧们摩顶。

（选自《八世达赖喇嘛传》，第二百八十七页）

[木鼠年（1804）]五月初十日，太阳木曜交合吉日，将为五世达赖喇嘛佛像和"腾邦玛"像进行装藏①。于是从初七日起开始，在萨松南杰殿，达赖佛爷和赤钦仁波切、章嘉活佛一起依次参朝诸佛像，分别念出排列整齐的众佛像的名牌。上午，请来乃穷护法神到日光寝殿，向他献上祭祀用的顺缘法物，请示预言。达赖佛爷亲手递上内库纯洁哈达一条和飞幡一幅，然后仲译向他托请："为了佛教众生事业，请为五世达赖佛像进行装藏。"

（选自《八世达赖喇嘛传》，第二百九十二页）

注释

① 装藏：古时在塑佛像时，先在佛像背后留一空洞，开光时，由住持高僧把经卷、珠宝、五谷及金属肺肝放入封上。称"装藏"。

[木鼠年（1804）六月]初三日早晨，为向齐麦德丹庆巴殿的中小两尊五世达赖喇嘛佛像装藏，进行实像（灵魂）附体和念咒加持，以（八世）达赖佛爷为首，诵经助手赤钦多吉强、章嘉仁波切、哲蚌寺德央堪布、乃穷仲译、扎仓诵经师四人共同举行仪式。……乃穷神师又向五世达赖宝像献上莲花和哈达。此前，该护法神师献上三臂怙主后坐于法座斑色坐褥之上，接受了噶厦商上敬献的祭祀所用顺缘丰厚灵物。……当从达赖佛爷手中赠献酬谢缘起的象征礼神用的纯洁内库哈达、如意勾链、羊脂玉叶、系带白螺和战胜各方的飞幡时，乃穷护法神师起立移步佛爷跟前，恭敬地从佛爷手中依次接过赏物，然后再回到法座斑色坐褥上。

（选自《八世达赖喇嘛传》，第二百九十五页）

[木鼠年（1804）八月]初二日，在日光殿重，诵经仪轨南杰扎仓僧团举行显宗经忏法事。当时以达擦仁波切为首的公、噶伦、内侍勒参巴、政府所属吃公粮人员都着以盛装，迎请佛爷（八世达赖喇嘛）到日光殿登上大宝座，然后由达擦仁波切作经忏曼荼罗祈祷。祈祷详细郑重，并以三宝慈悲催请，尽述一切祈愿。之后，他向佛爷（八世达赖喇嘛）献上曼荼罗、身语意三依、衣服用品、十字金刚白垫（坐褥）、八瑞相、八相物、金银、茶、绸缎等大量礼物。

（选自《八世达赖喇嘛传》，第二百九十九页）

[木鼠年（1804）]九月底，佛爷（八世达赖喇嘛）对工艺堆贝堪布赐旨说："虽然需要铸造一尊宗喀巴大师的佛像，但因材料金铜耽搁的缘由，现在改由优质漆布制作，要尽快做好。"又对司膳发旨说："要将衣服、佛冠、装藏的程序器物全都备妥。"当将宗喀巴大师的佛像塑制而成后，由

第一编 法器

堪布两人呈献给佛爷看时，佛爷（八世达赖喇嘛）心情甚悦，眉开眼笑地说"很好"、"很好"，然后给予两名堪布和塑匠以绸缎的赏赐。装藏佛像时，侍从杰仲洛桑赤勒和喇嘛洛桑仓央两人请佛爷（八世达赖喇嘛）装藏。佛爷不顾心劳和体虚以秘密方式亲自作了装藏。将佛像穿上衣服，戴上佛冠后，请进寝殿内室与本尊神像们一同供奉。又过了一会儿，佛爷（八世达赖喇嘛）对司寝洛桑索巴和杰仲洛桑赤勒说道："从雪恰佐（总管）那里需取一些小箱来。"他们二人遵旨取来一些小箱，依次呈于佛爷（八世达赖喇嘛）跟前让他察看。佛爷（八世达赖喇嘛）说这个不是，那个也不是，最后他一见一个铁皮小箱时就说："就是这个。"打开铁盖，赞许不已。从中取出一件崭新的优质灌顶法器，仔细观察了一遍，然后将它放回小箱之中，锁上铁盖，把钥匙交给司供后说道这箱里有这件灌顶法物，应把它放在好找的地方，这样以后不需再找了。或许也是缘起之故，佛爷又说道："有比这坐褥和靠垫更暖和柔软的垫褥，是大皇帝所赐的，需去财神库（布达拉宫金库）中取来。"遵旨立即取来垫在佛爷寝殿坐褥之上，佛爷（八世达赖喇嘛）即稳坐其上，坐姿等不须再作调动，佛体安舒地一直坐着。这时司膳格勒坚赞心情激动，虔诚与悲恸交织在一起，满眼泪水横流。

（选自《八世达赖喇嘛传》，第三百零五页）

[木鼠年（1804）十月十八日] 当向圣者（即八世达赖喇嘛）祈祷完毕之时，达察仁波切、赤钦（即热振活佛）、章嘉、我、噶伦等上层僧俗人员都向（八世达赖喇嘛）遗体献上曼荼罗和敬神哈达，强烈祈请慈悲护持，宽厚接纳。为了护持（接引）实身的最后一些徒弟，让（灵魂）存在于明光法身之中。虽然法身不再以冠冕等繁文缛节装饰，但为了他益（即对在世者做有益的事情），应立即将明光之后成佛的遗体护养。正如《续部》所说："金刚铃杵持在手上，五佛冠冕戴在头上。"于是将以前达赖佛爷事先准备（安排）好的灌顶法物、金刚铃杵等合适的用器佩戴于成佛之身上。"花、熏香、酥油灯，用这些财物作供奉。按《普贤行经》所记载，还需举行七种供。"照此以曼荼罗、敬神哈达、花、熏香、供灯、食子等对遗体认真举行供会，每日不断地举行百供、千供，特别是在布达拉宫、拉萨（大小昭寺）、色拉寺、哲蚌寺、甘丹寺三大寺为代表的寺院、各个地方均点燃了如天空的繁星一样的一排排酥油灯，于七天之间供奉。用（忏罪）七支的方式一心一意祈祷，举行了如此盛大的礼供使之（遗体）安慰。

（选自《八世达赖喇嘛传》，第三百一十页）

[土龙年（1808）九月（九世达赖喇嘛坐床，按旧例设盛大喜宴）] 筵席间，噶厦为庆贺坐床呈献打开领受一方政教因缘大门之银制月抱须弥坛城，披五色哈达，垂璎珞为饰；为使一切佛尊身语意与圣贤怙主身语意本性无有差别，献身语意佛像；为敦促礼供本尊，献先师各本尊像、铃杵、手鼓；为使其于深广经籍大海中勤勉闻思，献《贤劫经》、《宗喀巴全集》，双手接过时问道："这些经卷都是什么内容？"摄政仁波切回答说："这是劫出世千佛发心之《贤劫经》和《师尊嘉言全集》。有了这些经卷，即可透彻闻思显密乘经论，以达到才识精湛、德行谨严、心地善良之品行。"承诺照此而行。

（选自《九世达赖喇嘛传》，第四十八页）

[土蛇年（1809）九世达赖喇嘛] 由赞布诺门汗邀请，遍知一切至尊怙主驾临僧众会海，噶厦政府为庆祝怙主驾临法会，献以珍宝曼札为主的财物供云，佛父、噶伦等众大臣献拜见哈达，东方佛教至尊赞布诺门汗仁波切献洁白的饰有吉祥图案的哈达、系有五彩绸的银制有大海图案的《佛界

刹土图》，祈愿足莲犹如不变金刚界般坚固，利益教法、众生，使之有如夏季河水般上涨。

(选自《九世达赖喇嘛传》，第六十八页)

[铁马新年（1810）]（九世达赖喇嘛）委任格桑仓央为南杰扎仓金刚院上师。那曲森希千户主仆、杰顿之侄子台吉等前后六千余人拜见。诵经之间，一时不眨眼地凝视天空。询问在看什么时，回答说："空中有一尊右脚盘起、左腿伸开，骑着狮子的文殊。当反复念诵《现观》一百遍。"

(选自《九世达赖喇嘛传》，第七十九页)

[铁羊新年（1811）]生主即辛未（铁羊）新年初一黎明时分，按例在内寝宫修持护法本尊，三界主母神逐渐现身，故向诸位威猛护法神呈献丰富的供品施食；献根据不同颜色绘以金字图案的彩色哈达，祈祷世间利乐根本的佛法兴隆，众生一天比一天幸福。连续举行庆祝宴会，我们两名经师、基巧堪布等献哈达等拜谒礼品，请求加持。前往布达拉宫顶楼澎德勒协林法会，向能够镇伏凶恶魔军的欲界主母热玛蒂供施朵玛、供品及会供曼荼罗仪轨。

(选自《九世达赖喇嘛传》，第八十五页)

[水鸡新年（1813）]为了庆贺受戒，（洛桑丹白迥乃阿旺隆朵嘉措，九世）达赖喇嘛向如意宝释迦牟尼像敬献用珍珠鬘装饰的祖衣，珍贵的有斜棱花格纹的纯金饰品，多彩颜色的由无数红白相间的玉、蓝宝石、红莲宝石、珍珠，还有右旋海螺等宝石团装饰的三界无比的心饰，还有锡杖、羊脂玉器皿、四庹长的五彩内库哈达等；非常恭敬地向大堪布佛法之主敬献内库极品哈达、饰有大海图案并日月图形的金制《佛界刹土图》、白银千辐轮①、银边白海螺、彩色绸缎衣物等，并诵经祝愿。另外，对两位经师、我等参与人员分别予以不同赏赐。随后，遍知一切班禅大师、我、诸位噶伦、基巧堪布等献礼。为了受戒之殊胜事业之完成依次前往各佛殿献酬谢哈达，祈愿成就利益佛法、众生之伟大事业。

(选自《九世达赖喇嘛传》，第一百页)

注释

① 千辐轮：一个轮盘，叫作一辐，千辐轮，就是一千个轮盘，为佛三十二相之一。

[木猪新年（1815）]（我等所有公私人）来到神圣怙主达赖喇嘛座前，呈献银制曼札，众人一致祈祷……

(选自《九世达赖喇嘛传》，第一百二十八页)

在金刚手菩萨的灵山夹波日山上有成就大德汤东杰布①监制的珊瑚的无量寿佛，白螺的大悲观音和松耳石的度母等甚多极为神异的佛像。

(选自《卫藏道场胜迹志》，第四页)

注释

① 汤东杰布：（1385~1464），属于香巴噶举法统。以建铁索桥著名。

（青海蒙古诸部首领的历史，东噶尔宗战役）第悉·藏巴汗为了镇压色拉寺和哲蚌寺而筑的东噶尔宗虽然非常坚固，但是勇猛非凡的军队一鼓而上，立即攻克宗城及其城郊各据点，德钦及内邬宗中藏巴汗的地方官员们献赘投降。木马年（1642），三月初，持教法王把西藏的所有木扉人户都纳入其统治之下。十一日，由汗王礼请，五世达赖喇嘛亲莅后藏地区，汗王迎于妥加谷口之德钦，献上据传为八思巴（宗喀巴大师）的曼朵法铃，子母绿宝石碗等珍物及西藏左右两翼的十三万户。难以数计的蒙藏人们聚集在桑主孜的大厅中。当大众就座时，按忽必烈大帝向巴思八大师奉献三次大布施之例，献上阿阇世王①的所依圣物——世尊释迦牟尼的舍利子，垂罗的小饶，仁邦·那旺久扎亲制的持明帐幔，并特别把全部西藏十三万户献上。

（选自《安多政教史》，第四十一页）

注释

① 阿阇世王：佛陀时代中印度摩羯陀国频婆娑罗王及皇后韦提希的太子。皇后怀胎时，占师预言此子长大后将会弑父，频婆娑罗王与皇后十分惊恐，就在他出生不久，把他从楼上抛掷至地面，但只摔折了他的手指，婴儿却活了下来。由于他处胎时就与自己结下恶缘，所以频婆娑罗王便把他取名为未生怨。

（湟水北部地区政教发展情况，德庆曲林）曲吉尼玛尊者于前一世尊者见到忏悔佛圣容的寝宫墙壁上，装嵌着千尊阿閦佛①的塑像，佛像间隙中则镶嵌着观世音普度六道众生的传说塑像；约八岁儿童身量高的三十五尊佛德的香泥塑像，并新建了大经堂和上下两方的佛堂。依怙神殿里供着一人身量高的吉祥怙主站斯的身像和四尊明妃像等。还有甘珠尔经堂等的许多净房，里面陈设超殊②，有画像和塑像及各式各样的供器等，还安置着比丘的卧具和茶食的费用等。（曲吉尼玛）尊者亲自为这静修庵做了开光安神仪轨，并命名为德庆曲林。整顿了祈愿法会、坐夏诵经、五供、二十九日施食祭、送神施食祭、期供等的诵经传统，特别规定圣教永远昌盛期间，不论何时，每月要进行两次金刚瑜伽母的修习供祭。凡曼荼罗所需的资具，用绸缎、金银等所做的祭祀用具、鏊鼓、铃等灌顶法器，等等瑜伽用具，以及跳神用的服装、骨饰等的质量都比较高。在四季曼荼罗修习大法会及阴历十一月二十五和正月、四月、七月等各月的初十日举行列队跳神供养仪式。跳神者服装、骨饰等须按规定穿戴，按照各个不同的时期，拿上供器起舞奏乐，踏着舞步向坛城左转巡礼后在前面站立，司仪轨者按照各个不同的时期献上供品，举行十六明妃舞及金刚曲等。舞曲韵调和手印必须按传统及有根据的规定进行。凡跳神者的舞步，奏乐者的长号、哨呐、鼓和饶钹等的吹奏法，行茶僧的供品和施食的陈设法，会供器物摆设等等都由尊者亲自教授。……距此不远的地方，从前噶玛·饶悲多吉曾长期居住并予以加被，左右山岩上有酷似大自在天夫妇的生殖器官直接突出的岩石等，是具有续部里称赞的修习瑜伽相的修行处，端珠庄园寝宫中有邬金林庭院，它的附近有悦意兴法林苑，周围树林环绕，林中间杂着草地、假山，中间是一处清凉大湖，湖边滩头和山洼间生长着各种花草树林，其间还有多处千姿百态的殿宇、楼台、稀奇地茅屋，还有名为大乘法阁的殿宇、寝室等建筑群。

（选自《安多政教史》，第八十一页）

注释

① 阿閦佛：为不动如来，意思为"不动"，因菩提心坚定不动如山，故名为"不动"，有无嗔恚的意思。《佛说阿閦佛经》中说阿閦佛为菩萨时，在大目如来（或译为广目如来）前发"于一切人民蜎飞蠕动之类不生嗔恚"等誓愿，经过累劫的修行，终于在东方的阿比罗提（妙喜）世界七宝树下成佛，佛刹名为"妙喜"。

② 超殊：卓越特异。

（湟水北部地区政教发展情况）至水虎年（壬寅），约五年之间，（转世的呼毕勒罕罗桑丹增嘉措）担任（广惠寺）洛穹，使讲闻传授极为精进。同年在静修庵闭关期间，梦见一个威武的黑人说道："今年你必须去西藏，否则以后就去不成了。"于是决定赴藏。一天瑙吾山上的嘛呢神幡失火了，面对这种情景，说道："不要考虑我的去留，这是对寺院的一个预兆。不要超过三天，在后山顶上竖起嘛呢神幡，僧众们吹奏法螺，祭祀战神则佳。"

（选自《安多政教史》，第一百零一页）

（湟水北部地区政教发展情况，广惠寺的）磋钦大经堂、密宗院、密院、医学院，山顶上下扎仓的大经堂、乃琼殿、噶冬丹玛等护法殿、吉祥天母宫等处，有无数的佛像、佛经和佛塔。

还有赞波活佛府、曲藏活佛府、夏鲁活佛府、麻活佛府等许多活佛的戛尔瓦。

寺院所属的供养溪卡①庄园，先前有巴萨八部和巴措四部等牧区部落。后来由于历代活佛事业的发展，从青海湖东至大海一带都成为信徒积福的资粮田。

智隆静修庵和朋措沟静修庵部由磋钦大会供奉，后者之中霍尔禅师丹曾桑保曾长期居住。这位尊者曾在广惠寺和西藏学习。在赛康巴阿阇黎座下聆听了许多佛法和教诲，并长期实践弘传，并有亲眼见到怙主圣容的传说。后半生在萨卜浪静修庵附近勤奋修习，圆寂时以狮卧状迁转，现在还有转世化身传承。

（广惠寺的）所属支寺有土古寺、土尔饮寺、相隆寺、本巴曲隆寺、嘉多寺、班固寺、拉卜嘉寺、达班寺、章山达隆寺等。

（选自《安多政教史》，第一百零六页）

注释

① 溪卡：意为庄园。旧时西藏三大领主经营领地的组织形式。

（湟水北部地区政教发展情况）大通大寺①，也叫推桑木达杰林，据说是鲁嘉喇嘛喜饶尼玛于土羊年（己未）修建。过去有许多萨迦派和噶玛派的圣哲到过这儿，他们赠送许多佛像、佛经和佛塔。

（选自《安多政教史》，第一百二十七页）

注释

① 大通大寺：读作代通大寺。

（湟水北部地区政教发展情况）此后（1721）的第三年，癸卯事变期间，（吉让雅隆图尔钦寺）旧寺院被烧毁了，迩时，嘉莫噶居觉后山顶上尊者（罗桑仁钦曲智嘉措）大声呼唤他，遂得以逃脱。后于雍正皇帝御极的第五年火羊岁（1727），在悬岩峡谷中新建这座推桑达杰林寺院，皇帝赐额为噶丹勒措林，汉民称为石门寺。城内官人把一些异教徒用巧计和证道征兆收服了他们。塑造了一层楼高的弥勒佛像和一人多高身量的近侍佛子像，并向皇上的书库里迎请《甘珠尔》大藏经和《丹珠尔》大藏经，奉献各种供物。……铁猪年（1731）完成大经堂的佛像、佛经和佛塔等依止圣物的修造，并修建了僧舍。尊者先后担任新旧两处寺院的堪布二十五年，以无与伦比的恩德护理了这座寺院。

（选自《安多政教史》，第一百二十九页）

（湟水北部地区政教发展情况）大寺（五世达赖喇嘛赐名噶丹磋斯林）的第一个修建者苟·曲结嘉措……回到家乡，被凉州孙大老爷尊为喇嘛，供施双方修建了凉州莲花寺静修庵和江让寺。孙大老爷任甘州提督期间,请彼师在三谷地区的曲隆佛堂,习末尼宝瓶,法事完毕之后,前去朝拜文殊殿,给多人授出离与具足戒,临返回时,遗忘了法螺等,缘起巧合,该处的官员庶民们请求彼师修建寺院,他很满意,并向孙大老爷作了指示。

(选自《安多政教史》,第一百四十五页)

(湟水南岸与黄河北岸地区政教发展情况)又斯纳(即斯纳桑珠林寺)上下寺里,供着许多佛像,佛经和佛塔,时经多代,无法说明何时由何人建造的历史。但根据记载,上寺里有观世音菩萨殿、十六尊者殿、密集佛殿、怙主殿、三层楼的大经堂等……以及历世活佛们的二十余座灵骨塔、空行母的头盖骨、第三世达赖喇嘛索南嘉措的珍珠装饰的帽子、大慈法王的帽子、第四世班禅额尔德尼洛桑确坚的法衣和披单、盖有印章的五幅护法神画像、第七世达赖喇嘛噶桑嘉措的背心、披单、禅裙、靴子,另外还有数位圣哲的帽子、披风、靴子等。下寺中有三世诸佛殿、十六罗汉拥绕如来殿、怙主殿、天王殿等,殿内供奉金银汁相间书写的《甘珠尔》大藏经、金汁书写的《大般若经》、银汁书写的《大般若经》及以圣·宗喀巴所赐的右旋法螺为主体藏的一人身量高的佛塔。还有圣·宗喀巴的碗和空行母的头盖骨等。这些圣物,多年来,一直由塔尔寺迎请来作为大祈愿神变法会供养的圣物。

(选自《安多政教史》,第一百六十四页)

(湟水南岸与黄河北岸地区政教发展情况)松巴《佛教史》中记载:大明洪武帝供养的噶玛·海喇嘛的官人三旦罗哲,属于色拉寺和哲邦寺的桑洛康村,于永猴年(壬申)在此建立基业。永乐帝与宣德帝期间,三旦桑波官人塑造了释迦佛像和金刚持佛像,被赐与十三个寺院和七个地区的百姓为寺院拉德。永乐年又给尊者的侄子华丹桑波和索南坚赞兄弟两人赐与金印,特别对华丹桑波先后颁赐敕书,予以赞扬,又赐自然显现的觉阿释尊像,由国库拨出经费,令其在与皇宫相距犹如一日路程之地修建佛殿供奉。释尊殿里有许多珍宝供器。它的后面有宣德帝为体现其父皇之志而修建的被誉为司江林的佛殿,壁画绘着修建该殿时出现的彩虹如穹隆和柱子,及似车轮辐等等各种奇景。……该寺有扎活佛罗桑丹巴尼玛撰写但未完成的寺志及噶让噶居修建弥勒殿和吉祥佛母宫时,李嘉禅师喜饶森格所作大威德法开光安神仪轨的寺志。各个佛殿里,有御赐的玉石宝座、水晶供桌等。殿外有石栏杆(原译为"干",疑误),汉藏两文合璧记载建寺历史的御制碑文,极为稀有的大钟和大鼓,开关时能发出大象声调,变化无穷的门户等。

(选自《安多政教史》,第一百六十七页)

(湟水南岸与黄河北岸地区政教发展情况)在瞿昙寺附近有卓仓上下庄园。从前,彼处两昂贲曾调解拉摩德钦寺与夏琼寺①纠纷,在其所得的和解报酬中,有圣大师(圣·宗喀巴大师)的檀板,目前在下庄园的昂贲家里供奉着,犍椎尚供在夏琼寺那里。有三大哲士②为喇勤贡巴饶赛出家及受比丘戒而迎请的释迦佛像,后圣·宗喀巴又在此像上献了髻顶,眉心有右旋法螺形的舍利,称为右旋法螺本师像。还有四角各有一朵莲花,上下装有珠宝的圣大师的祖衣,这些都在上庄园昂贲家中供奉着。另外还有象牙雕的五部佛像,《甘珠尔》大藏经,念修一亿遍六字真言后造的国王形式的十一面观世在菩萨像及空行母形式的像两尊,白牛大师大成就者的缎披风和红背心、黄帽子、金丝缘边的黑帽子,第三世达赖喇嘛索南嘉措的缎披风、颅骨鼗鼓,第五世达赖喇嘛阿旺·罗桑嘉措的禅裙,第五世班禅罗桑耶喜的靴子,第六世班禅贝丹耶喜的长飘带僧帽、手帕,第巴曲结的长飘带僧帽，冬噶·仓洋珠扎的长飘带僧帽，尼塘·阿旺熏努扎巴的法衣，洛·森巴和嘉赛两师的背心，第一世一切知嘉木样协巴的背心，第二世嘉木样吉美旺波的修行帽，土观·曲吉尼玛的衣服，阿里·阿旺嘉样钦则丹吉的背心，吉散活佛的五部佛像和腰带，堪钦·罗桑曲洋的法衣和班智达帽，圣·班觉尔嘉措的五佛冠、长飘带僧帽、修行帽，居乃成就者的僧帽，俄西禅师的背心，扎教长的腰带，弘化寺嘉样尼玛的短飘带僧帽等许多内供物。

（选自《安多政教史》，第一百七十二页）

注释

① 夏琼寺：本为藏语，意即大鹏，乃附会山形之势以命名。始建于元至正九年（1349），是藏传佛教格鲁创始人宗喀巴的发祥地。

② 三大哲士：指藏传佛教历史上非常有名的藏饶赛、悦格迥和玛尔·释迦牟尼。

（湟水南岸与黄河北岸地区政教发展情况）巴觉寺①也叫丹巴达吉林从事佛陀事业者色钦曲杰②金巴嘉措修建。……皇上（顺治）登上御座之后，为了使社稷永固，于皇宫之中称为"僧山"的顶上，修建了一座佛塔（即北海中之白塔），塔前树立吉祥天母和狮面母两尊依止的幡三根，这三根幡，现在人们不知道它的作用，改为汉式的三根长旗杆。在皇宫外的背面，为了护佑社稷，修建了黄寺、佛像、佛经和佛塔。在一段时间内，为了缘起，规定在城墙之上，吹号角、海螺，并进行巡礼，现在已成为制度，一直在奉行。由于彼师贡献很大，授予灌顶的敕诰，批准新建伽蓝，并赐了匾额。

（选自《安多政教史》，第一百七十五页）

注释

① 巴觉寺：亦译巴州寺。

② 色钦曲杰：色钦亦译作彻辰或车臣。清史于顺治九年（1651）载有达赖使臣车臣昂素。见《清实录·世祖实录》卷六三，三页下。根据文内所述，似即系彼师。

（湟水南岸与黄河北岸地区政教发展情况）贤巴曲乔嘉措，被康熙皇帝尊为上师。曾赐给圣父子三尊等许多贵重的佛像、佛经和佛塔。清乾隆帝邀请嘉样隆殊嘉措巴，在目顿修建了依杂拉杰林寺，创立讲学制度。以上三师是弟兄①，现在仍由其官府家族执掌寺院，受历代皇帝的尊重。

……

经巴觉昂贽等请求后，木兔年（乙卯），土观仁波且任堪布，并任浦察噶居为洛穹。众僧有二百余名。大经堂里供奉着栴檀释尊像、八药师如来佛像；上层供着圣·宗喀巴的牙齿、舍利和腰带，历代达赖圣师徒的衣服，康熙皇帝的两顶帽子、三串念珠、黄金和碧玉镶嵌的小刀、鱼须把的马鞭子、金制佛盒、珍珠颈饰、轿子、吠琉璃托钵、红宝石花瓶、羊脂玉的观赏摆设，及曲结自己的念珠、轿子等。大经堂背面的佛殿里，供着硃红印刷的宫版《甘珠尔》大藏经，其中开始的四函则为金汁书写者，经函夹板及捆经函的带子等都是特制的。有班禅本生画像等。另外还有三世诸佛殿、怙主殿等。

（选自《安多政教史》，第一百七十六页）

注释

① 弟兄：此处叙述似有误，仅崇德、顺治和康熙三朝已历时90余年，弟兄之说，难以成立。

第一编 法器

（湟水南岸与黄河北岸地区政教发展情况）火狗年（1646）（多居嘉措）赴西藏，在第四世班禅罗桑确坚座前受近圆戒，命名为多居嘉措。在哲蚌寺朝拜了第五世达赖喇嘛，受到第悉索南群丕和固始汗两者的极大崇敬，向达赖陈述想在多卡尔①修建寺院，请赐一地址。蒙赐予文书。复经青海湖边到达多卡尔，修建了噶丹曲科林兜率法轮洲寺院及大经堂、怙主殿等。水龙年（1652），在噶尔塘玛库措摩拜谒第五世达赖喇嘛。木蛇年（1665）去内地，被康熙皇帝赐予曼殊室利禅师诰封。途经五台山，来到青海湖边去巴尔康的东科寺。在宁塘新建了扎喜达杰林寺院。被噶居·释迦嘉措等邀请至毛尔盖寺，后与他一起多次去青海湖边。在华热地区，确认了药水泉与胜乐神湖，并开启圣地之门，在岩石上留下了手印的痕迹。到隆务寺和涅贡智噶尔。在毛尔盖寺修建弥勒殿、怙主殿、大经堂、卧室等，供奉了许多佛像、佛经和佛塔，《甘珠尔》大藏经，《丹珠尔》大藏经等。水猪年（癸亥）四十五岁圆寂。

（选自《安多政教史》，第一百七十九页）

注释

① 多卡尔：亦译作丹噶尔。

（湟水南岸与黄河北岸地区政教发展情况，夏琼寺）五字文殊殿里有以圣·宗喀巴修持文殊菩萨时所居的茅屋为内藏而修建的佛塔。多哇夏仲和三川巴·曲杰达杰嘉措两人用银片包裹的门廊里，有檀香雕刻文殊菩萨像和圣·宗喀巴的金像，前面有圣·宗喀巴三岁、四岁、八岁时的三种身像和狮子吼佛像，门上是昔日的寝室茅屋，屋梁尚未变色，其上显观着"阿"、"拉"、"巴"、"杂"等字形。

（选自《安多政教史》，第二百页）

（湟水南岸与黄河北岸地区政教发展情况，噶玛巴叙述智噶尔贝宗寺）金刚洛噶圣地里……有自然形成古鲁僧底像。其中上部是如来坛城殿，若要前往朝拜时，须解身上之服饰，单衣手持火炬前往。上面一线天之处，有胜乐、密集、喜金刚、大威德等四续部，立体坛城之浮雕；由此折回转向左边时，有清净吉祥水晶洞，手持火炬到此处，可以见到吉祥空行母，天然生成的无量宫，自然形成的各种像，有四大峡谷、四大海、二千八百天众的立体像；上面四部空行很明显，一见即断坠入三涂门。由此折回仍持火炬行，便到三层楼式殿，有如来意化大鹏噶如扎像，鹏首高昂向空间，鹏角镶嵌如意宝，一见能除贫穷苦，鹏翅伸展向左右，鹏爪、尾翎极清楚，一见能除龙、地祇作祟所生种种病。大鹏右方有千佛像，左方有止贡观世音像；它的右边洞壁上，火炬沿足迹向上照，从坛城下部向上观，色究竟天空性宫，突出显现极庄严，四方和中央供着五部佛，中央及四隅供有殊胜五部佛，形状千姿复百态。它的外壁岩面上，显现邬仗莲花生像；其左供有八大法行①阁，法轮、华盖和宝顶、百尊静、猛相金刚，又其左有十尊忿怒明王等；左侧有吉祥天母像，一角里边有莲花生圣水，饮用沐浴能除病，还能息灭恶魔障。

（选自《安多政教史》，第二百一十页）

注释

① 八大法行：指宁玛派生起次第所修的主要法行，计出生五法行，和世间三法行。前五者为妙吉祥（身）、莲（花语）、真（实意）、甘露（功德）、撅（事业）；后三者为召遣非人、猛咒咒语、供赞世间神。一般认为后者和本教有某种牵连。

（止贡伍颠·曲吉扎按巴根据噶玛巴口述所写的《智噶尔贝宗寺寺志》里提到）由此返回到左侧，有一面向东南隅洞口，点燃明亮之火炬，看到路右岩壁上，有十六尊猛相大自在，守护着金刚大神橛。由此逐步向上去，有缘者向左观看时，可见经堂、无量宫、四根大柱支撑的牌坊、法轮、华盖、宝幢之中间，有天然形成的本师和十六尊者像；门边则有四大天王像，隧道里面有如意牛，有法缘者能饮上乳汁，能去里面的众生，今生所欲定能如愿偿。

(选自《安多政教史》，第二百一十一页)

（黄河下游贵德等地区政教发展情况）珍珠寺①，位于城左的郭拉沟里。当年文殊上师萨班·贡噶坚赞应元朝皇帝之邀，路经青海时，专程到贵德城考查宝塔，恰好收到元朝皇帝赐赠的一骡驮珍珠。彼师即以御赐珍珠为资，在贵德修建了释迦牟尼殿，塑造了释迦牟尼佛像等。在举行开光仪轨时，仿佛看到有许多佛、菩萨化入佛像之中，人们以汉语"珍珠"之音称呼该寺，后来其音讹转，称为觉觉寺了。另有一个记载说：

"这座释迦牟尼佛殿，开始由曲结隆珠嘉措修建。殿中用药泥塑了一尊释迦牟尼佛大像，后由穆尼亥·楚程旦白尼玛献了镀金冠冕，著了《珍珠寺寺志》，并在新建的佛殿殿脊上安装了鎏金宝瓶。由赤察格西阿雅喜饶旺秀作了开光仪轨"。

(选自《安多政教史》，第二百八十五页)

注释

① 珍珠寺：又称觉觉寺。

（隆务河流域等地政教发展情况）夏日诺们汗①的拉让瑙吾珠增宫（末尼普陀宫）内，有能避火的释迦牟尼佛像，有原为塔尔寺供奉的佛像之一具有能息灭火灾传说的红黄文殊像，还有聂塘的语化救度母佛像、班禅先巴朗哇亲手塑造的圣·宗喀巴像、宗喀巴大师的法衣、贾察吉和克珠吉两师的法帽、杜增巴上师②的法衣和装衣袋、历世达赖和班禅及圣·噶登巴的法衣和用物等圣物很多。每在神变大祈愿法会上，即将这些圣物陈设出米，让信徒们顶礼。

(选自《安多政教史》，第三百一十七页)

注释

① 诺们汗：中国清朝时授予西藏、蒙古地区僧俗头领的称号。
② 杜增巴上师：指宗喀巴大师弟子中以持戒著名的杜增巴·扎巴坚赞，通称杜增巴。

（隆务河流域等地政教发展情况）（圣·噶登说）"这里（谢贡寺）有天然生成的胜乐、金刚亥母像、八大近侍菩萨像、莲花生大师影像等；还有天然形成的佛塔、小佛像，发生犍椎响声水晶瓶、杵铃、莲花、宝伞和胜幢、飞幡、乐器、神髻、菩提木杵、长柱、斗栱等之形状，许多稀奇天生佛法物"。

(选自《安多政教史》，第三百三十六页)

（《拉卜楞大寺志》及其传承世系中）准噶尔的使者到来时，向尊者（宗巴嘉样程列）送了特别美妙的宝伞，据说曾集齐僧众让其引诵《具德三域颂》云。

(选自《安多政教史》，第三百五十九页)

（拉卜楞寺）神变大法会会期十五天。在此期间……陈列着以五百两白银制成的曼荼罗、黄金和铜造的冠饰、锦缎绣制的供物等,光辉灿烂,极其庄严。

(选自《安多政教史》,第三百六十七页)

(在佑宁寺立宗辩论时,华热恰科与嘉玉玛的辩论,华热恰科站起来说)"因为你具有三个不需要的东西,即嘴上不需要的胡子、手上不需要的佛珠手串、心上不需要的空虚。"

……

(华热恰科说)"那么,补特伽罗的上身穿有法衣啰?"

那人(嘉玉玛)辩道:"许诺。"

"那么,补特伽罗下身穿着靴子啰!如果'许诺',补特伽罗的上身穿着法衣,下身穿着靴子,兼而有之啰!"抛出了这样周遍的答辩。关于彼师像这样机智的巧辩非常之多。

(选自《安多政教史》,第三百七十二页)

[《拉卜楞大寺志》及其传承世系(立宗辩论后,嘉那化要杀昂夏被赤钦斥责)] 赤钦马上给协敖下令,让他献上供灯和哈达,重新收留了他(嘉那化)。

(选自《安多政教史》,第三百七十三页)

[《拉卜楞大寺志》及传承世系(钦德尔·阿旺扎西应一切知嘉木样一世的要求布施)] 于是,(钦德尔·阿旺扎西)送来包括一匹白缎和一匹绿绸等十三种礼品,说道:"我祝愿在此寺院护持十三世。"

一切知(一切知嘉木样二世)把两匹绸缎一量,各有十三托,说:"虽然绸缎的口面太窄,会达到这样的请求。"

彼师(钦德尔·阿旺扎西)将讲述的《秘传总纂》一一作了注释。后来按讲稿著成《秘传色究竟天大乐者》。彼师在一切知一世(一切知嘉木样一世)灵前献了一架有十三具供铃的铃架,作了如前所述的祝愿。

(选自《安多政教史》,第三百八十二页)

(《拉卜楞大寺志》及其传承世系)彼师(一切知嘉木样二世)转世的灵童吉美智华嘉措,于土狗年(1838)出生在察科赞拉(小金)四部之一的索南雅部落小金土司管辖的达饶阿辛家族……以前,上一世尊者通过察科·嘉样智华向吉美智华嘉措的父母赠送了护身三棱橛等礼物,并让置办两面鼓,这些现在藏在护法神殿中,并给赞拉寺扎希曲林的新经堂殿的顶上寄去了镀金宝瓶等,显示了要在这里降生的许多征兆……

(选自《安多政教史》,第三百九十一页)

[《拉卜楞大寺志》及其传承世系(第二十四任堪布贡乔坚赞喇嘛尊者事迹)] ……他(贡乔坚赞喇嘛尊者)创立了夏季建立立体坛场的传统;开创每年建立堪以胜任的胜乐、密集、大威德三本尊、估主法王羯磨的制度;调整幻身供奉的诵经安排和持"曲弥谷教诫"传承不使衰落的规定,并使正常成规的支出有所增长,为新建的内殿提供经费白银三百余两,塑造高逾人身的胜乐、密集、大威德三本尊像,在经堂殿脊装上一对金胜幢和宝瓶。

(选自《安多政教史》,第三百九十四页)

彼师(赤干活佛阿旺嘉样扎西)在贡塘·嘉贝样尊者座前,聆受弥多罗金刚鬘和一些附属经法的灌顶……在扎西格派寺授《噶当十六明点》灌顶，并在该寺（拉卜楞寺）建立了修供制度，制办了坛城幕幔等所有的供器，设置了卫地制作的青铜供杯一百三十五个；在德毛塘寺兰仁扎仓授《具密吉祥》经法的灌顶，建立了修供之制，并赐予尊胜宝瓶、铃杵、白螺等许多供品；在各个支寺中委任了喇嘛负责人，新设拉德溪卡；对原有的各个拉德中委派了头人，管理、整顿包括田地牲畜在内的内外各项财产等。

(选自《安多政教史》，第四百零四页)

(怙主嘉木样二世在亲王乌厄盖寺讲传时，对阿加宰桑说话，答道)"这家人非常贫穷，请不要去。"但是，怙主不听劝阻，特地前往给这个小孩（贤巴仓有一小孩）赐了护身神橛，授予长寿灌顶，并进行六十施食回向仪轨。说道："洁净最重要，若不穿僧衣，就有灾难。"

于是就受了居士戒。……卸去密宗院的法台后，为迎请遍照·尊者嘉木样三世前往卫藏。任大会堂堪布期间，主持政教事务，一仍前例，还为大经堂缝制了能覆盖两间房的锦缎大华盖，为以金铜铸造全部手和脸的大威德金刚像捐献资金。

(选自《安多政教史》，第四百一十三页)

(一切知嘉木样三世)出生三月，到了冬天，叔叔诺们汗的寝宫中，夏天供奉的一枝枯花，忽然萌发开了三朵鲜花；房间的一盏小酥油灯，一连长明七天，诺们汗在梦中也梦见：一个人送来了一具长约及肘的大铃，说道："是拉卜楞寺拉让中寄来的。"他心里想着："这样的大铃真罕有。"那人说道："真是罕有。它能发出遍闻于南赡部洲的声音。"

(选自《安多政教史》，第四百一十五页)

(《拉卜楞大寺志》及其传承世系)现在的这位怙主殊胜化身仁波且（德赤仁波且嘉木样土丹尼玛）、遍照智太阳、至尊噶桑图丹旺秀华桑波，于藏历第十四胜生末的火龙年（1856），出生在德格地区斯日百户辖地加德尕瓦地方。……降生时，大地摇动，房顶上出现瑞气彩虹，房子附近开出了前所未有的各种鲜花。一生下来，经堂里能点一夜的供灯却一连亮了三夜。这里有一座有加持力的摩尼法轮慢慢地自转起来。如此等等，出现了很多奇兆。灵童（德赤仁波且）……手中拿着佛像、佛经和佛塔给别人摩顶，拿起经卷和念珠时就做出诵读说法的姿态。说道："我所依止的主佛是怙主弥勒佛。"常喜击钹。遇下冰雹时，即用手指叠起期尅印作出回遮的模样。有时候，拿起木剑在肩上挥动，并说："我喜欢剑。"

(选自《安多政教史》，第四百三十页)

(《拉卜楞大寺志》及其传承世系)藏历五月十七日……司膳堪布丹巴同拉德部落的一些骑队，去献哈达，于十月二十五日抵达拉卜寺。殊胜化身仁波且也恰于这一日来到寺院，因缘自然会合。前去迎接的全体人员，由于路途困难等原因，于藏历十二月十八日，同拉卜堪庆、佛父、佛母以及兄弟亲属等主仆侍从起程，在巴颜孜日山同摄政霍尔仓活佛吉迈丹白尼玛为首的迎接者们相会，又献了一顶班智达帽。拿在手中，说道："这是班禅仁波且的帽子。"接着放到右边，又献了一顶长飘带僧帽。尊者说道："愿吉祥不衰噶丹派，处处昌盛降吉祥！"同时，将帽子戴在头上。如此等等，显现了神奇的行止。从此以后，乘坐轿子，伞马旗帜组成的盛大的仪仗队围着轿子前进，沿途的寺院和村庄都乘马列队远迎，设灶郊迎，如此等等的供养喜筵连绵不断。……二月——即按一些经论派的推算法的岁首神变月上弦第一个喜日，即初一日，由穿着祖衣的数千名僧人的仪仗队在前开道，捧着各种供物，敲着鼓钹锣钲，吹奏唢呐洞箫，迎接到拉卜楞寺中自己的拉让吉祥右旋图丹宫的大经堂，足莲登上一切愿望聚集离灭的法座，排座欢宴会上还进行了磋朗会辩。

（选自《安多政教史》，第四百三十一页）

（《拉卜楞大寺志》及其传承世系）彼师（朗·贡却结白洛哲）……曾任查干白相寺和王府乌厄盖寺的喇嘛。在拉卜楞寺供养了五供节和祈愿神变法会的全部经费，每昼夜用酥油五百大斤，还供奉蕨蔴酥油米饭，以及受用品千种，送了锦缎大荷包等……五供节时，彼师亲往供祭，把许多大哈达放在走廊栏杆之间，由索南仁波且收拾起来交给管家文布。次日，两位聚会时，说是很冷，叫生起了火炉。对文布说："把昨天这位叠起的哈达拿来。"送到手中后，全都抛进火里。一个人请求赐一块护身符包，就从一匹红布的中间剪了一方块给予小孩。有次去西宁，花了二十五两白银买了许多玩具，返回来时都压坏了。

（选自《安多政教史》，第四百三十三页）

（清道光年间，在法摩塘居住时，科采·贡却索南将出现鬼魔为害一事告与德赤仁波且）德赤仁波且说："若是颈上戴有佛珠者，则不像这地方传说的汉鬼。以前，桑木察上一世坐在座次之时，看见座次末尾有一位织金彩绣衣衫的人，他想道：'若是一位大客人，要给他一个座位的空间，但对此谁也没有注意，若不是客人，则不会穿织金彩绣的衣衫，可能就是左面河边的叫做阿却格隆的那个恶鬼。'这次也像是这个恶鬼作祟。"（科采·贡却索南）有一次去欧拉途中，从马上跌下来掼烂了金帽。说道："这是跛足魔在作祟，现在可以伴作它给了好处。"真如所言，不久，阿瓦仓的经忏喇嘛从马上跌下摔死，派人来请。

（选自《安多政教史》，第四百四十八页）

[《拉卜楞大寺志》及其传承世系（第三十九任堪布万·官却丹达尔瓦事迹）]水兔年（1843）三月十三日，（万·官却丹达尔瓦）卸去大会堂堪布之职时，恭请遍照尊者亲临法会供献佛像、佛经和佛塔、衣物用具、法螺一对、珊瑚二百颗、白银百两、铜钱百串、布百匹、锦缎、氆氇七匹等财物，并作长寿永生的祝愿。下午敬献《菩提道次第四家注》，并在小寝室单独朝拜。彼师（万·官却丹达尔瓦）为大经堂缝制锦缎天幕，为神奇殿塑造能仁像提供了公积金。这年的夏季，在桑科牧区休养。一天，他说："应该返回寺院了。"就起程回寺，请医生诊治。说道："有赤痢之兆。"指示说："只在灵塔前供盏灯，敬献哈达，作迎请献浴，其它则没有什么可做的了。"

（选自《安多政教史》，第四百五十一页）

[《拉卜楞大寺志》及其传承世系（四十一任堪布甚深密义耳传之主贡却嘉措瓦尊者事迹）]第四十一任堪布甚深密义耳传之主贡却嘉措瓦尊者，于藏历第十三胜生的铁狗年（1790），出生在乔拉官人被王府给予的翁则夏吾那尔地方的塔秀家族之中。……上一世尊者的亲传弟子被称为数得着的学者柔丹觉巴，听说这户人家诞生了一位转世灵童，于四岁的那年前来拜访。他脖项上戴着一串刺桃核念珠，腰间插着一把胫骨号筒。灵童从背后走过去手指指着念珠串中间一颗琥珀片，说道："这是我的，送给你。"又从前边走过来手摸着腰间的胫骨号筒，说："这是我的，我需要它。"说着强行拿走，交给阿尼塔秀才丹的妻子、阿莽·洛桑坚参的侄女阿玉，两人将胫骨号筒放在一个小箱中关上了盖子。母亲给他喂奶，转过头让他睡觉。从阿玉的手中夺过胫骨号筒，交还给柔丹觉

巴。灵童睡醒后，看见胫骨号筒不见了，哭了好一会。后来，迎请到寺院坐床后，柔丹觉巴陈述了前一世尊者暂时借给我的，现在需要交还的情由。关于这把胫骨号筒，还有这样的一段来历。前一世尊者前往年超时，在格热木玛纳毛进行，第一次七日闭关修行。接着，将一片帐篷布片缠在腰间，帐篷杆作为手杖拄着，把糌粑袋挎在肩上起程上路。一连几日，天降大雪，靴子也破烂了，脚上冻裂了口子，裂口里凝着血珠，经受着如此等等的困苦。一天夜里，梦见一个人说："明天，对面的那条山沟里，将有一位得道者背着一具死尸前来。若能得到这具死尸的两条胫骨，这生就可修得殊胜成就；若能得到一条胫骨，这一生就可以修得共通成就；若一条也得不到，这一生就修不到任何成就。"次日，前往对面的山沟，真的看见一位得道者背着一具死尸走来，有两个修道者以一个银章喀一条胫骨的代价买去那两条胫骨。还说："用一块红绸包拿走。"心中非常懊丧。过了几天，在途中拣到一个红绸包打开一看，原来就是以前的那两条胫骨，因而心中充满了喜悦。后来，做成了两把胫骨号筒。一把在华热活佛贡却德欠授予觉派灌顶时送给了他，另外的一把就是这个云。

（选自《安多政教史》，第四百五十三页）

[《拉卜楞大寺志》及其传承世系（第四十二任堪布托噶夏茸·贡却格勒坚参事迹）] 第四十二任堪布托噶夏茸·贡却格勒坚参，于藏历土狗年（1778）生于桑云达交滩的春木托家族，……（二十五岁后一年，托噶夏茸·贡却格勒坚参）前往内地、蒙古地方，于水猴年（1812）返回。敦请遍照尊者临莅寝室，敬献了佛像、佛经、佛塔、长寿瓶、白色法螺一对水晶碗、白银百两、锦缎七匹。给杂义寺布施白银一百二十两，并建立大威德立体坛场，布施了栽绒毯柱包一对、以及香末大荷色、锦缎门帘等。……水羊年（1823）在拉卜楞寺敦请遍照尊者临莅法会，供养了白银一百两、锦缎七匹，并献了几位僧源，向大会僧众发放丰盛的布施。向自己的杂义寺及香勒卡寺的僧众施放了布施，向二寺的弥勒佛殿装上殿脊宝瓶，并设置了一些供物……

（选自《安多政教史》，第四百五十八页）

（《拉卜楞大寺志》及其传承世系）当年鬼宿月（藏历十二月）（第四十七任堪布吉美丹巴尼玛向拉卜楞寺）奉献了哈达、衣服、帐篷等必要的用具，由密宗学院的老僧、后来居住在静修院的久美侍奉在身边教授念诵。铁蛇年（辛巳）秋季迎至拉卜楞寺坐床。……在贡塘拉让隆重设筵欢宴，席间赠以红绫系带的右旋白螺等礼物及"右旋白色之海螺、红色映红之冕旒"颂文。……德赤仁波且从内地回来后，前去叩谒，在他的拉让设宴款待并赠送了礼物。返回时，在千佛殿里赐予了盛满糖类的兰晶石碗及哈达等。

（选自《安多政教史》，第四百六十四页）

土蛇年（1809），（吉美南卡）在拉卜楞寺院的祈愿神变法会上，向全体僧众每人布施白银一两，迎请遍照尊者莅临大会堂，供养了以三百两白银制作的曼扎、佛经、佛像、佛塔、晶石制的八瑞相、一肘高的七政宝、整匹五色呢绒羽缎，及蒙古缎和黄色团龙绣山水图纹库缎等共计一百二十三匹、白银六十秤、备有价值六十两白银的马鞍和鞍垫等的白色骏马一匹、内库哈达三百条、一般曲端哈达三千条。又在寝宫里隆重设宴，席间供养白银曼扎一座、佛经、佛像、佛塔、七锭马蹄形银元宝、十匹黄色团龙库缎、各种药品、卜拉罕皮十三张等。从前坐床时，曾先后布施了十五匹缎子，一千两白银等大量布施，这时提供白银数万两，修建狮子吼佛殿及塑造佛像、佛经和佛塔等。

第一编 法器

……临示寂时，向道光皇帝奉献了念珠和书信，皇上震悼落泪。

(选自《安多政教史》，第四百八十页)

(《拉卜楞大寺志》及其传承世系) 赤钦的化身彼师于其二十六岁时，即土马年 (1858) 冬季，章嘉殊胜化身赴北京之际，谒见了章嘉国师谈论十分亲切。……铁鸡年 (辛酉)，向巴林贝子的和硕授予时轮金刚灌顶，并建立了轮扎仓。第二年的藏历十月二十五日由该地起程返故里，于水猪年 (癸亥) 翼宿月 (藏历二月) 十一日到达拉卜楞寺。敬请怙主殊胜化身莅临大会堂，供养了以白银三百两为主的一千种礼品。给大会堂僧众每人布施铜钱七百和一条哈达。有一叫做戴达兴者，于大战乱时，被派为军官前往织缎子的地方，曾寄去白银近万两托他代办各种供祭物品和祈愿法会上的用品，以及珍奇的织物。这一年的十月十三日，任却科噶萨尔寺的法台，木牛年 (乙丑) 觜宿月 (藏历十一月) 十五日，任拉卜楞寺大会堂堪布，现正高举讲闻胜幢前进中。

(选自《安多政教史》，第四百八十三页)

(按怙主尊者的指导，彼师圣·日朝旺波负责"为新建的大金瓦殿大弥勒佛像装藏"一切事务，怙主指示后) 讲述了许多不可估计的所化都被置于成熟解脱之途的秘密情况，并赐予念修白、青、红三度母尊、金刚手以及白赡巴拉、怙主、法王等护法的经法及其补充。从这时起，在彼师住世期间，为了怙主尊者的大事，常年专门进行三度母尊的护摩①，各供献酥油一百斤，护摩木各一驮，各色粮食各一石。特别为红度母的护摩供献铜钱三十串，购买各种药物。又每年从正月初一日开始至四月十五日之间，供献酥油五百斤，专为点燃神灯之用，这些都成为常年的定规。

(选自《安多政教史》，第五百三十五页)

注释

① 护摩：为密教大法。凡求成就，必作护摩。护摩者，焚烧之义。亦有浅深二解。浅者，因印度外道，有事火之法，以火为梵天之口，为令供物，上达于天，故以火进之。今密教为摄伏彼故，借用彼法，造作坛，构设炉器场，以诸供物，顺次加持，投于炉中，供养本尊，求成就也，是名外护摩。

(大夏河流域南北地区及喀加措周等地政教发展情况) 彼师 (绒钦夏仲却嘉措) 的生年不详，据说享年六十八岁，于水鼠年 (壬子) 圆寂。……在桑浦寺考取学位时，没有向护法赛查巴献哈达，以忿瞋的姿态在辩论时，从柱子之上掉下了一张手足俱全的整张人皮坐垫，连同一声巨响一具人的死尸落在上面，彼师没有予以理会。接着"嗒"的一声一把弯刀落下来插在尸体之上，彼师转过头来一看害起怕来。……彼师回到临洮以上各地，好像为了禳解多麦整个地区，所到处所，建立了许多鄂博和神龛。在年察、达隆多地区，为了整治地煞，用手指在石崖上写出了六字真言，现在还可以看得清楚。按照喀加的一位官人的意愿，在称为年青图哇的地方，掘去地下凶煞垦为田地。回来的道路上，那位官人牵彼师的马向前走去。不一会儿，彼师说道："停一停。"年钦山神使起神变，一连两次劈下了霹雳。彼师接在所披毡衫襟中，怒气冲冲地说："降霹雳和降霹雳会有所不同！大威德金刚有没有能力，现在看吧！"

(选自《安多政教史》，第五百五十七页)

(大夏河流域南北地区及喀加措周等地政教发展情况) 这座寺院 (嘉喀尔寺·谢珠达尔吉林) 的主要依止圣物有能避火和能防雷击的释迦能仁王佛像各一尊，语化的圣林甫玛、乌仪萨贺玛、夏鲁巴的本尊圣像——大威德铸像，具有加持力的马头明王塑像，据说切巴喇干曾看见像脚下所踏之蛇在抖颤云。有语化的吉祥天母的画卷，喷发戒香的释迦佛像，有自行飞来的清凉寒林的三块黑石，圣·宗喀巴大师的法铃和包钵盂的套子，第五世达赖喇嘛用过的经籍、颈橛、念珠，班禅确吉坚赞的坐垫，尕如哇·阿旺班觉尔的手鼓……等许多内部依止物。密宗殿中有栴檀释尊像，每于贤妙时日散发着芬芳的香气，洋溢于佛堂之中，颇具灵异。还有称为"切巴锡勒图"的拉洒尔·贡乔曲觉尔哇以白银一千八百两绣制的弥勒佛缎像等等三所依圣物很多。这座寺院自其迁移之时计算，至今木牛年（乙丑），已历三十五年矣。

（选自《安多政教史》，第五百九十五页）

（大夏河流域南北地区及喀加措周等地政教发展情况）这座寺院（德塘寺噶丹却科林）的寝宫之内，供有曾被吐蕃国王达摩灭法时砍损的绿度母像、自然形成的黑石狮面母像、西藏地方政府依止圣物之一宝帐怙主像，颇具灵异。能避火的喇嘛向的塑像、自然形成的克主琼波的本尊的大鹏、圣·宗喀巴大师亲手打印的泥像阿坦玛、乌金造的宝塔（内装迦叶佛舍利子十三粒为内藏）、康熙皇帝御用过的饭碗、印度护符轮、被称为恰巴的神变——嘉样云努杰白多吉的书籍《如意籨》等众多显密经籍。

（选自《安多政教史》，第六百零二页）

（洮河北部区域卓尼大寺发展情况）还有以历世达赖喇嘛、班禅为首的许多哲士的帽子、衣服、鞋子等及赤洛藏达尔吉的本尊弥勒佛，其内藏为迦叶佛及释迦牟尼佛的舍利子。

大经堂中，有圣·宗喀巴大师塑像，帽子之上形成垢膜。有一卡高松绿石的无量寿佛像。两处青铜佛像殿中有从印度、内地、尼泊尔及西藏迎请来的大小青铜佛像二百余尊及称为第穆瓦亲手所绘的十六尊者像等画卷多轴，卫地版的《甘珠尔》大藏经，银质的大小宝塔十九座，黄金宝塔两座，栴檀的宝塔两座等。觉阿释尊殿中有以米底亲手打印的释迦王佛泥像为内藏的犹如自然显现的释迦能仁佛像及菩提道次第全部师承的药泥像，其高如人，神态美妙。还有北京版《甘珠尔》大藏经。弥勒殿中有两层楼高的泥塑弥勒佛像，甚为美妙，胸口放有随康曲结的牙齿、舍利，有《甘珠尔》大藏经。门房中有四大天王的浮雕大像；城门的门房之上有二十一尊黄金青铜铸的度母像。密集殿中有三世诸佛、萨班、布顿、圣大师、八大菩萨像，都高逾人身，并绘有十六罗汉拥绕如来像，高如八岁身量。无所缘大悲殿有圣·宗喀巴大师全集，有赐予克主仁波且的历史很清楚牙齿为内藏的圣·宗喀巴大师像。上述各仪轨大都有供奉各自的圣众海会的神殿，共二十余座神殿。曲隆官人修建的圣·宗喀巴大师锦缎像，头顶有自然显现的阿弥陀佛像，如此锦缎像共有七幅。完全用质地良好的锦缎制成的天幕和柱饰。曲结金巴达尔吉为了在大祈愿法会上展出，特提供经费制造的纯金冠饰，每一小幅之上有用丝绒绣成千佛像的祖衣等身、语、意的依止圣物，以及珍贵庄丽的供器和用具。各经堂和神殿的殿顶之上，都有金铜为饰的鞭蒜女墙、法轮、雄雌野兽、胜幢、宝瓶等宝光熠熠，上蔽天日。登记依止圣物的详目见于圣·扎巴谢主所撰的《寺志》。寺内刻有《圣·宗喀巴全集》、《甘珠尔》大藏经和《丹珠尔》大藏经，以及谢珠巴阿阇黎全集等许多经籍的印版。

（选自《安多政教史》，第六百二十二页）

（洮河北部区域各地政教发展情况）先前彼师[①]四十一岁的火鸡年（1417），修建了隆主德庆林[②]的佛殿，宣德三年，土猴岁（1428），为了维修佛殿特赐敕书，命两位大臣负责修佛殿的工程，

第一编 法器

又降圣旨派地方大小官员一百多名，部落大小土官二百名，各种技术人员一百一十名，军人乌拉两千零五人，重新因故刹扩建为宫殿式大佛殿，钟、鼓、楼房两旁有抱厦庑堂六列，有天王殿、碑亭等，都饰以琉璃瓦和飞檐，还有廊房六十间。在这座大佛殿中供有三世诸佛，扎日玛尊者，汉文版《甘珠尔》大藏经。在宝顶殿有释迦能仁佛像、阿弥陀佛像、药师像、八近侍菩萨，《甘珠尔》大藏经等。右庑北首有大威德、护法神明王明妃；左庑北首有四臂怙主、宝帐怙主，六臂护法以及各自的眷属；东庑堂第一排中有金汁书写的《甘珠尔》大藏经两部，都以锦缎包裹，每包以象牙片作系带环扣，描金夹板，黄金的书夹扣；西庑第一排中，有以本教的持宗印师嘉戎哇·扎巴坚赞向皇上呈献的本教《丹珠尔》经为蓝本的墨书本教《丹珠尔》经，包裹同上。寝宫之内有七座佛殿。包括寝宫大厅在内的密乘院中，供有和拉萨觉阿释尊像加持力相等的称为大崇教寺觉阿像，这座圣像悬坐在宝座之上。据说是从赤铜洲请来者，以及以娑罗树雕成的金刚持像等；还有哈立麻大宝法王像，作为法王的修持本尊而设置的大轮圣像，四臂怙主，多闻子，坐在黄金莲花宝座之上为龙举起的白度母圣像，嵌镶着映青、映红、绿玉等宝石及珍珠等，极其庄严妙好；莲座之前，玛瑙宝瓶之中供着纯金制作的宝树，树冠嵌有珍宝制就的各色花卉；主要的供奉圣物还有黄金吉祥宝塔，塔用金铜火镀，三分之一为黄金，共有黄金二百五十两，塔高十五肘，塔座为白色水晶。药师佛殿的高度，超出其他佛殿三庹，供有金汁书写的《甘珠尔》大藏经和金汁书写的汉文《华严经》和藏文《华严经》，包裹装饰和前面所述者相同，极其珍贵。左右两佛殿中，供有大轮、胜乐六十二尊、大威德十三尊、无量寿佛九尊等的立体坛城，这四座曼荼罗中凡白色佛像用象牙雕塑，绿色和红色的诸佛像则于象牙之上染色而成，黄色者用白栴檀为内藏，黑色和青色者则用水晶制成。东面的最后佛殿，供有娑罗树木雕塑的阿弥陀佛像、弥勒像和度母像，其它三面的佛殿供有五种姓佛像。寝宫之中有彼师的塑像，黄金制的尊胜塔三座，其它还有金制像，银制像，如来藏像，青铜佛像，栴檀③木和水晶木雕成的佛像，堆绣制作画卷及描写画卷以及为数无法统计的画卷多轴。火镀黄金制成的曼荼罗，其上佛土庄严都浮雕而成，每边有三庹宽；火镀的黄金神灯，浮雕与上相同；黄金制成的曼荼罗，饰有珍珠串和缨络；大小能容藏升三大升粮食、七个一组的饶钹三副；宝瓶座架饰以黄金花朵，其大盈一尺，共有三十朵，嵌镶于四周；大饶钹一付，每片饶钹一个人之力仅能捧起；大小和藏升七大升相等的银灯；银制曼荼罗茶五付，景泰蓝曼荼罗，各种珍宝嵌镶的曼荼罗五副，白银的七副；水晶和玛瑙的花瓶，古铜的香炉多具，许多锦缎缝制的幡、伞、华盖等供祀用具为数难以言宣。这些佛殿的外围，有僧寮二百间，围以大垣墙，院内铺以石块和砖。从各方面来说，清净妙好，出人意料之外，详细情况，见于传记之中。

(选自《安多政教史》，第六百四十三页)

注释

① 先前彼师：又称净觉慈济大法师。

② 隆主德庆林：是大崇教寺的前身。

③ 栴檀：为檀香科常绿乔木，产于印度、中国、泰国。檀香是极为常见的香料，经常作为东方庙宇焚香之用，及火葬时的高级燃材。

(洮河北部区域各地政教发展情况) 彼师（释迦巴藏卜）回多麦时，正值萨迦与帕主构兵之际，宣宗皇帝（明宣宗朱瞻基）拟派军征讨，经彼师恳求，乃免予讨伐。彼师曾给皇上、皇后、太子等授许多灌顶和诀要，先后敕封为灌顶大国师等，颁赐黄金五佛冠，重二百一十两的金印及金册诰封，珍珠袈裟，千辐金轮等，尊为法王。任大崇教寺的堪布，领导讲辩，兴旺发达，被称为"第二个卫地"。设置金汁书写的《甘珠尔》大藏经，以锦缎包裹，用描金书夹和织金的书夹系带，黄金的带扣。据说彼师有内容丰富的传记，但未能搜集到手，历世切居土官家族护理这座寺院。

（选自《安多政教史》，第六百四十六页）

（洮河北部区域各地政教发展情况）监巴喇嘛……先后担任本寺（康托寺，亦译作康多寺）的格贵师，法台多次，在寺院周围栽植松树，用以代替垣墙，并修建经堂。……主要的依止圣物有第七世达赖喇嘛噶桑嘉措赐予监巴喇嘛的被称为语化的释迦能仁王佛金刚座像，智观巴洛桑喜饶塑造的弥勒佛像，当这尊佛像进行开光时，人们看见一位比丘身穿三法衣，手持禅杖隐入像中。还有察尔察苏乎迎请来的栴檀雕成的八善逝宝塔，切巴曼干迎请来的弥勒佛像，玛尔格塑造的释迦牟尼佛像，觉加阿阇黎的本尊十一面尊，恰格阿阇黎师徒的本尊十六罗汉拥绕如来像，由于秦木格阿阇黎的恩德而得到的第三世嘉木样的衣服、僧氅和宝座。班禅仁波且等许多圣哲的衣服，萨钦的念珠，《甘珠尔》大藏经和《丹珠尔》大藏经，以及如意藤佛龛等。四月节等法会有跳神舞，法王的面具据说是自然形成者，正月十五日神变祈愿法会，晚上有花灯供。胜乐、密集、大威德三本尊法及吉祥天母仪轨的大悲观世音修供，依粉彩画规进行的法行，日形增盛。

（选自《安多政教史》，第六百五十八页）

（洮河北部区域各地政教发展情况）彼师（洛藏南加）的侄子文布然降巴·洛藏却丕属相水虎（1662）……就在自己的寺院扎喜格丕寺，修建了菩提宝塔，敦请察罕诺们汗喇嘛为之开光。五十九岁铁鼠年（庚子），设置佛塔，在其《述记》中有他的零星事迹特摘录于此。先前的名古老乡村小寺由他们历世的阿阇黎护理。后来，热哇寺衰落下去，把灵塔敦请到这寺，重新涂饰金液作为主要依止圣物，戒香氤氲，芬芳四溢，每值神变祈愿法会，于塔前奉献食物时，通常有甘露下降。有以喀专乃典巴的尸骨——其上有许多佛陀、弥勒佛、菩萨等像——为内藏的灵塔，持律师雪哇仁波且的像，它的内藏之中据说有持律师前赴卫地为商人们打尖时烧茶之锣锅云。还有第二世达赖喇嘛根登嘉措所赐的银制宝塔，第五世达赖喇嘛的像，据传这是胜者特别赐给雪哇仁波且的云。另有一说，上述村庄之中，出了一位曾任两藏地方政府的官员——孜仲，由他迎请前来云，具有加持力的噶当灵塔，本隆喇嘛修建的八如来宝塔，有《述记》行世。密宗事部三怙主像，其中文殊菩萨手中之宝剑据说来自五台山，颇具灵异。由清凉寒林之黑石雕成的怙主像，觉加阿阇黎的本尊十一面尊石像，颇具灵异。还有彼师的手摇转经轮和铃，大持律师的法衣、禅杖、钵、滤水器，恰格阿阇黎和噶托巴·多吉森格两师的铃，古印度的护符轮，空行母的颅骨以及许多哲士的衣服等为内部依止圣物。还有卫地所绘的全套佛陀本生传画卷，称为自然形成的马头明王画卷——系戎康夏仲却嘉措所造，怙主殿中有圣大师的鼻血所绘的吉祥天母的画卷，颇具灵异，还有从萨迦寺迎请而来的面具等。

（选自《安多政教史》，第六百六十页）

（洮河南部区域各地政教发展情况）这位圣者（荀什德洛藏丹悲坚赞）的本生是这样的：从圣·优婆离起至森巴仁庆嘉的弟子贡乔仁钦之间，共历三十七世。……乃于十六岁土蛇年（己巳）前赴卫地。在这段时间，彼师（荀什德洛藏丹悲坚赞）躲开同伴逃往潘域，由该处前赴藏地，在夏鲁寺于琼勒巴的座前，圣大师（八思巴）住在该处之际[①]，即前去叩谒。向圣大师献了银曼荼罗，海螺一对，金黄色缎子两匹。圣大师高兴地说："圣教在东方昌盛的缘起妙合。"

……圣大师在拉萨建立神变祈愿法会时，彼师（荀什德洛藏丹悲坚赞）充任工作人员。为了请求修建噶丹寺的授记，前去喇嘛洛扎巴的座前，这位大堪布赐以他自己用的铃、铁质金刚杵及持金刚佛像的画卷等，指示于三十八岁时必须在自己的家乡修建寺院，并将修寺的地址等也予以授记。噶丹寺修建时，担任工地喇嘛。在"五天成"②之前，守持禁食斋三个月并进行祈愿。念修文殊七日禅，亲见圣容。虎年（1410）年末，于圣大师座前聆听大威德灌顶时，赐谕道："要在嘉戎地区树立圣教的旗幡！"

（选自《安多政教史》，第六百七十二页）

注释

① 该处之际：《宗喀巴传》载，明洪武二十五年（1392），去夏鲁寺，于夏鲁寺从琼波勒巴学密宗。

② 五天成：指拉萨大昭寺十一面观音像；像之内藏系天然形成的蛇心栴檀树观音像，松赞干布、文成公主和尼泊尔公主死后灵魂均没入其内，五种天然成就的事物，共聚于一体，故名。

（洮河南部区域各地政教发展情况）……彼师（惹玛加）就在那里（五台山），迎请了上述诸佛像，在寺院修建了神殿，去藏地向班禅仁波且奉献了许多礼品，被赐予第四世班禅确坚的水瓶、圣大师的似我母像、吉祥多卡玛像、用栴檀木雕成的历世班禅像、极为超殊的香跋拉画卷、唐东嘉波金刚杵等许多具有加持力的依止圣物。

（选自《安多政教史》，第六百八十页）

［康熙二十七年（1688）八月癸亥］喀尔喀洪俄尔戴青台吉等率其属来朝。上谕："尔等喀尔喀与厄鲁特世世进贡，朕心宠眷，从无偏庇，一体优待，恩赉有加。今闻喀尔喀、厄鲁特互相结怨，亟遣使臣，令其和睦，使臣未至，而喀尔喀败遁，悉至哨探地方居牧。朕一体加恩，今乱尚未定，故留之未遣。尔母达赖达熙纳闻朕大兵往尼布潮地方，豫备糇粮牛羊以待，朕甚嘉之。尔先从人报厄鲁特横肆情形，又先众人请安进贡，尤为可嘉。"谕毕，上取所带珊瑚数珠赐之，以示优眷。

（选自《清代藏事辑要》，第十二页）

［乾隆四十二年（1777）二月戊午］驻藏大臣恒秀等奏："第穆呼图克图于本年正月二十二日涅槃。"奉旨："赏银一千两作好事，并命将御用之松石数珠一串，赏挂具塔上。其第穆呼图克图印务，命雍和宫额尔德尼诺们汗阿旺楚尔提木前往署理。"

（选自《清代藏事辑要》，第一百九十六页）

［乾隆四十五年（1780）十一月甲寅］班禅额尔德尼以痘终于京师，诏即其地建清净化域，命理藩院尚书①博清额为驻藏办事大臣，护送舍利金龛西归。上亲诣西黄寺拈香送之。

（选自《清代藏事辑要》，第二百零三页）

注释

① 理藩院尚书：相当于现在的外交部部长。清于崇德元年（1636）设蒙古衙门；三年六月，改称理藩院，属礼部。清顺治元年（1644），改置尚书，十八年，定官制同六部，理藩院尚书亦入议政之列。

[乾隆五十三年（1788）十一月己卯] 谕军机大臣等："上年福康安前赴台湾，特赏给右旋白螺带往，是以渡洋迅速，风静波恬，咸臻顺顺。今思闽省总督将军巡抚提督等，每年应轮往台湾巡查一次来往重洋，均资灵佑。特将班禅额尔德尼所进右旋白螺，发交福康安，于督众署洁净处敬谨供奉，每年督抚将军、提督等不拘何员，赴台湾时，即令带往渡海，俾资护佑，俟差竣内渡，仍缴回督署供奉。至前往巡查大臣，亦不必因有白螺冒险轻涉，总视风色顺利时，再行放洋，以期平稳，将此谕令知之。"

（选自《清代藏事辑要》，第二百二十四页）

[乾隆五十四年（1789）九月辛丑（萨嘉呼图克图遣人赴藏请安入贡）] 谕军机大臣等："据舒濂等奏：'萨嘉呼图克图遣人赴藏请安，贡献佛像诸物，尚属恭顺，应赏赉以示鼓励。'著传谕舒濂晓谕萨嘉呼图克图，尔请安入贡，业代奏。闻仰蒙圣鉴，有旨前来，尔从前未禀明驻藏大臣，私差人与巴勒布讲和，本属不合，今蒙大皇帝加恩，不究已往，尔系红教与黄教不同，当各奉教律，毋相参越。兹以尔悚惧恭顺大皇帝，锡尔手帕铃杵，尔其祗领，当益感圣恩，钦遵毋怠……"

（选自《清代藏事辑要》，第二百四十四页）

[乾隆五十五年（1790）八月戊辰] 谕："本年八旬大庆，达赖喇嘛、班禅额尔德尼俱遣使来递丹书克，朕心甚为欣悦。……（但）商卓特巴等私自违背黄教所致，今已悔过感恩，敬谨具奏。朕心深为怜悯，特加恩赏给达赖喇嘛珍珠数珠一串，嗣后惟当勤习经典，庶得常受朕恩。鄂辉接奉此旨，即将珍珠数珠，赏给达赖喇嘛……"

（选自《清代藏事辑要》，第二百四十五页）

[乾隆五十六年（1791）五月庚辰（萨玛第巴克什在西藏圆寂，皇帝赏赐其物品）] 谕："据保泰等奏：'噶勒丹锡哷图萨玛第巴克什，在藏患病圆寂'等语。萨玛第巴克什，曾经深学释典，而两次派往西藏，帮同达赖喇嘛办事，俱能诚心妥协办理。今闻圆寂，朕心深为悯恻，著加恩赏银五百两作好事，令雅满泰前往祭奠，并赏大哈达一个，噶布拉数珠一串，铃杵一分，摇鼓一个，永远供于萨玛第巴克什塔前。所赏银两，即于该处库内动给。现已有旨令：雍和宫及各大寺院，亦俱一体念诵经典矣。"

（选自《清代藏事辑要》，第二百四十八页）

[乾隆五十六年（1791）五月壬辰（清朝廷派递丹韦克堪布送铜佛九尊至西藏，为佛像在拉卜朗庙侧另建一庙）] 谕："现在京城铸成紫金俐玛铜佛九尊，甚属洁净，而佛像亦属端重。西藏系佛地，将此佛送至西藏，供于昭内，必显神灵，于众生灵有益。著交于该处，装入匣内，俟本年西藏差来递丹书克①堪布等抵京回藏时，交于护送章京恭送外，著传谕保泰等先行告知达赖喇嘛，即于拉卜朗庙内预期择备洁净地方一处，俟恭送到日，念吉祥经，敬谨排供一处，一堂九尊，断不可零星散供。今将佛身高厚尺寸，开写清单，一并发往，预期择备地方。保泰等将此一并告知达赖喇嘛。仍赏达赖喇嘛大哈达一个，保泰等转给达赖喇嘛，令其喜悦，计清单内开紫金俐玛铜无量寿佛九尊，连背光座每尊通高二尺五寸六分，宽一尺八寸，厚一尺二寸五分。"保泰等寻奏："达赖喇嘛遵旨，于拉卜朗庙释迦牟尼佛侧另建一庙，将无量寿佛九尊，敬谨供奉。"报闻。

（选自《清代藏事辑要》，第二百四十九页）

第一编 法器

注释

① 丹书克：西藏向皇上呈递的一种公文形式。丹书克，系藏语音译，亦称为噶书克，为藏族固有的文书形式。

[乾隆五十七年（1792）九月丙午] 谕军机大臣等："……孙士毅竟当遵旨速回，与福康安等会同善后诸事宜。再请经降旨，今达赖喇嘛等会同驻藏大臣将呼毕勒罕名姓并生年月日，各书一签贮金奔巴瓶内，对众拈定，作为呼毕勒罕。是此项金瓶，关系郑重，见派御前侍卫惠伦、乾清门侍卫阿尔塔锡第敬谨赍往，并亲解御佩小荷包二个，亦著带往，于迎见福康安、海兰察时，传旨赏给，以示酬庸之意。"

（选自《清代藏事辑要》，第三百零二页）

[道光三十年（1850）三月甲寅] 谕军机大臣："……惟现在皇考大行皇帝（道光皇帝）大事，达赖喇嘛闻知，自必诚心复行恳请差派堪布来京请安，著穆腾额等转谕达赖喇嘛等大行皇太后祖母大事，皇考大行皇帝大事即派一次堪布来京，用示朕（咸丰皇帝）体恤达赖喇嘛之意，并赏给达赖喇嘛珊瑚念珠一串、穗子念珠一串、大荷包一对、小荷包四个，呼征阿齐图诺们罕水晶念珠一串、大荷包一对、小荷包四个。抵藏之日，转行赏发。"

（选自《清代藏事辑要》，第四百四十九页）

[咸丰四年（1854）九月乙酉] 谕："谆龄奏，达赖喇嘛等因贼匪尚未完竣，念经祝告贼匪早灭一折。……朕甚嘉悦，著加恩赏给达赖喇嘛哈达一方、念珠一串，呼徵阿齐图呼图克图哈达一方，交驻藏大臣转行赏给祗领。"

（选自《清代藏事辑要》，第四百六十四页）

[咸丰六年（1856）十二月壬寅（清朝廷赏呼毕勒罕物品）] 谕内阁："……本年十二月二十三日，驻藏大臣等亲往布达拉山，会同呼徵阿齐图呼图克图、色呼本诺们罕率领僧俗人等唪经，由金瓶内掣出番民丹泽旺结之子拉木结旺堆嘉木参之名签，拟定为呼毕勒罕。是日，天气清和，诸事祥瑞，阖截僧俗人等皆大欢喜……实为祥瑞之事，朕心实深嘉悦，著赏给该呼毕勒罕大哈达一幅、珊瑚数珠一串、玉如意一柄。呼徵阿齐图呼图克图哈达一幅、嵌玉如意。柄色呼木诺们罕哈达一幅、嵌玉如意一柄。交该大臣等转行晓谕该呼徵阿齐图呼图克图等及阖藏喇嘛，著该呼毕勒罕妥为护持，以副朕广兴黄教之至意。"

（选自《清代藏事辑要》，第四百八十二页）

[同治十三年（1874）正月甲寅] 谕："承继等奏，达赖喇嘛下山唪经一折。见在藏地清平，达赖喇嘛拟于本年正月间下山，率领僧众亲赴大招攒招唪经，为国祈福，具见悃忱，洵堪嘉尚。即著承继等前往布达拉山，妥为照料，并发去黄哈达一个、银曼达一个、铃杵一分、菩提念珠一串、玉碗一个、玉杯一个，小卷五丝缎二卷，传谕该达赖喇嘛抵领，用昭恩赉。将此各谕令知之。"

（选自《清代藏事辑要》，第五百五十六页）

称 赞

（阿杂诺雅）大师说道："现在要举行火祭，今天还要给（赤松德赞）赞普洗头。"阿杂诺雅菩提萨埵听了问道："从哪儿取水来？"王臣们答道："可以从扎玛翁布园取水。"大师说："须弥山的北坡上，有一眼叫达纳的清泉。若从那里取水洗头，可以长寿，可以使王嗣繁衍，国政昌盛。"（赤松德赞）国王问道："谁能取来那水？"大师咒师（莲花生）答道："我能取来！"说完，从披肩下面拿出一只黄金做的吉祥瓶子，用绸子封了口，盖上印，念咒后抛向空中，瓶子越升越高。大师不住地用孔雀翎清扫托瓶子的手（有人理解为修禅念咒的处所）。约莫过了一顿饭的功夫，那个金灿灿的瓶子又回到大师怀中，打开瓶口看时，只见瓶里装满清亮亮的水。

（选自《拔协》，第二十四页）

（吐蕃王朝前期）杜辛村卡坚①，以为生者除灾，死者安厝，幼保关煞，上觇星相，下收地鬼等为主也。诸派作法，皆摇动手鼓单钹为声。

（选自《西藏王统记》，第三十五页）

注释

①杜辛村卡坚：因苯教四派之一，以为生者除灾，死者安厝，幼保关煞，上观星相，下收地鬼等为主也。

他（绛求浙桂）亲见诸佛后住于根本定时，格萨尔馈马来到汉地，启请说："我来迎请您，请证果瑜伽师前往藏地，我将奉献银质的刑场号角、猛法的法鼓、胜伏的刑场黑旗以及汉地的无数财宝。"

（选自《朗氏家族史》，第三十二页）

当（绛求折桂）抵达岭国的果尔砣地方时，林王驾到岭国悦地区的上部地方，岭国人士均前往那里赠送礼品。他（指格萨尔）供献了《历史宝炬》、《支撑宗教的大象》、《朗氏灵犀宝卷》、猛利的法鼓、刑场白银号、令人胆寒……

（选自《朗氏家族史》，第三十三页）

（绛求折桂）他再次赏赐和训诲三子说："上下部地方的安适处和此修行地全都授给诸子，授给泽玛以标准的颅骨供具，不坏朽的灌顶咒师衣和自在圆满法。授给答查以三层金佛塔、标准的颅骨供器和多天子像。"

（选自《朗氏家族史》，第五十一页）

觉白之子拉苏康巴追随拉扎卡瓦，受居士戒。拜拉如瓦钦波为亲教师；百巴敦旋为轨范师，遂出家。彼与慈氏诸论、中观文句等，皆贯通领会。于堪布拉如瓦前聆听《俱舍论》①，后在法会上宣讲。总之，彼堪称善于宣讲《集学论》、《入菩萨行论》②等经论，并护佑僧团多年。四十岁，卸去住持，闲居苏康，修习甚深了义。六十四岁时圆寂。化有心、舌、眼、四肢右旋螺等诸多殊胜舍利。

（选自《雅隆尊者教法史》，第六十八页）

注释
① 《俱舍论》：《阿毗达摩俱舍论》（简称《俱舍论》），义为对法藏论。
② 《入菩萨行论》：是说明菩萨如何修行的要典。

（上师拉仁波且）六十六岁圆寂。荼毗时，化有心、舌、眼、佛像、右旋螺、骨珠舍利，实为不可思议。总之，该大德之功德无以复加，可从堪布桑沃巴所著之传记中得知。

（选自《雅隆尊者教法史》，第六十九页）

堪布贡玛朗喀旋努至鲁葛塘，向葛巴绛嘉求习殊胜发心。以此缘起，葛巴绛嘉之牙齿、右旋螺舍利被迎至金耶寺，至今仍安奉于金耶寺三佛塔内。

（选自《雅隆尊者教法史》，第七十三页）

汗王为（阔端）第二次灌顶奉献了以大白法螺为首的（法器）以及吐蕃三区之僧众及属民。

（选自《萨迦世系史》，第一百二十页）

在此，简述第二次灌顶时所奉献的大白法螺之历史〔汗王（阔端）为第二次灌顶奉献了以大白法螺为首的法器〕。《赞颂吉祥萨迦派之诗集》中说：
因龙种人主之善缘而来，
那具足梵音之大白法螺。
乃是世尊转动法轮之时，
帝释天神敬向佛陀奉献。

（选自《萨迦世系史》，第一百二十一页）

（达尼钦波五十五岁的阴火蛇年）从四月十二日至十六日，上师（达尼钦波）与身边的少数亲随一起住在细脱拉章的那都红厅之时，每天中午时分，就听见一种奇特的类似铙钹①发出的声音从远处传来，先是在拉章东面的天空中，然后转到南面，最后向西转向桑林寺方面，使侍从们全都大为惊异。

（选自《萨迦世系史》，第三百九十九页）

注释
① 铙钹：铙、钹原为娱乐用的乐器，后被用于佛门中的伎乐供养，而成为塔供养及佛供养的法器。

九月（娄宿月）初五日尊者（江贡丹增旺波）之侍寝官札西冲麦祈请赐予以辖区为主的陀杰、萨朗春和香囊林门的近万名僧俗大众《三根本合修》之师法。于是第二天赐予以胞弟金却仁波切为首的尊卑约五百人《三根本合修之法》。侍寝官献九个一组的礼品二份，七个一组的礼品一份。尊者赏给碰铃、皮袄、余供、布匹、绸缎等数件。"如此不做以后何处奉献"说，要严肃认真地接受。随供献碰铃和皮袄，又献布匹和绸缎。

（选自《萨迦世系史续编》，第七十一页）

（以大师、活佛为首的喇嘛为香客、俗人进行灌顶）铁羊年进行建立金刚橛修行的同时，将护法神殿的五个重要的牦牛犄角及一些有加持力的依怙像，迎请到新的护法神殿。佛法在余烬之上得以复燃。在上行的途中抵达鄂寺时将被誉为宝帐怙主神悦降魔雷的汉钹，以十七两银子顺利买到手，事后的吉兆瑞应等直至今日经久不衰。

（选自《萨迦世系史续编》，第九十七页）

大师（一切智阿旺贡嘎索朗扎巴坚赞）在一次梦幻中，看见在西切居拉章结尊钦波的法台上坐着威严的师尊牟巴钦波，手持用人的胫骨做成的笛箫正在演奏，并说"吹响这个可以看见护法"。大师接过胫骨笛吹奏时，吹的声音不太响，而且也未看见护法。而这时在这位上师的面前突然冒出了大水。大师机智地筑起一道堤防，形成一个大的水池，这时太阳也好像要落山了。梦醒后大师想这是什么预兆？后来的说法是：胫骨笛声音不响是除个别的护法外牟钦没有让护法听，冒水时筑了堤是预示闻听胜乐、喜金刚、密集等深奥佛法没有边际。

（选自《萨迦世系史续编》，第一百四十七页）

（搜寻索朗贡波转世，桑耶寺）护法的奴仆不顺，于是采取惩治和护持分别对待的形式，但冬那敏卓瓦和寺庙庄园距离很近，因此出现了互不理睬的恶习。然而以古寺为首，让二者联合在一起，他们的帐篷搭设在放牧种马，水草茂盛的拉彩地方，并可听到东嘎寺①里胫骨号筒的回声，此后，未过许久双方就全然和解了。

（选自《萨迦世系史续编》，第二百三十二页）

注释

① 东嘎寺：建于 16 世纪初，至今有 500 多年的历史，是扎什伦布寺的分寺，位于上亚东乡西边山坡处，距县城 13 公里，以东嘎山命名，是亚东规模、影响最大的一座格鲁派寺庙之一，而且是西藏现代史上一座具有重要意义的寺庙。

折大师的十三件圣物是：印度金佛像大红能仁、无上墨本般若四种、金般若降落加持雨、折师的白伞、法螺吉祥绸带、无上华盖举世无双、铜钹太阳闻距、宝瓶修长绰约、披风傲岸狮子胜会、瓷碗月亮小井、绪边褥子蔚蓝天空、油漆皮鞍吉祥放光、坐骑会飞的天鹅。

（选自《后藏志》，第四十五页）

（吐蕃王朝时期，尼王）赞扬吐蕃王臣乃其境域之胜，以慰公主。公主与吐蕃化身臣宝，共相议定，请王将其神圣供养之处，即释迦佛八岁时身量之像，由天神帝释作为施主，经变化天工，运用各种巧艺铸造而成，蒙佛亲为开光者。次有弥勒法轮像，乃迦叶佛所开。此外尚有自然出现之旃檀度母像，热纳提瓦宝，达夏提瓦宝①，吠琉璃宝钵等，七种宝藏为首之一切所需用品，皆作为嫁奁，赐与（赤尊公主）公主。

（选自《西藏王臣记》，第十九页）

注释

① 热纳提瓦宝、达夏提瓦宝：可能均是梵语或尼婆罗语。热纳提瓦意为龙宝，能使财帛受用，随欲而至，永不匮乏，如龙富足；达夏提瓦意为天宝。据《世系明鉴》说达夏提瓦能使年岁丰登，甘雨时降，免除地神恶龙之害；热纳提瓦意为龙宝。

《灵犀宝卷》云："衮乔邦①先世，由五大种精，结成一大卵，外卵壳凝聚，成白色天岩，内壳之卵水，漩成白螺海，中卵黄凝浆，生六道众生，成十八神卵，中品十八卵，齐出成螺卵"。

（选自《西藏王臣记》，第七十八页）

第一编 法器

注释

① 衮乔邦：天竺佛子（宝民）。

阐化王者，乌斯藏僧也。初，洪武五年……（明太祖）仍封灌顶国师，遣使赐玉印、彩币。明年，其僧使酋长锁南藏卜贡佛像、佛书、舍利。

（选自《明史》，第八千五百七十九页）

阐教王者，必力工瓦僧也。成祖初，僧智光赍敕入番，其国师端竹监藏遣使入贡。永乐元年（1403）至京，帝喜，宴赉遣还。四年（1406）又贡，帝优赐，并赐其国师大板的达、律师锁南藏卜衣币。十一年乃加号灌顶慈慧净戒大国师，又封其僧领真巴儿吉监藏为阐教王，赐印诰、彩币。后比年一贡。杨三保、戴兴、侯显之使，皆赍金币、佛像、法器赐焉。

（选自《明史》，第八千五百八十四页）

又有和林国师朵儿只怯烈失思巴藏卜，亦遣其讲主汝奴汪叔来朝，献铜佛、舍利、白哈丹布及元所授玉印一、玉图书一、银印四、铜印五、金字牌三，命宴赉遣还。明年，国师入朝，又献佛像、舍利、马二匹，赐文绮、禅衣。

（选自《明史》，第八千五百八十六页）

[铁鸡年（1621）在浪卡子的宴会上，五世达赖喇嘛表演平常节目被人议论]如果演此小技者皆为活佛，那么世间的活佛则数不胜数了。噶居巴将前世达赖喇嘛用过的佛像和念珠拿出来让我看，我并没有说认识这些东西的话，但是他出门后说我都认识，是完全可信的转世。

（选自《五世达赖喇嘛传》上册，第四十四页）

[土鼠年（1648）]八月，（五世达赖）根据桑耶寺大护法的请求，呈献了铙钹等供品。

（选自《五世达赖喇嘛传》上册，第一百八十页）

[（五世达赖前往北京及在途情形）水龙年（1652）八月初七日起]玛德新寺的扎西却培派拉杂温布喜饶云丹等两位拉穹前来奉献了十六匹马等礼物两百件。罕达隆拉本奉献了汉地造的药师佛像、铃、铙、钹等物为主的礼品一百件。

（选自《五世达赖喇嘛传》上册，第二百二十五页）

[水鼠年（1672）三月]初七日，我（五世达赖）给达尔端仁波且馈赠了汉钹、缎匹等大量赆仪①，他返回了自己的驻锡地。

（选自《五世达赖喇嘛传》下册，第一百一十一页）

注释

① 赆（jìn）仪：临别时赠送给远行人的路费、礼物。

[木虎年（1674）二月]初七日，却本巴阿旺喜饶向老僧人布施了成套衣服、缎子十六匹、绸子二十三匹等物品，另外还布施了五种参加集会时穿的僧装，举行依止光明阿弥陀佛的祈寿仪轨，向经院呈献了优质铙钹等礼品。

（选自《五世达赖喇嘛传》下册，第一百三十九页）

[木虎年（1674）五月二十日]我（五世达赖喇嘛）给（格隆绛央扎巴兄弟）每幅画像呈献五

条敬神哈达、小画片二十一幅、宝瓶顶巾、华盖等物，作为经院的举行各种仪轨所需的成就所依，并题写了后记。

(选自《五世达赖喇嘛传》下册，第一百四十七页)

[铁猴年（1680）三月] 十三日，翁则罗桑云丹向我（五世达赖喇嘛）赠送质地优良的衣服二套、黄金二百钱、重五十两的银锭、饰有太阳和龙图案的铙钹、制作精美材料混杂的银朱锭（用朱砂十一钱、冷金粉六钱、纯金十四钱制成）、优质缎二十五匹、汉钹、面子薄绫、诸色绸子、茶叶、布匹等大批礼物。我给参加集会的僧众布施了财物。

(选自《五世达赖喇嘛传》下册，第三百八十二页)

（第四十七任甘丹赤巴嘉央卓尼楚臣达结再任。）他前后所建的所依止处有：高四尺的金铜弥勒佛像等金质佛像多尊、我们的导师释迦牟尼像、十六罗汉像、文殊怙主宗喀巴像，新造白海螺翅，维修白色经堂，填补壁画，在大经堂上面的四柱中间雕塑八尊药师佛善逝像、释迦牟尼佛像、十六罗汉像、居士达摩和尚像，大经堂内建立第二佛陀洛桑扎巴（宗喀巴大师）像、至尊上师顶饰五世达赖喇嘛像、班禅洛桑益西[①]像、泥金施主面具，并且供献多种祭品。

(选自《格鲁派教法史》，第七十四页)

注释

① 洛桑益西：（1663～1737），五世班禅，意为善良智慧。

意所依（佛塔、灵塔）方面，补建了四世达赖喇嘛云丹嘉措灵塔未完成的部分，整座灵塔高约一层楼的三分之一，上面镶嵌珠宝。

(选自《格鲁派教法史》，第三百三十七页)

当听受胜者王衮噶仁钦文集的经文时，尊父把昌都杰仲奉献的殊胜珍珠鬘戴在至尊（直贡第二十二任主持贡觉仁钦）的脖子上，这就预示将来把它当作尊父灵塔的装饰品。

(选自《直贡法嗣》，第二百零五页)

（直贡第二十四任主持贡觉陈烈桑布）每年为僧众置办所需资具，如印汉地的殊胜佛像，汉蒙的钹和铙等诸乐器，色彩艳丽、质量上等的华盖、帷幔、幡、香囊和跳噶尔[①]羌姆[②]神舞的衣服等。

(选自《直贡法嗣》，第二百四十一页)

注释

① 噶尔：是由被称为"噶尔巴"的男性儿童表演的"乐舞"。多用于驱邪迎祥、歌颂政教等方面。

② 羌姆：人们在祭祀礼仪中，创编了使用各种神祇面具，并含有大量藏族土风舞成分的程式舞蹈。这种祭祀舞蹈被后来盛行的藏传佛教黄教教派所采用，称其为羌姆。

[木猪新年（1815）正月] 十五日，按例朝礼各圣地。按照过去至今历辈达赖喇嘛不论亲自朝礼各圣地与否，每年均要向洛格夏热[①]等十二主尊供奉一至四、五种不等的新铸银制用品的惯例，此次向洛格夏热觉沃佛敬献内库五色哈达、二十五秤汉地银铸的饰有山脉、五谷穗的曼荼罗，并饰以五色内库哈达，另外还有二十秤银铸供灯、挂内库五色哈达之银箔镶嵌的白色海螺，一肘高的银制千辐轮[②]、锡杖等；向五尊天成观音像敬献五色内库哈达、十六秤银铸《佛界刹土图》并系五色

内库哈达、十五秤银制供灯；向鄂仁波切献五色内库哈达……

(选自《九世达赖喇嘛传》，第一百二十三页)

注释

① 向洛格夏热：圣观音自在。

② 千辐轮：一个轮盘，叫作一辐，千辐轮，就是一千个轮盘，为佛三十二相之一。

(金瓶掣签典礼整个流程中物品使用的详细描述)制签典礼：进门先挨次入座，献清茶，次献酥茶，毕。令满印房人将原文呈阅，合对入掣牙签上所写满洲字、蒙古字、西番字名字年岁相符，又令官送至达赖、班禅阅看后，将该入掣各本家之人唤来跪看签上名字、年岁有无舛误，祛彼疑心。后交满印房官人觑面，用黄纸包妥，供在瓶前，又俟番僧诵经念至应将签入瓶时，喇嘛回请该帮办大臣，起立行至瓶前，行一跪三叩首礼毕，不起立即跪，将签双手举过额入瓶内，以手旋转二次，盖瓶盖，起立仍归旧座。其帮办大臣将签入瓶时，正办大臣在左傍侍立礼毕，同归本座。又俟念经至掣签时，仍系喇嘛回请正办大臣，亦行一跪三叩首礼毕，跪启瓶盖，用手旋转，掣签一枝。帮办大臣在左侍立，拆开黄纸，同众开看，唤掣得本家人跪听，令其观签后，又使满印房官人送至达赖，班禅前阅看，将签供设瓶前，又将未曾掣出之签拆阅与众人观看，又给各本家之人观看，以除疑义，后用纸擦去。

(选自《番僧源流考》，第三十九页)

(清高宗乾隆平定廓尔喀人犯境西藏后，借机推出金瓶掣签的宗教首领选举方式，进一步加强中央对西藏的控制权)高宗纯皇帝(乾隆皇帝)久悉其弊，欲革之而未有会也。乘用兵之后，特运神断创颁"金奔巴瓶"一供于藏之大招(即大昭寺)，遇有呼毕勒罕出世互报差异者，纳签瓶中，诵经降神，大臣会同达赖、班禅于宗喀巴佛前掣之。至各札萨克蒙古所奉之呼图克图，其呼毕勒罕将出世，亦报名理藩院与驻京之章嘉呼图克图掣定……瓶供雍和宫。

(选自《番僧源流考》，第六十七页)

(湟水北部地区政教发展情况，曲科林寺)活佛府中央的佛堂里，供奉着据称系永乐皇帝的本尊三世佛金像及宝座、背垫等；从扎什伦布寺迎请来的一尺高班禅的檀香木身像；紫檀香木雕八尊善逝佛的佛像和降天大佛塔；用檀木或金、铜等铸造的圣·林普玛等许多佛像；本师释尊佛，觉阿大佛，圣·宗喀巴、达赖喇嘛等传记，菩提道次第福田等等画卷多幅；拉萨版《甘珠尔》大藏经、及手抄本经籍一百余函，十一面观世音菩萨塑像和画像等。依怙殿里供有酬补供物、吉祥怙主的画像，亲眼供物。寝室里供着强巴仁波且等根本上师、胜乐、密集、大威德、纳若空行佛母、马头明王①密像等本尊的画像和塑像，供品、供物和室内装饰物陈设有条有理。屋前龙王台是一处生长各种树木、花草丛生的林苑。

(选自《安多政教史》，第八十五页)

注释

① 马头明王：即马头金刚。藏密认为他是莲花部主阿弥陀佛的变化身，或由观音所化现，是胎藏界(表大日如来的理性)观音院的上尊，为六观音之一，为畜生道之教主，是无量寿之忿怒身，以观音为自性身，以马置于头，故曰马头观音，亦曰马大士。

(一切知嘉木样三世事迹)藏历木兔年(1795)六月二十日，认定上世(一切知嘉木样二世)

遗物时,将两个相像的法铃①和一个真的法铃混在一起给了他。他(吉尊洛桑图吉美嘉措华藏波)先取了一个相像的给父亲,霍尔仓赛亦仁波且问道:"那个铃子是不是您的?"他答道:"不是。我的铃子是这个。"

(选自《安多政教史》,第四百一十六页)

注释

① 法铃:藏族摇击乐器。铜制。平口,形似钟,有花纹。内悬金属铃舌,摇铃发音。用于喇嘛法事诵经及佛乐。

(大夏河流域南北地区及喀加措周等地政教发展情况)噶居·阿旺克主是多卜丹俄仁巴的弟子,师长(多卜丹俄仁巴)赐给他一具鼗鼓和铃,指示说:"在乡村当经忏师时,每次要回向六十施食法。"

(选自《安多政教史》,第五百四十页)

(五世班禅洛桑耶喜曾授记)"这座寺院(喀加噶尔寺)若修建在鼓、旗、海螺三者齐集之处,讲修将会兴盛。"

(选自《安多政教史》,第五百四十三页)

(兔年,二世嘉木样尊者回到拉卜楞寺后,那时阿郭·南木夸森格于梦中梦见)"在现在建了寺院(噶丹曲科尔林)的这块土地上,有几名小沙弥向四方吹海螺,螺声响彻四方,大地摇摇晃晃;一名身材高大的比丘,从巴隆垭合摇展一面大红旗,把这片土地全部覆盖起来了。"

(选自《安多政教史》,第五百六十四页)

(大夏河流域南北地区及喀加措周等地政教发展情况)在(洛桑丹白坚赞)自己的庄园中新建佛堂,塑造了一人身量高以第一世一切知大师的帽子,喇嘛强巴的袈裟为内藏的弥勒佛像。有一段时间,在蒙古地方给土默特赛代授独雄大威德及胜乐五尊身曼荼罗等灌顶。返回途中,摧败了强盗的抢劫,所带的什物①中,有一具海螺显示了"自鸣"等奇迹。经乌厄盖王府的调解,给彼师送上墨尔根胡图克图的名号。

(选自《安多政教史》,第五百八十一页)

注释

① 什物:指日常应用的衣物及零碎用品。

(关于卓尼大寺噶丹谢珠林,《达温史》中说)"当年,达温波奉八思巴供施双方命令,为改变本教徒的宗教信仰,前来这里时,曾说:'我要在这儿观察一下,我对此地颇感兴趣'。他住了一宿回到宫中,叩谒上师(八思巴)汇报情况之后,上师赐了一具白色海螺,授记道:'这具海螺在哪个地方吹奏,就在那儿修建寺院。'他又重返多麦,就在这儿吹奏了海螺,于是逐步形成寺院。"

(选自《安多政教史》,第六百一十页)

(洮河北部区域各地政教发展情况,卓尼大寺的绛曲木拉·阿旺索南)于胜者达赖喇嘛座前献白螺一对,黄金三十钱等,请求六字真言和《无所缘大悲颂》的教敕。

(选自《安多政教史》,第六百三十九页)

(洮河北部区域各地政教发展情况)从前朝湖之人曾看见湖中(雪阿玛周措之湖)的许多情景,被东科·云丹嘉措①认定为玛索玛的神湖,到达这座湖畔,就是人们常讲的"从前赤松德赞法王举兵北伐祝古地方"之北方"祝古国"地区，据说该处有属于色拉寺的九座寺院，属于哲邦寺的十八座寺院。从莲花山起依次有堆赛代仓寺、贺哇寺扎西克主林，此寺有叫做旺仓寺的一座支寺，八角寺。……纳杂寺、杂纳寺江隆班智达的伽蓝克加寺，也叫做江隆寺。图丹达尔吉林。彼师在蒙古的阿沃尕地方，修建有聚集僧伽一千余人的显密讲修院，历世的转世化身住在该处。在这座寺院里设置有跳神舞衣，供器等，贡献极大。秦家寺，也叫王家寺。瞿家寺，也叫康加寺，是汉族唐时的古寺，有迩时所铸的大钟，上有叙述其历史的铭文，它领受国库的俸银，这座寺院的供佛的田产，水磨以及禁止采伐的森林等范围甚广，现在仍在领受国库的俸银。

（选自《安多政教史》，第六百六十五页）

注释

① 东科·云丹嘉措：二世东科活佛，于第九胜生的火蛇年（1557年，明嘉靖三十六年，丁巳），出生在巴尔康地区的哇多保地方。

[乾隆十六年（1751）三月乙丑，策楞等上奏，酌定西藏善后章程其中一条] 达赖喇嘛仓库存贮物件，应禁止私动。查旧例原系仓储巴专管，遇有公事动用，噶隆①等禀明达赖喇嘛，代为经理，开取封闭，俱以达赖喇嘛印信封皮为凭。自颇罗鼐②，珠尔默特那木扎勒③父子任事以来，任意私行取用，不但并不禀明达赖喇嘛，竟致达赖喇嘛取用一哈达等物，亦不能主持，甚属不合。嗣后应查照旧例，仓储巴仍遵奉达赖喇嘛印信封皮办理。其零星日用物件，仍令仓储巴经理外，遇有公事动用，噶隆等必须公同请示达赖喇嘛遵行。私行动用，永行禁止。

（选自《清代藏事辑要》，第一百八十二页）

注释

① 噶隆：即噶伦，官名。藏语音译，亦作"噶布伦"、"噶卜伦"。

② 颇罗鼐：清代西藏贵族，本名琐南多结，曾为拉藏汗秘书的颇罗鼐配合阿里总管康济鼐出兵策应进藏清军，平乱后，任仔本（审计官），掌管财政。乾隆四年（1739）颇罗鼐被封为郡王。

③ 珠尔默特那木扎勒：珠尔默特那木札勒（？~1750），西藏贵族。颇罗鼐次子。

供 养

大悲观世音菩萨在五彩缤纷的华盖宝幢簇拥下，伴随着天界妙音从天而降来到世尊释迦牟尼面前。

(选自《柱间史》，第二十三页)

他（新密法师萨木迦跋陀罗）亲见护法，并按护法的授记，以金铜铸造兄妹护法像，奇相具足，并举行了开光。他舅父去世后，他建造灵塔祭祀，多发布施。

(选自《觉囊派教法史》，第五十二页)

三岁五个月半时，曲杰丹增巴为了认定灵童去谒见，他除了清楚地辨认出绛达孜①的鼗鼓外，因未多做交谈而延迟了一段时间。

(选自《觉囊派教法史》，第五十九页)

注释

① 绛达孜：现昂仁县北。

佛世尊心想，不宜用手受食，应象过去诸佛那样用器受食。那时，四大天王等当即以金质所造钵供佛，佛未接受。继由"毗沙门"天王从"额那山"取来天神所赐四个石钵①，每一钵中满盛香花，恭敬顶礼而供于佛前。佛说偈道："如来座前供此钵，汝将成就胜乘器，如我诸佛前供钵，正念智慧永不失。"佛说偈后而受钵，并加持四钵，使四钵合成一钵，佛即捧持此钵。于是"迦贯"及"妙贤"二人用千牛乳精凝结的奶皮置于宝盘中而供佛，佛受用后，宝盘落下，为大梵天王拿去供养。同时，佛说偈道："天中吉祥成利义，诸方吉祥由此兴，愿汝一切义成就，迅速皆得顺利成。"佛说吉祥偈后，并授记供者将来成佛，名为"蜜生如来"。

(选自《佛教史大宝藏论》，第八十六页)

注释

① 石钵：陶钵。僧人用的食器。元虞集《送开元雪窗光禅师归平江》诗："八月露水繁，石钵满华蜜。"元萨都剌《贺天竺长老欣笑隐召住大龙翔集庆寺》诗："衲衣香暖留春麝，石钵云寒卧夜龙。"

（索江帕）人称为"椰子脚"，这五人（共敬之王、俄则、格瓦、格却、索江帕）合称为最先之五王。索江帕头顶长一种瘤，穿破后生出额乃努王，统治四大洲、四大天王、三十三天转动金轮。从额乃努王之右腿上生出则巴，统治四大洲，转动金轮。从则巴的腿上生出列则，统治三大洲，转动银轮。从列则的腿上生出则巾，统治两大洲，转动铜轮。从则巾的腿上生出则丹，统治一大洲，转动铁轮。以后合称转轮五王。

(选自《红史》，第二页)

在乔龙地方，（喀热涅波）祈请香仁波且灌顶之时，香仁波且亲见主要胜乐佛。喀热巴临死时嘱咐说："我胸前之吉祥结和法衣不要火化，请放到围廊上首时千手千眼佛中，先把未焚之经书放在奈觉绛益之怀中，而后再一块放入喀热灵塔①之中，把一枚由舍利雕成的胜利幢②和一尊俱生本尊像关给喀热寺的主持喇嘛岗喀瓦之手。我死之后，请将我的金身像放在今天的喀热寺中。"

(选自《红史》，第一百二十页)

注释

① 灵塔：供奉和收藏活佛、上师法体或骨灰的一种佛塔，由佛祖释迦牟尼信徒的舍利塔演变而来。因塔内供奉活佛以及在藏传佛教上有巨大成就的大师骨灰，故名灵塔。

② 胜利幢：象征着修成正果的胜利。为藏族吉祥八宝之一，末尼宝顶，天物所成，无价之宝的绫罗垂帷逐级重叠，上下共三层，飘逸的彩带、金柄，并饰有各种珍宝串。3层垂帷表示佛身相圆满，相当于普通人身量的3倍，又有表示佛的三身之说。

(吐蕃王朝时期，松赞干布制定藏律二十条，王臣民乐)
奏大天鼓，弹奏琵琶，还击铙钹，管弦诸乐。
焚阿伽陀，旃檀妙香，芬芳馥郁，香风缭绕。
张悬幡盖①，琉璃璎珞，诸色绫幔，挂满天空。

(选自《西藏王统记》，第四十八页)

注释

① 幡盖：幡幢华盖之类。

(吐蕃王朝时期，大昭寺) 圣文殊菩萨及圣普贤菩萨①二者，手执宝瓶，充满甘露，为王灌顶，并赐沐浴。

(选自《西藏王统记》，第四十九页)

注释

① 圣普贤菩萨：曾译遍吉菩萨，音译为三曼多跋陀罗，中国佛教四大菩萨之一。是象征理德、行德的菩萨，同文殊菩萨的智德、正德相对应，是娑婆世界释迦牟尼佛的右、左胁侍，被称为"华严三圣"。

(吐蕃王朝时期，大昭寺) 比丘又于莲花宝塔瓶中，取得七世如来之舍利一升，重复封固。旋至海洲边，见每茅草上坐有一佛，遂取茅草一束。

(选自《西藏王统记》，第五十一页)

(吐蕃王朝时期，松赞干布为赤尊公主修建扎拉扎喜宫) 当即召集大伦等内外诸臣，咸来聚议。尔时琉璃钵中，满盛诸种食品，置宝台上，发愿祈祷，则所欲酒食皆自然涌出，普施藏民。

(选自《西藏王统记》，第五十八页)

(吐蕃王朝时期，松赞干布在拉萨助赤尊王妃修建大昭寺) 尔时即于湖之四周，垒土为堆，张悬旗幡，作大祈祷。赤尊王妃亦向琉璃宝钵启白叩求，旋于钵内出生无量酒食，乃征调藏地黎庶，悉来服役。

(选自《西藏王统记》，第八十一页)

布尼美子孜底美与其家臣白丹札二人共为拉萨十一面尊像建造一黄金顶盖。

（选自《西藏王统记》，第一百五十一页）

芒松泽诏喀之子是答波切答贝烈，彼于玛旁雍措湖畔塑造释迦牟尼的金像，迎请证果者僧格坚丹为佛像进行开光仪轨，作为布施物品，（答波切达贝烈）奉献了瑰玉供灯（杯）①，镶嵌珍宝的珊瑚吉祥光明塔。在开光之日，嘎莎拉姆生下一子，僧格坚丹说道："连神佛也注意到今日公子降生，此圣湖不会干涸的，（孩子）就取名为措尚拉思（意为'圣湖神视'）！"说罢，进行祈祷、烟祭。第二子叫尼雅尚拉敦，第三子名贝尚拉喀。是为三昆仲。

（选自《朗氏家族史》，第十六页）

注释

① 供灯（杯）：表以光明智慧照耀别人，牺牲自己，舍己为人。电灯不明显，点油灯，燃烧自己，照耀别人。灯代表智慧光明，把我们的智慧光明贡献给社会、国家、一切众生，为一切众生造福。

朗氏家族的证果者多吉旺秋在拉萨释迦牟尼佛像前奉献珍宝、金伞、曼扎、幢、供灯和宝座等，请求加持，进行祈祷后，由于释迦牟尼的加持，他（多吉旺秋）觅得一个三级的金塔。最早获得释迦牟尼的加持和最早供养释迦佛者亦是朗氏的大得道者。

（选自《朗氏家族史》，第二十八页）

（绛求坚赞在拉萨兴办佛事报答皇帝优遇之恩）其后，大皇帝颁发水晶印章给我（绛求坚赞），此外尚有圣谕和厚赏，关怀备至。以后每年都有恩赐。作为祝愿皇帝父子长寿的佛事，宫寨在拉萨释迦佛像前隆重地奉献酥油供灯和给佛像贴金的金汁，鼓励撒巴和士卒积聚资粮，奉献酥油供灯和贴金的金汁。

（选自《朗氏家族史》，第二百二十一页）

[桑杰觉窝：名旺秋巴迅鲁（自在童）在培修嘉裕寺时藏了护法像和垛玛四套，（六十岁时）岁次] 辛卯住持真卓寺座。享寿八十一岁于壬子年逝世。此师 [桑杰觉窝：名旺秋巴迅鲁（自在童）] 获得护法拥护，他在培修嘉裕寺时，在墙隙中藏有护法像和垛玛四套，直到直工哇姑香楚嘉领来大军，杀害寺僧九人时，诸寺僧根据藏有垛玛说法，寻得垛玛一套，修法抛掷后，姑香父子都被生擒。

（选自《青史》，第一百八十三页）

[法王若比多杰（游戏金刚）对寺庙施供] 当岗曲一带瘟疫流行时，顾虑传染他者而相率逃奔。古公巴请求法王修法消除。他说："那么，请不要打扰我的睡梦，我在梦中观察一下。"梦见房顶上来了大盗而醒。他说："我现在化现为一大鹏金翅鸟，将放出的瘟疫诸魔吃掉后，而降落在房顶上，以此是来了大盗。现在旧的病灾已息，而新的病灾将不会来了。"此后他去到宗喀和白利①地方，在这些地方所得一切供物，他都施与前后藏寺中僧伽，每十人以上僧伽寺庙都供施斋僧茶七次。法王上师供施这些是为佛教承事服役。又供：于释迦牟尼佛像前（文成公主迎来的）用十一颗大银翘宝制造的大艮灯一盏，楚普寺大佛像用五颗金翘宝锤出的金箔以饰佛身，并供以三十一颗艮翘宝制造的五盏大银灯，格教岗巴前供三颗银翘宝制造的银灯一盏，邓清寺供三颗银翘宝制造的银

灯一盏。此外对嘎玛等寺和垛康（青康一带）诸寺中都供银灯和安置长明灯。

（选自《青史》，第三百页）

注释

① 白利：此处所指为地名，应指白利所管辖的地方，即虎国。即汉文史籍中的"附国"，由白兰羌（古称白兰峒）在北朝557年，建都于甘孜白利乡。

[法王扎喜伯哲（吉祥积）在达波大师像前进供] [旺·扎巴绛称（名称幢）来到拉萨之后] 此后他[法王扎喜伯哲（吉祥积）]去到耶巴①和察区等处。又建造许多达隆汤巴的肖像并迎请到杠波去。又在达波大师像前供衣和金灯盒，并安置灯费口粮等。又在桑隆寺供灯火和衣服，并在敬安·却季生格（法狮子）座前供献大氅等九件礼品，及供斋僧茶和散衬钱等。

（选自《青史》，第三百八十页）

注释

① 耶巴：耶巴寺，在拉萨市之达孜县境内，位于县驻地以北、拼河北岸的帮堆乡耶巴村的耶巴山麓，海拔4000米。

[泰定二年（1325）]又有作擦擦者，以泥作小浮屠也。又有作答儿刚者。其作答儿刚者，或一所二所以至七所；作擦擦者，或十万二十万以至三十万。又尝造浮屠二百一十有六，实以七宝珠玉，半置海畔，半置水中，以镇海灾。

（选自《元史》，第四千五百二十三页）

（米拉日巴示疾相时）两位热巴（热巴希瓦畏与恩宗热巴）——尊者（米拉日巴）的心传弟子又叩求道："如果尊者真的是完结了利他大业，涅槃以后，圆寂时的供养，灵骨的处理，造小泥塔和金塔的规格，谁继承法座，时节兴供的仪则，以及我辈弟子的闻、思、修等实际修行方法等事，应当怎样办？请赐指示。"尊者回答说："我仰仗恩师马尔巴的恩德，已了却一切生死轮回之事。三业解脱归于法尔的瑜伽士①，不一定会有尸体，用不着造泥塔和金塔。我没有执着为我所有的寺庙，所以没有推谁继承法座的事可作。你们大众可往那岩山和雪山等无人寂静之处去住持，用慈爱去抚育六道中之弟子有情大众。造泥塔，就是不要间断四座瑜伽；造金塔，就是把一切法作清静观，树立起修证大幢；时节供养，就是表里一致，从心的深处去祷告；修行的方法，就是对那助长我执与烦恼而损害众生的事，即使看来是善品，亦当含弃，而对那能调和五毒而利于有情的事，即使看来是罪相，然其本性实系无上妙法，亦应实行。"

（选自《米拉日巴传》，第二百零三页）

注释

① 瑜伽士：所谓的瑜伽士，简单地说是指多年隐居闭关密修，做自我身心转化修持，藉此令身心得以自在的出家或在家修行者。

尊者（米拉日巴）示疾相，恩字热巴请尊者为自己能长住法座而诵经修法和找药治疗。尊者不接受请求，并予以开导后，喝道：

"向马尔巴译师顶礼！

在此会聚诸信徒，

请听老人米拉日巴我，

作为告诫的遗嘱歌。
我米拉日巴瑜伽士,
仰仗洛扎马尔巴的恩德,
一切事务均已做完毕。
你们从学的僧俗徒众,
照我所说的去做,
为满足我和先佛的遗愿。
……
心中没有生起清净想
修建金塔有何益?
无力修持四座瑜伽,
造了泥塔有何益?
不作虔诚的祈祷,
定期设供有何益?
……
没有益处的这些行为,
能成为祸害应抛弃!
我是大功告成的瑜伽士,
无须为我繁忙不息!"

(选自《米拉日巴传》,第二百零四页)

(火化米拉日巴遗体时,帐中五部智慧空行母合唱)
"这个美丽的天曼荼罗,
瑜伽士的身上本有着,
用泥土堆砌曼荼罗作什么?
风心不分的这个供灯,
从不熄灭地点燃着,
用那悭吝①的供灯作什么?
五种甘露的饮食,
毫不间断地受用着,
糌粑食物供养哪个?
穿着清净戒律衣,
二障②习气已消除无遗,
今天这净瓶水还把谁来洗?
烟云会聚幽香四溢,
供养曼荼罗遍布虚空里,
今天这熏香用它怎的?
……

持明眷属围绕四周，
勇士都来伺候，
今天触动这遗体实无理由。
了悟真性的大士遗骸，
可以放下，勿须虚应故事强造作。
灵塔是人天所共有，
但修善行，照料看管用不着！
天与上师的誓戒，
无须叮咛要悉心护持。
……
尊者涅槃时的遗嘱，
意义重大须遵照实行！
祝愿一切众生，
对安乐圣法受用不尽！"

（选自《米拉日巴传》，第二百一十七页）

注释

① 悭吝：亦作"悭悋"亦作"悭怪"。

② 二障：烦恼障与所知障。系瑜伽行派与法相宗对贪、嗔、痴等诸惑，就其能障碍成就佛果之作用所作分类。

那时（米拉日巴融归法界时），热穹巴正住在洛若兑的寺庙中。一天深夜，在梦与光明相融合的境界中，他看见曲洼有一座水晶宝塔；光彻虚空。许多空行将它抬起，正准备迎往他方净土。

（选自《米拉日巴传》，第二百二十页）

喇嘛巴日瓦任主持八年期间……每月初八日洒花供养，塔瓶闪闪发光，金光耀眼，天空布满铃声，大地发出四次吉祥善事之声。上述之情况人们皆耳闻目睹，十分惊奇。从此，四面八方出现无数吉祥之兆。以上事迹记载于上师索南孜摩①著作中的巴日瓦传。

（选自《萨迦世系史》，第二十一页）

注释

① 索南孜摩：1142年降生在后藏萨迦。刚一出生，用梵语连声道："吾非孩提！吾非孩提！"平时入坐，总是跏趺而做，见者无不为之惊讶。

（阴历十月）十七日半夜时分，法王（萨班）直端端地睡在我身边。以后又站起来对我说："你难道什么也没看见吗？未听到优美悦耳之歌声吗？"我和大师觉丹等众人回答说："除听到音乐声外，别的什么也未看也。"此后，法王（萨班）请我（比机拉杰）看以胜乐坛城为主的十三种坛城，以及还有众本尊和空行母①载歌载舞等场面。

（选自《萨迦世系史》，第一百零六页）

注释

① 空行母：梵音译为"荼吉尼"，意为在空中行走之人。空行母是一种女性神祇，她有大力，

可于空中飞行，故名。在藏传佛教的密宗中，空行母是代表智慧与慈悲的女神。

八思巴于三十一岁的阴木牛年（1265）返回具吉祥萨迦寺，在大金顶殿修建了几座金刚界诸天神之吉祥果芒塔，并为七座纪念前辈教主的灵塔建立了伞盖、金铜合金铸成的法轮，还特为各灵塔建了金顶。

（选自《萨迦世系史》，第一百三十五页）

［阴火牛年（1277）正月］法王八思巴居于无量宫中，身前有具有机缘的十二位丞相等人，在烟雾之中，有一股昔日未曾闻过之香气，气味越来越大，丞相们忍受不住都呕吐起来。院使问："这是什么气味？"八思巴说："此乃是八十名持咒者到空中向各处的空行母礼拜，燃烧八大尸林的人油而生之烟，这种烟味你们平常人之感官当然是无法忍受的。"说完，（八思巴）从供奉的噶巴拉中各取一滴甘露放到他们舌头上，他们顿时神智清醒。

（选自《萨迦世系史》，第一百六十五页）

（贡噶札西坚赞贝桑波上师于马年离开皇宫）逐渐来到雪域法轮拉萨大昭寺，在以释迦牟尼佛像为主的殊胜三所依前，供奉许多用金液、敬神哈达、各种珍宝等制作的奇异的三十七曼茶罗供等，为自己和他人进行大祈祷。此后启程离开拉萨，于马年十二月抵达吉祥萨迦大寺，对海聚一般的无量僧伽和无量众生给予大财施，又对寺内的所有三所依供奉无数殊胜之佛灯，敬神哈达，各种珍宝制作的供器等。

（选自《萨迦世系史》，第二百六十二页）

（嘉木样贡噶南札巴坚赞贝桑布梦见一个叫极乐世界的地方，那里有很多佛陀菩萨围绕着无量佛。）在他们（杰萨迦巴师徒和上师桑杰仁钦等人）身前，有二个非常美丽的宝座，在稍高一些的法座周围，有很多供养神在摆设供品，并让我（嘉木样贡噶南札巴坚赞贝桑布）坐在一个有华盖七的座位上。我便遵从，坐在那座位上。

（选自《萨迦世系史》，第三百零七页）

（大自在者有一次梦见极乐世界）大自在者（俄吉旺布）对随从们说："……当我想到此净土（极乐世界）去时，从彩云处放下一条灰白色的长梯，我（俄吉旺布）顺此长梯往上爬。当爬到梯子顶端时，见遍知一切的萨迦大译师（嘉木样钦波）本人生前的仆从都在那里，遂心生大喜悦，即行叩首顶礼。而后梦醒，非常遗憾。"后来画师们按此梦境，绘画"传法喇嘛之小幅唐卡"，一幅题为"俄吉旺布之梦境"。后来在修建"喇嘛俄强札巴洛卓之白银灵塔如意宝"时，圆满放置在塔内的胎藏中。

（选自《萨迦世系史》，第三百二十四页）

昨天，当我（俄强）来到附近的萨克萨①地方时，在萨迦后山和萨迦寺之上方，出现了许多种天神聚集之异象，他们手持神幡、伞盖和宝幢等，并携有多种乐器。在他们的中间，有众多据称是空行母的戴面具者跳着舞蹈。从他们中间，有位戴者白螺耳环的黑色人，向我摇晃着白绸子小旗幡等等。

（选自《萨迦世系史》，第三百四十八页）

注释

① 萨克萨：萨克萨社区地处内蒙古自治区尼尔基镇纳文西大街南侧，东起护城路，西至尼查

路,南与布西社区交界,北与伊兰社区相邻,巴特罕大街从该社区横穿而过。

兄长仁波切衮喀桑珠(孜东达钦),突然从孜东寺而来。……此时(桑耶寺)全体僧俗之仪仗队伍已十分隆重地在此恭候,尤其是精干的嫡嗣江贝央索朗旺波师徒,极其殷勤周到地接待,并亲自前往特拉山前进行迎接,同孜东达钦本人会见后。

……次日清晨,从柏汗达宫迎请叔侄三人时,各种乐器、螺号、唢呐齐鸣,僧众持香开道,在其乐器的伴奏下,护法大师亲自跳神助兴,将客人毕恭毕敬地迎入坐席。

(选自《萨迦世系史续编》,第三页)

(加央贡噶索朗伦珠)七十二岁水马年二月(翼宿月)初九日大约上半天摆出涅槃的姿态,思想隐入法界,当天夜里圆寂。黎明时后藏大臣们闹内讧,新寺的文书执照被盗,五个札仓的佛像、佛经、佛塔、供器、咒士衣、卷轴画像、本金、成套的金鼓、僧人的装饰等,瞬间被洗劫一空,并大肆杀戮掠夺,毁灭佛法众生的一切安乐不遗余力。后来一些侍从为格西①做上师供和祷祀。从初九日起,阳光灿烂,落下吉祥雨,虽是秘不发丧,但外部个别聪明的士兵已经觉察,传说:"昨天好,咒师没有到城堡来,今天城堡里听说上师已去世。"保密不住。坐化虽未结束,但由于时局的变化,护法旺曲求法王朗普娃,鼓动结束坐化,十二日初更时分,该法王和翁则伦结娃,为遗体穿上寿衣,殓入棺内,献上供养。

住在扎什伦布寺的文殊怙主阿麦修,奉献了基金、咒士衣、供水杯、茶碗、浙喜、八思巴仁波切的"随邦"和上等的色宁哈达等大批的纪念回向礼品。一切智罗桑却吉坚赞(即四世班禅)、噶丹颇章的大总管以及固始汗也献来了大批财物。……直至三月(角宿月)十四日晚,由尊者朗嘎桑结诵喜金刚经,遗体进行火化,所用柴薪为红、白檀香。供养法会规模宏大,供养日献最高解脱之大供,对其余供修者给以酬金,大会上发放布施,对属民百姓施舍青稞等干粮。十九日尸骨殓入灵塔,大部分尸骨收回,部分生成舍利子。在隆顶塑一箭来高的香泥佛像,三幅堆恰大吉祥卷轴画像,完成后依次开光。从七月(牛宿月)初一,由尼泊尔的贡布和姿纳等八名工匠修建银塔。用红铜孜东克四十八克又十二涅嘎,银六克又九涅嘎六两五钱,金三十七两,松耳石色彩斑斓,银塔造型十分考究。

(选自《萨迦世系史续编》,第三十三页)

注释

① 格西:藏语"格威西联"的省音,意为"善知识"。藏传佛教格鲁派寺院的学位。喇嘛按顺序学完必修的经典后,可以考取不同等级的格西学位。以后即可任札仓(僧学院)或中小寺院的堪布(最高主持人)。

(土羊年次年)二月(翼月)初一日上午,从桑耶来了三十余名骑上,在多却塘迎接,连同出家集会的仪仗一起来到桑耶佛教徒哲芒波的家里。……第二天和向导、管家及顷则一起瞻仰乌孜密教①三部的大菩提②塑像,菩提萨埵的头盖骨和尊者的玉石塑像,以及中殿里的三世诸佛及眷属,大日如来普颜及眷属,从南瞻部洲至无贪欲天之间一切进香之地一一进行瞻仰,并敬献敬神哈达,整齐地供养各种供物。随后返回颇章宫,阁下献了哈达,对方回赠了数件礼品。福田施主大家一齐就座,午宴上招待了油炸面点等,供养极为圆满丰盛。随后详细地瞻仰了以阿阇黎之足迹为主的内部所依。

(选自《萨迦世系史续编》,第六十五页)

注释

① 密教：密教又作真言宗、瑜伽宗、金刚顶宗、毗卢遮那宗、开元宗、秘密乘。依真言陀罗尼之法门，修五相、三密等妙行，以期即身成佛之大乘宗派。我国十三宗之一，日本八宗之一。主要以金刚顶经为经藏，苏婆呼经为律藏，释摩诃衍论为论藏。统称密教之经典为密经。

② 大菩提：伟大的正觉。菩提即正觉的意思。声闻缘觉菩萨都有菩提但不大，唯有佛的智慧伟大而圆满，故名大菩提。

（土脱旺曲哑巴坚赞）在去木雅①的途中，向公正无私的萨格卡贡寺献宝盖一个，并向法会做了供养。后在邦卡寺院，首先变化为尊者帕古勒，而后在仁巴森格强曲贝娃所修建的寺庙里宣讲《甘珠尔》经一遍。在最后进行总结的那天，先前的叛教者奉献了缎子衣服，作为赔偿。

（选自《萨迦世系史续编》，第一百一十二页）

注释

① 木雅：是个一古老的名称，无论是在吐蕃历史中，还是在《格萨尔史诗》中，它都占据着十分重要的地位。木雅旧译"弭药"，今天，它既是一个古老部落的称谓，又是一个地域名称。

（尊者牟巴逝世）遗体火化后，大部分舍利子和尸骨分开，稍大的头盖骨碎块献于大师。随后，举行大规模的供施和祈祷。精干的僧众和眷属，进行一个多月的"喜金刚①"修供仪轨和上师供。在古寺的僧众大会上，进行广泛的布施和常年的定期祭祀与诵经。父亲仁波切和牟钦共同的灵骨塔及银塔如意宝出乎寻常，特别精致。等高身量像，高大的银像和百多幅画像，以及为定期祭祀新建的"喜金刚瑜伽母"的修供等先后在超度法会上完成。随后圆满完成"胜乐火供"的补充念修，同时，又对在座的诸位赐予时轮胜乐大黑天之火。

（选自《萨迦世系史续编》，第一百五十九页）

注释

①"喜金刚"：是萨迦派最重要的本尊，亦即以喜金刚为本尊所修的生圆二次第的"道果"法。

雅隆温仁波切前来迎请（阿旺贡噶扎西札巴坚赞），在途中听到圣者法王诞生，即萨班复活的喜讯。随后，向法台敬献了嵌花缎的神幡，瞻仰雍布拉岗圣地。

（选自《萨迦世系史续编》，第二百六十页）

（达赖喇嘛）如同昔日一样奉命为佛法众生的伟大事业，前往南方洛卡，义不容辞。随即，从拉萨动身起程，在叶巴地方歇宿，并认真地进行了朝圣。次日，朝拜贡莫寺圣地，经过此地夜宿彭域结钦洼。第二天继续前往朗塘，朗塘护法亲驾前迎，向大师敬献绸缎宝幢，带结铁坎肩等赞见礼。

（选自《萨迦世系史续编》，第二百九十六页）

印度称作"能变"的土猪年（1419），法王三十一岁。自觜角宿月（藏历三月）十五日的节日那天起，用金丝库缎二十三匹又九节不满一匹的零头缝制巨大金幡，神幡条幅用金丝库缎①二十二匹、又用四十二方丝缎抽纱搓线缝制，金幡高三十三肘，宽为八幅库缎，正中是弥勒佛像，高十八肘，两侧是观音菩萨、文殊菩萨、声闻乘中智慧第一的舍利弗和神通第一的目犍连，神幡上方两侧角的客位作伴的神佛是释迦佛、不动佛，弥勒佛宝座，下方是护法神刀下死。以上圣像主从凡七

第一编 法器

尊。另外，又用绸缎一千五百零二方制作神幡两件，每件幡用六十五方缎子抽纱搓丝线来缝制，幡中间绣众佛菩萨像。建造两件侧幡连同正中的金幡费时一个月零八天。

（选自《后藏志》，第二十八页）

注释

① 库缎：又名"花缎"，或者"摹本缎"。库缎原是清代御用"贡品"，以织成后输入内务府的"缎匹库"而得名。库缎包括：起本色花库缎、地花两色库缎、妆金库缎、金银点库缎和妆彩库缎几种。

（吐蕃王朝时期，赞普打算迎娶尼泊尔、汉两地公主。）若迎娶两公主，则汉、尼等地之丰裕财物，如铁吸石，均可自然摄来藏地。王又思维，为随顺世间习俗，故暂时示现边地藏王之相，然仅此则遣使往聘，断难获允。于是（松赞干布①）赞普又从其右眼，放出光明，变化成为转轮大王之相，具足相好。并化出马宝、象宝、臣宝、将军宝、玉女宝、轮宝②、摩尼宝等王政七宝，以及四部兵马，作为前导，齐聚尼王宫门之前。

（选自《西藏王臣记》，第十八页）

注释

① 松赞干布：（617~650）吐蕃王朝第33任赞普，是实际上吐蕃王朝的立国之君。

② 轮宝：（物名）转轮王感得之宝器，王游行之处，必自前进，而制伏四方者也。有金银铜铁四种，故分金轮王乃至铁轮王之四等。

[扎西斗吉旺布第者，领受敕旨作为莲师深密法要之法主也，赞颂之诗]

昆族宝裔，从光明天，下降而临世，
东方皇帝，宝幢顶首，高供作承事。
随欲德雨，如耳严珠，勇流瞻部州，
珍宝增色，加以镶嵌，严饰上流处。

（选自《西藏王臣记》，第七十五页）

（帕木竹巴政权时期，杰瓦仁布齐）主持法座时，僧格岭·谛热胡地，与及亚泽等小王均献呈无量供品，财物之丰厚可与毗沙门天相匹敌。尤以所献物中有驰名之索布白结宝，如是等众多珍品，作为供养。

（选自《西藏王臣记》，第八十二页）

[正德十年（1515）]允（刘允）行，以珠琲①为幢幡，黄金为供具，赐其僧金印，犒赏以巨万计，内库黄金为之罄尽。敕允往返以十年为期，所携茶盐以数十万计。允至临清，漕艘为之阻滞。入峡江，舟大难进，易以《艜》、《艖》，相连二百余里。

（选自《明史》，第八千五百七十四页）

注释

① 珠琲：珠串。多形容形似珠串的水珠等。

（关于15世纪下半叶根敦朱巴对三宝——佛、法、僧供奉的情况）根敦珠巴还将以前建造佛像所剩下来的材料物品，如铜、青铜盘、铁块、铜块、铜铬块、施食架、墨盒、工具等，全都作为对三宝的供奉物品,铸造成能盛两罐水的供杯两套,每套七个。还造了一肘尺见方的坛城七座。特别是他还用五百七十六钱白银建造了供奉在弥勒像前的一对银灯,上面镶嵌宝石,被称为吉祥增盛灯。灯上有根敦珠巴亲手所刻的文:"成就善业之福德,根敦珠巴所奉献,祈愿僧众诸事成就!"

(选自《一世至四世达赖喇嘛传》,第五十一页)

[土蛇年(1509)二世达赖喇嘛师徒及扎仓僧人去杰梅朵塘①,为建立寺院奠基,选址于兴建桑耶寺时期所建的一座佛殿所剩下的墙基处]当时,有一个名叫根敦达的人在挖掘墙基时挖出一个自然具有右旋螺纹的海螺和四块有莲花花瓣图形的石头,于是将这四块石头和宝瓶一起分别埋藏在大殿四角的墙基的下面。在当年的夏天,这对工程避免雷电和冰雹的袭击起了作用。

(选自《一世至四世达赖喇嘛传》,第一百一十页)

注释

① 杰梅朵塘:地名,杰梅朵塘产品的美誉,并不是因为它动听的名字,而是因为以它是在昆仑山东支的阿玛尼卿山极其神奇的气候条件下形成的蜜源植物。

[虎年(1638)二月之后]我(五世达赖喇嘛)前往帕旺卡为噶居赤烈彭措建成的帕旺卡巴大师银质灵塔祝赞吉祥。当晚,我坐在银塔面前,虔诚祈祷完整的头骨永存于塔瓶之中。

(选自《五世达赖喇嘛传》上册,第一百一十三页)

[水马年(1642)三月间,为了庆贺西藏所有木门人家都归于持教法王(固始汗)治下]色拉、哲蚌①和大昭寺的僧人们为庆祝胜利,在屋顶上插遍祈祷旗幡。

(选自《五世达赖喇嘛传》上册,第一百三十六页)

注释

① 哲蚌:哲蚌寺系黄教六大寺庙之一,原名是吉祥永恒十方尊胜州,藏语意为"堆米寺"或"积米寺",藏文全称意为"吉祥积米十方尊胜州"。

[木鸡年(1645)(为修建布达拉宫)三月]二十八日,素尔贡钦钦波曲夹让卓按照续部经典中的思想,在房顶上插置经幡①,进行祷告,并吹响了宗喀巴大师曾经从甘丹寺绕礼道迎请来的佛陀的法螺、吉祥斗巴噶拉的法螺、圣者萨迦班智达②的法螺等,使螺号声响遍四面八方。当二十九日的火星会娄宿的吉时,将大慈大悲观音菩萨亲手制作的全部金刚橛供品迎请到布达拉宫的中心地位上。由香灯师格丁喇嘛率领跳神官等南杰盘德林寺的僧人扮作具德饮血忿怒金刚之相,举行净地仪轨。

(选自《五世达赖喇嘛传》上册,第一百六十页)

注释

① 经幡:经幡即风马旗。风马旗是青藏高原上一道独特的风景,在四川、青海、甘肃、云南的藏族聚居区以及尼泊尔、锡金、不丹、克什米尔等邻邦,人们随处都能见到一串串、一丛丛、一片片以经咒图像木版印于布、麻纱、丝绸和土纸上的各色风幡。

② 萨迦班智达:于藏历第三绕回水虎年出生在后藏。自幼从至尊扎巴坚赞处学习并掌握了显密二宗精要。23岁去印度留学,拜卡却班禅为师,刻苦学习,精通大小五明,获得班智达学位,成为西藏第一位班智达。

第一编 法器

［根据《五世达赖喇嘛传》上册前后文判断，时间应是土候年（1668）之间］桑耶钦普寺和洛扎堪钦夏多瓦的特协经堂分别由各自的管家主持，常设五色百供，卓瓦寺常设一炷供灯，外管家更噶扎西还修复了冬至和夏至经忏法事的佛像。

(选自《五世达赖喇嘛传》下册，第二页)

［铁猪年（1671）］（厄鲁特准噶尔部发生内讧，传来温萨活佛消灭了巴噶班第的消息）（五世达赖于二月十一日之后出面调和结束后）用灵器供品二件、降敌物品八件，向松赞干布陵呈献酬补供品，向释迦佛像呈献退敌朵玛一万个，为六臂依怙神和羯磨阎罗呈献退敌朵玛一千个，一般的供品一百件，在吉祥天女①阁中呈献退敌朵玛一千个，饰有绸穗的银镜、五色神幡、羊百只等。

(选自《五世达赖喇嘛传》下册，第五十四页)

注释

① 吉祥天女：相传为毗沙门天王之妹（有说为其妻）。梵名摩诃室利，梵文音译"摩诃室利"，"摩诃"意为"大"，"室利"有二义：功德和吉祥。合起来即"大功德"、"大吉祥"．又称大吉祥天女，或称功德天。

［木虎年（1674）在拉萨祈愿大法会时，因人多场地小，为了庆祝顺遂，又扩建经堂］（具体月份不详）从十九日起，连续聚会三天，向护法神们呈献了大量的酬补供品。把以金缎半月形披风为主的十三件红黄色相间的花缎披风毁坏后用来修补曼荼罗供案上面的华盖。我把那件饰满珍宝题有祈愿文的打红缎袈裟献给了释迦牟尼佛像。

(选自《五世达赖喇嘛传》下册，第一百零三页)

［木兔年（1675）］九月初三日，像布达拉宫经堂的顶部那样，在各殿顶上插置一行行红色和绿色的经幡，迎风招展。佛殿顶上设置宝瓶，依照消除饥疫战乱的秘诀，大师（达尔端钦布）亲自装藏。

(选自《五世达赖喇嘛传》下册，第一百八十三页)

［木兔年（1675）十一月初一日］我（五世达赖喇嘛）为献给夏鲁水牛供养事业阎罗的红白蓝三色敬神哈达题写了标签。

(选自《五世达赖喇嘛传》下册，第二百零七页)

［木兔年（1675）三月十一日后，关于新建聂拉木格培林寺的情形］（格丹培杰林寺）该寺所需的供品及乐器、帷幔①、华盖、举行法会供茶饭的基金来源的商贸及牧场等内外所需也给予了不少。

(选自《五世达赖喇嘛传》下册，第二百四十四页)

注释

① 帷幔：帷在《辞海》中解释是：帷幔，帐子。幔在《辞海》中也解释为帐子。这个词是指用布或纱做成的围帐。

［火蛇年（1677）十二月一日］洛桑图结被派去参加巡回辩经时，呈献了用二十三两白银制作的供灯，我为此写了记事。

(选自《五世达赖喇嘛传》下册，第二百七十一页)

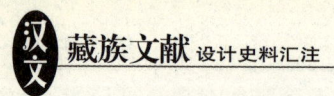

[土马年（1678）三月二十六日起］在桑阿绛曲林由一百名僧人举行为期一个月的遮止违缘的法事，还在特西、科顶、查东孜、格吉等寺庙呈献柱面幡、宝盖、香袋、幡幢、敬神哈达等物品。

（选自《五世达赖喇嘛传》下册，第二百八十三页）

［根据前后文判断，应是土羊年（1679）七月］二十六日，贾曹活佛向我馈赠吉祥哈达、华盖、瓶座垫子等礼物，我（五世达赖喇嘛）给以他们兄弟为主的八个人传授珠杰派的长寿灌顶法。

（选自《五世达赖喇嘛传》下册，第三百五十一页）

［铁猴年（1680）五月初八日］我（五世达赖喇嘛）接受了尼泊尔华罗居去世后送来的药师佛像等大批回向礼品，值得一提的是此人不同寻常，他品行优良，业绩卓著，更换了江孜大寺的法轮和伞盖，用鎏金铜皮包饰，给工匠们支付的报酬和伙食费共计黄金九十钱，白银一百二十两。

（选自《五世达赖喇嘛传》下册，第三百八十七页）

［铁猴年（1680）十月初十日］为了政教声誉而举行经忏法事，夏鲁巴在日喀则、扎西孜曲德在布达拉宫分别施放白伞盖①灵器。

（选自《五世达赖喇嘛传》下册，第四百零九页）

注释

① 白伞盖：音译悉怛多钵怛罗。意译白伞盖、白伞。白伞盖者，取佛之净德覆盖一切之义。又称白伞佛顶（或作白伞佛顶）、白伞盖佛顶轮王、伞盖佛顶、白伞盖顶轮王菩萨。为五佛顶之一，亦为八佛顶之一。

（五世达赖喇嘛在各寺新建佛殿分赐供品等）三大寺（色拉、哲蚌和甘丹）决定了前藏僧人的来源……在吉祥哲蚌大寺修建了面积一百零八柱的大经堂。概括起来说，在布玛经堂和弥勒佛殿分别建立金铜屋顶，安装大小屋脊宝瓶；在本生殿顶建立一对金制胜幢；为大经堂建造顶弈、旗幡各一面（对），陈献香囊一对；向十佛殿和上密院供献食品、长明灯、糌粑二百二六字官秤克、酥油二百二十五克。

（选自《格鲁派教法史》，第三百三十六页）

（五世达赖喇嘛）向小昭寺上下佛殿提供敬神哈达、大小旗幡、顶帘、香囊、胜幢等多种供品，赐给糌粑和粮食各三百六十三克、酥油一千八百克、后藏香一百六十捆、四种服饰十二套，以及灌顶用的头饰、法器、珠鬘节、象牙、拇指大的珍珠两颗、黄琉璃、璎珞纹等，另有纯金二千九十二钱制造的圆垫，手工费用粮食九千一百四十七克。

（选自《格鲁派教法史》，第三百五十四页）

根据授记，为使藏人民安乐幸福，（五世达赖喇嘛）为释迦牟尼佛像敬献衣服（法衣）、瓶座；为护贝龙王像敬献覆口瓶座；向班巴塔协祖拉康提供五种供品十五次；向大小昭寺的两尊释迦牟尼佛像敬献银器供品；向普尔珠杰科寺观世音菩萨像敬献以珍珠和其它各种珠宝相饰的璎珞彩旗鬘；向释迦牟尼佛像敬献赤金器物和右旋海螺①、玉石、珍珠等项链。

在桑浦内邬托寺佛殿上建造宝瓶。为绛达孜祖拉康的宜祭日（藏历每月十五日、三十日和初八举行）提供神灯灯柱和灯布等供品。赐给班巴塔协、科塘、扎敦孜、格结等寺院以旗幡、花盖、香包、胜幢、敬神哈达等供品。

第一编 法器

为布达拉宫上师拉康宗喀巴大师殿制造汉式金铜屋顶，敬献邬陀夷四灵器，提供工费粮食一千一十四克。

（选自《格鲁派教法史》，第三百五十四页）

注释

① 右旋海螺：亦称法螺，藏语称为"东嘎叶起"。这种右旋海螺曾是古代战场上的军号，当佛教传入西藏后，海螺变成了法螺，用于为佛教宣传教义，螺声再不会挑起战火，带给人们的是和平安谧。

在第悉索南饶丹祭日，（五世达赖）向以拉萨布达拉宫为主的祖拉康提供佛灯、金水、供物、敬神哈达、五种供品等进行祭祀。

（选自《格鲁派教法史》，第三百五十七页）

（第四任大法台阿旺旦增）他曾主持倡建拉萨密宗院、桑阿卡尔密宗院，刊刻《四注合璧》的新版；为哲蚌寺郭莽学院敬献一对金制宝幢等许多贵重物品；将噶丹寺的银制灵塔改造成金制灵塔……

（选自《拉卜楞寺志》，第三百四十四页）

（拉卜楞寺大经堂二楼第一个供奉室）还供有第五世班禅·洛桑益西的一肘高的金像，是河南亲王妃南杰卓玛为自己将复生于雄猛持轮者（密乘一本尊）之境地而祈请于五世班禅时，根据（五世班禅）大师"本人之像能以纯金制造，再好不过"的愿望，铸造完毕后请大师本人进行了灌顶仪式，因此，该像的加持度是无法用语言形容的。该金像还穿戴着有点油垢的高耸僧帽及袈裟。

（选自《拉卜楞寺志》，第五百四十九页）

［铁鼠年（1720）十一月］喀尔喀顿珠王①为（七世达赖）喇嘛祝福，敬献银器之类的稀有器皿，献上等绸缎制成的华盖、宝幢、八吉祥物、国政七宝等一系列供品以及金银、绸缎等大批财物。

（选自《七世达赖喇嘛传》，第五十五页）

注释

① 喀尔喀顿珠王：敦多布多吉，成吉思汗后裔。

［木龙年（1724）六月之后，七世达赖喇嘛］去闪烁加持之光的宗喀巴大师灵塔前献上以三百两白银制成之曼遮、六百两白银制成之供灯、二百八十两白银制成之大供水杯七个、一百三十两白银制成之小供水杯七个，同时敬献五色彩缎哈达等殊胜供品，虔诚祈祷佛法宏扬、众生安乐吉祥。

（选自《七世达赖喇嘛传》，第七十七页）

［木蛇年（1725）八月，七世达赖喇嘛］喇嘛并亲往宗其寺弥勒佛圣像前，献以五十两白银制成之供灯和曼遮，献五色题词哈达、锦缎柱幡、香囊等无量供养，祈祷佛法宏扬，众生安乐。

（选自《七世达赖喇嘛传》，第八十一页）

［木兔年（1735）三月二十二日，七世达赖喇嘛送别和硕额增鼐］和硕钦差亦从此日按（雍正）皇帝敕令划定噶达扎仓所属庄园属民。后于巴拉康寺经堂献上等缎子天幕、柱幡、香囊、哈

达，作百次五供，祈愿佛教昌兴。近侍俄仁巴从帕松先去理塘恰摩寺为全寺献三所依和供品。

（选自《七世达赖喇嘛传》，第一百二十六页）

［木兔年（1735），七世达赖喇嘛］于寝宫日光殿开光、用餐，然后向洛格夏惹观音和达赖喇嘛灵骨金塔献题词哈达，向洛格夏惹观音献水晶供灯、景泰蓝大花瓶一对，祈愿佛教昌兴，中边安乐。

（选自《七世达赖喇嘛传》，第一百四十一页）

［火龙年（1736）九月］天降法会①时，（七世达赖）喇嘛向札什伦布寺大经堂献柱幡、香囊等供品，为后藏各寺院散发大量布施。

（选自《七世达赖喇嘛传》，第一百六十页）

注释

① 天降法会：传为纪念释迦牟尼在切利天为其母亲摩耶夫人说法后重返南瞻部洲的节日，从藏历九月二十日至二十三日举行庆祝法会四天，是佛教四大节日之一。

［火蛇年（1737）四月十五日后］（七世达赖喇嘛）向丹迥贝勒主仆作珠嘉派长寿灌顶，向绒绛钦寺弥勒像献铜钱花华盖。委任列日古吉为杰日琉璃寺堪布。

（选自《七世达赖喇嘛传》，第一百六十八页）

［土羊年（1739）一月，七世达赖喇嘛］为父尊主仆作长寿灌顶送别，派专人去群科杰寺作施食供养，向吉祥天女像奉献五色题词哈达、曼遮七座、宝剑十六把、胜幢七面及各种乐器等供品，以为将来之殊胜缘起。

（选自《七世达赖喇嘛传》，第一百九十二页）

［水狗年（1742）四月七世达赖喇嘛］向宗喀巴大师大灵塔献五供千份和以松石、珍珠为饰用五十两黄金做成的曼遮。

（选自《七世达赖喇嘛传》，第二百一十七页）

［木牛年（1745）正月十五日后］诺们汗请（七世达赖）喇嘛至法会，献身语意所依及用器等大批供养物，虔诚祈愿喇嘛足莲永固，并向法会献各重百两的广口银壶一百，向觉卧仁波且献头饰、祖衣、钵盂、吉祥瑞物、国政七宝、铙钹、华盖等。喇嘛同时也献系有愿词的锦缎宝伞和飞幡一对。此后三日内，向一百八十人授沙弥戒，向二百二十三人授比丘戒。

（选自《七世达赖喇嘛传》，第二百三十九页）

［水猴年（1752），七世达赖喇嘛］为排除授法逆障和佛教众生安乐，向诸护法奉献供食供品，向两尊释迦佛像献哈达、金液，向大昭寺及布达拉宫的一切所依添加酥油灯的酥油数千驮。

（选自《七世达赖喇嘛传》，第三百一十页）

［火鼠年（1756）七世达赖喇嘛生病未愈］众噶伦出面祈祷，请示喇嘛意旨和诸护法预言，为（七世达赖）喇嘛本年消灾息障，向各大寺和密院等卫藏数百讲修道场布施斋茶，念诵大藏经，总酬护法，施食回遮，做白伞盖母和般若波罗蜜多心经禳解，做长寿总持和长寿仪轨，念诵摧破金刚①和百字明咒②，修供度母等，于镇肢寺③和再镇肢寺以及二十三处圣地设千份和百份五供，奉献

以愿词庄严的哈达,锦缎柱幡、香囊等,所用物资共合白银三万六千两。

(选自《七世达赖喇嘛传》,第三百六十一页)

注释

① 摧破金刚:或称摧坏金刚,藏名是多杰南炯。多杰是金刚,南炯就是摧毁、破坏、毁灭之义,故称摧破金刚。

② 百字明咒:金刚萨埵百字明咒,是金刚持菩萨的咒语。

③ 镇肢寺:镇肢寺庙。古堪舆家说西藏地形为罗刹女仰卧状,松赞干布时建以镇压女魔肩部和臀部的四座寺庙。即运如昌珠寺、也如藏章寺、布如噶采寺和如拉准巴江寺。

[火鼠年(1756)八月初二后,七世达赖喇嘛视察各经院学习情况]后去俄康真智无别大威德金刚像前献五色题词绸绫哈达,手举以三十一两白银铸成的供灯亲手点燃,长时间祈祷,同时献银曼遮,上置金子、粮食堆,在(金刚)右手上献上长腰鼗鼓和宝剑,长时间祈愿佛教宏扬,众生安乐。此后,向宗喀巴大师像献哈达,向六臂怙主献哈达和三尖(宝器),向具誓法王献哈达、人皮天灵盖棍、美萨宝剑,向被称做"麦吐玛"的吉祥天女像献哈达、宝剑,向护国药叉像献哈达等。

(选自《七世达赖喇嘛传》,第三百七十一页)

[火牛年(1757)九月]在一星曜和合吉日,南杰扎仓僧众吹奏喇叭法螺,(七世达赖喇嘛)喇嘛遗体如意宝请至扎西奇哇寝宫,安放于灵塔宝瓶。宝瓶内有以檀香木雕成的宝箧,当向遗体穿戴五祖衣头饰、安置于宝箧中时,太阳升起,拂晓太空明洁如洗,太阳照到布达拉宫顶时,宫前天空现起五色彩虹,虹云呈供物状,特别甘丹寺顶空,云作吉祥瑞物和国政七宝①形,长久不散,众皆显见,成佛教众生无上事业宏广博大、源远流长之缘起。

(选自《七世达赖喇嘛传》,第四百页)

注释

① 国政七宝:即轮王七珍,金轮宝、白象宝、绀马宝、神珠宝、玉女宝、主藏宝、兵臣宝。

苏改算好月份,某月十五日应约来到浴池边。此时,彩霞满天,降落阵阵花雨,乐器声悦耳动听,在虚空出现了无量天界男女,其中一天女对苏改说:"撑开羽绒华盖来接。"从天空接连扔下兰玉龙肉冠、白狮子绿鬃等并说:"这些都是你家族的宝物,用来接住你的孩子吧。"又说:"把你的孩子还给你,他(直贡尊者达布拉杰)将传出利乐众生的世系。"

(选自《直贡法嗣》,第六十二页)

(元奘法显)到竭叉国①与慧景等合。值其国王作般遮越师②。般遮越师,汉言五年大会也。会时,请四方沙门皆来,云集已。庄严众僧坐处,悬绘幡盖,作金银莲华,著绘,座后铺净坐具。王及一群臣如法供养,或一月二月,或三月,多在春时。王作会已。复劝诸群臣作供供养,或一日,或二日三日五日。供养都毕,王以所乘马鞍勒自副,使国中贵重臣骑之,并诸白氎种种珍宝。沙门所须之物,共诸群臣发愿布施。布施已,远从僧赎。

(选自《卫藏通志》,第十二页)

注释

① 竭叉国:系帕米尔高原中之古国(今新疆喀什)。据高僧法显传所载,此国每五年举行无遮大会,会时四方沙门皆来云集,王及群臣如法供养,或一月、二月,或三月,多在春时举行。

② 般遮越师：意译作"无遮大会"。谓贤圣、道俗、上下、贵贱无遮，平等行财施和法施的法会。

（阿育王弟常住耆阇崛山）其山峰秀端严，是五山中最高。法显于新城中买香华油灯，倩二旧比邱送法显上耆阇崛山①。华香供养，然灯续明，慨然悲伤，收泪而言。佛昔于此说首楞严，法显生不值佛。

（选自《卫藏通志》，第十三页）

注释

① 耆阇崛山：梵语的译音，又译为灵鹫山、灵鸟山、灵鸟顶山。在中印度摩揭陀国王舍城东北，为释迦牟尼说法之地。

梁书，扶南国传。俗事天神，天神以铜为像。二面者四手，四面者八手。手各有所持，或小儿，或鸟兽，或日月。其王出入乘象，嫔侍亦然。王坐则偏踞翘膝，垂左膝至地，以白叠敷前，设金盆香炉于其上。旧唐书，吐蕃传。其人或随畜牧，而不常厥居，然颇有城郭，其国都城号为逻些城①。屋皆平头，高者至数十尺。贵人处于大氆帐，名为拂庐②。寝处污秽，绝不栉沐。接手饮酒，以氆为盘，捻麨为椀。实以羹酪③而食之。多事羱羝之神，人信巫觋。不知节候，以麦熟为岁首。

（选自《卫藏通志》，第十五页）

注释

① 逻些城：即拉萨。
② 拂庐：上层吐蕃人所居的毡帐。
③ 羹酪：指酥油茶。

他（七世达赖喇嘛）外穿依于教化行规的佛教主持之袈裟，内心则禅定于密乘四续部①之瑜伽，达到如大海般广大的悟性功德，为佛教众生谋取无尽事业。他将前世们的事业集于一身，举起佛教主宰永不垂落的八大胜幢。正如所言："在所有的人世间，还要如此继续转世。"《经庄严论》曰："只要世间如此存在，他的行为（转世）就一直不断。"

（选自《八世达赖喇嘛传》，第五页）

注释

① 密乘四续部：金刚密乘分为事部、行部、瑜伽部、无上瑜伽部等四续部。

[铁蛇（1761）正月]第二天（十二日），扎什伦布寺喇章举行盛宴，以佛爷（八世达赖喇嘛）为佛土庄严①，供献佛祖佛像、佛祖传记、尊胜灵塔、金质法轮、鸟翅装饰的白螺宝、银质轮王七宝、全套随身用品、黄金、白银大升、上品衣服等九种三十五件随缘礼物。（六世）班禅大师向佛爷讲说曼荼罗等崇高赞颂出家授戒。

（选自《八世达赖喇嘛传》，第十六页）

注释

① 佛土庄严：佛土指佛身所依，佛所居住，所教化的国土。庄严即布列众宝、宝盖、幢幡、璎珞等物，以装饰严净道场或国土。

[木猴年（1764）]二月初三日，为佛王（五世达赖喇嘛）遍知七世达赖喇嘛洛桑格桑嘉措的

祭日。佛爷朝拜了观世音圣像和两座金灵塔为主的圣物，一如往昔地献上敬神哈达、供品、供灯等的供云加持。

（选自《八世达赖喇嘛传》，第三十页）

[木猴年（1764）十月]二十一日，上午闭关歇息时，鄂尔多斯贝勒顿珠嘉措的吞顷则玛延请南杰扎仓的众多僧人（整数），为（八世）佛爷念诵祈寿，同时奉献曼荼罗及佛像、佛经、佛塔等大量礼物，以及心的无数供云，并念诵真言祈请佛爷在众生如天空莲云未得解脱之前。请足莲永固，保重身体。

（选自《八世达赖喇嘛传》，第三十六页）

[土狗年（1778）五月初一日]此后（塑造佛像），佛爷（八世达赖喇嘛）接着前往至尊上师宗喀巴大师的圣地卓日窝甘丹朗巴杰瓦林寺（即甘丹寺）。……经由蔡公塘①、桑昂喀、札西迴，沿途接见前藏僧部俗部信众，为沿途的各寺庙神殿开光撒花。甘丹寺的众喇嘛执事，以及以事业成就者赤诺门罕活佛为首的全体僧侣前来迎接。他们执举佛伞、胜幢、飞幡，齐奏各种无数乐器，吹响美妙音乐。和着祈祷声声，在僧众仪仗队的迎接下，佛爷（八世达赖喇嘛）莅临文殊上师法王宗喀巴大师之古寺甘丹寺的法座上。

（选自《八世达赖喇嘛传》，第七十八页）

注释

① 蔡公塘：在色拉、哲蚌、甘丹三大寺修建前，蔡公塘是西藏大法相院是卫地方的六大寺庙之一。

[铁鼠年（1780）正月]二十四日，（八世达赖喇嘛）前往小昭寺朝拜释迦牟尼佛像，献上衣服、曼荼罗、供灯、敬神哈达，同时作供施祈祷，祈愿利乐众生。向护法神色栋、玉度母等诸护法奉上哈达及顺缘法物，并作请托。随后在僧俗仪仗队、歌舞队，以及有幸瞻仰佛容获得解脱的众生人流的迎送下，莲足登上布达拉宫。

（选自《八世达赖喇嘛传》，第一百零二页）

[木龙年（1784）正月]十一日，在象征政教崇高的佛伞、胜幢、各种吹奏乐器的开道下，（八世）达赖喇嘛出行驾临神变"默朗钦莫①"大昭寺，于厄旺殿的欢迎宴上，摩顶加持近一万名僧俗，消去他们前世积攒的恶业。

（选自《八世达赖喇嘛传》，第一百二十八页）

注释

① 默朗钦莫：（汉语为传召法会）意指盛大祈愿法会，是乃宗喀巴大师所倡导的四大藏传佛教佛事之一。

[木龙年（1784）八月]二十一日，扎什伦布寺在萨玛鲁定设灶郊迎，强佐诺门罕仲巴呼图克图、苏细喇嘛、仲科尔僧俗、各宗溪等僧部俗部在此恭候欢迎。从各村各寨、各个寺院的房顶上吹奏传来的各种法号、鼓乐响彻云霄。到处燃烧的梵香，烟雾缭绕弥漫空中。帝释的天兵用的各种绸缎彩旗随风招展，遮天盖地。僧侣们执举各式各样的供品，排着仪仗队，年轻英俊的男子们和美丽动人的女子们献出精美的技艺，载歌载舞欢迎（八世）达赖喇嘛的驾临。……随后，达赖喇嘛足莲

迈进扎什伦布寺喇章的寝殿衮桑颇章，与六世班禅灵童相见。……随后请师徒二尊（八世达赖喇嘛和七世班禅）为聚集在场的僧俗信徒一万人以及私自朝拜者摩顶加持。尔后达赖喇嘛在扎什伦布寺转经、瞻观、朝拜，向新造的六世班禅大师大银塔前作千遍五供，献上五色内库金丝大缎的敬神哈达；向雕嵌镶银吉祥八瑞的五百六十两银质供灯盛水器添增最上等的酥油液，并供奉一对用五种金丝妆缎制成的香囊等供云，同时作发心供施祈祷。

（选自《八世达赖喇嘛传》，第一百三十二页）

［土猴年（1788）四月二十五日］在萨松朗杰寝殿，经师仁波切向（八世）达赖喇嘛为首的一百九十名高僧开课讲授《胜乐隐义普明经》。当时，西藏上部（西部）边界地方，受恶魔种族唆使的廓尔喀①王臣由于不能忍受西藏具信佛教的臣民过着美满幸福的生活，窃据西藏边境，掀起乱事。为了对廓尔喀人的恶意和霸道行为进行回遮驱逐，延请上密院僧团在布达拉宫建立护法怙主的驱魔禳解法会，迎请达赖喇嘛到法会座首为僧侣们发放大量布施，接着举行三个七天的《白伞盖禳解回遮法》和《护法神的酬补催劝法》。此后，向拉萨密院的下密院供施五色库缎哈达、五色库缎哈达装饰的有十六秤重的银质佛土庄严，以及有十五秤重的银制供灯。向宗喀巴大师像供施库缎五色敬神哈达、有十五秤重的银质佛土庄严并系上五色库缎哈达加以装饰。向温静的吉祥天母像供施五色内库哈达、装饰精美的银质宝盆及以五色库缎哈达装饰的铜镜。向威猛的吉祥天母像供施内库敬神哈达。这些祭供之后，又向布达拉宫各楼殿的大小主供神像分别供施哈达，进行祭供。

（选自《八世达赖喇嘛传》，第一百五十九页）

注释

① 廓尔喀：尼泊尔中部地区，廓尔喀王朝发祥地。

［铁狗年（1790）］八月十一日，（八世）达赖喇嘛在坐静时内心感受境中真实地看到本尊（自己）头戴一顶崭新的黄帽，肩上披一幅唐卡（卷袖画）从一个地方转来，在布达拉宫措钦宁巴大殿顶上，佛王兄弟济仲两人肩上披着沾满血的人皮而来，随后他们两人向内地（东方）抛撒花朵。……怙主达赖喇嘛心意祥和，高兴地说道："觉沃噶当派的教言所说'一些信斋用于供奉寺院'之主张是最具功德的做法。"但经师不仅仅持这种看法，他还认真地说："所谓'部分信斋用于火施①'，这在佛经里有记载。所谓'火施'，即指以熏香为象征的花朵、妙香配饰的供物和功德水、供灯、神馐等五供、百供、千供和万供等大量加持灵物。我是一切都为了供奉佛教三宝，这是佛经主旨。至于为色拉、哲蚌和甘丹三大寺为代表的一切寺院发放布施的情况已在该传记的前后都作了记载……"

（选自《八世达赖喇嘛传》，第一百六十八页）

注释

① 火施：指以熏香为象征的花朵。妙香配饰的供物和功德水、供灯、神馐等五供、百供、千供和万供等大量加持灵物。

［水牛年（1793）三月］二十二日，（向热振活佛）很好地听授（八世达赖喇嘛的）这些经教。讲授结束，呈上三十两金质曼荼罗、内库哈达、上等红黄锦缎二匹，以示听经酬谢。

（选自《八世达赖喇嘛传》，第一百九十一页）

木虎年（1794），新春正月初一，举行盛大喜庆宴会，抛施食子，诵经酬补，一如往年。……

同时做好新年食子供品，向两座金灵塔和各个神殿献了题有祈愿词的敬神哈达，向主供佛洛格夏热观世音像前供设三十五两黄金制成的镶红松石的酥油供灯，以及一百零八两白银制成的托盘。（八世）达赖喇嘛向观音佛像亲手献上题有祈愿词的敬神哈达。

（选自《八世达赖喇嘛传》，第二百页）

［水猪年（1803）八月］初二日，与修执王金刚橛相关。于衮顿庆巴寝殿，以达赖佛王（八世达赖）为主，与诵经助手唐玛居征巴们一起新立乃穷护法神的诵经酬补金刚"札央玛"，举行隆重的供施朵玛观赏仪轨。并由大司膳作全天侍养及会供曼荼罗素宴供养，向护法神献上敬神哈达，向达赖佛爷献上功德实礼、曼荼罗、身语意三依、金银、绸缎，向坛城中心强巴佛通瓦顿丹作常供的酥油灯五十盏，向诵经法师僧们布施功德礼每人一条外库哈达和三个银章喀。这日整天进行本尊神的酬补托请。当日天象吉祥甚好，雷声阵阵，彩云奇异挂在空中。

（选自《八世达赖喇嘛传》，第二百七十八页）

克什米尔班钦的戒律传承号称有四部会众。它们是：乃东的孜措巴、扎其多冲都措巴、扎囊的杰林措巴、藏的却隆措巴等，据说这些寺院内均有班钦的陶土像和钵盂等极为殊胜的遗物作为内供佛宝。

（选自《卫藏道场胜迹志》，第十三页）

（正月二十六日达赖喇嘛庆祝节日时的情景①）正月二十六日，看跑马，跑人，贯跤，抱石，后散招。是日，系达赖喇嘛遣诺们罕，坐大招寺左侧法台楼上看。一喇嘛顶盔贯甲，扮护法，前列执事幡伞，众小喇嘛戴套头，穿彩衣，排行由护法寺出，至法台经过作乐，引导仍回护法寺，又弥勒佛坐辇，由大招寺正门出，作乐，引导自右转左，前列幢幡宝盖黄伞，五方镶边神旗，又列五色旗、装扮鬼怪诸神像排对，真象驼宝瓶。又扮狮子、犀牛、老虎、水兽，跳舞转绕大招寺，由法台前经过，仍回归大招寺，进正门，供奉毕。始看跑马，马约有一百余匹，骑马之人皆系蛮童，身穿五彩衣，听炮响为号，马从藏之西北塔门跑来，由法台前过，跑出藏街之东工布塘地方收马，令碟巴头人在彼等候，挨次发奖。

（选自《番僧源流考》，第四十三页）

注释

① 本部分是原书一章中的附录，作为节日概要记载了西藏节日时达赖喇嘛作为宗教首领在家中如何举行庆祝活动，未指定记录某一年或者某一位达赖的节日庆贺，但是根据记录中对与会人官职、爵位、僧人的称呼方式佐证，节日记载的是清顺治乾隆两朝间达赖喇嘛的节日庆祝盛况。

（湟水北部地区政教发展情况）密乘寺院曲科林寺，原系以卫地修习密乘的僧人们派遣的一名募化者住过的地方为基础修建的。至今在这里还保存着达赖喇嘛颁发的珍奇手谕。全知者班禅当年曾给土观胡图克图颁发过修建一座新寺院的指示，经请求授记，认为扎喜曲林寺院所属游牧部落中的杂采地方风水好，地势吉祥。于是就原来地址，修建新寺塔哇林。铁牛年（辛丑）金刚持来到此地，占卜摩瞑罗伽等禳解风水，安置宝瓶，命令阿南部落，将左右方却典隆巴谷、扎喜隆巴谷、拉隆谷等地划界封禁。

经堂后部中央安置着上师的宝座，左右两旁造有传承菩提道次第的约八岁儿童身量高的五十九位上师身像，下方壁画是本师释迦牟尼十大行的传记，圣·宗喀巴全部事迹，屋顶天棚上的壁画是师承传记，屋顶上安置金铜制宝瓶。上方右侧的佛堂里，供奉着以觉阿利见佛为主的许多画像和塑像。左侧依怙神殿里供奉着以嘉地区天母神湖圣水和沙砾，汉藏各个大圣地，依怙殿和寒林等处的沙石，以及许多圣者的头发和衣服等合在一起作为造像的材料，并于胸间画有命脉图像，依法装藏，高度约为十卡的退兵佛母像，这尊圣像非常灵验。还有嘉赛活佛赐给的檀香棍等各种亲眼供物。阿旺噶罗比丘修建的汉式佛殿里，供着《甘珠尔》大藏经、大法轮。护法殿内供着七卡高的骑狮护法、财神、骑羊护法等身像，极为威灵显赫。护法殿外悬挂着质地优良的各种绸缎制成的单幅成双幅璎珞，长度约为八寻的缎制不动佛佛像，各种供器，及许多供养比丘的用具等。

（选自《安多政教史》，第八十四页）

（黄河上游玛多、果洛地区政教发展情况）奥多地区的桑主德登新寺阿木去乎活佛修建，由库交官人贤巴丹达等护理。此寺，是这个地区黄帽派所建的唯一寺院。古时候，哇尔玉地方有四座大寺院，称为四方四主。由于果洛纳泰尔部落侵扰，现在这些寺院全无遗迹。德登新寺的山后，是拉雅尔三兄弟山，其谷口有称为玉泽神山的守门者达哇赛差等许多著名土地神。

噶玛·曲英多吉诞生地卡热有居德寺。

旺钦多巴有嘉塘觉派断派弘传，有衮钦冈巴的后裔和灵塔等圣物。这座灵塔可能是冈坚曲结释迦喜宁的灵骨塔。

旺钦玛巴有旧派寺院，由噶妥巴主持。称为贡波温圣地的果洛吉日山，有敦察胡孜的佛殿遗址，第十世噶玛·耶希多杰诞生在古达地方。

康干部落有浪噶寺。阿什羌地方有却典喇嘛修建的佛塔。哇尔玉地方有称为古印度阿育王修建的一百零八座佛塔之一吉祥郭莽佛塔。多曲和孜曲汇合地多曲多（多曲上游）地，有大成就者衮桑彦潘驻锡地秀庆达郭。有称为从前董姓氏族析居的地点——六座石房。

（选自《安多政教史》，第二百二十八页）

（大夏河流域南北地区及喀加措周等地政教发展情况）玛额阿阇黎桑洛坚赞请求时，曾予以这样的答复（关于寺院地址、地名的答复）。第十四胜生的土猪年（1779），一切知指示的时机成熟了，怙主尊者心传弟子德赤仁波且嘉样图丹尼玛被阿洒喇嘛洛桑敦请前去，将静修院和拉德庄园等献于彼师，开始新建寺院的筹备工作。铁鼠年（1780），这位尊者又去该地，授胜乐、密集、大威德三本尊自入法灌顶。各噶尔哇寺院的执事喇嘛等和西仓官人索南嘉措、唐隆郭哇等曲科尔十二部的僧俗人等承担起修寺的责任，献西仓部落的冬季草场为寺址，举行了吉祥长净，相地、乞地、定线等仪轨，开始修建经堂、僧舍等工程，把上述各寺院、禅院集中在一起，建立了扎仓。这年年底，这位尊者前赴内地、蒙古地区，由恩师阿莽道扎按照指示，常年前赴该地，负责一切。火马年（1786），尊者从内地回来之后，即于该寺经堂的殿顶，安置了金铜合制的胜幢一对、宝瓶、鞭蕨女墙等。设置以纳塘版《甘珠尔》大藏经为首的身、语、意依止圣物，供物、供器以及常用器具等，并修建彼师的规模较大的寝宫。土鸡年（1789），请遍照尊者为经堂和所依、能依圣物以及噶哇夏仲塑造的弥勒佛像等举行开光仪式，将寺院和寺院的溪卡庄园都献了上去。凡正理学部、五供节祭、祈愿法会、学期和学级的数目大都按母寺①规程执行，建立讲闻制度，大拉让为之写订寺院法规。大皇帝誉为"谢尔辛林"（般若寺），供奉吉祥天母为护法，威灵显赫异常。……当年喇嘛强巴的亲传弟子曲玛俄仁巴被本尊度母就第六世班禅贝丹耶喜和第二世嘉木样的功业进行授记时，已经授记这座寺院的建立。这座寺院，到木牛年（1865），虽只经历二十六年，但无论从僧侣的聚集，讲闻的弘扬等任何方面来说,都蒸蒸日上,成为圣教的美妙庄严道场。

(选自《安多政教史》,第五百五十二页)

注释

① 母寺:指拉卜楞寺。

(清乾隆期间,嘉喀尔喇嘛干巴即彼师)这座寺院(嘉喀尔寺·谢珠达尔吉林)先前的那地址,由于土地潮湿,地基不固,有些僧侣常中土地凶煞的邪气等,乃请求遍照尊者予以占卜,选定了现在的这所寺址,于铁兔年即辛卯岁(1831)进行迁移。请赤钦贡乔旺秀举行相地、乞地、奠基划线等仪轨,并在这位尊者的座前聆听了《吉雪全集》的教敕等,也向他奉献一些经法。修建经堂、密宗院、护法神殿以及二层楼的寝宫等。所有费用计达白银一万两千余两,其中由切巴锡勒图提供了许多秤白银的顺缘。在以八大清净弟子拥绕的圣·宗喀巴大师像、释迦能仁王佛和十六尊者像等许多金铜合铸的圣像为主各佛殿顶上安置了宝瓶、鞭蕀女墙等饰物,极为美观。在遍照尊者前赴卓尼之际,请求予以开光。密宗殿楼上走廊悬挂绘有十六明妃像等及许多缨络、幡等供器和用具。本拟在寺院建立法相学院,由于一部分人的行为,乃暂时搁置。于六十一岁的木虎年(1854)圆寂,尸骨之上出现许多字母。

(选自《安多政教史》,第五百九十五页)

(洮河南部区域各地政教发展情况)自阶州向东南行七、八日的地方,有从前称为唐宗的西安府。文成公主诞生于该处。西藏迎去的觉阿释尊像的宝座,稀奇金色华盖,现在仍保存着。峨眉山等的北边,有一条来自印度的河流,自南向北流经这城的前面。在这条河流的水面上,从印度扎了筏子,把觉阿释尊依迎请到来云。

(选自《安多政教史》,第七百零四页)

[自咸丰三年(1853)十二月癸未,徒众修理金塔寺,清朝廷赏赐物品。]谕:"穆腾额等奏:'班禅额尔德尼涅槃后修理金塔寺工程及完竣'等语。班禅额尔德尼系后藏呼图克图喇嘛之总师长喇嘛,深通经艺,兴扬黄教,今伊徒众将金塔寺修理妥协,于十一月二十五日将舍利奉入于金塔,实为吉祥之事,朕心实为快悦。著赏给白哈达一幅、念珠一串,以副朕怀想有功之至意。"

(选自《清代藏事辑要》,第四百六十一页)

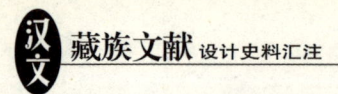

持 验

此后又由极乐世界的阿弥陀如来喉间放光,清净一切有情的贪垢,会摄一切如来的语密加持之力,成为红莲花相,入于神子喉间,得六十种梵音的自在。尔后又变为一切如来三昧耶誓戒之所依,即黄色的五股金刚杵,便从天空下降,落在神子的手中……

(选自《天界篇:格萨尔王传》,第二十五页)

(阿杂诺雅大师降服藏地妖怪后,赤松德赞赞普听信谣言准备杀死大师)护送的人牵着马将(阿杂诺雅)大师往上部印度送去……第二天,走到登柏的隘口时,18个刺客埋伏在绝路处……(阿杂诺雅)又说:"目前我在人世间,暂时无可降伏和化育者,我要到西南交界处去降伏罗刹!"说完,从马背上腾空飞起,只听佛衣"索噜噜"、锡杖环铃"吵铃铃"地响着,飞走了。

(选自《拔协》,第二十六页)

赤尊公主珠光宝气地打扮好后,又在额头上缠了一条白绫带,然后在面前摆了一只从尼泊尔带来的钵盂祈祷起来。不一会儿,钵盂中变出各种各样的琼浆玉液和五花八门的美味佳肴,公主把这些东西统统贿赂给了男女夜叉,役使他们动工扩建红山宫。

(选自《柱间史》,第一百四十三页)

(大臣噶尔参加汉皇比试,为使其嫁公主)一天傍晚,忽然阵阵鼓声传来,礼宾侍女告诉各路使臣说,这是皇上传召各路请婚使臣进宫,请速速前往。其他四国使臣闻风而动,急忙赶往皇宫,唯独吐蕃大臣噶尔感到此事有些蹊跷,心想其中必有文章。他率众动身时,在住所官邸的门楣上用朱砂画了一柄金刚杵,又在门前画了一个"卍"形标记,还在所路过的门户上一一作了记号。大臣噶尔赶到皇宫时,其他四国使臣已得意洋洋地就座上席,姗姗来迟的吐蕃使臣只好委身下席。

选自《柱间史》,第一百六十页)

(一尊十手十一面大自在大悲观世音菩萨像)这尊造像有十只手:其根本双手胸前合十;右侧的四只手自上而下一手托世尊佛像,一手握帝释天印,一手持金轮,还有一只手摁着大地;左侧的四只手自上而下一手拿净瓶,一手执金刚,一手捧瑞莲,还有一只手挽着良弓。

(选自《柱间史》,第二百二十二页)

(吉祥觉囊寺法嗣次第传出,在此略述其护持教法的历代传承)第二十三,南喀曲窘,早年从根本寺桑丹寺、觉囊寺①和更钦索南钦波学习因明理论,然后来到嘉央贡桑的寺院,喜好教法和补特伽罗②,继续闻习因明学,对他空见生起正解,听讲六支瑜伽,得到很好的证悟,通达《时轮根本续》。此后,他到昂仁等寺院讲经,由东西两部"孜"和僧格孜哇作他的施主,长期主持孜庆寺和觉囊寺,发展讲修事业,在十万大佛塔③的法轮上涂饰了金铜汁。

(选自《觉囊派教法史》,第四十一页)

第一编 法器

注释

① 觉囊寺:坐落在日喀则拉孜县欧布琼山山腰处,海拔4600米。始建于12世纪,由贡巴·土杰尊珠主持修建。

② 补特伽罗:意译为数取趣、人、众生,指轮回转生的主体而言。

③ 十万大佛塔:在觉摩山的山沟里,更钦·笃布巴主持建造了觉囊寺高大雄伟的吉祥大佛塔,据说该塔里面供奉10万尊佛像,所以又称为十万大佛塔。

(十三世奇异本生)第二辈,《时轮根本摄续后续》说:"手持天杖、骨饰、长腰鼗鼓、酒器,得到了'那波'之名。"如此所预言的阿阇黎黑行者,生于南印度桥萨罗国所属的距孟加拉国不远的欧茹布夏地方的婆罗门家族。……根据教导,阿阇黎黑行者去行境时,未拿七伞而转,七鼗鼓没有敲打者而自动敲响;有时一时足未融地而离去;有时,起尸乘骑花鬘,以八种看法或十种看法每天做有情事。好几次伞盖和七鼗鼓各发展成一百,众随从以神通来往,以这样的方式去寒林①和各大境,广做利益众生事业,逐步抵达德布廓扎地方。

(选自《觉囊派教法史》,第四十五页)

注释

① 寒林:梵语音译。弃尸之处。

他〔阴木猪年(1575)至尊贡噶宁布转世〕出生时被包在颜色象五色彩虹的肚子一样的东西里,将其破开后里面是一个婴儿,身上的皮肤有血脂明点若系有黄丹色的梵绳①,手足上有法轮之相,身上发出藏红花的芳香。

(选自《觉囊派教法史》,第五十八页)

注释

① 梵绳:通常,印度的密宗修行者披挂的是一条细细的条带,也叫"梵绳"或"梵线",作为修行者身份的象征。

瑜伽师授给他(转世童子)摧破金刚的沐浴法和一根铁杵。据说这件铁杵原莲花生授给措嘉,措嘉传给那囊顿觉木,那囊顿觉木埋藏在桑耶寺,最后被上师雍顿巴发掘出来。瑜伽师用膳后离去。

(选自《觉囊派教法史》,第五十八页)

猪年(1623)四月,他(洛追南杰①)在至尊仁波且贡噶宁布座前请求传授瑜伽母灌顶,贡噶宁布把金刚铃杵(宗教法器之一)放在他的头上说:"对任何工作都应该精进努力,尤其不要忘记密法名。"

(选自《觉囊派教法史》,第七十六页)

注释

① 洛追南杰:明万历四十六年(1618),即藏历阳土马年出生。为觉朗派康区至尊多罗那他和法位继承人贡噶嘉措二人的直传弟子。

有一天,更噶坚赞(萨拉哇·更噶坚赞)晚上向护法托付事业,早晨发现枕头上有一副铁橛。之后,他来到萨拉寺修建了一尊风格别致的怙主塔,长期发展佛教。

(选自《觉囊派教法史》,第八十九页)

他（噶玛拔希）以桑瓦达波之见地驳倒诘难，调伏了外道徒。在内地甘州（今甘肃张掖）之时，拜见十一面千手千臂大文殊菩萨，每一只手中捧持一钵，钵中有一佛。文殊菩萨说："由汉地西夏直至大海俱由你教化。"

（选自《红史》，第七十九页）

（7世纪左右，摩揭陀城，摩诃波罗）三子于刹那顷，至岗底斯雪峰山顶，见一妙丽女郎采集香花，纳宝瓶内。因问女郎："汝为何人，采花何为？"女答："我乃邬摩提娃侍婢，因十五日，诸大阿罗汉将以神变凌空，降我宫廷说法，采集香花，作为供奉。"

（选自《西藏王统记》，第九页）

（吐蕃王朝时期）阿阇黎给王（赤松德赞）以待明寿水，诸嫉佛大臣私谓王曰，门之醉水，毒水也，请王勿饮。王亦疑而未饮。又为防止癫病故，师（阿阇黎、莲花生大师）又收伏龙王墨竹司钦，以金刚杵压之。

（选自《西藏王统记》，第一百二十页）

（吐蕃王朝时期，山南地区，大阿阇黎为修建桑耶寺）选父母六位①俱全且出身尊贵之子女五十人，皆盛装严饰，手持宝瓶，满贮吉祥之水，栽埋地桩，而作地基之加持焉。

（选自《西藏王统记》，第一百二十二页）

注释

① 父母六位：此指祖父母、外祖父母、父母，共6位。

尊者（阿底峡）与格西敦巴初次相会于普兰。因至尊度母作有授记，故一见面，即将宝瓶置其头顶，予以加持。此时，格西敦巴呈言，要迎尊者至卫藏。尊者言道："为澄清恶名，须去印度。"格西敦巴乃言及拉萨、桑耶等诸寺院情况。尊者甚喜，答应格西敦巴前往卫藏，乃启程上路。是故，格西敦巴于吐蕃之恩德，无以复加。

（选自《雅隆尊者教法史》，第五十九页）

该上师（恰怯卡瓦）善知识造就众多弟子，后于基浦示寂，化有右旋螺等诸多希有舍利。

（选自《雅隆尊者教法史》，第六十五页）

上师拉仁波且善逝于鼠（子）年诞生于宁玛宫。父为君王扎巴仁钦；母为拉吉多吉。彼系长子。少年时，在译师扎巴坚赞、上师衮噶贝等诸贤哲前敬聆密乘之诸多灌顶、口诀。后去基浦寺拜谒拉苏康巴，于拉苏康巴前受居士戒。拜堪布拉如瓦·旋努崔呈，百巴·敦旋为亲教师与轨范师，遂出家，取名洛哲沃。二十岁时，在原亲教师、轨范师与虔诚之僧众中，于基浦寺受比丘戒。于教理自在师拉苏康巴前敬聆一切经典教诫。特别闻习大乘修心类，著名之七义修心教授等、修心单传之耳传口诀等；闻习迦湿弥罗大班智达所传之甚深口诀。闻法甚多，并皆领悟。另外，又在百巴·敦旋前敬聆波罗蜜多类：在堪布旋努崔呈前敬聆律经。二十七岁，于猪（亥）年被尊为教主。拉苏康巴遂呈交宝螺、舍利、舍利弗多罗之钵、纳若之骨饰、阿底峡尊者之手铃及金刚杵、博多等寺庙之钥匙。任住持四十年。

（选自《雅隆尊者教法史》，第六十八页）

衮噶宁波①曾依止诸多上师，并特别向上师色喀琼瓦求习诸多佛法与口诀，尤其求得怙主修习法及其随许法等。因此，色喀琼瓦赐以黑旗与铁质九股金刚杵等，向怙主、向凡人而言曰："我已年迈，无需汝等。汝等随昆萨迦巴去罢！"

（选自《雅隆尊者教法史》，第八十六页）

注释

① 衮噶宁波：（1092～1158）萨迦派祖师白衣三祖之一。

（释迦牟尼利益众生之区域）三千无畏布世界，同时毁坏，又同时形成。又有人说，遍照雪海佛双手结平等印，手上有一盂钵，钵中叠有二十五个大千世界，中间的十三个大千世界即为无畏布世界。

（选自《汉藏史集》，第三十六页）

（官却杰波生于1034年，事情发生于其青年时期）有一次，当举行盛大的地方歌舞庙会时，上师官却杰波也去了。在众多的游乐杂耍节目中，有一些咒师头戴二十八位自在母的面具，手执各种法器，奏乐击鼓，与化成天女的女子们一起舞蹈，在庙会中最引人注目，出尽了风头。他（上师官却杰波）返回以后，把这些情形告诉了哥哥，哥哥说："现在是密法错乱颠倒之时，今后在吐蕃修习旧密法的人已不可能获得成就。我们家所有的教法，有自己的功效，我家祖上的经典佛像都在芒喀①地方的学者卓弥译师②那里，你可去向他学习教法。"说完，将护法神以神通发掘出来的伏藏经典、所有的金刚杵修习法、抛朵马食子的仪轨、两套二十五件檀香木金刚杵、白色日月护法显现真容向昆若·喜饶楚臣自己传授的抛朵马食子仪轨等传授给弟弟。因此缘故，昆氏家族③的后裔们直到现在还举行烟朵马食子的仪轨。

（选自《汉藏史集》，第一百九十六页）

注释

① 芒喀：又作芒噶。在后藏萨迦之西，拉孜之南，属拉孜县境。
② 卓弥译师：卓弥大译师·释迦也协（释迦智），（994～1078）系于癸巳年生于芒喀。
③ 昆氏家族：后藏萨迦县大贵族族系。北宋熙宁六年（1073）昆氏家族的昆·贡却杰布创建萨迦寺，亲任寺主，并以该寺为中心，创立萨迦派。

（莲花生大师为藏王赤松德赞招降护法时使用金刚杵将其降服）摩诃德瓦。初赤松德赞王既建桑鸢大伽蓝①，请于莲师，将以何为护法，师召海龙问之，以萨贺国龙王姪堪任对，遂遣青狮毗沙门往召，殊其法力颇大，反隐身遁于康之叶玛塘，集魔军拒抗，师乃重入三昧地复召白噶虽曾一至藏土，然太凶猛毒恶，于是王臣等三人遂议遣使往请萨贺国王达摩波罗，波罗遂率白噶及其天众眷属，同至藏土，莲师乃而金刚杵置其头上，宣布誓戒，令其守护，现今藏王欲令护法从命者故多以金刚杵置其头，即使自此也。

（选自《续藏史鉴·帅摩主巴王朝史》，第五十四页）

注释

① 桑鸢大伽蓝：即桑鸢寺，位于山南扎囊县境内，始建于唐宝应元年（762），建成于大历十四年（779），是藏传佛教史上第一座佛法僧俱全的寺庙。

（童贤家的后裔金刚宝前往藏王吉祥轮赞处降魔后藏王赏赐金杖）金刚宝受藏王吉祥轮赞迎，以浦隆，有非人为害，硬朗降错与七闻名咒师，均未能调伏，请调之，乃作法收伏浦隆诸天鬼众，王献金杖长二尺，尊为上师，于是建德称喀摩寺，后受旗摩女为佛妃，生二子，长金刚称次金刚燃……

(选自《续藏史鉴·帅摩主巴王朝史》，第五十五页)

当我（米拉日巴）要出发到卓阿隆的头天夜间，马尔巴大师在梦中见到班勤那若巴走来给他灌顶。赐他染了一点儿尘垢的琉璃做的五股金刚杵和装满甘露的金瓶，说："用瓶中的水洗涤尽杵上的尘垢，将杵放在宝幢顶上，这可使诸佛欢喜，众生满足。这样，既可自利，又可利他。"说完腾空而去。他遵照师父之命，用瓶中的水洗涤金刚杵后，放在宝幢顶上。于是，金刚杵放出光明，照亮一切世界，并照着六道众生，使其解脱痛苦，得到安乐。因此，一切众生都向马尔巴尊者和宝幢恭敬顶礼，供养赞颂。诸佛也为这个宝幢开光加持。他在这种有点儿自得的心境中醒来。醒后非常欢喜。

(选自《米拉日巴传》，第五十二页)

（给众位弟子打开妙法和教授之门时）他（马尔巴）赐给藏绒的梅敦村波一种光明教授：它是一个如黑暗中点燃灯火一般的教授；又赐他那若巴的金刚铃杵、小鼓、蚌壳、天灵盖等物。

(选自《米拉日巴传》，第一百零五页)

（上师梅）赐给他（喇钦）的礼品有黑哈达、一个九股金刚铁杵和玛哈噶拉之有缘四弟子中的头戴黑面具会飞的护法跳神殊胜米拉像。上师梅并说："现在我已年迈，再不能收留你（喇钦），你要依止昆萨迦巴①，修习历代萨迦巴所传之教法。"说完让他（喇钦）离开此地，喇钦拿着上师梅送给的礼品，返回洛堆地方，随从布桑洛穹闻习派波帕哈塔那达之胜乐法、哈乌之吉祥密集等三教法、时轮法支以及事部方面的一些教法，全部融会贯通。此译师（布桑洛穹）并把高贵欲天婆罗门之坟墓上自然生长的如意护法树赐给他。

(选自《萨迦世系史》，第二十六页)

注释

① 萨迦巴：是藏传佛教萨迦派五祖八思巴借助于元朝的政府机制在全西藏建立起来的隶属于元朝的政教合一的自治政权，是西藏历史上各教派统治时期的第一个政权，也是西藏历史上第一个政教合一政权。

（那喀共班钦米涅扎多）（赞颂官却杰布和喇钦宁波任萨迦主持后的具吉祥萨迦寺之诗）
具吉祥地如密严刹土，
致胜僧伽具有五决定，
众大密论者之根据地，
颂扬聚集众贤之寺院。
围观雪域之群山，敬仰之地是卫地，
威严须弥之首领，天然成就之山王，
如野兽中之兽王，傲慢自矜常自在，
瞻部之独权大揽，神采奕奕放光华。
右翼所辖水晶王，红宝石自然发光，
大乐王所辖之界，三界胜伏之圣地。

如持乐国之轮围、开拉斯之美丽鬘,
睡莲之鬘巧安排,三世佛以花献供品。
此中有各种珍珠宝贝,
密严刹土之众吉祥王,
广深法轮为转经基地,
宝山附近的这些僧人,
其中有五位尊胜威严者,
欲往报身之地去修行,
至白色雪山一侧之时,
初时胜利法轮为住地,
东山之山王扎穹空喀,
于须弥翻江倒海永向前,
阿修罗王有把水藏杵,
犹如善来善在之赤兔,
妙色王先养育布喀坚,
与众僧团一同急步行,
与聪慧之王习惯相同,
风雪飘飘为珍宝来源地。
乌云中有一歌声动人的孔雀,
尾翎漂亮又会跳圆圈舞,
它在广阔的海滨边高歌像做诗,
美丽的颜色犹如可爱之青山。
大寺院之北有本波日山,
千万雏鸟中独有一威严者,
乃为天空中一美丽的大鹏鸟,
奇有善德飞往吉祥之圣地。
用希奇珍宝装饰的法轮,
乃世间主献的深广法轮,
成为统治四瞻部洲之王时,
天王敬献七珍宝装饰之法轮。

(选自《萨迦世系史》,第三十九页)

[水虎年(1182)十一月十一日,上师索南孜摩逝世时,至尊扎巴坚赞写的祈情诗]
如此多次利益众生之后,
四十一岁水虎年十一月,
圣哲之名声传遍十方,
其与持金刚佛无差别。
佛像佛经和佛塔宝库中,

双手乃与金刚铃相结合,
戒除欲望敬奉至宝上师,
从此善地前往极乐世界。

(选自《萨迦世系史》,第五十页)

(至尊仁波且扎巴坚赞十二岁时)萨钦(贡噶宁波)圆寂,(至尊仁波且扎巴坚赞)遂为其修建一大法轮;并为其弟子讲《喜金刚续第二品》①,成为一名殊胜之贤者。

(选自《萨迦世系史》,第五十二页)

注释

①《喜金刚续第二品》:《喜金刚本续》是佛教密宗无上瑜伽部母续最为重要的经典之一,在藏传佛教中影响深远。第二品主要叙论如何保证成就。

班钦至萨迦时,扎巴坚赞①手拿金刚铃杵前来迎接,知悉班钦身后有一恶鬼,遂将金刚铃杵抛向天空,把恶鬼驱逐出境。恶鬼未能返回印度,前往汉地,据说现在附从于加诺喀且等人身后。

(选自《萨迦世系史》,第五十八页)

注释

① 扎巴坚赞:(明史作吉喇思巴监藏巴藏布)(1374~1432),出生于今乃东与桑日交界的帕竹地方,朗氏家庭成员。明永乐七年(1409),皇帝封扎巴坚赞为"阐化王"。

阴木蛇年七月十二日,大乘法王(贡噶扎西)双脚盘成金刚跏坐,手持金刚铃,双手交叉于胸间,头向上进入禅定,行平等摄持,口念诸续部经咒,天空中出现诸神和持明以及空行勇士来此迎请之彩虹,光明、花雨、乐器声、神香之香味等殊胜之异象。

(选自《萨迦世系史》,第二百六十七页)

[大师(达钦)圆寂之时](达钦)双腿盘成金刚跏跌坐,右手作根本定,左手持佛珠,深入修定深奥上师瑜伽法,于龙年藏历七月二十五日涅槃,享年七十二岁。

(选自《萨迦世系史》,第二百七十四页)

(噶扎西坚赞贝桑波到后藏地区,广为布施)特别是在单撒钦波写造《萨迦五祖全集》和建立吉祥胜乐法轮,喜金刚,薄伽梵普明佛母等以众多大宝坛城而建成的立体坛城等。

(选自《萨迦世系史》,第二百八十一页)

(大师来到拉堆洛之地,)大师(嘉木样贡噶南札巴坚赞贝桑布)说道:"今晨黎明时,我得一梦。梦见一个身着布衣手持一檀木五股金刚杵的婆罗门来到我跟前说道:'把你的人交给你了。'说罢便出现了两位身穿雨篷的老僧。"

(选自《萨迦世系史》,第三百零六页)

(大自在者年近二十岁时,嘉木样俄吉旺布贡噶仁钦扎西札巴坚赞贝桑布)在修习"三十二万俄札护摩①"时,有一天清晨清楚地看见在切久东方天空之虹光中央,遍知一切的萨迦大译师(嘉木样钦波)两脚盘金刚跏跌坐,两手持金刚橛,放置胸前,遂心生大敬仰。

(选自《萨迦世系史》,第三百二十四页)

第一编 法器

注释

① 护摩：为密教大法。凡求成就，必作护摩。护摩者，焚烧之义。亦有浅深二解。浅者，因印度外道，有事火之法，以火为梵天之口，为令供物，上达于天，故以火进之。

冬嘎喜钦地方遇到大旱，众生十分悲苦，他（俄强曲吉杰布）到该地埋藏了宝瓶，并抛青稞等，祝愿风调雨顺，此后该地（冬嘎喜钦地方）常年人畜兴旺，幸福美满。在萨迦寺所在之地，有一时期也由于一些愚顽之人生起坏心的过失，经常发生危害庄稼的霜、雹等灾害。

（选自《萨迦世系史》，第三百九十二页）

在藏历九月四日的供养日，（土托旺曲札巴坚赞）为喜金刚进行为期三天的开光。边地首领却图向桑耶寺经堂奉献了金银曼茶罗，并进行开光和祝福，所奉献的供品多不胜收。

（选自《萨迦世系史续编》，第一百二十九页）

一切佛教之主宰，文殊怙主本身种姓和佛法的惟一心传弟子加贝央阿旺索朗旺曲札巴坚赞贝桑波，名震三界，十分明显其本身当初变化之所依或者真性，乃是一切佛的金刚语主宰无量光佛。除本身无穷尽的智慧神变及游戏外，为了宣扬未来果的妙乘近道，离开三密光音信度河及大海，其光辉形象永不消失。修行持明时手持飞行颅骨念珠，住在邬仗那之吉祥山，身为雪域化机之怙主。

（选自《萨迦世系史续编》，第二百零二页）

（阿旺贡噶扎西札巴坚赞）大师从降生起，就受到文殊怙主阿麦修贡嘎索朗的亲自洗礼和长寿灌顶，并授予大部分《轻金刚橛祖法》、《宝训支分》以及无数的有关护法等。当时虽然只有六七岁，但是，对聆听佛法教诲表现出浓厚的兴趣，金刚橛的法会程序已全部牢记，轨范仪则，曲调乐器和跳神等，不费吹灰之力便全部掌握。八岁时，亲手制作了红黑布札之面具，此时，住在额旺和旺康普地方，当年又和父亲仁波切一起修行金刚橛。

（选自《萨迦世系史续编》，第二百四十三页）

就在当年（铁狗年），猛利善巧大法台四周围墙，东西的两座大门年久失修，破烂不堪，于是，（阿旺贡嘎索朗仁青）对其进行美观坚固的修缮。在定期灵器恭楷金刚杵之上，惠赐咒士衣、黑色帽、漆布帽、小鼓手的舞具、金鼓、盔甲、刀箭袋、缎子制作的女袋，以及缎子的正厅围梁布套和结子，政府僧俗官员宝，赐予稀奇的缎子帷幕，非同一般宝帐八尊的兵器等全套的恭楷季节灵器。

（选自《萨迦世系史续编》，第三百一十五页）

又是在当年（土兔年）冬季十二月里，在珠莫顶建立军旗和武装仪轨时，据说需要米酒，虽然在往日从来没有酿造过，按照酒官所说的方法进行试制，后来在酿造过程中青稞酒出现花朵的香味。又在当月的梦幻中来到了夏鲁寺①的金空护法神殿，有一女子前来献上一个盛麦子用的高脚盘子，里面放有一把小螺号，一串由一百颗象牙穿成的念珠，衬托着铃铛和銮铃以及全套骨质六饰。

（选自《萨迦世系史续编》，第三百九十一页）

注释

① 夏鲁寺：在西藏日喀则地区，距日喀则约30多公里，位于从日喀则到江孜的公路一侧山口内。根据寺史记载，夏鲁寺始建于宋朝哲宗元祐二年（1087）。建寺的创始人名杰尊嘉饶穹涅。

莲花生大师发掘出来后,又埋藏在嘎莫隆。曲旺将伏藏目录交给弟子,用珍宝勾召守护伏藏的地祇,吩咐守护好此伏藏,并对掘藏者作出授记云:在右山如妖兵出动,左山如魔军行进,石山唱着牧人歌,湖泊呈现曼遮状,从深沟八尺的南向雪窟的修行岩洞中,迎请石刻佛像、钵盂、锡杖、经卷和法衣等僧人五藏修法。

(选自《后藏志》,第七页)

相传郭扎巴的弟子,也是萨钦(衮嘎宁波)的弟子颇若·朵德衮,其加穹寺有他本人的身像。藏历正月禾苗长出时,从身像手持灵验的长寿宝瓶可以预测年成的好坏。

(选自《后藏志》,第六十一页)

大王(松赞干布)心自思维,为利雪域有情,若得佛圣为我灌顶授权,岂不美哉!作是念已,当有吉祥普贤菩萨,手持宝瓶,满注甘露,前来为王(松赞干布)沐浴;阿弥陀佛,抚摸王头,为之灌顶。

(选自《西藏王臣记》,第十四页)

(吐蕃王朝时期)又如《噶当宝卷》云:"主(主尊)·衮乔邦将赴藏,速作藏王行佛教,调化吐蕃诸边众,迎我(度母)自汉来此疆。彼人(松赞干布)已是无烦恼,我亦世间无漏光。传我将作彼王妃(文成公主),传汉佛宝将迎藏,藏中心处作供场。"如是甘露宝瓶之预记,显示众生享受解脱之盛筵,时机已至。

(选自《西藏王臣记》,第十八页)

(萨迦政权时期)迦什弥罗大班智达曾预言彼将有日月亏蚀之灾,法主扎巴修习风脉而使灾厄化解;师(扎巴坚赞)投掷铃杵高悬空中,由其自鸣;调服护法明王兄妹,供其役使。示观种种神通变化,远离思议。

(选自《西藏王臣记》,第六十二页)

(帕木竹巴政权时期,帕竹朗拉斯族世系)此雪山环绕之大域中,达布噶举教法如茂密丛林,林中之如意宝树者,乃帕木竹巴·多吉杰布也。于斗净时根器凡庸之辈,所现境相,见此师为渐次修行而净治罪障之登地菩萨之相。上根利智者观之,即许其为三世佛陀。……(帕木竹巴·多吉杰布)运用智慧千眼,洞观如所有,尽所有一切诸法,以一大空法印而作印定,如依百股金刚之杵,将我执山基,摧毁罄尽,名亦不存。此印即帝释天王至圣大师所播之噶举教法也。

(选自《西藏王臣记》,第七十七页)

故王·扎巴坚赞之美名天鼓,响彻天界,世间祖宗大梵天王[①],从三十三天天窗之中,用满注香水之宝瓶而为之灌顶也。

(选自《西藏王臣记》,第九十三页)

注释

① 大梵天王:即大梵天。梵天是印度教的创造之神,与毗湿奴、湿婆并称三主神。

(帕木竹巴政权时期)于是师君三尊[①]又共相计议,遣使往萨霍国迎请达摩波罗[②],同时迎来天然出现之绿松石释迦像、犀皮神像面具、及水晶狮子坐骑等,尔时白噶尔护法亦乘骑诸宝镶制之木鸟,随诸人神同来藏地。莲师(回头再找)乃以金刚杵置白噶尔头上为其宣布誓言。至今降神者若系真实明王附身，则其人头顶将现金刚杵迹。

(选自《西藏王臣记》，第一百零三页)

注释

① 师君三尊：即大堪布希瓦措，大阿阇黎莲花生与及法王赤松德赞三位，他们是大宏佛教之人，藏史即称为师君三尊。

② 达摩波罗：近世锡兰佛教复兴运动的推动者。原名大卫·赫渥威达奈，后改称达摩波罗，为摩诃菩提协会（大菩提会）之创始人。

[火鼠年（1636）新年]（拉萨）在蒙古人的残酷统治之下，征派尼泊尔人修复寺院屋脊上的宝瓶，以示惩罚。这是按重修莲座的方法进行浇铸的。出现了天然的喜旋珠，使尼泊尔人惊讶不已。

(选自《五世达赖喇嘛传》上册，第一百零四页)

[铁龙年（1640）]新年，我（五世达赖喇嘛）向大昭寺的释迦牟尼佛像和护贝龙王像呈现了题有颂辞的哈达。仲钦贡噶曲培将其带来的首饰中的那串珊瑚念珠交付于我，口中念诵着佛号和陀罗尼咒语。我母亲生前经常将这串念珠戴在项间，死后由信使转交于我，这是不足为奇的，而对于转世的人则把这当作华贵的装饰品，从盖卡萨地方借来红色念珠，缠在膝盖上，则是见彩绳以为真蛇。有人要求在祈愿大法会上诵读班禅大师撰写的祈愿第悉藏巴长寿的愿文，对此协敖也很关心，但是僧众们都不愿意。

(选自《五世达赖喇嘛传》上册，第一百一十九页)

[木鸡年（1645）藏历四月初一举行净地典礼]以扎那曲杰为首的扎仓的定额僧人们破土动工。此外，还采取了埋藏宝瓶、祭祀龙类的祈求国泰民安的措施。

(选自《五世达赖喇嘛传》上册，第一百六十一页)

[火马年（1666）四月]（为了不使雨水侵蚀甘丹寺殿堂）原打算专门把金顶四周各扩大六十二卡，成正方形，高度增加四十二卡，在上面安放同所有金顶都不相同的用莲花支撑的五股金刚杵两支，共命鸟两只，宝瓶、法轮、莲花、金刚四支。

(选自《五世达赖喇嘛传》上册，第四百三十页)

[土鸡年（1669）九月初六日]萨霍尔①国王献给莲花生大师的法器——胜伏三界金刚杵，还有给翁则洛桑云丹的年楚王从门隅本塘格尼所迎请来的大悲调伏众生如意宝之金箔等几件重要供品。

(选自《五世达赖喇嘛传》下册，第三十三页)

注释

① 萨霍尔：今孟加拉国达卡地区。

[铁狗年（1670）三月记事]乃邬阿库向衮噶尼玛赎买了唐卡，经翁则洛桑云丹之手转赠给我。此外，夏鲁古尚还送给我沃色郭恰王的灌顶宝瓶。

(选自《五世达赖喇嘛传》下册，第四十页)

[铁狗年（1670）五月记事]（我接见了车臣夏仲转世及从康区南部和西部来的曲杰阿旺的温

布等人,他们敬献了许多礼品作为日土布旺的回向礼品)我祈愿他一切善行回向圆满菩提。此后,有人向第巴敬献了众生怙主南喀贝和菩萨白玛旺钦的头盖骨,拉隆寺的内供品——努·桑杰意希用过的黑优檀木金刚橛,从噶察大成就者的佛藏中取出从乃东孜流传到雅多的喇嘛丹巴索南坚赞①的袈裟,还有藏日沃齐的内供品——大成就者汤东杰布的加持石像等物,均作为内供品供奉起来。

(选自《五世达赖喇嘛传》下册,第四十三页)

注释

① 索南坚赞:(1312~1375),元朝后期萨迦派著名高僧、大学者,为达尼钦波桑波贝之子,母为夏鲁万户长之女玛久宣本。

[木虎年(1674)]正月二十三日,开始举行为期七天的降伏内外一切恶魔的忿怒金刚极密诛法、灭骄阎罗和无量寿精粹摄取法等四种修习仪轨。在释迦牟尼佛像前陈列上百只铃杵,举行为期八天的迎佛献浴和经忏佛事。

(选自《五世达赖喇嘛传》下册,第一百三十八页)

[木虎年(1674)五月初四日在扎德庆寺]青海地处蒙汉藏交界处,幅员广大,不但需要一位维护教法声誉的重要的老练官员,而且要求他尽快赶到汉地边境。因此,我给达赖珲台吉①馈赠了念珠、氆氇等礼物,派遣他前往青海,并给台吉策旺拉布坦授与额尔克岱青的称号及印信。

(选自《五世达赖喇嘛传》下册,第一百四十五页)

注释

① 台吉:清对蒙古贵族封爵名。位次辅国公,分四等,自一等台吉至四等台吉,相当于一品官至四品官。惟土默特左翼旗及喀喇沁三旗称塔布囊。台吉,源于汉语皇太子、皇太弟,是蒙古部落首领的一种称呼,一般有黄金家族血统的首领才能称台吉,黄金家族女婿身份的首领称塔布囊。

[木兔年(1675)闰正月二十三日]第巴伦布宗巴寄来亲笔信及压函礼品努库隆巴的具有加持力的铃杵。

(选自《五世达赖喇嘛传》下册,第一百七十一页)

[木兔年(1675)三月记事]沙迦的追随者也向第巴及其夫人分别呈送了红白念珠、黄金、绸缎等物,为之平反昭雪。

……

(三月)初九日,清朝皇帝的正副两位使者、结伴而来的却图曲杰等人向我馈赠了汉地所造的精美的金写《大方广菩萨藏文殊师利根本仪轨经》、金银、绸缎、茶叶、布匹、珠宝、鸟蛋、妙翅鸟蛋瓶、马、骆驼等大批财物。吉多巴也向我赠送了以十六匹缎子为主的礼品。

(选自《五世达赖喇嘛传》下册,第一百七十五页)

[木兔年(1675)四月初四日]我(五世达赖喇嘛)给嘉摩及其随从、参卓堪布、土尔扈特①、翁则曲杰、哲布霍尔仓的官员等人赠送经像塔、念珠、氆氇等适合各自身份的丰厚赆礼,并为之举行消除灾难禳解病魔的法事活动,传授了随许法。

(选自《五世达赖喇嘛传》下册,第一百八十一页)

第一编 法器

注释
① 土尔扈特：即土尔扈特部落。土尔扈特部落是蒙古族的一部分，他们自古就生息在我国北部西部的森林和草原，是一个勤劳、勇敢，有着光荣历史的部落。

[火龙年（1676）七月（关于建造佛塔）]在塔的上、中、下三部分还有许多铁链连接的神像、法器、法轮、中轴、下行道等，临时有许多需要解决的难题，由却本阿旺喜饶设计安排。塔中装藏的物品有《现观庄严论》广中略三种、《供养经》广中略三种、《度母经》广中略三种，数量很多。

（选自《五世达赖喇嘛传》下册，第二百二十七页）

[火龙年（1676）十月十五后的七天内]在闭关（修习）间隙，我会见了从雅隆前来的遍主甘珠尔哇的侄子温仁波且，他向我送了镶嵌玉石的银质曼遮。我给他提供了前去洛梅进行依止喜金刚修行的助缘，并对他教导，送给他汉地所出的饰有珊瑚和黄金记数标志的颅骨念珠、上等茶叶三包、洛钦仁钦桑布迎请来的天铁金刚像和怙主像，供他作护身之用。

（选自《五世达赖喇嘛传》下册，第二百三十二页）

[土马年（1678）五月七日]扎仓的全体僧人在大昭寺的回廊由阿仁巴顿珠嘉措任金刚上师举行金刚杵坛城的建立和修供仪轨。先在七天中进行闭关、选料、念诵等先期准备。

（选自《五世达赖喇嘛传》下册，第二百八十五页）

（第十四任堪布班禅洛桑却季坚赞）三十岁时（1599），他担任扎什伦布寺堪布，新建了净室上面的大金瓶、弥勒佛像头顶上的金顶、无有匹敌的大同殿和息净塔等。

（选自《格鲁派教法史》，第一百零一页）

（洛桑贡却始遗体像彩虹一样消失了）总之，清净身成为虹身，成就了空行，无余而逝，光身解脱，光身消失，蕴身成为无漏身，尽管名称多，意思却一样。有些人说那身是被勇士空行迎去的，金刚铃和鼗鼓的声音响彻天空；有些人说安置发缝（顶）等浊身，以清净光身的样子消失；有些说堆积衣物，跟从阿阇黎莲花生自贡塘去罗刹境。

（选自《格鲁派教法史》，第三百二十二页）

多杰强法师见他（第一世嘉木样大师）如此聪明颖异，勤奋好学，且能严受法戒，随时提出疑问，认真把解答的问题记录整理，就尽其所知，将集密灌顶等加持秘诀要义全部独传于他，并在《金刚大威德佛教史·三界殊胜之日光》中说："谙熟密集则通晓显密双宗，现将密集悉数传于足下，足以明了嘉央玛桑之灌顶法要义，由是传灌顶，守基地，起坛修炼，启请本尊，次第擎举一叉三叉胜乐金刚杵，作金刚舞，起金刚步，警告劝诫，以驱伏邪魔而登峰造极。"

（选自《拉卜楞寺志》，第二十一页）

[金刚智的弟子阿目佉跋折罗向自己的弟子慧朗（慧光）传授代理金刚阿阇梨之灌顶]并将己之铃杵和菩提子佛珠一串、水晶佛珠一串均置于银盘内，让其弟子奉献与皇帝，以香水沐浴后逝世。

（选自《汉区佛教源流记》，第九十页）

乾隆三十九年（甲午）六月丙申（1774年7月22日）

谕军机大臣等："明亮奏查看正地山口及甲尔垄坝两路，择其稳妥者相机进剿。……距阿桂拜发此折时已将一月，该喇嘛曾否到营，何以未见阿桂奏及？前曾发往新造利盆铃杵一分，令其看噶尔玛噶什如道行果好，并能实心出力，即将铃杵赏给。……"

（选自《清实录藏族史料》，第二千三百八十六页）

乾隆三十九年（甲午）六月丙申（1774年7月22日）

谕军机大臣等："据舒濂等奏：'萨嘉呼图克图遣人赴藏请安，贡献佛像诸物，尚属恭顺，硬赏赉以示鼓励。'……尔系红教，与黄教不同，当今各奉教律，毋相参越。兹以悚惧恭顺，大皇帝锡尔手帕、铃杵。尔其祗领，当益感圣恩，钦遵毋怠。"

（选自《清实录藏族史料》，第三千二百二十一页）

乾隆五十六年（辛亥）五月庚辰（1791年6月7日）

谕："……萨玛第巴克什长于经典，两次赴藏同（八世）达赖喇嘛办事，俱属妥协认真。今闻身故，朕心深为恻然！著加恩赏银五百两，以作善事。派雅满泰奠醊，仍赏大哈达一、噶布拉数珠一、铃杵一分，与萨玛第巴克什塔前永远陈设。"

（选自《清实录藏族史料》，第三千二百五十一页）

乾隆五十六年（辛亥）九月壬辰（1791年10月17日）

谕军机大臣曰："保泰等所奏以唐古忒兵少，贼势甚迫，欲将达赖喇嘛、班禅额尔德尼移于泰宁。……今特发大哈达一方、正珠记念一串，交成德等给与达赖喇嘛，示朕奖悦之意……"

（选自《清实录藏族史料》，第三千二百七十八页）

道光十年（庚戌）三月申寅（1850年5月3日）

谕军机大臣等："穆腾额等奏达赖喇嘛、呼征阿齐图诺们罕闻大行皇太后慈驭升遐不胜哀泣，叩请圣安，呈进佛尊、哈达、并率集各喇嘛尽心讽经修造删事一折。……并著赏给（三世）达赖喇嘛珊瑚念珠一串、椰子念珠一串、大荷包一对、小荷包四个，赏给呼征阿齐图诺们罕水晶念珠一串、大荷包一对、小荷包四个，均著于抵藏之时转行赏给。"

（选自《清实录藏族史料》，第四千一百四十六页）

咸丰三年（癸丑）八月壬辰（1853年9月23日）

又谕（内阁）："穆腾额等代奏，（十一世）达赖喇嘛因贼匪扰害，数省军民不能安生，情愿各率呼图克图、喇嘛等唪经祈祷……朕甚嘉之。加恩著赏给达赖喇嘛哈达一方、捻珠一串，著交驻藏大臣转赏达赖喇嘛。"

（选自《清实录藏族史料》，第四千一百九十一页）

咸丰四年（甲寅）九月乙酉（1854年11月9日）

谕内阁："……该（十一世达赖喇嘛）等衷悃实出至诚，朕甚嘉悦。达赖喇嘛著加恩赏给哈达一块、念珠一串，呼征阿奇图呼图克图著赏给哈达一块，交驻藏帮办大臣转给该达赖喇嘛等祗领。"

（选自《清实录藏族史料》，第四千二百二十二页）

同治七年（戊辰）正月壬戌（1868年2月6日）

谕："……该达赖喇嘛梵修有素，向义情殷，此次下山讽经，著景纹妥为照料，并发去黄哈达一个、银曼达一个、铃杵一分、嘎巴拉①念珠一串、玉盌一个、玉盘一个、黄缎二卷，传谕该达赖喇嘛令其祗领，用昭恩赉。将此谕令知之。"

(选自《清实录藏族史料》，第四千三百七十三页)

注释

① 嘎巴拉：西藏人骨制品俗称嘎巴拉。其用材，一般由已获圆满报身有修为的喇嘛在圆寂之后，将其头盖骨、腿骨、指骨捐出以制作成特殊的法器。是密宗法器之一。

同治七年（戊辰）二月辛丑（1868年3月16日）

谕："……该达赖喇嘛（十二世成烈嘉措）梵修有素，报效出于至诚，此次率众讽经，著景纹妥为照料，并发去黄哈达一个、银曼达一个、铃杵一分、椰子念珠一串、玉盌一个、玉碟一个、黄缎二卷，传谕该达赖喇嘛，令其祗领，用示恩赉频加至意。将此谕令知之。"

(选自《清实录藏族史料》，第四千三百七十五页)

同治十年（辛未）六月丁卯（1871年7月25日）

谕军机大臣等："恩麟、德泰奏僧俗番官谋害已革番目，分别奏参一折。……本年达赖喇嘛亲至大昭唪经攒招，为国祈福，忱悃可嘉。著发去黄哈达一个、银曼达一个、铃杵一分，菩提念殊一串、玉盌一个、玉盘一个、黄缎二卷，交恩麟等转给（十二世）达赖喇嘛祗领，用昭恩赉。将此由四百里各谕令知之。"

(选自《清实录藏族史料》，第四千三百八十六页)

同治十二年（癸酉）二月乙卯（1873年3月4日）

又谕（军机大臣等）："……现在藏地清平，达赖喇嘛拟于本年二月间下山，率领众僧亲赴大招，攒招唪经，为国祈福，具见出于至诚，洵堪嘉尚。即著恩麟等前往布达拉山妥为照料，并发去黄哈达一个、银曼达一个、铃杵一分、菩提念珠一串、玉盌一个、玉碟一个、小卷五丝缎二卷，传谕该达赖喇嘛令其祗领，用昭恩赉。将此各谕令知之。"

(选自《清实录藏族史料》，第四千三百九十七页)

同治十三年（申戌）正月甲寅（1874年2月26日）

又谕（军机大臣等）："……现在藏地清平，（十二世）达赖喇嘛拟于本年正月间下山，率领僧众亲赴大招，攒招唪经，为国祈福，具见悃忱，洵堪嘉尚。即著承继等前往布达拉山妥为照料，并发去黄哈达一个、银曼达一个、铃杵一分、菩提念珠一串、玉盌一个、玉杯一个、小卷五丝缎二卷，传谕该达赖喇嘛祗领，用昭恩赉。将此各谕令知之。"

(选自《清实录藏族史料》，第四千三百九十九页)

光绪元年（乙亥）二月癸未（1875年3月22日）

又谕（军机大臣等）："……现在藏地清平，（十二世）达赖喇嘛拟于本年正月间下山，率领僧众亲赴大招攒招讽经，为国祈福，具见悃忱，洵堪嘉尚。即著希凯前往布达拉山妥为照料，并发去黄哈达一个、银曼达一个、铃杵一分、菩提念珠一串、玉碗一个、玉碟一个、小卷五丝缎二卷，传偷该达赖喇嘛祗领，用昭恩赉。将此谕令知之。"

(选自《清实录藏族史料》，第四千四百零三页)

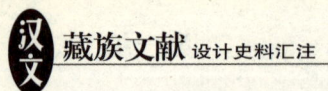

光绪十一年（乙酉）二月丙申（1885年4月11日）

谕军机大臣等："……现在藏地清平，达赖喇嘛拟于本年正月间下山，率领僧众亲赴大昭攒招讽经，为国祈福，具见悃忱，洵堪嘉尚。即著色楞额等前往布达拉山妥为照料。并发去黄哈达一个、银曼达一个，铃杵一分、镀金念珠一串、玉碗一个、玉碟一个、小卷五丝缎二卷，传谕该达赖喇嘛祇领，用昭恩赉。将此各谕令知之。"

（选自《清实录藏族史料》，第四千四百六十八页）

光绪十一年（乙酉）八月戊子（1885年9月30日）

颁发补赏达赖喇嘛黄哈达一个、银曼达一个、铃杵一分、菩提念珠一串、玉碗一个、玉碟一个、小卷五丝缎二卷。

（选自《清实录藏族史料》，第四千四百七十二页）

光绪十五年（己丑）正月癸丑（1889年2月6日）

谕军机大臣等："……据称达赖喇嘛拟于本年正月间亲赴大昭攒招讽经，为国祈福，具见悃忱，深堪嘉尚。升泰现驻对邦办理边务，著遴派妥员前往布达拉山妥为照料。并发去黄哈达一个、银曼达一个、铃杵一分、金念珠一串、玉碗一个、玉碟一个、小卷五丝缎二卷，传谕该达赖喇嘛祇领，用昭恩赉。特将此谕令知之。"

（选自《清实录藏族史料》，第四千五百零九页）

（七世达赖）喇嘛就在这样一个族姓（仲族）庄严圆满的母体中怀胎。临产前，有一夜其父梦见约在黎明时分，一名体相庄严，留有胡须，肤色发紫的僧人手持三枚金刚向他叫卖，其父回说不要，僧人说"要买"，只见是一枚金制九尖金刚。又，一天夜里，梦见前辈喇嘛移驾理塘，坐于一青色布帐中，两侧分列众多华服佳人，父尊疑其为主妇。

（选自《七世达赖喇嘛传》，第七页）

[火虎年（1746）新春]（七世达赖喇嘛）为阿巴嘎居柔图王的人员返回厚赐送别，应该王需要六臂怙主伏藏宝瓶之请，赐赤钦持金刚以白怙主如意宝所修宝瓶及其他灵物等，使之意足。向热振寺①文殊菩萨尊者和吉祥阿底峡灵塔献锦缎天幕及供物数种。此后，以水养身七日。仰喇嘛宏恩，至尊如意轮刺绣珍珠唐卡制成。

（选自《七世达赖喇嘛传》，第二百四十九页）

注释

① 热振寺：由噶当派创始人仲敦巴创建于1057年，距今已有900多年的历史，是藏传佛教噶当派的第一座寺庙。热振格培林寺坐落在距拉萨北面240公里的林周县唐果乡境内。

[木狗年（1754）]（七世达赖喇嘛）行至桑日康玛，向玛鸠拉仲像和格鲁派传承诸上师像各献哈达，并向玛鸠像献银曼遮、铃杵、鼗鼓、人腿喇叭等，作吉祥胜乐会供；向玛鸠的修行洞亦献哈达，虔诚祈祷；向父尊所建甘珠尔神殿抛撒开光香花。

（选自《七世达赖喇嘛传》，第三百三十八页）

[火鼠年（1756）三月法会前，七世达赖喇嘛]于司西平措大殿喜悦观赏循例修供时轮的舞姿。角宿月（三月）法会日，前往做修供初佛吉祥时轮金刚怙主，第穆活佛及近侍上师、扎仓仪轨

僧等陪侍，全天诵经，并做会供仪轨。时轮引经师比丘噶桑觉吉奉献措多、手鼓、摇铃等物。

（选自《七世达赖喇嘛传》，第三百六十三页）

阿阇梨来到吉祥山，把一宝瓶甘露献给大婆罗门，大婆罗门也以神变把大海变成甘露而且赐示秘诀，减弱了阿阇梨的傲慢心。

（选自《直贡法嗣》，第十二页）

阿阇梨从宝盒中取出六庄严①和髋鼓交给他，并告劝他说："你一定要去也可以，但千万不要去底魏郭扎。"

（选自《直贡法嗣》，第十三页）

注释
① 六庄严：佛教密宗修法之六庄严，锋轮、耳饰、喉饰、手足钏环、梵线、人骨涂灰。分别代表精进、忍、戒、施、定慧六度。

城中人看底洛巴时，有种种不同的印象：或见一堆篝火由十四支酥油灯围着，或见在火光中有一比丘在禅坐；或见一位带有寒林装饰的瑜伽士被许多美女包围着。于是城里人把这些情况告诉了妓女达日。她急忙去观看，只见底洛巴在虚空光环中以神变力端坐着，木杵钵灶扔在一边，芝麻洒在四处。达日见此情景悔恨交加，向底洛巴巡礼并献上曼札，以四力①进行忏悔。

（选自《直贡法嗣》，第二十二页）

注释
① 四力：忏悔四力。所依力。弃舍力、离恶力、对治力。所依力，指皈依和发心二种念头；弃舍力，指对以前恶业所生之悔改决心；离恶力，指以后再不作恶的誓言；对治力，指为对治恶业而行善事的实际行动。

（玛尔巴到八十六岁要隐化法界时，对妻子达美玛说：该隐化的时候到了。）达美玛不舍肉体就收入心间，尔后仰望天空，手结合什，稍坐片刻后施行往生法，从头顶凸出大如拇指的头盖骨，灵骨自成为喜金刚五佛身，从头顶出壳而去；从头部放射出大如瓦器的白光，逐渐上升，最后化隐于虚空中。

（选自《直贡法嗣》，第三十五页）

（关于直贡觉巴·仁钦白的传说）曲吉卓玛口念一声"啪"，从左边怀包里拿出一个颅器，又念了一声"啪"，从右边怀包里拿出髋鼓，说："现在请供上会供曼荼罗所需要的资具。"把颅器捧在手里。阿美的家人献上一条绵羊后腿。曲吉卓玛说："喔，因缘很好，我将会有四个儿子，他们和他们的后代将成为从事宏扬佛法事业的大士。"说完摇响髋鼓。

（选自《直贡法嗣》，第六十三页）

乾隆五十七年（1792）十月二十三日，福康安等会奏：为遵旨设立金本巴瓶、拈定呼毕勒罕、以与黄教事。查，达赖喇嘛、班禅额尔德尼为黄教之宗。自宗喀巴流传至今，凡达赖、班禅圆寂后，不迷本性，俱有呼毕勒罕出世，以衍其教。……仰蒙圣主振与黄教，颁发金本巴瓶一件。令将吹忠四人所指之呼毕勒罕姓名及生年月日。各写一筏，贮于瓶内，对众拈定，宝足以防弊。

（选自《卫藏通志》，第一百一十九页）

［乾隆五十七年（1792）十一月二十日福康安等臣率官员、官兵、喇嘛］及噶布伦以下番目远出只迎。达赖喇嘛感激圣恩，先期下山在大昭等，派喇嘛等各执香花幡幢导引。臣等与惠伦等恭送金本巴瓶于向来讽诵伊罗尔经之大昭佛楼上宗喀巴前。敬谨供奉。

（选自《卫藏通志》，第一百二十一页）

［土兔年（1759）七月］佛爷（八世达赖喇嘛）被迎入（噶丹绕结林寺）寺院杨柳宫内，拜见了（六世）班禅大师。佛爷在众多卫藏大人面前，犹如众里之中的月亮，不怕星光闪烁，安然而坐。前世佛王达赖喇嘛（特指七世达赖喇嘛）圆寂时把他的"热噶夏"念珠献给了班禅大师，现在佛爷（八世达赖喇嘛）从班禅大师肩头上取下这串念珠用手摇动。当献哈达时，佛爷用手接过卓尼尔格隆所献的哈达，露出笑容。那天上午，细雨蒙蒙，当他张开笑颜时，出现彩云，天气转好。

（选自《八世达赖喇嘛传》，第十二页）

［铁虎年（1770）］二月之内，经由讽诵的本尊中站立，然后手持螺号，头戴五佛冠，装扮成动人的拉莫仓巴护法神做法降神。其间，佛爷（八世达赖喇嘛）赐他祭祀供品、顺缘法物、哈达等厚礼。

（选自《八世达赖喇嘛传》，第五十六页）

［土猴年（1788）］十一月，钦差将军、成大臣（四川提督成德）、巴大臣（即巴忠）、普大臣（即普福）、穆大臣（即总兵穆克登阿）、侍卫、笔帖式、总爷、嘉绒和满汉官员等前来拜会（八世达赖喇嘛）。于是向主要官员们摩顶和问安，以素食相招待，为大军开往边界饯行。对其余随从和所有清兵，则从走廊间赏给护结和私方财物。巴大臣当面向达赖喇嘛递上（乾隆）皇帝所赐御用珍珠念珠和圣旨。圣旨由驻藏大臣翻译道："区区边界地方为窃匪挑动局部战乱，达赖喇嘛不必惊慌疑虑，而仍应专志修法。朕之大军，将不需在藏征粮。"

（选自《八世达赖喇嘛传》，第一百六十一页）

［铁狗年（1790）］时值佛爷尊者（特指八世达赖喇嘛）三十七岁年龄，出现了一些魔障的征兆。于是为给佛爷（八世达赖喇嘛）消灾，念诵了摧破金刚经和举行修念宝瓶仪轨，这样危难得以禳解。那时宝瓶滴水不断，用佛爷尊者（八世达赖喇嘛）加持过的摧破宝瓶水作沐浴，洗除晦气和不净，十分灵验。而且按照惯例，洗除不断。直到现在的修行者们还分别于望日（藏历每月十五日）和晦日（藏历每月三十日）举行摧破金刚的宝瓶修念仪轨，从不中断。按照佛爷（八世达赖喇嘛）的教诫，在这修念的容器中放入用红树制成的灵验宝瓶一个等物，并向喇嘛（经师）和僧侣之寺供献绸缎、垫褥和华盖等福禄的主要依止物。遵照此意，遂向喇嘛达尼钦波献上狮子宝座，向僧侣们供献集会诵经用的厚坐褥垫二十整匹。

（选自《八世达赖喇嘛传》，第一百七十页）

［铁猪年（1791）三月］七七四十九天之间，（八世）达赖喇嘛没有讲法，弃置不管。于是，十方一切佛子齐声催请："现在是给众徒们布法的时候了。"三千燃灯之主大梵天和帝释天献来金法轮和右旋法螺，并齐声祈请道："现在请为教徒们大转法轮吧。"

（选自《八世达赖喇嘛传》，第一百七十三页）

［铁猪年（1791）十二月］二十七日，四位章京和海蓝察单独拜会（八世）达赖喇嘛，各自献

上带签银曼荼罗、银元宝。此日，召见跳神指挥，吩咐他"古朵"（十二月二十九日）南杰扎仓举行跳神事宜，将今年古朵的跳神用具全部装置一新。之后，师徒二尊（八世达赖和七世班禅）一同观看了跳神表演，同时按例摆设油炸面点等素宴。

（选自《八世达赖喇嘛传》，第一百八十六页）

［水牛年（1793）四月］二十六日以后的三天，在噶当庆巴殿举行大威德金刚勇猛瑜伽之息、增、怀等三种业的火供仪轨，观察其形甚为吉祥。特别是在举行灌顶施舍火供的当日，松中堂（即松筠）、额勒登保、和大臣（即和琳）三人前来拜谒，并呈献财物之供云。达赖喇嘛也回赠每人"杂朗"（一种树名）念珠各一串、佛像各一尊。清朝官员们都十分虔诚敬仰，请求佛爷世世给予护佑。此外，一名扎仓僧人献了一罐枝叶繁茂的花朵，然后拜会了清朝官员，因缘甚为吉祥。

（选自《八世达赖喇嘛传》，第一百九十三页）

［水牛年（1793）］十一月初三日，（八世达赖喇嘛）开始撰写至尊上师经师班智达身语意的传记《图丹白玛且贝尼切》。依据天喇嘛（护法）的一些授记说：消除本命年灾危难，要念诵《奋速度母经》，于是又从此日起念诵该经文。当时，刚念完第一座①经文，经卓尼尔之手献上土尔扈特王衮噶次仁请求保佑的礼物：珊瑚的庄严念珠一件。（八世）达赖喇嘛说道："这次为了你念本尊经咒，我给你这串念珠。"说着高兴地赐给了他。司膳格勒坚赞请求说："这像是符合四业中的怀业缘起。"达赖佛爷高兴地说密宗续部里说："'不管做息、增、怀、伏这四业中的哪一业，如果能产生与此业相符的明辨境地，则可得到顺缘业的加持'。"

（选自《八世达赖喇嘛传》，第一百九十八页）

注释

① 一座：即一部经中一大段落的经文，称一座。

［火龙年（1796）十二月］二十三日，佛爷（特指八世达赖喇嘛）按例审订拉萨大法会布施人员的登记名单和天母百种会供①，并观瞻了供奉于色拉寺的"珠千达恰"（大圣箭晒垫）金刚降魔橛②。

（选自《八世达赖喇嘛传》，第二百二十九页）

注释

① 会供：在密法本尊修法仪轨中，皆须修持荟供，以每月初十的莲师荟供及每月二十五空行母荟供最为普遍，也可在圣地、节庆日、佛菩萨及殊胜传承高僧上师之诞辰日及涅槃日作荟供。

② 降魔橛：即金刚橛。

［火蛇年（1797）］四月初一日，（八世达赖喇嘛）为将供于宗角龙王殿的一对银制伏藏宝瓶和将放入湖中的铜瓶装藏。用上述同样的瓶内供物，对龙神加以装藏供养。随后举行七天的修持仪轨。当时，雨水稀少。但佛爷修著宝瓶以来，天空布满彩云，甜甜细雨持续而下，山林草场和农业庄稼都享受到了天神甘露。

（选自《八世达赖喇嘛传》，第二百三十一页）

［土马年（1798）四月十七日］（齐麦德丹庆寝殿）（八世）达赖喇嘛至前顶礼，说道："为利益佛教众生，塑造了这些神威佛像。无畏主释迦牟尼无论如何也欢喜不已地化身为四面怙主以示瞻观，并为佛像们抛撒神界的花朵。在这怙主所有神民的福泽世间，新塑了珍贵的佛像，真乃神奇无

比啊!"这日做三界加持时,天空布满彩云,因膜拜主尊佛像而获得寿命。布达拉宫周围弥漫着前所未有的妙香,小铃、銮铃随风摇晃,神的钏镯①发出叮叮响声,悦耳动听。

(选自《八世达赖喇嘛传》,第二百三十八页)

注释

① 钏镯:臂镯。

[铁鸡年(1801)五月]初三日的上午,该活佛(班智达转世)致敬之后向佛爷(八世达赖喇嘛)献上叩拜之礼内库哈达、曼荼罗、佛像、佛经、佛塔、金八秤、银章喀数秤、绸缎整匹、茶包等。……接着用茶之后,应该活佛的祈请,先在日光殿的祖师佛像前献百供,然后为他……起法名为"降班意希丹贝坚赞",并赐常佩释迦牟尼佛像。授戒仪式后,活佛又献上哈达、曼罗茶、身语意三所依、汉式马蹄形银锭两个、茶七包、白面粮包为主的九件礼品、纯洁的水晶庄严念珠。……这日师徒二尊(特指)在寝殿内室喝茶用膳之后,达赖喇嘛单独向班禅活佛传授了《乃赛觉沃钦波的祭供所有次第的经文传承》。班禅活佛也献酬礼哈达、曼荼罗、身语意三所依、优质珍珠念珠、金八秤、锦缎整匹等。

(选自《八世达赖喇嘛传》,第二百五十七页)

[铁鸡年(1801)七月]十四日,就(七世)班禅大师前来拉萨请(八世)达赖喇嘛传授比丘戒律的情况呈奏大皇帝(清嘉庆)后,得到回旨及赐达赖、班禅二佛爷宫中物品。为递交谕旨和赐品,驻藏大臣福宁专程而来。在浴池主棚里,达赖喇嘛身穿袈裟,头戴佛帽,恭然肃静,站立聆听驻藏大臣宣旨道,"达赖喇嘛接旨:悉知班禅额尔德尼到达卫地(拉萨)接受比丘戒律,朕对此甚为高兴,故颁赐嘉言谕旨,特赏哈达、珊瑚念珠、金小盒、大荷包一对、小荷包两对。"达赖喇嘛恭敬接过所赐赏品。与此同时交给赏赐班禅的同样宫中物品,并有根瘤木念珠。驻藏大臣英善请达赖喇嘛遣人送交班禅额尔德尼。达赖喇嘛向大皇帝所赐贵重赏品恭然敬礼,并说大皇帝万岁!万岁!万寿无疆!接着向诸驻藏大臣问安、谢恩。赏赠他们哈达佛像等物。

(选自《八世达赖喇嘛传》,第二百六十页)

[水狗年(1802)十一月]二十七日上午(八世达赖喇嘛)接到色拉寺礼供的金刚橛,向它献上题有祈祷词的敬神哈达。

(选自《八世达赖喇嘛传》,第二百七十三页)

[火兔年(1807)藏历十一月二十日星辰交汇之时,遍知一切班禅大师、摄政王诺门汗萨玛第巴希仁波切、两位驻藏大臣、我本人第穆娃、热振赤仁波切、协珠林活佛、策却林活佛等大小呼图克图,噶伦、代本、(各大)秘书等聚集贡塘寺,进行考察认定事宜]这种事情是由众生考验佛爷,尽管我(第穆娃)十分恐惧,却无力违抗驻藏大臣的指示。于是依次奉上历辈上师的不曾分离的龙丹卓玛唐卡像、宗喀巴上师佛像"扎西多卡玛"、手铃、手鼓、半月形大氅的真品伪品各一件。他(九世达赖喇嘛)首先除去了卓玛雕像的衣服,仔细地看了看说:"这是我的,叫龙丹卓玛,是阿底峡大师的本尊。"

(选自《九世达赖喇嘛传》,第十九页)

[土龙年(1808)二月]初九日,直布策却林活佛献曼札、三福田、天鹅绒衣衫、小巧的振摇禅杖等,请求拜见。(九世)达赖喇嘛以善言问候活佛,将禅杖长时间拿于手上并摇动。就振摇禅

杖，过去仲敦活佛有过几种说法：以十二圆环表示十二部经论，摇动施主圆环即表示念诵经卷；如与十二缘起支相连，表示顺序十二缘起支轮回生起苦恼，逆序十二支缘起表示超离轮回。达赖喇嘛摇动禅杖可能就是想起了这一说法的缘故。

（选自《九世达赖喇嘛传》，第二十四页）

[木猪年（1815）藏历二月十七日] 四大噶伦、基巧诺齐美汗堪布等噶厦所有高级官员，以及色拉寺、哲蚌寺的上师、执事人员联名……求我（第穆娃）在达赖佛圆寂（九世达赖喇嘛）、转世活佛未登上金座亲政以前，承担起政教两方面的职责，我答应了众人的请求（满足了众人的心愿）。也向两位驻藏大臣呈递了相同内容的文书，请求向皇帝（清嘉庆）上奏折，同时按照（九世）达赖喇嘛的意愿，向大皇帝敬呈装有铃杵、经书的匣子。特派孜仲赤勒格桑向怙主、遍知一切的班禅大师上书、献礼，请班禅大师（洛桑班丹·丹白尼玛班桑布任堪布）超荐达赖喇嘛。

（选自《九世达赖喇嘛传》，第一百三十四页）

（宗喀巴大师学佛时梦见大德云穹波勒巴做法时的法器使用方法）庚午岁，年师三十四，乃发心广学一切来源清净之金刚密乘上下续部灌顶、传承、教授讲规等，某次梦中见一高大宝座，上坐大德云是穹波勒巴，年已衰迈，头戴宝冠，手持铃杵，大师坐其面前。大德忽起作金刚步舞状，振铃挥杵，右绕大师三匝，自其念珠发声，唱"伊迦巴孜迦巴"。又以铃杵置大师顶呼曰："迦玛班啰。"说毕归座。醒后感觉身心异常安适，思原有密号名不空金刚与梦境极相符合。

（选自《宗教流派镜史》，第一百二十三页）

（宗喀巴大师在伦布孜寺弘扬佛法后所赐予的法器）一日慧狮子忽忆曾于大师之前立誓，宏扬密教，遂于值讲集密本续时，便至伦布孜寺，寺内大德圣光功德海率领全体僧伽，请受法益。彼遂造……记之阎摩敌瑜伽师。于此寺依大师之规模，建立成就陀罗实修及本续之讲听。为作缘起预兆，遂将大师所赐开藏取出之阎罗法王面具及骨杖绳索等留存于彼，迄今尚可瞻礼。

（选自《宗教流派镜史》，第一百六十六页）

（藏历正月初一达赖喇嘛设宴庆祝节日的情景）正月初一日，达赖喇嘛令将大殿四围悬彩结花列绣幕，铺设妥，达赖喇嘛在高座上，面南正坐。座位左右两旁四喇嘛，光头待立左旁面南正坐。驻藏大臣右旁坐西面东。侧座各大呼图克图①、诺门罕。再汉官等在大殿左廊下，面西列坐。各寺小堪布、喇嘛、达子公等在大殿右廊下，面东列坐。本藏公、台吉、噶布伦等，在大殿之南穿廊下，面北列坐。所有番官，悉遵体制，皆戴红缨貂帽。中间舞跳月斧，四角派四喇嘛管人，座次已定，各大呼图克图、诺们罕、公、台吉、番官、达子公、台吉、别蚌子官、缠头官等上台呈递哈达，讨舍手毕，各献贡物后，始作乐，十三蛮人头戴金蛮帽跳舞，双手持短柄月斧，不歌唱。第一穿五彩绣花白衣，第二三四穿五彩绣花绿衣，第五六七穿五彩绣花红衣，第八九十穿五彩绣花黄衣，第十一十二穿五彩绣花蓝衣，第十三穿五彩绣花白衣持月斧舞毕。两堪布分左右，手舞足蹈，讲经对较争问完。十三人复上，不持月斧，手舞足蹈毕。两堪布复讲经，始摆喜果、猪羊，大宴筵。撤宴后，十三人持月斧又上，舞毕，两堪布又讲经完毕，起座散宴。

（选自《番僧源流考》，第四十页）

注释

① 呼图克图：清朝授予蒙、藏地区喇嘛教上层大活佛的封号。"呼图克"为蒙语音译，其意为

"寿","图"为"有",合为"有寿之人",即长生不老之意。原是藏语"朱必古"之蒙语音译,意为"化身"。

(正月初二达赖喇嘛在家中做节日庆祝时做法事的情景)此系达赖喇嘛家宴,驻藏大臣不去,其座虚设。①右旁面南,仍各大呼图克图诸们罕座。左廊下,面西总堪布达尔罕堪布坐。右廊下,面东系各小堪布喇嘛等坐。南穿廊下,仍番官等,皆改换戴东科尔白帽,面北列坐。座次定,然后十名侍者呈递哈达,始作乐,舞月斧毕,讲经完,作细乐,戴套头八大菩萨上,站立于番官座前,向北灵通天马神并大鹏金翅鸟神,分左右站立。皆手舞足蹈,庆贺吉祥歌曲毕,又讲经完,戴大套头大头佛上,立于东廊前,向西,四侍者旋转口唱吉祥歌曲毕,摆大宴。撤宴后,十三人上,舞双刀毕,讲经完,散宴。随上楼看飞绳。达赖喇嘛上罩黄伞,斜遮掩日光,用孔雀伞,后列孔雀扇面南,行礼毕,令人飞绳。

(选自《番僧源流考》,第四十一页)

注释

① 达赖喇嘛正月初二在家中设置家宴庆祝节日,宴中邀请了大量地方官员和主事僧人前往,驻藏大臣虽然在被邀请之列,但作为中央政府委派的特殊性官员兼有防止地方土司与宗教首领勾结叛乱的责任,因此达赖家宴时驻藏大臣须避嫌不赴,但是其坐席仍旧设置,以示达赖对中央政府的尊重。

(顺治九年,即1652年十二月清世祖接受五世达赖进献物品,在顺治十年,即1653年二月与五世达赖辞行时赏赐物品)五年五月,遣喇嘛席喇布格隆等赍书①存问达赖,并敦请之。达赖覆书,许于辰年朝觐。九年十月,达赖抵代噶,命和硕承泽亲王硕塞等往迎。十二月,达赖至,谒世祖章皇帝于南苑,赐坐,赐宴,达赖进马匹、方物,并纳之。十年二月,达赖辞归,世祖章皇帝御太和殿,赐宴及金银、缎匹、珠玉、鞍马,命承泽亲王硕塞偕贝子顾尔玛洪、吴达海②率八旗官兵送至代噶,命叔和硕礼王济尔哈朗、礼部尚书觉罗朗球饯于清河。是年四月,命礼部尚书觉罗朗球、理藩院侍郎席达礼赍金册、金印,前赴代噶封达赖为"西天大善自在佛所领天下释教普通瓦赤喇怛喇达赖喇嘛"。

(选自《番僧源流考》,第六十二页)

注释

① 赍书:送信、携带信函。

② 吴达海:(1601~1654):穆尔哈齐四子。崇德元年(1636)随睿亲王多尔衮,攻沙河县、南和县、魏县、临洺关有功。

湟水北岸即湟水之阳中区的白马寺①,是玛·释迦牟尼和藏·饶赛居住之圣地。后由贡巴饶塞修建了寺院和僧伽的住处。贡巴饶塞涅槃后,其遗体用药制香泥涂墁,塑成身像。眉间白毫之相清晰,身上所披的袈裟时有肤垢,触摸胸间似感体温尚存,而面部容光时有不同的显示,有时还有汗水。如身像显紫色,乡里就有刀兵之灾;若香气四溢,则乡里幸福、吉祥。……贡巴饶塞圣像面向湟水②,是佛教神圣传承永远长住的缘起。现由郭隆寺主管这寺(即玛藏寺),有僧伽们随时前来此处修习长净的传统。这是一座圣教事业极为奇妙的处所。

左边小佛殿中,在金刚手菩萨的位置上,供养着拉隆·贝吉多杰③,右手持金刚杵抚胸前,左手作等引状,跏趺而坐。有服青色衣服三怙主像。还有二位增益师和尚像,一位着黑衣、戴僧帽、合掌胸前；一位短褂上穿法衣，交手胸前，作入定状。

(选自《安多政教史》，第五十九页)

注释

① 白马寺：当地汉族也称白马寺，原名意为玛藏岩，即以玛·释迦牟尼和藏·饶赛二师之姓氏作为山岩之名。今当地又引申其意，译为红岩寺。

② 湟水：湟水河又名西宁河，指流经西宁市城北的黄河重要支流。

③ 拉隆·贝吉多杰：简称拉隆，或拉隆贝多尔。为公元842年，刺杀吐蕃国王达摩的僧人名。

（湟水北部地区政教发展情况，土观活佛的吉祥辉煌宫左右侧建筑）右侧净房加被宝库里供奉着药泥塑造的释迦佛像四周环绕着十大行庄严、十一面观世音身像两尊、紫金释迦佛像、无量光佛像、语化释迦牟尼银像、特别超殊的米拉尊者像、圣·宗喀巴骑象金像两尊、卓弥大喇嘛、止贡·世界怙主、唐东杰波、十二位京俄、第五世达赖喇嘛等像，一见即能得解脱的帕摩竹巴像、达罗那他的等持身像、寒黑林石制成的胜乐金刚像、杂阿日哇的本尊大轮（阳体蛇冠）像、印度青铜铸胜乐、金刚瑜伽母像等许多有稀奇历史的佛像、同时还供奉着作明佛母的秘密画像、空行佛母的秘密画像、尼泊尔画无量光佛庄严佛士像、雕刻着大小二十八把三棱橛的檀香木神橛、热特那林巴启伏藏取出的霹雳金刚杵，洛扎恰多尔瓦的颈佩神橛等。这些内部佛物历史在寺志内记载比较清楚，另外，在若干玻璃窗棂的经架里供奉着空行佛母的银像、极密马头明王的身像、檀香木释迦佛像、八尊近佛子身像，以及按汉族习俗制作的两尊莲花座大佛像、若干汉制、藏制的合金和檀香木佛像，布顿大师手抄的梵文《般若八千颂》，许多大士夫的袈裟和用具等许多圣物。

左侧威猛游戏宫怙主殿最里面，供奉着由擦钦鼻血绘制的年贡怙主秘密像，及以喇玛丹巴索南坚赞的鼻血绘制的又一幅年贡怙主秘密像，以及阿旺却吉嘉措尊者前后两世绘制的两副秘密像等，具有极为威灵的传说。挂在这些上面的有黑空行佛母的画像，以及用吉祥怙主隐没于卡伍芝宗地下的泥土建造的站斯（护法神之一）塑像，另一个一人高的站斯塑像和四尊明妃的塑像等。在绫罗帐幕中按照秘诀陈设着在一块三角形黑石的三面自然形成的夏珠兑（神名）、当年仅（神名）和噶保才派（神名），及一位大成就者的黑石曼遮等内外秘供器。

(选自《安多政教史》，第七十六页)

（湟水北部地区政教发展情况）五世达赖喇嘛（阿旺罗桑嘉措）向程勒隆珠尊者授了密集灌顶，收为主要的徒弟，赐予《四家合注》经函并授记；尊者又梦见贡德·南卡坚参授予金刚杵和铃，说："做这个的主人！"

(选自《安多政教史》，第一百零六页)

[木兔年（1555）的九月上旬，昔日尼泊尔的拉撒尔，密号为勒拉多杰闭关七日] 初九日，限期已满，进去一看，喇嘛（拉撒尔，密号勒拉多杰）不在了，座上只留下法衣，中间有高约一尺右手所持莲花上有五股金刚杵，左手所持莲花上有函卷的红、黄文殊菩萨像一尊，遂作为依止的圣像。火落赤之子诺们其台吉等在佛殿里建造了檀香木的事部三怙主像，后被希哇王率兵烧毁了佛殿。以后萨迦班智达来到此处，听了这尊圣像的历史，带领君臣庶民四处找寻，在北边形如佛塔的一座山根下，找到了光华闪烁的这尊文殊菩萨像。元世祖忽必烈修建新佛殿，建造三世诸佛、十六尊者等像，请萨迦班智达做了开光安神仪轨，并修建一座小寺院。第三世达赖喇嘛索南嘉措来到此

处时，亲自看见彩虹拥绕着骑狮的文殊菩萨，随从人员们也看到了白人牵着白狗。尊者（索南嘉措）在此居住三个月，重新开挖了一座石窟，建造了文殊菩萨像，把这尊自然形成的文殊菩萨像作为藏装了进去。又建造了以尊者自用的金刚杵装藏的金刚手菩萨像；以佛陀舍利、达赖喇嘛自己的念珠、萨迦班智达的头饰等装藏的观世音菩萨像。

（选自《安多政教史》，第一百四十五页）

（止贡伍颠·曲吉扎按巴根据噶玛巴口述所撰写的智噶尔贝宗寺寺志里提到）未来五浊恶世时，教长莲花生大师，来到青海湖之地，在湖边野摩塘[1]之中，降伏鬼魔九兄弟，埋藏多种神藏和法藏，显出圣地法场门。此后黄昏黎明时，血色发辫之罗刹，巨口獠牙罗刹女，他俩生育的七鬼魅，逃居贝宗石岩上。教长昂扎巴哇他[2]，闭关静修于洞中，入于等持三摩地。魔运磐石堵洞门。教长使用金刚杵，钻透岩顶出洞中。

（选自《安多政教史》，第二百一十页）

注释

[1] 野摩塘：多康六岗的下部三岗，称多麦，古名野摩塘，算作"康区"的一部分，也就是现在的"安多"。

[2] 昂扎巴哇他：莲花生大师八名号之一。

（《拉卜楞大寺志》及其传承世系，华热恰科站起来说）"因为你具有三个不需要的东西，即嘴上不需要的胡子、手上不需要的佛珠手串、心上不需要的空虚。"

（选自《安多政教史》，第三百七十二页）

（《拉卜楞大寺志》及其传承世系）到拉卜楞寺后，（尕吾·桑拉克卜却）参加大会堂的讲辩，并辅导教程的学习。五十岁时任大会堂的协敖，坐在称为净水瓶、茶桶的大总管位上，因患胃病圆寂。彼师曾梦见在一孔喷火的地洞口，放上一个搅茶桶，铺毡坐在上面，忽然掉入地洞，他被惊醒。迩时，已到了协敖去大会堂的时间，前来迎接净水瓶者恰好同时到达。

（选自《安多政教史》，第三百七十五页）

（《拉卜楞大寺志》及其传承世系）临行前（怙主嘉木样二世）又将嘉堪钦活佛和彼师（森格）二人叫到面前，指示道：

"要勤奋学习。嘉堪钦可以附带学学世俗道理，森格学习经论最重要，不需要学世俗道理。"贡塘嘉贝样给了七个"章喀"银币，一个书夹，并说道："学法间休时，不要离开这个书夹。"又给了一串念珠，并说道："讲辩会上不要离开这串念珠。"

（选自《安多政教史》，第四百页）

（赤钦阿旺年智与怙主嘉木样二世的来往）第二世嘉木样在西藏传授弥多罗金刚灌顶时，他（阿旺年智）坐在排尾，专门让他上装并给金刚杵铃。私自拜见时，指示道："您取得有益佛法之地位后，需回拉卜楞寺去。"如此等等情况，说明形成的亲密关系确与众不同。

（选自《安多政教史》，第四百二十一页）

（《拉卜楞大寺志》及其传承世系，第四十三任堪布苏尼特·根登达吉事迹）第四十三任堪布苏尼特·根登达吉，生于火马年（1786）。彼师（苏尼特·根登达吉）……为僧院铸造高约肘余的七尊法王像、香拔拉国①廿五代法胤王像、修建寺院破土仪轨所用的十个金铜橛和缝制张在坛城四边有穗的七政宝绣幕等筹集了资金。……查干俄沃寺的法相讲经院衰败不堪,德赤仁波且派彼师担任堪布,重新予以恢复。在喀尔喀阿勒坦沃西勒图胡图克图寺,彼师(苏尼特·根登达吉)建立了法相讲经院。现在,这两寺的讲闻辩论和僧众正在兴盛发展,彼师并大力弘扬金刚鬘灌顶传承等。相传,他在五台山看戏因而证悟了空性,一位和尚向他献了长寿禅杖。

(选自《安多政教史》,第四百五十九页)

注释

① 香拔拉国:香拔拉,又译"香格里拉",意为"持安乐",佛教所说的神话世界,时轮教法的发源地。

(《拉卜楞大寺志》及其传承世系,第四十四任拉卜楞寺堪布洛桑贡却巴事迹)洛桑贡却巴(第四十四任拉卜楞寺堪布)四岁的那年,患了影障症(脑溢血),请阿高禅师洗沐治疗。这时,他梦见前世喇嘛的翁则师西饶隆主说:"曼荼罗生了锈要擦拭一下。"说罢将曼荼罗给了他。……五岁的那年,即藏历第十四胜生的火兔年(1807),当认定前世遗物时,他扑到文保的怀里,文保脖项上戴着一串念珠,念珠串上有前世的念珠串上的一颗珊瑚珠,他一下子就认出来了。

(选自《安多政教史》,第四百六十页)

(水鼠年(1851)奉到须赴北京的折子)觜宿月(藏历十一月)初一日,(贡乔丹悲嘉措哇)由拉卜楞寺动身起程,鬼宿月(藏历十二月)初一日到达了京城,初四日朝觐了皇帝(咸丰)。……圣上赏赐团龙绣山水图纹库缎衣料数匹,十两重银筷子十双以及珊瑚念珠等。

(选自《安多政教史》,第四百八十一页)

(时轮学院艾旺法轮洲法嗣史)卡加·贡却达吉(时轮学院艾旺法轮洲扎仓的法台)的母亲快要怀他之时,当地的一些人梦见玉格西转着法轮走向这家。喇卜夏果布也梦见玉格西给他一顶五佛冠①。……在恩师阿莽道扎任金刚持师,为怙主尊者转世的呼毕勒罕祈愿长生永寿,和彼师及几位师徒在拉让进行多次护摩法事时,有一天管祭品的僧人传达金刚杵铃时,彼师微微一笑。法事结束后,问他为什么笑。答道:"不是常说举行仪轨要自始至终为了解智悲双运而持杵铃嘛?但是,这位竟毫无所想地说'用手握紧杵铃',这岂不令人发笑!"

(选自《安多政教史》,第四百九十三页)

注释

① 五佛冠:五佛冠是藏密上师修法时,戴着象征五智如来的宝冠。

(阿柔大格西举行钉金刚橛镇魔法时说)"胜者持金刚对于魔鬼哪会有进行钉金刚橛予以镇压之事!它会身、语、意三方面不可动摇呐!"

(选自《安多政教史》,第五百四十四页)

(洛桑卓玛从西藏卫地经过康区至贡如地方,说是要"朝礼怙主殿")从许多画像哈达的缝隙中把钥匙拿了出来。当(怙主殿)殿门开启后,看见堪卓玛圆寂时点燃的神灯还在燃着,遂被认为堪卓玛转世的化身。……这座寺院的依止圣物有第一世从伏藏中掘出的寿水宝瓶连同陀罗尼金刚杵,塑有释迦牟尼佛像在装藏时献上的陀罗尼绳子的一端,露在外边有时长,有时短,至为神奇。

嘉贝样著有《寺志》，其它还有许多圣物，土观仁波且赐予经费建立了胜乐五佛的仪轨。

（选自《安多政教史》，第五百四十八页）

（洮河北部区域各地政教发展情况）圣·贡玛[①]的尸骨上出现有佛、菩萨的像、梵藏文字母元音和子音，乃以这些灵骨和他用过的金刚杵、铃等和包括他的没有烧损的心、舌、眼等作为内藏修建了灵塔。

（选自《安多政教史》，第五百九十三页）

注释

① 圣·贡玛：指洛桑拉卜丹。

（阿曲河、然科河、察曲河、金川河等流域的政教发展情况）上下参让的寺庙及弥勒殿内，供奉着《甘珠尔》、《丹珠尔》大藏经，佛像，佛塔等许多三依止圣物。上参让的弥勒佛像的内藏是寒林黑石自然形成的怙主像，及圣·八思巴的牙齿。在索仓有历代转世系统。下参让有党纳曲杰寺院，拉卜楞寺院正理学部的朝礼圣物之一金刚杵就是彼师（雅垅阿阇黎）所献。现在有转世系统。附近还有纳秀静修院。

（选自《安多政教史》，第七百一十四页）

［自咸丰九年（1859）三月庚辰，赏众臣翎戴］"以查办四川理塘夷务出力，赏同知宣维礼、守备钟淮、孙廷槐、马仁杰等花翎，通判庄裕崧等蓝翎，余升叙有差。"

七月戊寅，驻藏大臣满庆奏："达赖喇嘛之呼毕勒罕，择定次年七月初三日坐床。"得旨："嘉奖，赏给黄哈达、铜佛、铃杵念珠各一。"

（选自《清代藏事辑要》，第四百八十九页）

第二编 建筑

总类

外观与装饰

选址与布局

修建与技术

室内与装潢

第二编 建筑

总 类

（赤德祖赞去世，赤松德赞尚未成年）塞囊向印度的所有学者学习佛法后，又到尼泊尔，在国王（赤松德赞）的协助下，将博学而智慧的显达诺吉达（梵语音译，即寂护）请到芒域，修建了两座寺庙献给金日戒阿杂诺雅（寂护的另一梵文名号——译者注）做供养，并请求他发菩提心讲经传法。寂护说："献上供养来！"于是塞囊把金银等宝贝、小木桶、茶杓、氆氇衣服、绸缎及马全部献给大师。大师收下说道："还要奉献！"塞囊答道"什么可供养的都没有啦！"赶紧在自己身上寻找，把腰带、缠头巾等都取下来供上。大师收下便发菩提心，传授佛法。同时将所献供奉如数又赐还……在塞囊的房中供食后，塞囊向大师（显达诺吉达）祈请道："无论如何，也要请大师前往吐蕃去做吐蕃赞普供养的善知识！"大师答道："我是应该教化吐蕃众生的。在吐蕃的吉祥赞普（指赤松德赞）和你未降生之前的九九八十一个世代期间里，我一直来回在吐蕃与撒霍尔之间巡游以等待你们。如今吉祥赞普和你皆已成年，弘扬佛法的时机已到，我愿作吉祥赞普的善知识。但是，在此之前，请先在恰呷地区（即雅隆地区）的洛黑达河岸（即发源于阿里马泉河的雅鲁藏布江自阿里至雅隆一段）、开保山之前，修建一座名叫'白扎玛尔桑耶米久伦吉珠巴'的寺庙（意为：吉祥红岩无量不变天成寺，即桑耶寺）。"然后，阿杂诺雅（寂护）便回到尼泊尔去了。

（选自《拔协》，第十三页）

（国王请阿杂诺雅大师宣讲佛法四月）对此，吐蕃邪恶的鬼神等大为不喜，发水冲了旁塘宫，轰雷击毁拉萨玛保山（意为红山，即今之布达拉山）出现瘟疫和荒年。人们纷纷议论道："这是（赤松德赞）赞普奉行佛法的报应！快把阿杂诺雅赶走！"吐蕃民众心生反悔，不愿再奉行佛法。当时阿杂诺雅正在房顶的白绸幔帐中修行。

（选自《拔协》，第十八页）

吐蕃国，本汉西羌之地。……男女用为首饰。而白兰等并臣焉。其君长或居跋布川，或居逻些，有小城而不居。坐大毡帐①，连帐张大拂庐，其下可坐数百人，兵卫极严，而衙府甚狭。西南通泥婆罗门国，卑实兹焉。其百姓皆居小拂庐，而无分别。俗养牛羊，取乳酪用供食，兼取毛为褐而衣焉。不食驴马肉，以麦为，家不全给。人死，杀牛马以殉，取牛马头，周垒于墓上。其墓正方，累石为之，状若平头屋焉。其臣与君自为友，号曰共命人，其数不过五人。

（选自《册府元龟吐蕃史料校正》，第五页）

注释

① 毡帐：毡制的帐篷。古代北方游牧民族以为居室。

（介绍隋朝时期四川西北部的附国的民居习俗）附国在蜀郡西北二千余里，即汉之西南夷也。其国南北八百里，东西千五百里，无城，近川谷，傍山险，俗好复雠，故垒石为巢而居，以避其患。巢高十余丈，下至五六丈，每级丈余，以木隔之。基方三四步，巢上方二三步，状似浮图，于下级开小门，从内上通。夜必关闭，以防盗贼。

（选自《册府元龟吐蕃史料校正》，第十六页）

（吐蕃向唐高宗进贡的大臣仲琮与唐高宗交谈的时候，介绍吐蕃的生活起居）仲琮为吐蕃大臣，咸亨三年（672），吐蕃遣仲琮来朝。……帝召入赐宴，甚优礼之。问曰："汝国赞府孰与其祖为贤？"对曰："雄勇果断，不及其祖，然勤于听理，下不敢欺，亦令主也。但吐蕃土风寒苦，物产贫薄……乌海之南，盛夏积雪，冬则羊裘数重，暑月犹衣裘褐。赞府春夏每随水草，秋冬始入城隍，但施庐帐，又无屋宇，文物器用，岂当中夏万分之一！

（选自《册府元龟吐蕃史料校正》，第四十二页）

（武后朝中官居左补阙的谏臣薛谦光，向武则天上书介绍吐蕃与中原王朝关系处理方式时，以冒顿单于围攻汉高祖刘邦失败，退回大漠的事迹为例，说明吐蕃夷族喜居帐篷毡房而不愿居住于汉地城市房屋）冒顿①之全实，过于五部之微弱。当襄时冒顿之强盛，乘中国之虚弊，高祖馁厄平城，而冒顿不能入中国者，何也？非兵不足以侵诸夏，力不足以破汾晋，其所以解围而纵高祖者，为不习中土之风，不安中国之美，生长碛漠之北，以穹庐贤于城邑，以毡罽②美于章绂，既安其所习，而乐其所生，是以无窥中国之心者，为生不习汉故也。岂有心不乐汉，而欲深入者乎！

（选自《册府元龟吐蕃史料校正》，第七十一页）

注释

① 冒顿：人名姓挛鞮，单于是匈奴部落联盟的首领称号。于秦二世元年（前209），杀父头曼单于而自立。他是中国少数民族中第一个雄才大略的军事家、统帅。

② 毡罽：亦作"氊罽"。一是毡和毛毯；二是借指以毡罽为服的北方少数民族。

（唐穆宗朝的大理寺卿兼御史大夫刘元鼎与吐蕃赞普会盟时所见的吐蕃赞普帐衙建设情况）穆宗长庆元年九月时赞普建衙帐于野，以栅枪为垒，每十步攒长槊百枝，而中建大旆，次第有三门，相去百步，门有甲士，巫祝鸟冠虎带，击鼓挣箭，入者必搜索而进。内起高台，环以宝楯，帐曰金帐，其中缘饰多以金为蛟螭虎豹之状，至甚精巧。

（选自《册府元龟吐蕃史料校正》，第三百一十一页）

（阿底峡尊者前去朝觐松赞干布的本尊神殿）由善知识瑜伽师引驾前往。及抵殿前，下乘伊始，阿底峡尊者就连连施礼，口中用桑智达语①念念有词。旋即，他弃陂疾趋向前，瑜伽师见状忙喊道："班智达尊者，释迦牟尼佛像（指世尊八岁等身像）供奉在惹冒切②（小昭寺）……"但他置若罔闻，疾入幻显神殿内。

（选自《柱间史》，第五页）

注释：

① 桑智达语：梵文，古代印度的四大语种之一。一般指公元前四世纪古印度的书面用语。

② 惹冒切：即小昭寺，7世纪中叶文成公主倡建。位于拉萨市内，坐西向东。史载其建筑原为汉式寺庙，后几经兵燹火灾，依藏式修葺，本来式样已面目全非。尼妃赤尊公主带来的释迦牟尼8岁等身"不动佛"金像现供奉在该寺正殿。

在这座城市（南方的伽日那城）的城南，有一座由饮光佛开光的"莲轮大宝塔"，化身比丘便绕着这座宝塔腾空跏趺而行。

（选自《柱间史》，第一百一十二页）

松赞干布在汉地共建造了一百零八座寺庙，因其中最后一座寺庙和赞普的本尊像是在"热岗"地方落成并安立的，故所有这些寺庙都被称之为"热岗庙"。

（选自《柱间史》，第二百五十四页）

国王（迦毗罗卫的国王净饭王）在梦寐中，梦见太子（释迦牟尼）菩萨出家，问侍从等太子在宫内否？答道："在宫内。"国王想到这恐是太子出家的征兆，为了使太子贪恋欲乐起见，增修了春和、夏凉、冬暖的华美宫殿三座，每座宫门梯栏间，用五百人守护。在建造过程中，不让任何青年察觉，迅速建成。若于此处，说话声音可以传到半由旬远。

（选自《佛教史大宝藏论》，第七十八页）

（吐蕃王朝时期，赤松德赞于兔年修建桑耶寺，先后修建大首顶正殿下层、中层、上层，中层转经绕道、东南西北三偏殿等等）又后修建白色梵塔，即大菩提塔。依声闻之规，有八狮子作严饰。此系许布·白季僧格①为监工之所修造，则付与护法流星药义王护守之（原注：白色梵塔之主心木，乃四天王所立，内装如来舍利，约摩羯陀国一升量，尚装有先王所供奉之《玄秘神物》、五部经藏，故有大加持力）。修建红色梵塔。依转法轮之规，有莲花作严饰，此系拉郎·杰曹拉朗②为监工之所修造，则付护法火曜神护守之。修建黑色梵塔，依独觉之规，恩兰·达扎路恭③为监工之所修造，则付与护法铁嘴药叉护守之。修建蓝色梵塔，依吉祥如来从天下降之规，有十六殿门作为严饰。此系秦·多吉哲穹④所修造，则付与护法日面药叉护守之。彼时有聚光女妖作怪，恼害多人，莲花生大师在弥勒洲修造放光梵塔一座，镇压女妖，其害遂平。

（选自《西藏王统记》，第一百二十六页）

注释

① 许布·白季僧格：许布，吐蕃时大官族。白季僧格为王臣得道25人之一。

② 那囊·杰曹拉朗：那囊，家族名，吐蕃时为伍茹土部千户，封地在堆隆一带。那囊氏为赤松德赞舅家。赤松年幼时即由他掌握吐蕃军政大权，曾多次犯唐，即唐书中所称之尚结赞。

③ 恩兰·达扎路恭：恩兰，吐蕃时彭域地区一个官族；达扎路恭，在赤德祖赞时任将军一职。

④ 秦·多吉哲穹：秦，家族名。多吉哲穹，桑耶建塔时曾为监工。

朗氏家族的大证果者咱俄·拉伊多吉在答雪地区拉康塘地兴建镇肢寺①。藏地精通建筑的是朗氏，汉地娴熟的木工是朗氏，在里域②掌握铸造的是朗氏。（咱俄·拉伊多吉）塑造了三百泥佛像，塑造了高达三十肘的大日如来佛像，塑造贤劫菩萨高有十六肘，供养大日如来和众菩萨的天母高八肘，其它各类供养无数，故该寺取名叫说法虚空洲。在有为法方面善业广大者亦是朗氏家族的大得道者。

（选自《朗氏家族史》，第五十九页）

注释

① 镇肢寺：镇肢寺庙。古堪舆家说西藏地形为罗刹女仰卧状，松赞干布时建以镇压女魔肩部和臀部的四座寺庙。

② 里域：指里巷的界墙。

（6世纪）藏王（松赞干布）又命许多人上修禅定，由此获得神通者亦更不少；复修建许多修行胜地，如察珠寺及许多镇肢寺庙。两王妃也修建了幻化寺（即拉萨大昭寺）及惹谟伽寺（即拉萨小昭寺）。

（选自《青史》，第二十四页）

阿底峡尊者到藏以前的六十四年中，由鲁麦师徒建筑了许多寺庙。于己酉年修建谟惹杰寺；次年格西·伦·耶协坝（智炽）及峨·绛秋郡勒（菩提生处）等人出家；次年耶尔巴师住持热寺。其它书中记载说耶尔巴的寺庙系于庚申年奠基的。又有珠麦·耶协郡勒等十八人出家。伦、峨、纳朗三师及珠麦共四师称为"四柱"；对格西鲁、松两师称为"二梁"；对库、热二师，则称"南门扇"和"北门扇"；称为"屋椽"的，则是鲁、松二师的门徒，如格西·伦·耶协坝的侄子伦·耶协绛秋（智菩提）、蔡穹·略·楚称绛称（戒幢）、澎·旺秋绛称（自在幢）、仲族的普穹·思·龙二师、修建坝朗侠察寺的鲁麦大师的兄弟、修建门嘎寺的堪·格冻、迅鲁扎（童称）等人都是鲁、松二师的诸大弟子。修建上裕汝哲喀寺的伯敦·多杰协饶（金刚智）虽没有传徒，但他也当列入大人物的行数中。所谓"列徒"是说比亲自传徒小辈的诸徒。松师修建了裕卓寺及康玛寺①；伦师修建了杰惹岗寺；纳朗师修建了腰区的惹察寺，继修嘉鲁特寺；峨师从耶巴来到后修建了舍区的亨巴寺，继修察弥寺，及须区的庙堂等，及西南方的走楼过道也用鬃穗周匝悬挂以为庄严。格西珠麦等僧徒十有七八（藏文意七个半人不通）在鲁麦大师座前请求而修建索纳·塘波且寺；格西鲁麦昆仲在弥却柯区修建坝朗寺；鲁麦大格西则执掌嘎曲寺；继后又建立扎奇的商品集会场。继后到塘区，复到泽邦萨于色拉普巴寺中驻锡。后来在去塘区途中逝世。鲁麦大格西和珠麦二师的遗体都未用火化而奉安在窝金灵塔中。继后由鲁麦的弟子格西漾休嘉哇窝（胜光）从塘区来到云达地区修建裕哲阁松寺；又在供奉处修建裕哲寺。那时梁区的嘎、萨两格西在漾休大师前受戒后，掌管裕窝及枳窝两寺，而梁区中的塘地人即从其中而分开。格西漾休则掌管普波且寺；继后复掌管了嘎哇脱和江扯等许多根据地，并抚育格西扎巴烘协等许多门徒。在休师掌管杰玛寺时，格西扎巴也掌管邬阁玛寺，那时格西扎巴为绒巴扎的四位可爱门徒剃度出家后，复在杰玛寺的对面河岸修建峨松阁寺。……又由库准察区的须布人迅鲁扎巴从塘寺来到库、泽二区的边界处修建回寺；继由裕区须布人迎请迅鲁师又修建妥扎西寺；迅鲁师继来到雅堆又在库区三系的供养处修建了坝裕寺。就这样由具有菩萨愿力的格西鲁松及其门徒等人于乌汝地界以下一带，使佛教起了根本的变化，而成为较其它更为殊胜的四大圣地——即是由弥勒化身的香纳朗·多杰旺秋所修建的嘉鲁特寺其寺财特别殊胜；由峨师所建的迅地庙堂斋僧特别殊胜；由格西珠麦等十有七八的僧徒所建寺院塘波且，其中格西（善知识）特别殊胜；由全体敬奉的格西扎巴烘协所建扎塘寺②，其庙堂特别殊胜。以上系鲁麦师徒修建寺庙的章节。

（选自《青史》，第四十七页）

注释

① 康玛寺：该寺位于距拉萨135公里、当雄县城约16公里处的小山村冲嘎尔，坐西朝东，依偎在日玛山（红山）脚下，为格鲁派寺院，系色拉寺属寺，由色拉寺密宗院哈尔董村直接管理。

② 扎塘寺：是在西藏佛教"后宏期"（10世纪后叶，佛教在藏区复兴，是谓"后宏期"佛教）开始不久的1081年创建，位于县政府所在地。

现在（1478）是由善巧师协饶生格（智狮子）及其弟子善巧大师根敦珠（僧成）修建扎什伦

布大寺及大佛像；并聚会众多僧伽发展讲说和听受经教，名称上说为甘丹山派的分支，而实际师徒二者都是纳塘的根本善知识。

(选自《青史》，第二百零八页)

（扎喜伯出家后的情况）扎喜伯简短的事纪情况是：每月初一日起至每月最末一日之间，黎明起床后作浴身。继作礼拜，继作供曼遮，继作祈愿。天明后侍者换座前的供品，启问是否说法，并问师体安否后，奉献饮食。在这时候僧人的行动和一切有事者都由侍者启问，其他谁也不能谒师。饮食完毕不到正午不说法。到正午时由侍者换好供品，启问是否说法，问师身安否，问可否煎沸水。须召唤大宾客时，问而后召唤。打尖餐毕来到法座上和可见诸人相见，作指导。此后启问正好熬后半茶和开水。上师仁波且来到寝室后断言语（即不说话），正饮用热水时开语禁（即说话）。请进热水，呼唤可以奉献热水，继后到僧伽大会堂中，在打尖餐后断语而来到法座上；不饮后半茶。继后供施玛垛断语；侍者启问熬供垛玛茶；有宾客时召唤宾客；供献明灯；换好供品；继即奉献热水；如师身安泰则说法并吩咐许多指示；此后启问寝宫内外进何饮食、及断语等这是一天里的作法。师身不安适则不说法，师身安泰也须住上弦日始能说法。从十六日到每月最末一日如事先未作启询，则和谁也不见面。总的说来，扎喜伯从出家后酒肉未曾入口，烟熏牛毛帐篷和房屋内未曾去过，腰带未曾解过。……哪（原译为"即"疑误）怕是帕莫竹巴[①]仅讲一个四句偈，他无不在座听讲；肉和妇女未曾进入他的寝室内；未曾从寺庙和厨房献食招待过客人肉食；寺中未曾来过酒；寺边空房中安置妇女（如僧人母亲和姐妹等）不得超过三日。此外厨房熬水，击犍槌，通知用水，吹螺，分发螺耳杯，僧人行住等一切作为都应启问。至于希有的看法：晢巴的昂惹唯·觉窝蕉波看他（扎喜伯）是教主；协饶伯（智吉祥）看他（扎喜伯）是大悲观音；此外还有看他（扎喜伯）是胜乐俱生金刚或至尊救度母等是有无量无边的。又有于一时中见他示现许多身相庄严等也发现不少。卓贡大师说："有三位英扎菩提王发现，前后的二者是我，中间的那一位是你（扎喜伯）。三位是一体性。"他坐在法座上时由思修力亲见帕莫竹巴的真容。他在临终时也说："我未曾离开安善而逝，心续（与佛）是一体性。"又在寝宫中他对阿阇黎温波和诸侍者说："我未曾离开过安善而逝（善逝即佛别号），可是他们不知。善逝即是我自己。"

(选自《青史》，第三百六十六页)

注释

① 帕莫竹巴：帕莫竹巴在西藏推翻了萨迦政权，他也跟随了萨虔昆噶宁波（1092～1158）参学了十二年并获得萨迦派"道果"的教义。帕莫竹巴对十二支派的影响在于他将"道果"教义融入噶举派"丹雅卓"的教义内。

（法王诺热巴二十五岁之后）后来他（法王诺热巴）从梁若开路再到觉谟神山安住，而他们（法王诺热巴师徒等人）一切师徒人等都未遭受大元兵马之害。继后他（法王诺热巴）于丑年建嘎波却隆寺，僧会人数多时，聚集到万余人，并建造用黄金书写的许多修法书册。此后他去到洛扎喀曲，并将喀曲寺[①]内部纠纷平息使其恢复原状后，在寺中竖立金幢。继后又去到扪苯塘，对扪寺蠢如畜牲诸人也使其受持斋戒。他（法王诺热巴）又修建塔巴岭寺。

(选自《青史》，第四百页)

注释

① 喀曲寺：今坐落在山南扎洛县境内的喀曲神山山顶，规模较小，寺内约有僧人30余名。

（扎西喜伯最后一次到帕莫竹寺贡献了很多物品，其中包括很多材料）第七种具有三藏和续部经教自在权威并获得最胜成就后，对佛教所作宏法事：这位大译师意识到一切利乐的根本，是佛的教法。而从一切门中以许多方便持不分教派都令其发展，他在作扶持事业中，意识到令教法增长之本，是建造三宝之所依（即佛像、经典、佛塔等）。最初建造的是：他（扎西喜伯）的父母奉为内部佛像中的弥勒庄严美饰报身像一尊，高约膝至足胫；又释迦牟尼金像一尊高约一拃；继后对伯哲塘大寺作彩画油漆；又建造弥勒大像和不空成就佛大像，每尊背高二十二拃各一尊；又培修桑称康岭寺，中间有大菩提主侍诸尊像，静命及嘉哇却央（胜音）诸师像，奉安师尊的金塔两座；又对那兰乍的建造大像、经、塔等，捐助顺缘以助其成，等同自己建造。后来扎绛巴岭寺，一切智索朗朗嘉（福尊胜）虽正在修持中也特别关怀而捐助。又得施主人王大长官仁清桑渡，及其妃子以其高贵的福德财富和卓越的心量而作施舍；又得到贡巴·伯多杰邓玛，及其子大长官仁清嘉补（宝王）弟兄等的财物捐助而修造转法轮吉祥多门大塔高三十二庹半（平伸两臂之长度为一庹），每面宽度为二十二庹，及圣者和弥勒化身立像背高五十七拃。大塔经十八月，大像经十四月修造而完成。这些善行超出一般初业人士的心境，而显现出善业高山希有无尽的美景。这些世间中也无与伦比的像塔，成为从智者到孩童之间都不避道难而愿前往朝谒和礼拜之境。此种胜境，不是片言只字可以尽述的。此外，依靠诸施主的力量，又培修了极大的三世如来像，释迦世尊和十六尊者等金像，以及青朴修院殿堂佛像、扎塘等寺庙。又创立桑敦岭寺的大修行部，并绘大译师的具大恩诸修持上师彩绘像轴、及四续部主要诸尊画像轴，以及金书《密续释》和主要的诸密续。此外还书写出显密诸释论等是不胜枚举的。由他的策动南方领袖伯扎喜达杰勒比嘉补（吉祥宏善王）也出资建造释迦牟尼金像一尊，背高二十五拃，并供佛殿堂、大塔、学法僧院，以及金书《甘珠尔》和用白纸所书《丹珠尔》；又桑邓朗索·扎巴塔野（名称无边）也造从密经起的金书《甘珠尔》；又由他策动雅焦朗索·大长官仁清桑渡（宝贤）夫妇出资补足金书《甘珠尔》所余未完部分。当咱日大圣地发生乱事，具相颁器也迁移到达波去，局势将成大坏时，他运用修持力和许多方便而使时局平定下去。此后他仍为佛教根本所依——像塔，而作造像等事业。大译师无论到何处也都是建造和培修佛塔、佛寺、佛经等，并作供养。对于僧众多次供施的情况更难以数计。

（选自《青史》，第四百八十九页）

（至元）十六年（1279），八思巴卒，讣闻，赗赠有加，赐号皇天之下一人之上"开教"宣文辅治大圣至德普觉真智佑国如意大宝法王、西天佛子、大元帝师。至治间，特诏郡县建庙通祀。泰定元年（1324），又以绘像十一，颁各行省，为之塑像云。

（选自《元史》，第四千五百一十八页）

（佛教后弘期，恭却杰波）时从山顶望去，但见本波日山坡坡沿，土色白而油滑，河水右绕，有诸多吉兆。想到：若建一寺庙，则可宏扬佛教，济利众生。于是，问卜于尊者黑面，遂向当地主家祥雄·固热瓦、四僧村、七人天村等言道："在此建一小寺，于汝等毫无损失。当按价付予。"彼等言道："决不要价，请建寺庙。"然又言及，只可在后山以内建寺。

（选自《雅隆尊者教法史》，第八十五页）

王（松赞干布）恪守昔日与唐帝（唐太宗李世民）所承诺之盟约，并为答谢汉人之情，乃至汉地，在汉区内外建寺一百另八座。最后一座寺庙建于惹岗，名庸佐寺。详请可见阿底峡大尊者来到吐蕃后，从大昭寺柱中，亲自取出松赞干布王之《柱间遗嘱》。在最早所建之昌珠寺①中，亦特地存有另一遗嘱。

（选自《雅隆尊者教法史》，第三十六页）

注释

① 昌珠寺：位于山南雅砻河东岸的贡布日山南麓，距乃东县约2公里，属格鲁派寺院。建于松赞干布时期，据说文成公主曾在该寺驻足修行。

（赤祖德·热巴坚）迎请印度堪布姿纳米札等诸班智达，翻译昔日未译之佛典甚多。厘定新语，制订译例三条。又规定升、两等，与印度一致。七户属民供养一僧。为本尊建乌香多贝白梅扎西格培等寺院。至此，诸法王菩萨已如愿建成一千另八座寺院。

祖孙三法王（松赞干布、赤松德赞、热巴坚）时，译出许多经论，然有差错。王（热巴坚）命贝孜译师等将所录之诸法异名、诸经论名称与正文，一一抉择，编成目录，连同遗嘱，皮藏于所建董塘敦噶大宫、桑耶秦浦、旁塘诸寺。

王（热巴坚）系金刚手菩萨之化身。昔日先祖时，未曾归服者甚多，今则皆在治下。唐王与赞普有甥舅之盟①，然毁约不和。吐蕃四部，各出兵一万八千。率此浩浩荡荡之军旅，发兵汉地。汉将葛布达被杀，汉军战败。汉和尚与吐蕃班智达从中调解，遂在共谷美如，汉人建一庙，赞普建一寺。乃曰：地上甥舅两王，天上日月一对。于盘石上绘日月，立下誓约：共谷美如以上，汉军不入；其下，吐蕃军不入。筑高台，请凶神恶龙作证。此甥舅盟文，计有三份。一在京师王宫前，刻于石碑之上；一在赞普之羊土神变寺前，刻于石碑之上。吐蕃旧文书中有此记述，且拉萨石碑所记文字亦曰："水虎（壬寅）年五月六日，登坛，吐蕃主盟。"详情可见碑文。

（选自《雅隆尊者教法史》，第四十二页）

注释

① 甥舅之盟：即唐蕃会盟，大唐文武孝德皇帝与大蕃圣神赞普舅甥二主商议社稷如一，结立大和盟约，永无沦替，神人俱以证知，世世代代使其称赞。

彼（松额王，也称益西沃）建托定贝寺。派遣译师仁钦桑波、俄·勒巴喜饶等二十一名聪慧少年去印度学经，迎请班智达室达噶热瓦玛等，翻译并抉择显乘，特别是密乘之经典。

（选自《雅隆尊者教法史》，第四十四页）

赤琼居雅隆（百姓建宫献之，宫名邦孜），据有秦阿达孜宫堡①。彼子沃吉巴。沃吉巴有尚杰查赤德巴及六藏瓦查七子。六藏瓦查为拉坚、玉坚、达热、伦布、沃赞、贡赞。

（选自《雅隆尊者教法史》，第四十七页）

注释

① 秦阿达孜宫堡：又叫青瓦达孜宫、琼瓦达则、钦瓦达泽。藏文史籍记载，青瓦达孜宫建于第九代赞普布代贡杰时期，此后的五代赞普分别在此建宫，宫各有名，形成宫堡群落，并称青瓦六王宫，后人仍以青瓦达孜宫统称。青瓦达孜山南端的石壁上，有两处古代摩崖石刻，年代不确，主要有人物石刻和文字石刻两种。

尊者南觉居邦孜执政。众兄弟大事侍奉佛教，更是杰·金厄仁钦之主要施主。金厄仁钦驻锡直工时，众兄弟再三坚请。该大宝师尊思忖道：我居直工，事业顺利。于是言道："兄弟可结供施之缘。神子赞普当供养墨朗喇嘛,彼是真佛。"于是迎之,驻锡帕莫竹寺。如此等等,大事侍奉佛教。

尊者南觉有三子。次子出家,有基浦寺,称拉钦波。功德无量,容基浦寺传承一章中述之。幼子在直工,从上师琼仁钦出家,为拉尊,称拉阿雪巴。长子觉帕执政。

觉帕有五子。长子尊者释迦衮,次子拉卓微衮波、德波、德琼、觉杰。

拉卓微衮波至叔父处,居基浦寺,一生功德亦待基浦寺传承一章中述之。

德波据有邦孜。彼子尊者释迦杰于邦孜执政,统治大小耶。

(选自《雅隆尊者教法史》,第四十七页)

尊者释迦衮之子尊者释迦扎喜建宁玛宫,执掌政权。七十四岁逝世。

尊者释迦扎喜之长子从叔父出家,为基浦寺住持,称拉扎卡瓦。次子君王扎巴仁钦,少年出家。为上师杰瓦仁钦之近住弟子五年,恳请上师讲经传法。尔后,谒见卓贡·曲吉杰波,求闻三续诸教诲。身为近住弟子,随从至汉地。拜谒薛禅皇帝,取得统治所属阿里之敕令。建有扎卡等许多宫殿。

(选自《雅隆尊者教法史》,第四十八页)

君王扎巴仁钦有四子。长子出家,名拉基浦瓦·洛卓沃,以佛法治政,护持基浦寺。三子拉尊·崔呈桑波于帕莫竹寺出家。幼子白早逝。四子中之次子君王释迦贡布大事侍奉佛教,转三藏法轮;侍奉译师扎巴坚赞等众贤哲;于祖先之永布拉岗宫内建造佛堂。

(选自《雅隆尊者教法史》,第四十九页)

(阿底峡尊者)将本尊神像、以及以四瑜伽师为首之徒众等,全都托付于格西敦巴。一一嘱咐完毕,遂于土马(戊午)年娄宿月二十日,怙主阿底峡于聂塘圆寂。土羊(己未)年,灵塔完工。

(选自《雅隆尊者教法史》,第六十一页)

(格西敦巴逝世)后,南觉钦波任主持十年零六日,六十三岁逝世。后,瑜伽自在·衮巴瓦任主持。建热振上寺。教化内邬素巴大师等。

(选自《雅隆尊者教法史》,第六十二页)

在此期间(色策仁波任噶当教派教主期间),塔波、工布等地弟子麇集,实恰域瓦之大恩大德。后,藏敦任住持三年。其间,萨迦、直工发生争纷。恰域寺被焚,藏敦亦被弑。

轨范师尊者系康隆巴之弟子,任后藏卓寺之住持,被迎至恰域,委为住持。薛禅皇帝赐修缮费黄金二十七升,修复佛寺。彼任住持二十二年,圆寂于恰域寺。

(选自《雅隆尊者教法史》,第七十二页)

该上师(恭却杰波)居于亚隆曲嘉,在卓隆巴建一小寺,驻锡数年,又称萨迦葛波。

(选自《雅隆尊者教法史》,第八十五页)

(于阗国)尉迟森缚瓦王修建了札尔玛佛殿,殿内有龙王胡洛尔通过天空中从克什米尔迎请来的有护持力的佛塔,这是于阗国最早的佛殿和佛像。这以后的七代国王之时,没有修建佛寺。弥勒佛又化身为尉迟比尔,大作佛法之事,建立噶呼木地之佛殿。此时,郭马萨拉干达塔发出赞颂之声,此王生起信仰,又在牛头山之上,建立祖山寺。此后两代国王之间没有建寺。其后,国王尉迟札建造波达雅和麻夏之佛塔及有护持力之寺院。此王有三子,长为顿追、次为达尔玛难底,他们二

第二编 建筑

人前去印度学法。幼子为尉迟达尔玛执掌国政，武艺高强，杀伐甚多，罪业深重。其兄达尔玛难底获阿罗汉果，设法劝化，尉迟达尔玛王为赎罪业，在卓底盆地以前释迦牟尼化身为月光王时将头布施给婆罗门之地、释迦牟尼成佛后曾亲自到过的格吾朵山和波达龙园林建立寺院及大塔。其长兄顿追由印度返回，为兄弟相会之故，建彩虹噶果绒艾之佛寺，又以净宝建桑底之佛寺。此后，尉迟达尔玛之子尉迟森哈又建锁木尼之佛寺和佛塔。此后，尉迟圭底王建立输略佛寺，此寺直到现在仍有龙守护，以防水患。尉迟圭底王之子尉迟桑扎玛依阿罗汉札那亚迦夏之教，建达尔玛底之佛寺，又建古鄯之佛寺。尉迟桑扎玛之子尉迟森哈王，得见弥勒佛，建立了夏沙玛之佛寺。尉迟森哈王之子尉迟拔那以下六代国王之间，设有建造其他佛寺。此后尉迟桑智玛王之时，释迦牟尼之像从局古山山空中来到于阗，此王建造了安放此像的净室，并在吉祥什马园建一大塔，又依阿罗汉穆古德阿哇雅杭之教，建夏桑玛之佛寺。尉迟桑智玛之子尉迟夏达以下，四代国王之间，未新建佛寺。此后，尉迟圭受龙王之劝请，建达哇涅之寺院，此时吐蕃之王将于阗收归治下，此寺是在吐蕃大臣噶尔·东赞来到于阗时修建的。尉迟圭王与其子尉迟札玛缚德二人逃往汉地之期间，由于阗的大臣阿玛恰克梅代掌国政十二年，在此期间修建了玛那底之佛塔和佛寺。其后，尉迟札玛缚德回到于阗，建吉希玛哇之佛寺。此后，汉人大臣薛太师在库房城建弥勒佛殿，汉人大臣高太师建可汗城之佛寺。又在以前圣者毗卢遮那教牧童说话之泽马园地方，建苏多涅之大佛塔，后来，此塔毁坏，尉迟何韩王与汉人比丘巴那西在该处建立一座佛寺。另外，还有由历代国王之王妃建造的和为了王妃而建造的努沃涅寺、约同觉、色若觉、索烟若、泽莫加、噶仲觉、和绒觉、叶莫诺、科索诺诺、古德热玛、沃果诺、贵斯沃尔冬那、祖诺、确诺、那摩博通、阿诺约诺等许多寺院。总的来说，和田地方的大寺院在城内外有六十八座，中等寺院有九十五座、小寺院有一百四十八座。另外，荒地小庙及不属寺庙之佛像、佛塔等，共计三千六百八十八处。据桂·措衍金波鼠年统计，和田地方共有比丘一万来名。在朵洛和墨格尔地方，有大寺院四座、小寺院一百来座、比丘一百二十四名。在干尚、帕涅、比尔迦札、沃古以上、智里以下的地区，城内外有大寺院二十三座、中等寺院二十一座、小寺院二十三座、荒地小庙和佛塔等八百三十九处。两部僧伽在勒见和贵泽以上地方有四百三十八名。金江以下、格香和杜尔雅以上地区的城内外、察尔玛以上地区，有大寺院十五座，还有很多小寺院和佛塔。两部僧伽从勒见和贵泽地方以上总计九百六十三名。

（选自《汉藏史集》，第五十七页）

（7世纪）国王（松赞干布）分现五千化身兴建寺院，尊贵的王妃们各建一寺，尼泊尔妃赤尊兴建了拉萨大昭寺，汉妃公主（文成公主）兴建了拉萨小昭寺，象雄妃李底曼兴建了昌布果玛寺，如容妃杰莫尊兴建了扎拉鲁普寺，门妃赤江修建了叶尔巴寺。

（选自《汉藏史集》，第九十九页）

（赤松德赞时期之后）王后没庐妃绛曲尊（松赞干布王后）在她晚年修建了叶茹下部的神殿，国王牟底赞普修建了襄普蔡拉康，王后迦嘉措梅朵尊在她的晚年修建了吉祥曲沃日拉康。璨氏妃拉姆赞和喀杰妃措嘉二人专心修行，没有修建寺庙。巴·意希旺布等掌管教法之大臣也修建了许多寺庙。

（选自《汉藏史集》，第一百一十四页）

（赤松德赞第三子热巴巾，9世纪）阴铁猪年（831）修建了伍香多福德无比吉祥增善寺，佛殿

171

高九层,有大屋顶,形如大鹏冲天飞翔。对祖先所建的各个寺院,按照盟誓的规定对残损的进行了修理。又在汉地五台山修建了寺院,在沙洲的东赞地方、大海之中、铁树之上修建了千佛寺①,在朗域地方修建了仁布寺;在苏毗修建了勒乌神幻寺,在其下方建了三宝源泉源寺,在吐蕃修建了强钦拉康,在娘若孜乃沙修建了有甲片状大门的寺庙。王妃属庐妃贝吉昂楚(热巴巾王妃)修建了赞塘玉拉康,娘氏妃却格拉姆修建了曼措达蔡寺,兄长达玛修建了止拉康,其妃赞蒙彭修建了雅隆如意宝树寺和普波切寺。各位尊胜咒师及大德等,修建了札拉贡布、叶尔巴杨温寺,娘·定增修建了谐拉康寺②,勃阑伽·贝允修建了其蔡寺和梅域麦垅塘寺,噶瓦贝孜修建了噶瓦玉那寺,蔡邦·达桑热朵修建了堆垅勒玛寺,蔡邦·拉桑鲁贝修建了博东甲郭雄寺。据说,到这一时期,吐蕃王臣在汉地和吐蕃共建寺庙一千零八处。

(选自《汉藏史集》,第一百二十一页)

注释

① 千佛寺:今位居山西省交口县石口乡山神峪村内,国道209线边。因洞中1055尊栩栩如生、形态各异石刻佛像而得名。

② 谐拉康寺:今坐落在拉萨以东80公里的墨竹工卡县尼玛江热乡谐村,几曲河上游的玛热柏曲河西岸。

则达梅(则达梅和阿南梅同为阿索德之子)建造了铸银喜金刚九尊像,阿南梅修复了金刚座寺,用金汁书写了《甘珠尔》。

(选自《汉藏史集》,第一百三十三页)

(910年前后)卢梅修建了拉摩恰德乌寺,他有四名传法弟子,其中的朱马·楚历迥乃修建了索那唐钦寺,由他传出的称为唐系,尚那襄·多吉旺秋修建了热察寺和杰拉康,由他传出的称为尚系,俄·绛曲迥乃修建了叶尔巴拔仁寺、下部的拉且巴寺、桑地方的定哇寺、曲水地方的那卧且寺、贝德朵贡寺、约唐寺、勒索寺、扎马唐寺、喀达波尼寺等寺院,后来他又与松巴·意希洛追一起在藏地区的许·贡噶热唯和察米周盆地修建了玉卓康玛寺,由他们传出的称为俄系,兰·意希喜饶修建了嘉色岗寺、勒达拉康、蔡曲寺,由他传出的称为兰系。松巴·意希洛追在泽萨唐修建了美如寺,此寺毁坏,没有传承。热西·楚臣迥乃修建了扎西昌沃拉康。巴·楚臣洛追修建了雄涅莫居寺,后来又掌管南巴吉布寺,他的传法弟子麦·善巴喜饶修建了堆龙察托寺,后来又掌管塔马拉康和门扎寺,这些被称为巴部。巴·楚臣洛追的弟弟修建了杰日察那寺和达仲拉康,后来又掌管协羌康寺。热西·楚臣迥乃掌管噶蔡寺和谐拉康,由此传出的称为热西部。热西·楚臣迥乃的弟弟掌管格杰寺,他的传法弟子塔·阿嘉帕也执掌该寺。塔阿嘉帕的传法弟子尚尊·喜饶帕修建了南巴达采寺,由此传出的称为热西弟弟的传承。章·意希云丹修建了恩兰·吉莫寺,后来又掌管噶迥寺,以后又掌管涅塘扎那寺,又离开此寺修建了章热莫且寺,由此传出的称为章部下支。恩兰吉莫寺的章部传承,称为章部上支,路恭寺传出的章部传承,称为章部中支。

藏地方的洛敦·多吉旺秋修建了坚贡寺,他有二十四名传法弟子。其中的甲·释迦宣努修建了拉堆玛纳塘寺,由此分出章参地方的布多勒拉康等,它们被称为甲系。杰·喜饶多吉修建了顿墨日寺,由此传出上部杰系。答洛·宣尊修建了答洛寺,由此传出答系。阿梅徐久执掌梅昌寺和扎玛寺,由此传出徐系。达尔·释迦云丹执掌随波寺,由此传出达尔系。里·洛追宣努修建了觉摩寺,由此传出里系。下部的五人,传出坚贡系。拉克·绛曲坚赞修建了曲弥寺,由此传出拉克系。其巴

第二编 建筑

地方的噶·喜饶喇嘛修建了年木寺，多吉意希迥乃修建了邦噶拉垅寺，这二寺未能自立，归入了拉克系。朗尊强巴修建了翁普寺，此后又掌管雅鲁藏东江沿岸，修建了木塘寺。与果敦措马等人分为朗系上下支。果玛雍仲执掌则拉康，他的法传弟子杰尊·喜饶迥乃修建了夏鲁阿莫寺，他到印度去再次领受戒律时，由果玛雍仲掌管夏鲁寺。他的大弟子有四柱六梁之称，由他们传出的称为夏鲁系。吉·意希旺布修建了襄普的喀垅寺和杰日朗热寺，在这两寺的基础上，又修建了穆襄的若冈寺，由朗热寺传出的称为朗热系，由昌地方的伍垅寺传出的称为伍系，这两系又称为吉系的下支。由朗热寺又掌管了尺地方的卡且寺。阿梅的传法弟子尚敦楚帕掌管甲居寺。阿梅的传法弟子工布塔巴仁有四名传法弟子，其中的苏敦彭扎掌管则地方的杰参寺、加喀达垅寺，由此传出的称为苏系。杰尊噶奠掌管昂益夺，玉敦扎噶日巴掌管沃尔寺，这两处合为一系，但是没有传下来。在夏布孜修建了夏布孜拉康。以上几系合称为工系，又称吉系中支。阿梅从卡且寺掌管色地方的拉得热寺，他在此传出的上都传法弟子尚温波等三人，其中的赤敦尊拔掌管协那热寺，由此传出的称为赤系，萨泊尊穷修建了章穷寺，由此传出的称为章穷系。甲敦阿扎雅德哇掌管郭如如那寺，由此传出的称为甲系。堪布宣努释迦执掌色普寺，由此传出的称为色系。这些被称为上部四差系，又称吉系上支。阿梅的传法弟子邦护持尺寺，尚尊·索南扎巴掌管甲居寺，他们二人称为吉系中支。由吉系上支传出的堪布宣努迥乃掌管江喀图寺，由此分出的称为图系。吉尊·贝吉意希执掌章·贡噶热哇，他们是吉系上支的分支。

（选自《汉藏史集》，第二百七十一页）

（后弘时期）阿夏·意希雍仲当堪布后，修建了那囊则达寺和伍由达热夏寺，在这两寺的基础上又掌管了达格乃波且寺。阿夏·意希雍仲的传法弟子息乌涅南逐渐掌管了伦吉巴索唐、柯日吉康、娘若布多、柯日哇柯、拉则雄等寺，息乌涅南的传法弟子索·楚臣喇嘛掌管巴索唐寺。索·楚臣喇嘛的传法弟子邦·杜真执掌达格平坚寺。邦·杜真的传法弟子布·仁钦扎掌管库龙拉则寺，还掌管从热夏到伍由色冈的寺院。以上这些称为阿系。

（选自《汉藏史集》，第二百七十五页）

（西藏王通分裂后亚隆觉阿王系的后裔称宝建扎喀宫，又于雍布拉冈王宫上建立精舍）……又拥护萨嘉教派（约在宋宁宗至理宗时）。怙子释迦吉修葺旧宫，国势稍盛。彼有二子，长子嗣位，幼子称宝随八思巴晋京朝元世祖，得敕封，建扎喀宫。称宝子安达释迦怙主依止大译师妙幢等于雍布拉冈王宫上，建立精舍。

（选自《续藏史鉴·吐蕃王朝分裂史》，第八页）

（赤松德赞的大臣后裔释迦慧修建雅隆甲胸寺）北波又有子名释迦慧建雅隆甲胸寺彼生二子，长子名昆若慧戒……

（选自《续藏史鉴·萨嘉王朝史》，第十二页）

（释迦慧次子宝王于扎阿隆修建萨嘉戈波寺，又在本波山建寺）释迦次子名宝王（1034～1102）曾依止新泽咒派泽师卓弥，玛宝胜译师、布桑译师、囊考乌瓦弟兄尽学大法，得其心要，后于扎阿隆建寺即有名之萨嘉戈波寺。又后宝王登山，见本波山旁地白而润，知为瑞气所钟，堪宏大法，乃买山建寺，即吉祥萨嘉之根本道场也（此寺建于1073年）。

（选自《续藏史鉴·萨嘉王朝史》，第十二页）

(释迦贤接受元朝皇帝赏赐后重修佛寺，并仿照吉热寺修建大寺庙)释迦贤将元帝所赐物，悉以庄严三宝，及师返萨嘉，复造塑舍身佛像，装置大殿宝顶，以金粉书写三藏，未久又奉召入京。途次吉热寺师览其殿堂庄严，遂誉之曰：人有侍者如此，堪称贤能，贤适在后闻之，后遂仿照吉热寺，令十三万户，征集民役，修建大寺，师至京时，元帝又赐师号为："皇天之下，一人之上，西天佛子，造字圣人，化身如来，宣文辅治，大圣至德，普觉真智，佑国如意，大宝法王。"

(选自《续藏史鉴·萨嘉王朝史》，第十五页)

　　(世袭领主宝幢的次子迦德召集工匠修建法轮林寺，创立显教学院，修建密教道场，觉子宝幢)次子迦德痛布闻是菩萨化身，为刹巴寺故，曾七赴元朝，时有豪家桑迦拉巴失其从人，往迦德处探索，迦德暗诉于元主，帝赐龙挂与之，及迦德返，桑迦执之，至于法庭，去其外衣，见上所赐龙挂，桑噶惧，不久则以犯上论罪……

　　迦德曾招汉土善巧匠师，建造佛堂，庄严金身，复建法轮林寺创显教学院，于卫林寺①，立恒修密教道场，对于佛法，极尽承侍，深得帝心。

(选自《续藏史鉴·萨嘉王朝史》，第二十六页)

注释

① 卫林寺：为二层藏林建筑，亦称"卫林扎仓"，由仲钦·嘎第白建造。

　　(萨迦派的万户长官传递到第巴登真任职时改建八大宝塔，改涅槃塔为供仪塔)止贡与刹巴，其势力版图，非他万户之所能及，然拉迦孜巴亦确得卓巴万户长之敕封，且起"止贡林变①"之萨嘉本勤阿迦伦，亦是此万户之长官，职位递承至第巴登真时将珍宝所建八大宝塔，为应未来缘因故，以涅槃塔，改建为供仪，广造福业，护卫邦土，其武功亦盛，闻扬淖与达陇二要塞，亦为此时所取……

(选自《续藏史鉴·萨嘉王朝史》，第三十一页)

注释

① 止贡林变：铁虎年（1290），萨迦派与止贡派生起纠纷，本钦阿边率13万户大军，对止贡寺进行镇压。实际上这次"林变"是元朝皇族内部斗争在西藏的反映。

　　(世袭元朝敕封大司徒职位的自在金刚的)次子出家，第三子最骁勇，征服南北，尽王其土威名大震，弟兄三人共有之子即虚空幢、庆喜宝、吉祥力胜等，吉祥力胜，被寿安金刚所逐，后遂于金刚岩建寺，为红教之大主矣。

(选自《续藏史鉴·萨嘉王朝史》，第三十二页)

　　(元朝敕封的大司徒建哲塘寺，资助修建帖寺)又复大显达波迦举之宗风，以昔人多无显教讲学之所，司徒复新创显教学院，建哲塘寺（建于1351年）树中观量论讲学之风。又助建帖寺修院，庄严佛像，书金字大藏，立拉萨大小招暨桑鸢寺之供养法会，增益福德，饶益有情，自斯而后，又复重享康乐矣。

(选自《续藏史鉴·帅摩主巴王朝史》，第四十二页)

　　(帕克摩主巴王朝的传人晓仲修建贡迦宫，筑宝塔以藏王之灵骨)
　　王吉祥称又娶仁邦家女，生王有情怗与京俄扎龚瓦二子。

第二编 建筑

王有情怙，往居贡迦，取胜族女生晓仲语自在称。有情怙卒后，晓仲修建贡迦宫，筑宝塔以藏王之灵骨，斯时京俄扎龚瓦即继持帖寺法座，并嗣王位以病足故，遂掩关专修本尊大法，尤于红阎曼德迦及雅头明王法颇得应验，有第巴魏喀瓦满安欲窃夺帖寺供产，累修邪法害师，乃修明王法向之……

（选自《续藏史鉴·帅摩主巴王朝史》，第四十八页）

（仁邦巴家族的子孙仁邦巴在）萨嘉亦授以重职，为萨嘉大寺曲弥万户长，虚空幢子虚空王幼即聪睿，世出世法，皆能通达，虚空王子善财，亦附王称幢，袭父祖遗职，继为万户长，复以兵力取道雅寨等。服征有名之贾塔果折诸酋部，尽霸其土，遂自称为下娘桑主孜寨主（时在1435年），复于绒地建大慈寺供养僧伽夏冬资粮，塑造圣像，庄严法堂，迎请班勤林宝（生于1384年）开光，又在红岩周围，筑修道茅篷百余处，创闻思道场对于各派，一视同等，皆悉恭敬，不起差别，俄巴大师曾谓，僧成达赖（达赖一世1391年至1475年）建扎什伦布寺时（此寺建于1447）。仁邦巴善财，多作障碍。此语乃系传闻之误，僧成建扎什伦布寺时，桑主孜寨主乃穹吉巴班觉桑布，此人乃为僧成之主要施主，是语乃本自非有虚名而具实义之班禅大慈洲所造亚郊世系记中所云也。

（选自《续藏史鉴·帅摩主巴王朝史》，第五十一页）

（仁邦寨主邬瓦早夭助资助福狮子等人修建哲域鸡巢寺和土墩朗嘉寺等寺庙）邬瓦早夭，普贤臣于德斯称生王弟兄，袭其父祖遗职，为仁邦寨主，作萨嘉佛增（1411～1485）福狮子（1429～1489）大施主，助建哲域鸡巢寺（哲域即今之哲孟雄，该寺建于1449年）土墩朗嘉寺（该寺建于1478年）等。

（选自《续藏史鉴·帅摩主巴王朝史》，第五十二页）

（仁邦巴家族后裔列巴帮助德斯藏王修建毗舍雌寺）格登寺座主愿吉祥（生于1414年，住持格登时在1480年）乃修六臂明王护摩法两退寇兵，后闻愿吉祥逝，复引兵来犯，格登巴虚空王诒之，致乱益炽，陷西迦列伍孜，然以名分不正，不能收揽人心，遂假附和余臣，仍拥德斯藏王迎立于列伍栋孜王宫，复为红帽系法称之施主，助其建毗舍雌寺（此寺建于1490年）乃供养差民，杰仲法称海谓其曾于拉萨附近建有大寺，虽有少德，然业果力伟，难可挽回，未经长时，海生金刚之子语自在胜……

（选自《续藏史鉴·帅摩主巴王朝史》，第五十二页）

（德斯藏王司徒菩提幢大臣童贤，其后裔觉狮子的）三子均往云茹中心之亚陇，长子住云茹与擦祝邻近之玉斯门喀，次子为朗德光护之上师，建喀脱寺，幼子在拉门觉摩所辖境内，筑寺而居，或云此即吉神殿是也。

（选自《续藏史鉴·帅摩主巴王朝史》，第五十五页）

（童贤家族的后裔金刚寿安于青安达孜旁修建大乐精舍）寿安亦朝帕主称生王，封为执法大臣，后于青安达孜旁，有山如牛，于其山上，建大乐精舍迎请吐弥桑布扎后裔善巧五明大班哲达大慈洲福胜不败喜支开光，供奉天竺圣域善巧所说，有雪邦土大德所译之经论。

（选自《续藏史鉴·帅摩主巴王朝史》，第五十六页）

（仲勤称贤家族后裔宝祥曾资助宗喀巴修建格登寺）仲勤称贤，为司徒大臣，即赤松德赞时，静命堪布与莲华大师二德共摄弟子成道自在娘定贤之苗裔也，称生于赞塘之东，以扶植德斯藏王有功,封魏喀达孜寨主……慧祥子,仲勤宝祥与比丘二人,宝祥受王敕,袭寨主职,为宗喀巴大施主,大师建格登寺时(1409)前后多蒙资助……

(选自《续藏史鉴·帅摩主巴王朝史》,第六十页)

(西迦列巴家族后裔仲虚空贤修建哲邦寺)仲虚空贤,亦受王命,继长列伍寨,依宗喀巴师徒为根本上师,特于妙音法王吉祥德建哲邦寺①(建于1416年)尽力维护,卒抵于成,于拉萨供养法会亦捐助不少,贤妇名宝度母生仲勤朗喀班觉藏王名称幢赐袭寨主职,曾书金字大藏,庄严拉萨诸大寺,并供养哲邦寺。

(选自《续藏史鉴·帅摩主巴王朝史》,第六十二页)

注释

① 哲邦寺:即哲蚌寺。

(第巴魏喀巴家族的后裔堪勤巴修造法堂,造弥勒大佛,建法轮胜聚寺)尔后有堪勤巴亦善继承先祖遗志,修造法堂,及造塑弥勒大佛,堪勤之后又有不空尊胜金刚恭敬供养善财海大师……又供第二世达赖僧海建空行秘密供养处之法轮胜聚寺,并供养寺僧资粮,种无漏因,培胜福果。

(选自《续藏史鉴·帅摩主巴王朝史》,第六十五页)

(亚郊巴家族的后裔)金刚吉祥子本细仲复往附德斯藏王名称幢,幢王封其为西迦贡迦寨主。本子胜智智子本勤扎俄,扎俄早岁受德斯称生王封其为亚郊本勤及贡迦寨主,晚年倦于尘劳,出家为沙门,建密教道场贡迦金刚座寺。

(选自《续藏史鉴·帅摩主巴王朝史》,第六十六页)

当地(芒域与贡塘之间)附近有一个名叫俄玛的人,在江安寨有一块肥沃的三角形地。米拉家便用黄金和从南北两地贩来的很多货物同他调换。买到手后,改名为"俄玛三角地"。地的附近有俄玛家的一幢破旧房子,也买了过来修成楼房。打好地基后,便开始修建。这时,米拉喜饶坚赞已经二十岁了。在江安寨有一户族名叫"娘"的富裕人家,这家有一女名为迦摩坚。生得美丽端庄,精明能干,恩怨分明,又很富有感情。他(米拉日巴的父亲米拉喜饶坚赞)便娶她为妻,后取名娘查迦坚。接着,他们又继续修建楼房。这房屋的三层楼上有四柱八梁的厅堂,侧面有储藏室和厨房。这房子在江安寨地方算是很不错的了,因此就名为"四柱八梁"。这时,他们生活很优裕,名声很大。

(选自《米拉日巴传》,第二十三页)

(米拉日巴梦到自己回到家乡江安寨,于是向师父禀告梦中的情形,请求回家)

主尊,大慈大悲的不动佛本体!

请放我乞人回家探亲去。

在家乡江安寨的葛润地方,

虽没有留下财产,

心中却十分想念!

想看看那四柱八梁的屋宇,

是否已经残破塌坍?

想看看那佛典《宝积经》，
是否遭雨点淋烂？
想看看那肥沃的俄玛三角地，
是否已被荒草摧残？

(选自《米拉日巴传》，第一百一十页)

(米拉日巴从马尔巴大师处回家乡之后)老母去世，妹子下落不明，叫我(米拉日巴)非常失望，不免悲从中来，便坐在一个僻静处痛哭起来。一直哭到太阳快要下山时为止。黄昏后，我才回到家中。正如梦中所见，屋外的地上长满蒿草，我家那栋如寺庙一样的房屋坍塌了。进屋一看，《宝积经》①经书因屋漏雨被浸渍，同时灰尘积聚，已经破损不堪，成了老鼠和雀鸟的巢穴和粪秽的堆积处。目光所到之处，全是一派衰败景象，使人伤心。我在灶下积灰处，看见破布片和泥土混成一堆，上面长着很多青草。

(选自《米拉日巴传》，第一百二十六页)

注释

①《宝积经》：全称《大宝积经》，乃意指"宝的聚集"。或许也意指着汇集着相当于宝玉的种种教说。该经以大乘经典的"空"思想做基础，且叙述了阿含以来之佛陀教义，同时，也强调无我的思想与瑜伽的修行等。它是中观学派及唯识学派所熟悉的经典。

(米拉日巴与启蒙塾师的儿子谈论修道时唱了一支歌)
问圣者马尔巴大师顶礼！
请加持我，让我摒弃贪欲！
唉，唉，多么可悲呀，
那些贪恋红尘的世俗：
……
在无常如幻的城邑里。
疲劳的旅客怨艾哀戚！
在肥美的贡塘周围土地上，
长满了牛羊吃的青草。
如今那地方为鬼魅所栖。
这就是无常如幻梦一样的实例，
这促使我瑜伽士更要勤修习。
四柱八梁的房舍，
如今象狮子的上嘴皮；
四角八壁九重顶的宅邸，
如今只可和那老驴的耳朵相比。

(选自《米拉日巴传》，第一百三十一页)

一次，我(米拉日巴)到牧场(米拉日巴的故乡)乞讨，来到一顶牛毛帐篷旁边，叫道："请施给行者一点吃的吧！"谁知这正是姑母的帐篷。姑母认出了我，心中很不高兴。先是放狗出来咬我，我用石头木棍防身。接者，姑母自己拿着帐篷杆儿，口中大骂："你这丧败祖德的不肖子，辱没亲朋的无赖儿，扰害地方的丧门星，你来干什么？好父亲生出你这样的不肖子！"她骂着跑来把我乱打一顿。我逃跑了出来。

（选自《米拉日巴传》，第一百三十四页）

[洪武十八年十二月丁巳（1386年1月30日）]建鸡鸣寺于鸡鸣山，以祠梁僧宝公，命僧德瑄住持。瑄卒，道本继之。初，有西番僧星吉监藏为右觉义，居是山，至是，别为院寺西以居之。

（选自《明实录藏族史料》，第七十二页）

[洪武二十六年二月壬寅（1393年4月8日）]西宁番僧三剌贡马。先是，三剌为书招降罕东诸部，又创佛刹于碾白南川，以居其众，至是始来朝，因请护持及寺额。上赐名曰"瞿昙寺①"。

（选自《明实录藏族史料》，第九十五页）

注释

① 瞿昙寺：藏语称"卓仓拉果丹代"，亦称"卓仓多杰羌"，意为"乐都持金刚佛寺"位于青海省乐都县曲坛乡所在地，南距县城约17公里。该寺是乐都南山地区最大的寺院瞿昙寺是中国西北地区保存最完整的一组明代建筑群，其总体结构布局雷同北京故宫，人称"小故宫"。

[洪武二十七年正月丙午（1394年2月6日）]西宁卫镇抚李喃哥等建佛刹于其地，以居番僧，来请寺额。赐名曰："宁番寺"。

（选自《明实录藏族史料》，第九十七页）

[永乐三年正月癸亥（1405年2月25日）]（明太宗）赐……西番、乌思藏头目阿奴等宴于会同馆①。

（选自《明实录藏族史料》，第一百二十一页）

注释

① 会同馆：中国古代都城皆设有朝廷接待宾客的机构，汉以后的鸿胪寺，即专司其职的衙署，至元代改为隶属礼部的会同馆。

[永乐八年八月己未（1410年9月23日）]设四川长河西、鱼通、宁远等处及苦白寺沙思达寺跛羊地面、如意宝寺赏毡地面五僧纲司。

（选自《明实录藏族史料》，第一百四十六页）

[正统七年八月辛亥（1442年9月27日）]敕谕河州、西宁等处官员军民人等曰"……今以黑城子厂房地赐大慈法王释迦也失盖造佛寺，赐名弘化，颁敕护特（持）。本寺田地、山场、园林、财产、孳畜之类，所在官军人等不许侵占骚扰侮慢。若非本寺原有田地、山场等项，亦不许因而侵占扰害。军民敢有不遵命者，必论之以法。"

（选自《明实录藏族史料》，第四百二十二页）

[景泰七年八月戊申（1456年9月10日）]命陕西三司，以本处明年该班人匠及起军夫四千人，赴西宁营建佛寺，给以口粮。

（选自《明实录藏族史料》，第五百七十二页）

第二编 建筑

[正统九年四月己丑（1444年4月27日）]陕西阶州千户所清修（清修大德）禅师钻古鲁摄念，请于生番地建寺……布政核其可否。

（选自《明实录藏族史料》，第四百四十页）

[成化九年七月癸巳（1473年7月28日）]崇化大应法王札实（巴）复奏："陕西弘化寺乃至善大慈法王塔院，岁久损坏，乞敕镇守等官修筑城堡，如瞿昙寺制。"

（选自《明实录藏族史料》，第七百零七页）

[成化九年十一月甲辰（1473年12月6日）]镇守松潘等处都指挥佥事尧彧奏："八月十四日，臣与四川按察司副使沈琮亲督官军，分剿白马路水牛、茹儿等番寨，大克之。既而白马残贼纠众复仇，令伏军要路与战，复克之，直抵贼巢，烧其碉①寨……"

（选自《明实录藏族史料》，第七百零九页）

注释

① 碉：藏族传统民居形式，分布于西藏、青海、甘肃及四川西部。

[成化十年三月庚子（1474年4月1日）]初，大应法王札实巴死，有旨如大慈法王例葬之，中官遂请造寺建塔。

（选自《明实录藏族史料》，第七百一十二页）

[成化十七年十月戊辰（1481年11月18日）]大隆善护国寺西天佛子班卓藏卜死。命摘官军一千五百为建塔治葬。

（选自《明实录藏族史料》，第七百五十九页）

[成化十八年二月辛丑（1482年2月19日）]陕西庄浪卫大通寺番僧札失丹班建寺于本寺东南隅，簇克林坚判建寺于本地西北隅，因来朝贡，乞赐名。诏赐东南隅寺曰"显教"，西北隅寺曰"宣化"。

（选自《明实录藏族史料》，第七百六十一页）

[弘治元年八月壬寅（1488年9月16日）]四川汉、茂二州地震，仆黄头等六寨碉房三十七户，人口有压死者。

（选自《明实录藏族史料》，第八百零九页）

[弘治十三年三月甲子（1500年4月8日）]命为故西天佛子著儿领占造塔。工部尚书徐贯言："著儿领占生蒙宠遇，无益国家，不必建塔，止为造坟安葬可矣。"不从。

（选自《明实录藏族史料》，第八百五十六页）

[弘治十八年四月乙丑（1505年5月13日）]工科给事中张文、监察御史袁仕奏："顷岁……之。松潘南路，国初以来，固已有之，其后沿途增置墩堡，开设仓廒，遂为天险。

（选自《明实录藏族史料》，第八百七十八页）

[弘治十八年八月己卯（1505年9月24日）]给事中周玺言："方今邪说，僧道为甚，煽惑都人（人心）极力崇信。朝廷每岁举行春祈秋报之礼，创造寺观，兴修斋醮……以正人心而息邪说。"

（选自《明实录藏族史料》，第八百八十二页）

[正德二年三月癸亥（1507年5月1日）]大功德寺住持方绅升僧录司右觉义管事，仍兼本寺住持。时上颇习番教，后乃造新寺于内，群聚诵经，日与之狎昵矣。

（选自《明实录藏族史料》，第八百九十一页）

[正德九年十月甲午（1514年10月22日）]刑部主事李中上言：……今乃于西华门内豹房之地，建护国禅寺。

（选自《明实录藏族史料》，第九百二十三页）

[嘉靖八年五月壬戌（1529年7月3日）]总制陕西军务尚书王琼及镇巡官会奏："威虏城与北虏为邻，白城山与南山番夷接境，安插帖木哥等五千余众在彼住牧，不时挪移帐房，趁逐水草采猎为生，难以开耕地土，修筑城堡……仍遣归本土。"

（选自《明实录藏族史料》，第九百九十页）

[嘉靖十年四月甲子（1531年4月26日）]巡按陕西御史方远宜条陈边务：一、修垒堑，以便固守。兰州至甘凉俱依山为险，无坛（墙）堑，不可防御。往者，总兵刘文修花马池，而虏不敢窥。宜按其故事，增修垒堑，分布官军，居高临下以御之。

一、筑营堡，以藏案（按）伏。诸边御虏，惟以坚壁（壁）清野为上策，今壁未可为坚也，宜相度要害，增筑巨堡，预藏按伏，以待游兵，而边地书遇警亦赖以相保。

（选自《明实录藏族史料》，第九百九十五页）

[嘉靖三十八年三月乙亥（1559年4月10日）]总督陕西三边军务侍郎魏谦吉以俺答拥众盘据西海势将入犯条奏预防七事：

一、陕西延、绥二镇地方，虽有城堡崖寨，率皆居民，自守难恃。宜逐一核视，军卫有司地方各令定委专官提调，庶有统纪。

一、陕西延、绥、宁夏、甘肃四镇城堡墩台近多废圮，宜速令修葺，增备器具，瞭举烟火，以便防御。

（选自《明实录藏族史料》，第一千零四十五页）

[万历五年四月癸亥（1577年4月23日）]顺义王俺答建寺西海岸，以寺额请。赐名"仰华"。

（选自《明实录藏族史料》，第一千零九十八页）

[万历十四年七月癸丑（1586年9月3日）]兵部题："陕西各镇……在固原、靖虏、临巩、洮岷各道，创修过边垣、隘口中、水洞、堤岸一百四十六处、堤摆、石砌马头、城垣共二千四百八十七丈，城堡、楼台一百六十七座，城院、马墙、木栅一百三十二道，番厂、营房七百三十五间……合行分别升赏。"

（选自《明实录藏族史料》，第一千一百二十九页）

[万历十九年三月壬戌（1591年4月19日）]兵部题："兵科……先于葱山、龙洞诸岭设柴塘，加烽堠，司以番首，监以哨兵，且筑堡绰逻以便瞭望……"

（选自《明实录藏族史料》，第一千一百六十七页）

[万历三十五年六月庚申（1607年7月22日）]兵部复议总督陕西徐三畏议甘镇机宜六事：

一、修险要，以折虏冲。西宁边长千里，自黄河岸起接归德一带，俱有天险可循，宜相形修理，绝番虏之路。

一、创边榨，以固封守。西古"曲右"城地方，乃海虏所必由，宜于本堡旧榨及内河口各置木榨，以便修守。

一、筑团庄，以便收敛。凉永一带，地广民多，每遇虏患，趋避为难，宜于黄羊川、白塔儿湖边永昌撒口，各筑团庄一座，蔡（祭）旗、重兴二堡中间，亦应筑小团庄一座，余俱修理，以便军民趋避。

一、增路墩，以保征旅。肃州临水一带，皆系沿边驿递，宜将大路墩台空处添修，使四五（百）里得相应。

一、重将权，以便调遣。……

一、请庙议，以定虏情。……

（选自《明实录藏族史料》，第一千二百一十五页）

（松赞干布时期，在红山山崖上）泥婆罗工匠，仿照囊巴塞东寺形状，建造了观音菩萨、观世音昆空奴、佛母、度母、大吉祥马项等诸天然所成神像。此后，又于红山之上建造了宫室（应该特指的是布达拉宫），法王（松赞干布）为了众生而专居于此。

（选自《贤者喜宴》，第二十七页）

在大昭寺地基尚未打好之时，文成公主尚无权建寺，于是公主即在小昭寺柱子之间插立木柱和垒起草坯，门向东开。最初，门面西看，而后自转向东。继而用砖精心施工构筑。因寺庙之汉地宫廷式屋顶，如虎一样色彩斑斓，故称之为汉虎小昭寺。

（选自《贤者喜宴》，第六十六页）

（赤松德赞兴建桑耶寺）桑耶寺之总护法神则交予吉祥依怙神（管理护卫）。如是，吉祥红岩无边不变天成之寺（即桑耶寺），其地基高厚而大，所备之原材料精致完好，如同螺碗盛满玛瑙一般。赞普（赤松德赞）之本尊神殿、属民之供施处、佛与佛法之至宝乐土、僧人之住所及三宝之宫堡（即均指桑耶寺而言），此于兔年奠基，至兔年竣工。

（选自《贤者喜宴》，第一百三十九页）

赞普（赤松德赞）又建造了其本尊寺院伍祥多贝美扎西根佩寺。其时，用（建寺）的第一批土塑造了逻娑强巴却果寺的门神——帝释天王像和大梵灭像。所献的第一批木料是饰以珍宝的四根直而大的柱子。

（选自《贤者喜宴》，第二百五十六页）

（昆·官却杰布）在其舅父家乡的一座低矮茅舍中为他父亲及其兄长建造了纪念塔，塔中放有一具护持力之木金刚橛。于扎窝垅巴建有一小寺，通称为萨迦旧寺。

（选自《萨迦世系史》，第十五页）

喇嘛巴日瓦任住持八年，在此期间，他（喇嘛巴日瓦）修建了存有印度许多圣地有加持力之士、菩提树和如来以及许多通人证士之舍利和遗骸，尤其是放有摩诃迦叶波之祖衣的尊胜塔，还有三十七万陀曼尼，此后成为佛教之基地，并为开光而制定二千多尊胜仪轨。

（选自《萨迦世系史》，第二十一页）

上师（索南孜摩）去世后，他（至尊仁波且扎巴坚赞）把自己所有一切财物为上师施舍出去毫不保留，为上师举行三次会供轮法会。平时他（至尊仁波且扎巴坚赞）为数百名僧人建立常宿之地，修建乌孜宁玛殿，为喇嘛官却杰布修建有内供黄金灵塔，为喇嘛萨钦建有扎西果芒内供灵塔，为罗本仁波且及其弟建有内供金身像等。

（选自《萨迦世系史》，第五十六页）

（法王）萨班与蒙古王阔端多次进行畅叙。当谈到《经部金光正法论》中记载龟没有毛之时，阔端为反驳此说，拿出一张一尺多长的皮子，皮子上长有长彩毛，请法王萨班观看。……此后，阔端对法王萨班说："你是被我召请来的一位贤者，看到你的胜妙功德，我非常高兴。现在一幽静地方有一圆满寺庙，特赐与你，请前往。"此后，法王萨班师徒和阔端主仆一同前往，当到达此地时，法王一看即知悉此为幻变之寺庙，遂被除许多怖畏守门之鬼魔，并把开光之花撒向其他尊者身上。据传当时未破除之幻术，现在还能看到，故称之为幻化寺。

（选自《萨迦世系史》，第一百零一页）

达尼钦波于三十五岁时，被从蛮子地方迎请回来，他（达尼钦波）在路途参观了古代驴耳王之城和文成公主之父皇帝唐太宗迎请安放十六罗汉之地、拉萨大昭寺正殿中供的释迦牟尼合金像之故地京兆府，以及菩提佛为常啼菩萨讲解般若波罗蜜多经之地具香城，汉语称为成都府。

（选自《萨迦世系史》，第一百九十二页）

[兔年（1375）四月，预兆喇嘛丹巴将要逝世] 有的人知道必定会是，但不能明白说出，只能在心中难过。此时叶茹北面的吉措迦莫的湖水从嘉沃卡当漏出，在芒喀山谷中的佛塔前修行玛呢法时，佛塔的网绳上落下了人肉，人们说肯定将有一位昆氏后裔去世。众人议论说："湖水渗漏，掉下人肉，对（萨迦）后裔不利。"修玛呢法而产生授记的佛塔即是现今被称为扎雪玛呢之塔。

（选自《萨迦世系史》，第二百二十五页）

洛追坚赞三十六岁的阴土猪年（1479）时，江孜的法王扎西热丹贝桑布父子再次派人前来迎请，他（洛追坚赞）前去江孜为当地的大师、僧人一百五十余人讲授佛法的甚深教诫，并在该地修建了一座智慧怙主真正居住的特别殊胜的依怙殿。

（选自《萨迦世系史》，第二百四十三页）

（上师札巴洛卓坚赞贝桑布圆寂之时）由莲花生大师的化身大成就者和大菩萨绛阳阿旺贡噶旺杰叔侄二人为首，有许多持金刚上师参加，为他（札巴洛卓坚赞贝桑布）的塔、像举行了诵咒加持等盛大的开光仪轨，使护持之光芒照射四方。我（阿旺贡噶索南）等还为超度上师（札巴洛卓坚赞贝桑布）修建了他的内部纪念塔南杰佛塔，此塔用白银造成，形制殊胜，镶嵌许多珍宝，使人一见就心生喜乐。

（选自《萨迦世系史》，第四百零一页）

赤尊（尼婆罗公主）曾从尼婆罗招来精巧工匠多人，又继修（大昭寺）上殿。同时，文成公主亦从内地招来精工巧匠，修建（小昭寺）热莫切神殿。仗此大悲心世间自在菩萨、王父、王母等运用其智慧幻变之力，神变大寺等则圆满修造完竣。

（选自《西藏王臣记》，第二十八页）

第二编 建筑

（萨迦政权时期）绰杰请求出家，为示神异，未令致变外道装束，则引之入藏，因昔莲花生大师于十二丹玛护法早有敕令，由禁令力，绰杰噶吾立即呕血而亡。其死后发冠则严饰于吉祥萨迦大寺之殿柱云。

（选自《西藏王臣记》，第六十三页）

（帕木竹巴政权时期）彼（帕巴白桑）修建孜钦寨及帕里朗杰寨。其建江孜及那吾二寨堡时，一日即完成筑基。尚修琼孜，等重要寨堡甚多。于孜钦寨中又修建孜钦大寺。

（选自《西藏王臣记》，第一百一十一页）

（帕木竹巴政权时期）彼（本钦扎安）乃化身之士夫，不同凡俗，故晚年出家为沙门，修建密宗寺院，称为贡噶多吉丹寺，为最希有之大道场。

（选自《西藏王臣记》，第一百一十三页）

［铁鸡年（1681）二月］（五世达赖喇嘛在许多寺院新建和改兴，并废除了举行三部黑天和吉祥天女的定期朵玛等例规布施）向小型旧却溪（寺属庄园）颁给有关附近的禅庙和帕珠鲁丁的详细的析产文约，共计岁入粮食一千六百八十五藏克、居民二十六户，还有佛经、佛像、佛塔、灶具、卧具等物依旧不动，所有经商的货物一律充作公物，永久不变。

（选自《五世达赖喇嘛传》下册，第四百三十页）

第二十三任甘丹赤巴曲杰次旦嘉措，铁龙年（1520）生于泽当的尚杰地方，在泽当寺出家。……在任职期间维修了大经堂壁画和怪柳屋檐。木猪年（1575），他五十六岁时卸任移居石房，火鼠年（1576）圆寂，享年五十七岁。其金铜制成的尊胜灵塔供于时轮立体坛城殿。

（选自《格鲁派教法史》，第六十四页）

（赤松德赞时期）在仙人居住的药城善见城里，有一座用五种珍宝建成的无量宫。在此宫殿的正中央，端坐着世尊医药上师琉璃光王。

（选自《拉卜楞寺志》，第二百四十三页）

（第五任大法台阿旺丹拜坚赞）当时在僧众剧增，（拉卜楞寺）大经堂显得过小而难以容纳的情况下，为扩建大经堂，经占卦得知："时机尚不成熟，将另有人进行扩建，到时主持工程的会是一名留有白胡须的喇嘛。"因此，他以当时化缘所得银两，竹笔浓墨写成一套字面整洁的《丹珠尔》，以银粉书写了八套《八千颂》，另外还修造和书写了以大藏经《甘珠尔》为代表的大量身、语、意之珍贵圣物。

（选自《拉卜楞寺志》，第三百五十五页）

1813年冬天，七十五岁高龄的阿旺嘉央札西大师因患重病，在自己的寺院坐禅时悄然圆寂。众弟子在德隆寺为之建造了灵塔，将其舍利奉安于塔内，以金银装饰塔身。他平日的著述，则由其兄长叶尔江活佛加以整理成集。

（选自《拉卜楞寺志》，第三百七十三页）

大经堂是拉卜楞寺的中枢建筑，围绕它建有许多佛殿。第一世嘉木样大师初建了具有八十根柱子的大经堂及其内殿；至第二世嘉木样大师时，鉴于僧数剧增，经堂无法容纳得下四方投奔而来的僧众，大师出资万两白银,将大经堂扩建成有一百四十根柱子的大经堂。其造型美观,色泽艳丽,庄严巍峨。

(选自《拉卜楞寺志》,第五百三十七页)

紧靠第一世嘉木样舍利灵塔左边的是第二世嘉木样的舍利灵塔,全用金银制成。此塔是达尔汗曲杰洛桑达尔吉任大师的管家时,由拉卜楞寺大拉章机构出资建造的。

在这两座舍利灵塔前,陈设着第一世嘉木样大师赐给亲王吉囊的佛牙、佛骨及玻璃制作的宫殿和金顶。其左面的银制灵塔是第一世嘉木样大师的法体塔,后来法体被移置于上述的金顶灵塔内,时佛骨如珠,盈满塔内。此塔的右边建有赛仓·阿旺扎西大师的银制灵塔,左边第一座菩提塔是第二世贡唐仓·阿旺丹贝坚赞大师的灵塔。

(选自《拉卜楞寺志》,第五百五十四页)

(拉卜楞寺)大经堂东内殿的主藏为第一世、二世嘉木样大师的舍利灵塔(按:继本志之后,又先后于该殿造有第三世、四世、五世嘉木样的舍利灵塔,以及和硕特前首旗黄河南亲王夫妇和其他活佛的灵塔,共十四座)。第一世嘉木样大师的灵塔为菩提塔身,塔级下段为银制,塔瓶至日月塔顶为纯金制造。修造这座塔的施主是亲王妃南杰卓姆。

(选自《拉卜楞寺志》,第五百五十四页)

金瓦殿内供有隆多喇嘛仁博琪·阿旺洛桑(1719~1795)所赐的二十五座精致的噶当塔、出自印度和汉地中原的二十七尊铜佛像、大型泥印塔之印模等诸多珍品。这里所说的二十五座塔,之所以珍贵,是因为隆多喇嘛曾降旨道:"这些塔是诸噶当上师的正宗灵塔,但如今置于拉萨,恐成为贵族上层贿赂上级的礼品而失散,故决定转移到安多名刹拉卜楞寺,安置于某一经堂为宜。"是因,这二十五座塔一直被供奉在拉卜楞寺,众塔有隆多喇嘛亲为加持,并排起来显得极其庄严肃穆。设在金瓦殿的还有檀香木制成的药师八如来之塔、银制菩提塔和尊胜塔,以及鎏金铜制的菩提塔等佛塔。据《传记·月光鬘》记载:"该殿所陈列的佛塔,其中有两座银塔和无量光佛像等,为亲王迪羌科肖奇出资,并委派专使达尔汗太吉,赴扎什伦布寺修造,经六世班禅·洛桑拜丹益西灌顶后运至本寺。"

在密宗殿内室右侧的小屋里设有德赤仁博琪(即第一世德哇仓佛)的灵塔,塔内装藏有活佛的凸印佛骨灰、前额骨片、一绺未能燃烧的头发、袈裟、密咒文,以及写有修诵嘛呢轮之密诀等圣物。还有赤钦·洛桑坚拜嘉措活佛和法台洛桑乃旦巴的灵塔。

(选自《拉卜楞寺志》,第五百五十五页)

乾隆九年(甲子)四月丁丑(1744年6月10日)

川陕总督公庆复奏:"郭罗克番除首恶林噶架、酸架已于军前正法及首恶谭蚌借先经拒捕被杀,忙彻革藏、蚌甲素二名于获禁后病故不议外……"又奏:"三月初十日自成都启程,道经郫县、崇宁、灌县、汶川……行数十里,山岩起伏处,地稍开拓,始有汉民数十家。两崖陡峻之区,重峦叠嶂,俱系羌蛮窟穴,山顶建筑碉房,就石垦荒,撒种青稞,生计艰苦。自汶川以西,雪山耸峙,半系瓦寺、金川、杂谷、沃日等强大土司所辖,各有隘口守御。自茂州以西,俱系西番,尊奉喇嘛……"

(选自《清实录藏族史料》,第四百六十页)

乾隆十三年(戊辰)七月癸巳(1748年8月4日)

第二编 建筑

谕军机大臣等："据大学士讷亲奏报大金川军情及筹办事宜一折，内称：'贼番因险砌碉，藏匿其内，故能以少御众，以逸待劳。……今据讷亲等所奏情形，似尚费经理，非旦夕可以竣事。但攻守异用，彼之筑碉以为自守也，我兵自宜决策前进，奋力攻取。且用以破碉之人而令效彼筑碉，是亦将为株守之计耶！碉不固，则不足恃；筑碉固，则徒劳众。若以此筑碉之力，移之攻取破彼之碉，以夺其所恃，不亦可乎？'"

（选自《清实录藏族史料》，第七百三十八页）

乾隆十三年（戊辰）十月辛卯（1748年11月30日）

四川提督岳钟琪奏："九月十二日……大败贼番。是夜，参将乌德纳等领兵暗击康八达山下河边跟达等处，夺毁大战碉二座、小战碉三座、平房四十间、木石各卡十座、石洞二座，焚贼粮十二仓。十四日，又攻取石洞一座，计得跟杂一带地方，南北约四十余里，东西约二十余里……"

（选自《清实录藏族史料》，第八百四十二页）

乾隆十三年（戊辰）十二月辛卯（1749年1月29日）

四川提督岳钟琪奏："续绸杂谷土司兵二千名，已到五百余名。臣查塔高山梁界在康八达、木耳金冈两山之中，各处总路。若克此梁，可断贼应援，并可攻取康八达要隘，但梁上有木城、石城、土卡三座，防范甚严，非用奇难以制胜……"

（选自《清实录藏族史料》，第九百零九页）

乾隆三十九年（甲午）七月辛巳（1774年9月5日）

又谕："据阿桂等奏：'于七月十八、九等日派拨官兵分路进剿，将贼境该布达什、诺甲得古、色溯普山腿碉卡、木城悉行攻克，并焚烧格鲁瓦觉各处寨落，共计攻得战碉二十三座、木城九座、石卡六十余座，烧毁寨落七十余处、碉房数百间……夺获军火、器械、口粮、牛羊等物甚多……'等语……"

（选自《清实录藏族史料》，第二千四百二十七页）

乾隆三十九年（甲午）七月己未（1774年8月14日）

谕："据阿桂等奏：'二十二日晚令额森特、乌什哈达等带兵，分为两路进攻色溯普南山腿贼碉，福康安带兵接应。……此次共计攻得战碉三十六座、木城五座、石卡五十余处、平碉一百余间……夺获劈山炮一位、火药铅弹、鸟枪、刀矛、口粮等物甚多'等语。喇穆喇穆山梁原为此路贼人第一要隘，山形险绝，碉卡最坚，而日则丫口亦进攻勒乌围要路，在所必争……"

（选自《清实录藏族史料》，第二千四百零九页）

乾隆四十年（乙未）五月甲寅（1775年6月5日）

谕："据阿桂等奏：'官兵攻克下巴木通碉栅，将勒吉尔博一道山梁上下碉卡扫清，及乘胜占夺得式梯官寨，并分兵攻克荣噶尔博山梁碉卡，焚抢噶郎噶、勒尔等处寨落。共计攻克大碉一百数十处、木城数十座、寨落二百余处、寨房一千数百间，杀贼三四百名，生擒贼十名，夺获炮四门及牛羊、鸟枪等物。现在连挐木栅，用炮轰摧，自可即日扫巢'等语。……"

（选自《清实录藏族史料》，第二千五百七十五页）

乾隆四十年（乙未）十一月己丑（1776年1月6日）

谕:"据阿桂等奏:'官兵攻打西里第二山峰,地名奔布鲁木,乘夜督兵挈栅而进,即于栅内轰塌贼碉两座。……额森特等复攻扑山腿尽处木城,亦经克获,并得雅玛朋寨前两碉,进围雅玛朋寨落,相机即可抢上科布曲、索隆古等处。连日共攻得木城九座、大寨四座、石碉七座、石卡数十座,杀贼百余人,所得枪矛等物甚多'等语,览奏深为欣悦……"

(选自《清实录藏族史料》,第二千七百零六页)

乾隆四十三年(戊戌)九月丙辰(1778年11月18日)

四川成都将军特成额奏:"据绰斯甲布及布拉克底、巴旺等土司禀称,该土司地方俱兴建喇嘛庙,学改黄教。又,巴旺土司将幼子二人送广法寺学习经典。"批:"好事也。"

(选自《清实录藏族史料》,第二千九百一十七页)

乾隆四十四年(己亥)五月壬子(1779年7月12日)

(署陕甘总督陕西巡抚毕沅)又奏:"查(八世)班禅额尔德尼从青海交界之日月山进口至塔尔寺,计程一百五十里,分作四站,该处俱有公廨、民房,只需量加修整。明春从塔尔寺至营盘水出口入贺兰山界,计程七百五十里,分作十九站,平番以南,多有公馆可住,平番以北,俱系草地,只可支搭蒙古包帐房,按站住宿……"

(选自《清实录藏族史料》,第二千九百三十六页)

乾隆四十四年(己亥)六月丁巳(1779年7月17日)

又谕(军机大臣等):"据法福礼奏:'(八世)班禅额尔德尼由塔尔寺至三眼井,沿途虽已预备蒙古包帐房,而经过城市村庄,既有房屋亦应量加修整。如班禅额尔德尼愿住蒙古包即住蒙古包,愿住房屋即住房屋'等语。昨勒尔谨来京陛见,据称塔尔寺至三眼井并无房屋,必须搭盖蒙古包,因降旨与其内地纷纷备办,莫若即将青海所备蒙古包直送至三眼井,再将阿拉善蒙古包更换。今阅法福礼所奏,是此一带虽不似塔尔寺、岱汉庙宇宏敞,亦俱有旅店。塔尔寺为班禅额尔德尼住居数月之地,必需大庙,岱汉系达赖喇嘛旧居之庙,并非特建,今班禅额尔德尼自西宁至三眼井所经道路不过住宿一夜,将现有之房屋略为修理即可居住,又何必搭盖蒙古包……"

(选自《清实录藏族史料》,第二千九百三十八页)

乾隆四十四年(己亥)六月壬申(1779年8月1日)

谕军机大臣等:"据毕沅奏备办班禅额尔德尼从青海进口经过各站住宿供顿等项一折,所办俱是,甚属可嘉,已于折内详悉批示矣……昨勒尔谨在京时奏称,欲自塔尔寺至三眼井各站均须搭盖蒙古包之处,未能将内地、草地分晰筹办,不免过涉张皇,又与法福礼不无稍存推诿之意,总未得此事要领……现在奎林前往细勘其沿途公馆、民房情形,毕沅并可询之奎林妥为筹酌也。至所奏修治道路、桥梁等事,如山岭峻仄处自应量为平治,其经过桥座,实在跨临河涧者,亦应缮葺完整,若乾桥平路,俱可置之不办,断不值为之垫道也。总之,此事固不可草率迟缓,致临时贻误要差,亦不宜张大浮靡,一切过于劳费,毕沅自能斟酌适中耳。将此由五百里传谕知之。"

(选自《清实录藏族史料》,第二千九百四十页)

乾隆四十四年(己亥)七月丙申(1779年8月25日)

谕军机大臣曰:"特成额等奏酌定金川新疆屯防经费奏销章程一折,据称:'节年拨解新疆支给官兵、夫役、番屯人等盐菜、月费、工价及办运籽种、牛具、口粮、脚价等项……'况从前移驻屯兵，原就彼处旧有之房屋、粮食，并非事事俱由创始。即或房屋略需添葺，及修建庙宇，所费亦属有限，不致数逾巨万。……将支给过银数分款开列清单即行呈览，究当每岁多增用若干迅速具奏。"

（选自《清实录藏族史料》，第二千九百四十二页）

乾隆五十一年（丙午）五月辛未（1786年6月24日）

谕："据保宁奏：'打箭炉化林坪、泸定桥等处于五月初六、七等日同时地震，城垣衙署、兵民房屋均有倒塌，人口亦有伤毙，现在驰赴各该处亲加查勘'等语。此次打箭炉一带地震情形较重，该处系出藏南路要口，为官员兵民聚集之地，所有城垣衙署被震倒塌者，应即确估修理。至民间坍损房屋，并伤毙人口，情殊可悯，著该督等即行详悉查明，照例分别抚恤。即土司若同被灾，亦当量为周恤。该部知道。"

（选自《清实录藏族史料》，第三千零四十九页）

乾隆五十三年（戊申）十二月戊戌（1789年1月6日）

又谕（军机大臣等）："据巴忠参奏庆麟占据唐古忒等处地方，挖河乘船游玩，并造园舍亭台，令兵丁等演戏各款。……已将庆麟革去公爵，降为蓝翎侍卫，尚未知伊如此妄为……"

（选自《清实录藏族史料》，第三千一百六十三页）

乾隆五十四年（己酉）二月己酉（1789年3月18日）

又谕曰："庆麟抵藏后任意修饰房屋，诸事废弛。又将巴勒布呈进表文，听信索诺木旺扎勒之言隐匿不奏。是以前降谕旨，将庆麟在彼枷号三年，但枷号庆麟之意，特为驻藏大臣、官员示儆，非以垂戒唐古忒人也。打箭炉为入藏通衢，大臣、官员俱由该处经过，触目警心，足昭炯戒，著将庆麟解赴打箭炉枷号三年，不必在藏办理。"

（选自《清实录藏族史料》，第三千一百八十九页）

乾隆五十四年（己酉）九月壬寅（1789年11月6日）

（驻藏大臣舒濂、普福）又奏："西藏向未设立教场，殊乏校阅骑射之地，请于扎什地方建造，但此处采办木植路远费繁。查从前雅满泰所住楼房，除改建仓房贮米外，余房甚多，应概行拆毁，盖造教场。"报闻。

（选自《清实录藏族史料》，第三千二百二十二页）

嘉庆十一年（丙寅）六月己亥（1806年8月7日）

谕军机大臣等："贡楚克扎布奏驱逐番帐净尽并酌议安插野番缘由一折。……至所请在蒙古、番子交界要隘地方筑城三座，设官驻兵，常川代为防守一节，蒙古、番族皆系天朝臣仆，大皇帝一视同仁，从无区别。今若为尔等建筑城座，是欲将番族隔绝，划出界外，已属不可……"

（选自《清实录藏族史料》，第三千七百一十三页）

道光五年（乙酉）十二月丙子（1826年1月31日）

谕内阁："松廷奏噶勒丹锡呼图萨玛第巴克什修庙铸佛请赏匾额一折。乾隆年间色拉寺修寺造佛节经恩赏匾额并哈达等物，兹该喇嘛在毗连祝庆寺另修殿宇、铸造佛像工竣，著照所请，颁赐御

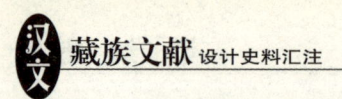

书匾额,并赏哈达一方、念珠一盘、铃杵一分、音轮一个,以迓吉祥。"

(选自《清实录藏族史料》,第三千九百零四页)

咸丰四年(甲寅)五月庚子(1854年5月28日)

以西藏办案出力,赏粮员杨尚炳花翎,余奖叙有差。以修西藏敏珠尔伦济珠布贝庙工竣,赏噶卜伦旺曲揭布虚公爵红宝石顶,颁给御书庙额曰"宗乘不二"。

(选自《清实录藏族史料》,第四千二百一十九页)

在赞塘城中,常遭到驮死人的骆驼地煞的侵害,至尊仁钦白(觉巴·仁钦白)在此建造神庙、塑造自己的像,并给予开光。于是,此地长时呈现出风调雨顺,繁荣昌盛的景象。后来,由于盗贼抢走了神庙和像内所装藏物,因此,该地区又衰落下来。

(选自《直贡法嗣》,第七十页)

至尊(觉巴·仁钦白)虽住直贡,但仍关心着邓萨梯寺,此时,诸空行母把围绕在九尊主神的二千八百天众用马尾毛迎请到至尊眼前,于是至尊铸造了众生怙主帕木珠巴的金铜吉祥灵塔。从此就有了铸造吉祥灵塔的传统。

(选自《直贡法嗣》,第七十一页)

某时,一位没有子嗣的大富人家,把所有财产作为三佛田供养奉献给邓萨梯寺。为此昂续诸人鬼迷心窍,说:"这样,我们本地人没有得到一点好处,要拆毁邓萨梯寺。"决定拆毁邓萨梯寺。

(选自《直贡法嗣》,第七十二页)

至尊(觉巴·仁钦白)年事已高,不能频繁往返于直贡和邓萨梯之间,至尊感到时机成熟,就立京俄·扎巴迥乃为法太子,派他到帕珠邓萨梯寺(1208)。正如至尊自己所说:"我要加倍护理好邓萨梯寺。"也叫京俄很好地护理邓萨梯。

(选自《直贡法嗣》,第七十七页)

直贡寺的众大弟子把京俄仁波且(直贡第三任主持京俄·扎巴迥乃)迎请到直贡寺,并祈请他主持寺院。之后,京俄任住持,把正法的一切别别法要发扬光大。像往常一样,铸造了温仁波且的金铜吉祥灵塔。当时,霍尔兵入侵西藏,很多人死于非命,许多寺院被焚……

(选自《直贡法嗣》,第九十六页)

(于阗国人民)尽皆奉法,以法乐相娱。众僧乃数万人,多大乘学,皆有众食。彼国民人星居,家家门前皆起小塔,最小者可高达二丈许。作四方僧房,供给客僧及余所须。国王安堵法显等于僧伽蓝,僧伽蓝名瞿摩帝,是大乘。寺三千僧共犍槌食。

(选自《卫藏通志》,第十一页)

在真实世间,现在就把他(七世达赖喇嘛)的转世灵童如何出现的地点、父母族姓等依次讲述如下:雪域本身有"蕃"和"蕃钦波"(大蕃)两种称呼。其中分为上部阿里三围、下部多康六岗、中部卫藏四如。所谓"卫"(前藏),就是指像印度多结岱瓦(金刚中心)那样的地方,"四如"即指在卫地的伍如、约如和"藏"(后藏)地的耶如、如拉。卫藏四如具备一切功德,地域广大,有许多村落、市镇、无数山峰、寺院、道场、王宫、商市、花草果树、森林、药材、湖泊、喷泉、河流、欢乐的公园、林园、池塘等喜乐之地。这里出产丰富,农牧发展,人口繁衍,没有战争、混乱、外敌、内讧、斗殴、偷盗等，但乞丐充满各地。……同时还有与印度佛教相同的寺庙、神殿（内殿）、僧伽经堂、佛塔及藏式楼房、凉亭、走廊、窗户、天窗等富丽建筑。整个寺院由建造坚固、排列整齐的数千个神奇小房及院落组成。房屋内外尽是学经比丘和僧伽在朗诵经文，做日常经忏佛事，以及修持日常瑜伽并进行布施及做福缘无上善报之事。

（选自《八世达赖喇嘛传》，第六页）

［金兔年（1771）九月，八世达赖喇嘛］为消除瘟疫，新刻三十函（卷）《金光明经》，在桑耶阿让牙巴洛林建立会供曼荼罗，消弭空行的众多遮障，更换贡塘角楼的顶篷，新做胜幢。此后瘟疫有所控制，禁令解除。诏令向西藏三金刚座各供五种千供，向寺院发放布施。

（选自《八世达赖喇嘛传》，第六十四页）

［土狗年（1778）］五月初一日，为佛爷（八世达赖喇嘛）前往顷科杰寺作提前准备，在龙故之地作为随从队伍住宿，于萨松南杰寝殿福田施主二尊（即佛爷与摄政）作了关照。仿照木羊年（1775）在哲蚌寺措钦大殿建造七世达赖喇嘛银质佛像的样子，又塑造供于色拉寺①、噶丹却科杰寺中的七世达赖喇嘛银质佛像。

（选自《八世达赖喇嘛传》，第七十七页）

注释

① 色拉寺：藏语原意"野玫园寺"相传初建寺时此地长满野玫瑰（色拉），故得名。位于西藏自治区拉萨市北郊的色拉乌孜山下，为宗喀巴之司膳，后拜其为师，刻苦研习佛经，学识渊博，曾于明永乐十二年（1414）代表宗喀巴觐见永乐帝并受封为"大国师"。

［土狗年（1778）八月］十三日，（八世达赖喇嘛）莅临穷结日窝德庆寺……向穷结宗的留有五世达赖喇嘛脚印的神殿、日窝德庆寺的神殿、松赞干布陵墓为主的身、语、意"三依"作千供和供施，并发愿祈祷，抛撒念过吉祥真言的花朵。

（选自《八世达赖喇嘛传》，第八十一页）

［木龙年（1874）］八月初二日，朝佛的人群如同众星捧月，尽量瞻仰（八世）达赖喇嘛佛容。是日达赖喇嘛返回了布达拉宫。此外，（七世）班禅佛爷祈请道："应如前世无量光佛庄严遍知班禅大师曾惠临前藏（拉萨）为达赖喇嘛佛爷传授深奥佛法那样，达赖喇嘛佛爷今年应该光临扎什伦布寺。特别扎什伦布寺是遍知一世达赖喇嘛根敦珠巴所倡建，是佛爷自己的特殊寺院，因此佛爷应该前去主持。而我（即班禅他自己）则是后藏温萨巴钦波的世系转世，因此请准许我在温萨寺住着。遍主金刚大持（即达赖喇嘛）你则是我等佛教众生的皈依大靠山，因此请护持扎什伦布寺，并以三发展的方式，利乐佛教众生之根本与分支，且祈祷足莲百劫永固。尽管如此，还是请佛爷答应，依止浊世众生的行为，请不要对温巴（即班禅）弃之不管，不要再作推延动身。请造访扎什伦布寺等，使我可以朝拜。"

（选自《八世达赖喇嘛传》，第一百三十页）

从［火羊年（1878）乾隆五十二年正月］十一日始，（八世达赖喇嘛）闭关进行本尊金刚咒的坐静修持。到十五日神变大法会的期供日，便差遣佛爷的叔父去向大小昭寺的两尊释迦牟尼佛为主的诸尊神像献上敬神哈达、衣物、供品、宝器，并给用于祭祀护螺龙王母的哈达、祭品、顺缘法物等题写了祈愿词。此外，还赐给用于祭祀乃穷扎拉钦波和吉祥天母护法神的祭品。在东日光寝殿尼维夏彻德的上面，向神祈祷于众生福泽的灵塔旁，新建乃局拉康（罗汉神殿）。依据在武器库中尊圣上座神像前的卜示，为政教泰安，需在镇肢镇节镇翼寺院及莲花生的各个静修房中新塑供奉的一千座神像。于是按照《续部》教法，让工匠们举行向神发誓的仪轨，然后建立塑造的工场……

（选自《八世达赖喇嘛传》，第一百四十九页）

　　[火蛇年（1797）六月]文殊人主桑结嘉措往昔曾亲自主持修建了红宫。历辈达赖佛爷寝殿当中，萨松南杰殿以及噶当庆巴殿等都胜过长寿主的华殿丽宫。新修这些寝殿时，为了做到要符合人主桑结嘉措的意图，于是（八世）达赖佛爷念经期间去到各个寝殿。然后说道："这些寝殿假设就起名为噶当庆哇。对我们而言，是因为噶当派的经典特别神圣，虽想把这些经典印供，但这一见解似乎并不走运。现在很好维修这些寝殿时，要用金铜材料新塑由噶当派无比祖师阿底峡大师传承的《菩提道次第论》中的喇嘛传承者们的身像。……沙弥尼天母派的十一面观音像和禁食斋喇嘛传承的诸身像要与上述同时新塑起来。……众生短命只是暂时现象。只要塑造怙主无量寿佛的千种身像，众生就会获得置于见闻觉知的境界。……目的是为了产生许多长寿的方便。靠近佛教五百的边际暂时可塑十六罗汉像作为代替，这样佛教也可久驻。这些事做了以后，无疑就会出现长寿。因此把这些佛像塑造出来，供奉在当地吧。"遵照佛爷的上述祷告，首先考虑将铸造千种长寿佛像。

（选自《八世达赖喇嘛传》，第二百三十三页）

　　[藏历第十三饶迥之"忿怒"即乙丑木牛年（1805）十二月一日，九世达赖喇嘛]（上师）出生藏区下部多康地区之圣教弘扬大渡河畔德格土司所属邓柯地方。佛教前弘期时，该地有诸多圣迹；后弘期时出现了很多大智者，如瑜迦上师班丹衮巴；还有仲·杰瓦穷乃长期依止色尊巴的圣地，大班智达晚年曾经莅临加持，圆寂之后其精要舍利留存之地镇肢镇节寺庙之一的康区隆塘卓玛寺等地的附近，夏鲁哇·列必坚赞之心传弟子尼热·多杰坚赞所倡建山居噶当派之大寺庙丹玛土丹曲科之近旁，是一处由很多吉祥瑞兆装饰的地方。

（选自《九世达赖喇嘛传》，第十页）

　　（五世达赖喇嘛阿旺罗桑嘉措建立的旧派寺院被准噶尔部损毁，达摩室利绎师）从刹仓巴胜慧金刚完全听闻此派之法并其实修，曾广为宣讲，造述为文。复建尊胜利乐善说洲，宏扬旧派之法事，建立旧派寺院亦甚多。此为旧派复兴最胜之时。惜不久准噶尔率兵入藏，尽毁三寺。金刚岩寺主莲华业、邬金寺之达摩室利译师、尊胜寺之班勤宝法称、藏主洲大师（不变金刚）之子莲华不变海等皆无故被害。复于色拉寺与哲邦寺等，伪装整顿寺院，老衲多数受害。自夸为维护黄教，实为对黄教极大侮辱。此后不久，金刚岩与邬金寺二寺恢复旧观，但尊胜洲则改为黄教寺矣。

（选自《宗教流派镜史》，三十九页）

　　（红帽派活佛法成海勾结廓尔喀兵毁坏黄教寺庙被清廷革办并毁坏红帽派寺庙）迦玛系护教王，深怀嫉心，而肆破坏，致使迦玛教派，沦于衰败。后来廓尔喀兵入侵扎什伦布，系红帽系活佛法成海勾引而来，清廷革封而拿办，并毁羊八井等处红帽系所有寺庙。现在迦玛系教法，极为衰微，仅存粗朴寺。此寺乃黑帽系活佛，仅以四沙门法为主要修持而已。

（选自《宗教流派镜史》，六十一页）

第二编 建筑

伍茹①北部有号称为佛的阿兰若降热振寺（建于1056年），是仲敦巴·杰卫炯乃②的大驻锡地。在神树茂密的欢喜园内有很多殿堂，殿内主要的神像名觉阿降巴多吉③。这像是由金刚持④佛父母大智慧明点⑤所塑造的。凡对此像祈祷叩求，无论何事皆能如愿成就，如如意宝珠⑥。此外还有赛林巴⑦、觉阿尊者和仲敦巴等的灵骨宝塔，可以朝拜瞻仰。还有偏头的觉阿像等极为希有的圣迹佛宝。若是向喇章⑧请求，也可瞻仰。

（选自《卫藏道场胜迹志》，第一页）

注释

① 伍茹：吐蕃时期划卫、藏地区为"四茹"。"茹"译言为翼，四茹即四翼，是一种军事编制的名称。分别为：伍茹（中央翼，今拉萨地区）、约茹（左翼，乃东昌都）、叶茹（右翼，南木林）、如拉（分支翼，拉孜）和附属苏毗茹。

② 仲敦巴·杰卫炯乃：（1004～1064），"仲"古代部落名转为氏族名。"敦巴"意为导师、大师。即仲大师之意，此系敬称。本名杰卫炯乃，噶当派的创始人。生于伍茹北部的朗切玛隆。17岁时赴朵康，从色尊绛曲迅鲁学法。闻阿底峡尊者至阿里，遂迎请尊者由后藏至卫部大传法要。从此他一直追随阿底峡，尊者便将所有显密教法传授给他。宋嘉祐二年（1057）在热振地方建热振寺，弘传阿底峡的教授，从此奠定了藏传佛教噶当教派的基础。寿61岁卒。弟子众多，最有名者为博多瓦等三大法友昆仲和再传弟子朗日塘巴等。

③ 觉阿降巴多吉：是阿底峡所依之本尊。"觉阿"，意为尊长或至尊，是对佛祖的一种敬称。如通称释迦牟尼为觉阿仁布齐，即至尊之意。"降巴多吉"是密宗无上瑜伽父续部集密金刚的别名。此像供在热振寺庙内。

④ 金刚持：也称"金刚大持"、"秘密主"。在藏密中，金刚持被认为是释迦牟尼讲说密法时所呈现的形象，是释尊的秘密化身，故又称秘密主。其形象为宁静的菩萨相，结跏趺坐，左手拿金刚铃，右手拿金刚杵，两手相交置于胸前。另一种形象是双身像，拥抱明妃孙那利菩萨。铃杵表示金刚部的菩萨摧毁魔敌时的智慧和法力。

⑤ 智慧明点：明点意为大乐的精华，或大乐的种子。明点有多种，总不外世俗明点和胜义明点两种，世俗明点即物质的精华、精液。胜义明点则所谓智慧明点，此指空性光明。

⑥ 如意宝珠：神话传说此珠是出自龙宫，为龙王顶宝。或谓出自鳄鱼脑中，人若获得此宝，则凡有所求，皆能自宝中生，所求如意，故名如意宝珠。

⑦ 塞林巴：即法称大师，10世纪时的佛教僧侣，为阿底峡尊者之师。因为他居住在苏门答腊的海边，当时被称为黄金洲，所以他又被称为金洲大师。法称原为苏门答腊人，因为信仰佛法，远渡至印度求学，跟随瑜伽师弥勒（与弥勒菩萨同名的论师）7年，学习《现观庄严论》与《般若经》。他同时修习显密经教，是当时很有名的佛教学者。在印度留学11年后，他返回苏门答腊。

⑧ 喇章："喇"是指喇嘛，"章"是指住处，即喇嘛的住处。后来演变为用以称上层寺主喇嘛的家庙。寺庙的公众管理处亦称"喇章"。

这寺（热振寺）的上边有一岩石如象。狮子岩山脚下即羊棍寺①。寺内吉仁布齐②曾在此撰写《菩提道次第广论》，并留下法台等很多极为珍贵的遗物。

（选自《卫藏道场胜迹志》，第二页）

注释

① 羊棍寺：在林周县境内，位于热振寺东南的一个小岩山下面。藏语称"僧格扎浦"。仲敦巴曾在此住过，1400年，宗喀巴曾于此处撰写《菩提道次第广论》，因此成为有名的圣地。

② 吉仁布齐：即宗喀巴，本名洛桑扎巴。宗喀是青海湟中的藏语名称，因为敬重他，不直呼本名而称为宗喀人。一般也不称宗喀人，只称为"吉仁布齐"，译言为救主大师，是他挽救了西藏的佛教和众生，功德很大，故有此敬称。

吉祥达隆塘寺①内的佛教圣迹遗物多至不可胜计。其中最主要的是在达隆塘巴②大师的茅篷内有曾经开口显过圣的神像。大殿上层有仲敦巴大师像，像上的头发还在生长。如是等等非常神奇之物难以细数。

（选自《卫藏道场胜迹志》，第二页）

注释

① 达隆塘寺：简称"达隆寺"是南宋淳熙七年（1180）达隆塘巴·扎西自建，宏传噶举教法。他的教授虽出自帕竹噶举系而又有独特之处，因之从此寺传出的法门，以宗风不同，遂称为达隆噶举派。景炎元年该寺又派僧人桑结温在昌都类乌齐地方建乌齐寺，为该派在康区的主寺，称为"下塘"，称母寺达隆寺为"上塘"。

② 达隆塘巴：（1142～1210）达隆塘巴·扎西华，达隆噶举创始人。达隆塘巴·扎西华意为"吉祥德"，南宋藏传佛教噶举派高僧，达隆噶举创始人。藏历第二绕之水狗年生于样雪邦冉当地方。父温伦巴波，母扎西萨格松卓毛，其族系为噶斯征波内鲁格支系。

从达隆翻过恰拉山口就到了伍茹的彭城。这地方是噶当教派的发源地。此地有不可胜计的内邬素巴（1042年至1118年，本名益西拔，藏传佛教噶当派僧人，属噶当派的教授派传承）、博多瓦（1031年至1105年，仲敦巴的弟子）、普穹瓦（1031年至1106年，噶当派四大祖师之一，仲敦巴弟子）等诸噶当派大善知识的驻锡地……此中最有名的是格西夏惹瓦（本名云丹扎，1070年至1041年，博多瓦最亲近的两大弟子之一）的驻锡地夏蚌巴①。内有很多有加被力的大宝塔。还有朗日塘巴②多吉僧格的驻锡地。在朗塘寺③（传说为朗日塘巴感得龙女三姊妹将朗塘处所供献给他，请求他修建僧院，在掉下了他的帽子的那里，作修导师住屋的地方，而建立）内有开过金口的度母④像等极为灵异的圣迹。

（选自《卫藏道场胜迹志》，第二页）

注释

① 夏蚌巴：格西夏惹瓦的灵骨塔。在彭域伦珠宗上首西边一个峡谷道上。"伦珠宗"清代写作"伦朱卜宗"或"吞珠宗"等现为林周县驻地。

② 朗日塘巴：（1054～1123）藏传佛教噶当派大师，本名吉僧格。博多瓦门下著名弟子。一生致力于讲经授徒，立志要使一切众生都不要离开比丘的事业，故被弟子誉为无十九光佛的化身，与博多哇一样，主要讲授"噶当七论"，也讲"慈氏五论"，即现观庄严论，《庄严经论》、《宝性论》、《辨法法性论》、《辨中边论》。后曾师室内内邬素巴学法，成为其再传弟子。其僧徒多时有2000多人，培养了众多著名的弟子。

③ 朗塘寺："朗塘"，翻过拉萨的东北果拉山的一大平原名，属彭波河谷地。清文书把"朗塘"写作"浪荡"或"浪岩"，"前藏（拉萨）北面山名浪荡山"。又《西藏志》说，"由拉萨北行十

里，向色拉寺东，过郭拉至浪岩"。朗塘寺是朗日塘巴所建。《世界广说》说朗日塘巴的驻锡地是杰拉康。

④度母：多罗菩萨是汉语传统译词，是在唐、宋时代，由梵语直接音译成汉语，由于梵语含有多种意思，在翻译上符合汉传佛教"五种不翻"之一的规则，所以直接音译"多罗（菩萨）"，而没有采用意译，包括玄奘大师、不空大师、法贤大师等都是翻成"多罗菩萨"。现在日本、韩国、越南佛教界仍沿用此译词；但华人文化圈因受藏传佛教的佛典藏文影响，也有不采用此译词，而采用"度母"或"救度佛母"。有人以为汉译的多罗菩萨一词当中，用"菩萨"位格来做称谓，是汉传独有情况；其实在《藏文大藏经》中，也有用"菩萨"位格来作"度母"称谓的例子。

在布达拉山后有传说是文殊菩萨的灵山，名叫蚌瓦日土丘，可是小丘顶上有一神堂又是格萨尔王庙。

（选自《卫藏道场胜迹志》，第四页）

关于色拉①、哲蚌②、甘丹③三寺连同札什伦布寺，这四大僧学院和上下密宗院等大道场内的所有圣迹遗物均详见普布觉·降巴大师所作的记录。

（选自《卫藏道场胜迹志》，第六页）

注释

①色拉：宗喀巴弟子释迦耶协于1419年兴建。别名"色拉贴钦林"，格鲁派六大主寺之一。与哲蚌寺、甘丹寺合称拉萨三大寺。

②哲蚌：黄教六大寺庙之一，宗喀巴之弟子降央曲吉·扎西班丹于1416年创建，是藏传佛教最大的寺庙。

③甘丹：宗喀巴于1409年亲自筹建，全称"甘丹朗杰林"，清世宗曾赐名为永寿寺。

色拉寺附近河谷下面有法王松赞干布的修道处，名帕邦喀①，内有修道的岩洞和甚多有大感应力的佛像法宝。传说此处是二十四场境之一的德威哥扎第二②。此外还有哲蚌寺的根培日楚③，色拉竹康孜④、普布觉⑤、喀多⑥日楚、曲桑⑦日楚、新旧扎日日楚⑧等甚多山居小庙。

（选自《卫藏道场胜迹志》，第六页）

注释

①帕邦喀宫：也叫普隆喀，是巨石宫的意思。帕邦喀的主体建筑在一座巨石的上面，犹如雄踞在一只巨大乌龟背上的宫殿。最初由松赞干布主持修建，后来在841年吐蕃赞普朗达玛毁佛灭法运动中被焚毁。其后的重建有两次：11世纪中叶，博多瓦·仁钦赛（1091~1165）和弟子扎嘎到帕邦喀朝圣，看到一片废墟时非常痛心，便命弟子修复。第二次是五世达赖喇嘛执掌西藏政教合一大权后对帕邦喀进行了维修扩建。"文化大革命"中，帕邦喀遭到比较严重的破坏。现在看到的帕邦喀基本是20世纪80年代初由群众自发重建的。

②德威哥扎第二：神话中的地名，二十四大胜之一。

③根培日楚：根培即根培吾孜山，是哲蚌寺所在的山名，日楚是山间坐静的小庙。

④竹康孜：在色拉寺后的小山顶上，介于色拉寺与普布觉寺之间，是一所坐静小庙。

⑤普布觉：色拉寺后山东北侧山包上的一座小庙。1744年普布阿旺降巴得到当时执政者颇罗鼐的资助而修建。

⑥ 喀多：喀多在色拉寺北偏东，吉热沙堤的对面的一个小山上，娘热曲的河东。

⑦ 曲桑：也是色拉寺的附属小庙。在色拉的扎日之西，位于色拉和哲蚌山间的一个小丘上。

⑧ 扎日日楚："扎日"在色拉寺西侧约二三华里，有新旧两处。"日楚"即札日的一座山间小庙。

从拉萨沿藏河北岸逆流而行，便到扎耶巴。耶巴的达瓦浦岩洞内有邬坚大师的替身像和很多天然生成的神像。

此外还有多吉浦、直布浦等岩洞，以及80位在耶巴得道者所住过的岩洞。

耶巴寺的大殿中供设有阿底峡尊者用过的盆子，盘内有用阿底峡鼻血画的佛像，还有十六尊者的殿堂等灵异的圣迹。

在仲堆①有宁译师②寝处的岩洞。洞内供有极为威灵的四面明王像。

拉萨河南岸即最驰名的蔡贡塘，是喇嘛向的驻锡地。寺内有大宝塔和四臂明王的护法堂等很多佛像圣迹。

由蔡巴顺河上走即到卓甘丹南巴杰卫林（甘丹寺全名）。寺内供奉有以宗喀巴大师肉身塔为首的神像金塔等难以数计的圣迹。

寺外转经道上随处皆可以见到天然生成的很多佛宝。

又由甘丹上行，沿途圣地古迹也是不少，如拉木护法神仓巴冻推坚③庙、甲玛赤康④、墨竹工卡的噶泽寺⑤、伍茹夏拉康⑥、止贡宗萨⑦、羊日寺⑧（止贡活佛第八辈赤烈桑布，1658年，建寺时间复杂）、止贡提（帕木竹巴弟子木雅贡仁建造，1179年止贡巴·仁钦白扩建成大寺，噶举派）、秀堆的德忠（11世纪，宁玛派郑·达摩菩提）等寺庙皆有许多古迹文物。若绕行朝山，则需时五六日。

（选自《卫藏道场胜迹志》，第六页）

注释

① 仲堆：解释为仲敦巴死后他的头盖骨则埋藏此地。"仲"，是氏族名，又有说是噶当祖师仲敦巴生长处的地名。在耶巴东面，达孜县河的北岸，现属达孜县的一个区。

② 宁译师：本名"达玛扎"他是吐蕃王裔则德王时人。留学印度12年依止麾地班智达等大善知识，后复迎请普那耶室利来藏译传经典。

③ 仓巴冻推坚：译言为"白螺顶髻大梵天神"。梵天为婆罗门教中的大神，被吸收为佛教的护法神。白螺顶髻的梵天，是梵天中之一类，为拉木寺中专供的一位护法神。

④ 甲玛赤康：吐蕃赞普松赞干布的降生地，现在此地还有一处供祀松赞干布像，名杰布拉康。

⑤ 噶泽寺：在墨竹工卡东南，秀绒河南，马曲河东。古时此有两庙。一是松赞干布王妃赤尊所建，属于镇边四大寺之一；一是赤松德赞王时莲花生收优毒龙令其发誓保护佛法而为之修庙供祀，所以此庙又名为盟誓大神庙。

⑥ 夏拉康：正处于秀绒曲河汇合处的秀绒多，在秀绒河南，墨竹工卡的东北的芝热河畔。此寺为11世纪时娘·丁增桑布建，是佛教前兴时期最主要的道场。

⑦ 止贡宗萨：接近秀绒汉与芝热河汇合处的秀绒多，位于秀绒河北岸，与夏拉康遥遥相对，属墨竹工卡县境，为止贡属寺。

⑧ 羊日寺：延续到第19代堪布，羊日岗一直没有一个固定的驻锡地，直到直孔噶举第25任法

嗣仁增曲扎法王在任后期才正式形成羊日岗寺庙。在卓龙建立羊日岗寺的情况如下：卓龙是法王仁青平措的父亲旦贝坚赞的领地，旦贝坚赞在此地建立一座城堡，取名为旺丹波章。在藏历第十一绕迥铁蛇年（1641）由第二十四任法嗣贡确仁庆于藏历第十绕迥（1624）建立的朗杰曲宗修行院，被吉雪和蒙古兵摧毁，原供奉在朗杰曲宗修行院的能仁佛（土旺赤嘉玛）等佛像被迎请到卓龙旺丹波章城堡，并在卓龙建立由三十六根柱子构成的大殿。法王贡确仁庆一直住在卓龙，并圆寂在卓龙，人们尊称他为"直孔夏仲卓龙巴"。噶厦地方政权建立以后，直孔噶举派的政教势力大大削弱，曲扎法王被噶厦监禁等一连串事件，使羊日岗寺的发展遇到很大困难。火猴年，法王仁增曲扎在哲蚌寺朝见五世达赖喇嘛时，向达赖喇嘛和第司索南绕登请求重新组和羊日岗及任命堪布等有关事宜，并表明自己一旦去世，羊日岗便要面临解散的危机。当时，五世达赖喇嘛和第司都爽快地答应解决这件事情，但后来拖了一年多，才有结果。佛历2202年（藏历第十一绕迥土狗年，1658年）噶厦政府派藏·索布娃将两个流动的室外法会合并为一个，任命大法营的杰赛上师和小法营的杰日上师为旁坐，裏索仁青为上师，温为管家，其他大小职位由相关人员担任，圆满完成了任务。以后，法王曲扎把卓龙溪卡和领地作为供佛基金献给了羊日岗寺，并撰写《羊日岗聚众大海清规·解脱指南》，从此，有了名副其实的羊日岗寺，这一年正好是法王赤来桑布诞生三周年被迎请到直孔替寺的时间。

从甘丹寺翻过山口往南行，便到了白若咱那大译师的修道处桑耶的亚玛隆。这里有修道的岩洞、莲花生大师的替身像和长寿泉水等圣迹。

从亚玛隆顺恩哥拉山脉往下走，就到了桑耶寺背后的山坡上。此地是法王赤松德赞降生处，名扎玛珍桑。里面有新修的殿堂和新造神像。其营建雕塑妙穷工巧。

桑耶大法轮寺有三层宝顶的主殿、四大部洲和八小洲的陪殿、上下夜叉神殿、白哈尔阁和四宝塔。殿堂后面有王妃三洲殿等。其中大部分的名目在《白玛噶唐》书中都有明确的记载。佛像中主要的是下层主殿内拱有觉阿降曲钦布像。在殿堂左右柱前，有法王麦阿葱埵的圆瓶形无缝天灵盖。

桑耶宗的塞堡内供奉有安达娘大师从伏藏中取出的古汝措杰像，作为阿阇黎大师真身代替像中最为殊胜之像。还有莲花生大师在贡塘山口留下的足迹石等种种极为珍奇的圣迹。

在海波日山顶有拉桑康[①]。桑耶寺[②]（8世纪时藏王赤松德赞）周围有小庙，其中最有威灵的是马头明王洲庙。庙内主要的神像，是帕巴森尼厄所像、佛母度母像和曾经多次开口显过圣的大幻变网传规的马头明王像[③]。

（选自《卫藏道场胜迹志》，第八页）

注释

① 拉桑康：焚烧柏枝薰天祭神的炉灶。

② 桑耶寺：又名存想寺、无边寺、大法轮寺、吉祥永固天成桑耶大伽蓝、大首领寺，为佛教前宏期宗教活动的最大中心。位于西藏山南地区的扎囊县桑耶镇境内，雅鲁藏布江北岸的哈布山下。它始建于8世纪吐蕃王朝时期，是西藏第一座剃度僧人出家的寺院。寺内建筑按佛教的宇宙观进行布局，中心佛殿兼具藏族、汉族、印度三种风格，因此桑耶寺也被称作三样寺。该寺仿印度欧丹多布日寺建造，具有藏汉和印度的建筑风格。正殿有三层，下层为藏式，中层为汉式，上层为印式，所以此寺又称为三样（三式）或三层宝顶主殿。主殿象征须弥山，周围十二陪殿，象征四大洲和八小洲。左右各有一殿为日月二轮。外有垣墙围绕，四角建四舍利塔，四门立四碑。赤松德赞的三位

王妃又各建一殿。寺建成后,在此剃度第一批藏人出家为僧,号称为"七预试者",这算作藏地第一座佛、法、僧三宝俱全的佛寺。朗达玛时桑耶寺曾遭到破坏,后宏初期因鲁梅等僧团不和又遭到兵灾、火灾,但后来又被修复。11世纪时,此寺成为宁玛派的重要道场之一。

③ 马头明王像:此像供在桑耶寺正殿外围西北角处。

在扎玛格吾仓(石窟,赤松德赞时期开凿)下面有措杰①的寝居处和赤松德赞王的修道处,称为上下娘浦②。另外,还有鲁杜穷钦浦,衮勤·隆钦布的灵骨塔和温咱·杰瓦乔央修马头金刚法的岩窟等种种古迹。

(选自《卫藏道场胜迹志》,第九页)

注释

① 措杰:即堪卓·耶协措杰,赤松德赞王妃。

② 上下娘浦:在秦浦附近,分上下两个岩窟。上窑耶协措杰曾经住过,娘·丁增桑布地在此修过道,下窑为赤松德赞的修道处。

从(达卡苏的)石塔往上走就到乍的河谷坝。这里有耶协措杰降生处的灵湖。乍的河谷内最主要的圣地是勇宗的辛杰若比颇章宫。宫内的大修道岩洞名叫顶雪和列果萨巴。此外还有大成就师梅龙多吉的修道处敖浦,邬坚大师修道岩洞宗康浦和咯钦扎等圣地。

由章达再逆江上行,依次就可到达吐丹多吉扎寺①和距多吉扎很近的林热巴②修道处纳浦曲隆(索朗谷如)。

从多吉扎往上走就到了亚堆扎拉山。就在这山下面的山谷内有莫钦大师的驻锡地名莫棍巴寺。

(选自《卫藏道场胜迹志》,第十页)

注释

① 吐丹多吉扎寺:1718年绛地部首领扎西斗杰所建,是宁玛派的大道场。

② 林热巴:(1128~1188),本名白玛多吉,主巴噶举派。

桑耶秦浦的山背后为洛沃邓顶河谷区。在深谷内有一座能为人赐福祥的宝塔,名扎西畏巴。从这山谷往下走要经过多隆巴、温隆巴等谷地。在这些地方,有宗喀巴曾经住过的扎西多喀和温的拉康格汝寺(11世纪时噶当派仲敦巴建)。格汝寺是赤松德赞时修建的古庙。有塔名却丹噶穿塔,还有温杰赛仁布齐①的驻锡寺温却丁寺(约12世纪由噶当派后改为格鲁派)和温浦达仓寺等等。若是转经巡礼,则需时两三日。

由达仓寺往下走,中途便到阿里达布扎仓和最驰名的大道场丹萨提寺(1158年由达布拉结弟子帕木主巴多吉杰布建),这是卓衮帕木竹巴②的驻锡地。总其三依佛宝多至无边,特别是供在帕木竹巴茅篷内的一尊曾经开口说过话的沙土像,为最主要的佛像,颇为灵异。

(选自《卫藏道场胜迹志》,第十一页)

注释

① 温杰赛仁布齐:或称温结赛,或称结饶赛。温是温却丁寺,属格鲁派寺庙。结赛是温寺的大活佛。

② 卓衮帕木竹巴:藏传佛教噶举派帕竹噶举支派创始人,塔布拉杰著名弟子。亦称帕竹·多吉杰布,意为"金刚王"。

从桑日喀玛坐牛皮船过藏布江即可到对岸的泽当。这里虽然有几座寺庙，但最有名的是安雀巴的杜康浦①（石窟殿堂）。岩窟中供奉有金身释迦牟尼等甚多极为殊胜的佛像，可以供人瞻仰朝拜。

在泽当的峡谷内有一闻名的寺庙名桑登林，这是过去喇嘛当巴·索南坚赞、亚隆巴·僧格坚赞②和堪钦·索南杰乔③等萨迦耳传派法统继承者的修道之处，内中有极为威灵的六臂明王像等。

……

在泽当山梁上面为乃东衮桑孜④，这是古代的一位首领曾经住过的宫寨遗址，他几乎统治了藏地所有的万户长，号称第斯帕木竹巴。

宫寨下面是乃东孜措巴寺（1356年，帕竹噶举大师、司徒菩提），内有克什米尔班钦⑤的陶土像，是曾经开口显过圣的像，还有制火白度母画像和梵文本的《波若经》等不少极为珍贵的文物为数。

（选自《卫藏道场胜迹志》，第十二页）

注释

① 杜康浦：岩窟式的殿堂，为僧人集会诵经作法之处。此岩洞大殿在泽当市区内。

② 亚隆巴·僧格坚赞：14世纪的人。是萨迦喇嘛当巴的合传弟子，也曾从刹派学过法，是萨迦道果耳传桑登林派的第二代。

③ 堪钦·索南杰乔：萨迦喇嘛当巴弟子，为亚隆巴僧格坚赞之侄，曾任萨迦大寺法座，又属于萨迦耳传桑登林派的第三代。他以后萨迦的道果传承又分出鄂、宗、博东等几个支派。

④ 乃东衮桑孜：乃东在泽当的西南10余里，位于亚拉雄布河（即亚隆河）与雅鲁藏布江汇合处，在亚隆河东。衮桑孜是旧城堡名。元代设的十三万户之一的伯木古鲁（帕竹）万户府，即在此处。15世纪时，第斯帕木竹巴政权的统治中心机构，则设在旧城堡内，名为乃东衮桑孜，现为乃东县委所在地。

⑤ 克什米尔班钦：即班钦释迦室利，1204年应古格王拉德之请来藏传授戒律。朗达玛灭佛后，佛教又得重光。他的传戒系统，称为班钦律传。

亚隆有著名的三道场和三胜迹。三道场：一是昌珠，二是协扎，第三者有说是热穹浦，但应以雍布拉岗较为合适。三胜迹中：有著名的达坚蚌巴、贡塘蚌巴和才曲蚌巴。

从泽当沿亚隆河谷腹部上坡则到吉祥约茹昌诸的扎西降娘寺（昌诸寺）。寺中主要的神像有法王松赞干布从当贡波日山迎请来的五部如来的石像，进食度母像，嘛呢六字真言。寺中还有许多殿堂。寺外有忏罪五顶塔等很多能给人赐福的大佛宝。

距离昌诸寺（吐蕃松赞干布时代）不远的地方有朗杰庙，这庙是宗喀巴大师受比丘戒的地方。

从昌诸寺往上走则到萨迦班智达的当宁秀赤法台存放处和法王托托日宁赞的王城雍布拉岗。在城堡内有觉阿罗布桑培像和主要供奉的法宝"宁布桑瓦"等。

从雍布拉岗又到宁如庙①。庙内供奉有从伏藏中取出来的很名贵的药师佛像。有一塔据说是噶当派的格西谷尔钦布②建造的。塔内因为安放有常啼菩萨的左眼，故称为达坚蚌巴。

（选自《卫藏道场胜迹志》，第十四页）

注释

① 宁如庙：即拉康宁如之略名，或称拉如门吉。"门吉"的"吉"意为"八"，说庙内主要供

有八尊药王的神像。《青史》又写作"门杰","杰"意为王,即药王之意,并非是八像。庙在雍布拉岗和达坚蚌巴之间。

② 谷尔钦布:(1084~1167),他是噶当要门派,内邬素巴的再传弟子,他的直接上师是降曲格孜他在13世纪时创建达坚寺,自任该寺座主。

协扎山的下面不远的地方有村吉拉康、乃提喇章宫等,内中有邬坚大师的替身像、日光法衣、禅杖等难以计量的内供佛宝。在巧策拉卡山口,有特别殊胜的弃尸场和大宝塔……

翻过协扎山,下山的途中经过赞塘的玉叶拉康①。这庙是藏王赤松德赞为其母后昂楚绛曲修建的,庙的近处有一大塔名觉若才曲蚌巴,听说每逢十五日真正有寿水从塔内流出。

宝塔背后的山,即赞塘拉日果西。赞塘山顶就是西藏法王聂赤赞普最初从天下降凡尘之处。

(选自《卫藏道场胜迹志》,第十五页)

注释

① 玉叶拉康:在亚隆河西,拉抱日的赞塘河谷坝上。此庙是吐蕃赤热巴坚王妃白季昂楚建。据莲花生传说此处是古代的修道处,也是暗藏重要伏藏处。后宏初期鲁梅弟子博弯·楚逞炯乃曾住此庙,弘传律戒。以后噶当派谷钦布的再传弟子玛巴·普巴瓦亦曾驻锡此寺。谷钦布是乃邬素巴的再传弟子,属噶当的要门派法统。

从巴郭①往上行,中途就到了格西库敦·尊追雍中②的驻锡地苏拉塘布齐(1017年由鲁梅的传戒弟子朱麦·楚逞炯乃所建)。这里有蚌纳斯巴坚等很多的古迹文物。还有阿底峡居住过的岩窟和窟内的佛像等。均是有护佑力的圣迹。

由塘布齐就到了琼结日吾德庆的经院。这是克珠格烈巴桑弟子尼赤赞巴·罗朱白桑创立的。寺内有很多颇为灵验的神像宝塔。

……

从琼结的松赞王陵墓(邦所玛波陵墓)稍微上去一点则有一寺,这是白若咱那大译师的转世名号称布大掘藏师③、法名协饶畏赛的驻锡地,地名琼结白日寺(16世纪所建,为宁玛派三大主寺之一),古名多敏白日山。是宁玛派的最大寺院,现已成为小庙,只是白日山寺这个名字还保留而已。……原来这里还有桂译师迅努白④学法的经院,名京叶拉康,地名叫京叶。

(选自《卫藏道场胜迹志》,第十六页)

注释

① 巴郭:在贡塘蚌巴之南,琼结河的东岸,属琼结县境。白若咱那大译师出生地。12世纪时宁玛大圆满派卫巴希波曾在此修道。

② 库敦·尊追雍中:(1011~1075),阿底峡三大弟子之一。他得到阿底峡传授《噶当经函》的密法。此法系觉阿在耶巴神山宁波谷传授与库、俄、仲3人,他们的传承系统即称为噶当要门派。库敦住塘布齐寺并宣讲大波若经。

③ 称布大掘藏师:(1518~1584),"称布"为地名,在琼结宗附近,掘藏师本名协饶畏赛,他的法统属于宁玛大圆满心要派,曾为琼结巴·霍尔·索南斗季杰布的王师。

④ 桂译师迅努白:(1392~1482),别名叶桑则巴,他9岁从京叶拉康堪布桑结白瓦出家,自幼则勤于修学,曾参拜过噶当、宁玛、希解、萨迦、噶玛、达布等派的大德,博学多闻,翻译了很多经论,成为当时一大翻译家。著作亦复不少,有名的《青史》就是他著述的。

第二编 建筑

从泽当起雅鲁藏布江南部一带地区，一般称为约茹洛举。由此沿藏布江逆行，则到甲萨拉康。内有法王白柯赞塑造的大毗卢遮那佛像。

从甲萨拉康西行，则依次到津的河谷地区。这里有邬坚大师修道处津达、沃噶扎和扎其多的葱都措巴，此属萨迦派寺庙。寺内有班钦释迦室利的陶土像和克珠·穹布朗觉巴[①]的心脏所变的舍利子堆等特别罕见的内供佛迹。

葱都的河谷内有邬坚敏珠林寺[②]（1676年，德达林巴）。寺内的各僧院和活佛寺庙等殿堂都极为妙严，像塔三依颇具威灵。其中最主要者为供奉有掘藏大师德钦林巴的灵骨舍利塔。

从葱都措巴沿藏布江逆行，又到了扎囊[③]河谷的谷口。扎囊是掘藏大师扎巴恩谢的驻锡地。沿路前行，依次可到班钦降巴林巴的驻锡地，名古蚌通卓钦摩寺。寺内殿堂营建杨壮丽。此寺近处是衮勤·隆钦然将巴的降生地和邬坚林巴的驻锡地，名亚吉拉康。另外还有扎囊的吉林措巴、扎的玉岗扎、敏珠林大师旧坐座处达吉却林、噶举主巴派的寺庙扎丁布齐等很多圣地道场。

……

沿江逆行到朗饶河谷。谷内有萨迦派的寺院达布扎仓[④]。达布扎仓附近有俄·却古多吉[⑤]的驻锡地雄哲兴寺（13世纪时俄·衮噶多吉建）。寺内有安放玛巴译师灵骨的宝塔，有开口显过圣的杜锁玛天女像，有俄敦·却古多吉和米拉热巴见面处和俄敦飞天归真的地方等圣地古迹。

（选自《卫藏道场胜迹志》，第十八页）

注释

① 克珠·穹布朗觉巴：(978~1127)，为香巴噶举创始人。

② 邬坚敏珠林寺：1676年德达林巴修建，原为宁玛伏藏法门的南藏派大道场。1718年准噶尔侵藏，宁玛寺院多吉扎、敏珠林全部被毁。敏珠林寺主达摩室利等皆被杀害。不久多吉扎与敏珠林二寺虽逐渐恢复，寺僧对宁玛派的大法集、幻、心三部和伏藏中所出重要法门大多不做讲修，而只注重研习历法、卜算、医药和进行会供、庄魔、火施等一般的佛事。

③ 扎囊：1031年扎巴恩谢建，宁玛派道场之一。

④ 达布扎仓：又名朗饶达布扎仓，萨迦派寺院。在朗饶河西朗杰学和甲日（蓉气）之间的杰德秀河谷。

⑤ 俄·却古多吉：(1036~1102)，为噶举派大师玛巴的四大柱弟子之一。

洛扎和喀曲的下面是洛扎拉康[①]，属于松赞王时的镇边大寺之一。内供有以毗卢佛为首的甚多神像，具有极大的感应力。此地就是安达娘从伏藏中发掘出《修部八教如来集会》密经之处。

……

从洛扎拉康下行，过桥至对岸，即才朗白季日山。这里有邬坚修道岩窟和长寿泉水等圣迹。

从白季日山往西走，两天就可到法主·玛巴大师的驻锡地色喀谷托和洛扎的卓沃隆。这里有玛巴和其夫人达梅玛各自的寝居处，以及米拉热巴修道处的达聂隆丹浦[②]等极为殊胜修行圣地。

……

翻过朱拉山口，就到了洛扎努的拉隆[③]。这地方最早是噶举派的道场，现在成为白玛林巴的语密化身，即他的后代子孙所管辖之地。庙中佛像经塔圣迹不胜枚举，特别作为内部供奉的佛宝有衮勤·隆钦然将巴的脑髓上生长的舍利子堆，是非常神异的。

由此地往前走就到了古汝却旺的驻锡地，名拉亚古汝拉康[④]。庙内主要的三依佛宝，即众所周知的却旺从伏藏中取出来的以觉阿像为首的众多灵异神品。

从拉康前行到棍巴勒达庙⑤，这寺庙颇像一个村落。庙内有从悼衮·藏巴嘉热灵骨中生长出来的神像等为数不少的非常神奇的佛宝。

（选自《卫藏道场胜迹志》，第二十一页）

注释

① 洛扎拉康：又名昆庭宗称为洛扎昆庭。此乃松赞干布所建的再镇四大寺之一的昆庭赛吉拉康昆庭是自古有名的地方。吐蕃时凡遭到罪谴的人均流放于此处。王子藏玛则流放于此，后为那囊萨妃所毒死。后宏期宁玛派的娘·热布坚和热西敦巴曾在此取出伏藏。噶举的下主巴洛热巴亦曾住此修道。"拉康宗"过去文献也有许多异写如"拉康岗、拉岗汛、哈岗宗"等。

② 达聂隆丹浦：卓沃隆附近的一个山洞。此洞是米拉热巴最初的修道处。

③ 拉隆：始建于松赞干布时期，1155年噶玛噶举派创始人都松钦巴主持扩建，成为洛扎一带著名的噶玛噶举派道场。16世纪中叶，噶玛噶举派高僧巴俄·祖拉陈瓦进行维修扩建，修筑围墙，并主持该寺。后寺院改宗格鲁派，但仍保留噶举派传承。寺内有五个不同的转世活佛系统，分管其在不丹王国、藏东康区、后藏等地教务。寺院活佛转世实行金瓶掣签制度，并在内地中央政府及西藏噶厦政府备案。寺院整体建筑位于呈"亚"字形的方形大院内，主殿高三层，为典型的藏式平顶寺院建筑。主殿东侧是18世纪不丹国王出资修建的不丹经堂，为不丹云游僧学经及该国商人朝佛之处。主殿西侧为观音殿，向后依次为辩经场、护法殿、神殿及僧舍。每年有不丹国僧众前来拉隆寺礼佛朝圣。1998年被列为县级文物保护单位。

④ 拉亚古汝拉康：在拉隆西南。

⑤ 棍巴勒达庙：在拉亚古汝拉康附近。

由洁曲拉康（7世纪松赞干布所建）翻山经过普马江塘大荒原，即到协喀江孜南部的涅若隆。其地属于后藏二茹之一的叶茹范围。由涅若隆到谷喜热塘，此处是俞托·云丹贡布的出生地。从涅如河逆流而上，在河谷内有卓衮·藏巴嘉热的驻锡地，即著名的主热隆寺。寺内主要佛宝为嘉热的真容像，名威镇三界，其他三依圣迹甚多，难于计数。

从谷喜山下坡走一天路，就到了如来佛曾经预言过的有名大寺——白柯却第寺（即江孜寺的全称，1418~1428年饶丹衮桑帕修建）。此寺是江孜法王饶丹衮桑帕所建。寺内有萨迦、布鲁、格鲁三大宗派的学僧，共分16个僧学院。佛像经塔难以细数。神像中最主要者是在大殿内的释迦佛的大像，大宝塔内装藏的大部分是百种修法的密宗本尊像，还有极为庄严地殿堂等。

这寺内四续部的本尊修法的会供很多。

江孜寺的另一边有孜钦却第寺（起始不详，后经江孜土官帕巴白桑布扩建），是布敦大师的转世大成就师衮噶罗朱等人的驻锡地。

（选自《卫藏道场胜迹志》，第二十三页）

从白朗走官道只要一天的路途便可到达日喀则，在中途要经过一个小村镇名素，有素·桑昂林寺。这是古时宁玛派中经典派的最大寺庙，现在只是素氏家族居住的一个类似家庙的住房。内中供有素氏喇嘛前辈成道大德所主要供奉的金刚橛像，是很有加持力量的神像。

日喀则市镇的旁边有乌郁大师日比僧格的一座土堆的灵骨塔。传说若有人在此塔周围转经绕行和祷告，此人和别人辩论时则可获胜。

第二编 建筑

扎什伦布寺（原文译为札什伦布寺）内主要所依佛宝有弥勒菩萨大像，有班禅罗桑却坚、罗桑耶协、白丹耶协和丹比尼玛等历辈班禅的灵骨宝塔。特别还有噶东弥勒像和欧米的度母像等甚多具有加被力的古代佛像法宝。内供佛宝还有米拉热巴尊者的小刀和许多噶当先德的旧衣服等各种古迹文物。

（选自《卫藏道场胜迹志》，第二十五页）

从纳塘西行半日则到鄂·艾旺却第寺（1429年衮噶桑布建）。寺内分5个大家庙，18个康村等。总的说内中的佛像经塔甚多，特别是在家庙的公堂内有鄂钦大师的寝居处，在朗萨浦岩洞内有萨迦道果传承祖师堂和密封的最秘密宝籍，在前厅有灌顶堂和道果法堂。堂内有以鄂钦为首的道果传承上师塑像和历任座主大师塑像，以及他们的灵骨舍利塔。

在大殿堂内有以释迦佛像为首的各种有加持力的神像。

（选自《卫藏道场胜迹志》，第二十六页）

从萨迦西行，约一天的路程就到了芒喀隆巴。在河谷深处有吉准扎巴、刹钦等大德的修道处，名卡隆多吉扎宗。再顺路往前走依次就可到刹钦的驻锡地芒喀的吐丹根培寺；卓米大译师的驻锡地芒喀的莫姑隆。这里现在除一个圣地的看守者外，其他什么都没有了。

此地（芒喀隆巴）还有据称卓米译师曾经居住的山洞威赛达瓦浦，翻译梵文经书处的扎居罗咱浦，传授《道果法》的松昂朗哲浦等等，共有13处大山洞的古迹，可以瞻礼。所有圣迹全是黄土的山洞。

又沿路前行依次可到安羌·索南却培等驻锡过的遗址和芒喀中心的一个村落。传说这个地方是玛·仁钦乔大译师降生之处。此外在芒喀的河谷口外有代表住持刹钦大师一派宗风的寺庙，名达仲摩齐。此处安放有刹钦大师的灵骨宝塔，颇有感应力。色喀穹亦在此处近。在仲巴拉孜的山脚下，有卓米译师同迦耶达罗大师初次见面的修道洞。

（选自《卫藏道场胜迹志》，第二十八页）

在藏布江对岸北方一带，有绛的昂仁（1225年萨迦达孜拉郊巴释逛僧格建）宗、仁增·郭季定楚坚的掘藏处桑桑拉扎、日吾扎桑、日衮杜斯和萨钦圆寂圣地绛的加吾喀东等，这些地方的古迹很多，不过路程比较远。

又从拉堆洛方面顺路往前走，依次就可到帕·当巴桑结的驻锡地定日和噶举派的一般胜地岗噶，特别是可到郭仓巴的修道处孜日郭仓，米拉热巴降生地芒域贡塘，玉莫岗吉热瓦与及从芒域吉隆宗一直可通到尼泊尔等地。

（选自《卫藏道场胜迹志》，第二十九页）

彭措岭的附近有扎让贡康庙（12世纪博东·仁钦孜摩所建），庙内以白噶孜贡康护法殿威名最大。

距离彭措岭一天的路上有一大寺博东艾（米多罗钦布建于1049年）。此寺是格西米多罗钦布所建，为邦大译师叔侄和博东班钦等所主持。但是现在已成为在家穿僧装的世俗村落了。由博东班钦的舍利子变成的佛像等一些有加持力的佛宝仍然还在，可以瞻仰。

博东近处有一寺名年裕甲郭雄（赤热巴坚王时才邦·拉桑鲁白所建，说法不一）。此寺原址是松赞干布时所建镇边古庙。寺内持红矛的多闻天王颇为威灵。在孟推·罗朱嘉措等时代，这寺是萨迦教派学习显教的最大僧学院，现在只有这个名字尚未丧失而已。大成就师达冶的后代名喇嘛宁日瓦也曾住过此地。

由博东行一日就到了恩摩却宗。萨迦教派的前辈喇嘛们的驻锡地夏格丁的多吉颇章就在此地。

夏格丁近处有超浦译师降比白的驻锡地超浦降钦却第寺（1212年超浦译师所建）。寺内有一尊极为殊胜的弥勒菩萨大像，是菩萨8岁时的身量，高18肘的藏造金身像。还有13种极为罕见的佛宝遗物均可瞻仰。

（选自《卫藏道场胜迹志》，第三十一页）

从日喀则渡藏布江往北岸走就到了道那地方。此地有衮勤·索南僧格的驻锡地，土丹朗杰寺（1473年索南僧格建）和桂译师枯巴拉泽的很有加持力的修道洞。这里近处还有几代卓钦的驻锡地，名卓玛浦山洞等。

又从卓玛浦沿藏布江上游继续前进，依次就到苃·土丹寺（卜帕桂·衮噶桑布所建），杰赛托麦的驻锡地谢恩曲却宗，沫钦·森巴钦布的驻锡地上下沫隆，还有大清静兰若桑登浦、李浦隆、达莫林卡（1436年沫钦·森巴钦布所建）等等道场圣地。

若顺江水北岸地带走，下坡就到了香隆巴的河谷地区。香有上中下三部分，总的说道场圣迹很多，特别是在香达河谷口有大小素氏的修道处，名香达白钦。在香雄内有成就大德穹布瑜伽士的驻锡地，名香向向多吉丹寺（穹布·朗觉巴所建）；成就大德摩觉巴的驻锡地，名摩觉寺；成就大德鲍热瓦的驻锡地，名鲍热扎噶寺（14世纪时鲍热瓦所建）等等。

……

从香翻过山口即到乌郁地区。上下乌郁均是噶当派让丁玛瓦德协炯乃的驻锡地。

乌郁让丁玛寺内有很神灵的佛像经塔，特别是殿外有饮后即可解脱的圣水泉。

从乌郁的上部翻过山口就依次到了噶玛派红帽系活佛的坐床处，名土丹羊八井寺和绛纳木错等地。这些都是相连的地带。

（选自《卫藏道场胜迹志》，第三十二页）

从日喀则往藏布江南岸地带下走，依次就可以到达班钦·释迦乔丹的驻锡地土丹色多坚寺。这寺古代是一个很大的显教教理大辩场，现在仅留有一个空名而已。但是寺内的佛像经塔仍然是很神灵的。

这里的班塔玛河谷内有宁玛派最大的道场名素·邬巴隆，最为有名，现已成村落，但寺中仍有些颇为神灵的圣迹。

……

在藏的绒钦有森巴钦布·迅鲁杰乔修建的降钦却第寺（1367年迅努杰乔修建）。寺内塑有一个很大的弥勒菩萨像，与超浦寺所塑相等。这样有加持力的圣迹佛宝还为数不少。

在后藏的绒穹有哲域吉操寺（饶绛巴桑结培建于1449年）上下院，有绛地部族首领扎西斗杰掘出伏藏处康布隆和邬坚修道岩窟等。

绒钦的中心地方有欧米卓玛庙，宁玛派的道场岗热额桑多吉林和掘藏师嘉向冲的降生地洞巴曲灿喀等。

（选自《卫藏道场胜迹志》，第三十四页）

从此（绒钦）翻过山口就到达羊卓雍错湖边，再翻过甘巴拉山到达白钦·曲吾日山。据说曲吾日山是西藏幸福来源的圣山，山上有一百道泉水，一百个修道处。现在最有名的是加桑卡，有加桑喇章宫、大佛塔和森浦喇章等，成就大德汤东杰布的身、口、意三密所依的佛像、佛经、灵塔等等应有尽有。

在加桑孜的山丘上，有仁增·勒丹吉居住过的山洞。在面对贡噶宗方向的地方有泽居归比喇章。在此附近还有特别殊胜的才曲寿水泉。在西面有白玛旺秋的修道窟，窟的顶首有阿阇黎大师修道处，名南喀顶阿兰若，此属八大修道岩洞之一。这是有大加持力的修道窟。

在曲吾日山北面有地名扎托，是贡噶多吉丹寺的喇嘛扎托巴·索南桑布的驻锡地。寺内各处均有颇灵异的圣像。

(选自《卫藏道场胜迹志》，第三十五页)

从此（日贡寺）往藏布江北岸走，经过曲水等地逆河水上行，就渐渐来到朗的河谷地，这里有主赛瓦绛曲林寺（藏巴嘉热建于1189年）。噶举的主巴派最初就是因此寺得的名。从赛瓦循宫道上行，中途有阿底峡尊者曾经驻锡过的聂塘。在聂塘窝的殿堂内，供有尊者的灵骨塔，为有大加持力的圣迹。塔下面有一尊名为"酷似我"的阿底峡塑像，像上尚留有尊者的指痕迹。还有喇嘛当巴索南坚赞的大灵骨塔等。

沿聂塘的大河北岸走，在山谷内有俄·勒必协饶和俄·罗敦协饶的驻锡地，名桑浦内邬托寺。（仲敦巴和其师弟俄·勒必协饶在1073年创建）这是藏地佛学教理的发源地。……

……

沿大河（聂塘的大河）下游走，约一天的路程便到藏王赤热巴坚时修建的吴祥多的柏美根培古庙（9世纪赤热巴坚所修建）。在庙的遗址上又重新修建庙宇，庙内塑造觉阿等金身已焕然一新。

吴祥多深谷高地内有衮勤·隆钦然将巴的驻锡地岗日托噶寺。在他居住的旁边有日吾孜昂山。日吾昂山的前面和后面有古汝的修道岩窟拉仁·隆钦扎和阿阇黎大师修道处扎玛的桑雅南喀宗等。古汝觉泽的掘藏处也在此地。

(选自《卫藏道场胜迹志》，第三十六页)

堆隆达的河谷坝上有阿阇黎大师曾显神通变化涌现出来的雄巴拉曲神泉。在此泉近处即是玖莫隆寺。它是古代讲学显教的大僧学院。河对面山上有一寺名噶瓦栋……

从噶瓦栋下去，就到了堆隆达河谷坝的山岗。在岗上有庙名额珠顶。此外有作法防雹人坐的小静室，据说这是尼泊尔门朗僧格修建的。静室内有阿阇黎大师在桑耶作镇邪安土修法时所用的一部分铃杵、降伏岗噶夏麦时留下的金刚手印、印度大德萨罗诃的禅定带和那若巴大师的骨骼庄严等很多特别珍贵的内供法宝可以瞻礼。

从堆隆朗河谷深沟内上行约一日即到噶玛巴的坐床处堆隆楚浦寺。楚浦附近为乃朗寺，寺在楚普和堆隆之间。这寺是噶玛保沃活佛的坐床处。寺内有噶玛红帽派扎巴僧格等的灵骨塔。楚浦寺的殿堂和佛像宝塔很多，内中最宝贵的是噶玛拔希时塑造的大释迦佛像，像名南瞻部洲的庄严。还有安放几乎历代所有噶玛活佛的灵骨宝塔河塑造的金身等，都是有加持力的大法宝。转经道上有法主让炯多吉修道处的白玛琼宗。诸如是等可以瞻礼的圣迹为数不少。

(选自《卫藏道场胜迹志》，第三十八页)

（圣教在多麦地区弘传情况）据哲邦寺鲁本巴那旺丹增巴《夏琼寺志》所述，自喇勤圆寂的木猪年经二百七十四年，即第五胜生的土鸡年（1309），曲结敦主仁钦，他四十一岁之年，即第六胜生土牛岁（1349）修建夏琼寺大乘功德兴盛林，此后经八年，火猴年，斯纳道登建贝嘉措生；第二年，火鸡岁（1357），第二佛陀东方圣·宗喀巴罗桑扎巴诞生于多麦宗喀地方。犹如世尊降生于世间那样，宗大师的遍满大地的许多学识渊博的弟子之中，被称为早期四大弟子之一察科官人阿旺扎巴在洛堆地方建立了一百零八座寺院，与此同时，被称为护持各方圣敦的七杆大旗之一戎巴吉那巴·根敦坚赞建噶拉日伽蓝。

（选自《安多政教史》，第二十七页）

（圣教在多麦地区弘传情况）复次，多麦这个地区，有被称为第二印度恒河之称的黄河流经其中，因此，被分为南北两部。北部地区西至青海湖，东至宗喀。前者乃是安多地区的上部，彼处有仰华寺等古寺三处，丹噶尔（湟源）城中则有噶丹旦吉林寺，城郊有扎藏寺及静修庵数处。青海湖海头察罕托罗海地区的各水以及左面的诸水汇集于称为噶塘玛尔库措摩的哦绕水峡之中，叫做湟水。被它分为南北的北部地区，有供奉喇勤的整个遗体在内的圣地白马寺；有多麦地区诸讲辩院之祖郭隆寺，有土观大悲观音像、哇旺世间怙主①像、夏热阿弥陀佛像等许多极为珍贵的佛像所在的圣地；有曲藏静修庵、讲辩院扎喜曲林寺、密宗庵、马营寺等寺院及静修院。

郭隆寺之西北，自上而下依次有扎底阿乔庵、芒堆静修院、香隆拉卜旦寺、文巴曲隆寺等。曲藏寺噶丹穆琚日林。赛科合川有赞布之寺噶丹旦曲林，上、下静修院。夏科合川有杜哇寺等，宝库川有大、小塔严祈寺，斗合日出静修院，义合日出静修院等寺院庵堂。浩门河流域有班固寺、甘禅寺大乘解脱林及其静修院、撒隆静修院、大通小寺等。

（选自《安多政教史》，第二十八页）

注释

① 哇旺世间怙主：指观世音菩萨像。

（圣教在多麦地区弘传情况）（郭隆寺）北面自上部依次有嘉多寺、仙密寺噶丹达尔吉林、朱固寺、噶卓扎噶尔圣山、乔殿堂寺（天堂寺）、甲夏及玛尔夏静修院、大通大寺等。吉合容雅隆图尔钦寺、松山达隆寺①、扎底拉卜吉寺（华藏寺），上、下那合洋寺，上、下江仁寺等。其它采用色拉寺和哲邦寺教程，护持讲闻的讲辩院和静修院不可胜计。

甘、凉、肃三方面，有冬那建央寺等大小寺院。在凉州，有凉州四部、自然形成的亥母佛像、弥勒大佛像。在甘州，有自然形成的度母佛像、洛哲丕王子降伏龙魔的圣地及其上师阿瓦卜底巴静修山洞。在肃州，有自然形成的妙吉祥像等加持灵显的许多圣地。

宗拉山脉南北两侧之北麓及湟水南岸各地，有第二佛陀东方圣·宗喀巴大师诞生圣地衮本木仙巴林、撒桑寺格登曲登、赛多寺、斯纳散主林寺等，西宁城中三大哲士舍利寺、曲结敦主仁钦大师居住地恰噶尔、噶玛巴四世绕悲多吉（1340~1383）居住地沙尔宗静修院、大成就者朗噶尔瓦的寺院——卓仓神庙乔答摩院、卓仓寺、唐仁寺噶丹讲修院、巴州寺圣教兴盛林等许多讲辩静修寺院。

上部由东科寺讲修院等寺院。

（选自《安多政教史》，第二十九页）

注释

① 达隆寺：位于西藏自治区林周县境内，该寺是嘎五嘎举派达隆嘎举支系的重要道场和主寺。过隆寺和达隆嘎举的创始人为达隆塘巴。

第二编 建筑

（圣教在多麦地区弘传情况）宗拉山脉南麓，有曲结郭主仁钦与大士师徒两人的寺院夏琼寺大乘功德兴盛林、往昔的超殊静修圣地接日山金殿以及夏琼寺所属的化隆县多塔、麦塔等地十八座支寺。

上部有郭密乔典格寺、德庆密咒寺等。它的西面临近哈拉库图城有日月山。黄河河曲之西，原阿里克之牧地黄额川，有往昔古寺彭措南结林寺，与这寺相近处有和咱日神山的加持相等之称的智噶尔拜宗寺。

夏琼寺之东，有甘都扎喜曲宗寺，有曾在《太子须大拏经》中叙述过，而为三大智者和喇勤居住过的圣地丹斗寺等六座寺院，有扬斗静修圣地，有乌西岩静修圣地及讲修法轮大寺，有向喇嘛的喀底喀寺，有称为贡子修建的炳灵寺和拉顿寺，有自然形成的度母像所在地度母谷脑，有白塔寺，有称为自然形成的胜乐像圣地罗家墩，有自然形成的大悲观音像所在地甘沟寺，由大慈法王的鸿化寺。

此处还有许多汉藏寺院，不可胜数。

南部地区，黄河上游大部分为果洛、阿树、佐格阴阳、河南蒙古十一佐领、阿柔等部放牧地区，寺院不多。但是，果洛地区有散主德登等新建寺院；阿树地区，则有参绰寺噶登拉卜吉林。佐格上部于噶、麦两河合流处有灾仓上密学院，与此相近之地有仙美哲邦寺，麦曲水汇于黄河之玛麦哲多处有察干白相寺及泽卫交悲静修院。蒙旗地区有乌厄盖扎仓。藏阿柔地区有藏戛尔敦主拉卜旦林寺，拉加扎喜迥乃寺等寺。此后，在黄河弯曲之处，有拉摩德钦寺、阿噶尔绛曲林寺，曲结敦住仁钦大师修建的昂拉赛康寺，有拉垅贝多尔的静修圣地多吉扎岩，与此相邻的洛委玉，新、老古哇寺等许多大小寺院，有三大智士居住的安穹南宗窟。

在贵德①上下地区有齐巴仁波且的静修院智加多吉宗窟、智噶尔美浪寺等寺院多处，及称为具有加持力的四大佛像等所在地。

苟曲（隆务河）流域，热贡②金川地区中，有大成就自在者噶登嘉措大师叔侄的修习显密大寺院——胜乐法轮洲，有以修习密宗的基地扎喜奇寺为首的十八座修习讲辩的寺院等，有证得成就的八处圣地，有四寨子各寺。还有第二世一切知嘉木样吉美旺布所兴建麦秀噶布祥、瓜什则修沟宁寺及其他四座支寺。

(选自《安多政教史》，第二十九页)

注释

① 贵德：位于青海省东部，海南藏族自治州东南部。

② 热贡：青海省黄南藏族自治州同仁县隆务河畔的热贡（藏语"金色谷地"）而得名，并随着隆务寺的兴盛而发展。该艺术流派在热贡地区的吾屯、年都乎、郭玛日、尕沙日等藏族、土族聚居村，数百年来村中男子十有八九都传承着从宗教寺院传入到民间的佛教绘塑艺术，其从艺人员之众多，群体技艺之精湛，叹为观止，故同仁有"藏画之乡"的美誉。

（圣教在多麦地区弘传情况）在玛尔昂①五部有圣噶登嘉措的三处寺院之一香勒喀扎喜曲宗寺，尕塄塔尔瓦林寺、文都大寺、中库寺密宗道场、夕厂古寺、古雷扎仓寺及其十二座支寺。冬日玉措湖②，它的附近有拉隆贝多尔静修处。达隆达尔吉林及其支寺。上下宁川沟有十座寺院，黄河边有自然形成的马头明王像所在地内、外阿贡寺两座，怙主加持所在地玛哈噶拉神庙。

桑曲河③流域，有一切知喇嘛师徒的拉卜楞大寺，上、下静修院，拉恰嘎尔寺等，雅日山右侧高阜上有达宗玉措湖，左侧有德尔隆谷空行圣地；与它临近之处有赤干活佛阿旺建央扎喜历世居住地德尔隆嘎尔寺。自南流来的桑曲河左岸有阿琼嘎尔寺及其禅堂、曼隆嘎尔寺、如额嘎尔静修院等。桑曲水上游有郭莽乔丹协尔寺、佐格三寺、夏热静修处（上、下）。冈察、喀加、黑错（合作）、杂义、甘加等喀加六部④各有自己的许多寺院，在甘加还有胜乐宫捏贡智噶尔神山，大、小霍尔仓⑤地区十二座寺院，十一处药王佛殿。

自香郭以下，有许多汉族寺院，摩尼沟静修庵，郭摩寺。众生怙主八思巴四大弟子之一，达温波的新旧韩寺、岗卡静修庵。

河州城内有大寺及弥勒大寺，城外有大长塔及韩家寺等。

（选自《安多政教史》，第三十一页）

注释

① 玛尔昂：今青海省循化县一带。

② 冬日玉措湖：今循化县孟达林区的天池。

③ 桑曲河：即大夏河，古称漓水。

④ 六部：即明时之涅工川各部。

⑤ 大、小霍尔仓：亦译作火尔藏。

（圣教在多麦地区弘传情况）洮河流域，上游有曲科嘎尔寺般若洲，旎合日寺、沟钦静修院、娘主巴的娘仓当索寺、邦替静修院。洮河下游地区，有卓尼昂曼贡玛修建的三座寺院，上、下瓦底寺，木多寺等。自北流来的多曲水的上游德摩滩有噶丹曲科林寺，东部完布滩有噶丹讲修林寺，右侧山谷中有杰仓嘎尔寺、麦秀新寺。洮河与多曲水合流之地有阿郭冈寺扎喜讲修林，其东有惹卜察嘉摩寺散主林，附近各沟岔中大约有属于这个寺院的十八座寺院。泽卫静修院等四座冈瓦的静修院、鲁琼大寺及上密宗学院，达仓师徒静修院，阿科智噶尔神山及菩提洲静修院、齐巴嘉喀尔、雅塘寺、密宗院等。洮河之阴，有德塘堪布寺。切巴系等处有许多寺院和静修院，有切巴达尔格寺。洮河之阳，有官黎克乔的静修庵，巴泽城，其附近有玛宁寺，结隆静修庵，卓尼大寺（禅定寺）及历代官人住所永德宫，并背部有叶尔瓦讲辩洲，它的前面洮州城，临近处有擦多尔寺。卓尼大寺前面有古尔雅静修院、纳合多寺、贡灾寺。

岷州城附近之处有释迦牟尼佛像所在的圣地隆主德钦寺，曲宗贝乔寺两寺及其支寺近六十座，有自然形成的度母像殿堂、冬那宦钦寺。

语化形成的法王八思巴像所在地临洮城，有许多属于萨迦派、格丹派的寺院及其支寺——汉族寺院。

洮河向北弯曲流去之阳，有恰格勒谢寺，上、下静修院，与此不太远之处，有松赞冈波《遗教》中所说的莲花山，它的上部，有色拉寺麦扎仓持律师肖瓦仁波且修建的三座寺院，恰日贝的森林静修庵；白石崖之背后，依次有祝固十八支寺，其上部有夏日瓦·宗哲仁钦的玛噶郭摩且寺及其支寺二十处。在本列地区，有自然形成的大悲观音像三座所在圣地及自然形成的大威德像所在地巴咱寺等汉族寺院多处。

洮河源头山南面不远的地区，有达仓拉摩修行处，拉摩的南北有显密诸寺院。佐格康撒地方，有詹悲寺，有曼隆巴，《道程指南》中所说的江察温泉，珍瓦白石崖，隆桑小官人的静修庵。

（选自《安多政教史》，第三十一页）

（青海蒙古诸部首领的历史）鄂尔多斯王子博迪迎请圣者（第三世达赖索南嘉措），举行威猛的护摩，曾亲见大威德金刚圣容，心神安详入定，获得与菩提萨埵毫无二致的感受，一切鬼魔的灾变顿时息灭。圣者对其新建的寺庙命名为集祥利他兰若，对彻辰岱青所建的寺庙及佛殿命名为集祥兴盛洲，为之举行阎摩敌（大威德）的威猛护摩，消灭了一切黑暗恶魔云。但这两处寺庙的地址，现不知其所在。

（选自《安多政教史》，第三十七页）

（青海蒙古诸部首领的历史）丹噶尔城（即湟源县城），据说系青海叛乱事件之后新筑者。城内有金佛寺，亦名噶丹丹吉林，原系为村民们诵经的僧人们所建，后献于东科尔胡图克图嘉木样丹增嘉措。

扎藏寺噶丹曲科尔林，固始汗法王为其施主，系五世达赖喇嘛的亲门弟子扎藏曲结嘉木样喜饶于火牛年（丁丑）年所建。他转世的活佛为达尔汗胡图克图阿旺衮乔，现仍在转世云。该寺由曲藏寺活佛图登旺徐担任法台，后委派钦吉饶绛巴罗卜藏嘉木样为代理人，历世曲藏活佛仍掌握这个传统云。此寺有固始汗的腰刀，洛扎大成就者的手铃，理塘版《甘珠尔》大藏经等等许多依止圣物。

（选自《安多政教史》，第五十六页）

（青海蒙古诸部首领的历史）索诺木多尔济王曾建多卜浪寺、贝勒垂扎布旗曾建达什噶丹巴勒珠林，根登公曾建达什垂珠尔林寺及喇嘛谢惹图寺等众多寺院云。

（选自《安多政教史》，第五十八页）

（湟水北部地区政教发展情况）湟水北岸即湟水之阳中区的白马寺，是玛·释迦牟尼和藏·饶赛居住之圣地。后由贡巴饶赛修建了寺院和僧伽的住处。贡巴饶赛涅槃后，其遗体用药制香泥涂墁，塑成身像，眉间白毫之相清晰，身上所披的袈裟时有肤垢，触摸胸间似感体温尚存，而面部容光时有不同的显示，有时还有汗水。如身像显紫色，乡里就有刀兵之灾；若香气四溢，则乡里幸福、吉祥。

（选自《安多政教史》，第五十九页）

（湟水北部地区政教发展情况，佑宁寺第一任堪布嘉赛活佛）在担任塔波扎仓的堪布时，建立了以该寺（佑宁寺）为主的十三个寺院与十三所静修院。据说后一世嘉赛·洛桑丹增于十一胜生的木蛇年（1665）曾到郭隆寺，在护法殿看见了吉祥天女的圣容，在寺院后山右锋上看见了度母的圣容云。因此，现在称这山为度母山。在此附近有噶玛·饶贝多吉的足迹。在菩提寺（降曲林）的红岩上看见了兄妹护法圣容，并听到发出的迎请声。此后的一世是嘉赛·吉美耶喜扎巴。他的呼毕勒罕是格桑土丹吉美嘉措。现在的这一世是洛桑阿旺托买丹增嘉措。

（选自《安多政教史》，第六十二页）

（湟水北部地区政教发展情况）桑巴钦布曲嘉措[①]于铁猴年（庚申）诞生。到西藏后，拜第一世嘉木样等诸贤哲为师，精通显密经籍。按嘉赛活佛的指示，木猴年（甲申）任堪布。雍正皇帝尊崇供养，任为宫内[②]掌印喇嘛。从塔尔寺迎请第七世达赖喇嘛噶桑嘉措到西藏，倡议授第一世嘉木样和曲藏等为诸们汗并请赐印册。青海事变期间，郭隆寺被毁，后呈请圣上重新予以恢复修建。昂噶尔赞道："在大成就者土观尊者前，看到了上师佛陀的形象，听到了慈尊弥勒的妙音。"火龙年（丙辰），五十七岁圆寂。

（选自《安多政教史》，第六十五页）

注释

① 桑巴钦布曲嘉措：即土观胡图克图第一世阿旺曲吉嘉措（1680~1736）。
② 宫内：原文作"宫内"似有误，当为"雍和宫"。

（湟水北部地区政教发展情况）铁虎年（庚寅），（松巴堪钦·耶喜班觉尔）在塔秀寺于阿阇黎座下出家。……铁猴年（庚申）修建了佑宁寺的静修庵和夏科地区安乐静修院两处的大经堂，并兴修佑宁寺噶丹鄂博；修复伏魔大佛塔、松巴寺院的佛殿、白马寺神殿等；修建了佑宁寺大佛殿内的弥勒佛像、弥勒殿左右两旁佛殿里的三尊佛像、寺院旁边的大佛塔。水狗年（壬戌）赴北京，亥年返回。先后在宝库的博肖图寺修建佛殿、佛像等。火虎年（丙寅）任佑宁寺堪布，先后计三次。

（选自《安多政教史》，第六十七页）

（章嘉尊者向一切知嘉木样谈道）"昔日你曾谈道需要修建（夏琼寺）密宗学院，现在时机已经成熟，你应该创建。"他（一切知嘉木样）遵照喇嘛的指示，创建了密宗学院，向寺院堪布和丹玛夏仲等讲授了四家注解经教，授予色派密宗金刚持的黑金刚结，修建了威灵显赫的护法神像，直至现在其像仍存在。委任丹玛夏仲阿旺丹增程勒为密宗学院的教长，甘禅·罗哲嘉措喇嘛任翁则。

（选自《安多政教史》，第七十四页）

（湟水北部地区政教发展情况）第十胜生木龙年（1604），（塔尔寺）建立寺院及讲辩经院，至今第十四胜生年土鸡年（1849），已经二百四十六年。木龙年后的第九年水鼠岁，塔尔寺建立了法相学院。此后的第八年土羊年塘让寺和药草台寺建成。巴角寺的修建年月不详，但是肯定在塘让寺建成后才修建的。土羊年以后的第五年水猪岁，夏琼寺建立了法相学院。此后的第四年火虎岁道帏古雷寺建成，以后的第五年即第十一胜生的铁马年（1630），圣·噶登巴在隆务寺建立了法相学院。自此以后的第八年火牛年（1637），固始汗丹津法王征服了却图汗，此后的第四年铁龙岁，白利土司被监禁，以后的第三年水马岁（1642）消灭藏巴汗，统治卫藏全境九州。此后的第四年木鸡岁（1645），内地的皇位被满清所得，第二年火狗年，拉摩·罗哲嘉措在尖扎的玛古尔寺，建立了讲经学法的经院。以后的四年土牛岁，曲藏·南嘉班觉尔修建了曲藏寺；第二年铁虎年，赞波·端珠嘉措修建广惠寺。此后第三年水龙岁（1652），第五世达赖喇嘛赴内地。其后的三十一年水狗岁（1682），拉摩德钦寺建成。此后二十八年，即第十二胜生土牛年（1709），第一世嘉木样活佛修建拉卜楞大寺。此后的第六年木马岁教长智化夏珠在卓尼大寺建立法相学院。在多麦地区，这座大寺建立法相学院，比其他各寺院较早。在这个地区里，佛子们的发心和事业任远而成，圣教长河通向四面八方，信徒众多，信仰真诚。

（选自《安多政教史》，第七十九页）

（湟水北部地区政教发展情况）佑宁寺右侧山谷中，有幽静的密乘德庆静修圣地，是章嘉·饶悲多吉尊者任佑宁寺堪布时所修，曾于此进行喇嘛怙主的念修，有特殊征兆。在沟脑，有前一世嘉赛活佛和松巴阿阇黎共同的修建的两座讲修院之一相曲林菩提寺，松巴称为夏珠林讲修院。土观胡图克图从政教两方面给予很大的照顾并兴建大经堂。在沟口有土观大悲观世音像，据传是多康地区造的第一尊佛像、佛经和佛塔云，但没有听说过其它历史。传说是用檀香木做成的一人身量高的四臂观世音菩萨像，很灵验。第一世上观活佛曾修建三世佛殿，后破旧不堪，经后一世土观修复并整修旧的佛像，新施金彩，兴建三尺高的八座善逝塔，于其附近又修建了林苑和精舍，章嘉村里有第一世章嘉·智化鄂赛的灵塔。

(选自《安多政教史》，第八十一页)

（湟水北部地区政教发展情况）拉年桑托山下面的仓嘉佛塔，由佑宁寺僧人仓嘉噶居昂灾修建。当西扎喜曲林寺系官西大成就者根登桑保或叫根登洛哲者修建。他生于十一胜生铁羊年（1631），是鲁嘉老禅师的侄子，于幼年时偷偷地跑到叔叔老禅师处出了家。……曾向章嘉·阿旺罗桑曲丹请求金刚鬘灌顶，在桑木丹孜静修处修建了佛堂和弥勒佛像。第十二胜生火兔年（1687），五十七岁时，修建了这座寺院，后被佑宁寺护法颂为扎喜曲林。承事外泽为守护神，设敬神施食祭，修建了弥勒佛像，一日大水冲来许多磐石，对此施以眼观法（密宗降伏鬼魔的法术），改变了磐石流动的方向。据说从此以后，这里杜绝了水患。辛未年六十一岁时，修建了讲经院。

(选自《安多政教史》，第八十三页)

（湟水北部地区政教发展情况）莲花台噶丹乃居丕结林寺院，第十二胜生木狗年（1694），由李嘉的转世活佛阿旺曲嘉修建，至巳酉年，已有一百五十六年的历史。寺院内藏有赞波著的《集类学》和大般若经《十万颂》等许多雕版。

(选自《安多政教史》，第八十五页)

（湟水北部地区政教发展情况）火狗年（1706），（曲藏寺）新修护法神殿和密宗学院。火午年，绘制了大经堂的壁画，建立了医学院。为超荐达赖喇嘛圆寂，募化一千五百两白银等大量布施，派遣噶居才旦嘉措和耶嘉噶居两人前去。用白银包裹第三世达赖喇嘛索南嘉措的灵塔，令佐格卓仓班智达罗桑丹巴坚赞于土虎年（戊寅）作开光安神仪轨。贡塘·阿旺丹巴坚赞回府时，顺道来到塔尔寺，遂邀请到大会上，听他讲《菩提道次第论》等经教，并作祈福禳灾法事，给他奉献了一些随许灌顶。

(选自《安多政教史》，第九十四页)

（湟水北部地区政教发展情况）广惠寺位于赛科谷，通称赞波寺，正式名称为噶丹丹曲林（兜率正法洲）。修建者为赞波·东珠嘉措，出生于前藏噶瓦东地方，自幼出家，是郭芒扎仓丹玛·次成嘉措的近侍门徒。

(选自《安多政教史》，第九十八页)

（呼毕勒罕罗桑丹增嘉措）让然绛巴京巴桑波办理了此事。途经鄂尔多斯、西宁等地，到达朋措沟静修处。看到僧徒们用具不齐，他们身穿短褂，腰挂火镰，袈裟系于腰间前来集会。对此难以容忍，遂着手制定帽子等等必须合于僧规的规定。时夏鲁瓦居于波若地方，乃敦请前来，建立磋钦大会堂、密宗学院、密咒学院、医学院等四个学院，分别委任格贵等，制定了寺院规则和诵经制度，严格贯彻开创了讲学的新风气，使寺院逐步兴盛起来。

(选自《安多政教史》，第一百零三页)

（湟水北部地区政教发展情况）磋钦大经堂、密宗院、密院、医学院，山顶上下扎仓的大经堂、乃琼殿、噶冬丹玛等护法殿、吉祥天母宫等处，有无数的佛像、佛经和佛塔。

还有赞波活佛府、曲藏活佛府、夏鲁活佛府、麻活佛府等许多活佛的戛尔瓦。

寺院所属的供养溪卡庄园，先前有巴萨八部和巴措四部等牧区部落。后来由于历代活佛事业的发展，从青海湖东至大海一带都成为信徒积福的资粮田。

智隆静修庵和朋措沟静修庵部由磋钦大会供奉，后者之中霍尔禅师丹普桑保曾长期居住。这位尊者曾在广惠寺和西藏学习。在赛康巴阿阇黎座下聆听了许多佛法和教诲，并长期实践弘传，并有亲眼见到怙主圣容的传说。后半生在萨卜浪静修庵附近勤奋修习，圆寂时以狮卧状迁转，现在还有转世化身传承。

所属支寺有土古寺、土尔饮寺、相隆寺、本巴曲隆寺、嘉多寺、班固寺、拉卜嘉寺、达班寺、章山达隆寺等。

(选自《安多政教史》，第一百零六页)

(湟水北部地区政教发展情况) 新寺夏珠林按照嘉赛·耶喜扎巴的授记，由松巴阿阇黎于第十二胜生的水牛年（1733）修建。……这个山谷的口子上，有毛白胜城。

(选自《安多政教史》，第一百零七页)

(湟水北部地区政教发展情况) 甘禅寺大乘解脱洲修建者为第四世班禅罗桑确坚心传的了悟空性的四大成就者之一丹玛茨成嘉措，彼师于第十胜生的火猪年（1587）诞生在哈勒兹地方。

(选自《安多政教史》，第一百零八页)

(湟水北部地区政教发展情况) 洛噶静修庵夏珠班噶林或叫大乘法寺由贡哇格西阿旺耶喜修建，由其历代转世活佛居住。

色拉沟的大通①小寺噶丹旦曲林据说比大寺（大通寺）晚十二年，似于铁马年（庚午）或铁羊年（辛未）建成。开始只有九名静修者居住，松巴阿阇黎丹曲坚赞任大寺的喇嘛时，开始作了安排，后来指示善写·罗桑扎喜主持，并由大通·仁钦坚赞协助，建立了讲闻经院。接着松巴·耶喜班觉尔任堪布，修复了昔日萨迦时期修建的华素美寺庙。

(选自《安多政教史》，第一百一十一页)

注释

① 大通：此处的大通（读作代通），乃指今青海省北藏族自治州门源县，不是大通县。在清时，当地称为大通县为毛白胜。

(湟水北部地区政教发展情况) 在（湟水）北部的上部地区，有加多寺①。其修建者有上一世的仙密乃典巴和仙密寺活佛的两种说法。《黄琉璃》中记载说，有与母寺相同的显宗讲经院，僧众百人云。

(选自《安多政教史》，第一百一十二页)

注释

① 加多寺：《清实录》中译作加尔多寺。

(湟水北部地区政教发展情况) 朱固寺，也叫噶丹曲科林。赞波·东珠嘉措让仙密乃典巴·多隆禅师、巴萨禅师等将朱固山区的所有静修者召集到一处，由他给予条件，于第十一胜生木猴年（1644）建立。松巴则说是龙年修建的。委任多隆禅师为代理人，辗转又将寺院交给了敏珠尔诺们汗，由阿柔阿阇黎建立法相学院。也有由仙密乃典巴管理寺院的说法。中间一个时期，水灾威胁寺院，由土观胡图克图的寺院迁移到了松多……

(选自《安多政教史》，第一百一十九页)

（湟水北部地区政教发展情况）自第十一胜生的火猪年（1647）修建寺院（扎喜曲林寺），至土鸡年（1849），已经历二百零三年。

……

佑宁寺的加夏然绛巴罗择修建加夏寺，这座寺院也叫噶丹达杰林，或称赛促寺。也有人说，它是与曲浪寺同时由鲁嘉喇嘛喜饶尼玛修建的。原来仙密寺与它很接近，因此有些传记里记载着是赛促噶丹达杰林寺，究竟哪种说法正确，没有考证。

（选自《安多政教史》，第一百二十六页）

（湟水北部地区政教发展情况）大通大寺，也叫推桑木达杰林，据说是鲁嘉喇嘛喜饶尼玛于土羊年（己未）修建。过去有许多萨迦派和噶玛派的圣哲到过这儿，他们赠送了许多佛像、佛经和佛塔。

（选自《安多政教史》，第一百二十七页）

（湟水北部地区政教发展情况）松山达隆寺噶丹旦曲林（兜率正法洲）为达纳活佛罗桑丹巴曲吉尼玛国师修建。他的前世叫达纳巴·更噶南赛，是班禅意希则摩的转世。曾在扎什伦布寺学习，是第四世班禅确坚最为器重的及门弟子，奉班禅的指示到安多地区，曾给甘肃永靖县炳灵寺的弥勒佛像涂了金液，在临夏韩土司达隆寺院建立法相院。圆寂后的转世化身就是这位国师。……（罗桑丹巴曲吉尼玛）修建了吉让地方的雅隆寺和这座寺院。为这两座寺院所属溪卡庄园事，前赴北京，清康熙皇帝很重视，委任为皇宫的恰甘白的喇嘛，先后四次赴西藏和内地，曾任佑宁寺的堪布。

（选自《安多政教史》，第一百三十一页）

（湟水北部地区政教发展情况）多希寺第五世达赖喇嘛门徒多希·昂仁然绛巴丹曲坚赞修建。但《云裳秘籍》中则说，罕东多希·然绛巴曾打算修建寺院，向本尊十一面大悲观音和护法玛索玛问卜是否合适？被命名为噶丹曲林寺云。此种说法是否真实，尚需进一步考证。

臧喇嘛衮噶坚赞修建了上纳杨寺，措作林俄仁巴喜饶罗哲修建了下纳扬寺，也叫扎喜曲科林寺。在此附近有丹玛曲杰护理的夏斯静修庵。

甲则然绛巴修建了上江让寺嘎丹朋措林。下寺则由苟·曲杰曲嘉措于第十一胜生的火马年（1666）修建。由曲结土多嘉措和汉族的宋将军供施双方修建了供奉佛陀、叶迦佛、狮子吼佛等的佛殿七座及两座佛塔。第五世达赖喇嘛誉为噶丹曲林寺。它作为色拉寺结扎仓的附属寺，采用杰尊巴[①]编的教程，讲学风气浓厚。

（选自《安多政教史》，第一百三十五页）

注释

① 杰尊巴：名曲吉坚赞，系色拉寺高僧，其所编的教程，由色拉寺系统的各寺作为讲习的文献。

（湟水北部地区政教发展情况）卓仓静房，亦叫相排寺有卓仓扎寺[①]三代阿阇黎的灵塔。这座寺院和以下的汉族各寺中，都有三世诸佛、近侍佛子等佛像。夏贵场寺院里供奉着十六尊者、大威德、胜乐、喜金刚、金刚手菩萨、大轮、六臂怙主、四臂怙主、宝账怙主、法王、吉祥天母等佛像。还有卓仓各代活佛的灵塔也在此寺的说法。

（选自《安多政教史》，第一百三十七页）

注释

① 卓仓扎寺：此处之卓仓扎寺，意为卓仓岩寺，与瞿县寺地区及卓仓寺（药草台寺）同名。据瞿县寺地区民间传说，二罗喇嘛在甘肃省武威（凉州）上房寺当过高僧，明廷进军新疆时，因他有功，为他建寺云。这两处同名寺院，互有渊源。又民间传说之上房寺，与相排寺之音相近。

（湟水北部地区政教发展情况）马蹄寺以其右侧石岩上有格萨王马蹄的足迹而得名，藏语叫噶丹旦曲林寺。该寺院由琼察格西拉丹修建。他转世的活佛阿旺南嘉任彼寺的喇嘛。寺内有大经堂和密宗院。以喜饶云丹昂灾等官员为首的拉、琼两大部落曾向达赖喇嘛献过百件布施。……当通过钦差大臣启奏皇上，请赐匾额之际，恰收到了南方军事取得胜利的报告，皇上甚为喜悦，认为是美妙缘起，于是赐名为神奇寺。

（选自《安多政教史》，第一百四十三页）

（湟水北部地区政教发展情况）第五世达赖喇嘛赐寺名为噶丹磋斯林，并授予印玺。嘉赛仁波且为之制定寺规。第十一胜生的木虎年（1674），寺院落成。官民信仰者众多，坐夏和定期法会的倡导者托徐赛钦曲结于法会上建立讲经院，定名为"当纳嘉扬寺"。

（选自《安多政教史》，第一百四十六页）

（湟水南岸与黄河北岸地区政教发展情况）在北依湟水，南靠黄河的这片辽阔的土地上，有佛教，特别是圣喇嘛①创建的显宗与密乘相结合的教派永远兴盛的缘起的标志，被称为宗拉让摩的这条山脉②，其东端与兰州接近，西端则是行程数日的大山脉。这个地区分为南北两个部分，北部为湟水南岸，有圣地中心塔尔寺，全名为衮本贤巴林③。

（选自《安多政教史》，第一百四十八页）

注释

① 圣喇嘛：意为圣上师，系对宗喀巴大师之尊称。其所以称宗喀巴者乃就宗喀地望而起的尊称，非大师之名。

② 山脉：宗拉山脉，汉文作小积石山脉，亦称湟南山脉。

③ 本贤巴林：意为10万佛慈氏洲，或10万佛弥勒洲。

（湟水南岸与黄河北岸地区政教发展情况）清康熙二十五年火虎岁（1686），阿嘉·喜饶桑波任堪布。修建了达赖喇嘛居住过的行宫——大拉让和达赖喇嘛坐过的宝座亭及具有八十根柱子的僧众集会的大经堂。

（选自《安多政教史》，第一百五十页）

（湟水南岸与黄河北岸地区政教发展情况，塔尔寺）大灵塔的左边是上一世章嘉罗桑曲丹的灵塔，它的前面是第一世拉科和第一世却喜两师的银灵塔。大灵塔的右边是巴索济垅·贡乔尼玛①的银灵塔，它的前面是阿嘉前两世的银灵塔，弥勒佛金像，圣大师的足迹非常突出的稀奇石头。前面经架上有赤钦嘉那巴·罗桑尼玛、第一世赛多、当彩·耶喜噶桑、耶喜尖参经师等的银制灵塔。经堂里的经架上有嘉哇茨成玛像，一同还陈设着第七世达赖喇嘛噶桑嘉措所献的盖有印信的顶饰、能避雷的纳塘造释迦佛像，圣·宗喀巴的牙齿，强巴仁波且活佛的牙齿、狮子吼佛像、圣·宗喀巴的缎制像、赤洛哲嘉措的本尊及数部以珍宝嵌镶的《甘珠尔》大藏经和《丹珠尔》大藏经为首的各种经论和重要供品等。天窗上有数尊威灵显赫的神像，屋顶壁画是却喜地方画师绘制的灵验的阎罗像。佛殿前面有根部来自灵塔内栴檀树的大树，可以看到树叶上有自然显现的佛像和藏文字母，称为新噶丹。此树有三株，其中一株已干枯，护法神授记说，这是圣大师（圣·宗喀巴大师）教派的三大施主中的准噶尔衰败的征兆。此树被献于第二世嘉木样吉美旺波后，即在该寺修建了三尺高的弥勒佛像，其后边特别修建了十六罗汉围绕如来像和数尊圣·宗喀巴像，作为这座寺院拉让府自己供奉的圣物。

（选自《安多政教史》，第一百五十六页）

注释

① 巴索济垅·贡乔尼玛：即被第五世达赖喇嘛派往青海充任教习喇嘛，又于准噶尔噶尔丹侵入喀尔喀与土谢图汗构衅时，应康熙帝之请，派往外蒙，进行调解争取准噶尔部罢兵归顺之济垅胡图克图第六世。他表面上进行调解，实际上反而密嗾准噶尔噶尔丹侵入漠南。清康熙二十九年（1690），清军在内蒙乌兰布打败噶尔丹，他又出面向清军乞和，"以误追师"。清康熙三十七年（1698），清廷饬悉桑结嘉措解送至北京后，发"正阳门东城下龙泉，交步军统领及近庙官兵看守"。参阅《清实录·圣祖实录》卷一八八。济垅亦译作济隆。

（湟水南岸与黄河北岸地区政教发展情况）塔尔寺沟口的西宁城内，有供奉据称三大哲士遗体的大佛寺、三世诸佛殿和显示来世因果报应的由汉族修建的城隍庙。西宁城附近有释迦涅槃寺，有印度禅师的禅堂，里面有他的像。

（选自《安多政教史》，第一百六十四页）

（湟水南岸与黄河北岸地区政教发展情况）卓仓佛殿，亦称瞿昙寺。修建者是著名大成就者青海湖海心山人、或称为白牛大士、海喇嘛·桑杰扎喜。彼师出生在洛扎地区的卓窝隆地方。遵循佛陀和喇嘛的授记来到多麦地区，曾在青海湖海心山长期修持。松巴说："当时骑着白牛来往行走。"其他人则认为是骑白牛者的化身，故称为海喇嘛。

（选自《安多政教史》，第一百六十五页）

（湟水南岸与黄河北岸地区政教发展情况）塘让寺噶丹夏珠林。它的修建者嘉哇喇嘛桑洛巴根敦仁钦……三十四岁回到了多麦地区，恰和过去第三世达赖喇嘛索南嘉措去过的地方建立伽蓝的缘起相适应。土羊年（1619）四十九岁时，按第四世班禅罗桑确坚给噶居端珠嘉措所做的指示和赐予的寺院名称，修建了这座寺院，建立实践三事和扎仓，任刚哇曲结智化仁钦为洛穹。

（选自《安多政教史》，第一百七十三页）

（湟水南岸与黄河北岸地区政教发展情况）巴觉寺①也叫丹巴达吉林。从事佛陀事业者色钦曲杰②金巴嘉措修建。……皇上（顺治）登上御座之后，为了使社稷永固，于皇宫之中称为"僧山"的顶上，修建了一座佛塔，塔前树立吉祥天母和狮面母两尊依止的幡三根，这三根幡，现在人们不知道它的作用，改为汉式的三根长旗杆。在皇宫外的背面，为了护佑社稷，修建了皇寺和佛像，佛经和佛塔。在一段时间内，为了缘起，规定在城墙之上，吹号角、海螺，并进行巡礼，现在已成为制度，一直在奉行。由于彼师贡献很大，授予灌顶的敕诰，批准新建伽蓝，并赐了匾额。

（选自《安多政教史》，第一百七十五页）

注释

① 巴觉寺：亦译巴州寺。

② 色钦曲杰：色钦亦译作彻辰或车臣。清史于顺治九年（1652）载有达赖使臣车臣昂素。见《清实录·世祖实录》卷六三，三页下。根据文内所述，似即系彼师。

（湟水南岸与黄河北岸地区政教发展情况）塔尔寺上部有西宁东科寺①是圣·多居嘉措的历世化身主持的寺院。

（选自《安多政教史》，第一百七十六页）

注释

① 东科寺：亦译作"栋科尔寺"、"栋阔尔寺"及"东科尔寺"。

（湟水南岸与黄河北岸地区政教发展情况）火狗年（1646）（多居嘉措）赴西藏，在第四世班禅罗桑确坚座前受近圆戒，命名为多居嘉措。在哲邦寺朝拜了第五世达赖喇嘛，受到第悉索南群丕和固始汗两者的极大崇敬，向达赖呈述想在多卡尔修建寺院，请赐一地址。蒙赐予文书。复经青海湖边到达多卡尔①，修建了噶丹曲科林兜率法轮洲寺院及大经堂、怙主殿等。水龙年（1652），在噶尔塘玛库措摩拜谒第五世达赖喇嘛。木蛇年（1665）去内地，被康熙皇帝赐予曼殊室利禅师诰封。途经五台山，来到青海湖边去巴尔康的东科寺。在宁塘新建了扎喜达杰林寺院。被噶居·释迦嘉措等邀请至毛尔盖寺，后与他一起多次去青海湖边。在华热地区，确认了药水泉与胜乐神湖，并开启圣地之门，在岩石上留下了手印的痕迹。到隆务寺和涅贡智噶尔。在毛尔盖寺修建弥勒殿、怙主殿、大经堂、卧室等，供奉了许多佛像、佛经和佛塔，《甘珠尔》大藏经，《丹珠尔》大藏经等。水猪年（癸亥）四十五岁圆寂。

（选自《安多政教史》，第一百七十九页）

注释

① 多卡尔：亦译作丹噶尔。

（湟水南岸与黄河北岸地区政教发展情况）寺院所属的溪卡，过去固始汗给多居嘉措划分了多卡尔、多查子，库苦库图，道达耶、夏拉库图，日月山，塔尔湾库图、拉萨扎子以上为其管辖范围，自青海的基地被收回后，被称为西宁东科尔寺。与此较近之处有阿柔格西的静修庵，庵里有彼师的神奇塑像。

（选自《安多政教史》，第一百八十一页）

（湟水南岸与黄河北岸地区政教发展情况）宗拉山脉南侧的圣地中心夏琼大乘功德昌盛洲，通称为夏琼大寺。多麦地区圣教传播开拓者曲结敦珠仁钦就出生在这个北方地区。

（选自《安多政教史》，第一百八十一页）

（湟水南岸与黄河北岸地区政教发展情况）夏琼寺的上方，有上下郭密。下郭密有叫做噶丹吉祥昌隆洲的却典格大寺，这座寺院开始由语圣郭密·扎巴嘉措修建。

（选自《安多政教史》，第二百零三页）

（湟水南岸与黄河北岸地区政教发展情况）在大河坝先木多寺附近的拜塘地方，有与咱日山①同样具有加持力之称的圣地智噶尔贝宗寺②。它的寺志是止贡伍颠·曲吉扎按巴，别名叫柔增贡乔丹江桑波，按照噶玛巴的口述撰写的。

（选自《安多政教史》，第二百一十页）

注释

① 咱日山：指在西藏珞瑜地区之咱日神山，据称为上乐金刚圣地。

② 智噶尔贝宗寺：意为白石岩猴窟寺。

（湟水南岸与黄河北岸地区政教发展情况）郭密黄河古渡口附近，夏琼寺以下有拉摩仓的奥卜索寺院。

卡芒吾居寺院，甘都扎喜曲宗寺吉祥正法窟，是一切知吉美旺波在昔日的一座寺院的基础上，修建大经堂和寝宫而成的。当他管理期间，大家提出在这样的穷山恶水处，为何要这样干的疑问。他回答道："这是安多地方像拉萨的地区，"土观活佛询问缘由时，一切知认为这处地方风水很好，并且说，"今后我也要在这里长期居住。"明确地表示了他的主张。

（选自《安多政教史》，第二百一十二页）

（湟水南岸与黄河北岸地区政教发展情况）喀底喀寺[①]宗喀巴的亲门弟子，作为人主顶庄严的两位帝师[②]之一，向·喇嘛曲吉嘉波任大明耶王的帝师时修建。另外，彼师在凉州地方还修建了几座寺院，并在西藏为宗摩蔡寺奠了基。

（选自《安多政教史》，第二百一十六页）

注释

① 喀底喀寺：亦译作喀底噶寺。

② 帝师：按明时没有封藏传佛教喇嘛为帝师的制度，本书系根据流传而记载，似无可信的根据，又此处所说之"耶王"，系译音，其正式名称待考。

（湟水南岸与黄河北岸地区政教发展情况）炳灵寺，据说文成公主曾于一个时期居住于其沟脑，由她加持，出现瑞征，有自然显现的度母像等云。佛堂外面，芸香林郁郁葱葱。寺志中说，从前在益格浪谷，居住着一位大成就者，门徒们先后连续丢失了两个滤水器，正在疑虑之际，一天早晨，看见雪地上留有兔子的足迹，于是他们跟随足迹来到一处岩洞，在一尊度母像前看见了这两个丢失的滤水器，回去后将情况禀告上师。上师便前去将度母像安置在神龛里带到热水塘住宿处。次日早晨，度母像不见了，复而又从原地找了回来。如此迎请了数次，仍然返回了原处，遂供奉在该处云。

（选自《安多政教史》，第二百一十七页）

[（湟水南岸与黄河北岸地区政教发展情况）尼泊尔巴丹达与外道的一位班智达和一位瑜伽母辩论]说完遂即折回。励志在内地某处，修建了一座名叫巴丹达的胜乐佛殿，住在那里为无数众生讲授胜乐经义和灌顶，获得异熟和解脱者甚多。据说至今该地吉祥胜乐法仍然很盛行云。以上的这种说法，系根据布顿《胜乐教史》里的叙述，似应认定彼师就是小桨塘瓦。桨塘是地名，寺院的名称可能叫巴达寺。

（选自《安多政教史》，第二百二十页）

（湟水南岸与黄河北岸地区政教发展情况）敕建鸿化寺或犏牛城，圣·宗喀巴上首弟子皇帝的顶庄严、两位帝师之一大慈法王释迦也失，其生年若按干支推算时，则长圣·宗喀巴三岁，彼师具有宿住通等证悟功德,在多闻子摄受之下,代表圣·宗喀巴应大明皇帝的邀请前去北京,被封为无与伦比的上师,福田与施主修建了华·严寺,弘扬格鲁派的教义。回到卫地后,在色拉却顶承侍圣·宗喀巴大师,大转法轮,并按吩咐修建了色拉大乘洲。……以上说法,见于《噶丹教法史》。《黄琉璃论》中又说:"法王赴内地的途中,曾预言若在这里修建寺院十分吉祥。当在内地迁转佛土,遗骨运回西藏时,马车在此陷于泥沼之中,无法前行。于是忆起往日的授记,永乐皇帝乃在此修建了一座城池,兴建了灵塔等许多依止物。留大弟子森格桑波在此主持"云。

(选自《安多政教史》,第二百二十二页)

(黄河上游玛多、果洛地区政教发展情况)在班玛本的地方,有热敦·图却多杰转世的贡却土丹嘉措修建的吉隆静修院或称吉热寺。

(选自《安多政教史》,第二百二十七页)

(黄河上游玛多、果洛地区政教发展情况)奥多地区的桑主德登新寺,阿木去乎活佛修建,由库交官人贤巴丹达等护理。此寺,是这个地区黄帽派所建的唯一寺院。古时候,哇尔玉地方有四座大寺院,称为四方四主。由于果洛纳泰尔部落侵扰,现在这些寺院全无遗迹。德登新寺的山后,是拉雅尔三兄弟山,其谷口有称为玉泽神山的守门者达哇赛差等许多著名土地神。

噶玛·曲英多吉[①]诞生地卡热有居德寺。

旺钦多巴有嘉塘觉派断派弘传,有衮钦冈巴的后裔和灵塔等圣物。这座灵塔可能是冈坚曲结释迦喜宁的灵骨塔。

旺钦玛巴有旧派寺院,由噶妥巴主持。称为贡波温圣地的果洛吉日山,有敦察胡孜的佛殿遗址,第十世噶玛·耶希多杰[②]诞生在古达地方。

康干部落有浪噶寺。阿什羌地方有却典喇嘛修建的佛塔。哇尔玉地方有称为古印度阿育王修建的一百零八座佛塔之一吉祥郭莽佛塔。多曲和孜曲汇合地多曲多(多曲上游)地,有大成就者衮桑彦潘驻锡地秀庆达郭。有称为从前董姓氏族析居的地点——六座石房。

(选自《安多政教史》,第二百二十八页)

注释

① 噶玛·曲英多吉:(1604~1674),即噶玛噶举派黑帽系第十世,是十七世纪噶玛派、藏巴汗与黄教及固始汗争夺卫藏政教政治权的中心人物。

② 噶玛·耶希多杰:(1703~1732),乃噶玛噶举派黑帽系第十一世,不是第十世。原文在"十"之后,可能掉了一个"一"字。

(黄河上游玛多、果洛地区政教发展情况)乌厄盖扎仓密乘敏吉林寺是达尔济博硕克图从西藏邀请达赖的代表巴索济仲贡确尼玛为其修建的举行经忏的扎仓。由德塘堪布罗桑仓扬、阿树曲杰等依次主持该寺院,第一世嘉木样担任堪布之时赐予了寺名。……彼师(果达·罗桑克乔)按新建扎仓时的毡幕为模式,制作了四方形磋庆帐幕,建立夏季举行诵经的大法会,有时僧徒很多,经常多次轮流做经忏法事。……有一个时期,为了巩固扎仓的建筑,向嘉木样呈报需要建筑房屋,回答道:"不需要修建,若果非修建不可时,则在曲玛尔河上游修建,该处地势最好。"

(选自《安多政教史》,第二百四十页)

(黄河上游玛多、果洛地区政教发展情况)由此(扎喜曲宗)约一日之路程的地方果司卜之

第二编 建筑

阴，有藏噶尔寺敦珠林，是藏活佛丹巴嘉措修建的。

(选自《安多政教史》，第二百四十三页)

（黄河下游贵德等地区政教发展情况）黄河下游地区，黄河绕了两个大弯流，成太极图形。在黄河向北弯曲的太极图形似的河湾之滨，有一座藏传佛教格鲁派寺院，名叫玛古尔南杰林，即古尔寺①。该寺由拉摩·洛哲嘉措②修建。

(选自《安多政教史》，第二百五十六页)

注释

① 古尔寺：今讹称古雷寺，与青海省循化县古雷寺相混。

② 拉摩·洛哲嘉措：洛哲嘉措亦译作罗追嘉措。

（黄河下游贵德等地区政教发展情况）自藏历第十一胜生的火狗年（1646），在黄河边建立古尔寺以来，至今已历二百零四年①；德庆寺自水狗年（1682）建寺以来，至今木牛年（1865），已历一百八十四年。

(选自《安多政教史》，第二百七十四页)

注释

① 二百零四年：按此数似误，似应为二百二十年。

（黄河下游贵德等地区政教发展情况）拉郭日超寺，拉郭·洛桑东主修建。他曾去西藏卫地。他转世的化身是格登土多旺秀，入德庆寺经院学习。

昂荣扎西曲倍林寺，修建人莫合加堪欠·嘉木样嘉措，于藏历第十二胜生的土龙年（1688），出生在莫合加的班玛顶地方，父名蕃察·更登杰，母名班玛吉。

(选自《安多政教史》，第二百七十七页)

（黄河下游贵德等地区政教发展情况）岗哇地区的古哇新寺起初由古哇云努相曲奥赛主持。……彼师（古哇云努相曲奥赛）曾任夏琼寺堪布，任宗喀巴大师受戒出家的羯磨师。后来，这个官宦家族之中有喇嘛却吉坚参者，把这处山间静修院加以扩建，新建了大经堂和厨房，因此叫做新寺。

(选自《安多政教史》，第二百七十九页)

（黄河下游贵德等地区政教发展情况）加加村的谷脑有桑卓德庆寺，又名夏智丕吉林。传说该寺由年托乎·然绛巴主持过。藏历第十二胜生的水马年（1702），恭请叶什郡俄仁巴来寺讲授经咒，建立实践长净、夏令安居和解制三事；另外，还建立了药师和胜乐法会诵等规章，委任一位代理喇嘛主持寺务。……这个寺院有近百位僧侣，建有弥勒佛殿。现在由大叶什郡主持寺务，古哇活佛担任法台。另外，还有塔秀活佛等的戛尔瓦府。

多加地方的次噶村，建有拉日桑木旦林（拉日禅定寺）。该寺系次噶俄仁巴所建。彼师于藏历第十一胜生木鼠年（1684），出生在次盖村。……按照神和喇嘛的授记，于四十二岁那年，即木蛇年（1725）建立了静修院。由于管理贤妙，聚集了比丘一百多人。按照下密院的规章，建立了胜乐、密集、大威德三本尊修行供祭法会，寺内制度严格，法行增盛，比之别的寺院特别突出。

(选自《安多政教史》，第二百八十页)

（黄河下游贵德等地区政教发展情况）孖普·罗桑端智认为他的上一世所建的宗昂寺的寺址不好，因而，于他五十四岁时，即藏历第十三胜生的水牛年（1793），修建了现在的宗昂寺。拉摩殊胜化身格勒坚参给该寺题名为"桑俄丹吉林"，给寺内拉让题名为"扎西格勒"，并给该寺送了多尊鎏金铜佛像和《甘珠尔》大藏经。后来司膳官格喜又给该寺献了一部《甘珠尔》大藏经。于是将拉摩殊胜化身送的那部《甘珠尔》大藏经作为内藏做了转经大法轮，逐步建立了良好的寺规，由孖普三部落作为供养的豁卡，并参加夏琼寺居巴扎仓法会。这座静修院自建立到木牛年（1865），已历七十二年。

（选自《安多政教史》，第二百八十二页）

（黄河下游贵德等地区政教发展情况）珍珠寺（觉觉寺），位于城左的郭拉沟里。当年文殊上师萨班·贡噶坚赞应元朝皇帝之邀，路经青海时，专程到贵德城考查宝塔，恰好收到元朝皇帝赐赠的一骡驮珍珠。彼师即以御赐珍珠为资，在贵德修建了释迦牟尼殿，塑造了释迦牟尼佛像等。在举行开光仪轨时，仿佛看到有许多佛、菩萨化入佛像之中，人们以汉语"珍珠"之音称呼该寺，后来其音讹转，称为觉觉寺了。另有一个记载说："这座释迦牟尼佛殿，开始由曲结隆珠嘉措修建。殿中用药泥塑了一尊释迦牟尼佛大像，后由穆尼亥·楚程旦白尼玛献了镀金冠冕，著了《珍珠寺寺志》，并在新建的佛殿殿脊上安装了鎏金宝瓶。由赤察格西阿雅喜饶旺秀作了开光仪轨。"

（选自《安多政教史》，第二百八十五页）

（黄河下游贵德等地区政教发展情况）白佛寺位于城东黄河南岸。据传此地原有一块白石头，几个牧童曾见有一名比丘分身着三法衣化入石中。圣·噶登说："白石上有天然显现的弥勒佛像。"于是，以此为内藏在此地修建了弥勒佛像和神殿。这座寺也叫自生佛寺。后因失火被烧坏，由涅·洛桑旦白坚参修复，请塔秀·更登曲郡嘉措作了开光仪轨。修复中很多人目击那块白石头上有天然形成的三个字。弥勒佛像有上下两座，上面的一座非常破旧。由赛康巴大师重修了佛殿，重塑了佛像，请涅夏俄作了开光仪轨。

（选自《安多政教史》，第二百八十六页）

（隆务河流域等地政教发展情况）（隆庆多德本）长子隆务·桑丹仁庆拜曲结敦仁巴为师，聆听了许多深奥的经法。他与萨吉大百户结下了供施善缘，创建了大小寺院十八座，在贡库沟地方创建了隆务寺德庆曲科林。彼师在隆务寺修建了佛殿，塑了三世佛像……。彼师向皇帝（宣德）和侍从献《白摧破金刚母》的随许，还显示了将自己的法衣挂在太阳光束上的证道形象。宣德皇帝册封他为大国师，予以赞颂。彼师在本寺修建了黄金佛殿，热结怙主殿和护法威灵殿等。把上下热贡等地纳入属下，征收僧差，建立政教合一统治。……由叶尔哇曲结等负责，于藏历第十胜生的木蛇年（1605）修建了佛殿和尊胜塔，并于寺院的四方修建四座镇地佛塔；用金粉书写了《甘珠尔》大藏经；绘制了千尊宗喀巴金粉像的画轴。曲库岱青长官派阿柔曲结征收户口税和僧差等等，开始与蒙古族结成福田和施主关系。

（选自《安多政教史》，第二百九十二页）

（《拉卜楞寺志》及其传承情况）拉卜楞寺地区的地形、地势，和迦当教法长河流遍四方的缘起中所称颂的圣地十分相像。它位于从桑苟捷毛贡哇，滚滚流来的大夏河（桑曲河）岸，是显密二乘教法的出处，它的全名为"噶丹夏珠达吉扎西根乃奇威林寺"噶丹讲修兴盛吉祥普饶洲，通称为拉卜楞扎西奇寺或拉卜楞寺。

(选自《安多政教史》，第三百五十一页)

(《拉卜楞寺志》及其传承情况)(1759)九月十五日，尊者(贡乔吉美汪波)回到寺院。次年(1760)升堪布之座，有一名降神的巫师名叫洛丹，此人的预言和梦兆都很清楚，受到一切知前后两世的重视。这时，他说：曾梦见一张骆驼皮被割成四块，每块都有一个头跳了起来接触到大经堂的鞭麻枝垒的女墙上。

(选自《安多政教史》，第三百六十页)

(《拉卜楞寺志》及其传承情况)四十一岁那年，即木鼠年(1804)(贡乔坚赞喇嘛)被委为拉卜楞寺大会堂堪布，六月上旬升座就职。……彼师专门以讲闻辩论为主，别说前去募化布施，就是夏季化缘和冬季化缘，一生之中也没有进行过。但手头财物时常充裕，在大经堂楼上楼下，新造供奉无比阿底峡大师和包括库·宗哲雍仲，鄂·勒巴喜绕，仲敦巴嘉委迥乃等噶当派诸祖师青铜像的"噶当"神龛，凡天花板藻井、供器等等一切都重新设置。

(选自《安多政教史》，第三百九十六页)

(《拉卜楞寺志》及其传承情况)总之，尊者(一切知嘉贝样三世)想到弘扬圣教的基础是寺院。先后护持本寺(拉卜楞寺)和各支寺及佐格寺、佐格新寺、却科噶酒寺、吉仓噶尔寺、塘萨噶尔寺、佐格卓仓、河州的显庆寺等寺院。特别在本寺新建供奉近千尊高约一肘的绿度母铜像的寝宫和庭院，在大经堂添置了红氆氇的全部柱包；为新年施放油煎薄饼，提供一千两白银的公积金。……在达仓寺和佐格寺等及其他寺院新建寝室，并进行与三轮有关的讲修，功绩巨大。

(选自《安多政教史》，第四百二十八页)

(《拉卜楞寺志》及其传承情况)木狗年(1814)，任王府乌厄盖寺的喇嘛，三年后委任为贡萨拉卜吉林寺的堪布，主持了四年。为贡塘·嘉贝样念修永生长寿经时，衬资六十串铜钱，并按贡塘·嘉贝样的盼咐，建立铁城坛城。铁龙年(1820)先后请遍照尊者师徒授弥多罗、金刚鬘灌顶，并在这寺新建密宗殿，尽心负责，无与伦比。……彼师(宝库贡乔旺徐巴尊者)还在经堂的天窗，设置了一幅能覆盖六间房子的织有水纹、岩石、云彩、龙等四种图案的缎子天幕。将遍照尊者请到大会堂，献上白银三百两。铜钱百串，土布五十匹，真诚地祈祷足莲永存。……新建密宗殿的经费以前虽然给了很多，但是没有完成心愿，因而在卸去堪布之职后，亲自负责前往卓尼地方募化布施，共化了一万多串铜钱全部作为经费，非常美妙地完成了修建经堂、油漆镀金和壁画的工程。六十四岁那年，即铁兔年(1831)，同时主持阿木去乎寺和杂义寺。

(选自《安多政教史》，第四百四十页)

(大密正法游戏海具德下密学院法嗣史)大密正法游戏海具德下密学院建于拉卜楞寺建成后的第八年，即火猴年(1716)。初建之时，由第一世一切知嘉木样大师亲自给僧众讲传《续部注疏》和《生起次第与圆满次第》等教程一个时期。其后，一切知嘉木样将《续部注琉》经卷、书夹和内供器等传给霍尔·洛赛嘉措哇，并委任他为本院的讲闻师。

(选自《安多政教史》，第四百八十五页)

(时轮学院艾旺法轮洲法嗣史)时轮学院艾旺法轮洲，是奉班禅仁波且法旨，怙主尊者第二世嘉木样于火羊年（1763）建立的。第二世嘉木样亲自担任首任法台，加持这座伽蓝。

（选自《安多政教史》，第四百九十三页）

（大夏河流域南北地区及喀加措周等地政教发展情况）尊者（一切知嘉木样）命令年波噶居修建了德尔隆意噶却增寺。此后，第一世赛仓活佛为之制订寺规，作为寺主。

（选自《安多政教史》，第五百一十六页）

（大夏河流域南北地区及喀加措周等地政教发展情况）此谷（库泽神山左侧山谷）之谷口处，有由南向北流的元曲水，此水之阴，有阿琼·仲仁巴克却耶喜的寺院"阿琼禅院"塔尔瓦林，彼师又名克却华沃。

（选自《安多政教史》，第五百一十七页）

（大夏河流域南北地区及喀加措周等地政教发展情况）合作寺·格丹却林（格丹法洲）由拜·喜饶却登创建。彼师是圣·噶登巴亲传弟子，生于甘加的察卡，虽被说成为隆务喇嘛玛玛尔的转世，但也有人考定这位哲士系隆务玛昂直噶尔仓转世云。……起初在合作东神庙居住，迩时从康洒得到的释迦牟尼佛像，现在是这个寺院的主要依止的圣像。拉本官人从西藏拉萨前来这里，由他作为施主；原先，加喀尔寺之地有昂贡庄园，即在该地修建了怙主殿等，逐渐形成了伽蓝。

（选自《安多政教史》，第五百二十四页）

（大夏河流域南北地区及喀加措周等地政教发展情况）佐格噶尔宁寺扎西却派林（吉祥兴法洲）这座寺院在一段时间内曾作为五个部落（佐格五部落）的总寺。

（选自《安多政教史》，第五百二十九页）

（清乾隆期间，嘉喀尔喇嘛干巴即彼师）……这座寺院（嘉喀尔寺·谢珠达尔吉林）先前的那地址，由于土地潮湿，地基不固，有些僧侣常中土地凶煞的邪气等，乃请求遍照尊者予以占卜，选定了现在的这所寺址，于铁兔年即辛卯岁（1831）进行迁移。请赤钦贡乔旺秀举行相地、乞地、奠基划线等仪轨，并在这位尊者的座前聆听了《吉雪全集》的教敕等，也向他奉献一些经法。修建经堂、密宗院、护法神殿以及二层楼的寝宫等。所有费用计达白银一万两千余两，其中由切巴锡勒图提供了许多秤白银的顺缘。在以八大清净弟子拥绕的圣·宗喀巴大师像、释迦能仁王佛和十六尊者像等许多金铜合铸的圣像为主各佛殿顶上安置了宝瓶、鞭蒺女墙等饰物，极为美观。在遍照尊者前赴卓尼之际，请求予以开光。密宗殿楼上走廊悬挂绘有十六明妃像等及许多缨络、幡等供器和用具。本拟在寺院建立法相学院，由于一部分人的行为，乃暂时搁置。于六十一岁的木虎年（1854）圆寂，尸骨之上出现了许多字母。

（选自《安多政教史》，第五百九十五页）

（阿曲河、热科河、察曲河、金川河等流政的政教发展情况）阿曲河流域阿坝三部中的阿多地区，有郭莽噶尔寺（噶丹三学双运大乐洲噶丹拉松桑玖德钦林）第二世嘉木样怙主尊者早有在阿坝地区修建寺院的愿望，后由赤钦·贡却德庆嘉木样二世的主张，修建了一座法相院。初建时情况尚佳，后来由于受其他少数人的行为影响，致被盗贼侵扰，未能长期保存下来。……尊者指示上首弟子贡塘·嘉贝样于铁猪年（1791），会同松潘太兴一起修建了密宗院，由贡塘仓担任法台，加持了寺院。

（选自《安多政教史》，第七百一十页）

（阿曲河、热科河、察曲河、金川河等流政的政教发展情况）郭莽寺之西的佐曲河边，有觉囊派的孜囊寺，苦修者在此处终生坐禅。著名者有吉美克宗嘉措禅师，据说每一次参禅时均能看见百处佛土云。他有转世系统。古哇喇嘛和聂察喇嘛的庄园中修建有弥勒佛殿及三世诸佛佛殿，均极宏伟，这两处虽有法嗣传承数世，但现在已经中断，寺庙荒圮。

（选自《安多政教史》，第七百一十一页）

西藏人居房及黑幕，赞普及贵族，居帐幕中。大帐幕能容纳数百人，赞普帐幕之周围，多竖以族枪，众军巡守。

（选自《白史》，第三十页）

（西藏）虽盛夏只积雪不消，民众暑着毡衣，冬披羊裘。下徙低洼处，树庐帐①以居。余时视水草丰美而迁移。物资较中国为少，然贫富一心，互相救助，是以西藏，国势强盛也。

（选自《白史》，第七十八页）

注释

① 树庐帐：帐篷，营帐。

［道光二十四年（1844）十一月丙申（理藩院遵旨议覆：驻藏办事大臣琦善、钟方等奏，酌拟裁禁商上积弊章程：）］不准越次超升，以杜营谋，致坏清规之弊一条。臣等查以上三条，核之臣院则例，西藏通制，均未备载，即各项名目亦多为例中所无，惟既称向有成规，藏中自有一定办法，其请各寺拣放堪布，务须资深业精，曾经考取格西兰占巴名号者，三大寺拣放格斯贵，务须年高望重，曾经管事者，拣放噶勒丹池巴务须三大寺出身，考取名号，经历各学资格应升者，均不外为有阶可循，无路可幸，以期克遵功令，不坏清修起见，应如所请。一、琦善等奏：嗣后修建寺院，无论职分大小，一遵理藩院定例，不准有碍砖民地民房，违者许被害之人告发，处分退还。其喇嘛只准在寺焚修，不准如前干预公事，动辄联名具呈，或代人乞恩，或代人报复，效讼棍所为。违者将该寺堪布及掌教之喇嘛斥革。仍查明起意之人，严行治罪一条。臣等查蒙古例载："建造庙宇，有碍民地者，永行禁止"等语。

（选自《清代藏事辑要》，第四百二十七页）

外观与装饰

在卯年（赤德祖赞时期），金城公主生了一位王子。当时，国王（赤德祖赞）正住在扎玛尔翁布园宫中。卯年孟春月十三日那天，国王供养的汉族和尚对国王说："大王，您的王妃已经生了一位菩萨化身的王子。为了庆祝，应该举行诵经祝福法事！"国王听了非常高兴，连夜命人塑造了108座佛塔，并说："剩余的泥，造一座我们的替身塔吧！"于是又塑造了一座饰有索网、铃铎等的佛塔。

（选自《拔协》，第四页）

（赤松德赞）赞普向大师（阿杂诺雅）敬礼后，大师向赞普致以问候。大家商量说："请大师住在哪儿好？"桑喜说："暂时先修一所简单的住处吧！"于是在扎玛尔的真桑寺①附近修了一处没有门的住所。住所里面的佛堂是照汉地五台山寺庙图样修造的，修好了，便请大师住在那里。

（选自《拔协》，第二十二页）

注释

① 真桑寺：位于今西藏亚东县。

（赤松德赞）国王听了，就在南面首先修了一座救度母佛殿。盖好殿顶后，（赤松德赞）赞普对（阿杂诺雅）大师说："殿堂修好了。但是，没有神像。"大师说："请赞普准备好用具吧，塑神像的就来到了！"只见从韩般白哈来了一个名叫甲参玛坚（意为只有汉族标志者）的人。他（甲参玛坚）背上背着一筐子盛满油漆的罐子，手里拿着一捆笔，口里说道："要说绘画和塑像，世界之上我最强，吐蕃赞普盖神殿，我是他的塑神匠！"把这人叫了来和赞普、大师以及尼泊尔石匠等四人并同商讨。雕塑匠问道："佛像是塑成印度式还是塑成汉地式的？"大师说："佛陀降生在印度。所以塑成印度式的吧！"赞普说道："大师，我希望让吐蕃喜欢黑业①的人们，对佛法生起信仰。所以无论如何，也请把佛像塑成吐蕃的式样！"大师说："那么把全体吐蕃民众召集起来，就照着塑成吐蕃人模样的佛像吧！"于是从召集起来的全体吐蕃民众中。挑出最英俊的男子枯达擦，照着他的模样塑造了二手圣观音；挑出最美丽的女子觉若妃子布琼，照她的模样在左边塑造了光明天女像，挑出最美丽的女子觉若妃子拉布门，照她的模样在右边塑造了救度母像。照塔桑达勒的模样，在右边塑造了六字观音（四手圣观音）像。照孟耶高的模样，塑造了圣马鸣菩萨为守门者。

（选自《拔协》，第三十页）

注释

① 黑业：佛教语，即恶业，指黑苯波教。

（赤松德赞赞普修建寺庙的）中层殿，以麝香树和紫檀香树为木料。以野黄牛皮为塑像的材料，照着内地（即中原汉地）的模样塑造。主像是大日如来佛①；右边塑的是过去佛燃灯；左边塑的是未来佛弥勒②（慈氏）；前面是晦日佛释迦能仁（即释迦牟尼）、八日佛药王菩萨摆都诺、月中佛无量光；左右菩萨是亲近眷属八大弟子、大善知识（居士）无垢称、喜吉祥菩萨；忿怒护法是

"哞"、"哈"二将,"哞"、"哈"是汉话,其作用与后殿一致,与密部事续十五圣会相一致。里面的像按《广说般若十万颂》前序的传承画,前面的四大天王;厢殿向外的是第八佛塔,按《出离经》(或译《涅槃经》)画;朝里的按《大宝云经》的传承画;前殿塑造十方如来佛像、大威德众佛及住于桑耶的护法诸神像;中层殿护法神是具木鸟王。上层殿的木料全用松树和杉树。塑像的材料用布和茅草。塑像以印度式为准。主像是大日如来和普见四面一性佛。各有二眷属,还有八大菩萨亲炙弟子,里面有菩萨金刚幢等来自十方的诸菩萨、四不动忿怒明王、四金刚手和"布达"42神众,依《十地经》③传承。护法是具红斗拱王。上面覆以具锦缎花纹之顶棚。在四角塑着天界欢颜喜吉祥佛,眷属是喜施菩萨等四像。护法是蓝衣持金刚四夜叉。尾顶饰以红铜镀金聚宝瓶。然后筑起中间转经甬道;在显眼重要地方,盖了九间房屋围绕;南面是乐器龙库三间,放满乐器,护法是持棍夜叉三法友,西边是经部、续部的法库三间,放满印度、吐蕃和汉地的经卷,护法神是持刀瑜伽三法友;北边是三间珍宝库,盛满金银铜和塑像等财宝、护法是持杖阎罗三法友。壁画按《方广大庄严经》④(或译:《大游戏经》)的传承绘制。中间的甬道绘上千佛贤劫出世图,此图下画着恶趣六十劫;其后是大威怖劫万佛出世图。画不下的,就画在靠楼梯的墙壁上。外面修起大甬道围绕并塑造了吉祥大日如来护恶坛城。在二层屋脊的四面,塑以金刚菩萨等四部神众,面皆外向。里面画上《密严经》⑤的传承画和诸布桑保侍奉一百一十二善知识的画。空着的地方,画上八光明圣者像,护法是龙王阿难达乌里格。背后的莲花石碑上刻着简要的誓文,顶上安放狮子,护法是狮子画师。首顶(或译顶殿)三门是《般若婆罗密多》解脱门,与空性门、无相门、无愿门等三门相合。然后筑墙,墙基外留有出水孔,里面安好柱基,基上立柱,柱顶是叶状斗拱,斗拱上是梁,梁上是椽子,再上是木板,板上铺瓦。前面围以栏杆,墙壁的三分之一以下,开有外窄内宽的状似大海一样的窗户。为了防止鸟类飞入而栏以网。为了防昆虫蜂蝇飞入而安上门扇。门扇上安上门栓以防被风刮开。门栓上插着栓钉以免掉落。上去的梯子,梯基用石头铺设,中间用砖砌,上端用木料。安上扶手,用铁钉钉牢以免摇动等等,所有这些工程都与律藏的规定相合;所有壁画传承皆与经藏所讲相同,所有塑像都与密乘所说相符。总共有塑像79尊、经部续部的传承画像14部、柱子1002、大门36、小门42、大梯6、大钟8、大绢画3、大长幡8等等。还修有符合论藏⑥(对法藏)的四大洲和十二小洲以及日月殿等等。

(选自《拔协》,第三十四页)

注释

① 大日如来佛:是佛教密宗至高无上的本尊,是密宗最高阶层的佛,为佛教密宗所尊奉最高神明。密宗所有佛和菩萨皆自大日如来所出,在金刚界和胎藏界的两部曼荼罗中,大日如来都是居于中央位置,他统率着全部佛和菩萨,他是佛教密宗世界的根本佛。

② 未来佛弥勒:未来佛,也称弥勒佛也称东来佛祖,藏语谓"强巴"。弥勒佛是中国民间普遍信奉、广为流行的一尊佛。"弥勒"是梵文的音译简称,意思是"慈氏"。据说此佛常怀慈悲之心。窥基在《阿弥陀经疏》中解释说:"或言弥勒,此言慈氏。由彼多修慈心,多入慈定,故言慈氏,修慈最胜,名无能胜。"他的名字叫阿逸多,即"无能胜"。据佛经记载,弥勒出生于古印度波罗奈国的一户婆罗门家庭,与释迦是同时代人。

③《十地经》:即《十地经伦》世亲造,内容是解释《华严经》〈十地品〉的经义。收在《大正藏》第二十六册。在中国有汉、藏两种文字译本。汉文译本作十二卷,由菩提流支、勒那摩提同

译，佛陀扇多传语，于508年夏译出。藏文译本，由藏族译师智军、德积和印度的妙吉祥藏、慧铠同译，译出年代不详，大略在八世纪后半期。

④《方广大庄严经》：收于大藏经本缘部。其内容概括即为："有经名为方广神通游戏大庄严法门。显示菩萨众德之本。处于兜率微妙天宫。思惟降生示现胜种。具诸功德行童子事。艺业伎术工巧书算捔力骋武。而于世间皆悉最胜。示受五欲具菩萨道降伏魔军。出生如来力无畏等一切佛法。此经如是过去无量诸佛世尊皆已宣说。"

⑤《密严经》：即《大乘密严经》，本经旨在阐明如来藏、阿赖耶识之义，并广说密严净土之相。全经分八品，内容叙述佛在超越三界的密严国土升座说法，金刚藏菩萨请示第一义法性，佛以如来藏的不生不灭作答。其次，金刚藏菩萨对如实见菩萨、螺髻梵天王等解说如来藏、阿赖耶识等大乘法相。最后说明如来藏即阿赖耶识、即密严的理由。

⑥ 论藏：佛教三藏之一。指佛以自问答的方式论辨法相为经，佛弟子及诸菩萨又据此解释经义、论辨法相的有关著作。梵名阿毗达磨藏，义译为"论藏"。

（赤松德赞赞普修建寺庙的中层殿，修有符合论藏的十二小洲以及日月神殿等）此外还以东胜身洲及其小洲为模型，首先修筑了半月形的清净戒律洲（殿），照《月光童子经》的传承塑造了释迦牟尼主眷五尊佛像，护法是具螺髻的白梵天王。总之，十二洲（殿）的主殿都各有一门，围廊转经处各有二门。在胜智文殊洲，用牛皮做材料塑造了文殊主眷七尊佛像，门卫是二阎罗。其中主要佛像都是按《大宝积经文殊师利授记会第十五》的传承绘制。下殿则照《华严经》的传承画，有六座大门。护法神是火轮阎罗。在文字翻译洲，照《宝积经》①的传承塑了释迦能仁主眷七尊佛像。外面是僧人的灶房。护法是穿龙袍的天王。

（选自《拔协》，第三十六页）

注释

①《宝积经》：全称《大宝积经》，乃意指"宝的聚集"。或许也意指着汇集着相当于宝玉的种种教说。该经以大乘经典的"空"思想做基础，且叙述了阿含以来之佛陀教义，同时，也强调无我的思想与瑜伽的修行等。它是中观学派及唯识学派所熟悉的经典。

（赤松德赞赞普修建寺庙）依南瞻部三洲的肩胛骨形建成三座扇形佛殿：在降魔真言洲有释迦牟尼降魔之铸像及四眷属塑像。按照《十地经论》绘制。围廊转经处按照《龙王经》绘制，护法神是28自在母。在观音洲，有观音菩萨主眷五尊、上层有阿弥陀佛主眷五尊等佛像。凸出的地方是身、语、意所依：身依是一尊用檀香木为骨，安息香为肉，蒙着白银皮的国王自己的身像；语依是一部专供国王诵读的《大般若经十万颂》；意依是一座镶嵌宝石的佛塔。图象是按《佛说大乘庄严宝王经》画的，有黄色神狮天女像1002位。围廊转经处是按《十地经》绘制的，护法是仙人达玛诺及其眷属龙哇甲斋等。在印度洲里有大菩提萨埵尊者主眷五尊的铸像。按《怙主无量寿经》和《清净律》的传承绘制。前面是译师和学者进行翻译工作的房屋。门开向各佛殿，护法神是夜叉诺陀。

（选自《拔协》，第三十七页）

（赤松德赞赞普修建寺庙）依西牛贺洲①为模型，修建三座圆形佛殿，在毗卢遮那②（遍照佛、大光明佛）洲（殿）有红铜铸的大日如来，眷属有秘密四佛母。是按《毗卢遮那现等觉续》的传承画的，护法是象头夜叉。在弥勒佛洲圣者弥勒主眷七尊，守门是大威德二尊。传承画是因人类行不善而释迦牟尼之法衰微，到弥勒十岁时，他使人们行善而佛法得到宏扬等。由纳纳木·甲擦拉囊当工头，画了《三聚经》③中的群神的像，护法是穿金色刺绣绸缎衣的空行母。在禅定洲有大日如来佛像眷属十六尊阿罗汉授施五种大加持等，佛画依《金光明经》④的传承，护法是具忿怒头王。

(选自《拔协》，第三十七页)

注释

① 西牛贺洲：又译西牛货洲，为佛教传说中四大部洲（另包括东胜神洲，南瞻部洲和北俱芦洲）之一。由四大天王之一的西方广目天王守卫。

② 毗卢那：乃释迦牟尼佛的法身佛，又译为"毗卢折那佛"、"毗卢舍那佛"、"卢舍那佛"、"遮那佛"、"大日如来"。

③《三聚经》：是将忏悔罪业、随喜功德、善根回向这三种善法聚集的一部经。

④《金光明经》：镇护国家之三部经。

(赤松德赞赞普修建寺庙) 依北俱卢洲①修建三座方形佛殿；其中的聚宝殿中有释迦牟尼主眷五尊佛像，传承画是依《报恩经》画的在兜率天向母亲说法图，护法是具猞猁掌王。发菩提心洲有金刚手宫，有须弥山的金刚手、金刚橛和甘露漩三尊护难为主；还有以除障菩萨为首的，向飞往虚空的无著莲花眼佛请求宣讲《十地菩萨金刚心要经》等的塑像。在这些神像间，有十方佛向请经者加持（赐福）像四十二幅，依《宝云经》传承画。转经甬道上是常啼圣者寻求《般若波罗蜜多经》的画像，护法是具狮子步空行母。白哈宝库殿中有释迦牟尼主眷九尊，按《父子合集经》②的传承画。在各凸出的房屋中，存放着一满箱木牍。木牍上记有修筑桑耶寺所余钱财放置何处和计算费用等文字。护法神是抆木康王（意为，木牍殿王），外面的护法委派白哈。

(选自《拔协》，第三十七页)

注释

① 北俱卢洲：音译为郁单越、郁怛罗、郁多罗鸠留、嗢怛罗矩噜等，为佛教传说中四大部洲（另包括东胜神洲，西牛贺洲和南瞻部洲）之一。北俱芦洲由四大天王之一的多闻天王持国守卫。

②《父子合集经》：彼一切智作是说诸界本来常空寂。如示空拳但有名诳诱愚童实无得。凡愚妄想执为有由于胜义不能解。展转轮回三有中譬如商人迷巨海。

(赤松德赞赞普修建寺庙，以北俱芦洲建三座方形佛殿) 在上雅霞妙满殿有释迦牟尼主眷五尊佛像，传承依《贤劫①经》的1002位佛绘画，护法是唐拉妙满，在下雅霞夜叉妙宝殿塑像与前者相同，护法是香布妙宝夜叉。此二殿为日殿与月殿。

(选自《拔协》，第三十八页)

注释

① 贤劫：劫是佛教的时间观念，分为小劫，中劫和大劫。20小劫为1中劫，4中劫（成、住、坏、空）为1大劫。1小劫为1680万年。在佛典所述之宇宙循环成灭过程中，现在之中劫称为贤劫，贤劫中出现于世之千佛即为贤劫千佛。

［赤松德赞赞普修建寺庙的四方（东、南、西、北）殿堂］ 东边的是黄色，南面的是蓝硫璃色，北面的是白水晶色，西边的是红宝石色。墙壁上的泥灰抹成波纹，白色灰浆刷成外海的样子。

然后在苍茫格如殿的上殿里，修有大师菩提萨埵的卧室和象牙神殿，下殿有灶房，护法是手执小木棍的夜叉。在清洁沐浴殿里，有充满檀香木的井，地下铺砖，壁上画着启迪人们生厌离心面出家的骷髅，护法是持瓶夜叉。在威猛龙殿，蔷薇花丛上烧施的八分枝上有八大龙像，像中间有白寂金刚手为龙之调伏者。壁上画有鱼、鳖、摩羯鱼等，护法是年神九地祇，殿内放满水晶，光采夺目。

（选自《拔协》，第三十八页）

（桑耶寺建成庆典）之后，菩提萨埵大师为桑耶寺的主寺与支寺共举行八次开光仪式。七次开光的神像，宛如佛的化身亲自赐福一般，（赤松德赞）赞普端坐在沐浴殿池中所生的莲花上，看到本尊寺庙已经修建完毕，心中极为高兴，唱到："我的这座三种式样的寺庙，不像人工修建而像天然形成，赞普我心中多么高兴！……"如此等等唱了"十三欢喜歌"。大臣们也将自己最煊赫的业迹咏之以歌，如琛木唱了"我尊、誉扬"歌等等。在12年之间，跳起幸福击鼓舞，万众欢唱，群马驰骋，百鸟啼鸣，从此吐蕃的幸福大发展。这些场面都画在寺门背后的北墙上。

（选自《拔协》，第四十四页）

王子牟尼赞普[①]长到15岁的时候，娶茹雍王妃多吉为妻，并委之以国政，国家十分兴旺发达。赞普心想，应该遵照父王遗嘱文书中所说，要护国祐民。对王族的供奉处——出家人的权势和主、支寺庙的供奉，要遵照父亲的规定办理，对吉祥扎玛尔桑耶不变天成寺规定每年举行四次重大的季节性供奉，为蕃土全体王臣禳除今生灾难，集聚永世资粮。把四大佛塔的顶伞和主殿的殿檐都用铁链连起来，挂满旗幡，漫空飘扬。大地以下，全瞻部洲都布满碗金银盏。正殿院里摆满供品。围墙外面四周，全体吐蕃百姓盛装佩饰，携带供品，载歌载舞。

（选自《拔协》，第五十六页）

注释

① 牟尼赞普：是吐蕃第37代（有说第41代）赞普，也是留给我们历史疑点最多的一位赞普。关于他的生平在许多史书记载中众说纷纭，对于这些记载，如当代评价最高的史书《西藏通史》说"很难断定哪种观点正确"。

在拉萨幻显神殿的上护房[①]绘有许多传说、故事的壁画。

（选自《柱间史》，第七页）

注释

① 护房：藏式寺庙突出墙外的房屋或建筑物。

（传说在世尊涅槃八十年之际，有个名叫摩诃钦布的婆罗门人母亲嘱咐第三个儿子在何处安立供奉他们自己的依怙神像。）随后母亲嘱咐老三说："因为你一开始就崇信佛法，所以你安立供奉神像的地方，要比你两个兄长的地方更为妙好。在恒河岸边的浴佛湖畔，有一处水牛卧过的地方，埋着一棵白旃檀树，你把它挖出来用白乳牛的乳汁洗刷干净，再让四名少女把它研磨成粉末后包起来。然后你在金刚座世尊曾作'无漏禅定'的地方，砌一个外形像塔，里面是屋的砖塔，再把白旃檀粉包放入塔内。过上六个月零六天，你的神像便会自然出现。"

（选自《柱间史》，第三十九页）

聂赤赞布后来在雅隆赞塘阁希地方建造了一座宫殿。这座宫殿不是用土石构筑的，而是用鹿、

第二编 建筑

兕、虎、豹的皮张做成的帐篷式宫殿。

(选自《柱间史》,第七十六页)

拉妥妥日年谢王在雅隆河谷东岸,修建了一座"水晶宫"似的"雍布拉岗"宫①。

(选自《柱间史》,第八十七页)

注释

①"雍布拉岗"宫:相传是吐蕃第一代赞普聂赤赞布建造的西藏历史上第一座宫殿;该殿位于今山南地区乃东县东南雅隆河东岸的一座小山上。本书则说此殿系拉妥妥日年谢所建。

当潇潇雨歇,蒙蒙雾散,熙来攘往的喧闹声也随之平静了下来。这时拔地而起的拉萨幻显神殿只剩下搭盖屋顶了。赞普意欲即日完工,众化身工匠遵赞普之命,上顶的上顶,装饰的装饰,绘画的绘画,又一鼓作气干了起来。

(选自《柱间史》,第二百三十三页)

拉萨幻显神殿落成时,赞普松赞干布年方三十四,尼妃赤尊公主和汉妃文成公主与赞普同龄。

(选自《柱间史》,第二百五十一页)

在(松赞干布)赞普出征汉地期间,尼妃赤尊从尼泊尔延请了一千名父姓工匠,仿照下殿的建筑规模、构造及式样建成了拉萨幻显神殿上殿。

(选自《柱间史》,第二百五十三页)

(屯米为岗敦大人讲述了昌珠寺由来的故事)"当初修建昌珠寺时,赞普(松赞干布)意欲按照尼泊尔寺庙的式样建造昌珠寺,而且要吐蕃出家人也像尼泊尔僧人那样'削发赤足,身著褐色袈裟'。赞普还立下一条规定:'但凡出家人,皆应礼遇之。'当然自己也不例外。昌珠寺建造之初,总遭到一五头龙妖的毁坏。当时有两位名叫南哲和姜哲的策米苯布教徒,他们有两个神通广大的儿子,一个叫阿雅苯布觉凑,另一个叫阿雅苯布煞凑。有一天,当五头龙妖又出来兴妖作怪时,兄弟二人在众目睽睽之下,摇身一变,变成两只长着利刃般翅膀的鹞鹰,一声啸鸣,直扑五头龙妖,刹那间便将龙妖的五个头一齐斩了下来。龙妖被杀死后,浊血染红了欧措湖,龙妖临死时发出阵阵雷鸣般的吼叫声,昌珠(意为鹞龙)寺由此而得名。"

(选自《柱间史》,第二百八十六页)

该地(雪域西藏的中心地带持地山,也即须弥山)具有的自性成就的功德,如同聚集了天神大仙持明们依止的山王(须弥山)的威德,地坚形美,有药域、森林严饰,如意之果挂满枝梢,馥郁香气飘满各方,悦意之雨层云和河流水声潺潺,飞禽走兽围绕周旋,把此地装扮得非常美丽。修行之处寺院林立,外形如五股金刚杵,内若轮王入座,两侧的国政七宝和吉祥八徽形状各异,光彩熠熠,美丽无比,希奇圆满。

(选自《觉囊派教法史》,第十六页)

修建(觉囊寺)十万大佛塔之际,昆虫非常多,他(觉囊寺主持更钦笃补巴)通过诵咒作佛事,弹指间昆虫全部消失。当时,天空布满了虹光,无水的地方山溪水绵绵流出,无量宫顶与伞盖佛堂顶都是仅用一天时间安置完毕。每当出现暴风骤雨时,他都念诵咒语,使之立刻平息。大家多次看见他同时在法座前说法,又在诸工匠处安排,又在卧室内静修,他的身体能同时分现在三个地方。甚至有几次看见他身体同时分现在八个地方,人和非人奉献修建十万佛大塔的顺缘,尽力做工,以希奇神通毫无困难地圆满成就了内外工程,出现了无数妙好善相的吉兆,以盛大的开光喜筵庆祝建成了福德的圣土。他先后在觉囊、普摩曲宗和吉尔哇普的人无法到达的岩面上顷刻间登上去修建了多尊佛塔,其中的一些如今还存在。

(选自《觉囊派教法史》,第二十六页)

(吐蕃时期)国王(赤松德赞)并仿照欧丹达普日寺依须弥山的形状修建大屋顶寺(桑耶寺),其下层为吐蕃式样、中层为汉地式样、上层为印度式样。并依须弥山四周金山、游戏海围绕之意,修建内外三道巡礼过道、四大州、八小洲、日月等坛。并修建四座神殿、四座佛塔、围墙等代表须弥山的四座山峰。修建此桑耶不变自然成就寺,从阳火兔年奠基,至阴土兔年历时十三年建成。王妃蔡邦妃梅朵准修建康松桑康洲,颇茹容妃甲姆准修建布蔡康洲,没庐妃菩提主修建格杰切玛洲。使吐蕃臣民得享安乐,禁废本教,弘传佛法。

(选自《红史》,第三十四页)

(阿里的王统)阿南默的儿子热乌默攻取印度的许多地方,以四千驮白银建造八座药师佛像,给拉萨大昭寺贡献金顶。

热乌默的儿子为桑噶默,支达默的儿子阿吉默以白金十一驮①建造度母像,他在未继位前在萨迦当过僧人。支达默的儿子生于雅泽,名叫志底默,志底默和家臣贝丹扎巴给萨迦寺的法座和拉萨大昭寺十一面观音像修建上面的金顶。

(选自《红史》,第四十页)

注释

① 驮:专用量词,民间农历七月半给逝去的人烧纸,要封包,就是将纸钱分为约1厘米厚一叠一叠的然后用封皮封成包,一包为一封,一驮为两封。

(噶当教典派的传承)贝丹卓达尼的弟子尚敦曲杰喇嘛,此后是桑杰官巴森格嘉,他修建江钦寺,桑杰官巴森格嘉和卓充尚是同时期的人,在他们的时期,达那西拉的弟子吉纳扎森格修建法相院,此法相院有迥丹惹迟等人,住持堪布琴南喀扎是喇嘛八思巴的上师,他修建旧佛殿,并兼任曲弥大法轮会的则本。琴南喀扎的弟子觉敦冈朗楚臣他倡建那塘寺的大佛殿和大围墙,曲杰尼玛坚赞任住持,他委派楚臣达杰整顿教规。

(选自《红史》,第五十页)

(在向绒敦拉噶学大圆满法之时)米拉日巴听到尊者玛尔巴之名声,前往洛扎。玛尔巴用黑咒术调伏他的仇敌,为消除他用咒术冰雹杀人之罪业,玛尔巴让他修建一座九层的圆形城堡,后又让他改成三角形、半圆形、正方形,每当他快要建成时,玛尔巴就让他拆除重修,这样他的背被磨破达六次之多,驼着背仍然修建。他每年修建一层,玛尔巴教他一个口诀,灌顶一次,修至第五层时,玛尔巴教他密乘,修至第六层时,米拉日巴见到了本尊。

(选自《红史》,第七十页)

他[黑帽系第四世活佛即噶玛·瑞贝多杰(1340~1383)]在热岗堆地方建造了森格岗寺。他二月份住在仁钦林时,云尊扎西才仁来信说要修建楚普寺的屋顶矮围墙和经堂佛塔,并为知三世佛像的经堂上加盖汉式金瓦屋顶，请他十一月份到楚普寺。

（选自《红史》，第一百零二页）

（蔡巴噶举派的）囊贡日巴在春堆古尔莫修建一高八层的灵堂，并建外佛塔。在白内札噶地方锻炼修证能力之时，克朗米、漾衮布和敦巴比穷三位施主奉献仓杜之地，此后建寺庙，寺名叫拉顶寺，观世音亲自授记称其为囊贡细波。他把西、南、中三方和觉卧古杰地方均变为所化之地，作了无数利他之事。

（选自《红史》，第一百二十四页）

（吐蕃王朝前期）某次，王（拉托托日聂协）坐于不建自成之雍布郎卡宫堡顶层时，果如昔薄伽梵在竹林精舍所授记，为佛教将显扬于藏地，预示缘起，则由天下降《宝箧经》、六字大明心咒、《诸佛菩萨名称经》、一肘量黄金宝塔、旆陀嘛哩印模①、母札手印②等，伴同日光降于王宫顶首。并从空中授记云："汝五世后，将出一王，能了斯义"（原注：此指松赞干布）。

（选自《西藏王统记》，第三十六页）

注释

① 旆陀嘛哩印模：是十一面如意宝观音菩萨的陀罗尼咒印模。

② 母札手印：母札意为智慧佛母。手印，是代表各种佛教意义之法器。据说此约一肘高，类似珍珠一样的一块宝石，上面有自然出现的六字大明咒。《智者喜筵》说《宝箧经》是最早出现的经典。《旆陀嘛呢》是最早出现的密宗咒文。

（吐蕃王朝时期，卫足城）王宫左方，有大梵塔，曾为过去拘留孙佛所开光，塔名莲花轮。于是化身比丘即于此塔之塔瓶侧旁空中，结跏趺坐，旋绕于塔。

（选自《西藏王统记》，第五十页）

（吐蕃王朝时期，拉萨，松赞干布）定于阳木羊年（635）为新城堡奠基。墙高约三十版土墙重叠之度，高而且阔，每侧长约一由旬余。大门向南。红宫九百（九十九）所，合顶上赞普寝宫共计宫室千所。飞檐女墙，走廊栏杆，以宝严饰，铃声震动，声音明亮，建造堂皇壮丽。论其精美，则等同于大自在天之胜妙宫殿，视无厌足，诸宝严饰，并以各种绫绸，作为采帷璎珞，美妙如意；论其威严，则等同罗刹城邑，楞伽布山①。诸宫室顶，竖立刀枪剑矛，每十长矛，悬挂红旗，而以采绫连系之；论其坚固，设有强邻寇境，仅以五人则可守护。又南方城垣，掘有城壕，深约十排，上铺木板，再上铺以火砖，砖上仅纵一马，即有十马奔腾之声。其南方仿霍尔人城堡之式，建扎拉扎喜宫②，作为赤尊王妃之寝宫，高达九层，宽敞雄伟，建造布局，极尽精美之能事。王宫及后妃宫二者之间，通以铁桥，桥下幔拂炫目，铃声铿锵，王与王妃相互往来其间。如是王宫妙丽庄严，世绝其伦。修造完竣，王与臣民，大作庆会云。

（选自《西藏王统记》，第五十八页）

注释

① 楞迦布山：罗刹城名。

② 扎拉扎喜宫：扎拉，即扎拉鲁浦。扎西宫译言吉祥无量宫，在拉萨药王山。扎西宫是松赞干布专为赤尊王妃修建的宫院。

（吐蕃王朝时期，牟尼赞普）为王父（赤松德赞）逝世建经律论三藏供养，复制造大首顶殿顶翘角铁链，用以联络四大梵塔之伞盖，其上悬张大旗及大幡，呈设无量无边供品，并传谕曰："汝等所有属民，于我先父之诸寺庙，除牛马兵器外，皆当以金银、财帛、珠宝、玉石、所有何宝，尽力为供。"以王命威重，百姓或献诸多金银财宝，或献璁玉绫罗，或献衣物严饰，亦有仅以破袍碎布为供者。

（选自《西藏王统记》，第一百三十二页）

王（安达·赤热巴坚）欲为安奉本尊，于吴祥多修建柏麦扎西格培寺。遂由李域招请善巧工艺匠师，由尼泊尔招请甚多之塑匠石匠等，修建九层佛殿。下三层并其门楼等，皆用石建造。中三层并其门楼皆用砖建造。上三层并其门楼，皆用木建造。上有顶阁，共为九重。每顶阁之游廊间，为诸沙门讲经说法之处。其最上顶，有金龙玉龙，为凤鼓荡，如伞盖旋转。中间墙围之上，有宝石墙砖、飞檐、栏杆，饰以流苏璎珞。复有伞盖、幢幡、宝鬘、铃铎、小铃，其声铿锵。大殿金盖之宝顶，高与山齐。此庙在吐蕃境内，绝其伦比。乍见之下，立生净信。为防巨风，顶盖四周，系以铁链，连于四方石狮子上。此上三层供奉赞普本尊神像，中三层内，居诸受供僧伽，下三层内王与诸臣僚居焉。如斯吴祥多无比吉祥增善伽蓝，其造塑之新奇者，即塑造帝释梵天像作为拉萨慈氏法轮殿之门神。木工之新奇者，于四大通天柱上，均以珍宝作为严饰。壁画之新奇者，若画古旧，仍可补绘。造一百零八柱瓶，作为修复之用。其熔铸之新奇者，则敬献大钟等是也。

（选自《西藏王统记》，第一百三十六页）

朗氏尊者贝季僧格在金刚座的四方兴建四所庙堂，内中奉安诸佛会众塑像，以四大天王做门卫。又在天竺金刚座山上用五种珍宝修筑寺殿，无论从什么角度观看，殿宇的屋脊镀金饰品均高耸入云天，无论从什么角度观看，（神殿）四周的树叶都覆蔽大地，无论从什么角度观看，（神殿）都掩蔽天空。在此神殿内，用金子塑造了七世佛像、贤劫千佛、二菩萨、声闻佛随子、旧密咒的神像和佛语传承上师的群像，奉安全计书写的《甘珠尔经》在殿内，委派天母和依怙为守护神。……

（朗氏尊者贝季僧格攻陷汉地的答宗水城）运回汉地的全部财物，运回的珍珠用藏族的容器克计量，用车装载一捆捆绸缎往回运，当缴获的汉地财物运抵藏地时，以珍宝金子建造了佛堂，（贝季僧格）就坐于珍宝金座上，发放了众多的珍宝金子布施。（贝季僧格）走在珍宝铺设的路上时，说："正法是不会中断的。"使得沿途的有情信奉佛法。（贝季僧格）前往北方帝都茨砣杨波，嗣后换彷汉地的碉堡，建造了连环九堡要塞，堡垒的顶层用金造，底层以土筑，用红宝石做大门，用白银建中层楼房。在上层金屋中奉安贤动千佛和两尊菩萨像，还有传承佛语的师长群像。在中层银子和白螺屋内，奉安全刚勇识作主尊，观世音、众佛尊和守护善业的神灵皆用银子造。布下面璁玉砌筑的房内，塑造主尊金刚手，围绕大威德化身的诸神佛，忿怒之众神簇拥世尊金刚童子，四臂金刚等天母和依怙护法神塑造在前面，委派为守护神，四门塑造四大天王像。其后，（他）前往天竺时，在神像上方用珍珠伞和华善铺设了飞幕，给神像穿珍珠法衣和祖衣，供养十盏金供灯，以金子制作曼扎和钵，在墙壁上张挂缎子帷幕，向四方横挂四个金幡，而且还制作了丝缎香囊和幢。

（选自《朗氏家族史》，第二十七页）

朗氏家族的热咱·贝季达瓦在答、江、惹三地建筑三座大寺庙，（其中）曲敦土吉林寺模仿帝释宫，建造得既高又大。

第二编 建筑

仁木雪地方云丹炯勒寺是遵照桂烈楚的指示取样于桑耶天成寺修建的，作为修行处，令人居住安适、感觉悦意。

（选自《朗氏家族史》，第五十九页）

在仁蚌，我（绛求坚赞）建筑了我的一所精致的重要别墅，它取样于绒地（的建筑）。在贡噶我所进行的超群出众的土木工程是取样于藏拉雅朵、拉珠等地（的建筑）。

（选自《朗氏家族史》，第二百零七页）

除扎西岗和答木外，四座小房子应取样于哲木的建筑。厨房楼上的小阳台要加以粉刷，使它（别墅）成为具有堪布家乡风韵的白屋，它同堆放破旧口袋的屋子是分散的小房子中重要者，勿让外人参观，至关重要。

（选自《朗氏家族史》，第二百五十六页）

（仲钦宝师被囚禁于香地谷顶郭直时给乃东的密信）对恩嘎（经堂）的佛像、佛塔、佛经和供具要注意，要考虑不让那些印度出产的铜器散失。在无量宫西侧要建一座巍峨的三层佛塔，（塔上）那条龙应以金箔着色（即贴金）。

（选自《朗氏家族史》，第二百五十九页）

[（1098～1163）他（敬安·楚称坝哇（戒焰）]仿照阿底峡尊的聚莲塔，用诸宝也造了许多聚莲塔，据说仅早期所造的堆集起来也如一小山丘。

（选自《青史》，第一百七十三页）

该王（朗日松赞）之时，从汉地传入历算与医药。征服汉与突厥。年、巴、诺三氏族归其治下。王宫名赤孜崩杜，系以红乳牛之奶和泥而建成。

（选自《雅隆尊者教法史》，第三十四页）

松赞干布真乃圣观世音也。彼娶泥婆罗女拜木萨·赤尊，王妃系金刚忿怒佛母之化身。将本尊八岁身量不动金刚佛，慈氏法轮、天生旃檀度母等，于木马（甲午）年携至红山宫。木羊（乙未）年，绕红山四俱卢舍，建高达九层之宫堡，筑有碉楼九百九十座。

（选自《雅隆尊者教法史》，第三十五页）

忽必烈与八思巴上师结供施之缘。侍奉佛教，无以复加，胜不可言，更建有上都、大都皇宫、白塔等。

（选自《雅隆尊者教法史》，第五十一页）

格西敦巴返回朗额家乡，为呈喀白琼迎至北方热振。但见其地，后有似金刚之岩；前有如碧玉之湖；左右之山有七政宝等诸功德，知是授记之地。是夜，在师子岩洞寻梦，梦见山顶遗址上有一塔，光芒照射之末端，显出寺庙上之塔尖金顶，犹若历历在目，而其光芒，照亮吐蕃江山。遂在金塔显现之处，于铁鸡（辛酉）年氐宿月一日，建成二柱地基之寺庙，称热振下寺。格西敦巴任教主九年。六十岁于热振寺逝世。

（选自《雅隆尊者教法史》，第六十一页）

其（大善知识尚·夏热瓦之弟子善知曲隆古竭）建纳塘寺之情况如下。

在纳之上达塘，有一处勒色微洛热，遂盖一草舍，言道，当在此红柳草舍行善。
……

觉敦巴任住持十五年。该大堪布诞生于耶如北域苯教部族，后出家。彼出身觉氏，本名墨朗崔呈。建纳塘寺大殿，筑大围墙。称金刚手菩萨得道者。

（选自《雅隆尊者教法史》，第六十九页）

桑结葛巴之心传弟子色策仁波任教主。此时，事业昌盛。大弟子沃色瓦钦波建肖甫之沃色寺；日麦瓦钦波建洛扎之日麦寺。色策仁波付法于康隆巴，于恰域寺圆寂。

彼（色策仁波）之心传弟子康隆巴诞生于涅伽伽萨。长期依止色策仁波，颇有功德。二十五岁被委为住持。

为实现上师之心愿，安装寺庙铜顶，建侧旁寝舍，建侧旁禅院，安装洛寺旧金顶，建侧旁护墙，建白寝舍，建禅院。如此等等，业绩卓著。

（选自《雅隆尊者教法史》，第七十二页）

上师恭却杰波四十岁时，于水牛（癸丑）年，吉祥萨迦寺奠基之后，建东拉章，筑二十八道墙垣。上师广作佛事。六十九岁，于水马（壬午）年娄宿月十四日逝世。

（选自《雅隆尊者教法史》，第八十五页）

传记虽有此说（自是称为八思巴），然有人言道，法主萨迦巴被尊者释迦衮迎至雅隆，在墨卓说法时，师母衮吉生子，来人报喜。法主言道："此实妙极。彼乃一殊胜圣者，取名帕巴鲁吉。为禳灾消难，须制作一朵马。因是鲁墨之地，就在塘波且寺制做。"朵马立于塘波且寺旧顶，至今仍在。

（选自《雅隆尊者教法史》，第八十八页）

女轨范师索朗甫系尼姑，建觉莫林寺，创建尼姑庵庙。

又，轨范师索朗坚赞之妃觉绛霍尔莫生女轨范师仁钦琼勒。

轨范师恰纳多吉有一子，系师母磋甫于轨范师恰纳多吉逝世六个月之后，于土龙（戊辰）年正月所生，即大主宰答麻八剌热达。该上师（答麻八剌热达）十四岁时，至忽必烈皇帝处，上师八思巴逝世后，有人说，彼被封为帝师。总之，彼建有上师八思巴舍利大水晶塔及其驻锡之花苑大佛殿。滞留约五年，返归吐蕃，途抵朵甘思。

（选自《雅隆尊者教法史》，第九十页）

幼子上师绛央钦波仁钦坚赞巴，因忽必烈皇帝有旨，为萨迦席托拉章法师十八年。造上师八思巴叔侄灵塔金顶。后，被完泽笃皇帝迎为帝师。四十九岁死于京。因教证之功德圆满，故吉祥萨迦派之教法与权势，以该上师时最为昌盛。

（选自《雅隆尊者教法史》，第九十七页）

吉祥萨迦神圣世族与蒙古皇帝结供施之缘，为双管齐下，护佑吐蕃全境。故而加设本钦……上师八思巴时，忽必烈诏赐"三路军民万户"之印。委为本钦。建有康萨钦莫；砌筑拉康钦莫与内外墙垣。

（选自《雅隆尊者教法史》，第九十八页）

拉康钦莫盖顶时，本钦（八思巴）即死于萨迦。

尔后，内管家衮噶桑波任本钦六年。在此期间，建有仁钦岗与拉康拉章，拉康与墙垣全部竣工。

……

后,本钦·绛多。后,本钦·阿兰。在此期间,萨迦外墙与本波日山墙垣竣工。建有康萨林。格波等处遭兵劫。尔后,该本钦(阿兰)赴汉地。

(选自《雅隆尊者教法史》,第九十九页)

(7世纪松赞干布时期)赤尊为满足国王(松赞干布)之心愿,并防备外敌之侵犯,役使男女药叉,修建了围绕玛波日山的砖墙三十二道,使之与魔地楞伽的普日城一样威严。外城九百九十九座,连同玛波日山上城堡,共为一千。各城树立悬有红色飞幡的长矛四根,在四方建敌楼四座守护。玛波日山上的城堡,常有五人瞭望。又在玛波日山南面城墙之内兴建宫殿,名叫索波宫,殿高九层,与国王之城堡相齐,并在它们之间以铁索相连,铺设银桥。各城及围墙之上建有女墙、小门、箭垛、墙缘、柴檐、牌楼,并以珍宝铃串、珍珠璎珞作为装饰,使来犯之敌不能登城。

(选自《汉藏史集》,第九十五页)

桑耶寺的修建,是仿照印度阿丹达布日寺的式样,以桑耶大屋顶殿为密教三部之须弥山,以大屋顶殿的内外依附处为七金山,建立大日如来佛拯救恶趣众生之坛城。大屋顶殿的楼上,是按照律藏修建,外围所有十四种经续,都符合经藏,七十八座泥塑像,全都与密咒相符。全佛殿共有一千零两根柱子、三十六座大门、四十二座小门、六架圆木梯、八口大钟。还有按《俱舍论》所说修建的四大洲、八中洲、日月坛。东面的东胜身洲为智慧文殊菩萨殿,两中洲中的提河洲为清净僧律殿、毗提河洲为语合梵天殿,这三座殿为半月形。南面的南瞻部洲,两中洲的遮末罗洲为伏魔密咒殿,筏罗遮末罗洲为翻译印度殿,这三座殿为肩胛骨形。西方的西牛货洲,为甘丹强巴殿,两中洲中的舍擟洲为大日如来殿,温恒罗漫怛里拿洲为不动禅定殿,这三座殿为圆形。北方的北俱庐洲为菩提发心殿,矩拉婆洲为珍宝会聚殿,桥拉婆洲为比迦尔财库殿,这三座殿为正方形。

(选自《汉藏史集》,第一百零九页)

(米拉日巴仙逝后,现出双运金刚身,对众弟子唱六种心要的要义)歌罢(之后)又化入光明中去了。接着,在(米拉日巴)灵堂前出现一个虹光构成的方形无量宫殿、四门、台阶等一切装饰应有尽有。宫殿之上,有虹光帐和顶幔,楼阁顶被幡、幢、伞盖等无数供养物所覆盖,那火焰的最底部现为八瓣莲华,顶端现为八吉祥器和轮王七宝等诸供养物。火星之中放射出许多持各种供品的天女,献呈供养;火燃烧的声音,听起来象琵琶、笙、箫、海螺、小鼓等的乐音;冒出的烟、异香馥郁。空中布满虹霓的幢、幡等五彩供云。那时,天神天女手持宝瓶在灵堂的上空,降下甘露雨流,以五妙欲供,供养一切应受供奉的天人,使其得到满足。此时,男女僧俗弟子们虽然同样看到了灵堂呈现为无量宫殿,但是对灵骸就不一样了,有看见呈现为喜金刚的,有看见呈现为胜乐金刚的,有看见呈现为密集金刚或金刚亥母的等等,各人所见不一。

(选自《米拉日巴传》,第二百二十六页)

(囊日松赞)宫堡名坤墀孜崩杜。该堡系以红牛之奶为泥建成。

(选自《贤者喜宴》,第十二页)

(泥婆罗墀尊公主建宫室)《遗训》一书谓:"役使龙与夜叉为奴,建造赤兹红宫,此乃世间所无与伦比者。"复次,赞普松赞干布常于本尊前供奉、禅定,既不消遣亦不遊幸。对此,泥婆罗公主心有所思:"此王于身体及功德方面当颇有神益,然而(松赞干布)不出王宫之外,此举将使彼方军队前来破坏,故此当造一座军队不可摧毁之宫室。"思罢,遂即乞请神物琉璃气化钵,乃获无穷之饮食,并以诸种珍宝为顺缘,役使男女夜叉为奴,将此诸奴隶置于红山范围之内。宫为火砖之墙、每边一俱卢舍(约两哩——译者)墙高三十六版,四门有碉楼牌坊等,小门房屋均有流苏、飞檐,且饰以诸种珍宝,环饰以小银币。单垂及双重宝珞处设有铃网,铃铃奏响,复又壮严以牦牛尾及丝缨之幡。宫内有宫室九百九十九间,连同宫顶,总为红堡一千。宫顶均诸一竖立系以红旗中间缠以杂彩之枪矛十杆,并设各种兵器,悬挂各种丝绸之流苏。在南墙之内,仿胡人宫堡建九层之神岩吉祥无量宫,复建与赞普王宫相同之王妃宫,王宫与王妃宫之间连有银桥,设置华丽的天窗,并连接以无数饰物,可使王与王后相互往来。(此宫)虽有一亿军士前来,而五人即可防守,观之如克敌制胜之宫殿。论其精美,美不胜收;其如日轮,光射难挡;又如罗刹域之楞伽布山那般可畏,宫之东门外,系赞普驰马之地,其长九百弓,广十八弓,深为两弓。其上铺以木板和火砖,然后再于其上覆以红铜,旁侧饰之以流苏璎珞,绘以各种吉祥画图,或施以浮雕,或者以诸种丹青,内外犹如金色一般。赞普驰马其间,阵阵蹄声,如十万匹马(驰骋)之蹄声、又如遇到暴风雨之声,复若诸种敲钹奏乐之声。其声如四谛之颂,又如宣布政令之四印法语。有关此次建宫情况,据谓绘于逻娑之鲁康西壁。

(选自《贤者喜宴》,第五十九页)

(松赞干布与墀尊公主、文成公主定下大昭寺修建位置,又介绍了佛像的塑造情况)再者,中殿业已全部竣工。其间之全部中心部位,呈蓝琉璃光彩,绘有水纹图,内有鱼、水妖及水鸟等等图形,尚有神变形相等。所有柱子均呈金刚橛形、柱、斗拱、梁柁布套等等,构造精致,造型多样。上下天窗的所有椽头处,如悬一百另八个白狮子及绿狮子一般。所有墙壁建筑,每隔一肘长距离即砌有五彩之砖,内外共建五层,盖顶之后复又砌筑(彩砖),故而神殿宛如无量宫一般。神殿之上设有用砖、珍珠半璎珞和玉石(装饰的)青蓝色女墙檐,其状甚美,此外尚有栏杆及流苏,所有一切均饰以珍宝。旗之顶饰、伞、幢及尾毛拂尘等,其周围均以铁索环绕,上聚钟铃,奏出佛法之宏声,并以闪烁发光之黄金楗椎做为装饰。

(选自《贤者喜宴》,第六十六页)

(建造了桑耶寺诸如佛像和各佛殿之后)又建白塔即大菩提塔,此塔以狮装饰,遂建成声闻之风格。(此工程)以许甫弥杰多日为工头,但其因瘟热病死去。于是许甫墀珍更赞复任工匠首领。此塔交予星面夜叉(管理护卫)。又,红塔系长寿菩萨之风格,其上饰以莲花。此塔乃那囊杰擦拉囊所建并交予荧惑星(神)(管理护卫)。再者,黑塔以如来佛之遗骨为饰物,其形制系独觉佛风格此塔乃恩兰·达热路恭所建,交予铁嘴夜叉(管理护卫)。再者,绿塔乃法轮如来风格,以十六门为饰物,此塔乃緤氏多吉芝琼所建交予日面夜叉(管理保卫)。又,其时具光女妖,将卧着的人们首足巅倒,致使受害者甚多,由是乃在慈悲洲处以所建之光焰塔压之。

(选自《贤者喜宴》,第一百三十七页)

(赤松德赞时期)在其本尊神殿方面,此赞普(赤松德赞)建造了伍祥多贝美扎西根佩寺。此神殿有九层,有九重飞檐(原译为繁体"簷"),并以砖瓦、璎珞、流苏、屋檐、牌楼等作为装饰,光辉灿烂。神殿顶部有汉式大屋顶、金顶及玉龙等等,风吹之时,犹如旋转于空中之伞。神殿金楗

第二编 建筑

椎形之顶端与后山之顶部等高，其状世界无与伦比。

（选自《贤者喜宴》，第二百五十四页）

（八思巴）在萨迦大殿建立纪念萨迦班智达的黄金果芒塔，并为此塔所在的佛殿修建了大金顶。总之，他（八思巴）将逐日得到的财富全部用来供奉三宝，以及为贫穷者发放布施，从来没有把芝麻粒那样大的一点用在自己身上，故他得到富足圆满之果。

（选自《萨迦世系史》，第一百六十七页）

（上师八思巴死后，担心萨迦昆氏血统中断，故由夏尔巴绛漾钦波为萨迦寺尽力）他（夏尔巴绛漾钦波）修建（萨迦寺）镏金屋顶、缘瓦屋顶、大殿之顶饰、祭器以及耳房的无数瑜伽坛城。

（选自《萨迦世系史》，第一百八十九页）

（达尼钦波二十七岁时，达玛巴拉去世，萨迦法座由夏尔巴绛漾钦波执持。）（夏尔巴绛漾钦波）为上师八思巴和大德达玛巴拉修建外塔之镏金屋顶和绿瓦屋顶。萨迦大殿的修建是由本钦释迦桑波奠基，贡嘎桑波具体善加修建后由夏尔巴绛漾钦波任住持之时，据说本钦阿迦仑为萨迦大殿设置了地毯和顶帘以及在供器上绘制图案，并于阴木羊年为萨迦大殿修建了围墙。

（选自《萨迦世系史》，第一百九十一页）

〔虎年（1458）甲噶·喜饶坚赞贝桑布上师和弟子在一座大山上，所有的道路都被大雪覆盖，无路可走，后发现野牛的足迹便跟着野牛前进〕平安地脱离险境。除此之外，其他的在迷路时由野兽野马、鹿等指引道路而脱离险境的奇事还有许多。另外，当他（甲噶·喜饶坚赞贝桑布上师）返回西藏卫藏地方之时也遇到可怖的房屋，用彩绳捆定，周围再用水包围起来，不让人通过，他（甲噶·喜饶坚赞贝桑布上师）用袈裟挥舞抖动，那一大池子水就消失得无影无踪。

（选自《萨迦世系史》，第二百三十一页）

他（俄强曲吉杰布）与毗卢遮那佛和阿难尊者心相续相同之情况如下。据《莲花遗教》记载：

在藏地的涅莫切喀城，
一所住处之九窗住宅。
父亲之名为巴阔黑堆，
母名郑噶萨珍吉之子。
在干加唐塔学习八年，
成为无可比拟之大译师。

（选自《萨迦世系史》，第三百一十四页）

（达尼钦布）过了一段时间后，将俄强之遗体（俄强于阳木猴年牛宿月十二日涅槃），安放在伦珠颇章灵塔殿之楼阁内。不久，其坚贝样二子，为完成俄强之遗愿，特用金、铜修建了一尊一层楼高的非常奇异的四周围绕佛法传法上师身像的用白银修造的安置殊胜俄强法王遗体的不可思议的结构超群、雄伟壮观的朗杰灵塔。将遗体迎至塔内安放，并供奉了难以计数的供品。

（选自《萨迦世系史》，第三百五十四页）

在藏历八月的良辰吉日，将圣德萨迦稀有四塔中之尊胜佛塔完全修缮一新。对佛塔添补了土石，尽量使其经久牢固，使上下的木料衔接。最高的六角宫殿式的镀金屋顶，伞蛇图、防雨具、顶珠,以及下边狮子顶周边的天然石板、木料,做到坚固整齐美观,并为附近经堂修造了两个柱子。

(选自《萨迦世系史续编》,第三百零六页)

(桑结蕴建造了吉祥多门塔)作为殿外所依,桑结蕴建造了吉祥多门塔。相传建塔工程大多完毕,余下的塔顶宝瓶"日藏"工匠们几天都安不好。最后一日,工匠们回去打尖时,住在背后山上的桑结蕴以神通察觉,随即骑一匹哺乳的母野马下来,示现神变,装好塔顶宝瓶。

(选自《后藏志》,第十页)

尊者桑结蕴还兴建了杰旺吉的银灵塔、金灵塔。热隆寺法位继承人阿格旺秋建造了高达三层楼有余的吉祥光耀金灵塔,塔内装藏翻译权威玛尔巴译师化身的阿旺曲季杰波之完整肉身。阿旺曲季杰波的密法十分灵验,只要听受一次即能息灭世间一切灾难。该塔的材料、工艺和开光仪式均属尽善尽美。诸如此类的佛塔在珀迦大经堂比比皆是。

(选自《后藏志》,第十一页)

灵塔(吉祥多门塔、杰旺吉银灵塔、吉祥光耀金灵塔、神变塔、天降塔、菩提塔、和好塔、尊胜塔、涅槃塔、江孜舍利塔、智慧塔、聚莲塔)大多为尊者竹巴活佛阿旺曲季杰波建造,其中有六座灵塔是尚健在的杰塞蕴建造的。这些灵塔的宝瓶部分是用纯金打造的,镶嵌一排松耳石和珍珠,层级和斗拱用白银,狮子宝座为镀金的铜制品,宝盖层级间镶嵌琥珀来填充,外边绕以纯金方格架子。每座灵塔大小是尊者竹巴活佛的一拃或一肘。

(选自《后藏志》,第十三页)

玛东八千颂寺佛殿中占敦塔遮亲自开光的主要佛像是高约一层楼的三世佛,此圣像现今世称基阔寺觉沃,加持力巨大,每年定期举行大巡礼仪式。觉沃佛像侧边是占敦塔遮一人身量的身像和其转世曼隆谷如的身像,壁画是曼隆谷如朝见普陀洛等详细事迹,阳纹线条鲜明,十分完美,内容可信。玛东八千颂寺又叫曼隆寺,它是占敦塔遮的寺庙。现今占敦塔遮的叔伯等人所在地年达孜也叫曼隆。占敦的转世曼隆谷如住持此寺,故寺庙得名曼隆。

(选自《后藏志》,第十七页)

[土狗年(1418 藏历六月)上弦初二日,白居寺以及经堂奠基动工]有个时候,净居天的一些天神从正在营建中的白居寺的上空向大地洒香水以压尘和降花雨。画工将部分目睹的情景绘于饶丹衮桑帕的寝室空行飞幕之东壁。驻锡僧侣多如海洋的白居寺所在山岳有五峰,状如千瓣瑞莲开放,它是文殊菩萨的道场。在印度人称为"下垂年"的土狗年仲夏箕宿月(藏历六月)上弦初二日,白居寺及经堂奠基动工。江热道场建筑情况,如前所述,它是昌隆的道场。白居寺的建筑布局摹仿江热道场。凯珠济美扎巴在《装饰众生的颈饰》中写道:"(饶丹衮桑帕)深刻地认识到,一切利乐的源泉是佛教,创建了汇集世间无量士夫的圣地——白居寺。"

(选自《后藏志》,第二十八页)

[土猪年(1419)九月,饶丹衮桑帕在仁钦孜再次建造庙宇。]这年九月间,饶丹衮桑帕莅临仁钦孜,暂驻寺旁僧徒洛巴家中。修禅时怀中出现一个陈旧的纸卷,一看,它详细地记载了印度金刚座摩诃菩提寺的营建情况、佛像和支出等情况。饶丹衮桑帕意识到这是神降赐授记,要我们新建寺庙的主尊建造得同摩诃菩提寺一样;过去寺庙规模小,要重修一座规模宏大的。于是营建了现今

的殿宇。后殿八大柱、八走楼，极为华丽，走廊四十八柱，东西墙外房间分别有六柱。总共一百五十柱，二十处大棱儿突出，周围屋檐美观。后殿正中雄狮捧座，佛座之上大菩提佛与印度金刚座摩诃菩提寺的圣像身量相等，用一千克铜、八百钱金子建造。佛像的内藏细数不清，其中有班钦释日普陀所迎请的稀有的印度释迦佛像等。

（选自《后藏志》，第二十九页）

（7世纪左右，天竺普陀洛伽地）有耳王（天竺普陀洛伽地最后之王）有二子，长名乔答摩，次名波罗达阇。长子出家，隐居木叶茅篷禅室恬静之处。

（选自《西藏王臣记》，第四页）

（西藏人类起源）其详细情况，如精通五明之大班智达·吉祥燃灯智从树叶纹柱北面最初取出之《遗训首卷录》和《嘛呢全集》等，凡雪域所宏传之《大悲观音法类》虽有多种，然均同一旨趣，皆说西藏人种，系猕猴与岩魔交配所生子嗣，为赤面食肉之种。

（选自《西藏王臣记》，第八页）

（吐蕃王朝时期）赤尊（尼泊尔赤尊公主）见之，暗自作言，（松赞干布）赞普虽具众德，超越人天，然不外出宫门，则定有边尘之虞。遂决志修一坚固王宫。于是在红山处，筑就三道围墙，内修宫堡九百九十九所。连红山顶上一所，共有千所。诸宫堡皆严饰以铃铎拂尘，珍珠宝鬘，缨络流苏，极为华丽，堪与帝释宫殿媲美。王与王妃宫室之间，有银桥铜桥作为联系。诸宫顶上，竖立锋利刀枪，约一千支，上系风幡，随风飘动。四方四门，复有四阁。此等阁门能将四邻财帛受用，自然摄入其内。宫外挖掘跑马走道，约深二庹，宽十八庹，长三百庹。道上铺设木板，板上布之以砖。若纵马砖上，一马奔腾，即有多马之声。

（选自《西藏王臣记》，第二十页）

文成精于星算风水之术，审观藏土地形，乃女岩魔仰卧之状。心知若能迎觉阿佛像供龙宫顶，则可镇压之。遂即就其处，暂置佛像，四方竖立四柱，周围张悬绫幔，无间演奏伎乐，如乾达婆琵琶之音，以供养释迦佛。……（赤尊对文成之才能心生妒嫉）伦布噶乃劝赤尊曰：公主精于博庚算经，若欲修建佛宇，可以请教地脉风水之情，故使与藏王相见为宜。赤尊从之。

（选自《西藏王臣记》，第二十五页）

（约8世纪）（堪布）领沙弥共来静室，详告以如何截割尸舌之法，并嘱云："舌将变为黄金宝剑，若得此剑，则可随意飞行，此剑归我，尸体变金，以金酬汝。"……沙弥得剑，投掷空中，飞至须弥山王边际，详觇须弥山形与四大部洲，暨各方隅小洲，复将宝剑还与外道。沙弥取尸所变黄金，作为资具，乃仿须弥四大部洲及各小洲形状，修建欧丹达布梨寺，其寺世罕其匹。堪布（静命大师）则言今当仿照此寺修建。遂于善行年，即壬寅年，于此清凉雪山围绕之草原中，奠定吉祥桑耶永固天成大寺之基，作为一切众生最胜培福之田。

（选自《西藏王臣记》，第三十八页）

（赤松德赞）仿照须弥山形起修（桑耶寺）大首顶殿，与及四大洲，八小洲；仿照日月修上下药叉殿；并修铁轮山之围墙，四隅之舍利宝塔，四门之石碑等。藏王三妃亦各建三殿。

（选自《西藏王臣记》，第三十九页）

（吐蕃时期）历代先祖所修建之佛宇，承侍供养，常加修葺。并新建一大寺，下三层用石建造，中三层用砖，上三层用木。每层之飞檐、殿门、墙砖，与及流苏璎珞等皆穷极妙严。大寺金顶为风鼓动，则如同伞盖旋转，又如无尽空中现出希有云发。同时赞颂之声，犹同雷鸣，震动诸方孔雀之耳。此寺（吴祥多神庙）即吴祥多无比吉祥增善大伽蓝。[注：《世界广说》载江地对面河水南岸（东）有法王赤热巴坚所建之吴祥多神庙]

(选自《西藏王臣记》，第四十八页)

底邦噶热室利咱那①者乃已得成就之大德班智达……对佛教正法宝幢之大德，能以苦行精进作为侍奉；且著有共不共诸种明处之坚铠，故能高竖贤明功德之云裳白幡，而飘扬于三有之顶首。

(选自《西藏王臣记》，第五十五页)

注释
① 底邦噶热室利咱那：梵语，译言吉祥燃灯智，为阿底峡尊者的法名。

（吐蕃王朝分裂时期）阿伦美曾供金书"甘珠尔"大藏经。阿伦美子日鲁美，曾用白银四十锭铸造药师八像；于拉萨大昭寺供造黄金殿顶。

(选自《西藏王臣记》，第五十七页)

（13世纪左右）元帝先后数次出语，令藏地僧众惟奉萨迦一派，余宗禁之。卓贡·八思巴请仍各从所信。帝乃降诏曰："尚师之言如此，其各自奉本宗，并为朕祈福。"继后由卫藏各地送来捐献甚多，本钦·释迦桑布则用以书写《金光明经》，并铸释迦能仁大像，为内所依处；修建大金塔，为外所依处。不久，尚师返回萨迦，又修建吉祥多门之金塔；在外围七座白塔之上，铸造溜金伞盖和溜金法轮；萨班金塔之上，制供金顶，还用金汁书写佛经二百余函。后因皇帝（元世祖忽必烈）累派来使，促驾返京。师（"本钦·释迦桑布"八思巴大师）途次吉热寺，览其殿堂之盛，遂赞之曰：人有侍者如此，堪称贤能。由此语故，本钦·释迦桑布遂仿照该寺规模，令人制图，调动十三万户人力，修建拉康钦摩萨迦大寺。

(选自《西藏王臣记》，第六十四页)

（萨迦政权时期）卓贡圆寂后，（大师近侍达玛迅鲁）遂被选为贡塘两寺住持，彼继续修建外院之长廊及护法堂；内院之吉祥放光灵骨塔；以及续修大宝佛塔等未竣之工程。

(选自《西藏王臣记》，第六十九页)

（萨迦政权时期，贡塘寺）噶德曾招汉土善巧匠师，修建寺宇中院，铸造金顶及金檐瓶等。所有殿堂及佛像宝塔，营构建造，均极精美。……噶德有二子，长子仁钦僧格，幼子门朗多吉，曾修建拉萨之八角；装盖扎拉鲁浦之金顶及觉阿佛与大悲观音二圣宝殿之金顶；造大宝塔之宝顶；书写"甘珠尔"大藏经；于卫林寺中建光明神变殿等，所造至上善业，为数甚多。

(选自《西藏王臣记》，第七十页)

（帕木竹巴政权时期）卓卫贡布去世后，其灵骨塔，用诸宝镶嵌，修建于贡日噶布宫。京俄·扎巴炯乃任提寺座主。

(选自《西藏王臣记》，第九十八页)

（帕木竹巴政权时期，大昭寺）顿朱杰布之弟为第巴·扎西饶丹巴……彼（第巴·扎西饶丹

第二编 建筑

巴）于甘丹寺银塔献珠宝作门严；修造拉萨神变殿之金顶；于仁钦岗寺内建立智王法称论师宗规之讲学院等。

（选自《西藏王臣记》，第一百一十七页）

[火蛇年（1677）三月十一日] 贡钦布为了佛法在日浦法座所建的镏金铜瓦铺盖的屋顶完满建成。

（选自《五世达赖喇嘛传》下册，第二百四十三页）

康萨活佛把绛孜曲杰的职位献给他后，他（洛桑却吉坚赞）在甘丹寺宗喀巴大师银质宝塔上建立了金顶，造型优美。

（选自《格鲁派教法史》，第一百零二页）

新造（大昭寺）释迦牟尼佛殿的座垫、靠背，上面用白银装饰，制作《药师佛经仪轨》所说的天众图，殿顶造金顶，用去黄金二千九百三十二钱、白银七千二百五十两、银水一千七百七十七两、铜官秤一百三十九克，以及白锡、锡合金、乳香、匝底、各种珠宝，富丽豪华，不可思议。

（选自《格鲁派教法史》，第三百五十三页）

（1728年，今青海省同仁县境内）当时，普通百姓也有佳梦相告，说其（嘉木样·贡去乎晋美旺波大师）父的府邸像宝幢形状，雄伟壮观，庭院中央有座映照日月光芒的金塔，这些是出现祥瑞良缘的奇特征兆等等，不一而足。

（选自《拉卜楞寺志》，第四十页）

[水牛年（1793）] 在他的（第二十任法台·阿莽·贡确坚赞）敦促和带领下，苏尼嘎居·扎西南杰出资修造了有一人之高的大威德本尊主神像，苏尼洛桑俄仁巴出资修造了胜乐主神之像，其规格同于前者，内装经藏后置于殿内。进而又动员图麦方面的有关寺院，让他们也为密院做出贡献。于是，捐献了一对宝幢、一幅屋脊宝顶，置于该院殿顶，今尚可见。……他配合当时的喇嘛领经师，以牧场提供的物资为基础，完成了经堂内殿的扩建工程。他着眼于寺院建筑群的风格，拟修一幢四层楼阁，为此向各地施主进行募捐活动，先后总共募集到三百余两白银。

（选自《拉卜楞寺志》，第四百九十页）

据说上一世尊者生前，曾托擦科·加样哲华法师给现世灵童父母带去本尊护金刚橛等礼品，嘱备两面鼓，这些器物现收藏在大寺佛殿。还为小金地方的扎西曲岭寺大殿新顶捎去刹式宝瓶、胜幢等法饰，此举昭示了尊者将在此地降生的各种兆头。三世嘉木样大师认定久美哲华嘉措为转世灵童，于藏历火马年（1846）氐宿月上旬"三重节"之日，迎请坐床。

（选自《拉卜楞寺志》，第四百四十三页）

（第十九任大法台贡确德庆）曾随二世嘉木样大师赴内地传法，悲心具足，说法巧善，僧俗共仰。返回拉卜楞寺后，主持修缮了密宗学院的经堂，新建了厨房，添置了大锅，同时修建了护法神殿及其殿内的全部神像，为密宗经堂内添置了水绢、华盖、法器等。在拉卜楞寺对岸的鼕茶山上修筑了简陋的小屋，闭户静修过一度时期。后因为"此地不宜建房"的预示而离开。

（选自《拉卜楞寺志》，第四百零七页）

乾隆十一年（丙寅）六月戊子（1746年8月10日）

大学士川陕总督公庆复奏："瞻对已平，贼首歼灭。现在清除余党，招抚逃散，次第就理。大局既定，善后为急。恪遵节次谕旨，详查地势，熟察番情，筹画善后事宜数条：……定禁以防负固。班滚所恃者战碉坚固，高至七、八层，重重枪眼，藉为战守之资。今俱檄饬拆毁，惟留住碉栖止。嗣后新定地方，均不许建筑战碉，即修砌碉房，亦不得高过三丈，违者拆毁治罪。其邻近良善土司，旧有高大碉楼，原以防外寇而严守御，相沿已久，不必一例禁遏……"

（选自《清实录藏族史料》，第五百五十六页）

乾隆十一年（丙寅）十二月丙子（1747年1月25日）

兵部等部议复："大学士管川陕总督公庆复疏陈瞻对善后事宜：

……

西北垒石为房，其高大仅堪栖止者，曰住碉，其重重枪眼高至七、八层者，曰战碉。各土司类然，而瞻对战碉为甚。请每年令统辖土司差土目分段稽查，酌量拆毁。嗣后新建碉楼，毋得过三层以上。仍令年终出具印结存案。

（选自《清实录藏族史料》，第五百六十七页）

乾隆十三年（戊辰）八月庚子（1748年10月10日）

经略大学士公讷亲、川陕总督张广泗奏："党坝一路，于闰七月二十三日进攻康八达，烧耳碉一座、平房八间，枪毙贼番百余人……"

（选自《清实录藏族史料》，第七百八十三页）

乾隆十三年（戊辰）八月丁未（1748年10月17日）

谕曰："班第现署四川巡抚，进剿大金川军营粮运事物紧要，著兆惠即速驰驿前往办理，班第所带钦差大臣关防，著交与兆惠。……乌尔登前在马奈夺贼四卡，调赴卡撒右梁，连克水碉、三层碉、双碉等处。萨音图前在甲索未久，调至卡撒，攻击双碉二座山梁，亦与乌尔登同办……"

（选自《清实录藏族史料》，第七百九十五页）

乾隆十四年（己巳）正月辛未（1749年3月10日）

谕军机大臣等："金川撤兵一事，前两次召诸王、满汉文武大臣，示以朕前后所降谕旨及军营奏到情形，令其各出所见，具议以闻。……殊不必更为此虑矣！且据守备杨自功、周郁称：'贼寨周围，约三、四里石墙，七、八尺多厚，四、五丈高。内有碉房十余座'等语。如此坚碉，岂易攻克？无论沿江仄径不能直抵贼巢，即使竟达刮耳崖，将坐困石城之下，进退无据，更不知成何等大不顺意之事……"

（选自《清实录藏族史料》，第一千零二页）

乾隆四十一年（丙申）正月辛卯（1776年3月8日）

谕军机大臣等："阅阿桂等进到所克雍中喇嘛寺图样，形势颇觉可观，此系番地最大庙宇，其材料装饰有用者多。今剿平番境，设汛安营，此等寺庙即另招喇嘛居住，亦无须过于华丽，倘概行毁弃又觉可惜。莫若拆运来京，择地照式建盖，以纪武成盛绩……"

（选自《清实录藏族史料》，第二千七百六十三页）

乾隆五十三年（戊申）十二月己亥（1789年1月7日）

谕军机大臣等："从前驻藏大臣所居闻系三层楼房，楼高墙固，即偶有意外之事，易于防守……"

（选自《清实录藏族史料》，第三千一百六十五页）

（嘎托巴去拉达克时）按拉摩大梵天护法的预言，为了佛教兴旺、众生安乐，于拉摩、尼穹、桑耶、噶哇栋等处安立四种佛幢，幢顶具虎、猴、雕、狼等之头形，献锦缎佛幢及九折幢，撰赐授权、祷告文。

（选自《七世达赖喇嘛传》，第三百零二页）

［木阴猪年（1755）氐宿月十五日，群科杰寺］特的噶丹颇章寝宫和噶蔡的三护法殿殿顶各立有屋脊宝瓶一个，因历时太久，是年新换四个铜制的镀金宝瓶。

（选自《七世达赖喇嘛传》，第三百五十页）

菩萨王因陀罗的历史：在邬坚国的一个舒适安静的城市中，有一座富足、优雅的宫殿。因陀罗就在此宫殿内沉浸于享受五欲之欢乐中。

（选自《直贡法嗣》，第八页）

米拉尊者（至尊米拉日巴）遵从师命，在东西南北各山头修了圆形或三角形的碉房，可是每次修到一半，上师又让他拆下，并把土和石头运回原处。此后，上师又让米拉尊者修建四方形的顶如长颈瓶的九层色喀古托。

（选自《直贡法嗣》，第四十页）

至尊仁钦白（觉巴·仁钦白）并向他请求传授居士戒。建寺时，拔拉供来白土，索热供来红土，德仲地母供来不用配制的泥墙灰土，曲彭龙王供来水。

（选自《直贡法嗣》，第七十一页）

（直贡寺僧众数量大大增多，但有部分人认为寺院无法容纳如此多的人。对这种态度有不同看法）正如十二头陀行所说："住树下，随处坐。"只要有能容纳一人的薄石片房和茅棚，即可进行修持，甚至在树下，在岩洞内，在土崖下的洞穴，在崖窠等处也可以舍弃此生，持守头陀功德而修行。那时并没有象现在这样舒适的享受和丰厚的物质条件。……

因为没有真实意义的琐事多，至尊仁钦白心生烦恼，心想为修习了义法，开辟殊胜的修行处。为此秘密来到查乌，建造了外形相似人体左右中三脉的大殿，当时出现了不可思议的奇兆。尤其是其中有称为禅定洞的内寝洞，四处飘溢着戒律异香，结构奇特优美。另外，把一些人造的和自然而成的小洞确定下来。至尊在多吉洛噶尔（金刚侧壁孔）洞中说："这洞太狭窄了"。起身用后背推开，洞壁上留下袈裟下摆凸出而身体碟手凹进去的印迹，非常清晰；用手杖戳开洞窗；象捏泥巴一样抓捏洞壁，在岩壁上捏出悬挂资具的石橛子；还用手挖掘出能容纳一大网袋东西的岩石槽。

（选自《直贡法嗣》，第七十九页）

（直贡第三任主持京俄·迥仁波且四十六岁时修建直贡寺）殿顶为上品纯金所镀黄铜宫式屋顶，塑有无数金瓶，造型精巧美观。修建速度之快，超乎凡夫意料。

（选自《直贡法嗣》，第一百页）

至尊（京俄仓解巴）所培养的体证正道的禅师，遍布各地。此年，修建了七宝吉祥塔，其面积特大，造型精美，并给予开光。直贡寺属下的不可思议的徒众，大部分都是持守断绝言语、泥封闭关的戒行者，至尊本人亦经常潜心于专意修持，需要开示的密法也是洞门垂挂帘子来讲说。因此人称仓解巴仁波且（闭关修宝）。

（选自《直贡法嗣》，第一百零六页）

（仁钦白曾留遗言说：不要在平地修建形如藏升的寺庙，庙上不要竖四条宝幢。）当迥仁波且准备在直贡寺内修建神殿时，掌管政务的贡巴·释仁向迥仁波且诚恳祈请，于是在平地上修建了形如四方的藏升之大寺庙，并在庙顶四方竖立四条金铜宝幢。违背了至尊仁钦白的遗言。

（选自《直贡法嗣》，第一百零八页）

（尼结巴仁波且入法界，这位至尊广作丧葬法事，在直贡寺讲听佛法，所作事业广大无边。）以诸宝物建造了绘有二千三百尊神像的尼结巴仁波且的吉祥灵塔，造型精巧美观；为神殿作金顶飞檐和屋脊宝瓶等，并给予开光。为了把卫藏地区的众化机引入成熟解脱道，率领五百多名徒众前往吉祥萨迦等年堆地区，转动诸多法轮。尔后返回直贡次乌卡德丹殿。

（选自《直贡法嗣》，第一百一十七页）

[至尊（觉巴仁波且）于水猴年（1752）二月起，让众匠用金铸造了以金刚持到历代直贡法嗣诸师承及本尊护法诸神像，于1753年完成] 请住于曲科多吉宁波（法轮金刚心）殿。用金银铸造了天降塔、聚莲善逝塔、吉祥多门塔，塔身高于以往所造塔，其上绘有胜乐六十二尊，因缘殊胜；铸造尊胜塔以代替涅槃塔，其高度造型等与以上诸塔相同；用金铜铸造了大佛位于中央，有无量光佛和普见佛在左右的佛像，有靠座，高一层楼，于木狗年（1754）角宿月（三月）内顺利完成。

（选自《直贡法嗣》，第二百四十五页）

多尔吉拔姆宫，在羊卓白地海中，自拉萨西行半月，海中有山，上建寺，极宏丽，有瀛洲，蓬岛之迹。寺内乃女呼图克图多尔吉拔姆所居，云北斗之精化生。昔牒巴三节乱藏时，化猪遁去，藏地呼猪曰拨，故名。色拉寺，召北十里，依山成势。碉房层楼，参差高耸，围墙如廊。内金殿三座，圆亭数处，达赖喇嘛岁至讲经一次，寺有掌教呼图克图主之，喇嘛约四五千众。

（选自《西藏志》，第十七页）

招拉笔洞寺，布达拉之西南，竦起一峰。其南山生下为藏之峰，山北去布达拉里许。中建一塔，下通西行大路。其山上层楼西四起，为有行喇嘛坐静处。其寺内喇嘛，多业歧黄。

（选自《卫藏通志》，第一百三十二页）

大招寺（大昭寺）……西藏第一番王传七世，至曲结松赞噶木布（原书注：唐书作弄赞赞普）迎唐公主。又差头人伦布噶尔迎巴勒布王鄂特巴尔郭恰之女拜木萨为妻。唐公主（文成公主）带来释迦牟尼佛像，拜木萨带来墨居多尔济佛。白木萨欲修庙宇，藏王（曲结松赞嘎木布）择地与修。唐公主卜算藏地形势，乃妖女仰面之象，拉撒海子乃妖女心血，是为海眼。须将海眼填塞，上修庙宇，如莲花形；将四围风脉更正，如八宝联络，乃得吉祥。藏王遂与工将海子四面用石堆砌，海眼中忽起五色霞光，现出石塔三层，用石抛击，然后用木接盖，空隙处镕铜淋满。海眼始平，藏王又虔视神佛。欲将邪气镇压，在昌诸、销啰伦塔、堆阳四地方接连地脉之处，建寺一百八十座。时有龙王现洋般式样，用石堆砌，大昭始成。相传至今，一千八百四十余年。其地有拉撒，内坐东向西，楼高四层。上有金殿五座，阑干殿宇，皆系铜底溜金、宏敞壮丽。中殿供奉释迦牟尼佛，乃唐公主自中国铸请来者，左廊有唐公主、藏王松赞噶木布（松赞干布）巴勒布王女拜木萨之像，其内神佛万计。中殿供奉万岁御座，香花然盏，四季长辉。楼顶东南隅有拜拉穆殿，神灵显赫，番敬畏之，内藏上古军器，鸟枪长八九尺至一丈者，与今之九子炮同，弓鞬箭袋亦甚长大。大殿内有明万历时太监杨英所立碑一座，前壁上绘唐元奘（玄奘）法师求经师弟四人像。门外有唐番和盟碑，高约一丈五尺，宽约四尺，厚约三尺，两旁刊有大臣太宰尚书等字迹，并留（原书为"牛"疑误）僧儒姓名。碑侧古柳二株，老干蟠屈若龙虬，相传植自唐时云。

（选自《卫藏通志》，第一百三十三页）

小昭寺，大昭寺北半里许，番名喇木契，坐西向东，楼高三层。上有金殿一座，亦颇壮丽，乃唐公主所建。因唐公主悲思中国，故东向。其门殿内佛像，名墨珠多尔济，又有释迦牟尼佛、弥勒佛诸像。或云塑像内有唐公主肉身，座上书"默寂能仁"四字。其南即颇罗奈旧宅。

（选自《卫藏通志》，第一百三十四页）

察木珠寺（原书注：俗名昌诸寺），藏王曲结松赞嘎木布修立大昭之时，赴雅尔咙等处，见一小海子，内有蛇妖五首。欲将海水戽干，上建庙宇。遣觉拉化为鹏斩之，海水尽赤，水遂消。乃于其地修建庙宇，供奉桑堆佛十九尊。其一尊乃不上自成之像，上建五塔以镇之。又塑佛母伊与科尔洛像、罗金褚旺像、苍巴洞托尔足像，又修极乐寺、弥勒寺，相传至今一百四十余年。

（选自《卫藏通志》，第一百三十五页）

色拉寺，拉撒（拉萨）北十里色拉山。宗喀巴在色拉曲顶居住之时，观其地可建庙宇。其弟子甲木庆曲结沙克伽伊喜，明时，入中国为禅师，赐物甚盛。回藏后，宗喀巴令其在色拉建立大寺。所供佛像，系由内地带檀香雕刻释迦佛、十八罗汉及诸佛。又修上下札仓（札仓铎言僧房也），嘉庚、赞仲、钟顶小寺四所，招喇嘛居住。其寺依山势建，金殿三座，层楼高耸。达赖喇嘛亦岁至讲经。寺中一降魔铁杵，长不足二尺，头如三棱铜。一头如人头状，番语呼为多尔济。相传建寺时，自大西天飞来，其寺堪布珍之，番人必岁一朝供。

（选自《卫藏通志》，第一百三十五页）

布赖蚌寺（原书注：俗名别蚌寺），拉撒西二十里。前临大道，后依山岩。宗喀巴之弟子札木阳曲结札什巴尔丹，在聂鸟地方居住之时，梦神人语此地宜修寺院。赐予五千徒众，并现出无量水泉数处，觉而告其师宗喀巴，乃令修寺。其时即有聂鸟富民那木喀桑布出资布施，修建庙宇。又旺固尔山起出海螺，赐予弟子札木阳曲吉札石巴勒丹。殿宇修像甚盛，其修郭莽、洛赛岭、结巴、沙谷尔、独瓦、得洋、阿克巴等七处札仓。

（选自《卫藏通志》，第一百三十六页）

噶勒丹寺（原书注：俗名甘丹寺），拉萨东五十里噶勒丹山。宗喀巴先在大昭率众喇嘛攒昭诵经燃灯。众喇嘛求立寺院，宗喀巴乃手举金刚菩萨云。宜在旺固尔山创建，遂造大经堂。内塑桑堆（即阴阳佛）、德木楚克（即安乐佛）、多尔影佛像。又修沙尔孜、江孜二处札仓，以供众喇嘛栖止。相传至今有三百八十余年,其形势与布达拉略同,其经楼佛像、幢幡、宝盖、华丽与大小昭相似。乃宗喀巴坐床之所。示寂于噶勒丹寺弥勒佛前,为黄教发源之地,有黄教堪布喇嘛主之。

(选自《卫藏通志》,第一百三十六页)

木鹿寺,大昭之北,小昭之东。楼高四层,亦颇壮丽;经堂佛像,亦甚整齐。为西番僧人习经之所。西有经园,刊布三乘经文,颁行各处。

菊噶木寺,俗名菊冈寺,毗连经园。楼高三层。为蒙古僧人学经之所。

噶玛霞寺,即垂仲殿,大昭东半里许。寺内塑神像,狰狞恶煞。内居护法,乃喇嘛装束,仍娶妻生子。世傅其术,即中华之巫类也。每月初二、十六日下神,头戴金盔,上插鸡羽,高约二三尺。穿甲,背插小旗五面,周身以白哈达结束。足穿虎皮靴,手执弓刀,登坐法坛。凡人叩问吉凶,讬神言判断祸福。

(选自《卫藏通志》,第一百三十七页)

[木兔年(1795)三月]十五日,(八世达赖喇嘛)唪诵《十六罗汉的供奉仪轨》。为萨嘎达瓦节,赐噶伦等贵族们摩顶加持。这时为佛教众生的安泰着想,达赖佛爷转动十三法轮,为世间幸福圆满吉祥之发展,举行旺盛的火供仪轨。那时由于雨水稀少,因此亲临潘德拉康寝殿,向金灵塔为主的诸内供物作佛身沐浴的祈请仪轨,于是天空立刻降下一阵大雨。随后又亲临龙王殿与诵经仪轨近侍喇嘛阿里活佛和侍读喇嘛们一起举行向密教三部修持皈依的祈雨法事。于是密宗事部三怙主作幻化施恩,不久便降下大雨。这样,达赖喇嘛亲手绘制用于拉萨四周密宗事部三怙主大旗(杆)顶上装饰球体内供物的护佑地方大白伞法轮等,并进行刻印和修念,然后把印制品发给每个人后,以前稍有流传的传染病等就此断除了。

(选自《八世达赖喇嘛传》,第二百一十六页)

这时(佛像和经咒的开光仪轨),为了今年[土马年(1798)四月]顺利塑成佛像而献礼以及为甘丹颇章的政教名誉更进一步提高,需要赞颂战神的权威,遂在与之相关的乃穷角楼南瞻部洲寝殿的楼顶左右两边竖立十三棍杖高的金铜胜幢。此事交给近侍塔布堪布和部分侍读前去办理。在此地方还作了经咒装藏和法轮安置。

(选自《八世达赖喇嘛传》,第二百三十六页)

由六辈达赖喇嘛仓央嘉措主持修建绘制的神变大昭寺屋顶四周金、铜彩绘的四方形飞檐、镀金屋顶,以及下面的法轮图、六道众生图等,由于雨淋虫蚀和年深日久等原因,木头腐烂,剥落残缺,必须进行修缮。

(选自《九世达赖喇嘛传》,第九十八页)

[木猪(1815)新年]
近看水晶山前,
山尖高耸入云。
鸟儿也难飞越,
缓坡就此一处。

如诗所云,在具备所有大山优点的布达拉红宫之顶,外表仪态纯净,内如空乐二级天神瑜伽行

第二编 建筑

之持明龙跃般，前往任密宗行者之王，完成迎请三界主母、供施、酬忏、赞颂、食子护供、诵吉祥词等，祈祷保佑佛法、众生福德不断增长。依次朝礼各圣地，献哈达祈祷。以喜供云之礼接受南卓林巴、代本阿沛巴等按例敬献的新年食物供，为其摩顶，发愿保佑众人。

（选自《九世达赖喇嘛传》，第一百二十页）

观世音菩萨的宫殿布达拉宫内有号称为南瞻部洲惟一庄严的五辈达赖灵骨宝塔，从上中下三层楼中均能瞻仰。

（选自《卫藏道场胜迹志》，第三页）

（圣教在多麦地区弘传情况，西夏与吐蕃的交流）……据说，热堆察冈（今四川康定、九龙、木里一带）等地也属于西夏云，西夏的第五代国王太和曾迎请噶玛堆松钦巴，但他没有接受邀请，派格喜藏波作为代表前去，这位国王曾给粗朴寺的具祥哲邦宫大宝塔寄去鎏金塔身及华盖等。他的世子就是西夏嘉果云。过去，当修建西藏桑耶寺时，为了调伏残暴天魔，堪布（静命）曾指示："东方木雅噶（西夏）乃多闻子（毗沙门天）的地方，有一位叫做噶瓦·多吉云努者，乃是多闻子的化身，如把他请来，甚为佳妙！"

（选自《安多政教史》，第二十五页）

（青海蒙古诸部首领的历史，察哈尔的俺答汗汗王在青海湖畔谒见第三世达赖索南嘉措圣者）在供施双方会晤的地方相定土地，召集汉族的能工巧匠多名，在恰卜察①修建恰卜察大乘法轮洲寺②，在佛殿中供奉三世诸佛、圣喇嘛③及圣者的塑像；左右及前方则为大威德殿、观音殿等，均为十六根柱子的大殿；各殿之间，又有菩萨殿、夜义殿二处，皆饰以白琉璃、经幡等；前方之左右两旁建有小寝宫——光明宫及大乐宫，所有屋脊等等装饰，均采用汉式，寺外绕以三重围墙。寺殿落成之后，举行盛大的开光仪式，及进行和平、兴盛、权势、威猛④四种护摩（烧祭）。仿照七试士之故事，由汗下令对以三名王族子弟为首的百多名僧人予以剃度。这个地区的神鬼等都公开显现，前来听经。汗王把他平日供奉的罪业之神，用四面怙主的护摩方式，予以火化。汗王给圣者上"遍主持金刚"的尊号，圣者给汗王授以喜金刚的灌顶。土兔年（1579），建立神变祈愿法会，从天母施食中流出了甘露，汉、藏、蒙的人们虽尽量享用，不见罄竭。据说五世达赖喇嘛前往内地途中，曾沿察罕托罗海至巴彦淖尔和恰卜察神殿的附近，然后由此前往阿里克温泉云。虽有这种说法，但现在好象没有这个寺庙。

（选自《安多政教史》，第三十六页）

注释

① 恰卜察：《蒙古源流》作察卜齐雅勒，即今青海省海南藏族自治州恰卜恰。
② 恰卜察大乘法轮洲寺：即《明史》上之仰华寺。
③ 圣喇嘛：指宗喀巴大师。
④ 威猛：亦译作息、增、怀、伏四业。

（湟水北部地区政教发展情况，德庆曲林）曲吉尼玛尊者于前一世尊者见到忏悔佛圣容的寝宫墙壁上，装嵌着千尊阿閦佛的塑像，佛像间隙中则镶嵌着观世音普渡六道众生的传说塑像；约八岁儿童身量高的三十五尊佛的香泥塑像，并新建了大经堂和上下两方的佛堂。依怙神殿里供着一人身量高的吉祥怙主站斯的身像和四尊明妃像等。还有甘珠尔经堂等的许多净房，里面陈设超殊，有画像和塑像及各式各样的供器等等，还安置着比丘的卧具和茶食的费用等。尊者亲自为这静修庵做了开光安神仪轨，并命名为德庆曲林。整顿了祈愿法会、坐夏诵经、五供、二十九日施食祭、送神施食祭、期供等的诵经传统，特别规定圣教永远永远昌盛期间，不论何时，每月要进行两次金刚瑜伽母的修习供祭。凡曼荼罗所需的资具，用绸缎、金银等所做的祭祀用具、鼗鼓、铃等灌顶法器，等等瑜伽用具，以及跳神用的服装、骨饰等的质量都比较高。在四季曼荼罗修习大法会及阴历十一月廿五和正月、四月、七月等各月的初十日举行列队跳神供养仪式。跳神者服装、骨饰等须按规定穿戴，按照各个不同的时期，拿上供器起舞奏乐，踏着舞步向坛城左转巡礼后在前面站立，司仪轨者按照各个不同的时期献上供品，举行十六明妃舞及金刚曲等。舞曲韵调和手印必须按传统及有根据的规定进行。凡跳神者的舞步，奏乐者的长号、哨呐、鼓和铙钹等的吹奏法，行茶僧的供品和施食的陈设法，会供器物摆设等等都由尊者亲自教授。……距此不远的地方，从前噶玛·饶悲多吉曾长期居住并予以加被，左右山岩上有酷似大自在天夫妇的生殖器官直接突出的岩石等，是具有续部里称赞的修习瑜伽相的修行处，端珠庄园寝宫中有邬金林庭院，它的附近有悦意兴法林苑，周围树林环绕，林中间杂着草地、假山，中间是一处清凉大湖，湖边滩头和山洼间生长着各种花草树林，其间还有多处千姿百态的殿宇、楼台、稀奇地茅屋，还有名为大乘法阁的殿宇、寝室等建筑群。

（选自《安多政教史》，第八十一页）

卓尼大寺噶丹谢珠林（兜率讲修洲）亦名定增达吉林（禅定兴盛洲）。当卓尼土司贡玛江梯的时候，众生怙主八思巴法王被蒙古彻辰汗敦请前去。

（选自《安多政教史》，第六百零九页）

如是"玛波日"（赤山）上，"墀尊"所建筑之"红色宫"，其顶上以箭矛等装饰，民众即依彼为样本建筑"赞"之住址时，亦作为有箭矛等壮严之"红色碉房"及建"拉则"（山顶之石堆。注：即山顶通道处，磊石作堆，上插锦旗"塞多区并插箭"在谒寺回路及寺前，崖象前等处）等，总之，"赞"及"赞波"二者之服饰、宫殿、头巾、旗帜等，似皆为红色。

此"红山宫"（布达拉宫）建筑的详细样式，在"大王教命集"中载有明文。现在求彼宫殿一极可靠之图样厥为"布达拉"山顶宫中，东廊之壁画、第五世达赖所著之"拉萨目录"中说此宫中有一旧图，现在虽被烟熏垢染，已不甚明显，然彼时必尚可见，必是以彼为蓝本也。诸史书中，又说彼宫殿被汉兵焚毁。然中国诸史书中皆无汉兵进藏之记载。

但与"惹罗"等同时之"琼波"智者名曰"札色"曾住"布达拉"宫中，讲说因明，藏史对此，曾有记载。因此，此布达拉宫，后时似为寺院之形相。诸古昔传记中有说：法王当时所住之宫殿、为"十一层白宫"约在未建成现在宫殿之二十年前，有曾到过西藏之边地人，名"君古贝尔"者，依自己所目睹之布达拉宫，仿绘成图，其所绘之宫殿，亦有多层，并有城垣周边围绕。又所传之"颇章隆粗"（宫名）"旁塘"（地名）之"康摩伽"（宫名）、及"札玛珍桑"（宫名）等，其建筑形式为如何？则均无史料可考矣。

（选自《白史》，第十一页）

凡与佛法有关系之西藏规律，似皆可在印度寻彼最初之根据，譬如建筑拉萨之大昭寺时传说四角都有"永仲"纹，立柱皆作橛形。余在印度朝礼一己北倾之古寺时，亦见彼寺之四角，皆有"永仲"纹，立柱亦皆作橛形。非但这一切装饰结构均相同，甚至彼等柱量之大小，与吾人现在"觉康"之立柱，似可互相更换使用。以是"巴窝祖陈"等人，说拉萨大昭寺，是以"毗礼玛户罗"之佛殿为蓝本，而建筑者。此说似属真实，总之，此大法王：能以世法益一生，能以佛法成二利。能以三世安乐施，丰四部财富藏界。

(选自《白史》，第五十八页)

[乾隆五十七年（1792）四月辛丑］谕军机大臣等：……尤不可因贼匪并吞部落较多，稍涉迟疑，或致馁我士气也。又据奏：'上年贼匪滋扰扎什伦布时，各喇嘛俱已逃散，贼匪一至庙内，玛木萨野即在（五世班禅）班禅额尔德尼静房内居住，大小头人，分据各处，将庙内物件及塔上镶嵌肆行劫掠，金银佛像抢去大半，间有被毁者。"贼匪在扎什伦布如此肆行作践，其造孽甚重，自必速取灭亡。

(选自《清代藏事辑要》，第二百七十七页)

选址与布局

（隋朝时昌都地区的东女国丧葬和起居房屋建设介绍）东女国，西羌之别种，在雅州西北。风俗宽缓，人性驯良。其主及诸官皆奕叶相传。十一月为岁首。死者墓而不坟，竖为标记，无丧纪之礼。所居起重楼层屋，王至九层，国人至六层。

（选自《册府元龟吐蕃史料校证》，第二十页）

（文成公主授以尼妃建造神殿良策）"若要修建神殿，先要镇妖伏魔。应在龙妖出没的必经路口镇之以白塔；在西北面铁围山下的女妖寝宫洞口，镇之以岩神怙主像；在惹冒切的龙王畏怖殿，镇之以世尊佛像；在东面黑罗刹逞凶的沙滩上，镇之以大自在天阳具塔。此外，还要对水怪地煞镇之以海螺，对黑蝎地煞镇之以大鹏，对黑魔地煞镇之以红塔，对大象地煞镇之以雄狮。当所有这些镇妖伏魔之事均告完成之后，再用山羊从澎波运来土石填平卧塘湖，然后方可在其上修建神殿。"

（选自《柱间史》，第二百一十三页）

（松赞干布与文成公主商议堪舆之术后，发现需在"四如"修建神殿镇伏罗刹女的四肢）于是，赞普又变幻出众多工匠，在乌如建噶采寺，置二十一居士道场以镇罗刹女右肩；在禾如建昌珠寺，置八大星曜道场以镇其左肩；在也如建藏章寺，置四大天王道场以镇其右髋，在运如建准巴江寺，置喜金刚华博央智巴道场以镇其左髋。以上为建造在四如的四佛寺。

（选自《柱间史》，第二百三十一页）

赞普松赞干布在尼妃赤尊填湖建寺屡屡遭毁期间，为镇压罗刹女四肢关节，在四如的四面八方以其变幻神通修建了昌珠寺、空塘寺、崩塘寺、冲仲巴寺、大威德寺、乌如噶采寺、札登则寺、隆塘度母寺、工布布楚寺、仓巴朗伦寺、卓盖札寺等一十二寺。随后，赞普陛下这才幻化出数千化身工匠，七天七夜之间便将拉萨幻显神殿（下殿）建成，尼妃赤尊也终于梦想成真。

（选自《柱间史》，第二百四十七页）

王妃赤准（即泥婆罗赤尊公主）很想修建寺庙，但不能如意地兴土动工。经仔细观察发现藏土地形如罗刹女仰卧的形状，须要镇伏。于是在魔女右肩上，修建了嘎察寺，左肩上修建了察珠寺，右足上修建了章丈寺，左足上修建了仲巴江寺。这即是四翼四大寺。又在右肘上修建了贡布布曲寺，左肘上修建了脱扎空厅寺，右膝上修建了噶扎寺，左膝上修建了扎冬哲寺。这即是四隅四镇寺。又在右掌心上修建了江察地区的弄伦（意为镇风）寺，左掌心上修建了康区的登隆塘度母寺，右足心上修建了芒裕地区的绛真寺（意为慈云寺），左足心上修建了门裕地区的笨塘寺、坝卓杰曲寺等许多寺庙。

（选自《佛教史大宝藏论》，第一百七十页）

南日松赞与蔡邦妃甄玛脱噶所生的儿子，即是松赞干布王，他于阴火牛年诞生于不动弥勒宫，年十三岁时父亲去世，他继位执政，在位六十九年……成五位一体现观音菩萨像等。在修建大昭寺

第二编 建筑

以前，因吐蕃地方形如魔女仰卧，为镇压魔怪，修建约茹昌珠寺等魇胜寺和再魇胜寺多处。并迎请印度大师古萨热、婆罗门香噶热……

(选自《红史》，第三十一页)

由于在楚普地方贡山中的静修地见到全部脉、风、穴位，故善知全部外空星辰之择期，著历算经典，为楚普寺修建汉式屋顶和无量宫，为在浊世利益他人，故在四角建造德钦静修院，于德钦寺亲见身、语、意无别之佛，故使内、外、其他三方面无差别。

(选自《红史》，第八十七页)

(涅麦仁波且释迦益喜) 四十岁时任住持，香仁波且在世时，涅麦仁波且为香仁波且侍奉，六年后，香仁波且圆寂。涅麦仁波且为其建供像、吉祥灿烂的灵堂大佛塔、护法神殿、经堂下方走廊、耳房、汉式镀金屋顶和内围墙等。

(选自《红史》，第一百一十三页)

(吐蕃王朝时期) 王(松赞干布)与尼妃二人，至湖边草地闲游，王云："赤尊，可脱汝戒指，抛掷空中，随所降处，即于其处，修建佛宇。"于时赤尊默祷本尊。将戒指抛掷空中，忽乃裹一光团，降落湖中。

(选自《西藏王统记》，第八十页)

(吐蕃王朝时期，松赞干布化身修建小昭寺后) 王(松赞干布)复变化化身，修建镇边、重镇压肢等神庙。初为压魔女右肩头故，在补茹修噶泽不变神庙，其分寺为塞祥之格底庙①。修建此寺庙时，曾在姐罗洞②岩修法。为压左肩头故，在约茹之昌诸，修扎西降宁庙③，其分寺为赞塘庙④。修建此庙时，曾在浦莫齐⑤修法。为压右胯骨故，在叶茹之藏昌修降曲格乃庙⑥。其分寺为格仲庙⑦。修建此庙时，曾在则扎浦⑧修法。为压左胯骨故，修建仲巴江之支马朗达庙⑨。其分寺为哲庙⑩。修建此庙时，曾在江地⑪岩洞中修法。

(选自《西藏王统记》，第八十五页)

注释

① 塞祥之格底庙：在墨竹工卡境内。
② 姐罗洞：《喜筵》作姐乃顶。在乃东境内。
③ 昌诸之扎西降宁庙：昌诸见注前，"扎西降宁"译言吉祥慈爱平等，为昌诸庙的别称。
④ 赞塘庙：在乃东县协扎南面，亚隆河西岸。
⑤ 浦莫齐：在后藏。
⑥ 藏昌之降曲格乃庙：藏昌，注见前。"降曲格乃"译言菩提善住，为藏昌庙的别称。在日喀则地区南木林县香区。
⑦ 格仲庙：在南木林县境内。
⑧ 则扎浦：在南木林县境内。
⑨ 仲巴江之支马朗达庙：仲巴江，注见前。"支马朗达"译言无垢清净，为仲巴江庙之别称。
⑩ 哲庙：在日喀则西南夏曲河谷内，靠近白朗县地。
⑪ 江地：属后藏彭错林和拉孜间的一个地区名。

（吐蕃王朝时期，松赞干布）又修四大重镇神庙者：为压右肘故，在东方（白）虎头上，修建工布之步曲庙。为压右肘故，在南方（青）龙鼍上，修建昆廷庙。为压右膝故，在西方（朱）雀背上，修建降振格吉庙①。为压左膝故，在北方（玄武）黑色额间，修建乍顿孜庙，又虑此尚不能镇压，乃再修四大压肢神庙，为压右掌心故，在康修建隆塘卓玛庙，由弭约②工头领修之。为压左掌心故，在南方修建朋塘洁曲庙，由吐火罗③工头领修之。为压右脚心故，在西方白喀齐地修建蔡日喜饶卓玛庙，由尼婆罗工头领修之。为压左脚心故，在北方修建仓巴隆伦庙，以霍尔巴人贝羊工头领修之。又在东方修噶曲、冈曲、林曲④三庙，此为（对治四大⑤）和顺应择定之日、月、星吉辰而修建之也。在南方修涅郎卓庙及林塘庙⑥，修火神金仙法，为对治火大而修建之也。在西方修谷郎、兴昆二庙⑦，为守护尼藏边界，对治水大而修建之也。在北方修格日、巴日二庙⑧，为收伏天龙鬼魔，对治风大而修建之也。于修建如是等庙，获致加持，是日照之下，一切方域，无不归其所制。因之修建绕萨神变殿堂时，遂全无违缘障碍，自然而成矣。

（选自《西藏王统记》，第八十六页）

注释

① 降振格吉庙：日喀则专区吉隆县境内。

② 弭约：宋时称密纳克。

③ 吐火罗：藏人有时称居住在天山南路龟兹、库车一带的突厥人为吐火罗。

④ 噶曲、岗曲、林曲：噶曲，在扎囊县桑耶区的扎马。岗曲，在墨竹境内。林曲，在金沙江东的朵康林仓境内。古林仓地区约今德格、邓柯、石渠一带地。

⑤ 对治四大：此处系按《喜筵》增补的。对治，指对治地、水、火、风四大的灾害。

⑥ 涅郎卓及林塘庙：涅即涅地区，今山南隆子县地。二庙当即在此境内。

⑦ 谷郎、兴昆二庙：谷郎，在阿里地区普兰县境内。敦煌文书作"孤兰"。兴昆在尼泊尔境内。

⑧ 格日、巴日二庙：此二庙均在下涅地区内。

（吐蕃王朝时期，赤松德赞）又召其辖下臣民聚议，王乃言曰："从昔至今，吐蕃赞普之中，以我为大，故应建立奇勋以彰之。如造一大水晶塔与东山相等者，或建一能望见舅氏汉土之城堡，或以红铜包裹海波日①山，或在迦秋塘掘深②九百九十排之泉井，或以金沙填塞瓦隆桌木沟③，或将藏布江河流纳入孔道中，或建一三宝所依之殿堂，约一升大小，可择一而行。"众皆感王命奇重，如金盘石，不知所对，瞠目无语。

（选自《西藏王统记》，第一百二十一页）

注释

① 海波日：在扎囊县桑耶地方的一座山名。

② 迦秋塘：在桑耶扎玛岩山下。

③ 瓦隆桌木沟：瓦隆桑耶近处一小地名。

（吐蕃王朝时期）大阿阇黎为修建神殿（桑耶寺），观察地形，遂曰："东山如王坐宝座，最佳，小山似母禽翼子，亦佳，草药山如堆聚珍宝，亦佳，海波山如王妃身衣白罗，亦佳，日那山，如地上钉以铁橛，亦佳，梅亚山①如骡饮水，亦佳，德塘②如张悬白绫帐幔，亦佳，若夫地基，则以如金盆满盛红花之地形，为最佳也。因之王（赤松德赞）之本尊供处，请即建于斯地。"……于是王（赤松德赞）敕诸臣及吐蕃属民悉来服役。在场地中央，取山王须弥山形，甫筑就大首顶正殿地基，蒙尊胜度母来为授记云：此前应先修建阿耶波罗洲。

(选自《西藏王统记》，第一百二十二页)

注释

① 梅亚山：桑耶附近一山名。
② 德塘：桑耶海波日山前的平地。

朗氏大得道者贝季僧格前往上部天竺地方，将天竺的诸佛典翻译到吐蕃，使得吐蕃全体天生盲人崇信佛教，宏恩浩德竟如此（大）。他（贝季僧格）自天竺金刚座以东的佟日巴尔瓦（意为"光辉灿烂的白螺山"）开采白螺寺的基石，建造了白螺寺，内中奉安观世音像；围绕诸佛作眷属。从南方赛日巴尔瓦（意为"光辉灿烂的金山"）开采黄金寺的基石，修建黄金寺，内中奉安释迦牟尼像，围绕八万四千（佛像）作眷属。从西方尚日巴尔瓦（意为"灿烂的铜山"）开采黄铜寺的基石，修建黄铜寺，内中奉安弥勒佛像和慈氏五论。从北方宇日巴尔瓦，（意为"光辉的璁玉山"）开采璁玉寺的基石，修建了璁玉寺，内中奉安金刚手大势至佛像，围绕菩萨和大鹏作眷属。

(选自《朗氏家族史》，第二十六页)

（乃东官寨扩建的设想是）马厩西角向西延伸，多吉顿珠所掌管的角楼应接近壕沟的外角，北面的一边要同北门的墙角旗鼓相当，内中应修建堆放撒巴们财物的仓库；东面小角楼应做堆放村落中忠于我们的人和雪巴（指乃东官寨下方人户）器物的库房；南面的客房其结构要如六柱厦一样，楼下以墙间隔开来，堆放麦秸和饲草等，楼上外间新屋做卧室。上边屋檐覆盖至门。在四柱厦和十柱厦的楼上接待宾客。今后不得在大围墙以上处款待客人。今后要分别在康萨（房名，意为"新屋"）的桦木望板和南门的小屋上安装顶子，以作鼓楼。……

乃东孜下方的雪地的壕沟和打禾场后面石墙之间的地界处，北面围墙的一面伸延至那里，从西边打禾场的西面围墙的西段延长至监守房的西侧。索南康巴（房名）和格楚康巴（房名）的一侧等齐，此处是贮藏我们万户家具财物的库房，所以围墙的墙基不应狭窄，其上全用石砌两三层，不少于一托半高，四角有小屋，加上两座门楼共为六座。若众人奋发努力，四个月则可完成。倘若围墙和壕沟完工，由于和乃东孜官寨连为一体，故而是无门的铁堡。

陈孜内的本教道观应封存。围墙扩展至西侧两三座山头以上处，由于同断崖处连为一体，故捎北一点的仓库和。中心碉堡遂固若金汤。

邓萨替寺的围墙要精心修筑，土木工程所需人力由邢巴雅松以北的北部人们承担。在佳昂木地方修建嘉日竹查（译注：房名）。加玉人不得进入其下方昆恰塘诸地游荡，要由我们占领。两处的土木工程应在今明年内竣工。谚云眼是懦夫，手是勇士，要鼓起勇气。

(选自《朗氏家族史》，第二百五十四页)

两处所有的墙不要砌得狭窄，墙基牢实至关重要。乃东孜南北的壕沟应立即竣工。北面的壕沟要既宽又深。康萨背后的石墙要以白石作果肚，其下的墙脚不要狭窄，要包抄平房的三边。自北面壕沟的外角十五托处是答仓（碉堡名），答仓北墙要有八托或十托长，东西各宽四托，北墙中央的门宽约两托，保护门栅的墙端向内伸延，墙上要有发射箭弩的枪眼。自门栅往关山方向应向下修筑十级左右石梯，其上坚固则危害风水。达仓的东西两侧应分别挖掘深沟。达仓室内盛土石，其北面要有重叠之射箭孔,一半的土墙要厚实坚固。前些时候架设了大炮,大炮的前方应铺巨石,东面应铺岩石,要铺设得平坦。从后边的达仓向北筑两三托高的风火墙,外角墙脚是石墙,其上筑两墙板土墙。两堵风火墙之间的设施如切噶尔(庄园名)。这样,遂牢固了。

此外,西面的水沟,其沟端朝着南北的两个山嘴,那里要修建小屋,其面积分别是两托半和七托见方,房基千万要牢固。西边的房子高约三层楼,靠近乃东官寨方向的高约一层楼,然后石墙逐渐砌窄,栋梁绕四柱,第二层楼悬挂各种面具。若发生骚乱,每处住四个十人队的兵力。设置管房官。宾客前来时可以安排在上面安全的房间(住宿)。应建造一扇朝东的腰门。马夫的住房应修得大约一托宽。围墙南北两方太窄,使我后悔莫及。现在那两座小屋修得合理甚为重要。

从南边石山山嘴处的背后至西边大路以内,(建筑物)从南面和西面向中央扩展,低洼处垫两层楼高,整治平坦,作为摊晒谷物和脱粒的场所,在那里脱粒打场为好。

应从安放经书的房子向东西南北四方低洼处修筑石堤,向外扩展,填以挖掘壕沟的废土石,刨平整,既坚固又好。

(选自《朗氏家族史》,第二百五十四页)

(帕莫竹巴的母弟嘎当巴·德辛协巴建立了迦妥寺)在康区各地中也有普遍传称的所谓"康宗",这在绒送的释论中有所述说,而且在金沙江岸邦波附近有迦妥寺①,系帕莫竹巴的母弟嘎当巴·德辛协巴所建立,从该寺章敦所传出的经教和幻化法类灌顶修法等,至今(1478)还未断传而存在。

(选自《青史》,第九十六页)

注释

① 迦妥寺:四川省甘孜藏族自治州辖白玉县境一寺名。

[姑耶·仁钦贡(大宝怙主)从纳雪森林砍树建大庙堂] 他在吉本巴·拉康塔巴和纳隆巴诸师座前听受了许多教法。年届十三岁时前往前藏时,乡人们都来送一短程,其母对他说:"儿子!你去学法虽是和我不相见,然而无妨害。你当求法啊!"说后就回家去了,他在朗里那山口和从达隆来迎接的人相会见,从那条路而来到邬汝隆的那一天,达隆汤巴大师吩咐道"用一面白旗插路中作路引,以一幡旗插在后面,山腰上先扬起一面小幡旗,诸僧众去到雅塘迎接吧!"继以缎子一匹作见大师礼品,他和大师相见即问安好。达隆汤巴大师也问道:"男儿!你一路辛苦否?"答道:"托尊长恩惠获得顺利。"彼此慰问了很多话。有一时候在跑马场他的父亲请求达隆汤巴大师将儿子小僧人放回去。大师说:"你闭嘴吧!小僧的揣测,由你掌握不了。他中用后,可以回乡。"继后仁钦贡住寺中茅篷里面东门闭关而修,除请示指导或教法导释时间外,不到大师座前,一心专修了七年之久。那时达隆汤巴大师说:"寺中偏隙处住的那一小僧人将是一位能饶益无量众生的人。"他年届十九年岁时,由章巴作亲教师,桑杰贡巴作阿阇黎,阿阇黎桑杰作屏教师而受比丘戒。他显示抬起茅篷大柱将他人衣服置于柱下,又每次以拇食两指捏豆七粒捏如面粉而撒出,又能捏茶篓成为蛋尖形,又能作跏趺坐已抛掷(即腾起)到大殿屋顶上去等许多示现。总的说来,他依止达隆汤巴大师八年。他年届二十岁时,达隆汤巴大师患病,有一天大师身隐没只见一大氅和一帽扣盖覆着。大师对仁钦贡说:"具德帕莫竹巴的手杖交付于我手中,而使我登上厚坐垫,起坐时圆裙回旋而下垂,万众瞻仰而膜拜,这样的事业你将会来到,而且比我更大的福德你将会得到。"将书库的钥匙交给他而说道:"这里寺的偏隙处有一种还未传称的法,不是我对法吝啬,而是须依靠一种缘起扼要和契合帕莫竹巴的话,由你看如是符合教法,谁来求法即可授与。对绛生来说,绛生和仁钦贡二人抚育达隆寺,担子是相等的。"此后仁钦贡来寺

办理达隆汤巴和桑杰贡巴逝世后的广大事务。堪布哇（仁钦贡的戒师）说："我请求仁波且（指仁钦贡）阅读书籍。"以此仁钦贡说："堪布哇：我们的传承传来到弟子面前的时候，不是揣测心性符合后就能知道开示何法都可以的，而是阅读书籍的善知识才会成办的。是如是么？"说后他对求教授的诸人随类应化而作开示，对优、劣、中庸三种有情都作重观。他人对达隆汤巴的看法是难以数计的；示现许多的身相庄严也有多次；此外见达隆汤巴是释迦牟尼或胜乐金刚等的也有不少；具有广大神通的故事也有很多；其他跛者、聋者、盲者和重病缠身诸人，大师仅诵缘起法语一遍即获愈者也是难以数计的。此外也建立有灵骨塔和塔房等，由于挖掘塔房地基岩石，以此得足疾，堪舆师观察说是挖掘了上师的灵山而得之报应。先造了一座气势高超的一肘高的银塔，继后建造一座大银塔，在塔的日坛（塔颈）中奉安有用黄金十七两铸造的帕莫竹巴像。又建造两座灵塔，在有银伞盖的日坛中银斗拱内奉安有达隆汤巴像，其余还建造了达隆汤巴的大银像。在那里师徒等商议积存所有诸物后，所有佛像、经典太多殿房已不能容纳，商确当建一供奉的殿堂。得到了的答复是：库阿阇黎说："供堂怎样都可以。但我请求应照顾指导修行，由于建造一百座金塔，还不如出一大修士的好。"其他人众说："请求供堂也修，指导修行也作照顾抚育。"于是在甲申年仁钦贡年届三十四岁时开工修建大庙堂，当派人到纳雪森林中去砍树，止贡寺人出而阻拦后，从泊地寻找木材，而得到从垛区运来许多木材。那时颇垛的钥匙已得到手中，因此止贡寺的温波也请求从纳雪去运木材。遂从纳雪搬运来众多木材。丈嘎观察地形风水后说："如果寺形建如一缨穗则大吉。"继建了寺头部，供堂共竖立八十柱。计上部走廊四排柱子共三十二根，下部走廊三排柱子共二十四根，两边耳房每边立六柱共十二根，两旁墙外的房间每边二柱共四柱，门房四柱，门护道四柱，以上共计为八十柱。堆木垛有十三。子年上下走廊总体完成。……他对于大寺中尽量布置充满佛像、经典和灵塔；他最初来到寺中时，虽作了不分开的规章，但他不听从作出分规；对残破诸茅篷作了培修。那时只有七百僧人，到后来他发展到二千八百人，继又发展到三千七百人的僧会，新发展出许多茅篷，直到他逝世时已发展到五千人的僧会。……仁钦贡年届四十七岁时岁次丙申天空出现虹彩、光明、声音和大地震动等情景，坐骑有龙、凤、狮子也事先发现。去到大德左右的诸僧众，得师吩咐说："休到何处去。"他对一些人说："我给你的指示已毕"等许多表示。对侍者们说："是须得召集饮茶、红糖和柴火等（这些是亡者所需僧会）。"大僧会的时候，继后作了许多谈话后而逝世。荼毗时发现舍利如雨下降，心、舌、眼、手指都发现许多舍利，并发现许多奇异的现象。

（选自《青史》，第三百六十八页）

忽必烈欲收服蛮子江山，询问上师八思巴，曰："收服南方蛮子之地，可否提高侍奉佛教之威望，扩大蒙古兵丁之势力？"大喇嘛言道："而今汝无良仆，吾得启请三宝，伺机而行。"于是建主主护法殿。护法面朝南方。

（选自《雅隆尊者教法史》，第五十一页）

雪域卓措附近，一旧密格西多吉旋努，有五子。长子俄·勒巴喜饶为阿底峡尊者之侍从时，尊者指着聂塘至桑浦，作授记曰：在山谷上方，内有一草地，宛如右旋螺。在此，汝勒巴喜饶获得寺庙，以便讲经闻法。不久，在那黑岩下，建一小庙居之，未利济众生。后，因见草坪，知是昔日授记之地，遂建桑浦勒乌托寺，从事佛教事业。彼之弟为鲁赤；鲁绛；曲嘉；土巴。

（选自《雅隆尊者教法史》，第七十五页）

本钦·释迦桑波迎归。抵结惹寺时，上师（特指八思巴）有言，谓其近侍精明，本钦在背后闻之，心情极为沉重，赓即丈量结惹寺之外围巡礼道，建拉康钦莫大殿地基，外筑墙垣。

（选自《雅隆尊者教法史》，第八十九页）

原来雪域吐蕃这个地方，形如一个仰卧的女魔，拉萨平地的湖泊，为女魔心血聚集之处，需要在此建寺镇压，而在这之前首先应在四如各建神殿，所以在女魔的右臂处修建了噶蔡寺，在女魔的左臂处修建了昌珠寺，在女魔的右大腿处修建了臧赞寺，在女魔的左大腿处修建了仲巴江寺。又为了镇压女魔的四处肢节，修建了魇胜寺，在女魔右肘处修建了工布琼寺，在女魔左肘处修建了洛扎科顶寺，在女魔右膝处修建了噶扎寺，在女魔左膝处修建了桑顿孜寺。又为了镇压女魔的四指节，修建了四座再魇胜寺，在女魔的右手掌处，修建了羌塘的蔡吉龙南寺，在女魔的左手掌处，修建了朵康的龙塘准美寺，在女魔的右脚掌处，修建了强真寺，在女魔的左脚掌处，修建了门地方的本塘杰尔琼寺。此后，（原注：在松赞干布二十二岁的阳土狗年戊戌）为拉萨大昭寺奠基，动工后又被捣毁，未能建成。国王（松赞干布）又向旃檀神像祈愿，神像指示说："应该先在南面建一宫殿，将各个珍奇佛像迎请至殿中，然后寺院就会逐步如愿建成。"

（选自《汉藏史集》，第九十七页）

（赤松德赞亲政之后）赤松德赞又想兴建桑耶寺，为了激发吐蕃臣民为此事出力，他对臣民们说："你们是愿意在黑波山打通一个隧洞，还是愿意用金沙覆盖格杰地方的沙滩，还是愿意将叶如的藏布江水引入铜管之中，还是愿意在黑波山顶上修建一座水晶宝塔，使我能看见舅氏汉人的地方，或者是修建一座我想要的佛寺。"

（选自《汉藏史集》，第一百零八页）

（贝考德钦寺，1418年6月2日动工，阳土狗年）为了使佛法兴盛并能长驻，应当立一大僧伽，修建一座大寺院。于是选择寺址，决定在此摩揭陀金刚座之北面，圣者观世音菩萨教化之区，大乘法会举行之圣地，雪山环绕之地，佛法如太阳显明之地，被称为雪域的地方之中，距金刚座一百零三由旬的地点建寺。

（选自《汉藏史集》，第二百三十九页）

（松赞干布时期，卡巴之觉木塞塞等地具有金属宝藏）如是，镇摄诸种凶地，则一切福德之力即可获得、诸宝库亦可打开。所发愿之神殿，应建以石土之墙，用白山羊自彭域驮土，据此因缘可使湖水消除，若于此处建寺，则所有美好之事即可获得，并可泯除一切灾害凶险。文成公主答复了上述诸种情况，但是，女仆将（文成公主所答之）信息在次序上弄错，她说："首先令山羊驮土，填平湖泊。"于是，墀尊公主即依女仆所说行事，因之湖水浑浊涌出，所盖处未及（湖面）千万分之一。故墀尊公主不信，且禀告松赞干布。……其时，松赞干布摘戒指说道："戒指落于何处，即在该处建（寺）"，言罢，松赞干布将戒指掷向天空，然后堕落湖中。此时，墀尊公主想到：松赞干布王与文成公主已经商议过（指在湖中建寺——译者）。因之，眼泪盈眶。松赞干布说道："眼泪留待以后吧！"说罢，但见自王胸中有光射出，直入湖中。是时，文成公主仍无妒嫉，说道："我已有底细，即在此处（指湖——译者）建（寺）！让我助你一臂之力吧！"墀尊公主（闻听）甚喜，说道："此言闻如圣教"。松赞干布王说："我之宫堡当建此湖畔，建一座三层宫室，将王宫迁此，诸种供奉之物亦将迎至此处，并将举行盛大供养"。

（选自《贤者喜宴》，第六十五页）

（松赞干布时期，建边压寺和再压寺，修寺人不详）为镇压魔女之右肩头，在孜内东进行修行，并于伍如建嘎蔡寺及其分寺塞祥格底。为镇压魔女左右胯骨，于孜浦及江浦修行，并于叶如建臧昌寺及其分寺格仲寺。在如拉建仲巴杰寺及其分寺哲拉康寺等。以上即所谓四边压寺。在魔女右肘处，于东部虎头方位建工布浦曲寺。于魔女左肘处，于南方龙头方位建洛扎阔汀寺。在魔女右膝处，于西方朱雀脊背方位，建格杰寺。于左膝处，在北方龟额方位建查甸孜寺，以上为四再压寺。

（选自《贤者喜宴》，第六十七页）

（松赞干布时期，建四压肢寺及九对治寺，修寺人不详）为庄魔女右手掌，弭药人做工头，于康地建隆塘准玛寺。于左手掌处，吐货罗人为工头，于门域建杰曲寺。以胡人为工头，在魔女之右脚心处，建蔡日准玛寺，以泥婆罗人为工头，在左脚心处，建仓巴隆嫩寺，以上为四压肢寺。

在东方，为镇压土及确定日月星辰，建嘎曲、罔曲及灵曲三寺。为镇压南方火，建囊卓及灵塘二寺。为于西方镇压水，建古朗及兴衮二寺。为于北方镇压风，建格日及贝日二寺。以上为九对治寺。

（选自《贤者喜宴》，第六十七页）

有一次众大师及弟子去山上散闷，从山顶远眺，见本波山形同一头卧着的大象，山腰右侧之土地，色白油润，水从右侧流过，呈诸祥瑞之相，故想到在该地建一寺庙，将会大大利益佛教和众生。遂请求该地之主人觉卧顿那巴售之，获得同意。又对该处之领主象雄古热瓦，四个僧人村庄和七个俗民村庄等人说："我想在此处建一寺庙，对你们不会有什么伤害，你们这块土地需要多少代价，请卖给我？"回答说："任何代价都不要。"随即奉献出来。喇嘛说："然而为了后代不生口舌，还是依价买卖才公平合理。"遂以一匹白骡马、珍珠鬘、一套女装而购得该地，自门卓以下，派卓以上皆归喇嘛占有。当喇嘛四十岁时，按佛教住世十个五百年的算法计算，为进入第七个五百年后的第二百零七年即阴水牛年（1073）仲秋月上弦日，建造了吐蕃地方的金刚座具吉祥萨迦寺。

（选自《萨迦世系史》，第十五页）

（达尼钦布）经上师（萨钦贡噶宁布）和百姓们请求，他发愿修复先辈上师为镇压灾害而修建的三界依怙塔。当他们师徒四处周游寻访原来的三界依怙塔的遗迹之时……随即在该地（三界依怙塔遗址）修建了保留至今的三界依怙塔，他向塔抛撒青稞，祝赞吉祥。

（选自《萨迦世系史》，第三百九十二页）

[文成公主依照雪邦地形（女魔仰卧之状）选址修建寺庙] 其胜者，东方地形，如灯柱竖立，南如宝塔高耸，西如螺杯置于供架，北如莲花开放。尤以四座圣山环绕之内，尚有娘镇潘迦山似宝伞，墨仲山似金鱼，洞喀石岩似莲花，治之积水似白螺，宗赞山似宝瓶，玉麻日山似吉祥结，潘迦山似宝幢，丈浦岩山似轮宝，诸如是等为八吉祥相。……其次，为镇压女妖肢体和肢节，可于永茹建昌珠，叶茹建藏昌，补茹建噶泽，茹拉建章巴江等，为四镇边之庙。又于工布建步曲，洛扎建昆廷，降振建格吉，绛建扎顿孜等，为四重镇之庙。又于康建隆塘卓玛，巴卓建洁曲，蔡日建协饶卓玛与仓巴隆伦，为四镇支之庙。至若为求镇压上述诸地近处之凶恶地煞，尚应分别建立佛塔、石狮、大自在神像、大鹏金翅鸟、白海螺等，以更改其风脉，然后将湖眼填塞，而于其上修建庙宇，供奉汉尼两地迎来之佛像。

（选自《西藏王臣记》，第二十六页）

王（松赞干布）携王妃，同至湖畔（应该是卧塘湖），以金戒指投掷空中，并祷祝言：随戒指落于何处，则于其处建寺奠基（大昭寺）。（注：卧塘湖：拉萨市内的大坝，在未建大昭寺以前当时为一片沼泽地带，有森林，也有沙丘，其中心为大湖，故名卧塘湖）

(选自《西藏王臣记》，第二十七页)

（萨迦政权时期）弟昆·衮乔杰布曾依止新译密咒大师，喇钦·卓米、八日译师、玛巴译师、布让译师、朗卡乌巴弟兄等众多大德，敬聆教益，饱尝法味甘露。于扎吾隆修建一寺，名萨迦高波寺。后又登山远眺，见奔波山侧；土色洁白，且具光泽，知为瑞气所钟，遂以珍珠宝鬘为价，付诸主人，购买其地，修建吉祥萨迦大寺。

(选自《西藏王臣记》，第六十一页)

[根敦朱巴欲为尊胜度母像和释迦牟尼像建佛殿供奉，得到授记在日喀则桑珠孜当地供奉，于是于阴火兔年（1447）开始为建寺奠基，此寺便是扎什伦布寺] 当时陆续建成的后殿有六柱面积，大经堂有四十八柱面积，弥勒佛殿有十二柱面积，度母殿有四柱面积，依怙殿有两柱面积。

(选自《一世至四世达赖喇嘛传》，第三十三页)

（关于扎什伦布寺的描述）扎什伦布寺中间后殿有六柱面积，右边的弥勒殿有十二柱面积，左边的度母殿有四柱面积，突出墙外的护法殿有两柱面积，大经堂有四十八柱面积，净厨房也很宽敞。大殿外面有宽大的回廊，在门楼有四大天王殿。另外还建了有二十四柱面积的拉章。

(选自《一世至四世达赖喇嘛传》，第七十二页)

(《噶当书》)诗曰：
千般妙相莲花山，
春临花艳夏碧绿，
秋色金黄冬银白，
峰峦锦绣自神奇。

诗中所指的莲花山，是位于拉卜楞寺东面的曼达拉山，《噶当书》中的授记正应了山形之相，是以吉祥八徽之一的莲花为标志，山上森林的绿色则预示着"息"、"增"、"伏"三业，能成悉地无量。

(选自《拉卜楞寺志》，第一百二十五页)

（拉卜楞寺）
山崖环抱成三角，
奇峰叠嶂入云霄，
今朝犹树空行幢，
尊者在此兴佛教。

这是预指寺院之西的杰姆山，山崖排成三角之势，如同法基，究其空行本名，可以认定是吉祥八徽之一的宝幢标记。

(选自《拉卜楞寺志》，第一百二十六页)

（拉卜楞寺）
玉鸟展翅冲青冥，
除去酷热烦恼尽，
汝有道行大根器，
名哲硕学是验证。

这是预指离寺院不远的玛夏代沃山（孔雀山），从不同的角度观察此山，看到的是孔雀开屏的形状，屏如伞盖，究具谐音和名义，都认为是吉祥的宝伞标记。

(选自《拉卜楞寺志》，第一百二十六页)

（拉卜楞寺）泽央这个地方，像八瓣莲花和八辐天轮的形状。泽央之水，右旋而流，富有独特的吉祥缘起之相，其为佛地自然不乏其例。于是，在"八泽"之一的夏普茹泽的山脚下，终于兴建了寺院。

(选自《拉卜楞寺志》，第一百二十七页)

在《贡确邦之本生记》中有段诗句曰：
八瓣莲花地中央，
八辐轮天正下方，
八吉祥徽佛化土，
完美无缺极乐境，
圣域大德尔为尊，
彼聚福德众有缘，
吟唱法祥千般乐，
加持扎西发祥地，
世界三千藏梵宇，
我传心宗赋道歌，

这里预言的是（扎西琦林寺）寺院所在的天地之形状和方向位置，以及谐音字意等标记。

(选自《拉卜楞寺志》，第一百三十页)

（土牛年）第一世嘉木样大师到桑匈的那天，刚擦·嘎居和众多前来迎接大师的骑士来到卓多沟口，禀请大师去扎西琦。大师说："我应甘加班智达之邀，拟经同保去白石岩，那么，此处离扎西琦还有多远？"众人回答说："距离扎西琦很近，由扎西琦可通往白石岩。"于是，大师答应去扎西琦。他察看了这一带的地形说："尕巴娄芒和西姆莱周二地风水不错，卡尔陇赖之地，经勘测是不错，有座古城堡遗址，作为寺址，则很吉利。"

(选自《拉卜楞寺志》，第一百五十一页)

（第一世嘉木样大师）大师一行途经益钦抵达扎西陇嘎尔，经实地勘察后，大师若有所思地说："在此建寺，想必资财富饶，法业兴旺发达，然观其背山，如站立之象，有站而不稳之嫌，相比起来，扎西琦之山脉，状若卧象，'大象倨傲而卧，象征终成禅法'，仲敦之言，诚所愿也。"

(选自《拉卜楞寺志》，第一百五十二页)

[土牛年（1709），大师抵达扎西陇嘎尔]（第一世嘉木样大师）大师一行又经扎西尕热合来到夏来合道，望着对面山上那曼荼般的森林吟道：

春季三月花斑色，
夏季三月碧绿色，
秋季三月金黄色，
冬季三月银白色。

这片林随着季节的变换，显现不同的颜色。大师考虑到将此山作为寺院的前山为宜，他在心里比较着几处候选寺址的优劣，又一路前往扎西琦。到目的地后，他分别以灯火来占卜尕巴娄芒、西姆莱周、扎西琦三地方，看究竟哪个是最佳的寺址，结果三者中显出最佳的寺址是扎西琦，因为三者中首先点燃的是代表西姆莱周之灯，次为尕巴娄芒火灯，最后是扎西琦之灯，但后者燃的时间最长，一直燃到次日太阳升起后才熄，所以说，作为寺址，扎西琦显出了吉祥瑞兆。于是，大师决定将寺址选定在扎西琦地方，并因此举行了吉祥长净仪式。

（选自《拉卜楞寺志》，第一百五十二页）

（第一世嘉木样大师）大师站在（扎西琦）金鱼高丘上四下看了看后问道："腹测之中轴线当划何处？"侍者西绕华尔旦回答说："由红石岩咀看去，从扎有网状帐篷之处可划中心线。"

当时腹测中轴线的正点，正好是现在大金瓦寺的佛殿之处。

（选自《拉卜楞寺志》，第一百五十三页）

[铁兔年（1711）]农历三月，亲王察罕丹津派卡加六族拉运木料，派双岔十八农区、上下隆务、道帏、维多，阿坝，然多，擦考等部落和地方去支差役，正式动工兴建拉卜楞寺。首先修建了有八十根柱子的大经堂，以及内设的神殿。

（选自《拉卜楞寺志》，第一百五十六页）

阿底峡指着聂塘方向的一条山沟对俄合·莱拜西热说："莱拜西热，请您在那条沟里创建一座寺院，将会兴盛因明学的讲传。"莱拜西热回答说："那么说暂时得保密，不宜公开。"故名为"桑普"（"桑"是秘密之义，"普"为沟头之义）。在桑普地方，后来由俄合·莱拜西热和俄合·洛丹西热携手建立了佛教的根本道场、教理合一的大型寺院——桑普寺。

（选自《拉卜楞寺志》，第二百七十六页）

（拉扑楞寺的）和西内殿。

弥勒佛殿，亦称"寿禧寺"，俗称大金瓦寺，坐落在大经堂之西北隅，是第二世嘉木样大师仿照后藏地方的江仁钦宗的弥勒佛殿修建的。

释迦牟尼佛殿，坐落在弥勒佛殿的西侧，系仿照拉萨大昭寺款式修建的。

护法神殿，位于大经堂的右侧，内供诸护法神像。

郭莽殿，位于金瓦殿南侧，仿西藏哲蚌寺郭莽经院款式修建，内供锦绣和堆绣等精致唐卡佛像。

宗喀巴佛殿（亦称寿安寺），位于时轮学院前，内供佛教格鲁派创始人宗喀巴大师像等。

千手千眼观音殿，在宗喀巴佛殿的东面，内供名贵佛像多尊。

密宗殿，建于续部学院内，供奉胜乐本尊像等。

智慧大乐法轮殿，建于时轮学院内。

医学利民殿，建于医药学院内。

（选自《拉卜楞寺志》，第五百三十八页）

乾隆十一年（丙寅）四月乙未（1746年6月18日）

大学士川陕总督公庆复等奏："督率汉、土官兵连克脉陇冈、曲工山梁、上谷细等处贼寨，扑毁险要碉楼前后一百五十余座。并据上甲纳曲个等十余寨头人畏威投诚，各将子弟献出作质，并缴马匹、枪刀等物……"

（选自《清实录藏族史料》，第五百四十三页）

乾隆十一年（丙寅）六月丁卯（1746年7月20日）

谕："此番征剿瞻对，四川各土司率领番众承办军粮，催雇乌拉，莫不踊跃从事。将及一载，急公趋义，甚属可嘉。……今可速行再寄谕与庆复，如何布置不使复建碉楼，而众番又得栖身安业，详看彼地情形，妥协办理，以期万全。"

（选自《清实录藏族史料》，第五百五十三页）

乾隆十三年（戊辰）七月壬辰（1748年8月3日）

讷亲奏："于五月二十日抵成都，将西、南两路粮运巡抚臣纪山、藩司仓德，据称现在逐日发运出口粮千余石，雇汉、番夫役、乌拉，俱能照军营限定之数挽运。……初六日亲赴卡撒美沟军营。初九日复同督臣前往腊岭相度山势，数路皆通刮耳崖，山陡箐密，碉寨层层，独色尔力一梁势尚平坦。贼碉皆在梁旁，梁上止有木石城卡数座……"

（选自《清实录藏族史料》，第七百三十六页）

乾隆三十七年（壬辰）六月壬辰（1772年7月28日）

谕军机大臣："温福等奏：'南、北两山打仗虽得贼卡一、二处，至于美美卡、色尔渠、木阑坝并未攻得。……伊等所奏贼必在山顶竣险之处修盖碉卡，亦属不解。贼既在高山顶上，其汲水取柴，运送口粮、火药、铅丸等物，自必从下运上，若无道路，何以源源馈送……"

（选自《清实录藏族史料》，第一千六百九十八页）

乾隆三十八年（癸巳）十二月己酉（1774年2月5日）

谕："前据富勒浑奏"。查米商田济国一案，原系刘组曾招商。……定边右副将军尚书公丰升额奏："穆尔津冈道路险峻，碉卡接连，臣等拟由小路猝上，将山顶占据，往下压击。计所调之湖广兵续到，可以进取。"

（选自《清实录藏族史料》，第二千二百五十三页）

乾隆三十九年（甲午）正月戊寅（1774年3月6日）

定边右副将军广州将军明亮、参赞大臣副都统富德奏："臣等合围马奈……我兵枪箭齐发，坚不可动，于十一日将四面碉卡依次攻克。查马奈东北环抱三峰，地名绒布寨，形势亦属扼要，仍分上下两路夹攻，于十二日占取寨落四十余处……"

（选自《清实录藏族史料》，第二千二百七十九页）

乾隆三十九年（甲午）二月庚戌（1774年4月7日）

定边右副将军广州将军明亮、参赞大臣副都统富德奏："臣等自攻克穆谷后，查庚额特山前后，贼众愈多据险死守。奎林一路，虽经士兵乘夜抢占喀咱普相连山腿，连修木城三座，而自深嘉布盘旋而上，山顶分左右两路，斯第、博堵寨落均在山冈环抱中间，遇有下压之处，贼即添碉防护，自应另觅问道……"

（选自《清实录藏族史料》，第二千三百零六页）

乾隆三十九年［甲午］六月丁未（1774年8月2日）

定西将军尚书阿桂、定边右副将军尚书公丰升额、参赞大臣领侍卫内大臣色布腾巴勒珠尔奏："查罗博瓦贼人据守之地名色溻晋，中间及左右碉下共设六碉……

其额森特及乌什哈达等所攻左右三碉，亦皆先后攻取，并将附近平寨一并夺获。再，色溻普之前山势又分两支，均有坚碉二座。……其余二碉，地势较峭，臣等拟擎木寨数座，用炮轰摧。得此二碉，即可直抵逊克尔宗碉寨。计此次共获战碉十一座、平碉四十余间，歼毙大头人达实策旺及巴古布里寨头人二名……"

（选自《清实录藏族史料》，第二千三百九十八页）

乾隆四十年（乙未）闰十月壬申（1775年12月20日）

定边右副将军明亮、参赞大臣副都统舒常奏："扎乌古既经克捷，若即从阿尔古发兵，不难一鼓而下。……其阿尔古木城二座外，在前复有贼碉一座，木城后复接卡二座，直至河沿。……臣等复于下流河窄处加造索桥，使两路官兵联络。唯是日斯满山顶上共有十七碉，其山险峻异常……"

（选自《清实录藏族史料》，第二千六百九十二页）

（尼结巴仁波且·多吉杰布）在以前的大寺庙（迥仁波且时贡巴·释仁所建）废墟上修建有一百八十柱子的殿堂，修造了不可思议的佛塔、佛经、佛像等，并给予开光。这一切，在三年内完成。用蓝纸和金粉，缮写了《律经》等许多如来经教。到五十岁时，倡建了扎西迥经殿及其三所依等；修建了现称为祖母护法神殿的直贡寺护法神殿；塑造了智慧四臂护法神像。

（选自《直贡法嗣》，第一百一十三页）

［火蛇年（1797）］六月初一日，（八世）达赖佛爷站在坛城的中心，为之举行了隆重的开光仪轨，为各个誓言本尊涂上金液，启开智慧之眼。与此同时，天空忽然降下甘雨，出现了五色彩虹等自然奇景。噶伦亦捐献了开光的酬谢礼品内库哈达、曼荼罗、佛像、佛经、佛塔、羊脂玉用器、金银、锦缎等以及白银一千多两的实礼。……达赖佛爷高兴地给噶伦父子三人回赠了全套衣服、汉马蹄形银锭两个为主的无量赏物。……此后，佛爷（八世达赖喇嘛）传下话说："这几尊长寿佛像供奉到大昭寺释迦牟尼佛的细铁丝网的上部比较合适。为使会供法会妙善等此事圆满，应照所请可于初三日向住处迎请。经由政府清点（审核），仍需从新址做迎请。"这时，经师班智达之亲门弟子格西觉波喇嘛阿旺丹增的许多崇信者，强烈要求需在拉萨河地区居住。不仅如此，色拉寺雄巴康村也坚持要甘丹内室划出其修持部所属的任何一块适合的地盘让他们安住。对此，其他许多崇信者也请求说："现在修建寺宇庙堂的有利条件已经具备，需要修建能容纳喇嘛和格隆八人居住的学经修行寺庙小屋，并需于初四节日举行开光，给寺庙落名……"对于此等喇嘛、堪布等人的到来，达赖佛爷甚为高兴。说道"为将此修持圣地变为甘丹山派修持部而服务佛教，我给此修行庙起名为'甘丹扎西特钦林'（意为具喜吉祥大乘洲）。其仪轨的修持可按经师法王尊者所愿进行，其方式规模需同于策却桑丹林。我亦将佑护该修持圣地不断发展。"随后，颁赐给该寺布施的顺缘物品章喀十五两、

茶和粮各一包,给喇嘛们赏与经过本尊誓言加持的护结。

(选自《八世达赖喇嘛传》,第二百三十二页)

(圣教在多麦地区弘传情况)吐蕃王赤热巴仅(可黎可足)时,与唐朝皇帝甥舅失和,从吐蕃每一翼中,抽调十八个千户所之兵,旗帜招展,戈戟森森地直捣唐境,唐朝的许多格波被杀,大败唐军,迫使进献求情的贡品。后由吐蕃的译师、班智达等,唐朝的和尚们从中调解,以唐朝的公谷梅如作为唐蕃两国交界之地,由吐蕃的赞普及唐朝的皇帝于彼处各修寺庙一座云。此寺被认为即现在之白塔寺(甘肃省永靖县境内)。据说赞普赤热巴仅曾亲临这些地方,藏有赞普他头发的佛塔,就在青海省贵德县的某地云。

(选自《安多政教史》,第二十二页)

(湟水北部地区政教发展情况)当选择寺院(佑宁寺)地址时虽然出现了许多吉兆,但嘉赛依据第三世达赖的授记及从前在嘉地方看见拉摩神湖中出现的影像,决定于现在此处建立寺院。明帝天启十八年①第十胜生木龙年(1604年,甲辰),嘉赛活佛和教长松布等举行吉祥长净,修建了寝室和僧舍百余间;赛擦募化师充当施主修建了两层大殿、厨房,由胡募化师任格贵;胡·饶浪巴噶居任翁则②;松布阿阇黎、拉哇曲结扎喜坚赞、土观宦然巴、五供节的募化师喜饶智化等主持讲辩。乙巳年(1605年,万历三十三年)举行神变大祈愿法会,由嘉赛亲自主持,一切仪轨都符合顷科杰寺③的要求。祁家老官人扩建了大经堂。嘉赛活佛亲自在智摩加地方的伏藏中开启了具祥怙主的面具,根据洛散华的授记,委任赤枪多闻天子为护法神;打开了秘密尕布宗伏藏,同时出现了三座佛像,寺院周围出现了泉水……等等,展示了许多成就神通。

(选自《安多政教史》,第六十一页)

注释

① 天启十八年:原文有误,天启没有十八年,应为万历三十二年。

② 翁则:为僧众集体诵经时,引众念经的执事僧,通称领诵师,提经头师,佛经中称"悦众"。

③ 顷科杰寺:在西藏山南专区桑日县,为第二世达赖喇嘛根登嘉措于明正德四年(1509)建。由于嘉赛有嘉地区拉摩神湖的预示,故一切以此寺为准。

(湟水北部地区政教发展情况)桥典塘①地区,邀请圣·多居嘉措②前去该地,求他建寺,尊者接受了这个请求。当时寺院所属溪卡有三个部落,都想在自己的地方修建寺院。尊者指示要选择一处风水好的地方,最后决定选择桥典塘为建寺地点。当年噶玛·饶悲多吉赴凉州时,行至浩门河,制伏了住在河边的一个残暴的龙魔,为了显示降伏的征兆,便在此处修建了一百零(原译为"另",疑误)八座佛塔,因而该地得了塔滩之名。建佛塔的遗迹现在尚存。也有人说是扎观禅师制伏了浩门河孽龙云。在此附近有九头孽龙盘卧的浪涛翻滚的泉水,沟脑里住着丹玛大成就者亲门弟子静修者数名,在此基础上,集中了加底、多仓、澳科等三个寺院的僧众,于第十一胜生的火猪年(1647年,清顺治四年,丁亥)修建了这座寺院,尊者亲自制定集会诵经的章程和寺规。在丹玛的传中则说由圣者(丹玛)他奠定了寺院基础后,献给东科尔胡图克图云。第五世达赖喇嘛给寺院赐以"扎喜达杰林"的名称,遵照第四世班禅确坚的指示,供奉梵天为护法……

(选自《安多政教史》,第一百二十一页)

注释

① 桥典塘：意为塔滩，亦叫作天堂寺。
② 圣·多居嘉措：即湟源东科寺的东科尔胡图克图多居嘉措。

（湟水北部地区，静房府）前行至西果萨城附近的西果寺，该寺有著名的一个人用十一天修成的汉式金瓦屋顶的经堂，有两步弓高的自然显现的释迦佛像，断岩洞里有三世佛的大殿等。再向上行，便是张义堡城，旁边有一处寺院，它的附近有汉族人们认为是昔日佛陀授记的《圣朗如授记经》中的佛堂和果玛萨拉犍陀罗佛塔，这些和位于河彼岸举目一望即能看清楚的广武城不远。由此经过许多村庄和城镇，有供养观世音菩萨的琉璃瓦顶的佛堂。城墙高耸的宁夏城内有大白塔、报恩寺，寺内有著名的琉璃瓦顶经堂，供养着三世诸佛等。然后经长城外藏有叶迦佛法衣、钵等的佛塔、经堂等，于密林深处，沿犹如铺了毯子一样的大道至金积堡，至此就要渡著名的黄河……

（选自《安多政教史》，第一百三十四页）

（湟水北部地区政教发展情况）在此（大佛寺）附近的西方，有洛哇静修庵，汉民叫庆平寺。传说这里有乌仗那的禅室、飞行时的遗迹、自然形成的取暖石屋、吉祥天母宫，岩洞里有骡子的蹄迹。大神像右侧的具富山上有许多银矿石，从前曾开设炼银厂，是产生宝物的地方。

（选自《安多政教史》，第一百三十六页）

（湟水北部地区政教发展情况）由一些香客住过的地方而发展起来的汉族寺院，叫噶丹曲科林。彼寺前面的山沟处，有称为罗哲丕王子的喇嘛阿哇杜德瓦等三师居住修行的上、中、下三处清净静修院。土观胡图克图赞颂道："多麦北边区域里，有称拉琼之地方，古时有一大菩萨，称为罗哲丕王子，制伏毒龙之圣地，即此凉爽之大滩，人们认为这里是'喇嘛阿哇杜德瓦'三位师尊住过的上、中和下三静室。石崖之上雕刻着许多佛塔和佛窟，遍布山谷甚稀奇，应是殊胜之圣地！尤其崖上掘静房，幽僻清净令人喜，想见古时修行者，会有许多幸运士。彼处生息牧民们，信仰笃实而淳朴，不堕二边具富裕，彼此和好无纷争。"

（选自《安多政教史》，第一百四十四页）

（拉卜楞大寺志及其传承情况）尊者（一切知嘉木样协贝多吉）发心的时机成熟了，应青海蒙古和硕特部前首旗黄河南济农王察罕丹津的邀请，于土牛年（1709）启程返回安多。是年冬，居于济农王在泽云的乌厄盖行帐中，派出几位徒弟在年吉贡温由的山脚下，举行吉祥长净、选址祝福仪轨，选择建寺的良辰吉日。由此因缘，现在形成了拉卜楞扎西奇寺建于土牛年的口头传说。铁虎年（1710）三月，在夏沃如则多地方，给连同王府献上的十五名僧源僧人在内的一百多位僧人，讲授显密经法，王府布施了十五天法会的用度，建立了扎仓。……（一切知嘉木样协贝多吉）在亲王察罕丹津父子的陪同下，乘马来到扎西奇。刚察·噶居等人奉献了寺址。鉴于此地风水佳妙，是授记中所说的寺址，乃决定在此建寺。这处寺址的殊胜情况，与圣·阿底峡、仲敦巴师徒在《迦当书》中授记的"和热振寺一样"的说法完全相符，一些特点除了这里，别处是没有的。曾听达普尕旺·却吉旺秀说：

"热振和倾科尔嘉寺等地，是以其名称和其地风水相配合，是以轮王七宝来推测的。但像扎西奇则是以八吉祥相作为标帜的。"

（选自《安多政教史》，第三百五十五页）

（拉卜楞大寺志及其传承情况）一切知嘉木样协巴尊者于享年七十四岁，即铁牛年（1721）逝世以前，一直主持政教事务，奠定了显密讲修的基础。为了因缘，建立四季讲辩的四处讲经院，每处都埋了法物伏藏珍宝。有人说，冬季学期讲经院会场的法物伏藏应埋在大象的喉部，但由于心意不专，真正的喉头区，乃今密宗学院的经院云。……春季讲经院法台座位的后面，华热哇·赤钦·宫却德钦塑了宗喀巴大师的像。济农王命卡加六族搬运木料，从乔科、桑木察、戎措钦十八大部、隆务雅尔昂和玛尔昂、道帏、文都、阿坝、拉多、察科等部落征集乌拉民伕，修建了八十根柱子的大经堂和内殿。泽云、巴云奉献了一些地方，拉多部奉献了五百户；堪布诺们汗奉献了双朋拉卡和双朋西；额尔德尼台吉奉献了迭部洒如等地，作为供养寺院的庄园。

（选自《安多政教史》，第三百五十七页）

（洮河南部区域各地政教发展情况）塞沃雄寺·扎喜隆布系塞沃喇嘛敦主嘉措所建。……他从毡衫的缝隙之中取出约一盆黄金，乃以此修建了康村公所的三层楼房，并配备所有的供祀用具及什物。在祈愿法会上发放了布施，潜心学习，取得了学位。在家乡修建了寺院，于经堂塑造了弥勒佛像，并修建三世诸佛殿、药师佛殿等。又向卫地色拉寺、哲邦寺等发放了布施，敦请班禅仁波且给寺院予以开光。指示说："可以在这儿予以开光。"他心中不相信，提出了抱怨。这时，他的前面有一块宝镜，让他看看那宝镜，看到家乡的一切很清晰地显现在这块宝镜之中。后来，在开光的那一天，鲜花直接从空中下降。

（选自《安多政教史》，第七百页）

修建与技术

（信奉苯波教之人拆毁扎玛的真桑佛堂）桑喜听和尚说真桑佛堂被拆毁了，心里非常难过。为了将来重修佛寺（真桑佛堂），五位使臣便到五台山圣文殊菩萨的佛殿去求取图样。

（选自《拔协》，第八页）

（名叫"拉萨疯婆"的老媪告诉阿底峡尊者大昭寺神殿的由来）"我当然知道，可无权禀告。不过，在此神殿宝瓶柱①的三庹半处，藏有此神殿建造者写下的文字，你取而视之，真相便可大白。"老媪刚说完就无影无踪了。

（选自《柱间史》，第六页）

注释

① 宝瓶柱：拉萨大昭寺释迦佛殿前一柱名。本书即由阿底峡从此柱顶端发现而得，并因此而得名《柱间史》。藏史载松赞干布曾命在此柱下埋藏祈愿佛教在吐蕃昌盛的伏藏。

所谓"苯"（译注：这里指苯教徒传授或修习的某些内容），譬如"空行智慧鹿"、"禳病救人法"等等，在幻显神殿的树形柱①下埋有其伏藏。

（选自《柱间史》，第八页）

注释

① 树形柱：大昭寺释迦佛殿前一柱名。藏史载松赞干布曾命在此柱下埋藏猛咒伏藏。

（尼泊尔工匠修建大昭寺）工匠们用麝木木桩和铁钉铁扣，卯套卯、扣连扣地把石堆加固了起来，每根木桩上都涂上了金刚石般火烧不坏、水浸不蚀的勒域金刚黏泥涂料。然后在石堆上铺设了一层铸铁砖并用铁水铸黏起来，上面又一层层铺上了山羊从澎波驮来的石板、青砖和木板。接着，按照寻常人家宅舍，打四方地基，大小如同一只木筏；按照世俗人家房屋，做百格窗棂；按照苯教徒习惯，地平上镶嵌了"卍"形图案；按照出家人习俗，殿堂内装饰得如同妙香室；按照咒师仪轨，殿内绘制了十一忿怒明王坛城。柱子呈橛子形，天井悬垂璎珞，佛殿的外观作大尸林畏怖之状，以示三十七菩提分法威仪。可是尼泊尔工匠白天修，妖魔鬼怪就晚上拆，如此三番五次，最终还是未能修成。

（选自《柱间史》，第二百二十页）

（松赞干布造立了诸佛与菩萨像十一尊）赞普所造立的这些本尊像，均安立供奉在陛下的正宫后妃珀岗董妃赤尊修建的拉萨卡扎佛殿。此后，赞普经常住在卡扎佛殿，时时供奉十一面观世音菩萨等十一尊神像。赞普的第二位妃子是苯波女象雄妃赤尊，她主持修建了腾博古巴佛殿；第三位妃子是木雅女东妃赤尊，她主持修建了哲拉贡布佛殿。东妃赤尊还在女妖魔窟旁的一岩壁上勒石作大日如来佛像。另在宫殿的西北面，为阻断厉鬼出没的必经之路造立了一座白塔，并举行了佑僧仪式。若不造立此塔，厉鬼将侵害吐蕃出家人的性命；第四位妃子是里域女童妃赤尊，她主持修建了拉萨棋苑佛殿。松赞干布的上述四位后妃均系吐蕃女子，传说她们是四供养天女的化身。再后是白度母化身尼妃赤尊，她主持修建了拉萨幻显神殿（大昭寺上殿）；最后是绿度母化身汉妃文成赤尊，她主持修建了拉萨惹冒切寺（即小昭寺）。

(选自《柱间史》，第二百二十九页)

〔长庆二年（822）唐使者始至，给事中论悉答热来议盟〕盟坛广十步，高二尺。使者与虏大臣十余对位，酋长百余坐坛下，上设巨榻，钵掣逋升，告盟，一人自旁译授于下。已歃血，钵掣逋不歃。盟毕，以浮屠重为誓，引郁金水以饮，与使者交庆，乃降。

(选自《新唐书·吐蕃》，第六千一百零三页)

第十辈，格鲁派大师嘉央曲杰，羊年（1378）生于桑耶地方桑珠林寺的协敖家。曾梦见空行授记自己为吕拉囊巴等的再生。……后来，根据乃琼护法的"五千僧人的成就"的预言，创建了哲蚌寺。

(选自《觉囊派教法史》，第五十三页)

这位大师（更噶周却）以显密道胜证，用白业广利众生，被委任为色多坚、贝科德钦（白居寺）、孜钦、昂仁等寺院法台后工作热情，关心寺院发展。专心修持瑜伽时，获得了"解心结"之名，其间一段时间主持过觉囊寺。他晚年创建了曲隆绛孜寺，主要发展密修院。

(选自《觉囊派教法史》，第五十六页)

稼赤的王子为"阿学勒"；"阿学勒"的王子为"依学勒"，他修建"青哇达哲"堡，这是西藏最初的一座堡寨。

(选自《佛教史大宝藏论》，第一百六十八页)

王妃赤尊（尼泊尔赤尊公主）很想修建寺庙，但不能如意的兴土动工。经仔细观察发现藏土地形如罗刹女仰卧形状，须要镇伏，于是在魔女右肩上，修建了"嘎嚓"寺，左肩上修建了"察珠"寺，右足上修建了"章丈"寺，左足上修建了"仲巴江"寺。这即是"四翼四大寺"。又在右肘上修建了"贡布布曲"寺，左肘上修建了"脱扎空厅"寺，右膝上修建了"噶扎"寺，左膝上修建"扎冬哲寺。这即是"四隅四镇寺"。又在右掌心土修建了"康"区的"登隆塘度母"寺，右足心上修建了"芝裕"地区的"绛真"寺（意为慈云寺），左足心上修建了"门裕"地区的"笨塘"寺、"坝卓杰曲"寺等许多寺庙。在"堆窝塘湖"上建筑了石堡，系用坚木支架以龙泥（传为龙宫所出粘土）涂抹，驱使山羊驮土填湖，而建成"羊土幻现"寺（即拉萨大昭寺别名）。仓促间将房檐屋板等安装后，迎请自然显现的十一面观音像奉安在里面而供养。此后，藏王来到汉地五台山修建了一百零八寺。文成公主也修了拉萨小昭寺。

(选自《佛教史大宝藏论》，第一百七十页)

他（鲁麦·楚称协饶）别离导师（阿阇黎）西上，师友们都来到了前藏。拉萨地方，过去是大德们的法座传承所在地，而现在成了惩罪施刑的地方。因此，不能到拉萨去，只好转道前往桑野（前藏山南扎朗县一地名）。于是鲁麦·楚称协饶住持了嘎曲寺；坝·楚称洛卓住持了乌察和乌哲二寺；惹西·楚称迥勒住持了格杰寺；郑·耶喜云登住持了尚康等寺。前藏五师（即鲁麦、坝、惹西、郑、松巴五人）说道："现在是修建我们自己的根本寺庙的时候了！"遂由鲁麦师修建那谟洽德乌寺，此寺收了四个传徒。由惹西·楚称迥勒在珠谟地方修建了锁纳圹清寺，凡从此寺出的人物称

"圹清派"；由香·纳朗多杰旺秋修建了惹察寺及嘉寺，凡从这二寺出的人物称"香宗"。又由垛·绛秋迥勒修建了耶巴坝让寺，及麦区的那切巴寺、舍区的顶哇寺、曲须地方的啰峨寺、布德脱贡寺、玉圹寺、老索寺、扎玛圹寺、喀惹索季寺等。此后，在后藏修建了恭嘎惹哇寺及察弥寺。由垛·绛秋迥勒及松巴·耶喜洛卓二师在季学地方修建了玉阁康玛寺。从这些寺中发展传承下来的，统称"垛措派"。复由伦·耶喜协饶住持嘉色岗寺，及纳达拉康寺和察穹寺。从这些寺中发展传承下来的，统称"伦宗"。由松巴·耶喜洛卓在卓萨圹地方修建了麦汝寺，但后被毁坏无存，也就没有发展了。又由惹西·楚称迥勒修建了惹西泽峨寺，坝·楚称洛卓修建了容库寺，他继而住持伦巴季布寺，由他传承下来的弟子麦·生巴协饶复修建了堆隆察脱寺，并继而住持拉玛寺和扪扎寺。这些寺中传承下来的，统称"坝宗"。复由坝·楚称洛卓的兄弟修建了杰惹察那区的达仲寺，并住持"学"区的讲说院。又惹西师住持嘎察寺及夏寺，从这二寺传承下来的，统称"惹宗"。由惹西师之弟住持格杰寺；由他的弟子塔细甲拔住持格杰寺；又由此师弟子香准·协饶拔修建了伦巴达哲寺。从这些寺中发展传承下来的，统称"惹西兄弟传派"。由郑·耶喜云登修建了恩朗季谟寺，并住持嘎穹寺，继而住持业圹扎纳寺；又在此寺路旁的高台处修建了章惹谟伽寺，从此寺发展传承下来的，统称"下郑宗"；从恩朗季谟寺发展传承下来的，统称为"上郑宗"；从隆贡寺发展传承下来的，统称为"中郑宗"。后藏的诺敦·多杰旺秋复修建敬贡寺，从这一寺中传出的弟子有二十四人。其中有名嘉·释迦迅鲁的在堆玛地方修建了那圹寺。从此寺分支出来的郑区交界处的布多寺等，统称"嘉宗"；由厥·协饶多杰修建了邓谟日寺，堆区的寺庙都是由此寺发展而来的；由达诺·迅准修建了达诺寺，从这一寺中发展传承下来的，统称为"达宗"；由阿梅·迅季玛住持泽寺和扎玛寺，从这两寺发展传承下来的，统称为"迅宗"；由达·释迦云敦住持树波寺，从这一寺中发展传承下来的，统称"达宗"；由里·洛卓迅鲁修建觉谟寺，从这一寺中发展传承下来的，统称为"里宗"。对下区五寺，则称作"敬贡传派"。由纳·绛秋嘉称修建了曲弥寺，从这一寺中发展传承下来的，统称为"纳宗"；由洽萨区的嘎·协饶喇嘛修建了尼寺，及由垛·耶喜迥勒修建了邦嘎拉隆寺。这两寺没有很大的发展，因此除"纳宗"外，没有其它传承的派系。由大德朗·绛色修建了闻普寺，并住持章张寺；由此发展出来的奔圹寺、洽寺、枳贡寺、阁敦措玛寺等，统称为"上下朗宗"。由廊哇·耶喜雍珠住持蔗寺，由他的传徒杰准·协迥修建了夏鲁阿谟寺后，他到印度重受戒律仪，后来由廊哇·耶喜雍珠住持夏鲁寺，所出大德即所谓"四栋六梁"，从此发展传承下来的，统称为"夏鲁传承派"。由季·耶喜旺波修建了香区的喀隆寺，继后又建界热朗惹寺。在这两寺的路台上，复建谟香区的若岗寺。由朗惹寺发展传承下来的，统称为"朗惹宗"；柳区的乌隆寺发展传承下来的，统称为"乌宗"。以上二寺则统称为"下季传承派"。由朗惹宗住持赤区的喀切寺，继由阿麦的传徒香敦楚拔住持嘉居寺，阿麦的门徒贡波·塔巴仁清又有门徒四人。由四徒中的树敦彭扎住持蔗区的杰昌寺及甲喀达隆寺，由这两寺中发展传承下来的，统称为"树宗"。由四徒之一的杰准嘎波住持安伊寺；由四徒之一的雍敦扎嘎日巴住持峨寺。后来这两寺归入"阿谟宗"而未得发展。由四徒之一的肖哲修建了肖哲寺。以上寺庙中发展传承下来的，统称为"贡宗"，又称"中季宗"。由阿麦·喀切贡巴住持色区的那德惹寺，从这寺中出来的有上区的温、巴、香三师；又由赤敦准坝住持熊纳惹寺，从这寺中发展传承下来的，统称"赤宗"；又由萨伯准穹住持章穹寺，从这寺中发展传承下来的，统称"章穹传派"。继后，由嘉敦·阿雅德哇住持波汝杜纳寺，从这寺中发展传承下来的，统称"嘉宗"；由阿阁黎迅鲁释迦住持萨普寺，从这寺中发展传承下来的，统称"萨宗"。以上诸寺统称"上察四宗",又名"上季宗"。由阿麦的门徒"邦"师来管理赤寺;香准·索扎住持嘉居寺。从以上两寺发展传承下来的,统称"中季宗"。由"上季宗"出来的门徒迅鲁迥勒住持敬喀吐寺,从这寺支分出来的,统称"吐宗";由季准·伯季耶喜住持仲区的恭嘎惹哇寺,该寺是从"上季宗"发展出来的。又有所谓"冲宗"一门发展为"九察",其中由"上冲宗"发展出"嘎系"和"敬系"二系;由"中冲宗"发展出"新寺"与"旧寺"二系;由"下冲宗"发展出来的,则有"察宗"五系(连上面四系共为九系)。由阿麦冲准住持枳区的扬温寺时,也将枳寺供献给了他,后来他将枳寺托付给他的侍者坝准·洛卓云登,由洛卓云登作阿阇黎而教抚出来的门徒,统称"坝宗"。此师的门徒裕·却旺住持杰区的勒领寺,从这寺中发展传承下来的,统称"上坝宗";由裕脱伯住持江惹寺,由达巴觉准住持杰伯寺,从这两寺出来的大德,统称"中坝宗";由枳寺发展出来的大德,统称"下坝宗"。又有以令措寺供于阿麦大师,大师将此寺托付给他的门徒惹·洛卓让波及康巴二人;由惹·洛卓让波师住持欧弥寺,康巴师住持嘉喀寺。这两寺分别称作"惹系"与"康系",而统称为"令宗"。达察师以甲却喀波伽寺供于阿麦大师,大师将此寺托付给他的门徒嘉·嘉补楚生,由嘉师托付给贡波迥勒,贡波师教抚了姆区的勒谟伽寺和甲却寺;嘉师还修了扎圹寺。以上各寺统称为"嘉却宗"。又由玛须区的女施主以嘻谟扪卓寺供于阿麦大师,大师将此寺托付给他的门徒玛巴·多杰耶喜,多杰耶喜复将此寺托付给他的门徒勒波·扎巴绛称,并住持绒喀普寺。由阿麦曲昌修建了达察居圹寺后,将寺供于阿麦大师;由玛巴修建了郑玛岗波寺,连同伦卓达昌寺共四寺,统称为"扪卓四子寺"。以上诸寺统称为"扪卓宗"。由阿麦大师住持色区的岗措寺,后来大师将此寺托付给他的门徒香巴·泽惹措巴,并由香巴建了"色"区的扎学寺,并住持真波顶寺和枳区的扬温寺,后住持惹索察纳寺,及达察喀波伽寺。他又将这两寺托付给他的门徒坝·格通。格通又住持绒区的坝垜寺,后来托付给他的门徒哲准烘波,以上诸寺统称为"垜宗"。

(选自《佛教史大宝藏论》,第一百八十三页)

《霞鲁教法史》中说,印度国王白沙拉恰切的儿子为聂赤赞普①。本波教徒们则认为天神之王是由十三层天的上面沿着天神的绳梯下降的,从雅隆的若波神山顶上沿天梯下降到赞塘郭细地方,看见的人说:从天上降下一位赞普,应请他当我们众人之主。于是在脖颈上设置座位将其抬回,奉为国王,称为聂赤赞普,这是吐蕃最早的国王。他为了作战的需要修建了云布拉康堡寨,令策米辛吉穆杰翻译本教,并调伏了苏毗②的本教师阿容甲哇。

(选自《红史》,第三十页)

注释

① 聂赤赞普:是西藏传说中的第一位藏王。传说中西藏山南地区的悉补野部地方首领,于公元前127年即位,是为吐蕃之祖先。

② 苏毗:是藏族历史上一个文明程度较高的国家,在今西藏日喀则地区的南木林县一带。

(萨钦贡噶宁布)第四子贝钦沃波生于阳铁马年,享年五十四岁,死于阴水猪年。贝钦俄波有两个儿子,长子为萨迦班智达贡噶坚赞①,生于阳水虎年,以班钦释迦室利等大学者为师,精通五明之学,他将夏尔拉章托付给协迥,自己修建了细脱拉章。

(选自《红史》,第四十二页)

注释

① 贡噶坚赞:即萨班·贡噶坚赞(1182~1251),藏传佛教萨迦派第四代祖师,藏族学者。原

名贝丹顿珠，意为"吉祥义成"。昆氏家族贝钦活布之长子。

萨迦派的本勤最早是释迦桑波，当喇嘛法王（萨班）去凉州时，任命他代摄法位，并让除喇嘛伍由巴、喇嘛协迥以外的善知识大德都向他敬礼叩拜。到八思巴的时候，薛禅皇帝①下令，赐给他卫藏三路管民万户的印信，任命他为本勤，他修建萨迦康赛大殿，并修建萨迦大殿的内外围墙，运来木料还未上房梁时，即逝世。由任近侍的贡噶桑波继任本勤，他修建了仁钦岗、拉康拉章②，完成了拉康的围墙。

（选自《红史》，第四十八页）

注释

① 薛禅皇帝：即孛儿只斤·忽必烈（1215~1294），蒙古族，元朝的创建者，监国托雷第四子，宪宗蒙哥之弟。蒙古尊号"薛禅汗"。

② 拉康拉章：萨迦四大拉章分别为希托拉章、拉康拉章、仁钦岗拉章和迪却拉章。

甲·且喀哇的弟子有赛基布哇、奈觉江森和甘巴达惹等人。赛基布哇修建基布寺。赛基布哇的弟子拉仁波且，拉仁波且传给拉隆吉旺秋，他是觉扎的叔叔觉磨达巾的儿子，拉隆吉旺秋传给拉苏康巴，拉苏康扎传给觉卧扎仁的儿子。奈觉江森修建卓巴寺，桑杰达惹修建喀如寺。

（选自《红史》，第五十六页）

（香卓微官布仁波且）藏历木羊年建蔡寺，藏历火羊年建贡塘寺和班拔尔大佛，征服其他部落，教化无数众生。

（选自《红史》，第一百一十一页）

（班丹拉秋喀巴）在白朗塔扎居住时，被邀请去，于羊年建鸠普寺，在此寺住了三年，重返塔扎，于牛年建拉秋寺。

（选自《红史》，第一百一十七页）

（吐蕃王朝时期，拉萨，松赞干布修建小昭寺）又诸变化工匠或为斫柱，或为上梁，或架四方椽，或立柱木，或安横梁，或截檐桷，或铺木板，或盖金顶，使此殿堂，成为无比庄严（原注：有觉阿吉之《大伏藏书》中云：据闻拉萨下殿，仅两昼夜，即已竣工。恐系指此盖顶之事）。

（选自《西藏王统记》，第八十五页）

赤尊与公主（文成公主）二人所建绕萨神变殿堂及甲达绕木齐寺庙，诸如彩缋等工，一切营造，仅十二个月，则同时建造完竣。

（选自《西藏王统记》，第八十六页）

（吐蕃王朝时期）此妃（卓萨·赤杰芒哥）无有子嗣，父兄家乡又相距甚远，恐未来时，若寺宇（桑耶寺）倾颓，无人培修，乃将各墙土砖用铅水胶之，并用红铜为顶盖，又悬铜钟于屋下，以为伎乐供养，系聚光珠于屋梁，而作长明佛灯，并掘泉池，以代净水云。

（选自《西藏王统记》，第一百二十六页）

王（安达·热巴坚）欲为安奉本尊，于吴祥多修建柏麦扎西格培寺。遂由李域招请善巧工艺匠师，由尼泊尔招请甚多之塑匠石匠等，修建九层佛殿。下三层并其门楼等，皆用石建造。中三层并其门楼皆用砖建造。上三层并其门楼,皆用木建造。

(选自《西藏王统记》,第一百三十六页)

(绛求浙桂)前往特嘉地区之烈渠地方,即汉地之洮州杨烈地方,平定了汉人的全部宫殿,露布道貌之后留住该地,建寺修行。全体空行母齐聚那里,频频奉献悉地。此亦是证果的道貌。

(选自《朗氏家族史》,第三十二页)

(乌东赞灭佛时期油漆建筑工艺都出自本地)(乌东赞灭佛时期)大喇嘛允许所请而来到"登底",于其地作广大供养三宝;对护法作广大垛玛供施等后,祈祷诸护法在作救护的眼前,誓愿护持佛教;愿具足猛勇诸佛子及救护世间神通力;愿对我施救而生敬信诸众生都作我助伴。继后大喇嘛为了破除有许多所谓"顿人瑜伽"不作任何善法的邪知见,他[格哇色(善明)]修建了很多寺庙和佛塔。彩色油漆也出自本地,建筑的工艺也出自[格哇色(善明)]师手,对于有为的善根,大师确是精勤而作的。

(选自《青史》,第四十二页)

[桑杰雅郡协饶喇嘛(智慧师)建造时会采用画线测量房和许多布绘] [桑杰雅郡协饶喇嘛(智慧师)]由章巴作亲教师,库敦做阿阇黎,阿阇黎邓谟日巴作屏教师而受比丘戒。此后十五年的时间中一心专修,他[桑杰雅郡协饶喇嘛(智慧师)]具足广大神通。他[桑杰雅郡协饶喇嘛(智慧师)]年届三十四岁时岁次丙申姑耶·仁钦贡逝世,由他承继(达隆汤寺)寺主。他建造有金塔、银塔,及大供堂的画线测量房和许多布绘,并建造有许多金银质料大小佛像。建立常诵经规和每年念诵等许多规章。塑造的小泥塔、像更是难以数计。他对三千六百僧众,以正法和财物抚育他们使其满诸希求。

(选自《青史》,第三百七十二页)

该王(杰·涅赤赞普)在世时,建有永布拉岗宫堡。策弥兴之木杰,译出苯教经典。松巴之苯教徒邬容杰瓦降服。

(选自《雅隆尊者教法史》,第二十九页)

土狗(戊戌)年,填卧塘湖。土猪(己亥)年,为大昭寺奠基。因有吐蕃之凶神恶鬼,日筑夜毁,于是建昌珠寺等镇肢、镇节寺庙。王显现变化身,大昭寺大殿即于两昼夜竣工。上层诸殿,拜木萨于一周年时,即建成居之。

(选自《雅隆尊者教法史》,第三十六页)

沃松王之子君王贝科赞,木鸡(乙酉)年诞生于雅隆旁塘。十三岁,父薨即位。建墨隆等八寺。

(选自《雅隆尊者教法史》,第四十四页)

尼玛衮抵阿里,于普兰建尼松宫堡。即位执政。彼有三子:长子贝德日巴衮据芒域;次子扎喜德本据普兰;幼子德祖衮据祥雄。尼玛衮之三子称上部三怙主。

(选自《雅隆尊者教法史》,第四十四页)

觉噶有三子。长子恰萨拉钦建恰萨寺。桑结温敦为之开光。恰萨拉钦侍奉贝·帕莫竹巴等众贤哲。幼子出家，称拉席瓦，居洛莫葛康。次子赤达玛有祖德、赤祖、南觉、墨朗四子。

(选自《雅隆尊者教法史》，第四十七页)

(恰怯卡瓦)后至墨竹，建旧怯卡寺，利济众生十二年，或云七年。授记色·基浦瓦建新怯卡寺之后，去羌乌莫。

(选自《雅隆尊者教法史》，第六十四页)

恰怯卡瓦之弟子色·基浦瓦，诞生于涅堆达玛岗，出身色氏，本名曲吉坚赞。彼谒见恰怯卡瓦后，即长期依止之，饱学佛法，遵怯卡瓦大师昔日之授记，建新怯卡寺，造有怯卡瓦大师泥塑像、佛塔等。至隆雪，建基浦寺。

(选自《雅隆尊者教法史》，第六十五页)

该大堪布出身觉氏(桑杰葛巴)，本名森格贾，诞生于嘉之觉隆。彼在世时，迎请涅席之弟子结纳·扎巴森格，创法相院，建绛钦寺。

尔后，钦·朗喀扎任住持三十六年。彼出身钦氏，诞生于年堆墨卓之浦库。称十六罗汉之一，系上师卓衮曲吉杰波之上师。有人认为，寺庙旧顶乃系彼在世时所建。

(选自《雅隆尊者教法史》，第七十页)

称为噶当教授派之金厄仁波且诞生于聂之朗热岗。母名里莫，彼名达查帕，出家后名崔呈帕。依止善知识格西敦巴，敬聆一切经典口诀。因修习之力，精通五明。心怀宽广，学识渊博。建洛寺等诸多寺庙。

彼(金厄仁波且)有不可思议之弟子，其称金厄四修行者，即建墨竹萨之萨巴帕修行者；玛热修行者；噶耶修行者；孜卓嘉修行者。堆隆巴·仁钦宁波建赞卓寺，推广佛教事业。

总之，金厄仁波且长期担任教主，逝世于隆雪纽如。

金厄仁波且之心传弟于大活佛恰域瓦乃怙主达沃旋努之钦身。见闻不凡，长期依止金厄仁波且，名旋努沃，称恰域瓦化波，建恰域贝大寺。

彼(恰域瓦乃)有不可思议之弟子，其称十钦波者有：康区之惹卡瓦钦波、阿仓瓦饮波；塔波之夏瓦林巴钦波；薄塘巴钦波；扎纳巴饮波；木墨巴钦波；墨竹之布巴钦波、彼建杰波登寺；磋竭钦波，彼建岗岗寺；墨杜布日巴钦波，彼建杜布日寺；结葛钦波，彼建嘉玛之旧佛殿与仁钦岗寺。

(选自《雅隆尊者教法史》，第七十一页)

尊者(轨范师尊者)之弟子纳措译师。纳措译师之弟子绒巴恰索瓦。绒巴恰索瓦毕生闭关修行。一次，出面调解纠纷，被玛措·绛曲多吉迎至畏相多。五百僧众前来问法。其中有旁听佛法者四人，各作笔录，遂成四部经函，而称绒巴四子。即：庶浦之大律师；惹达坚巴；后藏之休兰巴钦波；朗帕瓦钦波。彼(朗帕瓦钦波)建朗帕寺与热拉顶寺。彼等系绒波传承。

(选自《雅隆尊者教法史》，第七十四页)

铁兔(辛卯)年，仲绛央钦波被尊为教主，宣讲《释量论》。从此，三藏法师麇集。并为集中佛菩萨之事业，法主索朗坚赞贝桑波下谕助之。大转轮王大司徒为建该大士之宝刹或庙宇，遂在圣观自在菩萨加持之地孜塘建寺。事事皆告圆满之后，一千余三藏法师麇集，大译师等诸至尊贤哲为最早之住持。有吐蕃之才识精湛、德行谨严、心地善良，以及出身高贵等不可思议之弟子；且教化

第二编 建筑

诸多有缘之人。

(选自《雅隆尊者教法史》，第八十页)

茹拉杰到娘若香波城的山顶上，藏在鹰巢之中，将罗昂一家男女老少全部杀死、死，攻下了香波城堡。将香波城堡拆毁，石料运去作修建琼瓦达孜城堡的基石，将娘若香波一带的鹿群杀绝。

(选自《汉藏史集》，第八十四页)

(喇嘛钦波索南洛追坚赞贝桑布，生于1332年)在他二十三岁之时，他的管事官员仁桑大师经手从宗卡的主人本钦贡噶桑布的弟弟本宣努贝的侄子木顿珠贝手中购买了宗日地方，并于阳木马年(甲午，1354年)三月五日奠基，动工修建达仓宗城堡，并将此城堡和寺院献给索南洛追坚赞兄弟。

(选自《汉藏史集》，第二百一十三页)

上师(八思巴)说："其人必有能干之侍从，才能修建起这样一座佛殿来。"本钦(释迦桑布)在上师(八思巴)身后听见了这话，趁上师高兴，就请求修建一座能把杰日拉康从天窗中装进去的佛殿。由于坚持请求，上师同意了。本钦立即进行了测量，把图纸带回萨迦，向当雄蒙古以上的乌斯藏地方各个万户和千户府发布命令，征调人力。于次年为萨迦大殿奠基，还修建了里面的围墙、角楼和殿墙等。当时，为了管理乌斯地方的弟子们，专门委派贡噶杰波管理白蔡、噶莫仲、朗蔡等地方。在运来了修建萨迦大殿的木料等器材，架好了底层的房梁时，(释迦桑布)在本钦的任上在萨迦去世。

(选自《汉藏史集》，第二百二十四页)

(米拉日巴父亲去世，财产被夺后母亲送他去学咒术)(庸敦濯杰喇嘛，教米拉日巴学咒术)师父说："我这朋友(库隆巴云登嘉措喇嘛)太重情义了，如此严守誓约(庸敦濯杰和库隆巴云登嘉措约定，有人到其中一人处学咒术，就打发到另一方去)。当然，无论如何我会传你(米拉日巴)咒术的。不过，先要在山脚下面修建一间用人力摧毁不了的坚固静室。"于是，我便在那儿修建了一间下面三层、上面一层的静室，竖起很好的梁柱，安上排列得十分整齐的椽子，周围砌上像牦牛一样大小的石头，没有一点儿缝隙。静室的门修造得既隐蔽又坚固，他人不会知道，也无法用人力毁坏。修好后便传修法秘诀。

(选自《米拉日巴传》，第三十八页)

(赤松德赞时期，没卢氏妃墀洁莫赞)后来此妃被迎至巧地，故其二眷属亦前往巧地。再者，在格吉寺之右殿内，有三种依怙神像。左殿有药师佛像、普贤佛像及虚空佛等佛像。绛求洁赞因无子，而其父性之没卢氏地方路途遥远。因此，后来据说赡养者未能前来，所以此妃出走，故未建佛规。格吉寺之墙壁系以砖及铅水粘合而成。该寺安有铜顶。寺内以所系之钟为乐器；建一旃檀井，以取供神之水；又在主要佛像眉间镶以发光之珠宝，以此为灯。

(选自《贤者喜宴》，第一百四十页)

由吐蕃上层贵族所建之三宝道场，即大昭寺、汉人所建之小昭寺、红岩之桑耶寺以及三界不变解脱寺等。

(选自《贤者喜宴》，第一百六十九页)

（恰那多吉的第三个妻子）堪卓本，她父亲名叫尚阿札，是元朝皇帝的一位权臣。她生子名达玛巴拉若支达，达玛巴拉在其父恰那多吉死后的六个月的阳土龙年一月出生于萨迦大殿附近仁钦岗南边的六尊者佛殿中，他（达玛巴拉）出生后，长得非常可爱，为怕地震伤害，家中专门为他修建了一座纯木料的公馆。

（选自《萨迦世系史》，第一百八十九页）

（俄强大师）修缮佛殿之数目：修缮了果如森吉噶布护法神殿内室和外室；修缮了大书库；喇嘛拉康；大屋顶旧殿和昆氏佛像塔；玉妥、本唐、细脱护法神殿、苏康、宗穷、尼第、格泊、卓玛、桑木林、拉康拉章、拉康钦莫；修缮了西护法神殿、仁桑佛像塔；修缮了释迦桑布、岗噶哇、宣努旺秋等人的殿堂。还有生命神护法殿、经堂、萨钦岩洞、孜摩岩洞、八思巴岩洞、恰那岩洞等等。总之修缮了无数之经堂，使其犹如新建。

（选自《萨迦世系史》，第三百三十一页）

（达尼钦布）他修缮萨迦寺经堂的功业如下：修缮了玉妥拉康、夏迦桑布佛塔、宣旺佛塔、仁桑佛塔和昆氏佛塔等萨迦大寺西面诸经堂。还有在拉章聂第和拉章格配等诸拉康之地移植了草坪并新建屋顶金瓶等等。总之对所有需要修缮的都作了彻底的修缮。

（选自《萨迦世系史》，第三百八十七页）

此地（卫藏）有卓库列寺。据信史记载，藏传佛教后弘期伊始，卫藏十八或十二人中之冲凯·喜饶僧格倡建并住持年堆库列寺，悦·托白在库列山库列寺之侧兴建莫巴寺。

（选自《后藏志》，第九页）

众言此人（聂赤赞普）堪为藏地之主，遂以肩为座，迎之以归。因此遂称为"聂赤赞普"。此与《青史》中所说的赤·赞普·沃德，同为一事。聂赤修建雍布拉岗宫，才米辛氏之木杰翻译苯教。

（选自《西藏王臣记》，第九页）

（大昭寺，吐蕃王朝时期）赤尊如命砌之，果成一座石碉，如宝塔形。为使不受水火灾损，以金则泥，涂木材上，用木顶端与之相接，其上铺以生铁砖块，空隙之处，熔铜浇灌，使其凝聚。又于其上重叠铺以火砖及黏土，于是湖眼始平。时法王（松赞干布）春秋二十有五，岁次癸丑，神变殿堂奠基告成，方欲动工兴建殿堂。但因未能遵照（文成）公主所算，必须进行更改风脉之事，致所筑之基，又为神鬼所毁。无奈，（赤尊公主）始将（文成）公主推算之情，详为禀告于（松赞干布）王，王心大悦。遂于机雪娘颇邦喀岩山之上，以熔铁水，灌凝砖土，修建九层碉楼，四面拴以铁链，使其牢固。

（选自《西藏王臣记》，第二十七页）

传（赤松德赞）王妃卓萨·赤杰芒哥尚建有格吉拉康神殿，因距父兄家乡甚远，且无子嗣，遂于各墙土砖均用铅水胶之，以红铜为顶盖；悬铜钟作为伎乐供养；于佛额间镶嵌绿色聚光宝珠，作为明灯等供奉。王妃卜雍萨建布采色康林，外无墙壁，内无柱木等具有十三种优异之工艺云。

关于赤松王诞生年代，史学权威吉祥叶桑孜巴于其著述中颇无明文。而善巧自在之王布敦大师等均承认为戌年生。在《巴协》中云："（赤松德赞）王生于卯年，年届十三，又逢卯年始建桑耶大寺。"承认藏王生于午年者,则以卯年建寺之说,似无所据。尚有一类浅识者以为寺庙规模宏大,仅历时五年,修建难以竣工。

(选自《西藏王臣记》,第三十九页)

(1449年春)在法会间歇期,根敦珠巴每天从南色林庄园到扎什伦布去,为自己的有二十四柱面积的拉章奠基,并且努力参加兴建佛殿的土石工程,为后殿楼上及佛殿回廊两排柱子上梁封顶。特别是在后殿上梁封顶时,在立好东南角的柱子打墙时,有一道彩虹从树干射入柱中,又有一道彩虹从柱子里射到法螺中。

(选自《一世至四世达赖喇嘛传》,第三十三页)

(16世纪末或17世纪初)索南嘉措渐次到达协珠达杰林寺和大成就者桑布坚赞修建的哲蚌寺,宣讲了《上师瑜伽》和《六字真言》教诫,在那里还观看了法王内修忿怒像。

(选自《一世至四世达赖喇嘛传》,第二百一十二页)

[木牛年(1625)记事]由察瓦噶居巴和温布绛巴负责,活佛贵杰多吉设计,诺布扎西等十五名尼泊尔工匠在鲁顶建成了制造云丹嘉措银质灵塔的作坊。林麦夏仲曾经给我(五世达赖喇嘛)传授了非常简略的朱嘉派的长寿灌顶顶法。

(选自《五世达赖喇嘛传》上册,第五十八页)

(对金城公主所掘断的地脉,要养护恢复,就要建佛塔,几经变迁之后)于火羊年(1667)重修。后来我(五世达赖)同意给佛塔涂釉,若所用釉子没有杂质,一定很漂亮,可是工匠们没有掌握汉族涂釉工艺的要点,时隔不久就开始褪色。有人担心会如苯教经典所说,拉萨的西面出现玉塔,佛教就进入了晚期。这种说法有一些道理,但能仁王降生已逾两千六百年(即佛教本来已经进入晚期),故似乎无需担心。

(选自《五世达赖喇嘛传》下册,第八页)

[铁狗年(1670)五月二十二日](在拉萨大昭寺新建内供佛像及修缮金顶前)扎仓为我(五世达脆)举行了盛大的依止彩粉坛城的长寿仪轨。当时,曲央嘉措活佛布施了手写经卷和带有金饰件的银曼扎。恰达查仓瓦因为被迎请供奉为第司柏木竹巴的"帝师[①]",所以向我敬献绸缎等礼品后返回。

因大昭寺北后殿法力猛恶,所以很少有人修缮它的镏金殿顶。以前轨范师班禅仁波且的心胸像天空一样宽阔,对此没有丝毫疑惧,所以对屋顶的修建给予了特别的关注。但是,由于助手们未按规程修建,妄加改动,所以时隔不久金顶就严重褪色。此次动工,曲顶热绛巴布施了顺缘[②],桑耶大护法和螺顶大梵天也做了不产生意外的劝慰,使我们放下心来。此汉式屋顶南北宽三十六大卡又一小卡,东西为五十一卡,高二十二卡,背脊为三十七卡。三尊屋脊宝瓶用料计熟铜六百五十一藏克、纯金四千三百六十四钱、水银一万二千九百九十三钱,每一尖顶用铜十二藏克、醋柳十四藏克、茜草九藏克半,还有镇风铃架的铁索和三十五个风铃等物。此项工程的铜匠有以尼泊尔阿玛拉僧哈、铜匠大师傅南色勒坚和奴珠为首的三十五人;负责者为达云;木匠有以扎本、扎萨瓦为首的三十人,负责者为格洛阿达,日松巴、甲喀哇,金匠为琼结热绛巴、扎西孜甯、达东甯、大部分的工薪物品由强林桑珠杰布负担,工价薪俸伙食等折合粮食为官秤一万一千三百藏克。

(选自《五世达赖喇嘛传》下册,第四十二页)

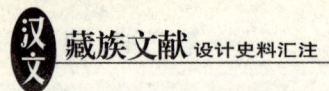

注释

① 帝师：元朝皇帝从吐蕃请来喇嘛充当的一种最高神职。从元世祖忽必烈起，累朝皇帝都供奉帝师。元代各帝师都是乌思藏佛教流派之一萨斯迦派的高僧。11世纪70年代，吐蕃款氏贵族管术间卜在今西藏萨迦县建萨斯迦寺，教授显密教法，不禁娶妻生子，称得祖传毗卢巴独授密法，自成一派。

② 顺缘：佛学术语，为"逆缘"之对称。一般谓以供养佛、赞叹法等信顺之善事为缘，蒙化益而向善趣入佛之教法者为顺缘；反之，以毁谤佛法等恶事为入道之事缘，则称逆缘（违缘）。故善缘为顺缘，恶缘为逆缘。据释摩诃衍论卷七载，遇顺缘，则进向善趣；遇逆缘，则退失道心，趣入恶道，此一情形，犹如羽毛之随风飘动，而转向西东。此外，在日本，晚辈为已故长辈所修之佛事称为顺缘或顺修；反之则为逆缘或逆修。

[铁猪年（1671）六月五日记事]如果能对小昭寺进行一次修缮，是对三宝的敬奉，至关重要。虽然没有这样的授记，进行维修也没有什么不好。第巴索南饶丹也曾准备进行维修，后来因故停止。结果在土鸡年七月间，一面墙突然倒塌，损失严重。第巴召集各大护法征询修复方案，结果制订了一个完整的计划。遂于狗年开始动工，猪年竣工。在新建的汉式屋顶的南北两面安置了六十四杆经幡，东西两面安置四十九杆，顶部安置二十八杆，后面安置四十杆，屋脊上放置宝瓶三个，柁梁鳌头等。共用去羊脂玉石一百六十三藏克，纯金七千一百八十钱，水银二万一千五百四十一钱，沙棘①二十六藏克，茜草二十八藏克，护持命风的铁链铃铛三十二个；在三面女墙顶上各置一对经幡，南面和北面纵向插置经幡四十六杆，西面插置五十九杆，南面和北面的椽头上安置四十二杆，西面的椽头上安置七十杆。修葺小昭寺和观音菩萨殿的铜门，耗用羊脂玉二百七十四藏克、制作套箍和钉子的费用为铁九藏克、沙棘十藏克、茜草四藏克。工匠有尼泊尔阿玛拉斯巴、铜匠南色勒京、维珠等二十六人，监工是达尔巴、扎本、伦珠林巴，寺院僧伽和三十名木匠由阿达尔、日松巴、就喀瓦监督，金匠是嘉措乃、多穷乃、达东乃、昂索贵贵，绛林松珠嘉布提供薪俸和生活所需用品。当时，在修建观音佛殿汉式屋顶时，布松色康巴向第巴、果垆、瓦布、木匠、石匠分别赠送了礼品。

（选自《五世达赖喇嘛传》下册，第五十八页）

[铁猪年（1671）藏历七月闰七日]曲杰图丹巴从绒地方来信说，他亲见克珠绒巴协桑，将其奉为本尊，绘制成时轮坛城图作为本尊圣物，连同镶饰银塔的盾一面、额饰玉二颗、顶盖一个、聚光镜两面、珊瑚念珠等呈送给我，并且从噶托运来盖有印章的木头，作为捐助给大昭寺的木材。

（选自《五世达赖喇嘛传》下册，第六十页）

他（第二十任法台·阿莽·贡确坚赞）坚持每年考核，注重注疏的讲解和生起次第的讲闻，并指定精通密宗仪轨方面的高僧法师，在他的具体指导下，修造了坛场模型，从此起拉卜楞寺有了修造坛场的惯例。他配合当时的喇嘛领经师，以牧场提供的物资为基础，完成了经堂内殿的扩建工程。

（选自《拉卜楞寺志》，第四百九十页）

第四十三辈赞普弃宗弄赞（即松赞干布），（原书按语：弃宗弄赞，藏经中作松簪干布，《卫藏通志》作曲结松赞噶木布赞普。系西藏王号，犹单于、可汗之类。）系西藏王子。……公主（文成

274

公主）至藏，恶国人皆以赭涂面，赞普为之革其俗；为公主建伊克招庙，供唐所赐之释迦牟尼于其中，即今所谓大招是也。又有小招者，赞普为先娶之巴勒布国王女建，即供王女带来之墨居多尔济佛，当时呼为巴汉招庙①。（按：小昭或谓亦系唐公主建，公主悲思中国，故东向其门。）赞普既通中国，幕中国文教之盛，遣子弟入国学读诗书。并饬大臣吐密前赴甲噶尔采取经文，以造番字。又手自编定刑律，亲督热松贡布诸佛祖创建布达拉、颇绷卡顿及杨顿足洛各庙宇。

（选自《番僧源流考》，第五十五页）

注释

① 巴汉招庙：即小昭寺。

乾隆九年（甲子）正月庚寅（1744年2月24日）

驻藏副都统索拜奏："近日据郡王颇罗鼐告称，上年十月初四日，夷使喇嘛尚卓特巴、宰桑吹纳木喀至大小庙拜佛，谓颇罗鼐曰：'我噶尔丹策零闻拉达克人言，土伯特黄教盛行，民生亦日安乐……'十月二十二日，尚卓特巴、吹纳木喀又谓颇罗鼐曰：'噶勒招穆伦河边之策地方，原是温都逊喇嘛等坐禅之庙。闻此庙破坏，我噶尔丹策零令我等携带银两而来，欲烦王子代为修庙，令温都逊众喇嘛照常坐禅。'颇罗鼐答曰：'我仰赖大皇帝洪恩，岂不能修一庙宇？但喇嘛坐禅，常在山上盖房，所以策地方不必重修……'自夷使至藏后言语情形，理合奏明。"

（选自《清实录藏族史料》，第四百五十二页）

乾隆十二年（丁卯）十月丙寅（1747年11月11日）

谕军机大臣等："蛮贼盘踞山箐，专恃战碉以为巢穴。前据张广泗奏：'班滚将如郎旧碉修住。姜错太旧碉烧坏，仍在旧处新修大碉七座'等语。其大金川各路进兵情形，亦称：'贼碉险峻，枪炮难施，攻一碉不啻攻一城'等语……"

（选自《清实录藏族史料》，第六百五十页）

乾隆十三年（戊辰）三月丁亥（1748年3月30日）

谕：……日后如邻近土司若莎罗奔其人者，一旦争夺此地，又将兴动师旅矣，此处亦应筹及。至于碉楼拆毁，张广泗谓欲永行禁革，势有所难。惟在振我军威，使其碉不足恃，此语实中肯綮……议令止许建造平顶碉楼，固属纸上粉饰之辞。但张广泗现知建碉之难以禁革，则当别筹一防范控制之策，使虽有碉而不足为害则得矣。

（选自《清实录藏族史料》，第六百九十一页）

乾隆三十九年（甲午）十月甲午（1774年11月17日）

谕："前阿桂奏欲于噶拉依建庙，令（八世）达赖喇嘛选择有梵行大喇嘛往彼居住一款。恐日久金川与西藏联为一气，亦难保其不滋流弊。莫若于京城选派一人前往，声名似觉更尊，已谕知阿桂审度办理……"

（选自《清实录藏族史料》，第二千四百七十三页）

乾隆四十年（乙未）八月癸卯（1775年9月22日）

谕："……所有移驻满兵，或即将成都现数，或须添拨若干，并著阿桂妥计行之。其所需粮饷，由内地运往，谅亦不甚费力，或兼用新营屯种有余之米，亦令阿桂一并筹办。又，打箭炉移驻满营，添设将军，一应廨宇、兵房、仓库均须建盖……"

（选自《清实录藏族史料》，第二千六百三十九页）

乾隆四十一年（丙申）三月己丑（1776年5月5日）
据都甲喇嘛供称："索诺木曾令在噶尔丹寺率领徒弟诵绰沃经，诅咒大兵。彼时莎罗奔曾遣画匠画蛇、猪、雕、马、狐各一，并书咒语，作为纸卷填入牛角，埋地镇压"等语。因将上年阿桂等所进噶尔丹寺图令其指出埋藏方向，据供："只有一分系埋于该寺大门门槛四五尺外，约深二三尺，余四分分埋各处路口，离寺不远，却不能指出何处"等语。

（选自《清实录藏族史料》，第二千八百二十三页）

乾隆四十一年（丙申）四月壬寅（1776年5月18日）
谕军机大臣等："据明亮等奏酌筹现留屯兵请照旧例每日给米一升，其加给银四钱即可裁去一折。……至称：'余丁一项，目下分设营汛，各处兵丁砍运木石赶砌碉房，尚属无暇，可否俟碉房工竣即行裁撤'等语。此项留屯兵丁原不应有余丁，若以赶筑碉房需用工作人力，则屯土兵练等素所熟悉，尽可役使……"

（选自《清实录藏族史料》，第二千八百三十四页）

乾隆四十一年（丙申）九月戊戌（1776年11月10日）
谕曰："两金川喇嘛均系邪教，不便仍留其地。但番人习奉佛教，该处独无喇嘛，似非从俗从宜之道，应于噶喇依、美诺两处酌建庙宇，即于京城喇嘛内派往住持。所有应派人数著理藩院议奏。其建庙事宜著文绶妥酌办理。"

（选自《清实录藏族史料》，第二千八百九十三页）

乾隆四十四年（己亥）六月壬申（1779年8月1日）
谕："……现在奎林前往细勘其沿途公馆、民房情形，毕沅并可询之奎林妥为筹酌也。至所奏修治道路、桥梁等事，如山岭峻仄处自应量为平治，其经过桥座，实在跨临河涧者，亦应缮葺完整，若乾桥平路，俱可置之不办，断不值为之垫道也。总之，此事固不可草率迟缓，致临时贻误要差，亦不宜张大浮靡，一切过于劳费，毕沅自能斟酌适中耳。将此由五百里传谕知之。"

（选自《清实录藏族史料》，第二千九百四十页）

乾隆四十四年（己亥）六月壬申（1779年8月1日）
谕军机大臣等："据毕沅奏备办（六世）班禅额尔德尼从青海进口经过各站住宿供顿等项一折，所办俱是，甚属可嘉，已于折内详悉批示矣。如所称：'平番以南多有公馆、民房可住；平番以北俱系草地，只可支搭蒙古包帐房，按站住宿'等语，甚为明晰，颇得此事条理。其内地有房屋者，止须扫除洁净，并无庸另为葺治。至草地不能豫备房屋，班禅额尔德尼原有带来之蒙古包帐房可以酌量妥为料理，并不必另费经营。昨勒尔谨在京时奏称，欲自塔尔寺至三眼井各站均须搭盖蒙古包之处，未能将内地、草地分晰筹办，不免过涉张皇，又与法福礼不无稍存推诿之意，总未得此事要领……"

（选自《清实录藏族史料》，第二千九百四十页）

乾隆四十四年（己亥）七月丁亥（1779年8月16日）

第二编 建筑

军机大臣等议复："陕甘总督勒尔谨奏称：'明岁（六世）班禅额尔德尼来京觐祝，所过地方，平番以南民房、公馆可居，量加修理，平番以北俱系草地，须搭盖帐房，就甘省现有蒙古包两分轮替已足。其随从喇嘛等所需帐房，于附近各营调用……'应如所奏，不可草率迟误，亦不得张大浮费。"从之。

（选自《清实录藏族史料》，第二千九百四十二页）

乾隆四十八年（癸卯）八月甲子（1783年9月1日）

谕（军机大臣等）曰："博清额等奏：'堪布额尔德尼诺们汗阿旺簇勒提木恭祝万寿，于藏之萨拉寺傍建造寺院，请锡嘉名'等语。阿旺簇勒提木感激朕恩，虔修庙宇，恭祝万寿，深堪嘉奖！著赏名'寿宁寺'，并缮写四体字样。所有佛殿扁额，朕亲书'祥轮普护'四字，悬挂殿前。并铃杆一、海螺一、大哈达一，博清额接到时即行赏给。并将嘉悦谕旨一并晓谕知之。"

（选自《清实录藏族史料》，第三千零二十三页）

乾隆五十一年（丙午）二月庚寅（1786年3月15日）

谕军机大臣等："据保宁等奏：'打箭炉口外噶达城地方有雍正年间建造惠远庙一所，年久未修。上年冬间，又因地震，致多坍损。现确加勘估，除大殿四层共三百余间及大门、二门等处仍照旧整理外，其僧房可减去六十三间，另盖二百间，已足资僧众诸番棲息'等语。雍正年间，因准噶尔尚未平定，西藏一带防其滋扰，是以于噶尔当地方建造惠远庙一所，给（八世）达赖喇嘛居住。今准噶尔地方久经平定，中外一家，卫藏咸归版籍，达赖喇嘛远住西藏，其在庙住持者不过每年派出之堪布喇嘛暨徒众人等，此时补行修建殿宇，自无庸沿旧规式过于宏敞，即所需住房亦无须二百间之多。著传谕保宁等，另委妥员前往撙节勘估，止须略存旧规，足敷现在喇嘛人等居住，量为酌减建盖，不必照前宽大，致滋闲旷糜费也……"

（选自《清实录藏族史料》，第三千零四十六页）

乾隆五十一年（丙午）四月戊寅（1786年5月2日）

谕曰："章嘉呼图克图掌印多年，阐扬黄教，安抚众生，留心经律。昨据佛尔卿额奏称：'呼图克图于四月初二日圆寂'等语，朕心深为悼惜！著制造金塔一座，从其素愿，永于镇海寺供设，一切事宜妥为照料……"

（选自《清实录藏族史料》，第三千零四十八页）

道光二年（壬午）三月乙卯（1822年4月1日）

谕军机大臣等："文干等奏申严边禁一折。据称：'藏属西南边缺绒辖尔营官所管之纳溪山洞，向有安都喇嘛磋竹让珠在彼念经修行。上年该喇嘛以廓尔喀地方吉绒噶速塔顶坍圮，拟请募修。当经噶勒丹锡呼图萨玛第巴克什寄信阻止，该喇嘛仍派徒众十余名由聂拉木出境，在阳布雇匠兴修。廓尔喀亦派彼处喇嘛帮同修理。现在塔顶已修七层，工程将次完竣，该喇嘛磋竹让珠明年即前往开光'等语……"

（选自《清实录藏族史料》，第三千八百四十二页）

道光六年（丙戌）正月丁未（1826年3月3日）

谕内阁："松廷等奏（七世）班禅额尔德尼修庙铸佛请赏寺名、匾额一折。雍正、乾隆年间，扎什伦布及拉尔塘等处寺宇节经恩赏寺名、匾额。兹班禅额尔德尼在扎喜曲达地方新建寺院铸造佛像工竣，著照所请，颁赐寺名并御书匾额，以迓吉祥。"

（选自《清实录藏族史料》，第三千九百零五页）

咸丰三年（癸丑）十二月癸未（1854年1月11日）

又谕："穆腾额等奏：'（六世）班禅额尔德尼涅槃后，修理金塔寺工程将及完竣'等语……今伊徒众将金塔寺修理妥协，于十一月二十五日将舍利奉入于金塔，实为吉祥之事，朕心甚为快悦。著赏给白哈达一幅、念珠一串，以副朕怀想有功之至意。"

（选自《清实录藏族史料》，第四千二百一十七页）

咸丰四年（甲寅）五月庚子（1854年5月28日）

以西藏办案出力，赏粮员杨尚炳花翎，余奖叙有差。以修西藏敏珠尔伦济珠布贝庙工竣，赏噶卜伦旺曲揭布虚公爵红宝石顶，颁给御书庙额曰"宗乘不二"。

（选自《清实录藏族史料》，第四千二百一十九页）

光绪十一年（乙酉）七月壬戌（1885年9月4日）

谕（军机大臣等）："色楞额等奏圆寂（九世）班禅额尔德尼入葬金塔日期一折。班禅额尔德尼为后藏喇嘛僧众表率，深谙经典，阐兴黄教，现徒众修理金塔工竣，于四月初八日入葬金塔，洵属祥瑞，朕心甚为畅慰，念切殊深。著加恩赏给白哈达一个、念珠一串，用副追念勤奋喇嘛之至意。将此交色楞额转饬该徒众祗领，献于班禅额尔德尼金塔之前。"

（选自《清实录藏族史料》，第四千四百七十一页）

［土马年（1738）］夏琼寺喇嘛僧徒之代表、锡金王之使者等谒见。札什伦布寺所遣罗桑坚赞至，献上襄佐关于大灵塔于九月内基本竣工、祈赐喇嘛衣服等装藏灵物的信札，喇嘛回函称赞灵塔速告完工甚好，惠赐历辈达赖喇嘛寝宫中的内供神物称作"仲切玛"的赤金佛陀像、饮光佛舍利、如来佛舍利一粒、至尊宗喀巴上师之餐盘、五世达赖喇嘛之披氅、喇嘛自己长期所穿之祖衣等，各盖上印记，作为装藏灵物。青海女王南杰卓玛所遣二使献上白银、绸缎等大批祈寿和请求护佑礼。

（选自《七世达赖喇嘛传》，第一百八十八页）

众僧说："你（阿阇黎）未求得僧众允许就用点金术，使僧众过上邪命生活[①]，为了忏悔你的罪过，命令你修造千万佛塔（小泥塔）并离开此地。"

（选自《直贡法嗣》，第十一页）

注释

① 邪命生活：比丘如法自活，作违法事而生活，谓之邪命生活。即指以不正当手段以求利养而生活者。

（米拉尊者）回到家乡，在自家倒塌的房内，有一上面长着青草的土堆，拨开草丛看时，母亲的骸骨暴露出来。至尊玛尔巴所说的："家乡贪恋碉房中，住有无常虚幻之轨范师。"话的含义这时才领悟到了，心中无比悲痛。最后为母亲的遗骸修造了一些小泥塔。

（选自《直贡法嗣》，第四十二页）

上师（众生怙主帕珠大师）圆寂后，仁钦白把以前作为礼物献给上师而上师拒受的那匹母马，甚至连自己所住茅屋的石头都用于修建上师灵塔和经殿。

（选自《直贡法嗣》，第六十八页）

至尊（觉巴·仁钦白）最初驻锡在扎仁钦坚岩窟，到三十七岁即土猪年（1179），修建了吉祥直贡菩提洲大寺。此后逐渐修建了楼上的金殿和大静修殿等。

（选自《直贡法嗣》，第七十页）

噶玛·堆松钦巴从岗布圣地前来办理有关修建楚普寺的重要事宜。途中耳闻觉巴仁波且的美誉，就前来谒见。觉巴仁波且亲自率众，来到旁塘，夹道欢迎噶玛巴。

（选自《直贡法嗣》，第七十六页）

觉·多吉宁波修建了多康觉大寺庙，另建寺庙多座。绰浦译师的历史别处有详述，他迎请了班智达释迦室利，班智达白布佛陀室利，成就者弥陀罗交格，修建绰浦噶丹寺，铸造了未来究竟圆满弥勒佛的身像等。

（选自《直贡法嗣》，第八十五页）

[水狗年（1742），直贡第二十五任主持贡觉陈烈顿珠在请了尼藏许多工匠的同时]又请来尼泊尔师傅多星等许多工匠，修建了称为大能仁三界庄严加持霖降的释迦佛像，高二层，有金伞捧座，做工奇特精美，使人一见就能起净信。共用了三千多钱黄金和六百克①红铜，于当年年末完成。

（选自《直贡法嗣》，第二百四十四页）

注释

① 克：藏斤。重约7市斤，10钱为1藏两，20藏两为1克。

圣祖仁皇帝御制泸定桥碑记：蜀自成都行七百余里，至建昌道属之化林营。化林所隶曰沈村、曰烹壩、曰子牛，皆泸河旧渡口，而入打箭炉所经之道。考，水经注，泸水源出曲罗，而未明指何地。按，图志，大渡河水，即泸水也。大渡河水源出吐番，汇番境诸水，至鱼通河而合流入内地，则泸水所从来远矣。打箭炉未详所始，蜀人传汉诸葛武乡侯亮铸军器于此，故名。元设长河西宣慰司，明因之。凡藏番入贡及市茶者，皆取道焉。自明末蜀寇乱，番人窃踞西炉，迄本朝犹阻声教。顷者点番肆虐，戕害我明正土官，侵偪河东地，罪不容道。康熙三十九年（1700），各遣发师旅三路徂征。四十年春，师入克之，土坏千里，悉入版图。锅壮木鸦万二千余户，接踵归附，西炉之道遂通。顾入炉必经泸水，向无桥梁。巡抚能泰奏言，泸河三渡口高崖夹峙，一水中流，雷犇矢激，不可施舟楫。行人援索悬渡，险莫甚焉。兹偕提臣岳升龙相度形势，距化林营八十余里，山址坦平，地名安乐。拟即其处，仿铁锁桥规制，建桥以便行旅。朕嘉其意，诏从所请。于是鸠工构造，桥东西长三十一丈一尺，宽九尺，施索九条，索之长视桥身余八丈而赢，覆板于上。又翼以扶栏，镇以梁柱，皆镕铁以庀事，桥成。

（选自《卫藏通志》，第一页）

世宗宪皇帝御制惠远朝碑文，……昔年达赖喇嘛曾驻锡于此（川省打箭炉之外的噶达），爰相度川原，创建庙宇。发帑金数十万两，遣官董司工役。仿西方白赖本佛庙之图式，凡为殿堂楼房一千余间，又为平房四百间。赐额曰惠远，丹护辉煌。器用充备，置兵以卫之。达赖喇嘛来登禅榻，率诸徒众咸就新居。诸番耆幼，踊跃欣喜。使臣奏言，彼土早寒，自造寺以来，气候和暖，深秋末冻。则知兹寺之建，人神胥庆，山川著灵。朕所以仰体皇考厚酬达赖喇嘛累世恭顺之忱，且以广布黄教，宣讲经典。

(选自《卫藏通志》，第五页)

扎什伦布寺，拉萨西南去八日，即后藏，寺名札什伦布。乃宗喀巴之大弟子根报敦珠巴所建。其寺背山临河，殿宇宏敞，佛像庄严，亦甚壮丽。乃班禅喇嘛坐床之所，凡学经成者，必至此受戒。

萨迦寺，后藏札什伦布境内，有萨迦呼图克图。乃元时帕思巴之后，为红帽教之宗。经薄载育仁菩萨之后人昆贡确嘉卜通达经典，看得奔布山风脉佳胜，欲创建庙宇。向业主降雄固喇娃班第仲喜纳密酗克敦三人，欲乞售兹地。伊三人乃施舍不取价值，遂建此庙，供诸佛像，招僧住持，相传至今七百二十余年。其红教喇嘛年少时，娶妻生子，至生子后，不复再近室家，始登法座，按辈相传。

(选自《卫藏通志》，第一百四十八页)

关帝庙，乾隆五十八年（1793），钦差工部尚书和琳撰碑文曰，札什伦布为历代王归禅喇嘛焚修之所。旁有小山巠耸时，为营官寨。自入版图以后，即其地建帝君庙，历昭灵应，汉番僧俗奉祀惟谨。乾隆五十六年（1791）秋，廓尔喀惑于逆僧沙玛尔巴邪说，觊觎札什伦布财务，潜兵掩至。番民僧俗迫于变起仓猝，皆鸟兽散。都司徐南鹏仅率绿营弁兵七八十人，据营官寨以当其冲。贼兵环之数币，断汲水道，仰攻八昼夜。我兵固志死守，闻发矢石，无不奇中，掘地十余丈，飞泉涌出，欢声动地，士气百倍，贼随稍却。

(选自《卫藏通志》，第一百四十九页)

［乾隆五十六年（1791）九月］（廓尔喀贼匪抢掠札什伦布财务以归）十六日，保泰具奏，据徐南鹏报称：九月初七日，廓尔喀贼众忽然撤回，将札什伦布金塔上镶嵌珠石起下掠去。

(选自《卫藏通志》，第二百二十八页)

唐古忒风俗，除大喇嘛、小头目等物故，方得火化造塔。其余则念经忏悔后将尸身碎割，抛喂鹰犬。

(选自《卫藏通志》，第三百八十页)

（白木戎）地有大寺二座，一名白马杨青，一名札什顶。有小寺十八座，其王局密郎结所管之地。内有纳嘎尔汉、杂纳、余隆巴、拉不立、额郎釉、隘巴、立巴、杂不立七处，另设大头人管束人民。其方亦呼为小西天，与布噜克巴连界，中隔大江，名曰巴隆江。

(选自《卫藏通志》，第四百零一页)

（类伍齐）察木多西北，系由草地进藏径路。筑土为城，周二百余丈，内建大寺一座。佛像经堂，巍焕整齐。红帽呼图克图居此，协理黄教，原隶西藏。自康熙五十八年（1719），大兵进西藏，该处僧俗人民，投诚归顺。雍正九年（1731），颁给印信，其印文曰："协理黄教诺们罕之印"，系清字、蒙古字、唐古忒字、三样篆文，主持大寺。该处喇嘛，俱于城内居住，所部番民，居黑帐房多，住土房者少。雍正四年（1726），会勘地界，将类伍齐地方，遵旨赏给达赖喇嘛，其地则高峰耸峻，一水环流，西藏径路也。

(选自《卫藏通志》，第四百零六页)

第二编 建筑

佛教是由印度迎请到雪域之圣地第二金刚座桑耶不变自成寺祖拉康的，并最初在此建立寺庙，制作画像和塑像，将佛的事迹和经教传入西藏。……此后桑耶寺经过历代法王，特别是人主法王和莲花手七世达赖格桑嘉措佛父以来对桑耶寺的不断修缮，尤其是众佛中广大作为者尊胜观世音菩萨真实化身佛爷八世达赖喇嘛特遣其经师摄政第穆活佛，主持修缮了桑耶寺祖拉康（"乌孜"大殿），使壁画和塑像如同新制一样焕然一新。对殿内供物和燃灯等为主的先辈法王们的意趣和财物作了修缮。为其修缮，所遣智慧者神奇殊胜，进行内外工巧材料加工，宣讲教言，布施酬供。这一举动不仅使释迦牟尼佛教，特别是宗喀巴之黄教及其僧侣寺院广为扩展，而且对于文殊大皇帝的政治声誉（事业）进行了很好的齐心发愿。这美好的久远善愿如同神鼓惊雷广为传遍。同时，（在桑耶寺）将前辈佛王的《文集》、《大威德金刚生起次第》等作为新版刻印，并对刻印的工艺师们作无上的供养，发给优厚的酬金。

（选自《八世达赖喇嘛传》，第六十五页）

［水虎年（1782）六月，八世达赖喇嘛］令哲蚌寺百名队僧在布达拉宫，色拉寺百名队僧在大昭寺进行每月一次的唪念《甘珠尔》大藏经法事。这时新建了（八世）达赖喇嘛出行所用的宝帐"嘎巴克贡古"帐幕、寝帐"云郭"、小便帐幕和灶事帐幕各一副。随后达赖喇嘛前往罗布林卡新建的沐浴宝帐进行沐浴礼养身。……在新建宝帐时，由于事业成就者诺门罕负起职责，功劳较大，因此作为庆贺嘉赏他内库哈达、库存锦缎和银元宝，同时相应奖赏管事卓尼尔格桑楚臣、彻德哇丹增嘉措、工艺管事姜仲、工匠管事以及大小师傅和所有徒工。

（选自《八世达赖喇嘛传》，第一百一十八页）

去年［阴铁牛年（1781）］以来，（八世达赖喇嘛）按照给赤勒巴诺门罕的佛旨，为政教平安和本命年关祈寿，对（措钦新大殿）等身高的镀金铜质九尊无量光佛像和赛过世间一切内外宫殿的祈寿神殿进行修缮；对塑有九尊长寿神像的顿古庆巴殿的壁画、灵座、天花板、供物等作了很好维修。为此，以（八世）达赖喇嘛为首，赤诺门罕与扎仓僧团一起在措钦新大殿中举行吉祥大威德金刚的坛城开光……向诺门罕仁波切等僧侣献上开光斋金。作为开光的首要塑成主事者，担负职责，因此在开光盛大的宴会上，（八世达赖喇嘛）隆重褒奖管事德仲格桑丹达和孜涅郡巴夏仲及工艺管事、雕塑工匠、铜匠、画匠师、供物缝制工等大小师傅，以及在工场做工的上中下贵贱人等二百人。款待他们各种饮食，赏赐僧俗相应的普通上衣、帽子、缎子、服装等大量礼物。此时天空虽是清澈晴朗，开光的头一天没有一丝云彩，然而一时变作妙音天女树藤，云层中飘落起像莲花瓣状的雪夹雨花。拉萨雪村等地的人们在赶畜驮运路上看到了布达拉宫顶上汇聚成弓和伞的形状奇景。此乃极乐净土长寿佛手持甘露宝瓶惠临此地，向发誓言的诸本尊神像作加持，于是汇聚了善业众神欢喜布施的供云。

（选自《八世达赖喇嘛传》，第一百二十页）

［铁狗年（1790）］一月初五星曜圆满和合吉日，正式开工兴建策曲林寺。委任卓拉日支顷则、办事员恰朗次盆为总管。其它木材、油彩、金粉、工钱、食品、饮酒、茶粥等全由噶厦政府负担。开工宴会、工期宴会和竣工宴会的费用，以及各种赏礼的费用由（达赖喇嘛）公私两方赏给。工匠七十名和乌拉役夫六百多人在五个月当中，建起了三十二根柱子寺院楼上的寝殿、四根柱子的净厨，以及六十八间小屋。寺院建造坚固，布局庄严，这些都依赖于（八世）达赖喇嘛发心祈愿和佛

业无阻成就。寺院中绘上的壁画有释迦牟尼佛及侍奉的十六罗汉尊者，小乘、声闻乘和独觉乘的菩提菩萨，本尊护法神等众多形象。同时考虑到大经堂（杜康殿）的柱子装饰及雕刻不仅需要漂亮，而且应有加持之力，因此，喇嘛仁波切专门委派已获得罗汉解脱的坚赞、绘画大师措果瓦次旦南杰和甲麦次旺三人精细刻写《根本咒》、《要旨》、《近心咒》等印度梵文。这些情况清楚地见于经师仁波切的传记目录之中。

修建（策曲林寺）寺院分支的费用很大，在原有基金上由噶厦政府出资银二万零一百两。这甚符（八世）达赖喇嘛之意，而且这些资金被全部用上，因此心意圆满高兴。此后建立了佛像、供物、住宅卧具和公积基金项目，包括：僧侣们供奉的本尊佛像有镀金铜质一人等高的宗喀巴大师佛像一尊、带库缎的花边和天地并以面子薄绫作画幔的菩萨传记如意藤树的卷轴画三十三幅、卡梯锦缎的大香囊一对、妆缎的柱面幡一对、霍尔（蒙古）钹三只、霍尔铙一对、镶金箔的长柄鼓十八个、镶金神鼓一对、铜号和唢呐各一只、用于天窗白绸的带库缎花边的垂帷（彩帷）一个、置于寺院房顶《大方广如来舍利藏经》之上建立的有十五棍（量度用具）高的镀金铜质金顶一个、用于正面的与柽柳女墙等高的十相自在一对，其它三面分别为口宽有三箭之长的镀金铜制曼荼罗各一个。

（选自《八世达赖喇嘛传》，第一百七十页）

六辈达赖喇嘛仓央嘉措主持修建绘制的神变大昭寺屋顶四周金、铜彩绘的四方形飞檐、镀金屋顶，以及下面的法轮图、六道众生图等，由于雨淋虫蚀和年深日久等原因，木头腐烂，剥落残缺，必须进行修缮。由于要新造受戒时向释迦牟尼佛敬献的心饰贡品，遵照遍知一切众生怙主之旨意，我、近侍堪布等商议后，委任学识精湛、乐善好施，能满足人们心愿、具有福泽的噶伦厦扎·顿珠多吉为总管，丹增克尊和细哇次仁为工程负责人。所有工程人员一心一意地担负这一重任，在三个月内新造法轮替换已经腐烂了的法轮，使其归复原位、面貌焕然一新；新造金铸供品用料得当，打造十分精细。在完工庆典仪式上，分别予以噶伦、管事工人等以丰厚赏赐，并以"今后诸事顺利有成"等予以称赞褒扬，使众人十分高兴，心生敬仰。

（选自《九世达赖喇嘛传》，第九十八页）

（娘定贤修建头巾寺并将修行"大圆满"的金刚桥教授埋葬在此寺）大圆满有名甚深之"宁提"法者，无垢友早传藏王及娘定贤二人，定贤修头巾寺将教授等埋藏于此。

（选自《宗教流派镜史》，第三十二页）

（迦玛系弟子都松钦巴在西康类伍齐建迦玛拉顶寺，在藏中建粗朴寺）迦玛系为达拉结弟子都松钦巴或名康巴乌色（生于1110年）所传出。十六岁时，从哲波乔出家，依觉阿杰（阿底峡）弟子越法自在……得其教授甚多。此后多次往静处闭关实修，获得成就。乃建迦玛拉顶寺（在西康类伍齐），迦玛之名遂彰。后于藏中建粗朴寺，或传彼乃贤劫第六佛狮子如来之变化身。

（选自《宗教流派镜史》，第五十八页）

（向蔡巴派的向有情怙玉扎巴建贡塘寺）此派由向有情怙玉扎巴所传出。师生于积雪（1123），名盛称。从九岁起至十八岁间，博闻显密教理。二十六岁受具足戒，名号精进称。从迦译师广学教授，旋谒达波弟子冈波瓦戒藏（达波之侄）。听受大手印法门，得迦举传承荫力，契证自心实相，后建贡塘寺。为从事时需要，常拥权力，常战乱。……（向蔡巴派的向有情怙玉扎巴的再传弟子建立寺庙）弟子极众，为首者有虚空光、喀饶巴律光、拉却巴日月光、支饶瓦释迦光。此四人分建四寺。律光于喀饶建降龙寺，及其弟住持此寺时，有徒众万余人云。

（选自《宗教流派镜史》第六十四页）

（主巴迦举派始传人凌惹生建隆觌寺、饶垅寺和主寺）凌惹生于娘朵（1128年生）。名莲华金刚，九岁学诵读，十三岁即博学，十七岁从阿闍黎（又译为阿闍梨）凌受近事戒……。掘出日琼巴所埋藏之六种平等法。遵喇嘛向所予记，建隆睹寺。又遵本尊所示建饶垅寺，遵凌惹所示建主寺（译为雷寺）。因初建此寺时，雷声霹雳而至，遂以此名。

（选自《宗教流派镜史》第六十六页）

（达垅迦举派始传人道珑塘巴青波于达垅修建道垅塘巴寺）此系由道垅塘巴青波所传出，彼族出告斯，诞生于杨雪邦日顶。从堪布拉冈巴慧金刚出家学沙弥，名吉祥德。欲赴印，行时累为家人所阻。慕帕主名……受苾刍戒。年三十九岁受达尔、贝、绒与丕多巴等人之迎请，并遵师予记，前往达垅，于该地建寺，遂成有名之道垅塘巴寺。收伏当地恶神而为护法。

（选自《宗教流派镜史》，第六十八页）

（鲍绒迦举派始传人鲍绒巴盛自在于藏北建鲍绒寺）此派系被称为印度黑行者之化身鲍绒巴盛自在所传出。师生于彭域，幼至一青年咒师处，彼盛赞冈波瓦功德，并劝往彼处参礼。遂与之同道来冈波，咒师旋失所在，遂知为冈波之化身。得冈波摄授，传其心法教导，获殊胜证解。遂于藏北建鲍绒寺，以乐空大手印名为溶转，以实相大手印名为单提正念秘道，广集来学，而开示之。

（选自《宗教流派镜史》，第六十九页）

（萨迦派传人绒敦说法狮子的弟子建立增建哲域鸡巢寺等诸多寺庙）后又多转成宗喀巴大师之及门。余弟子中如达波吉祥胜，继承那兰陀罗寺法位。绛勤饶降巴佛增建哲域鸡巢寺。从此发展之道场有吐登朗嘉寺、广严寺、宁裕甲雄寺、屈柯伦布寺、鸡巢下院等——性相学院本支六寺。其安立饶降巴之学位名号，亦由佛增之世所创兴。

佛增弟子甚多，最著者如班勤邦查松巴慈氏法成及文殊庆喜法贤。法成能一月中读练般若十万颂，故有邦查松巴之称，建宁裕甲雄寺。文殊庆喜法贤及彼弟子熊甲巴成就祥然建屈柯伦布寺。其余贾塘巴慈福，彼下多闻龙树海、堪勤语自在法称等法嗣中智者甚众。

又绒敦之弟子释迦胜建佛教金色寺。佛增之弟子俄让巴福狮子建佛教尊胜寺，德顿巴教明建饶瓦麦寺。其法嗣子孙，甚多宏讲性相之传授。

（选自《宗教流派镜史》，第九十六页）

（觉朗派的觉朗庆喜胜解脱及多罗那他修建固圆满洲寺以及该寺演变）尔后觉朗庆喜胜解脱及胜解脱之转生多罗那他又重行恢复，对众宏宜，广为著述，建常固圆满洲寺造像起塔精美绝伦。并广刊觉朗派之各种著述，摄集僧伽不鲜，与仁邦第巴迦玛护教王结供施之缘，若教若政显赫一时。未几，仁邦巴失其权力，多罗那他亦逝，第五世达赖遂将该寺收为格鲁派，易名为格登圆满洲。其余屈垅、江孜等觉朗寺院，亦悉改为格鲁派寺院，其经籍印板，大概亦化归乌有矣。闻近来朵康藏塘尚有广慧法嗣四论师宝祥所建寺宇及由此寺所发展之属寺数所。

（选自《宗教流派镜史》，第一百一十页）

（妙音法王瑞吉祥根据宗喀巴大师建议修建哲蚌寺大道场并分成七大僧院）妙音法王，曾蒙大师敕曰："汝可建一圆满道场，予寺效母寺（指格登寺）尤能发展光大。"并授以大师曾自寂灭山伏藏中所取出之法螺，勒伍长宝贤为施主，遂建哲蚌寺大道场。大师曾语彼背诵百部经论。师乃记持显密经论一百零八部文字义理。由心中背诵而为宣说。讲中观、量论、现观庄严等一本大师宗旨，纯正无杂，传授不绝。有听法亲炙弟子母舍巴慧宝等多如天上群星。复分派七位说法阿阇黎，各别宣扬法要，遂分成七大僧院，即：多门院、明慧洲院、乐广院、霞廊院、闻思洲院或名胜院、调伏院、密咒院等。后来合并为多门、明慧、乐广、密咒四院。

（选自《宗教流派镜史》，第一百五十七页）

（大慈法王名释迦智依宗大师命令建色拉大乘洲寺）大慈法王名释迦智，曾晋京为永乐宣德二代国师，在内地首建黄教宗风。回藏时依宗大师命建色拉大乘洲寺。

（选自《宗教流派镜史》，第一百五十八页）

（僧海大师建法轮胜寺）当智顶时，僧海大师住扎什伦布寺，智顶生嫉妒之心，遂离去，赴哲蚌寺。彼后建法轮胜寺，际事业蒸蒸日上之时，智顶又再三恳请，乃回扎什伦布住持。

（选自《宗教流派镜史》，第一百六十一页）

（宗喀巴大师的弟子上慧贤在斯达河流旁的阿里之孟域修建达摩寺，克珠杰的弟子桑浦瓦天王慧修建巴加寺及理格寺）上慧贤为大师亲炙弟子，于斯达河流旁阿里之孟域建达摩寺。其姪胜慧建尺色寺而大宏之。……又有克珠杰之高足桑浦瓦天王慧，修复天喇嘛菩提光之兄魏德所建之北图寺，并新建巴加寺及理格寺二寺。此后增建新寺甚多。其旧有者亦大多改宗格鲁派。格鲁一宗遂遍布于阿里全境。

（选自《宗教流派镜史》，第一百六十二页）

（义成宝大师在甲穹扎修建立寺宇，在宗喀巴大师诞生处建塔，四世达赖派佛子不空法海去往多麦建立寺宇）多麦安东区者，初义成宝大师于甲穹扎建立寺宇，又于宗喀巴大师诞生处建塔……第四世达赖功德海，复派佛子不空法海往多麦建立寺宇，佛子大师遂建衮垅慈池洲寺（青海佑宁寺）创兴讲听，是为此地显教讲院之始。

（选自《宗教流派镜史》，第一百六十三页）

（苯教寺辛达顶寺、雍中拉顶寺等院被中央政府毁坏查禁，并将拉顶寺改建为格鲁派的噶登新寺）。笨教之寺院者，在藏地有辛达顶寺、嘉绒有雍中拉顶寺等。其后皇帝引兵毁其寺，于拉顶寺改建格鲁派之噶登新寺，并下诏禁奉苯教，然至今嘉绒及察柯一带尚有不少之苯教寺宇留存也。

（选自《宗教流派镜史》，第一百九十一页）

（章嘉佛受封国师并在北京建格登感应洲寺，在热河修建寺宇）雍正子乾隆封章嘉佛袭国师位，帝从其学显教密法甚多，且尅实修持，建立寺庙，造塔塑像，不可数计。于京中新创格登感应洲寺，内设显密学院。又于热河，修建寺宇及成立僧院，亦复不鲜。

（选自《宗教流派镜史》，第二百一十七页）

（额尔德尼和五世达赖的弟子班支达善慧在喀尔喀地修建寺宇）又班禅善慧法幢及第五世达赖

之弟子阇耶班支达善慧事业、额尔德尼班支达善慧持教二人亦曾建立寺宇，广宏佛事。斯后喀尔喀地所出圣哲及所建寺宇，多至不可数计，宣讲实修，盛极一时。

（选自《宗教流派镜史》，第二百二十二页）

（热振寺的岔道上有一地名帕邦塘，是秘密智慧空行母的宫殿）这里有寺名龚拉康栋[①]，据说是本布米旺[②]在地脉要穴上建立起来的寺庙。

（选自《卫藏道场胜迹志》，第二页）

注释

① 龚拉康栋：《西藏图考》中有"拉康洞"一地名，在达隆和热振之间。寺在热振西南简称"龚洞"，（地形图）作"江多"，其地理位置处于两岔路口，西北可到当雄，东可到热振，据说古时它是最重要的交通要道。

② 本布米旺：清代皇帝敕封西藏藏王颇罗鼐，本名索南多杰，由于封地在后藏颇罗地方，故称"颇罗鼐"。他是清代西藏贵族，江孜人，是18世纪初期西藏历史的中心人物，藏人称其为"本布米旺"，"本布"意为官长，"米旺"意为人王。颇罗鼐总理西藏政务期间采取众多措施，诸如清查差税账目、减税、调整差税、废除债务、减轻农奴之负担等，缓和社会矛盾，使当时的西藏出现社会安定、生产发展的景象。颇罗鼐本人是一名在家受戒的居士，故此他对藏传佛教僧人照顾有加，对扎仓、寺庙的修建和维护尽心尽力。特别是康熙六十年（1721）执政后，首先修复了被准噶尔军毁坏的上百座宁玛派寺院，巧用康熙皇帝"西藏政教，悉尊五世达赖旧制，着意护持"的旨意，命令各地方官员自己动手，终致550座宁玛派寺院得以修复。

（第七辈达赖喇嘛罗卜藏噶勒桑嘉木磋于雍正八年即1730年在打箭炉这个地方修盖凝寺）第七辈达赖喇嘛名罗卜藏噶勒桑嘉木磋。……于雍正八年（1730）岁次庚戌，在打箭炉地方修盖泰凝寺，于十二年岁次甲寅，达赖喇嘛移住泰凝寺[①]。后乾隆元年（1736）岁次丙辰，达赖喇嘛转回前藏。于二十二年岁次丁丑二月初三日，年五十岁，在布达拉山寺圆寂。

（选自《番僧源流考》，第三页）

注释

① 泰凝寺：位于四川省道孚县东部的协德乡境内，建于清雍正七年（1729）。据说，雍正年间，西藏骚乱，清封的七世达赖喇嘛无法进藏，朝廷降旨在此建寺，并钦定"惠远寺"。雍正八年（1730）七世达赖驻锡该寺直到雍正十三年（1735）。期间朝廷资助白银，并派兵守护该寺。另赠大匾及"九龙九狮"之佛教最高荣誉，故使该寺名声远扬，极盛时僧人达5000人。寺内原藏大小镀银菩萨100多尊，有的高达3米左右。还藏有雍正果青王所赐诗辞刻写的石碑等。寺院建筑为藏汉合璧风格，椽梁雕刻别具特色。60年代中寺院毁坏严重，不少文物散佚，现虽已修复部分，但远不及旧时规模。

（第四十五辈耻松迭簪修建桑叶寺，派弟子学习甲噶尔语言文字、翻译经卷）第四十五辈耻松迭簪，系西藏王子。建桑叶寺，并附近小庙三十余座。选派聪颖子弟肄习甲噶尔语言文字。由甲噶尔迎请大堪布多人，翻译经卷。每年度喇嘛极多。此为红教最盛时代。

（选自《番僧源流考》，第五十六页）

（明穆宗隆庆年间，阿勒坦汗等蒙古诸汗为三世达赖索南嘉措修寺庙、装修经书，达赖修造佛像,同时藏中新建里塘寺、古绷降巴岭寺、俺夺降巴岭寺、琼科尔结仑珠格采寺)达赖静坐微笑,曰:"阿勒坦汗前世已结善缘,我今必往。"于是,阿勒坦汗于青海察卜齐勒雅地方为达赖修造庙宇,初遣八百人往迎,次遣千人往迎,再遣三千人往迎,四次,汗自领万人迎于察布哈勒庙。每次献币帛、诸宝、驼马无算,达赖为各言其前世三生善缘。……从前蒙古人死,多宰驼马殉葬为行粮,自此,改按八节持戒诵经,每月治斋三日,禁杀牲渔猎,创立十善福政,众蒙古共尊以"圣识一切瓦尔齐达赖喇嘛"之号。达赖亦赠汗、台吉等以"经教护法"之号。阿勒坦汗许于归化城立庙,以八宝壮严佛像。博硕克图汗许将一百八函甘珠尔经,用宝石、金银装修。达赖亦许于尼济木塔拉地方造弥勒佛像。又收服雷击喇嘛之术士,引入菩提。皆明穆宗隆庆年间事也。是时,黄教化行蒙古诸部,而藏中复新建里塘寺、古绷降巴岭寺、俺夺降巴岭寺、琼科尔结仑珠格采寺。

(选自《番僧源流考》,第六十页)

(五世达赖喇嘛阿旺罗桑嘉措逝世时清世祖顺治帝赏赐物品,册封新达赖,重建庙宇)十年二月,达赖辞归,世祖章皇帝御太和殿,赐宴及金银、缎匹、珠玉、鞍马,命承泽亲王硕塞偕贝子顾尔玛洪、吴达海率八旗官兵送至代噶,命叔和硕礼王济尔哈朗、礼部尚书觉罗朗球饯于清河。是年四月,命礼部尚书觉罗朗球、理藩院侍郎席达礼赍金册、金印,前赴代噶封达赖为"西天大善自在佛所领天下释教普通瓦赤喇怛喇达赖喇嘛"。达赖归,益兴黄教,重建布达拉及前藏各寺院六十二处。又创修喀木康②等处庙宇三千零七十处。

(选自《番僧源流考》,第六十二页)

注释

① 喀木康:清代西藏四部中最东一部,即"康"。约为今四川康定、理塘、巴塘等县和西藏昌都地区。1924年建立西康省,亦简称"康",又称"喀木"。

[顺治九年(1652),达赖来朝见皇帝,清世祖顺治帝修建西黄寺供其居住]满清崇德七年(1642),达赖喇嘛、班禅额尔德尼并遣使至盛京,尊清帝为文殊菩萨大皇帝。顺治九年(1652),达赖来朝,世祖宴之太和殿,建西黄寺居之;及行,饯之于南苑德寿寺,封西天大善自在佛,领天下释教。西藏最尊者为达赖喇嘛,主前藏;班禅额尔德尼,主后藏。

(选自《番僧源流考》,第一百零一页)

(圣教在多麦地区弘传情况)世尊正等正觉佛陀薄迦梵于证悟成佛之第二年,即水马(壬午)之岁,在吉祥哲邦宫讲示《吉祥时轮根本续》。此后经六百四十三年,藏区的第一代法王聂赤赞普出世,由此起,经过八百五十一年,火牛(丁丑)之岁,圣·观自在菩萨化身松赞冈波诞生。他于十岁之时即位称王,制定了在家道德规范十六条;进入卫地,于玛尔布山(红山)修建王宫;派吐米留学印度,创造了文字;征服了四方邻国。这时,唐和泥婆罗两国权势兴隆,其地佛法甚为昌盛,他认为这是由于两尊释迦觉阿佛像慈悲护佑所致,为了把这两尊佛像迎请到藏区,乃从泥婆罗迎娶泥妃赤尊①,从唐朝迎娶汉妃文成公主。公主前来藏地时,主仆一行来到了多康。时轮噶尔②被唐朝留作人质,为了等候他,公主在山岩之上雕刻了佛陀头像多尊,及《普贤行愿品》,并造八十肘高的石佛等,以神通驯化雄鹿,使其耕田,又修建水磨,于林中修栈道等,现示出遍历各地,修治峡谷道路;赏观玫瑰花等等神奇事迹。有的大臣看见她阻留在途中,有的看见她在观赏玫瑰;

有的则看见度母和释尊的圣像遍历藏区各地,进行加持,如此等等。

(选自《安多政教史》,第二十页)

注释

① 泥妃赤尊:尼婆罗公主,远嫁吐蕃赞普松赞干布成为第一皇后(赞蒙),同时将佛教引入西藏。

② 时轮噶尔:为论布噶尔之简称,即禄东赞。

(圣教在多麦地区弘传情况)松赞(松赞干布)于土狗年(698)去世①,享年八十有二。此后经八十年,至土马年(778年,唐大历十三年,戊午岁②)赤松德赞③赞普生。他二十一岁土虎之年(798年,唐贞元十四年,戊寅岁)开始修建桑耶寺,经四年而圆满落成。关于这寺的修建年月和世尊降世之年有许多不同的说法,此处根据一切知嘉木样的《佛历》一书中记载。

(选自《安多政教史》,第二十一页)

注释

① 去世:按著者此处记载有误。松赞去世于铁狗年,唐高宗永徽元年(650),《两唐书》记载明确。当时,唐蕃拜交甚笃,松赞曾受封为"西海郡王",松赞去世后,唐派右武卫将军鲜于匡济带着皇帝的诏书,前往拉萨,参加吊祭仪式。

② 戊午岁:本书对赤松德赞的生年,记载不同。关于赤松德赞的生卒之年,藏史有争议。

③ 赤松德赞:吐蕃王朝第37任赞普,755年至797年在位。在他任内,吐蕃国势达到鼎盛。他也为藏传佛教的弘扬起着极为重要的作用,与松赞干布、赤祖德赞被后世尊为"吐蕃三法王"。

〔咸丰四年(1854)五月庚子〕谕:"谆龄奏:重修藏属古寺完竣,请颁匾额,并酌将承办之噶布伦请旨鼓励一折。藏之迤南旧有敏珠尔伦吉珠布贝寺一所(原系西藏古刹),年久未经重修。今噶布伦汪曲结卜,遵奉达赖喇嘛饬谕重修此寺。已历数年,方得修理坚固,一律完竣,自达赖喇嘛以下,全藏僧俗,无不踊跃欢欣,自应颁赏匾额,以迓吉祥,著加恩赏四字匾额,饬交谆龄敬谨悬挂。所有捐银承办之噶布伦汪曲结卜,在藏多年,乐善好施,广兴黄教,著加恩赏给汪曲结卜虚衔公爵,带用红宝石顶戴,以示鼓励。"

(选自《清代藏事辑要》,第四百六十三页)

室内与装潢

（赤松德赞）赞普所娶五位妃子中，琛木妃拉姆赞和喀钦妃错杰二人，因修习悉地，无新修建；卓妃赤杰芒姆赞出家的名字是降秋杰，她修建了遍净殿，殿里安放以无量光佛为主的神像。在上部地方铸成了无量光佛主眷九尊佛像，往回运时，有两尊眷属失落河中。运回后，将无量光佛安放在扬善殿的中间，右边是三类怙主，左边是药王佛、普贤佛和不动怙主（不动佛）。卓妃因无子，娘家卓地离得又远。她说："恐怕今后没有人替我修葺！"所以殿中佛像都是用铜铸造的；墙是用砖砌好后，又灌以铅水胶合；殿上覆以铜顶；吩咐把"能叫绝妙音乐哑然的那口钟送到钦扑岩（指佛殿所在地）做乐器"用子母绿宝石做殿中光源。宝石镶嵌在阿弥陀佛的额上，才崩妃梅朵准有儿子，以父王的正殿为式样，修建了三界铜殿，颇雍妃杰姆尊，大师预言说她是国王母后的转世。为报母恩，国王娶来为妃。因为只有女儿，而无儿子，赐准修建两层佛殿。便修筑了乌才金殿，状如金刚界坛城。因给塑造神像者供奉了13种食品，所以殿堂建造得也有13种特点：上层神殿没有墙壁；殿内无柱；木腰子木做门，门扇能照出国王的胡子和王妃的面貌；红铜铺地；玉为梁，梁上有黄金的跑马浮雕；以八大星曜支托八条梁，蔚蓝的顶檐（原译为繁体"簷"）作内外向，将所有流水总汇一处，由狮嘴流出，又流入乌龟背，门开关时作金鸟啼鸣声，殿内坛城众神共遮一顶大伞盖，又分别各遮一顶小伞盖，将佛的十二行都做成浮雕；佛子从大鹏蛋中取出甘露为诸佛洗浴等雕塑，极为希有，然后向大师献上六升礼金，请求为佛殿开光，（阿杂诺雅）大师指示说："向吐蕃所有百姓属民收缴差税，准备用器吧！"然后便到格如殿中闭关修行。象牙神殿历时十四年修筑完毕。

（选自《拔协》，第四十二页）

（吉祥扎玛桑耶天成寺建成庆典）在盛大的庆典期间，外面围墙上的佛塔之间，都摆满食品与奶酪，供表演节目的人食用，一人不漏，每人可以得到两三份。之后，便进行精彩的表演。首先在门日山的嫩呷、扎琼两座山峰的向阳坡前，出现了麋鹿，演员用绳索把麋鹿套住，牵着绕场而行。第一项表演的情景，就画在围廊的门后。

第二天清晨，（阿杂诺雅）大师又手托盛满鲜花的铜盘从格如殿走出来，（赤松德赞）赞普看时，是一位头戴五佛冠的比丘。大师以禅定之力将主殿中层众神请到殿外边，绕白塔而行，面向东方，大师向他们抛撒鲜花后，众神又一齐回到殿中照前列坐。赞普向大师献上一盘碎金作为供养。在这天的盛大庆典中，饮食像头天一样丰盛。之后，便举行精彩表演：只见从刀帕地方驰来七个骑骆驼的人，他们边跑便交换骑驼，有的在奔驰的骆驼上挥舞刀剑，有的二人举着一幅横幡等。这次表演的情景，也画在围廊的门后。

（选自《拔协》，第四十三页）

（松赞干布准备在刚落成的拉萨神殿中安置天成十一面大悲观世音师徒等九尊神像，于是对南侧二殿进行勘察）赞普转而又来到南侧的上下二殿，在上殿见四位慈尊菩萨正在辩经说法，进下殿则见众财神瞻婆拉围着不动金刚佛一起商量降伏雪域妖魔之良策，其中一瞻婆拉正起身向不动金刚进献一希世伏藏宝瓶。

(选自《柱间史》，第二百三十八页)

赞普（松赞干布）变幻出许多化身，与尼泊尔画工一起精心绘制了白马头明王、观世音菩萨和神女、度母的壁画五千余幅。在宝瓶柱上还绘制了一则故事，故事讲的是在天竺巴玛布尔玛城里，有一位名叫达瓦的王子，他想娶下贱的旃陀罗种姓的一女子为妻。朝中一老臣再三劝告他说邪念乃万恶之源，可王子还是一意孤行……这则故事寓意凡事要三思而行，事后追悔则如同黄鼠狼或贱女人；做事要善始善终，若心猿意马，就如同连蠢猪都打不到的猎人。此外，还绘制了诸如"婆罗门女苏吉尼玛"和"阎王摇铃女"等壁画故事；在上梁的狮首梁端绘制了迎娶赤尊公主时，昼伎在尼王座前轻歌曼舞的情景；在北梁的梁端绘制了夜舞伎的婀娜舞姿；为昭示后世子侄君臣，在横梁上绘制了经藏图；为顶敬僧伽应供处，在立柱上绘制了律藏图及龙王埃拉达画像；在藻井上绘制了论藏图；为启迪后人的智慧，还在北面的护房墙壁上绘制了许多帝俄（谜语）图。

(选自《柱间史》，第二百四十二页)

尼妃赤尊按照赞普陛下当初视察下殿时的幻变之所见和授意，造立了密宗事部三怙主、男女夜叉等诸佛与众神鬼的塑像及龙王神殿，雕塑了赞普及诸后妃的塑像。在北面护房的四壁绘制了许多神话、故事和谜语的壁画，并把这些内容用文字书写了下来。在门楣上彩绘了七佛画像，另在上殿还绘制了许多度母等佛母天女像。尼妃赤尊还遵照赞普的授意，神秘莫测地埋下了许多伏藏。

(选自《柱间史》，第二百五十三页)

（在觉囊寺）建造了如来八塔、无触塔或《时轮》所说的佛塔，各以金、铜珠宝镶嵌，造型庄严，工艺精湛。无量光佛金像约一层楼高，在觉囊寺新建的三所佛殿之中雕塑了金铜弥勒佛大像，约两层楼高，另有多尊药泥、香泥等混塑佛像。多次刻印了全集四十余包和全套《丹珠尔》、《甘珠尔》经典，缝制绸段佛像十八幅。对这些希有三所依所献的宽大顶饰、瓶座等上等供物遮盖了一切，看不见盖顶椽木，供品及其他供物无数，又有跳神用的部分服饰及跳朵玛舞用的各种面具、乐器上百件。

(选自《觉囊派教法史》，第六十三页)

（8世纪左右，印度波罗王朝第四代君主达摩波罗）乃造巨舰，安置觉阿释迦牟尼像及三宝法品等。复于其上，张结大幕，饰以绫罗珍宝。演奏伎乐，悬挂旗幡，诸种严饰，难以计量。

(选自《西藏王统记》，第十一页)

（吐蕃王朝时期，松赞干布）王复变化化身，筑墙四昼夜，木工六昼夜，盖顶两昼夜，共七昼夜，即将绕萨下殿，全部修造完毕。又于四门画坛城图，令喇嘛等喜悦。殿柱画金刚橛形，令咒师喜悦。四角画万字（卍）纹，令苯教徒喜悦，又画网格纹，令藏民喜悦。

(选自《西藏王统记》，第八十五页)

（吐蕃王朝时期，赤尊公主修建大昭寺）初以羊负土填湖时，王（松赞干布）曾说显现神变，今又再说。于是绕萨神变殿之名，遂传播诸方矣，继视殿内种种希有之相，有如是者：

但见妙极佛宫殿，功德无边最庄严，

地形正方自然成，四角并作万字形。

门框修建如坛城，下方土色净琉璃，
上方彩绘鱼水兽，映照宛如镜影娉。
上下两层诸木柱，绝妙如同金刚橛。
柱弓梁柁如塔层，工巧变化绝其伦。
内外梁柱斗弓柁，明雕古史并逸闻。
上下天窗木椽首，白狮玉鬣作严饰，
一百零八欲飞腾。又观上有珍珠网，
碧玉柳墙因陀色，上方墙砖饰璎珞，
飞檐栏杆极庄严。放射千光金宝顶，
诸色绫罗为顶冠，白拂铃铎小铃饰。
四周铁索相联系，无量庄严莫与伦。
……
殿门右侧秘密主，色如蓝天杵挥空。
殿左秽迹怒明王，色如珊瑚除秽印。
左殿供有慈氏尊，手结转大法轮印。
色如红花相好严，内外供女绕成阵，
美妙无比娇媚姿，莲月座上半趺坐。
净香堂南不动佛，相好严饰压地印。
……
王之所见，乃复如是。

（选自《西藏王统记》，第八十八页）

（吐蕃王朝时期，松赞干布为使大、小昭寺具足无量功德而行秘藏伏藏）故为后来藏民福利，当行秘藏伏藏。距有瓶柱近处，将微妙佛法秘密藏之。藏此功德，能令藏土，于未来时，如来之教，如日照临，悉得受用妙法也。距有树叶柱近处，将金银珍宝，秘密藏之。藏此功德，能令诸边方珍宝，皆摄归至中心地区，悉得受用金银也。距有蛇头柱近处，将威猛咒法秘密藏之，藏此功德，则边围兵患，及恶魔叛逆等皆不能生也。距有狮头柱近处，将祈求牲畜兴旺之招财文符秘密藏之。藏此功德，能令有乳牲畜繁殖，乳酥等具足精英也。

（选自《西藏王统记》，第九十七页）

记载王（吐蕃王朝时期，松赞干布）之史事，有详略三本，作成三纸卷，秘藏于宝瓶柱下，愿遭遇有缘善机之人而为其祈祷焉。

（选自《西藏王统记》，第九十八页）

（赤松德赞）即于兔年（637）开始修建大首顶正殿下层，殿中主尊为自然生成之释迦能仁石像，乃迎自海波日山，复包以宝泥。所有圣像，具足相好。右为弥勒，观世音，地藏菩萨，喜吉祥，三界尊胜，忿怒尊等。左为普贤，金刚手，文殊，除盖障，无垢居士，不动忿怒明王等主从十三尊。塑造风规，一如藏制。中央殿向外，连续壁画，画有佛十二大行①图，向内则《宝集顶陀罗尼》连续图，前殿，有藏王本尊图，此则付与狮头空行母守护之。

复次，又修建正殿（大首顶）中层。其本尊为毗卢遮那佛，右方为燃灯佛，左方为弥勒佛，前方为释迦牟尼、药师佛、无量光佛三尊。左右两方俱为八大近侍弟子菩萨，无垢居士，喜吉祥菩萨，二忿怒金刚，塑造风规一如汉制。其连续壁画，绘有《大波若经本事品》，其前面画有四天王。转经绕廊外向，有八大灵塔，及画有佛般涅槃图。内向有《大云经》连续图。秘密殿中，造有十方如来像，诸阎罗王神像和桑耶诸护法神之真容像等。此付与辛甲护法王护守之。

正殿上层主尊为毗卢遮那。每一尊佛均各有二眷属，八大近侍菩萨。殿内神像，有菩提萨埵，金刚幢等十方如来、菩萨，忿怒不动明王及金刚手。塑造风规，一如梵制。其连续画，绘有《十地经》图。此付与桑米贝洛坚护法王护守之。上方顶盖作锦绣花纹。殿顶四角造欢喜吉祥佛，有菩萨眷属围绕。此付与四蓝衣执金刚护法神护守之。

又建中层转经绕道。南有三座龙王宝库，库中充满各种乐器。此付与执杖药义之三弟兄护守之。西有三座显密法藏宝库，库中满装梵藏各种经籍。此付与手中执剑之三阿咱热护守之。北方有三座珍宝宝库，库中满装金银铜等。此付与三持棒阎罗王护守之。其连续画绘有《大游戏经》，中间绘有千万尊如来佛像。此外，又建外屋转经绕道，塑造吉祥毗卢遮那佛，救渡恶趣曼陀罗。走廊三面，塑有五部如来泥像，像面向外。殿内严饰《稻秆经》本事图。此付与宝贤护法龙王阿伦达护守之。殿后立有石碑。此付与护法森哈木卡护守之。如云："顶三门为解脱门，六梯即六般罗密[②]，下殿以石中殿砖，上殿珍贵木质造，诸种工巧合律制，壁画契合经藏义，泥塑全依密教规。"

复次，又仿东胜身洲三洲半月形相，于东建修三偏殿所建首殿为清净律仪洲。殿中主要神像造有释迦主从五尊。壁画绘释迦佛出家连续图。此付与护法白螺顶髻大梵天王护守之。中殿为智慧妙吉祥洲。殿内造有文殊主从七尊与护门二阎罗王。壁画有《文殊根本续经》及《清净地狱续经》之本事图。此付与护法持轮阎罗王护守之。末殿为声明净梵洲。殿内造有释迦牟尼主从七尊。壁画绘佛入涅槃连续图。此付与护法雷电神龙护守之。

仿南瞻部洲三洲肩胛骨形相，于南建修三偏殿。首殿为降魔真言洲。取能仁降魔事造主从五尊。中央绘《十地经》连续图。转经绕道上绘有虚空藏图。此付与护法廿八位自在母护守之。末殿为阿耶波罗洲。有喀萨巴哩主从五尊。上方为无量光佛主从五尊。殿角突出室中有赞普像一尊，以旃檀为主心木，外以白银作包皮后有梵塔一座和《宝箧经图》壁画，并有一千零二尊天女护法神像。此付与大仙达摩热咱护守之。中殿为天竺译经洲。造印规能仁主从五尊。壁画绘有无量光佛像与及从事译经之论师和译师等遗像。此付与药义护法罗睺罗护守之。

仿西牛货洲三洲圆形之相，于西修建三偏殿。首殿为白孜勇士洲。造有红铜毗卢遮那像。眷属有秘密四明妃。壁画有毗卢遮那现证无上菩提连续图。此付与护法牛头药叉护守之。中殿兜率弥勒洲。造救主弥勒佛主从七尊和护门二阎罗王。壁画为十六尊者图、桑耶建筑图和世界构成图等。此则付与护法蓝衣忿怒神护守之。末殿为不动禅定洲。造毗卢遮那等五部如来和十六尊者像。壁画为取自《金光明经》中童子降水本事图。此付与银头护法王护守之。

仿北俱卢三洲四方形相，于北修建三偏殿。首殿为诸种珍宝洲。殿内造释迦牟尼主从五尊。壁画为世尊上升兜率天为母说法图，以及《报恩经》等图。此付与铁爪护法王护守之。中殿为发心菩提心洲。殿内造执莲花如来，除盖障、金刚手、甘露漩明王等像。壁画为《宝云经》及常啼菩萨劝修智慧到彼岸图。此付与狮头空行母护守之。末殿为财宝贝哈尔宝库洲。造有释迦能仁主从九尊像。壁画为父子相见图。

又仿日轮所建偏殿，即上亚厦之满贤神殿。内中造有释迦能仁主从五尊和绘有贤劫一千零二佛之连续图。仿月轮所建偏殿即下亚厦之善财神殿。内中连续壁画与上相同。在修道岩窟洲上层内有象牙殿。在沐浴清净洲内有旃檀填满之池塘。在施咒龙神洲内，有刺藤丛，具足八枝，八枝共有八条金龙，其中造有金刚手像和绘有能调伏寂静之连续壁画，并绘有龟、鱼、水兽等图。

又后修建白色梵塔，即大菩提塔。依声闻之规，有八狮子作严饰。此系许布·白季僧格为监工之所修造，则付与护法流星药义王护守之（原注：白色梵塔之主心木，乃四天王所立，内装如来舍利，约摩羯陀国一升量，尚装有先王所供奉之《玄秘神物》、五部经藏，故有大加持力）。修建红色梵塔。依转法轮之规，有莲花作严饰，此系拉郎·杰曹拉朗为监工之所修造，则付护法火曜神护守之。修建黑色梵塔，依独觉之规，恩兰·达扎路恭为监工之所修造，则付与护法铁嘴药叉护守之。修建蓝色梵塔，依吉祥如来从天下降之规，有十六殿门作为严饰。此系秦·多吉哲穹为监工之所修造，则付与护法日面药叉护守之。彼时有聚光女妖作怪，恼害多人，莲花生大师在弥勒洲修造放光梵塔一座，镇压女妖，其害遂平。

复次，在多角外围墙金刚步之处，有一百零八座梵塔，每一梵塔内安放一粒如来舍利。

复次，尚有王妃三洲。卓萨·绛曲准建增善沙石洲，铸造造响铜质之无量光佛主从七尊。此妃无有子嗣，父兄家乡又相距甚远，恐未来时，若寺宇倾颓，无人培修，乃将各墙土砖用铅水胶之，并用红铜为顶盖，又悬铜钟于屋下，以为伎乐供养，系聚光珠于屋顶，而作长明佛灯，并掘泉池以代净水云。

蔡邦萨·美多卓玛，生有三子：牟尼赞普、牟底赞普、末牟赞普·赛拉勤三子。仿效王父大首顶寺之三种模式，修建三界铜殿洲。

卜容萨·甲摩尊建布泽金殿洲作金刚界曼陀罗形。为诸塑造修建等匠工，每餐送食品十三种，因报此德，故所作工艺，亦有十三种殊胜：外无石墙；坚如金刚；内无柱木；美如帐幕；以黄铜铺地面；蓝田玉作大梁；梁上有金马奔腾；黄金之栋上，有苍龙盘绕；宝顶作内外向；殿中佛像总有一伞盖；每尊佛像各有一伞盖；门启闭时，发出金雀鸣声；雕刻十二佛事，均作外凸状。诸如是等极为罕有精工绝艺共有十三种云。

如是如善修造之吉祥永固天成桑耶大伽蓝和各部殿堂完成，其新颖处：论工艺为拉萨中最新巧之工艺，在中央威灵殿前大门，饰以华丽之牌楼，并以鲜净泥土塑造护门四大天王像等是也。按自兔年桑耶奠基，再一兔年内则修造完俊，币时一小甲子云。

于是，为开光故，备办无量饮食受用，召集所属下臣民，举行庆祝，仪极庄隆。赞普复以黄金献呈与大阿阇黎而菩提萨埵。是日王衣华服，佩带宝珠，驾临吉祥永固天成之桑耶大伽蓝。于所有各殿堂，举行最为希有开光大法事，大者凡七次，并示现变化之身。其开光盛况之连续画，则绘于大首顶正殿门后，与面转经绕道门之两旁云。

（选自《西藏王统记》，第一百二十三页）

注释

① 十二大行：把佛的一生活动概括为十二件大事：下凡、入胎、降生、登位、出家、修道、坐禅、开悟、降魔、成道、转法轮、涅槃。

② 六般罗密：般罗密，梵语，为度到彼岸之义。此有布施、持戒、忍辱、精进、禅定、智慧等六法，称为六度。

如是妙善修造之吉祥永固天成桑耶大伽蓝和各部殿堂完成,其新颖处:论工艺为拉萨中最新巧之工艺,在中央威灵殿前大门,饰以华丽之牌楼,并以鲜净泥土塑造护门四大天王像等是也。按自兔年桑耶奠基,再一兔年内则修造完竣,历时一小甲子云。

(吐蕃王朝时期)是日王(赤松德赞)衣华服,佩带宝珠,驾临吉祥永固天成之桑耶大伽蓝。于所有各殿堂,举行最为希有开光大法事,大者凡七次,并示现变化之身。其开光盛况之连续画,则绘于大首顶正殿门后,与及转经绕道门之两旁云。

(原注:《大遗教史》中)有如是云:

……

酣歌并欢舞,日日无间缺,伞盖及幢幡,
日阳为之蔽,羽禽无翔处,黔首充大地。

……

我白色梵塔,如右旋白螺。我红色梵塔,
如火焰烁空。我蓝色梵塔,如玉柱耸立。
我黑色梵塔,如地栽铁桩。我塔极希有,
见者生欢喜,因之心舒畅。歌是等欢歌。

(选自《西藏王统记》,第一百二十七页)

朗氏首领桂丁兴建南脱赛康寺,以金子造屋顶,屋脊安装瓶状金饰品,用金液书写《甘珠尔经》,室内以沙金泥墙壁,上张珍珠之华盖,墙面悬挂贝壳制作的帷幔,墙上挂缎制佛像,墙的中央部分安放佛像和经卷,银柱支撑璁玉梁,梁柱上系以金环和银环。因为藏地王法不普及,无知者问(它)是何物?(桂丁)说道:"当我的王法通行藏地时,我的后辈应如此守法执法,我的人种出自天神。故恩德浩大。"最早充任施主者亦是天神种姓朗氏人。

(选自《朗氏家族史》,第二十五页)

朗氏大得道者贝季僧格前往上部天竺地方,将天竺的诸佛典翻译到吐蕃,使得吐蕃全体天生盲人崇信佛教,宏恩浩德如此(大)。他自天竺金刚座以东的佟日巴尔瓦(原书注:意为"光辉灿烂的白螺山")开采白螺寺的基石,建造了白螺寺,内种奉安观世音像,围绕诸佛作眷属。从南方赛日巴尔瓦(原书注:意为"光辉灿烂的金山")开采黄金寺的基石,修建黄金寺庙,内中奉安释迦牟尼像,围绕八万四千(佛像)作眷属。从西方尚日巴尔瓦(原书注:意为"灿烂的铜山")开采黄铜寺的基石,修建黄铜寺,内中奉安弥勒佛像和慈氏五论。从北方宇日巴尔瓦,(原书注:意为"光辉的璁玉山")开采璁玉寺的基石,修建了璁玉寺,内中奉安金刚手大势至佛像,围绕菩萨和大鹏作眷属。

朗氏尊者贝季僧格在金刚座的四方兴建四所庙堂,内中奉安诸佛会众塑像,以四大天王做门卫。又在天竺金刚座山上用五种珍宝修筑寺殿,无论从什么角度观看,殿宇的屋脊镀金饰品均高耸入云天,无论从什么角度观看,(神殿)四周的树叶都覆蔽大地,无论从什么角度观看,(神殿)都掩蔽天空。在此神殿内,用金子塑造了七世佛像、贤劫千佛、二菩萨、声闻佛随子、旧密咒的神佛和佛语传承上师的群像,奉安金汁书写的《甘珠尔经》在殿内,委派天母和依怙为守护神。朗氏家族伟大的贝季僧格在前去抗御下部地方的汉军时,驾御猛狮当座骑,四大天王拱抬四蹄,依怙和天母冲锋陷阵。汉军驻扎在汉藏交界处,他一抵达,汉军便仓惶出逃……(战后他)运回汉地的全部财物，运回的珍珠用藏族的容器克计量，用车装载一捆捆绸缎往回运。当缴获的汉地财物运抵藏地时，以珍宝金子建造了佛堂，（他）走在珍宝铺设的路上时，说："正法是不会中断的。"使得沿途的有情信奉佛法。（他）前往北方帝都茨砣杨波，嗣后模仿汉地的碉堡，建造了连环九堡要塞，堡垒的顶层用金造，底层以土筑，用红宝石做大门，用白银建中层楼房。在上层金屋中奉安贤劫千佛和两尊菩萨像，还有传承佛语的师长群像。在中层银子和白螺屋内，奉安金刚勇识作主尊，观世音、众佛尊和守护善业的神灵皆用银子造。在下面璁玉砌筑的房内，塑造主尊金刚手，围绕大威德化身的诸神佛，忿怒之众神簇拥世尊金刚童子，四臂金刚等天母和依怙护法神塑造在前面，委派为守护神，四门塑造四大天王像。其后，（他）前往天竺时，在神像上方用珍珠伞和华盖铺设了飞幕，给神像穿珍珠法衣和祖衣，供养十盏金供灯，以金子制作曼扎和钵，在墙壁上张挂缎子帷幕，向四方横挂四个金幡，而且还制作了丝缎香囊和幢。迎请持明得道者和阿阇黎莲花生，奉献各种音乐和供品，梵香料里哈和香等，默诵新旧密咒，金刚童子清晰浮现在眼前，阿阇黎莲花生说道："你们天神种姓朗氏的血统出自天神，已登上乘（佛教），我的慈悲充盈你们有福分的朗氏家族，你是有福分之人。在你们天神种姓朗氏的后裔中将出现一个叫做'绛'和'求'，的超群之孺子，彼乃是我的心传弟子。"说罢，化身成一个八岁孩提，遂前往西方乌仗那地方。（贝季僧格）他亦是为使雪域吐蕃未成熟的应化众生步入成熟、解脱之道而出世的，所以（他）在天竺金刚座用各种珍宝建筑神殿，供养不可胜数的各类珍宝从而在新旧密咒方面得道，役使依怙和四大天王；迫使汉军后撤，将汉地的财物运回吐蕃；在天竺法宫寺亲见金刚童子；（他）同阿阇黎莲花生会谈，（莲花生）赐予教法教授；（他）将天竺诸佛典翻译到吐蕃，使吐蕃所有天生盲人信仰佛教，功绩巨大。故恩德浩大的证果者贝季僧格亦是天神种姓朗氏之人。

（选自《朗氏家族史》，第二十六页）

（乃东官寨）南杰（房名。前又意译为"帝释厦"）的围墙内侧的小洞应填堵。室内的陈设应经常保持完好，在原有哗叽软垫的基础上增设一套炊具和坐具，今后我方显贵、大德的来客就下榻在那里款待之。不在乃东孜官寨留宿和招待客人。

（选自《朗氏家族史》，第二百五十六页）

继由鲁麦和松巴二师建立寺庙，并发展僧众，才出有普遍传称的四柱、八梁、十二椽木和无数短木（柱、梁等都是赞喻所出弟子人才）等。又惹西·楚称郡勒（戒生）来到康区，他和兄弟坝师同一亲教师，后由坝师洛卓郡勒掌管布察色康寺，又由他的门徒敬峨·洛卓绛称（慧幢）等人修建了杰寺等许多寺庙。又郑·耶协云敦依本尊授记发展出康松桑康寺，及却区的垛巴寺和格巴寺。又由他的诸弟子发展出乌如嘎穷寺，及梁区的却卓寺和哲古惹寺等许多僧寺。这些仍然是由卫藏六人到来后，使他者始获得近圆戒（即比丘戒）。这对于具信僧伽来说也是决定需要的。因此，想到仲敦巴所说戊寅年，虽是不可能建立寺庙然而或许是比丘僧渐次发展后，鲁麦等人也已经来到了。

（选自《青史》，第三十五页）

兄尊者释迦衮迁至诸弟处，自建勒琼宫。迎请法主萨迦班智达为坐夏之施主，转法轮，求闻三续诸教诲。宫内绘制文殊之法器与诸财神，安置宝瓶，盛典空前，政治昌明。

（选自《雅隆尊者教法史》，第四十八页）

大堪布德瓦竭巴之弟，钦尚布勒等之令侄大轨范师聂扎桑波亦身为大近侍，侍奉佛教与寺院。

特别修复敞厅，内建罗汉堂与大堪布德瓦竭巴之多门灵塔；外筑高墙两层围绕。

（选自《雅隆尊者教法史》，第七十一页）

桑耶寺之壁画绘有三貌三佛陀；舍利弗；罗睺罗；婆罗门罗睺罗：龙树；清辨；吉祥藏；智藏；静命。其所传预试七人等甚多，皆系佛教前宏期。

（选自《雅隆尊者教法史》，第一百零三页）

此贝考德钦寺修建的时间是，于释迦牟尼圆寂后的三千五百五十三年的阳土狗年（1418年）六月二日奠基动工。它的佛堂有八根穿眼的形式特别的大柱子，有三解脱门，围廊有四十八根柱子的面积，整个佛堂有一百五十根柱子的面识，外面突出的有十二道大棱，高两层，并有女墙装饰四周。佛堂中有高二十五肘尺的金幡。佛堂中央有摩揭陀金刚座的大佛像尺寸相等的大菩提佛像，用诸宝制成，它是阳铁鼠年（1420年）六月八日由化身的工匠本莫且加布建造的。这尊大菩提佛像的左右是燃灯佛与弥勒佛、十六菩萨像，护法殿内塑宝帐依怙兄妹像，殿门口塑四大天王像，是由木莫且多加塑造的。主要的两尊塑像以及内殿之中、吉祥大门庭院、中间的神变塔和天降塔、两边的静修塔和尊胜塔、五部佛等佛像，以及梵文书写的装饰等，是由化身工匠尼泊尔人札底札和铜匠阿瓦尔巴等人建造的。正是：杰出法王之神殿，设计完满而庄严，声名犹如飞幡飘扬，虔信之力迅速建成。

（选自《汉藏史集》，第二百三十九页）

都夏巴钦波有四名殊胜弟子，其中在东方出生的都夏巴穷哇，亦名博迪巴，又叫那烂陀巴，他在那烂陀寺修建了时轮殿，在门顶上绘十相自在，据说在此十相自在之下念诵那些对佛教不利的人的名字，就能使那些人离开金刚道，堕入轮回之中。

（选自《汉藏史集》，第二百九十二页）

（松赞干布与墀尊公主、文成公主定下大昭寺修建位置，又介绍了佛像的塑造情况和中殿修建情况）内殿之诸佛像，均用梅檀浆剂、诸种珍宝粉末和丝绸搭配，然后依松赞干布亲眼所见之形相，诸一加以塑造。绘有坛城画图之门的右侧，此处为药叉房室，左为龙房。在东南方有雍仲纹的殿隅处，建造翘角顶楼及角梯，并塑吉祥天女之像。南面之二画洲处，绘有文殊及极乐世界。西南部有密宗事部三怙主（即佛部文殊、金刚部金刚手和莲花部观音——译者）；西面为五部佛及神变王者传（五部佛足不动佛、定生佛、无量光佛、不空成就佛及毗卢佛——译者）；西北面为三世诸佛；北面及东北面为能仁佛行等；东面有渡母、观世音、能仁、降魔及菩萨等佛像；东南有诸药王佛像；中殿内绘有白马头金刚及渡母、主母等等佛像。在栋梁上绘有对法连环图；在梁之头部绘有论藏连环画；在柱子上绘有调伏藏连环图画，为了未来子孙和僧侣，又绘有三藏连环画图。为让后世了（原译为繁体"瞭"）解诸明之法，又于档板、柱椽以及各种小梁上，分别绘以故事、谜语及本教徒骑鹿行空等诸种画图。大多数本教书籍均埋在柱子底下。为了将来修复上述诸种画图，画图底本放在小瓶之中，然后置于仓库或干燥的房中。

（选自《贤者喜宴》，第六十六页）

（赤松德赞时期，桑耶寺）在西面之三座圆形寺院（洲）中，其间有毗卢遮那洲，内有铜制之毗卢遮那佛像。另有佛眷属四明妃画图、毗卢现证佛。这些均交予牛头夜叉（管理护卫）。在兜率仁慈洲中，有以弥勒佛为主七佛眷属、另有两位大威德之画图。因行恶业，致使佛教衰落，自人寿十岁起，弥勒佛使之实行善事，由是人寿始增。此外，还有二十一位顶礼度母（画像）。再者，还画有以舅臣杰擦拉囊为工头所制作的桑耶寺图，还有悔罪之诸天众图，这些均交予穿有豹（纹）衣服的空行母（管理护卫）。在虚空静虑洲中，有毗卢父王之五种本尊加持者图、十六位佛眷属闻思图、《金光明经》及了义之道等图、这些均交予银首王（管理护卫）。在北方的三个四方形洲中的诸宝洲内，有能仁佛诸眷属，其间有如下画图；在兜率天为佛母讲经图、《报恩经》图等。这些均交予以藤圈为饰物的猞猁孙王（管理护卫）。在发心菩提洲中，在其间的金刚年宫圣须弥山顶处，画有如下画图：以金刚年、金刚橛及甘露漩明玉三者解救灾难图、无碍莲花佛往游虚空，而有大乘心之诸众人向其请求消除障碍。并请具有十地慈心、金刚本性等等之四十二位佛为之发菩提心。又，在上述碍图之间，有十方佛为彼等加持祝福。以上所画诸图，以及《宝云经》图，这些可往转经巡礼道上寻得，并常能瞻观瞭知。上述诸图画均交予斯柯王及具有玫瑰步态的空行母所（护卫）。在宝库贝哈尔洲中，有以能仁佛为主之九佛眷属图像及《父子相会经》画图。在突出于墙外的房屋之内，在其间的极为精巧的仓库之中，有保护（寺院经济）收入之帐目文册的护法神。这些均交予贝嘎尔王管理护卫。在雅克厦前天神满贤房屋之中，有五位能仁佛主要眷属画图，另有千佛画图等，这些均交予天神满贤（管理保卫）。在雅克厦之下方，有天神善财之房室，其间之塑像与图画相同，彼等均交予天神善财（管理护卫），此即是日月洞。东面诸洲（寺院），其色呈白水晶色；南面诸洲为蓝琉璃色；西面诸洲为红玛瑙色；北面诸洲色黄，如天然之黄金。诸洲（建筑之）墙面均饰有水纹样之波纹。在装饰方面，在洁净的（墙）外表面上又绘制出大海。再者，在西面仓芒格如洲（神殿）之上屋，有阿阇黎菩提萨埵之寝室、象牙神殿、白色下殿及灶房，这些均交予手持珊瑚的夜叉管理。南面有水浴室，内部装以旃檀，下铺烧砖。其旁，为使人产生厌离之心，遂依"调伏骷髅诸象"之所云画以图画，这些均交予持杖夜叉管理护卫。在北方之威力洲中，有八根树枝，这些均为将一堆刺蘩树经过火祭之后形成，继之将八根树枝制成八条巨龙。在中间部位，建有白色金刚手做息静调伏状之塑像，此外尚画有鱼、龟、水怪等画图。还有自然形成之小年神作为护法神像，其内充满水晶，但人皆不能见。

（选自《贤者喜宴》，第一百三十七页）

（赤松德赞时期，波雍妃洁莫尊所建寺庙，因注释缺失不明是什么寺庙）其时给每个工匠以十三种食物，于是工匠特建十三种建筑物：该寺上殿，其外无墙；其内无柱，以黄铜为地基，玉梁之上，饰以奔驰之金马；金梁之上玉龙盘绕；蓝色屋顶可内外观览；所有之水汇集之后，经狮子之口流到龟趺之背后；另有白旃檀之门，该门启闭之后，则可发出小金鼠之鸣声；殿内之诸天众佛像，其顶部各有伞盖一个，并为每尊像特遮伞盖一个；又，在廊檐处浮雕着十二种佛事；用二十八个星宿天女像支撑神殿之屋顶；在殿内之四角处，有八个金狮子及小羊；在屋顶的流苏上浮现着二十八位供养天女；另有天神童子祈请以大鹏卵中之甘露水沐浴图像等。总之，共十三种特殊建筑，颇为罕见稀有。

（选自《贤者喜宴》，第一百四十页）

［火兔年（1276）］当八思巴到达朝廷时，大皇帝（忽必烈）的代摄国政的长子真金、后妃、大臣等众在印度大象背上安设珍宝璎珞装饰的宝座，以及用飘扬珍贵锦缎缨穗的伞盖和经幡、旌旗以及盛大鼓乐前来迎接，用大供养迎入宫中，请教各种博大精深之教法，使佛法犹如月亮在莲园中

第二编 建 筑

生气，分外明显。

（选自《萨迦世系史》，第一百六十三页）

大自在者（嘉木样俄吉旺布贡嘎仁钦扎西札巴坚赞贝桑布）来到久多吉札宗之地，专心修行之时，前藏之王派遣使者来迎请大师（萨迦大译师）。大师遂去到前藏，为诸多众生进行灌顶讲经。特别是大师（俄强）来到任运成就之圣地桑耶寺时，应该寺大护法神之迎请，来到毗哈热神之大殿楼亭处。在楼亭红色门前，铺有一张虎皮坐垫，是为大自在者所设之席位。

（选自《萨迦世系史》，第三百二十八页）

有关旦萨腾寺西边的本钦释迦桑波之金塔和萨拉旺曲札的经堂，内外已破旧不堪。修缮首先从阿噶仪轨开始，萨拉瓦之内塔灵庙两处的伞蛇图以上也需进行修补，并要建一座新的灵庙。除个别塑像之外，所有壁画要重新绘制，前所未有的铜镀金塑像，新旧佛塔凡装藏合格者要圆满地进行开光，并精心设计华盖、地面和例供等。大法台前的石板地面，以及围墙等不够整洁。因此，年年需要进行整修。从墙脚附近竖起的台阶坚实而平稳，柽柳女墙和盖屋的石板等均已出色地完成。已嘱托了布札兄妹，故河道沿岸无需担心。

（选自《萨迦世系史续编》，第二百五十三页）

（江孜寺走廊画的是巨幅利见佛、古佛燃灯佛等）诸圣像所配备的眷属均符合密乘修习本尊仪轨和显密经籍的规定；转经堂的壁画是被诸佛菩萨身像簇拥的五部如来和密宗事部三怙主；在无量宫（此指本尊宫殿式坛城）绘制有以吉祥时轮为首的大坛城图；护法神殿绘有作舞蹈姿势的姊妹护法神和毗沙门。建造以上诸神像的总指挥是绛央仁钦坚赞，大堪布扎巴谢宁作开光堪布。后来在主尊释迦佛像之左增添本尊神无量光佛的金像，身量等同主尊，供奉在宝座和靠背的正中。衮嘎帕指定广大地区的属民在上述两尊圣像前敬献十盏常年不熄的酥油供灯。

（选自《后藏志》，第二十六页）

（吐蕃王朝时期，即唐贞观十四年，长安城）某夜，城鼓大作，他邦使臣，皆赴宫（汉宫）中，噶尔心知此鼓有异，于是于馆舍门前，以朱砂作金刚杵形，画于户限；以万字形，图于门楣。

（选自《西藏王臣记》，第二十三页）

（吐蕃王朝时期，松赞干布）在（大昭寺）绕萨神变殿堂净香室中，迎供如来不动佛主从九尊；净香室右，迎供阿弥陀佛九尊；净香室左，迎供弥勒法轮像，及其眷属八救度母；净香室南，迎供觉阿不动金刚，及其眷属忿怒神和具力药叉诸神围绕；净香室北，迎供自现大悲观音主从三尊。佛像上方雕刻有六字真言，并塑有不空绢索佛，喀萨巴哩，世间自在，马头金刚，甘露漩明王等像。又复雕塑有二十头首龙王，喜龙王、安住龙王、夜叉、俱吠罗、五髻乾达婆、吉祥天女等像。诸像均系应各神自请而塑造者。又将苯教传说，与及轶闻掌故中所有无边化行事迹，绘成壁画。

（选自《西藏王臣记》，第二十九页）

［赞普经丐僧事①］（松赞干布）赞普遂作伏藏，于树叶纹柱下，秘藏无上妙法；牧师图及蛇头纹柱下，秘藏威猛明咒法；瓶形柱下，秘藏各种珍宝；龙王殿内秘藏龙宝及热纳德瓦宝；在坛城下，秘藏达夏德瓦宝。将此众宝用绫罗封卷，外以蛇皮裹之；在门槛附近，秘藏琉璃宝钵等物。为

诸有善缘者，开示大悲观音、马头金刚、闫曼德迦等众多本尊之甚深密法，并授未来之记。为王室臣民，广赐教诲。

(选自《西藏王臣记》，第三十页)

注释

① 丐僧事：这是宗教徒企图以神力变化之说来掩盖当时奴隶主为镇压奴隶使用酷刑之事实。

(帕木竹巴政权时期)仁钦杰乔曾迎致红帽活佛却季扎巴驻锡松赞庄园，呈请贡玛供养羊八井寺寺属庄园及一切资具；于德基林寺，绘塑京俄噶举传承图像；用金粉末书写京俄全部著作。

(选自《西藏王臣记》，第一百零六页)

(帕木竹巴政权时期，即明永乐时，仲钦·本扎巴)曾培修拉萨神变殿堂，更换殿顶石板，于回廊及转经道等处，新盖屋顶，彩绘壁画。

(选自《西藏王臣记》，第一百零九页)

(关于扎什伦布寺的一般性描述)在后殿建有用金铜铸造的高二十肘尺的释迦牟尼像，像的左右有药师佛像和无量寿佛像。释迦牟尼像两边有八大随侍弟子像，守护殿门的有泥塑的忿怒金刚像。在释迦牟尼像的前方有六字观音金像等。在弥勒殿中的弥勒像，高大奇特，佩戴各种饰品，为圆满受用身的装束，结跏趺坐，使人百看不厌。这尊弥勒像的一双眼睛，也有一箭杆长。整个像全是用金、铜制成，造像者是天界工匠化现的尼泊尔工匠。另外还有弥勒的两尊立像及众菩萨像。在度母殿有尼泊尔工匠后建造的尊胜度母金像，高大奇特，似乎正要开口说话。

(选自《一世至四世达赖喇嘛传》，第七十二页)

[木虎年(1674)十二月记事]在哲蚌寺大经堂开设了供奉《甘珠尔》的经堂，主供像为约一人高的大佛母药泥塑像，它的左右两边有七行供物，第一行为六十三座佛塔，其余六行是印度、西藏和汉地的古今文献，噶当等教派的各种铜像、诸佛像菩萨和本尊护法的身像一百七十九尊，其左右两边供有从前为唐波且刻印的《甘珠尔》经及其朱印本二万余行、在四排法器供桌上供着大小金银曼荼罗六具、景泰蓝和黄铜曼荼罗①五具，白螺三个，羊脂玉净碗三个，蚌壳碗碟二十九个，景泰蓝鹅颈壶，圣像等物三十一件，瓷碗九十六个，玻璃器皿三十七件，红铜、黄铜和青铜的供水杯六十六个，火炉八个，香炉九个，叶帕乌小容器三个，麟角三只，黄铜供灯六盏，绣花好缎顶帘、红黄青三色绣花金丝缎塔罩等。在本生佛殿中，从南向北陈设六排供物，第一排的主供像是释迦牟尼红铜像，第二排的主供像是金刚持法身铜像，第三排主供像是弥勒铜像，第四排主供像是释迦牟尼白响铜像，第五排主供像是文殊噶丹玛像，第六排主供像是度母铜像②，这些佛像的左右两边供有各种铜像和汉传佛教的诸佛菩萨像一百二十四尊。两层供案上供着银曼荼罗一具，铜曼荼罗一具，瓷碗、玻璃碗碟、圣像等三十八件，在大经堂的上下两层的十间佛殿中，各设置神龛和供灯三盏，供施物品经久不断，每年各耗费糌粑一百八十藏克、酥油五百七十藏克。同样，在密宗佛殿的上下两层经堂中，各陈设神龛和供灯两盏，每年用掉糌粑三十六藏克、酥油四十五藏克。

(选自《五世达赖喇嘛传》下册，第一百六十四页)

注释

① 曼荼罗：是梵文的音译；曼荼罗又译"曼陀罗"、"慢怛罗"、"满拏啰"等；曼荼罗意译"坛"、"坛场"、"坛城"、"轮圆具足"、"聚集"等。是密教传统的修持能量的中心。茶花又名曼

茶罗花，它是佛教中的吉祥花，相传佛祖传法时，手拈曼荼罗花，下起漫天曼荼罗花雨，象征宁静安详、吉祥如意。

②度母铜像：度母头饰高髻，面相圆润，眉眼修长，低首俯视，鼻梁挺直，面带笑容，作沉思状，上身裸露，佩戴璎珞、臂钏等饰物，左手牵莲枝置胸前结说法印，右手置膝上结与愿印，左脚横盘，右脚踏莲，结半跏趺坐于莲座之上，颇具印度造像风格特征。绿度母与莲花手观音相似，差别在于绿度母丰胸纤腰，胸部女性特征明显。

在噶丹桑阿绛曲林寺新建的经堂拉让内绘制了十地壁画和集密、金刚大威德、尊胜佛母、度母、黑白六臂护法、内外秘三阎魔业、多闻子、贝孜护法等画像，重描了意修三尊、八教、北藏金刚橛、手印伏胜、退敌佛母、永宁十二地母、遍入、白魔、威力四部、五佛等旧壁画。檐上绘制了本尊护法上师传承图；门房内绘制了生死流转图和四大天王像。

（选自《格鲁派教法史》，第三百四十二页）

（第二任大法台阿旺扎西）为三座内殿购置了价格昂贵的顶幔，为经堂购置了能遮盖三十根柱子空间的锦缎来做顶帘。

（选自《拉卜楞寺志》，第三百一十六页）

在德赤仁博琪的亲自主持下，使二十根柱子组成的经堂及内部装潢修饰，内殿四层楼阁的整个建筑及其壁面装饰，全部竣工。佛堂左边塑造了大威德及其神妃像，塑有一层楼高的怙主二尊的泥塑像；佛堂右边泥塑了高大的释迦牟尼佛像和五姓补特伽罗及其四妃的半身像；在两面的楼房里添置了《大藏经·甘珠尔》等佛祖身、语、意之珍品，以及各种法品、器具等。嘉木样大师同德赤仁博琪等师徒们成为整个拉卜楞寺的奠基人，他们制定了讲修、收支等寺规，为拉卜楞寺的政治与宗教的兴旺做出了不懈的努力。

（选自《拉卜楞寺志》，第三百三十三页）

（第十三任大法台洛桑念智）他向第二世嘉木样大师敬献了折价为一千五百两银子的牛马，要求请置一套曾由第七世达赖喇嘛开光加持的那唐版大藏经《甘珠尔》，被恩准迎之。他募化银两，置办法饰品，在拉卜楞寺大经堂的整个楼上和走廊内悬挂了以锦缎制作的小香囊式的高级水帘飘缨和四相缎的垂帷五匹。

（选自《拉卜楞寺志》，第三百七十八页）

（第十六任大法台晋美朗仁嘉措）通晓政教，学富五车，很有见识，拉萨（大昭寺）大围廊西头的"十相自在"就是这位噶伦置办的。于是，他请求噶伦，愿以五百两白银的代价铸成同样规格的"十相自在"。当铸成交接时，噶伦说："只是不知安多有无可托起此徽的佛寺。"殊不知后来此徽正置于拉卜楞寺大金瓦殿的柽柳壁上。是因，噶伦·多让班智达特赠送金边、金凸，这些都镶在大经堂的正门上，随即杰擦仁博琪·达擦诺门汗在多觉白姆定做了法门徽饰等物，献于拉卜楞寺，今置于如意宫和图丹颇章，而这都是应晋美朗仁嘉措尊者的请求才捐置的，尊者为寺之尽心，由此可见一斑。

（选自《拉卜楞寺志》，第三百九十三页）

（第二十三任大法台嘉堪钦·哲华坚赞）尊者获准辞去拉章襄佐之职，奉三世嘉木样大师在寺

（拉卜楞寺）内新建佛殿的谕示，建起三层楼高的佛殿，顶檐砌以茴麻，楼内塑有二楼高的无量寿佛像和一人来高的弥勒佛像，并请置卓尼版《大藏经》。他曾多次向嘉木样大师敬献厚礼，数次举行"无遮大会"，布施僧众。

（选自《拉卜楞寺志》，第四百四十一页）

阿旺东珠法台（第八任法台，生于1732年）在（拉卜楞寺）密宗学院，经过多年的研习，成为该学院最佳的学位考取者。

……

鉴于其（阿旺东珠尊者）事迹突出，二世嘉木样大师任命他为时轮学院的师长。历时七年，他刻苦研习《时轮学》、《怡情弃恶》等上下续部的经论。因他不忍心看着经堂破旧不堪，用充足的建筑材料，重建了具有二十根柱子的经堂及其内殿，在坚实的墙基和平齐的墙面上以最佳质量的颜料粉刷了底色，并请最好的画师绘制了以香拔拉法胤廿五尊者的壁画为主的众多显密传承上师的画像，以及密宗方面的数以万计的神尊图像，给人以十方神尊从天而降，密集于此的感觉，同时又令人不由自主地产生身在北方香拔拉之嘎拉杂扎城神宫一般的美好感觉。

（选自《拉卜楞寺志》，第五百零九页）

该（拉卜楞寺）经堂无论是柱、梁、柱斗拱、柱斗等结构严密，布局十分合理。所有这些似乎出自于工巧天（毗首羯摩天神名）之手。那大量的黄金、绸缎装潢了经堂的内外、上下，及其各个角落，使之成了一座真正的神宫。

（选自《拉卜楞寺志》，第五百一十页）

（拉扑楞寺）重建的贡唐宝塔，保持了原塔的式样。一层的正中佛殿，奉安有第三世贡唐大师丹贝仲美的银质灵塔，塔体镶嵌有金制斜棂花格及绿宝石、珊瑚、冰珠石等无数珍宝，作为最主要的依止圣物奉安于佛殿。墙壁有许多壁画。南侧普见佛殿奉安有文殊普见佛像，约二层楼高，与原佛塔内供奉的佛像相同。西侧藏经殿内，陈满了《甘珠尔》、《丹珠尔》大藏经等一万八千余函经籍。北侧普明殿，奉安有以普明佛为主的三十六尊佛像；从尼泊尔迎请的高大的无量光佛，塑制精巧，端庄殊严；在本寺塑造的第二世嘉木样季美旺吾佛像，工艺精美。另外，还有从印度、内地、西藏等各地迎请的镀金铜像有：度母像一百五十尊，千尊佛像以及宗喀巴师徒三尊佛像。这座佛塔被毁时，许多信徒竭力设法收藏了大量的佛像等依止圣物，现仍奉献于寺，其中有置放于无量光佛像内藏的大威德像、龙树菩萨塑造的金刚亥母像、松赞干布法王的鞋子等；又有金汁、银汁等写的经籍四百四十四函。还有历世贡唐大师的依止圣物，其中有众多大德的极具加持的圣物，以上在《贡唐宝塔志》中有详细记载。

（选自《拉卜楞寺志》，第五百五十八页）

［土鸡年（1729）二月初八，七世达赖喇嘛］登上前辈喇嘛之金座，寺院和宗本共献丰厚礼物，（七世达赖喇嘛）喇嘛为众僧讲授吉祥三域主母经传承，散发布施，作宏大供养，向大经堂献以绘有六字真言彩缎缝制的顶篷环梁幕帘，饰以各色哈达，并献带折锦缎香囊一对。

（选自《七世达赖喇嘛传》，第九十八页）

［木猪年（1755）新春初九，七世达赖喇嘛视察会供法会供养］拉萨的在家居士、一般俗人及班索巴、才居哇等亦各自虔心祈祷，广集福德。（七世达赖喇嘛）应希德寺之请，为该寺新建经堂

赐常挂的金汁无量寿卷轴画,是画以绿色金丝缎镶边,共二十七幅,向索热丹寺赐金汁卷轴画十五幅,另向其他寺院赐这类卷轴画一百余幅,作为供养之所依。

(选自《七世达赖喇嘛传》,第三百四十八页)

  因为没有真实意义的琐事繁多,至尊仁钦白心生烦恼,心想为修习了义之法,开辟殊胜的修行处。为此秘密来到查乌,建造了外形相似人体左右中三脉的大殿,当时出现了不可思议的奇兆。尤其是其中有称为禅定洞的内寝洞,四处飘溢着戒律异香,结构奇特优美。另外,把一些人造的和自然而成的小洞确定下来。至尊在多吉洛噶尔(金刚侧壁孔)洞中说:"这洞太狭窄了。"起身用后背推开,洞壁上留下袈裟下摆凸出而身体碟手凹进去的印迹,非常清晰;用手杖戳开洞窗;象捏泥巴一样抓捏洞壁,在岩壁上捏出悬挂资具的石橛子;还用手挖掘出能容纳一大网袋东西的岩石槽。现在叫作索热宗温的地方,夏季某吉日夜晚,出现数道三色、五色、七色的光,直射向大殿和多吉洛噶尔洞上空,当地的人有目共睹。

(选自《直贡法嗣》,第七十九页)

  当迥仁波且到四十六岁时,泥封闭关的誓愿已满,被直贡寺众大弟子授权为三世怙主之法座主持,为众生转动甚深法轮。像至尊觉巴仁波且所授记的那样,以和平方式统辖整个西藏。如往昔,聚集十八万僧徒。修建了堪与梵天无量宫相媲美的神殿,面积为一百八十柱子,殿内墙壁和地面都用金浆糊抹。殿内修造逾度如来佛金铜像十尊、如数龙像、吉祥多门塔以及如数天王像。殿顶为上品纯金所镀黄铜式屋顶,塑有无数金瓶,造型精巧美观。修建速度之快,超乎凡夫意料。至尊迥仁波且亲自组织地区具有戒德的十三万比丘,依数种续部传规进行开光。

(选自《直贡法嗣》,第一百页)

  遵照至尊(直贡第十五任胜王衮噶仁钦白桑布[①])的遗言,完成了十二宏化像、金伞和金顶等,并塑造了至尊的香泥寝宫像和绫罗像等。尤其是修造了安放遗体大宝的白银菩提塔,并饰以天人诸宝,把遗体完整地安放在塔内,把塔请住于金殿内。出现了不可思议的尿液所生的舍利和右旋法螺等。

(选自《直贡法嗣》,第一百五十页)

注释

  ① 衮噶仁钦白桑布:为直贡第十五任主持,生于木羊年(1475),于火猪年(1527)九月六日归入法界,年届五十三岁。其父为第十四任主持法主仁钦曲吉坚参白桑布。

  至尊(直贡第二十五任主持绛央曲吉杰布陈烈顿衮珠巴白吉德)某次造了八大法行善逝集之卷轴画、莲花生大师传等许多本生卷轴画像,用红白檀香树塑了能仁王释迦佛之十二大宏化像。因鲁晋师傅刚一开工就逝世,耽搁了一些时候。在绛拉皮地区新建土丹饶杰岭寺,至今犹存并香火旺盛。此后,为了佛法长久住世,为了众生有积二资粮的福田,打算在卓隆修建佛殿及诸所依。于是,土马年(1738)十一月下弦月黄道吉日举行破土仪式并取土加持,于土羊年(1739)神变月(一月)筑基开始,修建了上下楼各面积十二柱子六间屋的经殿,而且当年克时竣工。金猴年(1740)作完其他具体工作,在安噶殿内新修法台,并把别处的位置不显要的诸佛像迎请过来。金鸡年(1741),召集尼藏许多工匠,用金银铸造了菩提塔、胜外道神变塔、寿元加持和好塔等,各塔高一层半,饰有诸宝,造型精巧,置于伦珠多吉波殿(任运金刚顶),多次给予开光。水狗年

（1742），在以上工匠上又请来尼泊尔师傅多星等许多工匠，修建了称为大能仁三界庄严加持霖降的释迦佛像，高二层，有金伞捧座，做工奇特精美，使人一见就能起净信。共用了三千多钱黄金和六百克红铜，于当年年末完成。请住在不动金刚座上，依胜乐、月密和静猛种集等进行多次开光，广办庆贺喜筵。水猪年（1743），以上诸工匠师傅又用金铜铸造了住于崖石的十六尊者像，用白银七百七十多两铸造了称为见而有益的至尊拔扎身像，高过人身。埃巴地区的工匠师罗布曲培和我寺一些僧人用大宝粉和药帛等塑了十五神变庄严图及十六尊者所住崖石模型，把十五神变庄严图请住于沃门（色究竟）殿，十六尊者像请住于具乐德丹殿，依续部海给予多次开光。第十三轮饶迥火兔年（1747），由埃巴工匠坚参和我寺一些富裕僧人塑造了以前所造檀香树的佛陀十二宏化像的未完成部分。此年，把殊胜化身授权为直贡大寺主持，并散花赞颂。

至尊在卓隆大经院新建诸护法神噶尔羌姆神舞，并在原有诸神上又增加了持梃护法、长寿五姊妹、毗沙门等。此年末顺利完成塑造十二宏化像工作。先师在位时有个反复嘱托的心愿，是举办丧葬法事和修习要旨所不能缺少的，为此，至尊在以上所请的工匠上又请许多工匠铸造了精美胜乐六十二尊曼荼罗诸能依所依，也于龙年（1748）竣工并请住在安噶殿给予开光。土蛇年（1749），浊世大班智达司徒·却吉迥乃①驾到，至尊与司徒相互听了许多灌顶密法。马年（1750）身患重疾，不久痊愈。在此大经院，每年六月二十九日为祭奠先师，至尊身着九顶髻装束自入②仪轨，为众僧广作侍奉。从水猴年（1752）二月起，先后召集了尼藏许多工匠，达那星工匠师也被请到。至尊让众匠用金铸造了以金刚持到历代直贡法嗣诸师承及本尊护法诸神像，高与人身等量，于水鸡年（1753）完成，请住于曲科多吉宁波（法轮金刚心）殿。用金银铸造了天降塔、聚莲善逝塔、吉祥多门塔，其上绘有胜乐六十二尊，因缘殊胜；铸造尊胜塔以代替涅槃塔，塔身高于以往所造塔，其高度造型等与以上诸塔相同；用金铜铸造了大佛位于中央，有无量光佛和普见佛在左右的佛像，有靠座，高一层楼，于木狗年（1754）角宿月（三月）内顺利完成。至尊从拉萨印经院迎请了一回《甘珠尔》和《丹珠尔》，从德格印经院迎请了二回朱印本③《甘珠尔》，并分别请住于各经殿。用红白檀香树塑造了三十五佛身像和构造奇特的极乐世界庄严图，并很快完成。开启三根本、静猛种集、月密、胜乐等新旧密乘之曼荼罗，以至尊父子为首的众僧为以上所造塔经像进行反复开光赞颂。诸工匠先后完成诸所依时，至尊赐以无量财物，使之得到满足。在六个经殿内饰佩来自中国皇帝内库，质地优秀、色彩艳丽的华盖、幡、香囊、胜幢、帷幔等；给诸佛像饰着服装和哈达，其前面祭奉汉、蒙、回的造型奇胜的供物及长明酥油灯等不可思量的供品。

（选自《直贡法嗣》，第二百四十四页）

注释

① 司徒·却吉迥乃：又名却吉朗瓦、噶玛·丹巴尼吉，系第八世司徒活佛，八邦寺第一任主持。1700年出生于多康六冈中金沙、澜沧二江间之色莫冈地方，1775年往生他界。十岁赴藏，从八世红帽噶玛巴·却吉顿珠剃度出家。依止十二世噶玛巴·绛曲多吉等许多上师，学习佛教四续、三藏以及声韵、工艺、医药等，造诣深厚，驰名藏、汉、蒙古和尼泊尔等地，人称大司徒学者。1727年，在德格倡建八邦寺，并使之成为噶举派讲修显密的主要经院之一。

② 自入：自受灌顶。为他人灌顶之前，金刚阿阇梨自己进入智慧坛场之中，观自我与本尊身、语、意、德和业五者无二无别，接受灌顶，取得允许弟子进入曼荼罗之权。

③ 朱印本：用朱砂或红墨水印刷的字画本。

第二编 建筑

[土狗年（1778）五月] 十五日，（八世达赖喇嘛）向阿、塔、杰三寺的僧团讲授《长净经文》；向帕格杂的圣湖等诸圣地施奉供云，朝观阿杂让洞（或游方僧修行洞）等山中隐居修行静房；向弥勒佛像为主的诸佛像奉献描金液和开眼，广作供云等施供；向顷科杰寺的三界天母的宝剑等内供灵物，以及法源楼房上下、"德尾果第"、凉园、杜康集会大殿等赏赐单纯用上等绸缎制成的佛伞、胜幢、华盖、香囊（供神的香粉荷包）、飞幡、梁盖等大量供物；向圣湖献其他供物，向宫堡、密宗殿等处献供内外秘密的顺缘法物、金银珠宝、水晶用器等神物，并更换在佛像前献置的朵玛等。

（选自《八世达赖喇嘛传》，第八十页）

[火羊年（1878）五月] 萨迦达钦之兄弟去世。（八世）达赖喇嘛为他撰写了回向祈祷文，并派遣孜仲康钦哇前去萨迦做超度法事。为了佛教众生之怙主达赖喇嘛永远健康、佛教弘扬、一切众生过上富足幸福生活之无上考虑，在紧挨日光寝殿的地方新建了却康供殿。新建成之时，在供殿里供上了印度十六罗汉的雕像，挂上了用无价的上乘绸缎缝制的卷轴画像（唐卡）及其他主供像。当时以达赖喇嘛为首，经师班智达、热振诺门罕仁波切及比丘僧二十一人祈诵真言，进行加行、正行和结行，举行了三天的开光仪轨。给参加开光安神的主要工匠、管事、大小师傅、工场全体人员赐宴行赏。为供殿之建成，侍读喇嘛们超常规地用七天时间礼供罗汉尊者。

（选自《八世达赖喇嘛传》，第一百五十一页）

[土猴年（1788）] 三月时，佛爷（八世达赖喇嘛）惠临措钦大殿，由赤钦仁波切（即甘丹寺法台）为代表的甘丹寺喇嘛、执事向达赖喇嘛作上座会团的念经祈寿。……在我们四大部洲之一的南瞻部洲里，胜过众生神界福田的拉萨大昭寺各佛像佛殿意义是由尊胜观世音菩萨之智慧幻化加持而成。它虽然与密严刹土相和合（无差别），但在我们庸俗如同水栖甲虫的光亮中只能有短暂的精灵元气。所以此前按照佛爷指示由事业成就者赤勒巴诺门罕自水兔年（1783）对大昭寺进行了修缮。按照续部的仪轨，将大昭寺中心的八廓街外墙、大围廊、殿门抱厦、内外佛殿、讲经场、坛城中心、二楼顶层等壁画，按照原画作了新的绘制。大围廊的壁画本应按照五世达赖喇嘛的主张绘上《本生传如意藤》一画，但第悉索南却培当时却绘上了千佛像图。水兔年（1783）八廓街内墙扩展时，还没有绘制大量的壁画，但卓玛拉康（度母殿）的一面墙上却绘有《佛王福田施主臣僚主仆》的壁画。从那年（水兔年）以后，就在围廊上绘制了《菩萨传记如意树藤》，从而酬补了遍知萨霍尔协巴则的无上主见。后门绘制了极乐净土，并画上守门神马头明王、莲花金刚和护贝龙王母等护法神像。外门的左右墙面上绘制了四大天王，南门内的左右墙上绘制了壁画松赞干布及其臣僚。它的南面是佛祖雪域海图和圣境吉祥聚米洲（哲布寺）。此外还绘制有藏地三大金刚座圣地、布达拉宫、三大寺等汉藏的众多圣境刹土，以及五妙欲供。在二楼顶吉祥天母殿的外围廊墙上绘制有五世达赖喇嘛阿旺洛桑嘉措福田施主臣僚主仆和智慧怙主六臂护法等欲界天神，另外还绘上了佛土庄严图。对大昭寺各楼供殿内的静猛佛像图，画上了与身色相同的金粉，涂上了与原样（即底色）相同的袈裟并对华盖、顶幔、伞盖、柱面幡、挂幔、胜幢、香囊、供物、宝器等按照佛爷（八世达赖喇嘛）之意作了很好的修饰，使佛国净土无限美好的圣境展现出来。用于会供法会（传小召）由僧侣仪仗队来进行展示的两幅晒佛（大型丝绸卷轴画）是众生现见解脱的无上福田。但由于稍见破旧，于是举行生起次第仪轨，发无上菩提悲心，命令工匠们按照传统方法对两幅大型晒佛进行新制。（八世）达赖喇嘛为各佛神的灵牌和善资粮圆满佛位撰写的题词被很好地缝制刺绣在了晒佛上面。

与此同时天上降下了吉祥的甘露花雨。

(选自《八世达赖喇嘛传》，第一百五十六页)

[铁狗年（1790）记事] 作为（策曲林寺）大经堂（杜康殿）和尊者经师的各个寝殿以及殿门抱厦等的装饰新制材料，需用各种色彩的库缎二十六大匹和面子白布等。这些费用情况向佛爷（特指八世达赖喇嘛）近侍作了报告，得到了解决。

(选自《八世达赖喇嘛传》，第一百七十一页)

[铁猪年（1791）某月] 二十三日，中堂大人抵达。色拉寺和哲蚌寺的喇嘛、执事等以及西藏的贵族、孜雪的仲科尔等人都到素康玉喀去迎接。从曼仲桥头始有木鹿和希德寺的三百名僧侣排成仪仗队迎接；从多仁岗至布达拉平措通道间有南杰扎仓的僧人仪仗队迎接。布达拉宫顶上，旗幡招展，法器鸣奏，吉祥彩幔悬挂宫顶，盛况空前。之后，按照新年仪式将措钦宁巴大殿装饰一新。在（八世）达赖喇嘛宝座之右侧设（七世）班禅大师之座位，左边为中堂大人摆设了一个比达赖喇嘛宝座稍低一点的缎褥座位。这三个座位都坐北朝南。按常规为大臣等其他众官员也准备了座位。等到在措钦大殿会见的时间，达赖、班禅师徒二尊一同到来，站在大殿门内向（乾隆）大皇帝请安。同时（中堂大人）面呈达赖、班禅师徒二尊大皇帝恩赐的内库哈达、镶嵌红宝石的水晶玉念珠和珊瑚等宝物各一份，锦缎袋各五个。师徒二尊恭接谢恩。随后双方在宝座前相互交换哈达。

(选自《八世达赖喇嘛传》，第一百八十三页)

[土马年（1798）四月] 初九日，（八世达赖喇嘛）祭供护法神，在（乃穷）角楼顶上竖立了战胜各方的胜幢。护法神非常高兴。他向胜幢作拜后，说出了（八世）达赖佛爷四业所施与的修持仪轨的授记。此后由于噶当庆寝殿中供奉了无量寿千佛，因此另起名为"齐麦德丹庆"（意为：长寿具乐旋）。德丹庆寝殿的望窗周围供奉了以宝珠半璎珞花纹装饰的三十五尊挂展佛，顶棚里供奉五世达赖喇嘛为主的药师善逝八尊神像，配以半璎珞花纹、优质绸缎合册、幡、香囊、大匹锦缎的柱盖、常日铺展的灵盖红绿彩帷、优质锦缎的幡、香囊、毛呢藏片的柱盖等。这些装饰物由总管卓尼尔格桑楚臣负责新制。制作完工后，便将它们在德丹庆寝殿中铺挂展示出来，同时将供长寿佛像的法座等也安排整齐。

(选自《八世达赖喇嘛传》，第二百三十六页)

[土马年（1798）八月初三日记事]（布达拉宫）萨松南杰殿的屋顶以金的屋脊宝瓶作装饰。供奉肖像唐卡的佛堂是汉式屋顶（宫殿式屋顶）纯金的神殿，后来按汉式风俗设置富丽的窗棂，内装饰绸缎的帘子（幔幕）。室内供有无数供品，中间悬挂肖像唐卡加以供奉，同时在供像前面并排的供桌上摆设了金器、银器、羊脂玉、各种景泰蓝及水晶用器，在神殿周围还供设了五种供云。

(选自《八世达赖喇嘛传》，第二百四十一页)

[铁鸡年（1801）十月] 二十六日……以南杰扎仓僧因为代表的大批朝佛信众受到佛爷加持恩佑。随后，达赖佛爷到齐麦德丹庆巴殿。当在日光殿要作闭关修行前，允许朝佛及转经者按例到日光殿供展挂的五世达赖的唐卡佛像昂札玛为代表的各供殿的主供佛像，以及供于寝殿内室的各主供像，另外允许向日光殿的佛像前放置的油漆皮箱内贡献财物。这时，扎什伦布寺为达赖佛爷在噶丹

第二编 建筑

平措庆巴殿中完成主尊佛像的供放并举行开光大典。扎寺所遣人员于此日前来献礼。……当讽诵《丹帕玛》的经文时，献上哈达、曼荼罗、身语意三依。佛爷（达赖喇嘛）高兴地接受了孜（即布达拉宫方面）所献的各含金三两的桶两个、汉马蹄形银锭两个、章喀四秤、有绸缎的件类十五，雪（即噶厦摄政方面）所献含金三两的桶、汉马蹄形银锭两个、章喀二秤、有锦缎的七件类。此外孜、雪两方分别献上了呈文。接着赐座用茶时，达赖佛爷说道："我只为佛教和众生事业着想，新塑身语意三依佛像很顺利。今天孜雪双方献上贺礼，日子吉祥。虽在闭关开始时前来准备不及，但缘起很好，我心中非常高兴。"佛爷（达赖喇嘛）说着为他们摩顶加持，赐给护结，并细致解答有关问题。……此外，在日光殿新设汉式静室名叫"衮色意噶却增"（意为普明意乐持法）。

（选自《八世达赖喇嘛传》，第二百六十六页）

[水鸡新年（1813）]遍知一切班禅大师从后藏启程，十分恭敬地先后委派我（第穆·图丹晋美嘉措）、诸位噶伦、囊玛列参巴等前往鲁定接宫亭迎接。在神变大昭寺甘丹扬孜寝宫，师徒会面，互献哈达，行碰头礼，分别入座后，亲切交谈。为庆祝师徒会面，在围廊举行盛大宴会。随后，驻藏瑚（图礼）大臣、祥（保）大臣也举行盛大宴席。用供物将围廊、其他各处神殿装饰一新，清洁各后殿，向各佛尊献上衣、内裙、佛衣及五色哈达、上等丝绸缝制的香囊、幡、华盖等，将各处装饰得十分漂亮。

（选自《九世达赖喇嘛传》，第九十九页）

从吉祥那烂陀翻过果拉山口，就到了拉萨。此地楚朗祖拉康[①]内中供有：觉阿如意宝像[②]，自然生成五位一体的大悲观音像[③]，弥勒法轮像[④]，持缯度母像[⑤]和放光四神像[⑥]等。所有上中下三层楼阁连同周围的转经走廊内的神像宝塔种种圣迹遗物，均有目录记载，详见第五辈达赖所作的志书。

（选自《卫藏道场胜迹志》，第三页）

注释

① 楚朗祖拉康："楚朗"意为神变，即神变殿堂，简称"热萨楚朗"。"祖拉康"意为殿堂，"热萨"即"拉萨"。今大昭寺。位于拉萨老城区中心，是一座藏传佛教寺院，始建于唐贞观二十一年（647），是藏王松赞干布为纪念尺尊公主入藏而建，后经历代修缮增建，形成庞大的建筑群。大昭寺距今已有1360多年的历史，全国重点文物保护单位，在藏传佛教中拥有至高无上的地位。大昭寺是西藏现存最辉煌的吐蕃时期的建筑，也是西藏最早的土木结构建筑，并且开创了藏式平川式的寺庙市局规式。经历代多次整修、增拓，遂形成了如今占地2.51万余平方米的宏伟规模。大昭寺历史上曾遭受两次灾难。7世纪后期，由信奉原始宗教苯教的贵族大臣发起的第一次禁佛运动，以及9世纪中期，由朗达玛发起的第二次禁佛运动，使大昭寺或沦为屠宰场，或遭到封闭，而释迦牟尼像两次被埋于地下。

② 觉阿如意宝像：释迦牟尼佛像。

③ 自然生成五位一体大悲观音像：大悲观音像是十一面观音的泥像。传说此像是未经人工塑造，天然聚泥而成；像内装有蛇心族植天生观音像一尊；又松赞干布、文成公主和尼泊尔公主3人死时灵识又投入其内，成为五位融合的一体，故名五位一体大悲观音像。

④ 弥勒法轮像：弥勒菩萨手结转法轮印，做说法状的形相。藏史说此像是尼泊尔公主赤尊出嫁藏王松赞千布，尼王以三像作为嫁妆，由她携带来藏，三像中有觉阿不动佛像，弥勒法轮像和天生

旗植度母像，此为三像中之一。

⑤持缯度母像："度母"或译"救度母"。救度众生脱离苦难的菩萨。此像做手中执持彩绪之状。据说这尊像系尼泊尔公主携带入藏的三尊佛像之一，是旃檀木雕像。

⑥放光四神像：是指觉阿如意宝像、大悲观音像、弥勒法轮像、旃檀度母像。但据《世系明鉴》和《西藏王臣记》说，当松赞干布逝世时，有八尊放光像，即大悲观音像从心间放出光明催动马头金刚、救度母、药师佛、弥勒转法轮像、不动金刚像、秽积金刚像、无盆光佛、灯佛等像，诸像各各心间也发出光明，互相辉映，称为"放光八像"。

在（拉萨）扎拉鲁浦①内有松赞干布寝居的岩洞，后来圣者吉贡②巴就在此修大悲观音法，获得成就。此岩窟内也供奉有无数的神像经塔等圣宝。

（选自《卫藏道场胜迹志》，第四页）

注释

①扎拉鲁浦：在拉萨市区内，位于布达拉宫西面的药王山东麓，该寺亦称"查拉路甫石窟"，开凿于唐初。据《世系明鉴》记载：赞普在扎拉鲁浦修建寺庙，内中主要供奉扎拉贡布像。据《卫藏道场胜迹志》记载：在扎拉鲁浦内有松赞干布寝居的岩洞，后来圣者吉贡巴（系噶当派吉贡宗巴，本名协绕多吉，系博多瓦弟子）就在此修大悲观音法，获得成就，此岩窟内也供奉有无数的神像经塔等圣宝。又据《贤者喜宴》记载：石窟系松赞干布的王妃茹雍妃（洁莫尊）所开凿，时间大约在7世纪40年代中期。石窟依山而凿，洞口高2.56米，洞深5.5米，洞宽4.45米，平面呈长方形，面积约27平方米，有造像71尊（包括2尊泥塑像），分布在中心柱四面和石窟南、西、北壁上。

②吉贡：此为噶当派吉贡宗巴。本名协饶多吉，博多瓦弟子。曾将由兆巴和扎迦瓦所编博多瓦的教授喻法之论略本重为编写，成为中本，名《喻法宝聚论》（《佛教源流正续合编德格版》第141页、《宗派源流》第101页）。他在拉萨扎拉鲁浦闭关修观音法时，香巴噶举派的节贡巴和他相见，并向他求传观音的法要。

拉萨附近的大寺院哲蚌寺（1416年由扎西白丹建），内分四大扎仓及正殿。其中供奉有不少的佛像经塔，最主要者传说是用热洛大译师①的灵骨造成的大威德像，十分珍贵。

寺中的噶丹颇章②内供奉有觉阿吉的本尊度母，是开口显过圣的像，诸如是等内部佛宝极为殊胜。

哲蚌寺内还有降央却吉的寝居处。此外印经院内藏有宗喀巴大师及历辈达赖等的全部著作的印版。

（选自《卫藏道场胜迹志》，第五页）

注释

①热洛大译师："热"，家族名。他与宁译师、洛敦喜饶，曾同时参加过阿里哲德王的丙辰法会（1076），据传世11世纪时人。出生于聂拉木的朗域地方。出家后受比丘戒，法名多吉扎。曾数度赴尼泊尔和印度学法。传说他曾用咒术杀死了以玛巴的儿子达玛多德为首7人，为了赎罪才修建此庙。后来格鲁派兴起，修建哲蚌寺时，阿巴扎仓的一些信徒将热大译师的骨殖移至阿巴扎仓的大威德塑像腹内。

②噶丹颇章：在哲蚌寺的西南侧是著名的噶丹颇章。该宫殿上下7层，由前、中、后三栋楼群

组成。前院为包括1~2层楼院，2层正中有一个四方场院，面积约为400平方米，每年的"雪顿节"，僧人们都要在这里跳神或者是表演藏戏。场院的四周以及3楼的东、南、西都是游廊和僧会。4~5楼除了一部分僧舍外，主要是经堂和佛殿。6楼是达赖喇嘛的下属要员的办公场所，平时主要是颇章第巴在此办公。7楼是达赖喇嘛的住处，包括达赖的经堂、卧室、讲经法堂、客厅等；此外这里还设有卓玛殿和护法神殿。

拉萨的北面有色拉寺（1419年由释迦耶协建），分两大扎仓及正殿。其中有无量数的佛像、经塔等圣迹文物，最主要的是吉巴扎仓①内供的成道祖师达洽用过的金刚橛。还有曾经开过金口的极密马头明王忿怒像。

（选自《卫藏道场胜迹志》，第六页）

注释

① 吉巴扎仓：为色拉寺的一个扎仓。色拉初建寺时分5个扎仓，后分为吉巴和麦巴两个扎仓，又后始有安巴扎仓。吉巴扎仓原来是降央却吉弟子沫色巴·罗朱仁钦僧格立的。他先主持哲蚌寺，后因学法不同而心生厌恶，遂去色拉寺，其弟子数百人亦随之前往，便在此定居，后通称为吉巴扎仓。

桑耶秦浦①的圣地中心是扎玛格吾仓，内有大译师白若咱那和塔米贡尊二人亲手塑造的邬坚大师像，名"切玛阿仲"像，有赤松德赞主要供奉的圣典《波若经》等，皆是加被力很大的三依佛宝。

（选自《卫藏道场胜迹志》，第九页）

注释

① 秦浦：在桑耶寺的东北的河谷深沟内，今属扎囊县境。秦浦是最殊胜的修道处，传说赤松德赞王时就有25位大德在此修道获得成就。

琼结寨堡附近为顿喀隆巴①河谷地。河谷内有衮勤·晋美林巴②大师的驻锡地才仁炯。内中供奉有大师肉身大灵塔和神像供器等极殊胜的珍贵文物。

（选自《卫藏道场胜迹志》，第十七页）

注释

① 顿喀隆巴："顿喀"或作"丹噶"，古代丹噶王宫即在此地，位于亚隆河和琼结河之间，靠近乃东县的颇章区，属琼结县境。丹噶宫是赤松德赞的行宫，吐蕃时苯佛两教大辩论是在此举行的，有名的佛经丹噶尔目录亦是在此编制的，历代赞普的陵墓也是修筑在此地。"隆巴"即河谷地。

② 衮勤·晋美林巴："衮勤"，译言广慧或遍知，是尊号。"晋美林巴"，是别号，本名钦则畏赛。第十二饶迥戊子年（1729）生于约茹地区的琼结红陵附近处，是宁玛派大圆满心要法门的传持者，也是掘藏者。

从葱都措巴沿藏布江逆行，又到了扎囊河谷的谷口。扎囊是掘藏大师巴恩谢的驻锡地。

沿路前行，依次可到班钦降巴林巴的驻锡地，名古蚌通卓钦摩寺①。寺内殿堂营建极壮丽。此寺近处是衮勤·隆钦然将巴的降生地和邬坚林巴的驻锡地，名亚吉拉康。另外还有扎囊的吉林措巴、扎的玉岗扎、敏珠林大师旧坐床处达吉却林、噶举主巴派的寺庙扎丁布齐等很多圣地道场。

……

沿江上游走，依次则到萨迦派小寺土丹热瓦麦（由丹巴饶赛建）和东沛却柯等寺院。还有多吉丹寺（1464年衮噶南杰建）座主衮噶南杰的驻锡地贡噶却扎寺。寺院的营建精美绝伦。大殿后堂的净香室中供有班钦·迦耶多罗的颅盖骨，颅内有极为殊胜的释迦像。此寺内还有四续部的四十五种修法会供曼荼罗坛城。在深谷处还有主巴派的德庆却柯等寺。

（选自《卫藏道场胜迹志》，第十九页）

注释

① 古蚌通卓钦摩寺："古蚌"即佛塔，"通桌钦摩"意为若见此塔即可解脱，是塔的修饰语。降巴林寺在扎囊溪南，敏珠林北，扎囊河的东岸。原为一塔，系克什米尔班智达所修造，后来吐米·伦朱扎西将其扩建成寺，称古蚌绛巴林寺。每逢五月间，此处有庙会，又成为临时集市的场所。

若是要经过亚隆到洛扎①去，则由琼结日吾德庆河谷往南走，到甲吉哲古大村镇。这里的古庙内有一尊加被力颇大的觉阿像。

沿途经过一个大荒原，首先就到洛扎霞。此处有一庙名马沃角，是安达娘的驻锡地。庙内有很灵验的三部怙主神像。这庙的下面有喇嘛安达娘的庄房，听说内有关于《修部八教如来集会》的密经是真正法王赤松德赞时的古本书。诸如是等极为珍贵的内供佛宝甚多。

又继续前行，依次可到古汝却旺②的子孙后代住处乃西的希超拉康；安达娘的取伏藏处扎森摩八吉；宗喀巴的师傅洛扎洽多瓦·南喀坚赞的驻锡地奔巴梯启和卓瓦棍寺；掘藏大师乔丹贡布所修建的奔巴主热拉康庙，庙内有一尊很大的阿阇黎大师像等。

（选自《卫藏道场胜迹志》，第二十页）

注释

① 洛扎：山南地区一县名。洛扎东邻措美县，北邻浪卡子县，西北近普莫雍措，东南界不丹东部。洛扎境内有两条大河：一条河是从洛扎东面措美县流来，称为洛扎霞曲河；另一条河从洛扎西部流来称为洛扎努曲河。两河在洛扎拉康宗汇合南流入不丹境。

② 古汝却旺：是"古汝却秋旺秋"的略名。"古汝"梵语，上师之意。"却季旺秋"译言"法自在"，这是他的本名。宁玛派的大掘藏师。生于第四饶迥壬申年（1212），卒于第五饶迥癸酉年（1273），年60岁。

（日喀则）江孜腹部地区称为年赛雄仁摩，在年楚河的南边有镇边古庙，名为孜·乃萨拉康（赤松德赞时所建），庙内藏有很古的波若佛母像。庙的北边有一格鲁派的寺庙，名年堆白康。白康是四大措巴之一。传说寺内有甚多克什米尔班钦时代的内部供奉的佛教古物。

从白朗过河，沿岸西行，就到了布敦大师的驻锡地霞鲁寺①。在霞鲁寺内供有天然生成的大悲观音像等圣迹文物。

……

霞鲁寺下面名年麦晋宫寺（后宏初期罗敦·多吉旺秋所建）。寺内有拉摩饶丹玛女护法神堂，颇为威灵。晋宫寺也是萨迦派萨班法主受比丘戒的地方。寺内有萨班剃度时留下的头发、面具、石盆等极为珍贵的圣迹文物。传说他洗过头发的河水，若人饮之，可增长智慧。霞鲁附近山背后有塔巴译师的驻锡地，名塔巴棍寺。据说寺内有克什米尔班钦用过的钵盂等很多内部供奉的极为珍贵的古代遗物。

（选自《卫藏道场胜迹志》，第二十四页）

第二编 建筑

注释

① 霞鲁寺：1042年为噶当派僧节准·协饶炯乃建，后布敦大师驻锡该寺。曾以传授四续部灌顶及善讲显密经教著称一时，后形成一小派，称为霞鲁派或布鲁派。该派在元代建沙鲁恩田地里管民万户府，为十三万户。

扎（原译为"札"）什伦布寺内主要所依佛宝有弥勒菩萨大像，有班禅罗桑却坚、罗桑耶协、白丹耶协和丹比尼玛等历辈班禅的灵骨宝塔。特别还有噶东弥勒像和欧米的度母像等甚多具有加被力的古代佛像法宝。内供佛宝还有米拉热巴尊者的小刀和许多噶当先德的旧衣服等各种古迹文物。

（选自《卫藏道场胜迹志》，第二十五页）

从扎什伦布往上走则到纳塘寺（1153年仲敦·罗朱扎巴所建）和纳塘印经院。这是冬敦·罗朱扎巴修建的。后为几代秦敦大师的驻锡地，这也是噶当教法的发源地。总的说寺庙内有加持力的佛像经塔极多，特别是有一尊曲米度母颇为神灵。还有颇罗鼐台吉时雕刻的甘珠尔大藏经版、释迦佛本生事迹版、十六尊者的挂像版等印版。其内供的佛宝遗物有仲敦巴大师的水晶手杖，很多噶当前辈祖师的用具遗物。特别是纳塘的历任座主都是十六尊者圣人的化身，他们曾经用过的资具很多是非常珍贵的，若是要想瞻仰这些东西，必须向札什伦布寺请得准许证。在纳塘的后山上有绛钦日楚，是纳塘桑结贡巴等噶当派大德的修道处，是特别殊胜的道场，它又是白贡协的神山圣地。

（选自《卫藏道场胜迹志》，第二十六页）

从纳塘西行半日则到鄂·艾旺却第寺。寺内分5大家庙，18个康村等。总的说内中的佛像经塔甚多，特别是在家庙的公堂内有鄂钦大师的寝居处，在朗萨浦岩洞内有萨迦道果传承祖师堂和密封的最秘密宝籍，在前厅有灌顶堂和道果法堂。堂内有以鄂钦为首的道果传承上师塑像和历任座主大师塑像，以及他们的灵骨舍利塔。

在大殿内有以释迦佛像为首的各种加持力的神像。

在塔孜私庙内，传说有毗嚩巴吃饭用过的天灵盖，护法心密所凭依的天铁金刚杵等各种内供佛宝可以瞻礼。

在鄂寺下面有鄂钦建造的八座如来宝塔等，三依圣迹之多，难以细数。

（选自《卫藏道场胜迹志》，第二十六页）

从鄂地翻卡卡拉山口①，要走三天就到吉祥萨迦寺。后藏有二茹，萨迦属于茹拉。吉祥萨迦寺内殿堂、佛像、经塔之多不胜枚举。详细情况均见堪钦·衮噶达畏②所作最有名的《萨迦寺志》。

佛宝（根据上下文此处应指的是萨迦寺内）中主要有四大变化神品：一为顶首殿中的放光文殊像。二为阁荣门洞内能飞的黑皮面具像。三为绿松石的三重菩萨度母像，供在阴山院上首。四为八日译师的外供尊胜宝塔等。其它阳山院喇章霞的家庙内有萨钦亲见文殊菩萨的修道处。在阳山院的上首有阿阇黎·索南孜摩升天处。阳山院的肖丹拉康内有吉准扎巴的古咱惹玛像。在阁荣门洞的上首，有萨班造《理藏论》时的法台，很有加持法力。顶首殿内有萨班手画的文殊普观图。在西托喇章家庙内有特别殊胜洛（南）绛（北）等地佛像经塔，多至不可胜数。庙的下面有八思巴的法台，名为威镇三界。

阴山院的变化神殿内有南瞻右置的大释迦牟尼像，如岩山重叠的法集宫，诸如是等的佛宝无量无边，超越我们的心量范围。还有声闻数里的佛的白色法螺等。

(选自《卫藏道场胜迹志》，第二十七页)

注释

① 卡卡拉山口：从鄂出发往萨迦翻山的最后一座山。"卡卡拉"，在萨迦的东北。

② 堪钦·衮噶达畏：按费拉丽《卫藏圣迹志》译注说，《萨迦大寺志》是衮噶仁钦作的，不是滚噶达畏，可能是人名上有错误，待考。

（湟水北部地区政教发展情况）土观活佛的吉祥辉煌宫内有许多长廊环绕的内外庭院，一排排静房。中央主体建筑有文殊大皇帝赐额为"广智洲"的大经堂、离尘寝室、欧提耶奈精舍、大乐洞、长寿园、加持过的净房宝库、猛历游戏宫、依怙清凉苑、大日如来佛殿、证果室等。广智洲殿中，正中供养着狮子吼佛像，右侧有阿閦佛和无量光佛及其眷属，左边有药师佛和能仁佛及近侍菩萨三尊像。这些佛像都约高如一人之身量。另外还有两尊约高如八岁小孩身量的阿閦佛像，左右经架上有八个红檀香木制成的如来宝塔，三肘高的时轮金刚和尊胜塔，碌印本《甘珠尔》和《丹珠尔》大藏经各一部，从五台山迎请来的印度青铜锻制的佛像。永乐皇帝的本尊佛约一箭之高的喜金刚，约一肘高的胜乐、金刚手、大轮菩萨、大威德等金像及许多塑像、画像等。另一边有章嘉·若悲多吉、东科·索南嘉措、一切知嘉木样活佛及历代土观胡图克图转法轮时所坐的具加持的宝座。上层净房中央水晶阁内供着十三尊大威德的立体坛场。其前方供奉着据贡塘·嘉贝样说乃化身的木工修建的授记弥勒佛像、饶益他人的圣·宗喀巴像。其左右及前方有章嘉·若悲多吉、强巴喇嘛、第二世嘉木样吉美旺波等的塑像。在他们的左右供奉着一肘高的无量光佛的金像两尊及白度母的金像、毗卢遮那佛的金像、现证佛的金像。其周围有玻璃窗户的佛龛，供奉着全部菩提道次第传承上师的画像、圣师徒画像、历代达赖喇嘛画像、前后辈班禅画像、章嘉世系画像、前后辈嘉赛活佛的画像等及胜乐、密集、大威德画像、时轮画像、大轮画像、嘉哇嘉措的画像、作明佛母的画像、三部空行佛母的画像、狮面母的画像、白泗鲁迦画像、马头明王画像、尊胜佛母画像、白绿度母画像、白伞盖母画像等，还有三十五尊忏悔佛的画像两套，八大近佛子的画像以及许多护法神画像，五幅规格相同的八大佛塔和婆罗树等画像。此外有几百函手抄本经典及许多供器。

(选自《安多政教史》，第七十六页)

（湟水北部地区政教发展情况）密乘寺院曲科林寺，原系以卫地修习密乘的僧人们派遣的一位募化者住过的地方为基础修建的。至今在这里还保存着达赖喇嘛颁发的珍奇手谕。全知者班禅当年曾给土观胡图克图颁发过修建一座新寺院的指示，经请求授记，认为扎喜曲林寺院所属游牧部落中的杂采地方风水好，地势吉祥。于是就原来地址，修建新寺塔哇林。铁牛年（辛丑）金刚持来到此地，占卜摩睺罗伽等禳解风水，安置宝瓶，命令阿南部落，将左右方却典隆巴谷、扎喜隆巴谷、拉隆谷等地划界封禁。

经堂后部中央，安置着上师的宝座，左右两旁造有传承菩提道次第的约八岁儿童身量高的五十九位上师身像，下方壁画是本师释迦牟尼十大行的传记，圣·宗喀巴全部事迹，屋顶天棚上的壁画是师承传记，屋顶上安置金铜制宝瓶。上方右侧的佛堂里，供奉着以觉阿利见佛为主的许多画像和塑像。左侧依怙神殿里供奉着以嘉地区天母神湖圣水和沙砾，汉藏各个大圣地，依怙殿和寒林等处的沙石，以及许多圣者的头发和衣服等合在一起作为造像的材料，并于胸间画有命脉图像，依法装藏，高度约为十卡的退兵佛母像，这尊圣像非常灵验。还有嘉赛活佛赐给的檀香棍等各种亲眼供物。阿旺噶罗比丘修建的汉式佛殿里，供着《甘珠尔》大藏经、大法轮。护法殿内供着七卡高的骑狮护法、财神、骑羊护法等身像，极为威灵显赫。护法殿外悬挂着质地优良的各种绸缎制成的单幅或双幅璎珞，长度约为八寻的缎制不动佛佛像，各种供器，及许多供养比丘的用具等。

(选自《安多政教史》，第八十四页)

(湟水北部地区政教发展情况) 止贡寺噶丹勒夏林寺昔日，止贡噶举派的一个募化者，在村中小寺西面的隆务地方修建，当桑保坚赞昂贡的庄园被汉族的军队摧毁时，护理寺院的桑保仁钦逃至下吉让，修建了该寺院。现在信奉阿息玛（祖婆）为护法。

达万寺曲科达杰林寺阿洛然绛巴班觉尔嘉措修建。

珠苏地方的扎喜曲林寺第十二胜生土鸡年（1729），由奥索噶居丹曾桑保修建。已未年，扎德夏仲·丹巴奥赛修建了吉祥沟格丕山静修院。

达赖喇嘛的亲门弟子苟向然绛巴·智化嘉措修建的甲雅寺曲科达杰林后由土观仁波且任堪布，遵循土观的迁寺重建的教导，根据他所选定的地址及规模和提供的经费，修建了活佛府，大经堂的中枢建筑，柽柳女墙瓦顶楼房、讲经院的门房，厨房等。大经堂下边的十六间殿堂里供养着土观尊者本生传像、贤劫千佛像、大日如来圣海会众、利见佛布面画像、观世音菩萨传等画像，天窗前檐供奉着佛陀、六庄严、二胜、圣·宗喀巴等简略传承和八十位成就者、十六尊者。里面供着药泥塑造的无量寿佛大像、释迦青铜像以及土观尊者的帽子、披风、坐垫、靠背和各种金银锦缎的供器。护法神殿里有一人身量高的按诀要装藏的五尊天王像，在祈愿法会上展出用缎制而成弥勒佛大像，以及按照佑宁寺实践的跳神法建立的缎制跳神服装、面具、用具，并设置有数量可观的施放各项斋茶的资金。当新建讲经院时，给各个学级发放教程，建立立宗之际，土观尊者起立向大家讲授关于发菩提心、转法轮等教诫。指示："不论长幼，同声诵念《现观庄严论》与《入中论》。"全体僧众、教长同声诵念后，尊者又讲授了《圣教增盛颂》表示庆贺。奏报皇帝后，赐与聚善寺的匾额。

(选自《安多政教史》，第一百三十二页)

(湟水北部地区政教发展情况) 凉州四寺院上面说过的甲雅寺与凉州毗邻，行五里许路程便是张义堡小城，在居古美尔地方，有大佛寺，这里有一尊与炳灵寺的弥勒佛像相似的高三十六寻的弥勒佛大像，左右各有与主尊身量一半高的三尊雕像。据石碑上的记载说，右边是舍利子尊者，观世音菩萨，忿怒明王；左边是阿难尊者、大势至菩萨、忿怒明王，这六尊佛像其高约为十岁儿童的身量。顶层是释尊的塑像，殿内屋顶藻井有佛陀、菩萨、阿罗汉、护法神等的各种画像。据说当初修建八层佛殿，困难很多，汉族的木工祖师鲁班爷化为一位汉民老者的模样前来，说："若以美味佳肴款待，可以修建佛殿。"于是就按他所说办理，一夜之间就修成了这座佛殿云。石碑上说："大佛像是文殊菩萨的仪态。"、"这里是文殊菩萨加被过的圣地。"

(选自《安多政教史》，第一百三十五页)

(湟水南岸与黄河北岸地区政教发展情况) 松巴《佛教史》中记载：大明洪武帝供养的噶玛·海喇嘛的官人三旦罗哲，属于色拉寺和哲邦寺的桑洛康村，于永猴年（壬申）在此建立基业。永乐帝与宣德帝期间，三旦桑波官人塑造了释迦佛像和金刚持佛像，被赐与十三个寺院和七个地区的百姓为寺院拉德。永乐年又给尊者的侄子华丹桑波和索南坚赞兄弟两人赐与了金印，特别对华丹桑波先后颁赐敕书，予以赞扬，又赐自然显现的觉阿释尊像，由国库拨出经费，令其在与皇宫相距犹如一日路程之地修建佛殿供奉。释尊殿里有许多珍宝供器。它的后面有宣德帝为体现其父皇之志而修建的被誉为司江林的佛殿，壁画绘着修建该殿时出现的彩虹如穹隆和柱子，及似车轮辐等等各种奇景。……该寺有扎活佛罗桑丹巴尼玛撰写但未完成的寺志及噶让噶居修建弥勒殿和吉祥佛母宫时，李嘉禅师喜饶森格所作大威德法开光安神仪轨的寺志。各个佛殿里，有御赐的玉石宝座、水晶供桌等等。殿外有石栏杆，汉藏两文合璧记载建寺历史的御制碑文，极为稀有的大钟和大鼓，开关时能发出大象声调，变化无穷的门户等。

（选自《安多政教史》，第一百六十七页）

（湟水南岸与黄河北岸地区政教发展情况，夏琼寺）五字文殊殿里有以圣·宗喀巴修持文殊菩萨时所居的茅屋为内藏而修建的佛塔。多哇夏仲和三川巴·曲杰达杰嘉措两人用银片包裹的门廊里，有檀香雕刻文殊菩萨像和圣·宗喀巴的金像，前面有圣·宗喀巴三岁、四岁、八岁时的三种身像和狮子吼佛像，门上是昔日的寝室茅屋，屋梁尚未变色，其上显现着"阿"、"拉"、"巴"、"杂"等字形。

（选自《安多政教史》，第二百页）

（湟水南岸与黄河北岸地区政教发展情况，噶玛巴叙述智噶尔贝宗寺）金刚洛噶圣地里……有自然形成古鲁僧底像。其中上部是如来坛城殿，若要前往朝拜时，须解身上之服饰，单衣手持火炬前往。上面一线天之处，有胜乐、密集、喜金刚、大威德等四续部，立体坛城之浮雕；由此折回转向左边时，有清净吉祥水晶洞，手持火炬到此处，可以见到吉祥空行母，天然生成的无量宫，自然形成的各种像，有四大峡谷、四大海、二千八百天众的立体像；上面四部空行很明显，一见即断坠入三涂门。由此折回仍持火炬行，便到三层楼式殿，有如来意化大鹏噶如扎像，鹏首高昂向空间，鹏角镶嵌如意宝，一见能除贫穷苦，鹏翅伸展向左右，鹏爪、尾翎极清楚，一见能除龙、地祇作祟所生种种病。大鹏右方有千佛像，左方有止贡观世音像；它的右边洞壁上，火炬沿足迹向上照，从坛城下部向上观，色究竟天空性宫，突出显现极庄严，四方和中央供着五部佛，中央及四隅供有殊胜五部佛，形状千姿复百态。它的外壁岩面上，显现邬仗莲花生像；其左供有八大法行①阁，法轮、华盖和宝顶、百尊静、猛相金刚，又其左有十尊忿怒明王等；左侧有吉祥天母像，一角里边有莲花生圣水，饮用沐浴能除病，还能息灭恶魔障。

（选自《安多政教史》，第二百一十页）

注释

① 八大法行：指宁玛派生起次第所修的主要法行，计出生五法行，和世间三法行。前五者为妙吉祥（身）、莲（花语）、真（实意）、甘露（功德）、橛（事业）；后三者为召遣非人、猛咒咒语、供赞世间神。一般认为后者和本教有某种牵连。

（洮河北部区域各地政教发展情况）按曲结金巴达吉的传中说："赐有班禅洛藏确坚的那绕形骨饰"，可能即系这个骨饰。但圣·阿莽道扎则说："似乎是其母亲的骨饰。"

还有以历世达赖喇嘛、班禅为首的许多哲士的帽子、衣服、鞋子等及赤洛藏达尔吉的本尊弥勒佛，其内藏为迦叶佛及释迦牟尼佛的舍利子。

大经堂中，有圣·宗喀巴大师塑像，帽子之上形成垢膜。有一卡高松绿石的无量寿佛像。两处青铜佛像殿中有从印度、内地、尼泊尔及西藏迎请来的大小青铜佛像二百余尊及称为第穆瓦亲手所绘的十六尊者像等画卷多轴，卫地版的《甘珠尔》大藏经，银质的大小宝塔十九座，黄金宝塔两座，栴檀的宝塔两座等。觉阿释尊殿中有以米底亲手打印的释迦王佛泥像为内藏的犹如自然显现的释迦能仁佛像及菩提道次第全部师承的药泥像，其高如人，神态美妙。还有北京版《甘珠尔》大藏经。弥勒殿中有两层楼高的泥塑弥勒佛像，甚为美妙，胸口放有随康曲结的牙齿、舍利，有《甘珠尔》大藏经。门房中有四大天王的浮雕大像；城门的门房之上有二十一尊黄金青铜铸的度母像。密集殿中有三世诸佛、萨班、布顿、圣大师、八大菩萨像，都高逾人身，并绘有十六罗汉拥绕如来像，高如八岁身量。无所缘大悲殿有圣·宗喀巴大师全集，有赐于克主仁波且的历史很清楚牙齿为内藏的圣·宗喀巴大师像。上述各仪轨大都有供奉各自的圣众海会的神殿，共二十余座神殿。曲隆宫人修建的圣·宗喀巴大师锦缎像，头顶有自然显现的阿弥陀佛像，如此锦缎像共有七幅。完全用质地良好的锦缎制成的天幕和柱饰。曲结金巴达尔吉为了在大祈愿法会上展出，特提供经费制造的纯金冠饰，每一小幅之上有用丝绒绣成千佛像的祖衣等身、语、意的依止圣物，以及珍贵庄丽的供器和用具。各经堂和神殿的殿顶之上，都有金铜为饰的鞭蔌女墙、法轮、雄雌野兽、胜幢、宝瓶等宝光熠熠，上蔽天日。登记依止圣物的详目见于圣·扎巴谢主所撰的《寺志》。寺内刻有《圣·宗喀巴全集》、《甘珠尔》大藏经和《丹珠尔》大藏经，以及谢珠巴阿阇黎全集等许多经籍的印版。

（选自《安多政教史》，第六百二十二页）

第三编 服饰

总类

款式

材料

饰品

制作

总　类

　　基本听了此歌（汤东杰布在基本所住的寨门口唱的道歌）后，心中便想道：有缘法的道路就很平坦，有勇敢的军器就很犀利，有福份的权力就能广遍。今天在门口上那唱歌的人，或许就是汤东杰布[①]也未可知。于是便从菱形金花格的窗口望下去，看见在门口来了一位成就大德，头发披得长长的，胡须掩盖了胸膛，身上穿了一件紫红色的衣服，佩上一根蓝色的禅定带，搭上白色的披单，耳上戴有海螺的耳环，手中执有藤子的手杖，见其面则心中油然的高兴，闻其声不觉发起了真诚的信心，基本心中猜想此人可能就是汤东杰布了。

（选自《天界篇：格萨尔王传》，第三十九页）

注释

　　[①] 汤东杰布：珠钦铁桥大师汤东杰布是藏传佛教香巴噶举的一位著名高僧。汤东杰布是600年前西藏一位传奇人物，他是今西藏日喀则昂仁县人，懂建筑、冶金，擅长艺术创作。

　　由于王子（赤松德赞）说：喜欢十善[①]佛法。国王（赤德祖赞）便派桑喜和另外四人作为使臣携带信函，到中原去求取汉族经典。

　　于是，使臣等五人启程前往中原……

　　五位使者返回吐蕃时，在回去的途中，有一附着精灵的巨石挡路，来往旅客谁也不敢通行，谁看见巨石，就会肿胀而死。在巨石附近的艾久镇里，有一个叫尼玛的和尚。他从肩胛到胸前套上绊胸索带着修行。

（选自《拔协》，第六页）

注释

　　[①] 十善：松赞干布时期，大臣吞弥桑布扎最初翻译的几部佛经中有一部名为《十善经》，主要讲解佛教"十戒"。

　　（赤松德赞）再说塞囊被委派为芒域的地方长官后，不管尚·玛降的法令，直接前往印度，向大菩提寺[①]和吉祥那兰陀寺献供、布施；又给白哈尔寺上了供养。……塞囊向印度的所有学者学习佛法后，又到尼泊尔，在国王的协助下，将博学而智慧的显达诺吉达[②]请到芒域，修建了两座寺庙献给金日戒阿杂诺雅[③]做供养，并请求他发菩提心讲经传法。寂护说："献上供养来！"于是塞囊把金银等宝贝、小木桶、茶杓、氆氇[④]衣服、绸缎及马全部献给大师（阿杂诺雅）。大师收下说道："还要奉献！"塞囊答道"什么可供奉的都没有啦！"赶紧在自己身上寻找，把腰带、缠头巾等都取下来供上。大师收了便发菩提心，传授佛法。同时将所献供物如数赐还……

（选自《拔协》，第十三页）

注释

　　[①] 大菩提寺：即大菩提道场。梵语菩提伽耶，译言金刚座寺，在中印度伽耶地方，是释迦牟尼等佛成道之处，为佛教徒主要的圣地。

　　[②] 显达诺吉达：梵语音译，即寂护。

③ 金日戒阿杂诺雅：寂护的另一梵文名号。
④ 氍毹：藏语音译词。藏族及西北少数民族手工生产的一种羊毛织品。可做床毯、衣服等。

（赤松德赞）赞普召集尚·聂桑和赤桑等喜信佛法的诸大臣商议倡兴佛法的事情。……赤桑便暗地里赐给国王属下的仆从、占卜者、预言吉凶者等人很多奖赏，让他们同时散布预言说："国王将有大灾难，国政也将遭受危害。"同时还一致散布说："要想消除国王和国政的灾难，唯一办法就是把一双最大的尚和论放进坟墓里呆三年。这样，国王的寿命才能延长，国政也才得兴旺发达。"……
……

大臣赤桑便说道："应该为国王找禳解灾难的替身！"……尚·玛降也说道："大臣里没有比我再大的了，我答应作为国王的一个替身。坟墓修在哪儿？"郭·赤桑说："或者修在帕热，或者修在居地的帮桑。"尚·玛降说道："倏在纳囊的扎普吧！"在修坟打地基时，玛降说："从呷莫纳运石头来！"还设法引水流入坟中，免得以后为水操心。

坟墓修成后，两位替身大臣不得不进入坟墓里去了。郭·赤桑老头事先和手下的罗德古纳巩商量好，脚上穿着鸟羽编织的靴子，身上穿着用马勃做的衣服。然后两位大臣（尚·玛降和郭·赤桑）被送进坟墓中。大臣赤桑说："先别关墓门！"于是在坟墓中边走边指点着说："这里做尚的卧处，这里做我的睡处，这里放水，……"说着在坟里走来走去。玛降紧紧地跟在他的后面，寸步不离。忽然郭老头（郭·赤桑）拍着手掌说："呀，那是什么？"说着拔腿就跑，玛降伸手去抓他的脚，只抓住一把鸟的羽毛。因为马勃衣服与土色一样，什么也看不见，便被老赤桑跑出坟外。事先等在墓门外的罗德古纳巩赶紧用大石头把墓门堵上。玛降被关在坟墓中愤恨不已地说道："陷到郭老家伙的肚腹底下啦！"（意谓：中了郭老家伙的圈套啦！）

（选自《拔协》，第十四页）

贞观十五年（641），太宗以文成公主妻之（松赞干布），令礼部尚书、江夏郡王道宗主婚，持节送公主于吐蕃。弄赞率其部兵次柏海，亲迎于河源。见道宗，执子婿之礼甚恭。既而叹大国服饰礼仪之美，俯仰有愧沮之色。及与公主归国，谓所亲曰："我父祖未有通婚上国者，今我得尚大唐公主，为幸实多。当为公主筑一城，以夸示后代。"遂筑城邑，立栋宇以居处焉。公主恶其人赭面，弄赞令国中权且罢之，自亦释毡裘，袭纨绮，渐慕华风。仍遣酋豪子弟，请入国学以习《诗》、《书》。又请中国识文之人典其表疏。

（选自《旧唐书·吐蕃》，第五千二百二十一页）

公主（金城公主）下嫁从人，远适异国，合慕夷礼，返求良书，愚臣料之，恐非公主本意也。虑有奔北之类，劝教于中。若陛下虑失蕃情，以备国信，必不得已，请去《春秋》。当周德既衰，诸侯强盛，礼乐自出，战伐交兴，情伪于是乎生，变诈于是乎起，则有以臣召君之事，取威定霸之名。若与此书，国之患也。《传》曰："于奚请曲县繁缨①，仲尼曰：'惜也，不如多与之邑。惟名与器，不可假人。'"狄固贪婪，贵货易土，正可锡之锦绮②，厚以玉帛，何必率从其求，以资其智。

（选自《旧唐书·吐蕃》，第五千二百三十二页）

注释

① 繁缨：古代天子诸侯或显贵者挽马的带饰。

② 绮：素地织纹起花的织纹物。织采为文曰锦，织素为文曰绮。

（唐太宗吞并吐蕃诸部后以各种宝石金属区别官爵高低大小，诸蕃）每十节度置一上相统之，自号吐蕃为宝髻。爵位则以宝珠、大瑟瑟、小瑟瑟、大银、小银、大碯石、小碯石、大铜、小铜等为告身，以别高下。重君臣之义，轻父子之道。

（选自《册府元龟吐蕃史料校正》，第六页）

（隋文帝时葱岭以南的女国男女穿着打扮习俗和地方特产）女国在葱岭之南，以女为王，每居层楼，侍女数百。五日一听政。其王死，若无女嗣位，国人请敛金钱，得数百万……男子被发，以青绿涂面。妇人辫发而縈之。以皮为鞋。课税无常。气候多寒，以狩猎为业。出碯石、朱砂、麝香、牦牛、骏马、蜀马，尤多盐，常将盐向天竺兴贩，其利数倍。

（选自《册府元龟吐蕃史料校正》，第十五页）

赞普（松赞干布）又顺着那道绿色的光芒举目远望，他远远看见东方京都盖希万门城中汉唐皇帝的女儿文成公主。这女子芳龄一十有六，玉肌晰嫩泽亮，口含白檀芬芳，身着七彩霓裳，举止典雅大方，才华经天纬地，美貌国色天香。

（选自《柱间史》，第一百二十七页）

（吐蕃）盛夏如中国春时，山谷常冰。地有寒疠，中人辄痞促而不害。其赞普居跋布川，或逻娑川，有城郭庐舍不肯处，联毳帐以居，号大拂庐，容数百人。其卫候严，而牙甚隘。部人处小拂庐，多老寿至百余岁者。衣率毡韦，以赭涂面为好。

（选自《新唐书·吐蕃》，第六千零七十二页）

（贞观）十五年（641），[太宗以文成公主妻之（松赞干布）]妻以宗女文成公主，诏江夏王道宗持节护送，筑馆河源王之国。弄赞率兵次柏海亲迎，见道宗，执婿礼恭甚，见中国服饰之美，缩缩愧沮。归国，自以其先未有昏帝女者，乃为公主筑一城以夸后世，遂立宫室以居。

（选自《新唐书·吐蕃》，第六千零七十四页）

臧河之北川，赞普之夏牙也。周以枪累，率十步植百长槊，中刳大帜为三门，相距皆百步。甲士持门，巫祝鸟冠虎带击鼓，凡入者搜索乃进。中有高台，环以宝楯，赞普坐帐中，以黄金饰蛟螭虎豹，身被素褐，结朝霞冒首，佩金镂剑。

（选自《新唐书·吐蕃》，第六千一百零三页）

（吐蕃王朝时期）噶启白曰："大王（尼婆罗王）此琉璃宝铠，具有无量功德，设遇人畜瘟疫之时，身着此铠，绕行城市一周，则人畜疾病，立即消除。若遇霜冻冰雹，身着此铠，绕行田间一周，则霜冻冰雹立即制止。若逢战争，衣此铠作战，决能获胜。南赡部洲，无有宝物能胜此铠，其价值亦无可计量，以此权作公主聘礼。王（尼婆罗王）之美妙公主愿赐命许为我吐蕃王妃"。……于是东赞取王所赐三缄札宝匣中之为首一匣，献呈王手。王启视之，乃于碧绿纸上以黄金书写，作尼婆罗文……

（选自《西藏王统记》，第五十四页）

（吐蕃王朝时期，松赞干布赐予伦布噶聘礼去请婚文成公主）又赐予当时所需资具服①饰，与及骆驼骡马等负载乘骑甚多,仍嘱语云:"无论昼夜,或经险途,均可祷诸尊胜救度佛母而行。"

(选自《西藏王统记》,第六十页)

注释

① 具服:朝服的别称。此名始见于隋代。《隋书·礼仪志》:"其朝服,亦名具服。绛纱单衣,白纱内单,玄领裾,襦袖革带,金钩·,假带。"

(吐蕃王朝时期,请婚唐室公主)宜用一新箭系一红绫,比至公主(文成公主)身旁,公主着锦衣五褶彩裙,其外一袭,香气夺人,可以箭笞扣其衣领,牵而引之。

(选自《西藏王统记》,第六十五页)

(吐蕃王朝时期,牟尼赞普)以王命威重,百姓或献诸多金银财宝,或献璁玉绫罗,或献衣物严饰,亦有仅以破袍碎布为供者。

(选自《西藏王统记》,第一百三十二页)

(吐蕃王朝时期)约·格迥忽见一沙门①,褪去围裙,手持弓矢,头戴羽毛,驱使猎犬,正从事于猎取野兽。

(选自《西藏王统记》,第一百四十二页)

注释

① 沙门:又作娑门、桑门,起源于列国时代,意为勤息、息心、净志,其哲学思想为印度哲学的重要内容。沙门中最有影响的派别是佛教、生活派、顺世派、不可知论派等。

(法王诺热巴在杰贡玛座前求的"齐轮火")[法王诺热巴十八岁私逃觉谟隆在堪布伯底座前出家。命名旺秋准珠(自在精进)]继后他(法王诺热巴)在杰贡玛座前安住下来,他的家乡发生骚乱时,杰贡玛向他说:"只要你不要往灾厄方面去,这次你去吧。"他来到家乡后,诸亲族商量使他娶妻将他羁绊起来。他的母亲对他发出暗示,因此他能逃到杰贡玛座前而求传授了"齐轮火"等教授导修诸法而修。那时他生起殊胜的"暖火",以此能作"单衣行①"。

(选自《青史》,第三百九十八页)

注释

① 单衣行:仅穿一件棉布单衣的苦行僧,也因其有气功而能御寒。

[玛弟子——却季协饶(法智)生病时,游方僧来找他][玛弟子——却季协饶(法智)]年届十九岁时他和荡巴相会。当喇嘛玛身体有病在自家楼房中住时,来了一黑色游方僧身着单衣披于肩头,家中凶猛诸犬都不咬他,而且摇尾作欢绕。玛心生惊奇,命仆人去细看,回禀说:"有一印度游方僧①。"玛知为异人,请到内面,不须指示屋门而知所在,即时入内。

(选自《青史》,第五百二十一页)

注释

① 游方僧:又称为参学僧,出家人效仿《华严经》善财五十三参,到处去参学、求证。

(麦·嘎哇金巴见到一个瑜伽者)在扯惹杠他去到盛行大德索师逝世祭供斋僧茶饮的那里,看见班首有一戴熊皮额罩的瑜伽者,那人注视他(麦·嘎哇金巴)而说道:"喝茶么?"给了他一碗剩余的茶。

(选自《青史》,第五百三十页)

(帕木竹巴僧会中用大氅铺路)当帕莫竹巴前往僧会中时,有些用大氅①铺地,有些以法衣垫道,由于他是杰区新来的僧人,只好在一路边上以大氅铺路。卓贡转身而向其大氅上走来,足踏其大氅注视他而说道:"比丘金刚持,希有啊!"他禀道:"我还是沙弥②。"师(卓贡)说:"虽是沙弥,然而为比丘金刚持,大为希有啊!"他听受说法,能视师如佛。

(选自《青史》,第五百三十二页)

注释

① 大氅:氅,古时候一种无袖披肩斗篷。用以御风防寒。历代形制略有不同。晋代有以鹤羽为之者,因名鹤氅。后泛称长而无袖之外衣,又名氅衣。服者众多,形色不一。唐宋时官廷卫士有规定制服。平民男女,方方士道士亦服用之。

② 沙弥:所谓沙弥,俗称"小和尚",意译为求寂、息慈、勤策,即止恶行慈,觅求圆寂的意思。在佛教僧团中,指已受十戒,未受具足戒,年龄在七岁以上,未满二十岁时出家的男子。

[堆松钦巴(知三世)在树普堪布却绛座前出家] 再说三子堆松钦巴(知三世):系楚细和明妃觉谟绷敬①两夫妇所生。在树普堪布②却绛座前受衣和珠鬘而出家。继前往直贡亲近依止于兄弟座前而生起修悟,并求得许多教法。……兄弟赐他僧衣后而遣返。……他年届五十岁时,建造父楚细和长兄竹巴波逝世后的像塔后,也就住持[堆松钦巴(知三世)]寺庙而广作教化众生事业。

(选自《青史》,第五百七十四页)

注释

① 觉谟绷敬:简称觉绷。
② 堪布:原为藏传佛教中主持授戒者的称号。后指藏传佛教大寺院中的扎仓的主持人及小寺院的主持人。原西藏地方政府的僧官系统中也有堪布的称号,如基巧堪布为管理布达拉宫宫廷事务的僧官。相当于"僧统"、"僧正"之类。

(元起朔方)正衙朝会,百官班列,而帝师亦或专席于坐隅。且每帝即位之始,降诏褒护,必敕章佩监络珠为字以赐,盖其重之如此。其未至而迎之,则中书大臣驰驿累百骑以往,所过供亿送迎。比至京师,则敕大府假法驾半仗,以为前导,诏省、台、院官以及百司庶府,并服银鼠质孙。用每岁二月八日迎佛,威义往迓,且命礼部尚书、郎中专督迎接。及其卒而归葬舍利,又命百官出郭祭饯。大德九年,专遣平章政事铁木儿乘传护送,赗金五百两、银千两、币帛万匹、钞三千锭。皇庆二年,加至赗金五千两、银一万五千两、锦绮杂彩共一万七千匹。

(选自《元史》,第四千五百二十一页)

(在本波波日山坡与当地主家祥雄·固热瓦、四僧村、七人天村等人商量以物交换的方式来建寺,恭却杰波)乃以白牝马一匹、女服一套、珠链一串、铠甲一袭等为代价。

(选自《雅隆尊者教法史》,第八十五页)

(米拉日巴的父亲去世被姑舅强夺财产陷入艰苦生活后,其母亲为了报仇送米拉日巴去学习咒术)母亲为了给我(米拉日巴)准备(去庸敦濯杰喇嘛处)学法术所需的费用,便把"哲白登穷"

321

那块地卖去一半,买来一块松耳石①,名"放光大星";买了一匹白马,名"无缰狮子",它是这一带最好的马。此外还有茜草一驮,黄糖一驮。

(选自《米拉日巴传》,第三十三页)

注释

① 松耳石:一种绿色的宝石。

(热穹巴在禅房中修定)热穹巴从光明定中起来时,天已大亮,一轮红日已金光闪闪地升上了天空。他(热穹巴)想到梦中长寿五仙女姊妹的那些表示,也应理解为对自己的启发和敦促。出定之后,便准备饮食,痛快地吃了一顿饭,随即来到(米拉日巴)上师面前。这时,男女僧俗弟子都已聚于上师面前,袈裟、绡①衣放出缤纷的光芒。

(选自《米拉日巴传》,第一十七页)

注释

① 绡:生丝织成的薄纱、薄绢。

(米拉日巴从马尔巴大师处回到故乡,梦马尔巴大师)唱完歌以后,我(米拉日巴)正想到扎迦达苏去修行时,姑母来了。送来三斗青稞①磨成的糌粑②,一件破烂的皮披风,一件好衣料,以及酥油和牛油混合的饮食。

(选自《米拉日巴传》,第一百四十一页)

注释

① 青稞:是禾本科大麦属的一种禾谷类作物,因其内外颖壳分离,籽粒裸露,故又称裸大麦、元麦、米大麦。

② 糌粑:是藏族牧民传统主食之一。"糌粑"是炒面的藏语译音,它是藏族人民天天必吃的主食。

[洪武四年六月戊子(1371年7月19日)]以吐蕃来降院使马梅为河州卫指挥佥事,故元宗王亨罗罕、右丞朵立只答儿为正千户,元帅克失巴卜、同知卜颜歹为副千户,同知管不失结等为镇抚百户,及其部属以下各赐袭衣、文绮有差。先是三年冬马梅遣官不失结等贡马及方物,至是偕亨罗罕等来朝,复贡马及铁甲、刀、箭。上嘉其诚,故有是命,且谕礼部臣曰:"时方隆暑,马梅等远来,宜早遣赴卫。"于是复赐文绮及帛各十匹,其部属以下各二匹,而遣之。

(选自《明实录藏族史料》,第十二页)

[洪武四年八月癸卯(1371年10月2日)]故元宗王子巴都麻失里、沙加失里、院使汪家奴等来降,贡马二十匹,及献铠甲器仗。上命中书赐巴都麻失里、沙加失里、汪家奴及知院琐南辇真金绣衣人一袭、文绮七匹,平章孙让等四人金绣衣一袭、文绮五匹,宣政副使海寿和尚马儿等三十人文绮人三匹及衣靴,佥事也失里等十人文绮人二匹,兼从一百三人悉给绵布及绵战袄。

(选自《明实录藏族史料》,第十三页)

[洪武六年二月癸酉(1373年2月23日)]"我国家……朕嘉其诚达天命,慕义来庭,不劳师旅之征,俱效职方之贡,宜从所请,以绥远人。以摄帝师喃加巴藏卜为炽盛佛宝国师,给赐玉印;南哥思丹八亦监藏等为朵甘、乌思藏武卫诸司等官,镇抚军民,皆给诰印。自今为官者,务遵朝廷

之法，抚安一方；为僧者，务敦化导之诚，率民为善，以共乐太平。"初，玉人造赐喃加巴藏卜印既成以进，上观其玉未美亟命工易之，其制兽纽涂金银印池。仍加赐喃加巴藏卜彩段表里二十匹。未几，喃加巴藏卜等辞归，命河州卫镇抚韩加里麻等持敕同至西番，招谕未附土酋。

（选自《明实录藏族史料》，第二十一页）

［洪武六年十二月丙寅（1374年2月11日）］西番土官朵儿只巴遣其子知院僧吉加督、左丞管著（者）等来朝，贡方物，并以故元詹事院印来上。诏以僧吉加督、管著（者）俱为镇抚，赐织金罗绮、衣服、帽靴，仍赐第居于京师。

（选自《明实录藏族史料》，第二十六页）

［洪武七年五月庚辰（1374年6月25日）］和林国师朵儿只怯烈失思巴藏卜及甘肃平章汪文殊奴等至京师。国师献佛像、舍利及马二匹。诏以佛像、舍利送钟山寺，赐国师文绮、禅衣，汪文殊奴等缎丝袭衣、房舍、供具诸物，及赐从者衣服等物有差。

（选自《明实录藏族史料》，第二十八页）

［洪武十五年二月丙寅（1382年3月1日）］乌思藏指挥同知监藏巴藏卜、宣慰司官朵儿只令真、前都元帅锁南藏卜赏巴、前司徒罗古监藏、仰思多万户公哥怕遣镇抚汝奴藏卜、僧哈麻剌来朝，贡兜罗帽、铁骊绵等物。诏赐汝奴藏卜等文绮、袭衣、钞有差及乌茶二百斤，僧哈麻剌等文绮及禅衣各一袭。

（选自《明实录藏族史料》，第六十页）

［洪武十七年四月乙酉（1384年5月8日）］长河西军民安抚使剌瓦蒙等来朝，贡方物。诏赐冠带、袭衣及钞锭、绮帛有差。

（选自《明实录藏族史料》，第六十六页）

［洪武二十四年正月己丑（1391年2月5日）］乌思藏必力公尚师辇卜阁挪思吉结卜遣使坚敦（郭）真等，以所获故元云南行省银印来献，及黑胜等寺僧吉剌思巴星吉等遣喃哥等，来贡马及方物。诏赐使者文绮衣各一袭、钞二十五锭。

赐西天尼八剌国王及乌思藏灌顶国师十四部使者扎（花）撒（撒）巴鲁等文绮、帛衣各一袭，钞有差，使还。诏赐西天尼八剌国王马达纳啰摩等绮帛各六匹，复命礼部加赐马达纳啰摩玉图书、红罗伞各一。

（选自《明实录藏族史料》，第八十五页）

［永乐四年三月壬辰（1406年3月21日）］遣使赍诏封乌思藏（怕木竹巴吉剌思巴监藏）巴里藏卜为灌顶国师阐化王，赐螭纽①王印、诰命，仍赐白金五百两、绮衣三袭、锦绮五十匹、彩绢百匹，茶二百斤（引）。其所隶头目并必力工瓦国师大板的达律师锁南藏卜，颁赐彩币、衣服有差。

（选自《明实录藏族史料》，第一百二十六页）

注释

① 螭纽：古印纽名。印章的鼻雕成螭形，故名。螭形有蟠螭、穿螭和子母螭等多种形式，一般均雕刻精致。

［永乐四年三月壬寅（1406年3月31日）］遣使命灵藏著思巴儿监藏为灵藏灌顶国师。授札思

木头目撒（撒）力加监藏为朵甘卫行都司都指挥使，切禄奔、薛儿加俱为都指挥同知。各赐诰命、袭衣、锦绮。

（选自《明实录藏族史料》，第一百二十六页）

［永乐五年二月壬子（1407年4月5日）］馆觉灌顶国师宗巴幹（斡）即南哥巴藏卜及札思木都指挥使撒力加监藏等，遣札思巴儿监藏等六十一人贡马。赐札思巴儿监藏等钞一（二）千二百锭、白金五百两、彩币九十五表里及紵丝、紬绢衣有差。

（选自《明实录藏族史料》，第一百三十一页）

［永乐十七年十月癸未（1419年10月30日）］遣中官杨三保等赍敕往赐乌思藏正觉大乘法王昆泽思巴、怕木竹巴灌顶国师阐化王吉剌思巴监藏巴里藏卜、必力工瓦阐教王领真巴儿吉（监）藏、思（达藏）辅教王喃渴烈思巴、灵藏灌顶国师赞善王著思巴儿监藏、灌顶弘善西天佛子大国师释迦也矢（失）等佛像、法器、袈裟、禅衣及绒锦、彩币表里有差。盖答其遣使朝贡之诚也。

（选自《明实录藏族史料》，第一百六十七页）

［永乐二十二年正月辛丑（1424年2月24日）］陕西麻藏等簇番僧多只札等来朝，进马。赐多只札等一百二十人，各钞五十锭、彩币一表里、紵丝衣一袭；赐其从僧亦藏等七十九人，各钞四十锭、绢二匹、绢衣一袭。

（选自《明实录藏族史料》，第一百七十四页）

［洪熙元年正月乙未（1425年2月12日）］（明仁宗）遣使以即位诏谕罕东卫[①]都指挥同知绰儿加、国师札思巴监藏，并赐白金、衣（文）绮表里有差。

（选自《明实录藏族史料》，第一百七十九页）

注释

① 罕东卫：在赤斤蒙古南，嘉峪关西南，汉敦煌郡地也。

［宣德元年正月癸亥（1426年3月7日）］乌思藏大乘法王昆泽思巴遣国师班丹札思巴、净觉慈济大国师班丹扎失、四川直龙等簇番僧出思吉监藏、天全六番招讨司招讨杨钦等贡马及方物，贺万寿圣节。

赐……乌思藏番僧捨加札思巴等钞、彩币表里及罗绢、袭衣、靴袜有差。

（选自《明实录藏族史料》，第一百九十页）

［宣德元年二月戊辰（1426年3月12日）］（明宣宗）赐……天全六番（招讨司）招讨杨钦、直龙等簇番僧出思吉监藏、乌思藏国师班丹札思巴、净觉慈济大国师班丹札失等四百四十一人纱、文绮、袭衣有差。

（选自《明实录藏族史料》，第一百九十页）

［宣德元年五月丁巳（1426年6月29日）］（明宣宗）赐四川长河西、鱼通、宁远等处番僧禅师桑者朵儿只等一百五十六人…等钞、金织彩币表里、罗、绮、绢、布、袭衣有差。

（选自《明实录藏族史料》，第一百九十六页）

［宣德元年十月壬戌（1426年11月1日）］（明宣宗）赐……乌思藏国师阿木葛……等银钞、

彩币表里、纱罗①、绫绢②、文绮袭衣有差。

(选自《明实录藏族史料》，第一百九十九页)

注释

① 纱罗：是一种古老的制作工艺，全部或部分采用条形绞经罗组织特殊工艺形成的织物，由于纱罗多以蚕丝做原料，工艺复杂独特，用它制作的织物较绫、绸、缎更为名贵，古时多为皇家贵族所用。

② 绫绢：是真丝织物的两个品种名称。现代的绫与绢，为丝织物大类名称。"绫绢"是绫与绢的合称，"花者为绫，素者为绢"。

［宣德元年十一月丙辰（1426年12月25日）］（明宣宗）赐……西番国师锁南监藏等二百二十八人、西宁卫番僧都纲可惠等钞、纻①丝、纱罗、彩绢、袭衣等物有差。

(选自《明实录藏族史料》，第二百零四页)

注释

① 纻：指苎麻纤维织的布。

［宣德二年十一月癸丑（1427年12月17日）］（明宣宗）赐……陕西岷州卫番僧喃哈监藏等钞、彩币表里、绢、靴袜有差。

(选自《明实录藏族史料》，第二百二十九页)

［宣德二年十二月癸酉（1428年1月6日）］（明宣宗）赐……临洮府僧札石监藏等……钞、彩币、袭衣、靴袜有差。

(选自《明实录藏族史料》，第二百三十一页)

［宣德三年二月丁丑（1428年3月10日）］遣都指挥陈通等赍敕往西番赐弘妙广济大国师吒思巴儿监藏、安定王亦攀丹等金织袈裟、禅衣、白金、文绮表里及纻丝、袭衣有差。

(选自《明实录藏族史料》，第二百三十六页)

［宣德四年九月戊辰（1429年10月22日）］（明宣宗）赐……四川长河西、鱼通、宁远等处僧领占巴藏卜等钞、彩币、绢及金织纻丝袭衣有差。

(选自《明实录藏族史料》，第二百六十二页)

［宣德四年十二月癸未（1430年1月5日）］（明宣宗）赐西番把沙等簇大国师仑奔完卜失儿监藏及申冲等簇指挥佥事星斤奔等钞、币、帛、靴袜有差。

(选自《明实录藏族史料》，第二百六十五页)

［宣德四年十二月甲申（1430年1月6日）］（明宣宗）赐……陕西岷州卫禅师沙加等九十一人钞、币、帛、靴袜有差。

(选自《明实录藏族史料》，第二百六十六页)

［宣德五年正月癸亥（1430年2月14日）］（明宣宗）赐……乌思藏哈立麻尚师……等钞、彩币表里、纻丝等衣、靴袜有差。

(选自《明实录藏族史料》，第二百六十八页)

[宣德五年二月乙亥（1430年2月26日）]（明宣宗）赐……陕西洮州卫七占等簇剌麻藏卜领占……等钞、彩币表里及绢、胖袄①有差。

（选自《明实录藏族史料》，第二百七十页）

注释

① 胖袄：棉上衣。元明时亦专指边防将士或锦衣卫的冬服。

[宣德五年四月壬午（1430年5月4日）]乌思藏阐教王头目朵令遣来锁扎失思奏："愿居京自效。"命为所镇抚，赐冠带、金织袭衣、彩币、钞、布，仍命有司给房屋、器皿等物如例。

（选自《明实录藏族史料》，第二百七十五页）

[宣德五年九月癸亥（1430年10月12日）]乌思藏阐化王遣来使臣孙竹奏："愿居京自效。"命为所镇抚，赐金织袭衣、彩币、钞、布，仍命有司给房屋、器皿等物如例。

（选自《明实录藏族史料》，第二百七十九页）

[宣德五年十月己巳（1430年10月18日）]（明宣宗）赐四川董卜韩胡宣慰使喃葛所遣子奔卜剌麻贾思叭僧结等彩币表里、纻丝袭衣等物有差……遣镇抚沈羽等赍敕及文锦、彩币、金织纻丝袭衣往赐喃葛。

（选自《明实录藏族史料》，第二百八十页）

[宣德五年十二月戊寅（1430年12月26日）]（明宣宗）赐乌思藏必立〔力〕工瓦番僧剌麻桑竹阿些儿等彩币表里、纻丝、绢布、袭衣等物有差。

（选自《明实录藏族史料》，第二百八十页）

[宣德六年十一月戊寅（1431年12月21日）]（明宣宗）赐……陕西西宁卫剌麻坚都咎卜等钞、彩币、绢布、袭衣有差。

（选自《明实录藏族史料》，第二百九十三页）

[宣德六年十二月辛丑（1432年1月13日）]（明宣宗）赐……乌思藏怕木竹巴阐化王使臣剌麻藏卜伯、僧人星吉领占等……白金、彩币、纱罗、䌷绢、金织袭衣等物有差。

（选自《明实录藏族史料》，第二百九十四页）

[宣德七年六月乙巳（1432年7月15日）]（明宣宗）赐……四川长河西、鱼通、宁远等处禅师桑者朵儿只等……银钞、纻丝、纱罗、绢布及金织袭衣有差。

（选自《明实录藏族史料》，第三百零四页）

[宣德七年八月辛卯（1432年8月30日）]（明宣宗）赐……曲先等卫百户阿答等白金、钞、罗绫、䌷绢、布及金织纻丝袭衣有差。

（选自《明实录藏族史料》，第三百零五页）

[宣德八年二月癸卯（1433年3月10日）]（明宣宗）赐……陕西阶州恶呱等簇番僧剌麻乌巴剌宗失等钞、彩币、绢、布及金织纻丝袭衣、绢衣有差。

（选自《明实录藏族史料》，第三百一十四页）

[宣德八年四月壬寅（1433年5月8日）]（明宣宗）赐四川盐井卫马剌长官司舍人阿别……着

藏族土官舍人咎卜、灵藏赞善王喃哥儿监藏所遣番使且汪、头目锁南领占等钞、币、绢、布及金织袭衣等物有差。

（选自《明实录藏族史料》，第三百一十六页）

[宣德八年七月甲子（1433年7月29日）]（明宣宗）赐……陕西临洮府剌麻那鲁补藏卜……等钞、丝（彩）币、绵布及纻丝袭衣有差。

（选自《明实录藏族史料》，第三百二十页）

[宣德八年八月己酉（1433年9月12日）]灵藏赞善王遣番人札失监藏来朝及……皆奏："愿居京自效。"命为副千户（所）镇抚等官，赐金织袭衣、彩币、银、钞，绵（绢）布、鞍马。仍命有司给房屋、器物如例。

（选自《明实录藏族史料》，第三百二十一页）

[宣德九年二月庚戌（1434年3月12日）]赐安定王弟却失加黑巴……罕东卫故土官舍人川班儿加、……陕西岷州卫剌麻札挂坚藏、萝卜山僧完卜革剌藏卜……等钞、绢布及纻丝袭衣有差。

（选自《明实录藏族史料》，第三百二十七页）

[宣德九年二月甲戌（1434年4月5日）]（明宣宗）赐……四川长河西、鱼通、宁远等处军民宣慰司禅师净智、领占星吉、剌麻领占坚迁、著藏初刻、令伯罗藏、朵罗迁班别儿、都纲吒思巴藏卜、温都儿坚藏、陕西洮州等卫剌麻速南坚藏、陆儿藏卜、甘州卫高僧锁南领占等……钞及彩币、金织纻丝袭衣、绢布有差。

（选自《明实录藏族史料》，第三百三十页）

[宣德九年十月庚申（1434年11月17日）]（明宣宗）赐四川长河西、鱼通、宁远等处番僧剌麻班丹葛剌等钞、币、绢布及纻丝袭衣有差。

（选自《明实录藏族史料》，第三百三十七页）

[宣德九年十一月乙未（1434年12月22日）]（明宣宗）赐……乌思藏剌麻锁竹乩、陕西高僧班官藏卜、叠州升朵簇土官千户板的失绰钞、币、绢、布及纻丝袭衣等物有差。

（选自《明实录藏族史料》，第三百三十九页）

[宣德九年十一月壬寅（1434年12月29日）]（明宣宗）赐陕西临洮卫土官都督佥事赵安、巩昌卫土官百户洪春……陕西西宁卫禅师锁南领真、完卜剌麻剉真坚藏等钞、币、绢、布及纻丝袭衣等物有差。

（选自《明实录藏族史料》，第三百三十九页）

[正统四年正月乙巳（1439年2月9日）]安定国师赏竹领真花（化）导部属人等来朝，使还。遣指挥祁贤赍敕并衣服、彩段等件，赐安定王亦攀丹、安定卫都指挥桑哥阿延子剌阿剌乞巴、指挥把麻、罕东卫大国师吒恩巴坚藏、都指挥绰儿加、头目葛剌失盼等俱赏赐有差。

（选自《明实录藏族史料》，第三百七十七页）

[正统五年四月壬午（1441年5月11日）]遣禅师葛藏、昆令为正副使，封怕木竹巴灌顶国师吉剌思巳（巴）永耐监藏巳（巴）藏卜嗣其世父为阐化王，赐之诰命、锦绮、梵器、僧服等

物……但令其自僦舟车。

(选自《明实录藏族史料》，第三百九十页)

[正统五年六月乙未（1440年7月23日）] 四川长河西、鱼通、宁远宣慰司剌麻绰吉坚参遣温卜三竺监参并乌思藏剌麻远丹监错、工加祝（祝）六等俱来朝，贡马并佛像、舍利、硼砂①等物。赐彩币、袭衣、钞、绢有差。

(选自《明实录藏族史料》，第三百九十四页)

注释

① 硼砂：也叫粗硼砂，是一种无色半透明晶体或白色结晶粉末。

[正统六年三月庚戌（1441年4月4日）]（明英宗）赐……四川杂谷安抚司番僧遍出等、西番夷人永隆监藏等钞、彩段表里、绢匹、衣服、靴袜有差。

(选自《明实录藏族史料》，第四百零三页)

[正统六年四月癸酉（1441年4月27日）] 陕西临洮府正觉寺番僧完卜剌麻三丹领占等、四川松潘等处番僧禅师绰领等俱来朝，贡铜塔及马。赐钞、彩段表里、纻丝袭衣、靴袜有差。

(选自《明实录藏族史料》，第四百零三页)

[正统七年三月戊子（1442年5月7日）]（明英宗）赐迤西来归人完卜失加纻丝袭衣、布、钞、房屋、器皿。

(选自《明实录藏族史料》，第四百一十七页)

[正统七年六月辛卯（1442年7月9日）] 四川长河西、鱼通、宁远等处宣慰使司剌麻贾思巴等贡马。赐彩段表里、衣服、靴袜（等物）有差。

(选自《明实录藏族史料》，第四百二十页)

[正统七年八月丁巳（1442年10月3日）] 四川长河西、鱼通、宁远等处军民宣慰使司清修翊善国师簇克林巴遣剌麻绰思恭等，乌思藏禅师乐藏遣剌麻星吉藏等贡马及方物。赐钞、彩段表里、袭衣、靴袜有差。

(选自《明实录藏族史料》，第四百二十三页)

[正统八年三月丙辰（1443年3月31日）] 陕西岷州卫剌麻烟（目）丹坚昝等贡马及方物。赐彩段、衣服、靴袜有差。

(选自《明实录藏族史料》，第四百二十八页)

[正统十年正月癸卯（1445年3月7日）] 陕西土番毛工添夕等簇寨首工哈藏、岷州卫弘教寺剌麻撒丹监昝（昝）……等俱贡马及方物。赐宴并钞、彩段、绢布、衣服等物有差。

(选自《明实录藏族史料》，第四百五十二页)

[正统十一年五月戊寅（1446年6月5日）] 罕东卫番人短竹来归。上命为头目，隶南京锦衣卫，月支食米二石，赐钞、布、纻丝袭衣、房屋、器皿等物。

(选自《明实录藏族史料》，第四百七十三页)

[正统十一年七月乙酉（1446年8月11日）] 乌思藏大慈法王徒昊竺呱简参藏卜、宁番卫剌麻

锁南峨瑟、轴定等寺剌麻锁南藏卜、长河西、鱼通、宁远等处剌麻腊缚札思巴等贡马及方物。赐宴并钞、彩段、僧衣等物有差。

(选自《明实录藏族史料》,第四百七十六页)

[正统十一年九月甲戌（1446年9月29日）]乌思藏剌麻表殊言千等来朝，贡马及金银器皿、土锦、氆氇、刀甲等物。赐宴并彩币表里等物有差。

(选自《明实录藏族史料》,第四百七十八页)

[正统十二年闰四月己巳（1447年5月22日）]乌思藏高僧绰你麻等来朝，贡驼、马、玉石诸物。赐宴及纻丝袭衣、彩币表里、绢、布等物有差。

(选自《明实录藏族史料》,第四百八十六页)

[正统十二年十二月乙丑（1448年1月13日）]四川长宁安抚司土官安抚剌麻儿遣其子游竹来朝，贡蛮口、铠甲及马。先是，官军捕董敏，长宁诸寨惊疑，攻围城堡，指挥佥事庞瑄与战，败之。至是，始来谢罪。上命赐宴并彩币。

(选自《明实录藏族史料》,第四百九十三页)

[正统十三年五月丁未（1448年6月23日）]妙胜禅师锁南藏卜及剌麻札失班丹出使灵藏等处地面还，以灵藏赞善王班丹坚到所遣南嘉寺剌麻桑儿结巴等朝见，贡马及氆氇、佛像等物。诏升锁南藏卜为国师，札失班丹为都纲，给诰命、敕谕、银印，赐宴并钞、彩段表里、僧衣、靴袜有差。以桑儿结巴为本寺都纲，给敕谕、印信[1]。从赞善王班丹坚到奏请也。

(选自《明实录藏族史料》,第五百页)

注释

[1] 印信：古代印章之总称。用木或金石雕刻文字，以资信守，故称。

[景泰元年三月甲子（1450年5月1日）]四川董卜韩胡宣慰司官先是奏："抚治松潘副都御史寇深索松潘诸卫金银几数千两，及受反羌并杂谷等塞（寨）诸夷人金银、金释迦佛、大西天毛狗、红白铁刀（力）麻诸物货尤众。"

(选自《明实录藏族史料》,第五百二十六页)

[景泰二年二月壬辰（1451年3月25日）]达思蛮长官司故土官达思剌男乃儿只监粲遣番僧朵肉藏……来朝，贡马及方物。赐宴并纻丝袭衣、彩段表里、绢、钞有差。

(选自《明实录藏族史料》,第五百三十一页)

[景泰二年七月甲辰（1451年8月4日）]乌思藏等处灌国师阐化王并都指挥佥事冋（同）加里坚粲巴藏卜遣番僧剌麻札实新吉等……贡马及方物。赐钞、衣服、彩段等物有差。

(选自《明实录藏族史料》,第五百三十三页)

[景泰二年九月甲子（1451年10月23日）]四川长河西、鱼通、宁远等处护教赞善王遣番僧绰思吉坚参等来朝，贡马及方物。赐宴、钞、彩币表里、纻丝袭衣等物有差。

(选自《明实录藏族史料》,第五百三十四页)

[景泰三年六月癸酉（1452年6月28日）]陕西宁夏卫番僧纲司副都纲勺思吉坚参……等来

朝，贡马。赐僧衣、彩段、钞有差。

（选自《明实录藏族史料》，第五百四十一页）

[景泰六年正月乙丑（1455年2月5日）] 乌思藏地面果加等寺剌麻番僧班麻坚等来朝，贡甲、氆氇等物。赐宴及彩币表里、食茶、钞锭有差。

（选自《明实录藏族史料》，第五百六十一页）

[景泰七年三月壬申（1456年4月7日）] 礼部奏："陕西岷州卫卧龙寺番僧端竹招出生番簇头官著坚藏等来朝贡马。旧例每人赐钞二十锭、彩段一表里、纻丝衣一袭、靴袜一双，所贡中等马直每匹钞三百锭、纻丝一匹。臣等以为太重，宜稍损之。今赐簇头每人彩段二表里，番人每人彩段一表里，俱不与衣服、靴袜，中等马每匹止钞三百锭。"从之。

（选自《明实录藏族史料》，第五百六十九页）

[天顺元年九月辛巳（1457年10月8日）] 遣正使灌顶国师葛藏、副使右觉义桑加巴等，赍敕诰并彩币、僧俗衣帽、铃杵等物，封答苍喃葛坚粲巴藏卜袭为辅教王。以其父喃葛列思巴罗竹坚粲巴藏卜奏年老不能视事故也。仍命葛藏等顺赍敕并彩币、宝石、伞幢等物……不许下人生事阻滞。

（选自《明实录藏族史料》，第五百八十二页）

[天顺元年十月丙申（1457年10月23日）] 董卜韩胡宣慰使司业镇等寺剌麻番僧拾纳坚迁、乌思藏剌麻番僧罗落旺平等来朝，贡马及方物。赐宴并织金（金织）纻丝袭衣、彩段、绢、钞有差。

（选自《明实录藏族史料》，第五百八十二页）

[天顺三年正月戊戌（1459年2月17日）] 乌思藏并朵甘宣慰使司等处簇卜等寺剌麻头目舍人观畜等来朝，贡马及珊瑚、氆氇等物。赐宴并彩币表里、袭衣等物有差。

（选自《明实录藏族史料》，第五百九十一页）

[天顺四年十月壬子（1460年10月23日）] 乌思藏剌麻卓结言千等来朝，贡马、驼及方物。赐宴并金织纻丝袭衣、彩段表里、绢、布等物有差。

（选自《明实录藏族史料》，第六百零三页）

[天顺五年九月癸丑（1461年10月19日）] 乌思藏等处剌麻番僧野失坚粲等来朝，贡马及方物。赐宴并金织袭衣、彩段、绢、钞有差。

（选自《明实录藏族史料》，第六百零八页）

[成化二年四月丁巳（1466年5月30日）] 岷州卫朝定等寺剌麻番僧烟丹领占等、大崇教等寺、上石多等簇剌麻番僧人等亦什乩等并昭慈等寺、西卜等簇番僧人等禄竹藏卜等来朝，各贡马及盔甲等物。赐衣服、彩段等物有差。

（选自《明实录藏族史料》，第六百三十八页）

[成化二年八月己未（1466年9月29日）] 乌思藏桑卜等番（寺）剌麻番僧崐各伯等、南林吒（叱）等寺剌麻番僧头目汪匹巴等各贡氆氇方物。赐衣服、彩段、食茶等物有差。

（选自《明实录藏族史料》，第六百四十四页）

[成化三年正月辛未（1467年2月8日）] 乌思藏灵藏赞善王遣番僧桑节藏卜等、陕西洮州等

卫大崇教等寺板藏等簇番僧领占汪等、岷州等卫瓦隆等寺古尔占等簇簇番僧领占千则等、洮州著落等簇番僧三竹、秦州等卫簇头番人札石威阿崖等各来朝，贡马并佛像、铁甲等物。赐衣服、彩段等物有差。

（选自《明实录藏族史料》，第六百四十八页）

［成化三年四月癸卯（1467年5月11日）］陕西岷州卫土番下节藏等簇簇头番人节陆地（他）等并四川朵甘宣慰使司观龙等寨头目人等马哈孟等来朝，各贡马及明甲、氆氇等物。赐宴并袭衣、彩段、食茶等物有差。

（选自《明实录藏族史料》，第六百五十二页）

［成化三年七月丁亥（1467年8月23日）］命灵藏僧塔儿巴坚粲袭封为赞善王。旧例番僧封王者，赐诰敕并锦绮、衣帽诸物甚备，又遣官护送至彼给授。礼部以今西事未宁，事宜从省。乞降敕一道，惟赐袈裟、禅衣、僧帽各一，顺付来朝番僧赍回灵藏给授。从之。

（选自《明实录藏族史料》，第六百五十七页）

［成化三年八月庚申（1467年9月25日）］四川长河西、鱼通、宁远等处军民宣慰使司杂道长官司穿云等寺（寨）番僧畜吉星宜等、董卜韩胡宣慰使司领占令等寺寨番僧札思巴等、感藏等寺寨番僧绰思吉言千等、陕西岷州卫圆觉等寺番僧班丹札石等、著咂等簇簇头番人坚东肖等、巴藏等簇簇头番人捏捏等各来朝，贡马及佛像、氆氇、铁甲等物。赐宴，并赐彩段表里等物有差。

（选自《明实录藏族史料》，第六百五十八页）

［成化三年十二月庚申（1468年1月23日）］乌思藏剌观等寺寨番僧头目畜吉星吉等、陕西岷州卫憨班等簇头番人失落肖等各来朝，贡马及氆氇、盔甲等物。赐衣服、彩段等物有差。

（选自《明实录藏族史料》，第六百五十九页）

［成化四年三月乙亥（1468年4月7日）］礼部奏："西宁游僧板尖恭尼麻、绰失吉藏卜等，赍敕往乌思藏阐教王等处开谕回还，宜赐番僧衣、彩段、靴袜，以酬其劳……例给赐。"丛之。

乌思藏阐教王遣番僧楚芹坚刿等、阐化等王遣番僧领占把藏等各来朝，贡马及氆氇、佛像、舍利等物。赐衣服、彩段等物有差。

（选自《明实录藏族史料》，第六百六十一页）

［成化四年四月乙未（1468年4月17日）］乌思藏番僧三竹藏卜等、陕西河州弘化寺番僧工哥端竹等、洮州藏撒寺下番僧板著等、岷州添郭等簇簇头番人撒剌等各来朝，贡马及氆氇、佛像、明甲等物。赐彩段、钞锭等物有差。

（选自《明实录藏族史料》，第六百六十二页）

［成化四年五月丙子（1468年6月7日）］四川长河西、鱼通、宁远等处军民宣慰使司康牙等寨头目人等南各等、乌思藏眉公等寺番僧领下车等、陕西岷州卫商哈簇番僧乱丹端竹等、官郭等簇番人朵友等各来朝，贡马及氆氇、明甲等物。赐衣服、彩段等物有差。

（选自《明实录藏族史料》，第六百六十四页）

［成化四年六月壬寅（1468年7月3日）］陕西岷州卫占藏等簇簇头番人千卜等、笆篱等簇簇

头番人捏剌节等各来朝，贡马及明甲。赐彩段、钞锭等物有差。

(选自《明实录藏族史料》，第六百六十五页)

[成化五年四月庚午（1469年5月27日）] 乌思藏答藏王南渴坚粲遣番僧南伦竹等由陕西洮州入贡。至是，连章乞如四川入贡例赏赐。奏下礼部，以乌思藏经陕西入者赐例从轻，若从所请，恐乖禁例，失信外夷。合量加到京番僧衣一袭、钞五十锭、茶五十斤；存留番僧有马者，纻丝一匹、茶二十斤。

(选自《明实录藏族史料》，第六百七十九页)

[成化六年二月甲戌（1470年3月27日）] 乌思藏把尔丹撒失地面番僧锁南监卒等、洮州卫牙朾等簇番僧锁南札等、岷州卫刺节等簇头（目）番人柒答节等各来朝，贡马并佛像、氆氇、盔甲等物。赐彩段表里等物有差。

(选自《明实录藏族史料》，第六百八十六页)

[成化七年二月戊申（1471年2月24日）] 陕西西固城长陵山等簇番僧人仓（官）者（卓）尖尖等、各卜等簇番僧番人官卓等、文县土番簇头剌麻肖等各来朝，贡马及明甲等物。赐彩段、钞、绢有差。

(选自《明实录藏族史料》，第六百九十四页)

[成化七年二月丙寅（1471年3月14日）] 四川长河西、鱼通、宁远等处军民宣慰使司坚葛节等寺寨都纲头目人等巴旦言千等各来朝，贡氆氇等物。赐彩段、钞、绢有差。

(选自《明实录藏族史料》，第六百九十四页)

[成化七年三月壬寅（1471年4月19日）] 陕西岷州卫西固城军民千户所靖卜等簇番僧七答等、庙儿垭等簇番僧七竹吉等各来朝，贡马及盔甲等物。赐彩段表里等物有差。

(选自《明实录藏族史料》，第六百九十五页)

[成化十年正月甲辰（1474年2月4日）] 西番（安）定王领真俄即尔遣镇抚汪尔加等……俱来朝，贡马。赐宴并袭衣、彩段表里等物有差。仍令赍敕并衣服、彩段归赐领真俄即尔……。

(选自《明实录藏族史料》，第七百一十页)

[成化十二年正月辛未（1476年2月21日）] 乌思藏结当等（寺）番僧失劳端竹等、董卜韩胡宣慰使司抹坡等寨番僧阿儿结等、岷州卫占藏等簇番人谷奴札等、札着等簇番人川官等各来朝，贡马及氆氇、盔甲等物。赐衣服、彩段等物有差。

(选自《明实录藏族史料》，第七百二十二页)

[成化十二年三月丙午（1476年3月27日）] 四川朵甘思宣慰使司遣都指挥阿叱等、董卜韩胡宣慰使司遣番僧桑儿结星吉等、陕西洮州卫札来等簇番人札答等、岷州卫节藏等簇番人板宗等、念班等簇番人朵只肖等、多吉（言）等簇番人迁卜等、寨中等簇番人柒竹尖等各来朝，贡马及氆氇、盔甲等物。赐衣服、彩段等物有差。

(选自《明实录藏族史料》，第七百二十三页)

[成化十二年四月癸巳（1476年5月13日）] 四川朵甘宣慰使司番僧温卜官竹星吉等、长河西、鱼通、宁远等处军民宣慰使司番僧让达等、陕西岷州卫好平等簇番人七釓等、青石山等簇番人

乩受等各来朝，贡氆氇、盔甲等物。赐衣服、彩段等物有差。

（选自《明实录藏族史料》，第七百二十四页）

［成化十四年三月乙酉（1478年4月25日）］岷州土番柒笼等簇簇头迷东等来朝，贡马及盔甲。赐彩段、钞、绢有差。

（选自《明实录藏族史料》，第七百三十九页）

［成化十五年五月己卯（1479年6月13日）］陕西洮州卫哈尔占等簇生番簇头喃奔等、岷州卫汤哈（合）等簇生番簇头呵古安等各来朝，贡马及盔甲等物。赐彩段、绢、钞有差。

（选自《明实录藏族史料》，第七百四十四页）

［成化十五年五月壬午（1479年6月16日）］四川长宁安抚司土官坤卜、杂谷安抚司署印舍人耿著思吉各遣番人来朝，贡马及盔甲等物。赐彩段、绢、钞有差。

（选自《明实录藏族史料》，第七百四十四页）

［成化十六年正月辛丑（1480年3月1日）］陕西凉州卫菩提等寺番僧都纲南葛藏卜等、洮州卫下答剌等簇生番簇头米牙忽等各来朝，贡马、驼、甲胄等物。赐衣服、彩段等物有差。

（选自《明实录藏族史料》，第七百四十八页）

［成化十六年八月丁丑（1480年10月2日）］乌思藏阐化等王所遣进马番人三丹藏卜等奏："先于成化十三年朝贡，行至岷州，因生番切（窃）发，曾承巡抚等官省谕劝化归顺，边境以安。乞照前乌思藏端（岳藏）卜等从洮州来贡例，人给绢四匹、纻丝绫衣各一袭。"

（选自《明实录藏族史料》，第七百五十三页）

［成化十六年十一月戊戌（1480年12月23日）］秦州卫外夷孔提谷、答牙等簇簇头番人初王乩等、恶力等簇簇头番人铁陆等各来朝，贡马及盔甲等物。赐宴并彩段、绢、钞有差。

（选自《明实录藏族史料》，第七百五十四页）

［成化十七年五月丁丑（1481年5月31日）］四川乌思藏阐教王遣剌麻温卜班丹舍剌等、陕西岷州车剌等簇簇头番人列古等各来朝，贡马及盔甲等物。赐彩段、绢、钞有差。

（选自《明实录藏族史料》，第七百五十六页）

［成化十七年八月甲寅（1481年9月5日）］陕西岷州各卜等簇番人亦希藏等、赏哈等簇番人失捏乃丹等各来朝，贡马并盔甲等物。赐彩段、钞、绢（等物）有差。

（选自《明实录藏族史料》，第七百五十七页）

［成化十九年十二月己卯（1484年1月18日）］洮州外夷札来等簇番人头目郭些儿等、卜立等簇番人漳班等、凉州卫庄严等寺番僧作巴藏等各来朝，贡马及盔甲等物。赐彩段、绢、钞有差。

（选自《明实录藏族史料》，第七百七十七页）

［成化二十年五月丙午（1484年6月13日）］陕西岷州大崇教寺番僧失劳尖卒等、多杓等簇簇头番人卜肖等、河州洪（弘）化寺番僧喃葛札失等、洮州札纳等簇番人你卜秀等各来朝，贡佛像、（马）、驼、盔甲等物。赐彩段、绢、钞有差。

（选自《明实录藏族史料》，第七百七十八页）

［成化二十一年二月甲寅（1485年2月16日）］陕西岷州外夷憨班等簇簇头番人亦麻窝斜等、千官等簇簇头番人札古肖等、撒藏寺番僧札挂速南等、拱卜寺番僧瓦剌藏卜等各来朝，贡马并佛像、盔甲等物。赐彩段、绢、钞有差。

(选自《明实录藏族史料》，第七百八十四页)

［成化二十一年十一月甲戌（1486年1月3日）］礼部奏："四川起送乌思藏如来大宝法王、国师并牛耳寨宫进贡、谢恩、招抚、袭替各项共一千四百七十员名。除回赐国（法）王等官并到京番僧外，其存留在边者，若一例赏之，共该彩段一千四百七十表里、纻丝僧衣二千九百二十二袭件，折绢一万一百六十四匹……国师及正贡来京者照例给赏，其余在边一千八名，欲量以该赏衣二件共折彩段一表里与之。食茶令四川茶马司照数给散。"

(选自《明实录藏族史料》，第七百八十八页)

［成化二十一年十二月己卯（1486年1月7日）］四川汶川县上草坡、白儿等寨番人更竹他等、陕西洮州卫车禄等簇番人板的肖等各来朝，贡氆氇、盔甲等物。赐宴并彩段、绢、钞有差。

(选自《明实录藏族史料》，第七百八十八页)

［成化二十二年三月甲子（1486年4月22日）］西番迭力等簇簇头柒驴等、木沙等簇番人锁南藏等各来朝，贡马及盔甲等物。赐宴并彩段、绢、钞有差。

(选自《明实录藏族史料》，第七百九十一页)

［成化二十三年三月癸卯（1487年3月27日）］陕西岷州弘济寺番僧端竹尖昝等、河州普纲寺番僧汪束（东）班丹等、洮州哈尔占等簇番人陆节秀等各来朝，贡马及佛像、盔甲等物。赐宴并彩段、绢、钞有差。

(选自《明实录藏族史料》，第七百九十八页)

［成化二十三年八月庚午（1487年8月21日）］四川茂州卫长宁安抚司遣番人多日藏等来朝，贡马及牌甲①、氆氇等物。赐彩段、绢、钞有差。

(选自《明实录藏族史料》，第八百页)

注释

① 牌甲：入关，有编制户口牌甲之令。

［成化二十三年八月己卯（1487年8月30日）］陕西洮州外夷吉古等簇番人剌麻肖等、奔古尔着等簇番人哈只等各来朝，贡马及盔甲等物。赐彩段、绢、钞各有差。

(选自《明实录藏族史料》，第八百页)

［弘治二年十一月乙卯（1489年11月23日）］陕西外夷苤啞等簇番人容中锅等、答牙等簇番人初王乩等、失（尖）占等簇番人你卜秀等来朝，贡盔甲、马匹。赐宴并彩段、钞锭有差。

(选自《明实录藏族史料》，第八百一十七页)

［弘治三年四月丁亥（1490年4月24日）］迤西安定卫安定王领真斡即儿之子千奔，遣国师朵尔只领真等贡马、驼，乞袭封父爵。许之。赐敕书、诰命、金织袭衣、彩段及马驼之直。并赐其贡使彩段等物有差。仍别赐斋粮、麻布逾祭其父，及敕谕本卫头目人等如例。

(选自《明实录藏族史料》，第八百二十页)

第三编 服饰

　　[弘治四年二月庚戌（1491年3月13日）]四川杂谷安抚司遣剌麻番僧头目郎哈僧吉等并陕西外夷车陆、哈古、哈笼等簇番人火竹等，各贡氆氇、盔甲、马匹等物。赐衣服、彩段、钞锭有差。

（选自《明实录藏族史料》，第八百二十三页）

　　[弘治十五年十一月丙戌（1502年12月16日）]四川董卜韩胡宣慰使司加渴瓦寺番僧那洛思（落恩）等、达思蛮长官司番僧阿太等、乌思藏番僧锁南竹……等各来贡。赐彩段、帽（绢）、钞等物如例。

（选自《明实录藏族史料》，第八百六十六页）

　　[正德元年四月丙子（1506年5月19日）]剌章等簇番人失劳乩等贡马匹、盔甲等物。赐宴并钞锭、彩段有差。

（选自《明实录藏族史料》，第八百八十五页）

　　[正德元年十月丙午（1506年10月16日）]边爵等簇番人挍古等贡马匹、盔甲等物。赐宴，赏彩段、钞锭各有差。

（选自《明实录藏族史料》，第八百八十八页）

　　[正德二年五月癸卯（1507年6月10日）]车禄等簇番人头目坚墩陆竹等备马匹、盔、刀遣人入贡。给赏彩段、绢、纱（钞）如例。

（选自《明实录藏族史料》，第八百九十三页）

　　[正德二年八月己亥（1507年10月4日）]南哈及阿著等簇番人居藏少并札节等各贡马及盔甲等物。赐宴并彩段、宝钞如例。

（选自《明实录藏族史料》，第八百九十五页）

　　[正德三年三月戊戌（1508年3月31日）]大亦辖等簇番人容中锅等来朝，贡马及盔甲等物。赐宴并彩段、绢、钞如例。

（选自《明实录藏族史料》，第八百九十七页）

　　[正德四年三月癸卯（1509年3月31日）]陕西罕东卫舍人板丹〔舟〕等遣番人却尔加失加等来朝，贡马、驼、甲刀等物。赐宴并钞锭、彩段等物有差。

（选自《明实录藏族史料》，第九百页）

　　[正德四年六月己卯（1509年7月5日）]哈多、他笼大小等簇番人巴吉朵日怕等、博峪等簇番人阿鹅等各贡马及盔、刀、方物。赐彩段、钞、绢有差。

（选自《明实录藏族史料》，第九百零一页）

　　[正德八年五月庚午（1513年6月5日）]虏酋亦卜剌次于讨来川遣使阿卜都等至肃州，乞赐蟒衣[①]、锦绢。复遣把巴歹等速之，仍乞边地驻牧修贡……都御史张翼犒遣其使者，而以币帛与之……

（选自《明实录藏族史料》，第九百一十八页）

注释

① 蟒衣：袍服名。上织绣有蟒蛇形的图案，故称。明万历时阁臣多赐蟒衣，衣上绣蟒，形与龙

相似而少一爪为四爪。

[正德十六年七月乙丑（1521年8月17日）] 乌思藏大乘法王差番僧失劳陆竹等、弘化寺番僧著巴藏卜等……俱入贡方物。诏赐文绮、靴袜有差。

（选自《明实录藏族史料》，第九百五十八页）

[万历元年十一月癸未（1573年11月30日）] 给虏酋顺义王俺答佛像、番经。赏前传经番僧二人禅衣、坐具①、纻丝番僧衣并靴袜。授在虏番僧九人官，仍给禅衣、坐具、僧帽，及给其番官四人彩段二表里、木棉②布四匹。

（选自《明实录藏族史料》，第一千零八十二页）

注释

① 坐具：坐卧时敷陈于地上或者床上的布。

② 木棉：同"木绵"、"木緜"。亦称"斑枝花"。为落叶乔木，产在南方。先叶开花，大而红，结实长椭圆形，中有白棉，可絮茵褥。耐压，不易为水浸湿，可作救生圈填料和枕芯。

[万历六年二月甲辰（1578年3月30日）] 乌思藏阐化王男札释藏卜差番僧来西海，见其师（番）僧活佛在西海与顺义王子孙等说法，劝化众达子为善，因托顺义王俺答代贡方物，请敕封……赐僧帽、袈裟及表里、食茶、彩段有差。

（选自《明实录藏族史料》，第一千一百零一页）

[万历九年六月甲寅（1581年7月22日）] 陕西督抚郜光先等题称："万历八年七月内……俺答约束西（所）部，恭顺可嘉，赏银三十两、大红纻丝蟒衣一袭、彩段六表里、布二十匹；卜失兔、不害切尽黄台吉各赏银二十两、大红狮子纻丝一袭、彩段二表里、布十（二十）匹，以示劝奖。余俱依议。"

（选自《明实录藏族史料》，第一千一百一十二页）

[万历九年九月庚寅（1581年10月26日）] 番僧坚参扎巴等四员名，自虏帐传经还。上多其有化道（导）属（夷）之功，赏禅衣、坐具及僧服、靴袜等物有差。

（选自《明实录藏族史料》，第一千一百一十三页）

[万历十三年五月辛巳（1585年6月8日）] 杂谷安抚司头目藏伽等、法藏等六寺番僧相竹领占等各进贡珊瑚、氆氇、盔甲、画轴诸方物。赏给彩段、绢匹有差。

（选自《明实录藏族史料》，第一千一百二十五页）

[万历二十八年三月癸酉（1600年5月12日）] 奔古、阿著等簇番人竹（行）节等献马匹、盔甲等物。命各关赏钞、绢。

（选自《明实录藏族史料》，第一千二百页）

[万历二十八年五月癸卯（1600年6月11日）] 阿木等大（人）七簇番人安巴等贡方物。各赏缎绢、靴鞢。

（选自《明实录藏族史料》，第一千二百页）

[万历三十九年二月丁丑（1611年3月20日）] 四川杂谷长官司差禅师叱吧坚剉等五名赴京进

盔甲、氆氇等物。给赏靴袜、绢、钞。

(选自《明实录藏族史料》，第一千二百二十四页)

(赤松德赞时期)大臣桂甘足着鹫羽之靴，运用种种妙计，诱马向同人冢中，桂即外逃。

(选自《西藏王臣记》，第三十六页)

藏王(赤松德赞)乃遣赛朗为使，往迎堪布大师菩提萨垂。堪布出生萨霍尔王族，种性高贵；通达如所有智与尽所有智；于五明智箭所勾召贤哲之中居于上首；严持清净无垢戒律，如玛拉耶之芳香，令所有持戒群象，获得享受欢乐之福；且已现证空乐双运之智。其令名美誉如迦里迦冠冕[①]，遍及诸方。大师应王礼请，遂渐行来藏，于翁布采园与藏王相会。

(选自《西藏王臣记》，第三十六页)

注释

① 迦里迦冠冕：梵语，一种耳饰。

白多心知恶王(指朗达玛)为应度之境，遂用木炭涂其白马，身著外黑内白之衣，驰赴拉萨，值恶王念读碑文之际，乃佯作顶礼，以箭栝扣弦，默祷神灵显应，遂发箭，中恶王之胸，急策马逃逸。传其渡玛东河时，冲洗黑炭，马复白色，翻穿衲衣而去。究其实情，谓彼系仗三宝之慈悲，与自身修法成就已有应验……

(选自《西藏王臣记》，第五十页)

(洪武)十六年(1383)复遣惟善及从子万户若刺来贡。命置长河西等处军民安抚司，以刺瓦蒙为安抚使，赐文绮四十八匹，钞二百锭，授惟善礼部主事。

(选自《明史》，第八千五百九十页)

[水龙年(1652)七月]杰康则活佛从喀尔喀部来此，向我(五世达赖喇嘛)献了哈达、内外服装和银两、马、羊、茶叶等礼物近两千件。此后，车臣珲台吉和丹增与五百多名骑马者来迎，奉献了二百匹马作为赞见礼。

(选自《五世达赖喇嘛传》上册，第二百二十三页)

[铁狗年(1670)七月初二日](钦差金字使者格隆桑珠曲培和嘉索南扎西)两位使者及随行客人分别向我(五世达赖喇嘛)敬献了绸缎、金银等礼品，高高堆积，达百卡之高。阿巴王的礼品有珍贵的绸缎、饰有拇指大小的吠琉璃等的金曼札。

(选自《五世达赖喇嘛传》下册，第四十四页)

在土狗年(1658)，人们还没有作有关规定藏族服饰习俗方面的其它准备，即使是在进行指导以前，仍将衣袖搭在肩后，这一点也不足为奇，所以一度放任自流，不置可否。这一年对衣服的各部分都特别作了规定。上密院堪布夏尔巴曲杰将女仆的围裙做成华贵的半月形布披风，显得很奇特。

(选自《五世达赖喇嘛传》下册，第七十三页)

[土羊年(1679)四月]十五日，在色拉寺和哲蚌寺熬茶斋僧，共十三会，在各处施舍的器物有我(五世达赖喇嘛)自己的缎尖帽四顶、袈裟十二件、黄腰带六条、帔单十六件、掩腋衣二十四件、长坎肩八件、半月形披风和肩披各五件，汉地所造靴子三双、靠背二个、坎肩、红色坐褥、氆

氆氇披单各一件、缎褥九条、华盖四顶、哈达帷幔五面、金刚铃杵八件、铙钹①四件、瓷碗、银台座、器皿、净瓶等各二个、配套的银鞍十二副、全套合金鞍二副等,还给每个僧人布施白银二钱,共计一千四百四十四两。

(选自《五世达赖喇嘛传》下册,第三百二十七页)

注释

① 铙钹:亦称"铜拔"、"铜拔子"、"大拔"等。佛教法器名。铙与钹原为两种,后来混而为一,故名。铜制,形如圆盘,两只,两者相碰擦而鸣。僧人用于作法事的乐器。

[土羊年(1679)七月二十五日] 我(五世达赖喇嘛)接受了扎什伦布寺襄佐吞巴济仲赠送的礼物,对他作了有关寺务管理方面的指示,送给护身结、比丘裙、掩腋衣等物。并作了谆谆嘱托。中午,我为班禅大师罗桑益希主仆举办了丰盛的宴会,回赠了配套服装、银茶筒、麝香、高足托盘、玻璃器皿、绸缎、氆氇、茶叶、布匹等大批礼品。

(选自《五世达赖喇嘛传》下册,第三百五十页)

[土羊年(1679)九月二十四日](为多人传授长寿灌顶法等密法后)给拉尊阿旺丹津授与"额尔德尼伊拉古克三呼图克图"的称号,并颁给印信、神物、全套衣服、氆氇、箱子等大批礼品,给额沁诺颜和诺木齐台吉赠送了如来舍利、掩腋衣碎片等神物、红白念珠、氆氇、镶边褥子、箱子、葡萄小包等许多礼品,对贵妇人、本穷和宰桑等人馈赠适当的礼品,使之满意。

(选自《五世达赖喇嘛传》下册,第三百五十六页)

(色拉寺重视戒律学的传播)但是,出家众还没有足够的缝纫匠人,除了持化缘钵等器具以及穿防止外界尘土的外套之外,心目中根本没有自己特有的僧帽和教规的概念。

(选自《格鲁派教法史》,第四十八页)

藏历第十二绕迥的铁虎年(1710),也就是创建拉卜楞寺的那年,阿旺扎西出任僧官,他对新入寺的学僧进行了常规教育。如僧帽的戴法、月氅、袈裟的穿法,以及法会的纪律等。为此,青年僧侣将他比作自己的父母而毕恭毕敬。当年,(第一世)嘉木样大师把曾于哲蚌寺郭莽经院用过的僧装和僧帽赐给阿旺扎西,并叮咛说:"你就穿戴这些出任上师,在法台上向僧众讲授佛经吧。"

(选自《拉卜楞寺志》,第三百零六页)

宗喀巴师徒及其众弟子的衣物均装藏于(拉卜楞寺)以下各佛像中。奉安于释迦牟尼像的内藏有:释迦牟尼本身的舍利、八十成道者的体块、第一世嘉木样的靴子、第二世嘉木样的头发及其锦缎法衣和鼻血制成的大威德之像,另外还有宗喀巴大师师徒三尊为主的历代门弟、章嘉·若白多杰、喇嘛先巴仁博琪、赤钦南卡桑、东科尔仁博琪·阿旺索南嘉措、赤钦阿旺扎西、珠旺德赤仁博琪·洛桑东珠、贡唐仓·阿旺丹拜坚赞等高师大德之衣物。除此之外,根据密乘中所载的具有加持之义的诸多咒语亦藏入其内。

奉安于弥勒佛像的内藏有:释迦牟尼本身的舍利、八十成道者的体块(亦称肉块)、第二世嘉木样大师的坎肩及头发、大译师仁钦桑布的头发、赤钦·南卡桑的头发、杰色益西扎巴的头发,以及上述各尊者之大部分衣物和法体舍利。

奉安于观世音千手千眼像的内藏有：第八世达赖喇嘛坚拜嘉措七岁时的幼牙、第二世嘉木样大师和东科尔仁博琪的牙齿各一颗，印度帕当巴、班钦莫底、宗喀巴大师之正宗泥印佛塔各一尊。此外有上述各尊者的衣物及其头发等圣物。

奉安于宗喀巴大师佛像的内藏有：释迦牟尼佛之舍利、八十成道者之体块、阿底峡之泥印佛塔、第六世班禅拜丹益喜的念球；第一世嘉木样大师的法衣、腰带、坎肩、袈裟之片；第二世嘉木样大师的完整头发、袈裟；赤钦更登彭措（第一世贡唐仓1648年至1724年）之高耸帽，以及上述各尊者的衣物等。

奉安于第二世嘉木样大师佛像的内藏有：第七世达赖喇嘛格桑嘉措的牙齿、曲吉东珠仁钦（宗喀巴大师之师）的舍利甘露，以及各自的衣物和头发等。

（选自《拉卜楞寺志》，第五百四十六页）

（拉卜楞寺，供说法会朝拜的佛像内藏）有色居·贡确亚尔培、章嘉·阿旺洛桑曲旦、章嘉·若白多杰、东科尔嘉洋·阿旺索南嘉措等大德高僧的僧帽和靴子。

（选自《拉卜楞寺志》，第五百五十一页）

乾隆四十五年（庚子）三月辛丑（1780年4月26日）

谕军机大臣等："本日文绶等奏复番众剃发一折，据称：'新疆番众久经剃发，并半已穿戴内地民人衣帽。至西、南、北三路沿边土司番众亦均已遵制剃发，并无仍沿旧俗之事'等语。所办未免过当。两金川等番众自收服以后隶我版图，与屯土练兵一并遵例剃发，自属体制当然、至沿边土司番众如德尔格、霍耳等处自可听其各仍旧俗，毋庸饬令一律剃发，更换衣饰。将来伊等轮班进京朝贡，衣服各别，亦可见职贡米朝之盛，何必令其换衣服以生其怨也。即现在收服之两金川等番众亦止须遵制剃发，其服饰何妨听从其旧，又况沿边土司番众何必更改服饰耶？文绶[①]办理此事殊未妥协。可将此传谕文绶等知之。"

（选自《清实录藏族史料》，第二万九百六十四页）

注释

① 文绶：满洲镶白旗人，清朝大臣。雍正十三年，自监生授内阁中书。再迁礼部员外郎，改内阁侍读。

嘉庆七年（壬戌）六月丙寅（1802年7月26日）

谕军机大臣等："据英善[①]等奏：'（七世）班禅额尔德尼差人报称，上年十二月内（即1801年），达木先降及甲里两处地方有夹坝七十余名，抢去牛厂百姓牛、马等物甚多……'等语。朕详阅折内，该处民人被抢至四十余户。其所开失物单内……此外尚有衣服、绸缎、氆氇及珊瑚、蜜蜡、松石、珍珠并食物等件，为数甚多，恐非七十余人所能抢劫，其呈报夹坝人数尚有不实……"

（选自《清实录藏族史料》，第三千六百七十页）

注释

① 英善：萨哈尔察氏，满洲镶黄旗人。由亲军补侍卫处笔帖式，累迁刑部郎中。改御史，除甘肃兰州道，以亲老留京职。乾隆五十年（1785），出为直隶按察使，迁湖南布政使，调江苏，丁母忧归。

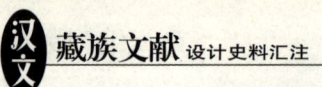

道光九年（己丑）十二月丙戌（1830年1月20日）

谕内阁："……昨由理藩院转奏据该呼图克图（即章嘉呼图克图）呈称，请假回伊游牧验看新寺工程，顺途省视伊母一折，已准所请。惟念伊母年已七十余岁，该呼图克图理宜归牧省视。著加恩赏给呼图克图之母佛一龛、御书福字一纸、寿字一纸、如意一柄、珊瑚数珠一串、大卷五丝缎袍褂料两套、绸四色，交呼图克图赍往颁给伊母，用示朕推恩至意。"

（选自《清实录藏族史料》，第三千九百三十二页）

道光十一年（辛卯）三月甲戌（1831年5月3日）

以查办西藏商上地亩赋税出力，赏二品顶带噶布伦敦珠布多尔济二等台吉，四品仔琫索诺木结布三品顶带，曲琫堪布洛桑称勒朗结达尔汉堪布名号。

选自《清实录藏族史料》，第三千九百四十二页

道光十八年（戊戌）十一月壬子（1838年12月30日）

谕军机大臣等："据苏勒芳阿奏：'青海衙门所管玉舒阿拉尼克隆布族百户喇嘛商详呼毕勒罕任性妄为，苛虐属番，请革去百户，移咨查办'等语。当降旨将该喇嘛斥革示惩矣。据玉舒各族千、百户、本族百长、番目等呈控该百户喇嘛屡次侵扰各族，苛派凌虐，并敢私行换用珊瑚顶戴，经该大臣委员查办，抗不遵断，动辄逃往西藏……"

（选自《清实录藏族史料》，第三千九百九十三页）

道光二十四年（甲辰）三月甲申（1844年5月4日）

谕内阁："孟保等奏：'闻哲布尊丹巴呼图克图之呼毕勒罕出世……由金奔巴瓶内掣出番民绥那玛之子聂尔阿定为呼毕勒罕，命名罗布桑巴勒垫丹拜佳木粲'等语。洵属祥瑞之事，朕心深为畅悦。著加恩赏给该呼毕勒罕黄哈达一方、佛一尊、大缎四匹，并赏给（七世）班禅额尔德尼黄哈达一方、大缎四匹……"

（选自《清实录藏族史料》，第四千零四十四页）

道光二十七年（丁未）正月己丑（1847年2月23日）

谕军机大臣等："前据琦善奏（十二世）达赖喇嘛、（七世）班禅额尔德尼差人赴附京地方办买哈达、缎匹等物，酌拟人马骑驮数目一折……"

（选自《清实录藏族史料》，第四千一百一十七页）

道光二十七年（丁未）八月戊辰（1847年9月30日）

谕军机大臣等："琦善等奏据廓尔喀国王之子禀称拣派噶箕等呈进贡物及该嗣王袭爵由一折。……如别无要求，著即宣示恩旨，赏给该嗣王宝石顶带，令其恪守藩服[①]，断不可别生枝节，是为至要……"

（选自《清实录藏族史料》，第四千一百二十六页）

注释

① 藩服：古代京城以外之地分九服，最远的地区叫藩服。

道光二十七年（丁未）十月壬申（1847年12月3日）

谕内阁："廉敬等奏乍丫大小喇嘛震慑天威退还侵占地方，情愿当差，出具永不翻悔甘结，地

方平静，驿路疏通，并分别革黜治罪结案一折。……至另片奏，派往查办此案奋勉出力之噶布伦汪曲结布前已赏戴花翎，给予二等台吉，著再准承袭一次；德尔格特二品顶带土司达木齐夺尔结策凌拉木结著赏戴花翎；其大头人江卡格勒著赏给五品顶带、花翎；商卓特巴噶桑曲敦著赏给达尔汉堪布虚衔，荣及其身；唐古特二等台吉坚参欧柱、硕第巴觉尔结、六品江达营官策垫伦珠、六品作岗营官江巴克珠均著以应升之缺尽先升用，以昭激劝。"

（选自《清实录藏族史料》，第四千一百二十九页）

咸丰元年（辛亥）闰八月乙酉（1851年9月26日）

谕军机大臣等："据载荾、庆锡奏遵查前后藏喇嘛呈进贡物以前办理情形一折。此次前后藏（三世）达赖喇嘛等恭进佛座画像，著永康等暂于永福寺①供奉，俟孝和睿皇后②、宣宗成皇帝梓宫奉安时再行酌定供奉处所。所有呈进贡物除奏书、哈达业经焚化外，其余藏香、红花、氆氇等贡物著于月祭时分别敬谨焚化。将此谕令知之。"

（选自《清实录藏族史料》，第四千一百六十七页）

注释

① 永福寺：位于灵隐寺西约一华里处的石笋峰下，自东晋慧理禅师开山至今，已有一千六百多年的历史。

② 孝和睿皇后：孝和睿皇后（1776～1850）钮祜禄氏，礼部尚书恭阿拉女。嘉庆帝第二位皇后。事仁宗潜邸，为侧福晋。嘉庆帝即位，封贵妃。

咸丰元年（辛亥）闰八月壬寅（1851年10月13日）

驻藏大臣穆腾额奏："（三世）达赖喇嘛采买缎匹逾限，恳准赶行采办。"得旨："著加恩准行，嗣后不得援以为例。"

（选自《清实录藏族史料》，第四千一百六十八页）

咸丰十年（庚申）九月丁未（1860年10月30日）

以随营出力，赏青海刚咱族番目拉麻拉夫坦四品顶带、花翎。

（选自《清实录藏族史料》，第四千二百八十五页）

同治四年（乙丑）十二月丙午（1866年1月31日）

兹据景纹、恩庆奏称："确查罗布藏青饶汪曲协理商上事务，为僧俗等所深服，其才堪以胜任"等语。

（选自《清实录藏族史料》，第四千三百六十七页）

［火牛年（1757）藏历三月］阿拉善的阿里路克散额尔德尼诺们汗、青海亲王等北方的君王、贝勒、贝子、公、扎萨克等各首领施主、拉达克王、尼泊尔各王等亦先后坎第献大批方物；扎萨克旺堆献黑狐帽、以黑水獭皮为饰的蓝缎库伦装全套、内库哈达、章喀银四百两、缎子六匹、酥油一百五十三德克；前藏代本①普隆巴向众僧布施斋茶，向（七世达赖）喇嘛遗体献黑狐帽、莽弩缎的褐衣②等服装武器、章喀银一百两、酥油六十德克；前藏代本本塘巴为众僧布施茶饭三次，每僧施银五分，向（七世达赖）喇嘛遗体献黑狐帽、以黑水獭皮为饰的蒙古缎库伦装、达拉齐等蒙藏服装、僧装、女装、武器等，服装成套，供物甚丰；后藏代本巴蔡哇为众僧布施茶饭两次，向（七世

达赖）喇嘛遗体献黑狐帽等服装、武器全套，章喀银二百五十两、金刚密路缎一匹、塔俄三十果查；代本然巴哇献哈达、黑狐帽等衣服全套，章喀银六百两……

（选自《七世达赖喇嘛传》，第三百九十七页）

注释

① 代本：又作"代奔"、"戴琫"，清代西藏地主政府军职名，位居四品，相当于团长。

② 褐衣：粗劣的衣服。古时贫贱者所服。《史记·游侠列传序》："故季次、原宪终身空室蓬户，褐衣疏食不厌。"

他（至尊底洛巴的优秀弟子吉祥那若巴）逢人就问底洛巴在何处？有的人说底洛巴穿着出家人衣服，有的人说底洛巴身着行者装束，但谁都说不清底洛巴是谁？究竟身居何处？

（选自《直贡法嗣》，第二十五页）

大班智达说："布笛布笛，不能这样说。我曾想给所有受比丘戒的僧人送一件法衣，有一个只是属于直贡寺①名下的，一无所知的康地僧人。他为了得到法衣受了比丘戒。他前来募化法衣时，我手头已经没有法衣，因此我就给他作法衣的料子。但他不要，他抓住我的法衣，闹着要我身上穿的法衣。……"

（选自《直贡法嗣》，第七十五页）

注释

① 直贡寺：贡寺在西藏地方政治史的宗教史上曾经有非常辉煌的地位，是连接藏北草原与拉萨平原的黄金古道，也是藏传佛教直项噶举直贡梯寺菩提寺（简称直贡寺），属噶举教派（直贡嘎举），位于门巴乡政府4公里的半山坡上，海拔4400米。

某夜梦见自己（至尊觉巴仁钦白）戴着莲花生帽，并获得了一些先圣本生诸授记。十三岁时，念修佛母如意轮，获得了如意圣宝诸口诀。这样，在羊八井驻锡七年之久，依止至尊红帽四世和诸经师，听了密宗灌顶、随许和噶玛噶举红帽系、黑帽系历代祖师文集，另外还听了许多教授。

（选自《直贡法嗣》，第一百五十六页）

事竣（指点放火炮一事），于布达拉库内动发银、茶、绸缎、绫锦、布匹、金珠等物，布施僧众，以为念经之资。二十三日，郡王及噶隆、牒巴，并有名大喇嘛，各出八、九名以至十四五岁幼童数名，快马数匹，跑马至色拉寺东山脚起，由布达拉后至工布堂，约三十里，一气跑到，先到者赏缎绸、哈达、银钱等物；其次到、后到者，各分赏有差。

（选自《西藏志》，第二十一页）

西藏风俗鄙污，人皆好佛、贪财，不以淫乱为耻，不知臭秽，轻男重女。……女未嫁，发顺披，嫁则将发交叉搭顶上，以红哈达作圈勒头上，其他一切与藏同。

宁多濯拉、阿杂、拉里、大窝、说板多、洛隆宗、浪岩坡、恩达、察哇作贡、桑阿却宗、昌都①等，与藏同。惟昌都女未嫁，发顺披，嫁则珊瑚作两花如菊大戴额上。出嫁再不归宁，即回亦止于门外，饮以茶酒，母至女家亦然，大凡女子、妇人一概忌入人家，以为不祥也。庙宇内更严忌之，若喇嘛与人通奸，则将两造剥皮楦草②，其尸或投水或弃野以示儆，独此异于藏。

春结一带，妇女以珊瑚作一圆花，下坠白螺壳于眉间。男人以黑绒作帽，披裁绒褊单，面色多紫黑色，远望不类人形。死喂鹰，余与藏同。

羊卓白地、扎什隆布、三桑等处，女嫁则发纽细绳交顶上，以珠石等类穿盘挂头上，项带密蜡素珠一串，有大如茶盏者。人死喂鹰，或沉水；孝服百日，不梳头，余同藏。

哈拉乌苏、达木一带，居住皆蒙古同霍耳番子相参，人死，则迁居而遗尸于原住处。男子衣帽同蒙古，番妇戴白羊皮帽，或狐皮帽③。发细辫，以砗磲④石并铜环戴辫间，垂至脚跟，行则铿锵有声，穿褚巴束砗磲饰带著皮巷。食奶茶、炒面、茶、马奶酒，又另是一种也。

（选自《西藏志》，第二十三页）

注释

① 昌都：位于西藏东部，地处横断山脉和三江（金沙江、澜沧江、怒江）流域，素有"藏东明珠"的美称。自清末改土归流置昌都府以来，昌都县便一直是昌都地区的政治、经济、文化和交通中心，享有"藏东门户"的盛誉。

② 剥皮楦草：明朝的一种酷刑。把人皮完整剥下来，做成袋状，在里面填充稻草后悬挂示众。

干巴尔极一带，妇女嫁有夫，以绿松石、金、银镶圆花如镜大，如汤碗口带于额上，名曰玉老，后带一冠名策勒，插一簪名押笼，余同藏。

③ 狐皮帽：藏家无论男女老幼，冬天多戴狐皮帽和羔皮帽，夏天多戴"遮阳帽"。这些帽子皆为牧人的手工制品。形态各异，美观大方。在绚丽多彩的玉树藏家服饰中，帽子尤为引人注目，堪称一绝。

④ 砗磲：chē qú，专指砗磲贝壳，佛家七宝之首，和珍珠一样怕酸碱物质。砗磲具极高的药用价值，有锁心、安神之效，能凉血、降血压、安神定惊。砗磲可护身健体，延年益寿，佛教视其为驱魔避邪的神奇宝物，故被佛教作为镇教之宝。

西藏衣服冠裳多用毛毾①、氆氇，富者亦穿绸缎、布匹。郡王颇罗鼐冬戴元狐帽，或红狐帽，或锦或缎为胎；夏戴绵帽，制仿秋帽式，高六七寸，平顶丝缨，卷边约宽二寸，两旁有杈，以蟒缎或片锦为之面，上镶獭皮窄边。居长穿大领无杈小袖衣，名曰褚巴，皆以五色缎锦或片子为之，亦用各色皮为里。遇贺大节，则穿蟒衣貂皮披肩，不穿大褂。腰束金丝缎一幅作带，长六七尺，腰匝二道，亦带小刀荷包之类，必带碗包一个。足穿香牛皮靴，名曰项。头蓄发，左耳带珠坠。所乘马亦挂两踢胸。其属下之噶隆、牒巴人等，只带一个人踢胸，所著裳服，皆与颇罗鼐②同。惟发不束不绾不梳，披垂肩后，戴栽绒平顶大帽无缨，亦或戴缎狐各样帽。其栽绒毛长二三寸，如羊毛状，手带骨扳指，拿素珠③，束皮鞓带，或缎或绸或毛毾带不等，带顺刀、荷包、碗包。识字者腰插铁筒，状如小刀鞘，内装竹签、描金皮盒，内贮墨水小铜瓶一个。写字时盘膝坐地，以纸卷折成行，左手持定，置于膝上，右手握竹签醮墨水，自左而右横书。画匠则以獭毛为笔。过节令或公事，噶隆将发分作两股，于顶上左右各绾一髻，身穿蟒衣，上披片子。褚巴、牒巴将发亦绾成一髻，戴无翅白纱帽，乃唐之遗制也。左耳坠金镶绿松石坠，约酒钟口大，其形似鸟兽，以两爪并嘴相擒掬一物状，名曰瑸珰；右耳垂珊瑚坠，用李大珊瑚两颗，上下金镶，名曰工绸。身穿大领窄袖绸绿锦短衣，以水獭皮走边，袖口用五色缎各一条相接，前镶獭皮，下穿黑毾百褶裙，名曰郭在足著皮巷，上披红毾褊单，插顺刀，带腰刀，系大红花缎带一条。其巡街之役名曰郭家哇，逢时令会期，亦穿蟒锦短衣，黑毾裙，带腰刀，系缎带，不披褊单，不绾发，戴白圈帽如箭鼓子边样，手持木棍，巡查打街。自噶隆下至小民，手上俱带骨扳指；大领无杈褚巴，或布氆氇、绸缎等，看其贫富为之，不拘颜色皆穿，而所戴之帽亦同；腰束皮带或毛毡带，亦带小刀、顺刀、碗包、火镰等物；手拿素珠，怀揣木碗；其裤子裆内开衩，腰两旁亦开衩，腰如荷包口扎束腰间。妇女服裳装饰，头发从顶分两旁，搓如绳交脑后，稍以绳束之。女子未嫁，脑后另分一辫，以宝石、珍珠、珊瑚之类戴辫上。

若受聘，则将夫家所定之金镶绿松石一大块戴顶上，嫁为妇则不复辫发矣。居常以红绿栽绒作尖顶小帽戴头上。脚穿布靴，或皮巷下穿十字花黑红毡裙，名曰东坡。前穿围裙，或红褐或各色绸缎为之，镶花边，名曰班带。上穿小袖短衣，长齐腰间，名曰文肘，绫缎绸布毛毡皆为之。上披栽绒小方单，名伞。手带银镶珊瑚戒指，名曰慈姑。左手带银钏，名曰则笼，右手带砗磲圈，宽约二寸，名同箍，乃小时带者，至磨断方已。无论贫富必带之，云死后不迷路。耳带金银镶绿松石，坠长寸余，宽七八分，后面有小钩挂于耳上，名曰额哥。上连珍珠珊瑚串，缀以银钩挂发上，名曰吞达；下以连珍珠、珊瑚串，长六七寸，垂两肩，名曰重杂。贵贱不等，皆项挂素珠一二串，白珊瑚、青金砗磲、磁器至木珠者；富至带蜜蜡珠，有大如茶盏者。又带一银盒，名曰阿务，内装护身佛、子母药之类。胸前必挂银镶珠石环，长有三四寸，宽寸余，两头有钩，乃挂衣扣者，名曰的拉，不拘贵贱，皆有之。稍富余，则戴珍珠帽，以木作胎，如纬笠式，而厚朱红漆里，以金镶绿松石为顶，周围满戴珍珠于胎上，价有值千金者。老年妇人，以金镶绿松石一片如镜，约汤碗口大，立戴于额上，名曰白玉。凡戴白玉，亲友作贺宴客。

其蒙古妇女，发亦自顶分两股打辫子，以青缎或青布作套束上，约宽寸余，长二尺许，以钩挂发辫际，垂两乳旁，足穿香牛皮靴，身穿长衣，上盖镶边齐肩长挂，其挂腰作细褶，仿朝衣褶，耳带累丝金镶绿松石坠，或珊瑚坠，脸不敷糖脂，不披方单，冬夏俱戴狐皮帽。

（选自《西藏志》，第二十四页）

注释

① 毡：hé，毯一类的毛织品："庚午减陕西织造绒毡之半。"

② 颇罗鼐：清代西藏贵族，本名琐南多结，曾为拉藏汗秘书的颇罗鼐配合阿里总管康济鼐出兵策应进藏清军，清政府平乱后，任仔本（审计官），掌管财政。乾隆四年（1739）颇罗鼐被封为郡王。

③ 素珠：珍珠。亦借指白色的珠状物。

（西藏郡王宴会）遇大节会筵，乃选出色妇女十余人，戴珠帽，穿彩服，行酒歌唱，近有能唱汉曲者。又有八、九、十二三岁小童十数名，穿五色锦衣，带白布圈帽，腰勒锦条，足系小铃，手执钺斧，前后相接。又设鼓十数面，其司鼓者装束亦同。每进食一巡，相舞之于前，步趋进退与鼓声相合，揆其义仿古之佾舞欤。食毕，肉果等物俱各撤去不留，亦或设宴请汉官。

（选自《西藏志》，第三十一页）

西藏习俗……通用皆银钱，每个重一钱五分，上铸番字花纹，其名曰白丈，以银易钱而用。若易贸碎小之物，以蒙子哈达、茶叶、酥油易换。至市中货物商贾，有缠头回民贩卖珠宝，其布匹、绸缎、绫锦等项，皆贩自内地。有白布回民贩卖氆氇、藏锦、卡契缎、布等类，皆贩自布鲁克、巴勒布、天竺①等处。有歪物子专卖牛黄、阿魏等物。其他藏茧、藏绸、毡子②、氆氇、藏布以及食物诸项，藏番男女旨卖，俱不设铺面桌柜，均以就地摆设而贸。

（选自《西藏志》，第三十一页）

注释

① 天竺：古代中国以及其他东亚国家对当今印度和巴基斯坦等南亚国家的统称。
② 毡子：兽毛踩压而成的厚片状制品，多指用于铺垫的块片毡。

（朝贡）藏卫地方乃赏给达赖喇嘛采邑，免其正赋之贡。今达赖喇嘛、颇罗鼐为一班，班禅喇嘛为一班，各间年一次，遣额尔沁汉云使臣，喇嘛之使又称堪布，颇罗鼐之使又称囊贡。进贡，缮唐古忒字表，恭请圣安，以伸诚敬。其所进之物，乃藏香、藏杏、藏枣、珊瑚、蜜蜡、珠子、木碗、金丝缎、卡契绸、卡契布等物。其木碗有二种：一曰札木扎牙，木色微黄，坚润有细文，云能避诸毒，每一个价值十数金，以至数十金者；一曰拉库尔，木色微黄，花纹略大，云亦能避毒，价亦须数金。

（选自《西藏志》，第三十七页）

（外番）库库木罕以实心感戴大主仁恩，蒙赐敕书、缎匹、玻璃、磁器等项。向闻大主天恩仁惠。至于天恩温旨，如此沛降，实出望外。今贝勒转奏，蒙赐敕书，无涯天恩，爱我生灵，如同父母，曷胜欣庆。特差巴瓦尼桑格尔恭谢天恩，伏思库库木罕边鄙小罕，惟赖大主仁恩，以安其生，仰乞温旨不时下降。奏书微仪：哈达一个，大珊瑚二个，珊瑚六个，小珊瑚一串一百零八个，金丝织成各色卡契带十条，金丝织成卡契缎一匹，银丝织成卡契缎一匹，孔雀尾管子碗二个，各色卡契布二十一匹，白卡契布五十九匹，各色药六包，额纳克特克巴尔布等处地图一张。癸丑年十一月十七日奏。

叶楞罕奏书曰：大主明鉴，微末叶楞罕合掌谨奏，大主圣体安和，不胜幸甚。向因额勒特罕，不将大主天威仁化晓谕我等，今幸贝勒宣传，我等方知，虔诚恭顺得遂，赏赐敕书、缎匹、玻璃、磁器等项，如我亲瞻天颜，不胜欣庆之至。边鄙小罕，惟乞天主怜爱，鉴之鉴之。奏书微仪：哈达一个，大小金钱两个，林亲中内佛一尊，珊瑚一串一百一十八个，小珊瑚一串一百三十六个，香盒一个，孔雀尾管子碗一个，孔雀尾扇一柄，金丝织成卡契缎一匹，银丝织成卡契缎一匹，各色药一包，巴尔布带一条，白卡契布三匹，各色卡契布十匹，卡契缎三匹，巴尔布布四匹，星衮一包，黑香一包，阿鲁拉三包。癸丑年十一月二十九日奏。

（选自《西藏志》，第三十八页）

[土鼠年（1768）八月]十五日，绒强钦喇嘛、执事、寺僧一百一十人念诵真言，祈求佛爷（八世达赖喇嘛）足莲百劫永固。觉龙喇嘛、执事来作夏季朝叩，下密院格隆献上茶等九件礼为主的在叶尔巴修行长寿仪轨后的长寿物品。尼木玛尔洛巴之子次旺饶丹能背诵《妙音声学》，并就《图画的绘法》从《诠释具明》上作了讲解。佛爷看到他对十明（分大小五明）理解娴熟，特赏他外库哈达、夏季僧帽、金边贴身薄汗衫、绫带碗套、砖茶。根据上辈达赖喇嘛的传记《如意宝穗》的内容，新绘制了作为众生福田的七世达赖喇嘛唐卡画像，于是佛爷从设置的利乐基金中，奖赏管事孜仲姜忠和普隆两人各（一份）内库哈达、绸缎"蓝察玛"普通上衣、茶包。此外，校勘者森夏·喇嘛顷则也认真负责，十分辛勤，为此奖赏内库哈达、氆氇僧人披单、红黄绸缎的六事庄严坎肩、小包茶叶；奖给助校者孜仲门巴古香顷则格桑顿珠阿喜哈达、氆氇僧人披单、茶包；分别奖给画师翁则索南旺顿、知事僧①、格桑三人中库哈达、"卡绷"僧帽、羊毛呢子绿色汗衫、绫带碗套、茶叶；奖给索南帕绰和夏云各（一份）外库哈达、花氆氇汗衫、上等茶叶；奖给其余全部人员各

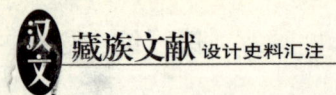

（一份）索达哈达、花氆氇绿色汗衫、上好茶叶等。

（选自《八世达赖喇嘛传》，第五十二页）

注释

① 知事僧：寺院中掌管事务的僧人。

［铁虎年（1770）］五月之内，［佛爷（八世达赖喇嘛）］同对桑耶寺祖拉康主供佛像修缮完工的摄政第穆活佛为首的诵经仪轨助手一起，以文殊大威德能怖金刚的方式祈诵誓言，抛撒融入智能的神界花朵。然后向主尊佛大菩提觉沃像（即释迦牟尼像）献上五色内库敬神哈达、银质曼荼罗、上等绸缎的三庹厚的香囊、大幡一对；向其余主尊佛像各献外库哈达；向随从们挂献索达哈达。向摄政赤勒巴第穆活佛献上内库哈达、僧帽、袈裟、披单、皮袍、下装、半月形大氅、银五大升、上等茶五包、水果、白粮包、含上等绸缎布匹的九类十三件礼物。向济仲活佛和希桑等三位活佛各赠中库哈达和茶包。向六十三名班藏僧人各赠外库哈达和两个银章喀。向两个持戒各施茶叶。向管家佐巴、司寝为主的上中下侍从均按地位奖赏，满足心愿。

（选自《八世达赖喇嘛传》，第五十七页）

［铁虎年（1770）］九月初二日，多康佛教之根本帕巴拉活佛供献以须弥山四大洲①日月庄严曼荼罗和身语意"三依"为主的财礼供云海进行供养。……祈请佛爷（八世达赖喇嘛）在这些有情者还没有消除二障（烦恼与所知障），而佛爷（八世达赖喇嘛）也没有获得智慧法身之前，请久住长寿。接着加让活佛尊者呈献佛土庄严、身语意"三依"为主的普贤供云礼，并由随从僧俗人员，以及色拉寺和哲蚌寺的持戒僧一百五十人作供养。（六世）班禅大师在途中特派卓尼尔洛桑饶丹等人前来慰问。（班禅大师）为帕巴拉活佛大宝前往色拉寺学经赐行，并赐他镀金释迦牟尼铜佛像、桃形僧帽、脖颈披单、袈裟、僧裙、半月形大氅、腰带、白皮僧靴、毛织氆氇两床、茶叶两包及酥油包等礼物，嘱咐他要通过彻底学习宗喀巴大师格鲁派无上教法，成为寺院大德和成就佛教事业的无比贤哲。为拉俄玉松古香顷则休短假赐行时，佛爷（八世达赖喇嘛）不仅因以他是佛王仓央嘉措②的主要亲戚为考虑，而且考虑到噶柱边地的居民，为此如例赐他送别礼品船只、缎褂（僧官马褂③）、坎肩、僧裙、茶叶两包。

（选自《八世达赖喇嘛传》，第六十一页）

注释

① 须弥山四大洲：是中国佛教中认为的在须弥山周围咸海中的四大洲，分别为东胜神洲、西牛贺洲、南瞻部洲和北俱芦洲。

② 仓央嘉措：门巴族人。六世达赖喇嘛，西藏历史上有名的情僧。1683年生于西藏南部门隅纳拉山下宇松地区乌坚林村的一户农奴家庭，父亲扎西丹增，母亲次旦拉姆，家中世代信奉宁玛派佛教。

③ 马褂：一种套于长衫之外的短褂。长袖，对襟，齐腰。本为满族人骑马时穿着，故称。后沿用薇常服或礼服，后渐废。

［土猪年（1779）正月］二十四日，（八世达赖喇嘛）向小昭寺释迦牟尼佛像献上敬神哈达、衣物，并作供施和祈祷，然后返回布达拉宫。先前即于本月（正月）初八日，接到了（清乾隆）皇帝的谕旨，内曰："铁鼠年（1780）正值朕之七十寿辰，班禅额尔德尼①须来京为朕拜谒。此谕

由赤诺门罕和留大臣二人传谕班禅额尔德尼。"遵照此旨,二十五日,为辞行的摄政额尔德尼(诺门罕)、大臣、噶伦多仁摩顶送别。作为送别馈赠,赐追玛嘉扎萨克、哈吞公子公主两人佛舍利、藏药丸仁钦察觉和昌觉,以及依供佛像、十七罗汉唐卡、帽子缎衣等各一套、马鞍用品各一副,同时赐予封诰的嘉奖。赐喀尔喀(大库伦)扎萨克图结布(土王)的叔父诺云曲吉舍利、藏药丸仁钦察觉和昌觉、金佛像、桃形僧帽等僧人用器一套,并也赐予封诰的奖赏。此外又赐上述两位喇嘛和土官各自地方所需的藏香、毛织毪氇等许多财物,按级别赐宰桑、侍卫等随从人员大量衣着用具赏品,给各喇嘛土官的使者们颁赐有佛爷保佑的盖印慰问宫文。

(选自《八世达赖喇嘛传》,第八十六页)

注释

① 班禅额尔德尼:西藏喇嘛教格鲁派(黄教)的两大活佛之一(另一为达赖喇嘛)。班,梵语意为"精通五明的学者";禅,藏语意为"大";额尔德尼,满语意为"宝"。清顺治二年(1645),和硕特蒙古固始汗尊格鲁派领袖罗桑确吉坚赞为班禅(即班禅四世,追认前三世)。

[铁牛年(1781)二月]初四日上午,佛爷(八世达赖喇嘛)接受以哲布尊丹巴活佛为首的喀尔喀①人作的念经祈寿,接着赐请哲布尊丹巴活佛、其父、诺门罕、司膳、扎萨克②等上层人士在达赖喇嘛座前一同用膳,恩赏有加。……作为摄政第穆诺门罕活佛的转世灵童,出生在昌都萨岗的我(哲布尊丹巴)最终得到了认定。当迎接我的时候,噶厦③代表近侍堪布顷则赤勒一行当面颁给佛爷赐予我的盖印官文和赏礼:护身结、内库哈达、上等绸缎、藏药曼玉、大尊无量寿佛像、桃形僧帽、"古杂"、下衣(僧裙)、披单、马旗金翎子,以及赐给帕巴拉活佛、希桑活佛和加让活佛的盖印执照和相应赏礼。并赏赐萨岗我生父晾堪杰四相缎的贴身薄汗衫、腰带碗套,赏赐我生母红缨帽、藏呢的贴身薄汗衫,以及两人各中库哈达等的赏礼。

(选自《八世达赖喇嘛传》,第一百零六页)

注释

① 喀尔喀:中国清代漠北蒙古族诸部的名称。

② 扎萨克:清代将蒙古族住区分设为若干旗,每旗旗长称为扎萨克,由蒙古的王、贝勒、贝子、公、台吉等贵族充任,管理一旗的军事、行政和司法,受理藩院和将军、都统监督。

③ 噶厦:官署名。藏语音译。即西藏原地方政府。达赖、摄政以下是政府行政机构,藏语称"噶厦"。"噶"是命令的意思,"厦"是房屋的意思,"噶厦"就是发号施令的地方。外国人常把噶厦译成"内阁",性质类似。噶厦是清政府规定的。

[铁牛年(1781)]佛爷(八世达赖喇嘛)……为邓却科寺堪布法台顿珠嘉措活佛辞行赏赐馈礼:桃形僧帽、绸子大氅、袈裟、背心、坎肩、僧裙、全套马鞍、条香等物;赏赐管家、侄子各为坎肩、披单、比丘裙,赏赐随从们相应的礼品,并嘱咐邓却科寺活佛勤加修持,弘扬佛教之教义。

(选自《八世达赖喇嘛传》,第一百零六页)

[水兔年(1783)]先前关于(六世)班禅大师转世灵童一事,上奏文殊大皇帝后接到给回的圣旨称:"已认定班禅额尔德尼真身转世乃是大贺喜事。"随旨赐(八世达赖喇嘛)达赖喇嘛哈达、羊脂玉等珠宝器皿、上好锦缎、衣物等诸多赏品,同时赐班禅转世灵童和额尔德尼诺门罕两人宫廷赏品。(扎什伦布寺)司膳官扎萨克喇嘛与司膳官措萨巴奉上素食,以仆从一百人作供养。达赖喇

嘛特派大兄长济仲为代表去向班禅真身转世灵童呈献礼物。同时为扎什伦布寺扎萨克喇嘛和司膳官措萨巴等人饯行时，告诫说：你们要为班禅灵童坐床做好内外各方面的准备事宜。赐木里活佛桃形僧帽为主的喇嘛法衣、马鞍全套、马旗、马鞭等，并封予封号；赐（木里）顷则僧帽、坎肩等喇嘛衣服，以及其他赏物。……于是在二月里，达赖喇嘛非常高兴地撰写了《班禅灵童长寿祈祷文》。七世达赖喇嘛祭日时节，向三大圣地为代表的各个殊胜佛像奉献金液、供施、祈祷，广赐三大寺为主的僧侣们布施供养。为达擦仁波切的父母两人外出备下厚礼，向两位尊亲赠送做一套衣服用的山南藏呢氆氇、普通毛织氆氇九匹、"达札"毛织氆氇藏呢八匹。

（选自《八世达赖喇嘛传》，第一百二十三页）

作为赤坚赞森格活佛入住寺院的赠礼，[水兔年（1783）]佛爷（八世达赖喇嘛）赐他桃形黄色尖帽、肩帔、披单、半月形大氅、氆氇二匹，同时告诫他（赤坚赞森格活佛）努力学经、勤奋精进。

（选自《八世达赖喇嘛传》，第一百二十七页）

[木蛇年（1785）七月]二十日，（八世）达赖喇嘛前往罗布林卡格桑颇章①宫，在那里沐浴养身。因朝拜者无以计数，限制二百人的规定不得不完全放弃。……多仁公子噶伦索南丹增班觉次仁通过了《诗镜》第二三品的考试，扎西孜的公子勋巴通过了《诗镜》第二品的考试，得到了（八世）达赖喇嘛的首肯与褒奖，赏给内库哈达、帽子和锦缎等物。当听到他们平常非常用功学习五明和显密经典的话时，达赖佛爷心里甚悦连连赞扬。

（选自《八世达赖喇嘛传》，第一百三十九页）

注释

① 格桑颇章：位于今西藏拉萨市的罗布林卡内，是罗布林卡中建得最早的一座宫殿，因是七世达赖格桑嘉措修建，故名格桑颇章。"颇章"是藏语，意思是宫殿。

[火马年（1786）]一月双合日，按例增放各寺院的斋僧茶和月度口粮。……此间，（八世）达赖佛爷赠给萨迦达钦仁波切内库哈达、银元宝锭、库藏四相大锦缎①；赠给黑帽活佛②阿喜哈达、银五十两、茶包；赠给止贡活佛、岗木布活佛、曲沃日活佛和敏林堪布衮桑晋美四位活佛每人中库哈达、章喀银五十两、茶包，并传授长寿经文，告诫众人为政教泰安勤加修持。

（选自《八世达赖喇嘛传》，第一百四十四页）

注释

① 锦缎：丝织物之一种。色彩鲜艳，花纹绚丽。原产于江苏省宁县（今南京），唐代已有，为江南贡品。唐·李商隐《鸾凤》诗："金钱饶孔雀，锦段落山鸡。"唐·温庭筠《博山》诗："博山香里欲成云，锦段机丝妒鄂君。"

② 黑帽活佛："黑帽系活佛"是藏传佛教噶举派（白教）的支派噶玛噶举派活佛系统之一，同时也是藏传佛教主要活佛系统之一。噶玛噶举黑帽系活佛在整个藏传佛教中占有极其重要的地位，是藏传佛教中第一个采取活佛转世制度的宗派，属于历史最为悠久的活佛系统。

[土鸡年（1789）一月]二十九日，为辞行的达擦仁波切前往北京皇宫饯行，佛爷（八世达赖喇嘛）从他的护身结、加持灵物、响铜佛像、镀金佛像等物品中各选出一对作为赠礼，并赠他《宗喀巴大师文集》、唐卡画像、桃形僧帽、绸缎披风、袈裟、衲衣、肩帔、僧裙、有纹图的纯白银托、承接器（痰盂）、净瓶、马旗三面、喇叭（长角号）、唢呐、马鞭等大量礼物。同时赠给管家、卓

仲等所有随行人员与其身份相应的衣服等许多礼物。

(选自《八世达赖喇嘛传》,第一百六十三页)

[土鸡年(1789)]九月,(哲蚌寺)赤加那巴欲外出学习功德,(八世)达赖喇嘛为他学经赠送信物:响铜佛像、镀金铜像、桃形僧帽、披风、袈裟、肩帔、衲衣①、僧裙、带托盘的瓷碗、承接器、净瓶、伞盖、喇叭(长角号)、唢呐等用器各一对,马旗、马鞭、马鞍、上衣肩搭、藏南氆氇、细柔藏呢、马衔勒绳、藏红花等大量财礼,并予封赏,此外赠送他的管家、卓尼尔等所有随从以服装为主的赏礼。

(选自《八世达赖喇嘛传》,第一百六十六页)

注释

① 衲衣:即补纳衣;指补缀朽旧的破布所制成的法衣。又作衲袈裟,也称为弊衲衣、坏衲衣、无衲衣、百衲衣。

[水牛年(1793)四月]十六日起的三天时间里,(八世达赖喇嘛)为乞求出家和受比丘戒的二百名信徒传授了戒律。是日,在罗汉神殿为姜隆班智达赐宴时,(八世)达赖喇嘛将自己的念珠、佛像、红黄氆氇及护结赏给他,并作指教。

(选自《八世达赖喇嘛传》,第一百九十二页)

[水牛年(1793)五月]二十七日,扎什伦布寺扎萨克堪布拜辞。(八世)达赖喇嘛为他摩顶,并高兴地招待他吃饭并赏礼。堪布也献了哈达、内库红锦缎等请求护佑的供物。……一天,比丘僧意希嘉措由策(却)林前来呈报说:"喇嘛仁波切现在带话说'今日向佛爷(八世达赖喇嘛)为首的众活佛献上年关礼物(即本命年的礼物)各一份。向色拉寺和哲蚌寺的比丘僧们熬茶供养时,布施每僧一个章喀银的施舍礼物,祈请保佑。另外为使宗喀巴之佛教不致中断,我自己世代对宗喀巴的教法坚信不离,对教理教义得到了圆满修持,现在请给我保佑'。他还将《诵经条令》等口诵了一遍,然后用膳之后就圆寂了。因此请按上述他的保佑祈请,给予慈悲。"当时,就献上了内库哈达、金八秤、黄色库缎、佛像等回向礼物。但是由于佛爷心不在焉,因此司膳官未敢作呈报,而由其它堪布(将经师圆寂的事)作了报告。佛爷突然很长时间很伤心地坐着,然后立即差遣堪布姜仲去向经师遗体敬献百供、内库五色哈达、曼荼罗。同时,为做回向超度,召集近侍,一切按照总管安排周全办理。次日,又令察底吉仲为手工管事助理。

(选自《八世达赖喇嘛传》,第一百九十四页)

[水牛年(1793)](八世达赖喇嘛)为送走去年和今年的本命之灾,消除身上的魔障,依据达赖喇嘛的计算和三大护法神的授记,以及众多喇嘛活佛的说法,遂将举行与萨迦、格待、宁玛、竹巴等所有教派教规相符的各种经忏佛事,作为做这些佛事的基金。许多捐献的人士来到用膳角楼上面献礼。他们捐赠的财物有银以及绸缎等内部用物、马蹄银锭、粗银、尼泊尔银章喀等总计合银一万一千一百二十纯两,锦缎等实物计银三千两。当噶厦恰佐(总管)举行常规经忏法事时,从财神库捐出汉银五千两。达擦活佛为代表的噶伦、代本,孜本、公、扎萨克、朗玛、勒参巴等西藏地方政府上中下官员纷纷为经忏祈祷法事献礼,共捐银二千余两。向雪域藏地四大寺为代表的各派僧侣、四如寺院发放布施,让各教派的诸多喇嘛活佛修念长寿仪轨。向佛像等所依进行供施、描金、供奉衣服、新塑三宝神像,向三大圣地为主的众神山献"古隆"佛冠,向穷人发放布施。这恰似从

雪山流向四野的河川，善道供施庄严，财富布满天下。

（选自《八世达赖喇嘛传》，第一百九十八页）

[土马年（1798）四月]十七日，在措钦旧大殿举行盛大庆贺宴会，（八世）达赖佛爷亲临现场，登上金宝座。首先，大小官员们献上拜见哈达。佛爷（八世达赖喇嘛）为他们摩顶，然后列座用头道茶，同时观赏噶尔宫廷乐舞表演，之后讲颂格言……参加宴会的全体人员一律得到达赖佛爷赏给的护身结。在前面已向塑像的总管、工匠们颁发了薪俸的基础上，堪布洛杂瓦却嘉措和擦顶济仲还分别被奖赏内库哈达、大匹库缎、上等茶两包、有锦缎的九件礼品；视平日业绩，多康噶局也受到奖赏；席哇次仁被奖赏内库哈达、夏帽、四相缎的贴身薄汗衫、绫带、碗套、茶包、包括锦缎的各种礼品；十二位师傅分别被奖赏阿喜哈达、黄碗大帽、四相缎打织的贴身薄汗衫、绫带、碗套、每人茶两包、装有锦缎的九件礼两份；九位小师傅分别被奖赏中库哈达、黄碗大帽、一种丝缎缝的薄汗衫、绫带、碗套、茶每人两包、包括有锦缎的礼数件；其余四十八人被奖赏外库哈达、皇碗大帽、藏呢团花的汗衫、绫带、碗套、茶每人两包、装有锦缎的礼三件；总管的仆人和支乌拉①差的役夫、仆奴们也被颁发了奖品。总之，所有的人都得到了满足，使在场的人们沉浸在欢乐的气氛之中。

（选自《八世达赖喇嘛传》，第二百三十八页）

注释

① 乌拉：指旧时西藏地区，农奴为官府或农奴主所服的劳役。亦指这种服役者。

[铁鸡年（1801）五月]初四日，噶厦在措钦宁巴大殿举行盛大宴会之后，作为给（七世）班禅大师饯行用的衣服等全部馈礼，专门挑出（八世）达赖喇嘛珍爱的优质礼品以及曼荼罗、身语意三所依等物加以赏赠。按照旧俗，事先将这些馈赠的礼物如数全部备齐。这些礼物主要是：生活用器、金银、绸缎、羊毛氆氇、茶等大量礼品，以及两匹坐骑"顿珠江波"和"拉定卓嘎"，配鞍还是从达赖喇嘛最喜欢的新鞍中选出的镶有金丝带的一具特别鞍具，还有一些铜箍优质器物。当时，又按例赏给扎寺强佐堪布全套衣服，向班禅大师的经师、贵族、近侍、勒参巴、上中下仲科尔、驮夫、赶夫、仆人等也都按例额外赠赏有差。班禅的经师雍增巴、司膳、司寝为代表的各个贵族勒参巴请求单独膜拜并献礼。于及根据他们所献礼品之多少，回赠大匹锦缎、红黄色柔和氆氇、茶等。施与慈悲，人人满意。

（选自《八世达赖喇嘛传》，第二百五十七页）

[木鼠年（1804）三月]初八日，向三大寺、上下密院、丹结林、各地小寺、后藏扎什伦布寺为代表的各寺院发放布施。向各喇嘛活佛布施长寿灵物以及与本教派诅咒禳解法相符合的"隆顿"（经文），向三大法轮为标志的镇节、镇肢和镇边的所有寺院进行礼供、涂金、开光，向各修行圣地赠长寿灵物，并进行会供酬补莲花生大师的祈请仪轨，向孜廓（布达拉宫转经道）、贝拉觉（吉祥天母亭）、哲蚌寺甘丹颇章果查康（户籍册殿）、乃穷觉、拉莫觉、桑耶觉等卫藏所有圣地进行酬补与托请，向贫民布施等均由噶厦秉承（八世）达赖佛爷的意旨举行。诵经条令中明确登记，其所有用品折合现金为汉银四千三百两，各种实物绸缎、羊毛呢子、普哈尔（似指一种动物）、黑狐狸等皮张这类价值白银三千四百两。所用物品白银和所有实物都呈送日光寝殿达赖佛爷过目，然后指示打卷成件，交付诸位噶伦和堪布贝丹各自保管，并嘱咐道：经忏用品不可散失，切实加以管理。又向司膳交代说，迎请乃穷护法神时向他请求神谕，献上题有祈愿词的敬神哈达，向他作事业托

请，同时赐给他向哲蚌寺各供殿佛像应献的祈愿敬神哈达。

(选自《八世达赖喇嘛传》，第二百八十六页)

[木鼠年（1804年四月）]十五日上午，（八世）达赖佛爷与授戒师们来到哲布尊丹巴跟前为他授戒，作长净仪轨。……在佛爷的主持下，他们为哲布尊丹巴传授了比丘戒律。授戒完毕，哲布尊丹巴向达赖佛爷献上哈达、曼荼罗、身语意三依、白银、绸缎等物，向授戒导师们献上功德礼物。哲布尊丹巴的所有随从也向达赖佛爷献上哈达。达赖佛爷亲手赐给哲布尊丹巴护身结、内库哈达、常佩印有禅房的释迦牟尼佛像、袈裟、祖衣、红黄香束二十把，网状红黄氆氇五匹等礼物。

(选自《八世达赖喇嘛传》，第二百八十九页)

[藏历第十三饶迥之"忿怒"即乙丑木牛年（1805）十二月一日]星辰会合十分顺泰之吉日良辰，上师出世犹如在云丛中升起太阳一般，没有任何痛苦折磨母亲。因知羞而披盖了肘长的有如白色哈达般的世俗衣饰，上身包缠得整整齐齐，顺利地降世了。

(选自《九世达赖喇嘛传》，第十二页)

[土龙年（1808）九月二十一日，九世达赖喇嘛坐床仪式时，从佛像到雪石碑之间]领唱歌手声如婉转鸟语；正当壮年的男男女女身着华丽服饰扮做男女英雄起舞，歌声有如千只杜鹃鸟一同唱歌；戴老虎、狮子、野牦牛等各种面具服饰者表演各种游戏；具祥哲蚌大寺、色拉大乘洲、美如、希德、药王山等大小寺院高擎黄色法幢、头戴金色宝冠之僧众，手举伞盖、法幢、飞幡、花、熏香、螺号、唢呐等一应供物，身做烟供，语念涌佛祖菩提心颂词之僧侣队伍连绵不断；布达拉宫及大昭寺等楼房屋顶，五彩神物彩旗幔犹如彩虹飞舞，吹拉弹之动听音乐乃焚香烟供铺满天路。

(选自《九世达赖喇嘛传》，第四十六页)

[木猪年（1815）藏历二月十六日，九世达赖喇嘛圆寂，法体安坐光明本尊殿]随后将法体（殊胜活佛洛桑丹白迥乃阿旺隆朵嘉措白桑布）迎请到小寝宫南面的松热玛，由随侍左右的司膳、司寝、司祭，以及近侍洛桑平措等为如意宝王法体沐浴，抹檀香、红花、冰片等香料，用产于噶其噶的上等布料包好后穿袈裟、上等绸缎的上衣、僧裙，戴饰有勇士飘带的五佛冠等，均以圆满受用身所需安请入座。所有侍奉礼仪，与侍奉世尊法体之礼仪和侍奉转轮王法体的礼仪完全一样，全心全意地恭敬侍奉。

(选自《九世达赖喇嘛传》，第一百三十四页)

(传言莲花生大师离开西藏后又来了一个异教法师的装束)或言："莲师入藏，仅住数月。即在藏时，亦但收伏天魔，及为桑耶开光而已，未多传法。迨莲师去后，有一外道，伪化为师，头戴鹫羽，如近世称为之邬京萨贺玛装束。彼来西藏，宏扬旧派各种法要。"此语乃诽谤之辞，应非事实。或云旧派诸法，皆是古如法自在所造，现在所说之"邬京萨贺玛"，乃法自在之装束也。按法自在乃晚近所出之掘藏大师（法自在为1212~1270年时人），时间相差悬殊。故此尤为无稽之言。

(选自《宗教流派镜史》，第二十八页)

[湟水北部地区政教发展情况（吐蕃国王的后裔扎底戛尔瓦各部与佑宁寺西北方雅尔仁巴的扎底阿却寺的故事。这个家族多康一支后裔中名为扎底才秀盘的后裔勒辛本玛）]在该处（西方的一座犹如晶石佛塔的白岩之处）看到一名美女和本教①占卦彩线和卦书等，遂与这名美女成家。……

这位美女是阿尼玛沁山神的女儿……于是人们流传玛沁扎的姓来自神种。用占卦彩线和挂书占卦很灵广验，蒙古王也曾请去占卜吉凶。据说，占卜用的彩线系鹿毛所制，目前尚存云。蒙古王的大臣伊古着洛的女儿勾与大智擦（即勒辛本玛与阿尼玛沁山神的女儿的儿子）结为夫妻，生育了三个儿子。大儿子在帽子上装饰了红色盔缨，穿戴蒙族服装，因而被称为红帽。

（选自《安多政教史》，第八十六页）

注释

① 本教：通苯教，因教徒头裹黑巾，故又俗称黑教。在佛教传入西藏之前，苯教是流行于西藏的巫教，是西藏最古老的象雄佛法。

（湟水南岸与黄河北岸地区政教发展情况）在瞿昙寺①附近有卓仓上下庄园。从前，彼处两昂锁曾调解拉摩德钦寺与夏琼寺②纠纷，在其所得的和解报酬中，有圣大师（圣·宗喀巴大师）的檀板，目前在下庄园的昂锁家里供奉着，犍椎尚供在夏琼寺那里。有三大哲士③为喇勤贡巴饶赛出家及受比丘戒而迎请的释迦佛像，后圣·宗喀巴又在此像上献了髻顶，眉心有右旋法螺形的舍利，称为右旋法螺本师像。还有四角各有一朵莲花，上下装有珠宝的圣大师的祖衣，这些都在上庄园昂锁家中供奉着。另外还有象牙雕的五部佛像，《甘珠尔》大藏经，念修一亿遍六字真言后造的国王形式的十一面观世在菩萨像及空行母形式的像两尊，白牛大师大成就者的缎披风和红背心、黄帽子、金丝缘边的黑帽子，第三世达赖喇嘛索南嘉措的缎披风、颅骨鼗鼓，第五世达赖喇嘛阿旺·罗桑嘉措的禅裙，第五世班禅罗桑耶喜的靴子，第六世班禅贝丹耶喜的长飘带僧帽、手帕，第巴曲结的长飘带僧帽，冬噶·仓洋珠扎的长飘带僧帽，尼塘·阿旺熏努扎巴的法衣，洛·森巴和嘉赛两师的背心，第一世一切知嘉木样协巴的背心，第二世嘉木样吉美旺波的修行帽，土观·曲吉尼玛的衣服，阿里·阿旺嘉样钦则丹吉的背心，吉散活佛的五部佛像和腰带，堪钦·罗桑曲洋的法衣和班智达帽，圣·班觉尔嘉措的五佛冠、长飘带僧帽、修行帽，居乃成就者的僧帽，俄西禅师的背心，扎教长的腰带，弘化寺嘉样尼玛的短飘带僧帽等许多内供物。

（选自《安多政教史》，第一百七十二页）

注释

① 瞿昙寺：藏语称"卓仓拉果丹代"，亦称"卓仓多杰羌"，意为"乐都持金刚佛寺"。创建于明洪武二十五年（1392），开创者三罗喇嘛桑杰扎西。

② 夏琼寺：本为藏语，意即大鹏，乃附会山形之势以命名。始建于元至正九年（1349），是藏传佛教格鲁创始人宗喀巴的发祥地。

③ 三大哲士：指藏传佛教历史上非常有名的藏饶赛，悦格迥和玛尔·释迦牟尼。

（湟水南岸与黄河北岸地区政教发展情况）贤巴曲乔嘉措，被康熙皇帝尊为上师。曾赐给圣父子三尊等许多贵重的佛像、佛经和佛塔。清乾隆帝邀请嘉样隆殊嘉措巴，在目顿修建了依杂拉杰林寺，创立讲学制度。以上三师是弟兄①，现在仍由其官府家族执掌寺院，受历代皇帝的尊重。

……

经巴觉昂锁等请求后，木兔年（乙卯），土观仁波且任堪布，并任浦察噶居为洛穹。众僧有二百余名。大经堂里供奉着栴檀释尊像、八药师如来佛像；上层供着圣·宗喀巴的牙齿、舍利和腰带，历代达赖圣师徒的衣服，康熙皇帝的两顶帽子、三串念珠、黄金和碧玉镶嵌的小刀、鱼须把的马鞭子、金制佛盒、珍珠颈饰、轿子、吠琉璃托钵、红宝石花瓶、羊脂玉的观赏摆设，及曲结自己的念珠、轿子等。大经堂背面的佛殿里，供着硃红印刷的宫版《甘珠尔》大藏经，其中开始的四函则为金汁书写者，经函夹板及捆经函的带子等都是特制的。有班禅本生画像等。另外还有三世诸佛殿，怙主殿等。

(选自《安多政教史》，第一百七十六页)

注释

① 弟兄：此处叙述似有误，仅崇德、顺治和康熙三朝已历时九十余年，弟兄之说，难以成立。

(佛教前弘期之时，珠拉嘉官人部落后裔阿本梦境里一美女对他说道)"因为你救了我儿子(蛇)的命，要将你带到父亲年泽的面前去。他的面前，有一条花毯子、一只拐杖和一条狗，请你索要这三件东西。"

说罢，(美女)便带他走去。在一座水晶宫里，有一位头缠绫巾，长须浓眉，身着蓝缎袍的人端坐在宝座之上，面带笑容地问需要什么？回答需要这三件东西。于是便被赐予。后来知道这是赐给小姐额珠的预兆。

(选自《安多政教史》，第二百二十五页)

(黄河上游玛多、果洛地区政教发展情况)距此(藏噶尔寺敦珠林)不到一日路程，便是穿贡山前的拉加寺吉祥永安洲，或叫讲习慈氏洲，以后被称为噶丹扎喜迥乃。它是阿柔格西·坚赞奥赛瓦修建的，彼师也叫贤巴格勒坚赞。……土牛年(1769)尊者(阿柔格西·坚赞奥赛瓦)四十四岁，在拉加吉祥域修建了这所寺院。……按班禅(仁波且)指示，创建法相学院，依色拉寺结扎仓的规章，建立讲辩闻听制度。……尊者乃赴牧业区募化，将得到的酪糕驮回寺院，平分给僧众，发放茶叶、酥油和青稞口粮，将募化来的毛毡和布匹，按照僧徒的身量一一分配，让做毡坎肩，所有披单、禅裙、帽子等，甚至针线之类，也由尊者供应。

(选自《安多政教史》，第二百四十七页)

(隆务河流域等地政教发展情况)夏日诺们汗①的拉让璃吾珠增宫(末尼普陀宫)内，有能避火的释迦牟尼佛像，有原为塔尔寺供奉的佛像之一具有能息灭火灾传说的红黄文殊像，还有聂塘的语化救度母佛像、班禅先巴朗哇亲手塑造的圣·宗喀巴像、宗喀巴大师的法衣、贾察吉和克珠吉两师的法帽、杜增巴上师②的法衣和装衣袋、历世达赖和班禅及圣·噶登巴的法衣和用物等等圣物很多。每在神变大祈愿法会上，即将这些圣物陈设出来，让信徒们顶礼。

(选自《安多政教史》，第三百一十七页)

注释

① 诺们汗：中国清朝时授予西藏、蒙古地区僧俗头领的称号。
② 杜增巴上师：指宗喀巴大师弟子中以持戒著名的杜增巴·扎巴坚赞，通称杜增巴。

(在佑宁寺立宗辩论时，华热恰科与嘉玉玛的辩论，华热恰科站起来说)"因为你具有三个不需要的东西，即嘴上不需要的胡子、手上不需要的佛珠手串、心上不需要的空虚。"

……

(华热恰科说)"那么，补特伽罗的上身穿有法衣啰？"

那人(嘉玉玛)辩道："许诺。"

"那么，补特伽罗下身穿着靴子啰！如果'许诺'，补特伽罗的上身穿着法衣，下身穿着靴子，兼而有之啰!"抛出了这样周遍的答辩。关于彼师象这样机智的巧辩非常之多。

(选自《安多政教史》,第三百七十二页)

(拉卜楞大寺志及传承世系)拉卜楞寺派然绛巴洛桑次程前往迎接(贡塘巴),于铁狗年(1790)八月上旬,回到了拉卜楞寺。向怙主嘉木样二世(一切知嘉木样二世)敬献了氆氇百匹、僧冠五十顶、特尔玛哔叽、红芸香等清净物品,作为见面之仪;在大会堂中,向僧众放了布施;在大经堂天窗上献了卫地的画轴。……这时(拉卜楞寺秋季学期会辩论中),有一次,贡塘·嘉贝样在一块剪纸花上又压了一块剪纸花,然后折叠起来,在上面写了"请给个中等木碗"几个字,戏耍着给了他。彼师即刻送上一个咱卜地区的木碗,并说:"这是从您总括发出的七个字的精义而作出的,行不行,请求赐教。"

(选自《安多政教史》,第三百八十九页)

(崇德)七年(1642)十月己亥,土伯特部达赖喇嘛遣伊喇固克散胡图克图、厄鲁特部代青绰尔济等至盛京,太宗文皇帝出怀远门迎,过马馆,还至马馆前。太宗率众拜天毕,进马馆御座,伊喇固克散胡图克图等进见,太宗起迎至门阈,伊喇固克散胡图克图等以达赖喇嘛书黄氆氇棒进,太宗立受之,遂携手相见。太宗升榻坐,设上座于榻右,命两喇嘛坐,其同来徒众行三跪九叩礼,次俄罗特部与喇嘛同来使臣及其从役,听鸣赞官赞行三跪九叩礼。于是命古式安布宣读达赖喇嘛及土伯特部藏巴汗来书,赐茶,喇嘛等诵经一遍方次,仍大宴之,伊喇固克散胡图克图及同来喇嘛等各献驼马、番菩提数珠、黑狐皮、绒单①绒褐、花毡、茶叶、狐裘②、狼皮等物,酌纳之。

(选自《清代藏事辑要》,第一页)

注释

① 绒单:毛织物之一种。犹今地毯。明·文震亨《长物志》卷八:"绒单出陕西、甘肃。"
② 狐裘:狐皮所制之裘。轻软贵重,先秦为诸侯之服,后世服用渐广。

[乾隆五年(1740)]七月乙亥,赐准噶尔台吉噶尔丹策零敕书曰:"……戈壁,又缺水草,行走甚难。但尔来人未出痘者,道经内地,诚属可虞,朕已饬令边境大臣,择戈壁少,水草好,有益于尔人畜者,详悉勘明,导引尔之人赴东科尔,到时朕大臣当已预为之备矣,随敕赐各色缎十端,加赏玻璃瓷器四十事、大缎六端。"

(选自《清代藏事辑要》,第一百二十五页)

[乾隆十一年(1746)三月]甲申,赐准噶尔①台吉策妄多尔济那木扎勒敕书曰:"朕总理天下,无分内外,一视同仁,惟期普天生灵,各得其所,台吉尔奏称遵照尔父,仰体朕广教安生之意,朕甚嘉悦。前尔父仰知朕意,定界以来,敬谨遵奉谕旨。朕屡次加恩体恤。今闻溘逝,深为轸惜。尔奏称:'遣人往西藏讽经,先轻骑减从前往,忏悔熬茶,回时令讽大经人等,续往讽经'等语。为尔父忏悔讽经,理所当行,岂有不准!但分作二次,徒觉繁琐,尔之人行走艰难,尔亦知之,当一次同往为妥,朕仍照前施恩,派人照看,赏赐牲畜路费。又为尔父作布施礼,特恩赏银满达、茶桶、察喇各一、红黄香一百束,交与使臣哈柳带往。又大手帕一百条、小手帕千条、茶叶千包,令尔讽经之人往藏时,由边界支取。应往人数,何时起程,何日可至边界,先期豫行报明。又尔使臣哈柳口奏,延请西藏喇嘛及今年例应来京贸易之人,祈就近在肃州贸易二事。延请西藏喇嘛,前据尔父奏请时,朕即以不便准行,明白降旨矣。至今岁货物欲于肃州随便贸易,此可行之

事，准尔所请，交与该地方官照看贸易，台吉尔一切事务，惟当遵照尔父仰体朕广教安生之意，敬慎奉行，互相和好，愈敦信实，俾边氓永享安乐。特赦交使臣哈柳赍回。随敕赐尔各色缎十端、蟒缎、妆缎各八端、玻璃瓷器法琅器皿十八事，尔其祗领。"

(选自《清代藏事辑要》，第一百三十六页)

注释

① 准噶尔：厄拉特蒙古的一支部落。17 世纪到 18 世纪，准噶尔部控制天山南北，在西起巴尔喀什湖，北越阿尔泰山，东到吐鲁番，西南至吹河、塔拉斯河的广大地区，建立史上最后的游牧帝国。宗教以藏传佛教为主，对西藏也有一定的影响力。另有准噶尔盆地。

（乾隆）十二年（1747）正月乙卯，赐准噶尔台吉策妄多尔济那木扎勒。敕书曰："……尔使回时，自能详告也。嗣后尔宜益敬慎，永归和好睦，以体朕广教安民之至意。待敕。付来使赍回，随敕赐各色缎十端，妆缎十端，玻璃法郎磁器十八事。"

(选自《清代藏事辑要》，第一百四十页)

咸丰元年（1851）二月庚申，谕："穆腾额等奏：'将哲布尊丹巴呼图克图呼毕勒罕转世之幼童验看掣定一折，上年（1850）十二月初九日，据驻藏大臣等会同达赖喇嘛、呼征阿齐图诺们罕及伊徒、达赖喇嘛等带领众喇嘛等唪经，由金瓶掣出番民密玛尔之子乌金策仁之名定为呼毕勒罕，达赖喇嘛当据经理将哲布尊丹巴呼图克图之呼毕勒罕名为哲布尊阿旺吹济旺渠车拉嘉木磋德。'此事甚属吉祥，朕心殊深忻悦，著加恩赏给该呼毕勒罕黄手帕一方、佛一尊、大缎四卷，并交库伦办事大臣德勒克多尔济等转行晓谕喀尔喀四爱曼之汗王及伊徒喇嘛等知悉。"

(选自《清代藏事辑要》，第四百五十一页)

[咸丰元年（1851）八月]丙辰，谕："本年班禅额尔德尼七十岁，伊在后藏多年，深通经典，振兴黄教，且保护众喇嘛俗人等多年，此乃嘉事，朕甚为喜悦。今伊七十生辰，著加恩赏给佛一尊、御笔福字一张、御笔寿字一张、大白哈达一方、如意一柄、白玉念珠一盘、银曼达一付、银瓶一件、黄蟒缎二匹、黄大八丝缎二匹、黄大卷五丝缎二匹、黄绉绸①二匹、黄绫二匹、黄裹绸二匹，交达赖喇嘛差来之堪布降曲丹皮回程之便，带赴西藏转交，务使班禅额尔德尼之体益加康健，永久穷究经典而振兴黄教，以副朕扶佑佛教轸念众生之至意。"

(选自《清代藏事辑要》，第四百五十二页)

注释

① 绉绸：用丝或棉等各种纤维织成的轻薄织物，用紧拈纱，或烧碱印花，或织时用不同张力，或用压花方法使绸面起绉。《儿女英雄传》第四回："前头那一个打着个大长的辫子，穿着件旧青绉绸宽袖子夹袄。"

[咸丰三年（1853）]四月乙亥（命驻藏大臣谆龄往奠故后藏班禅额尔德尼茶酒）谕："穆腾额奏：班禅额尔德尼于正月初九日圆寂一折。查班禅额尔德尼系后藏呼图克图僧众之总师傅喇嘛，且深通经典，振兴黄教，保护众生多年。前年七十生辰，朕特赏赐佛尊等件，方期伊身体倍加康健，永究经典，开导黄教，保护佛法。今忽闻圆寂，朕心深为悯侧，著加恩即派驻藏邦办大臣谆龄前往奠醊。其布施等项共折银五千两，著再赏给小团龙妆缎大缎二十匹、贡缎一百匹、大哈达二十方、小哈达三百方，除将所赏银五千两即由藏库动支，饬交札萨克喇嘛郎结曲批注在班禅额尔德尼之灵

前先作好事外，其缎匹哈达等项，著交该部仿照从前派委司员送赴西藏。再将联亲手所带珠子一串、瑚珊珠子一串、又经一部，先由报匣内送交穆腾额等，俟抵藏时，即于班禅额尔德尼之灵前悬挂，以示朕轸念之至意。谆龄祭奠事毕，即传谕该扎萨克喇嘛郎结曲批，现在班禅额尔德尼既已圆寂，尔扎萨克喇嘛务须感戴大皇帝恩典，仍仿照从前班禅额尔德尼之呼毕勒罕未出事以前，将藏中一切事务，加意谨慎代办。"

（选自《清代藏事辑要》，第四百五十六页）

［咸丰七年（1857）］十一月甲午，谕："廓尔喀久属藩服，向称恭顺，前与唐古特构怨弄兵，随尔悔罪进表，当经降旨，交驻藏大臣等檄谕褒奖，免其进贡一次，复经颁发敕书，用昭优恩。溯念该国王前请帮兵剿贼，事出悃忱，殊属可嘉，兹复进表输诚，永敦和好，自应重锡恩赉。着赏廓尔喀额尔德尼王苏热建热毕噶尔玛萨哈貂皮马褂一件、蟒袍一件、五色锦缎五匹、青摹本缎二匹、各色大缎八匹、荷包二对、玛瑙鼻烟壶一个、白玉搬指一个。总噶箕藏格巴都尔貂腿马褂一件，青摹本缎二匹、蓝蟒缎一匹、各色大缎六匹、荷包二对、玛瑙鼻烟壶一个。办事大小头人各色大缎二十匹、红线绉一匹、绿线绉一匹、荷包四对、小刀四把。著交满庆转行檄谕，派员赍送，赏交该国王等敬谨祗领，以示朕抚绥外番加恩无已之至意。"

（选自《清代藏事辑要》，第四百八十四页）

［咸丰九年（1859）］十二月壬寅，谕："恩庆奏理塘善后事件办理完竣，并请续设土司，奖励喇嘛一折。理塘地方办理招抚野番事宜，经该委员宣维礼等妥为开导，均已率众归附，令该堪布及土司等就地安插办理，尚属妥协，其会同出力之守备衔仁臻工布，既称夷众遵服，著准其作为续设五品土司，协同正副土司安为抚驭，即著该部发给该土司号纸执照。热水塘焚修喇嘛称勒达结准其戴用黄桃儿帽，穿黄大褂，以示奖励。"

（选自《清代藏事辑要》，第四百八十九页）

（同治）元年（1862）正月壬子，驻藏大臣满庆等奏，"据廓尔喀额尔德尼王苏热达热毕噶尔玛萨哈禀，闻文宗显皇帝龙驭上宾，即率领部落人等举哀成服，呈进金丝缎匹，具表请安，恳乞转奏。"得旨："褒嘉，颁给敕谕，并赏金花缎一匹、花缎一匹、八丝锻一匹、玻璃碗一个、火镶包一个、大荷包一对、小荷包四个。"

（选自《清代藏事辑要》，第四百九十六页）

［同治元年（1862）］六月癸酉，谕："满庆等奏颁赏物件在途遗失，恳请补发一折。据称：'颁赏廓尔喀王物件，由塘递到时，业已遗失花缎等多件，恳请补发'等语，著照所请补发花缎一匹、八丝缎一匹、玻璃碗一个、火镶包一个、大荷包一对、小荷包四个。由满庆等转发该国王祗领，惟此项钦颁赏件，各该地方官并不小心护送，敬谨驰递，以致沿途遗失，实属藐玩已极，著该部将口内驿站、口外塘递，逐一查明，系在何地遗失之处，据实严参，迅速具奏。"

（选自《清代藏事辑要》，第四百九十九页）

款 式

（玛降死后）塞囊将阿杂诺雅迎请至芒域，派使者先去向（赤松德赞）赞普禀道："现在已将阿杂诺雅大师请到芒域。"国王听了，马上派属下的朗·卓囊诺、聂·达赞东思、章·甲诺勒思等三人前往芒域迎接堪布……（阿杂诺雅大师到达后）请的人先（派去请阿杂诺雅的人）进去向国王（赤松德赞）禀道："阿杂诺雅已到宫门！"国王下令请进来……阿杂诺雅说："国王，看你头上的缠头巾，上部可统治帽子般的地区；脚上穿着靴子，下部能统治靴子般的领土；身上没有系腰带，看来中部地区，国王的法度有很快被败坏的危险。但是，因为国王奉献黄金给我做见面礼，所以能够弘传佛法。"于是以克什米尔人[①]阿难陀为翻译，请大师在龙促宫中宣讲了"十善"、"十八界"、"十二缘起"等佛法，共讲了四个月。

（选自《拔协》，第一十七页）

注释

① 克什米尔人：南亚民族。

［开元十八年（730）十月］名悉猎等至京师，上御宣政殿，列羽林仗以见之。悉猎颇晓书记，先曾迎金城公主至长安，当时朝廷皆称其才辩。及是上引入内宴，与语，甚礼之。赐紫袍金带及鱼袋，并时服、缯彩、银盘、胡瓶，仍于别馆供拟甚厚。悉猎受袍带器物而却进鱼袋，辞曰："本国无此章服[①]，不敢当殊异之赏。"上嘉而许之。诏御史大夫崔琳充使报聘。仍于赤岭各竖分界之碑，约以更不相侵。

（选自《旧唐书·吐蕃》，第五千二百三十一页）

注释

① 章服：在我国奴隶社会和封建社会时期，帝王和百官公卿所穿的衣服，底色和花纹都有一定的规定，作为区别身份等级的标志，这种规定就称"章服制度"。

（吐蕃）居父母丧，截发，青黛涂面，衣服皆黑，既葬即吉。其赞普死，以人殉葬，衣服珍玩及尝所乘马弓剑之类，皆悉埋之。仍于墓上起大室，立土堆，插杂木为祠祭之所。

（选自《旧唐书·吐蕃》，第五千二百二十页）

（隋朝时昌都地区东女国的服饰习俗）东女国，西羌之别种，在雅州西北。风俗宽缓，人性驯良。其主及诸官皆奕叶相传。十一月为岁首。死者墓而不坟，竖为标记，无丧纪之礼。所居起重楼层屋，王至九层，国人至六层。其王服青毛绫裙，下领衫，上披青袍，其袖委地。冬则羔裘，饰以文锦。为小鬟髻，饰之以金。

（选自《册府元龟吐蕃史料校正》，第十五页）

（达摩婆罗王在位期间，异教徒大举入侵摩揭陀，摩揭陀国王一败涂地。于是达摩婆罗王派使臣向盖希万门汉皇告急求援）汉皇（中原皇帝）不仅答应出兵，还特意赠给达摩婆罗国王两样礼物。其一是无论怎么穿着，胸前都有吉祥结的两件无缝织锦大氅。达摩婆罗将其中的一件又奉送给了跋嘎罗国王，以求他派兵援救。……汉皇的另一样礼物便是后来帮助达摩婆罗王修复寺庙，缮写经籍,重振法度,使佛法昌兴如昔。

(选自《柱间史》,第三十六页)

赞普(松赞干布)降旨道:"善哉!善哉!我意欲在孟秋(藏历七月)初八,太阳从红山升起的时候,派百人使团出使请婚。携金币一百作为向尼王谙婚的贽见礼,带沙金一升作为聘礼,那件用天神珍宝镶嵌而成的金铠甲作为给公主的彩礼,再给尼王陛下献上一件珠宝璎珞①披风,敦请尼王把赤尊公主嫁给雪域赞普。"

(选自《柱间史》,第一百二十九页)

注释
① 璎珞:印度习俗,凡贵族男女,皆缀珠玉以为颈饰。此习自古有之,如《普门品》说:"解颈众宝珠璎珞,价值百千两金而以与之。"

当十六大臣与前来参加(拉萨幻显神殿)开光庆典的人们,抬着美酒佳肴来到拉萨幻显神殿时,他们不见(松赞干布)赞普和后妃的人影,只见殿内坛城的织锦垫上放着赞普的头巾和黑色披风。

……

那阐布说赞普(松赞干布)留下的御著披风、尼妃和汉妃进献的贽见礼以及诸佛与众菩萨像放射出的奇异光芒可以为证,还有蒙妃赤姜可以作证。

(选自《柱间史》,第二百八十四页)

[咸亨元年(670)]吐蕃遣大臣仲琮入朝。仲琮少游太学,颇知书。帝(唐高宗)召见问曰:"赞普孰与其祖贤?"对曰:"勇果善断不逮也,然勤以治国,下无敢欺,令主也。且吐蕃居寒露之野,物产寡薄,乌海之阴,盛夏积雪,暑毲冬裘。随水草以牧,寒则城处,施庐帐。器用不当中国万分一。但上下一力,议事自下,因人所利而行,是能久而强也。"

(选自《新唐书·吐蕃》,第六千零七十六页)

(释迦牟尼)菩萨接受了"善供母"的女仆"仲玛"用洁巾包盖的食品后,入于"天掘池"中,帝释所置大石板上作沐浴,浴后疲乏,想从池中登岸时,恶魔故意变化高岸,使菩萨不得出池。天女等为菩萨捺低树枝,使其攀着树枝出池,继之走到"梵王树"前,穿好粪扫僧衣,这时净居天神也供上黄色法衣,菩萨接受下来,即安住于行境中。

(选自《佛教史大宝藏论》,第八十三页)

阿难作偈①道:"导师(释迦牟尼)具有大宝身,神变显示梵天界,法衣及布五百匹,用以缠裹我佛身。由我尊者福慧力,缠固佛身猛炽燃,其中内外两层衣,即佛法衣全未燃。"

(选自《佛教史大宝藏论》,第九十七页)

注释
① 阿难作偈:即阿难陀,王舍城人,佛陀的堂弟,也是他的侍者。是佛陀释迦牟尼十大弟子中的一位,被称为多闻第一。他在佛陀涅槃后证阿罗汉果,曾经参与第一次集结。据说他继承摩诃迦叶之后,成为僧团的领导者。

这一部的阿阇黎为王种,为调伏边地的高德,名"迦旃延那",操平常语,其祖衣条数和花纹与一切所贵部相同。

(选自《佛教史大宝藏论》,第一百一十六页)

[大中祥符三年(1010)]西凉府觅诺族瘴疫,赐首领温逋等药。四年,厮铎督遣增兰毡单来贡,赐紫方袍①。

(选自《宋史·吐蕃》,第一万四千一百五十九页)

注释

① 方袍:僧人所穿的袈裟。因平摊为方形,故称。

[天禧二年(1018)]立遵贪,且喜杀戮,国人不附厮罗遂与立遵不协……而立遵屡表求赞普号,朝议以赞普戎王也,立遵居厮啰下,不应妄予,乃用厮铎督恩例,授立遵保顺军节度使,赐袭衣、金带、器币、鞍马、铠甲等。

(选自《宋史·吐蕃》,第一万四千一百六十一页)

[宝元元年(1038)]厮啰冠紫罗毡冠①、服金线花袍、黄金带、丝履、平揖不拜,延坐旁问,称"阿舅天子安否"。道旧事则数十二辰属,曰兔年如此,马年如此。涣传诏,已而厮啰召酋豪大犒,约尽力无负,然终不能有大功。后累加恩兼保顺河西节度使②、洮凉两州刺史,又加阶勋检校官、功臣、食邑,赐器币鞍勒马。

(选自《宋史·吐蕃》,第一万四千一百六十二页)

注释

① 毡冠:古代北方少数民族的一种毡制礼帽。
② 河西节度使:唐朝在凉州设置的节度使。唐玄宗时,作为十大节度使之一。晚唐以后复置的河西军,是作为唐末五代时凉州一带的官军残余势力。

(妥懽帖睦尔)于羊年(1367)五月十一日返回蒙古地方,看来这个说法(当时正在大都城内的巴希贡噶仁钦的说法)是确实的。《觉卧巴教法史》中说,上述的皇位空悬时期,是因为当时的占卜者说:"如果和世(王束)的长子妥懽帖睦尔①在鸡年等待六个月然后再登上皇位,那么皇运将和薛禅汗一样久长。"……在妥懽贴睦尔继位后三十八年的阳土狗年,帝师贡噶坚赞②死。此时蒙古大臣们反叛,将上都③大殿焚毁,如来佛的佛牙舍利和袈裟不知失落何处。阳土猴年(1368)八月二十九日黄昏皇帝父子离开大都逃走,失去皇位而回到蒙古地方。

(选自《红史》,第二十八页)

注释

① 妥懽帖睦尔:孛儿只斤·妥懽帖睦尔,蒙古帝国可汗,汗号"乌哈噶图可汗"。元朝第十一位皇帝(元朝最后一位皇帝),北元第一位皇帝,庙号惠宗,谥号宣仁普孝皇帝。
② 贡噶坚赞:藏传佛教萨迦派第四代祖师,藏族学者。原名贝丹顿珠,意为"吉祥义成"。昆氏家族贝钦活布之长子。幼年从其三伯父萨迦派大师扎巴坚赞学法,从受近事戒,改名贡噶坚赞。
③ 上都:上都地区在金代称金莲川或凉陉,筑有景明宫。是金朝皇帝避暑的地方。

(萨迦班智达贡噶坚赞)将夏尔拉章托付给协迥,自己修建了细脱拉章。皇子阔端窝阔台之子贵由的弟弟由北方,即凉州派人前来迎请他,以前杰尊扎巴坚赞①曾预言过:"以后由北方来一与我们语言族属不同、头戴飞鹰似的帽子、脚穿猪鼻靴的人前来迎请,如应邀前去,对佛教大有利益。"依照这一预言,贡噶坚赞于六十三岁的阳木龙年(1244),伯侄三人前去,路上走了三年,于马年(1246)到达凉州。

(选自《红史》,第四十二页)

注释

① 扎巴坚赞:扎巴坚赞(明史作吉喇思巴监藏巴藏布)(1374~1432),男,藏族,出生于今西藏乃东与桑日交界的帕竹地方,朗氏家庭成员。

班钦戒律传承产生的情况是,上师班钦释迦室利前来卫藏地方时,在曲水的卓玛寺为十一人授了比丘戒,其中的堪布多吉贝和降曲贝二人请求随从班钦同行,班钦让他们披上苏浦的袈裟,听讲戒律。于是二人跟随班钦学习戒律,并在班钦应供喇嘛觉丹藏索哇之后成为应供喇嘛。

(选自《红史》,第五十三页)

(吐蕃王朝时期,松赞干布赐予伦布噶去请婚唐室公主)王仍赐以金币七枚,谓以此作为觐仪,赐朱砂宝石镶一嵌之珍贵铠甲一袭,谓以此作为公主(文成公主)聘礼。并赐金沙一升,嘱必要时舍之。

(选自《西藏王统记》,第六十页)

(吐蕃王朝时期,各国使臣来唐请婚公主)尔时,各地使臣,各献贡物,已得朝觐。蕃使亦请朝谒,谕令稍缓。延至七日,上(唐太宗)与侍臣驾游宫外,伦噶方以金币七枚,献为觐仪,并将镶嵌朱砂宝石之琉璃铠甲一袭,献于御前而启白曰:"大王(唐太宗),此琉璃宝甲具有诸种功德,若遇人畜瘟疫时,着此铠甲,绕行城市一周,人畜病疫,立即消除。若遇霜冻冰雹,身着此铠,绕行田间一周,即能制止冰雹。设遇战争,衣此铠甲,定获胜利。赡部洲内,此铠价值,无物可量。"

(选自《西藏王统记》,第六十页)

(吐蕃王朝时期,松赞干布)对侍臣止·塞汝恭顿云:"速乘马往堆隆达,有二人头上无发,身着缁色袈裟,具沙门相者,本来就我,因生邪见,遂又折回,汝用善巧方便,引还我所。"

(选自《西藏王统记》,第九十五页)

(吐蕃王朝时期)翌晨,(拉隆·白季多吉)询问侍者,始知实情。思为佛教,能舍生命,遂生起诛此恶王(朗达玛)之勇气。又巧用各种方便:以炭屑涂马,令成黑色,所著衲衣,外染黑色,内作白色,头戴黑冠,油烟涂面,袖藏弓箭,骑于黑马之上,口自念言"我不畏彼黑魔"旋即驰向拉萨。

然实逃于志之下方,潜入水内,涂炭之马,洗净成白。抛弃黑冠,洗去面上油烟,翻转衲衣白里而衣之,伪称余乃拉隆铁噶布也,遂得遁走。

(选自《西藏王统记》,第一百四十二页)

(绛求浙桂带领儿子前往璋氏处。当到达长侄之地时,立刻被)迎至噶雪噶如,为他(绛求浙桂)设宴,(绛求浙桂)头戴聂式帽,他说道:"侄子的筵席堪称佳,(侄子)头戴乌黑帽意味将娶妃子,(侄子)就叫敦尊夏那坚吧!其后,侄子先行而去,对胞弟说:头戴这顶乌黑帽前去迎接(绛求浙桂)。"

(选自《朗氏家族史》,第四十三页)

第三编 服饰

长官多吉贝（长官多吉贝担任帕竹万户长约十五六年）仍是德行高尚的人，他（长官多吉贝）头戴禅帽，身着（原译为"著"，疑误）三法衣，无酒色之过失，以经典、回向和法行作装饰。

（选自《朗氏家族史》，第七十八页）

（如果长官多吉贝多活十年左右，帕竹政务将会稳定，但是没有那么大的福德，他去世了）继后，帕竹万户对多吉贝之胞弟旬努坚赞寄以巨大期望，经禀报朝廷后封为万户长。然而，此时已无杰瓦大师那样能约束众人的人了，居尼宝师受觉渥尚波（居尼巴之二哥）侮谩，不三不四的都是他（即旬努坚赞）的朋辈，所以他仗势横行，沉溺于酒色，头戴竹帽，身穿蒙古装，脚着蒙古靴，手持弓箭，夜晚唱歌跳舞，日中犹眠，放荡不羁。

（选自《朗氏家族史》，第八十一页）

（绛求坚赞）我满十四岁的阴木兔年（1315）三月十七日，京俄大师和阿阇黎坚赞贝商量后，派遣我（绛求坚赞）从尚日喀如出发前往萨迦，给予我的物品有：一件哈董甲做的新坎肩，一件点缀有由革基宝石组成的五种装饰的瘦小法衣，一件布披风，一件坎肩，一对无内絮的毡垫，黄金三两，大约价值二十钱金子的一匹红马，路费盘缠半两金子，一包茶叶，又从一百头驴中挑选八头给予我加上途中买的一头共九头。

（选自《朗氏家族史》，第八十五页）

（绛求坚赞师徒前往喀伍邦尚学习佛法）吃饭后我（绛求坚赞）想到，这里仅有我师徒二人，倘（原译为"尚"，按上下文意，疑误）若来了强梁，我俩抵挡不过，这里有一个老头年近八十四岁，另一个年近七十五岁，他俩如同死尸一般（不顶用），心感不安，于是禀告于喇嘛座前，他说："有道理。"于是我时而交替披着草黄色和红色毛布大氅，有时轮流穿两件新的或旧的红色大氅，有时穿两三件不同的毡衣，时而上房顶，时而出去溜达，又制造了有一些阿阇黎住在此地的假象，黄昏后堆起四五个垛子，给每个垛子分别戴一顶帽子披一件大氅，把他们装扮成思索辩论的样子，有时又把他们更换成说话议论的神情。

（选自《朗氏家族史》，第九十页）

（经喇嘛当巴说合，绛求坚赞同本钦会见于贡噶）其后，我（绛求坚赞）前往河边（贡噶）接迓。钦波仁尚巴和阿阇黎二人说道："在山川交界处脱帽致敬无论如何是妥当的。"由于说得认真，我担心不得不脱帽，故我未戴唐特帽，而戴绢帽，本钦（本钦杰瓦尚波）从船内走出上岸，我立刻赠给他一方白库缎，他亦送来同样的绫罗。我脱帽问安，立即戴上。在山坡与河边的许多土著人和外地人，他们不一定看清我脱了帽。然后，我将本钦迎入室内，呈献丰盛的饮食直至中午，隆重地赠送礼品和钱财，我安排下面马厩的角楼作其住处。

（选自《朗氏家族史》，第一百六十二页）

[土猪年（1359）]当我（绛求坚赞）停留于宾松地方等待从达瓦日传来的消息时，喇嘛杰炯瓦、钦波贝杰和长官索南贝丹等人前来，我托人带给口信说，如知道喇嘛当巴的下落，我则接见，如不知道，则不接见。他们说不知道，我说那么不接见。（洛追坚赞）托人给喇嘛杰炯瓦和长官索南贝丹寄来一块茶和糖，一件大红大氅—相传是传给衮仁①的喇嘛八思巴的库缎衣物。

（选自《朗氏家族史》，第二百一十四页）

注释

① 衮仁：指萨迦派寺细脱拉章第二仁座主衮嘎仁钦的简称。

（荡巴活佛细波的父亲桑杰格穹两岁时桑杰格穹梦到自己戴着一顶绫拴鸽腰式的新帽）当活佛细波住母胎时，其母于梦中梦一白人手持金柄白伞冉冉以伞遮蔽她的头部。算来是喇嘛夏泽哇年届二十七岁时，云敦送大师年届二十四岁岁次己巳细波对枳诞生。（荡巴活佛细波）婴儿生下放在簸箕中使孩子入睡时，发现虹光照体。孩子两岁时，有一晚上其父（荡巴活佛细波的父亲桑杰格穹）唤母说道："王谟爱妻：你起来吧！我告诉你一个很热闹的梦。"妻问："来了怎样的一梦？"答道："我梦前往远方去，走过一山旁时，路中有一青磐石，我戴着一顶绫拴鸽腰式的新帽，在那里我脱下帽来盖复在磐石上说道：'我当走啊！由你作利益众生事业吧！在这浊世中，自己当知道利益众生的事业啊！'"说着一再点头。

（选自《青史》，第八十二页）

当前藏的诸大人物来到伯塘时，季绒那里来了先来报信（的）人。于是阿底峡尊者主仆诸人也都来到了上伯塘，在那里遥望着西藏诸师们头戴长鼻帽，身披大氅衣的许多马队前来。尊者说道："优婆塞伽：（系呼仲居士）你瞧来了许多非人。"（言如鬼怪）说后面现愤容！于是西藏诸师在接近尊者处下马，脱下大氅和鼻帽，都改着祖衣（僧衣之一）而来到尊者前，尊者也才心喜，对僧众作了共通礼节。

（选自《青史》，第一百五十五页）

［章巴仁波且多杰弥觉（不动金刚）把帔衣放在头上，意思将为人和天尊敬仰慕］（在定日与荡巴大师相见）有一批人说，此人（章巴）最善。又说："以帔衣①置于头上，示将为人天两类有情尊仰……"。

（选自《青史》，第一百七十九页）

注释

① 帔衣：帔：披肩。《释名释衣服》："帔，披也；披之肩背，不及下也。"《南史》梁《任昉传》："西华（昉子）冬月著葛帔练裙。"

［法王扎喜哲（吉祥积）在桑隆寺静安·却季生格（法狮子）座前贡献礼品］（法王扎喜哲谒见扎巴绛称时在大昭寺做供养）此后他（法王扎喜哲（吉祥积））去到耶巴和察区等处。又建造了许多达隆汤巴的肖像并迎请到杠波去。又在达波大师像前供衣和金灯盒，并安置灯费口粮等。又在桑隆寺供灯火和衣服，并在敬安·却季生格（法狮子）座前供献大氅等九件礼品，及供斋僧茶和散衬钱等。他先后到绛日和康区上部为他人作调解，或收纳供礼，或说法等经历次数也有不少。

（选自《青史》，第三百八十页）

（杰巴父子其伟大的功德）杰巴父子伟大的功德是：总的说来，他（杰巴父子）对一切译师和班智达，能恭敬承侍，如理服役；尤其是具有大乘密教的大智慧；他的一切资具都用作为法而供施。如他对上师喀伽哇，最初见面时，即以黄金三两作贽见礼，并供上以大氅一件为首的全套衣服。当上师（上师喀伽哇）行至曲须时，他预办了以三十驮酒为带头的礼物前去迎接。以阿夏□甲嘎哲任译师，一年中对译师供应人役和马三十匹，法事完毕时的酬谢，供黄金三十两及散金三十两共六十两，而使其欢喜。

（选自《青史》，第四百五十五页）

［大译师索朗加措（福海）在拜荡巴白塔时，见其佛身］［大译师索朗加措（福海）］又在定日拜谒荡巴白塔时，他［大译师索朗加措（福海）］发现不同的境相中，见其身自性为佛身，如镜中现影确是荡巴身披毛大氅之身，而顶上有一小菩提塔，荡巴眉间有一明点中，见空色之相浩瀚无边等，成为真实成就广大之相。

（选自《青史》，第四百八十八页）

［巴果（果穹哇）被上师派到印度边城在那做了六个月的密行］［巴果（果穹哇）］他在那里坐下来，见有一者比丘服装，手持钵盂①和禅杖者从城市乞食而返回，比丘对他说："你是瑜伽士达须正巴（持弓箭者）的弟子而来此处的。"到晚上收起画油的下面有一小门开后，出来许多具相（合格的）手印母，以骨饰②而作装饰。

（选自《青史》，第五百零八页）

注释

① 钵盂：盛饭菜的食器，多用于佛教徒化缘之用，多为铜、铁等材质，可在诵经时敲击。
② 骨饰：佛教密宗修行者所配骨质饰品。

［松赞干布诞生后七百二十余年，一切智洛桑扎巴（善慧名称）在其他地方的出家人都尊崇大师风德］［1357年诞生宗喀地方（今青海省湟中县塔尔寺所在地）］继于己亥年［一切智洛桑扎巴（善慧名称）］大师去到堆隆区的桥村。此后在哲绷寺（有写作哲蚌的，三大寺之一）中，为许多善知识继讲未讲完的《吉祥密集本续》，并建一台面向格教寺的说法宝座。大师在讲完《密集第九品》后，即起身前往格敦寺，行经途中在桑安喀（密法堡）作开光法事后，继由拉布珠细哇迎请前去，在那里住时空中发出猛烈的天界犍槌声，以此大师即时回到格敦寺寝宫中，在那里大师以自己的衣、帽和一大氅授给法王嘉操仁波且，而使知授与寺座传统的意义。于是大师入三摩地，一切侍众都见其容光焕发转变成十六岁孺童相，继即入于清净法界而圆寂。以上仅是就至尊宗喀巴的事业中少分而说的。住在遥远诸方的出家大众，虽仅知至尊宗喀巴的教理，而未亲见（宗喀巴）大师颜容，然而都遵循大师德风，保持裁缝僧衣、持钵、敷具①等应需资具僧制，表仍可收容外道而著半月形大氅，帽色亦尚金黄。

（选自《青史》，第六百四十五页）

注释

① 敷具：即坐具。"尼师坛"之意译。亦译作"随坐衣"，以其为可随时敷坐之坐卧具，故称。《小诵律》卷七："以纯黑羊毛作敷具。"又："我今当以少白糯羊毛杂黑糯毛做敷具。"

（恭却杰波执掌萨迦寺时期）萨迦有一神眼堪布，名阿波帕敦。清晨日出，正在闭坐。乃自东方，一头戴唐徐帽，身着咒士长袍者，骑着麦色马。飞踢铁镫，直驱萨迦。言道："衮噶宁波有病，汝等萨迦人众作何考虑？"乃讲述情况，因此，那位叫阿波的前来相告，并言此事大抵确实。

（选自《雅隆尊者教法史》，第八十六页）

（藏传佛教喇萨迦派第五代祖师赴元大都就任国师后的服饰描写）八思巴乙未年生（1235），幼而颖悟，长博闻思，学富五车，淹贯三藏，十一岁，随萨班赴西凉。道经卫部（即前藏，古云乌斯）出家法名慧幢。及萨班与阔端逝后，世祖在位时年十九，奉召入京，尊为帝师，授灌顶国师玉印，并赐珠玉所严袈裟，宝冠宝履，幢幡①金座，金银玉帛，锦绮珍玩，莫不优赐有加。

（选自《续藏史鉴》萨嘉王朝史，第十四页）

注释

① 幢幡：亦称"幡幢"。佛教的经幢旗幡。原幡与幢皆为仪仗或军中号令所用，佛教亦沿用之，建于佛寺、道场之前，从定安宝珠的高大刹竿之上垂下，以象征佛之威德。唐·黄滔《大唐福州报恩定光多宝塔碑记》："自地涌塔于佛之前，其幢幡璎珞、玛瑙、车渠，七盘四悬，双泪如珠滴不休。"

（热穹巴在禅房中修定）在由梦幻和光明定景融合而成的境界中，他（热穹巴）看见五个着邬坚装束、分别穿着白、青、红、黄、绿等各色衣服的妙龄美女站在他面前。

（选自《米拉日巴传》，第十七页）

（马尔巴大师为众位弟子打开了妙法和教授的宝库之门）他（马尔巴）赐给兑地的楚敦旺厄一种迁识法的法要：它是一个如天窗开启则禽鸟即飞一般的教授；又赐他那若巴的头发、指甲、甘露丸、五佛冠等物。同时，嘱咐他说："勤练迁识法吧！"

（选自《米拉日巴传》，第一百零五页）

（马尔巴大师为众位弟子打开了妙法和教授的宝库之门）我（米拉日巴）呢，他（马尔巴）赐给了一种拙火定的方便：它是一个如截木燃火的教授；又赐我弥勒巴的帽子、那若巴的衣服等。并嘱咐我说："去游行于岩山和雪山中求证见修吧！"

（选自《米拉日巴传》，第一百零六页）

（泽塞对米拉日巴说了米拉日巴的母亲死的经过和妹子流落的情形，问米拉日巴为何跟当时的佛教徒不一样。米拉日巴批判当下佛教徒）我（米拉日巴）（对泽塞）说："我不喜欢你们世人所喜爱的佛教徒。即使是和我在事实上一致的佛教徒，即那些身穿红黄色袈裟的人，似乎也稍染八风。即或没有沾染，然而就成佛来说，也还有快慢之分。此中有不可思议的道理，你不懂得。要是可能的话，你最好也来修持佛法。若不能，土地房屋的处理办法就照我刚才说的办吧。"

（选自《米拉日巴传》，第一百三十八页）

［洪武三年十二月壬午（1371年1月14日）］（明太祖）赐土（吐）蕃宣慰使何锁南普及知院汪家奴等袭衣。

（选自《明实录藏族史料》，第十页）

［洪武四年正月癸卯（1371年2月4日）］西番十八族元帅包完卜瓜、七汪肖遣侄打蛮及各族都管哈只藏卜、前军民元帅府达鲁花赤坚敦肖等来朝……各赐袭衣、靴袜。

（选自《明实录藏族史料》，第十页）

［洪武五年二月壬寅（1372年3月29日）］西蕃十八族千户包完卜瓜等来朝，贡马。诏赐文绮、衣服、靴抹有差。

（选自《明实录藏族史料》，第十六页）

第三编 服饰

［洪武五年十二月庚子（1373年1月21日）］乌思藏摄帝师喃加巴藏卜等遣使来贡方物。诏赐红绮禅衣及靴帽、钱物有差。

（选自《明实录藏族史料》，第十九页）

［洪武七年二月己酉（1374年3月26日）］故元甘肃行省平章汪文殊奴及左丞朵儿只星吉，副使失宁卜班、经历普烟不花、副使薛彻里、司卿倒刺沙、监丞那速立丁、元帅禄禄等，挈其家属自河州来归。诏长兴侯耿炳文等遣人送京师。遂遣官往赐和林国师及各官来归者夏衣、靴帽，令服以入朝。

（选自《明实录藏族史料》，第二十七页）

［洪武七年十二月壬辰（1375年1月3日）］遣员外郎许允德赍诏及诰印往赐之。来使哈石监藏等赐衣裘、帽靴遣还。

（选自《明实录藏族史料》，第三十二页）

［洪武七年十二月乙巳（1375年1月16日）］以西番僧连贡隆为西番通事舍人，赐文绮、袭衣、靴帽。

（选自《明实录藏族史料》，第三十三页）

［洪武十六年三月壬戌（1383年4月21日）］西番打煎炉长河西僧答儿八坚千来朝。赐僧衣一袭。

（选自《明实录藏族史料》，第六十三页）

［洪武十九年十一月己卯（1386年12月18日）］诏陕西都指挥使司，令诸卫士著铁甲马军，悉令整备器械，赴京给赏听操。惟西宁、西凉二卫临边，且留守御。

（选自《明实录藏族史料》，第七十三页）

［洪武二十一年十二月庚午（1389年1月27日）］朵甘都指挥搠斡（幹）尔监藏遣酋长监藏卜等来贡马。诏赐衣服、钞锭有差。

（选自《明实录藏族史料》，第八十一页）

［永乐元年四月丁卯（1403年5月11日）］河州、洮州番族朝贡，命礼部定赏例。礼部议奏："河州卫必里千户所千户，每员银六十两、彩币六表里、钞百锭；曾授金符头目亲来朝贡者，银五十两、彩币五表里、钞七十锭、纻丝衣一袭……彩币二表里。"

（选自《明实录藏族史料》，第一百一十七页）

［永乐元年十二月壬辰（1404年1月31日）］（明太宗）赐西宁卫来朝土官指挥李南哥等纻丝衣各一袭，从人绢衣。

（选自《明实录藏族史料》，第一百一十九页）

［永乐二年十二月庚辰（1405年1月13日）］四川天全六番招计（讨）使高敬让来朝，贡方物贺立皇太子，且遣其子虎入国子监受学。赐虎钞、衣裳（裒）等物。

（选自《明实录藏族史料》，第一百二十一页）

［永乐三年十二月甲戌（1406年1月2日）］叠州头目谷奴坚昝等十人来朝。赐沙币、袭衣。

（选自《明实录藏族史料》，第一百二十三页）

[永乐四年二月辛巳（1406年3月10日）]（明太宗）赐馆觉、灵藏等处使臣端竹藏卜等银、钞、彩币、袭衣。

（选自《明实录藏族史料》，第一百二十六页）

[永乐四年十一月庚午（1406年12月24日）]西番的牙簇剌麻札巴朵只、川匝簇头目米纳肖弟烟剌班、作巴簇头目七汪、迟匝簇头目锁南坚藏姪沙札乱、里峪簇头目落容别、番藏簇头目乌思巴、牙卜匝簇头目官着藏卜姪专竹札、左约簇头目朵只节男、剌麻札率众来朝，贡方物。赐白金、钞、币、袭衣有差。

（选自《明实录藏族史料》，第一百二十九页）

[永乐四年十一月壬申（1406年12月26日）]安定卫指挥同知撒力加藏卜、曲先卫千户唐兀等来朝，贡马。赐钞币袭衣有差。

（选自《明实录藏族史料》，第一百二十九页）

[永乐五年三月丁巳（1407年4月10日）]封尚师哈立麻为万行具足十方最胜圆觉妙智慧普应佑国演教如来大宝法王天大善自在佛，领天下释教；赐印、诰及金、银、钞、彩币、织金珠袈娑（裟）、金银器皿、鞍马。命其徒孛晓逋瓦桑儿加领真为灌顶圆修净慧大国师，高日瓦领禅伯为灌顶通悟弘济大国师，果栾罗葛罗监藏己（巴）里藏卜为灌顶弘智净戒大国师，皆赐印、诰、银、钞、彩币等物。宴于华盖殿。

（选自《明实录藏族史料》，第一百三十二页）

[永乐五年三月丁卯（1407年4月20日）]赐都指挥使撒力加监藏、都指挥同知奔薛儿加、陇答卫指挥使巴鲁亦印、诰、白金、彩币、袭衣及茶各有差。南葛监藏者，剌（剌）兀监藏之子也。剌（剌）兀监藏，洪武中率先朝贡，授朵甘卫都指挥使。及卒，以弟著思巴儿监藏暂领其职。至是，南葛监藏并诸头目亦各遣人来朝，贡马，故有是命。

（选自《明实录藏族史料》，第一百三十三页）

[永乐六年正月甲戌（1408年2月21日）]西审（番）隆奔、卜哑簇头目锁南监藏等来朝，贡马。赐钞、币、袭衣。

（选自《明实录藏族史料》，第一百三十七页）

[永乐七年二月甲戌（1409年2月15日）]必力工瓦国师端行（竹）监藏并都指挥使札巴里监藏、加麻都指挥佥事搠里吉朵尔只、朵陇都指挥佥事锁南领占，着由万户搠巴星吉衔（卫）阿儿的占、剌麻赏巴儿监藏、思答节寨官三夺儿三竹朵尔只各遣使贡马及方物。悉赐钞、币、袭衣。

（选自《明实录藏族史料》，第一百四十一页）

[永乐七年二月戊寅（1409年2月19日）]陕西必里等卫剌麻失剌查等遣其徒革失令真札等贡马。赐钞、币、僧衣。

（选自《明实录藏族史料》，第一百四十一页）

[永乐七年九月甲申（1409年10月23日）]西宁卫指挥佥事李英、百户张显及西番把沙等一百一簇头目却约思等来朝，贡马。赐钞、币、袭衣有差。

（选自《明实录藏族史料》，第一百四十四页）

第三编 服 饰

［永乐七年十二月癸卯（1410年1月10日）］西番陇答卫指挥巴禄等遣镇抚端竹监藏、必里等卫千户朵儿只及川卜等千户完旦（且）加思等贡马。赐纱、币、袭衣。

(选自《明实录藏族史料》，第一百四十四页)

［永乐七年十二月戊申（1401年1月15日）］洮州卫火把等簇头目南剌约思等来朝，贡马。赐钞、币、袭衣。

(选自《明实录藏族史料》，第一百四十四页)

［永乐十年三月辛卯（1412年4月17日）］（明太宗）赐乌思藏僧官丹竹领占等钞及禅衣等物。

(选自《明实录藏族史料》，第一百五十页)

［永乐十一年正月癸卯（1413年2月23日）］净修三藏国师耳亦赤之子耳亦奴等贡马。赐钞、币、袭衣。

(选自《明实录藏族史料》，第一百五十一页)

［永乐十一年五月辛巳（1413年6月1日）］命尚师昆泽思巴为万竹（行）圆融妙法最胜真如慧智弘慈广济护国宣教正觉大乘法王西天上善金刚普应大光明佛，领天下释教。赐诰、印并袈裟、幡幢、鞍马、伞盖、法器等物。

(选自《明实录藏族史料》，第一百五十四页)

［永乐十二年十二月丙子（1415年1月17日）］西番占藏先结簇、山洞簇、蛤（蜡）匝簇、思囊儿簇、白马路簇、阿昔洞簇、者多簇、比（北）定簇、牟力劫簇、班班簇、包藏簇、阿昔洞簇、祈命簇、麦匝簇、勒都簇十五长官司，俱遣人来朝，贡马。赐钞、币、袭衣。

(选自《明实录藏族史料》，第一百五十七页)

［永乐二十一年二月乙卯（1423年3月15日）］乌思藏怕木竹巴灌顶国师阐化王吉剌思巴监藏巴里藏卜遣指挥端岳竹巴、必力工瓦阐教王领真巴儿吉监藏遣使汪束监粲、思达藏辅教王喃渴烈思巴遣使结摄端竹监藏、灵藏赞善王吉剌思巴监藏巴藏卜遣使汝奴星吉等及灌顶弘善太（大）国师释迦也失并各部大小头目皆遣人贡方物。命礼部赐宴，仍赐端岳竹巴等织金约（纻）丝袭衣及钞、币有差。

(选自《明实录藏族史料》，第一百七十页)

［永乐二十一年二月庚辰（1423年4月9日）］陕西秦州卫土官番僧囊吉占钻等五十七人来朝，贡马。赐钞千六百五十锭、彩币三十五表里及纻丝番僧衣九袭、纻丝衣十袭、绢衣十四袭。

(选自《明实录藏族史料》，第一百七十一页)

［洪熙元年十二月癸巳（1426年2月5日）］（明宣宗）赐……陕西西宁卫大国师三丹藏卜所遣剌麻绰失吉罗罗等钞、彩币表里、靴袜有差。仍赐三丹藏卜钞、币。

(选自《明实录藏族史料》，第一百八十八页)

［宣德元年正月己未（1426年3月3日）］（明宣宗）赐……四川松潘祈命簇番僧勺失结林证……及乌思藏使臣桑结巴等钞、币、袭衣、靴袜有差。

(选自《明实录藏族史料》，第一百八十九页)

［宣德元年三月壬寅（1426年4月15日）］（明宣宗）赐陕西洮州卫等处剌麻番僧班丹坚

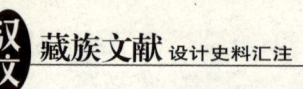

昝……等钞、彩币表里、袭衣有差。

（选自《明实录藏族史料》，第一百九十三页）

[宣德元年三月丙辰（1426年4月29日）]（明宣宗）赐……乌思藏葛里麻番僧著行……河州卫头目兀鲁思等钞、彩币表里、袭衣有差。

（选自《明实录藏族史料》，第一百九十三页）

[宣德元年四月甲子（1426年5月7日）]陕西洮州卫指挥后广……乌思藏番僧着由、灵藏番僧绰巴藏札乩星吉等贡马。

（选自《明实录藏族史料》，第一百九十四页）

[宣德元年四月辛巳（1426年5月24日）]（明宣宗）赐……松潘等处番僧圆旦儿监参……等钞、彩币表里、袭衣有差。

（选自《明实录藏族史料》，第一百九十五页）

[宣德元年四月甲申（1426年5月27日）]（明宣宗）赐如来大宝法王等使臣指挥使公哥乩等……金织文绮袭衣等物有差。

（选自《明实录藏族史料》，第一百九十五页）

[宣德元年四月辛卯（1426年6月3日）]（明宣宗）赐陕西临洮等卫国师端竹领占等一百七人钞、彩币表里、纻丝袭衣有差。

（选自《明实录藏族史料》，第一百九十五页）

[宣德元年十月戊辰（1426年11月7日）]（明宣宗）赐……陕西洮州僧扎失坚昝、乌思藏僧盏宗……等钞、彩币表里、袭衣、靴袜有差。

（选自《明实录藏族史料》，第二百页）

[宣德元年十月己巳（1426年11月8日）]（明宣宗）赐……西宁番僧剌麻绰思吉领占等钞、彩币表里、袭衣、靴袜有差。

（选自《明实录藏族史料》，第二百页）

[宣德元年十月己丑（1426年11月28日）]（明宣宗）赐西宁卫国师马尔藏、临洮卫都纲已失坚藏等二百六十九人，河州卫都纲剌麻亦失藏卜、宁夏卫番僧勺思吉巴、僧会张尔力等一百四十五人……钞、彩币表里、袭衣、靴袜有差。

（选自《明实录藏族史料》，第二百零二页）

[宣德元年十一月戊戌（1426年12月7日）]（明宣宗）赐……洮州卫剌麻失罗竹、河（州）卫番僧剌麻加瓦藏卜等钞、币、袭衣、靴袜各有差。

（选自《明实录藏族史料》，第二百零三页）

[宣德二年三月辛亥（1427年4月19日）]（明宣宗）赐……陕西临洮等处番僧班丹坚昝……等钞、彩币表里、袭衣有差。

（选自《明实录藏族史料》，第二百一十二页）

第三编 服饰

[宣德二年九月癸丑（1427年10月18日）]（明宣宗）赐……陕西洮州番僧亦什藏卜等钞、彩币表里、金织袭衣。

（选自《明实录藏族史料》，第二百二十五页）

[宣德三年正月庚子（1428年2月2日）]（明宣宗）赐陕西河州卫剌麻锁南领占……及乌思藏剌麻远丹等钞、彩币表里、纻丝袭衣、靴袜有差。

（选自《明实录藏族史料》，第二百三十三页）

[宣德三年十月丁亥（1428年11月15日）]（明宣宗）赐四川麦匝［蛭（蜡）匝］、牟力劫、阿昔洞等簇长官司长官舍人勒卦、若儿节、观著召、合（答）儿者等及祈命、白马路、勒都、北定等簇土官舍人巴少、霍则、川操、那儿卜等钞、彩币表里、纻丝袭衣、靴袜有差。

（选自《明实录藏族史料》，第二百四十三页）

[宣德三年十月己亥（1428年11月27日）]（明宣宗）赐……乌思藏剌麻答哩星吉、巴节等及西番僧纳立巴等钞、彩币表里、纻丝袭衣、靴袜有差。

（选自《明实录藏族史料》，第二百四十四页）

[宣德三年十一月乙亥（1429年1月2日）]（明宣宗）赐陕西岷州卫剌答等簇生番头目官著肖、洮州卫哈伦、朵唾等簇土官百户结禄、番僧札巴星吉、乌思藏花言城等簇剌麻簇头南哈亦什、土官百户扎巴星吉、马巴簇番僧宗竹札等三百二十一人钞、彩币表里、金织纻丝袭衣、靴袜有差。

（选自《明实录藏族史料》，第二百四十六页）

[宣德四年正月戊辰（1429年2月24日）]（明宣宗）赐陕西岷州卫剌麻扎卦（封）速南及乌思藏剌麻落丹、番僧着即坚藏等钞、彩币、纻丝袭衣、靴袜有差。

（选自《明实录藏族史料》，第二百五十页）

[宣德四年正月乙亥（1429年3月3日）]（明宣宗）赐岷州卫叠州这多等簇番僧丹卜监藏等一百三十六人、四川盐井卫土官舍人麦佐、把事抄撒等……钞、彩币表里、金织文绮袭衣等物有差。

（选自《明实录藏族史料》，第二百五十二页）

[宣德四年正月丙子（1429年3月4日）]（明宣宗）赐……陕西河州卫番僧思曼兰坚参、西宁卫等处剌麻绰受等、秦州卫番僧管着札白、西固城东岔弯等簇生番僧喃哥畏则……等钞、彩币表里、纻丝袭衣等物有差。

（选自《明实录藏族史料》，第二百五十一页）

[宣德四年二月丁酉（1429年3月25日）]（明宣宗）赐……陕西临洮剌麻也失藏卜、四川长河西、鱼通、宁远等处剌麻初刻令伯、西域番僧纳儿载……等钞、彩币表里及纻丝表里（袭衣）有差。

（选自《明实录藏族史料》，第二百五十三页）

[宣德四年三月甲寅（1429年4月11日）]（明宣宗）赐陕西行都司土官都指挥佥事鲁失加、四川天全六番招讨司僧禧旼……等钞、彩币表里及金织袭衣有差。

（选自《明实录藏族史料》，第二百五十六页）

[宣德四年四月乙未（1429年5月22日）]（明宣宗）赐乌思藏管觉护教王使臣番僧什占千等、四川茂州汝奉川寨番僧燕旦儿监藏、威州鲁思蛮等寨番僧鲁客等钞、彩币表里及纻丝袭衣有差。

（选自《明实录藏族史料》，第二百五十七页）

[宣德五年正月庚申（1430年2月11日）]（明宣宗）赐四川长河西、鱼通、宁远等处军民宣慰司把事短竹伯及大宝法王之徒锁南札、岷州等处剌麻阿南答等钞、彩币表里、靴袜有差。

（选自《明实录藏族史料》，第二百六十八页）

[宣德五年四月壬申（1430年4月24日）]（明宣宗）赐灵藏等处僧舍剌藏卜、乌思藏牙儿加寨头目管卜儿加等钞、彩币表里及金织纻丝袭衣、僧衣有差。

（选自《明实录藏族史料》，第二百七十四页）

[宣德五年五月癸亥（1430年6月14日）]（明宣宗）赐四川松潘祈命簇禅师出儿轮等钞、彩币表里、袭衣有差。

（选自《明实录藏族史料》，第二百七十五页）

[宣德五年六月乙未（1430年7月16日）]（明宣宗）赐罕东卫指挥佥事那栾所遣僧亦剌失等钞、彩币表里、金织袭衣等物有差，仍遣赍敕及彩币归赐那栾等。

（选自《明实录藏族史料》，第二百七十六页）

[宣德五年六月丁酉（1430年7月18日）]（前略）乌思藏阐化王所部养卜鲁都指挥佥事工哥尔监藏遣来番人三扎（札）思皆奏："愿居京自效。"命卫所镇抚赐冠带、金织袭衣、彩币、银钞、鞍马，仍命有司给房屋等物如例。

（选自《明实录藏族史料》，第二百七十七页）

[宣德五年八月癸巳（1430年9月12日）]（明宣宗）赐……灵藏赞善王所遣副千户汝奴星吉及朵甘卫舍人若奴八等、乌思藏番人养答儿等、罕东卫僧滚藏等……四川思囊儿、金牌等簇土官阿思等钞、彩币表里、金织纻丝袭衣有差。

（选自《明实录藏族史料》，第二百七十八页）

[宣德六年正月丁亥（1431年3月5日）]（明宣宗）赐安定卫国师赏竹领真并安定王所遣镇抚朵儿只失加等钞、彩币表里、金织纻丝袭衣有差。

（选自《明实录藏族史料》，第二百八十三页）

[宣德六年二月丁未（1431年3月25日）]（明宣宗）赐……陕西巩昌府剌麻工葛坚赞等钞、彩币表里、金织袭衣有差。

（选自《明实录藏族史料》，第二百八十五页）

[宣德六年十二月丁未（1432年1月19日）]（明宣宗）赐陕西西宁卫禅师钻古鲁领占、完卜捨剌藏卜等……钞、彩币表里、袭衣等物有差。

（选自《明实录藏族史料》，第二百九十五页）

[宣德七年正月戊寅（1432年2月19日）]（明宣宗）赐……陕西岷州卫僧锁南钻竹、剌麻官

著星吉、乌思藏剌麻沙节舍严等钞、彩币表里、纻丝袭衣有差。

(选自《明实录藏族史料》，第二百九十五页)

［宣德八年五月辛未（1433年6月6日）］（明宣宗）赐……四川威州剌麻番僧温卜加瓦藏……等纱、彩币表里及纻丝袭衣有差。

(选自《明实录藏族史料》，第三百一十七页)

［宣德八年六月己亥（1433年7月4日）］（明宣宗）赐……杂道长官司土官舍人安甲失伯、番僧剌麻偏那朵儿等钞、彩币表里及纻丝袭衣有差。

(选自《明实录藏族史料》，第三百一十九页)

［宣德八年九月壬辰（1433年10月25日）］（明宣宗）赐陕西洮州卫奄藏等簇剌麻亦什藏卜……等钞、彩币表里及纻丝袭衣有差。

(选自《明实录藏族史料》，第三百二十三页)

［宣德八年十一月乙酉（1433年12月17日）］（明宣宗）赐……乌思藏国师乃尔丹答、你麻结的……等钞、彩币表里及纻丝袭衣等物有差。

(选自《明实录藏族史料》，第三百二十五页)

［宣德八年十一月乙巳（1434年1月6日）］罕东卫番人纳麻失加……等来归，皆奏愿居京自效。命为所镇抚等官，赐冠带、金织袭衣、彩币、银钞、棉布，鞍马有差。仍命有司给房屋、器物。

(选自《明实录藏族史料》，第三百二十五页)

［宣德八年十二月癸亥（1434年1月24日）］命金吾等卫百户刘祥率官军五十一人往乌思藏公干，赐钞及金织纻丝衣、䌷绢衣有差。

(选自《明实录藏族史料》，第三百二十五页)

［宣德九年二月甲寅（1434年3月16日）］（明宣宗）赐乌思藏剌麻朵只监藏、陕西岷州卫剌麻班卒星吉、西宁卫剌麻三丹领占……等钞、币及纻丝袭衣有差。

(选自《明实录藏族史料》，第三百二十九页)

［宣德九年二月壬申（1434年4月3日）］（明宣宗）赐……陕西岷州卫国师沙加令，剌麻朵只锁竹、辛巴星吉、锁南瓦丹、都纲道斌……等钞、币及纻丝袭衣有差。

(选自《明实录藏族史料》，第三百二十九页)

［宣德九年十月丁巳（1434年11月14日）］罕东等卫念到簇头目薛帖儿加遣弟俺班等来朝，贡马。赐……四川伽木隆番僧温卜索南外息等钞、彩币、绢及金织袭衣等物有差。

(选自《明实录藏族史料》，第三百三十六页)

［宣德九年十一月戊戌（1434年12月25日）］（明宣宗）赐乌思藏剌麻锁南札思、陕西西宁卫剌麻湛藏、洮州卫僧公哥藏卜等钞、币及僧衣等物有差。

(选自《明实录藏族史料》，第三百三十九页)

［正统元年七月甲寅（1436年9月1日）］遣中官阮至等赍敕往赐净觉慈济大国师绰竹藏卜金

印、诰命，弘慈广善国师镇（锁）南巴藏卜银印、诰命及袈裟等物。

(选自《明实录藏族史料》，第三百六十一页)

[正统二年八月壬戌（1437年9月4日）] 命大国师端竹领占（下）完卜扎巴坚参袭为禅师，赐敕命、封号、银印、袈裟。

(选自《明实录藏族史料》，第三百六十九页)

[正统二年十月甲戌（1437年11月15日）] 给赐乌思藏禅师札巴坚参银印并僧帽、袈裟。

(选自《明实录藏族史料》，第三百七十页)

[正统二年十月己卯（1438年1月19日）] 赐叠州陇卜……四人及来降人罗卜般藏、巴沙二簇头目安班等十四人钞、纻丝袭衣、靴袜各有差。命安班等于叠州居住。

(选自《明实录藏族史料》，第三百七十一页)

[正统三年正月己丑（1438年1月29日）]（前略）四川叠州等处六十一族番人来牙肖等各来朝，贡马及貂鼠皮。赐宴并赐（钞）、币、袭衣等物有差。

(选自《明实录藏族史料》，第三百七十一页)

[正统三年正月丁酉（1438年2月6日）] 命董卜韩胡剌麻班丹也失为妙智通悟国师，松潘卫剌麻罗只儿坚藏为净戒弘慈国师，给诰命、银印、金织袈裟等物。

(选自《明实录藏族史料》，第三百七十二页)

[正统三年五月癸巳（1438年6月2日）]（明英宗）赐大西番僧头目纳甲贾切等钞及彩币表里、靴袜，以招谕来归故也。

(选自《明实录藏族史料》，第三百七十四页)

[正统四年十二月乙酉（1440年1月15日）]（前略）陕西凉州卫庄严寺番僧失剌省吉、甘州左卫僧纲司旧任都纲沙加舍念、剌麻锁南监参、僧人真巴舍（捻）念等俱来朝，贡马、赐织金袭衣、彩币等物有差。

(选自《明实录藏族史料》，第三百八十五页)

[正统五年六月乙未（1440年7月23日）] 四川长河西、鱼通、宁远宣慰司剌麻绰吉坚参遣温卜三竺监参并乌思藏剌麻远丹监错、工加祝（税）六等俱来朝，贡马并佛像、舍利、硼砂等物。赐彩币、袭衣、钞、绢有差。

(选自《明实录藏族史料》，第三百九十四页)

[正统五年七月辛酉（1440年8月18日）]（前略）乌思藏剌麻锁南兀等俱来朝，贡驼、马及方物。赐宴并赐彩币、袭衣等物有差。

(选自《明实录藏族史料》，第三百九十六页)

[正统五年八月庚辰（1440年9月6日）] 铸降芒儿者寨及阿角寨二安抚司、潘干寨长官司印，命番僧林占王匹为善化禅师，离叭剌麻为崇善禅师，给银印、赐敕并衣帽。以其能劝导三寨番民悉心向化也。并赐招抚百户汪（王）凯等有差。

(选自《明实录藏族史料》，第三百九十七页)

第三编 服饰

［正统五年八月辛巳（1440年9月7日）］（前略）乌思藏剌麻锁南兀些儿等俱来朝，贡马及方物。赐彩币、袭衣等物有差。

（选自《明实录藏族史料》，第三百九十八页）

［正统五年八月壬辰（1440年9月18日）］命四川杂谷安抚司进贡番僧完卜乞啰思巴藏卜为净范禅师，给银印、衣帽。

（选自《明实录藏族史料》，第三百九十八页）

［正统七年九月己卯（1442年10月25日）］四川长河西、鱼通、宁远等处宣慰使司本卜岗、廉能寺剌麻磉杰让乌、答什寺剌麻畜吒、宁藏寺剌麻锁南伯等来朝，贡马及方物。赐彩段表里并僧衣、钞有差。

（选自《明实录藏族史料》，第四百二十三页）

［正统九年闰七月庚子（1444年9月5日）］四川董卜韩胡宣慰使司招出止（正）乌（马）地生番土官剌麻番僧也失朵儿只叭藏卜等贡方物。赐彩币、袭衣有差。

（选自《明实录藏族史料》，第四百四十四页）

［正统九年八月甲寅（1444年9月19日）］（前略）董卜韩胡宣慰使司剌麻头目也失朵儿只叭藏卜等俱来朝，贡马。赐宴、并赐钞、彩币表里、纻丝袭衣有差。

（选自《明实录藏族史料》，第四百四十五页）

［正统九年十月壬子（1444年11月16日）］命剌麻耶舍朵儿只巴藏卜为净修崇善国师，给银印、诰命，并赐衣帽。

（选自《明实录藏族史料》，第四百四十七页）

［正统十年二月辛酉（1445年3月25日）］陕西甘州左卫弘仁寺剌麻札思巴领占并原抚番僧温卜坚（监）参于容等来朝，贡驼、马。赐彩币、僧衣。

（选自《明实录藏族史料》，第四百五十四页）

［正统十年六月庚申（1445年7月22日）］四川长河西、鱼通、宁远等处军民宣慰使司……等来朝，贡象、马及方物。赐宴并彩币表里、袭衣、靴袜、钞锭等物有差。

（选自《明实录藏族史料》，第四百六十二页）

［正统十年六月庚申（1445年7月23日）］敕谕灵藏灌顶国师赞善王喃葛监藏巴藏卜侄班丹监到曰："尔灵藏……封尔班丹监到为灵藏灌顶国师赞善王，代尔叔掌管印章，抚治番人。并颁赐尔锦段表里、僧帽、袈裟、法器等件……尔惟钦哉。"

（选自《明实录藏族史料》，第四百六十二页）

［正统十年八月戊午（1445年9月18日）］四川伽木隆等处地面多补等寨生番僧温卜贬出、嘉定州开化寺土番僧占朵儿……等来朝，贡马及明铁甲。赐钞币等物。

（选自《明实录藏族史料》，第四百六十五页）

［正统十一年五月壬申（1445年5月30日）］（前略）乌思藏禅师葛藏、剌麻札实端竹，普应禅师领占……等贡马、驼及方物。赐彩币表里、纻丝袭衣有差。

（选自《明实录藏族史料》，第四百七十三页）

［正统十一年六月癸丑（1446年7月10日）］乌思藏等处不来朴等寺番僧剌麻亦失藏并奉使乌思藏回剌麻锁南监赞等，各贡佛像及方物。赐宴并彩币、袭衣。

（选自《明实录藏族史料》，第四百七十五页）

［正统十一年七月壬申（1446年7月29日）］陕西河州卫番僧剌麻领占遣其徒亦失领占等……贡马、驼及方物。赐钞、彩币表里、袭衣有差。

（选自《明实录藏族史料》，第四百七十六页）

［正统十一年八月乙卯（1446年9月10日）］命四川长河西加渴瓦寺番僧锁南列思巳（巴）为崇教翊善国师，剌观巴寺番僧绰思星吉为悟善禅师。赐诰、敕、印并衣帽等物。

（选自《明实录藏族史料》，第四百七十七页）

［正统十二年正月丁丑（1447年1月30日）］四川杂谷安抚司加撒等寨向化番僧加藏等来朝，贡马及明铁甲。

（选自《明实录藏族史料》，第四百八十一页）

［正统十二年二月壬子（1447年3月6日）］封故安定王亦班丹子领占斡些儿为安定王。赐之敕曰："尔能……尔为长子，仍遣官赍诰敕、织金衣服、彩币表里，封尔袭安定王，管治人民，并回赐尔父进马彩币表里，至可收领。"

（选自《明实录藏族史料》，第四百八十四页）

［正统十三年五月丁酉（1448年6月13日）］礼部奏："乌思藏灌顶国师赞善王遣人奏保番僧绰吉坚粲为灌顶弘慈妙觉大国师，及求大藏经并护持敕。"上从之。寻赐绰吉坚粲诰命及镀金银印、僧帽、袈裟。

（选自《明实录藏族史料》，第四百九十九页）

［正统十四年八月甲戌（1449年9月13日）］乌思藏那南等寺都纲朵儿只坚参、长河西鱼开化寺番僧剌麻铁纳星曷……等来朝，贡马及方物。赐彩段、绢、纱。僧衣、靴袜有差。

（选自《明实录藏族史料》，第五百一十九页）

［景泰二年六月辛未（1451年7月2日）］四川朵甘思宣慰司宣慰使绰思吉吒思吧、答思麻地面指挥金事绰思吉监粲、乌思藏些蜡寺绰吉监粲各遣人来朝，贡马。赐僧衣、钞、币、食茶。

（选自《明实录藏族史料》，第五百三十二页）

［景泰三年十月丙申（1452年11月18日）］净修禅师葛藏往乌思藏公干回还，并其徒剌麻列巴禄竹等各贡方物。陞葛藏为国师，赐彩币、僧衣等物有差。

（选自《明实录藏族史料》，第五百四十五页）

［景泰三年十一月乙亥（1452年12月27日）］陞番僧禅师葛藏为广善慈济国师，赐诰命、僧帽、僧衣、银印，以奉使乌思藏有功也。

（选自《明实录藏族史料》，第五百四十六页）

［景泰五年八月乙未（1454年9月8日）］四川董卜韩胡宣慰使司都指挥使克罗俄监粲遣剌麻领占璨竹等贡方物。赐钞、彩币表里、（纻丝袭衣等物。仍命领占璨竹赍彩币表里）归赐克罗俄监

粲及其妻。

(选自《明实录藏族史料》,第五百五十九页)

［景泰六年八月乙丑（1455年10月3日）］（明代宗）赐大国司（师）锁南领占金印、僧衣、诰命。

(选自《明实录藏族史料》,第五百六十六页)

［景泰七年六月癸丑（1456年7月17日）］封答苍地面王子喃噶坚粲巴藏卜袭为辅教王,赐诰敕、金印、彩币、僧帽、袈裟、法器等物。命番僧葛藏为灌顶广善慈济国师,烈藏为静觉持正……奏请也。

(选自《明实录藏族史料》,第五百七十页)

［景泰七年八月癸卯（1456年9月5日）］（前略）乌思藏剌麻沙甲等俱来朝,贡马。赐宴并彩币表里、纻丝袭衣有差。

(选自《明实录藏族史料》,第五百七十二页)

［景泰七年十一月戊辰（1456年11月29日）］命番僧领占罗竹,绰巴藏卜为灌顶国师……给图书、印、帽、袈裟。

(选自《明实录藏族史料》,第五百七十四页)

［天顺元年七月癸未（1457年8月11日）］四川董卜韩胡宣慰使司遣番僧沙加阿些儿等……来朝,贡方物。赐钞、彩币表里、袭衣有差。

(选自《明实录藏族史料》,第五百八十页)

［天顺元年八月乙巳（1457年9月2日）］（前略）四川乌思藏剌麻也律等来（朝）,贡驼、马及方物。赐晏（宴）并钞、彩币表里、纻丝袭衣等物。

(选自《明实录藏族史料》,第五百八十页)

［天顺三年二月丁丑（1459年3月28日）］赐灌顶清心戒行国师班卓儿藏卜、净戒禅师班丹札思巴等诰命及镀金银印、袈裟等物。

(选自《明实录藏族史料》,第五百九十二页)

［天顺三年七月辛卯（1459年8月9日）］（前略）四川乌思藏禅师尔桑儿（结）结（儿）朵儿只等俱来朝,贡马及方物。赐钞、彩币表里、纻丝袭衣等物有差。

(选自《明实录藏族史料》,第五百九十五页)

［天顺四年七月壬寅（1460年8月14日）］命乌答寺住持番僧朵儿只领占为灌顶国师,赐敕诰、（诰敕）银印、衣帽,温卜叱失言簇袭为国师。从礼部奏请也。

(选自《明实录藏族史料》,第六百零一页)

［天顺四年八月乙巳（1460年8月17日）］四川长河西并乌思藏剌麻官绰蒙等来朝,贡方物。赐宴并彩币表里、纻丝袭衣等物。

(选自《明实录藏族史料》,第六百零一页)

［天顺五年六月乙未（1461年8月2日）］四川乌思藏地方剌麻头目官卓朵鲁只等来朝,贡方

物。赐钞、彩币表里、纻丝僧衣等物。

（选自《明实录藏族史料》，第六百零七页）

［天顺五年八月庚午（1461年9月6日）］乌思藏剌麻温卜阿蒙葛等来朝，贡方物、赐钞、彩币表里、纻丝袭衣等物。

（选自《明实录藏族史料》，第六百零七页）

［天顺六年五月丙申（1462年5月30日）］（前略）四川乌思藏地面剌麻（旺）聘星吉等俱来朝，贡马及方物。赐宴并彩币表里、纻丝袭衣等物有差。

（选自《明实录藏族史料》，第六百一十一页）

［天顺六年六月癸酉（1462年7月6日）］造纻丝（番僧）番僧（纻丝）衣服九百三十五袭。

（选自《明实录藏族史料》，第六百一十二页）

［天顺七年六月癸亥（1463年6月21日）］四川乌思藏地方番僧绰令等来朝，贡方物。赐钞、彩币表里、纻丝袭衣等物。

（选自《明实录藏族史料》，第六百一十七页）

［天顺七年六月己卯（1463年7月7日）］四川乌思藏剌麻锁南坚参等、陕西岷州卫番僧加巴等俱来朝，贡马及方物。赐钞、彩币表里、纻丝袭衣有差。

（选自《明实录藏族史料》，第六百一十七页）

［天顺七年七月戊申（1463年8月5日）］四川乌思藏剌麻番僧朵只言千等……俱来朝，贡马及方物。赐钞、彩币表里、纻丝袭衣等物有差。

（选自《明实录藏族史料》，第六百一十八页）

［天顺七年七月壬子（1463年8月9日）］四川乌思藏剌麻叱捨言千等来朝，贡方物。赐钞、彩币表里、纻丝袭衣等物。

（选自《明实录藏族史料》，第六百一十八页）

［天顺七年九月辛酉（1463年10月17日）］（前略）乌思藏剌麻番僧罗旦藏卜等来朝，贡马及方物。赐宴并金织袭衣、彩币表里等物有差。

（选自《明实录藏族史料》，第六百一十九页）

［天顺七年十月庚寅（1463年11月15日）］（前略）乌思藏街舟〔丹〕等寺剌麻番僧簇生领占等来朝，贡马及方物。赐宴并金织袭衣、彩币等物有差。

（选自《明实录藏族史料》，第六百二十一页）

［成化四年五月庚辰（1468年6月11日）］礼部奏："洮州起送藏撒下大乘法王完卜遣番僧葛竹瓦班绰等来朝……其赏赐亦宜从洮州例。"葛竹瓦班……礼部复请以各僧到京者，仍各赐僧衣一袭，以慰远人之意。从之。

（选自《明实录藏族史料》，第六百六十四页）

［成化六年七月壬寅（1470年8月22日）］四川朵甘思宣慰使司都指挥佥事、镇抚、都纲、番

僧人等卓嵬等来朝，贡方物。赐宴并衣服、彩段、食茶等物有差。

（选自《明实录藏族史料》，第六百九十一页）

[成化六年十一月辛丑（1470年12月19日）] 四川长河西、鱼通、宁远军民宣慰使司坚葛节等寺寨都纲头目人等巴旦言千等、长宁安抚司并韩胡桥等寺寨安抚坤卜等、乌思藏葛丹等寺寨番僧头目人等温葛坚参等、陕西文县守御千户所外皮竺簇簇头番人札巴汪秀等各来朝，贡马及方物。赐衣服、彩段等物有差。

（选自《明实录藏族史料》，第六百九十三页）

[成化七年正月庚子（1471年2月16日）] 陕西西宁卫丹德寺番僧领占竹等、岷州卫朝定等寺番僧乩丹等、西固城千户所栗中等簇簇头番人怕剌肖等各来朝，贡马并佛像等物。赐彩段、宝钞等物有差。

（选自《明实录藏族史料》，第六百九十三页）

[成化十八年十一月甲辰（1482年12月19日）] 太监覃昌传奉对旨：……又，慈恩寺灌顶大国师札实坚刼、乳奴班丹俱升西天佛子，赐诰命、衣帽等物。

（选自《明实录藏族史料》，第七百六十八页）

[成化二十一年九月甲戌（1485年11月4日）] 以乌思藏法王差来剌麻札失藏卜领占五人为灌顶大国师、灌顶国师、禅师、都纲，赐诰敕、印、帽、袈裟等物。

（选自《明实录藏族史料》，第七百八十七页）

[正德二年十月乙亥（1507年11月9日）] 各卜等族番人亦希藏等贡马及盔甲。赐宴，给赏有差。

（选自《明实录藏族史料》，第八百九十六页）

[正德十五年二月癸亥（1520年2月22日）] 杂谷安抚司遣都纲番僧则坑藏卜等各来贡。赐宴，并赏彩币、金织衣等如例。

（选自《明实录藏族史料》，第九百五十页）

[正德十五年三月辛丑（1520年3月31日）] 金川寺演化禅师遣番僧剌麻曾称藏卜等……各来朝贡。赐宴，并赏彩币、金织衣等有差。

（选自《明实录藏族史料》，第九百五十页）

[嘉靖五年七月己亥（1526年8月25日）] 撒藏等寺剌麻番人禄竹速南等十五人、敖儿等族番人石落肖等二百六十人各以画佛、马匹、甲胄等物来贡。宴赍如例。

（选自《明实录藏族史料》，第九百五十页）

[万历二十九年四月戊子（1601年5月22日）] 陕西青石山、亦（赤）辖等族番人木竹等进贡盔甲、马匹。关给到京并在边番人二百八十六名各贡赏。

（选自《明实录藏族史料》，第一千二百零四页）

[天启六年正月辛未（1626年2月23日）] 陕西岷州卫起送番人郭由等族著木剌的等及剌章等族存的豁剌等各来朝，贡马匹、盔甲。宴贺（赏）如例。

（选自《明实录藏族史料》，第一千二百五十一页）

（达日年塞时期）小邦吐谷浑王，当其被召前往医治盲人眼睛之时，此吐谷浑王是从悬挂王子靴子之门穿门而入。侯后叶谷浑王返家，其母问之，吐谷浑王答道：未见到吐蕃之王（达日年塞），唯见门上挂有饰以松耳石的一双小靴，我即从门下而入，内有一盲童，我医愈其眼，旋即返回。于是，吐谷浑王之母说道：这可不得了！

（选自《贤者喜宴》，第三十八页）

（泊巴之七子与吐蕃武士世家的舅父一门）在卓年寨地方举行了三天游艺比赛活动。七弟兄一天更换一匹马及一身服装。第一天为白马、白大氅；第二天为红马、红大氅；第三天为黑马、黑大氅。

（选自《萨迦世系史》，第十页）

（在绒乌尔米地方，贡嘎宁波为医治一患恶性天花的僧人，自己也被天花传染）此时（贡嘎宁波卧病在床），在萨迦有一名称阿波帕董，具有眼神通，清晨太阳一出时即在东方扎穹贡卡观看，看见有人骑一匹棕红色马，头戴金色盘帽，身穿大咒士衣，快马加鞭，从西面直奔迦萨方向而来，并且说："贡噶宁波病了，你们萨迦人怎么办？"相传这是罗刹王托昌坚（具头颅念殊）。

（选自《萨迦世系史》，第二十页）

（上师喇嘛吉秋瓦去世后）贡嘎宁波办完全部事情返回萨迦。为实现上师（喇嘛吉秋瓦）之遗言，喇钦（喇钦贡噶宁波）做了一套黄色僧装，准备出家。喇嘛南喀乌巴听到此事后，把喇钦叫套黄色僧装，准备出家。

（选自《萨迦世系史》，第二十五页）

（喇钦贡噶宁波希望向尚敦兄弟闻习语诀）遂前往萨塘地方，见有一伙织工请求见香寺住持者，对面有许多人，人群中间放有一件僧裙，一翻穿没有袖子的山羊皮大氅之僧人念着许多浮泛之语，正在进行瑜伽修行。

（选自《萨迦世系史》，第二十八页）

（喀共班钦米扎多）〔赞颂官却杰布和喇钦宁波任萨迦主持后的具吉祥萨迦寺之诗是对上师（贡嘎宁波）之圣地即具吉祥萨迦寺的赞颂〕

弥漫雾雨之冠冕，非它乃为丝绸之头巾，
非草绿之笔来描绘，乃为绿蓝色之长披风，
彩光普照所有的画，是用珍宝所装饰，
此上部不动威严画，乃为大臣之供奉。
……
大乐海总面积仅为大海之饰衣，
头戴如意宝蛇冠身穿美丽之衣，
执掌宝藏之主是龙王，一切愿望圆满实现矣！

（选自《萨迦世系史》，第四十一页）

〔水牛年（1253）新年时，法王八思巴十九岁时被薛禅汗请求传授灌顶时被封为帝师〕并赐给（法王八思巴）刻有"萨"字镶嵌珍宝的羊脂玉印章。此外，还赐给黄金、珍珠镶嵌的袈裟、法

第三编 服饰

衣、大氅、僧帽、靴子、坐垫、金座、伞盖、全套碗盏杯盘、骆驼及乘骡、全套金鞍具，特别是赐给上述的各万户及法螺等作为灌顶的供养奉献。

(选自《萨迦世系史》，第一百二十三页)

在他（喇嘛丹巴）二十多岁时，有一次梦见被称为萨迦班智达的高个子，身穿鹅黄色氆氇做的袈裟。醒来以后，他自己疑惑道：法主萨迦班智达大概不会穿黄色袈裟吧！后来有一次在书楼看到萨迦班智达的一件鹅黄色袈裟，长度比现今的人的身体要长一些，他立即回忆起以前的梦中的情景。又有一次，他在梦中梦见与一个高个子僧人相见，据说那是班钦释迦室利，身穿一件比较窄小的褐子做的袈裟，肩帔的搭法与堪钦达玛室利相同，他从那僧人听法。

(选自《萨迦世系史》，第二百一十五页)

大师（贡噶扎西坚赞贝桑波）以上师瑜伽进行祷告后，遍知法王索南坚赞身穿赤黄色金丝缎半月形大氅，头戴折叠帽出现在面前，讲说诸多部分法门等奇异加持入门。

(选自《萨迦世系史》，第二百六十四页)

（俄强曲吉杰布洞察三时，给达钦及洛本等人写了承许之回信，并随信）呈献上萨迦帽、短坎肩、披单、僧裙、袜子、丝绒靴等礼品一百件。于殊胜之箕宿月即吉祥上师二十五日节日发自吉祥萨迦大寺①高僧大德聚集处拉康拉章普陀洛迦。

(选自《萨迦世系史》，第二百七十一页)

注释
① 吉祥萨迦大寺：萨迦，意为白土，因寺建在奔波日山白土中部的侧面，故名。《释老传》作"萨斯迦"，《元史》文宗本纪写作"撒思吉牙"，尚有其他不同之音译。寺在日喀则的西南位于萨迦冲曲河南北两岸，寺亦分为南北两院。

（在拉康孜之普陀洛伽驻锡之时）有一次俄强喇嘛因在郭如益西贡布佛像前，念修二遍夏萨那四十万咒和在其它地方二次念修七字真言，在细脱卡卓之地清楚地看见一具非常高大之宝帐怙主，身体挺直地坐在九层垫子之上，身穿九层五色彩缎大氅，放射十万太阳之光辉。

(选自《萨迦世系史》，第三百二十六页)

[札巴洛追坚赞年幼时与其兄长一起侍奉俄强大师，大师（俄强曲吉杰布）]赐给兄弟二人大缎披风各一件，给札巴洛追坚赞的是红色的有云纹图案的，上面还绣有七宝图形，这件披风虽然很久，但他（札巴洛追坚赞）后来还一再穿用。

(选自《萨迦世系史》，第三百八十九页)

（鸡年）九月（娄宿月）初五日尊者之侍寝官札西冲安祈请赐予以辖区为主的陀杰、萨朗春和香囊林门的近万名僧俗大众《三根本合修》之师法。于是第二天赐予以胞弟金却仁波切为首的尊卑约五百人《三根本合修之法》。侍寝官献九个一组的礼品二份，七个一组的礼品一份。尊者赏给碰铃、皮袄、余供、布匹、绸缎等数件。"如此不做以后何处奉献"说，要严肃认真地接受。随供献碰铃和皮袄，又献布匹和绸缎。

(选自《萨迦世系史续编》，第七十一页)

（贡嘎才旺仁增的学经情况）人王大臣本身收到了第十七子的口头指示，按照昔日的布置完成了维修，特别是对朗孜的身着报身服饰的如来佛像维修后进行开光时，胸坎系着白色彩带。从东却迎请仲日尊者到自己的居处。

（选自《萨迦世系史续编》，第九十七页）

（土托旺曲扎巴坚赞）四十四岁铁羊年来临，前辈大咒师的塑像，虽曾许诺定期建成，但未能应时开工。因此需要在今世进行修建，如是五位工巧明工匠依止护法神殿如意宝塔顺利建成完工。这时第司又要举办修福法事……这为共同的和个别的佛法施主做福寿时一心专注。因有"堆得"装饰之风尚，要为各位瞻婆拉财神和领队们制作服装，但开始制作时，预兆险恶，一位工匠因肮脏污秽而死亡，其余者祈告神灵保佑，才得顺利完成。随后建立"堆得"，但放咒那天，护法高举，布下《三续》天罗地网，尤其是孜乌麻波和旧地首领等保护自己一方，摧毁异部的态度明显，蒙古鬼相貌凶残，狂风似的将山寨团团围住。寨中有个白人，身着白色半月形披风。骑着白马，左手持斧钺，右手拿羂索。格斗徒众身着彩衣，手持各种兵器，如同三根本护法们流放北方时所清楚看到的情景。然而，大家见到的却是从旧地首领的房上刮过一股狂风。

（选自《萨迦世系史续编》，第一百二十四页）

大师（一切智阿旺贡嘎索朗扎巴坚赞）一行抵达拉萨，向释迦二尊和天然十一面观音像等一切主要所依处献哈达、点供灯、献上圆满的供养。……在当晚，梦见有四名美女从四方各自展开一面织锦，上面放有坐垫，并说"请就座"。大师欲入座，但是却到不了织锦上面。

（选自《萨迦世系史续编》，第一百六十页）

（为一切智阿旺贡嘎索朗扎巴坚赞的亲临，护法着手准备工作）护法敬信的仪表、体态端庄。就多方面进行了交谈，（大护法）最后说："规范师莲花生的崇拜者，厉鬼的大厚铠甲和内衣等，当年这些东西除了你们萨迦格西之外，其余谁也不配讲行修补。今无也应该如此。上面所需的资具载于案卷之中，不需盖格西的图章。"

（选自《萨迦世系史续编》，第一百八十六页）

一天，（阿旺贡嘎索朗仁青）在进行召进时，见一名俗人身穿"唐投"，以出家佛教徒的装束进行打扮，彼献上了人头和心肺，这时真的出现了远处抛掷尸体的嚓嚓声。心想竟有这等事。

（选自《萨迦世系史续编》，第三百二十六页）

（贡嘎索朗图托旺曲的生平事迹）一度坦孜金刚持来到萨迦。大家当场聆听了"消灾"。在进行长寿灌顶时，赐予父亲白度母，赐给我妙音佛母，赐给弟弟修行时的依怙像。我和弟弟俩人的唐卡上没有上下天地。因此镶天地时用了龙纹图案突出的上等绸缎，认为是该护法全面开始完成功业之征兆。

（选自《萨迦世系史续编》，第三百五十二页）

该塔（吉祥多门塔）雄伟庞大，郭仓巴佛曾说："我的这些身着粗毡披风的修行女弟子白天向我请法，夜晚到热隆寺殿外那若巴的佛塔转经，经常去西方邬仗那领取会供资粮。"大成就者（指邬坚巴·仁钦贝）前往邬仗那时，看见那里的众女子的情况正如郭仓巴佛所说。

（选自《后藏志》，第十页）

噶德暗诉于元帝（元顺帝妥懽帖睦尔）。帝赐五爪金龙黄袍与之，乃衣于身内。桑喀将其带至法庭，去其外衣时，始见皇上所赐龙袍，桑喀大惧，不久，则因罪受惩……

(选自《西藏王臣记》，第七十页)

（帕木竹巴政权时期，迅鲁坚赞）坚赞头戴竹冠，身着胡装，足履胡靴，半夜酣歌醉舞，日午仍长卧不起，惟以放荡逸乐度日。于帕木竹巴之基业，危害至巨。

(选自《西藏王臣记》，第八十二页)

（萨迦喇嘛衮邦巴及本钦·杰桑瓦共谋杀司徒）本钦亲率兵围攻乃东。司徒之众家臣亦皆谓邦政重于邦主，未交出乃东。其后本钦以皮掌司徒之面，凡百三十五记。复冠以有尾之冠，作为囚犯之状，由蔡巴兵丁押解至机那间，沿途备受叱责，并强其急行。

(选自《西藏王臣记》，第八十六页)

大乘法王者，乌斯藏僧昆泽思巴也，其徒亦称为尚师。永乐时，成祖既封哈立麻，又闻昆泽思巴有道术，命中官赍玺书银币征之。其僧先遣人贡舍利、佛像，遂偕使者入朝。十一年二月至京，帝即延见，赐藏经、银钞、彩币、鞍马、茶果诸物，封为万行圆融妙法最胜真如慧智弘慈广济护国演教正觉大乘法王西天上善金刚普应大光明佛，领天下释教，赐印诰、袈裟、幡幢、鞍马、伞器诸物，礼之亚于大宝法王。明年辞归，赐加于前，命中官护行。后数入贡，帝亦先后命中官乔来喜、杨三保赍赐佛像、法器、袈裟、禅衣、绒锦、彩币诸物。洪熙、宣德间并来贡。

(选自《明史》，第八千五百七十五页)

大慈法王，名释迦也失，亦乌斯藏僧称为尚师者也。永乐中，既封二法王，其徒争欲见天子邀恩宠，于是来者趾相接。释迦也失亦以十二年入朝，礼亚大乘法王。明年命为妙觉圆通慈慧普应辅国显教灌顶弘善西天佛子大国师，赐之印诰。十四年辞归，赐佛经、佛像、法仗、僧衣、绮帛、金银器，且御制赞词赐之，其徒益以为荣。明年遣使来贡。十七年命中官杨三保赍佛像、衣币往赐。

(选自《明史》，第八千五百七十七页)

成祖嗣位，遣僧智光[①]往赐。永乐元年遣使入贡。四年封为灌顶国师阐化王，赐螭纽玉印，白金五百两，绮衣三袭，锦帛五十匹，巴茶二百斤。……（智光）后贡益频数。帝嘉其诚，复命三保赍佛像、法器、袈裟、禅衣及绒锦、彩币往劳之。已，又命中官戴兴往赐彩币。宣德二年命中官侯显往赐绒锦、彩币。

(选自《明史》，第八千五百八十页)

注释

① 智光：西藏僧人。原名柯热。初为10世纪末西藏阿里王。后让位于弟，自行出家，更名耶歇斡（意译"智光"）。为弘扬纯正佛教，一面派宝贤等21人赴迦湿弥罗（今克什米尔）学法，一面延请印度名僧来藏。还仿照桑耶寺修建托林寺。

初，（藏）入贡无定期，自永乐迄正统，或间岁一来，或一岁再至。而历朝遣使往赐者，金币、宝钞、佛像、法器、袈裟、禅服，不一而足。至成化元年始定三岁一贡之例。

(选自《明史》，第八千五百八十二页)

辅教王者，思达藏僧也。其地视乌斯藏尤远。成祖即位，命僧智光持诏招谕，赐以银币。永乐十一年封其僧南渴烈思巴为辅教王，赐诰印、彩币，数通贡使。杨三保、侯显皆往赐其国，与诸法王等。景泰七年,使来贡,自陈年老,乞令其子喃葛坚粲巴藏卜代。帝从之,封为辅教王,赐诰敕、金印、彩币、袈裟、法器。

(选自《明史》,第八千五百八十五页)

西天阿难功德国,西方番国也。洪武七年,王卜哈鲁遣其讲主必尼西来朝,贡方物及解毒药石。诏赐文绮、禅衣及布帛诸物。后不复至。

(选自《明史》,第八千五百八十五页)

(洪武)八年(1375)置俄力思军民元帅府。寻置陇答卫指挥使司。十八年(1385)以班竹儿藏卜为乌斯藏都指挥使。乃更定品秩,自都指挥以下皆令世袭。未几,又改乌斯藏俺不罗卫为行都指挥使司。二十六年,西番思曩日等族遣使贡马,命赐金铜信符、文绮、袭衣,许之朝贡。

(选自《明史》,第八千五百八十八页)

(根敦珠巴7岁时,即1398年左右)因为父母贫穷,上师(根敦珠巴)到纳塘寺向僧众乞讨,他穿着一件黄色袈裟,剃了头发前去,因而被众人称为"尊穷阿觉(背诵经文的幼僧)"。上师曾经说:"我这一辈子没有穿过黑色的或没有染过色的衣服。"

(选自《一世至四世达赖喇嘛传》,第九页)

(1463)年当天夜间,根敦珠巴住在弥勒佛像前,一心祈祷,看到弥勒佛以一个身穿炭色袈裟的比丘的形象出现,一再没入这尊像中。到黎明时,又见一个这样装束的比丘出现,对根敦珠巴说:"你已经对佛法和众生给了大利益,现在应当欢喜修行。"

(选自《一世至四世达赖喇嘛传》,第四十三页)

[铁猴年(1560)过年后,索南嘉措]回到哲蚌寺后,有一天在给一尊铜像上涂金时,第巴格茹巴奉献了一尊吉东玛佛像。这样前后加起来,共有七尊众生怙主像到手,符合过去预言(空行天女预言,向具有加持力的七尊众生怙主身像奉献供赞,祈祷所求之事,则一切心事皆会如愿以偿)。于是为这些佛像井然有序地陈设了法衣、半月形披风、坐具、靠背等大量供品,并反复向佛像顶礼献供。

(选自《一世至四世达赖喇嘛传》,第一百九十七页)

[铁羊年(1631)记班禅大师前往蒙古人中调解的事迹](蒙古人大批来藏,阿克岱青由许多厄鲁特军宾簇拥着,显示军威。)霍尔上中下三部的人们都称他是格萨尔的化身。由于他经常穿一件像铃铛套子的皮袄,知情的人们议论说:"喀尔喀曲库尔王的衣着也如济农王一样,只有他如此不讲究仪表。"厄鲁特人也穿着西藏人以前没有见过的衣服,因此人们惊讶地说:"好似白头人(指中亚缠头的穆斯林)的服饰。"

(选自《五世达赖喇嘛传》上册,第八十七页)

[铁羊年(1631)](由于身体不适而要当复诵师,姜仲罗桑曲责备我)说:"如果你(五世达赖)有求学的决心和愿望,……我也与寺里的管理者有些关系。你与那些身居高位,披着大氅削足适履、招摇过市的大喇嘛截然不同……"

(选自《五世达赖喇嘛传》上册,第七十七页)

[木牛年（1625）冬天]（蒙古香客）图巴台吉请我（五世达赖）到罗若瓦维珠家中，按照蒙古习惯宴请了我们，并赠送了皮大氅等礼品。

（选自《五世达赖喇嘛传》上册，第五十七页）

[铁兔年（1651）十一月]（在给寺院咒师念咒诵经时）第巴曼卓乃问道："这些牧人怎么能听得懂密咒呢？"我（五世达赖）回答说："他们是咒师。"一听说是咒师，第巴就讥笑说："那么，还需要有白色禅裙等合格的服装。"正是自做自毁。

（选自《五世达赖喇嘛传》上册，第二百零六页）

[铁兔年（1651）十一月二十一日]达垅夏仲阿格旺秀从康区前来会见，他身着像黄色法幢那样的古装，在无面羊裘上面套着一件长袍，有点像《达垅宗布增巴传》中所描述的模样。

（选自《五世达赖喇嘛传》上册，第二百零六页）

[水龙年（1652）十月]（进京行至）称为"拉萨苏诺尔"的盐湖边时……额璘臣郡王及其王妃献了金银器皿、羔皮披风、马匹、羊只等百份礼品，善丹贝勒的夫人等奉献了一千两白银、一百峰骆驼、一万只羊、茶叶、绸缎等近两万份礼品，额璘臣郡王的弟弟却措曲古尔奉献了羔皮达库和白银三百多两。

（选自《五世达赖喇嘛传》上册，第二百三十二页）

[土马年（1618）十月二十八日，五世达赖喇嘛进京见顺治帝]在库克乌苏给苏昆塔布囊①和梅林章京等人传授了大悲观音随许法，噶玛额附父子布施了斗篷、雪吉缎等贵重物品，我给近三百人做了加持法事并撒花祝福。

（选自《五世达赖喇嘛传》上册，第二百三十五页）

注释
① 塔布囊：在清代是成吉思汗的爱将济拉玛裔特殊享有的世袭爵秩名称，分四等：一等者秩一品，二等者秩二品，三等者秩三品，四等者秩四品。

[水龙年（1652）十二月]（进京）渐次行至被称为"沙河城"的有吊桥的城堡附近。一位叫玉衮的官员接待了我们。安多却藏巴和嘉喇嘛前来奉献了霍尔水晶念珠、带网套的法衣。又前行至称为"清河"的城镇的桥上时，钦差珠、带网套的法衣。

（选自《五世达赖喇嘛传》上册，第二百四十一页）

[水虎年（1662）三月初七日]（依止洛扎伏藏之金刚橛威猛真言布画坛城延至八日午前祈愿长寿永生时）中午时分，我们随大法王和主持者二人派来迎请的人一起前往白哈尔阁，向南拉绛曲和金刚亥母的附身敬献了合身的缎制咒士衣和五彩绸哈达，并按惯例依止天铁金刚和甘露等物向大法王起誓。

（选自《五世达赖喇嘛传》上册，第三百七十页）

[木龙年（1664）闰三月后]由却本和翁则二人做施主，扎仓①举行了依止彩粉坛城的长寿仪轨。他们布施了三次以两件披风为主全套服装。

（选自《五世达赖喇嘛传》上册，第四百页）

注释
① 扎仓：藏语音译，意为"僧院"。藏传佛教僧众学习经典的学校。各寺院拥有的扎仓数目并

不相同，如色拉寺有三所、哲蚌寺有四所、拉卜楞寺有六所。

　　［铁狗年（1670）二月，由于第巴索南饶丹不主张推行初十跳神活动］日喀则的初十跳神的道具等已经散失殆尽，成为往事。今年，第巴开始筹办咒士衣、戏装、面具和骷髅鬼卒道具等必需品。他召集了埃巴活佛等十四人，先制成了初十跳神用的八名号、愤怒、惩罚等八十副面具，还有作为供奉物的唐古拉山神的面具。

（选自《五世达赖喇嘛传》下册，第三十九页）

　　［铁猪年（1671）藏历三月初三为曜日，丹增达赖汗继承王位，我（五世达赖喇嘛）向他赠送了红色印章、蒙古汗王常用的绸缎、皮袄、饰有雕翎的帽子、武士所穿的内外服装、银器、茶布、皮箱、镶边褥子等大批祝贺礼品，宣布汗王的名号为丹增达赖汗，并设盛宴招待各地方首领。

（选自《五世达赖喇嘛传》下册，第五十五页）

　　［水鼠年（1672）六月初六日］由不动金刚佛改换身相而穿上黄色缎子袈裟。下密院堪布向我（五世达赖）赠送了物品并念诵真言，祝赞吉祥。达垅桑杰温取自于嘉布东法库的莲花生大师的手铃，由卸任达垅夏仲盖印送给了我（五世达赖喇嘛）。

（选自《五世达赖喇嘛传》下册，第九十页）

　　［木虎年（1674）八月二十八日］为贾曹扎巴曲央的转世的事情，他的襄佐官多巴给第巴奉献法王八思巴的半月形大氅，供于内供物品之中。

（选自《五世达赖喇嘛传》下册，第一百五十六页）

　　［木兔年（1675）九月十三日］法王噶尔巴向我（五世达赖）赠送了袈裟等大量礼品，他与那些自诩为大喇嘛的吝啬鬼截然不同。

（选自《五世达赖喇嘛传》下册，第二百页）

　　［火蛇年（1677）四月二十日起，因腿病，我（五世达赖喇嘛）想起积聚善业资粮］在大昭寺和小昭寺向各个佛像呈献供品，以汉地所产锦花缎和金丝缎为主。还有专门缝制的大氅二十一件和华盖、肩帔、外罩，以零布片缝制的袈裟，我派阿仁巴索南坚赞和达曲巴阿旺丹增负责监制。

（选自《五世达赖喇嘛传》下册，第二百四十七页）

　　［火蛇年（1677）七月十六日］翁则洛桑云丹捐献大氅等全套衣物和绸缎、茶叶等大量物品，为我（五世达赖）举行寝殿祈寿的法事。

（选自《五世达赖喇嘛传》下册，第二百五十六页）

　　［土马年（1678）三月十日］卫果尔切哇的王妃捐献大氅、坐垫等众多物品，由扎仓为我（五世达赖）举行称为寝殿祈寿的祝愿我长寿的仪轨，并祈愿嘉央曲嘉多吉的转世迅速降生。

（选自《五世达赖喇嘛传》下册，第二百八十二页）

　　［土羊年（1679）二月初七日］第巴达孜瓦向我（五世达赖）馈赠了以半月形大氅为主的大批礼品，为我举行了有关无量寿佛报身的祈寿仪轨，呈献子迎送众空行的会供轮供品，给每个僧人布施哈达一条、黄金一钱。

（选自《五世达赖喇嘛传》下册，第三百二十页）

第三编 服饰

[土羊年（1679）六月初五日桑杰嘉措继任第巴]在准备接受灌顶之前，向我献了吉祥哈达、用曲旺仁波且的伏藏天生铁制成的莲花生大师的九股金刚杵、通人冠、肩帔等上等僧装三套、缎子二十一匹、绸子、大缎、马鞍、茶叶、布匹等二十一种礼品。在坐床就职时，向我呈送了称为精华的酸奶、用蕨麻和酥油等制成的吉祥食品，接着在仪式上交给他钥匙、名册、缎子小匣、大小官印等物，他正式接管一切政教权力。

（选自《五世达赖喇嘛传》下册，第三百三十八页）

[铁鸡年（1681）七月初五日]金刚持仁钦索南却珠身染微疾，我（五世达赖）向他奉献了如来佛的八块灵骨、披单、袈裟、坐垫、红茶三包等礼品。

（选自《五世达赖喇嘛传》下册，第四百四十页）

《吉祥哲蚌寝宫备忘录》中说："妙主相好祥辉虹体身，是知普遍众生的眼根；身着鹅黄色袈裟的宗喀巴，是为三界众生之顶胜上师。"

（选自《格鲁派教法史》，第十六页）

汉地（明朝）万历皇帝派三名官员前来向索南嘉措赠封号"一切国土喇嘛觉禅师"，献印经、官帽、官服、诏书以及以前皇帝所用的各种乐器，另有金黄色袈裟一套、金、银、绸缎等宫中许多珍品。并降书说："作为我属民的蒙古四十大部和甘州都堂官员的全部愿望都满足了！善哉。并请以后前来京城。"

（选自《格鲁派教法史》，第九十六页）

（关于供养方面，印度学者解释为）献身者："我向佛佛子，供献我全身。"献身的人是四位穿祖衣（佛教指比丘僧在礼拜、乞食、讲闻佛法、羯摩仪轨聚合等时穿用的黄色上衣，分上品、中品、下品—译者注）的比丘。

（选自《格鲁派教法史》，第三百八十八页）

（大师的父母双亲在他出生前后好梦不断）特别是其（第二世嘉木样大师）母临去塔尔寺朝拜的前夕，梦中听到胎儿在腹中说："母亲，不必去塔尔寺，儿为宗喀巴法嗣传世者，日后您将顺心如意。"又梦见两名喇嘛端坐在宝座上，上首坐的身着黄色袈裟、头戴僧尖帽，下首坐的身穿红色袈裟，气度不凡。

（选自《拉卜楞寺志》，第四十页）

（第二世嘉木样大师）大师的舅父洛珠嘉措比丘为了试试他（第二世嘉木样大师）心志磨炼的程度，用烧火棍打他，后问他痛否，他回答说："恩人不可能让棍触及我。"其舅父见其性情敦厚，悲忍克己，甚觉宽慰。此后不久，附近百姓也有托梦之说，称内绍艾江上人身披纹饰银坎，肩负日月，站在土司宫殿门前，由南面走来手捧各种供养品的僧众，其舅父洛珠嘉措比丘如同护卫立于大门一侧……

（选自《拉卜楞寺志》，第四十二页）

郭喇在养病期间，有时无意识地在习字板上画些头戴漆布帽的僧侣，披头散发的女人，红人骑红马，蛇形等多种图形。他舅父洛珠嘉措比丘知道此事后，立即施法驱魔，但收效不大。郭喇虽然不再画其他图形了，却仍在专心画蛇，他舅父内心非常焦虑，又作逐龙镇妖大法。施完大法后，他画出蛇头朝下，蛇背插有黄色宝幢的图形，不久病得痊愈。一些贤德将此事与古天竺国的月称法师挤出画中奶牛乳汁的典故相提并论，认为这是内顾萦心，以解实执的猛省了断，为此赞不绝口。

（选自《拉卜楞寺志》，第四十三页）

  大师（第二世嘉木样大师）通悟三藏精髓，却不踌躇满志，更不找借口贪食好穿，相反连圆围褶裙也不用，只用些短围或窄长的布料裹身，不尚华贵，以苦磨性，心口如一。

（选自《拉卜楞寺志》，第五十九页）

  有一天，（第一世）嘉木样大师在寝宫楼阁内摊开一张黄纸，好像要抄写什么，他头戴通人冠，堪布诺门汗和热坚巴·加央华丹二人侍立在一旁，此情景恰好被格西俄旺索南嘉措从寺背后的，转经路上看着，而这一情景又与出土的"伏藏题记"的附言相合。

（选自《拉卜楞寺志》，第一百四十一页）

  （第一世嘉木样）大师还就诸般因由讲了许多，并以自己为例说，"我曾于盖培修此仪轨，用正法眼见到八万僧众集聚之场景。有一次还梦见新建扎仓内很多僧侣衣着大都极差，有穿皮大氅者，有穿短袖皮袄者，后来之情形果然与梦境相似。"这些情况又可详见（第一世嘉木样）嘉木样大师的传记。

（选自《拉卜楞寺志》，第一百四十三页）

  （第一世嘉木样）大师解静后说："此方神祇乃世间善神，已许以（拉卜楞寺）寺址，此前似乎不曾应允与人，今许之，兴致所及也。"这里说的此前不曾应允与人，是指以前修成正果的大自在者隆务·嘎旦嘉措曾来到扎西琦，想要创建隆务大寺，在占卜时，他觉得恍如梦境中一样，看见不少头戴僧帽，身着半月形大氅的僧侣，不知从何处集聚过来，他们在一块匆忙地说："你在我们的土地上做什么？"他们还手拿僧帽做出要打的样子。隆务·嘎旦嘉措似觉不妙，也就作罢了。

（选自《拉卜楞寺志》，第一百五十四页）

  清康熙五十九年（1702），康熙皇帝册封（第一世）嘉木样大师为"扶法禅师班智达额尔德尼诺门罕"，颁赐金敕金印。诗曰：
黄褐袈裟禅僧传伽蓝，
政教阐扬怙主德懋昭，
了悟敬信空中洒花雨，
海波翻腾彼此苦竞争。

（选自《拉卜楞寺志》，第一百五十七页）

  （新玉妥·云丹贡布，于十二世纪生于叶如藏年堆的阁希热塘地方）到了十岁那年，他有一次梦见一位自称是成就仙女的美女，身着蓝色服饰，手持一瓶甘露，她说："这瓶甘露是药师佛专门带给你的，请收下。"于是，他的躯体变得像玻璃般里外透明……

（选自《拉卜楞寺志》，第二百五十页）

  （尊者供奉仪轨）在中原汉地，国王邀请十六尊者前来坐夏，当地的百姓敬献了许多锦缎、衣袍，并使之飒摇动荡。到了夏令限定日期，诸尊者准备返回时，君臣塑造了众尊者的塑像，照此模样，鲁米·仲琼瓦绘制了十六尊者及善知识达摩达拉等十八尊佛像，众形象又被赛吉布瓦所绘传。

（选自《拉卜楞寺志》，第二百七十二页）

第三编 服饰

他（第二任大法台阿旺扎西）从小就被占卜师断定只能穿黄衣，所以他从未穿过白色衣服，他在玩耍时会堆积很多石土，说这些是十六尊者，并进行供奉仪式，他称自己是"嘛呢巴"，领众童子诵六字真言，做跏趺状，并向四方高颂吉祥词等，从小就有一种超众的贤者举动。

(选自《拉卜楞寺志》，第三百零一页)

（第三任大法台德赤·洛桑顿珠）有时他身上披件在安多时当作雨衣的黄毡衣，头戴褐片折叠而成的帽子，露天背诵，不顾风吹雨打。他的一位师友见了问道："你平时不背诵，一背就不顾雨淋，这是为什么？"他回答说："办完事后背诵经典是高尚人的行为。"

(选自《拉卜楞寺志》，第三百二十页)

土龙年，他（第四任大法台阿旺旦增）卸任后仍刻苦修证，不分昼夜，历时很久。一次他躯体端坐，双手合掌，停止呼吸，身边随侍人员以及学徒们误以为大师已离开人世，为其着法袍，戴佛冠，供拜祭祀，并邀二世嘉木样大师主祭，经做完洗体、诵经和祈祷后，刚过三天，谁料到他却像睡了一觉似的苏醒了过来。

(选自《拉卜楞寺志》，第三百四十三页)

（第五任大法台阿旺丹拜坚赞）（土兔年）闰六月十三日，他为文殊的化身——皇帝陛下祈祷祝寿时，皇帝赐给他自己所用的沃拉汗之蒙古靴子、皇袍、衣物、锦缎等珍贵物品，破例将黄座垫子及其背垫赐给他（除个别大活佛之外未曾铺用过黄色座垫），给予他无限的厚爱。

(选自《拉卜楞寺志》，第三百五十九页)

（第十四任大法台阿旺陈来）在考取多仁巴学位时，他将月氅缠绕于腰间，沉着应辩，言辞犀利，辩驳纵横，其反应之敏捷，令人意为之夺，其雄辩的神态至今历历在目。通过辩论，充分显示了他文质炳焕的一面。

(选自《拉卜楞寺志》，第三百八十一页)

第二世嘉木样大师非常器重阿旺陈来，临进京之际，将缎装、僧帽、袈裟等物品交付于他，嘱咐道："本人走后到返寺之前，将寺院的讲授、修念、闻习等一切内外事务交由你全权办理。"

(选自《拉卜楞寺志》，第三百八十二页)

（第十五任大法台索南旺杰）他在章嘉若白多杰大师门下听习《五次第明灯》时，大师提出些疑难问题，他当场回答，准确无误，章嘉大师很满意，对他给予了物质奖励，还将自己着身已久的坎肩也一并赐予，后来此坎肩在拉卜楞寺被当作圣物置入新造的释迦牟尼佛像内，珍藏供养。

(选自《拉卜楞寺志》，第三百八十八页)

（贡唐仓·丹贝卓美尊者）历经数月的长途跋涉，于十一月十三日，他们（贡唐仓·丹贝卓美尊者，嘉木样大师）终于抵达拉卜楞寺。他（贡唐仓·丹贝卓美尊者）为寺院大经堂敬献了一对价值八百余两银子的金幢①，给闻思学院的每僧布施僧帽一顶。是年冬末，赴意乐持法寺闭户静修。解静后，又为该寺每僧布施一顶修行帽和鬘茶罗，并布置好每个僧舍，要求经常做到发心仪轨。自此起一直到铁狗年（1790），他在幽静处和拉卜楞寺修行。

(选自《拉卜楞寺志》，第四百二十七页)

注释

① 金幢：佛教用物。佛殿里悬挂的装饰品。以黄色锦缎（或一般丝织品）制成，长筒形。

在大金瓦殿里陈列着可与绒·大慈寺（1367年，噶居第司·诺悟桑波建于后藏日喀则地区的一座佛寺）的弥勒佛像相媲美的高大的见利弥勒佛像，其内藏为亲王吉囊出资以金粉、银粉书写的《甘珠尔》，以及诸多珍贵的圣物。若知其详可参见有关史籍，兹不再赘言。

除以上所述之外，陈置于金瓦殿的还有被第二世嘉木样迎请的六世班禅的袈裟、锦制法衣、僧帽等诸多圣物。

（选自《拉卜楞寺志》，第五百五十页）

彼（第三皇帝轩辕氏）委托其皇后编织绫缎，最初制造蓝肩帔及黄裙如印象中之天地，并造鞋帽等各种服饰，用扫除黑暗愚昧之日月来表现其色彩、外形、数序等等，具有从表象中感知其真实内含之特征。复次彼见树叶漂浮于水面后，以此为样式，制造最初舟船。以星曜运行道及下方二河之外形与走向为式样发明车。彼考察旁生之自性后，教人凡是能使唤之牲畜均可役使享用。首次布置如何使商道畅通无阻，货源茂盛；如何作好上供下赐之仪规，如何依贵贱高低百内外差别，建筑房舍及城堡。由此，大王所管辖之四周领地所属大小邦计一万个。

（选自《汉区佛教源流记 汉藏对照》，第十七页）

[我（贡布嘉措）]曾听人云此地僧人祖衣之片块层次衔接与鸟羽递压式（西藏祖衣）的十分相近，至尊宗喀巴大师之法衣亦如此形。其祖衣无表相。据说由于此地唯独一派，无须有误作别派之嫌。还说表相如表"夫子"官相，如此嘲弄，亦只能平等而无相别之差异矣。

（选自《汉区佛教源流记 汉藏对照》，第四十七页）

崇德七年（壬午）十月己亥（1642年10月25日）

图白忒部达赖喇嘛（五世）遣伊拉古克三胡图克图、戴青绰尔济等至盛京，上亲率诸王、贝勒、大臣出怀远门迎之。……伊拉古克三胡土克图及同来喇嘛等各献驼马、番菩提数珠、黑狐皮、羝单、羝褐、花毯、茶叶、狐腋裘、狼皮等物，酌纳之。

（选自《清实录藏族史料》，第五页）

康熙三十五年（丙子）二月己亥（1696年3月15日）

厄鲁特策妄阿喇布坦遣使囊素等请安进贡；又奏噶尔丹奸恶，乞遣还回子归已。上赐以敕书。"……今噶尔丹悖弃誓言，戕我赍尔之使，劫喀尔喀之人，阻止（几世）班禅胡土克图之来，今又至巴颜乌阑，动摇我人民……朕为一统万邦之主，何得不加创艾！是以发三路大军诛讨……恐边外之民不无震惊。尔其遍谕尔之属众，以至吐鲁番诸处，各令照常安居，勿致惊溃。特遣内阁侍读常明、理藩院司务英武为使，赐尔花缎二十匹、银茶桶、茶盆各一具、狐腋蟒袍一袭、貂帽一顶、玲珑鞓带一围、皮靴、蟒袜各一对。尔如有所欲言，其遣人偕使臣来奏。"

（选自《清实录藏族史料》，第一百二十七页）

康熙三十六年（丁丑）三月辛未（1697年4月11日）

赐（六世）达赖喇嘛使入尼麻唐胡土克图等漆鞍、羊裘、蟒袍、布帛、白金等物有差。

（选自《清实录藏族史料》，第一百五十一页）

嘉庆十二年（丁卯）十月癸酉（1807年11月4日）

谕军机大臣等："兴奎等奏筹议西宁善后事宜五条，所议多有可行。……至折内称近来蒙古竟有穿戴番子衣帽毫无区别者，尤为可恨。蒙古服色循用已久，今竟穿戴番子衣帽，即属忘本。不但彼此混淆，且遇有番子抢掠等事，无从辨别，所关非细。著严饬蒙古王公等查拏严办，不可姑息……"

（选自《清实录藏族史料》，第三千七百三十八页）

咸丰九年（己未）十二月壬寅（1859年12月30日）

又谕（内阁）："恩庆奏里塘善后事件办理完竣，并请续设土司、奖励喇嘛一折。……即著该部发给该土司号纸、执照。热水塘①焚修喇嘛称勒达结准其戴用黄桃儿帽，穿黄大褂，以示奖励……"

（选自《清实录藏族史料》，第四千二百八十页）

注释

① 热水塘：平面形态近圆形或椭圆形，深度一米至数米不等，面积十几至几十平方米。水温达到沸点的叫沸泉塘。

一个叫吉巴洛萨的士兵，亲眼看到祖母护法骑着战马带领军队。此时，至尊（直贡第十五任主持衮噶仁钦白桑布）感觉到，沃代贡杰神身着红装，给至尊面前献来许多羊群。这与我军大败敌方，我方事业完成的事实相吻合。

（选自《直贡法嗣》，第一百四十八页）

垂仲殿，在大召东半里许，寺名噶吗霞。内塑神像狰狞恶煞。内居护法，乃喇嘛装束，仍娶妻生子，世传术术，即中华之巫类。每月之初二十六下神，头戴金盔，上插鸡羽一束，高约二三尺，穿甲背插小旗五面，周身以白哈达结束，足穿虎皮靴，手执弓刀，登坐法台，凡人叩问吉凶，托神言判祸福。出则人从，装束鬼怪，执旗鼓钹导引。

（选自《西藏志》，第十五页）

（藏地拉萨）服物则毡子、氆氇、锡、铁、非造器皿之锡铁，乃一种毛毯别名。栽绒①。拉萨东至禄马岭土民皆称百巴，出产同召。

（选自《西藏志》，第十九页）

注释

① 栽绒：丝绒织品之一，于经纬之间织入丝绒后剪平，其根部竖直如栽插而成，多用于铺垫。

（岁节）六月三十日，哲蚌寺、色拉寺，挂大佛，亦装神鬼等类。垂仲下神，番民男女并皆华服艳装，或歌或唱，翻杆子跌打各种跳舞，亦二寺之大会也。七月十五日，另雇牒巴一人，以司农事，其他之头目牒巴，陪之游街，佩弓挟矢，旗幡导引，遍历郊圻。以观田禾。射饮一日，以庆丰年。

……

十月十五日，唐公主诞辰，番民男女盛服而朝，家户饮酒。十二月二十九日，木鹿寺跳神逐鬼，喇嘛装束各种神佛鬼怪，至晚则绕召放枪呐喊，以为驱邪逐鬼云尔。是日，各寺院俱有会，男女皆华服盛饰。群聚歌饮，带醉而归，以度岁节。

（选自《西藏志》，第二十二页）

（西藏婚嫁）婚姻亦择女婿，首取户门相当。男识字者佳；女以善生理，识货价、理家务为善。亦通媒妁，惟富庶牒巴之家方有之，其余多苟合。如两娃各知子女好否，男家以一哈达托亲友一二人，云我有男，愿与某家女联姻，其亲友持哈达至女家，云某家有男，欲求汝女为妇，将哈达递上，彼此相乐。如不推谢，则云我于某日来说，于是日，女家遍招亲友以候，其媒乃换男家酒并哈达至，云其子弟行止年岁，女家父母、亲友喜允，则饮其酒。各受哈达。另日，媒人则将下聘之金镶绿松石戴于女子头上，名曰色贾，仍以茶叶、衣服、金银、羊腔、牛腿各若干为聘，女家亦以礼回之，如不允，则男家之酒一滴不饮，哈达亦不受，至迎娶之时，男女家必先延客数日，亦以衣裙等物赠装，父母亦陪嫁田土、牛羊、衣饰。至其日不用车马，女家于门外搭一凉棚，内以方坐褥三五个，高铺于中，将麦子撒为花，扶女坐于上，父母旁坐，亲友列两行而坐，用小几桌摆果食糖枣各食物数盘，以茶酒、米粥与女食毕，二家亲友则扶女步行，远则乘马。送亲之亲友，各将青稞麦撒其女，而女家则将蒙子哈达共结一处，赠散亲友，送至男家各不行礼，扶女与女婿坐，饮以茶酒。片刻，则扶开分坐，亲友各将哈达与男女长者挂于项，平交放于怀内，或堆积坐前，亲友则列两行分坐，饮茶酒饭食毕，各携果肉而回。至次日，男女父母及亲友男女俱华服，项挂哈达拥新婿新妇绕街而游。凡在亲友门不延入，惟以茶酒送至街中饮之。饮酒则团圆扶手，男女跌坐而歌，如是三日乃止。

（选自《西藏志》，第二十七页）

（礼仪）自噶隆，牒巴下至小番，见郡王并公等，俱止卸帽于手，伸舌打半躬，垂手曲腰，各自就坐。凡进见，必递哈达一个，如中华投递手本之意。若系平交，则彼此交换为礼，即书信中亦必置一哈达，盖如我之投刺之意。若路遇，则侧立抹帽，垂手打躬。其平民见噶隆、牒巴、头人之礼亦如之。

（选自《西藏志》，第三十页）

西藏额设兵制，马兵、步兵共六万四千余名……（各地方乡村抽派之兵）上阵亦穿盔甲，其甲有柳叶、有连环、有锁子。马兵盔上插红缨一大撮，孔雀尾一枝，带腰刀靫袋，背鸟枪执长矛。步兵盔上插雄鸡尾一束，带腰刀，插顺刀，带弓箭靫袋，执藤牌或木牌，其木牌宽约尺五六寸，长三尺一二寸，外用铁皮包钉，绘虎兽形，以五色羽毛装饰。带弓箭腰刀，亦拿鸟枪者不执牌，亦有持长矛者。箭以竹为之，雕翎铁镞，镞如锥，长三四寸，其弓木胎角面身稍俱短小而劲，亦有用竹为之者，以两竹片合扎无鞘靶。旗帜分黄、红、白、黑、蓝五色，用绸缎布亦为之，其制长有八九尺一丈一二者，旗顶毛缨各按旗色。若对垒，马前步后，糇粮随地派本兵驮带。每年于正、二、三月亦颇操演，观其打枪、射箭、跑马、跌扑，演毕以哈达、银钱、酒食赏之，以奖其气。至四月，则派驻各隘口，既资防边，且兼牧马也。

（选自《西藏志》，第三十四页）

（赋役）西藏税赋随其出产，或牛、羊、柴、草、麦、豆、青稞、氆氇、毛毯、皮张等，或马奶……酒诸类，皆随所产上纳。

（选自《西藏志》，第三十六页）

（耆阇崛山）山周四十里，外周围水。佛于此坐禅及诸阿难等俱在此坐，又云，小姑石。石上有石室者，佛坐其中。天帝释以四十二事问佛，佛一一以指画石，其迹尚存。又于山上起塔，佛昔将阿难在此。上由四望,见福田疆畔。因制七条衣割截之法于此,今袈裟衣是也。

(选自《卫藏通志》,第九页)

[乾隆五十八年(1793)五月,理藩院]监同将其姓名年月日入瓶签掣,掣得第五名之齐旺札布。奎舒来至热河复命。回奏自找得五名幼孩后,俱令住在庙朝内。其余四名俱各归家,惟居末之齐旺札布不肯回去。又掣定后,那旺札什前制衣服坐褥一分,与齐旺札布,不肯穿坐。另制一分给与,始行穿坐等语。可见呼必勒罕原有根基,吹忠降神,实为妄诞,不足凭信。此一事殊为奇异,甚惬朕怀。著将覆讯那旺札什,及奎舒奏折。

(选自《卫藏通志》,第一百二十三页)

(白木戎)旧志载:由前藏至后藏赛尔地方,紧走十日,系白木戎交界。由赛尔向西南紧走十八日,到宗里口子。有一崖,高约十五丈。以木搭梯往来行走,马不能通,此外再无别径。由宗里紧走八日,到白木戎住地。其白木戎王子所住房屋,名曰劳丁宰,俱在山上。其先之王名父多郎结,止生一子,名局密郎结,今已承袭。其属下有管事大头人八名,住地方大头人五名,小头人十五名。所属百姓繁杂:一种名唤蒙,身穿布衣,不尊佛教,不行善事;一种名唤总依,生子幼时,即以五色涂面成花面;一种名唤纳昂,无论男女俱不穿衣服,下以白布缠之,卧时以木为枕;一种名唤仍撒,男子只穿中衣,长短齐膝,妇女下身亦用布遮,穿一中衣,不穿上衣。惟白木戎本地人民穿布服,凡男妇皆披藏绸褊单,行坐必佩腰刀。

(选自《卫藏通志》,第四百零一页)

自从慈悲和祈愿圆满的先前历世,尤其是自仲敦巴·杰瓦穷乃以来,出家授戒头戴黄色佛冠之光彩法身,利乐一切众生。自一世达赖根敦朱巴至七世达赖格桑嘉措之间,七相道理排列整齐,一统成为乘运佛教世间和寂静之所依怙主。

(选自《八世达赖喇嘛传》,第二页)

他(七世达赖喇嘛)外穿依于教化行规的佛教主持之袈裟,内心则禅定于密乘四续部之瑜伽,达到如大海般广大的悟性功德,为佛教众生谋取无尽事业。他将前世们的事业集于一身,举起佛教主宰永不垂落的八大胜幢。正如所言:"在所有的人世间,还要如此继续转世。"《经庄严论》曰:"只要世间如此存在,他的行为(转世)就一直不断。"

(选自《八世达赖喇嘛传》,第五页)

[1759年藏历七月十二日(班禅大师,卓尼尔格隆,索本札巴塔耶)]翌日,(噶丹绕结林寺)代表三人来到佛爷(八世达赖喇嘛)住处仔细考察。……他(八世达赖喇嘛)对卓尼尔格隆很信赖,再被叫到怀里,便非常乐意。他每天拜见(六世)班禅大师,心中有着无限的慈悲怜怀。当星曜合和的吉日,班禅大师让他辨认前世喇嘛(七世达赖)的上衣、水晶念珠、法帽、袈裟、喇嘛下衣、铃杵、瓷碗、净瓶等真假遗物。他因统治佛法王政因缘齐备。之后,他对索本札巴塔耶作出甚为珍重的样子,将前世的金身佛像等遗物名字正确地一一说出,并念诵了曼荼罗和供礼经。

(选自《八世达赖喇嘛传》,第十三页)

[土兔年(1759)八月十一日]文殊皇帝降旨:"著第穆呼图克图将后藏之幼孩移往前藏,在拉萨附近安静寺庙安置供养,并与驻藏大臣商议后,请旨坐床。"此旨犹如雷响三界传遍四方。有

言赞曰：

熟悉善事发心业，
善行如何猛流淌，
引向行乐享欢乐，
河堤莫能将流逆。
以前承诺的事情，
正如春播的种子，
誓言如刻下文字，
资粮成熟善教诫，
成就业果乐施行。
运承佛教响雷声，
幻化金彩五佛冠，
耳传珠宝作装饰，
深蓝发髻耀头顶。

（选自《八世达赖喇嘛传》，第十三页）

[水马年（1762）七月初九日] 拉萨四如等各个地方的人们，各以不同的装束，操不同的方言，按各自的风俗习惯向佛爷（八世达赖喇嘛）金宝前叩拜礼供。吉祥哲蚌寺、大乘色拉寺、胜利噶丹寺的僧众，身若袈裟，手捧供物，庆贺佛爷坐床。此境赛过众佛净土功德，天界诸神也为之惊奇。他们惊叹"喔唷"，遂像撒落宝物一样降下甘雨。天空虽有云彩流动，但却遮挡不住日月的光辉。护法金刚神们虽然喜欢以供云掩盖（隐藏）太阳笑容，但是轮王七宝等宝物却闪闪发光。

（选自《八世达赖喇嘛传》，第二十二页）

[水马年（1762）] [来自不同地方操着不同方言的人们都共同喜庆，久远的祈祷此时实现业果圆满。祈祝"玛瓦顿月"（达赖喇嘛）足莲永固，世间有多少尘粒就作多少次双手合十的朝拜。] 这样，佛爷（八世达赖喇嘛）在布达拉宫登上狮子金宝座之时，以及他接受出家之行和学经之时，至于下面佛爷在做这些事迹（出家和学经等）的过程中，向佛爷奉上珠宝、金银、衣物绸缎等的献礼人员以及礼品的数量等内容已在传记笔记中记载较多。但因上师尊者的传记不能用（写）得过多，因而在此只能简略地而不详细去写。然而，我（洛桑图丹晋麦嘉措）想……藏民僧俗各部。佛爷都依次接受他们的献礼，并给他们摩顶赐福……（佛爷）向布达拉宫的各佛像、佛塔奉献优质绸缎的法衣、曼荼罗、千供，向拉萨大昭寺各神殿献上敬神哈达及千供等。

（选自《八世达赖喇嘛传》，第二十六页）

[木猴年（1764）] 五月初五日，向初来朝拜的甘丹寺①相孜喇嘛按例赏给肩帔等物。

（选自《八世达赖喇嘛传》，第三十一页）

注释

① 甘丹寺：藏语全称为"喜足尊胜洲"，汉译为"极乐寺"或"具善寺"，位于西藏自治区达孜县境内旺波尔山坳，是著名的六大黄教寺之首寺。

[木猴年（1764）] 五月二十六日，为经师相孜堪布阿旺却扎前去甘丹寺宗喀巴宝座上坐床，继

任为甘丹寺法台（赤巴）饯行。佛爷（八世达赖喇嘛）馈赠他的饯行礼物有僧帽、"古杂莫"、半月形大氅等全套衣服，承接器（如痰盂）、净水瓶等银质用具，备有新鞍的高头坐骑，以及茶、银等丰厚礼物，同时向以司库为代表的随从人员按地位优赏有差。

（选自《八世达赖喇嘛传》，第三十二页）

[木猴年（1764）十月]初八日，（南杰）扎仓僧人强巴却旺通过念诵考试后，得到佛爷（八世达赖喇嘛）的常规嘉奖：护身结、哈达、袈裟（披单）、上等茶包等赏品。格桑旺扎也通过《旺顿》（根所缘境）的考试后，得到佛爷的奖赏：护身结、外库哈达、僧人上衣（坎肩）、袈裟（披单）、上等茶包等赐品。

（选自《八世达赖喇嘛传》，第三十五页）

[土鼠年（1768）九月]十五日，温噶增其的堪布丹巴色切嘉色仁波切、翁顷、持戒僧侣百人，以及供云供养者二十人，一同念诵真言祈祷佛爷（八世达赖喇嘛）长寿。阿拉善塔布活佛和扎西庆德巴喇嘛两人在哲蚌寺学经，为此分别赏给僧用尖帽、坎肩、披单、裙子、白皮僧靴、半月形大氅、茶包、酥油包。

（选自《八世达赖喇嘛传》，第五十三页）

[铁虎年（1770）五月]十二日，上午，佛爷（八世达赖喇嘛）诵经歇息，接到文殊皇帝法王谕旨。谕曰："朕思虑佛教尽快弘扬，于热河仿建布达拉宫新寺。现需遣派才识精湛、贤正善良的高僧格西前来出任新寺堪布及诵经师。"遵照圣旨，即遣派下密院哲蚌寺……为新寺堪布；下密院格隆阿旺仁钦和格隆阿旺格丹为新寺诵经师（翁则）。之后，佛爷为他们饯行，并按身份赏给衣服为主的丰厚礼品。当时，佛爷教诫他们……要满足天命文殊皇帝法王之无上旨意，需广持显密教法。同时，封诰德庆赤巴的转世活佛阿旺群培嘉措，赏赐桃形僧帽、绸缎半月形大氅、坎肩、"杂尔莫"等全套喇嘛着装，以及马具、如意马的大量赏品，并嘱咐他要守持法行，为北方佛教众生利乐做善事，以讲修的方式，尽力弘扬佛法。

（选自《八世达赖喇嘛传》，第五十七页）

[火鸡年（1777）]三月初七日，佛爷（八世达赖喇嘛）就获得了持袈裟之胜幢顶上饰珠无上摄理教务的权利……令向大小寺院广放布施，同时下令向雪域的神殿、佛像、佛塔等所依能依进行供礼……所供普贤供云数不胜数。这种盛大供云如同以前薄伽梵（释迦牟尼）的神变所置，胜过祖孙法王时的情形。四处装点一新，净土的天神们也随之喜悦，降下甘露般的细雨，润湿了大地，味香的雷鼓响彻世间。有言颂到：

　　大慈大悲的达赖喇嘛尊者，
　　他思考察视无数劫节，
　　他的思想比太阳还亮，
　　其佛法不是为自己而是为众生，
　　因而没有什么羞耻可言。
　　……
　　只有多闻广博才能成为巨大法幢，
　　温和善根更柔和，

为了聚集广大善法，
缝制袈裟为法衣。
……
本来就是如此一切法，
所有法的本性就如一块蓝宝石，
整理佛教就如黄金一样要经过锤炼，
指点佛教像个太阳。

（选自《八世达赖喇嘛传》，第七十三页）

[土猪年（1779）]应祈请，班禅大师又为佛爷（八世达赖喇嘛）传授《宗喀巴大师文集》中的《达奔阿杂让派大威德金刚的口诀元音辅音》的经文传承。作为酬谢的斋金，向大师献上曼荼罗、银大升、绸缎布匹两条（卷）。之后，师徒二尊一起在（八世）达赖喇嘛的行帐中。佛爷向班禅大师奉上密集、胜乐和大威德的银佛像，以及前辈达赖喇嘛的衣服、坎肩（肩帔）、绸缎。作为分别馈仪，班禅大师向达赖喇嘛赠送曼荼罗、黄金三两、章喀十五秤、有绸缎的九类二十一件大礼。之后整天谈论佛法。

（选自《八世达赖喇嘛传》，第九十一页）

[土猪年（1779）]（达垅寺）摆设素食招待午饭，以三百五十人作供云供养。摩顶加持单独朝拜的孜仲格桑顿珠，以及众僧和晋谒信众六百人。在达垅寺朝观礼佛时，向诸供殿献上百供、通用法物、敬神哈达，并发慈悲作供施的祈祷。（八世达赖喇嘛）赐赤巴活佛、类乌齐活佛各为红色绸缎的坎肩，赐公子图多四相缎为主的全套衣服，其余人员得到茶、银、绫缎等赏品。赐达垅活佛、类乌齐活佛、然夏管家为代表的侍从们相应赏礼。

（选自《八世达赖喇嘛传》，第九十五页）

[铁鼠年（1780）]四月"萨嘎达瓦"节时，一如往昔，（八世达赖喇嘛）赐拉萨三大寺为主的各大小寺院熬茶布施，赐向汉藏地区的各大寺庙作供施的敬神哈达和供物等。赐予萨迦达钦本人坎肩、库缎、各种银器、茶包、货物小包等礼物，同时赐予其侍从们相应赏品，以及佛爷（八世达赖喇嘛）撰写的《长寿仪轨》的经文，以此作为他们途经山南返回时，为各大圣地开光和念经祈寿所用的斋资。

（选自《八世达赖喇嘛传》，第一百零二页）

当在北方香巴拉日丹朗弄在位已五十三年，神子松赞干布法王十三岁时继承父土之位以来已过一千一百四十年，赤松德赞去世后莲花生之弟子牟尼赞普掌政以来已过九百零七年，法王宗喀巴大师给他的继承人尊者达玛仁钦赐传大氅和肩帔已有三百零四年，比丘王持戒莲花手五世达赖一统西藏之地，举起利乐命柱政教，弘扬甘丹颇章的飞幡于世间三有之顶已过一百三十九年，心传弟子妙吉祥桑结嘉措护理政教以来已过一百又三年，遍知洛桑仁钦仓央嘉措登上布达拉宫狮子托举宝座坐床以来已有八十四年，殊胜世间大自在全胜洛桑格桑嘉措执掌政教事务（即七世达赖亲政）使浊世圆满以来已过三十一年，之于现在，即为第十三饶迥。

（选自《八世达赖喇嘛传》，第一百零八页）

[水牛年（1793）十月]二十六日，（八世达赖喇嘛）为众多僧俗人士摩顶赐福。此后进行冬

季的本尊修念坐静。此间，司膳、司寝、司供三人为送走来年本命之灾，广做法事，次第举行修念仪式。其主要是祈请大怙主（八世）达赖喇嘛，要他身披异聚无害的护轮金刚铠甲，发慈悲之心，念修和显现本尊之神。

（选自《八世达赖喇嘛传》，第一百九十八页）

[木虎年（1794）九月]十六日，（八世达赖喇嘛）为（森穷旺康寝殿）寝殿内室新塑的本尊"梵志陀罗尼"护法神举行了装藏开光仪式。这时，达赖佛爷（八世达赖喇嘛）因受凉而患病。因此，为祈祷佛爷长寿，从内库中拨出三千六百三十五两的实物，总计合银七千零三十四两八钱五分作为基金，向三大寺、扎什伦布寺布施斋僧茶各三十遍（次），并各布施银章喀。……同时，在桑耶寺点供一个月的酥油灯，献金液、敬神哈达、"古隆"佛冠，在所有的护法神殿举行酬补仪轨法事。这样，达赖佛爷（八世达拉喇嘛）的身体如同云散月明那样康复了。

（选自《八世达赖喇嘛传》，第二百一十一页）

[火龙年（1796）一月]二十六日，在吉祥天母角楼，佛爷（八世达赖喇嘛）与做诵经仪轨的随侍达擦仁波切、热振赤钦、我自己（第穆活佛）、内侍（朗玛）、扎仓诵经师以及四位噶伦、公和贵族为代表的政府全体僧俗人士一起向天母举行铠甲祭祀仪式时，对吉祥天母静猛作了酬谢和托请，以及会供曼荼罗法事。作为酬谢，（全体僧俗人士）向静猛二神献上肩披、裙子、内库五色敬神哈达、水晶器皿、水果，此外还献上用以观赏的各种供品无数。

（选自《八世达赖喇嘛传》，第二百二十二页）

[土羊年（1799）十二月]十三日起佛爷（八世达赖）光临六臂怙主的驱魔禳灾（朵玛回遮）法会。接收所献五世达赖喇嘛的咒士衣、黑帽等适用于威猛（诛）法的器物，举行伏魔仪轨，灭除佛教仇敌的火焰圆光（按：观察吉凶的一种占卜）等呈现吉祥兆相。

（选自《八世达赖喇嘛传》，第二百四十六页）

[土龙年（1808）二月]作为受戒、落发向佛宝的酬谢，（殊胜仁波切）为贡塘寺二层神殿、大昭寺觉沃佛、布达拉宫、小昭寺觉沃佛各做五种千供一次；向贡塘寺主尊土钦班巴、释迦二尊等献内库五色敬神哈达；向香·能语母献敬神哈达、黄色华服半月形大氅、红色僧帽；向卓玛、无量寿佛献华丽肩披、僧裙、敬神哈达；向南色色钦献九层法幢……

（选自《九世达赖喇嘛传》，第二十六页）

[土龙年（1808）十一月十八日，库伦旺钦诺门汗入色拉学经]色拉上院上师之贡布杰旺法王活佛、到达致礼之堆色堆扎巴次成等人摩顶加持，设茶座并问候众人；（驻藏文大臣）赐旺钦诺门汗僧人帔单、坎肩等。

（选自《九世达赖喇嘛传》，第六十三页）

[水鸡新年（1813），洛桑阿旺丹增嘉措]出家受戒之时，向大昭寺释迦牟尼像、小昭寺不动金刚佛像、布达拉宫洛格夏热像，以及桑耶寺、叶巴寺等各大寺院的主尊敬献肩披、下衣、哈达、供物，以及百供、千供等丰富的五供，供品丰盛犹如天空纯净的云彩一样。

（选自《九世达赖喇嘛传》，第一百零一页）

（比较内地僧人和西藏僧人服饰样式的区别）不食肉，不骑乘，持最小量之钵盂，袈裟条纹，如鸟羽层次相垒，此土唯仅一部，是否不需惑疑无僧伽形相之制也。汉人制度，订黄色为王之服色。彼时，此二色未特别开许赐与出家人。又汉人礼法，以裸露身体为耻，故僧众等服有袖之缁衣。迨后藏僧至内地，元朝皇帝特许着藏制沙门之服。故至现在和尚等仍著缁衣，而藏僧则衣红衣黄与汉僧不同也。

（选自《宗教流派镜史》，第二百零九页）

（达赖喇嘛正月初一在家中设宴时跳舞表演的舞者服饰）藏中遵蛮历。正月初一日，达赖喇嘛令将大殿四悬彩结花列绣幕，铺设妥……本藏公、台吉、噶布伦等，在大殿之南穿廊下，面北列坐。所有番官，悉遵体制，皆戴红缨貂帽。中间舞跳月斧，四角派四喇嘛管人，座次已定，各大呼图克图、诺们罕、公、台吉、番官、达子公、台吉、蝴蚌子官、缠头官等上台呈递哈达，讨舍手毕，各献贡物后，始作乐，十三蛮人头戴金蛮帽跳舞，双手持短柄月斧，不歌唱。第一穿五彩绣花白衣，第二三四穿五彩绣花绿衣，第五六七穿五彩绣花红衣，第八九十穿五彩绣花黄衣，第十一十二穿五彩绣花蓝衣，第十三穿五彩绣花白衣持月斧舞毕。两堪布分左右，手舞足蹈，讲经对较争问完。

（选自《番僧源流考》，第四十页）

第四辈达赖喇嘛名云丹嘉木磋，生于万历二十七年（1599）岁次己亥正月初一日……年十五岁时，来藏学经。其后，神宗皇帝（明神宗）特下诏，赏赐管佛教印信及番僧衣帽。

（选自《番僧源流考》，第二页）

（西藏宗教节日单）正月初二日，达赖喇嘛仍升高台座，座之左右下侍者十人，俱穿彩衣，头戴黄绒鸡冠帽，在两旁侍立。此系达赖喇嘛家宴，驻藏大臣不去，其座虚设。右旁面南，仍各大呼图克图诺们罕座。左廊下，面西总堪布达尔罕堪布坐。右廊下，面东系各小堪布喇嘛等坐。南穿廊下，仍番官等，皆改换戴东科尔白帽，面北列坐。座次定，然后十名侍者呈递哈达，始作乐，舞月斧毕，讲经完，作细乐，戴套头八大菩萨上，站立于番官座前，向北灵通天马神并大鹏金翅鸟神，分左右站立。皆手舞足蹈，庆贺吉祥歌曲毕，又讲经完，戴大套头大头佛上，立于东廊前，向西，四侍者旋转口唱吉祥歌曲毕，摆大宴。撤宴后，十三人上，舞双刀毕，讲经完，散宴。

（选自《番僧源流考》，第四十一页）

（朗达玛灭佛八十年之后佛教在多麦地区弘传情况，鲁梅·楚臣喜饶[①]等五位卫地之人）向喇勤请求被授予了具足戒。当鲁梅（即鲁梅·楚丞喜饶）返回上部（即阿里）时，喇勤[②]把一顶涂有黄土色的旧僧帽给了他，说，"戴上它吧！常随念我！"于是，持律者人们兴起了戴黄帽子的规矩，

而且也给予圣教后弘期[③]的正宗，应是格丹主义者（格鲁派）的授记。

（选自《安多政教史》，第二十四页）

注释

① 鲁梅·楚臣喜饶：亦作"卢梅戒慧"。西藏前藏地方人。北宋太平兴国三年（978）与前后藏地区十人赴青海丹底（在今循化县），从公巴饶萨受戒学法，回卫、藏后广建寺庙，重新弘传佛教，为西藏佛教后弘期重要人物。

② 喇勤：意为"大师"，为藏区对贡巴饶赛之尊称。

③ 后弘期：一般指佛教在藏族地区的再兴时期，史家一般认为从978年伊始。此后直到现在约一千年，西藏佛教从未中断。这一期的佛教，对前弘期而言，名为"西藏后弘期佛教"。

湟水北岸即湟水之阳中区的白马寺，是玛·释迦牟尼和藏·饶赛居住之圣地。后由贡巴饶赛修建了寺院和僧伽的住处。贡巴饶赛涅槃后，其遗体用药制香泥涂墁，塑成身像。眉间白毫之相清晰，身上所披的袈裟时有肤垢，触摸胸间似感体温尚存，而面部容光时有不同的显示，有时还有汗水。如身像显紫色，乡里就有刀兵之灾；若香气四溢，则乡里幸福、吉祥。……贡巴饶赛圣像面向湟水，是佛教神圣传承永远长住的缘起。现由郭隆寺主管这寺（即玛藏寺①），有僧伽们随时前来此处修习长净的传统。这是一座圣教事业极为奇妙的处所。

左边小佛殿中，在金刚手菩萨的位置上，供养着拉隆·贝吉多杰②，右手持金刚杵抚胸前，左手作等引状，跏趺而坐。有服青色衣服三怙主像。还有二位增益师和尚像，一位着黑衣，戴僧帽、合掌胸前；一位短褂上穿法衣，交手胸前，作入定状。

（选自《安多政教史》，第五十九页）

注释

① 玛藏寺：当地汉族也称白马寺。

② 拉隆·贝吉多杰：简称拉隆，或拉隆贝多尔。为842年，刺杀吐蕃国王达摩的僧人名。

（湟水北部地区政教发展情况）曲藏寺①修建者的第一世是圣·宗喀巴的亲门弟子，为博通经论，精研内典的十二位守持佛教法师之首座仲尊·谢江洛哲拜巴，他转世为五台山的和尚。佛教在西藏盛兴之前，印度的阿罗汉摩腾伽等来到内地宏扬佛教，信奉者称之为和尚。除了服装和语言外，其它都与藏族的出家者相似，比丘的戒律大部分也相同；看见赤体露肉认为羞耻，须遮蔽起来。为了与俗人的服饰有所区别，衣袖很宽大，红、黄虽为上色，但由于地方上的习俗，穿着青色之衣。

（选自《安多政教史》，第八十七页）

注释

① 曲藏寺：亦译作朝藏寺，清廷赐额为广济寺。

[广惠寺①尊者呼毕勒罕罗桑丹增嘉措于火羊年（即1727年）]四月三日由京城启程。……途经鄂尔多斯、西宁等地，到达了朋措沟静修处。看到僧徒们用具不齐，他们身穿短褂，腰挂火镰，袈裟系于腰间前来集会。对此难以容忍，遂着手制定帽子等等必须合于僧规的规定。

（选自《安多政教史》，第一百零三页）

注释

① 广惠寺：原名郭莽寺，藏语叫"赛科合官巴"，意为"赞波具喜圣教洲"。据史记载，广惠寺创建于清顺治七年（1650）。

（湟水南岸与黄河北岸地区政教发展情况）又斯纳（即斯纳桑珠林寺）上下寺里，供着许多佛像、佛经和佛塔，时经多代，无法说明何时由何人建造的历史。但根据记载，上寺里有观世音菩萨殿，十六尊者殿、密集佛殿、怙主殿、三层楼的大经堂等……以及历世活佛们的二十余座灵骨塔、空行母的头盖骨、第三世达赖喇嘛索南嘉措的珍珠装饰的帽子、大慈法王的帽子、第四世班禅额尔德尼洛桑确坚的法衣和披单、盖有印章的五幅护法神画像、第七世达赖喇嘛噶桑嘉措的背心、披单、禅裙、靴子，另外还有数位圣哲的帽子、披风、靴子等。下寺中有三世诸佛殿、十六罗汉拥绕如来殿、怙主殿、天王殿等，殿内供奉金银汁相间书写的《甘珠尔》大藏经、金汁书写的《大般若经》、银汁书写的《大般若经》及以圣·宗喀巴所赐的右旋法螺为主体藏的一人身量高的佛塔。还有圣·宗喀巴的碗和空行母的头盖骨等。这些圣物，多年来，一直由塔尔寺迎请来作为大祈愿神变法会供养的圣物。

（选自《安多政教史》，第一百六十四页）

（湟水南岸与黄河北岸地区政教发展情况）曲卡·罗桑丹贝坚赞，于第十三胜生的木猪年（1755）诞生。……任这寺（哲蚌寺）堪布时，适第六世班禅贝丹耶喜驻锡塔尔寺，拜见后，赐与长飘带僧帽等圣物。

（选自《安多政教史》，第一百七十四页）

（黄河下游贵德登地区政教发展情况）嘉木样丹增程勒嘉措转世的呼毕勒罕，是阿旺图旦旺秀华旦程勒嘉措，于水蛇年（1773），出生在曲藏滩的曲藏·土旦旺秀胡图克图的司膳宫阿旺隆主的侄儿家。一天夜里，曲藏·土旦旺秀在梦里梦见，在东方的天空里显现出一条五彩缤纷的彩虹，宛如一座拱桥，一端伸到曲藏滩。虹桥之上有许多天神和仙女手持许多供品，在前作先导，一位头戴长飘带僧帽，身披法衣者徐徐走来。

（选自《安多政教史》，第二百六十八页）

（一切知嘉木样协巴五十六岁时，洒玉·达吉看护大成就者桑杰却培）于是（洒玉·达吉）就去寻找（大成就者桑杰却培），看见他在那一边和一位戴长飘带僧帽的喇嘛（班禅仁波且）交谈。等他回来后问："那位喇嘛是谁？"答道："他是班禅仁波且，给了我许多责备。"

（选自《安多政教史》，第三百五十四页）

（《拉卜楞大寺志》及其传承世系）土猪年（1779）班禅（仁波且）去内地，尊者（吉美旺波尊者）前去迎接，师徒并辔赴塔尔寺驻锡。一天晚上，怙主①来到大襄佐的住处，让侍从阿旺云丹拿着禅帽坐在房门口。一会儿，班禅仁波且带着侍从们说说笑笑地来了，从阿旺云丹的手中夺下帽子，用拳在他的头上敲了敲，说道："您坐在这里，我随便走走。"

（选自《安多政教史》，第三百六十二页）

注释

① 怙主：吉美旺波之尊称。

[（《拉卜楞大寺志》及其传承世系）郭莽喇嘛丹却时的立宗辩论上，昂夏对着一块石头抛出三轮辩法，进行理法的辩论] 经院散会以后，彼师（昂夏）被嘉那化揍了一顿。他告到赤仁波且那里，嘉那化受到驱逐出寺的处分。过了几天，嘉那化他看到大经堂的向阳窗前朝拜的人们熙熙攘攘，他乘此机会，乃换了一件布袍，腰间挂了一把长刀也前去朝拜。被赤钦看见斥责道："你为什么还没有走？"他答道："待我杀了昂夏再走，大约在今天夜晚，能够杀掉他。"

（选自《安多政教史》，第三百七十三页）

（《拉卜楞大寺志》及传承世系）（拉卜楞寺）扎仓初建时，他（钦德尔·阿旺扎西）担任格贵。铁虎年（1710），八月上旬，一切知（一切知嘉木样二世）亲自把自己用过的长飘带僧帽和披风等赐予彼师，使其代理主持寺务。

（选自《安多政教史》，第三百八十一页）

（一切知嘉木样三世尊者坐化）这是化机已经圆满，如意示寂而留下的临终遗言。（九月）初六日，对日常观测日影的日标让看了又看，当日影一到时辰，穿上法服祖衣端坐于敷具之上，双手结印抱于胸口，面容现出极其喜悦神态停止呼吸，尸体留于所教化的福地，意生之身逝于色究竟天佛土。

（选自《安多政教史》，第四百二十九页）

（《拉卜楞大寺志》及其传承世系）藏历五月十七日……司膳堪布丹巴同拉德部落的一些骑队，去献哈达，于十月二十五日抵达拉卜寺。殊胜化身仁波且也恰于这一日来到寺院，因缘自然会合。前去迎接的全体人员，由于路途困难等原因，于藏历十二月十八日，同拉卜堪庆、佛父、佛母以及兄弟亲属等主仆侍从起程，在巴颜孜日山同摄政霍尔仓活佛吉迈丹白尼玛为首的迎接者们相会，献上了一顶班智达帽。拿在手中，说道："这是班禅仁波且的帽子。"接着放到右边，又献了一顶长飘带僧帽。尊者说道："愿吉祥不衰噶丹派，处处昌盛降吉祥！"同时，将帽子戴在头上。如此等等，显现了神奇的行止。从此以后，乘坐轿子，伞马旗帜组成的盛大的仪仗队围着轿子前进，沿途的寺院和村庄都乘马列队远迎，设灶郊迎，如此等等的供养喜筵连绵不断。……二月——即按一些经论派的推算法的岁首神变月上弦第一个喜日，即初一日，由穿着祖衣的数千名僧人的仪仗队在前开道，捧着各种供物，敲着鼓钹锣钲，吹奏哨呐洞箫，迎接到拉卜楞寺中自己的拉让吉祥右旋图丹宫的大经堂，足莲登上一切愿望聚集离灭的法座，排座欢宴会上还进行了磋朗会辩。

（选自《安多政教史》，第四百三十一页）

[木马年（1834）在法摩塘居住时，科采·贡却索南将出现鬼魔为害一事告与德赤仁波且] 德赤仁波且说："若是颈上戴有佛珠者，则不像这地方传说的汉鬼。以前，桑木察上一世坐在座次之时，看见座次末尾有一位织金彩绣衣衫的人，他想道：'若是一位大客人，要给他一个座位的空间，但对此谁也没有注意，若不是客人，则不会穿织金彩绣的衣衫，可能就是左面河边的叫做阿却格隆的那个恶鬼。'这次也像是这个恶鬼作祟。"

……（科采·贡却索南）有一次去欧拉途中，从马上跌下来掼烂了金帽。说道："这是跛足魔在作祟，现在可以佯作它给了好处。"真如所言，不久，阿瓦仓的经忏喇嘛从马上跌下摔死，派人来请。

（选自《安多政教史》，第四百四十八页）

[藏币第十三胜生的铁狗年（1790），第四十一任堪布却嘉措瓦尊者出转世，上一世尊者亲传弟子柔丹觉巴来拜访转世灵童贡却嘉措瓦尊者] 当认定前生用过的物品时，看见一块旧包袱包着过去念诵的《知识虚空论》、《尊胜母陀罗尼》、《跟陀罗尼》、《佛号赞》等，还散发着戒香的气息；一件红毡雨衣，用布补成花斑。一看到这两件旧物，心情非常怅惘而哭泣了好久。

（选自《安多政教史》，第四百五十三页）

（拉卜楞寺第四十八任堪布传承情况）同年（藏历蛇年）在（全知）遍照尊者座前，聆听了独雄大威德灌顶、修习法王内外密三密的随许。给拉卜楞寺献了跳神的靴子一全套，向各个扎仓及各方的寺院也奉送了令人满意的礼物。

（选自《安多政教史》，第四百七十一页）

（圣·乃伍郭哇的弟子洛藏雅丕）十五岁铁龙年的藏历十二月十三日，（洛藏雅丕）家中宰杀了一口猪，定于第二天为他（洛藏雅丕）举行订亲礼。他想到："若不在今晚逃跑，再也没有办法了！"于是悄悄地拿上前去蒙古地区的哥哥的披单和禅裙，背上那口猪肉，佩弓插箭，带上腰刀，前往古尔雅静修院，请求乃伍郭哇授予出离。自此以后，舍弃了家庭，侍奉在喇嘛的座前。

（选自《安多政教史》，第六百三十三页）

（松赞王、"赞波"、"贾波"，松赞王的穿戴，战斗戎装崇尚波斯的风俗）然则，昔诸藏王及其臣民之服饰与住处等又何似耶？藏王服饰从下文所述中国使臣谒见"俄达热巴巾"时所见之情形，即能了知一二，否则若见昔时所绘雕之影像亦能得其仿佛（原译为"彷佛"，按现代汉语的通常用法，疑误）。然如此之像，殊为难得。彼时其它国家与西藏关系最多者，厥为"波斯"等国，尔时波斯国中，非但盛行佛教，即博学大德，余国亦无能比，西藏之王臣，似皆波斯之风尚，传说"松赞王"以红绢缠头等，又披彩缎之斗篷，著钩尖之革履，此等亦皆同波斯之风俗。其时印度与中国（特指中原汉地）均无穿彩缎之风俗。也可用其它推比之方法来探索，如各国所敬事之鬼神，即作该国昔时伟人之服饰。以此试观吾等称之为"赞"、"贾波"、"漾伦"等之地方鬼神，即以此推度昔时"赞波"、"贾波"等战斗时所服之戎装，似无大误。"俄日喇达"处，直至现在传为法王之后裔者，彼等遇新年等节令，则其所著衣物，谓是往昔之服饰，戴称作"赞夏"之红帽，其顶细长，上角有一"阿弥陀"像用红绢缠缚，绢端前面交错。又不止此，即"赞"与"贾波"之眷属中，所谓"如诊得奚"者，亦多是往昔之风俗。藏王史书中记载"木底赞波"举兵北伐之情形云："先锋开路乘马力士百，右翼军队虎服勇士百，左翼军队持杵咒师百。殿右执矛'宇勤'百。"又如是"多杰雷巴"及"贾波"等，亦作头戴"金盘帽"之形状。此金盘帽亦唯是西藏规矩，为他国所无。即印度东部之"跋惹摩巴"人，彼等历史中自说是从藏族衍出，彼等之古昔诸王，亦戴金盘帽，故想吾等之"赞波"有时亦戴金盘帽也。

（选自《白史》，第十页）

（松赞干布时期的西藏）当时地方居民之其他风俗与服饰，在北方边地与南方边地之偏僻谷地居民至今尚保存着许多古人之影像，亲见彼等，即可了知也。此复，如将地方鬼神与古代人民比较研究，定会有人认为是儿童之理论。但详审观察，印度之恒河女神足著"足钏"①、"安多"之"玛贾绷惹"（"积石山神"或"黄河神"）头戴"毡帽"、中国之"观音菩萨"身披"斗篷"，彼等服装，是否作本地人之装束，则现前可见也。

（选自《白史》，第十三页）

注释

① 足钏：脚上带着的用珠子或玉石等穿起来做成的镯子。

（"墀松"时期记录着一位西藏王妃墓葬）中国传记中，有一段西藏历史，用外国语文，叙述有一位西藏王妃，妃名不详，谓彼王妃，著深蓝上衣，袖长拂地，下著青色绸裙。编发成许多小辫。耳带环。足著靴（不详为何种靴，或二字，似即"靴"字之拼音也，译者），冬季作皮袄，外刺各种绣花。薨时，将骨肉和金粉，盛铁瓶中，埋藏地下。

（选自《白史》，第三十二页）

材　料

　　(塞囊出使汉地，受到皇帝礼遇)在塞囊学了经教潜心修习期间，皇帝赐予塞囊一只百两重的金翅鸟、十串蚕豆大的珍珠串、五百匹绸料、一匹白泽汗锦缎等奖赏。比别人都格外优厚。最后，皇帝恩准按赞普(赤松德赞)信函中的请求办理，并赐给赞普一万匹绸料、一顶嵌花宝冠、一个用木腰子树木做的一庹大的盘子等礼品。其他使者也给予破格的赏赐。

(选自《拔协》，第二十二页)

　　(隋朝时期四川西北部的附国的服饰习俗)附国在党项西南数千里，重罪者死，轻罪者罚牛。人皆轻捷，便击剑，漆皮为牟甲，弓长六尺，以竹为弦，妻其群母及嫂，儿、弟死，父、兄亦纳其妻。好歌舞，鼓簧，吹长笛。有死者，无服制，置尸高床之上，沐浴衣服，被以牟甲，覆以兽皮。……其俗以皮为帽，形圆如钵，或戴幂䍦。衣多毛毼皮裘，全剥牛脚皮为靴。项系铁锁，手贯铁钏。王与酋帅金为首饰，胸前悬一金花，径三寸。其土高，气候凉，多风少雨。土宜小麦青稞。山出金银。多白雉。水有嘉鱼，长四尺而鳞细。

(选自《册府元龟吐蕃史料校正》，第十页)

　　(仲戈日里吉出生之时)母亲又把他放在自己的兽皮毛靴子里喂养，孩子日见长大，而且越长越发可爱。他的名字因此又叫"布德贡杰"。

(选自《柱间史》，第七十九页)

　　[太宗贞观十五年(641)，公主远嫁松赞干布]公主恶国人赭面，弄赞(松赞干布)下令国中禁之。自褫氈罽①，袭纨绡，为华风。遣诸豪子弟入国学，习《诗》、《书》。又请儒者典书疏。

(选自《新唐书·吐蕃》，第六千零七十四页)

注释

①罽：织皮、网；兽毛织品。

　　中宗(唐中宗李显)景龙二年(708)，还其昏使(悉董热)。或言彼来逆公主，且习闻华言，宜勿遣，帝(唐中宗)以中国当以信结夷狄，不许。明年，吐蕃更遣使者纳贡，祖母可敦又遣宗俄请昏。帝以雍王守礼女为金城公主妻之，吐蕃遣尚赞咄名悉腊等逆公主。帝念主幼，赐锦缯别数万，杂伎诸工悉从，给龟兹乐。诏左卫大将军杨矩持节送。

(选自《新唐书·吐蕃》，第六千零八十一页)

　　宝历至大和(825~835)，(吐蕃)再遣使者朝。五年，维州守将悉怛谋挈城以降，剑南西川节度使李德裕受之，收符章仗铠，更遣将虞藏俭据之。州南抵江阳岷山，西北望陇山，一面崖，三涯江，房号无忧城，为西南要捍。会牛僧孺当国，议还悉怛谋，归其城。吐蕃夷诛无遗种，以怖诸戎。自是比五年房使来，必报。所贡有玉带、金皿、獭褐、牦牛尾、霞氎、马、羊、橐它。

(选自《新唐书·吐蕃》，第六千一百零四页)

有更钦笃补巴的亲传弟子强巴卡吾切或称弥纳洛追扎巴,他第一次来觉囊寺①绕拜十万大佛塔时看见笃补巴大师坐在大光明中,生起不退还信仰,乃敬献了一匹缎绸、二两黄金、一套袈裟拜见,在上师身前学习内外教法达六年之久,按照更钦笃补巴授记,他去多康金刚六兄弟住穴贡嘎山的脚下创建了义教法的根基,弘传佛教。

(选自《觉囊派教法史》,第四十页)

十三岁时,他(吕拉囊巴·桑杰热钦)很想去印度学习翻译,但前后时机不巧合,未能如愿,故重新师事止贡巴听讲口诀,敬献了被称为孔雀帐的吕氏天灵盖,遭到当地僧众的责难。他前后四次向止贡寺大法会布施了许多财物,包括金银、神像供品、上品绸缎、各种良马、呢绒、皮张、食品等,据说共折合金粉藏升半驮。

(选自《觉囊派教法史》,第五十一页)

有一天,协敖(指斯觉多吉)和侍从们在家中吃饭时,突然出现了一位肌肤为青蓝色、身着布袍和虎皮袈裟,手拿润温的人头盖骨、长发髻,头缠长头巾的瑜伽师,其他人都非常害怕,唯独年轻的转世童子非常高兴,向瑜伽师致礼后交谈起来。

(选自《觉囊派教法史》,第五十八页)

[建隆二年(961)]已令吴廷祚往伸安抚及还旧地。所宜共体恩旨,各归本族。仍以锦袍银带赐之,尚波于等感悦。是年秋,乃献伏羌①地。

(选自《宋史·吐蕃》,第一万四千一百五十二页)

注释

① 伏羌:旧县名。唐武德三年(620)改冀县置。治所在今甘肃省甘谷县。至德后地入吐蕃。宋建隆初置寨,熙宁中为城。元至元十三年(1276)夏置县,1928年改名甘谷。

至道①元年(995),凉州②蕃部当尊以良马来贡,引对慰抚,加赐当尊虎皮一,欢呼致谢。

(选自《宋史·吐蕃》,第一万四千一百五十四页)

注释

① 至道:至道(995~997)是宋太宗的最后一个年号,北宋使用这个年号共三年。
② 凉州:汉代十三刺史部之一。因在中国的西部,故又称西凉。

(道元年)五年(999)十月,罗支又言贼迁送铁箭诱臣部族,已戮一人、絷一人,听朝旨。诏褒论之,听自处置。十一月,使来,贡马五千匹。诏厚给马价,别赐彩百段、茶百斤。

(选自《宋史·吐蕃》,第一万四千一百五十五页)

(嘉祐三年)厮罗地既分,董毡最疆,独有河北之地,其国大抵吐蕃遗俗也。怀恩惠,重财货,无正朔。市易用五谷、乳香、硇砂、氍毹①、马牛以代钱帛。贵虎豹皮,用缘饰衣裘。妇人衣锦,服绯紫青绿。尊释氏②。不知医药,疾病召巫觋视之,焚柴声鼓,谓之"逐鬼"。

(选自《宋史·吐蕃》,第一万四千一百六十三页)

注释

① 氍毹:毛毯。《宋史·礼志十六》:"凡大宴,宰相、使相坐以绣墩;参知政事以下用二蒲墩,加氍毹。"
② 尊释氏:即信奉佛教。

第三编 服饰

他［黑帽系第四世活佛即噶玛·瑞贝多杰（1340～1383）］从［土猪年（1359）］九月到［铁鼠年（1360）］鼠年二月，因为调解了朵甘思①地方的大纠纷，所以各地纷纷送来礼品，其中有马七百多匹，金子二千多两，砖茶五百块及银子、虎豹皮、犏牛皮、黄牛皮、绸缎等。

（选自《红史》，第一百零二页）

注释

① 朵甘思：又名朵甘、多康等，朵甘思的意思是汇合的区域。近代一般简称康。相当于今西藏自治区昌都地区东部，四川省甘孜藏族自治州和阿坝藏族自治州的一部分。

［铁牛年（1361）十二月］二十三日噶玛巴四世活佛①朝见了皇帝父子。二十六日皇太子的儿子降生，第二天皇太子迎请他，赠给黄金一锭，赐给随从的八名老格西缎子各一匹，赐给众随从三十匹绸缎，并拨给一百七十人侍奉，大汗赠黄金二锭，白银三锭，小汗赠黄金一锭，内、外衣一套。

（选自《红史》，第一百零四页）

注释

① 噶玛巴四世活佛：噶玛巴活佛，藏传佛教史上历史最悠久、转世最多的一大活佛系统。地位虽次于班禅、达赖，是噶玛噶举派的最高活佛。

邓萨替寺年轻的囊巴们馈赠每个行人两只毡垫，母亲祥江玛送给我（绛求坚赞）一只瓷碗、一匹毛布、一匹丝绒。聪波瓦和姐姐康吉送给一件有线纹的织物。十一岁的堪布释迦坚赞在砣喀尔（房名）下方送给两匹淡黄色的哔叽。觉渥衮波送给一件有线纹的次等法衣，拔希扎多尔赠送两件有线纹的织物。喇曲·衮觉郊担任乃东官寨的管家，赠送两件有线纹的织物。长官崩巴热护送至加萨栋地方，赠给一匹哔叽。

（选自《朗氏家族史》，第八十五页）

（绛求坚赞）在曲弥停留期间，我（绛求坚赞）把所得的贝壳、卡特丝缎、丝线和锦缎等制成软垫，把所得的炊具和坐具储存起来。我还收到肉用肥绵羊六千五百只，大牲畜七百头，犏母牛二十头，牛犊一百七十头，黄牛八十头，驴一百二十头，丝绒毛布三捆，银瓶三只，大氅一件，金花革一张，连轴铜钱花缎一匹，有圆座子的有柄银碗一套，供神木碗十只，时兴高脚盘子两百个，长短毛氆氇四捆，后藏出产的大量金红色氆氇，有飘带的帽子三百顶，大小牛毛毯无计其数，一定数量的虎豹皮。

（选自《朗氏家族史》，第一百八十八页）

［京俄扎巴坚赞圆寂（火鼠年1216），扎巴喜饶继承京俄法位］十五日，（邓萨替寺）送去念经的僧人。二十二日，葬礼完毕。乃东和贡噶慷慨地资助甘茶和雄朗茶的混合茶叶七百包，先后出资黄金一千余两、牛马三百余头、大氅、长毛大氅、绸缎、氆氇、夏悠等物资，开了布施寺庙周围属氏的先河——有金子者和无金子者均得到价值一钱金子的布施。

（选自《朗氏家族史》，第二百二十三页）

［为善知识嘉裕哇大师（大约十四岁的时候）］有一次敬安大师在却巴住的时候，堆隆巴来谒大师，嘉裕哇作仆役同来谒大师。敬安每天都要以图形曼遮作供九次，嘉裕哇作了一次曼遮供养，为敬安见着心中大喜！敬安向堆隆巴说："你真幸福！有这样好的侍者。"堆隆巴说："那么，把他献给大师愿意么？"敬安说："愿意。但你敢作供献么？"据说似乎是敬安和嘉裕哇暗地说定了那样，

堆隆巴也就将嘉裕哇带上一匹绫绸而供献给敬安大师。事过一年后，敬安给嘉裕哇穿上一身氆氇衣服，而命他仍回堆隆巴座前服侍。

（选自《青史》，第一百七十四页）

［多杰嘉波（金刚王），僧众在茅棚到法座之间都铺上了衣帽，绸缎］［多杰嘉波（金刚王）］在下弦日闭关，上弦日则是上午闭关，下午讲说导释和在僧会中说法。僧众也对师座［多杰嘉波（金刚王）］极端敬信，因此从新建茅棚（原译为"篷"，疑误）到法座之间，沿途路上都铺上衣帽和绸缎等物。在那里除极少数人外，一切人士都生起了美满的感觉。以此都认为只须来师座前即能满足的美誉名声遍于一切方隅。

（选自《青史》，第三百三十二页）

那时（杰宗传系去求法时），耶巴那里有名贡钦尼泽者在给荡巴作仆役。喇嘛杰派遣地的叔父贡钦楚扎和库布公贡的一位弟子一行俩人去迎接荡巴。他们见到贡钦尼泽时，尼泽对他们说："我年已老迈不能堪任至尊上师的仆役。"以此至尊走时，我当相机而离去。可是你们的喇嘛杰是大人物当然不是这般说法。因此由我去禀告说："有一比我年轻的人，比我所作的服役能干，已到此来迎请至尊上师。"这样启禀后，至尊上师未允前去（服役）。于是杰达杠氏父子倾其所有黄金，以及明妃腰带上的金饰和父亲大喇嘛的服装外用上缎，内用羔皮做的大氅和许多氆氇，携带着这些物品而来到耶巴，在至尊上师座前供上金曼遮和大氅氆氇等物。至尊上师对于诸物一眼也不看，可是对杰巴如母子俩人相遇那样笑容满面而生起疼爱之心。

（选自《青史》，第五百四十一页）

（为后学大众所建造一系列塔）第八种示涅槃事业：诸登地菩萨摩诃萨虽已解脱生死缚，然而在另一方面为示现"无常"定来的法性，译师他和察弥堪钦却季扎巴（法称）、阿里饶绛协嘉哇（智胜）、却柯杠巴、法王得邬惹巴·仁清却嘉（大宝法王）等人，每日勤习深广诸法中，突于壬寅年九月初七日（享寿五十九岁）示现收摄化身，于初十日往生兜率。其时发现虹光、天雨瑞花、异香扑鼻等许多希有瑞相。即日住持红帽第四代教主噶玛巴前来师处，表示定知译师往生兜率以安慰众弟子，而且昼夜都住在那里策动修法、荼毗译师遗体、供诵圆满师意之回向、为师肖像开光、彻底地编撰译师广赞和详传，以圆满上师意愿。用白檀香、沉香、茄兰香等焚化遗体时，发现各色舍利、如晶透明的灵骨、无数佛像等，以作应化众生供养之所依。师（诸登地菩萨摩诃萨）虽示现圆寂，然为使师悲念无间断地摄受后学大众，而造银质一层楼高的宝塔，塔门嵌饰等用纯金而制造，又以帝青、映红宝石、珍珠、碧琊宝石、松耳石等嵌镶严饰，奉安在绛巴岭寺大塔的上一层。此外还建造了用金银铸造和珠宝镶饰的师示谕住室约一箭高，如师身量肖像；用金银铸造较身量像略小肖像，许多布绘大小肖像，百千数的和合灵骨灰及药物泥土所造肖像，制造大译师全集书帙；后来又由伯多杰邓玛及其子法王索朗耶协伯桑波（福智吉祥贤）如愿建造彩缎缀制希有弥勒大像。此外语教弟子和各施主用金银所造肖像应有尽有，并制造许多译师全集卷帙，而成为教法之本及诸信众供奉之所依；尤其是诸大弟子在大同的地方发展出讲说和修行事业者，是为数不少的。至于大肖像，佛像、经、塔的供具和译师书册等，由原先旧有的诸老侍从将所有译师著作的供修等传统作法，及《瑜伽六支》等导释共计其数的法流，仍存在于垛桑敦岭寺及绛巴岭寺中。

（选自《青史》，第四百九十六页）

第三编 服饰

（元朝藏地四部兵统金刚祥的弟弟继承领主后的服饰描述）胜宝后其弟宝金刚继承法位，（法系第三世）宝金刚之教证功德，亦难度量，及就法位，时洛局造乱，乃作法摄伏，神通广大，轶闻最多，此时主万户之金刚祥已殁，乃令其弟童幢嗣之，幢既贵，乃放荡游逸，不事政务，头戴竹冠，身衣胡服，半夜酣歌，日高犹梦，荒淫放恣致累帕摩主巴之政权，渐趋削夺，童幢卒后，复派洛扎囡狄堪布赴元请封，后封杨淖巴菩提童主万户，菩提亦步童幢后尘。惟事放逸之行，致政务废弛不堪。

（选自《续藏史鉴》，帅摩主巴王朝史，第三十七页）

（米拉日巴的父亲去世，姑舅强占其家产）因为舅父不准乞讨，便让（米拉日巴的母亲）母亲整天替人纺线织布。就这样辛苦地抚育我们兄妹二人，并且尽量积攒一点钱财。

（选自《米拉日巴传》，第三十一页）

（父亲去世，家产被占后）我（米拉日巴）向母亲说：“母亲说的很对，请你不要太悲伤了。你老人家想怎样，我一定遵命去办！"母亲说：“我希望你上穿绫罗的披风，下骑高头大马，马镫从我们所憎恨的那些仇敌的脖子上越过去，这似乎已经无望了。恶人的手段会更狡猾起来的。因此，只想让你彻底地学习一种用诅咒、厌胜、降冰雹的方法，把以叔父和姑母为首的对我们母子逞凶的乡邻都斩尽杀绝，让他们绝子灭孙！你试试看，能办到吗？"

（选自《米拉日巴传》，第三十三页）

（到了庸敦濯杰喇嘛学习咒术）这样，我们（米拉日巴等）就在那儿（庸敦濯杰喇嘛处）住了一年。但是，深奥的咒术（庸敦濯杰喇嘛）并未传给我们，只传授了一个可以夸口说能够使天翻地覆的邪咒，和一些有益的教授及其实行的细则。我的同伴们都准备要回去了，师父把前藏地方出的羊毛氆氇，给同学们每人做了一件衣服。

（选自《米拉日巴传》，第三十五页）

他（庸敦濯杰喇嘛）的大儿子名达玛旺秋。他给旺秋和我（米拉日巴）一驮前藏出产的氆氇和毡子作为途中的口粮和用费，还带了礼品和书信等，打发我们前往藏绒的鲁库隆。到了那个地方，见到鲁穷巴喇嘛，献上一匹毡子作为晋见礼物，同时，转交了师父（庸敦濯杰喇嘛）的礼品、书信，详细说明了来意，要求喇嘛大发慈悲，传我一个咒术。

（选自《米拉日巴传》，第三十八页）

（米拉日巴学习咒术的师傅庸敦濯杰喇嘛最好的施主去世后，米拉日巴自愿去修道）师父（庸敦濯杰喇嘛）说：“也好，你（米拉日巴）年纪轻，又有恒心，信念也牢固。但是应当去求一个十分纯正之法！"他（庸敦濯杰喇嘛）把亚隆出产的，大约一头犏牛可以驮动的一驮氆氇连同那条犏牛一起赏给我，吩咐说：“在藏绒的拉尔地方有一位精通大圆满法并得到成就的大师名绒敦拉迦，你到他那儿去切切实实地修法吧！"

（选自《米拉日巴传》，第五十一页）

我（米拉日巴）遵照师父的指示（雍敦濯杰喇嘛指示枪王藏绒的拉尔化找一位精通大圆满法并得到成就的大师绒敦拉迦），来到藏绒的拉尔地方打听。（马尔巴）大师的妻子及其门徒说：“这里是本寺，大师现未在此。他在本寺的分寺名娘堆的日浪寺中。"我说我是喇嘛雍敦濯杰介绍并派来的。请派人领我去见大师。我把情况详细说了一番,师母才派一个僧人,给我引路。我到娘堆的日浪寺见到大师,把氆氇和犏牛等礼物献上,禀道:"弟子是由远道拉堆来的,是个造了大罪的人。求上师传授即生便超脱轮回的大法。"

(选自《米拉日巴传》,第五十一页)

[洪武四年二月辛未(1371年3月4日)]河州卫指挥同知何锁南普等辞归,诏赐何锁南普文绮二十匹。

(选自《明实录藏族史料》,第十一页)

[洪武四年九月辛亥(1371年10月10日)]以故元降臣汪瓦儿间为河州卫指挥佥事,赐文绮、袭衣。

(选自《明实录藏族史料》,第十四页)

[洪武四年十一月庚午(1731年12月28日)]忠谅率其军民千户世袭达鲁花赤赵阿南、赵伯寿、东寨千户唐兀不花、达鲁花赤石添寿等入朝贡马。诏赐文绮衣各一袭,及文绮有差。

(选自《明实录藏族史料》,第十四页)

[洪武五年二月壬辰(1372年3月19日)]河州卫指挥使司佥事朵儿只、汪家奴来朝,贡名马、蕃犬。诏赐文绮袭衣。

(选自《明实录藏族史料》,第十六页)

[洪武五年四月庚寅(1372年5月16日)]故元参政阿(陀)失宁自西蕃来降,贡马,以灌顶国师玉印来上。诏赐织金文绮。

(选自《明实录藏族史料》,第十七页)

[洪武五年四月丁酉(1372年5月23日)]河州卫言:"乌思藏怕木竹巴故元灌顶国师章阳沙加,人所信服。今朵甘赏竺监藏与管兀(元)儿相仇杀,朝廷若以章阳沙加招抚之,则朵甘必内附矣。"中书省以闻。诏章阳沙加仍灌顶国师之号,遣使赐玉印及彩段表里,俾居报恩寺化导其民。

(选自《明实录藏族史料》,第十七页)

[洪武五年十二月乙未(1373年1月16日)]四川茶盐都转运司言:"碉门、永宁、筠连诸处所产之茶,名剪刀,粗叶,惟西番夷僚用之。自昔商贩未尝出境,既非茶马司巴茶之比,宜别立茶局,征其税,易红缨、毡衫、米、布、椒蜡,可资国用。"

(选自《明实录藏族史料》,第十八页)

[洪武六年正月己巳(1373年2月19日)]乌思藏怕木竹巴灌顶国师章阳沙加监藏,遣酋长锁南藏卜以佛像、佛书、舍利来贡。诏置佛寺,赐使者文绮、袭衣有差。

(选自《明实录藏族史料》,第二十页)

[洪武六年五月庚午(1373年6月20日)](明太宗)赐吐蕃等处及宁夏兴和来降头目一百二十八人月粮、钱、布有差。

(选自《明实录藏族史料》,第二十二页)

[洪武六年十月己卯(1373年10月27日)]番僧卒力加瓦率其徒朵只巴等来朝。诏赐文绮有差。升朵甘卫指挥佥事锁南兀即尔为指挥同知。……遂升为卫同知,给以分司印。于是,锁南兀即

尔遣人上其所受元司徒银印，命以文绮赐之。

（选自《明实录藏族史料》，第二十四页）

〔洪武六年十月己卯（1373年10月27日）〕故元帝师之裔琐南监藏巴藏卜乞名号、玉印，国公哥列思监藏巴藏卜乞玉印、护持。廷臣言："已尝给降，不宜复与。"诏以文绮赐之。

（选自《明实录藏族史料》，第二十四页）

〔洪武七年三月癸巳（1374年5月9日）〕陕西行省员外郎许允德自西番朵甘、乌思藏使还，赐冠带、罗衣及钱。

（选自《明实录藏族史料》，第二十七页）

〔洪武七年四月戊戌（1374年5月14日）〕龙州宣慰司同知薛文胜等，招谕西番曲节山角、阿（河）节男者力等来朝，贡方物。命赐文绮、袭衣，以文胜为龙州知州，以中书参政丁玉为右丞。

（选自《明实录藏族史料》，第二十八页）

〔洪武七年十一月乙丑（1374年12月7日）〕乌思藏土酋思纳儿党瓦勘卜遣僧捌南巴尔加瓦等七人来朝，贡方物。诏赐钞及文绮、禅衣。

（选自《明实录藏族史料》，第三十一页）

〔洪武七年十二月甲寅（1375年1月25日）〕乌思藏怕木竹巴辇卜阁吉剌思巴、赏竺监藏巴藏卜等遣使进表及方物。先是，命河南卫镇抚韩加里麻同国师喃加巴藏卜特敕至乌思藏招谕未附番酋，并以文绮赐之，至是，来谢。诏赐文绮、禅衣及织金文绮有差。

（选自《明实录藏族史料》，第三十三页）

〔洪武十一年十二月丁巳（1379年1月7日）〕朵甘、乌思藏灌顶国师答力麻巴剌遣使进表，贡方物。诏赐文绮、缯帛。

（选自《明实录藏族史料》，第四十四页）

〔洪武十二年正月丙申（1379年2月15日）〕朵甘、乌思藏灌顶国师答力麻巴敕〔剌〕，遣酋长汝奴藏卜等，表贡方物。赐衣服、绮帛有差。

（选自《明实录藏族史料》，第四十五页）

〔洪武十二年十月己卯（1379年11月25日）〕征西将军沐英等至京师，槛致番寇三副使瘿嗉子等以献。命斩之。令兵部论从征将士功，定赏升职，赐文绮、钱、帛有差，死事者倍其赐。

（选自《明实录藏族史料》，第五十四页）

〔洪武十四年正月己丑（1381年1月28日）〕龙州知州薛文胜等六十四人来朝。诏赐文绮、钞锭有差。

（选自《明实录藏族史料》，第五十七页）

〔洪武十四年正月丙申（1381年2月4日）〕黎州安抚使芍德遣使贡马。诏赐芍德钞五十四（五十）锭、文绮七匹。

（选自《明实录藏族史料》，第五十七页）

［洪武十四年正月丙午（1381年2月14日）］诏赐西宁卫指挥佥事朵儿只失结等文绮十四匹、钞一百二十四锭。

（选自《明实录藏族史料》，第五十八页）

［洪武十四年十月甲子（1381年10月30日）］四川威、松、茂州三卫以茶、姜、布、纸易马，送京师。

（选自《明实录藏族史料》，第五十八页）

［洪武十五年二月戊午（1382年2月21日）］松潘安抚司酋长占藏先结等来朝，贡马一百三匹。诏赐文绮、钞有差。

（选自《明实录藏族史料》，第六十页）

［洪武十五年七月乙卯（1382年8月17日）］故元四川分省左丞瓦剌蒙遣理问高惟善等，自西番打煎炉长河西来朝，上故元所授银印。诏赐文绮四匹，帛如之，钞二十锭，衣一袭。

（选自《明实录藏族史料》，第六十一页）

［洪武十六年三月己未（1383年4月18日）］青海酋长失剌巴等七人、西番酋长朵里只约等三人来归。诏赐文绮、钞锭有差。

（选自《明实录藏族史料》，第六十三页）

［洪武十六年四月戊寅（1383年5月7日）］置长河西等处军民安抚使司，以故元右丞剌瓦蒙为安抚使，赐文绮四十八匹、钞二百锭。以其理问高惟善为礼部主事。

（选自《明实录藏族史料》，第六十四页）

［洪武十七年三月己未（1384年4月12日）］青海酋长失剌巴等七人、西番酋长朵里只约等三人来归。诏赐文绮、钞锭有差。

（选自《明实录藏族史料》，第六十六页）

［洪武十七年六月戊子（1384年7月10日）］遗使赐长河西千户若剌等九十七人绵布各二匹。

（选自《明实录藏族史料》，第六十七页）

［洪武十九年五月甲申（1386年6月26日）］是月，长河西军民安抚司土官油笼思卜等来朝，贡马。诏赐文绮六匹、钞十五锭、衣一袭。

（选自《明实录藏族史料》，第七十三页）

［洪武二十一年正月己亥（1388年3月2日）］赐尼八剌国王及乌思藏等都司都指挥诰七道。敕旨一道、符验三道、银印玉图书各二及幡幢、彩段有差。其使者并傔从七十余人，各赐袭衣、钞锭。

（选自《明实录藏族史料》，第七十六页）

［洪武二十一年二月己未（1388年3月22日）］四川天全六番招讨司副招讨杨藏卜……来朝，进马。诏赐文绮、钞锭。

（选自《明实录藏族史料》，第七十七页）

［洪武二十三年二月戊申（1390年3月1日）］凉国公蓝玉以击破西番蛮人遣指挥须胜至京献

捷，并奏："岩州、杂道蛮人攻围大渡河千户所，亦讨平之。枭土官副使观著等，俘其男女数千人。"诏赐玉白金五十两，文绮帛各六匹，钞六十锭。

(选自《明实录藏族史料》，第八十二页)

［洪武二十三年五月申辰（1390年6月25日）］天全六番招讨使杨藏卜遣使贡马。赐以钞锭及文绮三十匹，帛如之。

(选自《明实录藏族史料》，第八十四页)

［洪武二十四年二月庚申（1391年3月8日）］天全六番招讨使高敬严……等来朝，贡马及方物。各赐绮帛、钞锭。

(选自《明实录藏族史料》，第八十六页)

［洪武二十七年正月甲子（1394年2月24日）］乌思藏灌顶国师吉剌思巴监藏巴藏卜等各遣使来朝，献甲胄、羉缨等物。

(选自《明实录藏族史料》，第九十八页)

［洪武二十七年二月癸未（1394年3月15日）］四川天全六番招讨使高敬严遣使贡马。诏赐以文绮、钞锭。

(选自《明实录藏族史料》，第九十八页)

［洪武三十年正月辛未（1397年2月15日）］乌思藏都指挥司灌顶国师及尼八剌国各遣使贡方物。诏赐灌顶国师及尼八剌国王银各一百五十两、文绮帛各十，甿列工国师察里巴、乌思藏都指挥仰卜罗、沙鲁万户列思巴端竹、都指挥答里巴远毋尔监卒银各一百两、文绮、帛各二匹，并赐其使人衣、钞有差。

(选自《明实录藏族史料》，第一百零五页)

［洪武三十一年正月丙子（1398年2月15日）］是月，长河西军民安抚司土官千户油笼思卜等来朝。赐文绮、袭衣、钞锭（有差）。

(选自《明实录藏族史料》，第一百一十三页)

［永乐五年七月癸酉（1407年8月24日）］命如来大宝法王哈立麻于山西五台建大斋，资荐大行皇后。赐白金一千两，锦段、绫罗、绢、布凡二百六十。赐大国师果栾罗葛罗监藏巴里藏卜等白金、文绮、钞有差。

(选自《明实录藏族史料》，第一百三十四页)

［永乐六年十二月丙戌（1408年12月29日）］敕晋王济熺曰："近者，西番乌思藏阐化王（奏），尔以青锦、纻丝遗之。春秋人臣无外交，所以远嫌别疑防微杜渐也。尔为国宗藩，不能恪守宪度……不宜复尔。"

(选自《明实录藏族史料》，第一百三十八页)

［永乐七年二月乙亥（1409年2月16日）］（明太宗）赐帕木竹巴灌顶国师阐化王吉剌思巴监藏巴里藏卜使臣果失结等六十一人钞、帛（币）有差。

(选自《明实录藏族史料》，第一百四十一页)

[永乐十一年二月己未（1413年3月11日）]（喃葛烈思巴继其父损竹监藏为乌思藏俺卜罗列都指挥使司都指挥佥事）各赐诰命、彩币。时灵藏灌顶国师赞善王著思巴儿监藏、管觉灌顶国师护教王宗巴斡（斡）即南哥巴藏卜、必力工瓦国师端竹监藏俱遣人贡方物，亦赐锦绮、彩币等物。

置陇卜卫，以头目锁南翰斡些儿为指挥使，赐印、诰、锦绮。

（选自《明实录藏族史料》，第一百五十二页）

[永乐十二年正月壬午（1414年1月28日）]正觉大乘法王昆泽思巴陛辞。赐图书及佛像、佛经、法器、衣服、文绮、仪仗、鞍马、金银器皿等物，命中官护送。

（选自《明实录藏族史料》，第一百五十五页）

[永乐十四年五月辛丑（1416年6月5日）]妙觉圆通慧慈辅（普）应辅国显教灌顶弘善西天佛子大国师释迦地（也）失辞归。御制赞赐之，并赐佛像、佛经、法器、衣服、文绮、金银器皿。

（选自《明实录藏族史料》，第一百六十页）

[永乐十六年八月戊寅（1418年8月31日）]尼八剌国王沙的新葛遣人贡方物。上遣中官邓诚赍敕往赐之锦绮、纱罗，与其贡使偕行。凡所经罕东、灵藏、必力工瓦、乌思藏、野兰可般卜纳（不）等处，头目皆有赐赉。

（选自《明实录藏族史料》，第一百六十五页）

[永乐十六年九月己巳（1418年10月21日）]董卜韩胡宣慰使喃葛遣头目禳儿结等贡方物，谢恩，且请佛像、藏经。悉以赐之，仍赐锦绮彩帛。

（选自《明实录藏族史料》，第一百六十六页）

[永乐二十一年四月己巳（1423年5月28日）]乌思藏怕木竹巴灌顶国师阐化王吉剌思巴监藏巴里藏卜等使臣端岳竹巴等辞还。遣中官戴兴等赍敕与俱往赐吉剌思巴监藏巴里藏卜等锦绮等物。

（选自《明实录藏族史料》，第一百七十一页）

[洪熙元年九月辛酉（1425年11月5日）]（明宣宗）赐乌思藏番僧札锁……等钞，纻丝、纱罗、绢有差。

（选自《明实录藏族史料》，第一百八十五页）

[宣德元年正月丙辰（1426年2月28日）]（明宣宗）赐安定王桑儿加失夹等三人白金、彩币表里、绫绢等物，仍命陕西河州茶马司赐之食荣。

（选自《明实录藏族史料》，第一百八十九页）

[宣德元年十月癸未（1426年11月22日）]（明宣宗）赐……陕西洮州等卫番僧剌麻沙则落……等钞、文锦、彩币表里有差。

（选自《明实录藏族史料》，第二百零一页）

[宣德元年十一月庚子（1426年12月9日）]上御右顺门谕行在礼部尚书胡濙曰……于是礼部定议：中马一，给钞二百五十锭、纻丝一匹；下马一，钞二百锭、纻丝一匹；下下马一，钞八十锭、纻丝一匹；有疾瘦小不堪者，每一马钞六十锭，绢二匹。

（选自《明实录藏族史料》，第二百零三页）

第三编 服饰

[宣德元年十一月甲寅（1426年12月23日）]（明宣宗）赐陕西洮州卫刺麻咤巴藏卜、乌思藏番僧刺麻绰力加等钞、币、帛有差。

（选自《明实录藏族史料》，第二百零四页）

[宣德二年二月丁丑（1427年3月16日）]（明宣宗）赐……四川天全六番招讨司土官杨钦……陕西洮州卫著藏、火把等簇土官百户永鲁札、刺麻朵儿只星吉等钞、彩币、文锦、绢布有差。

（选自《明实录藏族史料》，第二百一十一页）

[宣德二年四月辛酉（1427年4月29日）]遣太监侯显赍敕往乌思藏等处谕怕木竹巴灌顶国师阐化王吉刺思巴监藏巴里藏卜、必力工瓦阐教王领真巴吉监藏、灵藏赞善王喃葛监藏、尼八刺国王沙的新葛地湧塔、王子可舭、辅教王喃葛列思巴罗葛啰监藏巴藏卜等，各赐之绒绵（锦）、纻丝有差。

（选自《明实录藏族史料》，第二百一十三页）

[宣德二年十一月辛卯（1427年11月25日）]（明宣宗）赐……陕西西宁卫刺麻完卜捕黑般等……钞、彩币表里、纻丝、绢有差。

（选自《明实录藏族史料》，第二百二十八页）

[宣德二年十二月辛酉（1427年12月25日）]（明宣宗）赐……陕西洮州卫僧纲司都纲管著藏卜、叠州番僧头目失劳星吉等八十人银钞、彩币表里、纱罗绫䌷绢有差。

（选自《明实录藏族史料》，第二百二十九页）

[宣德四年六月甲申（1429年7月10日）]（明宣宗）赐陕西洮州卫古尔占簇刺麻高僧舍那藏卜……等钞、彩币、绢有差。

（选自《明实录藏族史料》，第二百五十九页）

[宣德四年十一月戊午（1429年12月11日）]（明宣宗）赐陕西河州卫捨藏等簇刺麻赏木藏卜等钞、彩币、绢有差。

（选自《明实录藏族史料》，第二百六十五页）

[宣德五年正月乙丑（1430年2月16日）]（前略）赐乌思藏国师领占端竹、阿木葛等五百八人，大国师释迦也失并大乘法王使臣锁南领占等五百四十二人……钞、彩币表里、绢、布、胡椒等物有差。

（选自《明实录藏族史料》，第二百六十九页）

[宣德五年二月丁亥（1430年3月10日）]都督佥事赵安等七人，指挥同知丁皷等七十五人还自乌思藏。赐钞、彩币表里、金织纻丝、素纻丝袭衣等物有差。

（选自《明实录藏族史料》，第二百七十一页）

[宣德五年二月壬辰（1430年3月15日）]（明宣宗）赐陕西洮州卫火把等簇国师板丹星吉、岷州卫刺麻扎失监藏……等钞、纻丝、彩币表里有差。

（选自《明实录藏族史料》，第二百七十二页）

[宣德六年正月辛巳（1431年2月27日）]（明宣宗）赐……岷州卫刺麻坚束札等……白金、

彩币表里、纱罗、绫绢有差。

(选自《明实录藏族史料》,第二百八十二页)

[宣德六年三月庚午（1431年4月17日）]陕西西宁卫国师锁南儿监藏遣禅师赏束班丹等来朝,贡马。赐乌思藏剌麻罗卓促密等彩币表里、绢、布有差。

(选自《明实录藏族史料》,第二百八十五页)

[宣德七年四月丙辰（1432年5月27日）]（明宣宗）赐四川长河西、鱼通、宁远等处剌麻查朵、番僧精客引占、杂谷安抚司番僧计纳藏汝、奉州番僧温不容但监藏……等钞、彩币表里、绢帛有差。

(选自《明实录藏族史料》,第三百零三页)

[宣德七年十二月甲辰（1433年1月10日）]（明宣宗）赐陕西西宁卫国师札思巴监参、洮州卫剌麻坚东钻竹、锁南藏卜等钞、彩币表里、绢帛等物有差。

(选自《明实录藏族史料》,第三百一十页)

[宣德九年十二月丙辰（1435年1月12日）]（明宣宗）赐……陕西西宁卫剌麻锁南星吉、巴哇簇头目完卜舍剌竹等钞、币、绢、布有差。

(选自《明实录藏族史料》,第三百四十页)

[宣德十年正月己丑（1435年2月14日）]迤北达子抢阿孙、川卜簇火儿藏剌麻加尾星吉等来归贡马,赐衣服、彩段等物,命有司给与房屋、器皿,安插居住。

(选自《明实录藏族史料》,第三百四十二页)

[正统四年三月壬申（1439年5月7日）]陕西叠州卫番僧剌麻葛失监藏……等俱来朝,贡马及方物。赐彩币、钞、绢等物有差。

(选自《明实录藏族史料》,第三百七十八页)

[正统四年四月乙酉（1439年5月20日）]伽木隆地面已故国师朵儿只监藏徒弟温卜什夏坚藏……各遣人来朝,贡马及方物。赐彩币、绢、钞有差。

(选自《明实录藏族史料》,第三百七十九页)

[正统四年十二月丙申（1440年1月26日）]乌思藏指挥端岳竹巴等陛辞。命赍敕及彩币等物归赐其灌顶国师吉剌思巴永耐坚藏巴藏卜,并赐乌思藏三崖结吉寺住持班丹札等,宣慰司经历、指挥、寨官、管事人、千户、戒师等织金文绮,彩绢有差。

(选自《明实录藏族史料》,第三百八十五页)

[正统六年十一月己未（1441年12月9日）]盐井卫土官舍人八（男）八剌麻等贡马及方物。赐绢、钞如例。

(选自《明实录藏族史料》,第四百一十页)

[正统七年正月丙子（1442年2月24日）]（明英宗）赐……陕西秦州卫番人簇头坚同等彩币、钞、绢等物有差。

(选自《明实录藏族史料》,第四百一十四页)

第三编 服饰

[正统七年六月丁巳（1442年8月4日）]四川董卜韩胡宣慰使司番僧剌麻端谷禄坚迁等辞归，命赉敕及锦段表里归赐其土官喃葛等。

（选自《明实录藏族史料》，第四百二十页）

[正统七年八月乙卯（1442年10月1日）]乌思藏大宝法王哈立麻等遣剌麻锁南札等贡马及方物。赐彩币、表里有差。仍命锁南札赍敕并金织纻丝表里等物，归赐哈立麻。

（选自《明实录藏族史料》，第四百二十二页）

[正统八年十月癸未（1443年10月24日）]四川董卜韩胡宣慰司别思寨安抚司、尊胜等寺国师簇克林巴等各遣人贡马。赐钞、绢如例。

（选自《明实录藏族史料》，第四百三十二页）

[正统九年二月壬寅（1444年3月11日）]陕西宁夏卫石佛寺番僧耳徒等来朝，贡驼、马。赐彩段等物有差。

（选自《明实录藏族史料》，第四百三十八页）

[正统九年三月丁丑（1444年4月15日）]镇守陕西都督同知郑铭、右都御史陈镒奏，送孔提峪、西吴等簇清修禅师宗诸识宜招抚各簇来降番人管著藏卜等二百三十七名诣京朝贡。上命赐彩段表里有差。因谓礼部臣曰："来降番人既多，边将宜量遣来京。今一概送至，缘途军民供给疲困。"

（选自《明实录藏族史料》，第四百三十九页）

[正统九年六月丙申（1444年7月3日）]命四川布政司给赏盐井卫土官千户剌黑马非等白金彩段有差。

（选自《明实录藏族史料》，第四百四十三页）

[正统九年七月丙寅（1444年8月2日）]赤斤蒙古卫剌麻喃哥坚昝遣指挥锁（所）合者等贡马驼。赐宴，并赐彩段、绢、衣服、靴袜有差。仍命锁（所）合者赍敕及彩段归赐喃哥坚昝等。

（选自《明实录藏族史料》，第四百四十四页）

[正统十年四月丁未（1445年5月10日）]（明英宗）赐序班祁全、千户李荣等一百五十五人彩币、绢布有差。以入番招谕功也。

（选自《明实录藏族史料》，第四百五十七页）

[正统十年四月辛亥（1445年5月14日）]乌思藏大宝法王遣剌麻锁南屯祝等贡舍利、氆氇等物。赐彩币等物有差。

（选自《明实录藏族史料》，第四百五十七页）

[正统十年六月壬戌（1445年7月24日）]乌思藏番僧甘不瓦等遣僧徒锁南吾节……陕西宁夏卫僧纲司剌麻勺思吉领占……等俱来朝，贡象、马、银器等物。赐宴并彩段表里等物有差。

（选自《明实录藏族史料》，第四百六十三页）

[正统十一年正月壬辰（1446年2月19日）]陕西永昌等卫金川等寺剌麻赏思巴藏卜并五台山圆照寺剌麻叭的麻孤麻啰……等来朝，贡马及方物。赐彩段表里等物有差。

（选自《明实录藏族史料》，第四百六十八页）

［正统十一年二月甲辰（1446年3月3日）］陕西岷州卫剌麻那儿卜……等来朝，贡马及方物。赐纻丝表里等物有差。

（选自《明实录藏族史料》，第四百七十页）

［正统十一年十一月甲申（1446年12月8日）］安定王亦班丹男领占斡（幹）些儿遣使臣国师舍剌藏卜、乌思藏等处番僧剌麻三旦令占……等来朝，贡马及方物。赐宴及彩币表里、钞、绢有差。

（选自《明实录藏族史料》，第四百七十八页）

［正统十三年五月戊子（1448年6月4日）］乌思藏等处剌麻锁南巴绰尔甲等贡马、驼、玉石、氆氇、佛像、舍利等物。赐宴并彩币、钞锭有差。

（选自《明实录藏族史料》，第四百九十九页）

［正统十三年七月己亥（1448年8月14日）］剌麻绰尔甲等陛辞。命赍敕并纻丝表里归赐其剌麻甘卜瓦、嘉其恪效勤诚也。

（选自《明实录藏族史料》，第五百零二页）

［正统十三年八月乙卯（1448年8月30日）］陕西岷州剌麻锁南坚刲、乌思藏番僧班竹儿星吉来朝，贡马及氆氇等物。赐彩币有差。

（选自《明实录藏族史料》，第五百零三页）

［正统十四年三月丙戌（1448年3月29日）］（前略）陕西临洮府宝塔寺番僧锁南亦失……来朝，贡马及方物。赐彩段、绢、钞有差。

（选自《明实录藏族史料》，第五百一十二页）

［景泰元年四月丙子（1450年5月13日）］（前略）乌思藏剌麻官著姜察各贡金银器皿、象、马、氆氇等方物。赐宴，并赐彩币、衣服有差。

（选自《明实录藏族史料》，第五百二十七页）

［景泰元年四月戊戌（1450年6月4日）］乌思藏贡堂川阔宁等寺番僧都纲（剌）麻阿立押革、番僧桑亚的古罗古罗等贡氆氇、（铁）甲、佛像、舍利子。赐宴，并赐彩币等物。

（选自《明实录藏族史料》，第五百二十七页）

［景泰元年五月辛未（1450年7月7日）］四川乌思藏等处番僧混各星卜卓叱、都纲星吉藏卜等来朝，贡马及方物，赐宴并钞、彩币表里等物。

（选自《明实录藏族史料》，第五百二十八页）

［景泰三年正月辛亥（1452年2月7日）］四川天全六番招讨司土官舍人把事王荣、董卜韩胡西天普日藏等寺剌麻公加言千吧藏卜等来朝，贡马及方物。赐宴及彩币表里、钞、绢有差。

（选自《明实录藏族史料》，第五百三十七页）

［景泰三年十二月辛丑（1453年1月22日）］赏四川松潘卫指挥同知李鑑钞八百贯、彩段二表里，通事方升钞三百贯、绢布各一匹。以擒杀番贼之功也。

（选自《明实录藏族史料》，第五百四十七页）

[景泰四年三月己巳（1453年4月20日）]陕西岷州卫大崇教寺剌麻完卜锁南领占……等各来朝，贡马及方物。赐彩币表里、绢、布等物有差。

（选自《明实录藏族史料》，第五百五十一页）

[景泰四年九月己未（1453年10月7日）]董卜韩胡宣慰司都纲剌麻阿儿夜吒等贡马及氆氇、舍利等物。赐宴并彩币表里有差。

（选自《明实录藏族史料》，第五百五十四页）

[景泰七年五月戊子（1456年6月22日）]敕谕罕东卫都指挥阿黑巴、赤斤蒙古卫都督阿速并各大小头目人等，赐织金文绮表里有差。俱命来使阿儿吉等赍与之。

（选自《明实录藏族史料》，第五百七十页）

[景泰七年九月甲戌（1456年10月6日）]四川长河西、鱼通、宁远等处军民宣慰使司土官并乌思藏嗟堂等寺番僧土官佥事朱真、董卜韩胡等处土官查思把等来朝，贡马及方物。赐宴并彩段表里等物有差。

（选自《明实录藏族史料》，第五百七十三页）

[景泰七年九月癸巳（1456年10月25日）]乌思藏桑仆等寺剌麻番僧尼麻星吉等来朝，贡马及方物。赐宴并彩段表里等物有差。

（选自《明实录藏族史料》，第五百七十三页）

[天顺元年六月甲午（1457年6月23日）]乌思藏南连查等寺剌麻番僧庵配等来朝，贡氆氇等物。赐宴并彩币、衣服有差。

（选自《明实录藏族史料》，第五百七十九页）

[天顺元年九月丁丑（1457年10月4日）]乌思藏等处剌麻番僧温卜圆全等来朝，贡马及方物。赐晏（宴）并彩段表里等物有差。

（选自《明实录藏族史料》，第五百八十一页）

[天顺元年十月己未（1457年11月15日）]四川天全六番招讨使高崧遣副招讨杨恺……等来朝，贡马及方物。赐彩段表里等物有差。

（选自《明实录藏族史料》，第五百八十二页）

[天顺三年五月庚寅（1459年6月9日）]乌思藏等处番僧桑加藏卜等……陕西岷州卫大崇教寺大国师锁南领占遣剌麻著乩领占等贡马及方物。赐宴并彩段等物有差。

（选自《明实录藏族史料》，第五百九十三页）

[天顺四年九月癸巳（1460年10月4日）]乌思藏剌麻番僧坚千伯等来朝，贡马及方物。赐宴并彩段表里等物有差。

（选自《明实录藏族史料》，第六百零二页）

[天顺五年四月己丑（1461年5月28日）]乌思藏麦朋（用）等寺都纲剌麻番僧也失言千等来朝，贡氆氇、方物。

（选自《明实录藏族史料》，第六百零五页）

[天顺六年正月丁巳（1462年2月20日）]四川盐井等卫土官剌马贤等、董卜韩胡宣慰司等处竹龙寺剌麻番僧远丹言千等、陕西岷州卫大崇教等寺国师剌麻番僧锁南领占等贡马及氆氇、佛像等物。赐宴及彩币表里等物有差。

（选自《明实录藏族史料》，第六百零九页）

[天顺七年十二月己酉（1464年2月2日）]乌思藏剌麻闰内伯、陕西大崇教寺番僧监的札失……等来朝，贡马及佛像、貂鼠皮、氆氇、香。赐彩币等物。

（选自《明实录藏族史料》，第六百二十一页）

[天顺八年正月丁卯（1464年2月20日）]陕西岷州卫番僧禄竹札石、四川乌思藏剌麻陆竹巴母等，俱来朝，贡马及方物。赐（钞）、彩币表里、纻丝袭衣等物有差。

（选自《明实录藏族史料》，第六百二十二页）

[天顺八年六月乙酉（1464年7月7日）]乌思藏剌麻（番）僧桑儿结巴等来朝，贡氆氇、铁力麻等物。赐衣服、彩段等物有差。

（选自《明实录藏族史料》，第六百二十六页）

[天顺八年七月辛巳（1464年9月1日）]乌思藏阐化王公加列巴宗念坚粲八藏卜等遣番僧常竹领占等、陕西赵（洮）州卫札龙簇番僧札失端竹等各来朝，贡马及方物。赐衣服、彩段有差。

（选自《明实录藏族史料》，第六百二十六页）

[天顺八年十月壬午（1464年11月1日）]乌思藏眦剌等寺番僧长逐等、洮州陆圆等处番僧领占坚作等、岷州剌答等簇簇头番人坚东等，各贡方物。赐彩段、衣、茶等物有差。

（选自《明实录藏族史料》，第六百二十七页）

[天顺八年十一月甲戌（1464年12月23日）]陕西洮州卫立落等簇番僧沙加领占等贡马。赐衣服、彩段等物有差。

（选自《明实录藏族史料》，第六百二十七页）

[天顺八年十二月戊戌（1465年1月16日）]乌思藏辅教王喃葛坚参巴藏卜遣番僧领占禄竹等来朝，贡氆氇等物。赐衣服、彩段等物如例。

（选自《明实录藏族史料》，第六百二十七页）

[成化元年正月戊辰（1465年2月15日）]乌思藏哩（嘿）斡（幹）革你丹等寺剌麻番僧锁南斡即儿等、朵公等寺番僧班丹著藏等、董卜韩胡宣慰使司隆显等寺番僧纳瓦札巴坚粲等并陕西岷州卫法藏等寺番僧坚参星吉等、洮州等卫大崇教等寺番僧藏卜短竹等、西宁如来等寺番僧板丹札失等各来朝，贡马及方物。赐宴并衣服、彩段等物有差。

（选自《明实录藏族史料》，第六百二十九页）

[成化元年三月丙寅（1465年4月14日）]乌思藏乌（乌思）宗等寺寨番僧足都伯等、着丹、高日等寺寨禅师星吉藏卜等、川各林等寺寨番僧畜藏等各来朝，贡氆氇等物。赐衣服、彩段等物有差。

（选自《明实录藏族史料》，第六百三十页）

[成化元年五月丁巳（1465年6月4日）]乌思藏瓦西、撒加等寺寨番僧阿旺札思巴等、表撒

等寺寨番僧官竹藏等、董卜韩胡宣慰使司极乐等寺寨番僧根绰藏等、岷州卫剌答等族番人永竹官等各来朝，贡方物。赐衣服、彩段等物有差。

(选自《明实录藏族史料》，第六百三十一页)

[成化元年七月丁未（1465年7月24日）] 陕西洮州卫大崇教寺番僧参竹藏卜、岷州卫剌答等簇番僧领占藏卜、赏哈等簇番僧人乱丹端竹等各贡马及方物。赐衣服、彩段等物有差。

(选自《明实录藏族史料》，第六百三十一页)

[成化元年九月戊申（1465年9月23日）] 乌思藏表善等寺寨番僧札巴伯等、乌塔等寺寨番僧领占宗明等、陕西洮州卫落藏等簇番僧领占班足尔等、岷州卫赏哈等簇番人札顺等各来朝，贡马及方物。赐衣服、彩段等物有差。

(选自《明实录藏族史料》，第六百三十三页)

[成化元年十一月辛未（1465年12月15日）] 乌思藏白当等寺寨番僧赏初领古（占）等、岷州卫巴离（难）等旌（簇）番人捏剌节等各来朝，贡马及方物。赐衣服、彩段等物有差。

(选自《明实录藏族史料》，第六百三十五页)

[成化元年十二月乙未（1466年1月8日）] 乌思藏令仓等寺寨番僧着木（目）温等、陕西西宁卫静宁等寺番僧捨剌省吉等、岷州卫占藏等簇番人千卜等、好地平等簇番人这答等各来朝，贡马及方物。赐衣服、彩段等物有差。

(选自《明实录藏族史料》，第六百三十五页)

[成化二年二月庚寅（1466年3月4日）] 陕西临洮卫正觉等寺番僧巴什端竹等、岷州等卫朝定等寺番僧锁南藏卜等、剌答等簇番人相竹等、葛偏等簇番僧簇头官卓汪秀等各来朝，贡马并佛像等物。赐衣服、彩段等物有差。

(选自《明实录藏族史料》，第六百三十六页)

[成化二年三月己酉（1466年3月23日）] 乌思藏川轲（柯）林等寺寨番僧人等温卜舍剌言千等、陕西岷州卫郭秀等簇簇头番人坚的等各来朝，贡马及方物。赐衣服、彩段等物有差。

(选自《明实录藏族史料》，第六百三十六页)

[成化二年三月壬戌（1466年4月5日）] 陕西河州卫番僧工哥端竹、临洮等卫龙喜等寺番僧工哥、剌即等簇剌麻番僧簇头札石端竹等来朝，贡马及方物。赐衣服、彩段等物有差。

(选自《明实录藏族史料》，第六百三十八页)

[成化二年闰三月乙未（1466年5月8日）] 洮州卫陆圆等簇番僧伦竹领占等各来朝，贡方物（马并方物）。赐衣服、彩段等物有差。

(选自《明实录藏族史料》，第六百三十八页)

[成化二年十月辛酉（1466年11月30日）] 四川威州保县金川等寺剌麻番僧锁南藏卜等来朝，贡马并氆氇等物。赐彩段表里等物有差。

(选自《明实录藏族史料》，第六百四十五页)

[成化二年十一月辛卯（1466年12月30日）] 陕西岷州卫大崇教寺剌麻番僧边爵撒节等、栗

中簇簇头番人朵只乱（叱）等各来朝，贡马及佛像等物。赐彩段表里等物有差。

（选自《明实录藏族史料》，第六百四十六页）

［成化二年十二月辛亥（1467年1月19日）］陕西秦州卫阶州抚引来降番僧人等汪修尖昝等来朝，贡马。赐彩段等物有差。

（选自《明实录藏族史料》，第六百四十七页）

［成化二年十二月丙辰（1467年1月24日）］陕西洮州卫上院大崇教寺番僧三竹赤什等、岷州卫大崇教寺番僧班卓坚参等、多纳簇簇头番人柒古等各来朝，贡马并佛像等物。赐彩段表里等物有差。

（选自《明实录藏族史料》，第六百四十七页）

［成化三年二月壬子（1467年3月21日）］大慈恩寺灌顶净修弘治（智）国师结列领占蒙遣剌麻著旦领占等，乌思藏公千回，各贡氆氇等物。以彩段、钞贯等物给赐之。

（选自《明实录藏族史料》，第六百四十九页）

［成化三年二月庚申（1467年3月29日）］陕西文县守御军民千户所土番百户头目马麟等……来朝，贡马。赐彩段等物有差。

（选自《明实录藏族史料》，第六百五十页）

［成化三年二月壬戌（1467年3月31日）］陕西岷州卫西宁沟簇头番人星吉乱等、灵藏地方番僧乐瓦藏卜等、四川松潘、叠溪守御所番僧江粲（杰）等各来朝，贡马并佛像等物。赐彩段等物有差。

（选自《明实录藏族史料》，第六百五十页）

［成化三年四月甲子（1467年6月1日）］陕西岷州卫外夷上答剌簇簇头番人豁节等、阿秀等簇簇头番人错安等并秦州卫阶州抚降番人东竹坚昝等各来朝，贡马及明甲等物。上命赐彩段、绢、钞等物有差。

（选自《明实录藏族史料》，第六百五十四页）

［成化三年七月庚午（1467年8月6日）］赏镇守松潘副总兵都督佥事卢能、整饬兵备四川按察司副使王用并官军、番僧、国师、禅师等彩段、布、绢、钞有差，以剿贼功也。

（选自《明实录藏族史料》，第六百五十六页）

［成化三年七月癸巳（1467年8月29日）］天全六番招讨司舍人杨朝等各来朝，贡马。赐彩段、钞锭有差。

（选自《明实录藏族史料》，第六百五十七页）

［成化七年四月戊辰（1471年5月15日）］陕西你被、麻谷等簇番人革革等、熬儿等簇番人阿由等、上笆篱等簇番僧番人汪吉节等，俱以招抚来朝，各贡马及铜佛等物。赐宴并彩段、绢、钞有差。

（选自《明实录藏族史料》，第六百九十六页）

［成化七年五月辛卯（1471年6月7日）］陕西阶州等处燕子等簇番人桑儿吉领占等、折石等

簇番人札石吉等，俱以招抚来朝，贡马。赐彩段、钞、绢等物有差。

(选自《明实录藏族史料》，第六百九十七页)

［成化七年十二月庚寅（1472年2月1日）］陕西岷州卫大崇教寺番僧瓦秀札石等、西宁卫普法等寺番僧锁南儿坚剉等、瞿昙等寺番僧领占藏卜等各来朝，贡马及佛像等物。赐宴，并赐彩段、绢、钞有差。

(选自《明实录藏族史料》，第六百九十八页)

［成化八年六月辛卯（1472年7月31日）］礼部言："今年陕西岷（岷）、洮等卫所奏送各簇番人共四千二百有奇。除给与马直不计，凡赏彩段八千五百二（四）十四（二）表里、生绢八千五百二十余匹、钞二十九万八千三百余锭……奏闻裁处。"

(选自《明实录藏族史料》，第七百零三页)

［成化九年四月庚寅（1473年5月26日）］四川长河西、鱼通、宁远等处军民宣慰使司功加等寨头目班兰藏等各来朝，贡氆氇等物。赐彩段、绢、钞等物有差。

(选自《明实录藏族史料》，第七百零六页)

［成化九年五月丁未（1473年6月12日）］赐威、茂、叠溪新堡子等处杀贼获功官军左参将都督佥事宰用等彩段、钞、绢有差。

(选自《明实录藏族史料》，第七百零七页)

［成化十年正月丁未（1474年2月7日）］赐四川粟渴、黑虎寨等处杀贼有功官军（左）参将都督佥事宰用、四川按察司副使沈琮、布政使司右参议李衍并旗军四百三十七人，彩段、钞贯、绢布有差。

(选自《明实录藏族史料》，第七百一十页)

［成化十年十月戊申（1474年12月5日）］陕西洮州卫札失官寺禅师桑节藏卜等来朝，贡马及佛像等物。赐衣服、彩段等物有差。

(选自《明实录藏族史料》，第七百一十六页)

［成化十一年五月丁丑（1475年7月2日）］番僧戒巴僧革等一百三十七名，贡马及方物。礼部奏准依例人赏钞二十锭、绢二匹，折衣纻丝一表里、绢二匹，每马给钞三百锭、纻丝一匹。各僧言："本地与岷州西固城等处俱是生番，今赐例不及于彼。乞各僧（增）一表里，减绢二匹。"礼部复奏。从之。

(选自《明实录藏族史料》，第七百二十页)

［成化十一年七月甲寅（1475年8月8日）］岷州卫柴笼等簇簇头番人卜都等、憨班等簇簇头番人官巴等、罗家等簇簇头番人戎巴僧革等、洮州卫哈谷等簇簇头番人喃着等、鹊中等簇簇头番人郭由等、四川威州金川等寺剌麻番僧阿结藏卜等各来朝，贡马及氆氇、佛像等物。赐彩段、钞、绢有差。

(选自《明实录藏族史料》，第七百二十一页)

［成化十二年二月乙未（1476年3月16日）］大能仁寺大悟法王札巴坚参奏："自货茶二万七

百斤、彩段、绢布一千五百余匹……西宁等处熬茶施僧。"

（选自《明实录藏族史料》，第七百二十二页）

［成化十三年正月壬戌（1477年2月6日）］西番静宁等寺番僧领南你麻……等各来朝，贡马。赐宴并衣服、彩段等物有差。

（选自《明实录藏族史料》，第七百三十二页）

［成化十三年三月丙申（1477年5月11日）］乌思藏如来大宝法王葛哩麻巴及阐化王昆葛列各遣国师温卜卧些言判等来朝，贡方物。赐宴并衣服、彩段等物有差，仍令赍敕并彩段等物回赐其王。

（选自《明实录藏族史料》，第七百三十四页）

［成化十三年十二月癸卯（1478年1月13日）］礼部奏："大能仁寺都纲舍剌藏卜并静修弘善大国师镇（锁）南坚参等，奉命往临洮等处回，各献马、驼等物。都纲等如讲经例给赏。其国师查无赏例，今议拟加赏彩段一表里。上等马每匹加赏纻丝一匹，驼只如回回例，每只彩段三表里。"从之。

（选自《明实录藏族史料》，第七百三十六页）

［成化十四年二月辛丑（1478年3月12日）］陕西河州卫舒藏仰思多等处理仁寺番僧速札思巴坚藏等各来朝，贡马及氆氇等物。赐衣服、彩段、食茶等物有差。

（选自《明实录藏族史料》，第七百三十八页）

［成化十五年七月壬午（1479年8月15日）］四川长河西、鱼通本部儿思刚等处哈思牒等寨头目端竹己（巴）等各来朝，贡方物。赐宴并彩段、绢、钞有差。

（选自《明实录藏族史料》，第七百四十四页）

［成化十五年八月甲午（1475年8月27日）］乌思藏阐化王遣禅师都纲远丹坚参等、朵甘宣慰使司遣番僧捨剌星吉等各来朝，贡方物。赐彩段、绢、钞有差。

（选自《明实录藏族史料》，第七百四十五页）

［成化十五年闰十月庚午（1479年12月1日）］乌思藏辅教王、阐化王并牛儿寨行都司指挥佥事班卓儿坚参等，以朝廷遣僧录司觉义绰吉坚参往赐诰敕、礼物，各备佛像等物，遣剌麻掌结等附绰吉坚参入贡。各赐衣服、彩段、（绢）、钞有差。

（选自《明实录藏族史料》，第七百四十五页）

［成化十五年十一月辛卯（1479年12月22日）］……陕西岷州卫憨班等簇番人官巴等、官郭等簇番人板的节等、多藏等簇番人柒古陆等各来朝，贡马及盔甲等物。赐宴并彩段、绢、钞有差。

（选自《明实录藏族史料》，第七百四十六页）

［成化十五年十二月辛酉（1480年1月21日）］……瞿昙寺禅师剌麻桑尔加端竹等并商州等簇番人着的等各来朝，贡马及盔甲。赐宴并彩段、绢、钞有差。

（选自《明实录藏族史料》，第七百四十六页）

［成化十六年十月戊辰（1480年11月23日）］四川松潘恰列等寺剌麻多惹等、长河西、鱼通、

宁远等处杂道长官司甘藏等寺寨净条（修）禅师头目捨剌星吉等各来朝，贡佛像、氆氇等物。赐宴并彩段等物有差。

（选自《明实录藏族史料》，第七百五十四页）

［成化十七年四月丁巳（1481年5月11日）］陕西洮州灵藏灌顶国师赞善王下眼节端啒、札纲（纳）寺剌麻番僧章牙札巴等、河州山外隆卜簇土尔干沟正宗寺番僧札思巴坚刲等并捨藏族清修戒定国师也失尔坚藏等各来朝，贡马及方物。赐衣服、彩段等物有差。

（选自《明实录藏族史料》，第七百五十六页）

［成化十七年七月庚子（1481年8月22日）］四川乌思藏如来大乘法王遣都纲头目独蜗儿坚灿等来朝，贡方物。赐衣服、彩段等物有差，仍命赍敕并彩段表里回赐其王。

（选自《明实录藏族史料》，第七百五十七页）

［成化十八年正月丁酉（1482年2月15日）］四川乌思藏阐化王遣使臣星吉等、长河西、鱼通、宁远宣慰司岩州长官司寨官郎葛汪聘等、董卜韩胡宣慰使司大兴教寺番僧温卜容中言千巴藏卜等、德霭等寺寨番僧札思巴等各来朝，贡氆氇等物。赐宴并衣服、彩段等物有差。

（选自《明实录藏族史料》，第七百六十页）

［成化十九年四月戊辰（1483年5月12日）］赏松潘镇平堡杀贼有功官军彩段、绢、布及钞，命四川布政司给之。

（选自《明实录藏族史料》，第七百七十三页）

［成化十九年九月壬寅（1483年10月13日）］……四川木瓦等赛（寨）遣舍人头目令孟等、西番安定王领真斡（幹）郎（即）遣国师朵尔只领真等各来朝，贡马、驼及珊瑚、氆氇等物。赐宴并衣服、彩段等物有差。

（选自《明实录藏族史料》，第七百七十五页）

［成化二十年六月庚辰（1484年7月17日）］西宁靖宁寺妙胜慧济灌顶大国师锁南领占遣僧徒锁南奔（领）等，赍敕往谕灵藏赞善王。至是，复命，及贡铜佛、橐驼等物。赐衣服、彩段等物有差。

（选自《明实录藏族史料》，第七百七十九页）

［成化二十一年正月辛卯（1485年1月24日）］陕西柏林、柒古等簇簇头番人剌节牙等、的卜哈等簇簇头番人肉（玉）剌肖等、巴沙峪卢等簇生番簇头焦禄般剌等各来朝，贡马及盔甲等物。赐宴并彩段、绢、钞有差。

（选自《明实录藏族史料》，第七百八十二页）

［成化二十一年正月己亥（1485年2月1日）］四川长河西灌顶国师札思叭坚粲遣番僧剌麻奴日领真等、金川寺演化禅师班丹藏卜遣番僧增客藏卜等各来朝，贡氆氇等物。赐宴并衣服、彩段等物有差。

（选自《明实录藏族史料》，第七百八十三页）

［成化二十一年三月甲申（1485年3月18日）］四川朵甘宣慰使司三呆札叭并新招抚五蜡等寨

生番头目三竹等各来朝，贡珊瑚、氆氇等方物。赐宴并衣服、彩段等物有差。

（选自《明实录藏族史料》，第七百八十五页）

[成化二十一年闰四月壬寅（1485年6月4日）]陕西岷州撒藏寺番僧锁南班丹等、河州弘化寺番僧星吉札失等各来朝，贡马及氆氇、佛像等物。赐彩段、钞绽有差。

（选自《明实录藏族史料》，第七百八十六页）

[成化二十二年四月癸卯（1486年5月31日）]陕西土番麦鹅等簇番僧朵只尖藏、哈者等簇生番玉巴等、四川长河西宣杂等寨寨官头目温目等各来朝，贡马及佛像、氆氇等物。赐彩段、绢、钞有差。

（选自《明实录藏族史料》，第七百九十二页）

[成化二十三年四月壬午（1487年5月5日）]陕西岷州大隆善护国寺国师番僧绰肖藏卜等、陕西拱卜寺番僧凯六等各来朝，贡马及佛像、舍利等物。赐彩段、绢、钞有差。

（选自《明实录藏族史料》，第七百九十九页）

[弘治元年正月癸卯（1488年1月21日）]乌思藏西天桑加瓦如来大乘法王遣禅师蛇纳藏并各寺寨番僧、瞿云（昙）寺西天佛子大国师班卓儿藏卜遣禅师桑尔加端竹等、灵藏赞善王遣番僧远丹陆竹等来朝谢恩，并贡佛像、马、驼、方物。赐衣服、彩段、钞锭有差，仍命领赐法王、佛子彩段归给之。

（选自《明实录藏族史料》，第八百零五页）

[弘治元年正月壬子（1488年1月30日）]四川长河西、鱼通、宁远等宣慰使司征塞（基）等寨都纲头目札巴言千等、杂谷安抚司伽克等寺寨遣剌麻番僧头目松思吉等及西番桑人等族生番族头仓汪肖等来朝，贡氆氇等物。赐衣服、彩段、钞锭有差。

（选自《明实录藏族史料》，第八百零六页）

[弘治元年十月辛丑（1488年11月14日）]乌思藏阐化王遣番僧丹叭坚参等、朵甘思宣慰使司遣禅师剌麻头目阿达等来朝，贡氆氇、足力麻等物。赐宴并衣服、彩段、钞锭有差。其回赐阐化王表里令丹叭坚参领回给与。

（选自《明实录藏族史料》，第八百零九页）

[弘治元年十月辛亥（1488年11月24日）]追录四川茂州斩获番贼功。镇守太监刘雅、巡抚都御史刘璋、右参将都指挥沈运各升一级。璋，时已升侍郎，仍赏纻丝二表里。其余官军人等二百五十余人，升赏有差。

（选自《明实录藏族史料》，第八百一十页）

[弘治二年正月辛巳（1489年2月22日）]陕西外夷各卜等族番人亦希藏等、草坡等族番僧百麻坚藏等、驼笼、也尔古的、卜哈等族番人扳麻节（郎）等来朝，各贡佛像、盔甲、马匹等物。赐宴并衣服、彩段有差。

（选自《明实录藏族史料》，第八百一十三页）

[弘治二年三月己巳（1489年4月11日）]陕西大亦辖等族番人审（容）中果等、阿着等族番

人板节（郎）等、车剌等族番人札古等来朝，贡马及盔甲等物，赐衣服、彩段等物有差。

(选自《明实录藏族史料》，第八百一十三页)

［弘治二年十月戊申（1489年11月16日）］四川杂道长官司都纲番僧奴日蒙等、达司蛮长官司番僧要别等各来朝，（贡）氆氇、铁刀等物。赐宴并衣服、彩段等物有差。

(选自《明实录藏族史料》，第八百一十六页)

［弘治三年十一月甲辰（1491年1月6日）］灵藏赞善王遣番僧领占等、金川等寺演化禅师班丹藏卜差剌麻番僧锁郎监藏等贡佛像、方物。赐宴并彩段、衣服等物有差。

(选自《明实录藏族史料》，第八百二十二页)

［弘治四年七月丁亥（1491年8月17日）］陕西岷州卫大崇教事（寺）下院天竺寺番僧都纲锁南朵儿只等、四川乌思藏番僧著雄坚参等来朝，贡佛像、马匹。赐宴并衣服、彩段等物有差。

(选自《明实录藏族史料》，第八百二十五页)

［弘治五年四月癸卯（1492年4月29日）］西宁卫静宁寺番僧完卜锁南巴藏等、外夷好地平等族番人南哥容中等来朝，贡佛像、方物。赐宴并衣服、彩段等物有差。

(选自《明实录藏族史料》，第八百二十六页)

［弘治五年五月壬申（1492年5月28日）］乌思藏阐教王遣番僧来贡，一从洮州路，一从四川路。礼部议谓："乌思藏……请准作七年贡数，至七年免来。其回赐王彩段表里及给赐二起番僧纻丝、食茶等物，并请如例。"

(选自《明实录藏族史料》，第八百二十七页)

［弘治五年八月甲辰（1492年8月28日）］陕西罗家族番人豁捏来贡，赐彩段等物如例。

(选自《明实录藏族史料》，孝宗实录，第八百二十七页)

［弘治六年正月辛卯（1493年2月11日）］四川朵甘思直管招讨司袭职番舍阿答儿等来贡。赐宴并彩段、衣服等物如例。

(选自《明实录藏族史料》，第八百二十八页)

［弘治六年五月丁亥（1493年6月7日）］四川朵甘思宣慰使司寨官头目答儿坚粲等来贡马匹、方物。赐彩段表里、衣服有差。

(选自《明实录藏族史料》，第八百二十九页)

［弘治七年四月戊寅（1494年5月24日）］四川长河西古墩地面尊胜等寺寨清修翊善大国师怕思巴领占巴藏卜遣禅师领占星吉等、西番大崇教等寺番僧剌麻失劳等来朝，贡方物。赐宴并衣服、彩段等物有差。

(选自《明实录藏族史料》，第八百三十三页)

［弘治七年六月甲戌（1494年7月19日）］四川董卜韩胡宣慰使司遣番僧国师镇（锁）南札叭等、松潘商巴寺番僧罗儿星吉等来朝，贡方物。赐宴并彩段、衣服等物有差。其札失藏卜等，请袭其师切旺坚参禅师都纲之职。

(选自《明实录藏族史料》，第八百三十四页)

［弘治八年十月戊辰（1495年11月5日）］乌思藏大乘法王陆竹坚参巴藏卜遣番僧札乱藏卜等来贡，及灌顶国师藏卜领占遣番僧绰哲教等谢恩袭职。赐宴并彩段、衣服有差。

（选自《明实录藏族史料》，第八百三十九页）

［弘治八年十二月壬子（1495年12月19日）］陕西崔工、驼笼等族番人节乱尖札等来（朝）贡。赐彩段、衣服等物如例。

（选自《明实录藏族史料》，第八百四十页）

［弘治八年十二月乙卯（1495年12月23日）］四川长河西、鱼通、宁远宣慰使司土官宣慰使观卜巴以袭职遣使贡方物谢恩。赐彩段、衣服如例。

（选自《明实录藏族史料》，第八百四十页）

［弘治九年二月庚戌（1496年2月15日）］陕西招慈、西多等寺番僧刺麻端竹领占来贡，赐彩段、衣服有差。

（选自《明实录藏族史料》，第八百四十一页）

［弘治九年四月辛巳（1496年5月16日）］陕西迭力、青石山、这多等族番人卜纳招藏等来贡。赐彩段表里有差。

（选自《明实录藏族史料》，第八百四十一页）

［弘治九年六月甲申（1496年7月18日）］西番赞善王遣番僧札挂星吉、灵藏赞善王遣番僧端竹等来贡。赐宴并彩段、衣服等物如例。

（选自《明实录藏族史料》，第八百四十二页）

［弘治十年正月己巳（1497年2月28日）］乌思藏阐教王遣番僧著吾等并瞿昙等寺禅师番僧桑尔加端竹、班著尔坚参等来贡。赐宴并彩段、衣服等物如例。

（选自《明实录藏族史料》，第八百四十三页）

［弘治十年四月丁丑（1497年5月7日）］四川朵甘思宣慰使司遣寨官头目银橙汪聘等来贡，赐彩段等物有差。

（选自《明实录藏族史料》，第八百四十四页）

［弘治十年十二月辛巳（1498年1月6日）］安定王千奔遣使臣绰尔加等来贡，回赐王彩段表里，赐绰尔加等宴并彩段、衣服等物如例。

（选自《明实录藏族史料》，第八百四十七页）

［弘治十年十二月壬午（1498年1月7日）］初，乌思藏阐化王死，其子班阿吉汪束札巴乞袭封阐化王。上命番僧刺麻参（三）曼答实哩为正使，锁南窝资尔副之，同刺麻札失坚参等十八人，共赍诰敕并赏赐彩段、衣服、食茶等物往封之。

（选自《明实录藏族史料》，第八百四十七页）

［弘治十二年十一月庚申（1499年12月6日）］长河西纳龙等寺番僧族（头）秤伯等六人，各具方物来贡，请袭其师禅师、都纲等职。从之。赐宴并衣服、彩段等物如例。

（选自《明实录藏族史料》，第八百五十三页）

［弘治十三年二月庚寅（1500年3月5日）］四川董卜韩胡宣慰使司番僧昆各藏卜及文（汶）川县加渴瓦等寺番僧三蓝等各来贡，乞袭职。从之。赐宴并衣服、彩段等物有差。

(选自《明实录藏族史料》，第八百五十五页)

［弘治十三年四月己酉（1500年5月23日）］乌思藏朵甘思宣慰使司并杂谷安抚司及直管招讨司各遣使来贡。赐宴并彩段、衣服等物如例。

(选自《明实录藏族史料》，第八百五十七页)

［弘治十三年五月丁卯（1500年6月10日）］四川韩胡碉等塞（寨）番僧寨首来贡。赐衣服、绢、钞等物有差。

(选自《明实录藏族史料》，第八百五十七页)

［弘治十四年三月庚戌（1501年3月20日）］陕西鲁班、讲堂、永宁等寺并宝（保）净、赞令等寺剌麻番僧札石藏卜并殷巴尖眘、藏卜尖眘等各来贡。赐宴并彩段、衣服等物有差。

(选自《明实录藏族史料》，第八百五十八页)

［弘治十四年七月己未（1501年7月27日）］陕西阿木等族番人端乱（的）等各来贡，赐彩段、绢、布等物有差。

(选自《明实录藏族史料》，第八百五十九页)

［弘治十四年七月戊辰（1501年8月5日）］长河西剌思岗地方番僧朵鲁只等各来贡。赐宴并彩段、衣服等物如例。

(选自《明实录藏族史料》，第八百六十页)

［弘治十四年闰七月戊寅（1501年8月15日）］陕西木舍等大小九族番人头目柴乱管及车禄、（札来）等族头目些多尔藏等各来贡，赐彩段、衣服等物如例。

(选自《明实录藏族史料》，第八百六十页)

［弘治十五年三月庚辰（1502年4月14日）］四川天全六番招讨使司等处土官各遣人来朝觐。赐彩段、锭钞等物如命（例）。

(选自《明实录藏族史料》，第八百六十三页)

［弘治十五年三月癸未（1502年4月17日）］长河西剌思岗地方番僧桑呆禄竹等五人各来贡，请袭其师大国师及禅师、都纲等职。从之。仍赐宴并彩段、衣服等物如例。

(选自《明实录藏族史料》，第八百六十三页)

［弘治十五年四月丁卯（1502年5月31日）］西番瞿县寺番僧完卜工葛藏卜及弘觉寺番僧完卜工葛藏卜喃尔加各来贡，因请袭其师大国师等职。从之。仍赐宴并彩段、衣服等物如例。

(选自《明实录藏族史料》，第八百六十四页)

［弘治十六年六月丁未（1503年7月5日）］陕西大亦辖及林家山、青石山、苤哑、撒里、鹞子平等族并撒藏等寺番人（番）僧官卓禄竹坚到并居居中卜、拨拨均藏、少秋秋等各来贡。赐彩段、钞锭等物如例。

(选自《明实录藏族史料》，第八百七十一页)

［弘治十六年七月丙子（1503年8月3日）］安定王千奔遣使臣绰尔（加）等来贡。赐宴并衣服、彩段等物有差。

（选自《明实录藏族史料》，第八百七十一页）

［弘治十六年八月丁未（1503年9月3日）］四川董卜韩胡宣慰使司宣慰使喃呆等各遣国师沙刺藏卜并番僧容弄儿言千等来贡，请袭职诰命。从之。命赐回（回赐）喃呆等并其妻锦段等物，赐沙刺藏卜等宴并彩段、衣服等物有差。

（选自《明实录藏族史料》，第八百七十一页）

［弘治十六年九月辛卯（1503年10月17日）］西番故灵藏寺赞善王（喃葛坚粲巴藏卜）之弟端竹坚昝遣番僧阿完等来贡，因请袭职。从之。回赐端竹坚昝彩段等物。赐阿完等宴并彩段表里、衣服有差。

（选自《明实录藏族史料》，第八百七十二页）

［弘治十七年十一月壬辰（1504年12月11日）］陕西大通等寺番僧那尔卜等来贡。赐宴并彩段、衣服等物如例。

（选自《明实录藏族史料》，第八百七十五页）

［弘治十七年十一月戊戌（1504年12月17日）］乌思藏大乘法王并护教、辅教、阐教等王各遣人来贡。赐宴并彩段、衣服等物有差。

（选自《明实录藏族史料》，第八百七十六页）

［弘治十七年十一月乙巳（1504年12月24日）］四川长河西、鱼通、宁远等处宣慰使司遣番僧刺麻吒失藏等来贡，赐宴并彩段、衣服等物有差。

（选自《明实录藏族史料》，第八百七十六页）

［正德元年二月乙卯（1506年2月27日）］达思蛮长官司遣头目番僧贾舍、僧吉等各贡氆氇等物。赐宴，赏彩段、绢、钞有差。

（选自《明实录藏族史料》，第八百八十四页）

［正德元年十一月戊戌（1506年12月7日）］乌思藏大宝法王遣僧徒畜吉叭藏卜等贡氆氇方物，来朝。赐宴，赏衣服、彩段等物，仍令赍敕并彩段表里等物回赐大宝法王及留边诸僧。

（选自《明实录藏族史料》，第八百八十九页）

［正德二年二月甲午（1507年4月2日）］札纳等族番人头目陆尔节等贡马及盔甲等物。赐宴，赏彩段等物有差。

（选自《明实录藏族史料》，第八百九十一页）

［正德二年十二月乙未（1508年1月28日）］大通等寺番僧那尔卜等来朝，贡佛像、驼、马等物。赐宴及彩段、衣物有差。

（选自《明实录藏族史料》，第八百九十六页）

［正德三年正月甲子（1508年2月26日）］四川这多等族番人班的等贡马及盔甲。各赐宴并彩段、钞锭有差。

（选自《明实录藏族史料》，第八百九十六页）

第三编 服饰

［正德三年二月戊子（1508年3月21日）］……静宁等寺番僧族岑星吉等、加石等族番人南仲肖等各来朝，贡佛像、驼、马。赐宴并彩段、缯、钞有差。

（选自《明实录藏族史料》，第八百九十六页）

［正德三年七月辛亥（1508年8月11日）］乌思藏阐教王遣番僧头目坚昝札掛等并王子遣番僧你麻藏卜等各贡马及佛像等物。赏彩段、衣服有差。

（选自《明实录藏族史料》，第八百九十七页）

［正德三年九月壬寅（1508年10月1日）］乌思藏辅教王遣番僧札失藏卜、大乘法王遣番僧锁南以失、阐化王遣番僧札失坚参并剌思刚、撒结瓦、长河西等处护国师印拔思巴藏卜遣都纲剌瓦藏卜等各进贡朝贺。赐彩段等物有差。

（选自《明实录藏族史料》，第八百九十八页）

［正德三年十月壬午（1508年11月10日）］四川杂谷安抚司并抚回上草坡寺部等寨番僧头目进贡方物。赐彩段、衣服有差。

（选自《明实录藏族史料》，第八百九十八页）

［正德三年十月庚寅（1508年11月18日)］寨平等族番人奔卜沙等贡马及方物。赐彩段、衣服有差。

（选自《明实录藏族史料》，第八百九十八页）

［正德五年三月辛未（1510年4月23日）］灵藏赞善王端竹坚昝差使臣贡马及方物。赐彩段、衣物有差。

（选自《明实录藏族史料》，第九百零五页）

［正德五年十二月戊戌（1511年1月15日）］永宁等寺剌麻番僧札石烟丹等来朝，贡马并佛像、方物。赐晏（宴），赏彩段、衣服、绢帛有差。

（选自《明实录藏族史料》，第九百一十页）

［正德六年三月壬子（1511年3月30日）］罗家族番人药（乐）仲肖等来朝，贡方物。赐宴，并赏彩段、绢、钞有差。

（选自《明实录藏族史料》，第九百一十一页）

［正德六年三月丁巳（1511年4月4日）］四川董卜韩胡宣慰使司遣国师昆各儿藏来朝，贡方物。赐宴，并赏彩段、绢、钞有差。

（选自《明实录藏族史料》，第九百一十一页）

［正德八年三月乙未（1513年5月1日）］四川杂谷安抚司番僧都纲锁郎藏卜等、旧招抚克州等寨寨首宋（朱）思结等、抚回上草坡寺十三寨寨首郎锁（锁郎）巴等、新招抚大八稜碉、锁么等五十五寨寨首贾僧结等、董卜韩胡宣慰使司加渴瓦寺番僧贾思巴领占等并新招抚管下陆寺番僧领占罗络（洛）思等各贡氆氇、珊瑚等物，并赐宴给赏有差。

（选自《明实录藏族史料》，第九百一十六页）

［正德八年七月庚午（1513年8月4日）］四川金川寺演化禅师耿哈监藏等差剌麻番僧七秤等

427

贡氆氇等物。赐宴，并赏彩段、绢、钞有差。

（选自《明实录藏族史料》，第九百一十九页）

[正德八年十一月乙亥（1513年12月7日）] 陕西堡等族番人禄禄等及博峪等族番人阿鹅等各来朝，贡马。给赏彩段等物有差。

（选自《明实录藏族史料》，第九百二十页）

[正德九年正月己丑（1514年2月19日）] 大通寺番僧速南坚藏等并寨平族番人著受等来朝，贡方物。各赐彩段等物有差。

乌思藏蓓（萨）释迦巴故大乘法王洛竹坚参巴藏卜侄完卜锁南坚参巴尔藏卜，差使臣班蓝端竹（巴、洛竹）列思巴求袭职，及灵藏赞善王端竹坚参、剌麻赏竹巴等赍保勘承袭番文，各来京贡马匹、渗金佛、氆氇方物。赐彩段等物有差。

（选自《明实录藏族史料》，第九百二十一页）

[正德九年八月己亥（1514年8月28日）] 乌思藏阐教王遣禅师昆各札失等、辅教王遣禅师镇（锁）南班丹等各来朝，贡氆氇、盔、刀等物。赐彩段、钞锭如例。

（选自《明实录藏族史料》，第九百二十二页）

[正德十年五月乙未（1515年6月20日）] 松潘大悲寺僧徒远丹领占、岷州大崇教寺剌麻番僧官著肖等贡方物。赐宴，赏彩段、衣服有差。

苾哑等族番人居藏少等贡方物。赐宴，并赏彩段、衣服有差。

（选自《明实录藏族史料》，第九百二十六页）

[正德十年五月乙卯（1515年7月10日）] 孔提峪、哈者等族番人族头玉巴等贡方物。赐宴，并赏彩段、衣服有差。

（选自《明实录藏族史料》，第九百二十八页）

[正德十一年三月丁亥（1516年4月7日）] 四川杂谷安抚司番僧锁郎巴等……各贡氆氇、腰刀等物。赐宴，并赏彩段，绢、钞有差。

（选自《明实录藏族史料》，第九百三十七页）

[正德十四年七月辛亥（1519年8月14日）] 录四川松潘地方征剿番蛮功，给赏有功并阵亡官旗军舍人等银、币、绢、布、钞锭有差。

（选自《明实录藏族史料》，第九百四十九页）

[正德十四年八月壬申（1519年9月4日）] 阿堡等族番人哑吉等来朝，贡马及方物。赐宴并赏彩币、绢、钞有差。

（选自《明实录藏族史料》，第九百四十九页）

[正德十五年四月甲戌（1520年5月3日）] 陕西竹林及巴哑等旋（族）番人南哈尖藏等贡马及佛像等物。赏彩币、缯、钞如例。

（选自《明实录藏族史料》，第九百五十一页）

[正德十五年五月甲寅（1520年6月12日）] 陕西番僧撒节远丹等各备马匹、方物来朝。赐

宴，给赏彩段等物有差。

（选自《明实录藏族史料》，第九百五十一页）

[正德十五年七月壬寅（1520年7月30日）]陕西昭慈等寺番僧及答牙、阿木等族番人各来朝，贡马及方物。赐宴，赏彩缎、钞、绢等物各有差。

（选自《明实录藏族史料》，第九百五十三页）

[正德十五年闰八月壬子（1520年10月8日）]长宁安抚司番僧寨首方保等贡方物。赐晏（宴），并赏彩段、绢、钞有差。

（选自《明实录藏族史料》，第九百五十三页）

[嘉靖三年七月乙亥（1524年8月11日）]陕西答石、癉哈、答牙诸番族番人咱（革）各等（等各）以方物进贡。赐彩币、绢、钞如例。

（选自《明实录藏族史料》，第九百七十七页）

[嘉靖四年八月庚子（1525年8月31日）]四川越嶲嶲卫邛部长官司署印妻（正妻）宅（安）氏革哨（咱），遣人贡马。各赐绢、钞有差。

（选自《明实录藏族史料》，第九百七十九页）

[隆庆六年六月丁卯（1572年7月22日）]（明神宗）赏四川、乌思藏、朵甘思宣慰使司等处差来禅师剌麻温、番僧阿儿等衣、币、段共折给银四百五十二两。

（选自《明实录藏族史料》，第一千零七十五页）

[隆庆六年九月壬辰（1572年10月15日）]四川达思蛮长官司差都纲头目及番僧等，凡到京及留边共四百三十四人，贡珊瑚等物。给赏段、绢、银、钞有差。

（选自《明实录藏族史料》，第一千零七十六页）

[隆庆六年十月庚辰（1572年12月2日））陕西答石、癉哈等族番人贡马匹、腰刀。给赏段、绢、钞锭、银两如例。

（选自《明实录藏族史料》，第一千零七十八页）

[万历元年四月乙卯（1573年5月6日）]四川金川寺演化禅师差都纲头目进贡珊瑚等物。赏彩段表里、绢、纱（钞）、银两如例。

（选自《明实录藏族史料》，第一千零八十一页）

[万历元年九月戊子（1573年10月6日）]四川长宁安抚司差番僧被只等三百人，贡珊瑚等方物。给赏绢、钞如例。

（选自《明实录藏族史料》，第一千零八十一页）

[万历元年十月辛亥（1573年10月29日）]（明神宗）赏四川长宁安抚司进贡夷人段、绢、银、钞如例。

（选自《明实录藏族史料》，第一千零八十二页）

[万历二年十月甲子（1574年11月6日）]山西巡抚方逢时称："虏王……请量陛觉义札（礼）

巴等各为禅师，（职）在觉义上，都纲班麻等各为觉义，职在都纲上。番官马你卜剌乞量给彩段、木棉等物。"

（选自《明实录藏族史料》，第一千零八十三页）

[万历二十四年正月戊子（1596年2月18日）]陕西嘉石（召）、草坡等族番人戎肖等进献马匹、铜塔等物。赏给段、绢、钞锭如例。

（选自《明实录藏族史料》，第一千一百八十五页）

[万历二十五年正月壬寅（1597年2月26日）]陕西敖儿等族番人札世禄等进献方物。赐绢、钞如例。

（选自《明实录藏族史料》，第一千一百九十二页）

[万历二十五年二月己丑（1597年4月14日）]阿木等族番人安巴等十四名进献马匹、方物。各赏给马价、绢匹、钞锭。

（选自《明实录藏族史料》，第一千一百九十四页）

[万历三十三年四月丁卯（1605年6月9日）]颁给陕西青石山、苟家碑、亦辖等族进贡番人七十名各绢、钞、靴袜。

（选自《明实录藏族史料》，第一千二百零八页）

[万历三十三年九月癸酉（1605年10月13日）]给赐陕西鹞子坪等族进贡番人盔列等三十一名各段、绢、银、钞如例（有差）。

（选自《明实录藏族史料》，第一千二百一十页）

[万历三十九年五月己未（1611年6月30日）]颁给乌思藏阐化王贡使坚剉朵尔等十五名各段、绢、银、纱（钞）。

（选自《明实录藏族史料》，第一千二百二十四页）

[万历四十一年二月乙巳（1613年4月6日）]赐乌思藏护教主（王）、董卜韩胡宣慰司、别思寨安抚司、朵甘司（思）宣慰司直（兼）管招讨司国师阿折孟等三十名织金文绮、钞锭有差。

（选自《明实录藏族史料》，第一千二百二十八页）

[万历四十一年十一月丙子（1614年1月2日）]四川打喇儿寨番僧差头目雨木六等二百五十名各献珊瑚、氆氇、补进三十七年、四十年分贡，倍给绢、钞、食茶。

（选自《明实录藏族史料》，第一千二百二十九页）

[万历四十二年十一月己巳（1614年12月21日）]赏给达思蛮长官司进贡番僧阿豆坚藏等四百三十八名各折绢银两。

（选自《明实录藏族史料》，第一千二百三十一页）

[万历四十三年四月壬寅（1615年5月23日）]折给陕西法藏寺（等）六寺进贡番僧工哈冬竹等三十名各赏段匹银两。

（选自《明实录藏族史料》，第一千二百三十一页）

第三编 服饰

[万历四十五年四月戊戌（1617年5月8日）]乌思藏阐化王差国师锁南坚参等一千名进献珊瑚、氆氇等物。给赴京并在边番僧各贡（者）赏绢、钞。

（选自《明实录藏族史料》，第一千二百三十三页）

[万历四十五年十一月乙丑（1617年12月1日）]金川寺、加渴瓦寺番僧容中出等十名进献珊瑚、氆氇等物。给赴京并留边贡僧各赏给绢、钞。

（选自《明实录藏族史料》，第一千二百三十四页）

[万历四十六年五月戊申（1618年7月12日）]乌思藏阐化王差番僧三旦朵儿只等一十五名，进献珊瑚、犀角、氆氇等物。

（选自《明实录藏族史料》，第一千二百三十五页）

[万历四十六年六月辛未（1618年8月4日）]给赐番人哈行、孔的阿木等及乌思藏阐化王等差来使臣国师三旦朵尔各段、绢有差。

（选自《明实录藏族史料》，第一千二百三十六页）

[扎巴坚赞四十九岁（1195），首次前往如擦时，梦见在一座大山之下有一大殿，众人在上师的号召下，翻山越岭追随而去]（扎巴坚赞）赐予（与扎巴坚赞同行的一路人）每人一件氆氇衣服，当来到此山口时，后面之相识者噶冬和其他五六人一块来到此处，此山口后侧土色白，且具光泽。

（选自《萨迦世系史》，第五十八页）

法王（萨迦班智达贡噶坚赞贝桑布）六十二岁时，（蒙古人对）转大力法轮之王成吉思汗之子拖雷诺颜（应是窝阔台—译者注）的儿子额沁阔端派来迎清的使者（呈送诏书）……

赏赐（萨迦班智达贡噶坚赞贝桑布）之物有：白银五大升，镶缀有六千二百粒珍珠之珍珠袈裟，硫磺色锦缎长坎肩，靴子，整幅花绸二匹，整幅彩缎二匹，五色锦缎二十四等。

（选自《萨迦世系史》，第八十九页）

（法王萨班）至多桑地方之时，一人为法王萨班敬献一块镶缀着许多金点子的锦缎。此后，法王把此锦缎赐给拉杰比机，并说："此锦缎由你收藏，它像明净之天空闪烁着群星，说明我们将来也会如此。"

（选自《萨迦世系史》，第九十二页）

（阔端）汗王对我（萨班法王）关切逾于他人，故汉地、吐蕃、畏兀儿、西夏等地之善知识大德①及官员百姓均感奇异，前来听经，极为崇敬。无需顾虑蒙古如何对待我等来此地之众人，均甚为关切，待之优厚。至于我（萨班法王）之各方面，众人自可放心为是。

贡物以金、银、象牙、大粒珍珠、银砾、藏红花、木香、牛黄、虎（皮）、豹（皮）、草豹（皮）、水獭（皮）、蕃呢、卫地上等氆氇等物为佳，此间甚为喜爱。此间对于一般财物颇不屑顾，然各地当以最佳财物进贡可也。

（选自《萨迦世系史》，第一百零四页）

注释

① 大德：佛教对僧人的尊称。梵语为"婆檀陀"。

（印度国王达玛帕拉请求汉地国王援军被婉拒后，汉王寄上一件礼品）此礼品即为一件用薄锦纹缎做成的无缝大氅，兵器及斧凿都不能破入，胸前织有吉祥结。同时以此为主寄送了两次珍宝，并附有计谋及教诲之言。由于此物之法力及机运，印度国王打败了外道的军队，使佛教又如太阳一般闪射光明。

（选自《萨迦世系史》，第一百二十一页）

（俄强曲吉杰布洞察三时，给达钦及洛本等人写了承许之回信）我（尼玛俄强曲吉杰波·阿旺贡噶仁钦扎西札巴坚赞贝桑布）父子非常高兴。给我父子寄来的吉祥哈达一方、香百根一捆、金丝缎九方一匹、颇章之上等绸缎之森加玛绸缎各一匹、加卡绸缎一匹、黄缎长坎肩一件、绘有云彩图案之缎面披风一件，不同莲花图案的华盖一件，次仁顿丹砖茶一包、色波茶四包、乌斯日霍茶一包、黑色茶一包、斯兴茶一包、在文殊菩萨尊前发光之犀牛角蟠一双、盖有大手印不衰败之颇章红色坐垫等物品均已收到，并已记在心上，如同莲花开放。

（选自《萨迦世系史》，第二百七十一页）

（江贡丹增旺波的生平事迹）从（铁鼠年）五月（心宿月）十九日开始塑造莲花生八号之香泥佛像。在此之前旱象十分严重，然而当天晚上下起雨来。昔日佛像原料和涂料缺乏，而现在像自动冒出的一般，金、银、珠、绿石等或献或买唾手可得。崩查松巴手中保存的舍利子也迅速放了布施，此为往日所罕见。虽然如此，眼下正逢转动法轮之季节，举行祈祷时有人来吗？当祭祀和祈祷的规模小如芥子般地进行期间，由于自己的慈悲，结果参加祭祀的人数，比预料的有了增加。每尊佛像上献一件上师宝的丝绸披风，为充满四种舍利的一切所依进行油漆彩绘。当时晴空万里，于闰月的后一个月圆满完成。在初七日，尊者师徒八人为此做了开光，犹如架起的彩云宝帐，参加为各所依供养衣服法会的个别侍从见到了各主要所依昔日容光焕发之仪表。发给塑像师的报酬是：马三匹、茶叶、绸缎、松耳石和靴子等，价值一千八百多章喀，人人皆大欢喜。而后做酬谢、供施、酬补仪轨等。按照母亲的遗愿，自本年年底及木蛇年全年至火马年年初，每月初十日的供修等事务照例进行。

（选自《萨迦世系史续编》，第五十四页）

（一切智阿旺贡嘎索朗札巴坚赞的生平事迹）尊者（牟巴钦波）说："……昨晚就寝时我详细地拜会了萨迦夏仲，只见他身材高矮适中，圆脸白里透红容光焕发，大而圆的眼睛，目光炯炯有神，鼻高不见孔，唇方而红，胡须隐约可见，身穿黄色袈裟，暗红色披单。"

（选自《萨迦世系史续编》，第一百四十八页）

（阿旺贡嘎索朗仁青的生平事迹）尊者坦孜讲：这天我穿着夏鲁服装，对面像是有行人在走动，眼睛不大好用，而且心情很坏，呆呆地坐在那里，从日出一直坐到太阳落西。天空出现了彩虹，心想那是什么呀！

（选自《萨迦世系史续编》，第三百四十一页）

（贡嘎索朗图托旺曲的生平事迹）传说一位自然修黄色的女鬼请求加持，随后落下了两颗舍利子，一颗进行了供养，另一颗收藏了起来。梦幻中在名为袈裟的山谷里，真正有如同盘石的铃铛，供奉有观音菩萨像和历代收藏的珍宝。在以前梦幻中一再出现的夫人白玛曲贝，被视为自家人，她后来奉献了一件如同海贝蚧壳似的大氅外套，说是穿上它可以防患一切邪气。

（选自《萨迦世系史续编》，第三百五十一页）

这里所说岗瓦桑波神灵雪山像一顶白色大帐篷，顶端恰似安放了一座五顶晶石佛塔，面向第二印度的年域，谷尾如鱼入水般伸向鸠萨宇瓦山角。此地分为年堆、年帕、年麦上中下三地段。

年堆地区谷顶起自日囊草原，谷口直到香布九峰山。此处有大集市、两种不同习性的人、三大牧民部落、出三种物产。大集市从前在江若萨玛，嗣后集中到乃宁，现今年堆、年帕二地区的集市都集中在白居寺。两类不同的人是：好的一类虔心向善，笃信佛教；差的一类罪孽深重，定堕地狱。三个牧民部落是：江若、宁若和冈若。三种物产是：帽子、牦牛尾和氆氇呢。近江扎栋以上地带的农民不事牧业，只在该地与谷顶的牧民进行整腔牛肉的交换。

（选自《后藏志》，第五页）

年帕地区，起自萨玛萨浦，止于嘎卜恰噶。这地区有一处大集市，从前在土古地方，后来集中在杜炯。两类人中好的一类富裕，却愚昧自私；差的一类聪明伶俐，却贫困潦倒。三个牧民部落是江、基、芒。三种物产是垫毯、绪边褥子和毡子。古日山以上牧民汇集集市，多数人在那里做买卖。

（选自《后藏志》，第六页）

弥迪为了引导母亲，再次放牧牦牛，其间昼夜在岩洞修持，岩石上留下腰部以下躯体的清晰迹印。当时弥迪所用的靴子和熊皮眉帘现今珍藏在香地区觉木宗。

（选自《后藏志》，第二十二页）

王（尼泊尔王）为公主（赤尊公主）详讲当前与长远两方所需之教诲，即将公主遣嫁吐蕃。因世人中有上中下三根，当时各各所见景相，则有三种不同：诸佛菩萨见圣观世音菩萨与怒纹佛母相见，从虚空朗照光明之中到达吐蕃安住；尼婆罗王臣上下所见景象，见赤尊作妃宝装饰，前往吐蕃；吐蕃庶民所见景相，见吐蕃大臣五百骑，手捧吠琉璃铠等聘仪，出使尼婆罗，迎娶赤尊公主作为王妃。

（选自《西藏王臣记》，第二十页）

（唐主遣嫁文成公主）而藏民所见景象：见伦布噶[①]等诸藏臣，勇敢贤良，足智多谋，手持吠琉璃盔甲等聘礼，前往唐庭，求婚公主，已抵都门。

（选自《西藏王臣记》，第二十二页）

注释

① 伦布噶："伦布"意为大臣或大相。"噶"即噶尔。家族名，此人本名东赞域宋。唐书作禄东赞。"禄"即"伦"的异译，东赞即东赞域宋之略称。

（选自《西藏王臣记》，第三十三页）

（萨迦政权时期）卓贡（八思巴）至大都时，帝（元世祖）又赐诏封以"皇天之下，后土之上，西天佛子，造字圣人，化身如来，护土安邦，诗文之裔，班智达八思巴帝师"之封号，并赐供物。每赐均极厚重，此有升形银锭千锞为一份者二份，绸缎衣料五千九百四十匹。

（选自《西藏王臣记》，第六十四页）

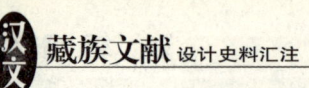

（永乐帝）遂封哈立麻为万行具足十方最胜圆觉妙智慧善普应佑国演教如来大宝法王西天大善自在佛，领天下释教，赐印诰及金、银、钞、彩币、织金珠袈裟、金银器、鞍马。命其徒孛隆逋瓦桑儿加领真为灌顶圆修净慧大国师，高日瓦禅伯为灌顶通悟弘济大国师，果乐罗葛罗监藏巴里藏卜为灌顶弘智净戒大国师，并赐印诰、银钞、彩币。已，命哈立麻赴五台山建大斋，再为高帝后荐福，赐予优厚。六年四月辞归，复赐金币、佛像、命中官护行。

（选自《明史》，第八千五百七十三页）

万历七年（1579），贡使言阐化王长子札释藏卜乞嗣职，如其请。久之卒，其子请袭。神宗许之，而制书但称阐化王。用阁臣沈一贯言，加称乌斯藏怕木竹巴灌顶国师阐化王。其后奉贡不替。所贡物有画佛、铜佛、铜塔、珊瑚、犀角、氆氇、左髻毛缨、足力麻、铁力麻、刀剑、明甲胄之属，诸王所贡亦如之。

（选自《明史》，第八千五百八十二页）

隆庆三年（1568）定五百人全赏、遣八人赴京之制，如阐教诸王。其贡物则珊瑚、氆氇之属，悉备阐化王传所载。诸番贡皆如之。

（选自《明史》，第八千五百九十三页）

（成化）六年（1470），扎巴坚粲藏卜卒，子绰吾结言千嗣为都指挥使。弘治三年（1490）卒，子日墨扎思巴旺丹巴藏卜遣国师贡珊瑚树、氆氇、甲胄诸物，请嗣父职，许之，赐诰命、敕书、彩币。九年卒，子喃呆请袭，亦遣国师贡方物，诏授以父官。

（选自《明史》，第八千五百九十五页）

（根敦珠巴幼年时代）对此（即根敦珠巴幼年常说的三世诸佛全都是出家修行而最终成佛的现象——编者注）他（根敦珠巴）母亲说道："一般说来是此道理，但是现在你要出家的话，我所能给你的物品只有一段粗厚的氆氇，其他什么也没有。你父亲已去世，弟妹们又年幼，你还是再等一段时间吧！"对此，上师（根敦珠巴）说道："那么，为观察我现在是否应该出家，看能不能把我们的这段氆氇染成鹅黄色。"母亲说："这样粗厚的氆氇是染不成鹅黄色的。"试着拿去一染，却变成了十分美妙的鹅黄颜色。这是上师为使母亲相信自己出家而用的善巧方便。

（选自《一世至四世达赖喇嘛传》，第一十一页）

［木鼠年（1624）冬末］索南嘉措创建的青城（今呼和浩特）大寺院住持夏仲强巴活佛格敦贝桑嘉措来到了西藏，他是一位功德无量的大德。跟随他一同前来的有喇嘛僧徒百余人，他们都身着缎面羊裘，显得十分阔绰。

（选自《五世达赖喇嘛传》上册，第五十四页）

［木鼠年（1624）冬末］日果本萨阿尼给我（五世达赖）寄来了诸色绸缎，给协敖寄来了三种缎匹，直到水羊年（1643）去桑日宗以前，还没有用完。不久，在曲杰颇章殿中，又得到一件毛衣，还有羔裘夏装。

（选自《五世达赖喇嘛传》上册，第五十五页）

［木牛年（1625）二月］夏仲强巴师徒为了利益蒙古地方的教法及众生而返回时，我（五世达赖喇嘛）按照西藏的礼节，馈赠了佛画、浮雕佛像、珊瑚、细氆氇、红糖、米等物品作为送行礼

品。我按照协敖教给我的话对他说:"要在蒙古地仿弘扬教法。"

(选自《五世达赖喇嘛传》上册,第五十六页)

[土牛年(1649)去往北京途中]小王妃身患沉疴,我(五世达赖)为她传授了一些随许法,并祈愿她往生善趣。作为善业,她向释迦牟尼佛像供献了酥油灯和哈达,为格鲁派的主要藏族大喇嘛致送了回向礼物,向以色拉寺、哲蚌寺和甘丹寺为主的一百三十二座寺院发放布施,这些物品包括:缎子伞盖二十把、缎罗幔七幅、汉地产的缎子三十匹、缎匹八十匹、反边缎三百匹、面子薄绫三十九匹、反边薄绫八十匹、珍珠一百七十钱、瓷碗十一个、红宝石念珠和蒙古晶石念珠各一串、珊瑚念珠五串、琥珀念珠七串、松巴箱六个、松耳石十六块、汉地所产麻布四十三匹、镶金鞍鞯十副、铁锅三十六口、蒙古靴子七双、絮边褥子十条、良马六十七匹等,约合粮食二万五千藏克。此外,还作为顺缘布施青稞五千一百藏克。

(选自《五世达赖喇嘛传》上册,第一百八十五页)

[火龙年(1676)]三月十七日,我(五世达赖)命格隆嘉央扎巴和贝仲阿仁巴二人负责整理,将书取出,对照目录,细查书籍是否完整,由达尔巴大译师和南林班钦二人编排,对七百多函图书用绸、绫、大缎等包裹,用丝线、彩绳等捆扎,以保持清洁。

(选自《五世达赖喇嘛传》下册,第二百一十八页)

[水蛇年(1653)十月]我们行至达隆寺附近的那天,达隆扎仓的僧人们身着金丝缎缝成的修行祖衣,手持全套法器;寺院的僧人们头戴博朵帽,身穿皮袍和各种几经补缀、破烂而简便的僧衣,摆出大手印之相隆重地列队来迎。

(选自《五世达赖喇嘛传》上册,第二百六十三页)

[水虎年(1662)十二月初三日][金字使者返京,我(五世达赖喇嘛)向(顺治)皇帝进呈奏表、贡礼]此次(贡礼)在例行的贡礼物之外,还进呈了祝贺皇帝登基的贺表、红白念珠、青金石数珠、玄狐皮大氅、氆氇等。

(选自《五世达赖喇嘛传》上册,第三百八十四页)

[水虎年(1662)]巴德瓦敬献了响铜佛像和大缎、瓶座等请托礼品,故额外赐给色塘江果和拉惹的溪卡,计差民十二户,年收入七百藏克的土地。

(选自《五世达赖喇嘛传》下册,第二页)

[土鸡年(1669)闰八月初七日]参卓堪布阿旺赤烈向我(五世达赖)敬献了绸缎、布匹,却本、翁则二人向我敬献了蒙古缎、带座宝瓶,特钦甘哲等几人向我敬献了绸缎、金银、茶叶等礼品。

(选自《五世达赖喇嘛传》下册,第三十页)

[土鸡年(1669)九月初七日]我(五世达赖喇嘛)给塔巴主仆赠送了红白水晶、氆氇、灵物等礼物后他们启程返回。

(选自《五世达赖喇嘛传》下册,第三十四页)

[铁狗年(1670)五月十一日起](吉祥哲蚌寺等大型寺庙)分别向我(五世达赖)敬献了里外服装、茶叶、布匹等各色礼品,祈请三宝保佑我长寿。与哲蚌寺师徒众人同来的客人温都尔噶居

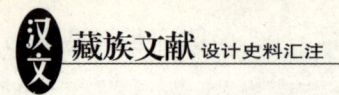

向我敬献了绸缎、茶包等大批礼品，祈请三宝保佑我长寿。

（选自《五世达赖喇嘛传》下册，第四十三页）

［水牛年（1673）五月初十日］（为第巴举行经忏活动时）给上百名乞丐施舍米粥、糌粑每人一桶、染色熟革、衣物等。

（选自《五世达赖喇嘛传》下册，第一百一十七页）

［水牛年（1673）五月十六日］我（五世达赖）给阿里扎仓的僧人们讲授了六字真言经文传承和白伞盖殊悉地胜赞颂等经文传承。会见了布东①觉瓦活佛、图色活佛、恰噶京俄等人。给喀尔喀拉尊阿旺丹津、索巴伊勒顶等人传授了珠杰派的长寿灌顶法、观音主仆三尊和担木度母的随许法，并赠送了宗喀巴大师的身像、我自己穿着的衣服、氆氇等大批赆仪。

（选自《五世达赖喇嘛传》下册，第一百一十八页）

注释

① 布东：藏语译音，意为无袖大襟长坎肩，是云南中甸格咱一带藏族妇女的服装。

［水牛年（1673）七月初五日］（对从汉地及蒙古寄来的信件和大批附函礼品作了安排）给厄克热台吉之子噶居罗卜藏丹津授予额尔德尼达尔汗曲杰的称号，馈赠了印度造的铜佛、氆氇等礼品，很有排场地为温布送行。冈坚堪布向我赠送了从厄鲁特带回来的特产。

（选自《五世达赖喇嘛传》下册，第一百二十页）

［木兔年（1675）二月］初五日，木鹿寺僧人在围廊中建造印塑泥像三十万尊，对蒙古人众不分贵贱尊卑每人发放大茶一藏两、酥油五藏两、白氆氇五尺、共布施茶叶折合官秤约九十六藏克十三藏两、酥油四百八十三藏克五藏两、白氆氇九千六百六十五尺。在大昭寺给每人布施茶叶一藏两共计十七包，给六百多乞丐布施茶饭，糌粑五十七藏克，染色熟革一百七十一张，零碎不全的皮革一百零八卷。

（选自《五世达赖喇嘛传》下册，第一百七十二页）

［木兔年（1675）九月十八日］我（五世达赖喇嘛）（为来自日沃且的夏仲阿旺格旺秋等客人）设茶宴款待。那位日沃且夏仲过去曾表演过僧人歌舞，以后又身着俗人所穿的长袍和无面羊裘，现在又披上了赤褐色汉衣犹如东方欲晓，似乎有一种赶超十二种功业和志向。

（选自《五世达赖喇嘛传》下册，第一百八十四页）

［水牛年（1673）六月初六日］我（五世达赖喇嘛）还会见了吉雪第巴及其随从、蒙古官员……给策色古典巴传授了杰岗派的马头明王加持四部灌顶，给卓尼曲杰的转世赠送了合适的全套服装、红白水晶、氆氇等物品。

（选自《五世达赖喇嘛传》下册，第二百二十三页）

［土羊年（1679）十一月（乃萨曲杰师徒一起过洛卡前往后藏去请教时轮灌）］从初三日起，连续数日举行依止五部空行的长寿仪轨。在会见帕巴拉活佛时，给他回敬了成套的袈裟、金刚铃杵、瓷碗、铙钹、盛乳器、银质高足托盘、内外衣、氆氇、蔗糖茶、绪边褥子、布匹等大批礼品。给阿旺活佛、温布饶丹等贵贱人等都赠送了赆礼，无一缺漏。

（选自《五世达赖喇嘛传》下册，第三百七十页）

第三编 服饰

小灵童（二世达赖喇嘛）由于寒冷和害怕跑来坐在父亲的怀中，父亲问他："发生了什么事？"他回答说："有个穿布大氅和漆皮衣的完德（僧人）用脚踢我，吉祥天女从骡子上下来打棍子，那人两手挨棍子打后逃跑了。"

（选自《格鲁派教法史》，第八十五页）

铁狗年（1790）八月上旬，拉卜楞寺遣然江巴洛桑慈成往迎哲华坚赞尊者返寺，受到仪仗迎接。他向二世嘉木样法主敬献氆氇百匹、僧冠五十顶、特尔玛哔叽、红芸香等上好礼品；施"无遮大会"；向寺院献卫藏芸香木轴画，悬挂在大经堂天井处，如设幕幔一般。

（选自《拉卜楞寺志》，第四百三十九页）

本寺（拉卜楞寺）以二百锭黄金、五百两白银、五百匹缎、一百匹蜀锦、一百五十匹缦帛等贵重礼品献于郡王颇罗鼐，祈求赎买置于小昭寺佛殿新塑的释迦牟尼佛像，以促进我安多兴盛佛教。

（选自《拉卜楞寺志》，第五百四十二页）

乾隆四年（己未）十二月壬午（1740年1月8日）

准噶尔台吉噶尔丹策零遣使哈柳等至京进表。先是，办理军机大臣等奏："……至贸易之事，令哈柳面恳允行。并随表贡貂皮三十一张。"奏入，报闻。

（选自《清实录藏族史料》，第三百九十九页）

乾隆九年（甲子）正月辛丑（1744年3月6日）

又谕："此次准噶尔之人入藏熬茶，所有赏给路费、口粮，虽系动用帑项豫备，而郡王颇罗鼐实心效力，凡来使所用之物，一切俱办理妥协，甚属可嘉。著加恩赏蟒缎二端、大缎四端。即交与来使赍往。"

（选自《清实录藏族史料》，第四百五十四页）

乾隆九年（甲子）三月丙戌（1744年4月20日）

谕军机大臣等："此次准夷进藏熬茶，郡王颇罗鼐之子公珠尔默特策布登等感戴朕恩，管辖兵丁，暗中防范各处卡哨，出力报效，殊属可嘉！应加特恩，赏给颇罗鼐长子公珠尔默特策布登、次子扎萨克头等台吉珠密纳木扎尔、办理噶布伦事务公班第达蟒缎各二端、大缎各二端。赏给噶布伦扎萨克头等台吉策凌旺扎尔、布隆灿、色玉特塞布腾、扎萨克头等台吉齐旺多尔济大缎各一端、官用缎各二端。再赏给岱绷罗布藏达尔札、章鲁占巴、达颜、台吉巴扎尔鼐大缎、官用缎各一端，以示鼓励。"

（选自《清实录藏族史料》，第四百五十七页）

乾隆十一年（丙寅）三月乙亥（1746年3月30日）

夷使哈柳至京进表请安并贡方物。准噶尔台吉策妄多尔济那木扎勒表称："蒙大皇帝加恩我父，内外和好。我父因仰体大皇帝宣扬黄教奠定苍生之意，恭顺遵循。……继令念大经人众进藏，以宣黄教伏祈大皇帝睿鉴。谨遣使臣，恭请万安，并贡貂皮四十一张。"报闻。

（选自《清实录藏族史料》，第五百二十七页）

乾隆十一年（丙寅）十二月丙子（1747年1月25日）

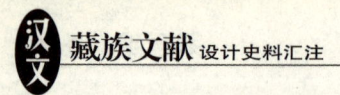

兵部等部议复:"大学士管川陕总督公庆复疏陈瞻对善后事宜:

"……今上瞻对康朱、茹色恶木丁均认纳马一匹、狐皮四张;土千户四郎、骚达邦、革松结、康平、曲中工、沙加丹尽六名各认纳狐皮二张;德尔格代阿斯羊雀,纳狐皮二张;土百户柱麻、姜错邦、阿札、徒坝、泥吗宗、阿囊、侧冷工、阿中、阿果九名各认纳狐皮一张;擦马所及日腻等寨认纳青稞九石零。"

(选自《清实录藏族史料》,第五百六十七页)

乾隆十三年(戊辰)五月丙戌(1748年5月29日)

又谕:"此次夷使进藏熬茶,所有赏赉及供给各项虽系动公备办,而郡王珠尔默特那木扎勒感激朕恩……甚属可嘉。著加恩赏蟒缎二端、大缎四端。噶卜伦公班第达等襄助办公……亦著加恩,赏公班第达蟒缎一端、大缎二端。其噶卜伦扎萨克头等台吉策凌旺扎勒及色玉特塞卜腾、布隆灿、扎萨克头等台吉旺对等,俱著赏大缎各一端、官用缎各二端,逮绷达什达尔扎及章禄占巴、阿兰巴奈、巴克扎奈等,俱著赏大缎各一端、官用缎各一端,以示奖励。"

(选自《清实录藏族史料》,第七百一十三页)

乾隆二十五年(庚辰)正月辛未(1760年3月12日)

参赞大臣①舒赫德等奏:"据萨纳珠卡座送到土伯特②使人达什佳木撮等十人,称系拉达克汗所遣赍书呈送。臣会同大臣、官员等传见,达什佳木撮云:'我系管辖右界五千户头目,闻大兵平定回部,特奉书称贺,请通贸易,以番缎回带为贽。'臣等宣慰筵宴讫,授以复拉达克汗书及蟒锦缎匹,并分赏来使缎布,令其起程。"

(选自《清实录藏族史料》,第一千二百九十二页)

注释

① 参赞大臣:清官名。置于今蒙古国乌里雅苏台、蒙古国科布多、新疆伊犁、新疆塔尔巴哈台、新疆乌什等地。清代新疆伊犁将军下设参赞,又在塔尔巴哈台、乌什等处各设参赞大臣,等级略次于将军,皆由皇帝特旨简派。

② 土伯特:清代文献中对西藏地区及当地藏族的称谓。也作"图伯特"、"图白忒"。

乾隆四十五年(庚子)七月庚子(1780年8月23日)

上御万树园大幄次,赐(六世)班禅额尔德尼及扈从王公大臣、蒙古王……等四十四人宴。赏赉冠服、金银、缎匹有差。

(选自《清实录藏族史料》,第二千九百八十页)

乾隆五十七年(壬子)三月戊寅(1792年3月31日)

谕曰:"济咙呼图克图及藏内各寺堪布扎萨克喇嘛、噶布伦等,因办理军务均各奋勉图报,将(八世)达赖喇嘛库内存贮火药、铅弹尽行交出备用……深堪嘉尚。……并著福康安①将出力之堪布扎萨克喇嘛、噶布伦等分晰查明,赏赉缎匹,以示鼓励。即于藏库现存缎匹内动支散给。"

(选自《清实录藏族史料》,第三千三百六十八页)

注释

① 福康安:(1754~1796),富察氏,清满洲镶黄旗人,字瑶林,号敬斋。清高宗孝贤皇后侄,保和殿大学士兼军机大臣赠郡王衔傅恒子。历任云贵、四川、闽浙、两广(广西、广东)总督,武

英殿大学士兼军机大臣。

乾隆五十九年（甲寅）二月癸亥（1794年3月6日）

又谕（军机大臣等）："据和琳奏称：'廓尔喀王拉特纳巴都尔等遣噶布丹苏拉毕尔卡达哩等赍进谢恩表贡，及请留驻习学汉字四人，并选西番头目子弟数人习学廓尔喀字'等语。去年廓尔喀遣来噶箕第乌达特达巴等回时，降旨赏与拉特纳巴都尔等敕旨，并赏给翎顶、衣帽、缎匹等物，该国王领受表谢，恭顺可嘉，著再将赏给缎匹等物，发交和琳就近给领。"

（选自《清实录藏族史料》，第三千五百八十五页）

道光二年（壬午）闰三月己卯（1822年4月25日）

又谕（内阁）："理藩院奏此次看视达赖喇嘛之呼毕勒罕坐床，派出之章嘉呼图克图呈请加赏大车十五辆，可否依照请旨一折。……特派驻藏大臣文干、成都副都统苏冲阿、章嘉呼图克图等颁给（十世）达赖喇嘛之呼毕勒罕诏书及赏赐物件外，尔能仰体朕意，将呼毕勒罕寻得，可嘉之至。今特问尔好，颁给诏书，并赐蟒缎二端、闪缎一端、片金缎一端、八丝缎六端、大哈达五方、小哈达十方，到时祗领。特谕。"

（选自《清实录藏族史料》，第三千八百四十五页）

道光二年（壬午）闰三月己卯（1822年4月25日）

诏谕班禅额尔德尼："前因达赖喇嘛未出呼毕勒罕，降旨命尔加意访寻。……今特问尔好，颁给诏书，并赐蟒缎二端、闪缎一端、片金缎一端、八丝缎六端、大哈达五方、小哈达十方，到时祗领。特谕。"

（选自《清实录藏族史料》，第三千八百四十五页）

道光二年（壬午）闰三月己卯（1822年4月25日）

谕班禅额尔德尼："前因达赖喇嘛未出呼必勒罕，降旨命尔加意访寻。……今特问尔好，颁给诏书，并赐蟒缎①一匹、妆缎一匹、闪缎一匹、八丝缎四匹、大哈达五方，到时祗领。特谕。"

又谕噶勒丹锡哷图萨玛第巴克什之呼毕勒罕阿旺扎木巴勒粗勒齐木：……"兹特问尔好，颁给诏书并赐蟒缎一匹、妆缎一匹、闪缎一匹、八丝缎四匹、大哈达五方，到时祗领。特谕。"

（选自《清实录藏族史料》，第三千八百四十六页）

注释

① 蟒缎：织有龙形的锦缎。

道光三年（癸未）正月戊寅（1823年2月18日）

诏谕廓尔喀额尔德尼王热尊达尔毕噶尔玛萨野："朕临御天下，柔远能迩、俾寰海共享雍熙。……兹因噶箕达纳彭咱帮礼旋归，特降诏书，赏尔杂色大缎、玉如意等物，一并交付噶箕达纳彭咱帮礼赍去，给尔祗领……特谕。"

（选自《清实录藏族史料》，第三千八百八十页）

道光九年（己丑）三月辛亥（1829年4月20日）

谕军机大臣等："惠显等奏拉达克①部长呈进奏书、哈达、花绸谢恩一折。前因拉达克挐解逆回，加恩赏给该部长及小头目萨莫等顶翎、绸缎。兹据惠显等奏：'该部长敬备奏书一分、哈达一方、花绸一匹,祈为代进。……'等语。"将此谕令知之。

(选自《清实录藏族史料》,第三千九百二十八页)

注释

① 拉达克:位于克什米尔东南部。现绝大部分领土由印度实际控制。面积45110平方公里。官方语言为藏语(拉达克方言)和乌尔都语。

道光十八年(戊戌)十二月庚辰(1839年1月27日)

谕内阁:"关圣保等奏:'请将督办军务无误之(十一世)达赖喇嘛正师傅等量加鼓励'等语。……著加恩于原得衔宗翊教禅师名号内赏加'靖远'二字,并赏给蟒缎二匹、大缎二匹。"

(选自《清实录藏族史料》,第三千九百九十五页)

咸丰七年(丁巳)十一月甲午(1858年1月1日)

谕内阁:"廓尔喀久列藩封,向来恭顺。前与唐古特①因小衅构兵,旋即悔罪奉表。业经传旨嘉奖,并免贡一次,以昭优眷。……廓尔喀额尔德尼王苏热达热毕噶尔玛萨哈著赏给貂皮马褂一件、蟒袍一件、五色锦缎五匹、青摹本缎二匹、各色大缎八匹、荷包二对、玛瑙烟壶一个、白玉搬指一个;总管噶箕藏格巴都尔著赏给貂腿马褂一件、蓝蟒缎一匹、青摹本缎二匹、各色大缎六匹、荷包二对、玛瑙烟壶一个……用示朕抚绥藩服恩礼有加之至意。"

(选自《清实录藏族史料》,第四千二百六十七页)

注释

① 唐古特:一译唐古忒。是清初文献中对青藏地区及当地藏族的称谓。元朝时蒙古人称党项人及其所建立的西夏政权为唐兀或唐兀惕,后渐用以泛称青藏地区及当地藏族诸部。清初曾沿用此称,作唐古特。今蒙古语仍称青藏地区及当地藏族为唐古特。

同治十一年(壬申)四月甲寅(1872年5月7日)

谕内阁:"恩麟等奏察看转世之哲布尊丹巴呼图克图之呼必勒罕灵异幼童掣定奏闻一折。……洵属祥瑞之事,朕心深为欣悦。著加恩赏给该呼毕勒罕黄哈达一个、佛一尊、大缎四匹,并著库伦办事大臣传谕喀尔喀四部落汗王等,使相庆幸。所有迎接哲布尊丹巴呼图克图之呼必勒罕一切应办事宜,均著张廷岳等照例妥为办理。"

(选自《清实录藏族史料》,第四千三百九十页)

光绪五年(己卯)三月庚申(1879年4月7日)

命谕吉咙呼图克图照看达赖喇嘛之呼毕勒罕,颁发敕书赏赉。诏曰:"……现在(十三世)达赖喇嘛之呼毕勒罕虽经出世,惟年岁尚幼,尔呼图克图务尚仰体朕推衍黄教、仁爱众生之意,妥为照看达赖喇嘛之呼毕勒罕……勉之勿忽。兹特颁发敕书,赏尔蟒缎一匹、妆缎一匹、闪缎一匹、八丝缎四匹、大哈达五方,尔其祗领。特谕。"

(选自《清实录藏族史料》,第四千四百二十五页)

[火蛇年(1737)藏历四月十五日](七世达赖喇嘛)向驻拉萨的傅大臣、青海贡却王的上师波绒古吉,郭隆寺都格夏茸、女王罗桑群措的人员、清朝来学藏文的两位笔帖式、秀苏加果齐、应皇帝之召与加那堪布将同往北京的觉隆堪布、青城噶丹曲结夏茸罗桑丹巴的管家、土尔扈特贝勒丹

迥主仆等赐赠身语意所依、灵物及氆氇等赏品送别。

(选自《七世达赖喇嘛传》，第一百六十八页)

[火虎年（1746）新春十五日]是日，（七世达赖喇嘛）为光大佛教之本别解脱律戒向觉卧仁波且献堆绣的织锦缎祖衣等。（七世达赖喇嘛）向拉萨斋戒尼等一百僧俗授大乘长净戒。

(选自《七世达赖喇嘛传》，第二百四十八页)

[火牛年（1757）三月]（七世达赖喇嘛辞世，各经师、侍从、近侍及各扎仓喇吉、康村等献礼）理塘阿固策仁献汉银百两；不丹蚌塘德钦、扎西曲宗、旺堆颇章、巴卓仁钦蚌、仲萨群科孜等之本洛、宗本等共献内库哈达六条以及内地绫罗、氆氇、布匹等，种类多而丰厚……所献金银、绸缎、马牛等各类财物共折合白银十二万八千八百七十八两八钱五分，连同库存存财资，由第穆活佛和诸噶伦主持，缅怀喇嘛悲悯恩德，大做追荐清净善事。

(选自《七世达赖喇嘛传》，第三百九十八页)

名震遐迩的柱·达国有七子，为了给父亲穿上最上等的衣服，他们把獭皮晒在帐篷上，准备给父亲做衣服。不料獭皮被风吹到河里，于是七个儿子一个抓住一个，拉成一条线，最后的那个抓住犏牛鼻子。结果犏牛鼻骨被拉断了，七个儿子一个接着一个全掉入河中溺死了。为此有"犏牛鼻骨拉断，柱氏即将断嗣"的说法。

(选自《直贡法嗣》，第六十一页)

至尊（觉巴·仁钦白）向上师（帕木珠巴）贡献一匹母马、一匹锦缎、一匹绫罗，作为见面礼物。上师说："我向来不接受四条腿的供品，难道你不知道吗？"上师批评了他。

(选自《直贡法嗣》，第六十六页)

[鼠年（1516）卫藏间发生战乱，直贡佛教受到损害]当至尊（觉巴·仁钦白）调遣护法神时，从卧室上方窗户，看见祖母护法曲吉卓玛身着雄鹰皮衫，鞭策坐骑，驰向敌方。这就是去完成威猛诛敌事业。如此，我方大军歼灭了对方军队。

(选自《直贡法嗣》，第一百四十六页)

（岁节）二月三十日，布达拉悬挂大佛。其佛像系五色缎堆成，自布达拉第五层楼垂至山脚，长约三十丈，将大召中所有宝玩、金珠、器皿陈列。喇嘛装束神鬼诸妖，各番国人物、牛、虎、象等兽……颇极精巧华丽，其宝玩无穷，不能枚举。

(选自《西藏志》，第二十一页)

（风俗）西藏风俗鄙污，人皆好佛、贪财，不以淫乱为耻，不知臭秽，轻男重女。不设几卓床铺，老幼男女皆随地坐卧饮食。……衣服多系毛织。男子有发，垢面不梳不沐，妇女老少，日以糖脂或儿茶涂面，贪淫嗜酒，不啻狐行。婚姻礼节，迥不成风。

(选自《西藏志》，第二十三页)

（西藏生育）女子则教识戥秤作买卖，纺毛线、织氆氇，不习针工，不拘女诫。而生育以女为喜。风俗信重喇嘛，如一家之中，子女多者，必有一二为僧，女为尼者。

(选自《西藏志》，第二十八页)

布颜罕奏书曰：大主明鉴，微末布颜罕杂杂噶麻合掌谨奏，大主圣体冲和，微末布颜罕不胜庆幸，蒙大主仁恩，赏给敕书、缎匹、玻璃、磁器等项，瞻仰圣明，曷胜欣庆。向闻大主仁化，即欲遣使请安，拉藏不为转奏，计无所出。今蒙贝勒奏请，得沾大主天恩，又得遣使奏事，伏愿温旨时颁，边鄙小罕，普沾天惠矣。鉴之鉴之。奏书微化：哈达一个，珊瑚树一株，珊瑚一串五十五个，小珊瑚一串一百零八个，琥珀一串四十一个，金丝织成卡契带三条，金丝织成卡契小带五条，各色卡契缎三匹，白卡契布四匹，犀角一个，孔雀尾扇一柄，孔雀尾一束，黑香一包，各色药一包。癸丑年十二月二十八日奏。

（选自《西藏志》，第三十八页）

天下含生共戴满洲西土大主明鉴：微末布鲁克巴噶毕东鲁卜喇嘛焚香望阙，合掌叩拜谨奏……此满洲西土大主怜悯再造之恩也。鉴之鉴之。为此，特差使者商纳克诺尔布恭请圣安，仰祈天恩，并献土物奏书：哈达一个，珊瑚八个，小珊瑚七十个，金丝织成花缎一匹，花布三匹，象牙一根，卡契带五条，白卡契本三十匹，蜜蜡一串一百一十五个。月之吉日奏。

（选自《西藏志》，第四十一页）

［乾隆五十七年（1792）］十一月，大学士公福康安等会奏……为酌定稽查商上收支，并劝谕达赖喇嘛酌蠲赋纳，普惠番众事。臣等钦奉谕旨。布达拉、札什伦布两处商上收一切，应令驻藏大臣综核稽查出入，不至如从前侵渔。至达赖喇嘛、班禅额尔德尼自用公用各项，仍旧听其自行支用，不可管束太过等因。钦此。臣等公同查核，达赖喇嘛所属前后藏地方，较为宽广。每年番民交纳，系以量石、或以氆氇、大绵、盐觔、酥酒、奶渣、羊腔、茶叶等项，作为租赋。其远处各寨落难以运者，各以银钱折交。惟番民有牛羊者，系每牛二头，每年交银钱一圆；每羊十只，每年亦交银钱一圆。其随时布施物件银两，并无定数。除交各项本色外，约计所入银两，共有十二万七千有零。凡有交来物件、银两银钱，俱系收存大招库内，有商卓特巴三名管理。其氆氇、藏香及税课罚赎之项，各处布施之物。并番民故后例交一半服饰物件，俱交商上库内，另有商卓特巴二名管理。所有达赖喇嘛公用等项，悉皆取给于此。

（选自《卫藏通志》，第一百七十九页）

［乾隆五十七年（1792）］十二月，大学士公福康安等会奏……唐古特番民零星贩出盐觔，每包亦抽取一木碗。该营官复将所收盐觔，向巴勒布易换制办藏香之料及纸张、果品等物。运交商上，至巴勒布商民运米来藏。各物除米石外，其余并不在边界纳税，只由该营官记明包数，禀知货物商上。到藏后，不论粗细，每包纳银钱一元。即金花、缎匹、珊瑚、珍珠、细软之物，亦皆系按包收税。惟红花不以包计算，每一克即纳银钱一元。详核所收税课，为数本属有限。日久相安，并无争论。今既蒙恩准通贸易。所有抽收税课一项。

（选自《卫藏通志》，第二百页）

［乾隆五十七年（1792），范忠及色角七哩自阳布回藏］金华缎一匹，布一匹，青氊片一方，裹面两色氊一方，千里镜一个，花露一饼。大将军檄谕廓尔喀拉特纳巴都尔知悉。照得本大将军恭膺简命，统颁大兵前来。前接尔呈寄总督将军禀内称。唐古忒人许给银两，并不按年给与。背弃盟誓前言，转带领多兵前来。此事如何办理，并未奏请大皇帝谕旨等语。此言实属无知已极。大皇帝抚。……曾蒙圣恩赏给顶戴，尔即欲具表，遣头人齐奏大皇帝。谁能将尔差人阻抑，乃尔自外生

成，辄敢称兵滋扰卫藏。不但占据边界，且敢侵犯扎什伦布，将庙宇塔座损坏。镶嵌金宝什物，肆行抢掠。尔岂不思卫藏之地，即天朝之地，岂容尔等作践。

(选自《卫藏通志》，第二百四十六页)

缠头（一名克什米尔），西域回民，其部落在廓尔喀西南。往来藏中贸易，亦有在藏久住、安有家室者。其人以白布缠头，穿大领氆衣，不食猪肉。前藏设有大头人三名，后藏大头人一名管辖。

卡契（亦缠头之别名），布噜克巴之南，乃回民一大部落。其地人民，继金银丝绸缎、各色花布等物。

(选自《卫藏通志》，第三百九十六页)

（藏地布噜克巴奏大皇帝书）永得安生者，皆大皇帝再造之恩。于大皇帝别无所思，伏乞怜悯，时降教训。鉴之鉴之。为此，特差格隆巴尔冲恭请圣安，伏乞天恩。并献土产各色卡契带五条、卡契缎一匹、珊瑚一串一百零八个、蜜蜡一串三十六个、五色花布四匹、布噜克巴布二十匹、卡契小刀一把、银碗一个。（布噜克巴）特差格隆巴尔冲布恭请圣安，仰祈天恩。并献土物奏书、哈达一个、珊瑚八个、小珊瑚七十个、金丝织成花缎一匹、花布三匹、象牙一根、卡契带五条、白卡契带三十匹、蜜蜡一串一百一十五个、月之吉日奏。查，布噜克巴即红教喇嘛地，其掌教札尔萨立布噜克谷济呼必勒罕。与额尔德尼第巴诺彦林亲齐类拉卜济，俱住布噜克巴蚌汤德庆城内。管辖百姓，约四万余户。大小城五十处，寺庙一百二十座，共喇嘛二万五千余众。

(选自《卫藏通志》，第三百九十八页)

（巴勒布）藏之西南，计程两月，有巴勒布部落，俗名别蚌子。其地时气和暖，产稻谷、孔雀。其民分为三部：一曰布颜罕，一曰叶楞罕，一曰库库木罕。于雍正十年（1732）间，遣使来藏。经驻藏大臣具奏，蒙圣恩允准内附，赏颁敕封三道，赐蟒缎、玻璃、瓷器等物。次年（1733）八月，派员送至藏转颁。十二年（1734）正月，布罕等遣使来藏，请赴京进贡谢恩。又经具奏，奉旨准其来京，沿途供应。四月二十日，至藏起程，共三部。奏章贡物，译出汉文附载。

布颜罕奏书曰：大主（雍正皇帝）明鉴。微末布颜罕杂杂噶麻尔合掌谨奏，大主圣体冲和。微末布、颜罕不胜庆幸。蒙大主仁恩，赏给敕书、缎匹、玻璃及瓷器等项。瞻仰圣明，易胜欣庆。向闻大王主仁化，即欲遣使请安。拉藏不为转奏，计无所出。今蒙贝勒奏请，得沾大主天恩，又得遣使奏事。伏愿恩旨时颁，边部小罕，普沾天惠矣。鉴之鉴之。书微仪哈达一个、珊瑚树一株、珊瑚一串五十五个、小珊瑚一串一百零八个、琥珀一串四十一个、金丝织成卡契带三条、金丝织成卡契小带五条、各色卡契缎三匹、白卡契布四匹、犀角一个、孔雀尾扇一柄、孔雀尾一束、黑香一包、各色药一包。癸丑年（1733）十二月二十八日奏。

库库木罕奏书：大主（雍正皇帝）明鉴。微末库库木罕合掌谨奏，大主圣体安和，不胜庆幸。库库木罕以宝心感戴大主仁恩，蒙赐敕书、缎匹、玻璃、瓷器等物。向闻大主天恩仁惠，至于天恩温旨如此沛降，宝出望外。今贝勒转奏赐敕书，无涯天恩，爱我生灵，如同父母，易胜欣庆。特差巴瓦尼桑格尔恭谢天恩，伏思库库木罕边鄙小罕。惟赖大主仁恩，以安其生。仰乞温旨不时下降。奏书微仪哈达一个、大珊瑚二个、珊瑚六个、小珊瑚一串一百零八个、金丝织成各色卡契带十条、金丝织成卡契缎一匹、银丝织成卡契缎一匹、孔雀尾管子椀一个、各色卡契布二十一匹、白卡契布五十九匹、各色药六包、厄纳特克巴勒布等处图一张。癸丑年（1733）十二月十七日奏。

（选自《卫藏通志》，第三百九十九页）

[铁牛年（1781）]十一月初一日，（乾隆）皇帝敕封佛爷（八世达赖喇嘛）的叔父（即济仲洛桑平措）"阿齐图堪布"之名号；赐给热夏、吞二人顶子翎眼，并赏赐礼物。

（选自《八世达赖喇嘛传》，第一百一十二页）

[水虎年（1782）]六月以内，从吉仲迎请格西当巴意希坚赞前来，对此给予灌顶和礼仪接待。达擦仁波切在将去哲蚌寺郭芒扎仓学习前作叩拜时，佛爷（八世达赖喇嘛）赠赐他桃形僧帽、法衣、"杂尔莫"、僧裙、披单、大氅、腰带、白皮僧靴、红黄氆氇两匹、杂粮、茶叶、酥油包等物……在噶当庆巴寝殿里，为吉仲大格西意希坚赞出任经师设宴款待。向经师赤诺门罕颁赐内库哈达、衣服、背心（坎肩）、银章喀两秤、头等茶两包、中等茶一包、普通茶三包；向经师噶钦当巴颁赐内库哈达、桃形僧帽、披风、法衣、下衣、坎肩、银元宝两个、上等茶和中等茶各一包、普通茶两包、上等粮包等为主有锦缎的九类七件大礼。

（选自《八世达赖喇嘛传》，第一百一十七页）

[水兔年（1783）]四月里，（哲蚌寺）堆噶尔本东那哇延请（南杰）扎仓僧人十五人，与作供养的僧俗六十五人一起向（八世）达赖喇嘛念经祈寿。……三重节这天上午，佛爷（八世达赖喇嘛）给我第穆活佛、珠康活佛、嘎巴衮寺活佛等七人传授了出家戒律。我在用奶茶、油炸面点等素食招待宴上还奉献了财物礼品。佛爷（八世达赖喇嘛）当面赐第穆活佛我内库哈达、佛像、大匹锦缎、银元宝锭、红黄毛呢氆氇各一匹、上等茶和中等茶各一包。……在佛爷赏赐我的礼物中还有镀金铜质释迦牟尼佛像、库中锦缎、红黄毛呢氆氇各一匹。

（选自《八世达赖喇嘛传》，第一百二十四页）

[土猴年（1788年）]二十五日，做完向小昭寺释迦牟尼佛的礼供祈祷法事后，（八世）达赖喇嘛便返回布达拉宫。之后为顷科尔杰、山南、后藏的山中小寺僧徒六十二人传授比丘戒，为八人剃度出家。征收糌粑的孜仲觉吉和克迈花了一年又一月的工时，征收到小麦糌粑（上等品）二千七百四十如克……银章喀一百两。其中将新糌粑交给了哲布，同时向恰佐（总管）上交了金一称，银章喀七十秤，贵重的财物折合银二百六十七两。因此该孜仲两人每人得到（八世）达赖喇嘛赐给的一条中库哈达、制一件衣服的毛呢、一包茶叶的奖赏。孜彻德（布达拉宫总管处）查夏尔和得银巴、洞康三人每年都要作定规布施，因此他们凑供布施献上银元宝锭百个、银章喀百秤、绸缎百匹等物。回赏他们的礼物分别都是阿喜哈达一、库缎件料一、茶包一。

（选自《八世达赖喇嘛传》，第一百五十八页）

[土鸡年（1789）]三月初一日，（八世）达赖喇嘛莅临措钦大殿，接受以甘丹赤巴仁波切为首的甘丹寺僧团的诵经祝寿。随后应达擦仁波切主仆和哈尔亲王的使团主仆，以及尼木查嘎喇嘛出家尼七十人的祈请，给他们传授《兜率上师瑜伽母》的经文传承。达擦仁波切临行时拜会达赖喇嘛。达赖喇嘛为他摩了顶，赠送他伞盖、通人冠僧帽、袈裟、山南氆氇、细柔藏呢缎料、藏红花等物，同时对他说道："需依止济仲呼图克图的讲说与修行方法，专志服务于显密二教。若想尽力遵奉大

皇帝的圣旨办事，则需按照历辈济仲活佛的事迹去做。这样还应时常祈请天喇嘛护佑，不断向众护法神嘱托事业。以此勉之。"达擦仁波切回复说："请菩提大慈心之怙主明鉴我不愿被舍弃。至于济仲呼图克图，我俩曾有过友好的会晤，没有隔阂。那时不管怎么样，但卦示结果都得遵奉文殊皇帝圣旨而行。在佛法事业成就之后，一定返间叩拜怙主。请明鉴。请一定给予观护！"

（选自《八世达赖喇嘛传》，第一百六十三页）

［土鸡年（1789）］康区德格土司、土司夫人、管家等主仆一百人叩拜辞别。（八世）达赖喇嘛为他们加持，赏给灵验的佛像。又给土司和夫人各赠帽缎为主的衣服一套、马鞍一套、马旗、锦缎、山南氆氇、细柔藏呢、藏红花、丝缎地毯、瑙塘和阿吉等藏南布料、协噶和印度的枣子数包。同时赏给喇钦、管家（佐尼）等全体随从衣服等财物。

（选自《八世达赖喇嘛传》，第一百六十四页）

［土鸡年（1789）］二十九日，（八世达赖喇嘛）返回布达拉宫，接受各寺院的夏季朝拜。当月（七月）的最后一天和八月初一日，哲蚌寺僧团与色拉寺分别为（八世）达赖喇嘛举行常规的念经祈寿佛事。……达赖喇嘛为其兄弟司膳济仲继任涅德柱堪布前往坐床以及佛母阁下前往朝拜宗喀巴大师修行洞作了摩顶送别。这时，为钦命将军、提督、巴大臣、成大臣等清朝大臣、侍卫、笔帖式、粮台官、总爷、清兵逐次撤退进行饯行，依其身份相应赠送他们信仰的灵物佛像、舍利、药丸、服装、金银、马鞍、藏南氆氇、细柔藏呢、马衔勒绳、藏红花等大量赏品财物，传授他们佛教教义。与此同时，给前往皇宫向大皇帝拜谒的廓尔喀王使者噶齐和底林嘎巴赠送了赏礼。

（选自《八世达赖喇嘛传》，第一百六十六页）

［水牛年（1793）正月］中堂大人特派总管迈和爷（应为迈大爷）主仆来到法会之中，向（八世）达赖喇嘛尊座献拜谒哈达、马蹄银元宝锭十个、内库锦缎二十匹，向南杰扎仓的两名领经师献汉银各十两、锦缎各二匹，向全体僧侣赠送绘有佛像的哈达各一条、汉银各二两，并向参加法会的所有人员呈献财物之盛大供云。（八世）达赖喇嘛讲诵了顺缘回向经文，并供给仪轨僧院做四天仪轨所需的用器，同时赏每名修念僧人纯质汉银各三钱的布施。

（选自《八世达赖喇嘛传》，第一百八十七页）

［火龙年（1796）正月］十八日，（八世达赖喇嘛）按受拉萨部落举行的经忏法事，为扎央林僧团摩顶加持。按照十五日编排的供礼名单，依次颁给赏品，又按各勒空的献礼排名依次颁给奖品。给我（第穆活佛）奖赏午餐，同时赏给内库哈达、响铜佛像、汉马蹄银圆锭、红黄氆氇各一匹。

（选自《八世达赖喇嘛传》，第二百二十一页）

［火龙年（1796）五月］初五日，佛爷（八世达赖喇嘛）与上述随从诵经仪轨高僧加上扎仓僧团一起通过大威德金刚威傲之门，广作开光仪轨。誓言本尊显现真实智慧。其现见的征兆是天空布满彩云，神雨蒙蒙而下。当作三圣地加持之时，光虹浸进了慈尊强巴佛的心间，众生亲眼目睹。此乃事智慧身招引心之铁钩的依缘境所出。对于这尊佛像，出现了从慈尊强巴佛的一个酥油灯火焰分成了两个火焰的情况。这是在我们雪域藏人福地确实降临了慈尊强巴佛"成所作智"的两尊化身。这时作为自然的巧合，驻藏松大臣派管家来传报说："现在大皇帝（清乾隆）赐给（八世）达赖喇嘛羊脂玉所制的九尊无量寿佛、黑狐皮等大量赏品以及嘉言谕旨。明日驻藏大臣将专程来颁赐谕

旨。"第二天松大臣前来拜会 并颁赐谕旨，递交皇上所赐礼品。达赖喇嘛迎见驻藏大臣并回赠礼品。

（选自《八世达赖喇嘛传》，第二百二十四页）

[铁鸡年（1801）]三月初一寅时正打坐时，（八世达赖喇嘛）接到神谕说："现今，（七世）班禅活佛要亲赴会晤，此事于佛教甚为重要。一切预言指示将广做经忏佛事，此外，还应做一些特殊佛事。"于是，在饮茶时，近侍们经佛爷（八世达赖喇嘛）定酌将举行祈寿法事，以及依照授记举行经忏法事。佛爷（八世达赖喇嘛）吩咐道："应尽快制定诵经条令。"经请佛爷过目，从寝殿内库拿出三等分的纯银千两、绸缎、僧俗男女穿戴的服饰、羊毛呢子等布料、银圆四千五百两等。同时上下管家将这些物品作了平均分配。……随后，公、噶伦等所有上官前往堆垅岗迎接班禅一行，并向班禅活佛报告说："明日首先将在日光寝殿摆设的素食迎风宴上与达赖佛爷会晤，然后将出席盛大的欢迎宴会。"

（选自《八世达赖喇嘛传》，第二百四十九页）

[木鼠年（1804）四月]十六日，哲布尊丹巴向（八世）达赖佛爷和孜雪（摄政等人）敬献礼物，同时于措钦宁巴大殿摆设前所未有的素食盛宴，延请达赖佛爷、达擦仁波切、赤钦多吉强、杰赛仁波切等轨范师们及其随从，请他们登上措钦宁巴大殿各自的宝座，接着哲布尊丹巴以正法甘露妙香殊胜财物酬谢佛爷（八世达赖喇嘛）赐授比丘戒律，献以祝寿经忏善礼，从曼荼罗之祈请讲说，献上曼荼罗、身语意三依、衣服、日常用品、水晶器皿、金银绸缎等大量礼物。向达擦仁波切献礼，还向赤钦多吉强等授戒导师们、噶伦、堪布、内侍、勒参巴、全体仲科尔、雪仲全体勒参巴等以份子缎子相赠。噶厦以内库哈达、三尊响铜佛像、全套衣服、银两、上部缎子、香束、氆氇等礼物相赠。公、噶伦、内侍、勒参巴、雪仲勒参巴及全体吃公粮人员都问达赖佛爷、达擦仁波切、哲布尊丹巴献上与其地位相称的善礼哈达，随后，按例行宴。宴间举行起立辩经，演出噶尔乐舞等，例同大宴习俗。

（选自《八世达赖喇嘛传》，第二百九十页）

[木鼠年（1804）五月]初三日，（八世达赖喇嘛）要求赤钦多吉强和章嘉活佛前来，以便与他们联手举行法事。与噶东护法神寝房推算的吉祥神日相符，此日连续两天为了祈颂护法神的威德，折算出建立祭祀求福仪轨所用的茶叶、酥油、粮食、糌粑的数量，今后全部用品均可由各个勒空呈请。（护法神）盛装等妥善供置于强康噶丹平措庆巴殿中，请由（八世达赖）佛爷和赤钦仁波切两人审定。佛爷（八世达赖喇嘛）为此作了慎重祈祷，并说："质地优厚的盛装都齐备了。"现在为将此盛装捐献，（赤钦和章嘉）两位活佛到来，并派堪穷杰仲洛桑饶结为代表。于两个整天的用品也过目盛多赏给，因不到秋季，便将五月用品折为现金。向护法神献上五色敬神哈达、题有祈愿词的内库长哈达、祈求神谕托请事业宣布正言的种子、盛装的各个部分及全套服装、荐新神饮、茶、法会代金、白匹金丝缎等为代表的九份大礼。分别向赤钦仁波切和章嘉活佛各赠内库哈达、锦缎、法物全套，向他们两人的随从们每人赏给"索达"哈达一条，银一章喀的布施，并派赤钦和章嘉的两仆人将宴席代金于初二日送给噶东护法神师。

（选自《八世达赖喇嘛传》，第二百九十一页）

[土龙年（1808）十月]二十日，噶伦厦扎在寝宫供设油炸面点，接见噶伦本人、布达拉庙祝

衮噶、母亲等先生以及随从、献礼者等，众人陈献三福田等礼物，以及极具神力、非常珍贵的织造缎边卷轴五世达赖喇嘛像、俄罗斯绸缎衣料等大量财物，以众善供物接受；以正见善言与噶伦交谈，赐护身结及大量的回赐物品。为顷科林寺都基之做经忏法事并献礼的喇嘛、领诵师、大管家、僧众以及止贡活佛、上师法台、管家等做法事献礼者摩顶加持，赐护身结、回礼。

(选自《九世达赖喇嘛传》，第六十页)

［土龙年（1808）九世］达赖喇嘛加持消除所有违障之十三怙主灌顶。达赖喇嘛认真听受，在即将完成灌顶之时，向经师仁波切敬献极品内库哈达、一两黄金、五十五两章嘎银、有四种装饰图案的红色绸缎一匹等，作为谢恩酬礼。

(选自《九世达赖喇嘛传》，第七十六页)

［木猪年（1815）藏历二月］为利于四十九天的超度（九世）达赖喇嘛仪轨，遍知一切班禅大师（洛桑班丹·丹白尼玛班桑布任堪布）先后献供施回向礼，向扎什伦布寺所有佛尊设千供、布施僧众；向布达拉宫、大昭寺、小昭寺、桑耶寺、叶尔巴寺、昌珠寺……所有四等以上寺院各熬茶布施二十日，献供施……八千四百七十五两八钱五分的实物、八幅缎子三十二匹、四幅缎子十九匹、三幅缎子三匹、二幅缎子十九匹、塔果鞋五十七、佛被二条、法果二十四、边查三、铃缎三十七匹、棉布四百七十三匹……长多哲布二千六百四十八匹、红绸及粗布各三十二张、香匣二千二百一十一个、仁布瓶六十、藏红花四十八两、一百一捆的金箔二十捆……汉地小陶罐十个、全套鞍鞯三副、上等宝骑四匹、普通马一匹、灌顶用品一套、弓箭及箭囊三套、系幡之矛四支、红色套索铁环二个、乌都苏柳叶大刀两把，等等。

(选自《九世达赖喇嘛传》，第一百四十页)

（宗喀巴大师前往娘朵大乐寺向法祥上师学习佛法时进献的绸缎）于是遂又赴娘朵大乐寺，谒法祥上师，供黄绫一匹为贽礼。次日又供鹦鹉绿缎一匹，恳请讲授时论金刚大疏与诸附属法类，上师大悦乃云："现在讲第一品法书中云：'若有大心士夫为令成就之句'，汝造至此，缘法甚佳！昨夜所供之黄绫，恰应地界收摄次第，圆满次第将达究竟，今晨又供圆此兰缎，正是蔚蓝空界，生起次第将达究竟。一切诸法皆达圆成矣！"

(选自《宗教流派镜史》，第一百二十七页)

（《拉卜楞大寺志》及传承世系，钦德尔·阿旺扎西应一切知嘉木样一世的要求布施）于是，（钦德尔·阿旺扎西）送来了包括一匹白缎和一匹绿绸等十三种礼品，说道："我祝愿在此寺院护持十三世。"

一切知（一切知嘉木样二世）把两匹绸缎一量，各有十三托，说："虽然绸缎的口面太窄，会达到这样的请求。"

彼师（钦德尔·阿旺扎西）将讲述的《秘传总纂》一一作了注释。后来按讲稿著成《秘传色究竟天大乐者》。彼师在一切知一世（一切知嘉木样一世）灵前献了一架有十三具供铃的铃架，作了如前所述的祝愿。

(选自《安多政教史》，第三百八十二页)

［（《拉卜楞大寺志》及传承世系）前往仙美滩时，苟什德殊胜化身仁波且］也向苟日德活佛请

求了长寿灌顶,并献了礼物。用五千余匹布新建了查干白相寺的大经堂,在楼上走廊建立供养上师资粮田画,恭请嘉木样三世普照尊者开光后,献上白银百两、马牛五十、绸缎、氆氇等礼物。

(选自《安多政教史》,第四百零七页)

[(《拉卜楞大寺志》及其传承世系)应梭磨土司邀请迎宿土司帐幕]……此后(欢迎酒会后),福田和施主聚会于神庙之中,土司(梭磨)叙说了从一切知嘉木样起形成的与众不同的深厚关系。彼师(贡乔森格)非常高兴,给土司的父母赐了以数匹骏马为首的呢绒、锦缎、氆氇、各种野牲皮张等礼物,授予长寿灌顶,并举行白伞盖母迥遮法。彼师说:"曾出现了各位宾客拿走替身物品[①]等,还说'比这更多一点才好'的幻影"云。

注释

① 宾客、替身物品:宗教徒说法,"宾客"指施"迥遮法"时摄招来的神鬼;"替身物品"指施"迥遮法"送祟时施舍的财务。

(选自《安多政教史》,第四百零七页)

(水鼠年奉旨须赴北京的折子)……觜宿月(藏历十一月)初一日,(贡乔丹悲嘉措哇)由拉卜楞寺动身起程,鬼宿月(藏历十二月)初一日到达了京城,初四日朝觐了皇帝(咸丰)。……圣上赏赐团龙绣山水图纹库缎衣料数匹,十两重银筷子十双以及珊瑚念珠等。

(选自《安多政教史》,第四百八十一页)

["逊噶"(守卫官)"堰松"时赐予勇士的服饰及用具]("堰松"时期)然"赞波"与诸王臣似多居帐幕中,诸大臣辈之服装,亦多同于藏王,诸武将官,则多披虎皮等,在下文叙述藏王史迹时,当附及之。

(选自《白史》,第十二页)

藏人多长寿,有至百岁者。著皮衣。妇女以赭涂面。

(选自《白史》,第三十页)

(西藏)虽盛夏只积雪不消,民众暑着毡衣,冬披羊裘。

(选自《白史》,第七十八页)

[乾隆元年(1736)]二日己丑,达赖喇嘛遣使贡方物,上命优赉之。四月壬辰,布鲁克巴部诺颜林沁齐垒喇卜济来到两藏,恭请圣安,并贡方物,恩赏有加。

三年(1738)二月丙戌,驻藏侍郎杭奕禄等奏:"贝勒颇罗鼎以额纳特珂克部落拉达克汗德忠那木札尔所上表文及贡物交臣转奏。查拉达克汗德忠那木札尔乃呢玛那木札尔之子,父子并感国厚恩,凡得准噶尔消息,辄附颇罗鼐以闻,自圣祖仁皇帝、世宗宪皇帝数加恩赉,今复进表贡物。若更颁予敕命,量施恩泽,当益劝勉倾心内向。"奏入。命赐德忠那木札尔敕书一道,加赏缎匹、瓷器有差。

(选自《清代藏事辑要》,第一百二十页)

[乾隆五十七年(1792)十一月丙午]大将军公福康安等奏:"臣等公同查核达赖喇嘛所属前、后藏地方,较为宽广,每年番民交纳,系各以粮石或氆氇、藏香、大棉、盐斤、酥油、乳渣、羊腔、茶叶等项作为租赋。其远处寨落,难以运送者,各以银钱折交。惟番民家有牛群羊群者,系每

第三编 服 饰

牛二头，每年交银钱一元，每羊十只，每年亦交银钱一元。其随时布施物件银两，并无定数，除交各项本色物件外，约计每年所入银两共有十二万七千有零。凡有交来物件银两银钱，俱系收入大昭库内，有商卓特巴三人管理。其氆氇、藏香及税课罚赎之项，各处布施之物，并番民故后例交一半服饰物件，俱交商上，库内另有商卓特巴二人管理。所有达赖喇嘛公用日用等项，悉皆取给于此。计算用项，每年正月内，布达拉及各大寺庙大小众喇嘛及前、后藏各处喇嘛数万人，会集大昭念经二十日，谓之默朗穆勒布；二月内复集大昭念经八日，谓之错四勒布。藏内俗语，统名攒招，按喇嘛名数赏给银钱哈达，支给酥油、茶叶、糌粑，需银七万九百余两，又每日念经需用酥油、茶叶及各项赏赉，每年共需银三万九千二百余两，又每年采买布达拉众喇嘛食用及各种物料，并酬答布施物件，共需银二万四千四百余两，所入尚不敷所出。"

（选自《清代藏事辑要》，第三百一十四页）

饰 品

阿弥陀佛为他（观世音菩萨）作了指示，并安慰鼓励一番。于是这位大悲菩萨便运其善巧方便，于一刹那顷，变化成为一罗刹童子，头上戴有珍珠壳的头巾，身的周围有如盾状的白光团，便来至妙拂洲的莲华光宫、大乐顿成殿，那威猛的罗刹城邑。

（选自《天界篇：格萨尔王传》，第四页）

（吐蕃国王赤松德赞下命令后）桑喜遵命前往象雄①窭隆取宝，在路上见到了象雄地方的女神莫杂门。这位女神，下身笼罩在松耳石一般的绿色雾霭里面，上半身佩带着项珠宝玉等。

（选自《拔协》，第十二页）

注释

① 象雄：象雄古国是古代横跨中亚地区及青藏高原之大国，历史上曾称它为羌同、羊同；象雄国是早在公元前 5 世纪前就产生过极高的远古文明，是现今西藏文明真正的根。

[唐高祖，武德六年（623）癸未] 白兰土出黄金铜铁，其国虽随水草，大抵治慕贺川，以肉酪为粮，颇识文字。其男子通服长裙，帽或戴幂离。妇人以金花为首饰，辫发萦后，缀以珠贝。其婚姻富家厚出聘财，窃女而去。

（选自《册府元龟吐蕃史料校正》，第十八页）

[唐太宗，贞观二十年（646）丙午] 悉立国在吐蕃西南，户五万，胜兵五万人。其地有城邑村落，咸依溪涧。男人以缯彩缠头，衣毡褐，妇人以辫发，著短褐①。婚姻简略，不行财贿，以蒸报为俗。畜多水牛、羖羊、鸡、豕，谷宜粳稻、麦、豆，饶甘蔗诸果。死者葬于中野，不封不树，丧制以黑为衣，一年就吉。刑有刖劓。羁事吐蕃，自古未通中国。

（选自《册府元龟吐蕃史料校正》，第二十八页）

注释

① 短褐：古平民所服粗布之衣。

工巧天①按照凉亭门里边的士男造立了一尊释迦牟尼八岁时的等身像，又按照门外边的士男造立了一尊十二岁等身像。这两尊造像，目光环视徒众，手执登地法印，足踩八辐金轮，头戴珠宝顶冠，浑身流光溢彩。座基上雕饰着一百单八只雄狮像和一百零八尊度母像；宝座的靠背上镌刻着《广大游戏经》和《十二行状图》；在光环的四周和颈窝后精雕细镂着三十五尊佛像和甘露漩王像；靠背的左右两侧是舍利子、目犍连、阿难陀和须菩提等四大声闻弟子的雕像；靠背的后面镌刻着四庄严、七政宝和八瑞相图。佛像头戴五种珍宝的五佛冠，身穿百莲图案的织锦缎。这两尊造像中各安放了灭累佛、胜观佛、宝髻佛和饮光佛等三佛（编注：原文与译文均如此）的圣物舍利各一摩揭陀升；在造像的右乳部还安放了一个鸽子般大小的"义成如意宝"。

（选自《柱间史》，第三十页）

注释

① 工巧天：即毗首羯摩天。为佛教中的人物，是佛教二十诸天帝释天的大臣，原为印度神明，居住在三十三天中。根据佛经中相关描述，工巧天是一位能工巧匠，负责建筑雕刻的工作，被称为工艺之神。

玛桑设下杀害直贡赞布（即为吐蕃第八代赞普止贡赞普）的计谋，他派部下勒安姆去晋见赞普。勒安姆见到赞普后照着玛桑说的启奏赞普道："陛下（止贡赞普）若是果真想与我玛桑一比箭术高下，就请陛下骑上红水牛，驮上黑木炭，额前戴上海螺环和白银镜，挥剑来与我比武。"

赞普当时正在后妃宫中，他心里虽有点发怵，但还是照勒安姆传的话作了准备。当赞普挥着宝剑驰入赛场时，岂料自己已将头顶上的天绳暂断……这时，玛桑乘机开工瞄准赞普额前明光闪亮的海螺环和白眼镜，射出了罪恶的一箭。从此以后，赞普的遗体便留在了人间。

（选自《柱间史》，第七十八页）

赞普松赞干布降旨道："命大臣噶尔率使臣百人赴东国京都迎请文成公主。携金币一百作为向汉唐皇帝的请婚赘见礼；以金旺姆一百作为请托献礼；把那件上上等金袍献给皇帝御著；将那顶功德殊胜的红莲宝石穗吠琉璃头盔，作为文成公主的身价金献给皇帝陛下。再带上这三只函匣，当陛下向你们借故发难之际，就依次递上，呈请他过目即可。你们在往返途中，要不停地念诵至尊绿度母名号，且要避开乌鸦盘旋噪鸣的地方，如此方可保一路顺风，马到成功。"

（选自《柱间史》，第一百四十九页）

当赞普（松赞干布）与尼妃并驾齐驱，缓缓遛马来到湖边（卧塘湖）时，赞普示意尼妃勒马停步并取下手上的金戒指对她说："这只戒指落在哪里，就请爱妃在哪里奠基修建佛殿。"赞普说着便将戒指抛向空中，戒指落在马鞍的前桥上后弹进了卧塘湖中。

（选自《柱间史》，第二百一十八页）

洛追南杰出生时肚脐如系有禅带，类似奇兆很多。他自幼自然通晓《三聚经》，亲眼目睹弥勒佛显现。十六岁时，根据空行母劝请，在至尊贡噶宁布（多罗那他）座前削发出家，口诵驱魔咒和吉祥偈，随手抛掷青稞。上师赐名"洛追南杰"（意为"胜慧"），授给三种彩色绸缎护身结和糖蔗等油炸面食，命他勤奋求学。

（选自《觉囊派教法史》，第七十六页）

首领之子达巴阿协擦·次旺扎嘉是至尊多罗那他所预言的："他的化身是强有力的首领"的法王，他把了义教法看作系于心间的吉祥结①，依止持掌觉囊派教法的数名贤哲习法。

（选自《觉囊派教法史》，第九十六页）

注释

① 吉祥结：梵文音译为，"室利鞑瑳"。一般指雍仲字形。汉文叫"万"字。古印度相传的吉祥标相，意为功德圆满。《毗奈耶杂琪》卷十三说，"世尊便舒无量百千功德所生左手旋环万字，能除怖畏，善施安稳，捉少年头，屈右手指，内彼口中，钩其齿木，与血俱出"。又说："世尊便以妙轮相万字吉祥纲挽，其指谓从无量百福所生，相好庄严。"

大中祥符八年（1015），厮啰遣使来贡。诏赐锦袍、金带、器币、供帐什物、茶药有差，凡中金七千两,他物称是。

(选自《宋史·吐蕃》,第一万四千一百六十一页)

(公元七八世纪左右,观世音菩萨自莲花中化生)此极乐世界中,住有妙贤法王,欲以香花供佛,遣其眷属,往莲花海边,采集鲜花。忽见一巨大莲茎,粗如牛轭,叶如张盖,千瓣花中,有一莲台,其大如瓮,放五色光。遂往白於王,王叹为稀有。特造大船,载诸供养,王及诸臣泛舟至于莲茎之前,献呈各种供养,并作祈愿。于是莲花裂为四瓣,其中忽然化生一调化边地雪域之化身菩萨,两足作金刚正坐,一头四臂,前二手合掌当心,后右手持水晶念珠,后左手持白莲花,曲达耳旁,作开放状。菩萨相好庄严,以诸种珍宝为饰,诸种绸绢为衣,身色洁白,如日照雪山,左肩披热拉耶兽皮,遮及乳部,具五发髻,头顶复以诸宝严饰,面含微笑,如意美妙,白毫光像,遍照十方。王及众臣发大欢喜,奏诸伎乐,迎回王宫。

(选自《西藏王统记》,第十八页)

(吐蕃王朝前期)王(止贡赞普)遣其往洛昂处刺探。已为洛昂所觉,遂故诡言:"后日王来杀我,不领士卒,王头束黑绫,额系明镜,右肩挂狐尸,左肩悬死犬,挥剑绕头顶,复以灰袋置红牛背上而来,则我不能敌也。"

(选自《西藏王统记》,第三十四页)

(吐蕃王朝时期,请婚赤尊公主)(伦布噶)先遣人通报于王(尼婆罗王),旋获谒见。即将金币五枚献作觐仪,复将琉璃宝铠上嵌朱砂宝珠一袭,献于座前。

(选自《西藏王统记》,第五十四页)

(吐蕃王朝时期,赤尊公主出嫁时,尼王所云)
金银宝物绫罗饰,大象骆驼骡马载,
其他所需资具等,凡所求者皆与汝。

(选自《西藏王统记》,第五十七页)

(吐蕃王朝时期)帝(唐太宗)取出翠玉一颗,名盘肠①。状如一小藤盾②,宝光闪烁。一孔在侧,一孔在中,其内孔道,亦如藤圈,盘绕曲折,又以绢绸一束,示诸五邦使臣,谓谁能以此绢绸贯入玉孔,即许婚公主(文成公主)。……以宝玉并绢绸一束授与臣噶。噶本机智灵敏,先捕一蚁,饲以牛乳,俟大如拇指,乃以丝线系于蚁腰,再以丝线将绢绸之端,收聚一起而缝之,然后推蚁入于玉孔,另一手握绢它端,用力吹之,由气逼逐,蚁自边孔爬出矣。于时即将所系之丝线,自蚁腰解下,绢绸即自宝玉孔中轻易抽过。

(选自《西藏王统记》,第六十二页)

注释

① 盘肠:谓其形状似盘肠。此玉可能即汉书中的说之九曲珠。
② 藤盾:用藤作的盾牌,为古代作战武器之一。

(吐蕃王朝时期,唐太宗安慰即将出嫁的文成公主所作)
告身文书金玉制,
经史典籍三百六,还有种种金玉饰,

第三编 服 饰

以此赏赐我娇女（唐太宗）。诸种食物烹调法，
与及饮料配制方，玉片鞍翼黄金鞍，
以此赏赐我娇女。八狮子鸟织锦垫，
并绣枝叶宝篆文，赐女能使王（松赞干布）惊奇。

(选自《西藏王统记》，第六十八页)

（吐蕃王朝时期）明日，公主（文成公主）衣各种锦绣之衣，佩带金玉珠宝之饰，率其侍婢二十五美女，亦各以绫罗为衣，佩珠玉为饰，携琵琶乐器，往扎拉乃乌塘游赏。

(选自《西藏王统记》，第七十四页)

（吐蕃王朝时期，文成公主于扎拉乃乌塘游赏，尼妃心生妒意。此下为文成公主回答尼妃的话语）

由宿愿力聚王前，虽有大小乃名异。
名分次序嫡庶等，若能和谐胜同胞，
若相瞋恨各逞能。在彼远方尼汉地。
两位王父俱现在，各炫父兄岂不敌？
乐利福善之源本，见、闻、念、触德难思，
炫两觉阿岂不敌？金银绫罗诸珍宝，
以及马、骡、骆驼等，各炫嫁奁岂不敌？

(选自《西藏王统记》，第七十五页)

赤尊（赤尊公主）为请瞻视殿堂，遂以香花及诸伎乐迎王及诸臣僚至神变殿（大昭寺）。赤尊启门，王将欲入，俯见三合地面，明亮如水，上方各种形像，映照其间，王误认为昔日之湖水又复涌出，不敢入内。赤尊乃取戒指向上抛掷，如水上漂石，滚腾而去。王见之后，疑虑消释，谓赤尊曰："汝之殿堂，显现神变。"

(选自《西藏王统记》，第八十八页)

（吐蕃王朝时期，松赞干布对自成十一面本尊作赞，后化为光明融入其中）

能动诸佛大慈悲，即此之前诚顶礼。
右方四手依次第，念珠、轮宝、法施印，
与及三世佛弥陀，微妙握持诚顶礼。
左方四手依次第，莲花与及军持宝，
便慧双运弓与箭，微妙执持诚顶礼。
右分肢手十有九，执宝、绢索、钵盂、剑，
金刚、水晶、大晶弓，及杨枝等诚顶礼。
执妙拂盾及妙瓶，斧、钺、鬘珠、青莲花，
军持、日阳、白莲花，及谷穗等诚顶礼。
左分肢手十九执，白云、军持、莲、宝剑
螺、盖、念珠及宝铎，与金刚等诚顶礼。
铁钩、禅杖、变化身、妙宫、经典、与轮宝。

佛像、果实、格萨花，及持珍宝诚顶礼。
法身根本手有十，报身肢分三十八，
化身肢分有一千，顶礼于汝虚空王。
如莲花手掌心间，似优波花妙眼观，
犹如星曜光灿烂，顶礼于汝虚空王。
头顶饰有佛顶髻，手足铿锵镯钏声，
身放香馥如檀馨，顶礼于汝虚空王。
穿着诸种绫罗衣，佩带无数珍奇宝，
视无厌足美妙身，顶礼于汝虚空王。
兽皮掩蔽乳旁际，肢分四种蛇为饰，
相好光明威耀身，顶礼于汝虚空王。

如是语毕。（松赞干布）从头上除去头巾，将之接于本尊（十一面大悲心本尊）心间，又即白言："圣者请垂视漂流三界轮回苦恼之众生。"由诚信力，悲泪涕泣，猛力祷请。即此境中，王遂化为光明，融入于自成十一面大悲心本尊之心间矣。"

（选自《西藏王统记》，第一百零八页）

（吐蕃赤德祖赞）如是说已，（赤德祖赞）随即祷祝。时王子（金城公主之子赤松德赞）略能举步，乃纵之。王子渐移步行，诸那囊人出其衣服装饰花鬘等炫耀而呼之，然未听受，竟赴汉人之前，以金杯付与汉人而语曰："赤松我乃汉家甥，何求那囊为舅氏。"语毕，投于汉人之怀。

（选自《西藏王统记》，第一百一十七页）

（赤松德赞时期）塞朗迎堪布来……在下方朵康可立如鞋之王法，身上未束腰带，虑中部王法，将遭毁坏，但今能以金宝供养，当能奉行佛法也。

（选自《西藏王统记》，第一百二十页）

（吐蕃赤松德赞）是日（桑耶寺开光仪式之日）王衣华服，佩带宝珠，驾临吉祥永固天成之桑耶大伽蓝。

（选自《西藏王统记》，第一百二十七页）

（吐蕃赤热巴坚）王每中坐时，极喜以发辫两端束以锦绫，敷设于僧伽①所坐之左右两旁，请僧众坐于其上，以示崇敬称为"头顶二部僧伽"。

（选自《西藏王统记》，第一百三十六页）

注释

① 僧伽：自言何国人，因以何为姓。少年出家为僧之后誓志游方。

朗·董格祭祀念青唐古拉山山神后，在同该地土酋开战时，向土酋发兵，平定昭氏部落的疆土。作为勇士的标志，缴获黎地君王蜕噶的银顶髻，用土酋昭氏的财物在草原铺筑道路，役使土酋四昆仲，聘土酋之女协特玛为妻。因此以头支撑谷顶崩塌的雪山，役使土酋者也是天神种姓朗氏人。

（选自《朗氏家族史》，第二十二页）

朗氏公子桂丁祭祀拉桂洞孜神，兵伐珠部落头目绒巴，攻陷三楼之堡。作为英勇的标志，击杀

第三编 服饰

绒波旺丹，缴获绒氏之寄魂玉和威先闪灼的宝剑。征服珠部落酋长绒波者亦是天神种姓朗氏之人。

(选自《朗氏家族史》，第二十四页)

朗氏宰官答巴尔祭祀牟弥拉赞神，兵伐后藏，攻陷后藏要塞十三座。作为英雄的标志，缴获后藏首领蜕噶的狮额璁玉，故征服直至吾宇地方的后藏地区者亦是天神种姓朗氏之人。

(选自《朗氏家族史》，第二十四页)

朗·赛巴赠献赛日结丹地方，宇巴馈赠宇日竹觉地方。如本旺秋达玛奉献答雪晋雪和咱雪等三地。钟额多吉奉献红房和上高下宽一见就令人喜悦的碉堡，还赠送了白额牛、猫眼石和璁玉。其子孜桂杰馈赠稽、巴尔和强三地。公有的六条深谷牧场是桑积衮奉献的。

(选自《朗氏家族史》，第四十九页)

〔拉杰达伟峨热（月光）—昆普哇之子，达玛巴转世在尼泊尔看到四种稀有游艺之二，大象载着女子〕〔拉杰达伟峨热（月光）—昆普哇之子，达玛巴转世（十五岁时，昆普哇五十五岁癸卯年诞生）在尼泊尔看到游艺〕第二种是，在耶让区中作"欢喜金刚瑜伽行"时，见一大象载着十六名女子俱有骨质装饰，瑜伽士也身着骨饰，以斑羚皮为座垫。

(选自《青史》，第一百四十页)

〔普巴交（橛金刚护）在玛季旺觉座前传法，并获赠物品〕〔普巴交（橛金刚护）〕在班钦大师那里住了一年并求授教法。又在阿阇黎江若迅仁座前听受《毗奈耶》和行持法类。他〔普巴交（橛金刚护）〕三次去玛季旺觉座前，最后一次才得到玛季旺觉将耳传教授完全传授给他，并赐他以穹昌巴的手册、圣物加持丸、六种骨饰等物，而且对他授记（即说预言）。

(选自《青史》，第二百六十八页)

（扎喜伯在帕木竹寺期间的生活制度）在帕木竹寺住时，其他左邻右舍未曾去过，哪怕是帕木竹巴仅讲一个四句偈，他（扎喜伯）无不在座听讲；肉和妇女未曾进入他的寝室内；未曾从（帕木竹寺）寺庙和厨房献食招待过客人肉食；寺中未曾来过酒；寺边空房中安置妇女（如僧人母亲和姐妹等）不得超过三日。此外厨房熬水，击犍槌，通知用水，吹螺，分发螺耳杯，僧人行住等一切作为都应启问。

(选自《青史》，第三百六十七页)

（法王细波在三十一岁时受比丘戒后的情况）他（法王细波）年届三十一岁时，去到直贡，勒波坝地神也来迎接他。法王直贡来到僧会中和他（法王细波）相见。继由伯钦故惹哇作亲教师，章巴杜真作阿阇黎，甲日哇作屏教师之下，他受得比丘戒，命名仁清协饶（宝智）。受戒后他身披宝衣和哈达，顾盼上下左右四方而说道："极为善妙！"说后以手摩顶。

(选自《青史》，第五百六十六页)

〔邓夏钦波（布空羂索大师）向译师求示知三事〕（大班智达七十八岁次甲子年来西藏）次说如何迎请（大班智达）来西藏，及到藏后作出如何的利众事业的程序：先是有名叫措普译师的贤士，他为了学习翻译而前往尼泊尔的南方，行至途中吉绒地方住下时，那里有一仁波且嘉察的弟子名叫邓夏钦波（不空羂索大师），他以绫绸一匹半供献而求示知三事：一、我前往南尼和印度，有无灾障？二、对众生是否有利益？三、如我所想愿望是否能成就？邓夏说："这三事是否能成不得而知，唯一依圣者来观察吧。"译师自己也作盛大供养而祈梦中观察，将近黎明时，梦见来一戴有海螺腕镯的阿扎惹（游方僧）从怀包取出一海螺狮子交给他。他问："这是为什么？"答："你看背文吧。"

（选自《青史》，第六百三十七页）

亦怜真嗣为帝师，凡六岁，至元十九年（1282）卒。答儿麻八剌（乞列）"剌吉塔"嗣，二十三年（1286）卒。亦摄思连真嗣，三十一年（1294）卒。乞剌斯八斡节儿嗣，成宗特造宝玉五方佛冠赐之。元贞元年（1295），又更赐双龙盘纽白玉印，文曰"大元帝师统领诸国僧尼中兴释教之印"。

（选自《元史》，第四千五百一十八页）

（元朝藏地四部兵统金刚祥制定领地内的官吏服饰标准）（回派其为万户长），金刚祥遂三赴元朝，元主乃赐颇章冈冲杜扎喀烈伍栋那摩哈纳冈塘波齐，材麦雀喜迦门……并保有领地甚多，修官制，凡为吏者，头戴法冠，身著三衣①，不舍出家清净之相，以教辅政，二法兼并，且令属下归顺，凡为官吏须当威重，人民亦当恭顺敬畏，不得放肆。

（选自《续藏史鉴》帅摩主巴王朝史，第三十七页）

注释
① 三衣：僧伽梨、郁多罗僧、安陀会三种衣。

有一天，大德热穹巴正在禅房修定。一整夜，他仿佛到了一个地方，据说是邬坚的空行仙洲。那地方景色优美，叫人心旷神怡。他进入一座大城，城里房屋、地面，全用各种宝石修成。城里的人们都穿绫罗衣服，用珠宝和骨骼作装饰。个个都长得眉清目秀，端庄俊雅。

（选自《米拉日巴传》，第十四页）

我（米拉日巴）到了四岁的时候，母亲又生了一个女儿，取名衮摩姬，小名白达，因此都叫她为白达衮姬。记得我们兄妹年幼时，佩戴有许多金玉首饰。

（选自《米拉日巴传》，第二十四页）

父亲（米拉日巴的父亲）说完就断气了。……男人的东西，叔父拿了去；女人的东西，姑母拿了去；其余的他们各分一半。……就这样，我们（米拉日巴、米拉日巴的母亲和妹妹）母子三人，不但没有得到财产，反而成了夏天要给叔父干农活；冬天，又去给姑母捻毛线；吃的如狗食一样的东西，要干如毛驴一般的重活；穿的衣服破烂不堪。只得用草绳做腰带拴起来，整天得无休止地干活，手脚都裂了口。由于衣食太坏，我们变得形容憔悴，骨瘦如柴。想当年，我们的头上戴着黄金珠宝头饰，而今，头发蓬松，虮虱成堆。……人们在背后议论母亲说："丈夫有钱，妻子就能干；羊毛柔软，氆氇就好看。"

（选自《米拉日巴传》，第二十七页）

（米拉日巴以痛苦和失望涤大罪行后受马尔巴摄持，马尔巴大师使之在洛扎的达尼扎观修习）一天夜间，我（米拉日巴）在梦中，见到一个青绿色的妇人，身着绫罗，佩有骨饰，长着黄色的眉毛和额须。她向我说道："孩子，你有长期修习始得成佛的大手印和六法教授，但是，却没有经刹那观修即可成佛的殊胜的迁识夺舍教授，快去请求吧！"说完便逝去了。因此，我心中思虑，这个妇人，虽然是空行母的打扮，但不知道她是空行母来预示呢，或是魔女前来作障？

（选自《米拉日巴传》，第九十六页）

第三编 服饰

（米拉日巴于曲洼逝世后，在米拉日巴的灵堂上）天刚黎明时热穹巴醒了，他的眼前忽然出现了五部空行女，穿着绫罗锦衣，饰以骨和珠宝，各有很多和她们本身一样的，穿着青、黄、红、绿、白等各色衣服的眷属，手执无数五妙乐的供品向（米拉日巴的）灵堂呈献供养。领头的空行女用白绢帘子把灵堂遮上，从里面射出一团白光，这光团被包走了。

(选自《米拉日巴传》，第二百二十八页)

［洪武十六年四月己卯（1383年5月8日）］长河西安抚司土官油笼思卜来朝。赐袭衣、冠带。

(选自《明实录藏族史料》，第六十四页)

［洪武二十一年二月庚申（1388年3月23日）］四川天全六番招讨司副招讨杨藏卜言："本司茶户常以茶与西番蛮人贸易毛缨、茜草等物，商旅往来鬻贩，每岁课额所收一万四千余贯。近者，茶株取勘在官，所收之茶……乞差人从实闸办。"

(选自《明实录藏族史料》，第七十七页)

［永乐元年五月辛巳（1403年5月25日）］升必里千户所为必里卫，以故千户哈即尔加弟剌麻失加、千户阿卜束男结束为指挥佥事。设川卜簇千户所，隶河州卫，以头目令其奔等为千、百户。给印、诰，赐冠带、织金文绮袭衣。

(选自《明实录藏族史料》，第一百一十七页)

［永乐二年三月丙寅（1404年5月4日）］"必里、罕东等卫所纳马……今安定卫来朝之初，自愿纳马，其意可嘉。姑以（绢）布给之，后仍以茶为直。"于是，上马给绢二匹、布二匹，中马绢一匹、布二匹、下马绢一匹、布一匹。

罕东卫指挥佥事锁南吉剌恩同兄答力袭等十六人贡马，命答力袭为本卫指挥使，头目奴奴为指挥佥事，各赐冠带、钞币。

(选自《明实录藏族史料》，第一百二十页)

［永乐三年二月丙戌（1405年3月20日）］安定卫指挥哈等三（三等）遣头目撒力加藏卜等三十九人来朝进马，且奏举撒力加藏卜等为指挥、千、百户（等）官，又请如例岁纳孳畜什一。皆从之。仍赐撒力加藏卜等诏〔诰〕敕、冠带、袭衣、及银钞、彩币有差。

(选自《明实录藏族史料》，第一百二十一页)

［永乐三年十月癸酉（1405年11月2日）］（明太宗）设沙州卫，以归附头目困即来买住一人为指挥使，给赐诰印、冠带、袭衣。沙州与赤斤接境云。

(选自《明实录藏族史料》，第一百二十三页)

［永乐五年三月己巳（1407年4月22日）］设杂谷寨安抚司、达思蛮寨长官司，命头目囊申为杂谷安抚，僧其卜为达思蛮副长官，俱赐印及冠带、袭衣。时囊申等来朝贡马，故有是命。

(选自《明实录藏族史料》，第一百三十三页)

［永乐十三年六月辛卯（1415年7月31日）］设董卜韩胡宣慰使司，命头目喃葛为宣慰使，给银印，赐冠带、袭衣。

(选自《明实录藏族史料》，第一百五十九页)

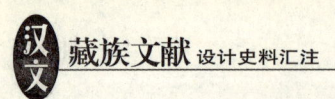

［永乐十六年正月己未（1418年2月13日）］西宁卫隆奔等簇扎省吉省、吉儿迦等及洮州卫著藏簇头目失加谛等来朝，贡马。命扎省吉省、吉儿迦二人为指挥佥事，可鲁窝（阿）、失加谛等六人为正千户，你（仰）麻儿迦等十四人为副千户。赐浩敕、冠带衣、币有差。

（选自《明实录藏族史料》，第一百六十四页）

［永乐十八年正月乙巳（1420年1月20日）］叠州升朵等九簇头目哈卜等来归，请授职，三年一贡。从之，命哈卜为千户，余为百户，各赐诰敕冠带、衣币。

（选自《明实录藏族史料》，第一百六十八页）

［宣德元年三月庚子（1426年4月13日）］陞乌思藏大宝、大乘、阐化、阐教、赞善五王及大国师释迦也失差来使臣阿木葛为灌顶净修弘智国师，锁南星吉为灌顶国师，俱赐二品镀金银印。领占端竹、桑结巴高竹斡国师，赐五品银印及诰命。领占班竹儿、端竹乱藏袭国师，赐诰命。坚敦监藏、锁南失赖、领着领占、扎思巴、锁巴列升禅师，赐敕命，皆赐六品银印。公哥扎（乩）为指挥使，锁南端竹为指挥佥事，赐银印、诰命、金带。结藏为正千户，赐诰命、银带。剌麻工葛端竹、葛罗思巴星吉、公哥音卜俱赐敕谕、象牙、图书。公哥赈剌、锁南扎俱赐护身敕。

（选自《明实录藏族史料》，第一百九十二页）

［宣德三年二月戊辰（1428年3月1日）］曲先卫故指挥同知失剌罕子阿脱力遣人来朝，贡马。命阿脱力袭其父职，赐诰命、冠带。

（选自《明实录藏族史料》，第二百七十九页）

［宣德五年九月戊申（1430年9月27日）］命阐化王使臣伴剌麻为都指挥佥事，赐之冠带。

（选自《明实录藏族史料》，第二百九十七页）

［正统三年正月丙申（1438年2月5日）］遣敕赐董卜韩胡宣慰使司致仕宣慰使喃葛等文锦、彩币表里及其子宣慰使克罗俄坚粲诰命、冠带。

（选自《明实录藏族史料》，第三百七十一页）

［正统四年五月辛未（1439年7月5日）］（明英宗）赐叠州陇卜簇千户喃葛监藏冠带。

（选自《明实录藏族史料》，第三百八十页）

（赤松德赞时期，施主主母绛秋洁）为桑耶寺的每尊神像又提供了供神食品以及（做为量具用的）升、绳索等。并将面粉以每三个单位作为一份，将这些运到广场作为供养，献给全体僧侣及众生以便举行法会；大臣德陆玛献了（价值）二十五两黄金的镶玉腰带一件、两匹绸缎及三匹布；格甸木献了重三十二克的五十穀物。

（选自《贤者喜宴》，第二百三十六页）

（昆·官却杰布与卓弥释迦益西对话后甚喜）此后，他（昆·官却杰布）将家中的一部分土地卖掉，奉献十七匹马以及珠串珍宝，请求（卓弥释迦益西）授与佛教语诀。

（选自《萨迦世系史》，第十四页）

关于南喀乌巴授记于官却杰布而生下嗣子之情形如下所述，那时，尊胜成就者旺秋却吉坚赞在库乌吉拉寺专心修习光明之教法,忽见白石沟之上空虹光普照帐幕,帐幕中有一位观世音羯沙流波坭,右手结胜施妙印,左手用拇指和无名指持睡莲,用绸缎和珍宝装饰,两腿平盘而坐。仔细观察之,乃是观世音的一个化身降临。

(选自《萨迦世系史》,第十六页)

(扎巴坚赞)黎明时即穿衣而起;冬天腰带上系一瓶,黎明时洗完澡,而后进入定修。讲经时,亦能念诵佛法和修习喜金刚法,他(扎巴坚赞)头戴大王之宝冠,坐于法座上,用真言芥子代替供佛食子,以重复诵经代替讲说佛法。

(选自《萨迦世系史》,第五十三页)

有一次,扎巴坚赞前往北方一地,住于与南方相接之石窟,石窟中间有一天窗。八月十五日,在此地之村头有许多旗幡,近侍们见有许多骑士前来,扎巴坚赞之石窟亦难于容纳之。从天窗望去,只见许多人双手合十,说着各种不同的语言。一个身穿白衣服头戴四种璁玉和珊瑚之八岁孩童前来向扎巴坚赞求教利益众生之事。

(选自《萨迦世系史》,第五十九页)

(牛年时,八思巴与王妃在萨迦预授灌顶时,八思巴告诉王妃授顶时应奉献自己所珍爱的物品。)王妃(忽必烈的王妃)说:"我最珍爱之物品是我出嫁时父母所陪送的这对耳饰。"从耳环上取下一粒大珍珠奉献给八思巴。这粒珍珠卖给一个蒙古人,得黄金一大锭、白银四锭。据说后来八思巴返回乌思藏时,用这项金银作后藏曲弥大法会和兴建萨迦大金顶的资金。

(选自《萨迦世系史》,第一百一十九页)

他(洛追坚赞)出生之时,母亲隐约地看见身前有一把制作十分精致的汉地的木椅子,椅子上有一红色妇人,头上戴着黄金首饰,身上有六种骨饰和各种宝饰,脸上显现愤怒和微笑的表情,端然而坐,双手捧着一个铜槽,槽中满是红色莲花。

(选自《萨迦世系史》,第二百三十二页)

(当在杰拉地方修习大威德六十尊的教法时)多仁贡滂巴等一部分弟子看见他(洛追坚赞)的脸色变成蓝黑色,他又修蓝毗法,又见他的头上有稀疏的蓝色角饰……他(洛追坚赞)还多次看见穿着蓝色咒士衣的四面吉祥怙主。又有一次,他在杰拉寺看见怙丰扮作一个白色婆罗门,身着白色绸缎的袈裟。右手拿着三尖叉和人心,左手拿着滴血的人头骨,与四位明妃在一起。

(选自《萨迦世系史》,第二百四十一页)

在切久多吉札宗之幽静处,俄强师徒及部分阿阇黎等进行六十怙主之朵玛施食和回遮在开始进行吉沃索古之时,二业清净之仆从亲见在切久拉章西侧天空中,有二位头戴白螺耳环的在家俗人,正在商议事情。

(选自《萨迦世系史》,第三百二十六页)

(在无量宫之中央)自诸护法神中,有婆罗门和不知名的忿怒佛母,非常可畏。其(婆罗门和不知名的忿怒佛母)左手持一金制利刃,右手持相似盖有盖子的闪闪发光的黄色油漆小匣,身穿绘有明点图案的黑色金丝缎大袍,腰系一条蛇带、腰插一块鳞纹板,其它同上。

(选自《萨迦世系史》,第三百七十二页)

[上师（达尼钦布）五十岁的阴火蛇年四月] 约在十六日之时，有一个住在萨迎的名叫平措的妇女有一刚会说话的小女孩，在细脱拉章的后门玩耍，女孩清楚地看见后门石阶上有许多妆扮整齐，头上飘扬着许多绸带的妇女，发出皮鼓声和铃声，绸带上现出持咒师的威严的身形，穿过细脱拉章的后门入内，当持咒师由门内出来小女孩请求护持自己时，只见持咒上师在众妇女的迎接下，伴随着皮鼓声和铃声走向萨迦的白土崖，消失在天空之中。

（选自《萨迦世系史》，第四百页）

（觉囊达热那他《后藏志》）
所知自性无边何阔绰，
似那富足韶华丰满女，
胸佩如意环形之璎珞，
除非贤明敬供何许人？

（选自《后藏志》，第一页）

年麦地区，起自科堆山口，谷口直到曲阁河谷为止。这个地区有一处大集市，最初在古尔莫，后来集中到夏鲁，今日以桑则为集市。两类人是：好的一类聪慧、有悲心，大都具备智慧七圣财；差的一类多属无耻且不讲信义的骗子。三个牧民部落是卓隆巴、甲巴和热当。三种物产是腰带、哔叽和藏靴。

（选自《后藏志》，第六页）

诸王（自佛开创无边大事之后，则由贵种法王辗转相传，共历三十三王）皆是升登大雄狮座，具有千辐车轮之相，光辉极为粲然者也。复由彼等贵种法王又开演大密法门，配合内、外、他三种方便，以狮子吼声传与诸具有法缘者，如以珍宝璎珞，严饰其耳。

（选自《西藏王臣记》，第六页）

（吐蕃王朝时期/松赞干布时期，五世达赖所作）
三十字母锦线成，
四韵庄严字符明，
纵以财帛充大地，
宝珠璎珞价难衡。

（选自《西藏王臣记》，第十七页）

时有天竺法王，大食富王，格萨武王，英俊昌王，亦各遣婚使，来迎公主。四国使臣，各率五百骑，一时齐集帝京。唐人虽多不喜吐蕃，然碍于礼法，未便分别亲疏。于是巧言，"诸使臣中，有识见锐敏者，则许之以婚"。唐主（唐太宗）乃出魂魄璁玉①一枚，极为珍奇，状如藤盾，一孔在侧，一孔在中。其内孔道，曲折盘旋，如藤盾层。谓谁能以此绢绸贯入玉孔，则许婚公主（文成公主）。他国使臣，穷极方便，历时多日，而无有能绾之者。噶尔先捕一汉地蚂蚁，饲之大如拇指，乃以丝线系于蚁腰，丝线它端，连于绢绸之上，推蚁入于玉孔中央，用力吹之，蚁即自玉侧出，绢亦随之而出矣。乃请婚公主。

（选自《西藏王臣记》，第二十二页）

第三编 服饰

注释

① 魂魄璁玉：迷信说是人魂魄所寄托之宝石，俗谓命根子玉。璁玉又称为松耳石。

彼时（甥舅会盟）赞普（赤热巴坚）心又思维，夫能使一切众生生起无穷利益安乐至上之门者，则有赖于教证二法之佛教大宝；而住持教证二法并使之发扬光大者，则有赖于诸僧伽也。故将发辫束以绫带，令诸僧人坐于绫上。

（选自《西藏王臣记》，第四十八页）

昆·衮乔杰布之妻玛基向摩生萨迦大喇嘛衮噶宁布。……有识之士，皆认其为曼殊师利菩萨之化身，应无可疑者。……因师已证得和合七支之无上大道，如冠以白莲花来织成乐空无别之冠冕，作为庄严，此乃唯一金刚果乘之德相，故其恩德之大，实无可比者。

（选自《西藏王臣记》，第六十二页）

（萨迦政权时期）达钦配带珠宝作显贵之装束，而能与具足贤善诸大师互相议论，决择经义，专以讲说、辩论、著作而度时光，叹为希有。

（选自《西藏王臣记》，第七十五页）

[帕木竹巴政权时期，乌思藏帕竹地方（今桑日县境内）]大司徒者乃《遗教史》中所云："亚隆中心地，异熟所生王（应该就是指绛曲坚赞）……此王出世，如创世梵天开启无柱天门，以王政七宝作为前导；高御狮子宝座，吼声喧赫，下有具足神勇与圆满身力之大象，为之高擎；象鼻之上，饰有智慧利剑，能斩昧于应不应受用四部荣华之迷网；再饰以知耻识礼之上流美德，如以南阎浮金作为庄严；昂然居于一切众生发冠之顶首，而以天赋宏福之绳，于小千世界作正直法律之弹画。

（选自《西藏王臣记》，第八十三页）

贡玛法王之时，其家臣中有英勇坚毅而忠诚王事者，如仁邦·南喀坚赞，曾委任为曲米赤本与仁邦寨寨官，兼萨迦大寺之本钦。琼结巴·霍尔·班九桑布曾委任为桑朱孜寨官兼武官。尚有内邬巴·南喀桑布、扎噶瓦·仁钦白等均颇有名。其它各就其身世、才能、权力等而给从相等地位之左右执事，为数尚多。彼等皆依上方厘订定之条规，分别品级而作服饰。尤以新年节日庆会之时，应佩带名贵之珠宝装饰，即在平时，亦佩带极为华丽之宝镶耳严。总于政教二法，如此尽善尽美，其他之事，则自不待言矣。纵系平日之举止行仪，亦是符合上流，严谨庄重。不著奇装异服，不作不合规矩之事，不随意而行，成为最上之风范。

（选自《西藏王臣记》，第九十四页）

（帕木竹巴政权时期）浪格之中有名热巴增者，曾从吐谷浑地，运载七舟松耳石宝货，行至途中，遇一怪，身为血块状，有五头，作龙哨。

（选自《西藏王臣记》，第一百页）

永乐九年（1411）酋长南葛遣使奉表入朝，贡方物。因言答隆蒙、碉门二招讨侵掠邻境，阻遏道路，请讨之。帝不欲用兵，降敕慰谕，使比年一贡，赐金印、冠带。

（选自《明史》，第八千五百九十三页）

［土蛇年（1629）秋季记事］（甘丹寺协敖）他对谁都不信服，这是因为那些人（哲蚌寺戒律经院的人）击鼓摇铃，横眉冷眼，挺胸昂首，身系禅带，极尽欺诈之能事。

（选自《五世达赖喇嘛传》上册，第六十八页）

［铁羊年（1631）五月］（来到鲁康渡口）光明天神之后裔萨钧罗桑图多曲加主仆前来迎接。夏仲的红黄锦衣楚楚摇曳，众仲科戴着玉耳环，按照藏人习俗盛装打扮，大有古代藏王出行的优良遗风，仪态十分庄重。

（选自《五世达赖喇嘛传》上册，第八十页）

［铁龙年（1640）年底］我去担任施放阎罗咒的金刚阿阇梨。兆头十分吉利，主要是持教法王（固始汗）已名副其实。不过，这与那种既不懂临时姻缘和诀窍，也没有修过本尊咒的专事贿赂管家的戴着穗缨帽的人毫无共同之处。

（选自《五世达赖喇嘛传》上册，第一百二十六页）

［木猴年（1644）新年记事］（五世达赖喇嘛）得到一庹氆氇并不困难，但是，并非所有戴黄色尖顶通人冠者都会讲说《菩提道次第广论》，并非所有头戴萨迦帽的人都会讲《道果法》，并非所有头戴乌金通人冠者都会讲说大圆满法，并非所有头戴修行帽、项间套着禅带的人都会讲说大手印法！

（选自《五世达赖喇嘛传》上册，第一百五十五页）

［铁兔年（1651）十一月初，在日沃德庆寺宣讲教法］帕德瓦的历代上师的唐卡上的帽子被改画展览出来，第巴古然巴也在宗喀巴大师的画像的通人冠上涂饰颜料，以配成对，虽然看起来这样做没什么利益和害处，我却以为他们是善于积聚罪业。

（选自《五世达赖喇嘛传》上册，第二百零五页）

［水龙年（1652）七月十一日］奉皇帝（顺治帝）之命前来迎接的理潘院寺郎沙齐达喇昆坚主仆一行抵达，送来谕旨、珍珠念珠、帽子、以锦缎披风为主的各色套装、配有金鞍的白马为主的良马一百匹等赏赐物。

（选自《五世达赖喇嘛传》上册，第二百二十三页）

［木羊年（1668）七月］［我（五世达赖喇嘛）收到赤坚木古章去世的祈愿礼品］我为她做了有益的顺缘法事。第巴从熏溪卡瓦的手中得到了遍知一切索南嘉措的化缘钵、靴子和腰带等物，得到了封赐土地的顺遂之事。

（选自《五世达赖喇嘛传》上册，第二百八十九页）

［火马年（1668）二月初五日］楚库尔乌巴什向我（五世达赖）敬献了以挂有绒毛里的半月形披风为主的衣物、珍珠缨络、帽缨、绸缎、茶叶、银两等千份礼品。

（选自《五世达赖喇嘛传》上册，第四百二十八页）

［火马年（1668）五月初七日］我（五世达赖喇嘛）来到（哲蚌寺）大殿。……喜饶卓玛夫人向我敬献了线织的无量寿佛坛城图和宝石腰带垂穗。

（选自《五世达赖喇嘛传》上册，第四百三十四页）

［土猴年（1668）正月二十日］（五世达赖喇嘛）在桑耶寺，为大菩提像敬制了佛衣。头部为蓝

缎，身上为多层菱形孔格花纹布，中间三处各有形似幡头的镀金饰件。底部边缘为镀金虫形纹，周边镶有珊瑚和珍珠。颈部挂有四十颗珊瑚珠和各种丝线的飘带。手部为彩色叠层印泥佛像以及六字真言、莲花、云彩、宝幢等图形。面子上持有红绫，上饰两副银质连环。另外还敬制了精致的大银曼札。在昌珠寺，给佛像从头到脚悬挂了蓝色软缎，上饰珍珠。还敬制了一对各有十三层彩绫垂帷的宝幢。此外，给甘丹寺大银塔敬献了整匹红缎的敬神哈达，上书祈愿偈文。

（选自《五世达赖喇嘛传》上册，第四百六十六页）

［土猴年（1680）记事］我（五世达赖）给贝科曲德（白居寺）堪布和达孜台吉父子传授了珠杰派的长寿灌顶法，给门巴阿觉传授了六臂观音随许法，他们敬献服装、松耳石和珊瑚耳饰等礼品。

（选自《五世达赖喇嘛传》下册，第十三页）

［土鸡年（1669）十一月记事］（在长寿仪轨的会场上）众人戴的帽子式样繁多，活佛是尖帽，僧徒是修行帽，老人是莲花帽，格隆贤士是巴夏帽，襄佐戴的是哈达扁帽。

（选自《五世达赖喇嘛传》下册，第三十五页）

［铁猪年（1671）四月二十四日记事］杰尊扎巴坚赞的大氅和八思巴的头饰本来的达央俄夏巴的内供物，夏巴先后乱放，罪过很大，受到了严厉的惩处。

（选自《五世达赖喇嘛传》下册，第五十六页）

［铁猪年（1671）七月闰七日］下密院堪布及僧众向我（五世达赖）赠送了很多礼物，祝我健康长寿。喇嘛拉巴本萨向我布施额头上戴的玉，我为她剃发，并给她取法名为阿旺卓玛。

（选自《五世达赖喇嘛传》下册，第六十页）

［铁猪年（1671）八月初二日］主巴活佛甲绛央曲对母续派制作的这些件饰品仔细研究时，发现饰品正中和珠鬘节上镶嵌黄金之处做工并不精致，很不中意。但是质量之优劣无须评论，达波噶举派认为大手印法高深无比，无视续部方面的教法，除非质地特别，否则只着重骨饰，以金点黑帽来收集货物和供品，还用代替物水晶饰品。这样，不但与其来源不能联系，在这里如果要向称之为百供的礼品中交纳帽子和装饰物品，怎么来维持蒙汉关系呢？是故，追求的目的就是需要与父续有关的氏宿舞蹈、灌顶、烧施等，制作的想望渐渐淡泊下来，而第巴作出了不懈的努力，将其承担下来。他坚信这是遍智金刚座者的身像头饰，将父续的宗旨准确无误地写在纸上。珠鬘节上一般镶饰的都是红色或白色的自然铜，有的上面也镶嵌着拇指大小的象牙、珍珠，但是很罕见。黄琉璃半满璎珞都是用汉地的珍宝做成的。在嵌饰珍宝的座褥和绸缎方面耗资纯金二千零九十二钱，造价可谓巨大矣。自铁狗年二月建成作坊，由第巴日巴南色旺布、绛央巴珠、珠巴三人担任总管，后来由噶杰布巴接替日巴，于铁猪年七月间圆满完成，十二个尼泊尔工匠连续工作了一年又两个月，工钱、宴请费用等项共折合粮食九千一百四十七藏克。

（选自《五世达赖喇嘛传》下册，第六十二页）

［水鼠年（1672）新年记事］据说，囊噶尔热巴增从突厥地方带回来七个水池的玉，在吐蕃祖孙三王（指松赞干布、赤松德赞、热巴巾）的时代，就有佩戴璁玉耳饰和神魂璁玉等各种宝饰的习俗。曾几何时，由于雪域四分五裂，各地豪酋随心所欲无所不为。天命成吉思汗夺取汉地众敬王所

居的宝座后，出身王族的阔端派遣杰门和霍尔多达那波征服了西藏、呢泊尔和门隅等很多地方，自从忽必烈汗将西藏的三个区给法王八思巴以后，久夏帽、法规等按汉地例规，出现了适合上流阶层的十三职司及人们穿戴的衣服、官帽和装饰。特别是在天命之王帕木竹巴、被封为国公、大元国师的绛巴日丹、冲木格萨尔之婿江喀孜巴、贵族仁蚌巴等地方首领的时代，黄金首饰、长耳坠、耳饰、红白念珠、制服、顶帽等奇特的服饰也很流行。旧密派在行供神仪式时，口含金玉，以此为世间最大之荣耀，据说在供献神饮时如果收不到璁玉耳饰，则以此代替。究其原因，有种说法认为男人佩戴璁玉耳饰，身边有众战神围绕，以藏区九山神、十三尊大威德和庶民的生命神为主的西藏的巨大威力的神都喜欢这种装束。后来，第悉藏巴（藏巴汗）也继承了这种风俗，使之流传不衰。但是，自从铁蛇年（1641）之乱以后，就名存实亡了。

（选自《五世达赖喇嘛传》下册，第七十一页）

[水鼠年（1672）四月初九日，色拉寺僧人]色敦仁钦坚赞的文集、禅裙、尸骨、供品等都被作为礼品无所保留地送给我（五世达赖），使我达到预期的目的。我收到赠送达尔巴译师的色东仁钦坚赞的帽子、噶巴拉木碗等，回赠了缎匹。

（选自《五世达赖喇嘛传》下册，第八十页）

[水鼠年（1672）十二月初三日]对于（扎西康萨和穷结鲁玛地方）古老的寺院缺乏修缮，因此呈献了供品、印塑泥像万尊、对澎域地区的佛塔进行粉刷，并献了五佛冠。

（选自《五世达赖喇嘛传》下册，第一百零七页）

[铁蛇年（1641）]在每年一度的经忏法事期间，在前后藏的各教派的二等以上的寺院中发放斋僧茶。回向礼品和其他布施物。在一等寺院中给每人发放三藏克粮食、在二等寺院中给每人发放二藏克粮食，以及康银、马、软皮包等物。

（选自《五世达赖喇嘛传》下册，第一百三十页）

[水牛年（1673）十一月初八日]（第巴病倒，五世达赖喇嘛在各个寺庙呈现供品）在色拉、哲蚌各寺分别讽诵《大佛顶白伞盖陀罗尼咒》十八万遍、《般若波罗蜜多心经》九万遍，布施诵经酬金八百四十钱，各宗溪都对佛塔进行粉刷维修，并饰以五佛冠。在大昭寺给七十多名乞丐施舍稀粥、糌粑五十喀如藏克、小块熟革一百八十张、氆氇二千一百庹。

（选自《五世达赖喇嘛传》下册，第一百三十一页）

[火龙年（1676）七月记事]仁增多丹旺波的儿子前去修复损毁的日伦旺扎金刚塔，并在后藏上部举行供养佛塔和为政教事业祈福的仪轨，我赐给他以赤金色帽子、衣服等为主的助缘以及别人不得阻拦的印章，并命协噶尔宗每年拨给他粮食三百藏克，作为定例。却本在哲蚌寺兴建茅庵拉旺林的仪式时，迎请第巴主仆和扎仓的全体僧人前往，并发放了全套衣服等布施。

……

为了使康区的信徒民众不生变故，使康区的教法如上弦月增盛，不使流言传布，我（五世达赖）即命其管家返回，赠给活佛以僧帽为首的全套袈裟、衣物、绸缎、氆氇等。

（选自《五世达赖喇嘛传》下册，第二百二十八页）

[土马年（1678）记事]祖孙三法王的政教功业像夏天的湖水一样增溢，在佛教后弘期时，薛

禅皇帝下令以崇高的法王八思巴仁波且统治吐蕃三个却喀，建立十三种官职，使政教之规广为传布，后夹天命的第悉帕木竹巴国公、拉堆绛的具种大元国师、冲木格萨尔王的女婿江喀孜巴（江孜法王家族）、格尔仁钦蚌巴（仁蚌巴家族）、第悉藏巴等统治的时期，开创了（官员们按级别）佩戴珍宝饰品的例规。

（选自《五世达赖喇嘛传》下册，第二百七十五页）

［土马年（1678）六月二十一日］我（五世达赖喇嘛）给降神师赠送了精美大方的单耳坠、全套衣服等礼物，以示对护法神的褒奖。

（选自《五世达赖喇嘛传》下册，第二百九十五页）

［土羊年（1679）三月，为了教法的兴盛而（桑耶寺）贡献了］迦叶佛的灵骨……不动金刚佛和洛格夏惹菩萨的衣物、佛陀的丝织像、邬陀夷罗汉的衣服、日中阿罗汉的祖衣和灵骨、金刚座的菩提木橛、萨乐和大师的蛇蜕衣、黑行者的骨饰、底罗巴的坐垫、那若巴的手杖、头发、犄角耳饰、禅带①、净瓶、寂护的戒指、莲花戒的灵骨、妮谷空行母的牙齿和头发……

（选自《五世达赖喇嘛传》下册，第三百二十二页）

注释

① 禅带：坐禅时用以系身之带子。《五分律》："诸比丘广作禅带，以是白佛。佛言，不应过人八指。"《释氏要览》卷下："禅带，此坐禅资具也。"

［土羊年（1679）五月初二日］曲杰司伦多杰向我赠送了肩帔等大批衣物，献给僧众的礼品有银瓶二个，并发放布施，举行哲孟雄净相仪轨，为我祝祷祈福。

（选自《五世达赖喇嘛传》下册，第三百三十页）

［土羊年（1679）七月］十四日，第巴罗桑金巴向我（五世达赖）赠送了各种衣物、头饰、瓶、坐垫、金银、绸缎等礼品，给每个僧人布施黄金一钱、药一包，在经院为我举行了称为"寝殿祈寿"的祈祷仪轨。

（选自《五世达赖喇嘛传》下册，第三百四十七页）

［铁猴年（1680）四月二十五日］我（五世达赖）给他（乃萨曲杰）馈赠了半月形披风、红毡、漆布帽等饯别礼品，并且做了禳解病魔的法事。

（选自《五世达赖喇嘛传》下册，第三百八十六页）

［铁鸡年（1681）五月二十九日］我（五世达赖）给曲巴活佛赠送了僧帽、半月形披风、唐徐帽、僧裙等衣物，并谆谆嘱托，委派他为洛扎扎西曲林寺及其属寺和坚叶寺的堪布。

（选自《五世达赖喇嘛传》下册，第四百三十七页）

［铁鸡年（1681）七月］初十日，我（五世达赖）向桑丹堪布、襄佐、仲尼三人拨给夏鲁巴大师的银堪费用白银一百五十两、单耳坠、额璁、璁玉、珊瑚等珠宝饰件，白朗岗却溪、贝科曲德寺的部分僧舍。

（选自《五世达赖喇嘛传》下册，第四百四十三页）

关于预言的次序，《分辨传授教诫之王经分辨请浊之品》中说："阿难，现在向我（文殊菩萨）

奉献白水晶石念珠的小孩，是我的教法之医生，于未来浊世时，在止和丹交界之处，创建名字有"日"字的寺院。其名为洛桑者出世，招集众多弟子，常立十法行，佛殿有十叶柱。向我的两种身像，供献五佛冠（头饰）。按经典做讲授，用美妙声音祈愿，由于祈祷我，佛教住千年。从此转世东方，在庄严刹土界，成为狮子吼佛，信仰者生彼地，彼土尤殊胜。

（选自《格鲁派教法史》，第十一页）

火鸡年（应为火鼠年，1576年），从拉萨启程去北方传播佛教和宗喀巴创立的格鲁派教法，成为与王子牟尼同一家族的天地自在俺达汗法王的根本上师。大地梵天俺答汗在多种民族的人群中向索南嘉措敬献了金制头冠（五佛冠）、宝瓶、五种法器、百两黄金制成的有五龙爪装饰的印，金印上用新蒙古文刻着"金刚持达赖喇嘛"几个字，另有多种重要器物，赠名号为"达赖喇嘛瓦齐尔达喇"，即"遍主金刚持"。

（选自《格鲁派教法史》，第九十五页）

瑜伽续部在供物与功德水之上增加了二十五种供物。如说："无量福泽力中生，神物成就宝冠冕"，是说冠冕、耳饰、项饰、璎珞、手钏、手足钏环、足钏、戒指、伞盖等。"不顺胜魔妙胜幢"，是说遍知胜幢没有相，而真正的胜幢是妙吉祥怙主宗喀巴的供鬘，如《密宗道次第广论·无上前行第六章》所说："直曲珍宝柄，半月金刚顶，风动旗边角，瑟瑟小铃声。具有三袋轿威严，美丽动物有无相，不顺尊胜之胜幢，美丽旌幡作供养"。这就是说有无兽王狮子等动物的差别中，有具三舌相的胜幢、旗幡、悬彩（璎珞）拂尾、宝盖、狮子座、卧具、四色圆官殿、楼房、月座、鲜花、瑟琶、香水、食品、袒衣等二十五种供品，另有金刚美女等八位供养天女。

（选自《格鲁派教法史》，第三百八十九页）

（丹贝卓美）当第二世嘉木样刚一出世，他母亲便直觉到有三佛自南部夏荣的上空赶来，只见三佛头戴法冠，手捧织有花卉图案的锦缎覆盖在孩子身上，开言道："此锦缎赐于灵童作袍衣用。"这一奇特的情景同传说中的神王与龙王为雄努·东团杰珠巴净身俸衣相似，含有让统治人间的君主也应礼敬贤德之寓意。后来，嘉木样大师在其《秘传·祈颂》中赋诗曰：

出世人间皆奇缘，

天子效法赠衣冠，

穿衣时时系腰带，

施戒条条解真圆。

（选自《拉卜楞寺志》，第四十页）

所谓"玉妥"二字的由来是这样的，鬼王嘉嘎尔多定居多吉陇吉那时，化作一美女在大桥旁边向玉妥展示了一匹绸缎，表示愿请他到她家做客，可是，他的双脚刚踩上绸缎便到了一座未曾见过的都市。在此又被迎至一座宫殿中患有重病的一位黑咒师的床头前。他问道："你的病是怎么得的？"回答说："降冰雹时，被防雹师发咒语所伤。"说罢便示裸体让他察看，只见其肤、肉、骨上全是驱魔的真言芥子。对此，玉妥用五鹏和水银进行内治，涂药进行外治，使之（黑咒师）很快痊愈。前面迎请玉妥的那美女这时也伸展绸缎一端，横搭在桥头上，脚踩绸缎缓缓走来说："明日这时候请您到这儿来，定当酬谢。"次日他如约而去，见一具腰间以上用金子和璁玉装饰的女尸被河水冲来停靠在那座桥边。当时他认为这是那美女对自己的答谢，便摘下金玉，将那尸体抛至河中，

第三编 服饰

将其装饰品放置于屋顶，让太阳晒，此情景被一牧民目睹后便说是"玉妥"（玉妥本意就是"玉房顶"）由此而得名为"玉妥"。

（选自《拉卜楞寺志》，第二百四十八页）

（赤松德赞证实了九位御医高超的医术，并写下了赞美的诗句）

恩赐生存之望的良医，
吐蕃大众要备加尊敬，
因为你给我们以健康。
身为黑发臣民的君主，
一样恭敬除病的医生，
因为医生救众生离难。
应置座在排行的首席，
铺以獴虎豹皮锦缎垫，
备骑迎送徒步付酬金，
遵从医嘱随缘不抗拒，
误诊致死不可强勒索，
偿还命价宁舍国库资，
以灰充药要罚金作赔，
施以酒肉供养不间断，
切忌当面奉迎背地骂，
奉献缎装顶冠和足履。
众人崇奉恭敬做顶礼，
医德恩重一生图报答。

（选自《拉卜楞寺志》，第二百五十九页）

有几个大弟子向（第一世嘉木样）大师请教道："修毕生起次第时能亲眼看到骨饰的说法是否正确？"大师回答说："当然正确无疑，请看不就是这个吗？"他将一骨饰从头顶向右转了一圈，又示给他们看。大师同唐萨巴·欧珠嘉措介绍和讲授密集灌顶之躯体部分时，出现了聚集于躯体的三十二尊神像，就像罩中的灯光，极为明亮。

（选自《拉卜楞寺志》，第三百页）

（旦增嘉益玛、卫万旦增、卡加温夏格西，是同在拉卜楞寺首次传播哲蚌寺郭莽经院仪轨的莫基人，他们在拉卜楞寺辩经屡胜的名声传得很响）传闻在那时候，有一个格西辩论输了，被卫万旦增骑在脖子上，那格西怒斥道："丑恶小人，你给我滚下来，我脖子上系有班禅大师赐给的护结。"

（选自《拉卜楞寺志》，第三百一十二页）

他（阿旺洛桑旦拜坚赞）聆听了《密集》、《胜乐论》、《普明大日如来经》、《无量寿》等有关密教方面的灌顶传授，同时又闻《那唐百遍》等经教随许法，特别是受《胜乐论》灌顶仪式时，念则洛奔阿旺群培大师佩带着全套骨饰（密宗修行者所配的骨质装饰）说："以前本人受《胜乐论》灌顶时，赤钦更登彭措将自己身着的全套骨饰赐与我，并对我说总有一天这骨饰还得归还于他,现在看来,果真如此,现在该物归原主了。"说罢将骨饰披在阿旺洛桑旦拜坚赞的身上了。

(选自《拉卜楞寺志》,第三百五十三页)

(第十七任大法台索南扎巴)在一次闰月法会期间,寺内发生被盗事件,他(索南扎巴)借一大会训话之机讲道:"……我们可请求护法神给予关照,嘉木样大师也曾为你们请求护法佑护僧众如子。因此,我要对护法说,最起码要把僧侣的糌粑皮袋护卫好,我们平时供祭你们不就是为此吗?经常喊你们'喜食肉、乐饮血'之原因何在?至于盗贼,在劫难逃,天网恢恢,疏而不漏。"

(选自《拉卜楞寺志》,第三百九十九页)

他(第二十一任大法台贡确丹贝卓美)刚一出世,便盘腿而坐,同日叫"阿妈"三次,令同村人十分惊奇,认为是个不寻常的儿童。自其母受孕后一直到出生前后,其父母及同村人都有过奇特的梦。其伯父热坚巴·格勒僧格因此赶往拉卜楞寺,向(第二世)嘉木样大师禀报此事。大师给了他富有密咒加持的护神结及经水,嘱咐要保持清洁,并起名叫贡保才旦。回到家里,其伯父将护神结系在那神童的脖子上,并说:"这是嘉木样大师赐给你的。"

(选自《拉卜楞寺志》,第四百一十九页)

(第四十七任大法台晋美丹贝尼玛)土猪年(1827)六月,远去拉萨,谒见了摄政诺门汗赤钦·坚白慈成等人,并献厚礼,大事供养两尊释迦牟尼佛像,为哲蚌寺大会堂每僧布施白银章卡一枚。次年,周游朝拜了噶丹寺、桑耶寺。

(选自《拉卜楞寺志》,第四百六十三页)

崇德七年(壬午)十月壬戌(1642年11月17日)
以朝鲜贡物分赐图白忒部落(五世)达赖喇嘛所遣伊拉古克三胡土克图、戴青绰尔济、戴青俄木布……等缎、布、腰刀、顺刀、豹皮、水獭皮、胡椒等物有差。

(选自《清实录藏族史料》,第五页)

乾隆五年(庚申)七月乙亥(1740年8月28日)
赐准噶尔台吉噶尔丹策零敕:"谕噶尔丹策零:尔使莽鼐赍至奏章,……随敕赐各色缎十端,加赏玻璃磁器四十事、大缎六端。"

(选自《清实录藏族史料》,第四百零九页)

乾隆三十七年(壬辰)十一月己亥(1772年12月2日)
谕军机大臣等:"温福等奏:'瓦寺土舍索诺木雍中,请将伊所赏名号、花翎移给伊叔土司索诺木旺丹'等语。索诺木旺丹感戴朕恩,因年迈不能从军,令索诺木雍中带领所属人等随营效力,殊属可嘉……"

(选自《清实录藏族史料》,第一千七百八十九页)

乾隆三十七年(壬辰)十一月戊申(1772年12月11日)
又谕:"昨原任川东道托隆回京,询以阿尔泰在任行事。……据(阿尔泰之子明德布)供:'阿尔泰派属员代买物件,有少发价值之事。又,前任龙安府知府马权保举卓异,曾有送给松石朝珠及皮张各件'等语……"

(选自《清实录藏族史料》,第一千七百九十八页)

乾隆三十八年(癸巳)正月乙未(1773年1月27日)

(定边右副将军内大臣阿桂)又奏:"土弁雍中尔结、色勒奔蒙恩赏戴花翎。但查土舍布拉克底甫经给与空顶花翎,而土弁亦即蒙赏,恐番人等易生满足之心,是以未给。察其此后出力如何,再为请旨。"

(选自《清实录藏族史料》,第一千八百五十九页)

乾隆三十八年(癸巳)六月丙申(1773年7月27日)

又谕:"据丰升额等奏:'梭磨头人格斗结屡次督催士兵前进,右膀得有枪伤'等语。头人如此出力,甚属可嘉。著照例咨部议赏,并著赏戴蓝翎,以示鼓励。又据奏:'绰斯甲布土司之子土舍绰尔甲木灿督率土兵,甚为出力。'著赏给土都司衔,并赏戴花翎,令其倍加奋勉。"

(选自《清实录藏族史料》,第一千九百八十七页)

乾隆三十八年(癸巳)八月丙辰(1773年10月15日)

谕曰:"福康安奏绰斯甲布土司工噶诺尔布、卓克采土司甲噶尔布木、从噶克土司纳木扎勒派兵随征,俱诚心恭顺,甚属可嘉。工噶诺尔布、甲噶尔布木、纳木扎勒俱著加恩赏戴孔雀翎①,以示优奖。"

(选自《清实录藏族史料》,第二千一百四十八页)

注释

① 孔雀翎:孔雀的尾羽。清代装饰在官帽上,以表示品级。

乾隆三十九年(甲午)十二月庚寅(1775年1月12日)

谕军机大臣等:"……至明亮等奏,投番霍尔甲等四人尚属诚心效力,明亮等当酌量赏赉,以示奖励。所称各土司、土舍①等多僭用顶戴,指日大功告竣,应再酌定之处尚未妥协。土司等顶戴久经相沿僭用,若于功成之后,再将已用之顶戴改降,恐不足令其感悦。莫若俟大功告成后,传朕旨晓谕随征各土司以'尔等所袭职衔,若照定例,宣慰司系三品,止应用亮蓝顶,安抚司系四品,止应用暗蓝顶……以示优奖。'土司等自当益知踊跃感戴。"

(选自《清实录藏族史料》,第二千四百九十七页)

注释

① 土舍:土司的属官。明沈德符《野获编·科场·土舍科目》:"贵州镇远府推官杨载清,本应袭土舍也,曾中乡试。"

乾隆四十一年(丙申)十一月丁酉(1777年1月8日)

又谕(军机大臣):"据明亮奏:'已革知府倭什布、已革参将李天贵现已派令协同松茂道查礼仍赴郭罗克,督同该土司勒限缉拏凶犯。查参将李天贵原因出师金川著有劳绩,赏戴花翎。口外番人惟知以翎顶为重,若见该革员并无翎顶,未免呼应不灵,可否恳恩俯准倭什布①、李天贵暂带原衔,姑用各原戴翎顶,令其缉贼自效'等语。倭什布、李天贵既派往郭罗克地方协缉凶犯,自应准其暂用原衔翎顶,使番人不敢轻视。……将此谕令文绶等,并谕明亮知之。"

(选自《清实录藏族史料》,第二千八百九十八页)

乾隆四十一年（丙申）十二月戊午（1777年1月29日）

谕："四川边外各土司所戴帽顶，自应照阿桂等所奏各按品级戴用。但此次征剿两金川，该土司或多派土兵协同攻剿，或派出乌拉馈运军粮，已属奋勉出力，现在共抒瞻就，趋赴阙廷，其诚悃尤属可嘉。所有伊等官阶仍照原授品级外，著加恩均赏戴二品红顶，并令子孙承袭后一体戴用。至随来之土舍头人向有于本职上越级戴用帽顶者，亦著加恩仍旧赏戴，以示优奖。"

（选自《清实录藏族史料》，第二千九百页）

乾隆四十七年（壬寅）十月戊寅（1782年11月19日）

谕："据博清额奏：'噶布伦公班第达坠马伤肋，请解任调理'等语。班第达在噶布伦职任办事有年，今年力就衰，身婴废疾，著加恩准其原品休致。由京赏给朝珠一串、大缎二匹、大荷包一对、小荷包一对……"

（选自《清实录藏族史料》，第三千零一十三页）

乾隆五十年（乙巳）十二月辛卯（1786年1月15日）

谕："据保宁等奏：'鄂克什土司色达克拉年老久病，呈请辞休，恳将伊子斯丹增甲木楚承袭土职'等语。色达克拉前在金川军营带领土兵打仗出力，曾经赏戴花翎，并赏给二品顶戴。今因年老久病恳请辞休，著加恩赏缎二匹，准其辞休，并准戴原赏花翎顶戴。所有鄂克什安抚司土职，即著伊子斯丹增甲木楚承袭。至斯丹增甲木楚袭职后，自应按照土司品级顶戴，念伊父前在军营著有劳绩，伊亦曾经出力，著加恩准其戴用伊父二品顶戴，以示奖励。"

（选自《清实录藏族史料》，第三千零四十六页）

乾隆五十二年（丁未）三月辛卯（1787年5月10日）

谕曰："据留保住奏，伊至后藏，将赏（六世）班禅额尔德尼呼毕勒罕之父巴尔丹敦珠克公爵谕旨宣示，并准照仲巴呼图克图代巴尔丹敦珠克所请，给予顶戴。回任之后方知错误，移咨撤回所给顶戴，自行请罪"等语。留保住既知未经奏闻遽与之非，惟当奏请认罪而已，何必撤回，甚属错误。著严行申饬外，仍交部严加议处。雅满泰此时如已到藏，即将留保住错误之处转行晓示仲巴呼图克图等，仍照所请，给予顶戴……"

（选自《清实录藏族史料》，第三千零五十七页）

乾隆五十七年（壬子）六月丁酉（1792年8月17日）

又谕曰："福康安等奏攻克协布噜一带木城贼寨，打仗得胜情形一折。……今赏福康安御用大小荷包、四喜搬指、镶嵌松石翎管，海兰察、惠龄各赏给大小荷包、四喜搬指、镶嵌松石翎管，用昭优眷。外发去四喜搬指六个、镶嵌松石翎管十七个，著福康安等酌量带兵大员内如台斐英阿等，何人最为出力者，传旨分赏。又，鼻烟壶、小刀各四十件，著福康安等遇有带兵出力之侍卫、章京、将领等酌量赏给，以示奖励。"

（选自《清实录藏族史料》，第三千四百三十六页）

乾隆五十八年（癸丑）三月辛丑（1793年4月18日）

谕军机大臣曰："福康安等奏廓尔喀①进贡象只、马匹在途行走情形各折。据称：'廓尔喀进贡象、马，因哲孟雄②、宗木道路难行，绕由巴尔底萨杂哩部落行走……著赏给大荷包一对、小荷包四个、蟒锦缎四匹,以示嘉奖。"

(选自《清实录藏族史料》,第三千五百三十六页)

注释

① 廓尔喀:尼泊尔中部地区,廓尔喀王朝发祥地。

② 哲孟雄:即锡金。印度锡金邦位于喜马拉雅山南麓,中国西藏和尼泊尔之间,地势北高南低,全境海拔几乎都在1500米以上。南部为肥沃的谷地,北部为山区。

乾隆五十八年(癸丑)三月乙巳(1793年4月22日)

又谕(军机大臣):"本日秦承恩奏,凯旋官兵过境。折内称:'适噶箕等自京西旋,同时过境,于豫备食物之外,又复捐备朝珠、绸缎等件分别散给'等语。……今秦承恩于噶箕等过境给以朝珠、绸缎等件,未免太优。……"

(选自《清实录藏族史料》,第三千五百三十九页)

乾隆五十九年(甲寅)八月丙寅(1794年9月5日)

谕:"据和琳等奏:'宝藏局委员合江县知县张天爵在局监铸,实心经理,著有成效,现已期满'等语。张天爵在藏监铸银钱,悉心妥办,钱法畅通,尚属认真。著送部引见,以示鼓励。至和琳此次于西藏地方建立御制十全记碑亭,调募工匠,采石刊泐,兹据将御制文四体字墨拓进呈。又代廓尔喀王拉特纳巴都尔等恭进表文,办理俱属妥协。著赏给御用玉搬指一个、大荷包一对、小荷包四个用昭优眷。"

(选自《清实录藏族史料》,第三千六百页)

乾隆六十年(乙卯)闰二月庚寅(1795年3月28日)

又谕:"据松筠等奏:'(八世)达赖喇嘛、(七世)班禅额尔德尼等请将伊等所属唐古忒等应交粮石及旧欠钱粮宽免,并赈济贫人、修理倒坏房屋之处请旨'等语……达赖喇嘛、班禅额尔德尼著各赏给哈达一个、紫金俐玛无量寿佛各一尊、碧玉手串各一挂、大荷包各一对、小荷包各三对,松筠等接奉时即转为赏给。……"

(选自《清实录藏族史料》,第三千六百零四页)

乾隆六十年(乙卯)三月己卯(1795年5月16日)

谕军机大臣曰:"福康安等统率大兵攻克土空,打仗杀贼,几至三昼夜,将弁兵丁人人奋勇争先。……著再赏给福康安、和琳大荷包各一对、小荷包各四个。……并带领降番之穆塔尔、朗尔结二人俱各赏大荷包一对,以示嘉奖。……"

(选自《清实录藏族史料》,第三千六百零六页)

嘉庆十六年(辛未)十二月己未(1812年1月28日)

谕内阁:"阳春、庆惠奏:'嘉庆十三年内布鲁克巴部长喇嘛曲扎恳恩赏赐王爵,宝石顶、花翎、敕书、印信等件,彼时经文弼驳饬不准。……'。"

(选自《清实录藏族史料》,第三千七百六十五页)

嘉庆二十三年(戊寅)三月辛酉(1818年4月28日)

据奏称:"查得洛布七力焚毙之处,只有该酋常用之铁马鞍、鸟枪及手带之镶珊瑚金戒指为凭。

其时贼骸焦烂，从无辨认，番众佥称洛布七力实已焚毙。……"

（选自《清实录藏族史料》，第三千八百零五页）

嘉庆二十四年（己卯）十二月癸丑（1820年2月9日）

谕内阁："朱勋等奏派兵会哨，番目献贼交赃，蒙古地方宁谧一折。……该省初次办理会哨事宜，尚属认真。加恩著照所请，将此次随往出力之五品翎顶番目尖木赞赏加四品顶戴、番目什尕洛赏给六品顶戴、番僧扎木洛硕根敦什加布俱赏给苏拉喇嘛职衔，通丁马进禄、沈木洒、苗进福俱赏给九品顶戴……"

（选自《清实录藏族史料》，第三千八百一十六页）

嘉庆二十五年（庚辰）十一月甲子（1820年12月16日）

谕军机大臣等："玉麟等奏班禅额尔德尼（七世）闻皇考仁宗睿皇帝大故，恭请朕安，呈进佛哈达并齐集各庙喇嘛至诚念经一折。……赍赏（七世）班禅额尔德尼珊瑚小朝珠一盘、椰子念珠一盘、大荷包一对、小荷包四个，济咙呼图克图之呼毕勒罕催生石小朝殊一盘、大荷包一对、小荷包四个，（十世）达赖喇嘛之师荣增班第达之呼毕勒罕金珀小朝珠一盘、大荷包一对、小荷包四个……著玉麟等转行晓谕班禅额尔德尼等祗领赏项。"

（选自《清实录藏族史料》，第三千八百二十三页）

嘉庆二十五年（庚辰）十月癸卯（1820年11月25日）

又谕（军机大臣等）："玉麟等奏承办布达拉赏项事务之噶勒丹锡哷图萨玛第巴克什闻皇考大行皇帝大故，恭请朕安，呈进佛哈达……噶勒丹锡哷图萨玛第巴克什闻皇考大故，即发至诚，齐集众喇嘛等念经，复欲代（十世）达赖喇嘛偕（七世）班禅额尔德尼遣堪布等来请朕安，甚属可嘉，著照所请。其赏给萨玛第巴克什大哈达一个、大荷包一对、小荷包四个，赍到时德麟等转赏萨玛第巴克什祗领。"

（选自《清实录藏族史料》，第三千八百二十三页）

道光八年（戊子）十二月庚午（1829年1月9日）

又谕（内阁）："惠显等奏拏解逆回，审明定拟一折。……加恩著照所请，噶布伦敦珠卜多尔济著赏加二品顶戴，五品番目①朗噶布著赏加四品顶戴，遇缺即补。该部知道。"

（选自《清实录藏族史料》，第三千九百二十六页）

注释

① 番目：旧称西藏的藏族官员。

道光二年（壬午）六月丙寅（1822年8月10日）

谕内阁："文干等奏（十世）达赖喇嘛之父罗布藏年扎可否赏给爵衔顶戴之处请旨一折。达赖喇嘛之父罗布藏年扎既随呼毕勒罕处奉养，著加恩赏给头品顶戴。"

（选自《清实录藏族史料》，第三千八百五十八页）

道光二年（壬午）八月戊辰（1822年10月11日）

又谕（军机大臣等）："文千等奏：'罗布藏年扎纳木结因前藏水土不服，请给假回籍调养，应否仍用头品①顶戴'等语。罗布藏年扎纳木结因自请留藏随侍达赖喇嘛，是以特恩赏给头品顶带。今以不服水土乞假回籍，著给假五年回籍调养，至所用头品顶戴，伊既不在藏，自不应在籍戴用。

俟将来假满来藏时，仍准戴用头品顶戴可也。将此谕令知之。"

（选自《清实录藏族史料》，第三千八百六十二页）

注释

① 头品：古代职官中的最高品级。

道光五年（乙酉）二月辛巳（1825年4月11日）

又谕（内阁）："松廷等奏：'西藏扎什伦布寺内办事人等向来并未设有业尔仓巴等缺名目。现在（七世）班禅额尔德尼咨请赏给该业尔仓巴敦珠批结与小商卓特巴尼邓二名四品顶戴，管马达琫敦珠策忍五品顶戴执照各一张。……"

（选自《清实录藏族史料》，第三千八百九十八页）

道光八年（戊子）八月乙酉（1828年9月26日）

又谕（军机大臣等）："惠显等复奏：'查明推依博特即前藏界外拉达克部落。曾据改部长禀称，拏获逃至彼处逆回一百余名'等语……该部长敦诺普纳莫扎尔著加恩赏给五品顶戴、花翎，并赏大缎二匹。小头目萨莫著加恩赏给金顶、蓝翎，并赏宫绸二匹。所需绸缎均由该处赏需项下颁给。并著惠显等传旨嘉奖，俾知感奋……将此谕令知之。"

（选自《清实录藏族史料》，第三千九百二十二页）

道光十五年（乙未）三月戊辰（1835年4月6日）

又谕（内阁）："隆文等奏博窝逸犯自行投首并妥议管束章程一折。……噶布伦敦珠布多尔济前因查办商上案件赏给二等台吉，著准其子嗣承袭二次，二品顶翎噶布伦策墁夺结著赏给二等台吉，无庸世袭。番目中译比喜娃、三十九族上噶鲁百户彭错丹增朗结之弟四朗拉结均著赏给三品顶戴，以示鼓励。"

（选自《清实录藏族史料》，第三千九百六十六页）

道光二十八年（戊申）七月丙子（1848年8月3日）

谕内阁："穆腾额奏查明上年办理番务朦蔽，请将汉、番员弁分别惩处一折。……噶布伦衔戴琫朗结顿柱著即褫革，交噶布伦等严加管束；听从不禀之帕克哩营官策旺班觉尔、策忍汪札均著降二级调用……前赏三品衔之扎什伦布四品顶带小商卓特巴宜玛顿柱著革去三品衔，仍戴用四品顶戴，以示惩儆……"

（选自《清实录藏族史料》，第四千一百三十六页）

道光二十八年（戊申）八月乙巳（1848年9月1日）

赏达赖喇嘛父公爵策旺顿柱宝石顶戴、双眼花翎。

（选自《清实录藏族史料》，第四千一百三十七页）

道光二十九年（己酉）闰四月丁亥（1849年6月10日）

赏哲布尊丹巴呼图克图（特指七世）之父绥纳木五品顶戴、花翎。

（选自《清实录藏族史料》，第四千一百四十一页）

咸丰三年（癸丑）六月甲申（1853年7月16日）

谕内阁："吴必淳奏：'章嘉呼图克图呼必勒罕于本年四月内出痘，身体甚好'等语。前世章嘉呼图克图久住京师，于黄教大有裨益。今呼毕勒罕转世，闻甚颖悟……今闻出痘安适，实为吉祥，深慰朕怀。著加恩赏给佛一尊、经一卷、哈达一块、珊瑚朝珠一挂、表一个、荷包一对、小荷包四个……"

（选自《清实录藏族史料》，第四千一百八十九页）

咸丰五年（乙卯）九月乙酉（1855年11月4日）

谕内阁："德勒克多尔济等奏哲布尊丹巴呼图克图呼毕勒罕接受金印，叩谢天恩，呈进哈达，并欲特派喇嘛赍呈丹书克等情，乞为转奏一折。……著赏给哲布尊丹巴呼图克图呼毕勒罕大哈达一块、大荷包一对、小荷包四个、黄缎二匹、蟒缎二匹，交德勒克多尔济等晓谕哲布尊丹巴呼图克图呼毕勒罕祗领。"

（选自《清实录藏族史料》，第四千二百三十九页）

同治十一年（壬申）四月甲寅（1872年5月7日）

又谕："德泰奏：'驻藏办事大臣恩麟于戴捧（琫）拉旺夺结剿办不法总堪布班垫顿柱一案，并不查照达赖喇嘛咨报，违例擅赏拉旺夺结花翎。上年巡阅三汛营伍，恩麟并未亲到，于旋回前藏时蒙混奏称逐一查竣，且于巡捕戈什哈等擅行赏戴翎支'各等语。……"

（选自《清实录藏族史料》，第四千三百九十页）

光绪五年（己卯）六月乙丑（1879年8月10日）

驻藏办事大臣松溎奏："（十三世）达赖喇嘛呼毕勒罕之父工噶仁青可否照例恩赏公爵。"得旨："准其戴用宝石顶戴花翎。"

（选自《清实录藏族史料》，第四千四百三十页）

光绪八年（壬午）九月丁未（1882年11月4日）

派驻藏办事大臣色楞额往奠（八世）班禅额尔德尼，赏银五千两治丧，及妆蟒缎、哈达等物并御用蜜蜡念珠一串、沉香朝珠一盘、经一卷，传谕札萨克喇嘛罗卜藏顿柱将藏内一切事宜敬谨代办。

（选自《清实录藏族史料》，第四千四百五十五页）

光绪十四年（戊子）九月己巳（1888年10月25日）

赐故章嘉呼图克图奠醊，并赏被缎、藏香、珊瑚珠串、大小哈达等物有差。

（选自《清实录藏族史料》，第四千五百零五页）

光绪十七年（辛卯）十月壬寅（1891年11月12日）

又奏："（九世）班禅额尔德尼之呼毕勒罕请援照封亲之例，移封外祖父期美汪布爵衔、顶戴、花翎。"下所司议。

（选自《清实录藏族史料》，第四千五百二十九页）

［火羊年（1727）正月初一，向三域主母施食祷告］七世达赖喇嘛效法教主宗喀巴大师，清净护守别解脱律仪，为清净佛法宏扬十方，向宗其寺之至尊弥勒佛像敬献二百七十七钱重黄金冠。此冠以绿松石、珍珠、珊瑚、赤珠、绿玉、蓝宝石、猫儿眼等多种珍宝为饰新制，并以愿词加持。

（选自《七世达赖喇嘛传》，第九十页）

第三编 服饰

[土马年（1738）]（五世达赖喇嘛的内供神物在拉藏汗以后丢失，后传至扎仓老僧噶桑丹增和旺秋嘉措，并献于七世达赖喇嘛，七世达赖喇嘛给予两人大量赏赐）为扎什伦布寺大银塔，（七世达赖）喇嘛资助珍珠念珠、红蓝宝石、檀板等装饰品，襄佐资助带红璁玉莲瓣、莲花、工布耳坠、宝箧两个等，并宴请工匠。此后闭关十一日，修持本尊。

（选自《七世达赖喇嘛传》，第一百八十三页）

从谷如仁波且（即莲花生）的身像中放射出五种光芒。一个两手持有钩和绳索的人给至尊（直贡第十五任主持衮噶仁钦白桑布）赠送一条宝珠，宝珠上的珠子与至尊的岁数相等，至尊看见师尊父母端坐在虚空光帐中。

（选自《直贡法嗣》，第一百四十八页）

在噶洛洞中夜修时，净相中，大阿阇黎莲花生给至尊（直贡第二十三任主持曲吉扎巴）传授了罗睺罗长寿法，念青唐古拉山神也前来敬礼。会集霍尔藏众多人驻锡朵孜时，一个身着湖药天神装束的人，手持装满各种宝物的盘子，供奉一条大如小丘、佩饰有鞍辔、驮有如意宝的金鱼。

（选自《直贡法嗣》，第二百零九页）

当他（直贡第二十四任主持贡觉陈烈桑布）投胎时，母亲作了许多美梦，而且一个佩戴首饰的女子和一个有证悟、佩戴白螺耳环的女子来给母亲沐浴并加以保护。

（选自《直贡法嗣》，第二百二十六页）

西藏占卜之术不一，有等喇嘛以纸面八卦，书番字而占者，有以青稞排挂抽五色毛线而占者，或数素珠而占者，或画地而占者，或烧羊骨或看水碗，种种不一。

（选自《西藏志》，第三十页）

天下苍生共戴满洲西立大主明鉴：微末布鲁克巴喇嘛札尔萨立、布鲁克谷济、诺彦林亲、齐类拉卜济等焚香望阙，合掌叩头谨奏……时降教训，鉴之鉴之。为此，特差格隆巴尔冲恭请圣安，伏乞天恩，并献土产。各色卡契带五条，卡契绸一匹，珊瑚一串一百零八个，蜜蜡一串三十六个，五色花布四匹，布鲁克巴布二十匹，卡契小刀一把，银碗一个。月之吉日奏。

（选自《西藏志》，第四十页）

[乾隆五十七年（1792）]闰四月初四日，兵部侍郎和琳自丹达具奏……查商卓特巴不过系该呼图克图手下僧人，非如藏中札隆克、噶布伦等奏请授与者可比。况伊帽上或戴珊瑚顶，或戴假宝石顶①尤属不合。臣即令将伊顶戴摘去，责以不遵王法。即系违背佛法，令其长跪多时。始据恳请出结，如数备办。

（选自《卫藏通志》，第二百五十一页）

注释

① 宝石顶：用宝石制成的顶子（顶子，清代官员帽顶上的帽珠），一品官用珊瑚顶，宝石顶在珊瑚顶之上。

（巴勒布）叶楞罕奏书曰："大主明鉴，微末叶楞罕合掌谨奏，大主圣体安和，不胜幸甚，向因额勒特罕不将大主天威仁化晓谕我等。今幸贝勒宣传，我等方知虔诚恭顺，遂赏赐勒书、缎匹、玻璃、瓷器等项。如我亲瞻天颜，不胜欣幸之至。边鄙小罕惟气大主怜爱鉴之，鉴之。奏书微仪哈达一个、大小金钱两个、林亲中内佛一尊、珊瑚一串一百一十八个、小珊瑚一串一百三十六个、香盒一个、孔雀尾管子椀一个、孔雀尾扇一柄、金丝织成卡契缎一匹、银丝织成卡契缎一匹、各色药一包、巴勒布带一条、白卡契布三匹、各色卡契布十匹、卡契缎三匹、巴勒花布四匹、星滚一包、黑香一包、阿鲁拉三包。癸丑年（1733）十一月二十九日奏。

（选自《卫藏通志》，第四百页）

［铁牛年（1781）转轮王文殊菩萨大皇帝］金书用满、汉、蒙、藏四种文体刻于金板（册）之上。金印也用四种文字对照，上镌"西天大善自在佛所领天下释教普通瓦赤拉怛喇达赖喇嘛印"。圣旨由缮写员格桑丹达尔宣读，达赖喇嘛施礼接受恩赐物衣服、项饰、佛经、佛像、佛塔，以及金银、多种珠宝器皿、内库锦缎等世间稀有财物。

（选自《八世达赖喇嘛传》，第一百一十页）

［水鼠年（1792）一月］十五日，（八世达赖喇嘛）又在潘德拉康祭祀吉祥天母，另外接见了内地和嘉绒①的所有清兵。为献上请求保佑灵物的官兵们摩顶赐福，赠赐加持灵物护身结，为战争胜利祈祷，赠赏每人小佛像。

（选自《八世达赖喇嘛传》，第一百八十六页）

注释

① 嘉绒：地名，隋唐时称"嘉梁"，藏语译音为"嘉莫擦瓦绒"，简译为"嘉绒"。地在今四川省阿坝藏族自治州境内的金川、小金、丹巴及黑水一带。

［木兔年（1795）五月］十一日，木鹿寺僧团因换装作了顶礼膜拜。单独接见喀尔喀哲布尊丹巴的使者索本衮确时，赏给使者礼品和给哲布尊丹巴的问安信及随函加持礼品，以及赐予永远平安吉祥的教语。这时，天空降下阵雨，为防止冰雹，在《缘悲颂》羯磨集耳传的法轮上刻写了赞文。侍读塔布喇嘛为五身佛装藏开光。为世间和平着想，作为献给乃穷护法大神的顺缘灵物，特派衮涅噶居和索塔洛桑扎西两人前去送交给大象挂装的诸宝饰物和各色绸带，以及佛爷撰写的成就四业无上事业的盖印令文。

（选自《八世达赖喇嘛传》，第二百一十六页）

（九世达赖喇嘛的出生情况）以离欲佛行持有欲真道之生命又无碍脱欲佛道，穿学识三戒的赤黄圣衣饰无上证果的金色宝冠，具缘精于趋离的圣贤如今如阳光般美名盖天，愿此佛法宝幢无往而不胜居于生死涅槃的顶端！

（选自《九世达赖喇嘛传》，第二页）

［土龙年（1808）六月十七日、十八日，九世达赖喇嘛］应摄政仁波切之请前往日光殿，设茶座接见噶伦夏扎等所有公职人员，仲译玉卡哇·嘉白德列献橙黄色宝骑，作为信徒奉献物品收下，赐护身结、内库哈达等，为宝骑赐名"黄色凯旋"。其后，（九世达赖喇嘛）在寝殿与摄政仁波切及我们两位经师就佛法和世俗之事交谈良久。

（选自《九世达赖喇嘛传》，第三十八页）

［土龙年（1808）八月二十六、二十七日，摄政仁波切］前往大殿，钦差上官等云，大皇帝对您（九世）达赖喇嘛呼毕勒罕至优极渥，恩赐绸缎荷包，存安问好。高兴地接收赏赐并向大皇帝请安，后入座。钦差大臣等云："认定尔为达赖喇嘛无误转世真身，大皇帝龙颜大悦，赏赐如此物品，

是否高兴?"(九世)达赖喇嘛回答:"大皇帝对小僧格外关照加恩,赐别人难得之物品,恩莫大焉。小僧感激不尽。"随后,为摄政仁波切、钦差大臣喀拉沁郡王满珠巴咱尔、汉地赤钦法台、庆大臣、隆大臣、驻藏两位大臣等所有大小汉官及噶伦、札萨、代本等摩顶加持。

(选自《九世达赖喇嘛传》,第四十三页)

[土龙年(1808)九月二十一日]转轮王相宜的仪仗为前卫;身上穿着世间珍宝金光闪闪之锦缎盛装,头上戴者由十万太阳瑚瑚妙高山环绕、缀以璎珞长穗之宝冠。

(选自《九世达赖喇嘛传》,第四十六页)

[土龙年(1808)十二月,九世达赖喇嘛]在福田与施主会晤时,为父王、佛母等摩顶设茶座,十分恭敬地赐母亲护身结及耳环、珍宝双垂璎珞等首饰多种。

(选自《九世达赖喇嘛传》,第六十四页)

(元明清三朝时中央政府对黑帽派的服饰帽子进行赏赐时的不同装饰演变)迦玛拉顶寺(在西康类伍齐),迦玛之名遂彰。后于藏中建粗朴寺,或传彼乃贤劫第六佛狮子如来之变化身。其弟子有桑结日勤,桑结弟子有邦扎巴等。或谓都松钦巴曾戴黑帽,后遂称为黑帽派。若考其起源,此名实起自都松后之迦玛拔希。拔希受元帝赐与职位之黑帽,自此以后,历代转世大德始有黑帽系之称。犹如现在大清皇帝辅臣品位高下,咸以帽顶而示别,此乃清廷之新制。元明之时,曾以帽形而表尊卑,凡为帝师皆赐金缘黑帽。如明永乐时,亦曾以此帽赐大慈法王。至传说谓迦玛巴染黑帽,起自都松钦巴,受十万俱胝空行母以头发编结为冠之供养,此乃称扬之辞,殊非事实。又元帝曾以红帽赐多登名称狮子。从彼传承者,又称红帽系(迦玛)。

(选自《宗教流派镜史》,第五十八页)

(迦玛黑帽系的迦玛拔希圆寂前向弟子邬京巴传承有权利象征性的金缘黑帽)迦玛黑帽系者,邦扎巴弟子迦玛拔希,或云彼乃都松钦巴之传生,或云彼乃印度萨罗诃之化身。都松之转生云者,遍查各史记无一言道及。但迦玛巴称其世系,却以都松为一世,拔希为二世。拔希之名,原为蒙古语阿阇黎之意。拔希赴元时,始有此名,亦即藏语法师之意。拔希圆寂时,传位于弟子邬京巴,并授记曰:"拉朵方面,必出一继承黑帽系者,乃至彼未来以前,汝当代理一切!"遂将金缘黑帽冠邬京巴顶,旋即示寂。

(选自《宗教流派镜史》,第五十九页)

(黄帽派黄帽的出现和演变由来)喇勤贡巴饶萨,曾于鲁梅回藏之时,将所戴黄帽取下授之曰:"汝戴此帽能常留念。"因此之故,昔时持律大德均以黄帽为冠。宗喀巴大师重振律敕为表其缘起,将僧帽染作黄色,与持律古德,表示一致,于是大师教派,遂亦有呼为黄帽派者。又黄琉璃论中说:"制作黄帽,本非大师之意,因其门徒欲显本派异于他宗,以此为请,遂以黄为帽色。"此乃狂妄无稽,妄以己意,推测圣哲之言也。

(选自《宗教流派镜史》,第一百一十八页)

(成吉思汗的孙子阔端请萨班去蒙古传播佛法时萨班的穿着装束记录)成吉思汗之孙贵由与阔端于凉州为王之时,阔端闻萨班盛名,遣使入藏,迎师至蒙古。先是名称曾为萨班悬记云:"尔后有戴鹰头冠,着豕鼻靴之边鄙人来迎时,汝应即去彼处,能弘扬佛法,饶益众生。"果应此记,遂允前往，其侄发思已与卡那随侍，于胜生第四丙辰年，面谒阔端大王，时王有病，萨班为修狮子吼法，因而痊愈，王之上下，皆大欢喜。

（选自《宗教流派镜史》，第二百一十九页）

（《拉卜楞大寺志》及其传承世系）土羊年（己未）春季，……氐宿月（藏历四月）十五日在（时轮扎仓）大经堂（嘉样喇嘛贡乔丹悲嘉措）向僧众授予了具祥时轮金刚灌顶。根据推算，由于前一年有闰月，法会的日期恰好与三月份和合相值。新制发髻，垂带佛冠等服装，彼师入装，佩带骨饰等，担任金刚持比丘，威仪赫奕，庄严非凡。

（选自《安多政教史》，第四百七十四页）

（西藏古昔之风只有参考他国所写历史）若想了知古昔之风俗为如何者，唯有参考他国所写之历史，方易了如。以本国人（注：特指西藏人），详写本国之风俗情况者，极为难得。此系各国相同之习惯，试观现在西藏人所写之西藏历史极少述及，拉萨城中之妇女，身前系一彩裙，头上戴一三角形之发架。男子头戴四耳皮帽[1]，等等，倘过五百年后，现在之一切风俗习惯，皆成彼时人所极不可见之事。唯赖搜集他国人之传说，方能了知大概耳。

（选自《白史》，第三十三页）

注释

[1] 皮帽：即汉语的"藏帽"，各式各样，种类颇多。西藏东部昌都地区的人喜欢皮帽，藏式皮帽大多用整块狐狸皮毛制成，给人以粗犷豪放之感。

（乾隆）四十五年（1780）二月壬申，谕军机大臣等："向来两金川番众，俱不剃发，但自大功平定以来，沿边各土司，无不隶我版宇。所有番众，即与内地民人无异，自应恪遵定制，一例剃发。况见在安营设镇屯驻兵丁，而该处番人，若复仍沿旧俗。殊于体制未协。著传谕文绶，即行明白晓谕各土司，令该处番众概行剃发。并严饬驻扎各员弁，实力稽查，务使远征番民，永遵法守。并谕持成额、明亮知之。"三月辛丑，谕："沿边土司番众如德尔恪、霍耳等处，自可听其各仍旧俗，毋庸饬令一律剃发、更换衣饰。将来伊等轮班进京朝贡，衣服各别，亦可见职贡来朝之盛，何必令其换衣服，以生其怨也。即见在收服之两金川等番众，亦止须遵制剃发，其服饰何妨听从其旧。又况沿边土司番众，何必更改服饰耶！文绶办理此事殊未妥协，可将此传谕文绶等知之。"

（选自《清代藏事辑要》，第一百九十九页）

[道光二十七年（1847）]八月戊辰，谕军机大臣等："琦善等奏，据廓尔喀国王之子禀称，拣派噶箕呈进贡物及该嗣王袭爵缘由一折，又另片查开廓尔喀王向蒙赏给宝石顶戴成案，览奏均悉。廓尔喀国王之子已遵伊父印书袭爵，现在拣派噶箕呈进贡物，足见恭顺输忱。惟据称，尚有面禀苦楚，求其教导之事，难保别无妄渎。既据该督等颁给檄谕，俟该噶箕到藏时，即当晓以大义，杜其妄念。如别无妄求，著即宣示恩旨，赏给该嗣王宝石顶戴，令其恪守藩服，不可别生枝节，是为至要。"

（选自《清代藏事辑要》，第四百四十六页）

[道光二十八年（1848）]八月戊申，谕："穆腾额奏：达赖喇嘛代父恳恩一折，达赖喇嘛之父公爵策旺顿柱，著加恩赏给宝石顶戴、双眼花翎。该部知道。"

（选自《清代藏事辑要》，第四百四十七页）

[咸丰五年（1855）] 九月乙酉，谕内阁："德勒克多尔济等奏：哲布尊丹巴呼图克图呼毕勒罕，接授金印，叩谢天恩，呈进哈达并欲恃派喇嘛，赍呈丹书等情，乞为转奏一折。哲布尊丹巴呼图克图呼毕勒罕坐床，感戴厚恩，捐银四千两，聚集喇嘛班第等，将及万众虔唪皇经，实属诚悃可嘉，著赏给哲布尊丹巴呼图克图①呼毕勒罕大哈达一块、大荷包一对、小荷包四个、黄缎二匹、蟒缎二匹，交德勒克多尔济等晓谕哲布尊丹巴呼图克图呼毕勒罕祗领。"

（选自《清代藏事辑要》，第四百七十二页）

注释

① 哲布尊丹巴呼图克图：简称为哲布尊丹巴（一作折卜尊丹巴），蒙古语亦称温都尔格根（高位光明者）、帕克托格根（圣光明者）或博格达格根，是外蒙古藏传佛教最大的活佛世系，属格鲁派，于17世纪初形成，与内蒙古的章嘉呼图克图并称为蒙古两大活佛。

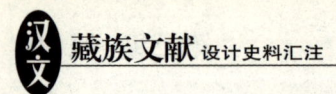

制 作

  如是此像（佛世尊 30 岁身量佛像）与觉阿释迦其它二像，皆被迎请住于天竺金刚座寺内，已几更朝代矣。（约 8 世纪左右）及至天竺法王达磨波罗在位时，汉土有王名支丁咱耶，汉竺二王虽未睹面，已有神交。（东晋时）汉王（宣昭皇帝符坚）赠天竺王三物，最末为一无缝锦衣，衣有四福寿纹，作向衣心聚合之状。

（选自《西藏王统记》，第十页）

  （阿阇黎坝贡对康区人进行加持）此师（阿阇黎坝贡）说："在我近前发展而出的译师有四人，至于出家僧和大师，及男女修士自尊自大的大人物，更出有不少；如法而修的尤为多数；在格波地方少说就有十一女弟子能预知死期，死时无气息解支的，尸体虹彩照人等。我的这一教授，或如毛纺女工和毛纺工艺（言精细）那样；或如父母哺养孩子（言小心珍爱）那样修行五六年，即可身躯全无余留而逝去，以后决无人身再来……"

（选自《青史》，第一百零九页）

  （释迦牟尼依教法护国持政时期）帝释天乃将此袈裟取来，献与王子（释迦牟尼），复将王子所穿之迦尸迦布所缝之袈裟携往三十三天，以诸宝修建一座名叫珍宝袈裟之塔。王子穿上鹅黄色袈裟，完成了出家之仪式。

（选自《汉藏史集》，第二十五页）

  五名侍从又因光净天之神的指教，制作了无缝之法衣。

（选自《汉藏史集》，第二十八页）

  （佛法后弘时期，贡巴饶色堪布为巴贡·意希松等人剃度、订制"四法印"）所谓"喇钦制定的四法印"也是为他们（巴贡·意希松、巴尔·仁钦色、俄巴·多吉旺秋、努布·帕西达、觉卧意希僧格、属庐·喜饶绛曲等）而制订的，这四条是：包边的金色盘帽、袈裟缝有边沿、抛掷朵玛先抛迦巴拉（颅器）里面的。

（选自《汉藏史集》，第一百二十六页）

  第二年，卢梅对堪布（洛敦）说："我要返回乌斯藏去了，请赐给一件供奉的物品。"堪布给了他一顶戴旧了的镶金边的本波教徒的帽子，说："你戴上它，去追赶众人。"卢梅返回，与众人在乌斯藏会合。

（选自《汉藏史集》，第二百七十一页）

  （米拉日巴学习咒术）母亲知道能够如愿，这才放了心。她对行者说："行者要云游天下，衣履是很要紧的。因此衣服要补缀，鞋子要掌底。"于是把掌鞋底的皮线等交给行者自己去料理。他有一件千疤万补的衲衣，母亲拿来亲自为他补缀。就在行者的衲衣里子中，暗暗将七两黄金缝进去，不让他知道。上面加补上一块四方形黑色补丁。补丁中间又用白而粗的线，缝成条纹，如昴星一

第三编 服饰

样,遮盖着不露痕迹。她重重酬劳了行者,还将一封隐语信密封了口托他带走。

(选自《米拉日巴传》,第四十二页)

(在卫藏地区,庸敦濯杰喇嘛家)我(米拉日巴)招呼(母亲托信的行者)瑜伽师进来,烧起温暖的火盆之后,给他斟上很好的酒,(庸敦濯杰喇嘛的妻子)师母便从行者的背后帮他把衲衣脱下,自己披在身上说:"穿着这样的衲衣云游天下的人,会很舒服的!"一面在房中来回走了几圈,就上楼去了。师母从衲衣中把金子取出来,又把补丁象从前一样缝好,仍给行者披上。晚上,留他吃过晚饭才打发他回到住处去。

(选自《米拉日巴传》,第四十四页)

(米拉日巴从马尔巴上师处返回故乡三年后)又过了一年,所有的衣服都破烂了,姑母作为地价款给我(米拉日巴)的破烂皮披风,还剩些破片;还有些空糌粑口袋和布衣服,我想缝缀起来作坐垫的垫衣。但又想到,倘若我今晚死了,缝来又有何用,倒不如赶快修法的好。遂打消了这个念头,只把那块烂皮披风权当坐垫铺上,尽量使之能遮掩下身。那口袋破片,就作为肩帔,那布①则按需要分派用场。可是,那布已经腐朽、不能穿用了。我实在太不经意了,想补缀一下,但又找不到针线。那布叫"马兰草穗子",可作成三块。这样一来,上身、下身、腰部三处可以各得一块。我把它撕开后,分别挽上结子,用腰带结上拴起来。这样,白天将就过得去。挽上把破烂披风及破口袋布片尽量铺开,作为被盖,苦度寒夜。

(选自《米拉日巴传》,第一百四十七页)

注释

① 那布:那布藏语译音,即梳穗器,是西藏上工布一带农区的生产工具。

(米拉日巴在山林中修行时,为猎人们唱了一首瑜伽跑马之歌)他们(猎人)听后都生了信仰而去。我(米拉日巴)也起身到镇地去。我打听到了曲注和基浦两个地方的情形,就在基浦的尼玛宗住下继续修持。……(在基普的尼玛宗)我(米拉日巴)正想尊从师所嘱到拉齐,这时,白达把所得到的羊毛存起来,织了一件氆氇带在身边,先往扎迦达苏去找我。

(选自《米拉日巴传》,第一百六十六页)

(在定日镇地,米拉日巴作歌劝说其妹白达舍八法修道)我唱完歌以后,白达说:"哥哥,照你刚才说的,这个世间八法象是快乐的呀,我们兄妹二人用得着抛弃它吗?……哥哥,你虽然说得头头是道,象是很正确,怪真实的,我呢,口中无饭吃,身上无衣穿,到拉齐去买罪受吗?……要是住在一个地点修持下去,进步也会快些,我找你也会容易些。这里的人似乎对你很信仰。你若能长住这里,是再好不过了;如果不能,无论如何也多住几天。这匹氆氇,务请你把它缝成裙子来穿,我很快就来。"我答应她在此住几天。妹子便往定日方面求乞去了。这期间,我把她拿来的氆氇作了一个可以包住整个头部的帽子,十个手指各作一个指套,脚上做了靴子,私处也遮掩起来,做一个套子套着。

(选自《米拉日巴传》,第一百七十一页)

某时,怙主帕珠为了检查因缘,把至尊觉巴仁钦白、岭热巴、达隆塘巴三人叫来,给每人一庹红氆氇,对他们说:"你们三人各自作一顶修行帽拿来。"达隆塘巴光用这条氆氇作了称为达米玛的小帽，达隆噶举派至今保持着戴这种帽的传统；岭热巴把氆氇的一角剪下来，使之缺了一块，不够作帽，因此只作了一顶前面是布的帽子；至尊觉巴·仁钦白觉得上师这样作，其中一定有因缘，于是另外又加了一庹氆氇，作了一顶称为摸约玛的特大帽子，显示出殊胜因缘。

（选自《直贡法嗣》，第六十七页）

［铁猪年（1791）六月］十五日，（八世达赖喇嘛）接受为乾隆皇帝八十大寿吉祥拜谒归来的堪布主仆献上的谕旨及随旨赐品，为他们摩顶加恩。在新建的潘德拉康（利乐神殿）中塑建了马头明王作明母等所依本尊神像，同时给神像披上了缝制好的珠宝庄严法衣。（八世）达赖喇嘛为此开光，抛撒了花朵。为退敌，达赖喇嘛面对新塑成的所缘天母神像作发心祈祷。

（选自《八世达赖喇嘛传》，第一百七十九页）

［土马年（1798）四月］十一日，这些无量寿千佛在供云的前迎下被请往齐麦德丹庆寝殿供奉，主尊佛供放时，（八世）达赖佛爷作了瞻观与诵经。其他佛像的供放由喇嘛们诵经后统一请供。之后，为主尊佛像穿上特殊缎子制成的衣服，为其余全部千佛穿上用宝珠花纹扁平红黄金丝库缎制成的全套衣服。达赖佛爷向主尊佛像献上题有祈愿词的敬神哈达和珊瑚念珠，然后将它置于宝座之上。

（选自《八世达赖喇嘛传》，第二百三十七页）

［木猪新年（1815）］二十六日，（九世达赖喇嘛从光明小寝殿）启程返回布达拉宫。按照旧例，返回途中有顺便朝礼小昭寺之习惯。然而，今年在多麦地方有一种叫做"多吉剌玛"的瘟疫，据说甚是流行，而且据说二十五日住在小昭寺周围的一名小乞丐得了一种难以确诊的罕见的疾病，有种种病状。因此派专人向觉沃佛献五色内库誓愿哈达，制作精细的刻有龙族图案、饰以五色内库哈达的成套锡杖[①]；向色东护法献红黄僧衣、僧裙、氆氇缝制的虎皮裙及内库哈达，向所有主尊神、随侍神献大小各种哈达。

（选自《九世达赖喇嘛传》，第一百二十五页）

注释

① 锡杖：头部挂环的杖，步行时，环振动出声，以警路上的虫类，或行乞时唤起人家的注意。

第四编 器物与工具

总类
生活用具
生产工具
交通工具
音乐器具

总 类

当时有些龙说："暂时且看大师说些什么。"有些龙在暗里说："他可能不致于说要我们的闪耀蓝光的宝珠吧。"有的说："或许他要会飞的宝光神速的水马哩！"有的说："或许他要那温暖宝皮呵！"有的说："或许他要那随欲往返的阻求靴"。有的说："或许他要'水精宝瓶'"。又有的说："或许他要'木精松石藤杖'。"有的说："或许他要无锈的琉璃铠。"有的说："我疑心他要解毒霜液。"有的说："我担心他要那解热蛇心旃檀①呢。"众龙齐声说道："只要他不向我讨这九宝中的任何一件，假使看中其他的宝贝，纵然供上一两个也不要紧，因为他对于我们的恩情甚大！"有的便说道："那么，趁他未指定以前，我们自动的供养点贵重的礼物好吧！"众龙都同声的赞道："很对，很对！"

(选自《天界篇：格萨尔王传》，第一百零八页)

注释

① 旃檀：zhān tán，又名檀香、白檀，是一种古老而又神秘的珍稀树种，收藏价值极高。檀香木香味醇和，历久弥香，素有"香料之王"之美誉。《佛说戒香经》中认为檀香是最上等的香，世人通过檀香之气，以清心、宁神、排除杂念，既可静养身心，又能达到沉静、空灵的境界，证得自性如来。

(在集市处修建了一座庄严的佛寺)之后，(赤松德赞)赞普向亲教师呷玛拉喜请求道，"如今所译定的所谓一切法皆由闻思而无我(意为：一切法皆空)的佛法，到底是怎么回事？请(呷玛喜拉)大师写成文字。"大师便写了《第一修行次第》交给赞普，赞普看后，明白了意思，非常高兴，又说："如想集中其主要之点去修行，那么，应该如何去做？"大师又写了《第二修行次第》交给赞普。看了以后又问道："若照此修行，有何结果？"于是大师又写了《第三修行次第》。并在宣示修行结果的同时，顺便批驳了和尚的错误观点。交给赞普后，赞普看了非常满意。呷玛拉喜担心在所著本释中出现渐门派反对菩提萨埵①的思想，便又著了经与论的释文《中观明经》及进赞普。于是赞普规定，由王上给予佛寺费用，每年150克，对佛教宗师每年给予75克青稞、衣料9肘(长度)、香1008两、能乘骑的马1匹、纸40张、墨汁3竹筒和够吃的盐；给钦扑的25个大修行者，每人青稞50克、香800两、马1匹、衣料6肘；给被委任为"学经班"教师的13人，每人青稞55克、衣料6肘、香800两；对各地的普通修行者，每人给以青稞8克、纸2张、墨汁一竹筒；对25个学经人员，每人给以25克青稞和三肘长的衣料，如此按时供给不断。弘扬佛法，不遗余力，赞普的功德恩泽实莫大焉！

(选自《拔协》，第五十四页)

注释

① 菩提萨埵：简称为"菩萨"，是巴利文的音译。"菩提"汉译是"觉悟"，"萨埵"汉译是"众生"或"有情"(一切有感情的众生)，全译是"觉有情"。

(吐蕃均富事件)赞普[吐蕃第37代赞普(一说41代)——牟尼赞普]从正殿门前的狮子座

上献供，越发虔诚敬信，脱下头巾与衣服献给神佛。然后下令说："对我父祖的本尊佛寺，尔等全体蕃民要把除马匹和武器以外的财物全部都献上！"全体百姓遵照赞普命令献上财物：有的献上大袍和衣料等，有的献上羊皮袍和破烂衣服，作为供奉。成为一次著称于世的供物盛举，于是，赞普委派了三宝的管理人员，让大家都来供奉。供奉的物品有好有坏，赞普看了说道："有的奉献大袍和钱财，有的却只奉献一点山羊皮袄。对佛法的信仰竟有这么大的差别啊！"穷苦百姓听了赞普的话，回禀道："大王啊，哪里是这样！不是我们的信心小，因为我们很贫穷，除破烂衣服外便没有其他东西可供奉了，那些供奉多的，都是富裕有钱的人啊！"赞普听了惊叹道，"啊呀！在我的国土上，有的衣食不足，有的又如此富裕，这是不应该的。"于是委派事务官员到四如①各地去平均贫富与财物。随后，在四月份——菩萨月，举行四月供奉。农民都丢下犁铧，停止耕耘，把犁铧散放在犁沟里，前去供奉。结果又象从前一样，供物有好有坏。于是又平均了一次贫富。之后，于夏七月月圆时，举行显供。农民都放下锄草农活，赶去献供。又和从前一样，出现供物有好有坏的情形。于是再平均了一次贫富。然后，在秋九月，举行佛见母之供奉（或译大愿法会）供物仍然有好有坏。赞普心想，这都是各自前生所做之业决定的呀！这就是吐蕃民众三均贫富的有名历史事件。

（选自《拔协》，第五十七页）

注释

① 四如：有些翻译成"四茹"，吐蕃时期的四个大行政区。

（吐蕃）有天鼠，状如雀鼠，其大如猫，皮可为裘。又多金银铜锡。其人或随畜牧而不常厥居，然颇有城郭。其国都城号为逻些城。屋皆平头，高者至数十尺。贵人处于大氎帐①，名为拂庐。寝处污秽，绝不栉沐。接手饮酒，以氎为盘，捻铤为碗，实以羹酪②，并而食之。多事羱羝③之神，人信巫觋。不知节候，麦熟为岁首。围棋陆博，吹蠡鸣鼓④为戏，弓剑不离身。重壮贱老，母拜于子，子倨于父，出入皆少者在前，老者居其后。军令严肃，每战，前队皆死，后队方进。重兵死，恶病终。累代战没⑤，以为甲门。临阵败北者，悬狐尾于其首，表其似狐之怯，稠人广众，必以徇焉，其俗耻之，以为次死。拜必两手据地，作狗吠之声，以身再揖而止。

（选自《旧唐书·吐蕃》，第五千二百二十页）

注释

① 大氎帐："氎"为"毡"的繁体字。毡帐为毡制的帐篷。古代北方游牧民族以为居室。氎：用兽毛或化学纤维制成的片状物，可做防寒用品和工业上的垫衬材料。

② 羹酪：为牛、马、羊、骆驼等之乳汁炼制而成的食品。

③ 羱羝：古书上说的一种大角羊。亦称"北山羊"。羝为雌性之意。

④ 蠡鸣鼓：引申为器物久磨将断的样子，鸣鼓即鼓。

⑤ 累代战没：接连几代覆灭、败亡。

[贞观八年（634）]（太宗派遣官吏军队还击攻打吐蕃）进达先锋自松州夜袭其营，斩千余级。（弃宗弄赞①）弄赞大惧，引兵而退，遣使谢罪，因复请婚，太宗许之。弄赞乃遣其相禄东赞②致礼，献金五千两，自余宝玩数百事。

（选自《旧唐书·吐蕃》，第五千二百二十一页）

注释

① 弃宗弄赞：约617~650年，又号为松赞干布，是中国古代吐蕃王国第三十二世赞普。
② 禄东赞：即噶尔·东赞。吐蕃著名政治家、军事家和外交家，曾担任过大论之职。

[贞观十五年（641）]太宗伐辽东还，遣禄东赞来贺，奉表曰："圣天子平定四方，日月所照之国，并为臣妾，而高丽恃远，阙于臣礼。天子自领百万，度辽致讨，隳城①陷阵，指日凯旋。夷狄才闻陛下发驾，少进之间，已闻归国。雁飞迅越，不及陛下速疾。奴忝预子婿，喜百常夷。夫鹅，犹雁也，故作金鹅奉献。"其鹅黄金铸成，其高七尺，中可实酒三斛。

（选自《旧唐书·吐蕃》，第五千二百二十二页）

注释

① 隳城：毁坏城墙。

（开元）二十四年（736）正月，吐蕃遣使贡方物金银器玩数百事，皆形制奇异。上令列于提象门外，以示百僚。

（选自《旧唐书·吐蕃》，第五千二百三十三页）

（长庆①）三年（823）正月，遣使论答热来朝贺。四年九月，遣使求《五台山图》②。十月，贡牦牛及银铸成犀牛、羊、鹿各一。

（选自《旧唐书·吐蕃》，第五千二百六十六页）

注释

① 长庆：（821年正月~824年十二月）是唐穆宗李恒的年号，共计4年。
②《五台山图》：是敦煌莫高窟最大的佛教史迹画，自古以来就是朝圣者梦寐以求的供奉圣品。

（吐蕃大臣禄东赞朝见唐太宗时进献的金鹅介绍）[唐太宗，贞观二十年（646），丙午]毛月①，吐蕃遣其大臣禄东赞奉表曰："圣天子平定四方，日月所照之国，并为臣妾。而高丽恃远，阙于臣礼，天子自领百万，渡辽致讨，隳城陷阵，指日凯旋。夷狄才闻天子发驾，少选之间，已闻归国，雁飞迅越，不及陛下速疾。奴忝预子婿，喜百常夷。夫鹅犹雁也，故作金鹅奉献。"其鹅黄金铸成，高七尺，中可实酒三斛。

（选自《册府元龟吐蕃史料校正》，第二十九页）

注释

① 毛月：按"吐蕃史料校正"一书此处"毛月"疑为"七月"之讹。

（唐高宗时吐蕃赞普向唐求婚时进献的物品）显庆三年戊午（658）显庆三年冬十月庚申①，吐蕃赞普遣使来请婚，仍献金球罽②及牦牛尾。

（选自《册府元龟吐蕃史料校正》，第三十三页）

注释

① 显庆：（656年正月~661年二月）是唐高宗李治的年号。
② 金球罽："罽"指用毛做成的毡子一类的东西。

（西域阗国南部的太平国民风民俗）[唐高宗，上元①二年（675），乙亥]太平国在于阗国南，其人辫发毡裘，畜牧为业，地多风雪，冰厚丈余，所出物产颇与吐蕃同。俗无文字，但刻木结绳而已。刑法严峻，其酋豪死，抉出其脑。实以珠玉，割其藏，易以黄金，假造金鼻银齿，以人为殉，卜以吉辰，藏诸岩穴，他人莫知其处。

（选自《册府元龟吐蕃史料校正》，第四十三页）

注释

① 上元：曾分别是唐高宗和唐肃宗的年号此处所指为唐高宗李治的年号。

（唐玄宗赏赐给金城公主和赞普器物）[唐玄宗，开元四年（716），丙辰]四年八月，吐蕃请和，从之。赏赐金城公主及赞普锦帛器物等，蕃酋皆喜，公主奉表谢恩曰："金城公主奴奴言：仲夏盛热，伏维皇帝兄起居万福，御膳胜常。奴奴奉见舅甥平章书云，还依旧日，重为和好。既奉如此进止，奴奴还同再生，下情不胜喜跃。伏蒙皇帝兄所赐信物，并依数奉领。谨献金盏、羚羊衫段、青长毛毯各一，奉表以闻。"

（选自《册府元龟吐蕃史料校正》，第一百零六页）

（吐蕃向唐玄宗敬献物品）[唐玄宗，开元十八年（730）十月]吐蕃遗其大卧名愁猎来朝，请固和好之约。……谨奉进金胡瓶一，金盘一，金碗一，玛瑙杯一，零羊衫段一，谨充微国之礼"。金城公主又别进金鸭盘盏新品物等。先是，忠王友皇甫惟明因奏事，面陈通和吐蕃之便，帝然其言因令惟明及内侍张元方充使往聘。

（选自《册府元龟吐蕃史料校正》，第一百三十页）

（唐穆宗①时吐蕃进献贡品）[唐穆宗，长庆四年（824），甲辰]十月，吐蕃贡牦牛②等，又献铸成银犀牛、羊、鹿各一。

（选自《册府元龟吐蕃史料校正》，第三百一十八页）

注释

① 唐穆宗：李恒（795~824），原名李宥，唐朝第十二位皇帝，唐宪宗第三子，初封建安郡王，后进封遂王。

② 牦牛：是世界上生活在海拔最高处的哺乳动物。主要分布在喜马拉雅山脉和青藏高原。

（唐穆宗朝的大理寺卿兼御史大夫刘元鼎与吐蕃赞普会盟时的场景）[唐穆宗，长庆元年（821）九月]国政蕃僧号钵掣逋①，立于座右。侍中、宰相列于台下。翼日，于衙帐西南具馔，馔味酒器，略与汉同。乐工奏秦王破阵乐、凉州、绿腰、胡渭州、百戏等，皆中国人也。所筑盟台，阔十步，高二尺，汉使与蕃相及高位者十余人相向列位，首领百余人坐于坛下。坛上设一榻，高五六尺，使钵掣逋读誓文，则蕃中文字，使人译之。读讫，歃血，惟钵制逋不预，以僧故也。盟毕，于佛像前作礼，使僧讽文以为誓约，醨金咒水饮讫②，引汉便焚香，行道相贺而退。及元鼎回，过河州，元帅尚榻藏，即蕃相尚绮心儿也。

（选自《册府元龟吐蕃史料校正，第三百三十一页》）

注释

① 钵掣逋：吐蕃执政高僧的译称，意为"吐蕃宰相沙门"，又称钵阐布。

② 醨金咒水饮讫：喝过行咒作法的水，以治病祛邪。

大日如来佛于色究竟天宫化身为遍照雪海佛，自胸际放射出二百俱胝道光芒，一道道光芒照射向一个个赡部洲①。光芒照射到南赡部洲的中央金刚座的地面上化作泡沫,在泡沫的潴聚②中生长出一株株菩提树。光芒射向清静虚空形成一个个兜率天③,化现出一个个白幢天子④。

(选自《柱间史》,第一十七页)

注释

① 赡部洲:佛教经典中所称的四大洲中的南部洲名,因赡部树得名,为人类等居处。
② 潴聚:水停聚的地方。
③ 兜率天:又译作睹史多天、兜驶多天等,意译为妙足天、知足天、喜足天、喜乐天。为欲界六天的第四层天。而在佛教典籍中,此天的内院即是弥勒菩萨的弘法度生之处。
④ 白幢天子:唯说佛在兜率天上,修成菩萨,以至佛的过程中一个等级称为白幢天子。

吉祥金刚手大势至的化身拉妥妥日年谢正在雍布拉岗宫中侍奉其父母后,他忽听到空中妙音四起,又看见祥云氤氲霎时间祥云中一束五彩的光芒直射胸前,一个用五种珍宝镶成的宝匣,不知不觉已捧在怀中。拉妥妥日年谢王①打开宝匣,只见里面装着一座四层水晶宝塔和数函用吠琉璃粉书写的金质书卷。翻开书卷,他虽不知是佛典还是苯经,但深信这是一件稀世宝物,故取其名曰"玄秘神物"。

(选自《柱间史》,第九十一页)

注释

① 拉妥妥日年谢王:吐蕃第二十八代赞普。藏文史籍载,此王时建造了雍布拉岗宫,并得到了一只装有四部佛经和一座四层水晶塔的"玄秘神物"宝匣。藏传佛教有人以此作为佛教传入藏区的开端。

赞普松赞干布还就埋藏伏藏之事及其功德如何,告诉尼妃赤尊①说:"为使善法在我雪域吐蕃昌兴,可在树形柱下埋藏佛法伏藏,借此功德,我后嗣王统及雪域众生将世代弘扬佛法不渝;为使我治下善男信女的子孙后代免遭侵害,可在蛇形柱下埋藏威猛咒力伏藏,借此加持,但凡信解向往圣地拉萨的人们都将得到护佑;为了回遮边邦邻国的恶咒祸害,可在狮形柱下埋藏回遮恶咒伏藏,借此福力,但凡景仰圣地的人们均可免遭不测。若在树形柱附近埋藏医方明伏藏,借此功德,可免除瘟疫疾病之苦;若在宝瓶柱附近埋藏珍宝伏藏,借此功德,可使吐蕃之地物阜民丰,风调雨顺,物华俱盛;若在拉萨神殿的各坛城之下埋藏奇珍异宝伏藏,借此功德,可使庙宇常新,香火不断,一旦雪城崇佛之势衰败,便有超凡圣者再度昌弘佛法如昔;若在蟾蜍腹中塞上一块蛇皮包裹的德夏帝瓦放入猫睛石宝匣里,把它藏在龙王薄伽梵像②的拇指中,借此功德,可平息龙妖地祇之患,使雪域之地人丁兴旺;若在一小铜箱内置一盛满珍馐佳肴的蓝宝石钵盂,将此伏藏埋藏在迁叉姆像之下,借此功德,四面八方的善男信女,将会川流不息地前来圣地拉萨朝觐并享受无尽的受用;若在拉萨神殿的所有柱子下都埋上我佛如来的舍利伏藏,借此功德,可阻止异教邪说在雪域吐蕃发端蕃衍。

(选自《柱间史》,第二百四十五页)

注释

① 尼妃赤尊:即赤尊公主。
② 薄伽梵像:"薄伽梵",为佛陀十号之一,诸佛通号之一。又作婆伽婆、婆伽梵、婆哦缚帝。意译有德、能破、世尊、尊贵。即有德而为世所尊重者之意。

（吐蕃）其官之章饰，最上瑟瑟，金次之，金涂银又次之，银次之，最下至铜止，差大小，缀臂前以辨贵贱。

（选自《新唐书·吐蕃》，第六千零七十二页）

（吐蕃）其器屈木而韦底，或氈为盘，凝面为碗，实羹酪并食之，手捧酒浆以饮。

（选自《新唐书·吐蕃》，第六千零七十二页）

高宗即位（649），擢驸马都尉、西海郡王。弄赞（松赞干布）以书诒长孙无忌曰："天子初即位，下有不忠者，愿勒兵赴国共讨之。"并献金琲十五种以荐昭陵。进封賨王①，赐饷蕃渥②。又请蚕种、酒人与碾硙③等诸工，诏许。永徽④初，死，遣使者吊祠。无子，立其孙，幼不事，故禄东赞相其国。

（选自《新唐书·吐蕃》，第六千零七十四页）

注释

① 賨王："賨"指中国秦汉时期四川、湖南等地少数民族。
② 蕃渥：丰厚。
③ 碾硙：同"碾磑"。（中国古代）利用水力启动的石磨。
④ 永徽：永徽（650年正月～655年十二月）是唐高宗李治的第一个年号。

[帝伐辽还，（松赞干布）使禄东赞上书，并献金鹅]"夫鹅犹雁也，臣谨冶黄金为鹅以献。"其高七尺，中实酒三斛。

（选自《新唐书·吐蕃》，第六千零七十四页）

显庆三年（658），献金盎、金颇罗①等，复请昏。未几，吐谷浑②内附③，禄东赞怨忿，率锐兵击之，而吐谷浑大臣素和贵奔吐蕃，悉以虚实，故吐蕃能破其国。

（选自《新唐书·吐蕃》，第六千零七十五页）

注释

① 金颇罗：金制酒器。
② 吐谷浑：是中国西北古代民族名，原为人名，是辽东鲜卑慕容氏单于涉归之庶长子，涉归分户700使别部以牧。
③ 内附：归附朝廷。

[玄宗开元十六年（728），唐与吐蕃交好]（唐玄宗）乃使悉诺渤海纳贡，并以币器遍遗执政。明年，上宝器数百具，制冶诡殊①，诏置提象门示群臣。

（选自《新唐书·吐蕃》，第六千零八十五页）

注释

① 制冶诡殊：制作的大不相同。

赞普（松赞干布）立几三十年，病不事，委任大臣，故不能抗中国，边候晏然①。死，以弟达磨②嗣。达磨嗜酒，好畋猎，喜内，且凶愎少恩，政益乱。开成③四年，遣太子詹事④李景儒往使，吐蕃以论集热来朝，献玉器羊马。

（选自《新唐书·吐蕃》，第六千一百零四页）

注释

① 晏然：安宁；安定。

② 达磨：弃朗达磨·乌冬赞（809～842），吐蕃末代赞普（838～842年在位）。

③ 开成：(836年正月～840年十二月)是唐文宗的年号，共计5年。

④ 詹事：官名。詹，古时碑志亦作"瞻"。

［长庆二年（822）］虏遣论悉诺息等入谢（朝廷），天子命左卫大将军令狐通①、太仆少卿杜载②答之。是岁，尚绮心儿以兵击回鹘、党项，小相尚设塔率众三万牧马木兰梁。比岁，使者献金盎③、银冶犀、鹿，贡牦牛。

（选自《新唐书·吐蕃》，第六千一百零四页）

注释

① 令狐通：唐将令狐彰之子。

② 少卿杜载：少卿，官名。清朝大卿的副职。"杜载"是唐之御史中丞。

③ 金盎：金制小口大腹的容器。

婢婢，姓没卢，名赞心牙，羊同国人，世为吐蕃贵相，宽厚，略通书记，不喜仕，赞普彊官之。三年，国人以赞普立非是，皆叛去。恐热自号宰相，以兵二十万击婢婢，鼓鼙①、牛马、橐②它联千余里，至镇西军，大风雷电，部将震死者十余人，羊、马、橐它亦数百。恐热恶之，按军不进。

（选自《新唐书·吐蕃》，第六千一百零五页）

注释

① 鼙：pí，中国古代军队中用的小鼓，汉以后亦名骑鼓。

② 橐：骆驼。

第九辈，新密法师萨木迦跋陀罗，铁兔年（1291）出生于山南、门域、止贡三地交界处的拉隆热萨寺①，父亲名叫顿巴贡钦，母亲名叫曲尼建。幼年跟从舅父桑杰贝②受居士戒，毫不费力地掌握了各种读诵和印（度）、汉（地）、蒙（古族）、尼（尼泊尔）、迦（湿弥罗）等地的各种文字，无数空行秘籍、水火文字以及雕塑佛像、绘画天神像、木雕、坛城画线、黑白历算、医术、声明学、词藻学、修辞学等，被尊称为"更钦"③。

（选自《觉囊派教法史》，第五十二页）

注释

① 拉隆热萨寺：藏传佛教噶举派的重要寺院。拉隆寺位于今西藏山南地区洛扎县扎日乡洛扎努曲河北岸，东距洛扎县城20千米，寺院坐落在一片开阔的河谷台地上，海拔高度3700米，洛扎努曲从寺前咆哮东流，寺院背山面河，坐北向南偏东，寺院周围古树参天，风景宜人，始建于松赞干布时期。

② 桑杰贝：(1267～1314)，又称相儿加思，是元朝第七代帝师。

③ 更钦：意为"遍知"。

先前在达丹丹曲林寺①经堂七世佛像建成的首次开光仪式上，第悉彭措南杰②从前藏来到桑珠寺③，授给大师羊脂玉的印，赐给管家更噶巴桑④一枚红檀香木花押印⑤。

（选自《觉囊派教法史》，第六十三页）

注释

① 达丹丹曲林寺：清顺治六年（1649），五世达赖喇嘛令觉囊派改宗格鲁派，达丹丹曲林寺易名为"噶丹彭措林寺"，简称彭措林寺，成了一所格鲁派的寺院，一直沿袭至今。

② 第悉彭措南杰：第悉，西藏官名，又译"第巴"，意为"酋长"。在其支持下，由多罗那他于1614年创建彭措林寺。寺庙建成后起名为"达丹彭措林寺"，曾是觉囊派的重要道场。

③ 桑珠寺：坐落于四川省甘孜县，是1250多年前文成公主进藏时所建造的108所寺院中最大的一座。

④ 更噶巴桑：四川阿坝人。

⑤ 花押印：始于宋，盛于元。也称元押、元戳。元的花押印，其形多为长方，一般上刻楷书姓氏，下刻蒙古文或花押。其目的在于取信，使人不易辨认摹仿。

景德①元年（1004）二月，遣其甥厮陋完来献捷。六月，又遣其兄邦逋支人奏，且欲更率部族及回鹘精兵直抵贺兰山②讨除残孽，原发大军援助。诏泾③原部署陈兴等候罗之已发，即率众鼓行赴石门策应。邦逋支又言前赐罗之牌印、官告、衣服、器械为贼劫掠，有诏别给罗之；又言修洪元大云寺，诏赐金箔物彩。

（选自《宋史·吐蕃》，第一万四千一百五十六页）

注释

① 景德：（1004~1007）是宋真宗的年号，北宋使用这个年号共4年。

② 贺兰山：贺兰山脉位于宁夏回族自治区与内蒙古自治区交界处，北~南至毛土坑敖包及青铜峡。

③ 泾原：唐方镇名。长期辖有泾、原二州，今甘肃、宁夏的六盘山以东，浦河以西地区。

［大中祥符①元年（1008）］九月，玮又言宗哥唃厮啰②、羌族马波叱腊鱼角蝉等率马衔山、兰州、宪谷③、毡毛山、洮河④、河州羌兵至伏羌寨三都谷⑤，即率兵击败之，逐北二十里，斩馘⑥千余级，擒七人，获马牛、杂畜、衣服、器仗三万千计。

（选自《宋史·吐蕃》，第一万四千一百五十九页）

注释

① 大中祥符：（1008~1016）是宋真宗的第三个年号，北宋使用这个年号共9年。

② 唃厮啰：（997~1065），清人译作嘉勒斯赉。唃厮啰政权的创建者。原名欺南凌温。吐蕃王朝赞普后裔。

③ 宪谷：今榆中县，是甘肃省兰州所辖三县之一。

④ 洮河：洮河，位于甘肃省南部，是黄河上游第二大支流（仅次于湟水），源出青海省河南蒙古族自治县西倾山东麓，流经甘肃省碌曲、临潭、卓尼、岷县、临洮等县，在永靖县境汇入黄河。干流河道长673公里，流域面积25527平方公里。

⑤ 伏羌寨三都谷：宋建隆三年（962），置伏羌寨，属秦州。三都谷即汉之射虎谷，今甘谷散渡河谷。

⑥ 斩馘：斩敌首割下左耳计功。亦泛指战场杀敌。

［嘉祐①十年（1605）］董毡②贡真珠、乳香、象牙、玉石、马，赐以银、彩、茶、服、缗钱，

第四编　器物与工具

改西平节度使，遣贡奉官郭英赉诏书、器币至其国。

（选自《宋史·吐蕃》，第一万四千一百六十四页）

注释

① 嘉祐：（1056~1063）是宋仁宗的第九个和最后一个年号，北宋使用这个年号一共8年。

② 董毡：（1032~1083）北宋时青海东部吐蕃首领。

阴木猴年女皇（武则天）的儿子唐中宗①即位，吐蕃向唐朝皇帝求娶公主，皇帝将自己的弟弟雍王的女儿金城公主②嫁给吐蕃，陪送绸缎许多万匹，各种工匠，许多杂伎乐人并派左卫大将军领兵护送。后来又将西夏③之地都陪送公主，唐中宗在位六年，于阳铁狗年五十五岁时去世，阴铁猪年金城公主之父唐睿宗④即位，他在位两年，于阳水鸡年五十五岁时去世。

（选自《红史》，第十八页）

注释

① 唐中宗：唐中宗李显（656~710），原名李哲，唐高宗李治第七子，武则天第三子（684年1月23日~684年2月27日、705~710在位）。

② 金城公主：金城公主［则天圣历元年（698）前后~玄宗开元二十八年（740）］，李姓，唐宗女，和亲公主之一。金城公主在吐蕃30年，为唐蕃称为甥舅宿亲，"和同为一家"（见赤德祖赞上玄宗皇帝表）维系纽带，贡菲浅。

③ 西夏：（1038~1227）是中国历史上由党项人在中国西部建立的一个政权。唐朝中和元年（881），拓跋思恭占据夏州（今陕北地区的横山县），封定难节度使、夏国公，世代割据相袭。1038年，李元昊建国时便以夏为国号，称"大夏"。又因其在西方，宋人称之为"西夏"。

④ 唐睿宗：李旦（662年6月22日~716年7月13日），又名李旭轮，唐高宗李治第八子，武则天幼子，唐中宗为其兄长。

芒松芒赞①的儿子都松莽布支龙南木神变之王，生于阴水鸡年，执政二十九年去世，他在位期间，吐蕃有大量茶叶、器乐，并有七名武艺高强的人出世。

（选自《红史》，第三十五页）

注释

① 芒松芒赞：（676），《通典》作乞黎拔布。按照藏族的传统，他是吐蕃王朝第34任赞普（650~676）。他是共日共赞的儿子，为吐谷浑妃蒙洁墀嘎所生。也是松赞干布之孙。

（香艾哇对多麦四个部落的僧人讲经时）一排排坐垫是五色彩缎装饰的，念一次超度经给五十块大砖茶，在生活享用方面当时是最好的。以后堪布索仁①任住持，他是成就者拉堆玛波的大弟子，他还著《业镜》②等许多论著。

（选自《红史》，第六十二页）

注释

① 堪布索仁："堪布"原为藏传佛教中主持授戒者之称号，相当于汉传佛教寺院中的方丈。其后举凡深通经典之喇嘛，而为寺院或扎仓（藏僧学习经典之学校）之主持者，皆称堪布。担任堪布的僧人大都是获得拉然巴格西学位的高僧。

②《业镜》：佛教语。谓诸天与地狱中照摄众生善恶业的镜子。这里指一本佛教的书籍。

（松赞干布）王赐以金币五枚，谓以此作为公主（尼泊尔公主）聘礼，并示之曰："彼时尼王①将连续提出三种不同询问，尔时便依次将此三种答复上呈，应无失误！"即授与缄札宝匣三只，并赐当时所需之饮食衣服饰用诸物，复以马、骡、骆驼多头作为负载而遣之，并嘱语云："如行经险峻道途，可启请怒纹佛母而行。"

（选自《西藏王统记》，第五十四页）

注释

① 尼王：指尼泊尔国王。

（松赞干布）将"绕拉德瓦宝"装于凤眼珠匣内，用五色彩缯缠裹，藏于财神像下。藏此功德，能令装饰，衣服，财帛，粮谷，凡所欲者，皆得满足也。又将"达夏德瓦宝"以蛇皮包之，藏于龙王殿下，藏此功德，能使年岁丰登，牲畜蕃息，甘雨时降，地神恶龙之害皆得免除也。又将琉璃宝钵满注各种食品，藏于药义殿下。藏此功德，凡所欲之饮食，皆得如愿而至。凡所食之物，又复具足精英也。又为绕萨神殿若遇坍塌，则能修葺，并常时不断诸种供品，遂将金银诸宝贮于一大铜器中，藏于大曼陀罗坛城之下，愿其能遭遇具足因缘善机之人而为之祈祷焉。……又为使地土具足光明，风雨时节，五谷丰熟，以及免除旱灾，冰冻霜雹，田莠荒芜，饥饿瘟疫，以及强邻寇境等事，而使一切时中，皆呈吉庆祥瑞，福善周遍，故将诸金银等宝，盛于宝器之中，以诸绫罗缠裹，藏于药义殿、龙王殿、佛殿内道等处。

（选自《西藏王统记》，第九十七页）

朗董格祭祀念青唐古拉山①山神后，在同该地土酋开战时……朗氏首领董瑟祭祀积石山②山神，讨伐东方嘎氏部落和居热部落，摧毁邓柯③地区的碉堡。作为勇武的标志，夺取邓柯地区的朗宇嘎江（疑为一物名，待考），役使土酋嘎瓦僧尚，击杀居热部落六人。征服居热部落和改造邓柯地区的狡诈者亦是天神种姓朗氏之人。

（选自《朗氏家族史》，第二十二页）

注释

① 唐古拉山：位于西藏自治区东北部与青海省边境处（青藏高原），东段为西藏与青海的界山，东南部延伸接横断山脉的云岭和怒山。"藏语意为"高原上的山"，又称"当拉山"，在蒙语中意为"雄鹰飞不过去的高山"。是青藏高原中部的一条近东西走向的山脉。

② 积石山：藏名叫阿尼玛卿山，意为黄河之祖。积石山又称为玛积雪山，在青海省东南部，延伸至甘肃省南部边境，为昆仑山脉中支。

③ 邓柯：今西藏昌都地区，这里是隆朵嘉措的出生地。

朗·桑积供牟多闻天子，家藏克敌制胜的矛胄、金鞍、勾魂铁丸、牛皮蓝盔、流星白光剑、珍珠华盖、银质器皿、银茶碗、金曼札、会说话的鸟儿、大小水晶座等，财宝无计。故富裕之首位者亦是天神种姓朗氏之人。

（选自《朗氏家族史》，第二十五页）

格萨尔供献了《历史宝炬》、《支撑宗教的大象》、《朗氏灵犀宝卷》、猛利的法鼓、刑场白银号、令人胆寒的黑旗、阿阇黎莲花生的经卷、冠冕、衣服和靴子等，以及状如白额马的磐石坐骑。启请说："您是得道的瑜伽师，守持佛教，调伏凶恶的鬼神，增长岭国的人口和财富，消除人畜瘟疫，关心藏地安乐。……请带领我（格萨尔①）至极乐世界。此次进首次献礼。"僧伦赠送（赠送给大得道者）了花绵羊；查根供养了白檀木，晁同②供黑腰刀；佟布馈赠了白华盖；协噶尔③供献了白哈达。总之，岭国三十位头领、三十位勇士、三十个青壮男子、三十位应供喇嘛、三十位尼姑每人分别奉献了礼品，进行了一次启请。

（选自《朗氏家族史》，第三十四页）

注释

① 格萨尔：在很久很久以前，天灾人祸遍及藏区，妖魔鬼怪横行，黎民百姓遭受荼毒。大慈大悲的观世音菩萨为了普渡众生出苦海，向阿弥陀佛请求派天神之子下凡降魔。神子推巴噶瓦发愿到藏区，做黑头发藏人的君王—即格萨尔王。

② 晁同：格萨尔的叔叔，人称"阿库晁同"。

③ 协噶尔：地名，在西藏札什伦布西南月楚藏布河北岸，路通泥泊尔，有寨。

（在多康下部地区雪域）茶和食盐的来源，达陇巴每人捐献一百克盐。作为土地献新，（邓萨提寺）在得到馈赠的米底拉地方以后，（我们管辖的牧民）便带着酥油灯、牛毛帐幕，驱赶着紫色的和花色的牛群前往北方草原，同嘉措帕巴（人）共同放牧。初冬运回此寺的酥油、奶酪糕计一千余袋，且有大量的马匹、牲畜牧人。

（选自《朗氏家族史》，第七十三页）

（大概是1322年，绛求坚赞①）我走马上任时的财物还有：以我购买的叫做谢赛为代表的犏牛五头，加上别人赠送的两头，共为七头，马十一匹，有背光的金质小佛像一尊。我（绛求坚赞）本人所有的帷幔和华盖一对、坐垫和缎制垫褥一对，邓萨提寺②人惠赠的厚实丝缎软垫一只、薄的一只、双层垫五只、帷幔和华盖一对，囊梭们每人赠送了有浮绪的软垫一对、瓷碟一对，觉卧瓦（雅隆地方一首领）馈赠一匹用酒糟喂养上膘的老红马，雅达宇斯地方赠送一匹马，纳谢地方赠送一匹马，纳南巴地方的撒巴赠送了一块茶砖。寺属百姓除赠送一头犏牛之外，谁也不郑重对待（我的就职）。

（选自《朗氏家族史》，第九十七页）

注释

① 绛求坚赞：全名大司徒·绛求坚赞，《朗氏家族史》作者。

② 邓萨提寺：邓萨提寺坐落于西藏自治区山南地区，是藏传佛教噶举派中著名的帕竹噶举的祖寺。

（绛求坚赞派人进京请得圣谕、银印章和宣政院的札付①）因路途之中艰辛、疾病、物资匮乏等什么情况都会出现，我（绛求坚赞）慷慨解囊赠以物资、盘缠和用具。他们抵达多麦②地区的多绛地方时，遇见赍送喇嘛的金册、金字圆符、印匣等而被派往亚泽③的拔希公确。

（选自《朗氏家族史》，第一百五十一页）

注释

① 札付：明、清朝廷与地方官署长官称堂官，其委派属员办事的文书称堂札。

② 多麦：又称为安多，是青藏高原东部的一个重要藏族文化地区，常与卫藏和康并列。范围大致相当于今青海省的海北、海南、黄南、果洛四个藏族自治州，甘肃省的甘南藏族自治州和四川省的阿坝藏族羌族自治州北部。

③ 亚泽：亚泽位于今天尼泊尔境内，北与中国西藏自治区普兰县接壤，历史上曾是普兰的一部分。

（喜饶多吉和旺秋）在到达大都的第二天就晋见皇帝陛下。朝见情况很好。皇帝降旨：按照钦差的规格办理诸项事宜。按照圣旨，赐给了万户所需之圆形银印两枚，除开万户属民承担驿站塘讯的差徭①之需外，一切差税减半，还赐给宣政院的札付、大量物品和金质腰带，著王子（镇西武靖搠思班②）骑乘自己的马匹进京，着院巴骑乘驿站（的马匹进京）……

（选自《朗氏家族史》，第一百五十一页）

注释

① 差徭：徭役。
② 镇西武靖搠思班：镇西武靖王，元朝的封爵之一。

（止贡人充当王子的亲随和亲兵，放火烧毁了藏拉雅朵地方的房屋约二十八座，抢劫所有的山川，加害众多人畜之后。）院巴从羊卓①到达饶尊地方，王子（镇西武靖王②）亦由塘甲地方前往名叫"悦"的寓所。其间由米钦丁居、旬杰都元帅和贡巴等人担任联络人。王子昆仲、丁居和贡巴等人密谋从院更手中夺取宣政院（分院）的印章和诏书，戕杀颂白王呼宾，将蒙古都元帅的虎钮印章授给丁居，委任他为蒙古都元帅，废黜本钦旺秋贝③，将本钦④的虎钮印章交给长官杰尚。

（选自《朗氏家族史》，第一百五十三页）

注释

① 羊卓：羊卓雍措，简称羊湖，距拉萨不到100公里，与纳木措、玛旁雍措并称西藏三大圣湖，是喜马拉雅山北麓最大的内陆湖泊，湖光山色之美，冠绝藏南。
② 镇西武靖王：元朝的封爵之一。
③ 本钦旺秋贝：旺秋贝，历任萨迦本钦之一。
④ 本钦：为元代统治乌思藏地区的萨迦地方政权的军政首领。又称萨迦本钦。

（止贡①、帕竹②争夺多热和文地谷顶等地）嗣后，大阿阇黎索洛③和本钦旺秋贝师徒俩在觉木隆，他们前往孜咯，赠给止贡贡巴以衣服、金佛像、经卷、坐骑、茶和一升碎银为主的各种礼品，说，"目前您们两座寺院不要再相互仇恨，最好不要开战。"于是首先休战三天，续之停战五天。

（选自《朗氏家族史》，第一百五十五页）

注释

① 止贡：地名在墨竹公卡东北。
② 帕竹：是元朝在卫藏地区划分的十三万户之一，先后经历了建立、统治、衰亡的时期。
③ 大阿阇黎索洛：大阿阇黎，亦作"阿阇梨"。意译为"轨范师"。可矫正弟子的行为，为其规则模范，是高僧的敬称。

（绛求坚赞在徐卓定计救本钦，宣慰使司委任司徒为总管）绛求坚赞说道："本钦杰瓦尚波是官秩一品的首领，有着与本钦释迦尚彼相同的品衔，却被喇嘛帝师的两位儿子监禁，对此众人对我说，应前来营救，我遂来了。现在蒙古都元帅不在，旬杰都元帅你有三等虎钮印章——六棱宝印，它（的等级）同本钦的官印相似，故宣慰使司、玛绛的蒙古兵和全体前藏人在您后面作中军……我

第四编 器物与工具

们主仆一百人前往仁蚌等候消息,韬略的优劣由宣慰使司和参加决事会议的带兵官们负责。"

(选自《朗氏家族史》,第一百七十三页)

(本钦杰尚出狱,同绛求坚赞相会于律院)律院僧众列队欢迎本钦,准备奉茶。……在饮茶之间,我(绛求坚赞)思忖一会,从前藏上来,我们送糌粑和青稞一万余克,茶叶约一百包,肉畜牛羊上千头,酥油和奶酪糕无数,金子约五百两,碎银约十五升,宽大晒垫不计其数,迄今运输茶、糌粑、酥油、奶酪糕和宽大晒垫络绎不绝于途,道路为之拥塞,我们在仁蚌、徐卓和曲弥等地背负了那么多的艰难困苦之包袱。

(选自《朗氏家族史》,第一百八十二页)

(绛求坚赞去曲弥)在途中收到的(贡品)有:我的餐具一套,碎银两升再加半升和四分之一升,夹衣二十件,茶壶、供杯、围腰、腰带、帷幕和华盖等不计其数,归来时满载而回,没有空着的包装容器。我把带上去的多余的用具和在后藏收到的全部东西贮存在曲弥地方。

(选自《朗氏家族史》,第一百八十八页)

我(绛求坚赞)请求以喇嘛当巴为首的萨迦决事会议所有成员前来曲弥。当卫藏所有达宫、大德云集于曲弥时,有消息说,迎清大阿阇黎。索洛瓦的宣旨钦差鲁杰道使衮和杰仁温布赍着给我(绛求坚赞)的大司徒之印章前来。我遂前往缀地谷尾接驾。阳土狗年(1358)新春之时授给我印信,举行仪式,开启印章。细脱拉章①应交给我的水晶印章和珀东巴应交给我的东西亦聚集在法主座前。我收取萨迦以上所有达官、大德的详细之札撒,他们一致说,(我的恩德)荫被所有人,众人均已感觉到了,甚佳。

(选自《朗氏家族史》,第二百零五页)

注释

① 细脱拉章:萨迦派四个拉章世系之一。

[协饶嘉哇(智胜),"耶"区开始至约区方面修建了很多寺庙]从那里出有许多雅陇方面的弟子;……中间有一段时间他(协饶嘉哇(智胜))和荡巴桑杰及班智达·达哇贡波①(月怙主)二师相会面,在荡巴师座前供上许多黄金……拉布巴金氏无子嗣,来(荡巴桑杰及班智达·达哇贡波二)师前求胜乐灌顶后,由此一年期间即获得子嗣。灌顶时供物有净瓶项饰大小的绿松石;上部吉祥草;古代东印铸造佛像。后来酬恩又供献光浩的金座;鹿形的银勺;弯形的利剑;具威胁的铠甲等。此后福泽更盛,财富难以容纳,以此修建吉汝寺。

(选自《青史》,第五十八页)

注释

① 班智达·达哇贡波:克什米尔一位高僧。

邬裕巴在萨迦班智达座前听受《量决定论释》后,也就在那里作讲说,由此而作出广大的宏法事业。此后大德绛央①(妙音)寄给邬巴洛色(思明)等人大量财物资具,命他们制造所有《甘珠尔》和《丹珠尔》的刻板。(这里原文未说明是刻板)而奉安于纳塘寺庙②中。于是在邬巴洛色·绛秋耶协(菩提智)、译师索朗峨热(福光)和江若·绛秋(菩提俱胝)三人努力之下,觅得《甘珠尔》和《丹珠尔》的原本,妥善地制造完善后,奉安于绛寺庙中。也就对其他各处广为流通,上区流通到仲巴萨迦及考工塘等处；下区察工塘也翻印三部；达隆附近等处也印行三部。布顿仁波且也从纳塘请求得《丹珠尔》来阅读，由于纳塘板是初板，布顿为了收集所有的原本之故，对于没有次序的，妥善地编撰次序，并新添法门项目千余种后，奉安于夏鲁寺（布顿的寺庙）中。又以此作为原本，而由在仁喀寺庙庄园的阿阇黎朗喀绛称（虚空幢）复建造（经板），而奉安于哲塘教院中。又以此作为原本（或称底本）而建造，奉安于廓嘎和敦萨梯寺中。后来康区诸人士个别建造（经板）而携带回康。继后在康区又以作为原本而建造；法王通哇邓敦也建造；前藏杜温夏哇也建造；楚普寺法王让郡哇也用宝质（如金银）来建造（写经）；绛巴岭寺中雅甲哇·大宰格业巴（居士）也建造；思衮邦哇也出资书写制作了一百八十函；达哲哇也建美妙庙堂，而在往昔《甘珠尔》和《丹珠尔》的基础上，再寻得许多后期原本而建造出的经板数量是多不胜数的。诸如此类不仅都是由薄伽梵（即佛）的弟子理智之剑——曼殊室利③的神力中而生出；而且究竟也是由峨译师的恩惠，及克什米尔善巧诸师和诸佛的恩惠而来的。现在（著者当时）是由善巧师协饶生格（智狮子）及其弟子善巧大师根敦珠（僧成）修建扎什伦布寺及大佛像；并聚会众多僧伽发展讲说和听受经教，名称上说为甘丹山派的分支，而实际师徒二者都是纳塘的根本善知识。

（选自《青史》，第二百零七页）

注释

① 大德绛央：大德，敬称词。在印度，是对佛菩萨或高僧的敬称。绛央，藏传佛教格鲁派寺院哲蚌寺创建者。本名扎西班丹。取法名绛央却杰。

② 纳塘寺庙：纳塘寺，在日喀则市区境内，位于市驻京地西南的中尼公路旁，距市区20公里。该寺称"那当寺"、"拉尔塘寺"等，清雍正皇帝曾赐名"普恩寺"。建于1033年，属噶当派寺院。一世达赖喇嘛根敦珠巴曾在这里受戒，并研学佛法长达八年。

③ 曼殊室利：即文殊菩萨。文殊，音译作文殊师利、曼殊室利、满祖室哩，意译为妙德、妙吉祥、妙乐、法王子。又称文殊师利童真、孺童文殊菩萨。为我国佛教四大菩萨之一。

[法王通哇邓敦（见者有义）小时候对来着都能叫出名字]继后他[法王通哇邓敦（见者有义）]去到桑普寺①闭关时对那里的佛像、经、塔，都大兴供养和供衣饰等。在诸护法神前供垛玛②（食供）后吩咐他们护教。个别的佛像等则奉安于箧中而加盖封印，并对法王业窝哇③说："我未到之前不可坏掉印章。"问："是何原因？"答："由于香拔拉④和喀玛双方发生战争，以此具种（香拔拉国王名号）之友必须前去帮助。"

（选自《青史》，第三百零七页）

注释

① 桑普寺：建于1073年，地处于拉萨以南，聂当以东16公里的堆龙德庆县的森达乡以东6公里处的山上。最初称内邬托寺，后改名为桑普寺。

② 垛玛：可为供养佛菩萨、本尊的食品，亦可供给恶灵邪魔以驱除之，亦可为灌顶时，作为本尊代表来加持弟子之用。

③ 法王业窝哇："法王"，佛教对佛的尊称，汉语中的藏传佛教术语，为佛教徒对于转世喇嘛的称谓。

④ 香拔拉：是藏语的音译，又译为"香格里拉"，其意为"极乐园"，是佛教所说的神话世界，为时轮佛法的发源地；佛学界认为香巴拉是一个虚构的世外桃源，是藏传佛教徒向往追求的理想净

土即:"极乐世界"、"人间仙境",也称"坛城"。

七天后珠侠死去,三月后兄长也被人所杀。而杰·敬安和徒眷等竟未发生任何过患和灾厄。这些故事出自止贡,以此止贡法王对敬安说:"你如果安置一只代替钵的皮火筒,将会来一种更温和的结果。由于敬安没有钻进桑耶酋长(即拉准)的食物之下,以此普遍传称他叫'杰·汤切钦巴'(意为至尊一切智)……"

(选自《青史》,第三百四十一页)

萨迦派差来金册使者(桑杰温[①])索将手杖和用瓢交出。由于未能交出,金册使者脱下僧衣而说道:"请求释放我和给我一小筐(言难复命只好去乞食)吧!我是为关心而这样做的。"温说道:"这是由于不看情面,才有彼此互不相信的到来。"

(选自《青史》,第三百八十五页)

注释

① 桑杰温:桑杰温大师,是达隆寺第三任堪布桑杰雅郡的侄子,宋代类乌齐寺的创建者,于藏历第四绕迥之金猪年(1521年,宋淳佑十一年)生于康区。

他(冻措热巴)依师教(喀惹拉措的楚细康巴)而到了坝裕玉措,那里有一小山口前有一茅篷,他住在里面依苦行而勤修,发现广大神变。在茅篷下面不太深的土里最初发现零碎木炭块,继即发现有雕刻的封蜡软包一个,撕开一看,里面记有在杠波的后湖——黑曼遮中有至尊杠波巴所埋的秘藏的标签;并授记(预示)掘出秘藏人即是他(冻措热巴)自己。

(选自《青史》,第四百二十四页)

时突厥[①]、吐谷浑遣使向唐王求婚,遂各尚以非亲生之宗室女。闻此言,吐蕃王乃遣使求婚。太宗不许,使者还,妄语于王曰:"唐王遇我厚,几得公主。会吐谷浑于唐王前似有所离间。"吐蕃王怒,率羊同兵击吐谷浑。吐谷浑逃往宗喀青海以西,所遗资畜,尽为吐蕃军所取。王亦勒兵二十万抵松州[②]。后吐蕃王遣大论薛禄东赞献黄金五千两及各种珍宝五千于唐王,嘱曰:以往之战事皆作罢,可嫁女于我。铁牛(辛丑)年,太宗以亲生女文成公主妻之。

(选自《雅隆尊者教法史》,第二十二页)

注释

① 突厥:是中亚和西亚等民族的主要成分之一。他们是突厥人或者突厥人的后裔,在现代,突厥称呼不特指一个民族,而是继承突厥血统并操突厥语民族的总称。

② 松州:所在今四川松潘。

土鼠(戊子)年,吐蕃王之使臣与祖母之使臣宗俄前来请婚。帝(唐中宗)其弟雍王女金城公主妻之。吐蕃王遣二大将率众来迎,唐帝赐锦缯别数万,杂伎诸工与乐师陪嫁,遣左卫大将军杨矩率众军持节护送。帝亦短程送至始平县,在该处设大帐,盛宴吐蕃诸使。帝亦流泪不止,赦该城罪犯,免去徭赋、兵员一年,改城名为金城县。

(选自《雅隆尊者教法史》,第二十三页)

王(志共赞普)遣母狗聂吉纳桑玛前去探听洛昂,时为洛昂所觉,乃喃喃而言:"王若头缠黑绫,额系明镜,右肩挂狐尸,左肩悬死猫,在牛头公鸡头上舞剑,百头红乳牛红牯牛驮上装满灰尘之皮口袋,则我等不能敌。"

母狗禀于王,遂如是而行。兵丁混杂其间,红乳牛拥挤相撞,皮口袋破裂,灰尘飞扬,迷住眼睛。因系亢宿氐宿之时,狂风大作,掀起沙尘。黑绫头巾逼走颈喉守护神,狐尸逼走王之战神,死猫逼退肩头守护神。因在牛头公鸡头上舞剑,登天绳登天梯皆断。洛昂向王额上明镜射去铁矢,遂弑之。

布特被装入铜匣,上钉铁钉,自结达桥口推入尼洋河之嘉莫。流至嘉卡萨查,滞留七日而无人拾取;流至赤当古莫,滞留十三日,仍无人拾取。后被冲往工布河之拉。龙妖霍德仁莫之婢女龙妖切玛拉仁前去捕鱼,觅得铜匣,献于主妇,藏之库内。

（选自《雅隆尊者教法史》,第二十九页）

苯教徒巴日之子吉杰玛波查取刀开启已盛尸十三载之铜匣,匣中发出阿拉拉之吼声。该地又取名阿拉塘。后,尸体藏于穷波昌莫昌琼之巅。天空出现金丝线,没入尸身之上,取名朗拉色替,今为该地之当方神。

（选自《雅隆尊者教法史》,第三十一页）

父子二王（志共赞普[①]与布德共杰[②]）之时,如拉结及其子拉甫阁噶为大臣。父志共赞普时,祥雄与勃律[③]之苯教[④]为辛儿杜本。子布德共杰时,建秦阿达孜王宫。始有寓言、谜语,苯教为朗本兴波且。此二贤臣时,以"堆"为计牛之数;开渠引水;开垦草地;以炭冶炼矿石,得银、铜、铁;河上架挢。

（选自《雅隆尊者教法史》,第三十一页）

注释

① 志共赞普:是吐蕃传说中第八代赞普。

② 布德共杰:又译为布德贡甲,《吐蕃王朝世系明鉴正法源流史》作普得贡家、补得贡贾。按照藏族的传统他是吐蕃王朝第9任赞普,吐蕃王朝早期所谓上丁二王之二。

③ 勃律:克什米尔北部印度河流域上游地区的古国,扼印度次大陆、中亚细亚和青藏高原西部和西北部地区之间的交通要道。

④ 苯教:"雍仲本教"原名"雍仲苯教",苯教,是幸饶弥沃如来佛祖所传的教法,也被称为古象雄佛法。其历史距今约1.8万年。

康萨派之父子嗣,有大轨范师尼玛坚赞在京任国师后去世。

大轨范师德勒坚赞亦受皇帝（忽必烈）所诏赐之水晶印,被委为康萨拉章住持。后,逝世于喀曲帕。

（选自《雅隆尊者教法史》,第九十八页）

在我（米拉日巴）家的山沟里放牧着马、牛、羊;在坝上有以"俄玛三角地"为主的、足以使穷人眼红的一些肥沃土地;楼下畜棚中有牛、羊、驴等牲畜;楼上房屋里有金、银、铜、铁、玉石等财产以及绫罗衣物和粮库……总之,我们的财产已能自足。

（选自《米拉日巴传》,第二十七页）

在他（玛尔巴[①]）睡得很熟时,师母（玛尔巴的妻子）从卧室中取出作为上师凭证的那若巴[②]的身严,朱砂宝石的本尊像,同时又把一封假造为上师名义的信,盖了印鉴,密封缄口。她把佛像用好衣服包裹，又用火漆盖印后一并交给了我，对我说："这些东西，你就说是师父托带的，把它供养给俄巴大师并向他求法。"就这样，遣送我前往雄地。

(选自《米拉日巴传》，第七十二页)

注释

① 玛尔巴：(1012～1097)，本名却吉罗珠，西藏后弘期重要的译经家，他将噶举传承传入西藏，是噶举派在西藏第一位上师。

② 那若巴：那若巴·晋美扎巴，藏传佛教噶举派开祖马尔巴之师，密教之大成就者，又译那诺巴、那若巴，是西印度（今克什米尔）一著名瑜伽成就大师，为藏传佛教噶举派开创人玛尔巴·曲吉洛哲译师的传法上师，出身于高贵种族释迦氏族。

（米拉日巴在山林中修行，遇到猎人，为之所唱五乐之歌）

向恩师马尔巴大师顶礼！

请加持我能把今生逸乐抛弃。

扎迦达苏①有个伍玛宗②，

在伍玛宗的城堡上，

藏地瑜伽士日巴我，

抛弃今生衣食享用，

苦修习为能成圆满佛。

一为下有结实的坐垫而安乐，

二为上有尼泊尔的木棉衣而安乐，

三为有抱膝禅定带而安乐，

四为有饥饱适中的幻化躯而安乐，

五为有抛去了情识的本性而安乐。

我无不乐故安乐，

请大家也这样去求安乐。

(选自《米拉日巴传》，第一百五十页)

注释

① 扎迦达苏：即为查嘎尔达索的同名异音。

② 伍玛宗：与米拉日巴修行活动有关的早期遗迹之一。

洪武四年十二月庚寅（1372年1月17日）户部言："陕西汉中府金州、石泉、汉阴、平利、西乡县诸处茶园共四十五顷七十二亩，茶八十六万四千五十八株。每十株，官取其一，民所收茶，官给直买之。……每五十斤为一包，二包为一引，令有司收贮令于西番易马。"从之。

(选自《明实录藏族史料》，第十五页)

万历四十一年九月庚申（1613年10月18日）隆卜、双善二族番人抢掠田家寨居民牛马，杀伤居民，巡按陕西御史张铨①以闻。先是，二番每年额中马一百四十匹，赏段二匹、茶十筐②、银牌十面。

(选自《明实录藏族史料》，第一千二百二十八页)

注释

① 张铨：张铨（1577~1621）明末抗建（州）英雄。
② 筼：jùn，古同"箇"，一种竹子。

喇钦挖出黑咒师之心，放入镇魔孔中一小匣子里，并把此小匣子摆到犀甲护法神面前，吩咐其完成降伏魔法之业。

（选自《萨迦世系史》，第三十四页）

[水牛年（1253）为利益佛法，忽必烈诏曰：皈依佛法，赐物于上师]，此外，已赐给（八思巴）上师黄金及珍珠镶嵌之袈裟、诸宝装饰之佛塔、法衣、僧帽、靴子、坐垫等，器具有黄金伞盖、金杵、银爵、珍宝镶嵌刀柄之腰刀等，还有黄金一大锭、白银四大锭、乘驼、骡子，俱带黄金鞍、鞯缰绳等。复于虎年为法缘赐白银五十六大锭、茶二百包、锦缎一百一十匹。

（选自《萨迦世系史》，第一百二十八页）

有一次，此法主喇嘛（指喇嘛丹巴）在彭域①的却朗地方借宿时，当夜法主与文书官曼殊室利二人在一间小屋中摸黑睡觉，格隆桑嘉在另一边睡觉，将一枚银印装在木匣里放在枕头下面。

（选自《萨迦世系史》，第二百一十六页）

注释

① 彭域：原译文作"潘余"，并注之曰："地名，乃拉萨附近北方一山谷之名。"

他（喇嘛丹巴①）驻锡在达布的喀鲁桑地方准备写作时轮大疏之时，一天晚上梦见一个又像是堪钦布顿大师驻锡在达布的喀鲁，又像是个妇人的人前来，交给他一个墨盒和一支毛笔，并说："现在写吧！"

（选自《萨迦世系史》，第二百一十六页）

注释

① 喇嘛丹巴：元皇庆元年（1312）生于夏鲁康赛，为达尼钦波桑波贝之子，母为夏鲁万户长之女玛久宣本。皇元朝后期萨迦派著名高僧。

此大自在者洛追坚赞是法主萨钦贡嘎宁布①再次在自己家族中的戏乐世间的化身，如前所述，善巴钦波曾把萨钦的传记交给他（洛追坚赞），对他说："你自己的教法都在这本书里。"另外，与漆皮面具一起从印度来到萨迦的漆皮"噶乌"中的修行法等文书后来在什么地方各种目录中都没有记载，洛追坚赞说："名叫萨钦的老者将它埋藏起来了。"

（选自《萨迦世系史》，第二百四十页）

注释

① 贡嘎宁布：（1092~1158）是藏传佛教萨迦派创始人贡却结保之子。

（元顺帝①）皇帝封赐其（贡噶勒巴迥乃坚赞贝桑布）为白兰王，并赐大金印，水晶匣，同知，金园符等物品，皇帝并将自己的妹妹嫁给他。

（选自《萨迦世系史》，第二百八十五页）

注释

① 元顺帝：孛儿只斤·妥懽帖睦尔（1320年5月25日~1370年5月23日），蒙古帝国可汗，

汗号"乌哈噶图可汗"。元朝第十一位皇帝（元朝最后一位皇帝），北元第一位皇帝，庙号惠宗，谥号宣仁普孝皇帝。

（达尼钦布①）所造画像之种类如下：临摹了存放在宗鲁之道果法传承贡噶多吉丹②的嘉唐钦姆大佛像，还有集密传承、持明传承、本尊③和黑色护法大、小两幅唐卡等无法计数之唐卡，并对这些唐卡用特制缎子镶缝双层彩虹条纹边幅和遮盖细软绸子。特别是对奇异殊胜佛陀一百本生传记画用无价之金丝缎进行了镶缝彩虹条纹边幅，用优质绸子作了画幔，木卷轴尖顶用金银制成椭圆形等，所用材料和结构均具有三种圆满。总之，大师所绘制的殊胜圆满之佛陀本尊唐卡为近时卫藏之地所罕见。另外，在对佛陀本生和上述道果嘉唐进行开光仪式时，出现了天降花雨等诸多吉祥之征兆。

（选自《萨迦世系史》，第三百八十七页）

注释

① 达尼钦布：（1262～1322）达尼钦布意为大君或主上，萨迦昆族子孙，掌握政教实权人的称号，此人是八思巴弟仁钦炯乃之子，1312年封为国师，任萨迦座主。

② 贡噶多吉丹：元代藏族学者。西藏13万户中最后一任蔡巴万户长。出家为僧后，取法名格微罗追。曾来内地向元朝朝贡。以编纂藏文大藏经甘珠尔部目录知名。

③ 本尊：密宗术语，是在曼荼罗坛城或唐卡的佛陀、菩萨或明王像，密宗修行者以它为禅修对象，通常每个修行者一生只会选择一位本尊来作为修持对象。

当年三月（角宿月）二十三日，长侄温仲索朗罗追旺曲去世。仲侄温中强巴索朗伦珠吩咐做逝世祭。第司①从俄地制作了缎制佛像，新建上下作坊和内藏塔一百多个及三赤大佛像等，并对这些以剑峰轮进行驱魔开光安神。初冬到孜东探视亲友。十一月（觜宿月）前往日喀则②，顺便应色朵金寺堪钦多吉伦珠之迎请前去为寺庙开光。彼在班达地方设灶郊迎，亲教师、轨（原译为"规"，疑误）范师四人也乘坐骑到该地迎接，寺庙内的缎制佛像开启，集会的僧众仪仗列队欢迎。

（选自《萨迦世系史续编》，第二十八页）

注释

① 第司：又称第斯，是藏语的音译，本义为"部落酋长"、"头人"。远在唐代，吐蕃奴隶制的军事部落联盟就以若干个sde（音译为岱，更接近原来的音）作为参加联盟的基本单位。

② 日喀则：日喀则市地处西藏西南部、雅鲁藏布江及其主要支流年楚河的汇流处，总面积3875平方公里，地形以平川为主，市区平均海拔3836米。属高原温带半干旱季风气候区。常住人口10万余人，常年流动人口6万余人，市辖10个乡、2个街道办事处。城市规划面积50平方公里，现市区建成面积20平方公里。日喀则，藏语意为"水土肥美的庄园"，是一座古老的城市，距今已有600多年的历史。

达钦彼娶玉董巴之女罗布普次为妻。于土兔年十月（昴宿月）二十九日，水星会房宿之时，其子江贡丹增旺波于阳光普照之孜东毗沙门龙顶寝宫，在母亲毫无痛苦的情况下降生。尊者（江贡丹增旺波）住胎时母亲身体轻快，心地纳入佛法。母亲在梦幻中觉得怀内装满了用先师之"冬查"做成的佛像和涂金泥塑小佛像。一尊无量寿佛①入了胎中。

（选自《萨迦世系史续编》，第四十七页）

注释

① 无量寿佛：阿弥陀，意译为无量寿、无量光，故阿弥陀佛亦称为无量寿佛、无量光佛。唯密教则以阿弥陀佛之应化身为无量光佛，其报身为无量寿佛。无量寿经卷上言，无量寿佛，威神光明，最尊第一。观无量寿经亦谓，无量寿佛，身量无边，非是凡夫心力所及。

（江贡丹增旺波的生平事迹）在鸡年为图登的亲密侍者强巴伦珠、鄂·康萨温波、德格喇嘛、贡噶群培各位做《金刚橛》、《普明大日如来》、《无量寿九尊》之灌顶，以及《八尊》、《降伏部多》之随许和《上师长寿灌顶》、《自生本尊朵玛仪轨》等的传承。然后于二月（翼月）初八日对图登·堪钦桑波坚赞和仲乃二人做《三赤》的随许①，并授予阿里仲乃该《手册》之传承。同时轨范师的莲花银像用镀金做成，先师强巴索朗巴的一肘高的独身像也用镀金做成，在六个月之内完工。针对护法授记②，总管和森本等侍从们感到义不容辞，也要为尊者塑一尊工艺无比殊胜之镀金铜像。

（选自《萨迦世系史续编》，第六十九页）

注释

① 随许：同意。允许有修、诵、授、受某一本尊仪轨之权。
② 授记：预言。事前推测未来的论断。旧译记别、悬记、授记。

（鸡年次年）于初三日黎明时得一梦，在邬金坎着林空行英雄集会之中心，赤钦彼坐在高广宝座之上，另外还有一个空位置，于是赤钦彼说："现在侄儿您到我的身边来，住在孜东终生不会幸福。"正说其间从梦中醒来，随咏悲歌一首：
顶礼南无福德智慧二资粮实为大海之宝藏，
佛教大师之顶饰如意大宝戴头上。
众生殊胜之怙主乃是灌顶之国王，
手持仁慈吉祥佛法胜利幢。
西南阿油小岛铜色山，
具有无数法相之宝藏。
三根本坛城如云朵密布四方，
醉香山彩虹花朵到处飘香。
似彼福贵圆满数不尽，
无别莲花金刚人头项鬘力。
对惟一无二根本上师彼，
做不退三门虔诚之祈祷。
成为我等芸芸众生之资粮，
您居住在如此神圣沃土上。
愿得到永不改变之地位，
吃的是精美如意果，
饮的是甘露长流水，
穿戴着清净戒律袍。
受用着如此不尽之宝藏，

第四编 器物与工具

请多保佑时刻不离去。

(选自《萨迦世系史续编》，第八十六页)

（关于尊者仓央嘉措转世活佛认定的问题。）殊胜化身宝住在德格时，拉藏汗已派军队进行认定，昂冬汗王向夏仲本人禀报说："转世活佛自己由拉藏汗派军队认定，不敢说将来灵童迎往青海时是否也照样顺利。（夏仲）答曰：

不变心的主人坐在金宝座上，
所有一切事情全由大臣商量。
由此飞往彼处缺少风的翅膀，
智慧有力的翅膀不知现在何方？
鱼儿在上涨的夏季洪水中游逛，
冬汛涨起又可架设金的桥梁。
既然朝拜过宝洲一定熟知海洋，
锋利的海螺能将水怪的身体凿伤。
以如意牛乳汁养殖白色海螺的人，
我可做出保证他定将获得宝藏。

(选自《萨迦世系史续编》，第九十四页)

正当仿照黄教寺院建立薪俸茶之际（在女官曲吉和屯尔金二人主持管理的十五年期间），有一位比丘是屯尔金之师父，彼从隆孜分别将重要的所依运走大约三驮。另外，火鸡年准噶尔撤退期间，由孜东巴将著名的隆孜白玛轨范师的大银像拆毁，以无量寿佛代之，现在仍安放在所依之列。从莲花生八号之佛像行列，除释迦狮子佛像外，将其余的全部搬走扔到了普措湖中。释迦狮子佛像现仍供奉在降孜。其余佛像、佛经和佛塔大部分扔进了上述湖中，造成严重损失。……夏仲本人前去朝拜加措四部，并赠送了维修宗喀巴大师的塔尔寺汉式屋顶的礼品。

(选自《萨迦世系史续编》，第九十五页)

（"吐托旺曲扎坚赞生平事迹"一节开篇唱词）
吉祥二资粮圆满功德之顶峰。
断证通达自在地位之顶峰。
众生导师圣善救护之顶峰。
生死轮回神圣种姓之顶峰。
五翎贤哲历代王，
佛教狮子吼声响，
具有利爪獠牙的威德狮子，
就是远近闻名的孜东巴。
特别是人王朗嘎札西，
新建了佛像、佛经及佛塔，
讲修部权威的萨迦大译师，
珠旺桑竹修和加贝央，

贡嘎索朗伦珠众生之怙主，
名符其实的索朗丹增王，
具智悲力的罗布坚赞等，
护持佛教建奇功。
想起彼等而起敬。
在此之际唱此颂。

（选自《萨迦世系史续编》，第一百零二页）

第司为在庄园建立僧团，招集了铸造大锅之工匠，随后禀报大师防止发生意外。临近铸造时，天昏地暗，乌云笼罩，狂风四起，电闪雷鸣，霹雳不断。因此，立即吹响长号，摇动佛巾，向神灵祈求。正式铸造时，夜晚天空晴朗，星斗满天。大锅奇迹般的铸成，并为之开光。

（选自《萨迦世系史续编》，第一百二十二页）

在火龙年的一天（一切智阿旺贡嘎索朗杞巴坚赞的）父亲亲自讲："今夜经忏修持暂时停止，请到我跟前来。"于是来到父亲身边，父亲赏赐了一条吉祥哈达，外加上等柳黄绸缎一匹、瓷碗一个。

（选自《萨迦世系史续编》，第一百五十二页）

接着于三月二十日，（一切智阿旺贡嘎索朗杞巴坚赞的）遗体进行火化，正如前面所讲，当时天下起了吉祥的雨夹雪。一些小沙弥集聚在大殿上，做了许多小纸包，供在灵塔之周围，并在所有供杯中，斟满饮料，作为祭品。另外，灵堂上供奉了大体完整的头盖骨，胜乐本尊[①]、金刚瑜伽母[②]、宝帐怙主[③]、诸位瑜伽自在的画像和字母等，极为醒目。各种舍利子以及后来生齿的螺贝等，摆放齐整，灵塔庄严无比，其余的灵骨如同透明的水晶，并涂抹了香料。

（选自《萨迦世系史续编》，第一百九十六页）

注释

[①] 胜乐本尊：又称上乐金刚，藏语称"登巧"，蒙古语称"德穆钦格"，是藏密无上瑜伽部母续的本尊，是三世诸佛的金刚身、语、意所依，是诸佛功德的总集代表，也是藏密无上瑜伽修法中尊奉的五大本尊之一。

[②] 金刚瑜伽母：身红色，裸体，一面两臂三目，左手高举盛满血浆的颅碗，右手持金刚钺刀，左肩上横放一顶端饰有金刚杵和新鲜、半干人头的梃杖，戴各种珍宝首饰，项挂一串人骨璎珞，双足各踩一魔。

[③] 宝帐怙主：是大日如来佛（也称明照佛、普明佛）的化身，主要为萨迦派所依止的不共护法，法力巨大。不少萨迦派僧人还以宝帐怙主为本尊进行修持，许多萨迦派寺院有怙主殿，以宝帐怙主为主供的神像。

（加贝央阿旺索朗旺曲札巴坚赞贝桑波修缮桑母寺）以活佛白玛旺结为首的三人进行祈祷，祈求神灵保佑，即将对昔日角楼进行动工修缮的最初的工匠们，不要出现任何灾难。得到的神旨如下：

此次修缮无量宫，
正如当初之设计，

第四编 器物与工具

不合时间之缘起，
所有工匠和使臣，
难免不出灾和难。
善业之神和恶魔，
周围所属之八部①，
且有一半难驯服。
而盛德饮血金刚，
彼之命令难违抗，
管束严格为理智，
无形凶狠之八部，
重新安排为上乘。
大力宏扬佛之法，
赞颂三宝之威力。
守护圣地寺庙时，
且有欢喜和悲伤。
为了此次的安排，
理域棕色之柳林。
北方净土香巴拉，
魔鬼引导头发昏。

（选自《萨迦世系史续编》，第二百二十页）

注释

① 八部：一天、二龙、三夜叉、四乾闼婆、五阿修罗、六迦楼罗、七紧那罗、八摩睺迦也。

（加贝央阿旺索朗旺曲札巴坚赞贝桑波）四十三岁时，迎请法王强巴阿旺典巴绕结，听彼详细讲解《宝训三现分》。临近建密宗道时，师徒们前往切居地方，又顺利地完成了《三续》的聆听。秋冬时节，以咒师后嗣加贝央为首集合了众多善知识，不断地转动法轮，并着手制作了供奉在吉黑的圣主昌苏的塑像和主尊三世诸佛的彩缎镶边的大卷轴画像。

（选自《萨迦世系史续编》，第二百二十三页）

六月里，赐予以南北寺为主的许多寺庙密集大灌顶之恩时，一天晚上得一梦：清楚地见到了先父，（阿旺贡噶扎西札巴坚赞先父）问："目前阁下在做什么？"（阿旺贡噶扎西札巴坚赞）大师回答："我目前在进行密集灌顶。"（阿旺贡噶扎西札巴坚赞先父）"这很好，但是昔日修此法时灾难很大，然而，你受到措结多吉上师的保佑，不脱离五部空行，会防止灾难，不出差错。另外，说法时要认真讲解。"（阿旺贡噶扎西札巴坚赞先父）随后给了一个用绿缎子包裹的油漆皮箱，里面放着一个漂亮的宝瓶，从装饰的瓶口里汩汩地向外溢着甘露。（阿旺贡噶扎西札巴坚赞）品尝一口甘露，甜滋滋的，心想此乃获得了共和不共之悉地，心中充满了无限喜悦。

（选自《萨迦世系史续编》，第二百六十二页）

语所依的经卷有用蓝琉璃粉末书写的经函、用纯金粉在厚纸和蓝黑色皮革上书写的《甘珠尔》、

《广般若》等数百函墨写经籍，尤其是被视为躯体的心脏一样的《四续部》①的口诀，宛若邬仗那的内库法一般珍贵，从而殊胜。

(选自《后藏志》，第十页)

注释

①《四续部》：属于大乘佛法核心的成佛捷径密道理法类。

夏鲁山上的水有益于身体，出产寒水石①、常啼草和多种别的物产。这里还出产天然的丝帛、珍宝、金、银、铜、朱砂、绿色染料等多种矿物。令贫困者足以脱贫，享受财用。大地和山丘状如五部如来的法器、标帜和八瑞物，世间和出世间的财用遍布大地。

(选自《后藏志》，第八十五页)

注释

①寒水石：是石膏的别名，是一种矿石中药材，中药名，清热泻火药，又称凝水石、水石、鹊石，本品为天然沉积矿物单斜晶系硫酸钙或三方晶系碳酸钙矿石。

伏藏埋藏情况。空行母羯磨大自在母，把总续和差别续各各分开，计有《五总续》和《十希求续》，凡十五续，将它们放入八种宝篋中，其中《妙吉祥身法行》装入铁盒，《莲花语法行》置入铜盒，《真实意法行》纳入银盒，《最上法行》放入金盒，《橛事业法行》放入璁玉盒，《召遣非人法行》置入漆皮革盒，《供赞世神法行》藏入白玛瑙盒，《猛咒诅詈法行》盛入亚玛瑙盒。以上宝盒埋藏在何处？鬼神八部众说纷纭，莫衷一是。空行母羯磨大自在母建造清凉尸林行乐塔，埋藏之。

(选自《后藏志》，第一百零七页)

止贡（吐蕃第八代赞普）以天绳被斩，死后遗尸地上。乃将其殓入铜棺，铆以铁钉，投之于水，漂流至于工布拉曲河，为鳌精切玛拉仁所得，献与王母。

(选自《西藏王臣记》，第十页)

（吐蕃王朝前期）茹莱吉与其子拉布俄迦二人为相时，创兴挖渠灌溉，开荒种植，熔冶矿石，提取银、铜、铁三物，并修建桥梁等。

(选自《西藏王臣记》，第十页)

（松赞干布）知尔王（尼王）有女，为怒纹佛母之化身，故特前来迎作王妃。同时还将迎致作为缘分应得之供像，有释迦牟尼佛像，弥勒法轮像，旃檀度母像三尊作为嫁奁相赠。

(选自《西藏王臣记》，第十八页)

（拉萨、拉东）又有夹喀日、许巴栋、热喀扎、觉木塞等，为金、银、铜、铁四大矿藏。

(选自《西藏王臣记》，第二十五页)

（吐蕃王朝时期）据云曾有争论嫡庶轶闻云。彼时，赤尊公主曾以修建寺庙之事商于赞普（松赞干布）。赞普曰："何处为善，汝自择而建之可也。"如赞普言，乃修建于拉东草泽边沿。殊至夜间为天鬼所毁。赤尊始遣侍婢，持金沙一升，往求公主推算。

(选自《西藏王臣记》，第二十六页)

此后至"共通年"，即庚成年，时有少数有缘之人其出现境界：见法王（松赞干布）及王妃三人，驾至神变殿堂北殿，化为光团，旋即融入于大悲观音心间。尔时，孟萨赤姜[1]悲痛号叫而诉之曰：王父王母三人，舍此而去，我等臣民，将往何处？于是赞普从大悲观音心间，伸出头首，赤尊与公主二人亦从左右两乳伸出头首，同为孟萨[2]，略作指示。从彼时起，迄今为第十一绕迥癸未年，即此上已过九百三十二年矣。复次，又从自生五位一体大悲佛像心间，放射白色光明，皎如秋月，朗照神殿内外各处。其光催动马头金刚、救度佛母、药师佛、弥勒法轮佛、觉阿不动佛，秽积金刚、无量光佛、燃灯佛等之佛心。于是诸佛心间，亦放出彩色光明，交相辉映，照彻神变殿堂所有方隅，因此后遂称此诸像为八尊放光神像。

（选自《西藏王臣记》，第三十一页）

注释

① 孟萨赤姜：松赞干布的后妃，包括文成公主在内，他的五个妻子中有一个叫小妃芒妃墀嘉（又名孟萨赤姜）。

② 孟萨：位于缅甸东北部的缅泰边境处，是一个由40多座自然村组成的大坝子，它便是金三角国民军的总部所在。

（赤松德赞时期，堪布大师菩提萨垂）师以所献金宝，悉撒布于阿里土地之上，使未来藏地能出产黄金，建立缘起。

（选自《西藏王臣记》，第三十七页）

（萨迦政权时期，八思巴大师被）授以灌顶国师玉印，供缕金珍珠袈裟，珍宝所缀氆衣、宝冠、金伞、金椅等多种精工巧制物品。此外尚赐升金升银、马匹骆驼、茶叶彩缯等，一切珍玩受享，莫不优赐有加。

（选自《西藏王臣记》，第六十三页）

（萨迦政权时期）多吉贡布六子，其中南喀丹巴朝元廷。获封为"国公"，赐虎头纽水晶宝印及封册。后又加封为大元国师，并给晶印。

（选自《西藏王臣记》，第七十四页）

（帕木竹巴政权时期）司徒（绛曲坚赞）至卫地，不久，大皇帝（元英宗）赐予水晶玉印虎头纽，封万户长职。

（选自《西藏王臣记》，第八十五页）

萨迦本钦[1]□旺尊又邀司徒至多龙巴赴宴，渠以甘语诱骗，欲司徒交出虎纽水晶印，软硬兼施，最后囚司徒于贡塘十九日。

（选自《西藏王臣记》，第八十六页）

注释

① 萨迦本钦：本钦为元代统治乌思藏地区的萨迦地方政权的军政首领。

（帕木竹巴政权时期）达钦·帕巴白有子多人。夫人玛基白玛生囊钦·衮噶帕。衮噶帕生女土官贡布等众弟兄姊妹。其中达钦·饶丹·衮桑帕，曾往乃邬东孜朝礼贡玛扎巴坚赞[1]，贡玛谓彼曰："乃东噶丹孜殿中所有佛像经塔，汝可随欲而取。"乃以小型金刚座之释迦佛像为请，众咸器其有志。现江孜之里玛佛殿内尚供有此像。

（选自《西藏王臣记》，第一百一十一页）

注释

① 坚赞：许多藏名都与佛教有关，坚赞也是一个，意为佛教中的胜幢。坚赞汉名译也可作坚村、吉村、坚参等。

（帕木竹巴政权时期）甘丹巴授任为德庆所属机雪南北两岸之总管。亚郊巴授任为内邬宗寨官，以其复臣事于贡玛之下，又任命其为以藏地金刚座神变寺为首机雪地区之执法长官，给以敕令，凭水晶印记可以处理一切官书文契。

（选自《西藏王臣记》，第一百一十六页）

（16世纪60年代，索南嘉措）回到哲蚌寺后，有一天在给一尊铜像上涂金时，第巴格茹巴奉献了一尊古东玛佛像。这样前后加起来，共有七尊众生怙主像到手，符合过去的预言。

（选自《一世至四世达赖喇嘛传》，第一百九十七页）

[铁鸡年（1625）五月]（在艾日果曲宗）温萨阿尼仲尼班噶曲宁桑莫很亲切地赠送了以衣食为主的供儿童游戏的木雕马、狮子等物品。

（选自《五世达赖喇嘛传》上册，第四十八页）

[火兔年（1627）五月二十五日]（在夏季法会期间，与多人一同学习）如果摆出地位尊贵的高傲姿态，就会毕生追求虚荣。因此，我（五世达赖喇嘛）只穿披单，自带茶碗，席地而坐，置身于僧众之中，与众僧相同，毫不造作。我说要和他们辩论，有拍手叫好的，也有不拍手的，不一而足。由于地位的原因，我虽然身不由己，却很想了解学僧们的情况。如今却像悬崖上的猫头鹰那样东躲西藏，在寺院中披衣铺毡，像老黄牛在皮鞭的驱使之下辛劳耕地。

（选自《五世达赖喇嘛传》上册，第六十三页）

[土蛇年（1629）]由于察哈尔汗王在蒙古发动战乱，北路不安全，达温达尔罕曲杰和扎尼温穷二人经汉地驿路至打箭炉。又经过中部康区来到拉萨。达温曲杰将我请到僧众集会上，敬献礼物，并捐赠了黄金百两、每包六封的茯茶千包，作为建造哲蚌寺金顶的基金。扎尼温穷也捐献了一些礼物。

（选自《五世达赖喇嘛传》上册，第六十七页）

[木鸡年（1645）]藏历四月初一举行净地典礼，（迎请洛格夏拉像途中）拉萨四乡的男女老少盛装打扮，僧俗人等各持伞盖、法幢、旗幡、花束、神馐①、熏香、各种乐器等供品，以我和固始汗福田②施主二人为首，带领大队蒙藏随后护送（至藏地民众的福田的中心）。

（选自《五世达赖喇嘛传》上册，第一百六十一页）

注释

① 神馐：供佛的食品。

② 福田：谓可生福德之田；凡敬侍佛、僧、父母、悲苦者，即可得福德、功德，犹如农人耕田，能有收获，故以田为喻，则佛、僧、父母、悲苦者，即称为福田。据正法念处经卷十五、大方便佛报恩经卷三等载，佛为大福田、最胜福田，而父母为三界内之最胜福田。据优婆塞戒经卷三供养三宝品、像法决疑经、大智度论卷十二、华严经探玄记卷八等载，受恭敬之佛法僧等，称为敬田（恭敬福田、功德福田）；受报答之父母及师长，称为恩田（报恩福田）；受怜悯之贫者及病者，称

第四编 器物与工具

为悲田（怜愍福田、贫穷福田）。以上三者，合称三福田。

[火狗年（1646）] 欢度新年时，我（五世达赖喇嘛）被请到察哇吉康殿中，赠送了茶等大批康区财务。那里有个沃色喇嘛，由于没有给他铺设坐垫，他就抱怨说："穷酸的人当不了上师。"他对象牙和骨头天然有等级之差别的道理都不懂。

（选自《五世达赖喇嘛传》上册，第一百六十六页）

[火猪年（1647）]（在建造布达拉宫噶丹桑阿养孜扎仓时）（五世达赖喇嘛）向色顶寺僧人传授了六臂依怙和事业阎王的随许法、《大威德金刚宝箧经》经义。素尔遍知一切将两幅妙行画像和一件灵器木简送给了我（五世达赖喇嘛）。

（选自《五世达赖喇嘛传》上册，第一百七十四页）

[水龙年（1652）八月二十八日]（在前往北京途中经过平定城）当地官员在吉叶接待侍奉，嘉多尔达主仆一行六十人前来奉献了以银壶、茶滤子、净瓶、曼遮、绸缎、鞍具等为主的大批礼品。

（选自《五世达赖喇嘛传》上册，第二百二十九页）

[水龙年（1652）十二月] 二十五日，（顺治）皇帝遣内大臣噶巴喇阿玛和鄂罕阿玛等人来黄寺颁赏了银曼遮、瓷器、黄金制成的托盘、器皿、净瓶、绘有彩龙的瓷盘、香炉、长号、唢呐等，另外还有幡、华盖、宝幢、飞幡以及幡伞等合于帝师身份的用具。

（选自《五世达赖喇嘛传》上册，第二百四十二页）

[水蛇年（1653）二月十二日]（顺治）皇帝派遣噶巴喇阿玛赏赐给我以珍珠斗篷为主的各色缎匹、两拇指大的价值无比的珍珠；给我的仲科尔们每人赏五十两重的元宝三个、银茶筒一个、大缎十五匹，还有缎绫、薄绫和带鞍带镫、坐垫的鞍具等。

（选自《五世达赖喇嘛传》上册，第二百四十六页）

[水蛇年（1653）四月十二日] 察哈尔部的和硕亲王主仆五百人来此，向我奉献了用一百两银黄金制成的曼遮、祖衣、华盖、幡帜、坐垫，羽扇，饰有珍珠的桌杌，用珍珠、珊瑚、玛瑙制成的小匣，金盘、银盘、玻璃器皿、绸缎，配有金鞍的马匹、皮张等近千件礼物。我（五世达赖喇嘛）以经教、随许、降魔、禳解、诅咒和洗礼等多种法事满足了他们的愿望。

（选自《五世达赖喇嘛传》上册，第二百五十页）

[从土猴年（1668）三月起] 分三次给卫、藏等一千六百二十二座寺院的八万四千一百位僧人发放了布施、斋僧茶、回向礼品等。净物总计金佛像一尊、纪念品二十一件、卷轴画一百一十八幅、蒙汉两地出产的铙钹①二十四副、内库铃杵二十副、内库薰香一百束、玛瑙、玉石、浅蓝晶石、瓷盘等器皿三十七件，普通内库及汉地产长、短柄碗三十四个，黄金两千七西四十五钱、银器八十七件、碎银一万又二百一十四钱，绵羊、猞猁、狼皮等缝制的缎面裘衣十件，精大氅一套、长坎肩一件、披单二十三条，以供杯、瓶座、嵌花缎、金丝缎织品为主的华盖、佛被、幡、香囊、幢等计七十四件，绸缎幔十条，以一件特织的饰有珍珠的蒙古缎祖衣为主的缎、绫、绸披风、祖衣二十二件，缎子三百六十七匹、坎肩两千二百七十一件，各色面子薄绫、绫曼曲绸等四百一十七匹，薄绫坎肩五千二百零二件，大小镇日吉祥纹、蓝底白花绢、茶色及普通白哈达一千九百二十四条，棉布、隆格缎、宽呢、拉达缎、巴日绸、班查绸、茧绸等计五十七匹，汉、门两地产棉布计九千一百

三十八匹，铜合金锅十四口、镶边褥子二百七十六条，牛皮茶包和六封茶计一千九百二十包，红糖、大米二百五十八包，六件铜铁合金甲胄五千五百副，金鞍、银鞍、合金鞍、银箍皮鞍等全套鞍具七十八副，马九十一匹、骡八头，剑五十五把。上列物品以及糌粑、青稞、肉、酥油、盐等折合粮食总计五十四万五千二百如克。

（选自《五世达赖喇嘛传》上册，第四百六十八页）

注释

① 铙钹：院法会时所用法器之一。铙与钹原为两种不同的乐器，后来混而并称为铙钹，而流传至今。

[土猴年（1668）] 四月初五日，僧众按以前第巴逝世时的规定在林卡领取僧财，与此同时，卸任甘丹赤巴贡乔却桑光临僧人达八千四百五十人之众的法会，用三天时间，给僧人发放了回向礼品、供品和布施，同时，给不包括上述僧人在内的第二批计六百五十三座寺院，近六万二千二百名僧人发放了布施。净物总计佛像两尊、香一百零二束、褐香一碗、碰铃一副、珍珠祖衣一件、特制绒毛祖衣一件，上品缎制华盖、佛被、幡、香囊、幢等计三十九件，绸缎幔四条，玛瑙、玉石、晶石、人造晶石、瓷盘等器具二十六件，长短柄内库及普通碗十八个，琥珀念珠两串、黄金三千一百八十钱、银器五十四件、碎银一千二百二十两、缎一千一百二十四卷，面子薄绫、雀缎、绸、绫、门哲绸等一百二十匹，面子薄绫一千三百四十八卷，镇日吉祥哈达、蓝底白花绢；茶色绢及普通白哈达八百七十条，黑狐皮帽四顶，棉羊皮、猞猁皮①里缎裘二十二件，绸面羊裘两件、素裘衣一件、靴鞋两双、皮口袋十七条，靠背、缎垫、地毯、红毡等计三十一条，素头氆氇、毡、幔等十四条，绵羊皮五张，棉布、隆格、巴日、宽呢、拉达缎、上等绵布、塔波毯等八十五条，汉地、门隅产棉布两千八百三十八匹，铜合金锅十九口，箱子十四口，镶边褥子二十六条，小包红糖、粮食十一包，铜铁合金器皿八千六百八十件，空驮包一条，革装茶和茶条计一千二百四十包，甲胄二十四副，带弓箭囊七十九副，金鞍、银鞍、铜合金鞍、铜银镶边鞍等全套鞍具四十三副，马六十一匹、剑三十把，另有糌粑、青稞、肉、酥油、盐等折合粮食总计二十八万九千三百如克。此外，大小随员一次布施给僧众马匹、鞍具、镶边褥子、红白黄三色氆氇、坐具、炊具、皮革等大批物品均未入细账。

（选自《五世达赖喇嘛传》上册，第四百七十页）

注释

① 猞猁皮：猞猁皮是直毛细皮中比较珍贵的品种，具有很大的经济意义。我国毛皮业对国产猞猁皮，常依毛色将猞猁皮分为两种。即："羊猞猁"、"马猞猁"。

瞻部洲一庄严银塔的装饰物在马年（1616）动乱时散失，轨范师班禅仁波且新造了一部分，后来穷结班智达又布置了金灯。但因松耳石的品质不良，此次又在德钦殿的天窗处增添了一盏上品金灯，两边分别是一松耳石和珍珠制成的金刚橛和金刚杵，其左右为变色水晶华盖，旁边各有一盏用两圈带红、白色的松耳石嵌成的上品大金灯。门房的两边各有一盏相同的金灯。同时，为汗王的逝世，在大昭寺需将三世诸佛供装藏物等缚在灵塔骨柱上，故不能装入大批经书和浮雕像，但仍以上师、佛陀和菩萨之舍利为主的法身舍利装满了灵塔。格隆嘉木祥扎巴、曲杰卡热巴、嘉卓热绛巴三人为灵塔举行了完满的瞻婆拉守库神等仪轨。以阿仁巴诺尔布曲培为金刚上师，数额同上的僧人举行了圆满的开光仪式。另外，以格隆嘉木样扎巴为首的八位僧人为千佛像装藏后，由却本监督和负责，格日噶居和索康杰顿二人为佛堂加工了门帘等。

第四编 器物与工具

[土猴年（1668）]九月里，用朱漆金箔装饰了具祥哲蚌寺殿门抱厦二层东边的贤劫殿佛龛，新塑了主尊释迦牟尼巨型像以及稍小一些的千佛铜像。供品有琥珀瓶一对、饭勺一只、玛瑙、玉石、晶石等的莲花盘、莲花碗、饭勺、花瓶、鹅颈壶等二十一件，贝壳勺两只，带底边镏金贝达瓶、瓷碗、狮纹瓷瓶等计二十五件，银莲盘、莲碗、饭勺、鹅颈壶、曼札等十三件，汉地黄铜曼札、长嘴瓶、花瓶等十一件，供灯十四盏、献新小碗两只、响铜和纯金古供水杯五十四只、广木香一块、丝织十六罗汉图纹金丝顶鋈和虹纹小团龙纹妆缎寝幔两件、内库缎幡三十四件。其西边的金佛殿内有如上佛龛，其中金、铜佛像共计六百九十一尊、银佛像两尊、铜曼札十一个、镜子四面、用镏金铜莲花垫衬托的带银翅八吉祥物一件、格古晶石供水杯五十五只，浴佛盘、莲盘、小罐、鹅颈瓶等十一件，白锡罐一只，镏金铜净瓶和铜供杯各五只、金供杯十六只、响铜三十一个、响铜、黄铜和红铜的浴佛盘、莲盘十三只，有上下沿的朵玛台架一付、纯金瓶三只、铜钟一口、合金铜花瓶一只、供灯二十一只、供水杯一只、献新小碗一只、锡鼓两只、铁香插一只、云母石一块、缎幡五个、遮盖里外间的上品缎顶鋈一付。

银塔殿的南面，土台座的供桌上有噶当派夏如玛灵塔等纪念物五十七件，响铜、黄铜和纯金的噶当派大师塑像一百五十三尊、响铜供水杯七只、铜盘十二张、红铜供水杯七只、上品缎长幡四副，用库缎和瓶垫碎绸缝制成的四棱饰品以及噶玛巴得银协巴迎请来的汉地在明（明朝）时期的一套精致檀香木十六罗汉像，水马年（1642）福田施主从工布则拉冈的密库带至拉萨，第巴之子和噶杰诺尔布等襄佐在途中未能运送而丢失的和尚像和四大天王像，余者按绰派规矩供在如来八塔殿。活佛霍尔达和巴卓勒巴等雕塑匠将他们由北到南所见的石山雕成精致的模型，并装饰成门楼的二重挑梁，不足部分用泥土补充。石山的间隙中，摆放着一套红檀香木和两套象牙雕成的十六罗汉像。工匠均为汉人。零散的佛像有能仁王木雕像一尊、玻璃圣贤像一尊、炼玉盘两只、蜡石瓶一只、贝壳碗勺五副，陶瓷和赤石碗、花瓶计二十五只，人像一尊，银碗、饭勺、鹅颈瓶、灵塔等八件，银花五朵、珍珠木茶托一只、格古晶石曼札一只、供水杯七只、小盒一只、白锡花瓶两只、白锡广口小瓶一只、广口供水杯七只、青铜供水杯二十一只、花瓶四只、供灯六盏、红铜广口小壶一只，还有共他供具。

从西向东所见的供桌上有金、铜上师像九十一尊、香泥像一尊、曼札一只、瓷碗六只、格古晶石供水杯七只、响铜和黄铜供水杯十一只、花瓶四只、供灯六盏。

由东向西所见的供桌上有噶当派特大响铜、青铜和黄铜供水杯二十五只、供灯五盏、缎幡九副，用缎、氆氇和织有印度、大食、布鲁克巴风格花纹的丝织品制成的绣有十六罗汉图的顶鋈两副。

在大殿，有与长柱等长的绸缎香囊七副，稍短的十七副。后大殿有铸铁供灯三十盏，弥勒大佛身着硫磺缎坎肩，另有一对香囊等。

（选自《五世达赖喇嘛传》下册，第十页）

[土猴年（1668）十月十八日]我（五世达赖喇嘛）收到了许多为汗王逝世布施的蒙古包、衣物、马鞍等，萨特、咱雅活佛布施的百包茶叶等许多物品，并祈愿他们的一切善行回向圆满菩提。

（选自《五世达赖喇嘛传》下册，第一十五页）

[土兔年[①]（1669）二月初一日]诺门额津的两位沙弥尼等人向我敬献了茶叶绸缎、银器、马蹄银、皮张、奇香、活着的奇兽、马鞍等千份礼品，为头领之善根协助建造了《药师佛经》所说的

八大如来银像。帕巴拉②的襄佐群则来此,向我敬献了五十包茶叶、骡马、铠甲等礼品。

(选自《五世达赖喇嘛传》下册,第一十八页)

注释

① 此处原文是土鼠年,翻译者注1699年,按1699年并非土鼠年,疑有误。根据前后文,认为应该是土兔年,即1669年。

② 帕巴拉:"帕巴拉神庙"有着1000多年的美丽传说。世人皆知的松赞干布和文成公主的爱情故事,源远流长。松赞干布为了保存当时世界上最珍贵的珠宝而建造了只有在梦中才能想象的帕巴拉神庙,有代表战獒之王紫麒麟的保护。

[土兔年(1669)四月] 芒康果瓦温布和打箭炉瓦嘉拉兄弟向我(五世达赖喇嘛)敬献了礼品。其中有一付精致汉钹我交给了扎仓。另外,还有一部带有彩漆的书夹板,书带上套有绸绳书套的一百零三函金写《甘珠尔》和一部带书夹板和书带的四十二函墨印《旧续目录》交给扎仓作为供养经书。

(选自《五世达赖喇嘛传》下册,第二十一页)

[铁狗年(1670)三月初五日] 在前往沃喀途中,我(五世达赖喇嘛)布施了以里外服装、铙钹、汉鼓、金银、茶叶、布匹、镶边褥子、蔗糖包、马鞍等为主的丰厚的施舍物,还给大持明师赠送了《青册》①,给在声明、修辞、历算、声律方面有很高修养的嘉色巴赠送了三四部文化方面的书籍。

(选自《五世达赖喇嘛传》下册,第四十页)

注释

①《青册》:元时用以记载律令及审断事宜的记录。由断事官执掌。

[铁猪年(1671)春天](在第巴的关心下,金汁《甘珠尔》完成)这部金写经卷的包袱布用蒙古缎制成,书带用丝线拧成,书扣用汉地黄铜制成,用旃檀木制作的经书夹板上镶有象牙,所用材料十分齐全。第巴为了消除自己的罪障,用黄金一百三十二两、白银三百七十三两铸造了一只很大的大鹏,工钱、薪俸、酬金等项共折合粮食八万五千六百一十九藏克。

(选自《五世达赖喇嘛传》下册,第六十页)

[铁猪年(1671)七月十二日] 曲杰图巴从绒地方来信说,他亲见克珠绒巴协桑,将其奉为本尊,绘制成时轮坛城图作为本尊圣物,连同镶饰银塔的盾一面、额饰玉二颗、顶盖一个、聚光镜两面、珊瑚念珠等呈送给我,并且从噶托运来盖有印章的木头,作为捐助给大昭寺的木材。

(选自《五世达赖喇嘛传》下册,第六十页)

[水鼠年(1672)四月初一日](五世达赖喇嘛派使者)向文殊大皇帝呈进奏疏,贡献方物,报告由于皇帝的恩威遍播,蒙汉之间的事务很好解决了。我设宴招待了皇帝的金字使者及随同他们前来的客人,并给他们赠送了礼品,包括书带是用花丝线编成的白卷帙《甘珠尔》、缎制无量寿佛像、五十两的银元宝四个、绸缎若干匹等,正如俗话所说:"太阳今天出来,到明天才发光。"

(选自《五世达赖喇嘛传》下册,第七十八页)

第四编 器物与工具

[水鼠年（1672）后五月初十八日记事] 在灌顶报酬中有赠送刀、针等物的习俗，却本巴将针收集起来，图色活佛说"我送了一把利刃"。那把刀像未经加工的铁片，但纹路像拉紧的铁丝。卓玛[①]乃通过了密咒、根本续考试。

（选自《五世达赖喇嘛传》下册，第八十九页）

注释

① 卓玛："卓玛"在藏语里的意思是"度母"，夏那家的三代女性都选用了这个美丽的名字。

[水鼠年（1672）六月十四日记事]（厄鲁特左翼噶尔丹[①]珲台吉）献给我许多物品作为公积基金，应当奖励，因此我（五世达赖喇嘛）赠给他带盒子的红色印章、红白念珠、氆氇等精美礼品，让他的代表一并携归。

（选自《五世达赖喇嘛传》下册，第九十页）

注释

① 噶尔丹：清代厄鲁特蒙古准噶尔部首领，巴图尔珲台吉第六子。康熙九年（1670），其兄僧格在准噶尔贵族内讧中被杀。次年，噶尔丹自西藏返回，击败政敌，夺得准噶尔部统治权。十五年（1676），噶尔丹俘获其叔父楚琥布乌巴什，次年击败和硕特部首领鄂齐尔图汗。十八年（1679），达赖喇嘛赠以博硕克图汗称号。二十七年（1688），进攻喀尔喀蒙古土谢图汗部，继而进军内蒙古乌朱穆秦地区，威逼北京。康熙帝曾3次亲征。二十九年（1690）乌兰布通之战，噶尔丹败退至科布多。三十五年（1696）昭莫多（今内蒙古肯特山南）之战，噶尔丹主力军被清军击溃，部众叛离。三十六年（1697）三月卒于科布多。

[水鼠年（1672）] 八月初一，强林堪布、卓巴德瓦向我（五世达赖）赠送了工布玉加热丹的僧俗人等所献的礼品。多麦地方的香客也来到了。其中申中昂索叔侄向我赠送五十两重的银子六锭、马十三匹以及绸缎、茶叶、布匹等礼物，申中班智达的侄子也送了与上述财物差不多的礼品。鲁本温布送马十匹，鲁本才旦送马二十三匹，桑罗乃丹送马十匹，罗桑丹达送马十二匹，他们还送了其他大量礼品。

（选自《五世达赖喇嘛传》下册，第九十三页）

[水鼠年（1672）十一月] 二十九日，喀尔喀德温珲台吉向我（五世达赖）赠送了五十两重的银锭九块、酥油茶桶和高足托盘等各种用具、纯洁的绸缎、茶叶、布匹、骆驼五十八峰等上百种礼品，索特巴伊勒登赠送了六十两重的黄金曼荼罗、银质高足托盘、酥油茶桶、长角号、台碗、茶叶、绸缎、骡子一百零四头、骆驼五十峰等上千种礼品，哉务诺门汗赠送了银曼扎、绸缎、马鞍二副、骆驼二十三峰，其它小头领和僧徒们也赠送了许多物品。我会见了王妃索南曲珍及其儿子、达孜台吉[①]父子、毕里克额尔克台吉、玛莫特巴图尔台吉、玛赖墨尔根台吉、衮布伊勒登的沙弥尼等一部分即将返乡的人们。

（选自《五世达赖喇嘛传》下册，第一百零六页）

注释

① 台吉：清对蒙古贵族封爵名。位次辅国公，分四等，自一等台吉至四等台吉，相当于一品官至四品官。台吉，源于汉语皇太子、皇太弟，是蒙古部落首领的一种称呼，一般有黄金家族血统的首领才能称台吉，黄金家族女婿身份的首领称塔布囊。唯土默特左翼旗及喀喇沁三旗称塔布囊。

[水牛年（1673）三月初十] 依照我（五世达赖）的心愿，第巴承担了（制作缎制佛像）这一任务，开始制作一幅空前绝美的缎制佛像。所用材料为：坐垫、大小口面的蒙古缎十五匹及有剪口的四匹、上乘金丝黄缎八匹、旧铜钱花缎十六匹、织有汉字、水纹、云彩、龙、岩石等图案的诸色缎十八匹及有剪口的十二匹、上等红缎九匹及有剪口的九匹、上等黄缎五匹及有剪口的五匹、上等绿缎二十七匹及有剪口的四匹、上等青缎四十八匹及有剪口的八匹、上等红黄色缎六匹及有剪口的一匹、上等紫缎十八匹及有剪口五匹、上等茶褐色缎三匹及有剪口的二匹、上等翠绿色缎一匹及有剪口的一匹、上等草绿缎三匹及有剪口的二匹、有剪口的彩云腾龙缎二匹、彩色氆氇九匹及有剪口①的一匹、白缎十二匹、山南②布四百一十匹、孔普所产布十匹、诸色绫罗十八匹及有剪口的八匹。

(选自《五世达赖喇嘛传》下册，第一百一十二页)

注释

① 剪口：扬州评话等曲种称一场演出终止处将书的内容剪断打住为剪口。

② 山南：山南（西藏自治区山南地区）即山南地区。山南地区是藏民族的发祥地，它位于冈底斯山至念青唐古拉山以南，雅鲁藏布江干流中下游地区，北接西藏首府拉萨，西与日喀则地区毗邻，东与林芝地区相连，南与印度、不丹两国接壤，山南地面积山南地区拥有600多公里长的边界线，南面与不丹国接壤，具有十分重要的战略位置，是中国的西南边陲。

[水牛年（1673）六月记事，五世达赖] 前往北方蒙古……德珠堪布罗桑达杰担心不具备北上的卧具，而各寺院僧众希望蒙汉的妙欲皆成滂沱大雨，约定等待着喇嘛的到来。如果分配公物，即便是佛塔也会遭到破坏。此外，还有会染上天花的危险。与此同时，溪卡夏巴和昂巴罗巴二人还陈设了油炸面点盒子。

(选自《五世达赖喇嘛传》下册，第一百一十九页)

[水牛年（1673）十月初十日] 囊索德达等人向我（五世达赖）赠送了银器、玻璃器皿、茶叶、绸缎、马匹等财物，我为之举行了隆重的回向祈愿法事。

(选自《五世达赖喇嘛传》下册，第一百二十九页)

[水牛年（1673）十二月初三日] 在查弥吉索的劝请之下，（五世达赖）撰写了《减色红宝石茶供》、格隆绛央扎巴的《卧修所缘境后记》。在格隆彭措嘉措、格隆云丹巴桑、绛央坚赞三人主持寺务期间，对十五幅卷轴画面上的旃檀顶饰和缎质边幅进行修葺并饰以鸦嘴钉、圆环等，用十八两银子包饰了两件颅器的里子和盖子，更新了朵玛浅锅一口，铁盘三张，供杯三个，莲盘二张，红铜盖子和底座，溶解红色、白色和黑色的三种色漆的带盖子的铜、火锅、红铜溶瓢三把，广口红铜壶一个，上好铁镜和铜镜各一面、鼓垫十块、带座红铜献新小碗、景泰蓝献新小碗、铁供灯六盏、摧破金刚的瓶垫、尊胜佛母的矮凳和方桌三张、一对长螺号和一对唢呐的套子、香筒一对、线香炉一对、锁子九把、常用鼓的包皮等，制作了箱子、包袱、茶皮带等许多日用品，并对那些陈旧的用品进行修补，在作出比别人更大的贡献时，绘制了上师密集和秘密八经的全部坛城图画，我依其请求撰写了后记祈愿文。

(选自《五世达赖喇嘛传》下册，第一百三十三页)

[水牛年（1673）十二月二十一日] 我（五世达赖）给伏藏师日增钦布馈赠了丰厚的赆仪后，

他返回自己的驻锡地。这一年,我担心各地流行瘟疫,汉藏各地的恶鬼也示现神变错乱不吉,因而举行降伏瘟疫的法事。在准备降伏瘟神之前,必须先降伏鬼神。于是,犹如驴披豹皮,有人把自己装扮成邬坚大师,手持最为殊胜的莲花颅骨念珠,显现出拉阿益希的化身,头顶天生铁烈火金刚。对于经书中所说的一切道理难以掌握,好似咒师知识虽多却没有把握解决衣食住行的问题那样,从前的那种咒师的欺诳虚伪达到了极点,这也许是运气很顺。由第巴洛桑图多负责装饰释迦牟尼佛像,在像座和靠背上饰以药师佛系统的诸天会众,宫殿式屋顶和佛座则用金银造成,共耗费黄金二千九百三十二钱,白银七千二百五十两,水银一千四百七十七两,红铜一百二十九藏克,白锡九藏克,锡合金四藏克半,乳香二十藏克,肉蔻、金莲饰物十五件,小璁玉莲饰十一件,黄金首饰三件,璁玉髻一件,以玛尔巴①译师的夫人达麦玛的魂魄璁玉为主的各种顶璁十三件,璁玉三十八件,纯璁玉一件,麦粒状璁玉一百六十七颗,各种珊瑚一千二百一十五颗,大小琥珀金刚三尊,喀温弥罗上乘大琥珀六件,其它各种琥珀一百零四件,碗四个,蒙古晶石七块,石玛瑙十六颗,鸡蛋大或拇指头大小的各种珍珠一千五百九十五颗,大小蚌十四个,各种方砖形玛瑙和羊脂玉二百五十七个,球形玛瑙七百五十七颗,耳环十五对,金穗羊脂玉幡头一个,蓝宝石十三颗,各种供品九十件,黄琉璃三件,红宝石、红盐、碧玺、猫眼水晶、熔炼晶石等各种宝石一千二百八十九颗,水晶球二百二十七个,绿宝石二个,纯金打造的宝盒一个,幡头、砖、雕像、发饰、花束等各种宝饰一百二二件,用小珍珠串成的璎珞一串、金耳环八个、镶璁宝盒等。

(选自《五世达赖喇嘛传》下册,第一百三十四页)

注释

① 玛尔巴:(1012~1097),本名却吉罗追,是藏传佛教噶举派的创始人,藏传佛教史上著名的译经大师。

[木虎年(1674)三月初三日] 在我(五世达赖)举行经忏法事时,讽诵《长寿陀罗尼咒》一亿遍、扎西曲德寺的三十名僧人举行白度母仪轨,讽诵了与之有关的咒文。乌甲隆巴做退敌仪式,恰噶巴日寺僧众在多杰扎寺做忿怒明王游戏仪轨。在色拉寺和哲蚌寺熬茶十五天,讽诵《大佛顶白伞盖陀罗尼咒》二十四万遍、《般若心经》一千一百五十万遍,共消费砖茶四千六百五十三块。在前后藏的三等以上的寺院中发放斋僧茶,在前藏地区的头等寺院中每十个僧人布施银子一两、第二等寺院中每十五个人布施银子一两、在三等寺院中每二十人布施银子一两。在后藏的头等寺院中每十三个僧人布施黄金一钱、二等寺院中每十八人布施黄金一钱、三等寺院中每二十四人布施黄金一钱,共计布施白银三千八百四十五两、黄金二千四百七十一钱。在十四处圣地献了供养。在二等以上的寺院中按年限发放斋僧茶和回向礼品。在一等寺院中给每个僧人布施粮食一藏克半,在二等寺院中给每人布施一藏克。对于公私庄园和寺属庄园的平民百姓,一律给种半岗差地以上的大差户布施粮食一藏克半、种三分之一岗地的差户和堆穷户各一藏克,加上给乞丐所放的布施,共计粮食十一万七千零七十四藏克、盐碱四百三十八藏克、白银八十六两、毛茶三十一甑、供茶七十四包、大牲全腔肉共三千三百三十副、小羊全腔肉一万一千四百八十三副、皮革四千一百七十四张,在大昭寺还举行了百羊赎命仪轨等盛大的法事。

(选自《五世达赖喇嘛传》下册,第一百四十一页)

[木虎年(1674)五月初二日] 我(五世达赖喇嘛)赠送给汗王(喀尔喀)如来舍利、释迦牟尼佛像、一套如来事业卷轴画、如来报身像的整套服饰、红白念珠、大批氆氇、货箱、糖包等大量

的赆仪①。

(选自《五世达赖喇嘛传》下册,第一百四十五页)

注释

① 赆仪:临别时赠与、赠送或馈赠的财物。

[木虎年(1674)六月初二日]前来色拉寺做经忏法事的僧人先后依其乡俗向我馈赠了多种礼品,举行了祈寿仪轨,在三大扎仓呈献了上师瑜伽所缘次第①。在收集用于制作佛土庄严卷轴画的布料和油漆皮革时,先开始收集了常用的大量画片。

(选自《五世达赖喇嘛传》·下册,第一百四十八页)

注释

① 次第:指依次,按照顺序或依一定顺序,一个接一个地。

[木虎年(1674)六月初十日]夫人索南才旺向我(五世达赖)呈送了以半月形大氅为主的各种衣物、黄金、大批缎匹、包茶牛皮二十张等大批礼物。在经院中发放斋僧茶、缎子等布施物品,举行依止五部空行的祈寿仪轨。此时,我计划制造一件称为"佛国大海天人妙欲右漩"的曼荼罗供品,所需材料为纯金六百四十三钱、白银三千八百八十二两、水银四百八十三两、红铜一百一十三藏克、铅一藏克。镶饰所需犍稚①一柄、汉地产大小红莲宝石六十四颗、金条两块、红豆大的蓝宝石二颗、各种晶石七百六十二颗、宝瓶三个、汉地制作的高两指半的崖形绿色玉石镶嵌的黄金树一根两枝、顶饰璁玉六颗、大小璁玉六百四十一块、大小珍珠一百三十八颗、吠琉璃一块、珊瑚四百一十二颗、长锥形珊瑚二十七颗、佛手果②四颗、圆形青金石二颗、青稞状青金石三十三颗、长方形琥珀十六块、三角形琥珀一块、圆形琥珀一百九十七颗、长碧玺宝石一颗、块状碧玺宝石一百零一块、青白玛瑙二颗、九眼珠四块、海贝状玛瑙一块、块状晶石十九块、海贝状晶石一块、果实状晶石一块、碱玦琥珀三块、蓝宝石一块、加工晶石四百一十九块、蓝晶石十二块等。这件曼荼罗供品由萨钧洛桑图多负责监制,果隆襄佐罗桑阿旺等五人协助,设计者为定结才旺伦布,尼泊尔师傅为阿玛拉斯巴、巴那香及主要工匠四十六人,铜匠师傅为南色勒敬、欧珠及助手十四人,木工负责人为格勒阿达、师傅为拉木宁、乃萨嘉央及助手若干人,梵藏文书者为降央旺布、供需者为绛林桑珠嘉布。这件曼荼罗供品制作完成后,举行了清净祈愿仪轨,呈献在瞻部洲一庄严拉萨大昭寺中。

(选自《五世达赖喇嘛传》下册,第一百四十九页)

注释

① 犍稚:犍稚本为木制,如后世所谓的"板"。
② 佛手果:即佛手。为枸橼的变种,果实在成熟时各心皮分离,形成细长弯曲的果瓣,状如手指,故名。佛手又名九爪木、五指橘、佛手柑。

[木虎年(1674)十二月初一日]按照扎仓寺①的一些僧人的要求,我(五世达赖喇嘛)收到三轮长寿供养物品、阿达丹增曲杰逝世的回向礼品即被称为娘仁波且②的伏藏法器铜匣子的稀奇物品后,广做消除地道的违碍的回向祈愿,并在邦敦阿旺曲嘉③等人的请求之下撰写了喇嘛逝世的祈愿文。

(选自《五世达赖喇嘛传》下册,第一百六十二页)

注释

① 扎仓寺：亦称"严日安扎仓"、"扎仓寺"。位于贵德县治河阴镇西南 14 公里处，在今贵德县河西乡西南 11 公里的温泉村（亦名扎仓村）东，地处贵德、贵南二县交接地带，距贵南县过马营乡东北 21 公里。

② 仁波且：又称为"仁波切"，在藏文中直接翻译是人中之宝的意思，一个的修行，慈悲心跟智慧对他人有很大的贡献，大家就会尊称他为仁波切。

③ 曲嘉：中国古高昌的君主之一，属曲氏高昌之列，是曲氏高昌之开君，立曲氏。曲嘉于 501~525 年在位，是王莽时期西迁的汉人后代。年号有承平及义熙。

[木兔年（1675）正月十二日] 在举行祈愿大法会期间，（五世达赖）向近九千名僧伽发放斋僧茶，给每人布施哈达一条，给每个学经僧布施银子一钱，也有帷幕、华盖、诸色缎匹、瓷器、银器、马鞍等物，给每个学经僧布施葡萄（干）一官升。在贡噶地方，有五十座寺院的僧人举行为期十五天的无量寿九尊修习供养仪轨，在琼结①地方，扎西曲德寺的僧人举行足数和足时的尊胜千供，在汤波且寺也举行百种供祀，呈献供品、哈达等物。

（选自《五世达赖喇嘛传》下册，第一百六十六页）

注释

① 琼结：即琼结县。琼结县位于西藏自治区东南部，山南地区境中部。总面积 1030 平方千米，人口 1.74 万人。地处喜马拉雅山北坡，全县地形三面环山。物古迹众多。最为著名的有吐蕃王朝时期藏王墓群，赤松德赞记功碑和基碑，藏王墓石狮，均属全国重点文物保护单位。

[木兔年（1675）闰正月二十日记事]（第巴就职后）维修了以拉萨小昭寺为主的经堂，刻印了《如意藤》①、连珠坛场图等经像塔，制作了珠宝首饰、马具、坐具等，令人满意地了却了我（五世达赖）的所有未竟的心愿。

（选自《五世达赖喇嘛传》下册，第一百六十八页）

注释

①《如意藤》：作者格卫旺布是 12 世纪印度诗人。

[木兔年（1675）闰正月二十二日] 在布达拉宫与第巴会晤……下午……（五世达赖向第巴交付）贡物有：玛瑙、羊脂玉、玻璃、水晶石、各种铜器四十一件、各种材料的供水杯三十八个、供灯一百九十盏、饶钹四件、铃铛三个、螺号和唢呐各一对、各种缎幡四十四面、光明珠一颗、元代碰铃一对、银质内供颅器一对、铜铁香炉四个、红铜朵玛盘架十副、香筒和线香炉各一个。物品有：噶丹噶夏帽和藤帽不分优劣十一顶，优质缎大氅一件，定佐皮袄、羊裘、曲巴皮衣等三十四件，衣带二条，笔、墨、印盒等文具，镶金羊脂玉匣四个，裤子六条，蒙藏靴子三十一双，裙子四条，坎肩三十件，禅裙六条，衣带二十条，大小氆氇肩披八件，毛哔叽披单十八件，缎肩帔六件，毛毡衣二件，用猞猁皮、狐皮和氆氇制作的夹衣和大氅十六件，披单十九件，四方缎坐垫和茅草垫子共二十七块，普通坐褥十二条，棉丝哔叽的各种坐垫六十块、软坐垫一块、枕头三个、各种地毯二十三条、垫褥二条，虎豹皮坐褥和绪边裁绒褥子各十条，绪边坐垫、普通绪边褥子、罗珠绪边坐垫等八十六条，红坐褥八条，带盖子的首饰盒八个，衣被套三条，牛毛毯八条，衬衣二件，缎子和氆氇上衣二十件，青衣三件，靴子二十一双，上乘缎子的华盖五面，缎、绫、布、薄绸等的帷幔二

十六面，各种佛被十条，用珍珠、琥珀、九眼珠、青白玛瑙、羊脂玉六种珍宝串成的百颗念珠、红白念珠、莲瓣耳坠、额璁、珠璁等各一串，大小琥珀三块，黄金四百钱，佛金六百钱，汉地和喀木所产银子一千两，吉祥八徽哈达五条，大小蓝底白花绢二十七条，大小哈达一千条，北京哈达十二条，新旧混合的面子百匹，各色绫罗一百零一匹，金色穗子一束，带子一条，瓶座二方，旧铜钱花纹缎、蓝缎、金冠缎、罗唐缎、幡缎等诸色缎子一百五十匹，黑茶三十八包，雅安茶一百零三包，粗茶及毛茶一百三十七包，西宁毛茶、山茶、大茶等一百包，白、黄、红、绿、蓝、黑诸色相间的花氆氇一万三千五百五十庹，白毡十驮，羔裘二包袱，十张一叠的纸一千本，尼泊尔铲四百四十把，铧五百三十七副，各种布匹二千七百六十四匹，米袋一百条，葡萄袋十六条，带有碗套的瓷碗一对，银架酥油合，御库碗十个，洁白瓷碗，蓝底彩色花碗，长柄碗和短柄碗等带套茶碗一百三十个，优质缎盘座三个，普通盘座一百个，银德日三个，大小银盘子三张，高脚银盘子一对，银瓢一把，银汤匙一只，银质酥油茶桶一个，带杵酥油茶桶三个，缎质围裙、铜盘一张，金碗一个，茶碗六个，佛被五条，餐巾和桌布各五方，小刀一把，带雪白氆氇制成的套子的玻璃碗和羊脂玉碗各一个，木桶八个，各种盘子共一千一百三十六个，铜盘、锡盘共计一百零一个，带套的木箱和笼子各二个，铜锅四十一口，带盖子的铁锅二十二口，铜罐一对，三脚铁灶三个，铁炉一个，大小浅铜盘二十五张，圆木盘四张，皮吹火筒二个，茶滤子和铁钳各四把，火铲一把，浅铁锅五口，铁瓢十三把，酥油铲二把，铁勺和刀各一把，铁供灯十盏，铁瓶二个，黄铜罐一个，藤器五个，铁火钳二把，斧头二柄，酥油茶桶八个，皮桶十个，水桶四个，各种有盖的和无盖的糌粑盒一百个，上乘漆皮箭筒二十个，以金鞍、银鞍、合金鞍和二套新鞍具为主的鞍鞯三十五副，辔头和后鞴各三副，鞍垫二条，朱砂、石青、绿色颜料、砒石、雄黄、黄丹等诸物十五皮袋，漆一铜罐，红白旃檀四截，沉香二十八喀克，黑白安息香一百喀克，儿茶七十五藏克，铜一百八十藏克，白糖二十四藏克，红糖六百一十三藏克，优劣蓝靛①五十藏克，胭脂红颜料二百藏克，生药材五十一藏克，红颜料一千八百藏克，盐一千藏克，天然碱一百藏克，汉鼠皮战袍、箭囊、刀、戟、红盾牌、矛、铁筒等各一对，蒙古刀八把，布拉哈日的弓箭袋、弓箭一对，带帷幔的大帐幕二对，带有顶幕的帐篷一顶，普通黑白帐篷六顶，毡幕二顶以及支撑这些帐篷的绳索、帐篷蓬杆等各两套，火锅一口，粉筒十三块，大小箱子二十个，笼子八个，皮制被袋二十一条，色装锯叶草的缎制被带、粗毡子口袋、布口袋等。以美普阿巴、措加俄巴为首的人送马三十一匹，骡子三十头。上述财物总价值折合银子为二万零九百七十两，折合粮食为三十五万六千四百九十八藏克。桑日伦珠饶丹宗的封文和账目上所有的物品、粮食、糌粑、油料、肉类、酥油、牛羊等和其子才旺带到桑日的财产共计折合粮食八万三千七百六十藏克、有大小居民村落二百三十处，年收入一万一千二百一十五藏克，琼波多、夏日、吉库扎、仲达、迭布拉、尼木隆、那玛尔、色那等地的在册村落有二百一十九处，过去的财产加上收入共计九千八百藏克，哲香拉齐如、贝仲等地有居民村庄五十一处，其财产折合粮食三千四百五十一藏克、年收入三千七百五十五藏克，拉萨巴觉饶丹、打箭炉、索拉、吉麦察和罗达所属地区有在册百姓二十户，年收人一千六百八十二藏克。上述佛经、佛像、佛塔、财物和地方收入共计四十七万八千三两一十四藏克。依照第巴的要求我给他赠送了小指头大的如来佛骨、伏藏师白玛林巴的伏藏佛像班玛同卓、用黑色贝壳制成的北传伏藏大掘藏师仁增果登的随身携带的金刚橛、杰巴的金刚白花石等圣物。当晚第巴居住在布达拉宫，我依其请求为之撰写了日常讽诵的祈祷词。

(选自《五世达赖喇嘛传》下册，第一百六十九页)

第四编　器物与工具

注释

① 蓝靛：为爵床科植物马蓝的叶经加工制得的粉末或团块，可作染料。药用时可用于湿毒、发斑、血热吐衄、胸痛咳血、口疮、痄腮、喉痹、小儿惊痫等症状。

[木兔年（1675）四月初四日] 我（五世达赖喇嘛）向夏仲仁波且呈献了题有吉祥颂词的缎匹，向夏鲁堪钦①呈献了题有长寿颂词的坐褥、上好缎匹、茶叶等物品。过去听受这种密法时，曾几度出现了凶兆，他们师徒至今仍然心有余悸，但是还是希望从中得到好处。我向犀甲护法神②呈献了如意宝、青金石色缎匹，在仲多库扎索向四面依怙神呈献了上乘红缎，在布扎护法殿、仁钦岗拉章的护法殿和察尔钦曲吉嘉布的驻锡地达尔多木雄多杰的拉章中的持梃护法神分别呈献了绘有七对摩尼和题有祈祷词的哈达。

（选自《五世达赖喇嘛传》下册，第一百八十页）

注释

① 堪钦：僧官名。藏语音译，意为大堪布，原西藏地方政府置。为三品僧官，常拥有大喇嘛称号。位高于堪穷和四品俗官。主达赖喇嘛饮食、起居、法事的索本、森本、却本三堪布，因直接干预政治事务的机会不多、故实权小于堪穷。（《中国历代官称辞典》）

② 护法神：是护卫佛教、道教等宗教的神明，也是为数最多的神明，是藏传佛教中最为庞大的一类神明。

[木兔年（1675）十月]（在考察灵童）为了利他（灵童），担心弟子遭逢誓言不洁的晦气，又把似乎不大好的经卷和带有铜钱花形套子的精致的经书寄去，被他正确无误地识别出来。

（选自《五世达赖喇嘛传》下册，第二百零五页）

[火龙年（1676）]正月祈愿大法会上，我（五世达赖）给每十名僧人布施雅州瓦科茶一包，靠边的僧人每五名得到斋僧果克茶一包，共计科珠玛茶一百二十五包。给每个僧人布施约合白银二钱的诸色缎匹、瓷器、器皿、净瓶、鞍具等施舍器物。

（选自《五世达赖喇嘛传》下册，第二百一十一页）

[火龙年（1676）三月] 十四日，由噶尔丹洪台吉捐献大量物品及举行会供的资具，为我（五世达赖喇嘛）举行祈寿法事，扎仓的僧人举行了无量寿佛供养仪轨。在噶尔丹洪台吉所献物品中有派遣毕齐依齐格隆前去汉地贸易时花了三千两白银才设法买来的被称为"娱客箱"的箱子，里面有用檀香木、菩提树、金、银、玉石等制造的大厦，还有水流、山崖、树木、庄稼、民居等，前面有一个轮子转动，下面四周的水面上有小人驾船，中层的房子里有鼓、铙钹、号角等器乐奏响，房顶上立有伞盖、幢、飞幡等，为能工巧匠所造，精妙绝伦，神幻无比，此种物品以前在西藏没有听说过，为一奇迹。

（选自《五世达赖喇嘛传》下册，第二百一十八页）

[火龙年（1676）九月] 派往汉地的使者热绛巴顿珠嘉措和蒙藏人士二百余人前来拜会，新来的蒙古人向我（五世达赖）献了大量金银、茶叶、绸缎、皮张、布帛等，其他人也向我献了各自地方的物品。

（选自《五世达赖喇嘛传》下册，第二百三十二页）

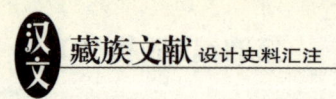

[火蛇年（1677）正月十六日] 我（五世达赖喇嘛）给卫征阿克、布纳达拉、墨尔根阿克、诺门汗曲杰等人做了教导，赠给他们吉祥结、佛像、衣物、红白水晶、氆氇等物品，满足了他们提出的请派给喇嘛、医生、尼泊尔人（工匠）、画师的要求，为他们送行。

（选自《五世达赖喇嘛传》下册，第二百三十八页）

[火蛇年（1677）正月二十七日] 帕旺卡的住持、王妃索南曲宗等人以及乌珠穆沁①车臣亲王为祈愿我（五世达赖）长寿向我献了金斗、银斗、大氅、茶叶、绸缎等大量礼品。我给噶丹热绛巴、王妃索南卓玛、哲务首领、卫征诺颜等八人赠送了吉祥结、全套衣服、红白水晶、氆氇、马鞍、蔗糖饼等物品，为他们送行，给噶丹热绛巴赫王妃索南卓玛母子传授怙主随许除障法及教诫，满足了他们在政教方面的愿望。

（选自《五世达赖喇嘛传》下册，第二百三十九页）

注释

① 乌珠穆沁：分为东西两部，东乌珠穆沁旗位于内蒙古自治区东部，是锡林郭勒盟下辖的一个旗。旗政府驻乌里雅斯太镇。西乌珠穆沁旗是内蒙古自治区锡林郭勒盟辖下的一个旗，面积为22581平方公里。

[火马年（1678）正月初七日] 甘丹赤巴仁波且等五十来名仲科尔前来拜见。在曲科杰寺①新建佛像和建立供奉的例规。龙树大师②亲手造了一些上师的唐卡画像及大小金银灯八盏，银碗和银杯六个，各重二十一两的银净瓶一对，重八两五钱的银羯摩瓶，银口铜腹净瓶，重二十四两的带盖银壶，带银质莲座的珊瑚碗，重一十九两五钱的银供水杯七个一组的两组，重五两三钱的银质朵玛盘架七套，重一百一十二两六钱的银质吉祥八徽三套，重十九两六钱的银质插香炉，另有重十四两五钱银质插香炉，铁插香炉、锡插香炉两个，重十四两三钱的银质噶巴拉碗（颅碗）、羊脂玉莲花碗大小七个，盛乳器十个（乳桶、碗、盘、罐等），衬银和不衬银的犀牛角、白色和红色檀香木制成的饭勺十六把，格古夏供水杯七套，汉地造锡制花瓶一对，蒙古供水杯七个一套，普通供水杯七个一套的六套，铜锡合金的曼遮三个，铜铁合金的浴盆两个，有银柄并嵌玉石的白海螺一个，有锡柄的白海螺一个，汉地造红铜黄铜长号三对，锡杖八柄，铜盆四个，汉地造管子五根，蒙古钹一副，小铙钹八对，众生依怙八思巴仁波且的镂刻图案的漏勺和舀勺（举行护摩法事时用）一套，磨具和筛子一套，大乘金刚铃杵十一件，小金刚铃杵七件，陨铁金刚杵四个，锡焊金刚杵九个，绸缎柱面幡、经幡等二十一件，缎制大氅七件，缎穗八件，各色缎子、绫、绸哈达一千三百八十六条，水晶顶绫穗大伞盖一个，白绫法缎制幔盖两件，宝盖十七件，绸子帷幔四件，衣一套，绸缎拼缝斑斓法衣一套。此外，山脚供殿的物品，住夏三事仪轨，祈愿法，定时供祭，定时施放朵玛，增供朵玛，新年、夏季僧粮，换穿的大氅、山羊饲草、食用酥油、香等所需物品。近以前文书所定僧数一百四十名，加上背水、烧火的杂役僧三十五名，略有不足，故决定增加一百六十人，拨给新增僧人的口粮薪俸。寺院的六十食子供以前的十七次之上新增八次。噶蔡在原有五名僧人之上新增十五名，定为常住僧人二十名，用品亦嫌不足，另按所需增加供给，使该寺成为奉行佛法尤其是《噶当书》中所说教法的利乐藏地百姓的根本。

十日，桑阿绛曲林寺的上师和僧人寄赠物品，按扎仓的例规为我举行依止③哲孟雄净相空行的祈寿法事，从本日起，给参加祈愿大法会的一千八百名僧人布施雅州茶一百五十四包、马二百二十匹、骡子五十九头、粮食十五大斗、未过斗量的十八袋、混杂不成熟粮食的四十一斗、上等蔗糖三百四十八小包，共进行四次这样的布施。

(选自《五世达赖喇嘛传》下册，第二百七十七页)

注释

① 曲科杰寺：亦称"青稞吉寺"、"琼科尔结寺"、"青科鉴寺"等。由第二世达赖喇嘛根敦嘉措于1509年创建，属格鲁派寺庙。曲科杰寺，在山南地区加查县境内，位于县驻地以北的崔久乡。寺庙所在地称"杰梅多塘"，又称"噶摩炯"，是西藏有名的秘密神地之一，风景秀丽。

② 龙树大师：印度古代佛教哲学家、逻辑学家，印度大乘佛教中观派（空宗）的奠基人。又译龙猛、龙胜。关于他的生平，中国佛教译经家鸠摩罗什所译的《龙树菩萨传》和其他一些佛教传记均有记载，但都不足信。龙树原系西印度（一说南印度）婆罗门，受迦毗摩罗论师的影响改信佛教，后游南印度，接受了具有大乘思想萌芽的大众部学说，在原始佛教缘起说的基础上，发展了大乘缘起性空说，创立了空宗哲学系统，即后来所谓中观派哲学。其核心部分是"缘起性空"、"二谛中道"和"八不"辩证模式。

③ 依止：即依存而止住之意；或以某事物为所依而止住或执着。

［土马年（1678）五月十七日］江孜法王的《千万舍利》一书中，只是在记载的八十三味药之外加水晶类宝石、珊瑚、绿松石、琥珀等，加工方法亦仅为水浸泡、混合等。

(选自《五世达赖喇嘛传》下册，第二百九十一页)

［土马年（1678）九月二十八日］（在去往北京途中）赛珲台吉之孙拉尊派来乌沁温布等三人，向我呈献绸缎、玻璃器皿、银锭、金银鞍等物，约合白银近一千六百两。

(选自《五世达赖喇嘛传》下册，第三百零六页)

［土羊年（1679）正月十五日］为了祈求去除病痛，我（五世达赖）施舍通人冠十顶、羔皮帽十一顶、禅裙十五条、法衣十五件、肩帔十件、半月形披风十四件、披单十九件、腰带十一条、裙子二条、坎肩①、大氅、靴子十双、坐褥六条、靠背二十个、颈枕、钵盂十个、瓷碗七个、铃杵二十一柄、银茶托、承接器二个、净瓶二个、宝瓶二个、供灯四盏、沐浴瓶四个、枕头五个、广口壶、银茶桶、缎坐褥五十五条、金鞍五副、银鞍十三副、合金鞍七副、马四十匹、白银二十两、茶砖一百六十包等，给每个僧人布施白银三钱，共计用白银二千八百六十两，作为行善积德之举。

(选自《五世达赖喇嘛传》下册，第三百一十五页)

注释

① 坎肩：是由久居南方汉族的"半臂"（实是无袖）演变来的。据记载，隋唐时期，已有"半臂"出现，只作为妇女的便服，似乎还有一点短袖，但这个短袖不是后上的，仅是依布幅的宽窄自然下垂的。至宋代便演变成男女都穿无袖的背心了。开始只在武士群体中流行，后来官员或有身份的人只作为便服穿。

［土羊年（1679）正月十七日］扎普溪卡的曼仲格热旺多卓等人退出克松地方，官方拨给土地代替，以免发生争执。为了表示庆贺，特意呈献了一条"化日呈祥"隐花哈达，白色蒙古缎绣佛像、斯乌玛面、有名的斯乌玛华盖、蒙古缎瓶垫二条、罗唐缎七匹、黄金二百钱。

十九日，举行北传伏藏派的禳解阎罗的盛大仪轨，使之成为经忏法事。在祈愿大法会上我向居于中央的每十个僧人布施雅州①茶叶一包、对居于边缘的每五名僧人布施茶叶一袋，共计一百六十藏克②。给每个僧人布施蔗糖五藏两，共计三百六十九包。给每个僧人布施粮食一藏克，折合马一百九十一匹、骡子二十九头。给拉萨的每户差民布施粮食二藏克，给每十五户牧民布施黑帐房一顶，对四百名瞎子乞丐各布施糌粑汤一铜壶。

（选自《五世达赖喇嘛传》下册，第三百一十六页）

注释

① 雅州：隋雅州以严道（今四川省雅安市）为治所。雅安市位于长江上游、四川盆地西缘，东邻成都、西连甘孜、南界凉山、北接阿坝，距成都市仅130公里高速公路里程，素有"川西咽喉"、"西藏门户"、"民族走廊"之称。

② 藏克：西藏传统重量单位，1藏克约28市斤。1藏克地即播种1藏克青稞种子的土地面积。

[土羊年（1679）二月初三日]帕旺喀住持（等人）向我（五世达赖）呈送了油炸面点和礼品，经院的僧人分为两组举行大圆满猛烈仪轨，施放轮回灵器，有些僧人则抛施祭龙食子，广大僧众供施三分食子。厄桑多林巴阿旺久美提交了《密藏本注·续部意趣定量论》试卷。

初六日，果芒扎仓卸任堪布赞布阿旺赤列向我赠送了合身的全套衣服、缎褥、靠背、红坐褥、三台碗子、承接器、净瓶、华盖、幡六面、铃杵、饶钹、黄金一百二十钱、白银二百四十六两、缎子十四匹、水纹缎十匹、面子薄绫二十五匹、上等茯茶三十七色、哈达五十条、白色薄绸等大批礼物，并发放会供轮布施物品，由经院举行有关光明阿弥陀彩粉坛场仪轨，以战胜阎罗王。

（选自《五世达赖喇嘛传》下册，第三百一十九页）

[土羊年（1679）二月十六日]我（五世达赖）和萨迦夏仲仁波且晤谈良久，向他呈献了全套衣服、瓷碗、承接器、铃杵、银茶桶、高足托盘、一对上乘金鞍、高良姜①、茶叶、绸缎等丰厚的礼品。

（选自《五世达赖喇嘛传》下册，第三百二十页）

注释

① 高良姜：本品为姜科植物的干燥根茎。夏末秋初采挖，除去须根及残留的鳞片，洗净，切段，晒干。可入药。

[土羊年（1679）三月初八日]我（五世达赖喇嘛）为藏历年所献的敬神哈达、曲杰司伦多杰献给经院的用二十三两白银制造的一对银瓶、阿仁巴南喀嘉措①在巡回辩经时所献的用二十三两白银制成的银灯、扎热噶居更噶嘉措所捐献的用十一两白银制造的莲花盘等供品题词。经院执事僧阿旺默朗铸造了三口斋僧大锅，我为之题词"诸事如意"、"品尝百味"、"财富增盛"。依例供献八日食子，酬谢神灵。

（选自《五世达赖喇嘛传》下册，第三百二十一页）

注释

① 措：旧时西藏宗（县）的以下的行政区域，相当于内地的乡。

[土羊年（1679）五月二十日]（第巴桑杰嘉措担任了第巴罗桑金巴的职位后）我（五世达赖）下令赐给他许多佛画，这些佛画都用上乘缎子遮盖，表面上用银子黄铜、旃檀木等各种优质材料制作的穗子①装饰。用上乘缎子制作的药师八如来、龙王等的精美缎绣佛像。供品方面有羊脂玉、玛瑙、玻璃等大小器物十五件，鎏金铜花瓶一对，瓷花瓶一对，大小黄铜屏风三个，大小汉地灯七盏，银灯七盏，圆形聚光镜十七个，绿底花纹的瓷碗、瓷茶托、银盘、用羊脂玉琢成的供碗、镶银

第四编 器物与工具

铜茶座、银质高足托盘、鹅颈壶、镶金铜莲座、银香炉、铁香炉等各一件，珊瑚首饰四件，大小宝镜二面，汉地镀金铜镜两面，铜灯四盏，朵玛台架三副，彩盘九张，碰铃二个，德庆曲科寺的蒙古钹等带套子的铙钹三个，不带套的铙钹三个，金刚铃杵（带套）三个，长号和唢呐各一对，悬香二包，纯金五十钱，冷金粉一百钱，黄金一千二百六十钱，白银二千五百两，诸色上好哈达三百一十三条，大小佛被二十条，面子薄绫一百五十匹，饰有嘛呢穗头的华盖、饰有精美端绪的华盖二顶，没有穗子的华盖一顶，蒙古缎瓶座二个，普通瓶座五个，内邬栋孜的优质铜钱花缎幔二十七条，上等缎子的华盖五顶，薄绫一百七十匹，钱花缎、通提彩缎、冕毓彩缎、壁画缎等各种绸缎共计一百五十六匹，以及工布耳坠、游方僧的净瓶、单耳坠等物品，琥珀宝箧、璁玉一块、优质珊瑚念珠一串，念珠六串，琥珀念珠一串，珍珠念珠、金色的和银色的额璁各一对，供神油灯一百二十一盏，各种缎制法幡四十四面，颅鼓、银质内供物、香筒、噶尔钹八件，披风四件，缎子孜巴衣十件，坎肩十八件，氆氇面皮袄十件，披单二件，靴子十五双，氆氇披单十件，正方形缎褥和缎面草垫二十七条，普通褥子十二条，红褥八条，用布条制作的各种褥子六十条，厚坐垫一条，枕头三个，地毯二十三条，垫褥二条，虎皮褥子、约纹褥子和绪边褥子各有十条，绪边坐垫、红绫褥子、普通绪边褥子等并计八十六条，器皿的罩子八个，黄碗帽三顶，达布毯子八条，衬衣二件，呢料上衣十件，环纹衣服二件，青色衣服一件，女靴二十一双，带有竹筒镶饰金银和羊脂玉的腰带二条，红茶五十六包，伏茶三十包，雅州茶一百六十包，夏先茶和俄司茶一百三十三包，西宁毛茶九皮包，大茶三十四皮包，散茶三十三皮包，诸色氆氇一万庹，白毡十驮子，达布纸、拉卜坦契约纸、洛扎纸共一千张、尼泊尔铲四百四十把，铧五百三十七架，金银首饰，哈达、布匹二千九百四十匹，米一百袋，葡萄干十六袋，白香九袋，安息香八袋，多加茶十二包，白糖四袋，红糖一百三十袋，蓝靛八袋，诸色颜料十五袋，油漆、白旃檀木四截，沉香二十八包，六种良药二驮子，生药材八驮子，缎褥子三条，普通褥子六十五条，木桶四个，碟子六百七十二张，藏茜草一千八百二十七藏克，槟榔叶八百藏克、盐一千藏克、碱一百藏克，胭脂红（俗称洋红）二十驮子，优质火枪十支，朱砂、矛、马甲、全套弓、箭、囊、全副甲胄、全套箭、刀、矛三种兵器，盔甲三十三套，带有帷幔的大帐篷二顶，带有帷幔的顶幕、普通黑白帐房六顶，顶幕十一顶，毡帐二顶，火盆、粉筒十三块，大小箱子三十六个，虎豹皮箱形软皮包六个和普通皮口袋二十一条，金制器物二件，金银铜鞍三十五副，鞍鞯二十三副，骏马三十一匹，备有鞍子的骡子六十头，商队所用的凉棚、风旗、炊具、晾衣绳、刀、鹿皮茶袋、铁箍官家秤斗、虎纹金刚官斗和广口红铜壶，用于调剂盐、油的铜勺、金勺、铁勺、黄铜勺二把，皮口袋八条，油罐三个，木碗八十三个，犀角形杯二十个，合金锅五十四口，带套子的精美瓷碗，铜一百八十藏克，内邬栋孜宗、洛贡加溪卡、拉索溪卡、年如溪卡、多巴扎参溪卡的房屋及帷幔、雨帘、身语意三所依、厨具和厨房中的坐具、运输工具、盛乳器具、武器、庄园牲畜、庄园所属的牛羊等他自己所有的财产保留不变，并颁给盖印公文，归库封存，共折合粮食一万四千一百六十一藏克，如果把两个部落、两群羊、上述宗溪所管理拥有的水草、木材及部分庄园的收入、属民的增减不定的收入等合计起来，再加上肉类、酥油等项，按质论价可以折合粮食三万六千六百九十六藏克、饲草和柴薪共计七万七千三百六十藏克、在册属民九百二十三户、石灶堆穷一百八十四户、居帐牧民五十户，使第巴（罗桑金巴）感到心满意足。

（选自《五世达赖喇嘛传》下册，第三百三十四页）

［土羊年（1679）八月十八日］（五世达赖）向作木朗国王那拉司巴及其随行人员也回馈了优

厚的礼品，包括黄金六十钱、缎子十六匹、绸子三十五匹、玻璃莲花碗、镶金鞍子一套、银茶筒、衣服、包茶布、氆氇、葡萄包等许多礼品，以示敬重之情。哲布霍尔仓曲杰罗桑曲迥返回故地的日期即品，以示敬重之情。

（选自《五世达赖喇嘛传》下册，第三百五十三页）

[土羊年（1679）八月二十四日] 帕色拉活佛向我（五世达赖）馈赠罗本的本尊神像不动佛黄铜像、黄金一百钱、白银五十两、全套衣服、彩色绸子十八匹、缎子十匹、铠甲十副、刀四把、如意钩等铁器四十五件、黑茶三包、石黄一驮、红黄铜合金鞍、骏马一百一十一匹、骡子十八匹、犏牛五十头、牦牛一百头、虎豹皮等礼物。

（选自《五世达赖喇嘛传》下册，第三百五十三页）

[土羊年（1679）九月十一日] 我（五世达赖）给达尔端仁波且馈赠了黄金五两、银盘、重四十五两的银茶筒、精美的铃杵、内外衣、红茶、雅州茶等丰厚的赆仪。

（选自《五世达赖喇嘛传》下册，第三百五十五页）

[土羊年（1679）九月记事] （关于莲花生大师佛像）在右翼尼格多杰仲布地方，以官印，金刚敕言作装饰。在右翼的江赤彭布尔日沃且，以印鉴装饰紫匣子。为具缘有福之人而题词。

（选自《五世达赖喇嘛传》下册，第三百六十页）

[土羊年（1679）九月二十六日] 印度和尼泊尔交界地方的国王派人向我（五世达赖）呈送书信及压函礼品，这些礼品包括"刺树果①经卷"，一种名叫直先孜扎的小黑树及其果实、右旋白螺、刺树果等。第一面……第六面平直不弯，大小重量一样，虽有孔穴却也相宜，如果放进像尼婆罗鼓的银盒子里，系在脖子上，财富就会像夏日的雨水那样降临。

（选自《五世达赖喇嘛传》下册，第三百六十五页）

注释

① 刺树果：刺果树为乔木，成熟期高约 5~12 米；枝嫩时有柔毛，不久毛会消失；树叶为革质，卵状披针形或椭圆形，叶基部阔楔形或圆钝，树叶两面都无毛，干后呈红褐色，很有光泽感；花为雌雄异株，苞片为卵形，花盘坛状，边缘波状，子房近球形，长得密的暗黄色毛；萌果近球形，具3个分果爿，有毛；种子近卵球形，呈黑色很光滑。花期10~12月，果期翌年1~3月。产于亚洲多个国家，中国主要产于云南，生长于海拔600~700米山地或平坝常绿林或次生林中。

[铁猴年（1680）正月十六日] 在祈愿大法会上，我（五世达赖）给每个僧人布施银子二钱，总计七百六十九两，另外给每个僧人布施茶叶各三两，总计三百九十一包。给大昭寺、小昭寺和玛玖寺的佛像上涂金，呈献敬神哈达，施舍的器物有我自己的不少衣物、帐帷、华盖、银器、供品、瓷器、弓箭囊、火枪、带鞍骡马等。给每个僧人布施银子各二钱，布德孜念珠各一串、铁卓勒玛各一件等，以示行善积德。

（选自《五世达赖喇嘛传》下册，第三百七十五页）

[铁猴年（1680）二月初一日] 我（五世达赖）用茶水接待了二百余来自蒙古的新旧客人，接受了玛干额都齐的回向礼品包括银两、茶叶、布匹、绸缎、弓箭囊、火枪、衣物等，依照其生前的愿望，将这些财物当作获得菩提之因。

（选自《五世达赖喇嘛传》下册，第三百七十八页）

第四编 器物与工具

　　[铁猴年（1680）六月初五日] 在哲蚌寺大门前，手持伞盖、法幛、经旗、锣鼓、花束、熏香、衣物等无数供品的僧众列队迎接，载歌载舞，热闹非凡。

（选自《五世达赖喇嘛传》下册，第三百九十二页）

　　[铁猴年（1680）十一月初三日] 我（五世达赖喇嘛）收到塔尔巴逝世后送来的回向礼品，包括蓝色哈达、白色哈达、黄金十两、缎子三匹、靴子、坐褥、弓箭囊、刀、花缎五十匹、茶十包、皮包茶十五块、带鞍马七匹、不带鞍的马六十三匹等，我诚心实意地为他广做回向祈愿，祝他获得暂时的神人妙身和永久的菩提果位。

（选自《五世达赖喇嘛传》下册，第四百一十三页）

　　[铁鸡年（1681）四月初十七日] 格隆绛央扎巴呈献阿达娘尼玛沃色从涅麦格热扎迎请来的玛沃觉寺的珍贵的内供圣物无量光佛晶石像、八祥瑞哈达、普贤供云、大氅二件、肩帔二件等合于戒律的服装四套、纯净的内外衣三十件、胡加茶二包、洋加茶十包、酥油包六件、毛呢、白布等，给经院发放了价值白银二百两三钱的五种布施物品，举行了祈寿仪轨。

（选自《五世达赖喇嘛传》下册，第四百三十三页）

　　[铁鸡年（1681）五月十六日] 我（五世达赖）收到了热穷普活佛去世后送来的回向礼品，即佛经、佛像、佛塔、茶叶、绸缎、鞍鞯等三十余种礼品，依其所求广做消除途中违碍、谋求利生事业的回向法律。

（选自《五世达赖喇嘛传》下册，第四百三十五页）

　　[铁鸡年（1681）八月二十二日] [我（五世达赖喇嘛）用茶点招待活佛等代表人]。席间，接受了塔尔巴母子又一次送来的回向礼品，包括衣物、缎匹、哈达、面子薄绫、用牛皮包装的茶叶、银鞍、红鞍、马四十一匹、骆驼等。我指三宝为证衷心祝愿转世活佛一切平安，不久证得佛果。

（选自《五世达赖喇嘛传》下册，第四百四十四页）

　　赐给巴拉觉寺八瑞相、七政宝、孔雀伞以及费用，共折合粮一千四百克。
　　左贡桑阿林和包木达阿德庆寺僧人收入少，条件较差，达赖拨给两寺六包装长条茶各五包、酥油各三克、食盐各四驮、粥粉各三十克、全羊肉腔各八块；为燃灯节法会提供酥油各五克、灯心布及柽柳①。建立了洁白事业三秘密所依，其中身所依（佛像）方面，为纪念丹增曲杰嘉波（固始汗）建造药师八如来银像，在主要地方殿堂造肘高金刚手像、两尊上师金铜像。在布达拉宫圣观自在菩萨洛格夏若像周围建造八大侍佛弟子檀香木像、上师像、响铜像、汉式佛殿等。

（选自《格鲁派教法史》，第三百四十八页）

注释

　　① 柽柳：别名垂丝柳，西河柳、西湖柳、红柳、阴柳；柽柳的嫩枝叶是中药材。产于中国各地。鲜用或干用。柽柳枝条细柔，姿态婆娑，开花如红蓼，颇为美观。

　　为了纪念金刚持怙主索南却丹，达赖提供羊眼银十一块、盘子一个、酥油筒一个、玉莲二个、顶璁一个，举办法会；在贡噶尔曲德寺①建造银质灵塔。

（选自《格鲁派教法史》，第三百五十七页）

注释

① 贡嘎尔曲德寺：位于贡嘎县，距贡嘎县城18公里，该寺又称多吉丹寺，意为金刚座寺，一般俗称贡嘎寺，为藏传佛教萨迦派寺庙。贡嘎曲德寺创建于1464年，创始人是吐敦·贡嘎南杰（1432~1496）。关于吐敦·贡嘎南杰的法统传承与建该寺的情况可见《土观宗派源流》一书。

(1760)（第二世嘉木样大师）三十二岁，启銮东返，临行之际，西藏地方政府为他颁赐敕印，封"具善明教班智达诺门汗"，赠服饰、伞盖①、乐器、乘骑等物。至安多时，由僧俗数千人列仪仗迎抵（拉卜楞寺）本寺。

（选自《拉卜楞寺志》，第四十六页）

注释

① 伞盖：古代一种长柄圆顶、伞面外缘垂有流苏的仪仗物。《封神演义》第八四回："准提同孔雀明王在阵中现二十四头、十八只手，执定璎珞、伞盖……幡幢等物，来战通天教主。"清李斗《扬州画舫录·草河录上》："棚上垂各色像生花菓草虫，间以幡幢伞盖。"

普纽·多吉僧格①制作了伏藏坛把宝物装进坛内，陀纽·桑珠用伏藏套把坛子包装好，再由东岱·俄革旺秀书写了伏藏文，呈交玛吉拉仲秘封后加盖封印，然后师徒几人带着封好的伏藏物，略显神通就来到本土，一路步行到雅日茂合垄沟，此地有黑龙魔宫，地下有卧驴状的巨石和三角泉眼，沟内北侧有面朝北方的卧形石狮，沿路重叠的山脉像佛塔似的，他们将伏藏物埋于此处，并嘱托阎罗王和四面护神看管。诸事办妥后，师徒几人又显神通返回艾拉坞住地。这个历史传说是根据嘉木样大师的弟子复述而记录的。

（选自《拉卜楞寺志》，第一百三十八页）

注释

① 普纽·多吉僧格：（1876~1926），藏族，是第十九代德格土司切麦打比多吉的儿子。

赤松德赞证实了九位御医高超的医术，他高兴地写下了赞美的诗句：
应置座在排行的首席，
铺以獾虎豹皮锦缎垫。

（选自《拉卜楞寺志》，第二百五十九页）

火羊年，他（阿旺陈来）七十一岁，那年三月某日清晨，他一觉醒来就感到难受，身边却无侍从可使唤，后来他对来探望的众僧说："不要紧的，大家可去做佛事。以前，我到拉萨那天夜晚，从药王山方向来了一个白衣女子，手持五彩丝带缠饰的箭，她问我的年庚，说我的寿限是五十一岁。"

（选自《拉卜楞寺志》，第三百八十五页）

（第十六任大法台晋美朗仁嘉措）二十八岁［木羊年（1775）］，安多方面来使迎请他返里，由于梦不祥他（第十六任大法台晋美朗仁嘉措）一时不想返回，在使者的再三敦促下，他才答应下来。当时，（六世）班禅额尔德尼封他为"诺门汗"，（六世）达赖喇嘛加封他为"额尔德尼"，并分别为他颁册印并赐以旗、豹皮鞭（原译作注：旧时，悬挂在达赖和摄政居室门旁，或出巡时由卫士捧以先行的一种象征政教权威的鞭子）等除伞盖以外的堪布用器。

（选自《拉卜楞寺志》，第三百九十三页）

第四编 器物与工具

（第十八任大法台热旦嘉措）藏历第十三绕迥木龙年（1784），（第十八任大法台热旦嘉措）大师临赴拉萨时，将自己所用黄色伞盖、豹皮鞭赐给热旦嘉措尊者，并叮咛说："给你这些东西，主要是为了允许你在祈祷法会和讲经法会上有使用伞盖的权力而开此的先例，本人从西藏返回本寺之前，政教方面的一切事务由你主持。"

（选自《拉卜楞寺志》，第四百零五页）

（第四十八任大法台贡确丹巴嘉措）铁牛年（1841）赴圣地拉萨求学，在拉萨拜见了（七世）班禅大师和摄政擦多诺门汗，供养无量，并前往日加静修处拜请克珠嘉措大师摩顶；同霍尔仓仁博琪一起朝礼大昭寺释迦牟尼像；在哲蚌寺，向大会每僧布施白银章卡一枚，其中给郭莽经院的每僧布施白银章卡四枚。虔诚礼拜，依止圣物，广施财物。

（选自《拉卜楞寺志》，第四百六十四页）

在这尊佛像（颇罗鼐从尼泊尔请来工匠并以小昭寺的佛像为模，铸造造释迦牟尼佛像）体内奉安有：佛祖无净舍利骨七块、法王班禅·额尔德尼·罗桑确吉坚赞（即四世班禅）的遗牙、五世达赖喇嘛的法衣一套、由布达拉宫佛像的内藏中分移出的装有五世达赖喇嘛少许骨灰的小佛塔、宗喀巴①的月髦的少部分、班禅·洛桑益西的全套法衣、喇嘛三华钦布的木碗、念诵过十一亿遍六字真言的"灵丹"（印对舍利、圣物诵经授予加持之物），以及由印度和藏区众多大德经过加持的内藏。

（选自《拉卜楞寺志》，第五百四十二页）

注释

① 宗喀巴：（1357～1419）藏传佛教格鲁派（黄教）的创立者、佛教理论家。在中国西藏、青海、内蒙古、甘肃、北京等地区的喇嘛寺院里，都有宗喀巴塑像，有的是泥塑涂金，有的是以钢铸成。宗喀巴本名罗桑扎巴（善慧称吉祥），这是受沙弥戒时的名称。青海湟中县人，元顺帝至正十七年（1357年10月10日，生于宗喀的一户佛教家庭，父亲名叫达尔喀且鲁崩格，母亲名叫馨茂阿却，两个人都是很虔诚的佛教徒。卒于明代永乐十七年（1419）10月25日，享年63岁。因藏语称湟中（今塔尔寺所在地一带）为"宗喀"，故被尊称为宗喀巴。

（拉卜楞寺中供奉的佛像及内脏圣物）群像中，尤其对那些重要的法体舍利和伏藏的奉安给予了足够的重视。选用上等木材为中柱，且极为规范，上书密宗咒文，用五彩垂帷装饰起来后，以"顶髻转轮愤怒明王"、"盛宝无量宫"、"大明"等经咒为"首藏物"和"居藏物"，再将密宗法师秘传的咒文、胜乐、密集、大威德、喜金刚等和以时轮为代表的所有密乘无上瑜伽、类属"三种行为"的各护法神经咒、五部陀罗尼、显乘所说之奥义密咒、格鲁派诸护法之密咒，以及佛塔之主干、《防谬经》、《吉祥经》、《永存经》等多种伏藏，加上名贵药物和香料，用上好的锦缎裹好后，特邀来续部上院的夏尔瓦曲杰·郭莽热坚巴·南木卡桑及其指定的十几名僧侣，虔心修念本尊，哞诵佛经，然后装藏立佛，这项花用约要二千两白银。

（选自《拉卜楞寺志》，第五百四十四页）

（拉卜楞寺的大经堂中供说法会朝拜的佛像内藏）有多罗那他所用的法铃、出自印度东南部寒林地方的一黑石上天然生成白底色"六字真言"的奇石、莲花生曾持过的霹雳金刚、珠钦·唐东杰波的橛桩①、第一世班禅·克珠杰的圣桌和书夹板、第六世班禅·拜旦益西的餐刀。

（选自《拉卜楞寺志》，第五百五十一页）

注释

① 橛桩：木桩。

达摩笈多的弟子一和尚，名为彦琮，精通梵汉两种文字。撰有《圣境（指天竺——译者注）庄严现观十品》，其第一品内容为不同区域之差别，第二品为年、月、季节之论述；第三品城堡房舍；第四品护政王法；第五品文化学习；第六品道德风俗；第七品饮食；第八品服饰；第九品珍宝财富；第十品山川风景。此书记述五印度风情之最佳经籍。该和尚后来成为（隋）文帝之应供大师，《大藏经目录章》之主要编撰者。

（选自《汉区佛教源流记 汉藏对照》，第七十页）

顺治四年（丁亥）二月丙戌（1647年3月20日）

初，（五世）达赖喇嘛、班禅胡土克图、巴哈胡土克图、鲁克巴胡土克图、伊尔扎尔萨布胡土克图、萨思夏喇嘛、额尔济东胡土克图、伊思达格隆胡土克图、诺门汗各上书请安，并献方物。至是，遣喇嘛、侍卫、格隆等存问，各赐金玉器皿、缎匹、雕鞍、甲胄等物。

（选自《清实录藏族史料》，第十二页）

顺治十年（癸巳）正月癸未（1653年2月13日）

宴（五世）达赖喇嘛等于太和殿，赐金器、彩缎、鞍马等物有差。

（选自《清实录藏族史料》，第二十三页）

乾隆九年（甲子）四月丁丑（1744年6月10日）

川陕总督公庆复奏："郭罗克番除首恶林噶架、酸架已于军前正法及首恶谭蚌借先经拒捕被杀，忙彻革藏、蚌甲素二名于获禁后病故不议外，所有续获为首聚众杀人之蒙借等七名，委员当郭罗克各土木面正法，并传首各寨。……又传集三郭罗克土酋丹增等目番共二十六人，明切开导，宣扬三次宥过不杀之恩，并分别赏给银牌、缎绸、烟、布等物……"

（选自《清实录藏族史料》，第四百六十页）

乾隆十七年（壬申）二月己酉（1752年4月1日）

又谕曰："西宁副都统舒明奏查郭罗克番子①抢夺（六世）班禅额尔德尼之使臣所领赏物等项有未交还者，移咨督臣严查具奏。今据策楞奏称：'查明即令交还，并将已毁缎匹银锞等物追出。其从前偷窃牲畜别案尚未呈报'等语……"

（选自《清实录藏族史料》，第一千二百二十六页）

注释

① 番子：缉捕罪人的差役。明东厂隶役皆取给于锦衣卫，役长称档头，专主伺察，下有番子为干事。清番子又称番役，掌缉捕刑仗或照料贡物。亦为旧时对少数民族或外族人的称呼。

乾隆四十年（乙未）十一月丁丑（1775年12月25日）

谕"据阿桂等奏：'梭磨土妇卓尔玛并伊子土司斯丹巴自川省用兵以来，派出随剿士兵较多于各土司，前经赏给土妇'贤顺'名号，伊子并赏戴花翎。今见指日大功告成，备牛五百头、酒一千篓、糌粑五百背呈送军营，恳求备赏，颇见诚心。当将酒物酌留，牛只发还，并将该土妇、土司及头目人、番众等厚加赏赉'等语。梭磨土妇卓尔玛并伊子安抚土司斯丹巴恭顺可嘉，著加恩将斯丹

第四编 器物与工具

巴赏给宣慰司之职,以示鼓励。"

(选自《清实录藏族史料》,第二千六百九十六页)

乾隆四十五年(庚子)二月癸酉(1780年3月29日)

敕谕(六世)班禅额尔德尼:"昨据伍弥泰奏称,尔喇嘛因朕南巡,率领诸僧唪经虔祝,并呈进佛尊、哈达等语,览奏欣悦。……今抵江省,特发去大哈达一个、绣僧冠一顶、朕行营佩带大荷包一对、小荷包二对、西洋鼻烟盒二个,以达朕意……特谕。"

(选自《清实录藏族史料》,第二千九百六十二页)

道光二年(壬午)四月辛酉(1822年6月6日)

谕军机大臣等:"长龄等奏官兵进剿番贼连获胜仗一折。……该督等督兵自东北赶至青海西南,齐慎等带兵紧顾西北,向前进剿,该野番等抛弃锅、帐,分投逃窜,势已穷蹙,调度甚属妥协,朕心深为欣慰。著赏给长龄寿字松石翎管一个、四喜白玉搬指一个、黄辫大荷包一对、小荷包四个,以示嘉奖。发去洋瓷翎管十个、鲨鱼皮小刀五把、玉柄回子小刀五把,著长龄等分赏出力官弁。……"

(选自《清实录藏族史料》,第三千八百四十九页)

道光二年(壬午)四月辛未(1822年6月16日)

谕军机大臣等:"长龄等奏官兵奸毙番目,余贼穷蹙散窜,现仍赶紧搜捕一折……提督齐慎著赏给松石寿字翎管一个、白玉搬指一个、大荷包一对、小荷包四个,以示嘉奖。外发去珐琅翎管五个、洋瓷鼻烟壶五个、文竹搬指套五个、玉柄回子小刀五把,著长龄等分赏出力官弁。……"

(选自《清实录藏族史料》,第三千八百五十页)

咸丰三年(癸丑)六月甲申(1853年7月16日)

谕内阁:"吴必淳奏:'章嘉呼图克图呼毕勒罕于本年四月内出痘,身体甚好'等语。……今呼毕勒罕转世,闻甚颖悟,惟以未经出痘不克来京,殊为厪念。今闻出痘安适,实为吉祥,深慰朕怀。著加恩赏给佛一尊、经一卷、哈达一块、珊瑚朝珠一挂、表一个、荷包一对、小荷包四个……"

(选自《清实录藏族史料》,第四千一百八十九页)

光绪二十五年(己亥)二月癸未(1899年3月16日)

赏哲布尊丹巴呼图克图龙伞一柄、龙缎靠被一份,贝子衔巴特玛车林双眼花翎。

(选自《清实录藏族史料》,第四千六百一十四页)

[土猪年(1719)四月]将军王①再献芸香念珠、象牙扇、珠宝锦囊等奇异用品多种,并派遣要官来向大护法询问国事。

(选自《七世达赖喇嘛传》,第三十九页)

注释

① 将军王:指康熙皇帝第十四子抚远大将军爱新觉罗·胤禵,亦称阿盖将军王。

[土鸡年(1729)达赖闭关修炼大威德金刚四座瑜伽结束后]德格土司①派商人苟如金送来黄金、绸缎、马牛等大批财物,七世喇嘛向来人赐赏,向德格土司、臣寮、夫人回函,并赐丰厚礼

品。为察雅②之使臣送行，向香堆及扎西曲宗各赐锦缎幢幡等供物。

（选自《七世达赖喇嘛传》，第九十九页）

注释

① 德格土司：见于《德格世德颂》（又称《历代德格土司传》，简称《德格世谱》）的德格家族最早祖先名囊擦嘉（又译作"囊擦珠"），6世纪人，曾伐东女图为光明天子。囊擦嘉四传至噶尔东赞域宋，《世谱》将其记为"嘎当巴"，《旧唐书》记作"薛禄东赞"为吐蕃第一代赞普弃宗弄赞（松赞干布）大相。

② 察雅：即察雅县。察雅县位于西藏自治区东部、昌都地区中南部。察雅县自然资源丰富，矿产主要有铁矿、铜矿、铅矿、煤矿等，旅游景点主要有吉塘酉西温泉、烟多寺、香堆向康大殿、旺布摩崖造像等。

[水鼠年（1732）藏历五月晦日后] 堪布罗桑贡却和父尊之使者云丹勒珠自北京返回，献上大皇帝的金字圣者及常规和额外赏赐。……和硕康赛亲王所献织锦天女卷轴画、以各种金刚装饰的坐垫等礼品，皇宫内的上师、一些王公官员、喀尔喀和鄂尔多斯部①（首领）等请求皈依或问安的信札和礼品，康熙皇帝之四公主所献绘有汉地区域、技艺的箱子一个及织有布达拉宫观音菩萨像的丝制卷轴画等，此时由来人献给喇嘛。

（选自《七世达赖喇嘛传》，第一百一十页）

注释

① 鄂尔多斯部：原为来自大蒙古国的各万户、千户，也就是各万户、千户长选派的对成吉思汗最忠诚的人员组成的鄂尔多卫护部队。这支精锐卫队，当年为成吉思汗四大鄂尔多服役，也有一部分为成吉思汗母亲斡额仑和成吉思汗几个弟弟、儿子的鄂尔多服役。在几百年的历史中，这支卫队的后裔，世世代代继承了祖先的职业，一直聚集在成吉思汗奉祀之神周围，形成了守护诸多宫殿的部落——鄂尔多斯人。14世纪，守护成吉思汗陵寝的卫士们，改自己"艾马克"（部）的名称，始称鄂尔多斯部。

[木兔年（1735）七世达赖喇嘛] 为加塘噶丹松赞林寺①一千三百名僧人赐护身结、灵物，并赐赠以银朱印成的《甘珠尔》经及其函套木板和书带作为公众供物，命只要佛教存在，务于每年四月内念诵。

（选自《七世达赖喇嘛传》，第一百二十四页）

注释

① 噶丹松赞林寺：噶丹松赞林寺是云南省规模最大的藏传佛教寺院，也是康区有名的大寺院之一，还是川滇一带的黄教中心，在整个藏区都有着举足轻重的地位，被誉为"小布达拉宫"。该寺依山而建，外形犹如一座古堡，集藏族造型艺术之大成，又有"藏族艺术博物馆"之称。

[火龙年（1736）七世达赖喇嘛] 道次教授结束时，（七世达赖喇嘛）向笔者等听经者和色拉大乘洲寺诸阿阇梨及一千名僧侣于措钦宁巴大殿授《道次教授文殊言教》的经文传承，向笔者赐新制的大小印章及其印盒。

（选自《七世达赖喇嘛传》，第一百五十页）

第四编 器物与工具

[火龙年（1736）七世达赖］喇嘛设宴，问询详谈。然后来使为雍正帝驾崩献四相缎的黄袍等多种衣服、水晶和羊脂玉器皿以及乾隆皇帝的大批赏赐，喇嘛为皇帝超度回向，众使者亦各自奉献缎匹、瓷器等。喇嘛宴请笔者（章嘉·若贝多杰）及驻拉萨官员，向喇嘛献第十七皇子悲痛祈祷之信札及其所献珍珠念珠等异物。

（选自《七世达赖喇嘛传》，第一百五十一页）

［铁鸡年（1741）］箕宿月（藏历六月）法会日，班禅一切智转世罗桑贝丹意希贝桑布于坚赞吞布殿坐床，（七世达赖喇嘛）喇嘛派颇罗鼐、德柱堪布罗桑诺布前往庆贺，献上祈愿班禅长寿、弘扬佛教的信札及金曼遮、五色哈达、身语意所依、衣服用器、锦缎华盖、坐垫、白色靠背、数大升白银、数种医疗器械、砖茶、白青稞、锦缎等，向襄佐亦赐赠应善成缘起圆满的信札和礼品。

（选自《七世达赖喇嘛传》，第二百一十页）

［水狗年（1742）五月左右］德格土司母子（向七世达赖喇嘛）献上金银、茶叶、绸缎、皮张等大批财物……

（选自《七世达赖喇嘛传》，第二百一十九页）

［木牛年（1745）藏历八月初五，颇章献礼］从颇章送来札什伦布寺人员托堪布献的坐垫、靠背、大批锦缎、大型银曼遮、景泰蓝用器等。

（选自《七世达赖喇嘛传》，第二百四十五页）

［土龙年（1748）新春十五日］是日，厄鲁特①策安多尔济那木扎勒之诸上师宰桑向众僧分发大批布施物，请喇嘛（七世达赖）至法会，奉献身语意所依、衣服等用器、一锭一百六十三两重的金块等珍宝数种以及其他金银用器多种、皮张、俄罗斯及吐鲁番等地所产绣金绣银锦缎等，布施无量，众僧齐颂足莲永固吉祥真言。

（选自《七世达赖喇嘛传》，第二百五十九页）

注释

①厄鲁特：厄鲁特蒙古是中国古代对西部蒙古的称呼，中国西北地区以畜牧业为主的游牧民族。元代称斡亦剌，明代称瓦剌，清代称卫拉特、厄鲁特、漠西蒙古等。历史上蒙古民族是由两个基本部分组成的。古代两分为"草原百姓"和"林中百姓"（斡亦剌惕、不里牙惕）。到后来为东部蒙古（中央蒙古）和西部蒙古（以卫拉特为主）。

［铁马年（1750）四月法会后，七世达赖喇嘛在哲蚌寺］此后在措钦大殿众侍从祈寿时，前往向大皇帝请安的堪布仲尼格隆噶桑顿珠和昂灾二人带来金字圣旨礼品及增加的被称作"如意之钩"的宝器多种，皇帝自己的衣服、靠背坐垫等无价之宝，盛宴款待大皇帝的官员等诸大要人。

（选自《七世达赖喇嘛传》，第二百八十二页）

［水猴年（1752）六月，甘丹寺南杰扎仓为七世达赖喇嘛师徒］祈寿时，北京堪布色麦古吉噶桑热吉、昂灾达尔罕额木齐至，献上大皇帝的圣旨、口谕及按规定和额外所赐礼品，特别赐有大颗珍珠念珠、锦缎衣服、靠背、坐垫等，十分丰厚。（七世达赖）喇嘛为大臣等诸官员、堪布和昂灾主仆摩顶，宴请内外宾客。

（选自《七世达赖喇嘛传》，第三百零九页）

[水猴年（1752）宗喀巴大师忌辰法日]（班禅一切智）为祝贺讲授完大部分经典，请（七世达赖）喇嘛到措钦大殿赴宴，班禅一切智手捧曼遮，首先赞扬喇嘛为一切正理坛城之大遍主，身体一孔一毛实住无量静猛天众，较之福田诸佛，尤为殊胜①，特别传授深广圣法，其宏恩世世如法修供亦难报万一，接着祈愿喇嘛足莲永驻人间，献银制国政七宝、黄金一百零五两、白银六千五十两、绸缎五段为一份共一百份、骏马一百、公母犏牛、塔弥卡茶、成包白青稞等大批财物。此后，请班禅一切智到措钦大殿，设宴款待，献曼遮、全套衣服、金银、茶叶、绸缎、坐骑鞍具、成包白青稞等宏丰布施，向襄佐、经师等诸侍从亦按地位各有所赐。

（选自《七世达赖喇嘛传》，第三百一十页）

注释

① 殊胜：事之超绝而稀有者，称为殊胜。如吾人常赞叹极乐净土因缘殊胜，因阿弥陀佛发四十八大愿普度众生，凡有一念之善者皆可往生净土，莲花化生，实乃稀有之事。

[木狗年（1754）七世达赖喇嘛谒拜天女神湖] 其他山沟雪盖雾障，惟神湖湖面如揭面纱，雾气顿散，朗日当空，殊为奇异。（七世达赖）喇嘛命做会供，最后祷告天女①，奉上各种珍宝、武器、谷类、茶叶、绸缎等祭湖物。

（选自《七世达赖喇嘛传》，第三百三十一页）

注释

① 天女：天上的神女。

[木狗年（1754）七世达赖喇嘛] 赴一切智索南嘉措①所建强权游戏乐园、向底吾果直殿的吉祥天女献题有愿词的五色哈达、二十五两黄金的带穗曼遮、颅骨、银瓶、玉盏一对、大小水晶碗、玻璃镜、装有东西的蚌壳、琥珀和用金银、珊瑚、青金石等串成的双垂璎珞②、上等大绿松石、孔雀翎伞、铁棒、铁钩索、剑、矛、枪、弓箭囊、铠甲，向外所依棕黄色骡子献银制鞍具、辔头，与诸陪从一起酬补、祷告、礼赞、催劝，虔诚祈祷。

（选自《七世达赖喇嘛传》，第三百三十二页）

注释

① 索南嘉措：(1543~1588)，《明史》称锁南坚措，西藏堆龙（今堆龙德庆）人，为第三世达赖喇嘛。索南嘉措出生于西藏拉萨附近的一户贵族家庭，据说这是西藏最早皈依佛教的家族之一，他们在当地有很强的政治势力。明嘉靖二十五年（1546）由哲蚌寺上层僧人迎至寺内，作为前任座主根敦嘉措的转世，这是格鲁派实行活佛转世制度的正式开端。

② 璎珞：古代用珠玉串成的装饰品，多用为颈饰，又称璎珞、华鬘。璎珞原为古代印度佛像颈间的一种装饰，后来随着佛教一起传入我国，唐朝时，被爱美求新的女性所模仿和改进，变成了项饰，它形制比较大，在项饰中最显华贵。

[火鼠年（1756）] 后于措钦大殿，由札什伦布寺摆设盛宴，全体扎仓僧做尊胜佛母①仪轨，为（七世达赖）喇嘛祈寿，奉上班禅仁波且的信札、三所依、用器、衣服、坐垫、靠背、金银、绸缎等大批奉献物。

（选自《七世达赖喇嘛传》，第三百六十一页）

第四编 器物与工具

注释

① 尊胜佛母：简称尊胜母，又称乌瑟腻沙尊胜佛母、顶髻尊胜佛母、佛顶尊胜佛母，藏音："朗觉玛"。尊胜佛母乃长寿三尊之一，可主长寿。多供在无量寿佛右边，左边为白度母，三尊象征福寿吉祥。佛经道：尊胜佛母是一尊救苦度难的女性菩萨。

[火鼠年（1756）]前往向大皇帝（乾隆帝）请安的堪布仲尼噶桑年扎和昂索蔡巴俄仁巴罗桑金巴主仆至，奉上大皇帝的金字圣旨和玻璃及白银的器皿、上等缎子等常例赐物以及羊脂玉念珠、披氅、长顶尖帽、坐垫、靠背、稀有晶器、上等缎子多匹等额外的供佛之物。

（选自《七世达赖喇嘛传》，第三百七十五页）

[火牛年（1757）三月]土尔扈特的使者向（七世达赖喇嘛）遗体奉上其郡王君臣百姓所献的多种珍宝、金银器皿、绸缎等大批皈依礼品，虔诚祈祷。特别，为喇嘛的未来转世敬献金丝缎披氅等衣服及华盖帷幔等用料。

（选自《七世达赖喇嘛传》，第三百九十三页）

[火牛年（1757）]通过二钦差赐（七世达赖）喇嘛五十寿辰贺礼及祈寿礼品、圣旨。礼品有：长幅内库哈达百条、按时轮要求制作的九层大银曼遮、无量寿九本尊金身像、经卷、佛塔、衣服、靠背、坐垫、有宝柄的珊瑚和琥珀制的吉祥器皿、羊脂玉乞钵等殊胜用器多种以及锦缎百余匹。

（选自《七世达赖喇嘛传》，第三百九十五页）

[火牛年（1757）]噶伦公班智达……向（七世）喇嘛遗体奉献内库金丝缎五匹、银章喀五百两、茶叶五十包、酥油七百零十德克；喇嘛之弟公衮噶丹增为众熬茶，每僧布施白银一钱，向遗体献黑狐圆帽、旧式紫黄缎子的库伦装、阿拉齐装等男女服装和武器各全套、白银四百两、茶四十包、塔弥卡俄孜玛三十果查、马鞍等；噶伦多喀夏茸为众僧熬茶煮粥，每僧布施白银五分，向喇嘛遗体献黑狐帽等蒙藏装全套、银章喀①一千两、库缎二十匹、塔俄三十六果查、酥油二百零八德克；噶伦吞夏茸为众僧熬茶，每僧布施章喀六枚，向喇嘛遗体献黑狐帽等蒙藏服装，银章喀四百两、缎子三匹、琥珀念珠、茶八包、塔俄二十果查；噶伦扎萨克喇嘛尼玛坚赞为众僧熬茶，每僧布施白银五分，为喇嘛遗体献僧俗服装全套、白银四百两、茶二十包、酥油二百三十八德克；公珠尔墨特旺扎勒献黑狐帽、以黑水獭皮为饰的黄色四相缎库伦装全套、银章喀五十两、库缎两匹、茶四包、酥油八十二藏斤（德克）十四藏两（涅）；甘丹赤仁波且献内库哈达、马蹄银一锭、章喀五十两、红色四相缎一匹；喇嘛绛巴仁波且献内库哈达、金条二两、银章喀……

（选自《七世达赖喇嘛传》，第三百九十六页）

注释

① 章喀：旧藏币。

至尊帕木珠巴真实出现在前方天空，说："你放弃这锦缎的旧坐垫，到乌如羌去，那儿可以为众生作广大事业。"按上师授记，至尊仁钦白来到北方羌地，受到念青唐布拉神的迎接。

（选自《直贡法嗣》，第七十页）

最初至尊（直贡第二十二任主持贡觉仁钦）的一些侍从献来手鼓、珍珠缨络、小幡等随身物；

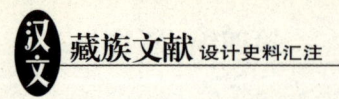

后来又被管家僧格确认是知一切的转世化身。但因在蒙古又转生为云丹嘉措①，故前去蒙古认领。

(选自《直贡法嗣》，第一百九十二页)

注释

① 云丹嘉措：(1589～1616) 四世达赖喇嘛。阿勒坦汗曾孙。三世达赖圆寂时，西藏红教与黄教之间的斗争尚未结束。黄教为了得到蒙古的支持，护法和上师预言三世达赖转世将在蒙古地方出现。按照他们的预言，遣三世达赖的侍从（索本）来土默特寻访，认定阿勒坦之孙松布尔彻辰楚库古尔台吉之子为转世灵童。

桑耶寺的曲均前来邀请至尊（直贡二十三任主持曲吉扎巴）参加供养经藏法会。至尊依从恳请，迅速来到桑耶，观看了经典并把它迎请都觉殿。曲均把漆布面具、紫色融酥等诸所依给至尊观看。

(选自《直贡法嗣》，第二百一十二页)

洛隆宗南去二日有浪岩山，产青金石；颇产麦、豆、牛、羊、猪、鸡、蜂蜜。恩达、察哇作贡、桑阿却宗俱产稻米、麦、豆、蜂蜜、葡萄、胡桃、牛、羊、骡子、鸡、猪等物。昌都产稻米、粟谷、生姜、黄连、麝香、熊胆。自拉里至昌都土民皆称康巴。拉萨之南春结一带，土民皆称百巴。世居黑帐房者名洛巴。产骡子、大头狗、栽绒、竹木、蕨菜、茜草、葡萄、胡桃、青杠木。拉萨之西千巴白尔极土民名卫巴。羊卓白地至扎什隆布、三桑一带土民皆名藏巴，物产皆与藏同。

阿里噶尔渡一带产稻米、粟米、枣、杏；拉库儿碗、札木扎呀碗，其价有值数千金者。

(选自《西藏志》，第十九页)

［铁蛇年（1761）九月］十一日，收到（七世）班禅大师由扎什伦布寺献来的丰厚缘起贺礼。其中一件装饰精美的礼物是汉语称为"噶瓦历"，藏语称作"削嘎历"（书夹子），内装金写的密集、长寿、文殊等经文的书夹。佛爷（八世达赖喇嘛）高兴地收下了这份贵礼。

(选自《八世达赖喇嘛传》，第二十页)

［土羊年（1799）］八月初一日，（八世达赖喇嘛）接受色拉寺僧团为出游进行的祈寿献礼。这时，（八世）达赖喇嘛会晤皇帝钦差各上官时，当面递交按习俗用以做乾隆帝超度用品等向嘉庆皇帝的请安表贡物。新版《甘珠尔》大藏经一百一十六函（部），经版以铜箍镂花装饰，丝线腰带包装、版头画像以银粉制成，以珠宝装饰面盖，函头标签等以缎子制成，锦缎旧料层层包裹，并以黄色库锻缝制新版经书套衣。新塑的有宝座及靠背，以优质绸缎缝制配以珍珠法衣的释迦牟尼银像及其所围八大弟子像，作为古松仁钦拉康殿的神圣供物，进行了迎请供奉，并在神降节日为之举行开光仪式。

(选自《八世达赖喇嘛传》，第二百四十五页)

［铁鸡年（1801）］八月初一日，接受色拉寺的经忏法事。这日以后，策曲林做夏季膜拜祈寿法事和例定诵经仪式。（八世）达赖喇嘛授予比丘①、出家戒律等，广行裨益佛教众生之事。这时，《甘珠尔》大藏经二百零八部（函）、《宗喀巴大师文集》内外所有十九部（函）、《五世达赖文集》内外密三部（函）、《班禅洛桑贝意希的文集》全部等均用八种珠宝的墨汁抄写完成，共计二百七十七部（函），都配装了各部的腰带、经版、面箍、压头佛像、面缎、遮盖等，用优质锦缎旧料三

层、衣饰黄色云纹库藏绸缎料子制成。

(选自《八世达赖喇嘛传》,第二百五十八页)

注释

① 比丘:佛教语。梵语的译音,为佛教出家"五众"之一。指已受具足戒的男性。此雕像中的比丘右手手持莲蕾,左手持供养物,圆形头光,广额,目低视,嘴角含笑,笑容中透示出对佛的虔诚谦恭和对未来求得正果的坚定与自信。

佛子最后的修习实践也在六度之一的布施度修持方面体现出来:为了教导我们佛教徒们对最终的皈依处佛法僧三宝的信仰之心不致他移,也为了侍奉三宝,在无量寿佛大小两个神殿、弥勒神殿、寝殿内室等处塑建了无数的上师喇嘛、本尊、佛陀、菩萨、佛弟子、护法神等的金身佛像、银身佛像;又以金汁、银汁、各种珍宝熔化之汁抄写《甘珠尔》、《丹珠尔》经卷以及宗喀巴大师等许多上师的文集,以最好材料配制经书夹板和书带,给予最好装饰后方才供奉。而且还做了以前从来没有过的百供千供等无尽的供养云。

(选自《九世达赖喇嘛传》,第七页)

[土龙年(1808)](九世达赖喇嘛坐床仪式上)遍知一切班禅大师向至尊仁波切①献上品内库哈达及银制曼札,佛像、佛经、佛塔等礼物并致词曰:"您是一切成就的根本上师,遵从旨意是主要的供奉。请接受敬礼"。

(选自《九世达赖喇嘛传》,第二十五页)

注释

① 仁波切:仁波切是对藏族地区的一些转世修行者的称谓,汉族人习称"活佛",其实不大准确,应译称"转世尊者"。

(元世祖向发思巴学佛后赏赐发思的器物和供奉法事的物品)世祖初未向发思巴(即八思巴)求灌顶,仅令其妃先请喜金刚灌顶,王问妃曰:"需何三昧耶戒?"妃遂举所有三昧耶戒以对,王曰:"其余三昧耶固然能守,至于不违师戒,我乃一国之主,不可能也。"妃云:"世间之事,以王为重,佛法之事,可以师重。"王以为是,遂与能守三昧耶戒之臣下二十四人同受喜金刚大灌顶,其灌顶供养有二大黄金曼达,其一满注无孔珍珠大如羊粪,作会供庄严,其一以黄金之须弥四洲①庄严。他如、马、骡、骆驼、黄金、白银,绫罗彩绘,多至不可计量。封为三界大国师即三界法王之意,以礼辛城之土地与人民供养之,后次第供藏地三区全部归其统治,云王曾下号令藏地释子皆改信萨嘉教派,发思巴奏以:"各从先所习尚之宗为善"等理由,王遂不加干涉。

(选自《宗教流派镜史》,第二百二十页)

注释

① 须弥四洲:东胜神洲、南赡部洲、西牛贺洲、北俱卢洲。东胜神洲其状如半月形,其人身形胜故,名胜神洲;南赡部洲其状上大下小,略如吾人之面,亦称南阎浮提,阎俘即赡部树,此洲有此树故名,吾人的世界,即在此洲;西牛贺洲其状周圆,其地多牛,以牛为货易,故名牛货;北俱卢洲其状方正,此洲人寿皆千岁,衣食自然,惟无佛法,故列为八难之一。

(圣教弘传于蒙古地区)成吉思汗之子为窝阔台①,彼汗之子为贵由与阔端两人。当时(一切知嘉木样与王会晤)有一妇人携带锯齿状揉皮工具前来拜见,遂仿其形式,创造了蒙古文字。据说，国王（王弟忽必烈彻辰汗）为忏悔征服蛮子的暴行，自皇宫起直至西南地方，共建造一百零八座寺院，卓尼五部落亦于此时兴起云。八思巴的四大弟子把多麦南部的本教，分别予以改宗，在其地建立各自的寺院和基地。

（选自《安多政教史》，第二十六页）

注释

① 窝阔台：即孛儿只斤·窝阔台。孛儿只斤·窝阔台（1186年~1241年12月11日），蒙古帝国可汗，史称"窝阔台汗"。元太祖成吉思汗的第三子。1225年封于也儿的石河（今额尔齐斯河）上游和巴尔喀什湖以东一带，建斡耳朵于也迷里城（今新疆维吾尔自治区额敏县）。1229年忽里台大会被拥戴登基，管理整个蒙古帝国。他继续父亲的遗志扩张领土，南下灭金朝，派拔都远征欧洲，他在位期间疆域版图曾扩充到中亚、华北和东欧。1266年10月，太庙建成，制尊谥庙号，元世祖忽必烈追尊窝阔台庙号为太宗，谥号英文皇帝。

（湟水北部地区政教发展情况，曲科林寺）活佛府中央的佛堂里，供奉着据称系永乐皇帝的本尊三世佛金像及宝座、背垫等；从扎什伦布寺迎请来的一尺高班禅的檀香木身像；紫檀香木雕八尊善逝佛的佛像和降天大佛塔；用檀木或金、铜等铸造的圣·林普玛等许多佛像；本师释尊佛，觉阿大佛，圣·宗喀巴、达赖喇嘛等传记，菩提道次第福田等等画卷多幅；拉萨版《甘珠尔》大藏经、及手抄本经籍一百余函，十一面观世音菩萨塑像和画像等。依怙殿里供有酬补供物、吉祥怙主的画像，亲眼供物。寝室里供着强巴仁波且等根本上师，胜乐、密集、大威德、纳若空行佛母、马头明王密像等本尊的画像和塑像，供品、供物和室内装饰物陈设有条有理。屋前龙王台是一处生长各种树木、花草丛生的林苑。

（选自《安多政教史》，第八十五页）

（《拉卜楞大寺志》及其传承世系）临近起程时，在尊者座前聆听了四业天母灌顶和全部《柔代》。巴林王派遣迎接的使者丹正达喇嘛等于土鸡年（1849）闰四月前由拉卜楞寺起程，德赤仁波且送到甫德，并送了炊具，陪同前去的有排通达乌拉杰德盖口主仆、呼和浩特的图萨拉其贤却图、藏格夏等人，携带帐篷、炊具、马车、骡马等，来到阿拉善旗王的衙门。……翼宿月（藏历二月）十一日，迎请至大会堂，彼师献一人高无量寿佛铜像一尊，白银五百两、玻璃灯笼一对等作为供养；向大会堂每个僧人布施铜钱一串；由于德赤仁波且快要前赴蒙古、内地，奉献了鞍具齐全的骆驼十一峰、白银五十两、大缎一匹和足够一套衣料的呢绒，向贡塘仁波且奉献白银一秤、栽绒地毯、玻璃用具等；为新修的藏经殿献新制的一人高圣·宗喀巴像一尊。对上下各处前来看望奉献盘供的许多施主及各个寺庙，各布施佛像一尊；对霍尔仓部落十一尊药师佛殿的每个僧伽每人布施铜钱五百和哈达一条，并以白银五十两作为衬资，供公共使用。就在这年修缮了寺院的大寝宫的女墙，建造了庭院，设置依止圣物，美轮美奂，庄严肃穆。冬季回到了出生庄园，在阿坝郭莽噶尔寺、参直合寺、查干白相寺院，布施了斋僧茶和念珠。

（选自《安多政教史》，第四百六十六页）

（大夏河流域南北地区及喀加措周等地政教发展情况）前辈官人喜饶桑爷爷向第一世一切知大师请求白帐怙主煨桑①颂时，其中有将僧伽、庄园予以托付之语。指示将来可以照管。当噶尔宁寺（旧寺）的密宗院被捣毁，恶行猖狂的时候，拿多官人程勒嘉措召集了一部分人，晚上，大伙聚集在经堂之前,他让大伙手握门上的铁环,发誓说:"除了嘉木样法座之外,别无他想!"迩时,贡乔拉丹官人年纪尚幼,他跟在大伙的后面去摸铁环。他说:"铁环没有发出声响。"拿多官人申斥道:"用不着去考虑铁环有没有发出声响!说了的话要兑现!"

(选自《安多政教史》,第五百三十七页)

注释

① 煨桑:就是用松柏枝焚起的霭蔼烟雾,是藏族祭天地诸神的仪式。在藏族地区,几乎每家每户都备有桑炉(或者院子中央,或者在屋顶依山处),每逢藏历新年,大年初一,人们起得很早,第一件事就是煨桑祭神,素以第一个去煨桑的人为荣。后来的人只是在已经燃起的煨桑堆上加松枝、柏枝、桑面(糌粑)等物,顺便献酒洒浆,跪拜叩首,添嘛呢箭杆。据说在煨桑的过程中产生的烟雾,不仅使凡人有舒适感,山神也会十分高兴。因而信徒们以此作为祈福的一种形式,希望神会降福于敬奉它的人们。

(洮河北部区域各地政教发展情况)火猴年(1716)(土司洛藏敦主之子)和承袭土司的哥哥一同朝觐康熙皇帝,敕封为大国师,赐僧帽、匾额、金印等。彼师精通僧俗二规,民众和官员都极钦佩。迎请了许多身、语、意依止圣物。

(选自《安多政教史》,第六百一十一页)

(洮河南部区域各地政教发展情况)自阶州向东南行七、八日的地方,有从前称为唐宗的西安府。文成公主诞生于该处。西藏迎去的觉阿释尊①像的宝座,稀奇金色华盖,现在仍保存着。峨眉山等的北边,有一条来自印度的河流,自南向北流经这城的前面。在这条河流的水面上,从印度扎了筏子,把觉阿释尊依迎请到来云。

(选自《安多政教史》,第七百零四页)

注释

① 觉阿释尊:生于南印度甘吉布拉州的卡威里。觉音又译为佛音,生卒年不详,5世纪时印度佛教僧侣,属上座部,对于南传佛教作出很大贡献。

("墀松"时期)然"赞波"与诸王巨似多居帐幕中,诸大臣辈之服装,亦多同于藏王,诸武将官,则多披虎皮等,在下文叙述藏王史迹时,当附及之。现在"逊噶"所执之"铁棒",及"虎皮袋"传说即为"墀松"时赐予勇士之服饰及用物,至于一般民众,则皆属游牧,各家门上皆竖旗矛,此亦是西藏之特有风习。此最初亦是军户之标帜,后来遂成为法规,直到现在,上起与印度杂居之藏族,下至与汉族杂居之藏族,任何一户,其门上亦皆有竖立旗帜之风习。

(选自《白史》,第十二页)

有一古殿之壁画,被全部剥下,携到印度,现存印度首都"德里"之博物馆中。另有从此处所获得之余物甚多,亦皆存德里。又在"骨片"、"木片"等上边,刻有征收赋税之账目,皆为最古之文字,例如(原注:酒三升,草一担)等,此处将西藏大臣与将军所寄之二封书札(亦属公文)举以为例……

(选自《白史》,第十五页)

(西藏)木器以皮覆底,于中食。以毡铺地代盘——现在政府宴会,犹有于锦垫上献肉之规矩,名曰"敦夏"。

（选自《白史》，第三十页）

跋伊曹父子七人，皆赌誓。（尔时赞普）赞普慰之曰："伊曹忠顺，逝世后，赞普当亲为建墓室，并赐汝子孙每人一金牌，世袭不绝。从今以往，尔勿舍我，我亦不弃汝也"云云。并有歌咏。"跋伊曹"亦歌咏申谢，于是父子七人，举行盛大饮宴，以谢王恩。

（选自《白史》，第四十一页）

松赞（松赞干布）致书汉官长孙曰：天子初即位，若臣下有叛者，吾愿率兵赴讨。并献金器十五种于皇帝（太宗）灵前。其后新皇帝进封赞普为王。举行汉式之大庆祝会。因为西藏请求，并赐蚕种，及制造玻璃、作滔碾硙①等匠人进藏。"祈国"元年。——佛灭后1194年——松赞卒。皇帝（唐高宗，永徽年间）遣使至藏祭吊。松赞无子。其孙继位。因其年幼，国事皆委禄东赞管理。

（选自《白史》，第六十三页）

注释

① 碾硙：中国古代利用水力启动的石磨。

（乾隆）十年（1745）正月己亥，准噶尔台吉噶尔丹策零遣使臣哈柳奉表至京，表曰："前奉谕旨接济我等前往西藏之人牲畜、路费，念经之时，又俯准所办理，不胜欣喜感激。但准噶尔见在新立法性教，所有西藏请来好喇嘛大半亡故，存者年皆衰迈。若由土伯特①地方拣选通于经咒之人赏发前来，立，可期永久，为此奏请。余言令使臣口奏。附进玉碗、木碗各一件，貂皮三十张、犬马各二。"

（选自《清代藏事辑要》，第一百三十页）

注释

① 土伯特：清代文献中对西藏地区及当地藏族的称谓。也作"图伯特"、"图白忒"。

[乾隆十年（1745）二月甲寅，皇帝赐使臣物品] 岂无一善于经咒者？且敬佛广教止在于心。亦不必专凭经咒，何必求诸他人？此事朕不必降旨，今待敕付使臣哈柳赍同，尔其善体朕意。随敕赐各色缎十端、蟒缎、庄缎各八端、玻璃瓷器各八事。

（选自《清代藏事辑要》，第一百三十一页）

[乾隆十一年（1746）壬午，赐准噶尔使臣哈柳等宴] 哈柳跪奏："大皇帝之旨，大人等先经晓谕，今又面聆圣训，俟回时当告知我合吉敬谨遵行。"上特赐玉如意一支，谓哈柳曰："此名如意，乃克遂心愿之谓，特赐与尔新台吉者，尔可赍往。"并命赏哈柳玉如意一支，哈柳叩头祇领，上亲赐酒三爵，哈柳跪饮而退。

（选自《清代藏事辑要》，第一百三十六页）

[乾隆四十七年（1782）] 十一月戊申，噶布伦公班第达以堕马伤肋，呈请辞退。驻藏大臣傅清额等奏闻，上以班第达办事有年，今年老残废辞退，加恩准以原品休致①，并给朝珠一盘、大缎二匹、大荷包一对、小荷包一对。所遗噶布伦员缺，命扎萨克台吉索诺木旺扎勒补授。嗣后遇有大事，仍与班第达商酌办理。

同日，以公班第达之子商上笔切齐丹津班珠尔为噶布伦。

[乾隆四十七年（1782）]十二月甲子，谕："前因班禅额尔德尼来京庆祝，于热河建造扎什伦布庙，有需用金两及金如意官件，以备颁赏。其时各督抚即有呈进备赏金器者，以作加赏班禅之用，因量为赏收，此系朕失检点处，或督抚等即藉此名色，向属员勒索，亦未可定。见在此事已过，不可不严行饬禁。"

（乾隆）四十八年（1783）六月癸未，驻藏大臣傅清额等奏："额尔德尼、诺们汗、阿旺楚尔提木在色拉寺傍，独力捐资，建一小寺，恭祝万寿，恳恩赏给寺名。"寻得旨："赐名寿宁寺。并赏给祥轮普渡御书匾额、铃杵海螺、大哈达各一个。"

（选自《清代藏事辑要》，第二百零四页）

注释

① 休致：官员年老退休去职。所谓休致，即将职位还给朝廷的意思。

[乾隆五十七年（1792）]十月戊辰，再福康安等奏："廓尔喀差出头人禀称，欲令贡使过藏时，谒见达赖喇嘛、班禅额尔德尼叩头请罪。并于准降后拟遣人赴藏呈递哈达、土物"等语。拉特纳巴都尔，欲令来使谒见达赖喇嘛等请罪，亦足见其悔过之心，至伊呈送达赖喇嘛等哈达、土物，和琳应告知达赖喇嘛等酌量收存数件，勿虚其意，仍加倍酬给回赏，不可为廓尔喀①所轻。再此事藏功完善，御装《十全记》一篇，以志武成。

（选自《清代藏事辑要》，第三百零五页）

注释

① 廓尔喀：尼泊尔中部地区，廓尔喀王朝发祥地。位于加德满都西北80公里，海拔1500米。县的行政和商业中心，居民多为古隆人和马嘉人。18世纪曾为尼泊尔王朝的首都，加德满都至博克拉的公路通过此地。

[嘉庆十年（1805）]乙巳，谕：本月二十三日成林奏："济咙呼图克图呈递佛匣一个，奏书一件，将原封进呈。"并据策拔克奏："审讯阿旺索巴、丹巴策楞派人粘贴匿名夷字一案情形"一折。

（选自《清代藏事辑要》，第三百六十八页）

[道光二十四年（1844）十二月]丁卯，敕谕第十一辈达赖喇嘛曰："咨尔达赖喇嘛，朕抚临寰宇，敷锡众民，期一道以同风，冀九垓①之偏德，亦愿洪宣梵义，普结善缘，导引群生，同参胜果，其有能通上乘，继阐正宗，使诸部愚蒙悉资开悟者，宜加懋奖，允沛宠封。兹以尔慧性深沉，经文谙习，既著灵踪于龆岁②，益坚戒律以壮年，承袭以来，皈依者众，朕甚嘉之。故特依前辈达赖喇嘛之例，封尔为西天大善自在佛所领天下释教普通瓦赤拉坦喇达赖喇嘛，改受金册。尔尚振修黄教，主持乌斯本利济以佑民，迓麻祥而护国。所有图伯特事务，其悉依例董率噶布伦等，妥协商办报明驻藏大臣转奏，俾图伯特阖境延厘，众生蒙福，弥勒启迪，用副绥怀。兹随册赍往银满达一，镶金茶桶一、镶金执壶一、银钟一、珊瑚朝珠一、绣蟒③袍面一、黄妆缎靠背坐褥各一、大小哈达五十五色、哈达寸黄缎九、红缎九、漳绒九、玻璃器十、瓷器十，尔其敬承，以光我国家亿万年无疆之休命。钦哉！"

（选自《清代藏事辑要》，第四百三十五页）

注释

① 九垓：亦作"九陔"、"九陔"。中央至八极之地。

② 龆岁：犹龆年。

③ 绣蟒：蟒袍，又被称为花衣，因袍上绣有蟒纹而得名。

［道光二十五年（1845）四月丙午。］番民罗桑汪结等一百七十二犯，或带小刀或持石块或执牛角、木棒及铁笔筒等件，随同滋事，亦属不法，应如该大臣所拟，革去喇嘛，勒令还俗。

（选自《清代藏事辑要》，第四百三十九页）

［咸丰元年（1851）］闰八月乙酉，谕军机大臣等："据载茯①、庆锡奏；遵查前、后藏喇嘛呈进贡物，从前办理情形一折。此次前、后藏达赖喇嘛等恭进佛座画像，著永福等暂于永安寺供奉，俟孝和睿皇后宣宗成皇帝梓宫奉安时，再行酌定供奉处所。所有呈进贡物，除奏书、哈达业经焚化外，其余藏香、红花、氆氇等贡物。著于月祭时分别敬谨焚化，将此谕令知之。"

（选自《清代藏事辑要》，第四百五十二页）

注释

① 茯：别名云苓、白茯苓。寄生在松树根上的一种块状菌，皮黑色，有皱纹，内部白色或粉红色，包含松根的叫茯神，都可入药。

［咸丰三年（1853）］六月甲申，谕内阁"昊必醇奏：'章嘉呼图克图呼毕勒罕，于本年四月内出痘，身体甚好'等语。前世章嘉呼图克图①久住京师，于黄教大有裨益。今呼毕勒罕转世，闻甚颖悟。惟以未经出痘，不克来京，殊为廑念②。今闻出痘妥适，实为吉祥，深慰朕怀，著加恩赏给佛一尊、经一卷、哈达一块、珊瑚朝珠一挂、表一个、荷包一对、小荷包四个，俟发到时著昊必醇转行赏给。"

［咸丰三年（1853）］八月庚寅，谕内阁："理藩院奏：章嘉呼图克图呼毕勒罕之父端噜布情愿报捐马五百匹，转为请旨一折。该呼图克图呼毕勒罕之父端噜布，因剿办逆贼未竣，呈请情愿捐马五百匹，实出诚恳，朕深嘉焉。惟军营应需马匹，现已备妥，尚属足用。章嘉呼图克图呼毕勒罕现在年幼，且供用较多，若收此项马匹，朕心深为不忍，著毋庸赏收。仍加恩赏给端噜布大缎二匹，呼毕勒罕哈达一方，著西宁办事大臣转交伊徒，俟该呼图克图呼毕勒罕坐床时再行赏给。"

［咸丰三年（1853）］八月壬辰，谕："穆腾额等代奏：达赖喇嘛等因贼匪侵扰各省，念经祝告速灭一折。达赖喇嘛等因广西贼匪侵扰数省，兵民不能安堵，各愿率领呼图克图喇嘛等，在藏各寺熬茶念经祷祝，以期贼匪绝净，大功早成，突出诚心，朕甚嘉悦。著加恩赏给达赖喇嘛哈达一方、戒珠一串，著交驻藏大臣等转赏达赖喇嘛。"

（选自《清代藏事辑要》，第四百五十九页）

注释

① 章嘉呼图克图：中国清代掌管内蒙古地区喇嘛教格鲁派最大转世活佛。第一世章嘉出生于张姓之家，原称张家，后改章嘉。呼图克图为蒙语"圣者"。其母寺为青海佑宁寺（原称郭隆寺）。

② 廑念：殷切关注。

［咸丰十一年（1861）］十二月壬戌，谕议政王军机大臣等："满庆等奏：'达赖喇嘛、班禅额尔德尼、慧能呼徵阿齐图呼图克图等闻大行皇帝宾天，不胜哀痛，聚集僧众讽经做好事，并派专差进京请安'等语。达赖喇嘛、班禅额尔德尼、慧能呼徵阿齐图呼图克图等闻皇考文宗显皇帝大事，即出自诚，聚集僧众讽诵经典，并差遣堪布来京请安，呈递佛尊哈达，殊属可嘉。著赏达赖喇嘛珊

第四编 器物与工具

瑚珠一串,椰珠一串、大荷包一对、小花包四个。班禅额尔德尼玻罗松珠一串、菩提珠一串、大荷包一对、小花包四个。慧能呼徵阿齐阿齐图呼图克图玻罗松珠一串、大荷包一对、小荷包四个。俟到藏之日,著满庆等转赏伊等祗领。凡呈进丹书克之堪布,俱著二十七个月后再行来京,将此谕令知之。"

(选自《清代藏事辑要》,第四百九十四页)

生活用具

莲师（莲花生大师）进了龙宫，登上黄金宝座，顶宝龙王便捧出一个装满了各种甘蜜鲜果的红珍珠盘子和除毒宝瓶，装有琼脂玉液作为斟茶之状，敬献在（莲花生）大师面前，遂恭敬的说道……

(选自《天界篇：格萨尔王传》，第一百页)

（求经使者从汉地返回吐蕃）第二天，来到喜古山，在羌纳木地方看见一口能容一克粮食的铜锅，里面煮着驴肉，一家叫隆仓的人说："要看看堪布降伏夜叉的手段。"白玛大师①说："我要和夜叉进行一场血战！"说着踢翻铜锅。

(选自《拔协》，第二十一页)

注释

① 白玛大师：尊者白玛邓灯大师又名邬金卡略林巴，于藏历火鼠年（1812）九月初十日诞生于多康地区阿资年（新龙县）的德隆牧场。

（塑好桑耶寺佛殿的佛像后）于是，在当月的二十九，三十两天，（赤松德赞）赞普准备好器物，垒起两摞锦缎坐垫，请阿杂诺雅大师为佛殿开光并赐予塑像者奖赏。但是，却不知塑师哪里去了。因此大家都认为他是佛的化身。

(选自《拔协》，第三十一页)

[贞观十五年（641）]高宗嗣位，授弄赞为驸马都尉，封西海郡王，赐物二千段。弄赞（松赞干布）因致书于司徒长孙无忌①等云："天子初即位，若臣下有不忠之心者，当勒兵以赴国除讨。"并献金银珠宝十五种，请置太宗灵座之前。高宗嘉之，进封为宾王，赐杂彩三千段。因请蚕种及造酒、碾、硙、纸、墨之匠，并许焉。乃刊石像其形，列昭陵玄阙之下。

(选自《旧唐书·吐蕃》，第五千二百二十二页)

注释

① 长孙无忌：（？～659），字辅机，今河南省洛阳人，唐初大臣，凌烟阁二十四功臣之首。

[开元十七年（729）]（赞普）谨遣论名悉猎及副使押衙将军浪些纥夜悉猎入朝，奏取进止。两国事意，悉猎所知。外甥蕃中已处分边将，不许抄掠，若有汉人来投，便令却送。伏望皇帝舅远察赤心，许依旧好，长令百姓快乐。如蒙圣恩，千年万岁，外甥终不敢先违盟誓。谨奉金胡瓶一、金盘一、金碗一、马脑杯一、零羊衫段一，谨充微国之礼。

(选自《旧唐书·吐蕃》，第五千二百三十一页)

[开元十七年（729）]金城公主又别进金鹅盘盏杂器物等。

(选自《旧唐书·吐蕃》，第五千二百三十一页)

[后唐天成四年吐蕃首领来朝]天成①四年己丑（929）九月，……西凉府蕃官拨心，吐蕃首领

拨里忙布、兰毡等并来朝。

(选自《册府元龟吐蕃史料校正》，第三百四十四页)

注释

① 天成：(926~930)是后唐明宗李嗣源的年号，共计5年。

在平常人们的眼里：赞普松赞干布与尼妃赤尊公主喜结良缘，两人互赠毛编酥油钩，交杯喝着肉汤美羹，换盏品着马奶子酒，不时还在一起"抓骨臼"。伉俪二人耳鬓厮磨，两情缱绻。

(选自《柱间史》，第一百四十二页)

阿阇黎世亲有四位著名的善巧弟子，其中首先是喜学《对法藏》①，而且特别善巧的弟子，即阿阇黎"安慧"。早先阿阇黎世亲住在"坝迦坝哈惹"地方时，坐在注满麻油的铜锅中（印度天热，坐麻油中可以耐热），念诵八十部般若经。

(选自《佛教史大宝藏论》，第一百四十页)

注释

①《对法藏》：三藏之一。即指论藏。对法，即论典。汇集一切论典，称为对法藏。

［景德元年①（1004）六月］者龙凡十三族，而六族附迷般嘱及日逋吉罗丹。西凉府既闻罗支遇害，乃率龛谷、兰州、宗哥、觅诺诸族攻者龙六族，六族悉窜山谷中……六谷诸豪乃议立罗支弟厮铎督②为首领，且言铎督刚决平恕，每会戎首，设觞豆饮食必先卑者，犯令虽至亲不贷，数更战讨，威名甚著。

(选自《宋史·吐蕃》，第一万四千一百五十七页)

注释

① 景德元年：1004年，北宋与辽订定澶渊之盟，互约为兄弟之国。
② 厮铎督：1004年，甲辰年（龙年）；契丹统和二十二年；北宋景德元年；越南应天十一年；日本长保六年，宽弘元年。北宋与辽订定澶渊之盟，互约为兄弟之国。1004年，因"澶渊之盟"和地震频发而著名于史。

芒董达赞同门尊玛结为伉俪同居多年，但无子，心灰意冷。其时，（他）有大量财物，特别是门尊玛下凡时带来的一头色如海螺的白色犏母牛（十分珍贵），挂在牛角上的金乳桶以璁玉①网眼为饰，并绕以藤笋细箍，形影不离地陪随着她。

(选自《朗氏家族史》，第十页)

注释

① 璁玉：似玉的美石，多作装饰品。

朗氏宰官泽松祭祀焦饮定热神，发兵琪域，平定达尔、璋、琪三部落。作为英勇的标志，击杀琪部落头领赞扎，战胜达尔、璋二部落，役使其民，缴获琪地璁玉簪和红光璁玉酒壶。故征服达尔、璋、琪三部落者亦是天神种姓朗氏之人。

(选自《朗氏家族史》，第二十四页)

（绛求坚赞担任万户长及当时帕竹乃东官寨的情况）［水狗年（1322）九月］十四日我（绛求坚赞）接管了乃东。在囊梭（译者注：谓为内管家，亦指内库），仅有下列物资：切碎的熟马肉一腿、水磨房内炒熟的青稞一袋、麦子十五升、青稞酒半挤奶容器；容器有：有耳的穿底石臼一只、穿底大锅一口、穿底铜勺一把、青瓷粗碗四个；坐具有：穿底羊毛软垫一张、穿底绪边坐褥四个、破旧的浮绪栽绒一庹（译者注：两手伸开的距离）；佛像及供具有：小灵塔三座、昌珠人的金汁书写的《十万般若颂》一部。除此之外，无论佛像、炊具、供具和垫具什么都没有，值得拿走的均被坚赞郊子侄们拿走了。其它的（设施）被砸碎，所有的门均无门栓，大多破损不堪，食物仅有狗吃剩的，东西厢房倾斜欲倒，每年都须培修大小房屋和围墙等建筑。

（选自《朗氏家族史》，第九十六页）

（绛求坚赞担任万户长及当时帕竹乃东官寨的情况）衮聂瓦、穑萨瓦、雅曲巴和萨拖巴等人分别赠给我（绛求坚赞）一匹骏马，加曲巴声称经济拮据，只赠送了一头犏牛，阿阇黎坚赞贝赠给的有：名叫积烈的白额马一匹、有鲨鱼皮鞘的长刀一柄、曼孜地方出产的有浮雕花纹十三处的小腹银瓶一个、有花朵和枝叶图案的一个、有花朵图案薄得吹口气都会飞走的木碗及碗托一副——碗托现在还存放在邓萨替寺的小屋里，那只木碗我曾发现存放在孜塘巴·衮旬的室内。

（选自《朗氏家族史》，第九十七页）

（绛求坚赞担任万户长及当时帕竹乃东官寨的情况）本钦云尊刚去世（京俄）就说邓萨替寺需要赛赛拉康（拉康谓为神殿）周围的土地，我（绛求坚赞）凭借法旨文书得以收回。赛赛拉康内的器物有：一只有铜箍的漏壶，一只铁质破壶，一顶能容纳二三十人的帐幕，至于供居者和行者使用于炊具有什么，旬努尚波是司膳官，他是知道的。

（选自《朗氏家族史》，第九十八页）

我（绛求坚赞）在徐卓停留五天，又在噶瓦佟的玛尔纳山凹里逗留三天。其间，喇嘛衮邦巴[①]派遣赤尊带来一只完好无缺的龙纹银套瓷碗和一匹有孔雀图案的红花上品卡梯缎，说是施主延僧诵经向萨迦施舍病人用具祈求解脱时他份内所得。赤尊未施礼，向我呈献一牛皮糖包的茶和糖，实际上是试探。

（选自《朗氏家族史》，第一百七十四页）

注释

① 衮邦巴：尊号，原为八思巴弟子，后转成为裕莫·多吉的及门，建觉摩囊寺，因此本派遂称为觉囊派。

（本钦出狱，同绛求坚赞相会于律院）我（绛求坚赞）右例的首席，旁边坐着古香，从而使我坐在他俩的下首。对此，我很恼火，非常气愤。本钦（本钦杰尚）起身给我斟一碗茶，在一个银质大碟子里装满了白糖和奶渣，在其顶上放了七砣冰糖，他用噶丹（一类壶名）斟茶，我起身接受。

（选自《朗氏家族史》，第一百八十二页）

（绛求坚赞委任多吉坚赞为曲弥地方的长官）委任之时，曲弥（一建筑）正厅的中央是喇嘛叔侄的坐位，其上铺设了一层哗叽[①]软垫和两层卡特丝缎软垫，共为三层。坐褥上铺设靠背，并覆盖一个包袱布，在前面柱前为我（绛求坚赞）铺展了一只哗叽软垫，上罩红色栽绒垫子和垫褥罩布等，还敷设了包袱布。我（绛求坚赞）说道："我曾是曲弥寺的近住大弟子，所以这是我的坐褥，你是我的司库，掌管钥匙的人，请在前面铺设一张软垫就座。今后二位钦波，另外，或者是萨迦的

第四编 器物与工具

大侍者和显贵等无论任何人前来,要一如既往地很好加以礼敬和迎送。"

(选自《朗氏家族史》,第一百八十九页)

注释

① 哔叽:用精梳毛纱织制的一种素色斜纹毛织物。呢面光洁平整,纹路清晰,质地较厚而软,紧密适中,悬垂性好,以藏青色和黑色为多。

(在徐卓宴会上绛求坚赞劝请索洛瓦启程进京)我(绛求坚赞)欲站起说话,但因体力不支,遂垫了一个衡特尔,说道:"先前皇帝虽次第降旨,但是,在上既有大喇嘛,又有大阿阇黎曲季坚赞,我仍然受欺侮。现在,大喇嘛不接受启请,圆寂了,大阿阇黎曲季坚赞前往北方,不能在途中摄受(我的)启请。皇帝的圣谕很明确,对你说:速来就职帝师。遵循圣谕,您应前往,请准备向萨迦大寺作临别敬礼和启程。至于驮马、美味食品、赆仪、帐具等的筹办,不要推托给任何人,由我负责。您前往大都后,不要牵挂我。"

(选自《朗氏家族史》,第二百二十五页)

(在徐卓宴会上绛求坚赞劝请索洛瓦启程进京)次日,迎接诰命,在准备宣读诰命时,王也来了,(我同他)互赠哈达,我(绛求坚赞)未脱帽。宣读圣谕之后,又宣读了王的诰命。宣读完毕,院巴上坛递交赏赐。我亦走过去接受了一碗茶和一碟红糖,奉献一只晶莹的壶作回敬,并叩首,(大阿阇黎)遂脱帽。

(选自《朗氏家族史》,第二百二十六页)

(释迦郡勒大师在香区达桑巴修院中建造了九尊吉祥护法像后)那时(释迦郡勒)大师从(达桑巴修院)修院前往雅桑时,邬冻岩上有一龙居其中,大师将龙捕捉而放入陶罐中,以皮膜封罐口加盖印章而搁置。其龙则摄集各方美酒于罐中,遇有羯摩①法事及作开光时,一切法事中用此一罐酒而永不尽。当作开光法事时,借用许多村中之牛,屠宰后以作开光之荤宴,但到黄昏时村中牛数仍是完全无缺,仍旧分给各村户。大师于大河南岸也意乐这样作一次,携酒罐前去时,有一侍徒想看罐内所装何物,启罐口看时,罐口很大,有一白蛇跑出罐口而去。因此,神像也未塑成。在塔区嘉窝修真实剑法事时,大喇嘛卓弥对(释迦郡勒)师说:"我将寄黄金供与我师班智达而未足数,汝能供我许多黄金,我将传授汝甚深教授。"释迦郡勒应允能如命办到,诸侍徒虽在作筹备,但郡勒师说:"上师之言即是悉地,以此你们去吧,距离此处不远有一山洼处,去乞求非人赐黄金吧!"获得地神赐黄金而说道:"直到黄金未发现动物形象的时间中,都可受用此黄金。"有了一袋的黄金,确实为数不少,最后发现有蛙形金块时,即截止动用其余黄金。于是到柳沟隆在译师(卓弥)座前供献黄金百两以补足其数,并在秋收场上为师负运已刘禾稼等,以这种极恭敬行动使师欢喜。卓弥大师也就传授了不可思议的秘诀。

(选自《青史》,第六十九页)

注释

① 羯摩:是梵语,意思是作法办事。

(大德邬巴细波来到芒域区贡圹寺)后从尼泊尔募化得供具而来到芒域区贡圹寺时,炎热不断侵袭而患病,只好将物品寄放在城中,而去到山中修行,以此又发现大圆满平等的悟境,一切土、石、山、岩都毫无阻碍,而且知道无任何所需,将就职的一切顺缘物品随便抛弃,只剩七只成套的供水杯一套，想起上师的恩德，我能现起这般悟境也是上师的恩德，因此，只这套供水杯也当供于上师，想后携着水杯而行，走到中途又将水杯也抛弃，才感心中舒适。

（选自《青史》，第八十页）

（坝贡年满十六岁，烹波伽）于是阿阇黎协饶俊勒和坝贡二人站在左右看着，他［梁夏哇金（梁有鹿师）］站在中间霎时不见，只有一肘旋风在旋来旋去入于火中而去；继入于放水施垛玛盆满盆水中而去；忽起一阵大风沙，他顿然又来到阿阇黎的近前。

（选自《青史》，第一百零六页）

（玛季除灾障的方便都作了仍然无效后）她（玛季）请求（荡巴）道："现在有何效方？"（荡巴）答说："有方便是：需用黑母鸡的蛋一个；羊肉右肘一肘；酒一颅碗；少女七人；如来佛像一尊；国王的坐垫一床；根本上师的足印等，去拿来吧！"昆普哇①不大工夫也就觅得所需物陈在荡巴面前。荡巴说：将国王坐垫供给我，作和上师平等三者的业手印；在这佛像前绕行后亲自收起来。足印前供献七少女，黑母鸡蛋置于阴户中，羊肉和酒作供献，定期祭供勿废，法器的内密加持物勿缺。

（选自《青史》，第一百三十五页）

注释

① 昆普哇：（1069～1144）是玛久夏玛的弟弟，8岁开始学习藏文，从娘巴上师受居士戒，闻习发菩提心法等。

从各方面而来的许多施主的承事供养和供献财务等他［帕莫竹巴多杰嘉波（金刚王）诞生于1110年］都用来纯作抚育僧众之用，而决不拿来作美饰茅篷寝室以图快乐之用。可是对于来到他的座前一切施主中，对王公长者他赐以瓷碗，对穷人乞丐赐以剩余食物等。他主持那里的寺院从戊寅起至庚寅年，驻寺共十三年。

（选自《青史》，第三百三十二页）

这位大师扎喜伯诞生于壬戌年，十八岁时出家，二十四岁时到前藏依止卓贡大师六年，二十九岁时去到颇垛，计在颇垛、色特、汤阁等处共住七年。在色哇隆住过三年，于庚子年来到达隆后一直住了三十年之久。聚集无数僧众，将示寂时还聚集有僧众三千余人。他供施的正法和金银有无量数。他到帕莫竹寺三次。在最后一次到（帕莫竹寺）寺供献的是：许多金银等铸造的佛像，经函青白两种（涂青纸及白纸）共五百五十函，金块和松耳石共四十块，茶叶六十篓，上缎三千匹，牛马一百头，黄金百余两铸造的明灯，大氅和铠甲等许多物品。总共在帕莫竹寺中安立明灯二百八十三盏。（扎喜伯）临终时供寺经函青色纸函七百函，白纸函难以数计，金块和松耳石共五十块，上缎二千五百匹等许多供品。

（选自《青史》，第三百六十七页）

（荡巴告知学习正法要有一段了解和毅力）荡巴大喜而说道："最初犹如是去盗取同王的宝库，须带有多种锁钥；中间好比举灯照明暗室，须有燃灯用的火具囊袋；最后譬如渡河来了船夫，须备有很好的桨橹。"说后也就传授他由五道、三种苦行直趣般若波罗蜜多的"义传"。

（选自《青史》，第五百五十一页）

元贞间，海都①犯西番界，成宗命祷于摩诃葛剌神，已而捷书果至；又为成宗祷疾，遄愈，赐与甚厚，且诏分御前校尉十人为之导从。成宗北巡，命胆巴以象舆②前导。过云州，语诸弟子曰："此地有灵怪，恐惊乘舆，当密持神咒以厌之。"未几，风雨大至，众咸震惧，惟幄殿无虞，复赐碧钿杯一。

（选自《元史》，第四千五百一十九页）

注释

① 海都：孛儿只斤·海都（1235~1301），蒙古帝国窝阔台汗之孙，孛儿只斤·合失之子。他统辖叶密立（今新疆额敏东南）一带原窝阔台和贵由的封地，于至元五年（1268）发动叛乱，并建窝阔台汗国。是窝阔台汗国的实际创立者。

② 象舆：用象拉的车。

（元起朔方）有杨琏真加①者，世祖用为江南释教总统，发掘故宋赵氏诸陵之在钱唐、绍兴者及其大臣冢墓凡一百一所；戕杀平民四人；受人献美女宝物无算；且攘夺盗取财物，计金一千七百两、银六千八百两、玉带九、玉器大小百一十有一、杂宝贝百五十有二、大珠五十两、钞一十一万六千二百锭、田二万三千亩；私庇平民不输公赋者二万三千户。他所藏匿未露者不论也。

（选自《元史》，第四千五百二十一页）

注释

① 杨琏真加：又作琏真伽、杨琏真珈、杨琏真加，元朝人，西夏藏传佛教僧人，吐蕃高僧八思巴帝师的弟子，见宠于忽必烈，至元二十二年（1285），任江南总摄。

泰定①二年（1325），西台御史李昌言："尝经平凉府、静、会、定西等州，见西番僧佩金字圆符，络绎道途，驰骑累百，传舍至不能容，则假馆民舍，因迫逐男子，奸污女妇。奉元一路，自正月至七月，往返者百八十五次，用马至八百四十余匹，较之诸王、行省之使，十多六七。驿户无所控诉，台察莫得谁何。且国家之制圆符，本为边防警报之虞，僧人何事而辄佩之？乞更正僧人给驿法，且令台宪得以纠察。"不报。必兰纳识里之诛也，有司籍之，得其人畜土田、金银货贝钱币、邸舍②、书画器玩，以及妇人七宝装具，价直钜万万云。

（选自《元史》，第四千五百二十二页）

注释

① 泰定：元泰定帝孛儿只斤·也孙铁木儿的年号。元泰定帝（1276年十月二十九日出生于山西晋邸，1328年秋七月辛酉逝世）名孛儿只斤·也孙铁木儿，是元朝的六位皇帝，他的在位时间是从1323年九月庚午到他逝世。

② 邸舍：古代专指货栈。

铁狗（庚戌）年，吐蕃王松赞干布逝世。唐王遣使携诸多资具吊祭吐蕃王。

（选自《雅隆尊者教法史》，第二十二页）

土兔（己卯）年，王薨（芒松芒赞），子都松芒波杰①于是年即位。噶尔之长子钦陵②任大相，遣使唐王③，讣告吐蕃王之噩耗。唐王亦遣使致哀，携去吊祭之资具。

（选自《雅隆尊者教法史》，第二十二页）

注释

① 都松芒波杰：都松芒波杰王的全名是"都松芒波杰伦纳墀王"。他在芒松芒赞王和王后没庐氏墀玛伦所生之子，676年，火鼠年诞生于拉隆。是年冬季，父王芒松芒赞薨。秘丧三年，始为都

松芒波杰上赞普之尊号，母亲墀玛伦代理摄政。

② 钦陵：是南唐开国皇帝李昇的陵寝。

③ 唐王：特指唐朝皇帝。

铁龙（庚辰）年，文成公主薨。唐王（唐太宗）闻之，遣使吐蕃致哀，携去吊祭资具。该公主在吐蕃四十年。

（选自《雅隆尊者教法史》，第二十三页）

洛昂命四兄弟之母牧马，纳一公主为妃。母至尼萨达措，睡梦中与一白衣人合卺①，醒来即见安枕之处，一头白牦牛起立而去。约满八月，生一拳大之血团，蠕蠕而动。弃之，此乃亲生；养之，又无口眼四肢。乃置于一熟牛角内，装入裤筒煮热，不料竟是一婴儿，故取名郑吉甫·如拉结几阿索波。

（选自《雅隆尊者教法史》，第三十页）

注释

① 合卺：汉族婚礼仪式之一。即新夫妇在新房内共饮合欢酒。举行于新郎亲迎新妇进入家门以后。起于上古。本用匏（葫芦）一剖为二，以七将两器（瓢）之柄相连，以之盛酒，夫妇共饮，表示从此成为一体，名为"合卺"。后世改用杯盏，乃称"交杯酒"。

（志共赞普与布德共杰①父子二人执政时期，建秦阿达孜王宫）如拉结乃前往娘若香波卡山上之鹫巢，杀鹫，入其壳内。下至香波卡之顶，将铁锅罩住洛昂氏百男之胸而杀之；将铜盆盖住洛昂氏百女之头而杀之；将洛昂小孩，一一摔于岩上而杀之。于是，从香波卡顶扔下所杀之洛昂氏，从作秦阿达孜王宫之奠基石。

（选自《雅隆尊者教法史》，第三十一页）

注释

① 布德共杰：又译为布德贡甲，《吐蕃王朝世系明鉴正法源流史》作普得贡家、补得贡贾。按照藏族的传统他是吐蕃王朝第9任赞普，吐蕃王朝早期所谓上丁二王之一。

拉妥妥日聂赞王系金刚手菩萨之化身。彼登至永布拉岗王宫宫顶，从天降下《诸佛菩萨名称经》，一肘高小金塔、《宝箧经要六字真言》、如意珠琬、牟陀罗印①等，又出声授记曰："兹历五代，始解此义。"虽不识此等为何物，然极其希罕，遂置于王宫殿堂，供以御酒、碧玉、果品。是故，王虽已八十高龄，然返老还童，白发变黑，面无皱纹，肌肤柔嫩。享年一百二十岁。

（选自《雅隆尊者教法史》，第三十二页）

注释

① 牟陀罗印：高约一肘，上有天生六字陀罗尼的一块宝石。藏文典籍载，是妥妥日年赞时从印度传入西藏的佛教文物之一。

（都松莽布支）国王疗养病体，亦大获效益。此后，国王说："此种树叶乃上等饮料，饮用它的器具，不能用以前有的玛瑙杯、金银等珍宝制作的瓢勺，需要找一种以前没有的器具。听说汉地的皇帝有一种叫做'碗'的器具，可派人前去要来。"

（选自《汉藏史集》，第一百零五页）

第四编 器物与工具

向遍知一切的文殊菩萨顶礼！

　　洁白晶莹毫无尘垢的吉祥之物，

　　　形状可爱，内盛各种营养食品，

　　　人人喜悦，成为大众必备用品，

　　　珍贵茶碗，鉴别之法如下所述。

制造碗的材料有上、中、下三等，上等是珍宝，中等是石疖，下等是白色陶土。上等碗的颜色为黄色，中等的为白色，下等的为青色。按碗的形状和图案来区分，可分为八组十六种，即：巴若达罗和夏底迦，巴陵达迦和穆鲁底，本都迦和巴梨底，迦梨①迦达和迦朗迦，玛底古达罗和古那萨，森古达若和迦若迦，布格达和毕顶格，巴若哈斯和查达玛格。现分述如下：

巴若达罗碗颜色纯黄，犹如睡莲花，绘有许多大鹏和枝叶繁茂的树木，什么地方有这种碗，该地就能吉祥平安。

夏底迦碗颜色白黄，碗上有许多斑迹，但大鹏图案很少，有许多水纹，状如白香花花朵，拥有这种碗能增加受用。

巴陵达迦碗颜色白而碗壁薄，有大鹏图案和水纹，犹如瞻波伽花，拥有这种碗能增长智慧和保持禅定。

穆鲁底碗颜色杏黄，碗壁内外都没有图案，犹如呼杜伽花，持有此碗的人食物充足。

本都迦碗颜色白而青，有水纹和大鹏鸟图案，状如青莲花花朵，持有此碗的人心地慈善而安宁。

巴梨底碗颜色青绿，碗壁薄，有琥珀类的图案，状如建莲子花。持有此碗的人聪明而有学识。

迦梨迦达碗颜色如云烟，有云彩图案装饰，状如旃檀花，持有此碗的人后裔繁盛。

迦朗迦碗颜色如浮云，有枝叶缠绕的树木图案，状如鸡豆花，持有此碗的人具有声誉，嗓音悦耳动听。

玛底古达罗碗颜色白而红，有宽叶树木图案，状如迦邬巴底花，持有此碗的人后裔繁盛，但是穷困。

古那萨碗具有五彩各色，没有大鹏图案而有鱼纹，没有光泽，犹如萨达花，持有此碗的人多病痛和尘垢。

森古达若碗颜色青绿而明亮，绘有展翅的乌鸦和仙鹤，犹如札智迦花，持有此碗的人常常因饶舌而发生争吵。

迦若迦碗颜色青绿而发白，绘有各种野兽作为装饰，犹如呼鲁迦花，持有此碗的人不能安住，需要搬家。

布格达碗颜色青灰，有曲折而玄秘的水纹，犹如色底迦梨花。持有此碗的人事业不能成就而且爱猜疑。

毕顶格碗颜色天蓝，绘有龙和云彩作为装饰，状如青莲花，是国王们使用的器具。

巴若哈斯碗颜色白而光净，绘有飞禽和树木作为装饰，犹如瞻部止夏花，是高僧大德们使用的器具。

查达玛格碗颜色青蓝而光亮，绘有水纹及水兽图案作为装饰，犹如曼殊夏迦花，是高贵的人使用的器具。

在碗上描绘龙的图案具有如下的功德：能去毒，除茶秽，治眼病，使人聪明无病，破除痴愚，并能使碗中的食物滋味鲜美。具有龙的图案的碗有无数功德，请聪慧的人们使用这种碗。

从碗的造型流派方面来说，可分为六类，即：夏布则、拉布则、襄则、特则、多布则、冬则。夏布则的碗口宽阔，碗底低，颜色白而发青，碗壁薄，绘有云彩、树木、水纹、虫、龙等图案，因而具有功德。拉布则碗下部鼓出，样子不好看，碗壁薄而明亮，碗口宽，与琉璃颜色相同，绘有飞禽走兽的图案作为装饰。襄则碗样子好看，颜色青蓝，具有光泽，碗底高，有斜棱花格和树木等图案作为装饰，使人十分喜爱。特则碗颜色青蓝，碗底粗圆，碗大而深，容积大，碗口小碗肚大显得不大协调，有树木图案装饰，庄重而朴素。多布则碗质料低劣颜色不好看，各部分大小不协调，图案阴晦，既无功德亦无妨害。

另外，还有被称为"萨策"的碗，很有名声。被称为"朵策"的碗样式好看，绘有龙的图案，颜色和形状都为人称道，但是没有水纹及大鹏图案，内壁不光洁似有狗的脚印，使之大为逊色。

鉴别碗的特征总起来说有以下几点：质料的好坏从碗肚上看，有龙和云彩结合的图案是上等，有茶和树木结合的图案的是中等，有鱼和水兽图案的是下等。又有的说，具有龙、大象、狮子、老虎、法轮、净瓶、莲花、树木森林等图案的碗是上等，有大鹏、鸭子、野兽、云纹、树纹、水纹、海洋、水兽、花朵等图案的，虽能使人一时快乐，但终究不长久。有鱼类、乌鸦、人尸、执兵器的野兽、惊惶的动物的图案的，谁有这样的碗谁就会受苦。颜色洁白柔和、式样美观、碗壁薄、碗体轻、内外清洁、有光泽、图案好、碗底宽、没有孔洞、没有黑斑，这是懂行的人挑选碗时注意的十个方面。

以上是出生于克什米尔②的贡勤杰布所著的鉴别碗的方法，其深意契合于法界之中，愿众生速获知识功德！此鉴别碗的方法的文章，篇名为《宝器甘露》，乃克什米尔遍知之大德所著。

祈愿增盛吉祥！

吉祥！

端严的身像佩戴美丽饰品，

美妙的话语传遍四面八方，

深邃的思想凝聚无数智慧，

向你不惑的文殊菩萨顶礼！

先前，此吐蕃地方使用的碗有好有坏，但是没有文章记述它们的区别。为了使后世的学者了解它们的大小、差别、种类、产生的经过，我这曾向许多学者学习过的人，遵照其学识为众人所公认的大学者洛追贝桑的吩咐，为了说明这一问题，写下这篇文字。

属于珍宝之一的绘有龙的图案的碗，最先在印度地方出现。该地有一名大商主，为去大洋彼岸取宝，航行于大海之中，看到海里有总数为十六只的宝碗中的两只，像扣合着的宝盒，放射出光芒。于是派大鹏鸟用嘴把它们从海底衔出来，由于牙齿的磨擦所以有大鹏图案，取碗时曾在龙背上休息，两碗分开，所以碗内有了内意之宝，外壁有了四种野兽的印迹，也因此而使宝碗能产生各种妙欲享用。碗口一圈大鹏鸟的牙印，是珍宝中的一种。碗上面有骆驼椭圆形的蹄印，标志碗的主人成为众人敬奉的荣光。碗上面有大象之王驮载宝物的迹印，标志碗的主人成为大地的统治者。碗上面有骏马的蹄印，标志其主人统治四脚动物，家畜繁盛。碗上面有水獭捉鱼的迹印，标志碗的主人有充足饮料，成为水的统治者。碗上面有勇士挥剑朝天的印迹，标志碗的主人能够战胜外敌。碗上面有贤者在地上放置明镜的印迹，标志着碗的主人能得到各种美味食物。具有这样标记的珍奇的两只宝碗,在法王阿育王在位之时,被国王用来盛他饮用的狮子奶汁。现在,这两只碗是印度迦毗罗卫城的神庙的主要供品。

在这以后烧制的两只碗,在仲年德如王在位时传入吐蕃,珍藏于国王存放食物的库房之中。此后,在龙朗楚吉杰波王[3](即赞普都松莽布支)在位之时,由技艺高超的工匠在索那唐波且地方以珍宝为原料按听说的式样烧制了上、中、下三等三十二只大小不同的碗。上等和中等的碗为白色,下等的多数为青色。这些碗在整个吐蕃乌斯藏地区[4]被称为用珍宝制成的龙碗,它们具有无数功德,愿具业缘的众生能得到它们。可以与这些碗相比的有三种碗,被称为达则、朵拉、强迦,这些是在吐蕃制造的碗。达则碗的图案没有一定,据说有刺猬和蓝色圆圈两种。

以水晶为胎的碗有两种,被称为札沃且和冬则,其好坏以图案来区分,非常清亮而且有两个一组的图案,如莲花之中有吉祥八宝,汉地的斜棂花格配上法轮,或者是两条小龙龙口相对,或者是绘一条大龙占满整个碗面,这些碗洁白、清亮而且图案富贵,这些都是碗中佳品的特征。

被称为当琼玛的碗有两种,所上瓷釉为青色,大多有空心图案,工匠虽然不同,造出的形状却是一样,它们的名称根据图案来确定。

被称为札俄玛的碗,里面绘层迭的莲花,碗口绘彩纹围绕,是在帝师扎巴俄色的时期出现的。被称为甲桑玛的碗,有与碗体等长的把柄,碗壁薄,碗口宽,显得清亮,所以为其他人所仿效。这种碗有一些有青龙、花龙图案作为装饰,这是本钦甲哇桑布以院使身份主持宣政院[5]衙署时制造的。据说在旺秋尊追以前就停止制造了。

在摧毁旭烈兀[6]王的外道军队时,出现了一只特别珍奇的宝碗,巴达王只要念动咒语,用手指甲弹碗壁,碗内就会出现他想要的饮食。此王在西宁城去世后,这只碗里就再没有生出过饮食。听说这只碗后来传到了我这里,碗上有一个穿绳子的洞,人们千方百计也无法将它补上。这只碗现在在萨迦夏尔拉章的人的手中。

被称为噶白的碗,是在噶巴拉(以人的头盖骨做成的碗,作为修习密法时的法器)碗上绘有莲花图案,所以称为噶白碗。有一只姜黄色的噶白碗,在拉巴家族的手中。还有一只茶碗和茶叶一同动荡的碗,在雅隆觉卧家族的手中。

还有一种被称为萨则的碗,是作为给具吉祥萨迦派[7]的礼品而制造的,这种碗的中心处都必定有一个"萨"字。

此后,又有两只由朝廷(明廷)颁赐的碗,被称为格尔,由化身的大明皇帝(明成祖)献给得银协巴[8]和众生依怙大乘法王[9]。这两只碗中大的一只是献给大乘法王的,此碗为青花碗,上面有白昼吉祥(夜晚吉祥)等文字,绘有六种图案及古样八宝等,由于有这些珍贵的图案更显得贵重。这两只碗的形式在现在十分盛行。

以上是对以龙碗为首的各种碗的介绍,愿众生因此善业而消除贫困!吉祥!

(选自《汉藏史集》,第一百四十六页)

注释

① 迦梨:印度神话人物。史上曾经用过活人献祭,是印度教派中最为隐晦和神秘的一派。迦梨产生于湿婆的妻子,雪山女神帕尔瓦蒂的化身杜尔伽。

② 克什米尔:又称喀什米尔,是南亚次大陆西北部(青藏高原西部和南亚北部的交界处)的一个地区,位于印度、巴基斯坦、中国、阿富汗四国交界上。

③ 龙朗楚吉杰波王：即赞普都松莽布支。
④ 乌斯藏地区：明代称西藏为"乌斯藏"。
⑤ 宣政院：是元朝掌管全国佛教事宜和藏族地区军政事务的中央机关。由帝师兼领。忽必烈始置总制院，后改为宣政院。从此，西藏地区正式成为我国中央政府直接管辖的一个地方行政区域。
⑥ 旭烈兀：蒙古语：名字意为"战士"，（1218年~1265年2月8日），蒙古人，伊儿汗国的建立者，西南亚的征服者，成吉思汗之孙。
⑦ 萨迦派：是藏传佛教的重要宗派之一。该宗派的创立者是昆·贡却杰布（1034~1102）。显教的修持主要有《中观和唯识两派的发心》、《修心遣离四种贪著》和《修持七义》等法类。
⑧ 得银协巴：（1383~1415）藏传佛教噶举派噶玛巴支派黑帽系经五世活佛。
⑨ 大乘法王：乌斯藏僧昆泽思巴也，其徒亦称为尚师。

（亚泽王系的扎巴德用金粉白银造佛像，扎巴德的孙子日乌麦以四十两白银造药师八相和金顶）那迦①德瓦子尊却德复往亚泽为王，尊子扎巴德曾以金粉七升，庄严文殊像，一万二千两白银，造弥勒像。扎巴德子阿索德于金刚座寺设常供。阿索德有二子，长子芝达麦，次子阿南麦，阿南曾书全字大藏，阿南子日乌麦以四十两白银，造药师八相及供大报金顶。日乌麦子桑格麦。桑格麦之后即不详。

（选自《续藏史鉴》，第六页）

注释

① 那迦：印度神话中居住在地下的蛇神，一般被描绘为上半身人形。作为蛇神的那迦，传说除了拥有剧毒和再生的能力外，更被人们作为掌管生死的神灵来崇拜。

（看到米拉日巴到来）他（马尔巴）把酒瓶用土围起来，用帽子盖上。（马尔巴）喇嘛一面耕地，一面又一个劲儿地瞭望，一会儿又喝一口酒，坐在那儿（地边）等待着。

（选自《米拉日巴传》，第五十三页）

我（米拉日巴）同那个孩子（米拉日巴沿着洛扎的河谷打听马尔巴大师的住处时候，遇到的放牧人中的一个生的俊秀，穿得漂亮，口齿伶俐，披着光滑的头发的孩子）一起到了家里。只见刚才那个僧人（马尔巴大师）坐在铺着一层栽绒的两层厚厚的垫子上，上面还放有三层的靠枕。他（马尔巴）的脸上用油擦得光光的，眉梢、鼻梁两侧、胡须上没有擦到油，还沾有泥土，肥大的肚子下垂着。我看了一眼，心想：这人不就是刚才的那个人吗？（马尔巴）大师又在哪里呢？师父说："真的不认识了吗？马尔巴就是我，快行礼呀！"于是，我便顶礼，把师父的脚放在我头上说："上师大宝！弟子是远方拉堆的大罪人，谨以身、语、意三业供与上师。请上师赐给我衣食和传授我佛法，恳请慈悲摄授，传给我今生即能成佛的大法。"

（选自《米拉日巴传》，第五十五页）

（与马尔巴大师初见）于是，我（米拉日巴）走遍洛扎的山沟与河谷去募化。我募化到青稞（洛扎大斗）约二十一斗。用十四斗换得一口里外都光洁、没有积垢和锈斑的四耳赤铜锅；用一斗粮食换了酒和肉；剩下的六斗粮食装在一个大口袋里，把铜锅覆在口袋上面背着回来了。到了（马尔巴大师）师父的住处，因为疲乏极了，摇摇晃晃，把背着的东西丢下来，连房子都震动起来了。那时，师父正在吃饭，便停下来起身呵叱道："你这个小和尚，劲倒很大。你还想用人力震倒房屋压死我们吗？真是荒唐至极！把青稞口袋拿出去！"他还踢了一脚。因此，我只好暂时把东西拿出去。喇嘛可能是那种脾气暴躁的人,在他面前要小心服侍,行为谨慎才好。我仅这样想了一下,对于上师并未产生邪见。后来,我(米拉日巴)把空铜锅供养给(马尔巴)上师,恭敬顶礼。(马尔巴)喇嘛把铜锅拿着,忽然合眼入定片刻,眼泪汪汪地说道:"缘法很好!贡献给班勤那若巴大师[①]。"他用手举起来,摇着铜锅的环子,并用棍子敲铜锅,让它发出响声来。然后,把它拿进经堂去,在里面装满点供灯用的酥油。

(选自《米拉日巴传》,第五十七页)

注释

① 班勤那若巴大师:那若巴于公元 1016 年出生在孟加拉国。据说,他降生于皇族,父亲是桑提伐尔曼国王,母亲是师利玛提皇后。

(马尔巴大师让米拉日巴修碉楼,藏绒的梅敦波请上师传授胜乐金刚[①]的大灌顶)走廊快要修完工时,兑地的楚敦旺额来求密集金刚大灌顶。师母(马尔巴大师的妻子)说:"孩子(米拉日巴),这次你无论如何去请求受灌顶。"又拿了一包酥油,一匹氆氇,一口小铜锅作为供礼。于是,我来到灌顶的法席上坐下。师父又说:"吐勤,你坐在灌顶法席上,你有什么灌顶的供养?"我说:"有酥油、氆氇、铜锅等物。"

(选自《米拉日巴传》,第六十四页)

注释

① 胜乐金刚:又称上乐金刚,藏语称"登巧",蒙古语称"德穆钦格",是藏密无上瑜伽部母续的本尊,是三世诸佛的金刚身、语、意所依,是诸佛功德的总集代表,也是藏密无上瑜伽修法中尊奉的五大本尊之一。

我刚要去干活时,师母(马尔巴大师的妻子)来对我(米拉日巴)说:"我们来商量一个求法的办法。"于是,我们二人议定,我在一个装糌粑面的小口袋上面捆着一些经书和零星的东西,在(马尔巴大师)师父能看得到的地方,(米拉日巴)故意对师母说:"这下请放我走!"说了便装着要走的样子。那时,师母说:"现在我去告诉师父,当然会得到法的。你无论如何要留下来!"她又故作挽留之状。我们这样做,果然被师父看见了,便问:"达梅玛,你们两人在干什么?"师母即回答说:"吐勤他原先是从远方派到大师跟前求法的。你不但未传法给他,反而让他多次挨打受骂。他怕未学到法之前,便已身亡,现在准备到别处去投名师。我劝他留下说:'我代你在师父面前求情,保证传法给你。'师父应道:"我懂了。"遂走出来,给了我一阵耳光,骂道:"你最初刚到我跟前来时,说把身语意三业供养给我了。现在你要往哪儿去?当心点!说真的,属于我所有的你的身语意三业,就是把它剁成百段,我都完全有权。不管怎样说,你若真的要走,你从我家把糌粑拿去,是什么道理?你说!"于是,把我推倒就打,并将糌粑口袋抢走,拿着进屋里去了。

(选自《米拉日巴传》,第六十六页)

这时(马尔巴大师为考验米拉日巴,使之挨打受骂,并多次拒绝为其传法),我(米拉日巴)悲痛万分,如死了独子的母亲一样难受。……师母(马尔巴大师的妻子)安慰我说:"虽然一向采取各种方法,但(马尔巴大师)上师都不传法给你。将来无论如何是会传的。此前,我可以传法给你。"遂传了我金刚亥母的观修法。……我想,一则报答师母的大恩,同时,她是上师的妻子,可以求得罪垢清净。于是，在夏天帮她抬挤奶的架子和放在灶前炒青稞用的椅凳，这些小事我都尽力效劳。

(选自《米拉日巴传》，第六十七页)

(马尔巴上师为米拉日巴传授灌顶) 上师把手放在我 (米拉日巴) 头顶，说："孩子，最初我就知道你是弟子中的大根器①，你到我这里来的那天晚上，我做了这样一个梦：出现了将来你大兴佛法的预兆。……以后，你供养我一口四耳铜锅，预示我将有举世闻名四大弟子；锅内没有锈浊等垢物，预示你的烦恼垢障微小，身中已掌握了拙火暖乐；献我空锅，预示你在修行时将会缺少食物而受饥饿……为了你后半生及弟子法嗣等能有丰富受用，为了使根器弟子因能领悟教授精华而满足，所以，我又把酥油盛满供灯，为了使你能名闻四方，我又尽力敲击铜锅使之出声……。"

(选自《米拉日巴传》，第八十八页)

注释

① 大根器：指的是曾在过去诸佛处广修一切善法，深植众德之本，与诸佛菩萨有殊胜因缘之人。

(米拉日巴在野外苦修，生出离心，遂作歌)
"罐，刚才在手转瞬完蛋，
一切有为都和此例一般，
用来比喻暇满人身更自然。
故此，我米拉瑜伽士，
要努力修持不散乱。
这罐子是我全部财产，
今天破了，是上师出现，
它给我宣说诸法无常，真正稀罕！"

(选自《米拉日巴传》，第一百六十)

现在 (即将融归法相之时)，我 (米拉日巴) 暂时要往现乐刹土①谒见薄伽梵不动佛②。所谓最后要谈的遗嘱，就是我米拉日巴死了以后，你们所熟悉的那藤杖和布衣是我的唯一财产。热穹巴③很快就要来了，把这两件遗物交给他！这是能修风息的缘起。热穹巴未来以前，先不要动我的尸体。法主弥勒巴的这个头巾和沉香木手杖，是以上品见修来住持正教的缘起，无论如何要交给卫巴敦巴。这个木碗，希瓦畏拿去。这个天灵盖碗，恩宗玫巴拿去。这火镰，斯般热巴拿之。这骨制汤匙，直贡热巴拿去。其余曾得我教授的弟子们，把这布衣各人撕一片拿去。我的财产虽不多，但每一件都是一种缘起。

(选自《米拉日巴传》，第二百一十一页)

注释

① 现乐刹土：不动佛居住的地方。

② 薄伽梵不动佛：不动佛，又称不动如来，即无动如来、阿閦如来。无动如来之刹土在此世界东方，称东方妙喜刹土

③ 热穹巴："热"是布衣，"穹"是小，对其师米拉日巴来说，所以称他为"小布衣者"。本名多吉扎 (1083~1161)。米拉日巴二大弟子之一。

(米拉日巴去世)此后,众大弟子因尊者逝往他方净土,一时难免悲伤。……这时,大家异口同声地说:"我们照着尊者的遗嘱,去找那灶下的金子吧!就尊者一生的事迹来看,固然不会积有什么黄金,但这是上师之命,必须去看一看。"于是,便把灶挖开一看,见有一块迦西迦的布,里面包有一把小刀,刀尖可当锥子,刀背可作火镰,刀刃十分锋利。

(选自《米拉日巴传》,第二百四十二页)

[洪武七年七月己卯(1374年8月23日)]朵甘、乌思藏僧答力麻八剌①及故元帝师八思巴之后公哥坚藏(巴藏)卜遣使来朝,请师号。诏以答力麻八剌为灌顶国师,赐玉印海兽纽,俾居咎多桑古鲁寺②,给护持十五道,公哥坚藏巴藏卜为圆智妙觉弘教大国师,玉印狮纽。赐诏曰:"佛教兴于西土,善因溥及华夷,虽无律以绳顽,惟仁心而是。则迩来西番入贡有僧公哥坚藏巴藏卜、答力麻八剌,乃昔元八思巴帝师之后,深通奥典,笃志尤坚,化顽愚以从善,起仁心以涤愆③,虽曰遥闻,特加尔号,其公哥坚藏巴藏卜为圆智妙觉弘教大国师,答力麻八剌为灌顶国师,统治僧徒,名当时之善,为教中之称首。于戏!寂寞山房,俦青灯而侣影,跏趺盘石,对皓月以忘情,随缘于锡杖、芒鞋,安分于草衣、木食,广施妙利,方契善符。"

(选自《明实录藏族史料》,第二十九页)

注释

① 答力麻八剌:(1264~1292),元世祖之孙,太子真金次子,元武宗、元仁宗之父。

② 古鲁寺:位于县治北5公里处,在今加让乡解放村。藏语称"玛古鲁南杰林",意为"黄河之滨的古鲁尊胜洲"。

③ 涤愆:愆是过失,过错的意思,涤有"洗、清除"的意思。组合起来可以为"洗刷冤屈"或"改过自新"的意思。

[永乐五年正月甲戌(1407年2月26日)]赐尚师哈立麻仪仗牙仗二、瓜二、骨朵二、幡幢二十四对、香合儿(二)、拂子①二、手炉三对、红纱灯笼二、鮀(鮇)灯二、伞一、银交椅一、银脚踏一、银水罐一、银盆一、诞马四、鞍马二、银杭(杌)一、青圆扇一、红圆扇一、帐房一、红纻丝拜褥一。

(选自《明实录藏族史料》,第一百三十页)

注释

① 拂子:用以拂除蚊虫的用具。即在柄上札束兽毛、棉、麻等而成者,功用与尘尾同,而形状各异。又单称拂,或称作拂尘。

[永乐四年十二月庚戌(1407年2月2日)]宴尚师哈立麻于华盖殿,赐金百两、银千两、钞二万贯、彩币四十五表里及法器、筒(茵)褥、鞍马、香果、米、茶等物,并赐其徒众白金、彩币等物有差。

(选自《明实录藏族史料》,第一百三十页)

[正统①五年五月庚申(1440年6月18日)]行在户部奏:"禅师葛藏奉命带剌麻②僧徒共二十名赍诰命、敕书往乌思藏封禅(阐)化王等官。给与锣锅、帐房等物并马、骡、犏牛驮载食用……悉取给与四川布政司及行都司。"

(选自《明实录藏族史料》,第三百九十二页)

注释

① 正统：（1436~1449）为中国明朝第六个皇帝明英宗朱祁镇登基后的年号，前后共14年。正统十四年（1449）九月英宗于土木堡之变被俘，明代宗即位沿用。

② 剌麻：藏语的译音。或译为"剌马"、"喇嘛"。我国藏族、蒙族对喇嘛教僧侣的尊称，意为上人、师傅。清魏源《圣武记》卷五："剌麻者，华言'无上'也。

［景泰元年①四月丙子（1450年5月13日）］……乌思藏②剌麻官著姜察各贡金银器皿、象、马、氆氇等方物。

（选自《明实录藏族史料》，第五百二十七页）

注释

① 景泰元年：景泰为明朝皇帝明代宗朱祁钰的年号，1450年至1457年，前后共八年。

② 乌思藏：中国元代设在今西藏地区的政区。乌思（清以后译作卫）指前藏；藏指后藏。

［明万历①三十一年六月丙戌（1603年7月9日）］四川新（杂）谷安抚司差都纲番僧仰羊坚藏等八名贡珊瑚、左髻等方物。各赏给绢、钞、食茶。

（选自《明实录藏族史料》，第一千二百零六页）

注释

① 明万历：（1573年9月4日~1620年8月18日）是明神宗朱翊钧的年号，明朝使用此年号共48年，为明朝所使用时间最长的年号。

（扎巴坚赞①）七十岁之一天黄昏，在外面的一些人皆看见前来迎请（法王萨班）之天众，守在法王萨班身边的人说，黎明时法王（法王萨班）直挺挺地坐在坐垫上，他们稍一入睡即梦见由极乐世间发出"来"的声音，响彻天空，众天神抬着用宝珞装饰之狮子宝座及许多供品前来迎接扎巴坚赞至阿弥陀佛国。

（选自《萨迦世系史》，第六十一页）

注释

① 扎巴坚赞：扎巴坚赞（明史作吉喇思巴监藏巴藏布）（1374~1432），出生于今乃东与桑日交界的帕竹地方，朗氏家庭成员。

［法王（萨迦班智达①）应卫地桑耶寺寺主释迦贡的邀请，来到桑耶寺］大师噶玛拉锡拉请法王（萨迦班智达）坐于该寺住持之狮皮法座上，讲授博大精深之法轮教法，并为佛陀和众生做了许多利益之事，从而使其稍生喜悦。

（选自《萨迦世系史》，第八十八页）

注释

① 萨迦班智达：于藏历第三绕回水虎年出生在后藏。自幼从至尊扎巴坚赞处学习并掌握了显密二宗精要。23岁去印度留学，拜卡却班禅为师，刻苦学习，精通了大小五明，获得班智达学位，成为西藏第一位班智达。

（铁猪年阴历十月十五日上午）法王（萨班）巡礼时，首先让吉祥施胜准备一张小桌子和一软座椅，把供品放于我（比机拉杰）左肩上。此后直奔经堂，献上供品后，法王坐于软座椅上，对吉祥施胜说:"请你去烧茶。"对我说:"你去准备一把香。"当我把香拿来时,法王正念长寿度母经,并亲见救度母。

(选自《萨迦世系史》,第一百零六页)

当法王八思巴由朝廷回来住在伍由地方时,当地摊派差役,襄拉普瓦的一个侍从前来送信,见八思巴的帐幕边上有杀生的蒙古人围护,八思巴坐在一个彩纹坐垫上,右边是写文书的抄写人,左边是写书信的记录人,前面陈列着抛施食子,八思巴正一边念抛施食子之咒语,一边抛食子。

(选自《萨迦世系史》,第一百六十八页)

(达钦及洛本等人给俄强曲杰布寄的礼物)吉祥哈达一方,香百根一捆,金丝缎九方一匹、颇草之上等绸缎之森加玛绸缎各一匹、加卡绸缎一匹、黄缎长坝肩一件、绘有云彩图案之缎面披风一件,一同莲花图案的华盖一件,次仁顿丹砖茶一包、色波茶四包、乌斯日霍茶一包、黑色茶一包、斯兴茶一包、在文殊菩萨尊前发光之犀牛角幡一双、盖有大手印永不衰败之颇章红色坐垫等物品均已收到,并已记在心上,如同莲花开放。

……

(俄强曲吉杰布洞察三时,给达钦及洛本等人写了承许之回信,并)随信带去甘露丸一千粒一包、一百粒一包、十粒一包、药粉一包等及礼品单一份;呈献上萨迦帽、短坎肩、披单、僧裙、袜子、丝绒靴等礼品一百件。于殊胜之箕宿月即吉祥上师二十五日节日发自吉祥萨迦大寺高僧大德聚集处拉康拉章普陀洛迦。

(选自《萨迦世系史》,第二百七十一页)

大约六个月过后(贡嘎才旺仁增的)父亲患了水肿病,最后,在铁虎年一月十七日出现了奇异的征兆。天下起了很大的瑞雨,思想隐入法界,显示出坐化之相。火化后将(父亲)其骨灰做成了小佛像,为了进行祭祀悼念,寺庙的老年僧人建造了坚固的灰白色大尸骨塔。

……

佛王仓央嘉措和德莫空玛走后,心想就此屈服吗?然后直往安康方向行进。首先来到德格①,理应在此停留,但夏仲本人不住,因此继续前进,来在贡噶罗湖时,尊者仓央嘉措去世。德莫空玛前往汉地仍没有屈服。夏仲他在仓央嘉措去世的湖旁种植柳树一株,长势十分繁茂,可能是佛宝殊胜化身一切智迅速转世的征兆。青海汗王昂冬做施主,在此居住之际,汗王本人和夏仲住所的全体人员奉献了宝印、所依、象牙把柄刀、茶碗等,派人送于拉藏汗。

(选自《萨迦世系史续编》,第九十三页)

注释

① 德格:即德格县。位于中国四川省甘孜藏族自治州西北边境,青藏高原东南缘,金沙江东岸,隶属甘孜藏族自治州。

第司从日喀则庄园前来迎请(土托旺曲札巴坚赞),如是顺利前往,并暂时住下,为此次的祈福禳灾做灌顶传承和"金刚橛回遮法"等,并从加央贡嘎伦珠闻听百来次长寿灌顶。后又受到仁布庄园的迎请,随即前往。这时,才丹班莫身染小病,按照其心愿进行福寿法事,病随即痊愈。彼看见了途中的龙灯和寿终时的大路及在天轮回。

(选自《萨迦世系史续编》,第一百二十三页)

一度（一切智阿旺贡嘎索朗札巴坚赞）大师身体欠安。一次梦幻中被一个长有铁爪的、可怕的黑紫色女人所追赶。大师跑了很远发现一张梯子攀登而上，并想爬到最高处。就在即将被那女人抓住的一瞬间，在梯子顶端一位彪形大汉伸出一双手将彼拉住，使其安全得救。虽然有退敌咒语及神变，然而看来种姓护法好像在防护着别的灾难。

（选自《萨迦世系史续编》，第一百四十三页）

在火龙年的一天父亲亲自讲："今夜经忏修持暂时停止，请到我跟前来。"于是来到父亲身边，父亲赏赐了一条吉祥哈达，外加上等柳黄绸缎一匹、瓷碗一个。

（选自《萨迦世系史续编》，第一百五十二页）

在大师二十九岁木牛年之夏，对拉康钦莫和大殿里保存的残缺不全的《甘珠尔》经，进行了修补。中心神殿的夏业劝告，常年念诵《甘珠尔》经，献函头标签五堆，以及上部宝盖等礼品。往日每年诵《甘珠尔》经一遍，大师建立了每年诵三遍的制度，另外，向拉康钦莫的后院走廊和金刚橛殿，献了华盖和道果上师传承画像，以及装饰柽柳女墙的一百个最新样式的风铃等。

（选自《萨迦世系史续编》，第一百六十六页）

在当年（火兔年）八月里，委派札芝罗刹曲宗护法神殿往日的星贡，作为以前古寺座主的代理。当年根据圣者仁波切的誓言，用轿子迎请来怙主兄妹的塑像。由大师将此塑像供奉在该护法神殿，并庄严地献上敬神哈达和供品，授权进行圆满开光，并常设定期朵玛。这时大师做一梦，梦见大圣旺波村坚对其讲："这些是各种如意经典，这些是修法海里'拘留构里'的一些与众不同的秘诀。"而后将这些赠给了彼。该护法神殿在做木盘时，自在成就者完全表现了殊胜的思想。

（选自《萨迦世系史续编》，第一百六十七页）

（皇帝呼卡托敬给一切智阿旺贡嘎索朗·札巴坚赞大师）压书礼品：银盆一个、银酥油筒一个、玛瑙小碗一个、玻璃碗一个、水晶小碗三个、水晶花瓶一个、金铠甲一副、金盔一顶、雕花弓箭囊袋一个、弓箭数只、雕花金鞍鞯一副、镶金的水晶腰带一条、雕花手摇鼓一个、铜钱花缎一匹等敬上。

（选自《萨迦世系史续编》，第一百七十五页）

十二日下了黎明雨，从光音天升起了双运身像。头顶约一指多高的发髻上，带春亮晶晶的菩提露珠的勇士瑜伽母，以不可思议的会供，欢迎大师（一切智阿旺贡嘎索朗·札巴坚赞）来到东方妙喜世界无垢如来之身旁。当时，在细脱拉章以东的百姓之中，有一个约四岁的男孩，用手指着细脱东方的天空言道："上方散开时，许多升天了，坐在前面的也去了。"因彼业障较浅，所以能看见大师受到勇士空行集会的迎请。

（选自《萨迦世系史续编》，第一百九十五页）

（阿旺贡噶扎西札巴坚赞五十五）这年，新奉献的祭祀佛母的目视供品很多，特别是和现观相同的骡马鞍具，人头形状的鞍、桥、病袋、北方草垫、骰子筹码、彩船、鳞文板、全人皮、蛇鞦鞴等造形奇妙，并指示做了日月孔雀伞等。

（选自《萨迦世系史续编》，第二百七十页）

一些人来到此地，言称要进行朝拜，然而，前来晋谒时，却配带着腰刀，而且也不顶礼。但是，当这些人谒见（阿旺贡嘎索朗仁青）之后，随即改变了原来的想法，马上退了出去，解掉了腰刀，手中捧着哈达等赘见礼前来叩拜，并请求摩顶。顿时，呈现出一派虔诚的场面。并且说："倘若红帽上师不来的话，见不到比其更为智慧者。"随着献上了财物礼品，以纯净的身、语、意，再次请求朝拜，而且，其余的侍从没有厌倦。能够按照一切智五世达赖喇嘛等所颁发的各级卷帙文书的精神执行。

（选自《萨迦世系史续编》，第二百九十二页）

（火龙年）九月初九，（阿旺贡嘎索朗仁青）大师也将起程前往日喀则，佛王父子和大王又按照惯例施恩供养。但是由于积劳成疾，邪气侵袭，身体虚弱患了麻疹，因此未能成行。一些熟悉的福田施主又前来朝拜。互换了哈达和座垫等心爱敬物，并按照惯例赞颂了功德威望，双方互赠礼品，形同打开了如意宝库之大门。特别是最高首领从噶尔坦尔前来，向郭茹、纳索、吉拉、桑岭等一些护法神殿敬献了前所未见的稀有的五种内库哈达，各种精致的玻璃器皿和大量的优质茶叶等礼品。另外在宴席上面摆满了各种美味佳肴。当进行大供奉时，身旁坐着格鲁派康钦大师。大师身着美服，宴席间自始自终热情洋溢。

（选自《萨迦世系史续编》，第三百二十二页）

当总管和切措巴到达后，直奔拉康孜。贡嘎索朗图托旺曲在祈祷的基础上稳妥地进行授记，好像是放咒的奇迹，已有可能依照文殊怙主贝丹护法之卦相发展，最后什么显著的损益也没有。这时，（总管和切措巴）又在一小囊袋中装上铁鏊锅、金索和各种精美食品，并做枪矛及一两个箭垛。将上面这些物品摆放在脚下踩过之后，再用绳索捆好。压上一两个小石头，再在这个上面压上有加持力的佛塔。然而从虚空中看来，只见在十字路口上建起了落神佛塔，在主要寝宫的东南方竖起了放射光芒的白色宝幢。"此并非生命之灾难，务必请配合。"然而没有回答，因此消失了，说"为什么呢？"虽如此这般做了敬事，但对布置囊袋之事不了解，好像是朋友们将白色宝幢竖在了我在森夏时所住的主要寝宫的东南角上，寻思未过许久又被俗人拿去做了衣服。并且佛塔又建在了打禾场上，正因为如此，落神也没有来。切措护法的授记好像很清楚是为世系的生长考虑。

（选自《萨迦世系史续编》，第三百六十六页）

在札西曲德寺乃萨大金刚持贡嘎索朗图托旺曲亲自诵回向文，简单的致送成双的帽子、衣服、靴子、装饰念珠、根瘤碗、金刚橛、铃杵、鏊鼓、内供、坦口容器、青稞供杯、手摇鼓、鞍具八套三种。

（选自《萨迦世系史续编》，第三百七十二页）

（贡嘎索朗图托旺曲）在庆祝宴会上（乃萨大金刚持）公私分别领取奖赏，赐予工人的赏品是工具、民歌和息灭护摩[①]。对属民布施了吃食，对已完成的所依进行了供养和祭祀，为多吉强金身穿上绸子的衣服，从佛塔伞蛇图下面垂吊者铃铛，以各种颜色的上等绸缎十八匹作为佛像之遮蔽物，用镶花缎制作了华盖、金箔，供案上摆放着大乘根智，亡者的传统谏海根喀尔、银凳、承接器、献新小碗、式样好的桌子、蓝水晶钵盂等各种玻璃器皿、染料、长柄秤等二十种，石钟十二个，银的鹅项壶、酥油茶筒一对、钢瓶一对，项巾、瓶口花等，银子五十两及悦目的长坎肩十一件。此外，在室内室外和背后寺院保管着供物和盛乳器皿。虔诚的施主们奉献的财物有瓷碗和钵盂一个，大小不同、颜色各异的优质花瓶二十八个，各种短柄的大小瓷碗五十三个，景泰蓝的巴尔普十二个，白狮犬等十五个，鹦鹉模型十个，汉人、猴子、青蛙模型等十二个以及用各种材料制作的花束等。

（选自《萨迦世系史续编》，第三百八十二页）

注释

① 护摩：为密教大法。凡求成就，必作护摩。护摩者，焚烧之义。亦有浅深二解。浅者，因印度外道，有事火之法，以火为梵天之口，为令供物，上达于天，故以火进之。今密教为摄伏彼故，借用彼法，造作坛，构设炉器场，以诸供物，顺次加持，投于炉中，供养本尊，求成就也，是名外护摩。

在（土猴年）当年冬季十二月里，（罗追桑结典巴坚赞）在珠莫顶建立军旗和武装仪轨时，据说需要米酒，虽然在往日从来没有酿造过，按照酒官所说的方法进行试制，后来在酿造过程中青稞酒出现了花朵的香味。又在当月的梦幻中来到了夏鲁寺①的金空护法神殿，有一女子前来献上了一个盛麦子用的高脚盘子，里面放有一把小螺号，一串由一百颗象牙穿成的念珠，衬托着铃铛和銮铃以及全套骨质六饰。

（选自《萨迦世系史续编》，第三百九十一页）

注释

① 夏鲁寺：在西藏日喀则地区，距日喀则约30公里，位于从日喀则到江孜的公路一侧山口内。根据寺史记载，夏鲁寺始建于宋朝哲宗元祐二年（1087）。建寺的创始人名杰尊嘉饶穹涅。至元朝仁宗延祐七年（1320）的时候，夏鲁寺迎请布顿大师主持寺务，自此在西藏佛教中建立了夏鲁派。到1333年元惠宗时，布顿大师乃重行修建了这座寺院。

（7世纪左右）旋至金刚台座菩提树前，尔时帝释天子，变为草贾，献吉祥草垫，敷坐其上。继而战胜魔王他化自在天王及其魔军，胜利悬旗，高飘于无边虚空之中。年三十五岁盛年，即甲午年，四月十五日，东方拂晓，则现证殊胜智慧甘露而成正觉。经中云："是日也，月为蚀，罗睺星①出，甘露饭王②之子亦生焉。"此中所说之月蚀图像，乃依一曜位为三十八小时，而月和星之星位，有十六座星位落空不计，则十六座罗睺面星位，计二十九小时，由此推算产生月蚀图像。此像系呈现于合量莹洁镜面之上也。

（选自《西藏王臣记》，第六页）

注释

① 罗睺星：是九曜中的一个凶星。古人说："罗睺当头照，男人忧愁到"，凡男人逢到罗睺星值年，凶性最验，家宅不安，官司破财。把黄道和白道的降交点叫作罗睺、升交点叫作计都。同日、月和水、火、木、金、土五星合称九曜。

② 甘露饭王：佛教人物，音译阿弥都达那·剌札。又作甘露净王。乃迦毗罗城师子颊王之子，净饭王之弟，释尊之叔父。

公主（即文成公主）又禀曰："若必欲臣女往雪域吐蕃，则请父王赐我释迦牟尼佛像；为镇压藏土之凶暴神魔，降伏恶山怪石之诸怨敌，请赐《告则五行图经》等星算之书；为欲凡有所求，皆能如愿以偿，请赐受用无尽之内库宝柜。"

（选自《西藏王臣记》，第二十一页）

第四编 器物与工具

（吐蕃时期，唐太宗欲拒绝吐蕃和亲，故以饮酒竞比作为难）噶尔乃以撒布酒糟，别鸡母子；投木于河，辨其首尾；堆羊皮肉，各作一聚，先以少量之肉，和之以盐，依次取食，食之罄尽，同时将皮，从队首揉搓，展转传递，至于队尾，即已竣事；又以小酒器盛酒，次第轮流传饮，酒已饮尽，亦不迷醉。

（选自《西藏王臣记》，第二十三页）

（吐蕃赤松德赞）王为转动政教双运无碍之千辐大轮，故投生为赤德祖敦与金城公主二人之子。时在诸种年，即壬午年，王子诞生于扎玛王宫。先是赞普妃那囊萨亦扬言孕有王裔。及公主生子，那囊萨乃强行夺走，作为己出。王臣上下，虽多惑疑，然有所忌，未敢妄议。公主心极恼恨，遂掘毁藏地风水数处。不久，为举行小王站立喜筵，招请二妃父家暨诸臣僚赴宴。会中老王（赤德祖敦）以满盛米酒之金杯，授与小王之手而语之曰："金杯满斟此美酒，子可献与汝亲舅，谁为汝母凭此信。"

（选自《西藏王臣记》，第三十四页）

（永乐）四年冬将至，命驸马都尉沐昕往迎之。……（哈立麻）既至，帝延见于奉天殿，明日宴华盖殿，赐黄金百，白金千，钞二万，彩币①四十五表里，法器、裀褥、鞍马、香果、茶米诸物毕备。其从者亦有赐。明年春，赐仪仗、银瓜、牙仗、骨朵、魫灯、纱灯、香合、拂子各二，手炉六，伞盖一，银交椅、银足踏、银杌、银盆、银罐、青圆扇、红圆扇、拜褥、帐幄各一，幡幢四十有八，鞍马二、散马四。

（选自《明史》，第八千五百七十二页）

注释

① 彩币：指赏赐的财帛。唐·张说《河州刺史冉府君神道碑》："上谓公曰：'河州军镇要冲，屯田最多。卿以足食为心，朕无西顾之忧。'侑以彩币，锡以文衮。"

成化元年（1465），礼部言："宣、正间，诸贡不过三四十人，景泰时十倍，天顺间百倍。今贡使方至，乞敕谕阐化王①，令如洪武旧制，三年一贡。"从之。五年（1769），王卒，命其子公葛列思巴中奈领占坚参巴儿藏卜嗣。遣僧进贡，还至西宁，留寺中不去，又冒名入贡，隐匿所赐玺书、币物。

（选自《明史》，第八千五百八十页）

注释

① 阐化王：明朝对西藏帕木竹巴政权首领的封爵。当时封的藏族五王之一。

尼八剌国，在诸藏之西，去中国绝远。其王皆僧为之。洪武十七年（1384），太祖命僧智光赍玺书、彩币往，并使其邻境地涌塔国。智光精释典，负才辨，宣扬天子德意。其王马达纳罗摩遣使随入朝，贡金塔、佛经及名马方物。二十年（1387）达京师。帝喜，赐银印、玉图书、诰敕、符验及幡幢、彩币。二十三年（1390）再贡，加赐玉图书、红罗伞。终太祖时，数岁一贡。成祖复命智光使其国。永乐七年遣使来贡。十一年（1413）命杨三保赍玺书、银币赐其嗣王沙的新葛及地涌塔王可般。明年遣使来贡。封沙的新葛为尼八剌国王，赐诰及镀金银印。十六年（1418）遣使来贡，命中官邓诚赍玺书、锦绮、纱罗往报之。所经罕东、灵藏、必力工瓦、乌斯藏及野蓝卜纳，皆有赐。宣德二年又遣中官侯显赐其王绒锦、纻丝，地涌塔王如之。自后，贡使不复至。

（选自《明史》，第八千五百八十六页）

［景泰三年（1452），董卜］俄馈四川巡抚李匡银罂①、金珀，求御制大诰、周易、尚书、毛诗、小学、方舆胜觉②、成都记诸书。

(选自《明史》，第八千五百九十四页)

注释

① 银罂：亦作"银甖"。银质或银饰的贮器。用以盛流质。唐杨巨源《石水词》之一："银罂深锁贮清光，无限来人不得尝。"唐李贺《公莫舞歌》："方花古础排九楹，刺豹淋血盛银甖。"清陈维崧《曲游春·花朝》词："回首夭桃露井，忆檀板银罂，那时偎并。"

② 方舆胜觉：《方舆胜览》是南宋时祝穆编撰的地理类书籍，全书共七十卷。

［铁羊年（1631）五月以后］在上万群众的欢迎之下，我（五世达赖喇嘛）来到了新建的达宗城堡，居住在扎西同曼的达布扎仓经堂里。在这里大约居住了一个半月，其中二十七天，我在寝室中连续不断地得到利养恭敬，始终以油炸面点等佳肴招待我，将酥酪糕箱摆在我（五世达赖喇嘛）的面前。

(选自《五世达赖喇嘛传》上册，第八十页)

［火鸡年（1633）］我（五世达赖喇嘛）向（哲蚌寺）六臂依怙神、事业阎罗和毗沙门不断地呈献供品施食。德瓦巾寝殿由屏风隔开，我经常产生一种幻觉，只见屏风背后有一个黑人骑着一匹黑马，还打着一面旗子。

(选自《五世达赖喇嘛传》上册，第九十八页)

［水龙年（1658）六月］（在动身前往北京及在路途中）以厄鲁特部巴图尔珲台吉家的转世喇嘛刚坚热绛巴洛桑丹巴和哈日东墨尔根热绛巴的温波为首的多人奉献了镶银茶筒、银斗、绸缎等百份礼。

(选自《五世达赖喇嘛传》上册，第二百二十一页)

［水龙年（1658）十月二十九日］［我（五世达赖喇嘛）在去北京的路上］有无数人前来献礼绕拜，他们的谒见哈达堆得满满的，像是下了一场雪一般。一位被称为"皇帝寺庙管庙人"的人奉献了带黄金底座的碗、玻璃和黄金制的器皿等。

(选自《五世达赖喇嘛传》上册，第二百三十四页)

［土猪年（1659）十月］喜饶任钦来向我敬献祈愿礼品。他在舍利塔前献了题有祈愿文的哈达，为银塔之基金捐羊蹄银十一枚、高足托盘一个、茶筒一个、玉莲花两支、顶璁玉一支，并为超荐法事布施了肉、酥油和食油等，还将他的袈裟和恰达旺拉叔侄长期念修大轮所用的数珠作为内供物品。

(选自《五世达赖喇嘛传》上册，第三百三十二页)

［水虎年（1662）三月］初三日上午我（五世达赖喇嘛）恭请大药叉驾临白哈尔①阁。在该阁的石板地面上敷设铠甲、垫、头巾相迎，大药叉在靠近石殿外走廊处的两肘宽的座位上落座。我献上嵌花缎哈达三方、神饮三十钱、银托镇日吉祥纹瓷碗、内库金丝红缎头巾、娘地产金丝缎铠甲垫、红缎鞋一双、上品汉铍、华盖、面子薄绫两匹、五彩绫各一匹、甲胄、宝剑、弓箭囊、各种马鞍、棉布两匹等作为供品顺财。

(选自《五世达赖喇嘛传》上册，第三百六十九页)

第四编 器物与工具

注释

① 白哈尔：是藏传佛教格鲁派所奉世间护法神的主神。但在其他教派里，他的地位仅为从属神。如在宁玛派里，他被列为宁玛派9组护神第五位。一般认为他原是霍尔地方保护神。在西藏建成桑耶寺后，成了桑耶寺保护神，到五世达赖喇嘛时，又由桑耶寺到达哲蚌寺。它从最初的霍尔地方到所迁移之地都有很多传说故事、互相歧异。

［火马年（1666）十一月］（五世达赖喇嘛）传授了山居噶丹派的七目白度母随许法和新著《烟祭释例吉祥漩》。此后，才旺杰摩夫人给我敬献了黄金制成的带上下盖的朵玛器具，旃檀①木的朵玛盘架。

（选自《五世达赖喇嘛传》上册，第四百四十八页）

注释

① 旃檀：又名檀香、白檀，从古至今都一直是既珍贵又昂贵的木材。佛家对檀香推崇备至，以至佛寺常被尊称为"檀林"。

［火羊年（1667）三月十三日］多吉扎活佛师徒三十人向我（五世达赖喇嘛）敬献了礼品并祈愿我长寿永生。阿巴赖及夫人向我敬献了皮革包装的大缎和茶叶等百份礼品。

（选自《五世达赖喇嘛传》上册，第四百五十三页）

［铁狗年（1670）六月十五日］［在拉萨大殿与（班禅）仁波且的转世活佛会面时］活佛向我（五世达赖喇嘛）敬献了佛经、佛像、佛塔、绸缎、茶叶、布匹等大批各色礼品。我赐予同岗波和主巴活佛相同规格的坐垫等，尊崇有加。

（选自《五世达赖喇嘛传》下册，第四十三页）

［铁狗年（1670）八月］（在拉萨大昭寺新建内供佛像及修缮金顶期间，五世达赖在传授了许多人灌顶法后，因）顾虑到前藏各地天花流行，虽不太严重，但活佛毕竟年幼，所以仍依愿于初七日回赠了赆仪以示嘉奖，礼品有内库缎里外服装、瓷碗、银器、斋僧铜锅、毡氆、茶叶等。

（选自《五世达赖喇嘛传》下册，第四十六页）

［铁猪年（1671）］新年伊始，我（五世达赖喇嘛）设宴招待色拉寺、哲蚌寺的喇嘛们，坐垫、围裙、座椅等都是按藏族习惯设置的。

（选自《五世达赖喇嘛传》下册，第五十二页）

［铁猪年（1671）四月二十三日］我（五世达赖喇嘛）给萨钧、仁钦、贝贝三人分别赠授了墨日根台吉、彻辰台吉、额尔克济农的称号以及缎匹、衣帽、印章等物。分别时我又赠送了红白两色念珠、油漆皮箱、茶叶、毡氆等赆仪，并传授了珠杰派的长寿灌顶法。

（选自《五世达赖喇嘛传》下册，第五十六页）

［铁猪年（1671）八月］第巴罗桑图丹（在拉萨）先后参观了雅隆扎西曲德寺的拉塞佛殿和贡噶曲德寺的拉哲佛殿以及撒当的双运继承者，在拉萨也向各大喇嘛身像呈献了法座靠背、缎制僧帽、大氅、肩帔、方桌等。在正前方的供桌上呈献了龙纹缎、台座、净瓶、器皿、尊胜瓶、银制五部佛的铃杵等法器、大乘的犍稚、铃杵、晶石供水杯一组（每组七个）、铜火炉一对，向其他喇嘛分别赠献了铃杵、尊胜瓶、瓷瓶、铜台座、净瓶、器皿等物各一件、供水杯一百一十二个。在遍知

一切根敦珠的像前呈献了刻有嘛呢真言旃檀木念珠、双垂璎珞，在第三层供桌上呈献了银曼遮二具、鹅颈壶二个、火镀金釉子曼扎、奶桶二个、鹅颈壶二个、木碗七个、碟子十四张、晶石供水杯十四个、玻璃瓶二个、铜供水杯三组（每组七个）、花瓶一个、大小铜花瓶八个、香泥塑造的隐士像一尊、红铜和黄铜的供灯各三盏、云母石二颗、诸佛像背后的三十五佛的缎质领口上有银写兰扎字体的嘛呢项饰、以五瓶座为主的上乘缎制大小华盖五顶、缎质梁罩及悬挂在上面的小幡六十面、三脚酥油灯和神馐各三盏等例供物品。

（选自《五世达赖喇嘛传》下册，第六十四页）

[水鼠年（1672）记事] 在举行汗王即位仪式那年，按照藏族古老的习俗，展出了酥酪糕箱古董，许多内外仲科尔就说："谁也不会留恋这种东西。"怙主虽然也念诵嘛呢真言，但也得不到幸福，所以弘扬传统谈何容易。土牛年（1649）有一个工匠在布达拉宫制作一件浮雕金刚橛时，附带在一对香筒上镂饰银雕花纹，顷刻完成。

（选自《五世达赖喇嘛传》下册，第七十二页）

[水鼠年（1672）四月初十日记事] 根据可信的授记，曲科杰地方的神魂湖和业阎罗魂湖受到别人的诅咒，激怒了"错曼"，为了克服咒力，派噶哇栋阿仁巴敦珠嘉措、格隆楚臣坚赞、穷结的苯教徒托勒巴扎西才丹、坚叶巴罗桑次登等人送去祭龙食子、祭龙抵押朵玛、献浴器具、祭祀柴火、神幡、缎匹、铠甲、装有各种药物和珍宝的银瓶等祭海供品，扎仓在彩粉坛场上举行光明寿主仪轨。

（选自《五世达赖喇嘛传》下册，第八十页）

[水鼠年（1672）前五月记事] 色拉、哲蚌、甘丹三大寺、曲科杰寺和扎什伦布寺的罗本巴们在寺院兴盛时可以铺三层坐褥，地毯、缎座褥、四方座褥。同样，浪卡子、拉恰、达垅巴等，（萨迦）上下法座的佛母也可铺四层方褥，乃东孜的达摩（主母）可以铺三层方褥。地毯上面可以铺缎褥子的有罗布栋、吞巴、森夏洛巴、大部落首领的夫人，比普通昂索稍微尊贵者可以铺三种豹皮褥子，普通昂索、哲那等游牧部落的头领、尚敦、达尔顶、日辛、朱仓巴之类可以在三种果丹褥子、三种久智褥子和三种虎皮褥子中选择。固定铺白、蓝、红三色镶边褥子的是桑普钦莫、巴日活佛、竹庆活佛、贡日额桑林寺喇嘛、扎达顶巴、大喇嘛们的强佐，不固定地铺白、青、红三色镶边褥子的是前后藏萨迦、格鲁、噶举诸派的洁净寺院的洛本。给尼泊尔王国、印度、作木朗、阿里等边陲小邦的使臣铺设红色镶边褥子。铺双色、绿色和黑色褥子的是贵族妇女、避世修行的喇嘛。铺设长毯的是仲科尔、丁本、各寺院的执事者等。铺设五层薄坐垫的是清朝皇帝的正副使臣、持有皇帝的敕书印信的内部的众昂索。坐垫的高低适合的是喀尔喀汗王、比其稍低的是丹增达赖汗、厄鲁特车臣汗等继承王位的人。地毯上面加铺两层长方缎褥子的有喀尔喀、厄鲁特的王公，加铺一层长方缎褥子的是地位较低的王公和夫人。镶边褥子一般只让贵人铺设，特别情况下才给尊贵的客人铺设。在举行新年庆典时，为在我的法座周围的仲麦阿哇尔铺设地毯、镶边长方缎褥、栽绒方褥和小桌子，给森本、却本等执事人员铺设镶边褥子，给上下密院、色拉寺、哲蚌寺的堪布等人铺设三层小座褥，此时制作上述褥垫的费用也就增加了，对得到镶边褥子的人又增设三层或五层的薄褥，因人而异。吉雪等地的大部落首领经常与蒙古台吉们聚会时，其地位虽然不能与蒙古的贵族相比，但由于"仁钦坚卓"（官员们在新年佩戴珠宝饰的习俗）这种特殊情况，也给他们铺设三层大坐褥，戴

第四编 器物与工具

黄碗帽等。对其下级也根据环境用三层小坐垫，以及华盖、篷帐、果晶、青莲花、当曲玛等物。蒙古白缎、噶玛白缎和洁白哈达所表示的差别渊源于帕木竹巴的习惯，为此我攒写了《洁净的明鉴》一书。

（选自《五世达赖喇嘛传》下册，第八十五页）

［水鼠年（1672）十一月记事］在第巴的安排之下，一把镶饰各种珍宝的用金银打造的方桌从水鼠年（1672）正月开始制作，此时已全部造毕，摆在我面前。桌脚上雕饰龙的图案，呈盘旋飞腾之状，工艺奇特高超，因此给予了奖品。

（选自《五世达赖喇嘛传》下册，第一百零三页）

［水鼠年（1672）十二月十四日］左翼蒙古（准噶尔）噶尔丹珲台吉的代表措索克热绛巴向我赠送了五十两重的银锭十四块、重约七十五两的银茶桶、黄金、绸缎等大批礼品，并向僧众发放了布施物品，在经院中举行了十三尊无量寿佛长寿仪轨。

（选自《五世达赖喇嘛传》下册，第一百零八页）

［水牛年（1673）］十二月初三日，在查弥吉索的劝请之下，（五世达赖喇嘛）撰写了《减色红宝石茶供》、格隆绛央扎巴的《卧修所缘境后记》。在格隆彭措嘉措、格隆云丹巴桑、绛央坚赞三人主持寺务期间，对十五幅卷轴画面上的旄檀顶饰和缎质边幅进行修葺并饰以鸦嘴钉、圆环等，用十八两银子包饰了两件颅器的里子和盖子，更新了朵玛浅锅一口、铁盘三张、供杯三个、莲盘二张、红铜盖子和底座、溶解红色、白色和黑色的三种色漆的带盖子的铜器、火锅、红铜溶瓢三把、广口红铜壶一个、上好铁镜和铜镜各一面、鼓垫十块、带座红铜献新小碗、景泰蓝献新小碗、铁供灯六盏、摧破金刚的瓶垫、尊胜佛母的矮凳和方桌三张、一对长螺号和一对唢呐的套子、香筒一对、线香炉一对、锁子九把、常用鼓的包皮等，制作了箱子、包袱、茶皮带等许多日用品，并对那些陈旧的用品进行修补，在作出比别人更大的贡献时，绘制了上师密集和秘密八经的全部坛城图画，我依其请求撰写了后记祈愿文。

（选自《五世达赖喇嘛传》下册，第一百三十三页）

［木虎年（1674）十一月十二日］夏仲赤钦将一尊顶髻尊胜佛母像交在五世达赖喇嘛手里，讲说贤士大德的应当长久住世的至理哲言，缘起自然顺遂。十四日，我给萨迦夏仲师徒回赠了金银、玻璃器皿、茶、布匹、绸缎、马鞍等大批礼品，他们临行前又给他们赠送了衣物、瓷碗、银座器皿等物。

（选自《五世达赖喇嘛传》下册，第一百六十一页）

［木兔年（1675）闰正月］初八日，经院的部分僧人举行赞颂战神的活动。巴仲热绛巴阿旺格勒在拉萨祈愿大会上巡回辩经时，向经院呈现了重约二十三两的纯银供杯，我在银杯上题词。

（选自《五世达赖喇嘛传》下册，第一百六十八页）

［火龙新年（1676）］（五世达赖喇嘛）在琼结巴罗桑曲丹于大祈愿法会上巡回辩经时献给经院的重约二十三两的银灯和多巴罗桑图多献给经院格贵的重约十三两的银质莲盘上题词。

（选自《五世达赖喇嘛传》下册，第二百一十页）

［火龙年（1676）正月二十八日］雅加绛巴等多人献给多曲宗巴的天然舍利子、身像等为数众

多的供物由多松林巴保存着,我(五世达赖喇嘛)从其中接受了许多适合于布达拉宫供奉的供物……其中有右旋的法螺等圣物的鎏金尊胜铜塔、内装班钦那仁和帕温的舍利骨的箧子、尼温的耐火大坐椅、用汉地白旃檀制成的时轮金刚、千手千眼观音石雕像、用旃檀木雕成的十一观音菩萨像等等。

(选自《五世达赖喇嘛传》下册,第二百一十二页)

[火龙年(1676)十一月]十四日,我向第穆活佛赠送了以僧帽为首的全套袈裟、金刚铃杵、铙钹、茶碗、银制茶托、痰盂、洗面盆、茶罐、罐子、托盘、茶桶、五十两重的银元宝、金鞍、绸缎、氆氇等大量礼品,给活佛的温波赠送了各色绸缎等合适的物品,为他们送行。

(选自《五世达赖喇嘛传》下册,第二百三十五页)

[火蛇年(1677)二月]二十三日,在派扎东顷则洛桑才旺去参加祈愿法会的辩经时,他向扎仓献了银灯,我为他写了题词。我写了给皇帝呈送的奏表。

[火蛇年(1677)二月]二十五日,我向调伏众生的德达林巴①呈献了求法的供养,包括黄金三两、银五十两,汉地产的上等钹、茶叶、绸缎等大量物品,他动身返回自己的住地。

(选自《五世达赖喇嘛传》下册,第二百四十一页)

注释

① 德达林巴:本名居美多吉出生于1646年,是宁玛派掘藏大师。1670年建敏珠林寺,作为宁玛派宏传南藏的主要道场。寺在扎囊县藏布江南岸。

[土马年(1678)五月]十九日为吉日,将制药所需珍宝物品准备齐全,其中有我(五世达赖喇嘛)自己前去见皇帝时所得的宝石和水晶等,薛禅汗的王妃多吉热丹玛从西部蒙古得到的重要珍宝,亲王作为礼品送来的宝石和水晶等类,以我们的导师释迦牟尼的如鸡蛋大小的舍利子为首的佛、菩萨、声闻乘弟子、印度、尼泊尔、西藏的许多大德的舍利,有一捧大小的金色尊胜诃子①、右旋白螺、白狮子的奶汁、活老虎的虎须、钹、琥珀、珍珠、珊瑚等天神、龙类、人间的不可思议的珍宝,为了众生的利乐,也就如对土石一样不加吝惜地用来制药。

(选自《五世达赖喇嘛传》下册,第二百九十二页)

注释

① 诃子:常绿乔木,叶子卵形或椭圆形。果实像橄榄,可以入药。生长在我国云南、广东一带,以及印度、缅甸、马来西亚等。

[土马年(1678)五月]二十七日,我给仁增钦布馈赠了银制高足托盘、鞍鞯等礼品。对他的两位胞弟和僧众也赠送了适当的礼物。

(选自《五世达赖喇嘛传》下册,第二百九十三页)

[土马年(1678)八月初三起利用四天的时间,我(五世达赖喇嘛)]为格隆东主巴、曲杰喀日巴等四十八人传授了比丘戒,为三十三人传授了沙弥戒①。王妃谷如去世后,两位王子给我送来银桶、银壶、银盆等多种炊具、全套衣服、毡帐二顶、马三百一十八匹等回向礼品,我为之广做回向法事。祈愿她三时积累的善根皆为证得佛果的姻缘。

(选自《五世达赖喇嘛传》下册,第二百九十九页)

第四编 器物与工具

注释

① 沙弥戒：转世灵童入寺院之后，一定要受沙弥戒，这是梵文（印度文）的音译，藏语称"格慈"。汉文有释义为"求寂者"，也有译成"忽慈"、"勤策"，受这种戒以表示愿意接受修持，过寺院生活，主要以儿童为主，因年龄小，沙弥戒的等级小。受戒时，有一位年长的活佛站在灵童身旁，他说一句，灵童跟着说一句，这是简单的戒律，主要是五戒，即：不杀生、不偷盗、不邪淫、不妄语、不饮酒。也有八条、十条、二百五十条（比丘）、三百二十条（比丘尼），要严格遵守戒律。

[土马年（1678）八月]初十日，毕里克额尔克台吉及其福晋、儿子等启程返回，由于他对教法倍加崇信，我给他馈赠了佛陀的骨舍利、我自己的靴子等圣物、全套衣服、红白二色念珠、箱子、氆氇等大批礼物、并作了许多嘱咐。

（选自《五世达赖喇嘛传》下册，第二百九十九页）

[土马年（1678）九月]二十二日，我会见了乌克热台吉之子达尔罕曲杰阿旺丹增、土默特诺布台吉父子、昂仁堪布、冈坚堪布、当瓦、昌珠护法的代言神巫等人。果芒扎仓卸任堪布阿旺赤列向我呈送哈达三千八百条、精美瓷碗、精美大伞盖、银锭一千五百五十一两、黄金一百钱、缎子一百三十匹、蓝底白花绢哈达一百条，新旧混杂的摩河尼扎缎八百匹、朱砂一百箱、香一百匣、茶砖一百块、铙钹各一件、瓷器高足托盘三个、描金边漆木盘四个、布三百匹、骆驼七峰、马一百三十五匹、银鞍和普通鞍子共七副、长幅白哈达共五千条，体现了一个老僧人的良好的思想行为。我为之举行了隆重而不浪费财物的回向祈愿法事。阿旺丹增向我赠送骏马三十八匹。我为上述的三百余人传授了观音菩萨主仆三尊的修习经文。

（选自《五世达赖喇嘛传》下册，第三百零六页）

[土马年（1678）十二月初一日]（在会见了两位喇嘛后）本才让向我馈赠了大中小三种哈达、诸色彩缎、银质曼遮、酥油茶桶、高足托盘、铙钹等礼物，共折合白银八百三十七两。

（选自《五世达赖喇嘛传》下册，第三百一十二页）

[土羊年（1679）九月]（在格鲁派各大寺院陈设供物）对于扎喀托官巴寺的僧人，在原封不动的基础上另拨给三所依供品、房地产等充作公积基金，包括以我们的佛陀和弥勒佛为主的高约一庹的大小金佛像十一尊、泥塑像三尊、欲界自在天女的天然石像和灵塔、佛经五十部、宗喀巴大师的卷轴画像等十九幅、绸缎旗幡、华盖等十一面、铙钹五件、铜锣四面、铜曼遮十具、黄铜穗子十四束、香炉四个、供灯四十三盏、朵玛盘架、莲碟等十三套、铜瓶一个、铁酥油供灯百余盏、白螺一个、甲胄三副、油漆皮革铠甲一副、可以容纳二百多名僧人饰有鎏金和五幅帷幕的帐篷和年收入粮食六千二百六十余藏克的土地。扎孜托寺改宗为格鲁派寺院，确立了宗喀巴大师的教证教法的地位，将扎孜托寺和嘉曲拉康寺所有的三所依供物、房地产等自己所有的一切财产都充作公积基金，其中包括诸佛菩萨的铜像和金像共十四尊、药泥塑像十二尊、灵塔三座、佛经四十二包、各种画像九幅、铙钹和锣鼓各三个、响铜曼遮和黄铜曼遮各一具、黄铜供灯二十四盏、供水杯三十个、白色海螺三个、铁质穗子四束、幡、华盖、长角号、炉灶、坐具、多种驮畜、年收入粮食三千九百三十藏克的土地。

（选自《五世达赖喇嘛传》下册，第三百六十三页）

[土羊年（1679）十月二十四日]（五世达赖喇嘛）给内邬栋孜夏仲主仆一行传授了珠杰派的长寿灌顶法。下午喝茶时，我给夏仲主仆赠送了铙钹、盛乳器、银茶桶、茶叶、绸缎等优厚的礼品，为夏仲单独传授了呼金刚和四臂怙主的攘解病魔的方法。

（选自《五世达赖喇嘛传》下册，第三百六十七页）

[土羊年（1679）十一月]从初三日起，连续数日举行依止五部空行的长寿仪轨。在会见帕巴拉活佛时，给他回敬了成套的袈裟、金刚铃杵、瓷碗、铙钹、盛乳器、银质高足托盘、内外衣、氆氇、蔗糖茶、绪边褥子、布匹等大批礼品。给阿旺活佛、温布饶丹等贵贱人等都赠送了赆礼，无一缺漏。

（选自《五世达赖喇嘛传》下册，第三百七十页）

[铁猴年（1680）四月]初五日，扎什伦布寺管家丹增嘉措给我（五世达赖喇嘛）赠送了银质曼扎、银茶桶、绸缎、马八匹等礼物，我为之摩顶加持。

（选自《五世达赖喇嘛传》下册，第三百八十四页）

[铁猴年（1680）五月二十五日]在金星遇合奎宿之时，孜、雪的全体僧俗官员共同像活佛仁增钦布请教勇猛宝帐怙主①、制伏恶魔等密法，给他奉献黄金三两、有七十两银子的茶桶、铙钹、衣服等大批财物，在他动身回返之前，又奉献精致的彩晶石、上乘哈达等礼品，作为他说法的酬礼。

（选自《五世达赖喇嘛传》下册，第三百九十页）

注释

① 猛宝帐怙主：上乐金刚一护法神名。

[铁鸡年（1681）二月记事]在溪卡饶丹林寺及其属寺中陈设了跳神服装、铙钹、灶具、卧具等，拨给居民一百二十三户，成立了部落和商队。

（选自《五世达赖喇嘛传》下册，第四百二十八页）

[铁鸡年（1681）八月二十五日]（五世达赖喇嘛）给全体施主呈献了以特殊缘起而盛满甘露的颅器①、宗喀巴大师的上衣、内裙等清洁的套服、金刚杵、上乘的铁锤、漏勺、浇灌勺、铁筛子、白绫等物品。

（选自《五世达赖喇嘛传》下册，第四百四十五页）

注释

① 颅器：颅器为西藏密宗修法时，常见的法器之一，是以人类颅骨所制作的容器，乃是取其无常之意，藏语称骷髅为"嘎巴拉"，其器身主要部分，由人颅骨造成，边再镶银或镶金。其上有盖，其下有座，座三角形，铸有三个骷髅，满缀代表火焰的花纹。

当人们一听说"哇秀阿旺"便知道是著名的（第一世嘉木样大师）大学者。一个时期，（第一世嘉木样大师）大师的生活条件极差，由于食物奇缺，他将仅存的一点豌豆浸泡砂锅里，等豌豆发胀后又置于烈日下晒干才食用。

（选自《拉卜楞寺志》，第十七页）

[土牛年（1709）]闰七月初，（第一世嘉木样大师）大师返回扎西琦。河南亲王和南杰才旦各向大师送交了一百名僧侣，堪布诺门罕和艾尔盖氏羌二人也送交了数僧，这些僧侣都集中到扎西

琦。为此，亲王府专门做了一顶能容纳八百人的大毡篷，作为讲经法堂献于寺院大法会。当时，甲佳交巴为拉卜楞寺捐献了一口大锅。

（选自《拉卜楞寺志》，第一百五十五页）

[土虎年（1758）]他（第十三任大法台洛桑念智）随同第二世嘉木样大师返回安多①，入拉卜楞寺密宗学院，研习密宗奥义。他准备去幽静之庙，在等待该学院批准时，嘉木样大师召见他，赐铺垫、桌案等物，以示敬意……

（选自《拉卜楞寺志》，第三百七十五页）

注释

① 安多：即安多县。安多县地处西藏自治区北部，著名的唐古拉山脉南北两侧，是西藏地区的北大门。该县辖4镇、9乡、79个行政村（居委会），县人民政府驻帕那镇；全县面积约10万平方公里，该县自然矿产资源丰富，是一个天然的野生动物王国。

（拉卜楞寺的大经堂中索南扎巴尊者在格热举行"险地大修念"）索南扎巴尊者回忆说："险地（格热）修毕那夜，我梦见自己吹了三声腿笛，刹那间只见知与不知的无数生灵集聚在我的周围，眼前摆着好多大酒罐，胜乐本尊从中舀出酒来，像是在喜宴上似的很诱人。随后断行之功力大增，视石土如见薄冰，这般了得。"

（选自《拉卜楞寺志》，第三百九十六页）

[铁狗年（1790）]某日，贡唐仓·贡确丹贝卓美大师将两张剪纸压合叠好，写上"请给一个中等碗"几字，开玩笑似地交给（第二十三任大法台嘉堪钦·哲华坚赞）尊者。尊者随即把碗献上，回言道："此物意味着主旨生发七字本义。似此当否？望赐教。"

（选自《拉卜楞寺志》，第四百四十页）

（拉卜楞寺的供说法会朝拜的佛像内藏有）有多罗那他①所用的法铃、出自印度东南部寒林地方的一黑石上天然生成白底色"六字真言"的奇石、莲花生曾持过的霹雳金刚、珠钦·唐东杰波的橛桩、第一世班禅·克珠杰②的圣桌和书夹板、第六世班禅·拜旦益西的餐刀。

（选自《拉卜楞寺志》，第五百五十一页）

注释

① 多罗那他：（1575～1634）明代史学家兼梵语学家、藏传佛教觉囊派高僧、蒙古最大转世活佛哲布尊丹巴转世系统奠基人。

② 班禅·克珠杰：是全藏敬信的尊者宗喀巴的首要弟子，在藏传佛教史上声名显赫。

人称昙谛①和尚者，乃一小酷吏之子。其母白昼入睡，梦见一老僧，僧云："老母，请将此物收藏矣"，随之递彼一长尾鹿之鹿尾拂尘及一花纹铁尺。醒时，此二物于彼怀中（此二物乃秦王姚苌赐予弘教法师之转世活佛，昙谛即是。）。

（选自《汉区佛教源流记 汉藏对照》，第五十七页）

注释

① 昙谛：（347～411）又称支昙谛。俗姓康。先祖为康居国人，汉灵帝时来华，遇乱，移居吴兴。

崇德八年（癸未）五月丁酉（1643年6月20日）

与（五世）达赖喇嘛书曰："大清国宽温仁圣皇帝致书于大持金刚达赖喇嘛：今承喇嘛有拯济众生之念，欲兴扶佛法，遣使通书，朕心甚悦。……外附奉金碗一、银盆二、银茶桶三、玛瑙杯一、水晶杯二、玉杯六、玉壶一、镀金甲二、玲珑撒袋二、雕鞍二、金镶玉带一、镀金银带一、玲珑刀二、锦缎四，特以侑缄。"

（选自《清实录藏族史料》，第七页）

崇德八年（癸未）五月丁酉（1643年6月20日）

又与昂邦萨斯下书曰："大清国宽温仁圣皇帝致书于昂邦萨斯下：朕思自古帝王创业垂统，每令佛法流传，未尝断绝。今将敦礼高僧，兴扶释教，以普济群生，故遣察干格隆……等前往。……附奉银盆一、银茶桶一、玛瑙杯一、水晶杯一、水晶杯一、玉杯三、玉壶一、镀金甲一、玲珑撒袋一、雕鞍一、金镶玉带一、玲珑刀一、锦缎一，特以侑缄。"

（选自《清实录藏族史料》，第八页）

顺治九年（壬辰）七月戊戌（1652年9月1日）

定赏赉（五世）达赖喇嘛使臣例。每头目二人、随从役卒二十八名，共赏二等玲珑鞍马一、银茶筒一、银盆一、缎三十、毛青梭布四百、豹皮五、虎皮三、海豹皮五。厄鲁特部落峨齐尔汗下正使赏羔皮蟒袍一、银茶筒一、银盆一、缎三、毛青梭布二十四；副使赏羔皮蟒袍一、银茶筒一、缎三、毛青梭布二十四；其同来八人赏羔皮补袍各一、缎各三、毛青梭布各二十四；其随从役卒各赏缎一、毛青梭布八。

（选自《清实录藏族史料》，第十八页）

顺治九年（壬辰）九月壬申（1652年10月5日）

众汉臣议："皇上为天下国家之主，不当往迎喇嘛。喇嘛从者三千余人，又遇岁歉，不可令入内地。若以特请之故，可于诸王大臣中遣一人代迎。其喇嘛令住边外，遗之金银等物，亦所以敬喇嘛也。"两议具奏，上曰："朕当裁之。"

（选自《清实录藏族史料》，第二十页）

顺治十年（癸巳）二月乙卯（1653年3月17日）

以遣（五世）达赖喇嘛归，上御太和殿，赐宴，并鞍马、金银、珠玉、缎匹等物。

（选自《清实录藏族史料》，第二十四页）

顺治十年（癸巳）六月丙午（1653年7月6日）

（五世）达赖喇嘛表谢颁赐册印及封号，附献马匹、琥珀等物。

（选自《清实录藏族史料》，第二十七页）

顺治十一年（甲午）九月丁未（1654年10月30日）

遣官存问（五世）达赖喇嘛、顾实汗、班禅胡土克图，赐以嵌绿松石珊瑚金茶筒及玉鹿、缎匹等物。

选自《清实录藏族史料》，第二十八页

顺治十三年［丙申］二月戊寅（1656年3月24日）

第四编　器物与工具

赐（五世）达赖喇嘛贡使拉穆詹巴等雕鞍、银器等物。

（选自《清实录藏族史料》，第二十九页）

顺治十三年（丙申）三月丙戌（1654年4月1日）

特遣厄木齐喇嘛等赍敕存问（五世）达赖喇嘛、班禅胡土克图，遗以珊瑚绿松石嵌金茶筒、玉壶、杯等物。

（选自《清实录藏族史料》，第三十页）

顺治十四年（丁酉）六月甲午（1657年8月2日）

赐（五世）达赖喇嘛、班禅胡土克图贡使卓礼克阁俄穆布等银茶筒、蟒缎等物。复遣西喇布喇嘛、萨木坦格隆等存问达赖喇嘛、班禅胡土克图，赐以金茶筒、玉瓶等物。

（选自《清实录藏族史料》，第三十一页）

顺治十五年（戊戌）十二月乙丑（1658年12月26日）

以（五世）达赖喇嘛、瓦齐尔汗、班禅胡土克图等具表请安，遣喇木札木巴喇嘛、滚布格隆等赍敕存问，并赐雕鞍、玉壶、缎币等物。

（选自《清实录藏族史料》，第三十二页）

顺治十七年（庚子）六月庚子（1660年7月23日）

以五世达赖喇嘛、班禅胡土克图、瓦齐尔汗遣奉表问安，命喇木扎木巴喇嘛等赍敕存问，并赐雕鞍、玉壶、缎匹等物。

（选自《清实录藏族史料》，第三十三页）

康熙三十八年（己卯）闰七月庚子（1699年8月28日）

四川提督岳升龙疏言："……臣又查打箭炉通商卖茶，抚臣行私自便，每年发茶八十余万包，私受茶税数万两，现有荣经县私票，并各茶商可证。"得旨："此事亦著罗察等一并察审具奏。"

（选自《清实录藏族史料》，第一百七十页）

雍正十年（壬子）五月庚申（1732年5月27日）

谕（七世）达赖喇嘛："朕抚驭寰区，惟期海宇苍生，安居乐业，宣扬佛法，同归于善。……今来使西归，特赐敕谕一道，银器、彩缎、巾帕等项并寄来使。特谕。"

（选自《清实录藏族史料》，第三百五十四页）

雍正十年（壬子）八月庚午（1732年10月4日）

随敕谕巴尔布国雅木布、叶楞、库库穆三汗："据尔等奏称：'从前不知内地礼仪，未遂观光之志。今遣使朝觐，恭请训谕。进贡之物不多，略尽恭敬之忱'等语。朕为天下主，一视同仁。尔等汗越在边远，自古未通华夏，慕朕仁化，万里输诚，朕甚嘉悦。所进方物，悉已收纳。念道路遥远，往返艰难，尔使臣即由西藏遣回。尔等汗但与西藏贝勒颇罗鼐协力和衷，维持黄教，以副朕普育群生之至意。特赐缎匹、玻璃、磁器各种，一并发往。"

（选自《清实录藏族史料》，第三百五十五页）

雍正十三年（乙卯）十二月壬午（1736年1月29日）

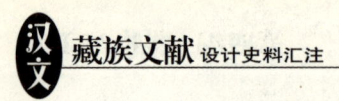

又谕:"川省口外番部输诚急公,良可嘉悯……"

副都统玛拉疏报:"安置阿旺布鲁克巴人等在达岭达木桑地方居住。每户赏给器具、牛只各二……"

（选自《清实录藏族史料》,第三百六十五页）

乾隆元年（丙辰）四月壬辰（1736年6月7日）

总理事务王大臣等奏言:"布鲁克巴部诺颜林沁齐垒喇卜济感戴皇恩,亲至西藏,恭请圣安,献珊瑚数珠一串,所部织缎五匹。伏思布鲁克巴乃藏外极远部落,林沁齐垒喇卜济为其酋长,恭请圣安,奉献表文,请以所进物付部赏给如例外,加恩赐妆蟒各一匹、大缎三匹。"得旨:"依议。再酌赏玻璃器数事。"

（选自《清实录藏族史料》,第三百六十八页）

乾隆三年（戊午）二月丙戌（1738年3月23日）

驻藏侍郎杭奕禄等奏:"贝勒颇罗鼐以额纳特珂克部落拉达克汗德忠那木扎尔所上表文及贡物交臣转奏……"奏入,命赐德忠那木扎尔敕书一道,加赏缎匹、磁器有差。

（选自《清实录藏族史料》,第三百七十七页）

乾隆七年（壬戌）四月甲辰（1742年5月19日）

赐准噶尔台吉噶尔丹策零敕谕曰:"尔奏中谓前此兴戎,衅非由尔……令吹纳木喀传谕于尔,敕书亦令赍往。随敕赏各色缎十端、磁器十件、大缎六端。"

（选自《清实录藏族史料》,第四百二十九页）

乾隆八年（癸亥）五月乙酉（1743年7月18日）

谕军机大臣等:"拉达克汗策卜登那木扎尔将自准噶尔脱出之马甲卓鼐,办给口粮、马匹,送至藏内。朕甚嘉予。著赏给各色缎八端、玻璃磁器八件。"

（选自《清实录藏族史料》,第四百四十三页）

乾隆九年（甲子）正月壬寅（1744年3月7日）

赐准噶尔台吉①噶尔丹策零敕谕:"尔奏疏内称:'据使者吹纳木喀归,奉到谕旨,我属前赴西藏之人,准由噶斯路行走,赐助牲畜盘费……朕欣悦嘉纳。……今特颁诏旨,付尔使者赍回。随敕赐佛二尊,并赏各色缎十端、锦缎、妆缎各八端、玻璃磁器十五事。"

（选自《清实录藏族史料》,第四百五十四页）

注释

① 台吉:清朝对蒙古贵族封爵名。位次辅国公,分四等,自一等台吉至四等台吉,相当于一品官至四品官。

乾隆十年（乙丑）正月已亥（1745年2月27日）

准噶尔台吉噶尔丹策零遣使臣哈柳赍表奏曰:"前奉旨接济我等前往西藏念经之人牲畜、路费,念经之时,又俯准所请办理,不胜欣喜感激。……余言令使臣口奏。附进玉碗、木碗各一件、貂皮三十张、犬马各二。"

（选自《清实录藏族史料》,第四百七十五页）

第四编 器物与工具

乾隆十年［乙丑］二月甲寅（1745年3月14日）

敕谕准噶尔台吉噶尔丹策零："尔奏称：'前往西藏诵经人等蒙恩赏给牲畜、口粮、成全诵经之事，不胜欢欣。并请于土伯特赏给善于经咒喇嘛数人，令经咒之教可垂久远，推广不绝'等语。颇罗鼐系僻处远地之人，准噶尔亦系僻处远地之人，尔等彼此互有违言，朕岂可偏听，遽罪颇罗鼐乎？尔等地方亦有喇嘛，岂无一善于经咒者？且敬佛广教只在于心，亦不必专凭经咒，何必求诸他人？此事朕不必降旨。今特敕付使臣哈柳赍回，尔其善体朕意。随敕赐各色缎十端，蟒缎、妆缎各八端，玻璃磁器各八事。"

（选自《清实录藏族史料》，第四百七十九页）

乾隆十一年（丙寅）三月甲申（1746年4月8日）

赐准噶尔台吉策妄多尔济那木扎尔敕书曰："朕总理天下，无分内外，一视同仁，惟期普天生灵各得其所。……台吉尔一切事务，惟当遵照尔父仰体朕广教安生之意，敬慎奉行，互相和好，愈敦信实，俾边氓永享安乐，特敕交使臣哈柳赍回。随敕赐尔各色缎十端、蟒缎、妆缎各八端、玻璃磁器、珐琅器皿十八事，尔其祇领。"

（选自《清实录藏族史料》，第五百三十二页）

乾隆十一年（丙寅）三月甲申（1746年4月8日）

赐准噶尔台吉策妄多尔济那木扎尔敕书曰："……朕仍照前施恩，派人照看，赏赐牲畜、路费，又为尔父作布施礼，特恩赏银满达、茶桶、察喇各一、红黄香一百束，交与使臣哈柳带往。又，大手帕百条、小手帕千条、茶叶千包，令尔讽经之人往藏时，由边界支取……"

（选自《清实录藏族史料》，第五百三十三页）

乾隆十一年（丙寅）六月丁卯（1746年7月20日）

"……据俄木丁等认出班滚随身鸟枪、铜碗等物件。但以数千人围烧碉寨，大火数日，贼众俱成灰烬，实难辨识。其碉楼一节，臣已列入善后条内，不敢草率了事。"得旨："览奏俱悉。"

（选自《清实录藏族史料》，第五百五十六页）

乾隆十二年（丁卯）正月乙卯（1747年3月5日）

赐准噶尔台吉策妄多尔济那木扎勒敕书。诏曰："……特敕付来使赍回。随敕赐各色缎十端、妆缎十端、玻璃珐琅磁器十八事。"

（选自《清实录藏族史料》，第五百九十六页）

乾隆十二年（丁卯）正月乙卯（1747年3月5日）

赐准噶尔台吉策妄多尔济那木扎勒敕书。诏曰："阅尔奏书，尔能仰体朕加恩之意，诸事俱遵旨办理。……特敕付来使赍回。随敕赐各色缎十端、妆缎十端、玻璃珐琅磁器十八事。"

（选自《清实录藏族史料》，第五百九十六页）

乾隆十三年（戊辰）六月庚辰（1748年7月22日）

户部议复："四川巡抚纪山汇题进剿金酋筹办军务事宜：……自滇来川炮匠，时值严寒，请添给路费银。又，赴营修理道路之石匠、木匠，各给安家银。……"

（选自《清实录藏族史料》，第七百三十页）

乾隆十四年（己巳）三月丙寅（1749年5月4日）

谕："据川督策楞奏：自军营运之锣锅、帐房等件，各省兵丁竟有带往使用，以致缺少。又，熔化之废铜，背数尚符，斤两亦觉缺少。夫役众多，难于穷诘。……"现在逐一清查，凡有亏缺，请于臣二人暨原委总兵哈攀龙等名下分赔归款等语。此项锣锅、帐房及熔化废铜如系穷番窃取，犹可云人数众多，难于查考。

（选自《清实录藏族史料》，第一千零六十页）

乾隆三十九年（甲午）三月壬午（1774年5月9日）

广西提督王进泰、镶红旗满洲副都统成果奏："据喇布寨、翁固达驻防解到挈获贼番阿那、什儿噶二名，讯称：'均系小金川大坝沟人，被掳逃回'等语。查二番身带刀矛，穿有内地衣服，并各带银一、二十两及锣锅、铜罐等物，种种可疑……"

（选自《清实录藏族史料》，第二千三百三十六页）

乾隆四十年（乙未）五月丙子（1775年6月27日）

谕军机大臣曰："窦瑸复奏弹压苗疆各事宜一折已于折内批示。……至军营需用铜斤，查日尔拉之山脚站原有存铜一千五百斤，当经发往。并查楸砥有存铜一万八千七百余斤，即于此内先拨出一万斤发运前进。再，军营即需铜制炮，自必需铁铸子，查朴头站存有生铁十余万斤，现已饬知各粮员每日搭运四、五千斤，以资接济……"

（选自《清实录藏族史料》，第二千五百九十页）

乾隆四十二年（丁酉）十二月壬子（1778年1月18日）

敕谕（八世）达赖喇嘛之呼毕勒罕曰："达赖喇嘛系西方各寺宇供养之大喇嘛，从前数世即承受国恩。兹尔呼毕勒罕勤学经典，朕甚嘉焉。……特赐玉如意一柄、珊瑚数珠一串、珐琅花瓶一对、红玻璃供器五件、大荷包一对、小荷包四对、红锦二匹、红漳绒二匹、玻璃灯一座、坐褥靠背一副、龙缎一匹、蟒缎一匹、各色大缎二十匹、大哈达十条、小哈达四十条、五色哈达十条，交来使堪布囊苏赍往。尔其祇领，钦遵朕训，毋忽。"

（选自《清实录藏族史料》，第二千九百零九页）

乾隆四十四年（己亥）二月戊寅（1779年4月9日）

与（五世）达赖喇嘛书曰："大清国宽温仁圣皇帝（特指）致书于大持金刚达赖喇嘛：今承喇嘛有拯济众生之念，欲兴扶佛法，遣使通书，朕心甚悦。……外附奉金碗一、银盆二、银茶桶三、玛瑙杯一、水晶杯二、玉杯六、玉壶一、镀金甲二、玲珑撒袋二、雕鞍二、金镶玉带一、镀金银带一、玲珑刀二、锦缎四，特以侑缄。"

谕军机大臣等："前因章嘉呼图克图奏称，班禅额尔德尼欲于庚子年前来为朕称祝万寿，已允所请。……因思初次所发谕旨印封外，有章嘉呼图克图寄班禅额尔德尼字包并木匣一件，内贮珍珠手串，系朕赐班禅额尔德尼者，附报发往，恐途中被人窥见窃取，并印封窃去，亦未可定……"

（选自《清实录藏族史料》，第二千九百二十八页）

乾隆四十四年（己亥）二月戊寅（1779年4月9日）

寻奏："……上年十二月初六自京发递印文珠匣，于十六日由成都接递，计程二十内即应发交

第四编 器物与工具

番子地方，本年正月底可到藏，驻藏大臣尚未复奏，不应如此迟延。……"

（选自《清实录藏族史料》，第二千九百二十九页）

乾隆四十四年（己亥）七月壬寅（1779 年 8 月 31 日）

又谕（军机大臣等）："据特成额等奏：'里塘土司丹津衮布禀称，所属热寨地方之麻塘寺，于五月十五日半夜，有瞻对夹坝二百余人到寺焚劫殿宇、住房及佛像、经典、衣服、器皿等物……随即散去……'等语。"

（选自《清实录藏族史料》，第二千九百四十三页）

乾隆四十四年（己亥）八月丁巳（1779 年 9 月 15 日）

谕军机大臣等："据恒瑞等奏，西藏各庙熬茶大锅及塔上成造飞檐均需铜斤，照依乾隆二十三年、三十八年之例，派人给与路票，前往云南中甸地方采买废铜一万三千斤，行文总督李侍尧。据复称：'现在中甸地方并无废铜，且各厂铜斤缺少，严禁私卖，未便令西藏采买，致藉端偷漏，所有来人不便令其入境'等语……"

（选自《清实录藏族史料》，第二千九百四十五页）

乾隆四十五年（庚子）二月癸酉（1780 年 3 月 29 日）

敕谕（六世）班禅额尔德尼："昨据伍弥泰奏称，尔喇嘛因朕南巡，率领诸僧唪经虔祝，并呈进佛尊、哈达等语，览奏欣悦……今抵江省，特发去大哈达一个、绣僧冠一顶、朕行营佩带大荷包一对、小荷包二对、西洋鼻烟盒二个，以达朕意。喇嘛接奉时即同见朕，欢喜用之。朕欲速见喇嘛，曷胜伫切。特谕。"

（选自《清实录藏族史料》，第二千九百六十二页）

乾隆四十五年（庚子）五月丙戌（1780 年 6 月 10 日）

成都将军特成额奏："督率各路镇将前驻春朋，瞰临贼寨。旋据游击袁国璜禀称，移官戎多后，有巴塘头人汪许带同三暗巴朗改番目乌金桑珠、宗巴番目安却珠多、白马苦等来称：'番民皆种牧为生，从不偷放夹坝。因安错劫了达赖蝴蝶麻茶包，闻将军大人带兵前来剿洗心生忧惧，后见达罕绰吉，知天朝只要剿除偷放夹坝及同安错为匪之人，便思回来投生'等语。……"

（选自《清实录藏族史料》，第二千九百七十页）

乾隆四十七年（壬寅）十二月甲子（1783 年 1 月 4 日）

又谕："……今思前因（十三世）班禅额尔德尼来京庆祝，于热河①建造扎什伦布庙，有需用金两及金如意等件以备颁赏。其时各督、抚即有呈进备赏金器者，以作加赏班禅之用，因量为赏收。此系朕失检点处……"

（选自《清实录藏族史料》，第三千零一十四页）

注释

① 热河：热河省，简称热，省会承德市，是中国旧行政区划的省份之一，1914 年 2 月划出，1955 年 7 月 29 日撤销。位于目前河北省、辽宁省和内蒙古自治区交界地带。现包括河北省的承德地区，内蒙古的赤峰地区，通辽部分地区，辽宁省的朝阳、阜新地区。

乾隆五十六年（辛亥）正月乙未（1791 年 2 月 22 日）

敕谕班禅额尔德尼呼毕勒罕曰："朕抚御天下，惟期寰宇众生安居乐业。……仲巴呼图克图其善为护持呼毕勒罕，务以近正人远小人为要。钦哉毋忽！兹尔来使回藏，锡尔敕谕，并赐银茶桶一、壶一、盏一、各色大缎二十匹、大小哈达各十条，交来使堪布罗布藏班珠尔赍回，以示恩眷。特谕。"

（选自《清实录藏族史料》，第三千二百四十五页）

嘉庆六年（辛酉）二月丙寅（1801年4月2日）

特谕："……蒲顺遂拔取小刀及菜刀、木器、柴斧等先后砍打，致将段贵毙命，核其情节，该犯先既婪索番民，又复逞凶泄忿，一死一伤，情节甚重。审明后自应一面奏闻，一面即恭请王命，在于该处正法，方足以肃营伍而靖边防。……"

（选自《清实录藏族史料》，第三千六百六十页）

道光二年（壬午）二月癸未（1822年2月28日）

诏谕噶勒丹锡哷图萨玛第巴克什之呼毕勒罕阿旺扎木巴勒粗勒齐木："尔敬遵朕谕，推衍西方黄教，广育群生，宣力有年。……尔遣来之人差毕回藏，特颁诏谕，询尔无恙，并赐尔重三十两银茶桶一个、各色大缎十二匹、大小哈达各七方，到时祗领。特谕。"

（选自《清实录藏族史料》，第三千八百三十八页）

道光二年（壬午）二月甲辰（1822年3月21日）

诏谕班禅额尔德尼："尔前闻皇考仁宗睿皇帝升遐，即聚集各庙喇嘛等念经拜忏，并遣堪布具表呈进佛尊、哈达、香枝等物，又恭请朕安，复进佛尊、哈达、数珠等物，朕甚嘉纳。……今来使回藏之便，特问尔好，颁给诏书，并赐尔三十两重银茶桶一件、壶一件、盅子一个、各色大缎二十匹、大小哈达各十方外，并缮写赏尔暨扎萨克喇嘛济忠格里叶嘉木磋等赏件清单，交尔使堪布罗布藏呢玛带回，到时祗领。特谕。"

（选自《清实录藏族史料》，第三千八百四十一页）

道光二年（壬午）二月甲辰（1822年3月21日）

"……今来使回藏之便，特问尔好，颁给诏书，并赐尔三十两重银茶桶一个、壶一件、盅子一个、各色大缎十二匹、大小哈达各十方外，并缮写赏尔暨扎萨克喇嘛济忠格里叶嘉木磋等赏件清单，交尔使堪布藏呢玛带回，到时祗领。特谕。"

（选自《清实录藏族史料》，第三千八百四十一页）

咸丰六年（丙辰）十二月壬寅（1857年1月14日）

又谕："赫特贺等奏详查班禅额尔德尼呼毕勒罕所遗幼子等签掣定拟奏闻一折。……著赏给该呼毕勒罕大哈达一幅、珊瑚数珠一串、玉如意一柄，呼征阿齐图呼图克图哈达一幅、嵌玉如意一柄，色呼本诺们罕哈达一幅、嵌玉如意一柄。交该大臣等转行晓谕该呼征阿齐图呼图克图等及阖藏喇嘛，著该呼毕勒罕妥为护持，以副朕广兴黄教之至意。"

（选自《清实录藏族史料》，第四千二百六十二页）

同治二年（癸亥）十一月辛未（1864年1月7日）

谕："前因满庆、恩庆奏历陈呼征捏具冤词，声明原案始末等情。……据满庆等奏称西俄洛塘兵李宗胜接递报匣、佛匣，行至麻格宗三道桥地方，被崇喜土司之弟任争格纳抢去，有无别情，是否属实,著骆秉章查明办理。……将此由五百里各谕令知之。"

(选自《清实录藏族史料》,第四千三百二十九页)

光绪七年(辛巳)正月乙亥(1881年2月10日)

"兹尔来使回藏,特问尔好,随敕书发去六十两重镀金银茶桶一件、镀金银瓶一个、银钟一个、蟒缎二匹、龙缎二匹、缎二匹、片金二匹、闪缎四匹、字锻四匹、大卷八丝锻十四匹、大哈达五个、小哈达四十个、五色哈达十个,外另赏尔及协瑰商上事务济咙呼图克图等物件,开单一并交尔来使巴雅尔堪布青饶隆热当曲赍去,其各祗领。"

(选自《清实录藏族史料》,第四千四百四十五页)

光绪八年(壬午)四月丁卯(1882年5月28日)

又谕(内阁):"色楞额奏达赖喇嘛由伊正师傅济咙呼图克图阿旺班第彦曲吉坚参得受格龙小戒,呈进佛、哈达等物一折。……著加恩赏给黄哈达一个、椰子念珠一串、玉碗一件、玉盒一件、大荷包一对、小荷包二对,由色楞额晓谕颁赐。至达赖喇嘛所清仍将例进贡物交年班前来之堪布到京交纳之处,即著照所请办理。"

(选自《清实录藏族史料》,第四千四百五十四页)

光绪十四年(戊子)三月丙寅(1888年4月25日)

又谕(军机大臣):"文硕奏班禅额尔德尼之呼毕勒罕所出幼童察验属实,掣定奏闻一折。……第穆呼图克图取名诺们多罗罗普藏图普单曲吉依木格勒克拉木捷。甚属吉祥,朕心实深嘉悦。著加恩赏给呼毕勒罕大哈达一方、珊瑚珠一串、玉如意一柄,第穆呼图克图哈达一方、嵌玉如意一柄,苏呼诺们(罕)哈达一方、嵌玉如意一柄,交该大臣传谕该第穆呼图克图等并阖藏众喇嘛等,将该呼毕勒罕妥为照料,以副朕振兴黄教之至意。"

(选自《清实录藏族史料》,第四千四百九十六页)

注释

① 第穆呼图克图:藏传佛教格鲁派活佛之一。因其祖庙为林芝地区的第穆羌纳寺,故又称第穆呼图克图,系西藏四大呼图克图之一。该活佛系统的产生与昌都帕巴拉活佛有密切的关系,最初的几世第穆呼图克图是帕巴拉活佛的门徒或亲戚。

[土鼠年(1708)](六世达赖)喇嘛去寺院(吉祥哲蚌寺)路上,与一位叫做拉旺勒的人并辔飞奔,行至寝舍东侧下马,正要入内,父尊迎上去说:"仁波且来家了,请坐。"说着摆好了座位,喇嘛在供佛堂内面西而坐,喝了半碗茶,半碗留放在那里,说这是缘起,然后要走,佛父欲献拜见礼,一时找不到哈达,献上茶叶一科周①。

(选自《七世达赖喇嘛传》,第七页)

注释

① 科周:疑为装茶叶的六楞竹筐,以下译为"包"。

[木羊年(1715)七世达赖喇嘛为诸位头人授法] 文殊菩萨大皇帝专派使臣公多凯钦差、克雅、察克玛加果齐来塔尔寺,献银制器皿多种。

(选自《七世达赖喇嘛传》,第二十七页)

[木羊年（1715）]（七世达赖）喇嘛派襄佐噶居阿旺班贡去北京向大皇帝①请安，带去价值千两白银的黑羚羊皮坐垫等用品，向诸大臣亦带去信札和礼物。

(选自《七世达赖喇嘛传》，第二十八页)

注释

① 大皇帝：据《红史》载，当喇钦衮罗回藏时，即免去坚赞郊职，任司徒为万户长，随即得到晋王泰定皇帝之诰敕（《红史》124 页）。从《红史》文中看来，事情可能发生在壬戌年，即元英宗至治二年（1322），若说甲子年（1324）则应是泰定元年；那是也孙铁木儿在位之时。时间记载不甚准确。

土阳狗年（1718）十二月，郡王噶丹额尔德尼济农奉（七世达赖）喇嘛的旨意去向大皇帝禀告圆满成功后回到塔尔寺，向（七世达赖）喇嘛献上大皇帝十分喜悦地赐给喇嘛的圣旨、香炉等珍异用品数件，并细述去京情况。济农①自己也献上从中国（内地）带来的绸缎等大批财物。

(选自《七世达赖喇嘛传》，第三十六页)

注释

① 济农：汉语"晋王"的蒙古语译音。（隋炀帝，唐高宗即位前均为晋王，故唐宋两朝有太子封晋王的传统，蒙古入主中原后，转译音变）也写作吉囊、吉能。意为"储君"或"副汗"。明代蒙古贵族首领称号之一。一般由汗王的兄弟或儿子充任。

[土猪年（1719）三月]（七世达赖喇嘛）喇嘛就座，将军王磕头毕才就座，与喇嘛一块儿饮茶，继续细致广泛交谈，将军王更加信仰，以大喜悦心献上用吉祥图案装饰的袋子、内有芳香沙包的宝箧。

(选自《七世达赖喇嘛传》，第三十八页)

将军王（康熙皇帝第十四子抚远大将军允禵）派克雅特固岱送来银器多件、香炉、花瓶、香插等罕见物品，（七世达赖）喇嘛予以接见，并交谈甚久。

(选自《七世达赖喇嘛传》，第三十九页)

[土猪年（1719）七世达赖喇嘛]从经师大德学习文殊菩萨法类的随许教诫。将军王（康熙皇帝第十四子抚远大将军允禵）从西宁派来六名绅士，献恭贺春节的大批锦缎、稀有银器碗具等礼品……

(选自《七世达赖喇嘛传》，第四十二页)

[铁鼠年（1720）三月二十日，将军王允禵]同时带来各种锦缎、镶银酥油茶筒等稀有器具，汉式喜宴用品，赐给喇嘛侍僧的黄色团龙缎等以及无数玩器。

(选自《七世达赖喇嘛传》，第四十五页)

[木龙年（1724）]正月，文殊大皇帝为宏扬佛陀圣教，特别是文殊怙主上师之圣教，众生享受圆劫安乐，派遣大喇嘛噶居罗桑班觉、加果齐和笔帖式等，带来要像五世达赖喇嘛时那样持理政教的圣旨，金册十六页，每页厚如牛皮，一颗大金印，上用汉、满、藏、蒙古四种文字书写"西天净土佛王、地上圣教之主，一切智持金刚达赖喇嘛"。另有公文两道、许多锦缎、镶银酥油茶筒等无量赐物。喇嘛赞颂大皇帝（康熙）之恩德。

(选自《七世达赖喇嘛传》，第七十四页)

第四编 器物与工具

[木蛇年（1725）六月］曼仁巴罗桑赤列从皇宫返回，带回康熙皇帝第四女四公主所献内装各种医疗器械的旃檀木小箱，献给（七世达赖）喇嘛。总爷等数名清朝官员奉大皇帝命返回，喇嘛为之送行，作暂久皆善之训诫。以前青海事变时，安多数座大寺被清兵捣毁，喇嘛念及圣教众生利益，派仲尼笔帖式阿旺罗桑去京上奏大皇帝，望恩准修复。

（选自《七世达赖喇嘛传》，第八十一页）

[土鸡年（1729）七世达赖喇嘛］……今后要回布达拉宫时，请予奏明，将按所奏办理等。赐物较往昔更丰，有满装水晶、景泰蓝①等器皿之箱子四个。

（选自《七世达赖喇嘛传》，第九十九页）

注释

① 景泰蓝：北京著名的传统手工艺品。又称"铜胎掐丝珐琅"，俗名"珐蓝"，又称"嵌珐琅"，是一种在铜质的胎型上，用柔软的扁铜丝，掐成各种花纹焊上，然后把珐琅质的色釉填充在花纹内烧制而成的器物。因其在明朝景泰年间盛行，制作技艺比较成熟，使用的珐琅釉多以蓝色为主，故而得名"景泰蓝"。

[火龙年（1736）新春］大喇嘛罗桑崔臣为甘珠尔诺们汗罗桑班觉崔臣圆寂献金银、绸缎、水晶器皿等大批回向礼，（七世达赖）喇嘛为之回向护佑。

（选自《七世达赖喇嘛传》，第一百四十七页）

火龙年（1736）九月十五日，七世达赖喇嘛为班禅一切智至法会献礼祈寿。七世达赖喇嘛之赞词引经据典，使众智者诚服，绝无逢迎造作之词，以此赞词前导，虔诚祈请班禅一切智久住世间，然后献上身语意所依、大型金曼遮、衣服、用器、镶银茶筒一个、鹅颈壶四个、白银五十一大升、定潘缎子、霍尔产衬垫宝瓶的彩缎十一匹、嵌花缎和哗叽等七匹、各色库缎各一捆（每捆二十匹）、茶叶六百科尔、包装白青稞以及特制丝质哈达、上品金丝缎、四相缎、黄色团龙缎等一百零一段。

（选自《七世达赖喇嘛传》，第一百五十九页）

[土羊年（1739）清朝官员初到，献上各种汉式美食］黄大臣调防，梅塄赞格纪山至，献上各种玛瑙用器和大批绸缎谒见（七世达赖）喇嘛。

（选自《七世达赖喇嘛传》，第一百九十三页）

[水猪年（1743）九月十五日后，七世达赖喇嘛］向以宰桑吹纳木喀为首的一百三十名蒙古人授八关斋戒，彼等喜悦异常，虔诚祈祷，各自量力立誓，如不狩猎等。克雅墨格齐献翡翠盆一个。

（选自《七世达赖喇嘛传》，第二百二十九页）

[火兔年（1747）］嘉色活佛献物请求剃度，授名噶桑图登晋美嘉措，赐佛像及盛物的水晶器皿，教诲他以讲辩著三门利益佛教。

（选自《七世达赖喇嘛传》，第二百五十八页）

[水猴年（1752）七世达赖喇嘛应邀授教经文］此时，刻印克珠杰的《般若难解之光》和布敦一切智所著《噶玛夏丹释》二论，（七世达赖）喇嘛为之撰序。应笔帖式常老爷之请，授担木度母随许。驻藏大臣秀特至，献上大皇帝（乾隆皇帝）的敕谕以及水晶器皿多种，喇嘛为彼设宴洗尘。

（选自《七世达赖喇嘛传》，第三百零九页）

[木猪年（1755），七世达赖喇嘛] 色拉大乘洲寺大法会上所用斟斋茶木桶使用将尽，为之新制木桶二百个。上师绛巴仁波且于普布觉寺①举办乐道讲法会，按每年惯例向众请法者布施斋茶饮食供养。

（选自《七世达赖喇嘛传》，第三百五十三页）

注释

① 普布觉寺：在西藏拉萨市地区内，位于市驻地以北、色拉寺后山东北侧山包。相传印度祖师达洽（12世纪时人）的金刚橛（即三棱金刚杵）飞来西藏就降落在这个小山包上，后来遂称此山包为"普布觉"。"普布"是金刚橛，"觉"就是角落，就是这个隆起的小山包角落。佛教徒极为珍视这个神秘宝物金刚橛，把它供在色拉寺中，每年藏历12月27日始准许人前往色拉吉扎仓去朝谒这个神圣的金刚橛，名叫"蒲杰"，成为一种宗教节日活动。

[火鼠年（1756）] 文殊怙主法王宗喀巴大师忌辰法会日后，日归日，向三大寺、上下密院和其他各大寺布施大批斋茶，向三大圣地及甘丹等圣地献供云哈达，向甘丹、桑俄夸、肴日贡、色拉马头明王殿、班丹孜、年贡洞、雅桑、松赞陵墓、桑浦、尼穹、拉莫、桑耶、噶哇栋等护法神的主要住地酬补祷告，献哈达供品；各修行道场作长寿仪轨；上下密院、色拉和哲蚌寺的密咒院等以定数僧人作烧施护摩；向松赞陵墓的吉祥骏马游戏神献题词锦缎上衣和虎皮裙；向年贡洞的吉祥夺力自在怙主献装满甘露、珍宝、五谷、药物的金瓶。按常规，下密院①向具誓法王施食回遮，上密院②和南杰扎仓向吉祥智慧怙主大施，热静房向天女施食回遮，向诸本尊护法广献哈达。为甘丹大寺赠大法会熬茶用新制铁皮木桶一百五十，为吉祥哲蚌大寺大法会亦赠木茶桶一百。

（选自《七世达赖喇嘛传》，第三百七十九页）

注释

① 下密院：位于今拉萨幸福路北面，东与墨如寺相连。占地面积为2100平方米。下密院，藏语称"举麦扎仓"，是下部地区弘传密法之所，属藏传佛教格鲁派密院最高学府之一。

② 上密院：藏语叫"居堆巴扎仓"，即续部经堂神学士院之意。系由济尊·喜饶森格之弟子杰·贡嘎顿珠于藏历第八绕迥的木猴年（1464）在卫堆穷木达之地的塞哇隆山洞（今墨竹工卡县境内）修行藏传佛教，因其地在拉萨上部，所以取名为上密院。后成为黄教密宗的主要寺院之一。

[火牛年（1757）七世达赖喇嘛] 向护法吉祥天女献哈达、神饮和印度产的稀有宝剑、装满果品药物和五种珍宝的紫色玻璃器皿、装满甘露药丸①的景泰蓝鹅颈壶、装满奶汁的白色玻璃器皿等供品，每件供物都祈愿后奉上，然后长时间祷告。

（选自《七世达赖喇嘛传》，第三百八十五页）

注释

① 甘露药丸：密续中云：即使不作禅修亦有成佛之道。而经由"尝味"即其中之一最胜法，也就是以尝食"藏密各教派如法修持本尊仪轨，经咒加持不断圆满制作之甘露法药丸"，而得以结下成佛之因缘。

那若巴按照上师的教诲，对佛法作了许多有益事。后来现起证悟，在一个不熟悉的地方，那若巴手里拿着颅碗，对一个放牛娃说："毗都、毗都。"放牛娃拿出匕首交给那若巴说："如果你能消化就吃这个吧。"那若巴把匕首放进嘴里，熔化后咽下肚里。放牛娃见此情景，惊奇不已，便把此事告诉了国王。

(选自《直贡法嗣》,第二十九页)

米拉尊者走遍洛扎①的上上下下去募化,用募化来的青稞换来一口四耳赤铜锅,把它供养给上师。上师用棍子敲响铜锅,然后里面装满点供灯用的酥油,并为米拉尊者的未来作授记。

(选自《直贡法嗣》,第四十页)

注释

① 洛扎:洛扎县地处西藏南部、喜马拉雅南麓,为西藏自治区的边境县之一。面积 4426 平方公里。水域面积约 400 平方公里。耕地面积 3 万亩。草场面积 230 万亩。总人口 1.7 万。辖 3 个区,18 个乡,99 个村民委员会。

至上元,郡王及噶隆,牒巴等各于大召周围大放花灯①。扎木架,以五色油面做人物、龙、蛇、鸟、兽,下设木架数层,安设大灯,周围约数万盏。自黄昏点起,至次早始撤,以天之晴、阴、风、雪并灯焰之色,占一年吉凶。如是夜天清气爽,月明无风,灯焰光辉色正,则一年人畜安康,五谷丰稔。若天不明朗或遇风雪,及灯焰红白闪烁,乃为不吉。

(选自《西藏志》,第二十一页)

注释

① 花灯:又名灯笼。灯笼是亚洲的一种汉族传统民间工艺品,在古代,其主要作用是照明,由纸或者绢作为灯笼的外皮,骨架通常使用竹或木条制作,中间放上蜡烛或者灯泡,成为照明工具。在亚洲的庙宇中,灯笼是相当常见的物品。

至十月二十五日夜,云系宗卡巴成圣之日,各家以及等寺庙山院,皆于窗棂、墙壁间挨放灯数百不等,光明如昼,布若列星,亦一大观。又云:系古燃灯佛诞,未知孰是。亦以灯焰、天色,占次岁之吉凶。

(选自《西藏志》,第二十二页)

自炉至前后藏各处,房皆平顶,砌石为之,上覆以土石,名曰碉房,有二三层至六七层者,凡稍大房屋,中堂必雕刻彩面,装饰堂外,壁上必绘一寿星图像。凡乡居之民,多傍山坡而住。惟甲贡地方有草房。其蒙古住格尔牛羊厂住黑帐房。而拉萨境内大房颇多,有可住数百人者,如大召南之拉萨兴厦内,安设铜锅一口,可盛水百十余担,以供念大经熬茶之用,即此可类推矣。

(选自《西藏志》,第三十二页)

今达赖喇嘛、颇罗鼐为一班,班禅喇嘛为一班,各间年一次,遣额尔沁汉云使臣,喇嘛之使又称堪布,颇罗鼐之使又称囊贡。进贡,缮唐古忒字表,恭请圣安,以伸诚敬。其所进之物,乃藏香、藏杏、藏枣、珊瑚、蜜蜡、珠子、木碗、金丝缎、卡契绸、卡契布等物。其木碗有二种:一曰札木扎牙,木色微黄,坚润有细文,云能避诸毒,每一个价值十数金,以至数十金者;一曰拉库尔,木色微黄,花纹略大,云亦能避毒,价亦须数金。

(选自《西藏志》,第三十七页)

藏之于西南,计程两月,有巴勒布一区,天道和暖,产稻谷孔雀。其民分为三部:一曰布颜罕,一曰叶楞罕,一曰库库木罕。于雍正十年间,遣使来藏,经驻藏大臣等奏,蒙圣恩允准内附,赏颁赖封三道，赐蟒缎、玻璃、磁器等物。于次年八月，派员赍送至藏转颁。

（选自《西藏志》，第三十八页）

布颜罕奏书曰：……蒙大主仁恩。赏给敕书、缎匹、玻璃、磁器等项，瞻仰圣明，曷胜欣庆，向闻大主仁化，即欲遣使请安，拉藏不为转奏，计无所出。今蒙贝勒奏请，得沾大主天恩，又得遣使奏事，伏愿温旨时颁，边鄙小罕，普沾天惠矣。鉴之鉴之。奏书微仪；哈达一个，珊瑚树一株，珊瑚一串五十五个，小珊瑚一串一百零八个，琥珀一串四十一个，金丝织成卡契带三条，金丝织成卡契小带五条，各色卡契缎三匹，白卡契布四匹，犀角一个，孔雀尾扇一柄，孔雀尾一束，黑香一包，各色药一包，癸丑年十二月二十八日奏。

（选自《西藏志》，第三十八页）

库库木罕奏书曰：……罕以实心感戴大主仁恩，蒙赐敕书、缎匹、玻璃、磁器等项。向闻大主天恩仁惠。至于天恩温旨，如此沛降，实出望外。今贝勒转奏，蒙赐敕书，无涯天恩，爱我生灵，如同父母，曷胜欣庆。特差巴瓦尼桑格尔恭谢天恩，伏思库库木罕边鄙小罕，惟赖大主仁恩，以安其生，仰乞温旨不时下降，奏书微仪：哈达一个，大珊瑚二个，珊瑚六个，小珊瑚一百零八个。金丝织成各色卡契带十条，金丝织成卡契缎一匹，银丝织成卡契缎一匹，孔雀尾管子碗二个，各色卡契布二十一匹，白卡契布五十九匹，各色药六包，额纳克特克巴尔布等处地图一张。癸丑年十一月十七日奏。

（选自《西藏志》，第三十八页）

叶楞罕奏书曰：大主明鉴，微末叶楞罕合掌谨奏，大主圣体安和，不胜幸甚。向因额勒特罕，不将大主天威仁化晓谕我等，今幸贝勒宣传，我等方知，虔诚恭顺得遂，赏赐敕书，缎匹、玻璃、磁器等项，如我亲瞻天颜，不胜欣庆之至，边鄙小罕。惟乞天主怜爱，鉴之鉴之。奏书微仪：哈达一个，大小金钱两个，林亲中内佛一尊，珊瑚一串一百一十八个，小珊瑚一串一百三十六个，香盒一个，孔雀尾管子碗一个，孔雀尾扇一柄，金丝织成卡契缎一匹，银丝织成卡契缎一匹，各色药一包，巴尔布带一条，白卡契布三匹，各色卡契布十匹，卡契缎三匹，巴尔布布四匹，星衮一包，黑香一包，阿鲁拉三包，癸丑年十一月二十九日奏。又布鲁克巴一族，离藏西南约行月余，其罕诺彦林亲乃红帽之传，天道颇暖。

（选自《西藏志》，第三十九页）

天下苍生共戴满洲西立大主明鉴：微末布鲁克巴喇嘛札尔萨立、布鲁克谷济、诺彦林亲、齐类拉卜济等焚香望阙，合掌扣头谨奏……时降教训，鉴之鉴之。为此，特差格隆巴尔冲恭请圣安，伏乞天恩，并献土产：各色卡契带五条，卡契缎一匹。珊瑚一串一百零八个，蜜蜡一串三十六个，五色花布四匹，布鲁克巴布二十匹，卡契小刀一把，银碗一个。月之吉日奏。

（选自《西藏志》，第四十页）

［土虎年（1758）］（七世）班禅大师向大皇帝（乾隆）派朝贡使然强巴洛桑格勒前往北京时，两位驻藏大臣曾询问："达赖喇嘛的转世灵童是否已经找到？"虽然没有详细回答，但在佛爷（八世达赖喇嘛）满两岁时，班禅大师已向他献上瓷碗、食果、水晶等稀奇礼物。那时佛爷一再说"三岁以后要去布达拉宫"，还说"我要单独睡，我要去扎什伦布寺"。这些情况报告了班禅大师。大师甚

为高兴，并嘱咐制作前世佛爷（八世达赖喇嘛）的氇腊达各拉外套、枕头、坐垫等物。

（选自《八世达赖喇嘛传》，第十二页）

［水羊年（1763）九月二十二日］（八世达赖喇嘛赴拉萨大昭寺朝拜，接到乾隆皇帝圣旨）"朕抚驭寰区，为天下之主，心系抚育众生幸福和政教兴盛，喇嘛（八世达赖）尔须持守佛教教义，勤修正法，仰副天恩，使朕慰安。喇嘛尔虽年幼且刚刚坐床，但现今听闻佛法等研习修持须不懈为之。应如先世达赖喇嘛那样弘扬西天佛法，尤其广衍黄帽圣教，精进不懈，仰承朕意。随旨特赏六十两银质镀金腰带酥油茶筒，金图纹饰银瓶一、灯器一，各种大缎三十匹，大哈达五方、小哈达四十方，又各种哈达五十方交予堪布金巴曲桑带去，特敕。乾隆二十八年×月×日"。

（选自《八世达赖喇嘛传》，第二十八页）

［木猴年（1764）十月］十五日，前去向文殊皇帝法王（乾隆皇帝）朝贡的使者堪囊回到拉萨，佛爷（八世达赖喇嘛）暂停修念入定。在日光寝殿高高的汉式方桌上按例陈放着皇帝的随函赐品。这时，佛爷来到珍珠装饰的藤座旁，堪布即汇报大皇帝赐嘉言谕旨的情况，然后将谕旨奉到佛爷（八世达赖喇嘛）手中。

（选自《八世达赖喇嘛传》，第三十五页）

［木猴年（1764）九月三十日］月底最后一天，佛爷（八世达赖喇嘛）暂时解禁歇息。为庆贺汉式农历新春佳节来临，以两位驻藏大臣为代表的清朝众官员前来向佛爷敬献绸缎、玻璃和瓷碗用具等丰厚礼品。佛爷（八世达赖喇嘛）给清朝官员们摩顶，与其座谈、问候并回赏礼物。

（选自《八世达赖喇嘛传》，第三十七页）

［铁牛年（1871）六月初一日］有（本尊①）神界化身的佛爷（八世达赖喇嘛）登上德西平措堆瓦大殿的宝座。后大皇帝颁布诏书封达赖喇嘛为政教之主，赐礼品，望其弘扬佛教，施予众生幸福，精进不息。有诗赞赏曰：

莲花金刚手你啊，
向一切众生宣讲佛法，
你好像太阳坛城美丽无比，
化身相好具自在。
……
珠宝绸缎水晶用器，
器皿中装满宝大地，
帝王政治永不息灭，
聆听谕旨和所赐珍宝之赋。
如同须弥大海正中央，
日月普照在众生之界广为传播，
在具嬉普陀乐园中，
如太阳升起释迦佛教蒸蒸日上。
像夏海繁盛人神同享幸福，
像日月成双施主福田同作为，

如水乳相融开创政教局面，
不混杂区分而以智慧思量，
将雪域绚丽庄严。
遍知佛王了知一统，
文殊菩萨实乃大地之主，
观音菩萨作灌顶发菩提心加持力。
政教同时得满愿，
汉藏同守一佛教，
天神们欢喜撒花朵，
彩虹满天挂宝珞，
旃檀清香兆神奇，
此乃佛王事业成。

（选自《八世达赖喇嘛传》，第一百一十一页）

注释

① 本尊：密乘的不共依怙主尊佛及菩萨。

[水兔年（1783）五月一日]（八世达赖喇嘛）摩顶加持建塘（中甸）松赞林寺邦垅活佛主仆。该活佛（邦垅活佛）为佛爷（八世达赖喇嘛）念经祈寿。作为恩赏，赐色哲瓦内库哈达、曼荼罗及佛像、佛经、佛塔、成套衣服及用具、黄金三两、银元宝五个、藏章喀两秤、上等茶叶五包、中等茶叶三包、次等茶叶三包、冰糖包、精粮包以及含优质绸缎等的九类二十一件大礼。

（选自《八世达赖喇嘛传》，第一百二十六页）

[水鼠年（1792）二月]十四日，中堂大人又来到（八世）达赖喇嘛座前，献上羊脂玉用器、盛满汉地高级药汁的玛瑙金箍碗，请求达赖喇嘛护佑。

（选自《八世达赖喇嘛传》，第一百八十六页）

[木虎年（1794）三月]十二日傍晚，土尔扈特和准噶尔的使者们来告别时，（八世达赖喇嘛）赠给他们佛像、佛骨（舍利）、药丸等许多加持物，赠给各个贵族使客全套衣服、克什米尔藏红花、杂木碗、藏香、氆氇等大量赏物。此外还给各个王族部落丰厚加持物。

（选自《八世达赖喇嘛传》，第二百零三页）

[木虎年（1794）七月]十六日，（八世达赖喇嘛）授予木里顷则①等求学者六十人比丘戒。廓尔喀军队侵害了西藏，大皇帝（乾隆）派来大军驱逐了他们，为此特遣相孜曲杰洛桑扎西前去谢恩。他从北京返回时，带来皇帝所赐谕旨和随旨赐礼：羊脂玉的三尊佛像、精制的庙宇等汉造工艺品，以及羊脂玉和水晶的各种用器、银具、数珠、衣服、日常用品、内库精制五色哈达、内库绸缎一百大匹等礼物。初五日，（八世）达赖佛爷高兴地恭纳朝廷赐礼。

（选自《八世达赖喇嘛传》，第二百零九页）

注释

① 顷则：僧人在寺庙中通过捐献财物，而获得的上层地位。有全寺一给的顷则、称为温顷则，扎仓一级的顷则、康村一级的顷则、称为康村顷则。

第四编 器物与工具

［土马年（1798年 四月十一日）将无量寿千佛请往齐麦德丹庆寝殿］（齐麦德丹庆寝殿八世达赖喇嘛）在佛像（即千尊佛）前面摆设的供物有金器、银器、羊脂玉、景泰蓝、珠宝、犀牛角等大量物品。同时，司膳①也将北京宫内所用碗器一百个供置于佛像前面的供桌上，将各种粮食装满这些宫碗，作为世间受用，缘起成熟。此后颁布了进行盛大开光的条令。

（选自《八世达赖喇嘛传》，第二百三十七页）

注释

① 司膳：唐官署名。龙朔二年（662），改六部所属各司名称，以礼部所属膳部为司膳，膳部郎中亦改称司膳大夫。咸亨元年（670）十二月，复原名。天宝十一载（752），又改称司膳。至德二载（757），收复两京后，复原名。

［铁鸡年（1801）］四月初一日，师徒（八世达赖喇嘛和七世班禅）在上述同一寝殿（森穷萨松南杰殿）内室。（七世）班禅活佛请求叩拜（八世）达赖佛爷，并献上礼物哈达、曼荼罗身语意三所依、珊瑚的优质数珠、盛物器皿根瘤木的小盒、优质根瘤木制食器、金八石、马蹄形银锭、大匹库缎等。

（选自《八世达赖喇嘛传》，第二百五十二页）

［铁鸡年（1801）五月］十五日上午，（八世达赖喇嘛）在寝殿内室单独为（七世）班禅活佛传授新撰的祈寿《经文传承》。这日还向班禅活佛赠送珍贵礼物：精制度母佛像、衣服坎肩、羊脂玉碗、根瘤木碗、内地黄色锦缎整匹、镀金水晶念珠等。同时赠强佐堪布释迦牟尼佛像、优质捕兽网具、土尔扈特氆氇、念珠、根廇碗等。赠班禅经师全套衣服，赠司膳、司寝两人大匹绸缎。赏十位贵族库藏锦缎两匹，赏众勒参巴库藏锦缎两匹，赏全体人员护结。

（选自《八世达赖喇嘛传》，第二百五十八页）

［水狗年（1802）三月］初七日，在措钦萨巴大殿表演噶尔乐舞，同时举行时轮修供。（八世）达赖佛爷及其随从前来观赏，并为演噶尔乐舞的时轮仪轨僧侣全体人员摩顶，赏赐排座斋茶。午茶时，奖赏至尊达擦仁波切和杰赛仁波切各人一个碟碗，此外向所有噶尔乐舞僧们颁赏奖品。

（选自《八世达赖喇嘛传》，第二百七十页）

［水猪年（1803）三月］十五日，（八世）达赖佛爷去到时轮修供的法会座首，为仪轨僧们摩顶布施。……这时编制了制定经忏法事的诵经条令所需用品折合现金的总册，内中规定：……法事材料用品总计折合敬神题有祈词的哈达和用于各喇嘛活佛的大小哈达共为二百条、银章喀四千五百七十两、绸缎十一匹，此外所有大匹锦缎（绫缎）、羊毛呢子、汉货、藏货、僧俗的各种服饰、珊瑚、妙香①、水晶等财物价值（银章喀）二千七百三十两。这些都交日光寝殿献给达赖佛爷过目，并由堪布贝丹和迭巴仲译们做成布施卷包。发放三大寺的茶、酥油、银钱由公家从市场购取，并由拉萨（大昭寺）喇章的堪布和全体噶伦发放给他们布施，同时还得佛爷（八世达赖喇嘛）指示分别委托了布施总管。（八世）达赖佛爷遍智所想，对乃穷护法神师说道："我们塑造神像一直都很顺利，甚为感谢，今后还望对事业给予支持。为赞颂大神师崇高地位，将为神师缝制一套前所没有的盛服。"遵此旨意，用来制作新盛装的各种材料很快备齐。

（选自《八世达赖喇嘛传》，第二百七十五页）

注释

① 妙香：佛教谓殊妙的香气。

[土龙年（1808）三月十五日] 噶伦噶希哇将去迎接将军，前来行告别礼；孜仲札巴次陈将前往上部收金子税，前来辞行致礼；接收哲蚌廓芒扎仓桑洛康村格桑扬培等大批信众朝拜，问候噶伦、孜仲二人。接见时出现异相，吩咐献天母食子供。请问看见何种景象时，曰："主要是位骑狮者，另有很多。"、"都是些谁？"答曰："是长寿五姊妹。"看见银茶壶，说："这好像是阿旺洛桑嘉措时代的制作样式，还有比这更好的一个。"

（选自《九世达赖喇嘛传》，第二十九页）

[土蛇年（1809）三月] 二十七日，（九世达赖）朝礼色拉普布主尊，献敬神哈达发愿祈祷。观看跳神表演，认真观看了乐舞伏魔护摩①等。跳神结束，即往摄政王寝宫。摄政王供陈茶点等供养，献内库哈达、无量寿佛铜像、瓷碗、装满大米的根瘤碗等。至尊佛主也赐摄政王内库哈达、无量寿佛像等。返回寝宫，修本尊仪轨等利益佛法和众生的伟大事业。

（选自《九世达赖喇嘛传》，第七十七页）

注释

① 护摩：烧施、火供。梵音译作护摩。燃烧有桨树枝等进行的火祭。

[水鸡新年（1813）五月] 色拉寺和哲蚌寺上师、法台、大小活佛、温倾则及众僧结束夏令安居即将外出云游，照例前来念经祝寿、献礼，祈祷足莲永驻、万寿无疆，请求加持后恋恋不舍地向达赖喇嘛告别。

扎什伦布寺派往北京的堪布带回了精美的珐琅①用具和金字圣旨，设噶卓宴席，为其摩顶②。

（选自《九世达赖喇嘛传》，第九十八页）

注释

① 珐琅：珐琅，又称"佛郎"、"法蓝"，其实又称景泰蓝，是一外来语的音译词。珐琅一词源于中国隋唐时古西域地名拂菻。当时东罗马帝国和西亚地中海沿岸诸地制造的搪瓷嵌釉工艺品称拂菻嵌或佛郎嵌、佛朗机，简化为拂菻。出现景泰蓝后转音为发蓝，后又为珐琅。

② 摩顶：《法华经》谓：释迦牟尼佛以大法付嘱大菩萨时，用右手摩其顶。后为佛教授戒传法时的仪轨。《法华经·嘱累品》："释迦牟尼佛从法座起，现大神力，以右手摩无量菩萨摩诃萨顶，而作是言：'我于无量百千万亿阿僧祇劫，作习是难得阿耨多罗三藐三菩提法，今以付嘱汝等。'"唐张南史《秋夜闻雁寄南十五兼呈空和尚》诗："禅师几度曾摩顶，高士何年更发心。"《西游记》第四十回："感蒙观世音菩萨 劝化，与我们摩顶受戒，改换法名，皈依佛果。"

[木猪新年（1815）] 因扎希寺①大法会斋僧大锅破损严重，从木狗年七月开始为其新铸六口斋僧大锅，另外也分别为色拉、哲蚌、甘丹三大寺各扎仓新铸很多斋僧大锅。负责此事的拉章强佐堪布格敦索朗、手工局管理人员希瓦次仁、大小师傅及匠人拜见，设茶座，按地位分别予以不薄赏赐，称赞他们的功德，承许保佑今后顺利吉祥。

（选自《九世达赖喇嘛传》，第一百二十三页）

注释

① 扎希寺：在拉萨市北郊。因初建时仅有四个喇嘛，故寺名"扎希工巴"（意为四喇嘛寺）。

又因寺后有一座山形似大象，故又名"郎钦日"（大象山）。山下有一广场，是去天葬台必经之地。按藏俗天葬时要请喇嘛为死者念经超度，但附近没有寺庙，于是在清乾隆年间，色拉寺喇嘛甲央穆郎在这里创建了一座二层建筑的小庙。庙前有一广场名"扎希唐"，为藏清兵操练的校场，附近便是营房，故清兵来该寺烧香求神者甚多。

[木猪年（1815）二月]（为利于四十九天的超度达赖喇嘛仪轨，班禅大师布施）向不分教派的所有四等以上寺院各熬茶布施二十日，献供施回向（九世）达赖喇嘛的全套衣服、二十八两重的银曼札、带有十一两重银底盘的长柄瓷碗、七十五两重的银制酥油茶桶、蓝花花纹大景泰蓝一对、绘金花纹景泰蓝大盘一对、内库五色哈达十方、白色哈达七十一方、五色阿喜哈达十五方、白色阿喜哈达一百二十五方、中库五色哈达二十一方、白色哈达一百六十二方、外库五色哈达十八方、白色哈达八百八十三方、索达、噶通、斯德等十三方、白色噶通哈达十五方、短索达哈达六百九十一方、宽大哈达三千四百四十五方、面子薄绫一匹、面子中等薄绫一匹，门卡二千八百八十七匹、蓝底白花绢一匹……等等。

（选自《九世达赖喇嘛传》，第一百四十页）

[（应指清乾隆年间）正月初五在大昭寺举行攒招，其间各地官员、王侯、僧人要来藏进献的物品记录；后段是正月十五燃灯供佛时制作酥油花灯的情景]

正月十五日，燃灯供佛之期。布达拉寺并各寺院均皆点燃酥油灯。惟大昭寺墙外街道上，周围用牛皮雕刻各样花灯，上至达赖喇嘛，下至番官各立一分，在大昭寺外安设，俱用酥油点燃。其花灯，有上做佛像下做人物者，又有做活蹢跙人物，头动手摇者，各有不同，辉煌华美，只正月十五日一夜。

（选自《番僧源流考》，第四十二页）

（圣教在多麦地区弘传情况）唐明皇向噶尔问计，噶尔建议道："用石头制作一副和日月宝镜①相似的伪镜，以金银的粉汁涂于其上，然后用潮湿的牛皮包裹，规定不到卫藏以前，不得开启。这样，不就行了吗？"

（选自《安多政教史》，第二十页）

注释

① 日月宝镜：位于双桥沟中10公里右侧的山脊上，海拔4800米，与著名的五色山相邻。它高耸峻拔，崖壁闪亮，峰顶有一巨大岩石呈现长方形，倾斜于东南，岩石间有一条断痕，将岩石一分为二，四季冰雪覆盖宛如悬挂天际的两块明镜。传说这是四姑娘的镇山之宝，在与麦尔都神激战中被摔破，变成此山，故得名。

（湟水南岸与黄河北岸地区政教发展情况）此处（督日哈相山）还有太子净治障孽的圣地，被称为胜乐宫禅室；成就佛母的寿水；金刚手菩萨制伏凶猛龙王的圣地及天然显现的龙体；第三世达赖喇嘛索南嘉措的禅室，禅室岩壁上有当时猛然见到胜乐圣容时，心内一惊，身体向后一靠，印下的背影及长飘带僧帽的遗迹，岩壁上的指印，石上搁置长柄瓷碗的遗迹等等，极为明显。还有天然形成的弥勒石岩，阿吉达比丘的禅室等。在堪布的拉让里，有悉达太子的，也有人说是第三世达赖喇嘛索南嘉措用过的马镫和称为靴子的石头……

（选自《安多政教史》，第二百一十三页）

(《拉卜楞大寺志》及其传承世系，一切知嘉木样协巴）五十三岁时，奉第六世达赖喇嘛之命，出任郭莽扎仓的堪布。当时，罕东康村①邀请饮茶，请尊者坐在铺有七层软垫的座位之上……

(选自《安多政教史》，第三百五十三页)

注释

① 康村：寺庙中大体上依僧徒来源家乡地区划分而成的僧团单位。若干康村共同组成一个扎仓。以拉萨三大寺为例，色位寺有30个康村，哲蚌寺有80个，噶丹寺有26个。

(《拉卜楞大寺志》及其传承世系，华热恰科站起来说)"因为你具有三个不需要的东西，即嘴上不需要的胡子、手上不需要的佛珠手串、心上不需要的空虚。"

(选自《安多政教史》，第三百七十二页)

(《拉卜楞大寺志》及其传承世系）到拉卜楞寺后，（尕吾·桑拉克卜却）参加大会堂的讲辩，并辅导教程的学习。五十岁时任大会堂的协敖，坐在称为净水瓶、茶桶的大总管位上，因患胃病圆寂。彼师曾梦见在一孔喷火的地洞口，放上一个搅茶桶，铺毡坐在上面，忽然掉入地洞，他被惊醒。迩时，已到了协敖①去大会堂的时间，前来迎接净水瓶者恰好同时到达。

(选自《安多政教史》，第三百七十五页)

注释

① 协敖：知事僧。管理僧团的执事僧。梵音译作维那。

(《拉卜楞大寺志》及其传承世系）十六岁那年，（多仁巴·楚程森格）在和日然多放牧时，丢失了马匹等，阿妈打了他一顿，于是他拿着鞍鞯去找马。他向三宝祈祷后，抛出套索，抓住了一匹马，戴上了辔头，备上了鞍，翻身跃上马背，奔跑到拉乔地方的桑曲河边。

(选自《安多政教史》，第三百七十八页)

(《拉卜楞大寺志》及其传承世系）第三任堪布珠白旺徐钦波·洛桑敦智，彼师住在郭莽德哇村时，仅有一方栽绒坐垫和一个核桃木碗。后来，他就拿着这些到了拉卜楞寺。一直到卸任时，仍然拿着这两件东西，始终保持着寡欲知足的清苦生活。扎仓初创时，发生了恶性时疫，彼师敲打了法王画像，疫病即刻消除。任大会堂堪布时，举行阁寺讲经的林赛那天，彼师面前高桌上的长柄碗掉了下去，发出极为响亮的"嘟"声，使很远地方的人们也都听到了。但是，碗却完整无损，可在石板上却显出了很清晰的碗口砸下的痕迹，现在尚能清楚地看到。

(选自《安多政教史》，第三百八十二页)

(《拉卜楞大寺志》及其传承世系）临行前（怙主嘉木样二世）又将嘉堪庆活佛和彼师（森格）二人叫到面前，指示道："要勤奋学习。嘉堪钦可以附带学学世俗道理，森格学习经论最重要，不需要学世俗道理。"贡塘嘉贝样给了七个"章喀"银币，一个书夹，并说道："学法间休时，不要离开这个书夹？"又给了一串念珠，并说道："讲辩会上不要离开这串念珠。"

(选自《安多政教史》，第四百页)

(《拉卜楞大寺志》及其传承世系）木兔年（1855）春季，遍照尊者身体欠佳，彼师（霍尔仓）布置僧众积极做经忏佛事，角宿月（藏历三月）初三日，又在寝宫与僧众大伙共同为尊者长寿永生而祈祷诵经，于是尊者身体逐渐康复，吉兆不断出现。随着正理部结业，彼师乃请准辞去堪布职务，在大会堂布施僧众并献锦缎大荷包一对，复盖三间殿宇的天幕①等做为公积财物。九月初三日，遍照尊者把负责大拉让政教事务的责任交付于彼师。虽向尊者恳切地报告个人能力有限，不能承担重任，特别请求足莲长住！没有得到允许。

（选自《安多政教史》，第四百六十八页）

注释

① 天幕："天幕"也是经常出现在科幻作品里的人工奇迹。建立"天幕"的动机，一般是为了挡住强烈的宇宙辐射。

（大夏河流域南北地区及喀加措周等地政教发展情况）彼师（绒钦夏仲却嘉措）的生年不详，据说享年六十八岁，于水鼠年（壬子）圆寂。在桑浦寺①考取学位时，没有向护法赛查巴献哈达，以忿嗔的姿态在辩论时，从柱子之上掉下了一张手足俱全的整张人皮坐垫，连同一声巨响一具人的死尸落在上面，彼师没有予以理会。接着"嗒"的一声一把弯刀落下来插在尸体之上，彼师转过头来一看害起怕来。彼师回到临洮②以上各地，好像为了禳解多麦整个地区，所到处所，建立了许多鄂博③和神龛。在年察、达隆多地区，为了整治地煞，用手指在石崖上写出了六字真言，现在还可以看得清楚。按照喀加的一位官人的意愿，在称为年青图哇的地方，掘去地下凶煞垦为田地。回来的道路上，那位官人牵彼师的马向前走去。不一会儿，彼师说道："停一停。"年钦山神使起神变，一连两次劈下霹雳。彼师接在所彼毡衫襟中，怒气冲冲地说："降霹雳和降霹雳会有所不同！大威德金刚有没有能力，现在看吧！"

（选自《安多政教史》，第五百五十七页）

注释

① 桑浦寺：在拉萨市之堆龙德庆县境内，位于县驻地东南、拉萨河南岸的内邬托地方。寺庙以提倡因明（佛教逻辑）、辩论而著名，在西藏佛教历史上占有一定地位，是藏传佛教教噶当派的重要寺院之一，备受崇敬。

② 临洮：古称狄道，自古为西北名邑、陇右重镇、古丝绸之路要道，是黄河上游古文化发祥地之一。

③ 鄂博：鄂博即敖包。敖包是蒙古语，意即"堆子"，也有译成"脑包"、"鄂博"的，意为木、石、土堆。就是由人工堆成的"石头堆"、"土堆"或"木块堆"。

（大夏河流域南北地区及喀加措周等地政教发展情况，色尔阿阇黎洛桑尼玛）给闻思堂设置了大部分公共财物，曾用一只牦牛购买了僧人用木碗，布施于大会堂，被人们称为色拉仓的牦牛木碗。

（选自《安多政教史》，第五百六十六页）

（洮河北部区域各地政教发展情况，智观巴仓的障碍事件）有一次，一位信仰者供养了一点点茶叶，因没有烧茶的器皿，就搁在那儿不用，二次又送上了煮茶器皿，但茶叶，发了霉，乃放在洞门外太阳之下晒晒，又被一个人偷了去。

（选自《安多政教史》，第六百六十二页）

"藏"字是说地方之深处或"主要"区域等。如于"谷"之里外，名为"藏达"。佛殿之套间名为"藏康"，敬献主要客人之盘盏名为"藏得"是也。

（选自《白史》，第五页）

[顺治五年（1648）]五月甲申，遣喇嘛席喇布格隆等赍书存问达赖喇嘛，并敦请之。又遣书存问班禅胡图克图诺们汗，俾劝达赖喇嘛来京，各赐以金镶玉带、银茶筒等物。

（选自《清代藏事辑要》，第二页）

[乾隆四十四年（1779）丁酉]理藩院奏："此次班禅额尔德尼朝觐，请照从前达赖喇嘛之例。由青海一带行走，抵西宁时，由臣院奏派侍郎一员，及散秩大臣一员，恭赍敕书，并御赐珍珠数珠、雕鞍、白马、银茶壶瓶、大缎、哈达前往迎接。在西宁筵宴一次。行抵归化城①，再派御前侍卫乾清门侍卫并扎萨克②喇嘛等往迎。伊等起程，即将御用轿乘赏给，并将旗伞赏给数对，一并带往。至章嘉呼图克图及王公、大臣等应迎至代汉。仍请再降敕书，并赏给珍珠僧帽、珍珠偏衫、珍珠数珠、雕鞍、白马、银茶壶瓶、大缎、哈达，在代汉筵宴一次，其在热河，每日支给口粮，即照会典内载之例支给。再从前达赖喇嘛来京，有赏给班禅额尔德尼之例。此次亦应颁发达赖喇嘛敕书，并赏给数珠、银茶壶瓶、大缎、哈达，遇便带往。"得旨："依议。"

（选自《清代藏事辑要》，第一百九十八页）

注释

① 化城：指佛寺。

② 扎萨克：官名，蒙古语"执政官"的意思，是一种清朝时的主要对蒙古族和满族人授予的军事、政治官职爵位。

[道光二十四年（1844）十二月]丁卯，敕谕第十一辈达赖喇嘛曰："咨尔达赖喇嘛，朕抚临寰宇，敷锡众民，期一道以同风①，冀九垓之偏德，亦愿洪宣梵义，普结善缘，导引群生，同参胜果，其有能通上乘，继阐正宗，使诸部愚蒙悉资开悟者，宜加懋奖，允沛宠封。兹以尔慧性深沉，经文谙习，既著灵踪于韶岁，益坚戒律以壮年，承袭以来，皈依者众，朕甚嘉之。故特依前辈达赖喇嘛之例，封尔为西天大善自在佛所领天下释教普通瓦赤拉呾喇达赖喇嘛，改受金册。尔尚振修黄教，主持乌斯本利济以佑民，迓麻祥而护国。所有图伯特事务，其悉依例董率噶布伦等，妥协商办报明驻藏大臣转奏，俾图伯特阖境延厘，众生蒙福，弥勒启迪，用副绥怀。兹随册赍法银满达一、镶金茶桶一、镶金执壶一、银钟一、珊瑚朝珠一、绣蟒袍面一、黄妆缎靠背坐褥各一、大小哈达五十五色、哈达寸黄缎九、红缎九、漳绒②九、玻璃器十、瓷器十，尔其敬承，以光我国家亿万年无疆之休命。钦哉！"

（选自《清代藏事辑要》，第四百三十五页）

注释

① 同风：格调、风格相同。

② 漳绒：是以绒为经，以丝为纬，用绒机编织，使织物表面构成绒圈或剪切成绒毛的丝织物，可用作服装、帽子和装饰物等。因起源于漳州，故名"漳绒"，亦称"天鹅绒"。

[咸丰五年（1855）十一月甲戌]理藩院①奏："此次大行皇太后大事，颁发达赖喇嘛、班禅额尔德尼恩诏布施诵经，应赏札什伦布、噶勒丹、色拉、布赉绷等四寺，每寺银一千两、大哈达各一百个、小哈达各一千个、茶各一百块，其余各寺庙共赏银四千两、茶一千块、小哈达四千个，再赏给达赖喇嘛束上镀金六十两、重银茶桶一个、满镀金银瓶一个、银杯一个、大哈达五个、小哈达四十个、缎二十四匹，赏班禅额尔德尼三十两重银茶桶一个、银瓶一个、银杯一个、大小哈达各十

个、缎十二匹,俱照前次数目办理。兹准内务府咨称诵经案内统计,应赏大哈达四百一十五个、小哈达八千零五十个,库中现存不敷支给等因。臣等议得此项哈达,应令四川总督就近采买齐备,由驿递藏,交驻藏大臣分赏各寺承领,是否之处?恭候命下遵行。"得旨:"依议。"

（选自《清代藏事辑要》,第四百七十五页）

注释

① 理藩院:是清朝统治蒙古、回部及西藏等少数民族的最高权力机构。也负责处理对俄罗斯的外交事务。

[同治三年（1864）]七月癸亥,驻藏大臣满庆等奏:"达赖喇嘛于本年四月十三日,经其正师傅罗布藏青饶汪曲在大招释迦佛前传授格隆小戒。礼成,恭进哈达佛尊。"得旨,"嘉奖。赏给黄哈达一方、椰子念佛珠一串、玉碗一个、玉盒一个、大荷包一对、小荷包四个。达赖喇嘛应进贡物,命交由班禅额尔德尼年班堪布带京呈进,即照所请办理。"

（选自《清代藏事辑要》,第五百二十二页）

[同治十三年（1874）九月辛卯。]理藩院奏,大行皇帝（咸丰皇帝）大事,在西藏各寺院熬茶念经,应颁发恩诏一道,赏给达赖喇嘛镀金六十两重银茶桶一个、边外镀金瓶一个、银杯一个、大哈达五方、小哈达四十方、缎子二十四匹,赏班禅额尔德尼三十两重银茶桶一个、银瓶一个、银杯一个、大小哈达各十方、缎子十二匹,所有赏件,均缮入诏书,由内阁撰写进呈。又赏布达拉、札什伦布、色拉、布赉绷每寺银一千两、大哈达各一百方、小哈达各一千方、茶各一百块。其余各寺院共赏银四千两、茶一千块、小哈达四千方。所赏各寺院银八千两,就近在藏库动支,续由川省拨解归款。哈达由内领出。茶交四川总督转饬地方官办解。得旨:"知道了。"

（选自《清代藏事辑要》,第五百五十九页）

生产工具

（赤松德赞时期，用计将反对佛教的大臣尚·玛降埋入坟墓）过了一段时间，在一个家鸡啼鸣的清晨，有一头骡子用前蹄在趴踩食料。那里正是往坟里流水的地方。守墓人看见了心想：别把水管趴断让水流失了。于是就把那里挖开查看，只见那往坟里引水的接起来的羊角被破坏了，从里面找到一支上面写着字的箭。上面写着："纳囊族的人快把我挖出来！"守坟人将箭交给（赤松德赞）赞普，赞普借此加罪玛降而把他处死。

（选自《拔协》，第十六页）

（修建桑耶寺前）为寺庙念诵破土奠基经，将父母和祖父母都健在的贵族子弟，用众多饰品打扮起来，在宝贝容器①中点上香，由拉甲玛扯线，（赤松德赞）赞普拿着一把一肘长的金锄头挖土。

（选自《拔协》，第三十页）

注释

① 宝贝容器：香炉。

（文成公主为）降伏恶山怪石之诸怨敌，请（唐太宗）赐《告则五行图经》等星算之书；为欲凡有所求，皆能如愿以偿，请赐受用无尽之内库宝柜。

（选自《西藏王臣记》，第二十一页）

（赤松德赞）赞普著白缎袍，手持金斧，挖掘地基，深约一肘许，出现白、黄、红三色地脂，土味甘美，赞普心生欢喜。

（选自《西藏王臣记》，第三十八页）

（吐蕃王朝前期）斯时，又烧木为炭。炼皮制胶。发现铁、铜、银三矿石，以炭熔三石而冶炼之，提取银、铜、铁质。"钻木为孔作轭犁①，合二牛轭开荒原，导汇湖水入沟渠，灌溉农田作种植。"

（选自《西藏王统记》，第三十五页）

注释

① 轭犁：称"犁楅"。架在牛脖子上的器具，似人字形，用以牵引犁。

（吐蕃王朝时期大臣们秉承松赞干布之命制定十善法律）使行善者得赏，作恶者受惩，在上者受法律之制约，在下者得因法律而受保障。设四部兵马以为禁卫。谷水蓄为池沼，滩水导入沟渠。立度量衡器，开田畴阡陌。教民习书，马饰文彩，创兴礼仪。争斗者罚金，杀人者依其伤轻重抵罪，盗窃财物者罚赃物之八倍，并追还原物为九。通奸者断其四肢，流放外境。诳语者割舌。使民皈依三宝，恭敬诚信不疑。孝顺父母，报答慈仁。于有恩者及父叔长辈勿拂其意。以德撒德，承顺上流者和贵种族人之意志，勿加违拗。凡诸行事，宜以正人为楷范。读经书，学文字，明其义理。深信业报因果。对纯不善品，应有所忌惮。助汝亲友及邻里，不为损恼。品性端正，心存忠直。酒食有节，知耻存礼。依期偿还债务。勿用伪度量衡器。非受命或委托之事，不应干预。有所筹谋，应有主见,勿听妇之言。若值是非难决之事,宜凭地神护法为证而为发誓。

(选自《西藏王统记》,第四十七页)

(唐太宗)复于次日,发酒百坛,谓"此酒若能于明日午前饮尽,不倾溢,不醉迷者,以公主许之。"噶乃以小盅一只,分别给其同僚,少量浅斟,由为首者发令"一饮干之!"众皆饮尽,无有倾溢,亦未醉酒。回顾他使(天竺法王、大食富王、格萨武王、英俊昌王所遣婚使),虑饮不尽,用大碗盛酒,过于盈满,急急吞咽,既醉且呕,酒亦倾溢。

(选自《西藏王统记》,第六十三页)

(吐蕃王朝时期,伦布噶为从三百美女中辨别出公主,于馆舍主妇暗合)主妇遂云:"尔蕃使臣实属有理,上果轻视太甚。然亦非出上一人之意,举朝上下,喜汝吐者竟无一人。咸谓藏地为饿鬼之区,均愿公主为其他使迎去。苟彼等赛智,纵一度获胜,亦可见许。化人公主,乃我主人,我深知之,惟汉地占卜者最灵,若为占知,必遭罪戮,故弗敢言。"噶(伦布噶)云:"吾有术可使卜者不得而详。"先严扃其户,于空室中,设三灶石,其上置大铜锅,满注以水,水面撒布各种鸟羽,覆盖红色盾牌,令主妇居其上,用砂锅冠主妇头,砂锅顶上悬以流苏。又锅上开孔,孔与流苏网格之间,接以铜管,由管中通话。使卜筮者虽已占得,亦不能详确判断,故汝可详为见告矣。

(选自《西藏王统记》,第六十四页)

(吐蕃王朝时期在长安伦布噶被留于唐作人质,于是其想法逃脱)医云:"仅一微小羽禽之脉矣。"帝(唐太宗)因之意颇不安,乃垂询曰:"大伦,汝足智多谋,有何善策,当如法致之。"噶(伦布噶)念时机至矣,即奏云:"皇帝陛下,臣之所患,系由陛下拘留臣后,触犯藏中护法神灵,容臣能望见藏地之高山山头,祭祀神灵,当可有效。其祭品需煅绸缎之灰一皮袋,屠羊取脾脏血满瓮,木炭矛杆无裂缝者三排,暗黑红头之马一匹等。"

(选自《西藏王统记》,第七十页)

(吐蕃王朝时期,伦布噶念在唐时所受留难,以及公主鄙薄藏地,故而使公主上下等人,无人服侍,于是公主伤心已极所作歌)乃弹琵琶而作歌曰:女(文成公主)离乡远适,送觉阿像来,送占星学来,携来绫罗宝,来为乳取酥,来为酥变酪,来为细纺丝,来为篮作绳,来为陶变缶,来为安水碾,来携蔓菁种。

(选自《西藏王统记》,第七十六页)

(吐蕃王朝时期)先是公主(金城公主)上下人等行至汉藏交界之处,公主之心忽如中断,生起剧痛,立拂拭宝镜观之,见昔容颜俊美之王子(江察拉温),忽失所在,而变为容颜丑陋之老人,满面毛髯,心极悲伤,而作词曰:

"蓦见镜中所示相,侬女心如感沉疴[①],
欲返故乡路迢迢,侬女父兄情亦疏,
往彼吐蕃已失望,藏土臣僚实罪恶,
茫然漂流无定处,业缘妖镜实欺侬。"
语讫,掷镜碎地,抱头大哭。

(选自《西藏王统记》,第一百一十六页)

注释

① 沉疴：顽固的疾病。

[土虎年（1458）九月]（甲噶·喜饶坚赞贝桑布师徒）渐次前行到达一个叫做祝扎的高地，该处根本没有水，所以驮畜和上师（八思巴）身边的人全都十分干渴危急，此大自在者（甲噶·喜饶坚赞贝桑布）在山崖上钉上橛子，使干地上冒出水来，众人都脱离了干渴的危险。

（选自《萨迦世系史》，第二百三十一页）

[水牛年（1674）七月] 十一日，我（五世达赖喇嘛）给鲁本墨日根曲杰传授了灌顶法，他向我赠送了以七块五十两重的银锭为主的金银、瓷器、缎子三十匹、汉地钳子、鲜花等大批汉地货物。

（选自《五世达赖喇嘛传》下册，第一百二十一页）

乾隆十一年（丙寅）五月甲子（1746年7月17日）

又谕（军机大臣等）："据鄂弥达奏称：'陕西、西宁等处住居之喀什噶尔各处回民，于康熙五十四年以前陆续来西宁贸易者，共有百十余人。……数十年来，除病故并往西藏贸易未回外，现在尚有三十人。臣在陕时，见其流离失所，竟有沿途求乞者，曾奏请每人给土房二间、耕具一副并籽种、口粮，共需银五十两。……"

选自《清实录藏族史料》，第五百五十页

乾隆五十一年（丙午）四月辛丑（1786年5月25日）

四川总督保宁、提督成德奏："新疆五营额兵二千六百七十八名，现设鸟枪手一千五百名，今拟添一百五十名，即从弓箭守兵改补。旧存枪筒，除炸损改农具外，现有堪用者一百五十杆，无庸另制……"

选自《清实录藏族史料》，第三千零四十九页

（《拉卜楞大寺志》及其传承世系）仲尤·却智，青海蒙古人。他作为怙主嘉木样二世的随从，前往西藏，在彼处攻读了藏文。后被任为印版的管理人，在他的督促下，雕版事业，有所发展，那时所刻的印版行列整齐，版面清洁，堪称为标准印版。现在沿用的楷体字木刻版和天成体梵文和乌尔都文木刻版，都是由他传下来的。

（选自《安多政教史》，第三百八十页）

（《拉卜楞大寺志》及其传承世系）（洛桑旺徐夏珠嘉措尊者）经常不让僧人们穿着美衣，自己身边不让设置水晶白银等用具，甚至用绑扎木箱的板条、木柴作箸，如此等等，力行遁世修行者的禁行。

（选自《安多政教史》，第四百二十六页）

交通工具

（赤松德赞）赞普又委任拔·塞囊为司库并派他做特使赴汉地取经，并且说定，如果完成使命，便赐给他的长子以超等的大银字章饰（告身）；还委任章·甲诺勒思为取经的理财官，桑喜为总领，加上其他随员组成三十人的取经使团跟随塞囊一起前往。

……

这时，唐皇的大臣布桑跟前，有一个精通占卜的人对布桑说道："从现在起，再过六个月零六天，将有两位菩萨化身的使者从西方来见皇帝。"

……

后来，三十位使者果然如期到来。取经的司库与使团总领的相貌与阎画像完全一样。于是扎起绸桥，驾在马车上（即绸蓬马车）请使者们坐上，奉献供养后，往皇宫进发。快到皇宫时，让其他人员留一处，只请塞囊和桑喜二使者晋见皇帝敬礼。这时，两位菩萨化身的使者来到汉地的消息，很快传开，因为是坐绸蓬车来的，所以把他们的名字也喊成"达尔康、达尔康（意即绸蓬或绸屋）"。

（选自《拔协》，第十九页）

文成公主起程上路那天，车水马龙，浩浩荡荡。一辆搭着白绫帐的车辇载着释迦牟尼像，由大力士神乐和龙喜引驾走在最前头，随后是两匹银白色的骡子拉的车舆，上面坐着文成公主和四名贴身侍女，另有四名贴身侍女坐在两头骆驼拉的车上，其后依次是四名大力士轿夫、请婚使臣和为数众多的马夫。

（选自《柱间史》，第一百七十八页）

（吐蕃时期，尼婆罗）王（尼王）更重赏蕃使，并设筵宴，极为隆重。惟觉阿与慈氏二像，若造车载，道路难通，欲置于驮马背上，负驮牲畜均不胜任。乃忽出现二白色变化犏牛，堪能负载。

（选自《西藏王统记》，第五十七页）

（吐蕃）王（赤松德赞）遂出谕，饬所有黎庶人等，皆应致力佛事。始以宝车自芒域①迎回觉阿释迦牟尼佛像，用诸伎乐，安奉于绕萨神变殿净香室中央，仪极隆重。

（选自《西藏王统记》，第一百一十九页）

注释

① 芒域：中尼边境小城 吉隆 在古代它曾是吐蕃与南亚的交通要道。

因为无子，（芒董达赞同门尊玛）郁郁寡欢。一天，空中传来天神的声音，说："芒董达赞应从军，汉军可能侵犯吐蕃，当汉军骚扰吐蕃时，除了你谁也不能扭转局势，在雪域境域内没有能同你匹敌的圣人。若因无子而失望，请以心和化身作房事。"芒董达赞立即起身，跨上白鹅玉翅马，头戴白晶盔，身披银螺甲，身上佩戴寒光闪烁的武器，以心之化身前往，天兵行进在空中，龙兵沿河移动，芒董达赞抵达藏汉对峙处，汉军看见鬼神之兵降临，立即胆寒，号啕退却，汉军败北溃败，鬼神跟踪追去。

（选自《朗氏家族史》，第十页）

朗氏宰官赤松祭祀将季丁迪山神，征讨白尔部落酋长日脱，攻陷昂木地方的水寨。作为豪杰的标志，缴获白地金甲胄，剪掉盔缨三百只，销毁白地甲胄三百副，剜掉白地三百凶恶者之眼珠，掠走白地女子三百人，作为货财带回白地儿童三百人。故击败白部落土酋日脱者亦是天神种姓朗氏之人。

（选自《朗氏家族史》，第二十三页）

长官多吉贝总揽邓萨替寺①和康萨（房名）的管理事务，凡前往邓萨替寺时，长官总是骑马至塔隆地方，然后下马步行到庙内。相传（他用的）是藏地出产的马鞍，鞍下铺垫黑花色的鞍垫。资历老的俗官前来敬礼，骑马直至贡玛地方，然后返回。

（选自《朗氏家族史》，第七十九页）

注释

① 邓萨替寺：诗寺规模宏大，占地面积30多平方米，整个建筑群东西长1000多米，南北宽500多米，堪称噶举派寺院之最。

（绛求坚赞经办迎请阿阇黎索洛进京事宜）阿阇黎洛追坚赞带领少数侍从前往库隆地方，通知我（绛求坚赞）说有要事磋商，速往那里。我遂前往那里。他说要借贷，作为贷款，我给了他一升金子。作为他去前藏之前的招待，我赠送了三十两金子、一升银子、坐骑、全套马具以及备用马匹等九套九个一组的礼品，对在场的俗官们我也献了厚礼。

（选自《朗氏家族史》，第二百一十三页）

吐蕃文书所载，彼（杰·涅赤赞普①）最先登至绛妥神山之巅，放眼望去，饱览巍峨之雅拉香波雪山与雅隆四境。行至惹波神山山顶，沿天梯而下，来到赞塘阁希，为苯教徒等十二位贤德牧民所见，问从何处而来。乃以手指天，彼遂为一从天而降之王，故奉劝曰："请为我等之主。"于是肩舆而迎。称杰·涅赤赞普，是最早被献进称号之吐蕃王。

（选自《雅隆尊者教法史》，第二十八页）

注释

① 杰·涅赤赞普：是西藏传说中的第一位藏王。传说中西藏山南地区的悉补野部地方首领，于公元前127年即位吐蕃之祖先。

（米拉日巴在山林中苦修，偶遇猎人，为猎人唱瑜伽跑马之歌）
"向恩师马尔巴顶礼！
在我自身这深山炼若中，
有胸腔这佛殿一栋，
它中间那三角形心脏的正中，
心的骏马急驰如风。
捉马，用什么样的套绳？

拴马，用什么橛钉？
饿了，给什么饲料？
渴了，用什么水让它饮？
冷了，饲养在什么马厩？
捉马，用无二的套绳，
拴马，用三摩地这桩钉。
饿了，饲以上师的教授，
渴了，饮以正念的流水，
冷了，饲养在空性马厩。
装上方便和胜慧的鞍鞯和辔头①，
拴上坚固不变的前后鞦，
绾上命勤风息的韁，
让觉醒的孩子骑上。

（选自《米拉日巴传》，第一百六十一页）

注释

① 辔头：马笼头，驾驭牲口的嚼子和缰绳。

洪武十一年二月辛未（1378年3月27日）置茂州卫指挥使司时四川都司遣兵修灌县桥梁，途中与汶川县蛮酋展开搏斗）我师进至雁门关，道险，蛮酋复据之，乃驻平野，得小舟渡兵至龙止铁野寨，击破之。

（选自《明实录藏族史料》，第四十一页）

他（喇嘛丹巴）又临时想到却宗地方去游览，就坐牛皮船顺水而下，途中皮船损坏，众人都惊恐不安，此大自在尊者（喇嘛·索南洛追）说："这没有什么危险！"用一块牛皮堵住破损处，果然平安无事。当时人们看到有两道彩虹插到牛皮船上，有许多马、牛将船托起。

（选自《萨迦世系史》，第二百一十六页）

一次，大自在者（嘉木样贡噶索南札巴坚赞贝桑布）在来拉萨朝拜释迦牟尼像的路上，乘船渡过拉萨河时，见此船快要翻沉，异常危险。大师（嘉木样贡噶索南札巴坚赞贝桑布）遂向上师桑杰仁钦进行猛力供养后，皮船马头上出现一只乌鸦，解除了恐惧。

（选自《萨迦世系史》，第三百零七页）

正当（土托旺曲札巴坚赞）在羊卓雍湖①乘牛皮船摆渡时，浪潮形如数条巨龙。同时，听到如此赞颂："在南瞻部洲所教化的情景如下，从金刚座行走百米由旬之路程，便可抵达后藏上部解脱的吉祥萨迦，此乃文殊菩萨的变化相所到之处，对此圣地尽管信任无可置疑。神和龙等思想上均充满着希望，并祝愿利生事业不偏不倚。"

（选自《萨迦世系史续编》，第一百一十七页）

注释

① 羊卓雍湖：羊卓雍措，简称羊湖，距拉萨不到100公里，与纳木措、玛旁雍措并称西藏三大圣湖，是喜马拉雅山北麓最大的内陆湖泊，湖光山色之美冠绝藏南。

（萨迦政权时期）（昆·索南孜摩）其弟名扎巴坚赞，系能转金刚大持密乘法轮，并获得自在成就之大师。仗其闻思观修之宝筏，渡越双运宝洲之彼岸。

（选自《西藏王臣记》，第六十二页）

（阿旺扎西大师）将乔桑家为代表的五十户人家组织起来，分给了犏牛、马、羊群、进驻牧场。当时，嘉布仓为寺院捐献了陇嘎尔唐，道高土司捐献了道瓦唐，彼大师对这两地的各户长每人配发了马匹及辔、鞍、鞯各一套，给各户的每个家人发了一套衣服，并为大法会供施了四次斋饭，因而，大会为他专门启开了超荐门。

（选自《拉卜楞寺志》，第三百一十七页）

顺治十五年（戊戌）九月癸卯（1658年10月5日）

（五世）达赖喇嘛等进贡，赐银器、鞍辔等物。

（选自《清实录藏族史料》，第三十二页）

康熙五十九年（庚子）十月庚戌（1720年11月16日）

定西将军噶尔弼疏报："臣等领兵至拉里地方，探知吹穆品尔寨桑带领贼兵二千六百人，由章米尔戎一路拒我师。……巨遣千总赵儒等往谕第巴达克杂来降。又，喇嘛锺科尔头目亦陆续来降。臣等随令第巴达克杂聚集皮船，于八月二十二日渡河……"

（选自《清实录藏族史料》，第二百五十页）

乾隆十三年（戊辰）五月戊子（1748年5月31日）

四川巡抚纪山奏："臣前赴军营，沿途稽查西、西南路挽运情形。……又，打箭炉明正土司，自瞻对之役供应乌拉挽运军粮，上年复被金酋侵扰。……其余经由各土司俱属恭顺。"报闻。

（选自《清实录藏族史料》，第七百一十四页）

乾隆三十六年（辛卯）八月癸未（1771年9月23日）

大学士管四川总督阿尔泰奏："……小金川与明正交界隔一大河，须用皮船过渡。而皮船仅容一、二人，且小金川沿河设备，是以赶造木船……"

（选自《清实录藏族史料》，第一千四百零五页）

乾隆四十年（乙未）四月甲午（1775年5月16日）

定西将军尚书阿桂、定边右副将军尚书公丰升额、参赞大臣副都统额森特奏："……其章京纳亨保等带兵为各路接续，于初五日同时并进，带板片、木梯度沟上碉。碉寨上贼人合力抵御，得式梯以及各处贼又复合力来援，官兵施放枪炮，打中皮船，贼俱堕水……"

（选自《清实录藏族史料》，第二千五百六十三页）

嘉庆十年（乙丑）五月庚寅（1805年6月4日）

谕内阁："阿拉善蒙古每年制造盐船，准令于内地购买木植，乾隆五十六年（1791）经理藩院核议，每年准购木植九千根。'……请将阿拉善岁购木植酌量裁减'等语。阿拉善造船木料在内地购买原属格外恩施，今甘省既产木渐稀，民用拮据，自应酌量变通，以阜物产。著照该署督所议，将阿拉善每年购制盐船木植酌减三千根，仍准共购买六千根，额定大木一千六百根，小木四千四百根。此外不准逾额多购，并令沿河地方官随处稽查。如有商贩希图市利，藉端影射，以多报少，以

第四编 器物与工具

大报小,一经查出,即照例严办示惩。"

(选自《清实录藏族史料》,第三千六百九十六页)

道光二年(壬午)六月甲辰(1822年7月19日)

又谕(内阁):"文干等奏达赖喇嘛之呼毕勒罕坐床时可否照前赏用黄轿、黄韂、黄鞍坐请旨一折。前世达赖喇嘛俱经赏用黄轿、黄韂、黄鞍坐,著加恩现在达赖喇嘛之呼毕勒罕仍准赏用。"

(选自《清实录藏族史料》,第三千八百五十六页)

道光十八年(戊戌)十二月庚寅(1839年2月6日)

谕内阁:"理藩院奏前经赏给咱雅班第达呼图克图之黄车,请旨可否在紫禁城内乘坐一折。咱雅班第达呼图克图罗布桑济斯默特那木济勒伊先世曾经赏坐黄车,著加恩俟中正殿唪经之日,准其在紫禁城内乘坐。"

(选自《清实录藏族史料》,第三千九百九十六页)

同治五年(丙寅)四月庚寅(1866年5月15日)

谕内阁:"都察院奏图观呼图克图遣抱告以呈请事件未蒙理藩院转奏等词,赴该衙门呈诉。据称:'呼图克图头一辈住京,曾蒙圣祖仁皇帝恩赏绣龙黄伞等件'……"

(选自《清实录藏族史料》,第四千三百六十八页)

光绪五年(己卯)三月乙丑(1879年4月12日)

以(十三年)达赖喇嘛之呼毕勒罕坐床,赏给黄哈达一方、佛一尊、铃杵一分、念珠一串,并赏给伊父工噶仁青公衔。准达赖喇嘛之呼毕勒罕钤用金印及黄轿、黄车、黄鞍、黄缰并黄布城。以罗布萨荣垫为额外噶布伦。

(选自《清实录藏族史料》,第四千四百二十六页)

玛尔巴来到拉堆芒咔木古龙寺,在大师桌弥尊前学习翻译、求习佛法。因为大师每次传法都需要一头耗牛的供养,玛尔巴认为学费太贵,不如直接赴印度学佛法。于是,把那匹父亲给他的马及紫檀木鞍子在拉堆绛①达孜交易集市上兑换成黄金。回家途中,与洛甲顿巴②上师相遇,他是被一名弟子迎请到达德米芒讲经,现带着丰厚的供品返回自家。他们一路同行,临别时,洛甲顿巴送给玛尔巴黄金等物以作资助。

(选自《直贡法嗣》,第三十一页)

注释

① 拉堆绛:萨迦县古地名。13世纪八思巴建立十三万户之一。
② 洛甲顿巴:《青史》和《玛尔巴译师传》等中称洛甲觉色。

西藏东至巴塘之南墩宁静山为界。由拉萨行十里许,过机楮河,即藏江,其渡设有皮木船,以备通涉。至德庆有纵。凡所谓纵者,系傍山碉房,乃其头目牒巴据险守隘之所,俱是官署。其平地无隘之官署,名曰噶。至墨竹工卡,皆平川,俱设有纵,设兵守隘。

(选自《西藏志》,第七页)

西藏东北直接西宁界。由拉萨北行十里,向色拉寺东,过郭拉至浪宕,由隆竹松过彭多河有铁索桥,设有皮船济渡,安兵防隘过河。由角子拉热正寺增项工至木鲁乌苏即西宁界,驻兵为汛守之地。

(选自《西藏志》,第九页)

由拉萨郎路山转出大则,其地有纵,至唐家骨东有铁索桥,设有皮本船通渡,凭河守隘。由竹贡寺至沙金塘皆系草地,走吉树边卡,过江党桥,至春奔色擦,接类乌齐界,通昌都大道。

(选自《西藏志》,第九页)

彭多河,有铁索轿,亦有皮船。离藏三日。哈拉乌苏,皮船通渡,离藏八日。阿克打木,离藏二十五日。

(选自《西藏志》,第十四页)

禄康插木,在布达拉后,有一方池,周围约四里,中筑一台,上建八角琉璃亭,高四层,又名水阁凉亭,皮船通渡召,五世达赖喇嘛坐静处。

宗角,在布达拉北二里许。系达赖喇嘛避暑处,后为佛姊居住。即呼必尔罕之姊,雍正十二年病故。

(选自《西藏志》,第十六页)

[咸丰九年(1859)]八月己未,赏达赖喇嘛之呼毕勒罕准用黄布围城、黄轿、黄车、黄鞍坐褥、黄扯手,其谢恩奏书,准钤用金印。

(选自《清代藏事辑要》,第四百八十九页)

米钦·杰卫伦珠作了一个梦,梦见一位黄人,骑了一匹黄马,头上戴了一顶海螺的头盔,身上穿了一件黄金的铁甲,威光灿烂,自称他是硕多玛甲邦日的山神,向杰卫轮珠说道:"不要睡了,快快准备动身,林国六大部落大众的因缘,是祸是福,都全要以你为转移,从速预备去迎接那报佳音的人吧!"说后便忽然而去。

(选自《天界篇:格萨尔王传》,第四十七页)

(吐蕃)其国人号其王为赞普,相为大论、小论,以统理国事。无文字,刻木结绳为约。虽有官,不常厥职,临时统领。征兵用金箭,寇至举烽燧,百里一亭。

(选自《旧唐书·吐蕃》,第五千二百一十九页)

(贞元二年九月)是月,凤翔节度使李晟①以吐蕃侵轶,遣其将王佖②夜袭贼营,率骁勇三千人入汧阳③。诫之曰:"贼之大众,当过城下,无击其首军。首尾虽败,中军力全,若合势攻之,汝必受其弊。但候其前军已过。见五方旗、虎豹衣,则其中军也。出其不意,乃是奇功。"佖如其言出击之,贼众果败,副将史廷玉力战死之。又寇凤翔城下,李晟出兵御之,一夕而退。

(选自《旧唐书·吐蕃》,第五千二百四十九页)

注释

① 李晟:(727~793),字良器,洮州临潭(今属甘肃省)人,唐朝宰相、军事家。
② 王佖:李晟之甥。雄武善骑射,自晟河西、河北出师,佖无役不从。
③ 汧阳:北周天和五年(570)于马牢故城(今陕西省千阳县西北)设汧阳县,为汧阳郡治。

(时吐蕃攻陷华亭)北攻连云堡,又陷。堡之三面颇峭峻,唯北面连原,以濠为固。贼(吐蕃)自其北建抛楼七具,击堡中,堡中唯一井,投石俄而满焉。又飞梁架濠而过,苦攻之。堡将张明遂与其众男女千余口东向恸哭而降。

(选自《旧唐书·吐蕃》,第五千二百五十五页)

第四编 器物与工具

吐蕃国，本汉西羌之地。雷雨风雹霰雪，每隔日有之，夏节……之，终不肯退。枪细而长于汉者，弓矢弱而甲坚，人皆用剑，不战，负剑而行。俗重战死，战死者其墓周回白土泥之，不与诸墓连接。其驿以铁箭为契，其箭长七寸，若急驿，膊前加著——银鹘，更急，其鹘至十二三。

（选自《册府元龟吐蕃史料校正》，第五页）

[唐德宗，贞元①十年（794），甲戌]九月辛卯，南诏使蒙凑罗栋及清平官尹求宽来献铎鞘②、浪人剑，及吐蕃印八钮。凑罗栋，异牟寻③之弟也。

（选自《册府元龟吐蕃史料校正》，第二百六十六页）

注释

① 贞元：年号，唐德宗年号（785～805）。
② 铎鞘：南诏宝剑的一种，铎鞘又称"铎鞘"，形状像"刀戟残刃"，柄部饰金，十分锋利，"所指无不洞也"。
③ 异牟寻：（754～808），阁罗凤之孙，凤伽异之子，南诏第三代国王，779年至808在位。

[唐宪宗元和十四年（819）己亥]李文悦为盐州刺史，宪宗元和十四年（819）冬，吐蕃节度论三摩及宰相尚塔藏，中书令尚绮心儿①共领大军约十五万众围盐州数重，大修攻具。党项首领亦发兵驱羊马以助贼。历二旬，贼以飞梯、鹅车、木驴等四面齐攻，城欲陷者数四。文悦率将士乘城力战，城穿坏不可守，撤屋板以御之，昼夜防拒。或潜兵斫营②，或开城出战，约杀万余众，诸道救兵无至者。凡二十七日，贼乃退。

（选自《册府元龟吐蕃史料校正》，第三百页）

注释

① 尚绮心儿：吐蕃宰相。
② 斫营：砍杀攻击敌人的营垒。

（吐蕃）举兵，以七寸金箭为契。百里一驿，有急兵，驿人臆前加银鹘，甚急，鹘益多。告寇举烽。其畜牧，逐水草无常所。其铠胄精良，衣之周身，窍两目，劲弓利刃不能甚伤。其兵法严，而师无馈粮，以卤获为资。每战，前队尽死，后队乃进。

（选自《新唐书·吐蕃》，六千零七十二页）

在耶巴的拉日领波山中，有一修行人名拉隆·伯季多杰，他在净修中有所察觉，对于藏王生起了一种特殊的悲感！于是他用炭末涂黑了所骑的白马，身着外黑里白的大氅，挟着铁弓铁箭，来到拉萨。当他见藏王（朗达玛）正在甥舅盟碑前念诵碑文，他便在寺庙和嘎登塔前叉腰稍息，在其前面下马，靠着膝盖暗拉铁弓，借上前给藏王礼拜的机会，第一拜暗中拉开铁弓，第二拜箭扣弦上，第三拜放箭射中藏王胸部。他说道："我是'雅协纳波'魔王，特来杀死这个作恶的藏王的。"说后逃走，拉萨地区，立刻喧嚷一时，说藏王被害，传令追拿凶手。伯季多杰在黑海边将马洗净，将大氅翻出白色的里子穿了起来，口中说道："我是'朗体嘎波'天神。"说着继续逃跑。追拿者没有捕到他。

（选自《佛教史大宝藏论》，第一百七十九页）

[咸平①六年（1003），罗支遣蕃来贡并感谢朝廷，祈求会师收复灵州②。]蕃官吴福圣腊来贡，

表言感朝廷恩信，愤继迁倔强，已集骑兵六万，乞会王师收复灵州。乃以罗支为朔方军节度、灵州西面都巡检使，赐以铠甲器币。

（选自《宋史·吐蕃》，第一万四千一百五十六页）

注释

① 咸平：（998～1003）是宋真宗的年号，北宋使用这个年号共6年。
② 灵州：故城在今宁夏吴忠市境内。北魏为薄骨律镇，后复改为灵州。

（景德）二年（1005），厮铎督遣其甥呵昔来贡，仍上与赵德明战斗功状，又言蕃帐周斯那支有智勇，久参谋议，请授以六谷都巡检使。上（宋真宗）嘉奖，从其请，仍赐茶彩。又追录潘罗支子失吉为归德将军，厚赐器币；者龙七族首领有捍寇之劳，并月给千钱。旧制，弓矢兵器不入外夷，时西凉样丹族上表求市弓矢，上以样丹宣力西陲，委以捍蔽，特令渭州给赐。因别赐厮铎督，以重恩意。

（选自《宋史·吐蕃》，第一万四千一百五十七页）

（7世纪）乔答摩出家为沙门，达阇继承王位，因未生子，达阇产生邪念，以杙①刺兄，及顶而死，百姓哀悯，为之祈祷。

（选自《西藏王统记》，第三页）

注释

① 杙：yì，尖锐的小木棍儿。

（吐蕃王朝时期，伦布噶一行逃离至甲曲库巴时，汉追军将到）蕃使令四力士作护卫，并于甲曲库巴河岸满布马粪马迹。又烧蒸羊角，屈以为弓，令四力士放矢，矢羽撒布地面。

（选自《西藏王统记》，第七十二页）

尊者（阿底峡尊者）来到纳波那时，为表敬礼吹起拉准巴所造的黄铜号角，以此误传为有敌军来到，一切人众都逃散。

（选自《青史》，第一百五十六页）

该王（杜松芒波杰①）在世时，吐蕃出现诸种乐器之预兆。有七大力士：俄仁拉纳波能举小象；俄林喀能举四岁牦牛；洛坚赞能张弓搭斧，射断苍鹰之腰；卫·葛董赞能远射三倍目力之目标；郭亚琼能将整张鹿皮填满沙石，绕头而舞；卓若仲肖能提起向下坡狂奔之野牛；洛赤敦玉津能挽住跳崖之马。

（选自《雅隆尊者教法史》，第三十八页）

注释

① 杜松芒波杰：一译都松芒布结，又名赤都松赞，《新唐书》作器弩悉弄。按照藏族的传统说法，他是吐蕃王朝第35任赞普，676年至704年在位。

吉祥！由于吐蕃历代国王的权势，以前没有的刀剑、茶叶、碗等珍奇物品都在吐蕃出现并发展，下面依次叙述它们传布及发展的情况。首先叙述止贡赞普以后刀剑在吐蕃传布的情况。
先有诗赞颂道：
用显现智慧制服邪见之敌，

用威猛绢索勒死凶恶盗匪，
用化身打开清净法界之门，
向你忿怒明王不动怙主顶礼！

关于以前刀剑在吐蕃地方的使用和种类，未见有系统的文字记载，我根据学者们口头讲说的故事，加以整理，写成这篇关于刀剑的传布情况的文字。

刀剑的种类，有尚玛、索波、呼拍、古司、甲热五大类，这五大类又各分为两小类，即尚玛分为尚玛和尚杰，索波分为索波和索孜，甲热分为甲热和嘉甲，呼拍分为呼拍和呼若，古司分为古司和古达。尚玛是汉人的刀剑，是在太宗皇帝在位之时兴盛起来的。它是在皇帝的舅家所在的地方，由一个叫尚萨错莫的人打造的，能砍断九层最坚硬的东西，因此产生了妇人最会打造兵器的说法。由于它是在尚城地方打造的、铁匠又是妇女，因此得名为尚玛。此尚萨错莫及其后裔打造的刀剑统称为尚玛。尚萨错莫有一个主人，他也会打造刀剑，他和他的后裔打造的刀剑称为尚杰。索波刀剑是在图杰王在位时兴盛起来的。它是在索波地方的边区由一个老铁匠打造的，能砍断天生铁。因此有索波的铁最锐利的说法。由于此刀剑出自索波地方，又是由老铁匠打造的，因此被称为索干，这老铁匠和他的后裔打造的刀剑被称为索干。为了防止这种刀剑丢失，专门派人保管，保管的人也学会了打造刀剑，他和他的后裔打造的称为索孜。呼拍是蒙古人的刀剑，是在成吉思汗在位时兴盛的。它是在蒙古地方由名叫呼拍的人打造的，它能一下子砍断六只野牛角，因此有呼拍刀比野牛角还锐利的说法。由于地方和打造者的名字，呼拍和他的后裔打造的刀剑被称为呼拍。有一个给呼拍当助手的人也学会了打造刀剑，他和他的后裔打造的刀剑被称为呼若。古司是吐蕃人的刀剑，是在止贡赞普在位时兴盛起来的。它是在叫做司都的凶恶的地方由眯缝眼九兄弟打造的，老大打造的刀剑能砍断登天的穆绳，以下的八兄弟打造的也都极其锋利。这九兄弟的徒弟们分为九支，吐蕃地方刀剑众多就因此而来。因为是眯缝眼九兄弟打造的，所以这些刀剑被称为古司。他们九兄弟有一个主人，他也会打造刀剑，他和他的后裔打造的刀剑称为古达。甲热是南方门地区的刀剑，是在南喀止则的时期兴盛起来的。它是在甲域洛札的森林中由米托塔果打造的，这种刀剑能够一下砍断九棵树，故有甲热刀剑在山上锐利的说法，甲是地方的名字。米托塔果和他的后裔打造的刀剑被称为甲热。南喀止则王也会打铁，这些王族打造的刀剑被称为嘉甲。以上各类又可分为若干种。尚玛可分为三种，即：止则、果决、尚参，这三种又各分出一种。尚杰可分为萨噶和萨玛两种。这些就是尚玛刀剑的种类。索波也可以分为三种，即索钦、索迦、索参，这三种又分出两种。索孜又分甲勒、特查两种。以上是索波刀剑的种类。呼拍可分为色噶、色玛、色查三种，这三种又各分为两种。呼若可分为卡干、卡那两种，以上是呼拍刀剑的种类。古司宝刀可分为九种，即南喀布决、札拉噶决、贡查古决、曲朗涅决、噶尔格觉决、恩托格决、沃查山决、贡果帕决等，这九种又各分为两种。古达可分为三种，即香噶、香那、萨乌巾。以上为古司刀剑的种类，各类中又分大刀和剑两种。甲热刀剑可分夏甲、洛甲两种，夏甲又分斜科、欧科、止科三种，这三种又各自可分为三种。洛甲可分为甲宁、噶乌玛、古拉司、瓦尔巴、色冬等五种。嘉甲可分为香玛、香那、米斯三种。甲族刀剑中除了达巴巾以外全部都是香玛。以上是甲热刀剑的种类。

各种刀剑实有的特征是，尚玛类的刀剑刀背厚重，索波类的刀剑锋利，呼拍类的刀剑有刀鞘，古司类的刀剑有银色刀纹，甲热类的刀剑能够截铁。这些是实有的特征，还有一些比喻的特征，这些特征是形容它们的形状的。尚玛类的刀剑大多数柄粗尖窄，象一只涂了颜料的绵羊。索波类的刀剑大多数剑柄与剑尖一样宽，象一根剪下的松树叶子。呼拍类的刀剑大多数闪射青光，象一条被大鹏追逐的青蛇。古司类刀剑大多数闪射白光，象浸湿的白杨树枝。甲热类的刀剑大多数雄劲锋利，象是老虎在平原上奔跑。尚玛类刀剑固定不变的特点是，从刀尖往下量三指，有判断刀剑是否锋利的纹路，就如人指甲盖上的纹路，懂得的人用眼查看就能知道，不懂的人用手试试刀锋也可明白。索波类刀剑不变的特点是，从刀尖往下量三指，可以看到阴铁和阳铁的区别。呼拍类刀剑不变的特点是，从刀尖往下一半再往下五指处，有象虎纹一样的花纹。古司类刀剑不变的特点是，剑体中间有一道白色铁光，犹如一道白色的银河。甲热类刀剑不变的特点是，剑体又薄又宽，剑尖为弧形。辨认尚玛类刀剑的特征是，铁为白色光泽柔和，辨认尚玛尚参类刀剑的特征是，它们的颜色象丰年的禾苗。尚杰类刀剑的根本特征是，厚的部分的铁为黑色，尚噶和尚玛的厚的部分的铁分别为白色和红色，其他鉴别的特征不在此细说。索波类刀剑的特征在外形上都一样，内部不变的特征是，刀尖部分象一只老蛙的头盖骨。索波索钦类刀剑的特点是，在刀尖部分渗有响铜的成分。索波索迦类刀剑的特点是，刀面就象冰山上洒了鹿毛，索波索参类刀剑的特点是，它是多次熔炼而造成的。呼拍类刀剑的外形特点上一样，其内部的特征是有红褐色的刀鞘。呼拍色噶类刀剑在特征是，刀鞘外部渗有响铜成分。色玛类刀剑的名称是由刀鞘内部渗有响铜成分而得来的，色查类刀剑的名称是由刀鞘内外都渗有响铜成分而得来的。呼若类刀剑的名称，是由它有两层刀鞘而得来的。呼若卡干类刀剑的特征是，它既能穿刺又能打击。呼若卡那类的特征是，具有粗细两种纹路。区分古司类各种刀剑的标志如下，南喀布决的特点是有下行纹、细纹、粗纹三种纹路，札拉噶决的特点是只有下行纹，贡查古决的特点是只有细纹，曲朗涅决的特点是只有粗纹，噶尔格觉决的特点是净用阳铁打造而成，切尼冬决的特点是净用阴铁打造而成，恩托格决的特点是，能够穿刺和打击而且锋利。沃查山决的特点是，能够砍劈和打击而且有寒光。贡果帕决的特点是间杂有黑铁。古达类刀剑的刀尖为圆形，刀背可用来敲击。香噶类刀剑都是用阳铁制成，香那类刀剑都是用阴铁制成。萨乌类刀剑拴有铁链。甲热类刀剑的特征在外部都是一致的，内部的特征共同的是刀体薄、刀面宽、刀尖呈弧形。夏甲类刀剑的特点是刀面上有细纹和下行纹、洛甲类刀剑刀体沉重而且有锯齿。嘉甲类刀剑又宽又长，香玛类刀剑为阴铁并嵌有珍宝，香那类刀剑包有整张人皮。刀剑的把柄都用牦牛角制成，其差别不在此详述。

（选自《汉藏史集》，第一百三十八页）

（米拉日巴唱的瑜伽跑马之歌：）
……
戴上大乘发心的头盔，
穿上闻、思、修三慧的修长铠甲，
背负忍让的小盾牌，
手持正见的长矛，
心中插把胜慧宝剑。
把那能为万物本源的柔竹取直，
再去其烦恼的弯曲，
束上四无量心的翎羽，

贯入锐利胜慧的箭镞。
在空性的弓弦上，
把甚深方便的箭筈搭妥，
把以寻计程的箭射入广大双运之道，
射向一切佛的刹土。
射中时，应射中虔信之徒，
丧命者，应是那我执恶魔。
就这样，烦恼这仇敌被征服，
六道众生这亲属得保护。
跑马，是驰骋在极乐之土，
追逐，是追求的佛位正觉。
驾而下，断了轮回根本，
驾而上，到达菩提大陆。
马这样跑才得成佛，
请看与你们的快乐是否相符？
所以，世间的快乐非我所欲。

（选自《米拉日巴传》，第一百六十二页）

[洪武四年六月戊子（1371年7月19日）] 先是三年冬马梅遣官不失结等贡马及方物，至是偕孛罗罕等来朝，复贡马及铁甲、刀、箭。

（选自《明实录藏族史料》，第十二页）

[洪武二十年十二月庚午（1388年2月2日）] 西天尼八剌国王马达纳啰摩、乌思藏、朵甘二都指挥使司都指挥搠干尔坚藏等，各遣使阿迦耶等来朝，上表，贡方物、马匹镔铁剑及金塔、佛经之属，贺明年正旦。

（选自《明实录藏族史料》，第七十六页）

[洪武二十九年十二月己酉（1397年1月24日）] 乌思藏都指挥答里巴[①]等遣僧琐南里监藏、卫镇抚班竹儿藏卜等，贡剑及甲胄等物。

（选自《明实录藏族史料》，第一百零五页）

注释

① 答里巴：(1395~1415)，蒙古大汗，阿里不哥的后裔。

[正统十三年十一月丙午（1448年12月19日）] 礼部奏："四川杂谷安抚司番僧南哥藏等来朝，贡刀剑、铁甲。稽旧例番僧入贡人赐钞六十锭、彩段（币）二表里、折衣彩段四表里、靴袜各一双。今南哥藏系近边番僧，刀剑、铁甲又非贵重之物，前例赏赐过厚，宜赐南哥藏等钞入四十锭、彩（币）段一表里、折衣彩段一表里、靴袜各一双。"

（选自《明实录藏族史料》，第五百零七页）

[正统十三年十二月庚辰（1449年1月22日）] 安定等卫安定王领占斡些儿遣使臣监奔福余等

……乌思藏剌麻喃结藏卜、四川思南柯等寨招出向化生番班撒儿等来朝,贡马、驼、黄鹰、铁甲、刀剑、貂鹿皮、佛像、舍利等物。赐宴并彩币表里、袭衣、钞有差。

(选自《明实录藏族史料》,第五百一十页)

[天顺①三年六月丙辰(1459年7月5日)]四川茂州卫剌儿卜等寨寨首只多儿等来朝,贡明甲、腰刀、氆氇。赐彩币、钞、绢有差。

(选自《明实录藏族史料》,第五百九十四页)

注释

① 天顺:天顺(1457~1464)为中国明朝第六个皇帝明英宗朱祁镇二次登基后的年号,前后共8年。

[天顺六年九月丁巳(1462年10月18日)]……董卜韩胡宣慰使司那卜(不)林等寺剌麻番僧足都伯等来朝,贡马及盔甲、佩刀等方物。命礼部官于午门外给赐金织袭衣并彩段等物。

(选自《明实录藏族史料》,第六百一十三页)

[天顺八年四月庚戌(1464年6月2日)]甘肃总兵官宣城伯卫颖①等奏:"率领官军剿杀马吉思冬沙等簇为恶番贼,生擒男妇八口,斩获首级一百三十六颗、耳记五十五副,获贼军器、盔甲、刀剑、弓箭。"称是。

(选自《明实录藏族史料》,第六百二十四页)

注释

① 卫颖:松江华亭人,明朝将领。卫青之子。

[成化①六年四月甲戌(1470年5月26日)]四川松潘杂谷安抚司番僧朵儿监藏、陕西灵藏地面番僧结节、乌思藏地面番僧吉笼乐竹巴等各来朝,贡马及氆氇、刀甲等物。赐宴并彩段、绢、钞等物有差。

(选自《明实录藏族史料》,第六百八十九页)

注释

① 成化:成化(1465~1487)是明宪宗的年号。

[弘治①十八年七月丁未(1505年8月23日)]答牙等族番人剌麻肖等贡盔、刀。赐彩段表里、绢、钞有差。

(选自《明实录藏族史料》,第八百八十二页)

注释

① 弘治:(1488~1505)为中国明朝第九个皇帝明孝宗朱祐樘的年号,前后共18年。

[弘治十八年十一月辛丑(1505年12月15日)]敖儿大等族番人木肖①等贡刀、铠方物,赐宴并彩段、缯、钞如例。

(选自《明实录藏族史料》,第八百八十三页)

注释

① 番人木肖:旧时指外族人(含外国人)的泛称。蕃,通"番"。番人就是指中国古代对周边少数民族和外国的称呼。

第四编 器物与工具

[正德元年十一月辛丑（1506年12月10日）] 利族等大三族番人族头仓卜肖等各贡盔、刀，来朝。赐宴，赏彩段、绢、钞有差。

（选自《明实录藏族史料》，第八百八十九页）

[正德四年正月甲寅（1509年2月10日）] 曾卜庄大旌（族）番人革秀等以腰刀来贡，赐钞锭、段匹如例。

（选自《明实录藏族史料》，第八百九十九页）

[正德六年元月庚申（1511年2月6日）] 陕西籄哈等族番人圭哈等、永宁寺番僧札石烟丹等各来朝，贡马、盔、刀方物。赐宴，并赏彩段，宝钞等物有差。

（选自《明实录藏族史料》，第九百一十页）

[正德六年正月辛巳（1511年2月27日）] 陕西利族（旋）等族番人仓卜肖等来朝，贡腰刀。赐宴，并（赏）彩段、宝钞、绢（等）物如例。

（选自《明实录藏族史料》，第九百一十页）

[正德七年十二月壬寅（1513年1月8日）] 大亦辖等族番人容中郭等来朝，贡马及刀、铠。赐彩段、钞锭等物有差。

（选自《明实录藏族史料》，第九百一十五页）

[正德八年五月癸酉（1513年6月8日）] 陕西好地平等族番人弄班受等来朝，贡马及盔、刀等物。赐宴，并赏彩段、绢、钞如例。

（选自《明实录藏族史料》，第九百一十八页）

[正德八年八月庚戌（1513年9月13日）] 陕西南哈等族番人札吉牙等贡马及刀、铠。赐宴并彩段等物有差。

（选自《明实录藏族史料》，第九百一十九页）

[正德八年六月己未（1513年7月24日）] 崔工等族番人千卜六等各贡马及盔甲、腰刀，赐宴并彩段、绢、钞有差。

（选自《明实录藏族史料》，第九百一十九页）

[正德十一年三月丙申（1516年4月16日）] 陕西岷州法藏等寺番僧班刺著秀等、阶州阿木等族番人安巴等来贡画佛、舍利、腰刀等物。赐宴，并赏彩段、钞、绢有差。

（选自《明实录藏族史料》，第九百三十八页）

[正德十二年七月乙酉（1517年7月29日）] 陕西上笆篱等族番人豁牙等来朝，贡马匹、盔、刀等物。赐宴，并赏彩段如例。

（选自《明实录藏族史料》，第九百四十一页）

[嘉靖①七年十一月己酉（1528年12月22日）] 陕西上笆篱等簇番人漳班等来朝，贡马及盔甲、腰刀等物。给赏如例。

（选自《明实录藏族史料》，第九百八十九页）

注释

① 嘉靖：嘉靖（1522~1566）是明朝第十一位皇帝明世宗朱厚熜的年号，明朝使用嘉靖这个年号一共45年，是明朝使用第二长的年号（最长的是万历）。谥号"钦天履道英毅神圣宣文广武洪仁大孝肃皇帝"。

[嘉靖十五年三月癸酉（1536年4月8日）] 苊喠等族番人焦吉等二百八十余人来朝，贡马并盔甲、腰刀。给赏如例。

（选自《明实录藏族史料》，第一千零九页）

[嘉靖三十四年三月癸丑（1555年4月9日）] 陕西好地平、笓喠等族番人章乩、焦吉等贡马及盔甲、腰刀等物。赐宴，费（赍）赏如例。

（选自《明实录藏族史料》，第一千零三十九页）

[嘉靖三十八年三月乙亥（1559年4月10日）] 总督陕西三边军务侍郎魏谦吉以俺答佣众盘踞西海势将入犯条奏预防七事："……一、置造火器，宜查各州县城堡原旧有无火器，酌量冲简，分别事势，为之补造给发，以资守御。"

（选自《明实录藏族史料》，第一千零四十五页）

[隆庆六年十月庚辰（1572年12月2日）] 陕西答石、氊哈等族番人贡马匹、腰刀。给赏段、绢、钞锭、银两如例。

（选自《明实录藏族史料》，第一千零七十八页）

[万历七年七月戊申（1579年7月27日）] 陕西好地平等族番人共二百四十三名，备马刀、盔甲等物，赴京进贡。给赏银、币如例。

（选自《明实录藏族史料》，第一千一百零七页）

[万历十年三月庚午（1582年4月4日）] 陕西番七巴、冉家蛮①等进贡马匹、盔甲、腰刀。给赏有差。

（选自《明实录藏族史料》，第一千一百一十五页）

注释

① 冉家蛮：是历史上分布在重庆东南、贵州东北的一个族群，族谱记载是冉閔的后代，但是却被清朝地方志记载为冉家蛮。清中期后冉家蛮已完全为汉族同化，但在20世纪80年代后被认定为土家族。

[万历十一年六月庚午（1583年8月7日）] 各卜、上笆篱等族番人曾把淹中等贡马及盔甲、腰刀。给赏如例。

（选自《明实录藏族史料》，第一千一百一十九页）

[万历三十九年六月癸酉（1611年7月14日）] 陕西柏林、七占①等族番人板的肖等二百三名，进献盔甲、腰刀。准进收，赏给纱（钞）、绢。

（选自《明实录藏族史料》，第一千二百二十五页）

第四编 器物与工具

注释

① 七占：指星相迷信的抽签、奇门、周易六爻、大六壬、拈卷、鸟衔牌、转盘等七种测人凶吉之法。

［万历十四年七月癸丑（1586年9月3日）］兵部题："陕西各镇关……整器械：……在固原①、靖虏、临巩、洮岷各道，实在军器、火器九十五万二千七百二件，火药料物、硝黄三万三千九百一十斤，火线、药袋、铳子一百一十六万九千一百五件条个，布五千九百一十九丈。……合行分别升赏。"

（选自《明实录藏族史料》，第一千一百二十九页）

注释

① 固原：固原，古称大原、高平、萧关、原州，简称"固"。公元前114年建城，丝绸之路必经之地。

［万历四十五年五月甲申（1617年6月23日）］陕西山峒峪、答利等族番人纳麻节等一百四十三名各贡腰刀。准进收，赏给如例。

（选自《明实录藏族史料》，第一千二百三十四页）

［天启三年九月辛亥（1623年10月17日）］陕西好地平等族番人郝卜等贡马匹、盔甲、腰刀。赏赍如例。

（选自《明实录藏族史料》，第一千二百四十五页）

［天启①三年十二月癸卯（1624年2月6日）］陕西上巴篱等族番人及锋铁城等族番人焦吉巴等进贡马匹、盔甲、腰刀。赏赍如例。

（选自《明实录藏族史料》，第一千二百四十七页）

注释

① 天启：（1621～1627）为中国明朝第十五个皇帝明熹宗朱由校的年号。

（赞颂官却杰布①和喇钦宁波任萨迦主持后的具吉祥萨迦寺之诗）

石山沙堆里自然形成之红宝石，

一位将军以此红宝石作为甲胄，

迎击来犯之敌军并将其击退时，

百般幻变使别人不能正确识别。

（选自《萨迦世系史》，第四十二页）

注释

① 官却杰布：藏历第一饶迥木狗年（1034）至第二饶迥水马年（1102），款释迦洛追的两个儿子中的次子，开始学旧密宗，以后学新密宗。

（乌孜院落内）一次大护法神突然来到达尼钦波父子尊前，摆设三十七种曼荼罗供，并召集桑耶寺诸执事，令其向诸觉巴呈献曼荼罗供。随后，大护法神亦摘掉盔甲，将宝剑和罥索放在一边，来到俄强身前合掌说道："请萨迦巴钦波对我之三样寺诸神、人会供给予瑜伽上师之加持吧！"达尼钦波听后非常高兴，遂传授详细妙道瑜伽上师法。

（选自《萨迦世系史》，第三百三十五页）

丁波青的活佛阿旺年札桑波，也前来奉献大量贡品，并请求法缘。彼心地正直，十分高兴地授予彼《离四耽著》之正文。在大众集会上进行灌顶传承，修行部虚空藏的二十五名格西，前来请求释难，因此，口授一些教法，向大规范师献了茶新，传授了经文传承。在东彭新建的道果佛堂，进行大众灌顶，使愿望得以满足。护法在吉雄惹瓦麦安排了欢迎仪式，在僧众仪仗队列之后，摆放着铜镜五副、具有十种瓶口装饰的宝瓶五个、宝剑五把、绞索五条、彩箭五把、宝幢五顶、甲胄矛幡五副、豹皮五张、乐器五件。护法本人来到僧众仪仗队列之中，敬献了哈达，大师也回敬了哈达，然后一同前往。当时大护法说："扰乱众生公共利乐的渝盟者，被厉鬼所驱逐，将落入格西的视野。"大师言道："你们诸位护法是保护佛法和佛教大师的卫士，情况很好，而且你们具有三世无障无蔽之慧眼，应迅速消灭佛教之敌。"此后，稍停片刻护法言道："阁楼门的左边铺了一张虎皮，自屋顶放下一条张开口的绞索，次日来到时，已被绞索套住。一个秘密的敌人死去，而且，未来做回向礼，所以对此有看法。"关于这个问题，护法吩咐进行详细的研讨，并安排了广泛地庆祝。在僧俗的大众集会上，广泛赐予灌顶传承和加持之恩。

（选自《萨迦世系史续编》，第二百二十八页）

从前吐蕃诸王妙善地护持王政后，不留肉体，沿着天绳升天。志工赞普鬼迷心窍，扬言要同自己的属民比武，绕着头顶挥舞古司宝剑，从而砍断天绳和长绳，王者死于战乱。此事件发生在香布孜古。

（选自《后藏志》，第五十页）

塞赤赞普配萨尊隆吉，生子名止贡赞普。止贡赞普配鲁尊麦江，生三子后，王与其臣洛昂格斗，为臣所杀。传谓此时首从玛康输入铠甲战具入藏。

（选自《西藏王臣记》，第十页）

（吐蕃王朝时期）吐蕃使臣始以箭栝扣公主（文成公主）衣领，而引之，公主有不欲之色。

（选自《西藏王臣记》，第二十三页）

（桑耶寺）此寺面积，初藏王（赤松德赞）言，以其所射一箭能达之处为准，诸大臣暗相聚议，大王一箭之射程，为他人所射三倍之遥，如此广阔，难如命完事，但违命亦属非理，应思善策。议定后，遂于箭管中注入水银，则藏王所射一箭与他人相等矣。

（选自《西藏王臣记》，第三十九页）

（帕木竹巴政权时期）芒东乘一翠翅白鹅之坐骑，披白银海螺之铁甲，戴白水晶之头盔，携光芒闪烁之军器，下令天宫出动天兵，水府出动龙兵，齐赴战场，汉兵闻风而逃，遂获全胜。

（选自《西藏王臣记》，第七十九页）

［水虎年（1662）三月］春堆护法就曾指示：本年供奉他时，因天龙八部都会聚在一堂，所以很有必要举行供奉。依此我派江洛金巴丹增巴桑前去敬献上品红缎甲垫、头巾、鞋、靴子、内外缎、神饮、三佩件（腰刀、弓、箭）、红缨、长矛、马匹、上等茶叶等供品以及求神图等。

（选自《五世达赖喇嘛传》上册，第三百七十九页）

［水鼠年（1672）后五月十八日］在灌顶报酬中有赠送刀、针等物的习俗、却本巴将针收集起来，图色活佛说"我送了一把利刃"。那把刀像未经加工的铁片，但纹路像拉紧的铁丝。卓玛乃通

第四编 器物与工具

过了密咒、根本续考试。

(选自《五世达赖喇嘛传》下册,第八十九页)

[木虎年(1674)五月二日](阿迪尔普巴)向我(五世达赖喇嘛)赠送了弓箭囊、宝剑为主的大批礼物。我给予他义利一致的文书,他也给我赠送了多种礼品。汗王打算早日启程,我给他馈赠了如来舍利、释迦尼佛像、一套如来事业卷轴画、如来报身像的整套服饰、红白念珠、大批氆氇、货箱、糖包等大量的赆仪。

(选自《五世达赖喇嘛传》下册,第一百四十五页)

[铁蛇年(1761)]他(第十六任大法台晋美朗仁嘉措)在怙主金刚持(指嘉木样大师)座前听受了大威德灌顶法,在准备做"前行仪轨"的那晚,他梦见自己带着剑和弓箭,别人问他为何带弓佩剑的,他回答道:

智慧弓剑带在身,
不知烦恼息纷争,
英雄除暴杀敌人,
降伏四魔有威神。

(选自《拉卜楞寺志》,第三百九十二页)

[火鼠年(1756)八月]是日,由仲尼比丘噶桑顿珠为代表,于尼穹门楼大祭迎请幻变大护法,门楼僧众亦大祭祷告,奉献供食顺缘和黑白骰子筹码、鳞纹板、黑绢索九托等特殊供品以及箭囊、宝剑、长矛等武器。

(选自《七世达赖喇嘛传》,第三百七十四页)

(大昭寺中)释迦牟尼像乃唐公主自中国铸请来者。左廊有唐公主、藏王松赞噶木布、巴勒布王女拜木萨之像,其内神佛万计。中殿供奉万岁御座,香花然盏四季长辉。楼顶东南隅,有拜拉穆殿、神灵显赫、番敬畏之,内藏上古军器,鸟枪长八九尺至一丈者,与今之九字炮同,弓靫箭袋亦甚长大。大殿内有明万历时太监杨英所立碑一座,前壁上绘唐元奘法师求经师弟四人像。门外有唐番和盟碑,高约一丈五尺。

(选自《卫藏通志》,第一百三十三页)

(西藏兵制)军纪自昭整肃,汛防可资得力。至向来调派番,兵器械铅火,皆令自备本属不成事体。今已设立额兵三千名每一千名,定以五分鸟枪、三分弓箭、二分刀矛。将查钞沙玛尔巴等家产内器械分给,如有不敷,查。向来前后藏大小寺庙中收存较多,具系番民受戒所缴,应择其坚利者。商上略如修整,按名分给。所需弓箭,查。番民习射者甚多,具用木弓竹箭,弓力颇劲。尚堪使用,制办亦属省便。

(选自《卫藏通志》,第一百六十九页)

鼠年(1516)卫藏间发生战乱(按文中描述,当时直贡寺应卷入的是与帕木珠巴邓萨梯之间的发生冲突)……(直贡第十五任主持衮噶仁钦白桑布的主要人员)摄政王滚布坚参任首领,迅速带兵前去迎战。此时,对方已经摆好阵势,大军人数多如繁星,白铠甲,黑战马,各色队列一行行,象道道闪光;鼓声、号角声、喊叫声混成一片;似隆隆雷声;箭矛刀枪、石头等武器飞舞,如天降冰雹。显得极其威武可怖。但我方士兵毫不畏惧，奋力参战，使得噶昌地区人马尸首满山遍野。

(选自《直贡法嗣》，第一百四十六页)

乔多王派人来到至尊（贡觉仁钦）尊前，送来浮雕花纹的铠甲和绸缎等许多供物。至尊以发愿回向和书函为回赐。

(选自《直贡法嗣》，第一百九十九页)

跋耶中说：堰松时，除藏王及大臣外，余一切人，皆立誓，男人不抉，女人不割鼻。

其宴宾客，必驱犁牛，使客自射杀，始分馈食。敬诸勇士，子敬其父，母敬其子。男子有行，不离刀剑弓矢。凡行道中，少者在前，老者居后。总之，重壮贱老。恶自然死，重以战死。若一家多人战殁，悬甲于门，以示光荣。征集兵时，金箭先行。

(选自《白史》，第三十页)

（"堰松"时期）今汝"跋"氏父子，忠心不变，故当到"拉摩卡巴冲"暂驻。亦当共立盟誓也。于是（堰松赞普）赞普驾临"拉摩卡巴冲"。贡献"十种宝铠，及洞松利剑"。赞普立誓。跋伊曹父子七人，皆赌誓。

(选自《白史》，第四十一页)

音乐器具

（吐蕃）其戏，棋、六博①。其乐，吹螺、击鼓。

（选自《新唐书·吐蕃》，第六千零七十三页）

注释

① 六博：六博，又作陆博，是中国古代一种掷采行棋的博戏类游戏，因使用六根博箸所以称为六博，以吃子为胜。

[长庆三年（823）]唐使者始至，给事中论悉答热来议盟，大享于牙右，饭举酒行，与华制略等，乐奏《秦王破阵曲》，又奏《凉州》、《胡渭》、《录要》、杂曲，百伎皆中国人。

（选自《新唐书·吐蕃》，第六千一百零三页）

因班智达有十位夫人，所以僧人们对他并不信服，有一天，当寺院里敲响檀板，召集僧众举行……说道："你们这些洁净僧人不能食针，我这戒律不净的僧人却能吃下。"

（选自《红史》，第十八页）

达钦彼和妻雅卓巴赤江普珍吉生二子。……尊者（长子达钦仁波切衮喀桑珠札西札巴坚赞贝桑波）所取得的变化成就，乃是一般凡人意境所无法思议的。现亦略举例为证，在密咒法王之神奇传记海中有这样一段记载：在其当时，兄长仁波切衮喀桑珠，突然从孜东寺而来。用一头犏牛驮着一驮小钹，非常顺利地通过了一条有六七个阶梯的云梯。

选自《萨迦世系史续编》，第三页）

兄长仁波切衮喀桑珠，突然从孜东寺而来。

……

此时全体僧俗之仪仗队伍已十分隆重地在此恭候，尤其是精干的嫡嗣江贝央索朗旺波师徒，极其殷勤周到地接待，并亲自前往特拉山前进行迎接，同孜东达钦本人会见后。

……

次日清晨，从柏汗达宫迎请叔侄三人时，各种乐器、螺号、唢呐齐鸣，僧众持香开道，在其乐器的伴奏下，护法大师亲自跳神助兴，将客人毕恭毕敬地迎入座席。

（选自《萨迦世系史续编》，第四页）

王（松赞干布）遣之率领仆从，前往天竺。赐金沙一升，和金小鼓等物，并谕之曰：此物能令五明大师发生欢喜，应当善学文字。

（选自《西藏王臣记》，第十五页）

在阴火兔年（1447）住夏开始时，在桑珠孜的扎玛拉章动工建造佛像。但是在开始铸造时，铸出的部件不直。于是根敦朱巴①让年堆（年楚河上游江孜一带）的一位噶希巴求梦辨察原因。他在梦中见到三个穿着华丽服装的妇女吹奏人腿骨做的笛子,并且说道:"我们来根除大德你心中的疑惑。"

(选自《一世至四世达赖喇嘛传》,第三十二页)

注释

① 根敦朱巴:(1391~1474),最初依止慧狮子,其后归依宗喀巴门下,后随愁狮子到后藏弘法,在那里创建札什伦布寺,住持38年。这是后藏第一大寺,历代班禅在该寺主持。

[水猪年(1623)]我(五世达赖喇嘛)在卓波昂巴格隆的教导下学习"玉仲玛"和"杰仲玛"的祷祀法以及大乘菩萨十地五道的法行,将他所教授的都记在心中,还学习了"三敲九击"等法器演奏法。

(选自《五世达赖喇嘛传》上册,第五十页)

[铁羊年(1631)]布松仲错瓦将汉地产的一把精致的伞献给协敖,并说:"前辈达赖喇嘛在祈愿会上说法时,要打伞盖、吹唢呐等,现今这样随便是不大适宜的。"

(选自《五世达赖喇嘛传》上册,第七十七页)

[火狗年(1646)九月]卸任的戒律扎仓的洛本绒仓巴将我请到僧众集会上,赠送曲杰顿珠仁钦巴的手鼓和精致的汉钹等物品。

(选自《五世达赖喇嘛传》上册,第一百六十九页)

[火猪年(1647)]额尔德尼托(四世班禅)因捐资维修释迦牟尼像头饰的金顶、角楼屋脊上的四个宝瓶。由于资金不足,在第巴的关心之下,又增加了铜一千一百三十藏克、纯金四千六百八十钱、水银二万三下四百十四钱。布松康巴捐献了镶有黄金六十钱的洋琴、水桶一对、红铜锅三口、铁三脚架三个,还向全体木匠发给以茶叶为主的奖品。按照我的建议,将龙王殿和女墙上的陶器饰品改成镀金铜器。

(选自《五世达赖喇嘛传》上册,第一百七十四页)

[水龙年(1652)八月](在平戎驿的牧帐上扎帐)以玛尔察和米嘉为首的很多朝拜者前来。汉民们手持经幡、伞盖、幢、小钹、唢呐等很多各式乐器,连同据称"有金刚持之行"的卓仓囊索的僧人们一道迎接至碾伯。

(选自《五世达赖喇嘛传》上册,第二百二十八页)

[木虎年(1674)十一月初一日](丹萨贡乃想前来见我(五世达赖喇嘛))为他们师徒(丹萨贡乃)准备好了唢呐等早上所需用的一切东西,虽然说要前来,却连打伞步行的人和吹奏唢呐的人都配不成对,所以未能派出,可见没有作好思想准备。

(选自《五世达赖喇嘛传》下册,第一百六十页)

[木兔年(1675)正月十五日](祈请装扮大法王附体的人)药叉大将没有来,大护法将面具绑在柱子上,在舞蹈者的前面摇晃长腰小鼓,手中拿着小石子。

(选自《五世达赖喇嘛传》下册,第一百六十六页)

[火龙年(1676)四月]德庆曲科尔活佛去世,给我送来了一件据说是阿达娘·尼玛俄色的手

钹的回向礼品，我按其请求做了回向菩提的超荐法事。

(选自《五世达赖喇嘛传》下册，第二百一十九页)

[赞普赤德松赞兴建的（桑耶寺）不动自成寺以及佛像佛塔竣工之时]，赞普治下的百姓全都欢乐聚集，赞并供给饮食和各种享用，满足众人的诸种愿望，欢乐的舞蹈和幸福的各种饶钹和乐器响声如雷，使得骏马也无处奔驰。所有童男少女，穿着鲜丽并执鼓，击鼓唱歌并舞蹈。还有头戴面具扮作牦牛、狮子、老虎的，舞者表演面具舞。英勇华美执鼓的舞师，在赞普面前呈各种供品。

(选自《五世达赖喇嘛传》下册，第二百七十六页)

阿坝高妥也是一位精通五明①的学者，对有关佛学经典，逐字逐句，一一探析，夜以继日地修练威仪之密法。他兴趣广泛，学习掌握了音乐和美术，细心观察河水的波纹，仔细聆听音乐的节奏，于是，他寻悟出一定的佛论观点。这些传闻是由卫日图多嘉措大师所讲的，阿坝高妥用过的琵琶也为图多嘉措长期留作纪念，后来又传赐给他的徒弟了。

(选自《拉卜楞寺志》，第三百一十一页)

注释

① 五明：古代印度的五类学科。全称五明处，即声明、工巧明、医方明、因明和内明。

(轩辕为威慑蚩尤及其鬼神眷众，)首先制造能发出狮子、大象和龙等奇形怪兽之吼声者即以锣、大鼓以及粗细黄铜号角为代表之各种威武雄之乐器，与此同时还制造除敌防害之武装胄盔、大小盾牌，领军之英雄标志幢及幡，大小军旗等各种武器。

(选自《汉区佛教源流记·汉藏对照》，第十六页)

参考文献

1. 刘立千译. 天界篇：格萨尔王传［M］. 拉萨：西藏人民出版社，1986.
2. 拔塞囊. 拔协［M］. 佟锦华，黄布凡，译注. 成都：四川民族出版社，1980.
3. ［晋］刘昫. 旧唐书［M］. 上海：中华书局，1975.
4. ［宋］苏晋仁，萧炼子校. 《册府元龟》吐蕃史料校正［M］. 成都：四川民族出版社，1981.
5. ［印度］阿底峡尊者. 西藏的观世音——柱间史［M］. 卢亚军，译. 兰州：甘肃人民出版社，2001.
6. ［宋］欧阳修，宋祁. 新唐书［M］. 上海：中华书局，1975.
7. 阿旺洛追扎巴. 觉囊派教法史［M］. 拉萨：西藏人民出版社，1993.
8. 布顿大师. 佛教史大宝藏论［M］. 郭和卿，译. 北京：民族出版社，1986.
9. ［元］脱脱，阿鲁图. 宋史［M］. 上海：中华书局，1975.
10. ［元］蔡巴司徒·贡噶多杰. 红史［M］. 钱建文制作，1981.
11. 索南坚赞. 西藏王统记［M］. 刘立千，译. 北京：民族出版社，2002.
12. 大司徒·绛求坚赞. 赞拉·阿旺. 朗氏家族史［M］. 拉萨：西藏人民出版社，2002.
13. 廊诺·迅鲁伯. 青史［M］. 郭和卿，译. 拉萨：西藏人民出版社，2003.
14. ［明］宋濂. 元史［M］. 北京：中华书局，1976.
15. 释迦仁钦德. 雅隆尊者教法史［M］. 汤池安，译. 拉萨：西藏人民出版社，1989.
16. 达仓宗巴·班觉桑布. 汉藏史集［M］. 陈庆英，译. 拉萨：西藏人民出版社，1986.
17. 续藏史鉴［M］. 刘立千，译. 成都：华西边疆研究所出版，1945.
18. 桑杰坚赞. 米拉日巴传［M］. 刘立千，译. 成都：四川民族出版社，1994.
19. 《西藏研究》编辑部. 明实录藏族史料［M］. 拉萨：西藏人民出版社，1982.
20. 巴代·祖拉陈瓦. 贤者喜宴［M］. 黄颢，译. 北京：中国社会科学院民族研究所，1989.
21. 阿旺贡噶索南. 萨迦世系史［M］. 陈庆英，高和福，周润年，译. 北京：中国藏学出版社，2005.
22. 贡嘎罗追. 萨迦世系史续编［M］. 王玉平，译. 北京：中国藏学出版社，2005.
23. 觉囊达热那他. 后藏志［M］. 成都：西藏人民出版社，2002.
24. 阿旺罗桑嘉措. 西藏王臣记［M］. 刘立千，译. 拉萨：西藏人民出版社，1992.
25. ［清］张廷玉. 明史［M］. 北京：中华书局，1974.
26. 阿旺罗桑嘉措. 一世—四世达赖喇嘛传［M］. 陈庆英，马连龙，译. 北京：中国藏学出版社，2006.
27. 阿旺洛桑嘉措. 五世达赖喇嘛传［M］. 陈庆英，马连龙，马林，译. 北京：中国藏学出版社，2006.

28. 第悉·桑结嘉措. 格鲁派教法史·黄琉璃宝鉴 [M]. 徐德存, 译. 陈庆英, 校. 拉萨: 西藏人民出版社, 2009.
29. 阿莽班智达. 玛钦·道固. 拉卜楞寺志 [M]. 兰州: 甘肃人民出版社, 1997.
30. 贡布嘉. 汉区佛教源流记 [M]. 罗桑旦增, 译. 北京: 中国藏学出版社, 2005.
31. 《西藏研究》编辑部. 清实录藏族史料 [M]. 拉萨: 西藏人民出版社, 1982.
32. 章嘉·若贝多杰. 七世达赖喇嘛传 [M]. 蒲文成, 译. 北京: 中国藏学出版社, 2006.
33. 直贡·丹增白玛坚参. 直贡法嗣 [M]. 克珠群佩, 译. 拉萨: 西藏人民出版社, 1995.
34. 《西藏研究》编辑部. 西藏志 [M]. 拉萨: 西藏人民出版社, 1982.
35. 王云五主编. 卫藏通志 [M]. 北京: 商务印书馆, 1936.
36. 第穆呼图克图·洛桑图丹晋麦嘉措. 八世达赖喇嘛传 [M]. 冯智, 译. 北京: 中国藏学出版社, 2006.
37. 第穆·图丹晋美嘉措. 九世达赖喇嘛传 [M]. 王维强, 译. 北京: 中国藏学出版社, 2005.
38. 善慧法日. 宗教流派镜史 [M]. 刘立千, 译. 王沂暖, 校订. 兰州: 西北民族学院研究室, 1980.
39. 钦则旺布. 卫藏道场胜迹志 [M]. 刘立千, 译注. 北京: 民族出版社, 2000.
40. 《西藏研究》编辑部. 番僧源流考 [M]. 拉萨: 西藏人民出版社, 1982.
41. 智观巴·贡却乎丹巴饶吉. 安多政教史 [M]. 吴均, 毛继祖, 马世忱, 译. 兰州: 甘肃民族出版社, 1989.
42. 根敦琼培. 白史 [M]. 法尊大师, 译. 兰州: 西北民族学院研究所, 1981.
43. 张其勤原稿. 吴丰培增辑. 清代藏事辑要 [M]. 拉萨: 西藏人民出版社, 1983.

书目索引

1. 《天界篇：格萨尔王传》：136，317，450，485，544，602
2. 《拔协》：106，136，163，222—226，264，288，317，318，357，401，450，485，486，544，594，597
3. 《旧唐书》：318，357，486，487，544，602，603
4. 《册府元龟吐蕃史料校正》：163，164，248，319，357，401，450，487，488，545，603
5. 《柱间史》：1—6，114，136，164，165，226，227，248，264，265，289，319，358，401，450，451，489，545，597
6. 《新唐书》：319，358，401，603，615
7. 《觉囊派教法史》：7，114，136，137，227，228，265，289，402，451，490，491
8. 《佛教史大宝藏论》：114，165，248，265—267，358，359，545，603
9. 《宋史》，359，402，452，492，493，545，604
10. 《红史》：114，115，138，228，229，249，267，268，359，360，403，493，615
11. 《西藏王统记》：7—10，106，115，116，138，165，229，230，249—251，268，269，289—293，319，320，452—454，480，494，594，595，597
12. 《朗氏家族史》：10，11，106，116，165，230，231，251，252，269，293，294，360，361，403，454，455，494—497，545—547，598
13. 《青史》：11，12，116，117，167—168，231，252，253，269，294，320，321，362，363，404，455，456，480，497—499，547，548，604
14. 《元史》：117，168，321，456，549
15. 《雅隆尊者教法史》：12，13，106，107，138，139，168—170，213—233，253，254，269—271，294，295，321，363，499，500，549，550，598，604
16. 《汉藏史集》：139，171—173，233，254，271，295，480，550—553，606
17. 《续藏史鉴》：139，140，173—176，364，405，456，554
18. 《米拉日巴传》：13—19，117—119，140，176—178，271，322，364，405，406，456，457，481，500，501，554—557，599，607
19. 《明实录藏族史料》：19—27，178—181，322—337，364—377，406—431，457，458，501，502，557，558，599，607—611
20. 《贤者喜宴》，181，233—235，254，255，271，295，296，378，458
21. 《萨迦世系史》：28—32，107，119—120，140—143，181，182，232—235，255，272，297，378，379，431—432，458—460，502，503，558，559，596，599，611
22. 《萨迦世系史续编》：32—45，107，108，121，122，143，236，297，379，380，432，433，503—507，559—562，599，612，615

23. 《后藏志》：45，46，108，123，144，236，237，272，297，380，433，460，508，612

24. 《西藏王臣记》：46—48，108，123，144，145，182，183，237—239，255，256，272，273，297，298，337，381，433，460，461，494，508—510，562，563，594，600，612，615

25. 《明史》：109，123，337，381，382，434，461，563，564

26. 《一世至四世达赖喇嘛传》：124，256，273，298，382，434，510，616

27. 《五世达赖喇嘛传》：48—50，109—110，124—126，145—147，183，239，273，274，298，337，338，382—385，434—436，462—465，510—527，564—570，596，612，613，616，617

28. 《格鲁派教法史》：51，52，110，126，127，147，183，239，299，338，437，466，527

29. 《拉卜楞寺志》：52—58，127，147，183，184，239，256—259，274，299，300，338，339，385—388，466—468，528，529，570，571，600，613，617

30. 《汉区佛教源流记》：147，530，571，617

31. 《清实录藏族史料》：58—62，148—150，184—188，240，241，259，260，275—278，339—341，388，389，437—440，468—474，530，531，572—579，596，600，601

32. 《七世达赖喇嘛传》：62—64，127—129，150，151，241，278，300，301，342，441，474，475，531—535，579—582，613

33. 《直贡法嗣》：65，110，129，151，188，241，242，260，278，279，301，302，342，389，441，475，482，535，536，583，601，614

34. 《西藏志》，242，342—345，389，390，441，442，475，536，583，584，601，602

35. 《卫藏通志》：66，129，130，151，152，188，242—244，279，280，391，442，443，475，476，613

36. 《八世达赖喇嘛传》：66—87，130—133，152—154，189，190，244，261，303—305，345—351，391—395，444—446，476，482，536，537，585—587

37. 《九世达赖喇嘛传》：87，88，111，154—155，190，244，245，281，282，351，447，476，477，482，537，588，589

38. 《宗教流派镜史》，190，282—286，351，396，447，477，478，537

39. 《卫藏道场胜迹志》：88，133，191—203，245，305—310

40. 《番僧源流考》：111，133，155，156，275，285，286，396，589

41. 《安多政教史》：89—103，111—113，134—135，157—160，204—221，245，246，261—263，287，310—313，352—354，396—400，447，448，538，539，589—591，596

42. 《白史》，246，247，400，448，478，539，540，591，614

43. 《清代藏事辑要》：103—105，113，135，160，221，247，287，354—356，448，449，478，479，540—543，592，593，602